Krugman

International Economics

Theory and Policy, 11e

“十三五”国家重点出版物出版规划项目
经济科学译丛

国际经济学

理论与政策

（第十一版）

保罗·R. 克鲁格曼（Paul R. Krugman）
茅瑞斯·奥伯斯法尔德（Maurice Obstfeld） 著
马克·J. 梅里兹（Marc J. Melitz）

丁 凯 黄 剑 黄 都 李 楠 等译
黄卫平 校

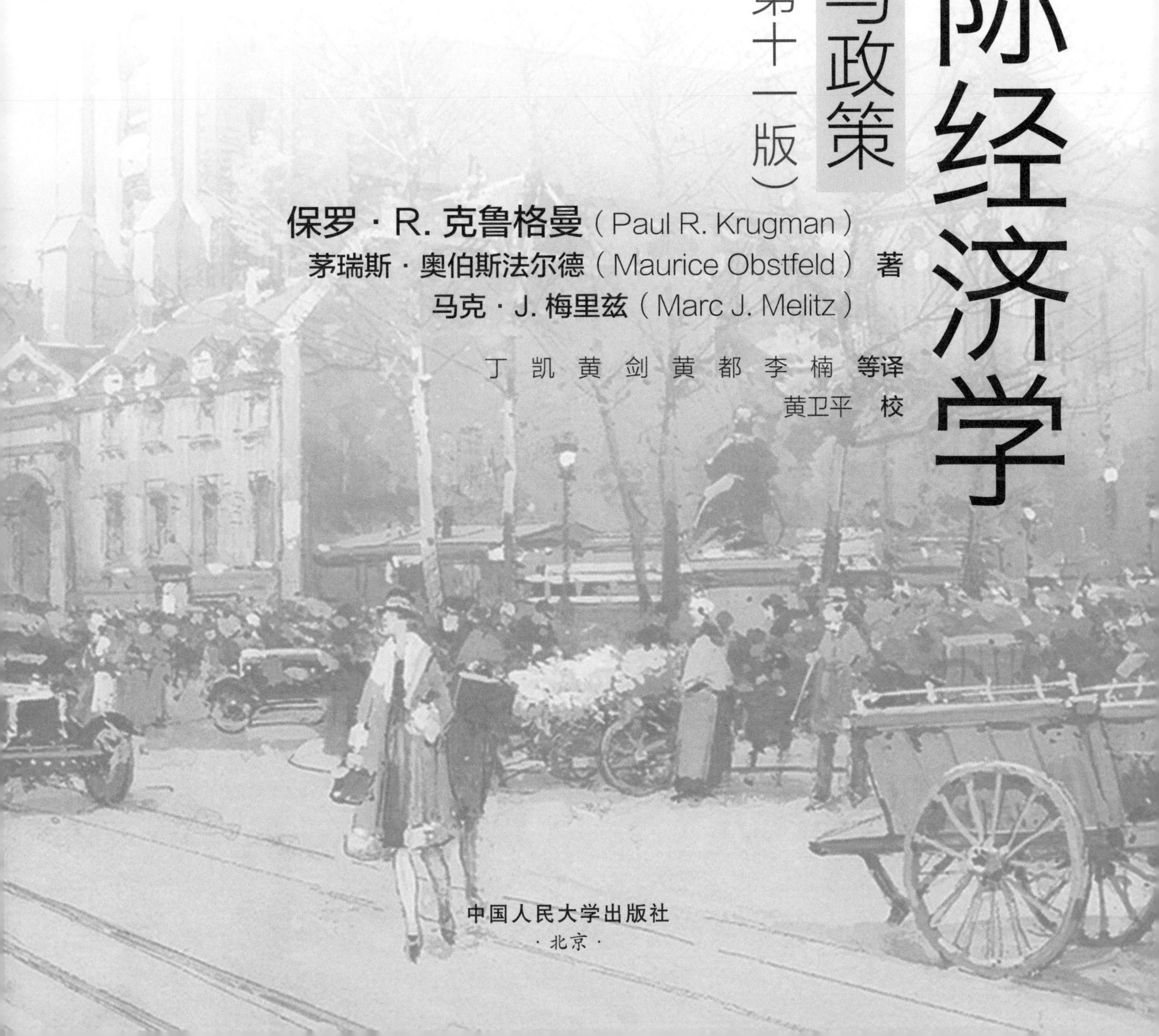

中国人民大学出版社
·北京·

《经济科学译丛》编辑委员会

《经济科学译丛》总序

中国是一个文明古国，有着几千年的辉煌历史。鸦片战争后，中国由盛而衰，一度成为世界上最贫穷、落后的国家之一。中国共产党领导的革命把中国从饥饿、贫困、被欺侮、被奴役的境地中解放出来，1949年中华人民共和国成立，中国人民从此当家做主。1978年以来的改革开放，使中国真正走上了通向繁荣富强的道路。

中国改革开放的目标是建立一个有效的社会主义市场经济体制，加速发展经济，提高人民生活水平。但是，要完成这一历史使命绝非易事，我们不仅需要从自己的实践中总结教训，也要从别人的实践中获取经验，还要用理论来指导我们的改革。市场经济虽然对我们这个共和国来说是全新的，但市场经济的运行在发达国家已有几百年的历史，市场经济的理论亦在不断发展完善，并形成了一个现代经济学理论体系。虽然许多经济学名著出自西方学者之手，研究的是西方国家的经济问题，但他们归纳出来的许多经济学理论反映的是人类社会的普遍行为，这些理论是全人类的共同财富。要想迅速稳定地改革和发展我国的经济，我们必须学习和借鉴世界各国包括西方国家在内的先进经济学的理论与知识。

本着这一目的，我们组织翻译了这套经济学译丛。这套译丛的特点是：第一，全面系统。除了经济学、宏观经济学、微观经济学等基本原理之外，这套译丛还包括了产业组织理论、国际经济学、发展经济学、货币金融学、财政学、劳动经济学、计量经济学等重要领域。第二，简明通俗。与经济学的经典名著不同，这套丛书都是国外大学通用的经济学著作，大部分都已发行了几版或十几版。作者尽可能地用简明通俗的语言来阐述深奥的经济学原理，并附有案例与习题，对于初学者来说，更容易理解与掌握。

经济学是一门社会科学，许多基本原理的应用受各种不同的社会、政治或经济体制的影响，许多经济学理论是建立在一定的假设条件上的，假设条件不同，结论也就不一定成立。因此，正确理解和掌握经济分析的方法而不是生搬硬套某些不同条件下产生的结论，才是我们学习当代经济学的正确方法。

本套译丛于1995年春由中国人民大学出版社发起筹备并成立了由许多经济学专家学者组成的编辑委员会。中国留美经济学会的许多学者参与了原著的推荐工作。中国人民大学出版社向所有原著的出版社购买了翻译版权。北京大学、中国人民大学、复旦大学以及中国社会科学院的许多专家教授参与了翻译工作。前任策划编辑梁晶女士为本套译丛的出版做出了重要贡献，在此表示衷心的感谢。在中国经济体制转轨的历史时期，我们把这套译丛献给读者，希望为中国经济的深入改革与发展做出贡献。

《经济科学译丛》编辑委员会

前言

2007—2008 年席卷全球的金融危机距今已有十几年，但是世界经济的增长速度依然缓慢，许多人的工资水平也依旧停滞不前。美国或多或少已达到充分就业，但其经济增长速度依然比危机爆发前慢得多。尽管如此，美国已是相对幸运的了。欧洲的共同货币前景持续面临压力，而鉴于 2016 年 6 月英国脱欧公投及反移民情绪的高涨，欧盟本身也压力重重。日本继续面临通缩压力和极高水平的公共债务。新兴市场国家尽管在多个领域的增长可圈可点，但在全球资本的潮起潮落以及世界商品价格的跌宕起伏中依然十分脆弱。不确定性对全球投资构成压力，主要原因是人们对第二次世界大战后精心建立的自由国际贸易体制的前景充满担忧。

本书第十一版正是诞生于这样一个时期：我们比以往任何时候都更加清晰地认识到世界经济中的重大事件是如何影响每个国家的经济命运、政策以及政治争议的。如果说第二次世界大战后世界各国间的贸易、金融和通信还存在限制，那么这种情景在 21 世纪的头 20 年发生了翻天覆地的变化。全球化的到来是一个重要时刻。国际产品和服务贸易在过去 60 年中的稳步扩张要归因于运输和通信成本的下降、由全球谈判带来的政府间贸易壁垒的减少、生产活动的广泛外包以及对外国商品和文化的更多了解。更新更好的通信技术，最显著的是互联网，改变了人们获取和交换信息的方式。金融资产（比如货币、股票和债券）的国际贸易甚至比国际商品贸易发展得更快。这一过程在为财富所有者带来巨额利益的同时，也增加了金融不稳定的蔓延风险。这些风险在最近的全球金融危机中被认识到，穿越国界快速传播并给世界经济带来了巨大损失。但是，如果提到最近最重大的变化，那必然是中国的崛起，中国的发展已经重新定义了新世纪经济和政治权力的国际平衡。

想象一下，经历了 20 世纪 30 年代经济萧条的那一代人如果看到当今世界经济的形态会有多么惊讶！然而，一如既往地引起国际争论的经济事务却没有发生那么大的变化，与两个世纪以前经济学家首次分析这些经济事务时也并无二致。比如：与贸易保护相比，自由贸易具有哪些优势？一国与贸易伙伴开展贸易时拥有贸易盈余或赤字的原因是什么？这些不平衡是怎样随着时间的推移而产生的？开放经济中是什么导致了货币和银行危机？是什么造成了金融危机在经济体间的蔓延？政府如何应对国际金融不稳定性？政府如何避免失业和通货膨胀？汇率在其中可扮演什么样的角色？国家之间如何最佳合作才能实现它们的经济目标？正如在国际经济学中经常发生的那样，事件和观念的相互影响会催生新的分析模式。反过来，不管这种分析进展最初看起来多么晦涩难懂，其最终都会对政府的政策制定、国际磋商和人们的生活产生重要影响。全球化使世界各国人民比以往任何时候都更深切地体会到世界经济力量对他们财富的影响，以及全球化将继续存在。正如我们所看到的，全球化可以促进繁荣，但正如任何其他强大的机器一样，如果管理不当，它可能会造成损害。国际社会面临的挑战是：如何在应对全球化给经济政策带来的挑战的同时，最大限度地利用它？

第十一版增补

在第十一版中，我们像在第十版中那样将贸易和金融章节区分开来，这种区分是为了便于教师在使用本书时可根据他们讲授的国际经济学课程所涉及的话题最好地适配他们的需要。本书章节设计的是两个学期的课程，我们遵循惯例，将内容一分为二，贸易与金融问题各占一半篇幅。虽然常常在同一本书中出现，国际经济学中的贸易与金融常被认为是不相关的学科，但是在这两个学科中常常出现类似的主题和分析方法。因此，在本书中必要时我们将仔细阐述贸易与金融领域的关联性。同时，我们也保证本书的两个部分都是相对完整、自成体系的。因此，一学期的贸易理论课程可参考第 2 章到第 12 章，而一学期的国际货币经济学课程可参考第 13 章到第 22 章。但是，为了教师和学生的使用方便，他们可根据课程的时间长度和授课范围自行选择贸易章节或金融章节。

在《国际经济学：理论与政策》（第十一版）中我们更新了内容，对一些章节进行了较大的改动，这些改动既源于读者的建议，又是为了反映当前国际经济学领域中理论与实践上的一些重要进展。下面我们分别列出各章中最显著的变动：

第 4 章：特定要素与收入分配。来自发展中国家的进口竞争经常被媒体和政界人士认为是美国制造业就业下降的主要罪魁祸首。该章增加了大量关于贸易和失业的案例分析，并讨论了这两种趋势之间的潜在关联。一项新的案例分析记录了欧盟在向东部扩张后工资趋同的趋势。

第 5 章：资源与贸易：赫克歇尔-俄林模型。在过去的半个世纪里，美国资本所有者相对于工人的薪酬增加了。该章增加了一个新专栏来审视这一证据，并解释了为什么对这种现象的最好解释是技术变革过程显示出了资本与技能的互补性，而不是美国和新兴工业化经济体之间贸易量的增加。

第 6 章：标准贸易模型。该章增加了一个新专栏来讨论一些最新的证据，表明贸易的收益更多地被低收入者获取——因为收入相对较低的消费者倾向于在广泛贸易的商品上消费其收入的较高部分。

第 8 章：全球经济中的公司：出口决策、外包与跨国公司。我们消费的商品越来越多地是在遍布世界各地的全球价值链中生产的。该章增加了一个新专栏，解释了最近的离岸化趋势如何导致对双边贸易逆差的误导性统计。以苹果公司的 iPhone 7 为例，该专栏描述了记录在案的从中国（iPhone 的组装地）进口的 iPhone 是如何代表来自世界上许多国家（包括美国）的进口产品的，这些国家提供最终组装过程中使用的关键部件。

第 10 章：贸易政策中的政治经济学。近年来，在迈向更自由贸易的道路上出现了一些重大挫折。修订后的章节回顾了多哈回合贸易谈判未能达成协议以及跨太平洋伙伴关系未能建立的失败之举。该章同时增加了一个新专栏来讨论“脱欧”，即英国令人震惊的脱欧公投。

第 12 章：贸易政策中的争议。随着反全球化趋势的政治影响力越来越大，该章增加了一个章节来论述一项新研究，用以表明国际贸易流量的迅速变化对工人的不利影响比人们以前认识到的更为深远。

第 14 章：汇率与外汇市场：一种资产方法。中国的货币（人民币）在世界货币市场中扮演了越来越重要的角色。该章增加了一个新专栏来描绘离岸市场以及在岸汇率和离岸汇率间的关系。

第 17 章：产出与短期汇率。该章包括了一个关于计价货币在汇率转嫁中的作用的新专栏。

第 19 章：国际货币体系：历史视角。该章以一个新专栏概述了通货紧缩的危害。

第 21 章：最优货币区与欧元区。该章包括了一个关于“英国脱欧”的新专栏。

第 22 章：发展中国家：增长、危机与改革。该章强调了商品在发展中国家经济增长中的关键作用以及商品的“超级周期”。

除了这些结构上的变动之外，我们还在其他方面对本书内容进行了更新，以保持与当前实践的相关性。因此，我们讨论了《北美自由贸易协定》对加拿大、墨西哥和美国汽车生产的影响，以及如果该贸易协定被撤销可能会带来的后果（第 8 章）；我们论述了最近几年美国糖业如何使其糖价大大高于世界价格（第 9 章）；我们探讨了负利率在国际货币政策中的作用（第 17 章）；我们还强调了新兴市场经济体在推动全球经济增长中越来越重要的作用（第 22 章）。

关于本书

撰写本书的念头来自我们自 20 世纪 70 年代末以来向大学本科生和商学院学生讲授国际经济学课程的经验。我们认识到教学过程中面临两个主要挑战：其一是向学生传授这一动态领域中令人兴奋的理论进展；其二是揭示国际经济理论的发展如何一直受到两个需要的推动，即如何理解变化中的世界经济和分析国际经济政策领域的实际问题。

我们发现，现有著作并不能很好地应对这些挑战。一般情况下，国际经济学著作中包含特殊的模型和假设，学生常感到迷惑，很难掌握其根本。由于许多特殊模型是过时的，学生不明白这些分析与现实究竟有何关系，因此，往往是课堂上使用的过时的材料与当前令人兴奋的研究重点及政策争论之间存在巨大鸿沟。随着国际经济问题变得越来越重要，学习国际经济学这门课程的学生越来越多，这一鸿沟也就变得越来越大。

在本书中，我们试图为当前一些富有启发性的事件提供一个最新、最易于理解的分析框架，并把国际经济学中的热门话题带进课堂。在分析国际贸易和国际金融问题时，我们的方法都是逐步建立一个简单、统一的框架以连接传统见解与最新的理论和方法。为了帮助学生掌握和巩固国际经济学的基本逻辑，在每一阶段我们都用相关数据或政策问题激发学生对理论发展的思考。

本书在经济学课程中的位置

将国际经济学作为一种与世界经济现象密不可分的分析方法，而不是关于抽象模型的抽象理论，学生们可以更容易地掌握它。因此，我们的目的是强调概念及其应用，而不是理论上的形式主义。相应地，本书并不要求学生具备广泛的经济学背景。学过经济学原理的学生会发现本书很容易理解，而那些学过更多微观经济学和宏观经济学知识的学生会发现本书提供了相当多的新材料。本书还有许多专门的附录，学有余力的优秀学生可以阅读这些内容。

本书的一些显著特点

本书包含了国际经济学最重要的新进展，同时并没有忽视长期以来作为学科核心的传统理论与见解。我们通过强调，随着世界经济的不断变化，最新的理论是如何从早期的传统理论演化而来的，来使本书范围更全面、更深刻。本书的国际贸易（第 2～12 章）和国际金融（第 13～22 章）部分都先是注重理论的核心章节，接着是将这些理论运用于分析过去和现在的主要政策问题的章节。

在第 1 章中，我们详细介绍了本书是如何展开对国际经济学主要问题的讨论的。下面我们强调几个其他作者没能系统论述的新观点。

收益递增与市场结构

在讨论比较优势对国际交换和相关收益的推动作用之前，我们通过建立贸易引力模型来奠定理论和实证研究的基础（第 2 章）；我们转向研究前沿（第 7 章和第 8 章）以解释收益递增和产品差异是如何影响贸易和福利的。我们在讨论时所用的模型涵盖了现实世界的许多重要方面，诸如行业内贸易、因动态规模经济引起的贸易模式的改变等。这些模型也显示出，互利的贸易不一定要基于比较优势。

国际贸易中的企业

第 8 章也总结了在国际贸易中企业所扮演的角色方面令人激动的最新研究成果。该章强调，不同的企业在全球化面前可能表现有所不同。有一些企业不断扩张，而另外一些则缩小规模，因此在工业生产领域将总体的生产不断推向更有效的生产商，从而提高总体生产力，并从贸易中获利。那些在自由贸易的市场环境中扩张的企业可能会更有动力去外包它们的一些生产活动或采取跨国生产的模式，正如我们在该章中所描述的那样。

政治学与贸易政策理论

在第 4 章中，我们特别提出贸易对收入分配的影响是限制自由贸易的主要政治因素。这可以使学生清楚地了解为什么贸易政策的标准福利分析在实践中很少行得通。我们在第 12 章中重点讨论了当前流行的政府应当采纳战略性贸易政策以扶持被认为是至关重要的经济部门的观点。该章还用博弈论的基本原理对战略性贸易政策进行了讨论。

汇率决定的资本市场方法

通过国内利率和预期构建外汇市场并完成汇率决定是我们理解开放宏观经济学的核心。我们构建的宏观经济模型的主要因素是利率平价关系和风险溢价（第 14 章）。我们使用这一模型讨论的话题有汇率超调、通胀目标制、实际汇率行为、固定汇率制下的收支平衡危机以及外汇市场上中央银行干预的原因和影响（第 15～18 章）。

国际宏观经济政策协调

我们对国际货币政策历程的讨论（第 19～22 章）强调不同的汇率制度将导致其成员产生不同的政策协调问题。就像两次世界大战间激烈的黄金争夺战展示了以邻为壑的政策是多么弄巧成拙，目前的浮动汇率制对各国政策制定者意识到他们的相互依存性并共同制定政策提出了挑战。

世界资本市场与发展中国家

对于世界资本市场的更广泛的讨论在第 20 章进行，涉及国际投资组合多样化的福利影响以及对国际活跃银行和其他金融机构的审慎监管问题。第 22 章关注长期增长前景以及工业化国家和新兴工业化国家的具体的宏观经济稳定和自由化问题。该章回顾了新兴市场危机，并从历史的角度分析了发展中国家借款人、发达国家贷款人以及官方金融机构如国际货币基金组织之间的相互作用。第 22 章也回顾了中国的汇率政策并研究了发展中国家的持续贫困。

本书适合读者使用的特点

本书具有以下一些适合读者学习的特点，这些特点可以保持读者对国际经济学课程的兴趣，帮助他们掌握所学的内容。

案例分析

在阐述理论之后，我们经常会介绍一些案例分析。这些案例分析有三方面的作用：加深对已学过内容的理解；说明如何将理论运用于对实际问题的分析；提供重要的历史资料。

专　栏

专栏论述了一些相对不太重要但能非常生动地说明文中观点的议题，包括：美国总统托马斯·杰斐逊 1807—1809 年的贸易禁运（第 3 章）；为什么关于香蕉贸易的争论会导致许多国家（那些由于气候太冷而不能自己种植香蕉的国家）的关系紧张（第 10 章）；货币掉期额度在中央银行中所起的作用（第 20 章）；发展中国家外汇储备的快速积累（第 22 章）。

图　表

本书附有 200 多个图表（我们给每个图表都加上了一个标题或一段说明文字），目的是强化文中的讨论，帮助学生复习文中内容。

学习目标

书中每章（第 1 章除外）都列出了重要的核心概念，旨在帮助学生评价对书中内容的掌握程度。

提要及关键术语

我们在每章（第 1 章除外）中都用一个提要概括本章的主要论点。本书中出现的关键术语或短语用黑体表示并在每章（第 1 章除外）后面列出。

习　题

每章（第 1 章除外）的后面都附有习题，用以测试和加深学生的理解。习题的范围很广，包括一般的计算练习到适合课堂讨论的“大”问题。在许多习题中，我们都要求学生运用所学知识对现实世界或政策问题进行分析。

延伸阅读

有些教师希望补充一些课外阅读，有些学生希望课后自己做一些更深入的研究。针对这些教师和学生的要求，我们在每章（第 1 章除外）后面均列出了一个延伸阅读，这些延伸阅读涉及经典著作和对当前重要事件的最新讨论。

学生与教师资源库*

MyEconLab

MyEconLab 是主要的在线评估和辅导系统，提供了丰富的在线内容和学习工具。MyEconLab

* 中国人民大学出版社未购买相关电子资源的版权，有需要的读者请填写本书末的教学支持表向培生出版公司申请。

包括全面的家庭作业、小测验、单元测试以及辅导选择，可以在一个系统中满足教师所有的考评需求。本书设计的 MyEconLab 的主要创新点如下：

● 实时数据分析练习有助于教师和学生使用 FRED 数据库中最新的数据。FRED 是圣路易斯联邦储备银行的在线宏观经济学数据库。通过完成练习，学生可熟悉关键的数据来源，学习定位数据，并掌握数据分析技能。

● MyEconLab 的强化电子文档可方便学生随时随地查阅他们的著作。除了笔记和书签之外，强化电子文档还提供了交互式共享功能。学生通过自动评分练习、实时数据图表、图形动画、作者视频等方式自主阅读和学习。教师和学生均可以分享评论或笔记，如此一来，任何课堂都有一群严谨的学习者。

● 时事练习。每周，微观的或宏观的时事新闻文章或视频以及相应的习题会被上传至 MyEconLab 平台。这些内容可自动分配并自动分级，学生可利用这些多级练习将所学经济概念应用到实际活动中。

补充资料

本书还有一整套补充材料，可用来支持教师的教学和学生的学习：

● 教师在线手册。该手册由圣迭戈州立大学的 Hisham Foad 负责更新，包括每一章（第 1 章除外）的概述和习题答案。

● 在线测试题库。该题库提供了内容丰富的多选题和问答题，还附加了数学推导和画图问题。问题的格式有 Word、PDF 和 TestGen。该测试题库由塞勒姆州立大学（Salem State University）的 Van Pham 负责修订并更新。

● 计算机化试题库。安装有 Windows 或 Macintosh 操作系统的计算机可以重现 TestGen 格式的题库内容。教师使用 TestGen 软件可以轻松地编辑问题、添加问题、形成考试题并以多种格式打印考试题。

● 在线 PPT 讲稿。有图表、数据和课堂笔记。由得克萨斯州 A&M 大学的 Amy Glass 负责修订。该资源包括了本书正文中所有的图形、表格，可以用作课堂展示或者幻灯片母版。

● 配套网站。网址是 www. pearsonhighered. com/krugman，提供了相关内容的附录。

教师可从我们的教师资源中心下载课外阅读材料，网址是 www. pearsonhighered. com/irc。

目 录

第1章 绪 论

可以说，对国际贸易和国际金融的研究是经济学作为一门学科的标志。经济思想史专家通常把苏格兰哲学家大卫·休谟的《贸易平衡论》(Of the Balance of Trade) 视为第一篇真正阐述经济模型的论文。休谟的这篇文章发表于1758年，这比他的朋友亚当·斯密出版《国富论》要早大约20年。19世纪早期，英国国内对其贸易政策进行了广泛的讨论，这些讨论在很大程度上促使经济学从一个散漫的非正式的领域转变成一个以模型为导向的学科。

但是，国际经济学研究从来不像现在这样意义重大。在21世纪的今天，随着国际产品和服务贸易的发展、国际资金流动以及跨国投资的发展，各个国家之间的经济联系变得比以往任何时候都更加紧密。同时，这些联系也给全球经济增加了不稳定因素：包括美国在内，各个国家的政策制定者和商业领袖在做决策的时候都必须考虑到地球另一端的国家正在发生的经济变化。

一些基本的贸易统计数据即可反映跨国经济联系史无前例的重要意义。图1-1显示的是1960—2015年美国进出口额在国内生产总值中所占比重的变化。这些数据所体现的最明显特征是进出口比例都有大幅上升的趋势：与经济整体相比，国际贸易的重要性大约增长了2倍。

图1-1 美国进出口占国民收入的比重

说明：美国进出口占国民收入的比重持续增长，但进口增长得更多。阴影部分表示美国衰退期。

资料来源：U. S. Bureau of Economic Analysis，2015. research. stlouisfed. org.

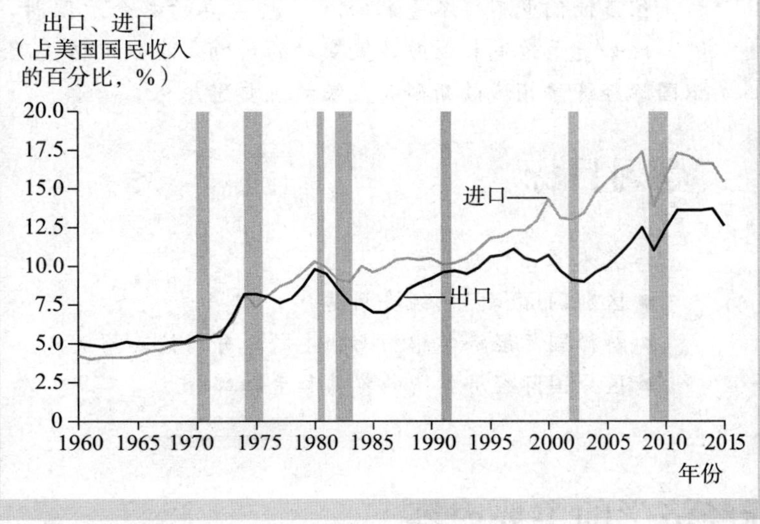

同样明显的是，尽管进出口额都有所增长，但进口增长得更加迅速，因此导致了大额贸易逆差。那么美国如何能够偿付所有这些进口产品呢？答案是，这些所需资金是由流入美国境内的大量资本提供的——渴望从繁荣的美国经济中分得一杯羹的外国人把资金投入美国市场。如此大规模的资本流入曾经是不可想象的，现在则已经是司空见惯的了。因此，贸易赤字也体现了国际联系日益紧密的另外一个方面——国与国之间资本市场日益紧密的联系。

但最终值得注意的是，在 2009 年，进口和出口都出现了大幅下跌。这一下跌趋势反映了从 2007 年开始的全球经济危机，也说明了世界贸易与世界经济总体状态之间的紧密联系。

跨国经济联系不仅对美国来说至关重要，而且对其他国家来说也举足轻重。图 1－2 显示了一组国家进出口额占国内生产总值的比重。由于幅员辽阔、资源丰富，美国对国际贸易的依赖程度几乎比其他所有国家都要低得多。

图 1－2　2015 年不同国家进出口占国民收入的比重

说明：国际贸易对其他大部分国家的重要程度甚至超过了美国。

资料来源：世界银行。

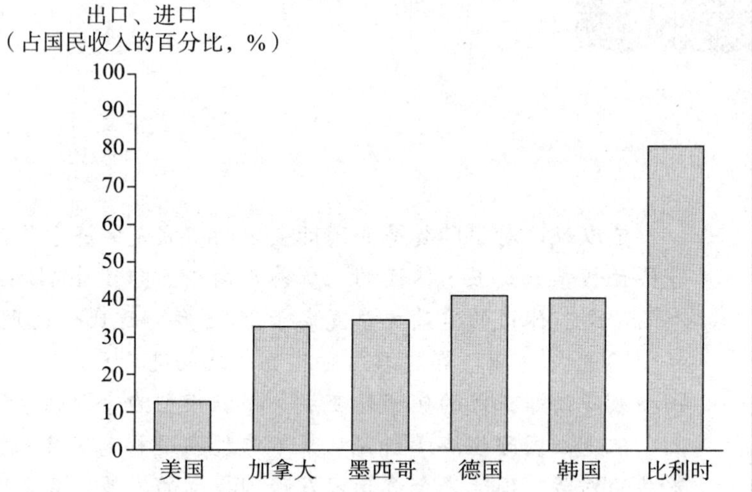

本书将介绍国际经济学中的主要概念和方法，并结合它们在现实生活中的应用对其加以阐述。鉴于 19 世纪大卫・李嘉图的贸易理论，甚至更早的大卫・休谟于 18 世纪对货币进行的分析对 21 世纪的世界经济仍有相当重要的意义，本书将用不少篇幅介绍国际经济学中的传统理论。同时，我们也将尽力介绍国际经济学中最新、最前沿的分析研究成果。尤其是 2007 年开始的经济危机向全球经济提出了新的主要挑战。虽然经济学家能够运用已有的理论和分析框架对其中一些问题进行分析，但是他们也不得不重新审视一些重要的概念。同时，经济学家也对一些老问题提出了新的见解，比如货币政策和财政政策变动的影响。在强调传统理论的持续作用的同时，我们还将向读者介绍国际经济学领域最新研究成果的主要思想。

学习目标

学完本章，你应该能够：

- 区别国际和国内经济问题。
- 解释国际经济学中的七个主题，并讨论其意义。
- 区分国际经济学中的贸易和金融部分。

国际经济学的主要内容

在国际贸易中，个人的动机及行为与在国内贸易中是相同的，因此，国际经济学使用的是与其他经济学分支相同的基本分析方法。佛罗里达州的食品店同时销售来自墨西哥和夏威夷州的咖啡豆。把这些咖啡豆运到店里经历的过程没有什么明显的不同，而且，从墨西哥进口的咖啡豆的运输距离还要更短一些！但是，因为国际贸易和投资的参与者是独立的国家，所以国际经济学还要考虑很多其他因素。美国和墨西哥是独立的主权国家，佛罗里达州和夏威夷州则不是。如果美国政府实行进口配额限制，墨西哥对佛罗里达州的咖啡出口就有可能中断；如果比索对美元贬值，那么墨西哥的咖啡对于美国购买者来说就可能突然变得便宜。上述两种情况在美国内部根本不可能发生，因为联邦宪法禁止对州际贸易进行限制，而且美国国内也只有一种货币。

可见，主权国家之间的经济交往所引发的种种问题构成了国际经济学研究的主体。贯穿国际经济学研究的是七大主题：贸易利得、贸易模式、贸易保护、国际收支平衡、汇率决定、国际政策协调以及国际资本市场。

贸易利得

有一些国际贸易的好处是众所周知的，例如，没有人认为挪威应该自己生产柑橘。但是，对于一国进口本国能生产的产品是否会带来好处，很多人则表示怀疑。美国人是否应该尽可能购买美国生产的产品来促进美国工人的就业？

国际经济学中最重要的一个观点可能是贸易利得了，即当国与国之间互相销售自己的产品和服务时，这种交换通常总是对双方都有利。能够为双方都带来收益的国际贸易范围远比人们想象的要大得多。有人认为，在劳动生产率或工资存在巨大国别差异的情况下进行贸易是有害的，这是一个普遍存在的误解。一方面，在印度等技术不那么发达的国家，它们的商人经常担心开放国际贸易会给本国经济带来灾难性后果，因为这些国家的工业竞争力比较低下。另一方面，技术发达国家的工人工资较高，那里的人们经常担心与低工资的发展中国家进行贸易会降低他们的生活水平——一位总统候选人就曾经提出过一个令人印象深刻的警告。他说，如果美国和墨西哥达成自由贸易协定，美国的福利就会被“吸食”。

然而，本书的第一个贸易模型（第 3 章）却说明，即使一方在生产任何产品上都比另一方缺乏效率，只能以支付低工资作为竞争手段，国际贸易也能给双方都带来收益。我们还可以看到，出口相对密集使用本国充裕资源的产品，进口相对密集使用本国稀缺资源的产品，也能使贸易双方各得所需、共同获利（第 5 章）。国际贸易还能促使各国在较小的产品范围内进行专业化生产，从而产生规模经济效应。

贸易利得不仅仅局限于有形产品。国际移民和国际借贷也都是互利贸易的形式——前者是以劳动力交换产品和服务（第 4 章），后者是以当前的产品和服务交换未来的产品和服务（第 6 章）。最后，各国可以通过股票、债券等风险资产的国际交易将其资产多样化，从而减少收入波动，从中获益。这些无形产品的贸易所带来的收益就如同在 2 月从拉丁美洲进口新鲜水果并在多伦多的市场上出售的贸易利得一样真实。

总的来说，国家作为一个整体可以从国际贸易中获益。但是，国际贸易也极有可能使得国家内部的某些特殊利益集团利益受损。换句话说，国际贸易会显著影响收入分配。贸易对收入分配的影响长期以来一直是国际贸易理论家们关心的问题。他们指出：

> 国际贸易会对那些只在进口竞争行业中使用特定资源的所有者产生不良影响，因为这些资源没法用于其他行业的生产。比如在专业机械领域，动力织布机由于纺织品的进口而贬值；而具有专业技能的工人，如渔夫，也会因为海产品的进口而不再有优势。
>
> 国际贸易还会改变一些利益集团之间的收入分配，比如在工人和资本所有者之间。

这些问题原来只是教室里的关注点，现在已成为政策讨论的热点。因为尽管美国整个国家的财富在继续增长，但那些非熟练工人的实际工资却在日益下降。许多评论家将之归咎于国际贸易的发展，特别是低工资国家制成品出口的迅速增长。对这些论断进行评估已经成为国际经济学家的一项重要任务，这也是第 4 章到第 6 章的主要议题。

贸易模式

经济学家在确信他们的理论已足以解释所观察到的国际贸易现象以前，是无法胸有成竹地讨论国际贸易的影响或对政府的贸易政策提出建议的。因此，解释国际贸易的模式，即谁把什么卖给了谁，是国际经济学家的当务之急。

有些贸易模式是很容易理解的，例如，巴西出口咖啡是由于巴西的气候适宜咖啡树的生长，沙特阿拉伯出口石油是因为沙特阿拉伯盛产石油。但是，许多贸易模式却极其微妙：为什么日本出口汽车而美国出口飞机？19 世纪早期的英国经济学家大卫·李嘉图提出了一个至今仍具有说服力的观点：国家之间劳动生产率的差异是影响贸易模式的重要因素（第 3 章）。但到了 20 世纪，又有人提出了新的见解。其中虽有争议但最具影响力的观点之一是把资本、劳动力及土地等资源供应的相对充裕程度和生产各种产品时使用这些要素的相对密集程度这两者之间的关系与贸易模式联系起来。这一理论我们将在第 5 章中进行介绍。我们将会讨论如何将这种基本模型进行延伸，从而对贸易量和贸易模式做出更为精确的实证预期。同时，一些国际经济学家提出了更新的理论：国际贸易模式和规模经济一样，有时是由相当随机的因素决定的。我们将在第 7 章和第 8 章中介绍这些内容。

贸易保护

如果说贸易利得是国际经济学中最重要的理论概念，那么关于应该进行多少贸易的永无休止的争论则是国际经济学中最重要的政策主题。自从 16 世纪出现现代意义上的国家以来，各国政府就一直非常担心国际竞争会影响国内产业的繁荣。它们要么对进口施加限制来保护本国工业，避免与外国竞争；要么补贴出口来帮助本国产业参与国际竞争。国际经济学的一个最长久不变的任务就是分析这些所谓的保护政策的效应。在大多数情况下，国际经济学会批评保护主义，并说明自由贸易的诸多好处。

20 世纪 90 年代，关于应该进行多少贸易的讨论有了新的进展。自第二次世界大战以来，以美国为代表的发达国家采取了一系列消除国际贸易壁垒的政策。这些政策反映出了这样一个观点：自由贸易不仅能够促进世界繁荣，而且是促进世界和平的一股力量。20 世纪 90 年代前半期，世界在自由贸易方面取得了较大进展，其中最引人注目的就是美国、加拿大和墨西哥 1993 年签署的《北美自由贸易协定》(North American Free Trade Agreement，NAFTA)，以及作为《乌拉圭回合协议》(Uruguay Round Agreement) 成果的 1994 年世界贸易组织 (WTO) 的建立。

但是在这以后，一场反对全球化的国际性政治运动吸引了很多追随者。2016 年，英国的脱欧公投震惊了政界，而欧盟是主张成员国商品和人员自由流动的。同一年，进口竞争和不公平贸易以工作岗位减少为代价这一观点成了当年总统竞选活动的一个重要议题。这场反全球化运动迫使自由贸易的提倡者们开始寻求解释他们观点的新方式。

有关贸易保护问题的研究具有重要的历史意义和现实意义。近年来，国际经济学家们建立了一个简单有效的分析框架来测定政府贸易政策的影响。这个框架不仅能预测贸易政策的影响，还能进行成本-收益分析，并确立了判断政府干预在什么情况下会对经济有利的标准。我们将在第 9 章和第 10 章中介绍该框架，并运用这一框架在这两章和随后的两章中讨论一系列政策问题。

在现实世界中，政府不一定要依据经济学家通过成本-收益分析所得出的结果来行事，但这并不意味着这种分析没有用处。国际经济学分析是通过揭示谁将从政府行为（如进口配额和出口补贴）中受益、谁又将遭受损失来解释国际贸易政策的政治内涵的。这种分析最关键的一个见解是，与国家间的利益分歧相比，国内各种利益的冲突在贸易政策的制定过程中通常所起的作用更大。第4章和第5章将说明国际贸易通常会对国内的收入分配产生重大影响；第10～12章将说明国内不同利益集团之间的力量对比——而不是对国家整体利益的考量——通常是决定政府贸易政策的主要因素。

国际收支平衡

1998年，中国和韩国都有大约400亿美元的巨额贸易顺差。就中国而言，这个贸易顺差并不是什么特殊情况——该国存在巨额贸易顺差已经好几年了，使得包括美国在内的其他一些国家抱怨不断，认为中国没有遵守规则。那么，有贸易顺差是否一定就是好事，有贸易逆差是否一定就是坏事呢？韩国的情况就是一个反例：韩国因为先前的经济危机和金融危机而被迫保持贸易顺差，虽然保持顺差并非韩国所愿。

上述比较强调了这样一个事实：为了真正理解一国的国际收支平衡情况到底意味着什么，我们必须结合该国的整体经济背景来加以分析。国际收支平衡涉及国际经济学研究的很多领域：跨国公司的外商直接投资；国际交易和国民收入核算的关系，以及国际货币政策的各个方面。像贸易保护主义一样，国际收支平衡也是美国社会的一个中心话题，因为自1982年以来，美国一直存在着巨额贸易逆差。

汇率决定

2010年9月，巴西财长吉多·曼特加（Guido Mantegna）称，全球“正处于汇率战争中”，这一时将他推到了舆论的风口浪尖。时值巴西货币雷亚尔迅速升值，2009年初，1雷亚尔约等于45美分，但到9月曼特加发表这一言论时，已经升至60美分（而且会在接下来的几个月升至65美分）。曼特加将这一升值归咎于富裕国家，尤其是美国，因为货币升值对巴西的出口是一场灾难。但是雷亚尔的升值也仅维持了较短时间，从2011年中期起又开始下跌，到2013年夏季已经回归到45美分。

国际经济学与其他经济学分支的一个重要区别就是，它的分析对象通常拥有它们自己的货币，但是许多欧洲国家共同使用的货币欧元是个反例。正像上述雷亚尔对美元汇率变动的例子所反映的那样：货币的相对价值会随着时间的推移而发生变化，而且这种变化有时是非常剧烈的。

由于一些历史原因，对汇率决定的研究仍是国际经济学中相当新的一个课题。在现代经济史的绝大部分时间里，汇率并不是由市场行情决定的，而是被政府人为固定的。在第一次世界大战前，世界上主要货币的价值均与黄金形成固定比值。第二次世界大战后，大部分货币的价值则与美元形成固定比值。对固定汇率制下国际货币体系的分析现在仍然是一个重要的课题。

国际政策协调

主权国家构成国际经济活动的主体，各国可以自由选择自己的经济政策。遗憾的是，在融为一体的世界经济中，任何一国的经济政策通常也会影响到其他国家的政策。例如，1990年德国统一之后，为了防止可能发生的通货膨胀，德意志联邦银行（Germany’s Bundesbank）提高了利率，其结果是加速了西欧其他国家的经济衰退。各国政策目标的不同经常使得各国间发生利益冲突。即使一些国家的政策目标相似，如果政策协调失败，也会因此而蒙受损失。国际经济学的一个基本问题就是：在没有一个能告诉各国应该做什么的“世界政府”的情况下，如何在各国不同的贸易政策和货币政策之间建立起某种程度的协调及一致？

过去70年来，国际贸易政策一直受《关税及贸易总协定》（GATT）的限制。自1994年世界贸易组织成立后，贸易规则得到强制实施，以纠正各国（包括美国在内）违反贸易规则的情形。我们在第 9 章中将讨论该体系产生、发展的原因，并且将探讨当前的国际贸易准则在世界经济中能否或应否存在下去。

虽然各国在国际贸易政策的协调合作方面有着良好的传统，但是国际宏观经济政策的协调合作还是一个比较新的、不太确定的课题。从 20 世纪 80 年代和 90 年代开始，一些经济学家便尝试制定宏观经济政策的原则，但至今仍有争议。尽管如此，在现实生活中，对国际宏观经济政策合作的尝试正在各种情况下越来越频繁地进行着。

国际资本市场

2007 年，购买美国住房抵押贷款证券的投资者（即收入取决于住房抵押贷款池的收入的投资者）遭受了重创，因为房产价格开始下跌，拖欠银行抵押贷款的数额飙升，本来确信安全的投资变得岌岌可危。由于许多索赔都是由金融机构负责的，因此这场房产泡沫也随之演变成了银行危机。可问题是：这场危机不仅仅涉及美国的银行，其他国家的银行，尤其是欧洲国家的银行，也购买了许多此类债券。

问题在此并未结束：欧洲紧接着也开始出现房地产泡沫。虽然主要出现在欧洲南部，但是显然欧洲北部的许多银行如曾借款给西班牙银行的德国银行等也面临一系列金融风险。

任何一个复杂的经济中都存在一个广阔的资本市场：通过一整套协定，个人和公司在当期进行资金交换并保证在将来偿还。20 世纪 60 年代以来国际贸易重要性的日益提高是与国际资本市场的发展紧密相关的，国际资本市场把各国的国内资本市场连接在了一起。70 年代，盛产石油的中东国家把它们的收入存放在伦敦以及纽约的银行里，这些银行转手又把钱借给亚洲及拉美的政府和公司。80 年代，日本公司将它们从巨额出口中获取的大量收入转投到美国，包括在美国建立自己的子公司。如今，中国也将其外汇收入分散成各类外国资产，比如政府持有的作为国际储备金的美元。

但国际资本市场与国内资本市场有着显著的区别。国际资本必须应对各国针对外来投资制定的特别法规；有时候，国际资本市场也为资本躲避国内市场的法规提供了机会。自 20 世纪 60 年代以来，一些巨大的国际资本市场不断出现，最引人注目的是伦敦欧洲美元市场。在该市场中，每天有几十亿美元被兑换成其他货币，而这些美元的兑换根本不经过美国本土。

国际资本市场中也有一些特殊风险。其中之一是币值波动：若欧元对美元的比价突然下跌，那么购买欧元债券的美国投资者就会蒙受资本损失。另一风险是国家违约：一个国家可能拒绝偿还债务（也许是因为无力偿还），而债权人却无法用有效的办法将这个国家告上法庭。而高负债的欧洲国家对国家违约的担心已成为近年来主要的隐忧。

国际资本市场不断增长的重要性以及其中出现的新问题必然要求人们比以往更多地关注它。国际资本产生的两个问题是全球资产市场的运作和发展中国家的外国借款。

国际经济学：贸易与金融

国际经济学可以分成两个次一级的研究领域：国际贸易和国际金融。国际贸易主要分析国际经济中的实际交易，即经济资源实体的流动；国际金融主要分析国际经济的货币方面，也就是金融行为，如美元的购买等交易。欧盟对农产品出口进行补贴引发的欧美之间的冲突是国际贸易问题的一个实例；关于美元的汇率——到底是应任其自由浮动，还是应通过政府行为保持其稳定的争论则是国际金融问题的一个例子。

在现实社会中，贸易问题和金融问题之间并没有简单的分界线。大部分国际贸易中必然包含金融行为。同时，如本章中已举过的例子，很多金融事件对贸易也会产生重大影响。尽管如此，对国际贸易与国际金融进行适当区分还是很有必要的。本书第1篇和第2篇涵盖了国际贸易问题，第1篇（第2～8章）论述了国际贸易的分析理论，第2篇（第9～12章）将贸易理论应用于政府对贸易政策的分析。同时，本书也涵盖了国际金融问题。第3篇（第13～18章）发展了国际金融理论，第4篇（第19～22章）将相关理论分析应用到国际货币政策领域。

第1篇

国际贸易理论

第2章 世界贸易概览

按照当年价格计算，全世界在2015年生产了大约74万亿美元的产品与服务。其中，超过30%被跨国卖出，即产品和服务的世界贸易额超过了21万亿美元，这就是进出口的总体情况。

国家大量出口它们所生产的产品，同时它们所消费的产品又大量依靠进口。产生这种现象的原因将在下面的章节中加以分析。此外，国际贸易的收益和成本以及各国政府鼓励或者限制贸易的政策动机也将是要阐述的问题。

在阐述这些问题之前，我们先从谁和谁贸易的问题开始。引力模型不仅能够解释两国间贸易量的大小，而且能够说明在当今经济全球化中仍然制约国际贸易发展的障碍因素。

正在演变的世界贸易结构是接下来要探讨的问题。近几十年来，世界经济发生了以下变化：世界贸易额占全球总产出的比例大幅增加；世界经济的引力中心移向了亚洲；世界贸易的产品构成日新月异。

学习目标

学完本章，你应该能够：

- 阐释两国间的贸易量如何依赖于它们的经济规模并说明这种依赖关系的原因。
- 论述两国间距离和边界是怎样导致贸易减少的。
- 阐释国际产出中的贸易份额是怎样变动的，以及为什么出现了两个全球化的时期。
- 解释国际贸易中产品和服务的构成是如何变动的。

谁和谁贸易？

图2-1显示的是美国与其前十五大贸易伙伴在2015年的商品进出口总额。（各贸易对象的服务贸易数据不全，在随后的章节中将讨论服务贸易的日益重要性及出现的问题。）这15个贸易伙伴占美国当年贸易总额的75%。

为什么美国与这些贸易伙伴进行大量的贸易？在实践中，哪些因素决定了谁和谁贸易的问题？

图 2-1　2015 年美国与主要贸易伙伴的贸易额

说明：美国与主要的 15 个贸易伙伴的贸易额——以进出口总额计算。

资料来源：美国商务部。

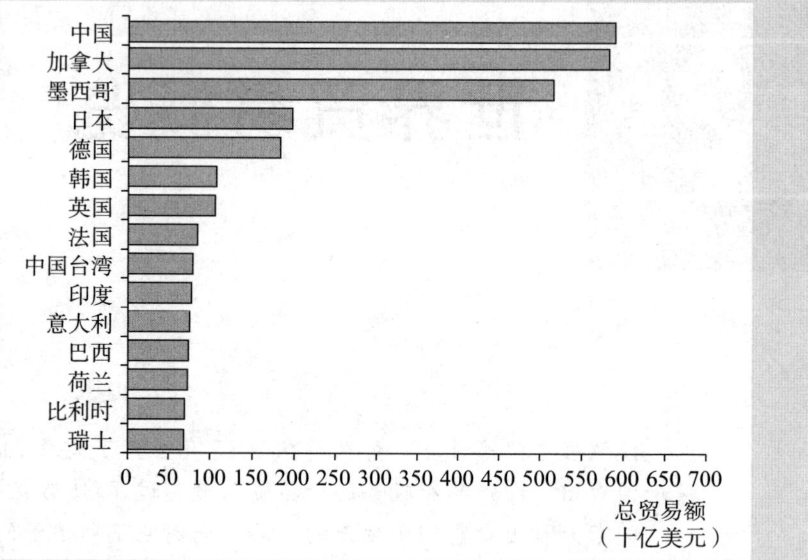

规模问题：引力模型

美国前十五大贸易伙伴中的前三个欧洲国家是德国、英国和法国。美国为何只与这三个国家而不是其他欧洲国家进行大量的贸易呢？答案是它们是欧洲经济规模最大的国家，即它们拥有最高的**国内生产总值**（gross domestic product，GDP）（一个经济体中全部最终产品和服务的市场价值之和）。现实充分说明一国的经济规模与其进出口总额息息相关。

图 2-2 验证了欧洲不同国家的经济规模及其与美国的贸易规模之间的相关性，图中列出的是欧盟 15 国在 2012 年的经济规模及贸易规模。横轴表示各国的 GDP 占整个欧盟 GDP 的比例。纵轴表示各国与美国的贸易总额占美国与整个欧盟的贸易总额的比例。如图所示，这些散点分布在 45°对角线的两边。45°对角线表示，一国在美欧贸易中所占的比例和该国在欧盟全部生产总值中所占的比例应该近似相等。德国的经济规模很大，占全部欧盟 GDP 的 20%，相应地，德国在全部美欧贸易中占有 24%的份额。瑞典的经济规模偏小，占整个欧盟 GDP 的 3.2%，相应地，它在美欧贸易中所占的比例是 2.3%。

把整个世界贸易看成整体，经济学家得出了下面的方程，并且以此方程可以相对准确地预测任何两国间的贸易规模。

$$T_{ij}=A\times Y_i\times Y_j/D_{ij} \tag{2-1}$$

其中，A 是常量，T_{ij} 是 i 国与 j 国间的贸易额，Y_i 是 i 国的 GDP，Y_j 是 j 国的 GDP，D_{ij} 是两国间的距离。这个方程表明，在其他条件不变的情况下，两国间的贸易规模和两国的 GDP 成正比，与两国间的距离成反比。

方程（2-1）就是国际贸易的**引力模型**（gravity model）。由于和牛顿的万有引力定律类似，故而取名为引力模型。万有引力定律表明，两个物体间引力的大小与物体的质量成正比，与物体间的距离成反比。与此类似，在其他条件不变的情况下，两个国家间的贸易与两国的 GDP 成正比，与两国间的距离成反比。

经济学家导出了以下更具一般性的引力方程：

$$T_{ij}=A\times Y_i^a\times Y_j^b/D_{ij}^c \tag{2-2}$$

这个方程表明三个方面同时决定了两国间的贸易额，即两国的 GDP 规模和两国间的距离，并放松了这样的假设：两国贸易与GDP成正比，与两国距离成反比。取而代之，是选择合适的 a、b、c 以拟合实际的经济数据。如果 a、b、c 的取值都为1，那么该方程其实就是方程（2-1）。实际上，结果表明，方程（2-1）是一个非常好的近似估计。

图2-2　欧洲经济体的规模及其与美国贸易的价值

资料来源：美国商务部，欧盟委员会。

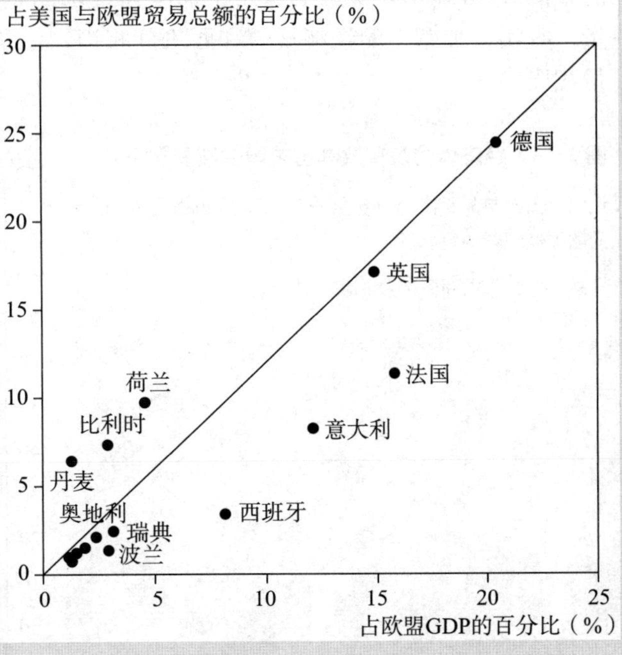

为什么引力模型有效呢？广义地讲，大的经济体由于收入高，因而大量进口产品。同时，由于大的经济体可以生产更多品种的系列产品，因而更能满足其他国家的需求，进而大量出口产品。在两国贸易中，在其他条件相同的情形下，任一方的经济规模越大，则双方的贸易量就越大。

但是如果其他条件不同呢？我们已经注意到，实际上，国家的消费大部分还是在国内。美国和欧盟的GDP占到世界的25%，但是各自只占到对方支出的2%。为了理解实际贸易流量，我们需要考虑制约国际贸易的因素。但是先让我们了解为什么引力模型如此重要。

引力模型的应用：寻找反例

从图2-2中我们可以清楚地知道，引力模型虽然较好地拟合了美欧间的贸易数据，但是有不尽如人意之处。其实，引力模型的重要用途之一就是有助于明确国际贸易中的异常现象。在两国间的贸易量不是大量超过就是大量少于引力模型的预测结果时，经济学家就得设法予以解释。

荷兰、比利时及爱尔兰与美国的贸易量大大超出根据引力模型所计算出的结果。事情为何会这样？

对爱尔兰来说，部分原因就是文化的亲和性。这种亲和性不仅源于两国的语言，而且源于数百万美国人是爱尔兰移民的后裔。除亲和性之外，爱尔兰对美国公司而言起到了主人翁的归属作用，这种作用将在第8章有关跨国公司的内容中予以分析。

对荷兰和比利时来说，地理位置和运输成本或许可以解释它们与美国的大量贸易。两国都位于欧洲最长的河流莱茵河的出口处。莱茵河途经鲁尔地区，这是德国的工业中心地带。因此，荷兰及比利时一直以来是进入欧洲西北大部分地区的枢纽。荷兰的鹿特丹按照装船吨位计算是欧洲最大的港口，比利时的安特卫普位居第二。比利时和荷兰的巨额贸易意味着地理位置和运输成本在决定贸易规模方面的重要性。通过对其他更多贸易数据的分析，这种结论得到越来越多的支持。

贸易障碍：距离、壁垒与疆界

图 2－3 是在保持图 2－2 的纵轴和横轴都不变，只是在图中增加加拿大和墨西哥的情况下绘出的。图 2－3 显示，美国的这两个邻国与美国的贸易量远超过欧盟同等经济规模国家与美国的贸易量。其实，加拿大的经济规模和西班牙相当，但是加拿大与美国的贸易量和整个欧盟与美国的贸易量相当。

图 2－3　经济体的规模及其与美国的贸易量

说明：美国与其邻国的贸易量明显大于其和相同大小的欧洲经济体的贸易量。

资料来源：美国商务部，欧盟委员会。

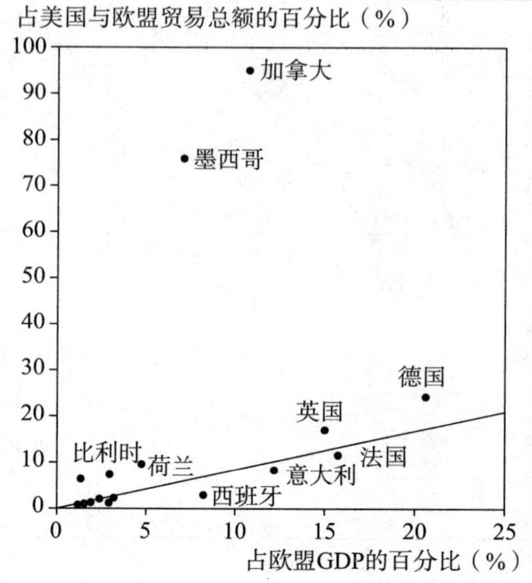

为什么美国的邻国与美国的贸易量远胜过美国的欧洲贸易伙伴与美国的贸易量呢？理由很简单，就是加拿大和墨西哥是美国的邻居。

所有估计出来的引力模型都表明两国距离对贸易有负的效应。典型的估计是两国距离每增加 1%，则两国的贸易量要降低 0.7%～1%。下降幅度部分地体现为产品和服务运输成本增加的幅度。经济学家认为起关键作用的是一些非具体的因素：当两国的关系密切时，贸易就大量增加，而且两国的距离变长会使得双方关系的密切程度降低。一个美国公司的贸易代表能够轻松地拜访它在多伦多的客户，但是要拜访巴黎的客户就不那么容易了。一个不在西海岸的美国公司如果要去拜访它在东京的客户，就更是难上加难。

加拿大和墨西哥不仅是美国的邻居，而且与美国签署了**贸易协定**（trade agreement），即《北美自由贸易协定》（NAFTA）。这一协定扫清了存在于三国间的贸易关税和其他壁垒。第 8 章和第 9 章将分析贸易壁垒对国际贸易的效应，第 10 章将分析各类贸易协定（如 NAFTA）的作用。接下来，我们可以通过引力模型来分析贸易协定对国际贸易的影响。在各国 GDP 和距离给定的情况下，有效的贸易协定比无效的贸易协定更能显著增加成员国的贸易量。

贸易协定虽然可以消除成员国间的贸易壁垒，但是对各国国界几乎没有任何影响。最近的经济学研究成果表明，即便产品和服务可以免关税和无限制地进入疆界，在一个国家内部各地区之间产生的贸易量也要比在同样条件下国家之间产生的贸易量大。美加国界很能说明这一点。两国是贸易协定的成员国（在《北美自由贸易协定》签署以前，双方就已经签订过贸易协定），绝大部分加拿大人讲英语，两国居民几乎可以无限制地通过国境。但数据表明，在其他条件相同的条件下，加拿大内部各省间的贸易规模要远大于各省与美国的贸易规模。

表 2－1 验证了这种差异的程度。该表显示的是华盛顿北面的加拿大的不列颠哥伦比亚省以及

加拿大内部的其他省份和美国的部分州的贸易总额（进口加出口），用各省（州）与不列颠哥伦比亚省的贸易额占各省（州）GDP 的比例衡量。加拿大的各个省对应着与不列颠哥伦比亚省距离相当的美国的各州。华盛顿州与艾伯塔省都与不列颠哥伦比亚省相邻，安大略省和俄亥俄州都是中西部地区，其他也都如此。除了加拿大的远东新不伦瑞克省之外，加拿大的各省间的贸易随着距离的增大，贸易额逐渐降低。结果表明不列颠哥伦比亚省与国内各省的贸易都远大于它同美国距离相当的州的贸易额。

表 2-1　**2009 年各省（州）与不列颠哥伦比亚省的贸易占各省（州）GDP 的比例**

加拿大的省份	占各省 GDP 的比例(%)	占各州 GDP 的比例(%)	与不列颠哥伦比亚省距离相当的美国的州
艾伯塔省	6.9	2.6	华盛顿州
萨斯喀彻温省	2.4	1.0	蒙大拿州
马尼托巴省	2.0	0.3	加利福尼亚州
安大略省	1.9	0.2	俄亥俄州
魁北克省	1.4	0.1	纽约州
新不伦瑞克省	2.3	0.2	缅因州

资料来源：加拿大统计局，美国商务部。

经济学家利用表 2-1 的数据以及引力模型中距离的影响，得出以下结论：虽然不列颠哥伦比亚省与美国间的疆界是全球最开放的边界之一，但是这一疆界对贸易产生了重大的影响，似乎美加两国相距 1 500～2 500 英里之遥。

为何疆界对国际贸易有如此强大的负面影响呢？这是一个仍在进行的研究课题。后文将描述这方面研究的焦点问题：设法确定各国相对独立的国家货币对产品和服务贸易的影响到底有多大。

正在演变的世界贸易模式

世界贸易是不断变化的。世界贸易的方向和构成与前一代的状况不一样，与一个世纪前更加不一样。下面我们考察国际贸易的一些主要变化趋势。

世界变小了吗?

在对世界经济的普遍讨论中，我们时常可以听到这样的观点：现代化的运输和通信可以超越空间距离的束缚，世界因此变成了小“村落”。这些观点有其成立的依据：互联网可以使相距数千英里的人们实现即时、自由的通信，喷气式飞机可以使物资运往地球的任何一个地方。然而，引力模型仍然认为距离对国际贸易产生了强烈的负面影响。这些负面影响是否已经变弱了呢？运输和通信的进步使地球变小了吗？

答案是肯定的，但是历史表明政治的力量可以超过技术进步的作用。世界在 1840—1914 年间变小了，但是随后在 20 世纪的大部分时间里又变大了。

经济史学家告诉我们：经济全球化使得甚至相距遥远的国家间发生密切的经济联系不是什么新鲜事。其实，早已发生过两次巨大的经济全球化浪潮。其中的第一次浪潮是借助铁路、汽船及电报等而形成的。在 1919 年，伟大的经济学家约翰·梅纳德·凯恩斯（John Maynard Keynes）对这次全球化的结果做了以下描述：

> 人类经济发展过程中多么绚丽的一幕在 1914 年 8 月结束了——伦敦的市民可以一边在床上品着早茶，一边通过电话在全球范围内订购他所需要的任何数量的各式产品，并且希望产品在合理的时间内较早地送到手中。

请注意，凯恩斯在其描述中认为那个年代在 1914 年已结束。随后的两次世界大战、20 世纪 30 年代的大萧条及全世界范围内的贸易保护主义都严重制约着国际贸易的发展。图 2-4 显示的是国际贸易的一个衡量指标：世界工业制成品出口指数与世界工业制成品生产量指数之间的比例。世界贸易在第一次世界大战之前的数十年增长迅速，但是之后迅猛下跌。可以看到，全球经济在 20 世纪 70 年代前都没有恢复到第一次世界大战前的水平。

图 2-4　世界贸易的下降和上升

说明：世界工业制成品出口指数与世界工业制成品生产量指数之间的比例（1953 年是 1），在第一次世界大战之前的数十年增长迅速，但是之后由于战争和贸易保护主义则迅猛下跌，在 20 世纪 70 年代前都没有恢复到第一次世界大战前的水平，但此后已经达到新的高点。

资料来源：联合国月度数据简讯，世界贸易组织。

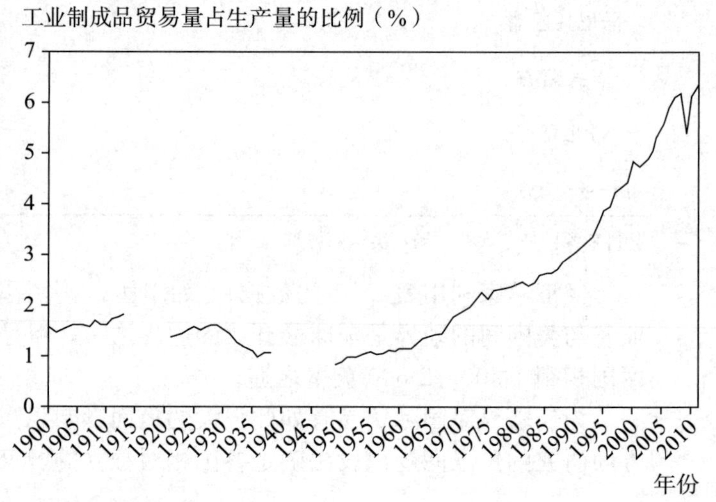

但是，自从那时起，世界贸易占实际生产总量的比例攀升至最高点。世界贸易价值的这种攀升在很大程度上反映了所谓的生产“垂直非一体化”：在产品到达消费者手中之前，需要经过许多国家的多种生产程序。比如电子产品如手机、iPod 等经常在工资低的国家进行组装，而原件则在工资相对较高的国家生产。由于原件的大规模跨国运输，每 100 美元的产品可以产生 200 美元或 300 美元的国际贸易流动价值。

人们交易什么产品？

国家在开展对外贸易时交易什么产品呢？从全世界范围来看，国家间主要相互交易工业制成品，如汽车、计算机、服装等。然而，矿产品——包括从铜矿砂到煤炭等各种产品，还有这个现代世界不可或缺的石油——依旧是世界贸易的主要部分。诸如小麦、大豆和棉花等农产品也是世界贸易的关键部分。各种各样的服务在国际贸易中凸显其重要性，并且在可预见的将来会变得更加重要。

图 2-5 是 2015 年世界出口产品按百分比划分的示意图。工业制成品占据世界贸易中最大的份额，矿产品中主要包含了石油和其他燃料。农产品贸易虽然对很多国家人们的生活至关重要，但是在整个当代贸易总额中所占比例很小。

图 2-5　2015 年世界贸易构成

说明：世界贸易的大部分是工业制成品，但矿产品——主要是石油——仍然很重要。

资料来源：世界贸易组织。

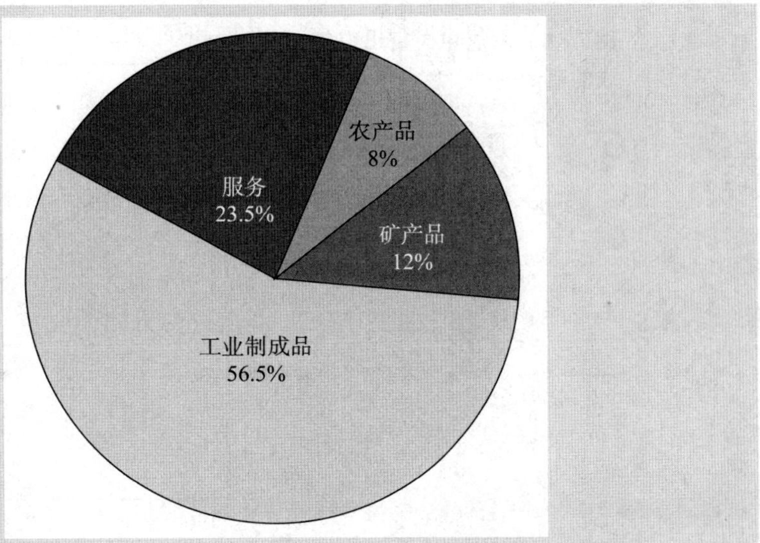

服务出口包括传统的运费、保费和旅游收入。运费由航空公司和船舶公司收取，保费由国外客商支付，旅游收入由国外游客提供。近年来，现代通信业催生了多种新的服务贸易，而且这些贸易受到广泛的关注。最有名的要数海外呼叫中心的兴起。通过呼叫中心，如果你拨打 800 电话希望得到信息和技术帮助，电话另一头回答你的人很可能位于遥远的国外（印度城市班加罗尔广受呼叫中心欢迎）。至今，这种新奇的贸易形式在整个贸易中所占比例还很小，但是正如下文将要分析的那样，在未来的几年这种形势会改变。

现在的情景是工业制成品占据世界贸易的主要地位，这是一种出现没有多久的现象。过去，初级产品，如农产品和矿产品，在国际贸易中起着更为重要的作用。表 2-2 显示了英国和美国工业制成品在 1910 年和 2015 年的进口和出口中的比重。在 20 世纪初，英国出口的绝大部分是工业制成品，而进口的大部分是初级产品。今天，工业制成品在英国的进口和出口中都占据重要地位。与此同时，美国的贸易从初级产品占据进出口主要地位的模式转变成了工业制成品在进出口中占绝对份额的模式。

表 2-2　工业制成品占出口和进口的份额（%）

年份	英国		美国	
	出口	进口	出口	进口
1910	75.4	24.5	47.5	40.7
2015	72.3	73.6	74.8	78.4

资料来源：1910 年数据来自 Simon Kuznets，*Modern Economic Growth*：*Rate*，*Structure and Speed*. New Haven：Yale University Press，1966。2015 年数据来自世界贸易组织。

世界贸易最近的演变是发展中国家工业制成品出口的崛起。**发展中国家**（developing countries）一般指较贫穷的国家，它们大部分是第二次世界大战前的欧洲殖民地。直到 20 世纪 70 年代，这些国家还主要出口初级产品。从那以后，它们开始迅速增加工业制成品的出口。图 2-6 是发展中国家 1960—2001 年农产品和工业制成品出口份额走势图。这两种产品的走势几乎完全相反。中国出口产品的 90%是工业制成品，中国是世界上最大的发展中国家，并且在世界贸易中的力量迅速增强。

图 2-6　发展中国家出口构成的变化

说明：在过去 50 年里，发展中国家的出口已经转向了制造业。

资料来源：联合国贸易和发展理事会。

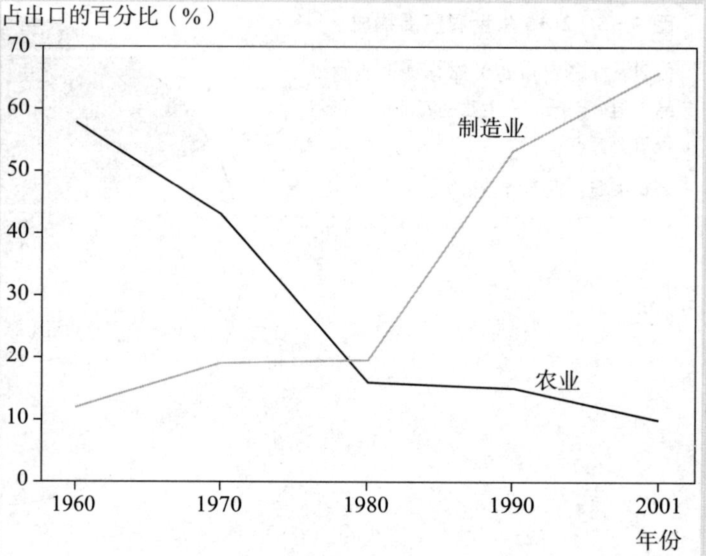

服务外包

国际经济学中最热的争议焦点之一是，现代信息技术是否导致一些新的贸易形式急剧增长，因为从长远来看，信息技术承载一些经济功能是可能的。如上文所提到的，通过呼叫中心，一个远在 8 000 英里之外的专业人士可以回答你的信息咨询。多种其他同类服务都能够远距离实现。曾经必须在一国国内实现的服务现在可以在国外实现，这种变化就是**服务外包**（service outsourcing）（有时我们称之为离岸服务）。此外，生产商必须决定是否需要建立国外分支机构以提供那些服务（像跨国公司那样运转）或将那些服务外包给其他公司。在第 8 章中，我们将会具体阐述公司如何做出这些重要的决策。

普林斯顿大学的经济学家艾伦・布林德（Alan Blinder）2006 年在《国外事务》（*Foreign Affairs*）上发表的一篇文章认为："在将来，其实就在眼前，国际贸易的关键区别不再是产品能否装入箱子里，相反，关键的区别在于服务能否以电子的方式实现远距离传输，并且没有或几乎没有质量的损耗。"例如，杂货店的上货工人当然必须在现场，但是会计人员可以在另外一个国家通过网络为这家店进行会计管理。医生必须在病人身旁才能把脉，但是诊断 X 光照片的放射科医生可以在任何一个能高速联网的地方对电子影像进行分析。

在这一点上，正是因为目前还应用得较少，服务外包才受到了很大的关注。问题是：服务外包会有多大空间？有多少现在还无须面对国际竞争的工人将在未来感受到这种变化？经济学家设法回答这一问题的方法是考察在美国境内有哪些服务可以实现远距离贸易。例如，很多金融服务是从美国金融资本中心纽约向整个国家提供的；很多美国软件是在微软总部的西雅图发行的；很多美国及全世界的网络搜索服务是由在加利福尼亚山景城的谷歌提供的；诸如此类的情形还有很多。

图 2-7 是一项研究结果示意图。这项研究通过系统地应用美国产业位置的数据来分析哪些服务可以和不可以远距离贸易。研究结果表明：美国 60%的职业由于包含了必须联合顾客完成的工作，因而是不可贸易的，40%的职业由于包含了服务而不是制造的工作，因此是可贸易的。这意味着图 2-5 中所体现的由工业制成品主导的世界贸易可能仅仅是短暂的现象。从长远来看，服务贸易、电子传输等可能成为世界贸易的主要内容。我们将会在第 8 章探讨这些趋势对美国就业的影响。

图 2－7　可贸易产业的就业比重

说明：根据美国国内的贸易估计，服务业贸易有可能最终超过制造业贸易。

资料来源：J. Bradford Jensen and Lori G. Kletzer, "Tradable Services: Understanding the Scope and Impact of Services Outsourcing," Peterson Institute of Economics Working Paper 5－09, May 2005.

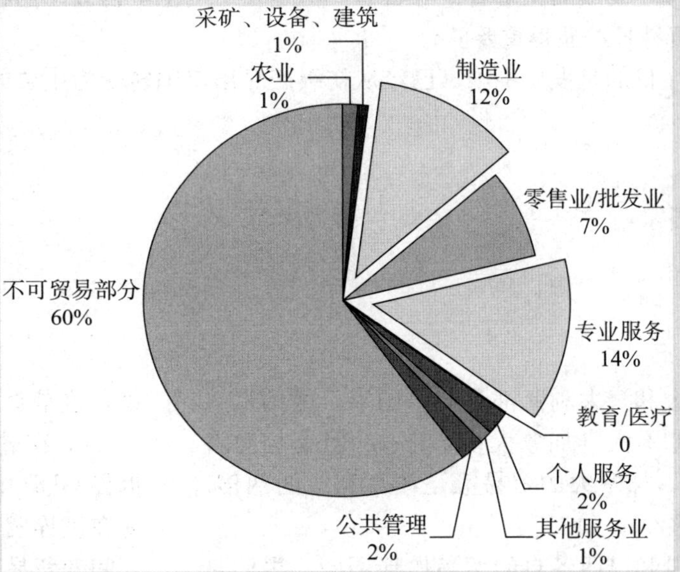

旧规则依然可行吗？

通过分析一个最初由英国经济学家李嘉图在 1819 年提出的模型，我们将在第 3 章讨论国际贸易产生的原因。考虑到自李嘉图时代以来世界贸易所发生的变化，那些旧的贸易思想还可行吗？答案是不容置疑的。即便国际贸易发生了巨大变化，那些由经济学家在经济全球化之初所发现的基本原理依然可行。

的确难以用简单的术语来概括世界贸易的特征。在一个世纪以前，每个国家的出口产品在很大程度上囿于它的气候和自然资源状况。热带地区的国家出口诸如咖啡和棉花等热带产品；美国、澳大利亚等土地丰裕的国家向人口密集的欧洲国家出口粮食。那时发生的贸易争议也容易从下面的角度加以解释清楚，即从政治冲突的角度解释贸易争议。自由贸易和保护贸易的争议集中体现在英国地主和产业资本家间的古典政治冲突中，因为地主希望通过保护贸易阻止国外便宜粮食的进口，而产业资本家想通过自由贸易大量出口他们生产的产品。

当代国际贸易的源泉更加让人难以捉摸。人力资源和人造资源（表现为机器或其他资本形式）比自然资源更重要。基于贸易的典型政治冲突牵涉到因进口而利益受损的工人，例如，服装工人要面对进口服装的竞争，技术工人现在要面临来自班加罗尔的竞争。

不管怎样，在随后的章节中，我们将看到国际贸易潜在的逻辑并未改变。在喷气式飞机和互联网发明以前的很长时间里就已经发展起来的经济模型，仍将是理解 21 世纪国际贸易实质的关键所在。

提　要

1. 引力模型将任何两国间的贸易与它们的经济规模联系起来。同时，引力模型还揭示了两国距离和疆界在制约贸易发展方面的重大作用，即便像美加间那么畅通的疆界也莫不如此。

2. 由于不断降低的通信和运输成本，国际贸易相对世界经济规模而言已是创纪录的高水平。不管怎样，国际贸易并没有一帆风顺地发展，虽然在 1914 年世界一体化程度很高，但是大萧条、贸易保护主义和世界大战等使得国际贸易大幅萎缩，并且用了几十年才得以恢复。

3. 今天工业制成品主宰着世界贸易，但是在历史上，初级产品在国际贸易中的地位比今天更为重要，这几年，服务贸易日益显得重要。

4. 引人注目的是发展中国家已经从初级产品出口国转变为主要的工业制成品出口国。

关键术语

发展中国家	引力模型	国内生产总值
服务外包	贸易协定	

习　题

1. 加拿大和澳大利亚都是英语国家，两国的人口规模也相差不大（加拿大多 60%），但是相对各自 GDP 而言，加拿大的贸易额是澳大利亚的两倍。为什么会如此？

2. 墨西哥和巴西各自的贸易伙伴不同。墨西哥主要与美国贸易，巴西与美国和欧盟的贸易量大致相当。墨西哥的贸易量相对其 GDP 而言很大。用引力模型解释这种现象。

3. 方程（2-1）说明任何两国的贸易量均与其国内 GDP 成正比。如果每个国家的 GDP 都增加一倍，这是否意味着世界贸易要增加四倍？

4. 在过去的几十年里，东亚国家增加了它们在世界 GDP 中的份额。同样，不仅东亚国家整体的贸易在世界贸易中的份额增加了，而且东亚国家内相互间的贸易也增加了。应用引力模型解释这一现象。

5. 一个世纪以前，英国的绝大部分进口产品来自相对遥远的地区：北美、拉美、亚洲。今天，英国的绝大部分进口产品来自其他欧洲国家。这种变化是如何迎合不断变化的世界贸易产品结构的？

延伸阅读

Paul Bairoch. *Economics and World History*. London：Harvester，1993. 该文献是对世界经济随着时间推移而变化的一个宏大的调查。

Alan S. Blinder. “Offshoring：The Next Industrial Revolution?” *Foreign Affairs*，March/April 2006. 该文献是由一位著名的经济学家所撰写的有影响力的论文。该论文警告说，服务贸易的增长可能使数千万原先工作安全的人面临国际竞争，该论文的发表引起了很大的轰动。

Frances Cairncross. *The Death of Distance*. London：Orion，1997. 该文献是对技术如何使世界变小的一个考察。

Keith Head. “Gravity for Beginners.” 该文献是对引力模型的一个有用指南，请浏览 http：//pacific. commerce. ubc. ca/keith/gravity. pdf。

Harold James. *The End of Globalization*：*Lessons from the Great Depression*. Cambridge. Harvard University Press，2001. 该文献考察了第一次全球化浪潮是如何终结的。

J. Bradford Jensen and Lori G. Kletzer. “Tradable Services：Understanding the Scope and Impact of Services Outsourcing.” Peterson Institute Working Paper 5-09，May 2005. 该文献对美国国内的服务贸易进行了系统的考察，并指出了国际服务贸易的未来。

World Bank. *World Development Report 1995*. 每一年世界银行都集中关注一个重要的全球议题，1995 年的报告聚焦于不断增长的世界贸易的影响。

World Trade Organization. *World Trade Report*. 该文献是对世界贸易状态的一个年度报告，每年的报告都有一个主题，例如，2004 年报告聚焦于世界贸易对国内政策如基础设施支出政策的影响。

第3章 劳动生产率与比较优势：李嘉图模型

各国参与国际贸易的基本原因有两个，这两个原因都有助于各国从贸易中获益。第一，各国之间之所以进行国际贸易，就是因为它们之间存在着千差万别。国家就像个人一样，当它们各自从事自己相对擅长的事情时，就能取长补短，从这种千差万别中获益。第二，国家之间通过贸易来达到生产的规模经济。也就是说，如果每一个国家只生产一种或少数几种产品，就能进行大规模生产，达到规模经济。这时候的生产效率将比该国每种产品都生产时要高得多。在现实世界中，各种国际贸易模式就是上述两种贸易动机相互作用的反映。然而，在了解贸易的原因及其影响之初，我们先研究只包含其中一种动机的简单化模型。

随后的四章将进一步论述国家之间的差异是怎样导致贸易，以及为什么这种贸易是互利的。这些分析中最基本的概念是比较优势。

尽管比较优势是一个简单的概念，但经验表明，对许多人来说，它依然难以理解（或接受）。诺贝尔经济学奖获得者保罗·萨缪尔森（Paul Samuelson）认为：经济学中有许多不可否认的正确原理，但对许多人来说却并非显而易见，而比较优势就是一个最好的例子。萨缪尔森本人在建立国际贸易模型方面也颇有建树，本书第 4 章和第 5 章将对此进行讨论。

在本章中，我们先概括性地介绍一下比较优势的概念，随后介绍一个具体模型以解释比较优势是如何决定国际贸易模式的。

学习目标

学完本章，你应该能够：

- 解释李嘉图模型作为最基本的国际贸易模型的有效性，以及这一模型是怎样论述比较优势原理的。
- 论证国际贸易的利益，同时对有关国际贸易的常见谬论进行辩驳。
- 用经验证据说明：工资体现了生产率，贸易模式体现了相对生产率。

比较优势的概念

1996 年的情人节，恰好与关键的新罕布什尔州初选日期 2 月 20 日相隔不到一周。这一天，共和党候选人帕特里克·布坎南（Patrick Buchanan）在一个花圃为他的妻子买了一打玫瑰。他趁此机会发表了一次演说，谴责美国日益增长的鲜花进口将美国鲜花种植者挤出了该行业。确实，美国的冬季玫瑰有一部分是从南美国家进口的，尤其是哥伦比亚，而且南美玫瑰所占的市场份额正逐渐上升。但这是一件坏事吗？

冬季玫瑰对解释国际贸易为什么有利可图提供了绝佳的例子。首先我们考虑一下，要在 2 月向美国的情侣们提供新鲜的玫瑰谈何容易。这些花必须种植在温室里，在能源、资本投入以及其他稀缺资源方面开销都很大。这些资源本可以用来生产其他产品。由于不能兼顾，就不可避免地出现了产品间的替代。为了生产冬季玫瑰，美国就不得不少生产其他产品，比如计算机。经济学家用**机会成本**（opportunity cost）这一概念来描述这种产品之间的替代。玫瑰的机会成本若用计算机来表示，就是生产一定数量玫瑰的资源所能生产的计算机的数量。

例如，假设美国为情人节的销售种植了 1 000 万枝玫瑰，而如果将种植这些玫瑰的资源用来生产计算机，则可生产 10 万台。于是，这 1 000 万枝玫瑰的机会成本就是 10 万台计算机。（相反，如果生产的是计算机，则这 10 万台计算机的机会成本就是 1 000 万枝玫瑰。）

这 1 000 万枝情人节玫瑰也可以在哥伦比亚种植。这样的话，用计算机来衡量的这些玫瑰的机会成本则很可能比在美国的要低。一则在南半球种植 2 月玫瑰要容易得多，因为南半球的 2 月是夏季而非冬季。再则相对于美国工人来说，哥伦比亚工人在生产复杂产品如计算机时的效率要低一些。也就是说，如果用给定数量的资源来生产计算机，在哥伦比亚生产的数量将比在美国生产的少。于是，这种替代在哥伦比亚则可能变成 1 000 万枝玫瑰相当于 3 万台计算机。

这种机会成本上的差异给世界生产提供了一个进行互利性重新组合的可能。让美国停止种植冬季玫瑰，将释放出来的资源转而用来生产计算机；与此同时，让哥伦比亚把制造计算机所必需的资源转移出来，用于种植玫瑰。这样，生产上所产生的变化将如表 3-1 所示。

表 3-1　假定的生产变化

	玫瑰（万枝）	计算机（万台）
美国	−1 000	+10
哥伦比亚	+1 000	−3
合计	0	+7

请看发生的变化：世界上种植的玫瑰还是跟以前一样多，但现在生产了更多的计算机。所以，当美国集中生产计算机、哥伦比亚集中种植玫瑰时，这种生产上的重组将增加整个世界经济的规模。由于世界作为一个整体生产了比以前更多的产品，因此在理论上可以提高每个人的生活水平。

国际贸易能够增加世界产出的原因在于：它允许每个国家专业化生产自己具有比较优势的产品。如果一个国家在本国生产一种产品的机会成本（用其他产品来衡量）低于在其他国家生产该种产品的机会成本，则这个国家在生产该种产品上就具有**比较优势**（comparative advantage）。

在本例中，哥伦比亚具有种植冬季玫瑰的比较优势，而美国具有生产计算机的比较优势。如果哥伦比亚为美国市场生产玫瑰，而美国同时也为哥伦比亚市场生产计算机，则两地的生活水平都会提高。我们因此可以领悟到比较优势和国际贸易的基本原理：如果每个国家都出口本国具有比较优势的产品，则两国之间的贸易能使两国都受益。

以上陈述只是可能会发生的情况，并非确实会发生。在现实世界中，并没有一个中央权威机构来决定哪个国家该生产玫瑰，哪个国家该生产计算机，也没有谁会向两地的消费者分派玫瑰和计算机。事实上，国际生产和贸易是由受供需调节的市场决定的。我们是否有理由假设贸易的潜在共同利益一定能够实现？美国和哥伦比亚真的会生产自己具有比较优势的产品吗？它们两国之间的贸易真的能够改善两国的福利吗？

要回答这些问题，我们的分析还需更加详尽。我们将在本章中介绍一个由英国经济学家大卫·

李嘉图提出的国际贸易模型，他早在19世纪初就引入了比较优势的概念。[①] 大卫·李嘉图指出：国际劳动生产率的不同是国际贸易的唯一决定因素。该理论被称为**李嘉图模型**（Ricardian model）。

单一要素经济

为了论述比较优势对国际贸易模式的决定作用，我们首先假定存在一个只有一种生产要素的经济体，称之为“本国”（在第4章，我们将扩展至多要素模型）。我们假定本国只生产两种产品——葡萄酒和奶酪。每个产业的劳动生产率表明了本国的技术水平。我们用**单位产品劳动投入**（unit labor requirement）来表示劳动生产率，即生产1磅奶酪或1加仑葡萄酒所需要投入的劳动小时数。例如，一个劳动者生产1磅奶酪可能需要1小时劳动，而生产1加仑葡萄酒可能需要2小时劳动。需要注意的是，我们此处所定义的单位产品劳动投入是生产率的倒数，即一名工人1小时内能够生产的奶酪或葡萄酒越多，单位产品的劳动投入就越少。我们令 a_{LW} 和 a_{LC} 分别为生产葡萄酒和奶酪的单位产品劳动投入，令 L 为本国的全部资源，即劳动总供给。

生产可能性

一个国家的资源是有限的，它所能生产的产品也有限，因此就存在着产品替代的问题：多生产一种产品就意味着要牺牲另一种产品的产量。我们可以在图上用**生产可能性边界**（production possibility frontier）（图3-1中的直线 PF）来表示产品替代的情况。直线 PF 表示在奶酪产量给定时葡萄酒的最大可能产量，同时也表示在葡萄酒产量给定时奶酪的最大可能产量。

图3-1 本国的生产可能性边界

说明：直线 PF 表示在葡萄酒产量给定时奶酪的最大可能产量，同时也表示在奶酪产量给定时葡萄酒的最大可能产量。

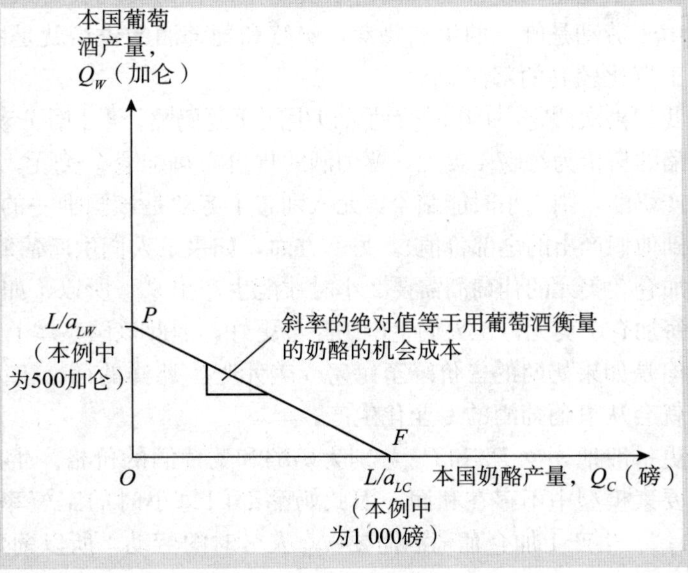

单一生产要素国家的生产可能性边界是一条直线。下面我们来推导这条直线。令 Q_W 为本国的葡萄酒产量，Q_C 为本国的奶酪产量，那么，本国用于生产葡萄酒的劳动为 $a_{LW}Q_W$，用于生产奶酪的劳动为 $a_{LC}Q_C$。生产可能性边界是由一个国家的资源限制所决定的——在本例中资源即劳动。本

① 参见大卫·李嘉图的经典著作《政治经济学及赋税原理》（*The Principles of Political Economy and Taxation*, first published in 1817）。

国的劳动总供给为 L，所以本国资源对产出的限制可以用下面的不等式表示：

$$a_{LC}Q_C + a_{LW}Q_W \leqslant L \tag{3-1}$$

例如，假定该国的劳动总供给是 1 000 小时，并且 1 小时劳动可以生产 1 磅奶酪，2 小时劳动可以生产 1 加仑葡萄酒。那么，生产中所使用的总的劳动量即为(1×所生产的奶酪的磅数)+(2×所生产的葡萄酒的加仑数)，这一总量必须小于等于该国 1 000 小时的劳动总供给。如果该国将全部劳动都用于奶酪的生产，那么它将能够生产 L/a_{LC} 磅奶酪（1 000 磅），如图 3-1 所示。如果该国将全部劳动都用于葡萄酒的生产，那么它将能够生产 L/a_{LW} 即 1 000/2=500 加仑葡萄酒。当然，它也可以在连接这两个截距点的直线上的任何位置从事生产，这样的生产将体现为一定数量的葡萄酒和一定数量的奶酪的生产组合。

当生产可能性边界是一条直线时，用葡萄酒衡量的 1 磅奶酪的机会成本是固定的。正如我们在前一节中所看到的，该机会成本被定义为多生产 1 磅奶酪所必须放弃的葡萄酒的加仑数。这样的话，多生产 1 磅奶酪需要投入 a_{LC} 人·时（person-hour）的劳动，而每人·时的劳动能生产 $1/a_{LW}$ 加仑的葡萄酒。因此，用葡萄酒衡量的奶酪的机会成本就是 a_{LC}/a_{LW}。比如说，如果一个劳动者生产 1 磅奶酪需要投入 1 小时的劳动，生产 1 加仑葡萄酒需要投入 2 小时的劳动，则用葡萄酒衡量的每磅奶酪的机会成本就是 0.5 加仑葡萄酒。如图 3-1 所示，该机会成本等于生产可能性边界斜率的绝对值。

相对价格与供给

生产可能性边界表示一个国家能够生产的不同产品组合。然而，要确定一个国家究竟生产什么、生产多少，我们还需要知道产品的价格，尤其是两种产品的相对价格，即一种产品的价格与另一种产品的价格之比。

在一个竞争的经济中，供给取决于生产者为实现收益最大化所做的努力。在我们简化了的模型里，由于劳动是唯一的生产要素，奶酪和葡萄酒的供给就是由劳动力的流向决定的，而劳动力总会流向工资比较高的部门。

我们再次假定，1 小时劳动可以生产 1 磅奶酪，2 小时劳动可以生产 1 加仑葡萄酒。现在进一步假定奶酪的售价为每磅 4 美元，葡萄酒的售价为每加仑 7 美元。工人们会生产什么呢？一方面，如果他们生产奶酪，则 1 小时能赚 4 美元（别忘了劳动是该国唯一的生产投入，不存在利润，因此工人们可以得到他们产出的全部价值）。另一方面，如果工人们生产葡萄酒，他们 1 小时将只能赚 3.5 美元，因为每加仑 7 美元的葡萄酒需要 2 小时才能生产出来。所以，如果奶酪售价为每磅 4 美元，而葡萄酒售价为每加仑 7 美元，工人们生产奶酪会更好，因此该国整体上都会从事奶酪的专业化生产。

但是如果奶酪的售价降至每磅 3 美元呢？那样的话，工人们生产葡萄酒就会赚得更多，该国整体上就会从事葡萄酒的专业化生产。

更一般地，令 P_C 和 P_W 分别为奶酪和葡萄酒的价格。生产 1 磅奶酪需要 a_{LC} 人·时的劳动。在单一要素模型中不存在利润，因此奶酪部门每小时的工资率等于 1 个工人在 1 小时内创造的价值 P_C/a_{LC}。生产 1 加仑葡萄酒需要 a_{LW} 人·时的劳动，所以葡萄酒部门每小时的工资率等于 P_W/a_{LW}。当 $P_C/P_W > a_{LC}/a_{LW}$ 时，奶酪部门的工资率就比较高；当 $P_C/P_W < a_{LC}/a_{LW}$ 时，葡萄酒部门的工资率就比较高。人们都愿意在工资率比较高的部门工作，所以如果 $P_C/P_W > a_{LC}/a_{LW}$，该国就会专业化生产奶酪；如果 $P_C/P_W < a_{LC}/a_{LW}$，该国就会专业化生产葡萄酒。只有当 $P_C/P_W = a_{LC}/a_{LW}$ 时，该国才会生产奶酪和葡萄酒两种产品。

a_{LC}/a_{LW} 这一比值有什么意义呢？这一比值是用葡萄酒衡量的奶酪的机会成本。因此，我们得出了关于价格与生产之间关系的关键命题：**当一个国家的奶酪的相对价格高于它的机会成本时，该**

国就专门生产奶酪；当奶酪的相对价格低于它的机会成本时，该国就专门生产葡萄酒。

在没有国际贸易的情况下，本国可能不得不为自己生产这两种产品。但是，只有在奶酪的相对价格与机会成本相等时，该国才会同时生产奶酪和葡萄酒。由于机会成本等于奶酪和葡萄酒的单位产品劳动投入之比，综上所述，我们可以用简单的劳动价值论来总结出没有国际贸易的情况下价格的决定：**在没有国际贸易时，产品的相对价格等于它们的相对单位产品劳动投入。**

单一要素世界中的贸易

分析两个只有单一生产要素的国家之间的贸易模式与贸易影响是很简单的，但是这一分析的内涵却非常惊人，尤其对那些从未认真考虑过国际贸易的人来说似乎是与常识相悖的。然而，即使这个最简单的贸易模型也能对现实问题起到一定的指导作用，例如用来说明什么是公平的国际竞争和公平的国际交换。

在我们探讨现实问题之前，有必要先描述一下这个模型。我们假设有两个国家：本国和外国。两个国家都只有一种生产要素（劳动），都能生产两种产品，即葡萄酒和奶酪。与前面一样，我们令 L 为本国的劳动总供给，令 a_{LW} 和 a_{LC} 分别为本国葡萄酒和奶酪生产中的单位产品劳动投入。为了简便起见，本书在表示外国的指标时，使用与本国相同但带有星号的符号。因此，L^* 表示外国的劳动总供给，外国葡萄酒和奶酪的单位产品劳动投入分别用 a^*_{LW} 和 a^*_{LC} 表示，依此类推。

一般来讲，单位产品劳动投入可以有多种情况。例如，本国葡萄酒部门的劳动生产率比外国低，但奶酪部门的劳动生产率比外国高，或者相反。在此，我们仅做出一个任意的假设，即

$$a_{LC}/a_{LW}<a^*_{LC}/a^*_{LW} \tag{3-2}$$

或相应地

$$a_{LC}/a^*_{LC}<a_{LW}/a^*_{LW} \tag{3-3}$$

也就是说，我们假定本国生产 1 磅奶酪所需的劳动投入与生产 1 加仑葡萄酒所需的劳动投入之比小于外国的该比值。更简单地说，也就是本国奶酪部门的相对劳动生产率高于葡萄酒部门的相对劳动生产率。

但请记住，单位产品劳动投入的比值与用葡萄酒衡量的奶酪的机会成本相等，而且，我们根据该机会成本精确地定义了比较优势。于是，不等式（3-2）和不等式（3-3）所体现的关于相对生产率的假设就是：**本国在生产奶酪上具有比较优势**。

要注意的是，确定本国是否有比较优势涉及所有的四个单位产品劳动投入，而不只是两个。人们也许认为，只要比较两国奶酪生产的单位产品劳动投入 a_{LC} 和 a^*_{LC} 就能决定出谁生产奶酪。如果 $a_{LC}<a^*_{LC}$，本国就比外国在奶酪生产上效率更高。当一个国家能够以少于其他国家的劳动投入生产出同样单位的产品时，我们说该国在生产这种产品上具有**绝对优势**（absolute advantage）。在上述例子中，本国有生产奶酪的绝对优势。

然而，我们马上会看到，单凭绝对优势是无法确定贸易模式的。在国际贸易研究中，最重要的错误根源之一就是混淆了绝对优势和比较优势。

根据两国的劳动总供给和单位产品劳动投入，我们可以分别画出两国的生产可能性边界。我们已经在图 3-1 中画出了本国的生产可能性边界 PF。图 3-2 中的 P^*F^* 表示外国的生产可能性边界。由于生产可能性边界的斜率*等于用葡萄酒衡量的奶酪的机会成本，外国的生产可能性边界比

* 严格来说，应为斜率的绝对值。——译者注

本国的要陡峭。

如果没有国际贸易，各国的奶酪对葡萄酒的相对价格由它们的相对单位产品劳动投入来确定，因此，本国奶酪的相对价格为 a_{LC}/a_{LW}，外国奶酪的相对价格为 a^*_{LC}/a^*_{LW} 。

然而，一旦进行国际贸易，产品价格就不再单纯由国内的因素决定。如果外国奶酪的相对价格比本国高，将奶酪从本国运到外国或将葡萄酒从外国运到本国就是有利可图的生意。但这种流动并不是无限的。最终，本国将出口足够的奶酪，外国将出口足够的葡萄酒，从而使得两国产品的相对价格相等。但是，是什么决定了这一价格水平呢？

图 3-2 外国的生产可能性边界

说明：外国奶酪的相对单位产品劳动投入比本国的高（为多生产 1 单位奶酪需要放弃更多单位的葡萄酒），所以外国的生产可能性边界比本国的要陡峭。

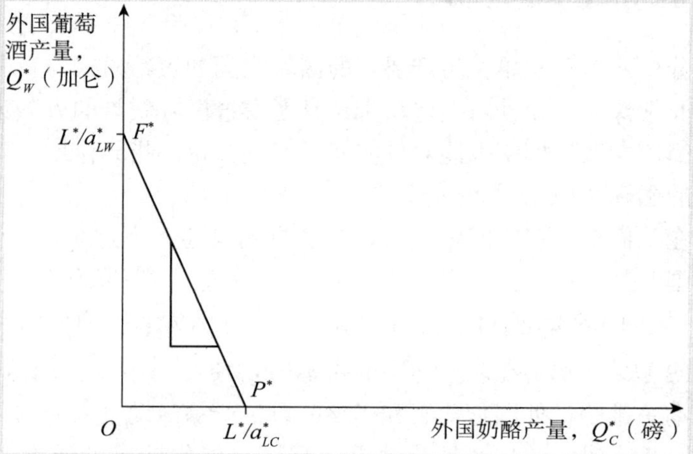

国际贸易发生后相对价格的确定

国际贸易中的商品价格，与其他商品一样，是由供给和需求决定的。但在讨论比较优势时，我们必须非常小心地运用供求分析。在某些问题上，我们可以集中分析一个单一市场上的供给与需求，例如在第 9～12 章中讨论一些贸易政策时。又比如，在讨论美国食糖进口配额的影响时，使用**局部均衡分析**（partial equilibrium analysis）是比较合理的，即只研究一个单一的市场——食糖市场。然而，我们在研究比较优势时，就必须注意两个市场（即本例中的葡萄酒市场和奶酪市场）之间的关系。本国出口奶酪只是为了进口葡萄酒，外国出口葡萄酒是为了进口奶酪，如果将奶酪市场和葡萄酒市场孤立分析就会产生误导。在此情况下，需要运用**一般均衡分析**（general equilibrium analysis）来考察两个市场间的联系。

同时研究两个市场时，一种有效的方法是：不仅要看奶酪和葡萄酒的供给量和需求量，还要注意它们的相对供求，即用奶酪供给或需求的磅数除以葡萄酒供给或需求的加仑数。

图 3-3 表明，奶酪对葡萄酒的世界相对供给和相对需求是奶酪对葡萄酒的世界相对价格的函数。*RD* 是**相对需求曲线**（relative demand curve），*RS* 是**相对供给曲线**（relative supply curve）。世界市场的一般均衡要求相对供给等于相对需求，因此世界相对价格由 *RD* 曲线和 *RS* 曲线的交点确定。

图 3-3 有一个非常醒目的特征，即相对供给曲线 *RS* 的形状很有趣：像一个由垂直线连着两个平台的“阶梯”。一旦我们理解了 *RS* 曲线的推导，就能轻而易举地理解整个模型。

首先，图中的 *RS* 曲线表明，如果奶酪的世界相对价格跌至 a_{LC}/a_{LW} 之下，奶酪的供给就为零。为了理解这一点，有必要回顾一下前面所分析的：当 $P_C/P_W<a_{LC}/a_{LW}$ 时，本国将专业化生产葡萄酒；同样地，当 $P_C/P_W<a^*_{LC}/a^*_{LW}$ 时，外国也将专业化生产葡萄酒。在我们开始讨论方程（3-2）时，已经假定 $a_{LC}/a_{LW}<a^*_{LC}/a^*_{LW}$，所以，当奶酪的相对价格低于 a_{LC}/a_{LW} 时，世界上将不存在奶酪的生产。

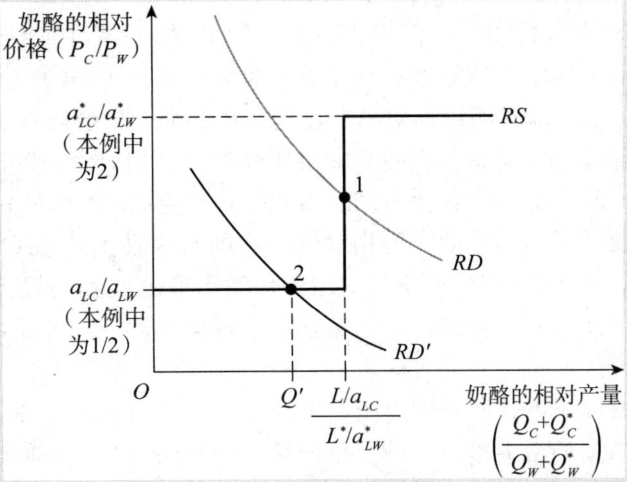

图 3－3 世界相对供给和相对需求

说明：*RD* 曲线与 *RD′* 曲线表明，奶酪对葡萄酒的相对需求是奶酪对葡萄酒的相对价格的减函数；*RS* 曲线表明，奶酪对葡萄酒的相对供给则是其相对价格的增函数。

其次，当奶酪的相对价格 P_C/P_W 正好等于 a_{LC}/a_{LW} 时，本国的工人无论生产葡萄酒还是生产奶酪，所获得的报酬都是一样的。因此，本国乐于供给任意相对数量的两种产品，从而出现了供给曲线 *RS* 在 a_{LC}/a_{LW} 上的水平段。

我们已经知道，如果 $P_C/P_W>a_{LC}/a_{LW}$，本国将专业化生产奶酪。同时，只要 $P_C/P_W<a^*_{LC}/a^*_{LW}$，外国将一直只生产葡萄酒。如果本国只生产奶酪，总共能生产 L/a_{LC} 磅；同样，如果外国只生产葡萄酒，总共能生产 L^*/a^*_{LW} 加仑。因此，只要奶酪的相对价格位于 a_{LC}/a_{LW} 和 a^*_{LC}/a^*_{LW} 之间，奶酪的相对供给量就是：

$$\frac{L/a_{LC}}{L^*/a^*_{LW}} \tag{3-4}$$

当 $P_C/P_W=a^*_{LC}/a^*_{LW}$ 时，我们知道外国的工人无论是生产葡萄酒还是生产奶酪都无所谓。这样，供给曲线又出现了一个水平段。

最后，当 $P_C/P_W>a^*_{LC}/a^*_{LW}$ 时，本国和外国都将只生产奶酪。葡萄酒的生产量为零，奶酪的相对供给就变成了无穷大。

在此，举一个数字例子可以帮助我们理解。我们还是像前文一样假定：本国生产 1 磅奶酪需要 1 小时的劳动，生产 1 加仑葡萄酒需要 2 小时的劳动。同时，我们假定外国工人在奶酪制作上的生产率比本国工人低得多，他们生产 1 磅奶酪需要 6 小时的劳动，但生产 1 加仑葡萄酒仅需要 3 小时的劳动。

在此情况下，本国用葡萄酒衡量的奶酪生产的机会成本就是 1/2，即用于生产 1 磅奶酪的劳动原本可以用来生产 1/2 加仑葡萄酒。因此，*RS* 曲线较低的水平段所对应的相对价格是 1/2。

同时，外国用葡萄酒衡量的奶酪生产的机会成本是 2，即用于生产 1 磅奶酪的 6 小时劳动原本可以用来生产 2 加仑葡萄酒。因此，*RS* 曲线较高的水平段所对应的相对价格是 2。

相对需求曲线 *RD* 不需要如此复杂的分析。*RD* 曲线呈现出下降的趋势反映了替代效应。当奶酪的相对价格上升时，消费者会减少奶酪的购买量，增加葡萄酒的购买量，因此奶酪的相对需求就减少了。

奶酪的均衡相对价格由相对供给曲线和相对需求曲线的交点决定。图 3－3 表明，相对需求曲线 *RD* 与相对供给曲线 *RS* 相交于点 1，与点 1 对应的奶酪相对价格位于两国贸易前的奶酪相对价格之间——比方说，这一点的相对价格可能是 1，处于贸易前的价格 1/2 和 2 之间。在这种情况下，各国都只生产自己具有比较优势的产品：本国只生产奶酪，外国只生产葡萄酒。

不过，这并不是唯一可能的情况。例如，如果相对需求曲线是RD'而不是RD，那么，相对供给曲线和相对需求曲线就会相交于RS曲线的一个水平段上。在点 2 处，贸易后奶酪的世界相对价格为a_{LC}/a_{LW}，即本国用葡萄酒衡量的生产奶酪的机会成本。

这个结果的意义是什么呢？如果奶酪的世界相对价格等于本国奶酪的机会成本，本国就不需要从事任何一种产品的专业化生产。事实上，在点 2，本国一定是既生产一些葡萄酒也生产一些奶酪。做出这一推论是因为，此时的相对供给量即水平轴上的点Q'小于本国完全专业化生产奶酪时的水平。不过，由于P_C/P_W低于外国用葡萄酒衡量的奶酪的机会成本，外国仍会完全专业化生产葡萄酒。这进一步说明：如果一个国家真的专业化生产一种产品，那么它生产的一定是其具有比较优势的产品。

我们暂时不考虑两国中可能有一国的生产不是完全专业化的情况。除了这种情况之外，一般来说，国际贸易的结果是：一种贸易产品（如奶酪）对另一种产品（如葡萄酒）的相对价格停留在贸易前两国的相对价格之间。

相对价格趋于聚敛的效应是各国都只专业化生产单位产品劳动投入相对较低的产品。本国奶酪相对价格的上升会使本国专业化生产奶酪，如图 3－4（a）所示，即在点F进行生产；外国奶酪相对价格的下降会使外国只生产葡萄酒，如图 3－4（b）所示，即在点F^*进行生产。

图 3－4　贸易使得消费可能性扩张

说明：国际贸易使得本国消费者和外国消费者可以分别在直线TF和T^*F^*下方的任何一点进行消费，而直线TF和T^*F^*都位于两国生产可能性边界之外。

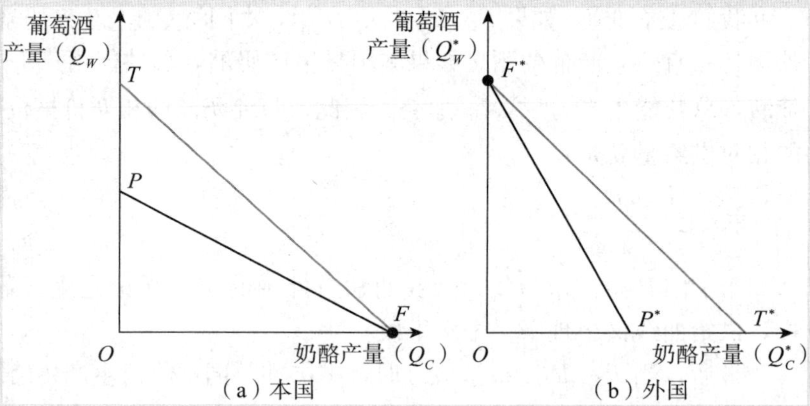

专栏　现实中的比较优势：巴伯·鲁思的例子

每个人都知道巴伯·鲁思（Babe Ruth）是棒球运动史上最伟大的击球手。不过，只有这项运动的真正球迷才知道，鲁思还是有史以来最伟大的投球手之一。因为鲁思在 1918 年之后就停止了其投球手生涯，此后一直是在打外场的过程中创造了自己卓越的击球纪录，所以大多数人甚至不知道他还会投球。为什么大多数人都只把鲁思视为一个击球手呢？比较优势原理提供了答案。

在其职业生涯初期，作为波士顿红袜队（Boston Red Sox）的选手，鲁思在投球方面的确占有绝对优势。历史学家杰弗里·C. 沃德（Geoffrey C. Ward）和电影制片人肯·伯恩斯（Ken Burns）说：

> 在波士顿红袜队最伟大的岁月里，他是队中最伟大的选手，美国联盟最棒的左手投球手，在 6 个赛季中赢得了 89 场比赛。1916 年，当他第一次有机会在世界职业棒球大赛中进行投球时，他淋漓尽致地发挥了自己的才能。在双方打平的情况下他加入了激烈的比赛，使得布鲁克林道奇队（Brooklyn Dodgers）在 11 次击球中一分未得，直到他的队友获得了胜利……在 1918 年的世界职业棒球大赛中，

他再次证明了自己的实力，将他的纪录扩展到 $29\frac{2}{3}$ 局无失分，这一纪录一直保持了 43 年。[①]

1961 年，鲁思的世界职业棒球大赛投球纪录被纽约扬基队的怀特·福德（Whitey Ford）打破。同一年，鲁思的队友罗杰·马里斯（Roger Maris）打破了他 1927 年创造的在一个赛季中有 60 个本垒打的纪录。

尽管鲁思在投球方面具有绝对优势，但是相对于他的队友来说，他在击球技术上的优势要更大一些：他的比较优势在于击球方面。作为投球手，鲁思在两次出场中间必须休息双手，所以不能每一场比赛都出场。为了充分发掘鲁思的比较优势，1919 年，红袜队将其移至中外场，使得他能够更加频繁地击球。

让鲁思集中进行击球这个决策的收益是巨大的。1919 年他有 29 次本垒打。"比任何一个选手在一个赛季中击中过的都要多。"沃德和伯恩斯如是说。扬基队 1920 年签约鲁思后让他继续留在外场（并继续击球）。事实证明这是一个英明的决定。在那一年鲁思击中了 54 个本垒打，创造了惊人的纪录（击中数除以击球数），这个纪录到现在还无人能破，这使得扬基队成为棒球界最负盛名的球队。

贸易利得

我们已经知道，行业间相对劳动生产率不同的国家会在不同的产品生产中进行专业化分工。下面我们要说明的是，每个国家的**贸易利得**（gains from trade）正是通过这种专业化分工获得的。我们将用两种方法来论证贸易的互利性。

一种论证专业化分工和贸易益处的方法是，将贸易看作一种间接的生产方式。本国可以直接生产葡萄酒，但是与外国之间的贸易使得本国可以通过另一种方法来"生产"葡萄酒，即生产并出口奶酪来换取葡萄酒。这种间接的"生产"葡萄酒的方式比直接生产的效率还高。

再回到我们前面举过的数字例子。在本国，我们假定生产 1 磅奶酪需要投入 1 小时劳动，生产 1 加仑葡萄酒需要 2 小时。这意味着用葡萄酒衡量的奶酪的机会成本是 1/2。但是我们知道贸易后奶酪的相对价格会比这个值高，比方说 1。所以，这就是观察到本国贸易利得的一种方法：不用投入 2 小时的劳动去生产 1 加仑葡萄酒，本国可以用等量的劳动去生产 2 磅奶酪，然后用这些奶酪去交换 2 加仑葡萄酒。

下面考虑更一般的情况，我们来看两种不同的使用 1 小时劳动的方法。一方面，本国可以用 1 小时劳动生产 $1/a_{LW}$ 加仑葡萄酒；另一方面，本国可以用 1 小时劳动生产 $1/a_{LC}$ 磅奶酪，并出口这些奶酪来换取葡萄酒，交换条件是 1 磅奶酪交换 P_C/P_W 加仑葡萄酒，这样，1 小时劳动就可以生产 $(1/a_{LC})\times(P_C/P_W)$ 加仑葡萄酒。只要以下条件成立，通过出口奶酪间接生产的葡萄酒就比 1 小时劳动直接生产的葡萄酒要多，即

$$(1/a_{LC})(P_C/P_W)>1/a_{LW} \tag{3-5}$$

或者

$$P_C/P_W>a_{LC}/a_{LW}$$

但是我们知道，在世界市场均衡时，如果没有一个国家同时生产两种产品，就一定有 $P_C/P_W>a_{LC}/a_{LW}$。这说明，本国通过生产并出口奶酪来换取葡萄酒的间接"生产"方式，比自己直接生产葡萄酒的效率更高；同样地，外国也可以通过生产并出口葡萄酒来换取奶酪的方式更高效地"生

① 参见 Geoffrey C. Ward and Ken Burns, *Baseball: An Illustrated History* (New York: Knopf, 1994), p. 155。鲁思的运动生涯引领了棒球场上的指定击球规则，美国联盟的投球手，例如如今的国家联盟投球手，都采用轮击球。关于巴伯·鲁思与比较优势原理之间关系的更深入探讨，参见 Edward Scahill, "Did Babe Ruth Have a Comparative Advantage as a Pitcher?" *Journal of Economic Education* 21 (4), Fall 1990, pp. 402-410。

产”奶酪。这是论证两国均可从贸易中获利的一种方法。

另一种考察两个国家贸易利得的方法是研究贸易如何影响两国的消费可能性。在贸易前，消费可能性边界与生产可能性边界是一致的（图 3-4 中的直线 PF 和直线 P^*F^*）。而一旦国际贸易发生，各国便可以消费与其产出不同的产品组合。图 3-4（a）中的直线 TF 表示本国新的消费可能性边界，图 3-4（b）中的直线 T^*F^* 表示外国新的消费可能性边界。在两国，贸易都扩大了消费选择的范围，因此也必将提高各国居民的福利水平。

相对工资

国际贸易的政治讨论常常着眼于不同国家之间工资率的比较。例如，反对美国与墨西哥进行贸易的人总是强调：墨西哥工人的工资是 6.5 美元/小时，而美国具有代表性的工人的工资却高于 35 美元/小时。我们关于国际贸易的讨论虽然还没有明确地比较两国的工资，但在前面的数字例子中，我们可以确定用于比较两国工资的方法。

在我们的例子中，两国一旦进行专业化生产，则本国所有的工人都会被雇用于生产奶酪。既然生产 1 磅奶酪在本国需要投入 1 小时劳动，本国工人每劳动 1 小时就赚得 1 磅奶酪的价值。类似地，外国工人只生产葡萄酒。既然外国工人每生产 1 加仑葡萄酒需要投入 3 小时，外国工人每劳动 1 小时就赚得 1/3 加仑葡萄酒的价值。

如果想将这些数字转换成美元数，我们需要知道奶酪和葡萄酒的价格。假定 1 磅奶酪和 1 加仑葡萄酒的售价都是 12 美元，则本国工人每小时赚 12 美元，而外国工人每小时赚 4 美元。一国工人的**相对工资**（relative wage）是指该国工人每小时的工资与外国工人每小时的工资的比值。因此，本国工人的相对工资是 3。

显然，只要每磅奶酪与每加仑葡萄酒的售价一样，相对工资的高低就不取决于每磅奶酪的价格是 12 美元还是 20 美元。只要奶酪的相对价格（1 磅奶酪的价格除以 1 加仑葡萄酒的价格）是 1，本国工人的工资就会是外国工人工资的 3 倍。

请注意，该工资率位于两国的两个工业部门的相对劳动生产率之间。本国奶酪的生产率是外国的 6 倍，但葡萄酒的生产率仅为外国的 1.5 倍，而本国的工资率是外国工资率的 3 倍。正是因为相对工资率位于相对生产率之间，两国才各自在一种产品上拥有成本优势。尽管外国葡萄酒的生产率较低，但由于其工资率较低，外国仍具有生产葡萄酒的成本优势。尽管本国的工资率较高，但本国仍具有生产奶酪的成本优势，因为它的高劳动生产率远远抵消了高工资的影响。

至此，我们已经介绍了国际贸易中最简单的模型。显然李嘉图的单一要素模型过于简单，不能用于全面地分析国际贸易的起因或影响。然而，该模型对相对劳动生产率的探讨却是国际贸易研究中非常有用的工具。具体来说，简单的单一要素模型有助于纠正对比较优势意义和对自由贸易利得性质的一些常见误解。这些误解频频出现在有关国际经济政策的公开讨论中，甚至出现在那些自诩专家者的论述中。因此，我们接下来将依据我们的模型，探讨一些关于比较优势的最常见的误解。

专栏

不进行贸易的损失

我们对贸易利得的讨论是一种“思想试验”。在这个试验中，我们比较了两种情形：一种情形是国家之间根本不进行贸易，另一种情形是国家之间进行自由贸易。这些假设是为了帮助我们理解国际经济学的原理，但它们与实际情形并没有多大的关系。毕竟，一个国家不会突然从无贸易状态进入自由贸易状态，或是反之。有什么特例吗？

正如经济史学家道格拉斯·欧文[①]（Douglas Irwin）所指出的：在美国历史的早期，这个国家的确近乎进行了一场从自由贸易到无贸易的“思想试验”。当时的历史背景是这样的：在19世纪早期，英国和法国正在进行一场大规模的军事斗争——拿破仑战争。两个国家在经济方面相互施加压力：法国试图阻止欧洲其他国家与英国进行贸易，英国也对法国进行了经济封锁。年轻的美国在这场斗争中处于中立地位，但也蒙受了巨大的损失。特别是，英国的海军经常扣押美国的商船，有时候还强制性地招募船员为英国服务。

为了使英国停止这种行为，托马斯·杰斐逊（Thomas Jefferson）总统下令完全禁止海外运输。禁海令使得美国和英国都无法从贸易中获益，但是杰斐逊希望英国受到的损害会更多一些，从而同意停止其掠夺行为。

欧文提出的证据表明，禁海令很奏效：尽管存在一些走私行为，美国和世界其他国家之间的贸易仍然大幅减少了。事实上，美国暂时性地放弃了国际贸易。

成本是巨大的。尽管在很大程度上只是猜测，欧文认为：美国的实际收入由于禁运而减少了大概8%。如果你记得美国19世纪早期的产出中只有一小部分可以用来贸易——当时运输成本仍然非常高，因此小麦之类的商品无法进行横跨大西洋的大规模运输——那么，你就会发现这的确是个很大的数目。

对杰斐逊的计划来说遗憾的是，英国似乎并没有因为禁海令而受到同样的损失，也没有对美国的要求做出任何妥协。禁海令在实施14个月后被废止。英国继续掠夺美国的货物和船员，三年后两国开战了。

对比较优势的误解

在经济学中，混淆是非的观点并不少见——政治家、商界领袖甚至经济学家常常不做仔细认真的经济学分析就妄下论断。由于某些原因，在国际经济学领域，这一情况显得尤为突出。打开任何一种周末报纸或者新闻周刊的商业版面，你或许都能发现关于国际贸易的荒谬论述。特别是有三个错误观点尤其易被顽固地坚持。我们将用比较优势的简单模型来阐述这三个观点为什么是错误的。

生产率和竞争力

错误见解一：只有当一个国家的生产率达到足以在国际竞争中立足的水平时，它才能从自由贸易中获益。这一论点极受许多人欢迎。例如，一位知名历史学家曾经在批判自由贸易时认为自由贸易在现实中往往不存在。“要是一国除了不断降低劳动成本以外没有什么产品的生产成本比别国低或者生产效率比别国高，该国怎样从自由贸易中获益?”他对此表示担心。[②]

该学者的观点存在的问题在于，他未能理解李嘉图模型的实质：贸易的利得取决于比较优势而非绝对优势。他担心一个国家可能在生产任何产品上都不如别国的效率高，即该国在任何产品上都没有绝对优势。可是，这为什么就一定是件可怕的事呢？在我们分析贸易时所举的简单数字例子中，本国奶酪部门和葡萄酒部门的单位产品劳动投入都比外国低，也就是说，两个部门的劳动生产率都比外国高。然而，正如我们论述过的，两个国家都可以从贸易中获益。

人们往往容易错误地假定，一国出口某种产品的能力来自该国在生产率上具有的绝对优势。但是，生产一种产品的绝对生产率优势既不是在这一产品上具有比较优势的必要条件，也不是充分条

---

① Douglas Irwin, “The Welfare Cost of Autarky: Evidence from the Jeffersonian Trade Embargo, 1807－1809,” *Review of International Economics* 13 (September 2005), pp. 631－645.

② Paul Kennedy, “The Threat of Modernization,” *New Perspectives Quarterly* (Winter 1995), pp. 31－33. 经 John Wiley & Sons, Ltd. 许可引用。

件。单一要素模型清楚地说明了为什么一个产业的绝对生产率优势既不是产生竞争优势的必要条件，也不是充分条件：**一个产业的竞争优势不仅取决于该部门相对于别国同一部门的生产率，也取决于本国相对于外国的工资率。**一个国家的工资率又取决于其他产业部门的相对生产率。在我们的数字例子中，外国生产葡萄酒的效率比本国低，但奶酪部门生产率的相对劣势更大。由于外国各部门的生产率都较低，其工资率必然比本国低，低到足以使葡萄酒的生产成本也比本国低。同样地，在现实世界中，葡萄牙生产服装的生产率相对于美国来说比较低，但是葡萄牙其他产业部门生产率的劣势更大，因此葡萄牙的工资率会非常低，低到足以使其在服装生产上相对于美国来说拥有比较优势。

然而，这种基于低工资的竞争优势是否不公平呢？许多人认为答案是“是”。我们将在分析第二个错误见解时讨论他们的这些认识。

专栏 工资反映生产率吗？

在我们用来说明对比较优势的普遍误解的数字例子中，我们假定两国的相对工资反映了它们的相对生产率——具体地说，本国与外国工资的比率处于一个范围之内，其大小应使得每个国家在两种产品中的一种上具有成本优势。这是我们理论模型的一个题中应有之义。但是许多人认为这个模型不具说服力。特别地，中国等新兴市场经济体生产率的快速上升让一些西方观察家深感忧虑。他们论证说：即使这些国家的生产率提高了，它们也仍会继续支付低工资，使得高工资国家在成本上始终处于劣势。他们同时也认为，正统经济学家相反的预言只是不现实的理论投机。先不管这一立场的逻辑如何，其证据是什么？

答案是现实世界中各国的工资率的确反映了生产率的差异。下图对 2015 年所选的部分国家的生产率和工资率进行了估计。这两者都以占美国水平的百分比来体现。生产率是用以美元计量的单个劳动力的生产总值来估计的，本书的后半部分也是如此，这样就可以表示贸易品的生产率。工资率用制造业的工资来测算。

生产率与工资

说明：一个国家的工资率大致与该国的生产率成比例。

资料来源：International Monetary Fund and the Conference Board.

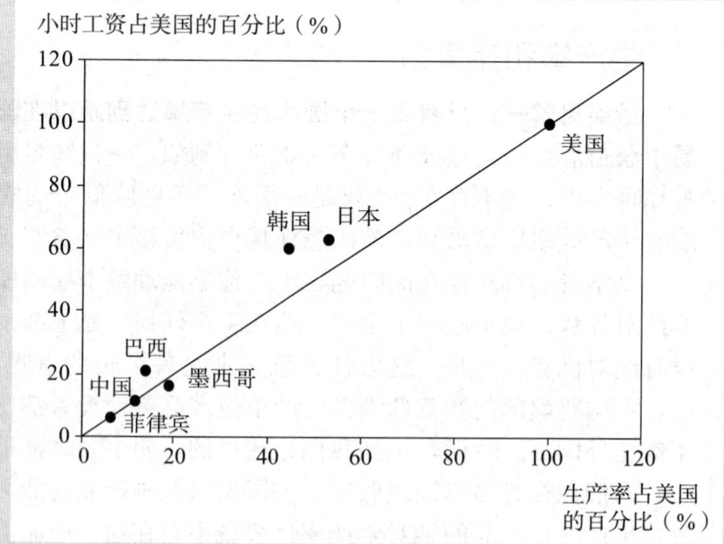

如果工资率严格正比于生产率，图中所有的点就应该沿 45°线分布。实际上，图中的拟合度还是不错的。尤其是低工资的印度和中国反映了低的生产率。

中国总体生产率的较低估计值也许让人吃惊，因为我们听到了不少关于美国公司和中国出口产品竞争的故事。生产出口产品的中国工人的生产率似乎并不是特别低。正如比较优势理论所述：一国会出口相对生产率高的产品。因此，我们只能预期，中国整体的相对劳动生产率要远低于出口行业的水平。

上图表明，传统经济学家所认为的国家工资率反映生产率的观点可以被某一时期的现实数据所证明。回顾历史也可以看到，相对劳动生产率的提高已经导致了工资率的增加。以韩国为例，2015 年其劳动生产率大约为美国的一半，而同时其工资率也大约为美国的一半。但并不是历来如此：在不久前的过去，韩国是一个低生产率和低工资率的国家。在 1975 年，韩国的工资水平仅为美国的 5%，但当韩国的生产率提高时，它的工资也提高了。

总之，这一证据有力地支持了一个基于经济模型的观点：生产率的提高会反映在工资的增长中。

贫民劳动论

错误见解二：如果来自外国的竞争建立在低工资的基础上，那么这种竞争就是不公平的，而且会损害其他参与竞争的国家。这个论断有时也被称为**贫民劳动论**（pauper labor argument），它深受面临外来竞争而寻求保护的工会的拥护。坚持这一观点的人认为：国内产业没有必要与那些低效率、低工资的外国产业打交道。这个观点传播非常广泛并具有相当大的政治影响。1993 年，罗斯·佩罗特（Ross Perot）——一位白手起家的亿万富翁及前总统候选人警告说，由于墨西哥低得多的工资率，美国和墨西哥之间的自由贸易会导致美国工业南移，墨西哥会“大吸一口气”，将美国的资源一下吸走。同年，另一位白手起家的亿万富翁詹姆斯·戈德史密斯爵士（Sir James Goldsmith）——也是一位资深的欧洲议会成员，在一本畅销法国的书《陷阱》（*The Trap*）中也表达了类似的观点，尽管表达得不是那么生动。

我们再次用简单的例子来揭示这个见解的错误。在前面的例子中，本国两个部门的生产率都比外国高，而外国葡萄酒的生产成本之所以比本国低，依靠的完全是超低的工资率。不过，外国的低工资率与本国是否从贸易中获利的问题并无关系。外国生产葡萄酒的成本较低是因为外国的生产率高，还是因为工资率低，对于本国生产什么是一件无关紧要的事。对本国来说，关键的事实只是：**用本国自己的劳动力来衡量**，本国生产奶酪换取葡萄酒比直接生产葡萄酒更便宜。

这样的贸易对本国来说是有益的，那么对外国呢？将出口建立在低工资的基础上有何不妥之处？诚然，以低工资来获得比较优势并不是人们所情愿的，但只有拥有了高工资贸易才有益的思想也是错误的。下面我们就来评述最后一个错误见解。

剥　削

错误见解三：如果一个国家的工人比其他国家的工人工资低很多，那么贸易就会使得这个国家受到剥削并使其福利恶化。经常有人用感情化的语言来表述这一观点。例如，一位报刊专栏作者将盖普（The Gap）这个服装连锁企业首席执行官几百万美元的收入与为其生产一些商品的中美洲工人每小时不到 1 美元的工资相比较。[①] 的确，世界上许多工人的工资低得可怕，要说这是合情合理的似乎有些残酷。

但是，如果有人问自由贸易的好处在哪里，其要旨不在于问是否应该付给低工资工人更高的工资，而在于问他们和他们国家的福利水平在进行基于低工资的商品出口时，是否比拒绝参与这种“丧失身份”的贸易时下降了。在问这个问题时，还得问一句：**其他的选择方案是什么？**

尽管有点抽象，但我们的数字例子说明：除非有更好的选择方案，否则就不能说低工资下的贸

① Bob Herbert, “Sweatshop Beneficiaries: How to Get Rich on 56 Cents an Hour,” *New York Times* (July 24, 1995), p. A13.

易意味着剥削。在该例中，外国工人的工资比本国工人的工资低得多，报刊专栏作者一定会对工人被剥削表示愤怒。但是，如果外国通过拒绝与本国进行贸易（或者通过坚持付给其出口部门工人超高的工资，其效果一样）来拒绝被“剥削”，那么，其实际工资将会更低：每个工人每小时工资的购买力可能会从 1/3 磅奶酪降至 1/6 磅奶酪。

专栏作者将盖普首席执行官的收入与为其生产服装的工人的收入相比较，是出于对中美洲地区工人贫困状况的愤慨，对此我们能够理解。但是，拒绝出口和贸易的机会恰恰会使其陷入更加贫困的境地。

多种产品的比较优势模型

我们的讨论到目前为止都是建立在一个只生产和消费两种产品的模型基础之上的。这种简化分析不仅能使我们方便地抓住比较优势和贸易的许多要点，而且正如我们在上一节所看到的，还能为我们探讨政策问题提供工具。然而，为了使我们的研究更加切合实际，有必要了解比较优势在多种产品模型中是如何发挥作用的。

建立模型

我们再次假定世界上只有两个国家——本国和外国。与前面一样，每个国家只有一种生产要素——劳动。然而与前面的模型不同的是，每个国家都消费并能生产许多种产品——假定一共有 N 种不同的产品，我们给每种产品从 1 到 N 进行编号。

每个国家的技术水平可以用每种产品的单位产品劳动投入来表示，即生产 1 单位每种产品所需要的劳动时间。我们假设本国某种产品的单位产品劳动投入为 a_{Li}，其中 i 为该种产品的编号。如果奶酪是第 7 号产品，a_{L7} 就是奶酪的单位产品劳动投入。按惯例，我们用 a^*_{Li} 表示相应的外国产品的单位产品劳动投入。

为了分析贸易，我们还要做一件事，就是将每种产品的本国和外国的单位产品劳动投入之比 a_{Li}/a^*_{Li} 计算出来，并按这一比值的大小重新编号。比值越小，产品的编号就越小。也就是说，我们将产品按下面的不等式重新编排：

$$a_{L1}/a^*_{L1}<a_{L2}/a^*_{L2}<a_{L3}/a^*_{L3}<\cdots<a_{LN}/a^*_{LN} \tag{3-6}$$

相对工资和专业化分工

下面我们就可以来看一下贸易模式。这一贸易模式只取决于一个因素：本国与外国的工资比率。只要知道这一比率，我们就能确定哪个国家生产哪种产品。

令 w 为本国的小时工资率，w^* 为外国的小时工资率，则两国的工资率之比就是 w/w^*。这样一来，确定世界生产布局就变得非常简单：产品总是在生产成本最低的地方进行生产。生产某种产品比如产品 i 的成本，就等于 i 的单位产品劳动投入乘以工资率。在本国生产产品 i 的成本是 wa_{Li}；在外国生产产品 i 的成本是 $w^*a^*_{Li}$。一方面，如果满足下述条件，在本国生产产品 i 的成本就更低。

$$wa_{Li}<w^*a^*_{Li}$$

或改写为

$$a^*_{Li}/a_{Li}>w/w^*$$

另一方面，如果满足下述条件，在外国生产产品 i 的成本就更低。

$$wa_{Li}>w^*a^*_{Li}$$

或改写为

$$a_{Li}^*/a_{Li} < w/w^*$$

这样，我们就可以重述生产布局的规则：任何符合$a_{Li}^*/a_{Li} > w/w^*$条件的产品都将在本国生产，而任何符合$a_{Li}^*/a_{Li} < w/w^*$条件的产品都将在外国生产。

我们已经将产品按照a_{Li}/a_{Li}^*的值从小到大的顺序进行编号［方程（3-6）］。上述专业化分工的法则告诉我们，根据两国的工资率之比w/w^*可以将按编号排好序的产品从中“断开”。断开之后，断点左边的所有产品就由本国来生产，断点右边的所有产品就由外国来生产。（下面我们会谈到，工资率之比也可能恰好等于某一产品的单位产品劳动投入。在这种情况下，两个国家都可以生产这种产品。）

表 3-2 给出了一个具体的数字例子。在本例中，本国和外国都消费并都能生产五种产品：苹果、香蕉、鱼子酱、枣和烤饼。

表 3-2　本国和外国的单位产品劳动投入

产品	本国单位产品劳动投入（a_{Li}）	外国单位产品劳动投入（a_{Li}^*）	本国生产率的相对优势（a_{Li}^*/a_{Li}）
苹果	1	10	10
香蕉	5	40	8
鱼子酱	3	12	4
枣	6	12	2
烤饼	12	9	0.75

表 3-2 前两列数据的意思很明确。第三列数据是每种产品外国与本国的单位产品劳动投入之比，即本国每种产品劳动生产率的相对优势。我们根据本国的生产率优势为产品排了序，本国优势最大的产品是苹果，最没有优势的产品是烤饼。

哪个国家生产哪种产品取决于两国的工资率之比。对本国来说，相对生产率高于相对工资率的产品具有成本优势，外国则在其他产品上具有成本优势。例如，如果本国的工资率是外国的 5 倍（本国工资与外国工资的比率为 5∶1），则苹果和香蕉由本国生产，鱼子酱、枣和烤饼由外国生产。如果本国的工资率只有外国的 3 倍，则苹果、香蕉和鱼子酱由本国生产，枣和烤饼由外国生产。

这种专业化分工模式是否对双方都有利呢？我们可以用前文所述的方法来进行验证：把一个国家直接生产某种产品的劳动成本与通过生产另一种产品来换取这种产品即“间接”生产所需花费的劳动成本进行比较。如果本国的工资率是外国的 3 倍（换言之，外国的工资率是本国的 1/3），则本国会进口枣和烤饼。在外国，生产 1 单位枣需要 12 单位劳动，假定两国工资率之比为 3∶1，则换算成本国的劳动成本就是 4［=(12÷3)］人·时。该 4 人·时的成本低于在本国直接生产 1 单位枣所需投入的 6 人·时。再看烤饼，外国生产这一产品的生产率较高，而外国的工资率又较低。通过贸易，本国只需花费 3 人·时的劳动就能得到 1 单位烤饼，而自行生产却需投入 12 人·时的本国劳动。通过类似的计算还可说明，外国也可以从贸易中获利——外国进口的每一种产品折算成自己国内的劳动都比它自己生产所需花费的国内劳动要少。例如，外国要花费 10 小时的劳动生产 1 单位苹果：尽管外国的工资率仅为本国工人的 1/3，外国工人也只需要 3 小时的劳动就可以挣得足够的收入用于从本国购买这 1 单位苹果。

然而在以上计算中，我们只是简单地假设相对工资率是 3。在实际中，这一相对工资率是如何确定的呢？

多种产品模型中相对工资的确定

在两种产品的模型中，我们先计算用奶酪衡量的本国工资和用葡萄酒衡量的外国工资，然后用奶酪对葡萄酒的相对价格来推算两国的工资率之比。我们之所以可以这么做，是因为我们已知本国生产奶酪，外国生产葡萄酒。在多种产品模型中，谁生产什么必须在相对工资率已知的情况下才能确定，所以两种产品模型中的方法在这里行不通。要确定在多种产品经济中的相对工资，我们必须根据对产品的相对需求来推知隐含的对劳动的相对需求。对劳动的相对需求不是消费者的直接需求，而是根据对各国劳动力所生产的产品的需求推算出来的**派生需求**（derived demand）。

当本国对外国的工资率之比上升时，对本国劳动的相对派生需求就会减少。原因有两个：第一，由于本国劳动相对于外国劳动的价格升高，本国所生产的产品的价格也会相对更高，世界市场对这些产品的需求就会减少；第二，本国的工资上升后，本国生产的产品种类就会减少，外国生产的产品种类就会增多，这进一步减少了对本国劳动的需求。

我们可以用表 3－2 中的数字例子来说明这两种效应。假设最初本国工资是外国工资的 3.5 倍。在这一工资水平上，本国将生产苹果、香蕉和鱼子酱，外国将生产枣和烤饼。如果本国的相对工资从 3.5 一直上升到 3.99，专业化分工的布局将不会改变。但是，随着本国生产产品相对价格的提高，对这些产品的相对需求就会减少，对本国劳动的需求也会随之减少。

假设本国相对工资从 3.99 微幅上升至 4.01，这个小小的上升幅度会改变整个专业化分工的布局。因为此时外国生产鱼子酱的成本比本国低了，所以鱼子酱的生产会从本国转移到外国。这对本国劳动的相对需求意味着什么呢？显然，相对工资率从略小于 4 上升到略大于 4 意味着对本国劳动的相对需求会有一个陡然的下降，这是因为本国停止了鱼子酱的生产，而外国获得了一个新的产业生机。如果相对工资继续上升，对本国劳动的需求就会继续下降。当相对工资为 8 时，又会出现一个陡然的下降。此时，香蕉的生产也会转移到外国。

我们可以用图 3－5 来说明相对工资的确定。与图 3－3 不同，图 3－5 的数轴并不表示产品的相对产量或相对价格，而代之以相对劳动量和相对工资率。*RD* 曲线表示世界市场对本国劳动的相对需求，*RS* 曲线表示世界市场上本国劳动的相对供给。

劳动的相对供给就是本国和外国可供给的劳动之比。假定劳动的供给不随工资的变化而变化，

图 3－5 相对工资的确定

说明：在多种产品的李嘉图模型中，相对工资由派生的劳动相对需求曲线 *RD* 和相对供给曲线 *RS* 的交点确定。

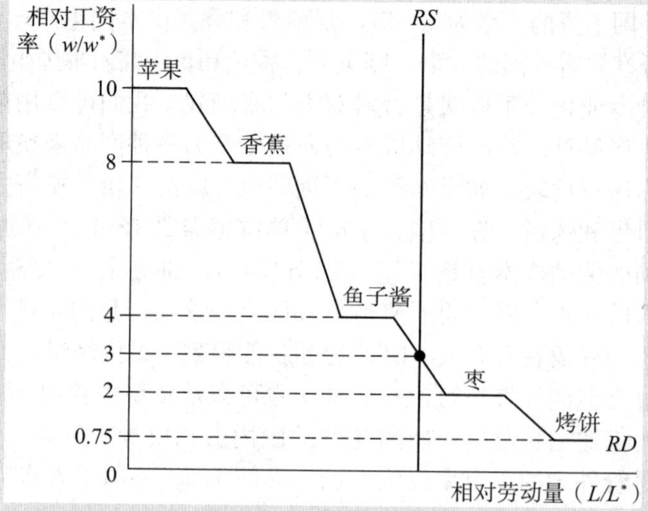

相对工资对相对劳动供给没有影响，因此 *RS* 曲线是一条垂直于横轴的直线。

我们关于劳动相对需求的讨论解释了为什么 *RD* 曲线是阶梯形的。只要本国工人对外国工人的相对工资率提高，对本国产品的相对需求就会减少，对本国劳动的需求也随之减少。此外，每当本国的相对工资上升到使得某种产品的生产在外国成本更低从而转移到外国时，对本国劳动的相对需求就会陡然下跌。所以，*RD* 曲线在两种形态之间进行切换：在专业化生产布局不变时，曲线就会平缓地向下倾斜；在生产布局发生变化导致相对需求突然下跌时，曲线就是一条水平线。如图 3－5 所示，这五段水平线分别对应着等同于五种产品本国对外国生产率之比的相对工资率。

RD 曲线和 *RS* 曲线的交点确定了均衡相对工资。在图 3－5 中，均衡相对工资是 3，在这个工资水平上本国生产苹果、香蕉和鱼子酱，外国生产枣和烤饼。这一结果取决于两国的相对规模（决定了 *RS* 曲线的位置）和对产品的相对需求（决定了 *RD* 曲线的形状和位置）。

如果 *RS* 曲线和 *RD* 曲线的交点正好在其中的某一段水平线上，则两个国家都能生产这段水平线所对应的产品。

运输费用与非贸易品

现在我们考虑运输费用的影响以使我们的模型进一步接近现实。运输费用不会改变比较优势和贸易利得的根本原则。然而，由于运输费用会给产品和服务的流动造成障碍，它对其他诸多因素——例如国外援助、国际投资以及国际收支平衡等——怎样影响贸易中的世界经济有着很重要的意义。在我们尚未研究上述因素的作用的时候，多种产品的单一要素模型正是介绍运输费用影响的适宜之处。

首先，我们注意到上节中的模型所描述的世界经济是以极端的国际专业化分工为标志的。两个国家可以同时生产的产品至多只有一种，所有其他产品要么只由本国生产，要么只由外国生产。

在实际的国际经济中，专业化分工不会这样极端，原因有三个：

（1）生产中多种要素的存在会减弱专业化分工的趋势（我们将在随后两章中看到）。

（2）有时，国家要针对外来竞争保护民族产业（第 9～12 章将详细讨论）。

（3）由于产品和服务的运输费用昂贵，以至有时运输费用过高，使得一些国家不得不在某些产业部门实行自给自足。

在上面的多产品例子中，我们发现当本国的相对工资率为 3 时，本国生产苹果、香蕉和鱼子酱的成本比外国低，而外国生产枣、烤饼的成本比本国低。**在不计运输费用时**，本国会出口前三种产品，进口后两种产品。

现在假定产品运输会产生费用，并假定运输费用是生产成本的一个统一的百分比，如 100%，这笔运输费用就会阻碍贸易。以枣为例，生产 1 单位枣需要 6 小时的本国劳动或者 12 小时的外国劳动，在相对工资为 3 的水平上，12 小时的外国劳动与 4 小时的本国劳动成本相同。所以，在忽略运输费用时，本国应当进口枣。然而，当需要计入 100%的运输费用时，进口枣的成本相当于 8 小时的本国劳动（4 小时的劳动加上相当于 4 小时劳动的运输费用），所以本国不如自己生产枣。

类似的费用比较还可以表明，外国此时自己生产鱼子酱的成本比进口的费用要小。生产 1 单位鱼子酱需要 3 小时的本国劳动。就算本国的相对工资是 3，从而 3 小时的本国劳动等于 9 小时的外国劳动，这仍比外国自己直接生产鱼子酱所需的成本即 12 小时的劳动要低。所以，如果不计运输费用，外国从本国进口鱼子酱会更便宜，自己不去生产。可有了 100%的运输费用后，外国进口鱼子酱的成本相当于 18 小时的本地劳动，所以，它宁愿自己生产。

这样，本例中运输费用的引入使得本国仍然出口苹果和香蕉，并进口烤饼。而鱼子酱和枣则变成了**非贸易品**（nontraded goods），即各国自给自足的产品。

在本例中，我们假设了各部门运输费用占生产成本的比例是统一的。实际上，运输费用的变化范围很大。在某些情况下，运输基本上是不可能的——理发、汽车修理等服务行业不可能进行国际贸易［国境边界的繁华地区除外，如密歇根州的底特律与加拿大安大略省的温莎（Windsor）边界］。此外，一些重量-价值比（weight-to-value ratios）很高的产品也很少进行国际贸易，例如水泥（即便国外生产水泥的成本比本国低得多，也不值得花大笔的运输费用去进口）。许多产品成为非贸易品，有的是因为本国的成本优势不够大，有的是因为运输费用太高。

重要的一点是各国收入的很大一部分都被花费在了非贸易品上。这个事实对我们以后要讨论的国际货币经济学极其重要。

对李嘉图模型的实证分析

对于研究贸易产生的原因及国际贸易对国家福利的影响而言，李嘉图的国际贸易模型是一个极其有用的工具。但是，这个模型是否反映了现实世界的情形？李嘉图模型对于实际国际贸易流向的预见是否准确？

我们很难对这两个问题做出肯定的回答。很清楚，在许多方面，李嘉图模型会导致错误的预测。首先，如我们讨论非贸易品时所提到的，简单的李嘉图模型预测了极端的专业化分工，而这种专业化分工在现实世界中根本不存在。其次，李嘉图模型忽略了国际贸易对国内收入分配的影响，并据此认为国家作为一个整体始终能够从贸易中获利。但在实际中，国际贸易对收入分配会产生强烈的影响。再次，李嘉图模型忽略了各国资源的不同也是贸易产生的一个原因，因此漏掉了贸易体系的一个重要方面（第4～5章的重点）。最后，李嘉图模型忽视了规模经济也可能是国际贸易的起因，这使它无法解释明显相似的国家之间大量的贸易往来（将在第7～8章中讨论）。

尽管存在许多不足，但李嘉图模型的基本预见——国家应当趋向于出口劳动生产率相对高的产品——已经被多年以来的许多研究所证实。

不少对李嘉图模型的实证检验都使用第二次世界大战后初期的数据来比较美英两国的生产率和贸易。① 这是一项具有不同寻常的启发意义的比较，因为它揭示了这样一个事实：几乎在所有的部门，英国的劳动生产率都低于美国。因此，美国在各方面都具有绝对优势。然而，英国当时的总出口量与美国的几乎一样大。毫无疑问，一定是英国的一些部门虽然绝对生产率低下但却拥有比较优势。根据李嘉图模型，这些部门应该是美国与英国相比生产率优势较小的部门。

图3-6显示了支持李嘉图模型的证据，使用的数据来自匈牙利经济学家贝拉·巴拉萨（Bela Balassa）1963年发表的一篇论文。该图比较了1951年26个制造业部门中美国与英国的出口比率以及美国与英国劳动生产率的比率。横轴表示劳动生产率比率，纵轴表示出口比率。两条轴上用的都是对数值——主要是因为用对数值显示的图像更为清晰。

根据李嘉图理论，美国某个产业的相对生产率越高，美国公司就比英国公司更有可能出口那个产业的产品。图3-6就表明了这一点。实际上，如图中所显示的那样，散点的分布非常接近一条向上倾斜的直线。正如所有的经济数据一样，用于比较的这些数据也一定存在着不少测算误差，但这些点的拟合还是相当不错的。

① 这方面的研究最早是由G. D. A. 麦克杜格尔（G. D. A. MacDougall）完成的。他的文章列在本章的延伸阅读中。我们在这里提到的是贝拉·巴拉萨所做的一项知名的跟进研究："An Empirical Demonstration of Classical Comparative Cost Theory," *Review of Economics and Statistics* 45 (August 1963), pp. 231-238。在此，我们利用巴拉萨的数据进行分析。

图 3-6　生产率和出口

说明：比较研究表明，美国的相对劳动生产率较高的产业，其出口相对于英国的出口来说也较高。每一个小黑点代表着一个不同的产业。

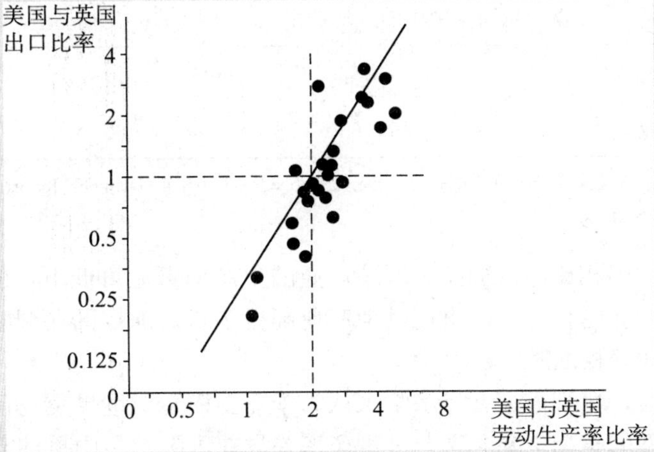

正如所预期的，图 3-6 所显示的情况证实了李嘉图的基本判断：贸易取决于**比较**优势而不是**绝对**优势。在这些数据所涉及的年代，美国各部门的劳动生产率都比英国高得多，平均大约为英国的 2 倍。我们在前面曾提到一个普遍存在的错误见解，即认为只有在生产率能与其他国家一争高低时，一个国家的产品才有竞争力。这个误解会让我们认为美国在所有产品上都具有出口优势。然而，李嘉图模型告诉我们：某个产业的生产率比外国高并不足以确保一国会出口这个产业的产品。只有当这个产业的相对生产率比其他部门都高时，我们才能下此定论。图 3-6 表明，当时的情况是美国所有 26 个制造业部门的生产率都比英国高（由小黑点的位置可以看出），高出 11%到 366%不等。但是，英国有 12 个部门的产品出口却大于美国。图 3-6 还表明：总的来说，只是在美国的生产率优势基本超过 2∶1 的那些产业部门，美国的出口才大于英国的出口。

最近，我们发现，验证李嘉图模型的证据不那么明确清晰了。部分原因是：世界贸易的增长以及随之带来的国家间的专业化生产意味着我们几乎没有机会看到各个国家的弱项！在 21 世纪的世界经济中，各国一般不生产自身具有比较劣势的产品，所以无法衡量这些部门的生产率。例如，大多数国家不生产飞机，因此就没有相关的单位产品劳动投入的数据。但尽管如此，仍有许多证据表明：劳动生产率的差异在决定世界贸易模式中继续扮演着重要的角色。

李嘉图比较优势理论时至今日仍然有效，也许关于这一点的最有力证据是它可以解释一些生产率整体很低的新兴国家成为一些产业的重要出口国的原因。比如，我们考虑孟加拉国服装出口的例子。2013 年 4 月，一幢容纳有五家服装工厂的建筑倒塌，造成一千余人死亡，孟加拉国的服装产业因此遭受了舆论的猛烈抨击。然而，这场悲剧背后的原因却是孟加拉国服装出口的迅猛增长，其势头正在迅速赶超先前的最大供应国——中国。我们已经看到，中国的生产率与美国相比仍旧较低。但即便是与中国相比较，孟加拉国的生产率也是极度低下的，孟加拉国仍是一个非常贫困的国家。尽管如此，孟加拉国服装出口的增长依然发生了。

孟加拉国成功的秘诀何在？在服装生产上，孟加拉国的生产率虽然相当低，但与其他产业的生产率劣势相比，它在服装产业的生产率劣势要小得多，这才造就了它在服装产业的比较优势。表 3-3 基于 2011 年的数据，用一些估计值说明了这一点。

表 3-3	2011 年孟加拉国与中国的比较	
	孟加拉国与中国的人均产出比率（%）	孟加拉国与中国的出口比率（%）
所有制造业	28.5	1.0
服装业	77.0	15.5

资料来源：McKinsey and Company，“Bangladesh's Ready-made Garments Industry：The Challenge of Growth，” 2012；UN Monthly Bulletin of Statistics.

与中国相比，孟加拉国服装产业的生产率仍显著低下，服装生产仍具有绝对劣势。但是，由于其服装产业的相对生产率比其他产业高得多，孟加拉国在服装上仍具有很强的比较优势，乃至让中国也不能轻松取胜。

总之，尽管很少有经济学家认为李嘉图模型对世界贸易的起因和结果做了完全充分的描述，但是该模型的两个主要含义——生产率差异在国际贸易中扮演着重要角色以及重要的是比较优势而非绝对优势——似乎确实得到了事实证据的支持。

提 要

1. 我们研究了李嘉图模型，在所有表明国家之间的差异是如何导致贸易及贸易利得的模型中，它是最简单的一个。在这个模型里，劳动是唯一的生产要素，劳动生产率的差异是各个国家产业部门之间唯一的不同点。

2. 在李嘉图模型中，一个国家将出口劳动生产率相对高的产品，并进口劳动生产率相对低的产品。换言之，一国的生产模式由比较优势确定。

3. 我们可以用两种方法来说明国际贸易对国家有利。第一，我们可以把贸易看成是一种间接的生产方法，这种方法可以通过生产别的产品换取所需要的产品来代替自己直接生产。我们的简单模型表明：只要是进口某种产品，就意味着这种间接的“生产”所需要投入的劳动比直接生产要少。第二，模型还表明：贸易扩大了一国的消费可能性，这也是贸易利得的体现。

4. 贸易利得的分配取决于各国产品的相对价格。为了确定相对价格，我们需要研究产品在世界市场上的相对供给和相对需求。相对价格也隐含了相对工资率。

5. 贸易的获益性是绝对的，既不需要国家有“竞争实力”，也不要求贸易“公平”。为说明这一点，我们特地分析了三个常见的有关贸易的错误观点。我们的观点是：第一，即使一个国家所有产业的劳动生产率都比它的贸易伙伴低，它也能从贸易中获利。第二，即使外来竞争的优势是建立在低工资的基础上，一国也能从贸易中获利。第三，即使一个国家的出口产品所包含的劳动投入大于它的进口产品的劳动投入，贸易对它也是有益的。

6. 将两种产品的单一要素模型扩展到多种产品也不会改变上述结论。唯一的区别是，后者需要通过直接关注劳动的相对需求来确定相对工资率，而前者是通过对产品的相对需求来确定相对工资率。此外，多种产品模型也可用于说明另一个重要结论，即运输费用可以导致非贸易品的产生。

7. 虽然李嘉图模型中的一些预见明显不切合实际，但是它的基本理论，即国家倾向于出口劳动生产率相对较高的产品，已经被许多研究所证实。

关键术语

绝对优势	比较优势	派生需求	贸易利得
一般均衡分析	非贸易品	机会成本	局部均衡分析

贫民劳动论　　生产可能性边界　　相对需求曲线　　相对供给曲线
相对工资　　李嘉图模型　　单位产品劳动投入

习 题

1. 本国共有 1 200 单位劳动，能生产两种产品：苹果和香蕉。苹果的单位产品劳动投入是 3，香蕉的单位产品劳动投入是 2。

a. 画出本国的生产可能性边界。

b. 用香蕉衡量的苹果的机会成本是多少？

c. 在贸易前，苹果对香蕉的相对价格是多少？为什么？

2. 本国的情况与第 1 题相同。外国拥有 800 单位劳动。外国苹果的单位产品劳动投入是 5，香蕉的单位产品劳动投入是 1。

a. 画出外国的生产可能性边界。

b. 画出世界相对供给曲线。

3. 假定世界相对需求的表示如下：对苹果的需求/对香蕉的需求＝香蕉价格/苹果价格。

a. 在相对供给曲线的同一幅图上画出世界相对需求曲线。

b. 苹果的均衡相对价格是多少？

c. 描述本题的贸易模式。

d. 说明本国和外国都可以从贸易中获利。

4. 假定本国现有 2 400 名工人而不是 1 200 名，求新的均衡相对价格。请分析在这种情况下世界的生产效率和两国之间贸易利得的分配。

5. 假定本国有 2 400 名工人，但是他们的生产效率只有前述习题中假设的一半。画出世界相对供给曲线，并确定均衡的相对价格。比较本题和第 4 题中的贸易利得。

6. “A 国工人每小时工资仅为 0.75 美元，如果允许 A 国无限制地向美国出口，美国工人的工资也会降到这个水平。你不可能只进口 10 美元一件的 T 恤衫而不进口 0.75 美元的工资率。”分析这段话。

7. 在制造业部门，日本的劳动生产率与美国大致相同（有的产业比较高，有的产业比较低），而在服务业方面，美国的劳动生产率比日本还是明显要高。但大部分服务是非贸易品。一些分析家认为这给美国经济带来了问题，因为美国具有比较优势的产品无法在世界市场上出售。这个结论错在什么地方？

8. 去过日本的人都知道日本的物价极高。尽管日本工人的工资和他们的美国同行差不多，但他们收入的购买力却只有美国的 1/3。扩展第 7 题的分析来解释这个现象。（提示：考虑工资率及隐含的非贸易品的价格。）

9. 许多产品不能进行贸易的事实对贸易利得会产生什么影响？

10. 我们重点讨论了只包含两个国家的例子。假定有许多国家都能生产两种产品，并且每个国家都只有劳动这一种生产要素。在这种情况下，生产模式和贸易模式会怎样？（提示：画出世界相对供给曲线。）

延伸阅读

Donald Davis. “Intraindustry Trade：A Heckscher-Ohlin-Ricardo Approach.” *Journal of International Economics* 39 (November 1995)，pp. 201－226. 该文献是对运用李嘉图方法分析具有相似资源的国家之间的贸易的一个最近复兴。

Rudiger Dornbusch，Stanley Fischer，and Paul Samuelson. “Comparative Advantage，Trade and Payments in a Ricardian Model with a Continuum of Goods.” *American Economic Review* 67 (December 1977)，pp. 823－839. 在李嘉图模式中，最近的理论建模通过假设产品数量是如此之多以至可以构成平滑连续统来发展简化多种产品的李嘉图模型的观点。

Giovanni Dosi，Keith Pavitt，and Luc Soete. *The Economics of Technical Change and International Trade*. Brighton：Wheatsheaf，1988. 这一实证考察表明，工业制成品的国际贸易主要由国家的技术能力的差异驱动。

Stephen Golub and Chang-Tai Hsieh. “Classical Ricardian Theory of Comparative Advantage Revisited.”

Review of International Economics 8 (2), 2000, pp. 221 - 234. 该文献是对相对生产率与贸易模式之间的关系的一个统计分析，该分析发现两者间存在强有力而合理的相关关系。

G. D. A. MacDougall. "British and American Exports: A Study Suggested by the Theory of Comparative Costs." *Economic Journal* 61 (December 1951), pp. 697 - 724; 62 (September 1952), pp. 487 - 521. 在这一著名研究中，麦克道格尔使用美国和英国的生产率比较数据来验证李嘉图模型的预测。

John Stuart Mill. *Principles of Political Economy*. London: Longmans, Green, 1917. 穆勒 1848 年的论文将李嘉图的工作扩展成一个完善的国际贸易模型。

David Ricardo. *The Principles of Political Economy and Taxation*. Homewood, IL: Irwin, 1963. 在该书中，李嘉图模型的基本来源是李嘉图自己，该书初版于 1817 年。

第4章 特定要素与收入分配

通过第3章的学习我们知道，参与国际贸易的国家都能从贸易中受益。然而，有史以来，面对进口产品的竞争，各国政府都对本国的产业部门进行了保护。例如，美国作为签约遵守自由贸易原则的国家，却对服装、纺织品、糖、乙醇、奶制品以及其他许多产品的进口施加限制。在总统改选时期，美国政府常常会针对关键的政治摇摆州所生产产品的进口征收惩罚性关税。[①]既然贸易能利国兴邦，为什么还要反对贸易呢？为了理解贸易政策，我们在分析贸易的影响时不仅需要着眼于整个国家，而且有必要分析收入在一国内部的分配。

第3章中的李嘉图模型说明了贸易的潜在利益。在这一模型中，贸易可以使得各国的劳动从劳动生产率相对低的部门转向劳动生产率相对高的部门，从而形成了专业化分工。由于劳动是唯一的生产要素，并且可以从一个产业部门向另一个产业部门自由转移，所以单个工人不会因为贸易而受到损失。因此，李嘉图模型提出：不仅所有国家都可以从贸易中获利，而且由于贸易并不影响收入分配，因而每个个体的福利也都可以得到改善。然而，在现实世界中，贸易对每个参与贸易的国家内部的收入分配都有着很大的影响，因此在实践中贸易收益的分配常常很不均等。

国际贸易对收入分配有着巨大的影响，其原因有两个：第一，作为贸易的短期结果，资源从一个部门向另一个部门的转移不可能立刻实现，也不可能毫无成本地进行；第二，各产业对生产要素的需求有所不同。一国所生产的产品结构的转换将自然而然地减少对某些生产要素的需求，同时增加对另外一些生产要素的需求，即贸易的长期影响。由于上述原因，国际贸易并不像第3章所论述的那样会不容置疑地带来益处。尽管贸易也许对一个国家整体有利，但是它通常也会损害一些重要利益集团的短期利益，甚至在长期也会构成潜在的损害，只不过程度略轻一些。

我们来考虑一下日本大米政策的影响。尽管日本土地资源极其匮乏，生产大米的成本比任何其他国家（包括美国）都要高，但日本只允许进口很少量的大米。毫无疑问，如果允许自由进口大米，日本整体的生活水平将会提高。然而，日本种植水稻的农民就会因自由贸易而受损。就算被进口大米挤垮的农民很可能在制造业或服务业找到工作，他们也会觉得另觅职业代价高昂并且不太方便。比方说，他们在水稻种植上所积累的特殊技能可能在其他职业中根本用不上，甚至农民们所拥有的土地的价值也会随着大米价格一同下降。因此，日本种植水稻的农民强烈反对大米的自由贸易就不足为奇。而且，他们有组织的政治对抗所带来的效应比国家整体上从贸易中获得的潜在利益还要更胜一筹。

---

① 最近的例子是，在贝拉克·奥巴马（Barack Obama）的第一任期，曾对自中国进口的轮胎征收35%的关税，以及在乔治·W. 布什（George W. Bush）的第一任期，曾对进口钢铁征收30%的关税。钢铁和轮胎的生产都集中于俄亥俄州，而该州正是过去几次美国总统选举中的关键摇摆州。在2016年这个选举年，美国向全球的钢铁生产商施加了反倾销税；其中对中国钢铁生产商的反倾销税最高，这使得美国钢铁购买者的成本上升了266%。

要现实地分析国际贸易，我们必须超越李嘉图模型，关注贸易对收入分配的影响。在本章，我们集中分析在生产要素不能无成本地在部门之间流动时，贸易对收入分配的短期影响。为了使模型更简单，我们假定：一些要素转换部门的成本高到足以使转换部门在短期内不可能完成要素转换。对于某一特定部门来说，这样的要素就是特定要素。

学习目标

学完本章，你应该能够：

- 理解一种流动要素是如何通过在部门之间的流动对价格变化做出反应的。
- 解释为什么贸易在短期内会使有些人受益，而使另一些人受损。
- 理解在有人利益受损的情况下国际贸易利益的含义。
- 阐释为什么贸易是一个具有政治敏感性的问题。
- 说明尽管有人利益受损，但仍然存在对自由贸易的辩护。

特定要素模型

特定要素模型（specific factors model）是由保罗·萨缪尔森（Paul Samuelson）和罗纳德·琼斯（Ronald Jones）创建并发展的。[①] 与简单的李嘉图模型一样，特定要素模型假定一个国家生产两种产品，劳动供给可以在两个部门之间进行分配。然而，与李嘉图模型不同的是，特定要素模型允许劳动以外的其他生产要素的存在。劳动可以在部门之间流动，是一种**流动要素**（mobile factor），其他要素则是**特定要素**（specific factor），即只能被用于生产某些特定产品。

专栏 什么是特定要素？

在本章所介绍的模型中，我们假定土地和资本这两种生产要素与经济中的某些特定部门保持着永久的联系。然而，在发达经济体中，农用土地所得仅占国民收入的一小部分。当经济学家将特定要素模型运用于诸如美国或法国这样的经济体时，他们一般不把要素的特定性看作是永久存在的条件，而只看成是一个时间问题。例如，酿酒桶是用来酿造啤酒的，模压机是用来制造汽车车身的，它们之间无法相互替代，因此，这些不同种类的设备是产业特定型的。不过，如果时间足够长，则有可能将投资从汽车厂撤出而投向酿酒厂，或反之。从长期意义来看，酿酒桶和模压机都可以被看作是同一种流动要素即资本的两种表现形式。

因此，现实中特定要素与流动要素之间并无明显的界限。或者说，这只是一个调整速度的问题，即越是特定的要素，在产业之间调配它们所需的时间就越长。所以，有必要讨论一下，在现实经济中，生产要素的特定性究竟有多强。

工人（例如年龄）和工种（需要一般的还是特别的技能）的特点不同，工人的流动性就不同。不过，人们可以通过观察一名工人离职后处于失业状态的时间长度来估测流动性的平均值。在美国，一名离职工人在四年后就具有与未离职的类似工人相同的被雇用概率。[②] 与这个四年的时间段相比，一台典型的专用机械的

---

① Paul Samuelson, "Ohlin Was Right," *Swedish Journal of Economics* 73 (1971), pp. 365－384; and Ronald W. Jones, "A Three-Factor Model in Theory, Trade, and History," in Jagdish Bhagwati et al., eds., *Trade, Balance of Payments, and Growth* (Amsterdam: North-Holland, 1971), pp. 3－21.

② 参见 Bruce Fallick, "The Industrial Mobility of Displaced Workers," *Journal of Labor Economics* 11 (April 1993), pp. 302－323。

寿命是15～20年，建筑物（一家购物中心、一栋办公楼或一个生产工厂）的寿命更是长达30～50年。因此，劳动的特定性肯定不如大多数资本要素。然而，即便大多数工人可以在四年的时间内在其他部门找到新的工作，转行还是需要额外的成本：一名离职工人在其他行业重新被雇用后，工资往往会下降18%（平均水平）。与之形成对比的是，如果另寻雇主但不改行，工资会下降6%。[①] 因此，仅仅在投资于任何具有职业特定性的技能之前，劳动才真正具有灵活性。

模型的假设

假设一个国家能够生产两种产品，即棉布和粮食。不过，这个国家有三种而不是一种生产要素：劳动（L）、资本（K）和土地（用T表示，取地面即terrain一词的首字母）。生产棉布需要投入资本和劳动（但不需要土地），生产粮食需要投入土地和劳动（但不需要资本）。因此，劳动是一种流动要素，哪个部门都需要使用，而土地和资本都是特定要素，各自只能用于一种产品的生产。劳动也可以被看作是一种特殊类型的资本，对粮食部门来说是特定要素（参阅前面的专栏）。

如何确定每种产品的产量呢？棉布的产量取决于在这一部门中所投入的资本和劳动的多少。这种关系可以用**生产函数**（production function）来归纳，它表示的是在资本和劳动的投入量一定时棉布的产量。棉布的生产函数的代数形式为

$$Q_C = Q_C(K, L_C) \tag{4-1}$$

式中，Q_C表示棉布的产出，K表示资本存量，L_C表示在棉布生产中所雇用的劳动。同样地，粮食的生产函数可以表示为

$$Q_F = Q_F(T, L_F) \tag{4-2}$$

式中，Q_F表示粮食的产出，T表示土地的供给量，L_F表示粮食生产中投入的劳动。对于国家整体来说，各部门投入的劳动之和一定等于总的劳动供给量L，即

$$L_C + L_F = L \tag{4-3}$$

生产可能性

特定要素模型假设每种特定要素只能用于一个生产部门：资本只能用来生产棉布，土地只能用来生产粮食。只有劳动可以用于两个部门的生产。因此，要分析这个国家的生产可能性，我们只需知道当劳动从一个部门转移到另一个部门时，该国棉布和粮食的产出组合是如何变化的。这个问题可以用画图的方法解决：首先画出生产函数（4-1）和（4-2），然后将这两条曲线组合起来以推导出**生产可能性边界**（production possibility frontier）。

图4-1表明了劳动的投入量与棉布的产量之间的关系。给定一个资本投入量，所投入的劳动越多，棉布的产量就越大。在图4-1中，$Q_C(K, L_C)$曲线的斜率表示**劳动的边际产量**（marginal product of labor），即多投入1人·时的劳动所增加的棉布产量。然而，如果只增加劳动投入而不增加资本投入，就会产生**边际收益递减**（diminishing returns）效应：增加一个工人就意味着减少每个工人所操作的资本量，因此每一单位相继增加的劳动所带来的产量增加都比前一单位要少。边际收益递减可以从生产函数的形状上反映出来：随着劳动投入的增加，$Q_C(K, L_C)$曲线变得越来越

① 参见Gueorgui Kambourov and Iourii Manovskii, "Occupational Specificity of Human Capital," *International Economic Review* 50 (February 2009), pp. 63-115。

平缓，这表明投入的劳动越多，劳动的边际产量就越少。[①] 图 4-2 以不同的方式展现了相同的内容。在这幅图中，我们直接将劳动的边际产量表示为劳动投入量的函数（在本章附录中，我们将说明棉布的总产量可以用边际产量曲线下方区域的面积来表示）。

可以用类似的两幅图来表示粮食的生产函数。将这一系列图形结合起来，就可以推导出该国的生产可能性边界（见图 4-3）。正如我们在第 3 章论述过的，生产可能性边界体现了该国能够生产什么；在本例中，生产可能性边界说明的是，给定棉布的产量时该国能生产多少粮食，以及给定粮食的产量时该国能生产多少棉布。

图 4-3 是一幅四象限图。第Ⅳ象限中的曲线就是图 4-1 中棉布的生产函数曲线。但是在这里，我们将图 4-1 颠倒了：沿纵轴向下表示在棉布的生产中所投入的劳动增加，沿横轴向右表示棉布的产量增加。第Ⅱ象限中的曲线是相应的粮食的生产函数曲线，这幅图也是翻转的：沿横轴向左表示在粮食的生产中所投入的劳动增加，沿纵轴向上表示粮食的产量增加。

图 4-1　棉布的生产函数

说明：在棉布的生产中，所投入的劳动越多，棉布的产量就越大。然而，由于边际收益递减效应，每一人·时连续增加的劳动投入所增加的产量都会比前一人·时要少。这在图中表现为，将劳动投入和产出联系起来的生产函数曲线会随着劳动投入的增加而变得越来越平缓。

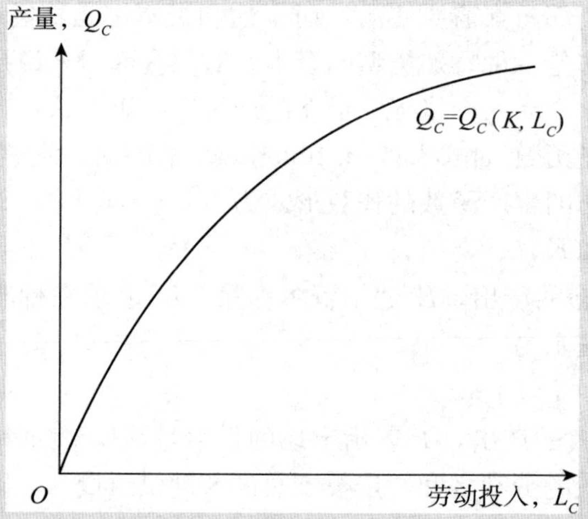

图 4-2　劳动的边际产量

说明：在棉布这一生产部门中，劳动的边际产量即图 4-1 中生产函数的斜率，会随着劳动投入的增加而减少。

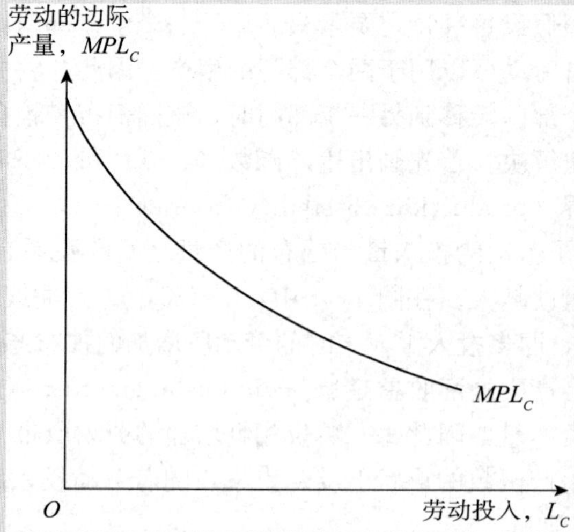

① 单一要素的边际收益递减效应并不意味着调整所有生产要素时会出现规模收益递减。因此，劳动的边际收益递减与劳动及资本的规模收益不变完全可以相容。

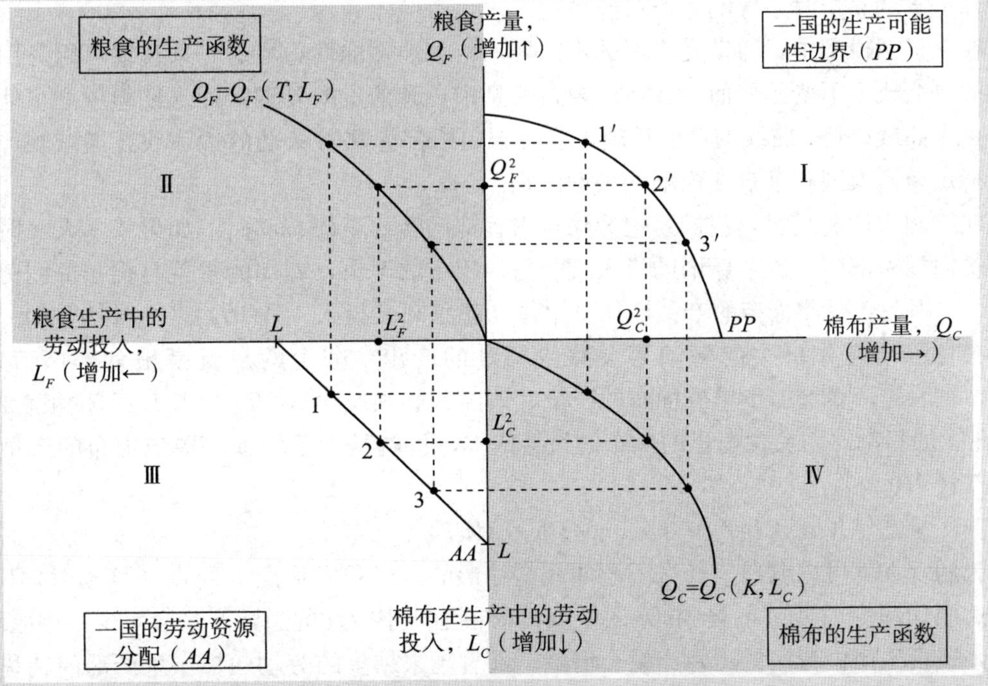

图 4-3　特定要素模型中的生产可能性边界

说明：棉布和粮食的生产取决于劳动在两个部门之间的配置。在第Ⅲ象限中，AA 直线上的任何一点均表示劳动在两个部门之间配置的一种情况，整条 AA 直线则代表了总量为 L 的劳动供给在棉布和粮食两个部门之间配置的所有可能情况。AA 直线上的任何一点，例如点 2，都对应着一个棉布的劳动投入量（L_C^2）和一个粮食的劳动投入量（L_F^2）。第Ⅱ象限和第Ⅳ象限中的曲线分别是粮食和棉布的生产函数曲线。这样，给定劳动投入，棉布和粮食的产量（Q_C^2，Q_F^2）就可以确定。然后在第Ⅰ象限，PP 曲线表示在劳动从粮食生产向棉布生产不断转移的过程中，两种产品的产量是如何变化的。产量点 1′、2′、3′分别对应着劳动配置曲线上的点 1、2、3。由于边际收益递减，PP 曲线不是一条直线，而是一条向上凸起的曲线。

第Ⅲ象限代表着该国劳动的配置情况。劳动投入量的衡量均与平常的方向相反：沿纵轴向下表示在棉布的生产中所投入的劳动增加，沿横轴向左表示在粮食的生产中所投入的劳动增加。由于一个部门劳动投入的增加就一定意味着另一个部门劳动投入的减少，因此劳动配置的可能情况是用一条向下倾斜的直线来表示的。这条以 AA 来命名的直线与两轴成 45°角向下倾斜，即它的斜率是−1。为什么这条直线代表了所有可能的劳动配置情况呢？我们注意到，如果所有的劳动都用于生产粮食，L_F就等于L，L_C就等于 0。如果将劳动逐渐地向棉布生产部门转移，每转移一人・时的劳动就会使 L_C增加一个单位，而使 L_F 减少一个单位。这样一直到所有的劳动都转移到棉布生产部门，转移所形成的点的轨迹就形成了一条斜率为−1 的直线。劳动在两个部门之间的任何一种配置情况都可以用直线 AA 上的一点来表示，例如点 2。

现在我们就可以来看一下，在两个部门中的劳动配置情况一定时，如何确定两种产品的产出。假定第Ⅲ象限的点 2 表示了劳动的配置情况，即投入生产棉布的劳动是 L_C^2 小时，投入生产粮食的劳动是 L_F^2 小时。然后我们就可以用每个部门的生产函数来确定产出：棉布的产出为 Q_C^2，粮食的产出为 Q_F^2 。Q_C^2 和 Q_F^2 所共同确定的第Ⅰ象限的点 2′就表明了棉布和粮食的产出情况。

要描绘出整个生产可能性边界，只需在各种其他的劳动配置情况下重复上述过程。我们可以从第Ⅲ象限的点 1 开始，即在粮食的生产中投入绝大部分的劳动，然后逐渐增加在棉布生产中所投入的劳动，直至用于生产粮食的劳动变得非常少，如点 3 所示。相应地，在第Ⅰ象限中即可确定点 1′

和点 3′，连接点 1′到点 3′，即可勾画出一条曲线。因此，第Ⅰ象限的 PP 曲线就表明了给定土地、劳动和资本的总量时一国的生产可能性。

在李嘉图模型中，劳动是唯一的生产要素，生产可能性边界是一条直线，因为用粮食来衡量的棉布的机会成本不变。然而，在特定要素模型中，其他生产要素的加入使得生产可能性边界 PP 变成了一条曲线。PP 曲线的弯曲反映了在各部门中都存在着劳动的边际收益递减规律，边际收益递减是特定要素模型和李嘉图模型的关键区别。

在绘制 PP 曲线时，我们是把劳动从粮食部门转移至棉布部门。如果将一人·时的劳动从粮食部门转向棉布部门，这一新增的投入就会增加棉布的产出，增加的量就是棉布部门劳动的边际产量 MPL_C。因此，要使棉布的产量增加 1 单位，就必须多投入 $1/MPL_C$ 人·时的劳动。同时，每一单位从粮食部门转移出去的劳动都会减少粮食的产出，减少的量就是粮食部门劳动的边际产量 MPL_F。因此，要增加 1 单位棉布的产量，该国就必须减少 MPL_F/MPL_C 单位粮食的产量。所以，PP 曲线的斜率即用粮食衡量的棉布的机会成本，也就是为了增加 1 单位棉布的产量所必须牺牲的粮食产量为：

$$\text{生产可能性曲线的斜率} = -MPL_F/MPL_C$$

我们现在就可以明白为什么 PP 曲线是弓形的。当我们从点 1′向点 3′移动时，L_C 增加而 L_F 减少。然而如图 4-2 所示，随着 L_C 的增加，棉布生产中劳动的边际产量会减少；相应地，随着 L_F 的减少，粮食生产中劳动的边际产量会增加。随着越来越多的劳动向棉布生产部门转移，棉布生产中每一新增单位的劳动的价值都会越来越少，即每新增一单位棉布（放弃粮食生产）的机会成本都会上升。因此，PP 曲线从左至右会变得越来越陡峭。

我们已经说明了在给定劳动的配置情况下产出是如何确定的。下一步就要讨论市场经济是如何确定劳动配置的。

价格、工资与劳动配置

各部门分别会投入多少劳动呢？要回答这一问题，我们必须看一下劳动力市场的供给和需求情况。每个部门对劳动的需求都取决于该部门产品的价格和工资率，而工资率又取决于粮食和棉布厂商对劳动的总体需求。给定棉布和粮食的价格以及工资率，我们就可以确定每个部门的劳动投入量与产出。

首先，我们来看劳动的需求。遵循利润最大化原则的厂商对劳动的需求会越来越大，但大到某一点时就会停止。在这一点处，再新增一人·时劳动所生产的价值与雇用这一人·时的成本相等。例如，在棉布部门，新增一人·时劳动所生产的价值就是棉布部门劳动的边际产量与棉布单位价格的乘积：$MPL_C \times P_C$。若用 w 来表示劳动的工资率，则雇主会一直雇用劳动，直至满足下述条件为止：

$$MPL_C \times P_C = w \tag{4-4}$$

但如图 4-2 所示，由于边际收益递减，棉布部门劳动的边际产量曲线斜率为负。所以，对于任何给定的棉布价格 P_C，边际产量的价值 $MPL_C \times P_C$ 都应该是一条斜率为负的曲线。我们因此可以将方程（4-4）定义为棉布部门的劳动需求曲线。在其他条件相同的情况下，如果工资率下降，棉布部门的雇主会雇用更多的工人。

类似地，粮食部门新增一人·时劳动所生产的价值是 $MPL_F \times P_F$。粮食部门的劳动需求曲线因此可以表示为：

$$MPL_F \times P_F = w \tag{4-5}$$

由于模型假定劳动力可以在部门之间自由流动，所以两个部门的工资率 w 必然相等。也就是说，由于劳动是流动要素，它将从低工资率部门向高工资率部门流动，直至两个部门的工资率相等为止。而工资率又是由劳动的总需求（总就业量）等于劳动的总供给这一条件决定的。这一劳动的均衡条件可以由方程（4－3）表述。

通过在同一幅图形中绘制这两条劳动需求曲线（见图 4－4），我们可以理解在给定粮食和棉布的价格时，两个部门的工资率和劳动雇佣量是如何决定的。图 4－4 的横轴表示劳动总供给 L。图左侧的纵轴表示棉布部门劳动的边际产量价值，即图 4－2 中的 MPL_C 曲线与 P_C 的乘积。这就是棉布部门的劳动需求曲线。图右侧的纵轴表示粮食部门劳动的边际产量价值，也就是粮食部门的劳动需求曲线。点 1 代表均衡工资率和劳动在两个部门之间的配置情况。在工资率为 w^1 时，棉布部门的劳动需求 L_C^1 与粮食部门的劳动需求 L_F^1 之和正好等于劳动总供给 L。

图 4－4　劳动的配置

说明：劳动在棉布和粮食两个部门的配置应使得两个部门劳动的边际产量价值（$P \times MPL$）相等。在实现均衡时，工资率应与劳动的边际产量价值相等。

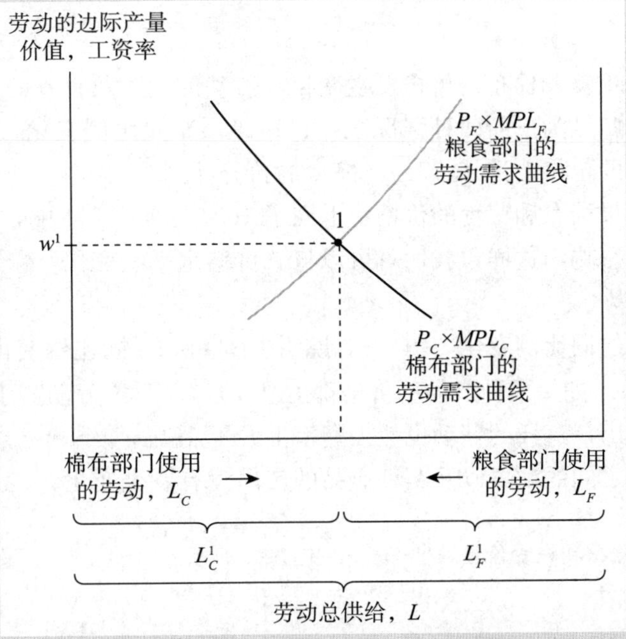

在对劳动配置的分析中，我们可以清楚地看到相对价格与产出之间存在一个有用的关联。这一关联可以被广泛地应用于特定要素模型以外的更一般的情况。方程（4－4）和方程（4－5）可以联立成以下方程：

$$MPL_C \times P_C = MPL_F \times P_F = w$$

或改写为

$$-MPL_F / MPL_C = -P_C / P_F \qquad (4-6)$$

方程（4－6）的左边是生产可能性边界在真实生产点上的斜率，右边是负的棉布相对价格。这一结果告诉我们，**在生产点上，生产可能性边界一定与一条斜率为负的棉布价格与粮食价格之商的直线相切**。我们在接下来的章节里将会看到，这是一个非常具有一般意义的结果，它描述了生产沿着生产可能性边界对相对价格的变化所做出的反应。图 4－5 表明，如果棉布的相对价格是 $(P_C/P_F)^1$，该国就会在点 1 处进行生产。

图 4-5　特定要素模型中的生产

说明：一国会在生产可能性边界（*PP*）的某一点上进行生产，生产可能性边界在该点的斜率等于负的棉布相对价格。

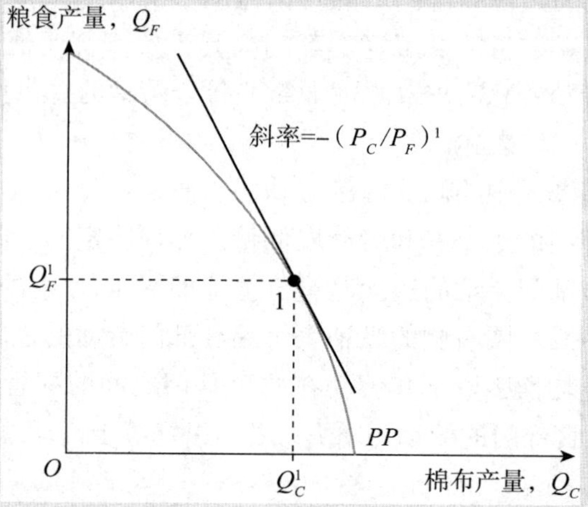

如果粮食和棉布的价格发生变化，劳动的配置及收入的分配会怎样呢？我们注意到任何价格变化都可以归结为下面两种情况之一：P_C 和 P_F 同比例变化，或者两者中只有一者发生变化。例如，假定棉布的价格上涨了 17%，粮食的价格上涨了 10%。我们可以这样分析上述价格变化的影响：先考虑如果棉布和粮食的价格都上涨了 10%会有什么影响，然后分析如果棉布的价格单独上涨 7%会有什么影响。这样，我们就可以将总价格水平的变化所带来的影响与相对价格的变化所带来的影响区分开来。

价格的同比例变化　图 4-6 说明了 P_C 和 P_F 同比例变化的影响。P_C 从 P_C^1 上升至 P_C^2，P_F 从 P_F^1 上升至 P_F^2。如果两种产品的价格都上升 10%，两条劳动需求曲线也都会向上移动 10%。从图中我们可以看出，这样的移动也使工资率上升了 10%，从 w^1（点 1）上升至 w^2（点 2）。然而，劳动在两个部门之间的配置以及两种产品的产出没有发生变化。

图 4-6　棉布和粮食价格的同比例上升

说明：当 P_C 从 P_C^1 上升至 P_C^2、P_F 从 P_F^1 同比例上升至 P_F^2 时，棉布和粮食部门的劳动需求曲线会以相同的比例向上移动。工资率也以相同的比例上升，从 w^1 上升至 w^2，但劳动在两个部门之间的配置并不发生变化。

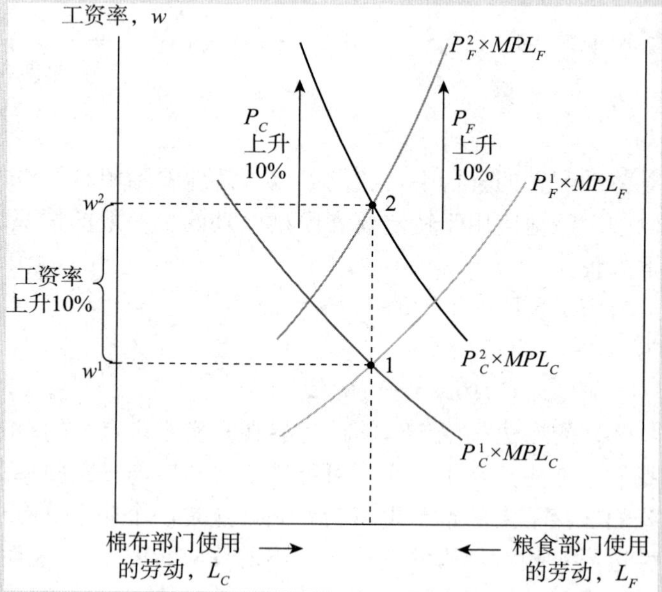

事实上，当 P_C和 P_F同比例变化时，模型中的其他因素并不发生实际变化。工资率与价格以相同的比例上升，所以实际工资率即工资率与产品价格之比并不受任何影响。**由于各部门所雇用的劳动量不变，实际工资率不变，因此资本所有者和土地所有者的实际收入也没有变化。总之，各方所处的情形都与价格变化之前一样。**这表明了一条基本原理：总价格水平的变化不会产生任何实际的影响，即不会改变经济中的任何实物数量。只有相对价格——在此即指棉布价格相对于粮食的价格 P_C/P_F——的变化，才会影响福利水平及资源的配置。

相对价格的变化 让我们设想一下产品价格变化确实影响到相对价格变化的情况。图 4－7 说明了一种产品的价格单独发生变化所产生的影响，此处我们假定从 P_C^1 上升至 P_C^2，上升了 7%。P_C 的上升使棉布部门的劳动需求曲线以相同的比例上移，并使均衡点从点 1 移至点 2。这一移动产生了两个重要结果：第一，尽管工资率上升了，但它上升的幅度比棉布价格上升的幅度要小。如果工资率上升的幅度与棉布价格的上升一样（上升 7%），那么工资率应该从 w^1 上升至 $w^{2'}$。但工资率的真实上升幅度要小一些，从 w^1 上升到了 w^2。

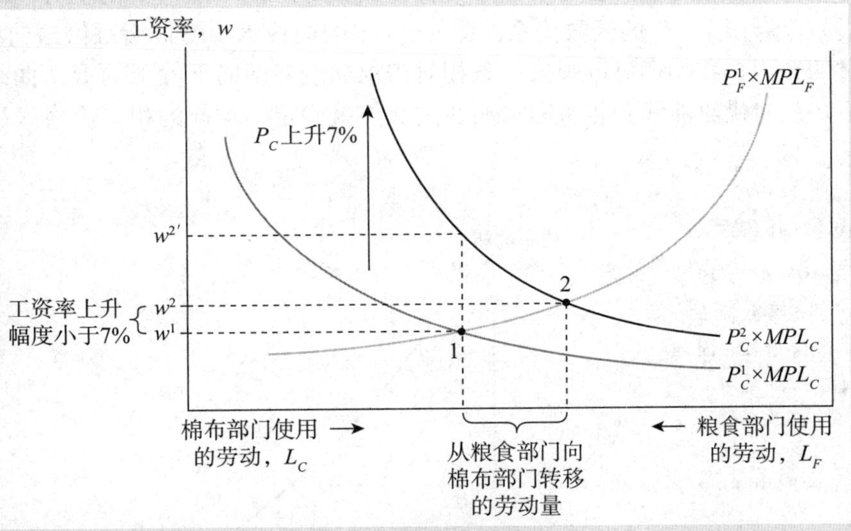

图 4－7　棉布价格的上升

说明：棉布部门劳动需求曲线的上移幅度与 P_C的上升幅度相同，均为 7%，但工资率的上升幅度要小一些。劳动从粮食部门转移至棉布部门。棉布的产量增加，粮食的产量减少。

第二，与 P_C和 P_F同时上升的结果不同，当 P_C单独上升时，劳动会从粮食部门向棉布部门转移，因而棉布的产量会增加，粮食的产量会减少。（这就是 w 的上升幅度小于 P_C的原因：因为随着棉布部门就业人数的增加，该部门劳动的边际产量会下降。）

棉布的相对价格上升所带来的影响还可以通过观察生产可能性曲线来直接地观察到。在图 4－8 中，我们可以看到棉布的价格上升相同幅度的影响，这一上升使得棉布的相对价格从 $(P_C/P_F)^1$ 上升至 $(P_C/P_F)^2$。由于生产点总是位于曲线 PP 上斜率等于负的棉布相对价格的点上，在棉布的相对价格上升后，生产点就从点 1 移动到点 2。棉布相对价格上升的结果是粮食的产量减少，而棉布的产量增加。

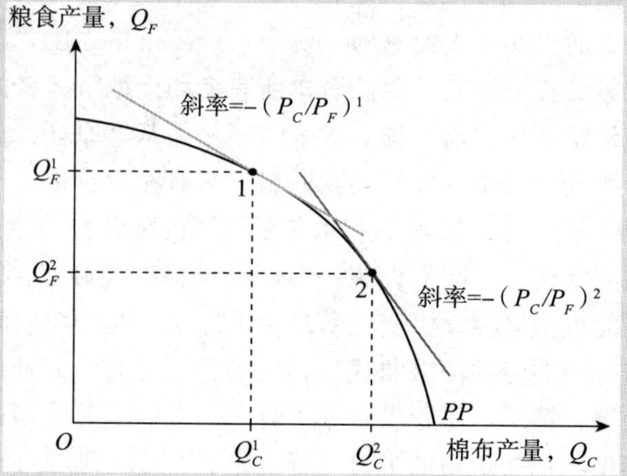

图 4-8　棉布相对价格的变化所引起的产量变动

说明：一国的生产点总是位于它的生产可能性边界 PP 上的某一点，在该点处 PP 的斜率等于负的棉布相对价格。因此，P_C/P_F 的增加会使得生产点沿着生产可能性边界向右下方移动，即棉布的产量更多了，粮食的产量更少了。

既然棉布相对价格的上升会导致棉布对粮食的相对产量增加，我们就可以画出一条相对供给曲线来体现 Q_C/Q_F 与 P_C/P_F 的函数关系。图 4-9 中的曲线 RS 就是相对供给曲线。运用我们在第 3 章中学习过的知识，我们还可以画出一条相对需求曲线，即向下倾斜的 RD 曲线。在不存在国际贸易的情况下，相对供给曲线和相对需求曲线的交点就确定了均衡的相对价格 $(P_C/P_F)^1$ 和相对产量 $(Q_C/Q_F)^1$。

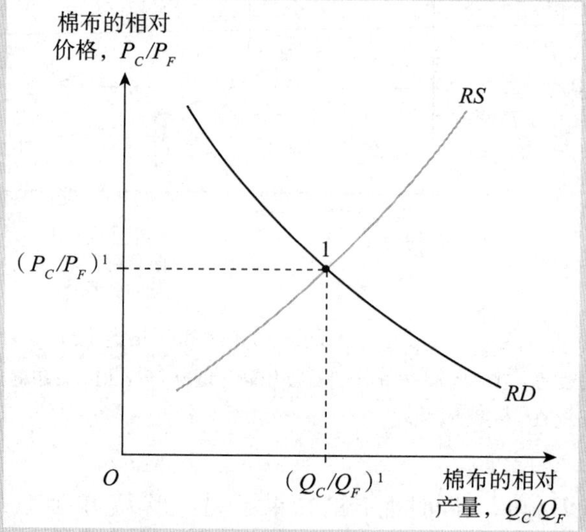

图 4-9　相对价格的确定

说明：在特定要素模型中，棉布的相对价格上升会导致棉布对粮食的相对产量增加。因此，相对供给曲线 RS 是向上倾斜的。相对供给曲线 RS 与相对需求曲线 RD 的交点确定了均衡的相对产量和相对价格。

相对价格和收入分配

至此，我们已经讨论了特定要素模型以下两个方面的内容：(1) 在给定资源和技术条件时确定一国的生产可能性；(2) 在市场经济条件下确定资源配置、生产及相对价格。在讨论国际贸易的影响之前，我们必须先研究一下相对价格的变化对收入分配的影响。

我们再来回顾一下图 4-7 中棉布价格的上升所带来的影响。我们已经知道，棉布部门的劳动需求曲线会随着 P_C 的上升以同比例向上移动。如果 P_C 上升 7%，由 $P_C \times MPL_C$ 定义的劳动需求曲线也会上移 7%。我们也可以看到，这时除非粮食价格也上升至少 7%，否则 w 上升的幅度就会小于 P_C 上升的幅度。因此，如果棉布价格单独上升 7%，工资率上升的幅度将会小于 7%，比方说 3%。

这个结果对工人、资本所有者和土地所有者这三个集团的收入意味着什么呢？工人会发现工资率上升了，但上升的幅度比 P_C 上升的幅度要小。这样，他们以棉布来衡量的实际工资（他们的工资收入所能购买到的棉布数量）w/P_C 下降了，而以粮食来衡量的实际工资 w/P_F 却上升了。如此看来，我们无法判断工人是受益了还是受损了，这取决于棉布和粮食在工人消费中的相对重要性（由工人的消费偏好决定），对此问题我们不加以深究。

不过，资本所有者毫无疑问会受益。以棉布衡量的实际工资率下降了，因此资本所有者以他们所生产的棉布来衡量的利润就会增加。也就是说，资本所有者收益上升的幅度比 P_C 上升的幅度要大。又由于 P_C 相对于 P_F 也上升了，以两种产品衡量的资本所有者的收益都增加了。相反，土地所有者毫无疑问会受损。他们的损失来自两个原因：以他们所生产的产品即粮食来衡量的实际工资上升了，挤出了他们的一部分收益；棉布价格的上升降低了他们收入的购买力。（本章的附录将进一步详细说明资本所有者和土地所有者的福利变化。）

如果相对价格变化的方向相反，即棉布的相对价格下降，则上述情况会相反：资本所有者会受损，土地所有者会受益。工人福利的变化仍然不能一概而论，因为他们以棉布衡量的实际工资会上升，但以粮食衡量的实际工资会下降。相对价格的变化对收入分配的影响可以概括如下：

- 对相对价格上升的部门来说特定的要素一定会受益。
- 对相对价格下降的部门来说特定的要素一定会受损。
- 流动要素的福利变化不能一概而论。

特定要素模型中的国际贸易

我们已经分析了相对价格的变化是如何显著影响收入分配，使得一些人受益而另一些人受损的。我们现在要做的是将相对价格的变化与国际贸易一并考虑，进而将上述关于受益者与受损者的判断与一个部门的贸易导向联系起来。

只有当一国所面临的世界相对价格与不存在国际贸易时的相对价格存在差异时，贸易才会发生。图 4-9 显示了在特定要素经济中相对价格是如何决定的。在图 4-10 中，我们增加了一条世界相对供给曲线。

为什么世界相对供给曲线与原来的特定要素经济中的不同呢？这是因为世界其他国家的技术条件不同，就如李嘉图模型一样。然而，既然我们的特定要素模型中的生产要素不止一种，那么各国在土地、资本和劳动力总数量上的资源差异也可能导致相对供给的不同。重要的一点是，当开放国际贸易时，该国所面临的相对价格不同了。

图 4-10 显示了相对价格的变化。当该国开放贸易时，棉布的相对价格是由世界相对供给和世界相对需求决定的，即相对价格 $(P_C/P_F)^2$。如果该国不能够参与贸易，则相对价格会低一些，为 $(P_C/P_F)^1$。[①] 相对价格从 $(P_C/P_F)^1$ 增加至 $(P_C/P_F)^2$ 会促使该国生产相对更多的棉布。（这一过程也在图 4-8 中得以体现，即生产点沿着该国的生产可能性边界从点 1 移动至点 2。）同时，由于棉布相对价格的上升，该国消费者对粮食的相对需求会增加。因此，在更高的相对价格 $(P_C/P_F)^2$，该国会出口棉布并进口粮食。

---

① 在图中我们假定各国的偏好没有差异，因此每个国家及世界整体的相对需求曲线相同。

图 4－10　贸易和相对价格

说明：图形显示了特定要素经济的相对供给曲线和世界相对供给曲线。两条相对供给曲线之所以不同，是因为国家之间的技术不同或资源不同。各国的相对需求曲线不存在差别。参与贸易使得棉布的相对价格从 $(P_C/P_F)^1$ 增加至 $(P_C/P_F)^2$。

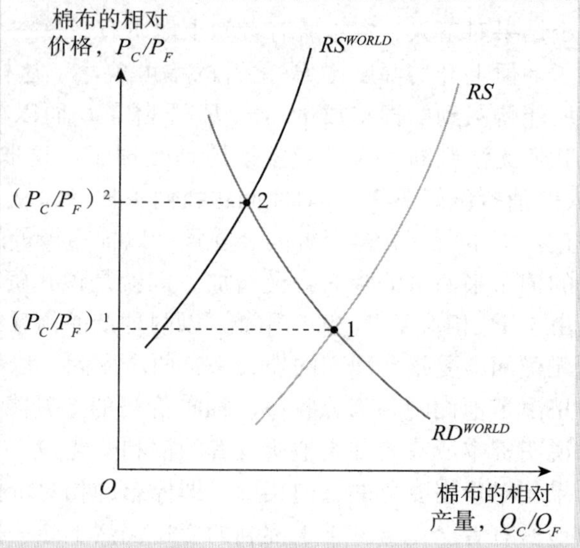

如果参与贸易后棉布的相对价格下降了，那么相对供求的变化情况就会相反，该国则会成为粮食的出口国和棉布的进口国。我们可以用直觉判断来概括上述两种情况：当开放贸易时，一国会出口相对价格上升的产品，并进口相对价格下降的产品。①

收入分配与贸易利得

我们已经研究了资源和技术如何确定生产可能性、棉布的相对价格如何确定产出、棉布相对价格的变化如何影响不同生产要素的实际收入、贸易如何影响相对价格以及一国对相对价格变化的反应。现在我们就可以提出一个关键问题：究竟是哪些人从国际贸易中获利，又是哪些人从中受损？我们先来看贸易是如何影响各特定集团的福利的，然后讨论贸易对整个国家福利的影响。

国际贸易会使得贸易品的相对价格发生变化，这是评估贸易对特定集团的影响的关键。我们在前面刚刚讨论过，开放贸易会使新的出口部门的产品相对价格上升。我们可以把这一判断与相对价格变化对收入分配的影响联系起来。具体来讲，我们已经看到：相对价格上升的部门的特定要素会受益，其他部门（相对价格下降的部门）的特定要素会受损，流动要素的福利变化不能一概而论。

综上所述，贸易产生的结果非常简单明了：**贸易会使一国出口部门的特定要素受益，但使进口竞争部门的特定要素受损，而对流动要素的影响是不确定的。**

贸易的收益是否会大于贸易所带来的损失呢？要回答这个问题，我们可以把贸易受益者的总收益与受损者的总损失做一比较。但这一方法的局限性在于：我们比较的是福利，而福利本身就带有主观性。判断总的贸易利得还有一个更好的方法，就是考虑一个不同的问题：贸易的受益者在补偿了贸易的受损者之后，还能否维持自己受益的状况？如果回答是肯定的，那么贸易对任何一个人来说就都是潜在的获益源泉。

为了说明贸易的总收益，我们需要明确价格、生产和消费之间的一些基本关系。对于一个不能进行贸易的国家来说，一种产品的产量必然等于它的消费。如果用 D_C 表示棉布的消费，用 D_F 表示

① 第 6 章将更为详细地讨论相对价格的变化对一国贸易模式的影响。

粮食的消费，那么在封闭经济中，有 $D_C=Q_C$，$D_F=Q_F$。国际贸易可以使得棉布与粮食的消费组合不同于两种产品的生产组合。然而，虽然一个国家每种产品的消费量和产量可能不同，一国在此情况下却必须量入为出：它消费的价值必须等于它生产的价值，即

$$P_C\times D_C+P_F\times D_F=P_C\times Q_C+P_F\times Q_F \tag{4-7}$$

式（4－7）可以改写为：

$$D_F-Q_F=(P_C/P_F)\times(Q_C-D_C) \tag{4-8}$$

D_F-Q_F是该国粮食的进口量，即粮食消费超过产量的部分。等式右边是该国棉布的出口量（即棉布产量超过消费的部分）与棉布相对价格的乘积。这样，上式表明，粮食的进口量等于棉布的出口量乘以棉布的相对价格。虽然这个等式不能明确该国会进口多少或出口多少，但它的确能够表明，一国能够承担得起的进口是有限的，或者说是受到它所出口的产品数量的约束的。式（4－8）可以称为**预算约束**（budget constraint）。①

图 4－11 体现了一个开放国家预算约束线的两个特点。第一，预算约束线的斜率是负的 P_C/P_F，即棉布的相对价格。这是因为少消费 1 单位棉布就可以省下 P_C，从而就可以多购买 P_C/P_F单位粮食。换句话说，在世界市场上 1 单位棉布可以换得 P_C/P_F单位粮食。第二，预算约束线与生产可能性边界相切于所选择的生产点（点 2）。这样，该国总能消费得起自己所生产的产品。

图 4－11　开放经济的预算约束线及贸易利得

说明：点 1 代表了该国的生产点。该国可以沿着它的预算约束线（一条经过点 1、斜率为负的棉布相对价格的直线）选择消费点。在贸易之前，该国必须消费它的产出，例如生产可能性边界（PP）上的点 2。在预算约束线处于阴影中的部分，是由贸易后可行的消费选择组成的，在这一区域中，两种产品的消费量都比贸易前的点 2 处要高。

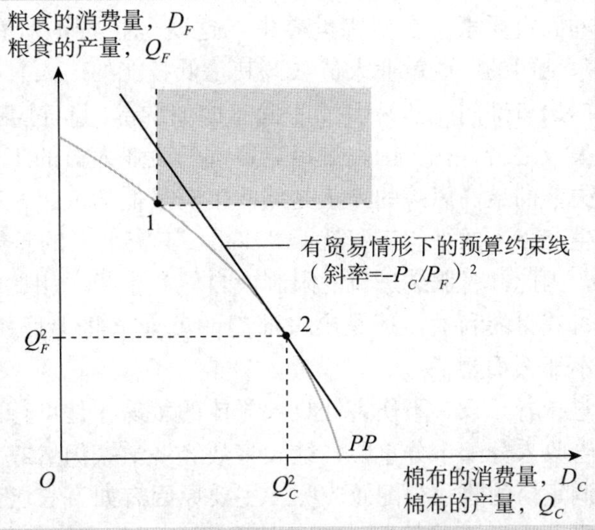

我们分以下三个步骤来说明贸易对每一个人都是潜在利益的源泉：

首先，我们注意到在贸易之前，一国不得不生产它所要消费的产品，也不得不消费它所生产的产品。这样，一国在贸易前的消费必然是位于其生产可能性边界上的一点。在图 4－11 中，点 2 代表贸易前的消费点。

其次，我们注意到对于一个开放经济，两种产品的消费量均大于参与贸易之前的水平是有可能的。图 4－11 中的预算约束线代表了给定世界棉布相对价格时，该国所有可能的粮食与棉布的消费组合。在预算约束线处于阴影中的部分，该国可以消费的棉布和粮食比参与贸易之前都要更多。这一结果并不要求假定贸易前的生产和消费位于点 1。只有当贸易前的生产就位于点 2 时，贸易才不

① 当国家之间可以相互借贷时，消费的价值必须等于生产的价值（或者说相应地，进口的价值必须等于出口的价值），这一约束就不存在了。但现在，我们假定不存在国际借贷的可能性，因此式（4－8）所述的预算约束成立。第 6 章将讨论国际借贷的内容，那时我们会看到，一国在长期中的消费仍然受到必须向外国债权人还债这一条件的约束。

会对生产产生任何影响，除此情况之外，总会存在部分预算约束使得贸易后两种产品的消费量达到更高的水平。

最后，可以观察到该国整体对两种产品的消费量都提高了，那么原则上给每一个人更多的两种产品是可能的。这就会使每个国民都从中受益。因此，有理由确认，贸易的结果是使每个人的福利都提高。当然，如果一个人少消费了一种产品，但多消费了另一种产品，他仍有可能改善福利。这更加强了这一结论，即每个人都能从贸易中获得潜在的收益。

一国能从国际贸易中获益的根本原因是贸易**扩大了一国的选择范围**。选择范围的扩大意味着总能找到一种收入再分配的方法来使得每个人都能从贸易中获利。[①]

但是，每个人都能从贸易中受益并不意味着每个人都会确实从中受益。在现实世界中，贸易的受损者和受益者同时存在，这也是贸易自由化不能实现的最重要的原因之一。

贸易中的政治经济学：初步介绍

贸易中既有赢家，也有输家。这一见解对于理解当代世界经济中贸易政策的指导思想至关重要。特定要素模型告诉我们，那些能够忍受贸易所造成的利益损失的（至少是在短期），都是进口竞争部门中的固定要素。在现实世界中，这既包括资本所有者，也包括进口竞争部门的部分劳动力。进口竞争部门的一些就业人员（尤其是低技能的工人）在从进口竞争部门（贸易引致了就业下降的部门）向出口部门（贸易引致了就业增加的部门）过渡的过程中，都要经历一个艰难的时期。一些人饱受失业之苦。在美国，进口竞争部门就业人员的工资明显低于平均工资水平，并且面临从现有工作中失业的最高风险的人正是那些工资最低的人。（例如，2015 年服装部门生产工人的平均工资比所有生产工人的平均工资就低 30%。）工资水平的差异使得人们对身处困境的就业人员普遍存在同情心，因此针对服装进口的限制就自然产生了。相比而言，无论是允许更多进口时较为富裕的消费者将可获得的利益，还是出口部门的就业（将会雇用平均技能水平较高的人员）相应的上升，都显得不那么重要了。

这是否意味着，只有不伤害低收入群体的贸易才是可行的呢？估计鲜有国际经济学家会同意这一观点。尽管收入分配十分重要，绝大多数经济学家仍然或多或少地赞同自由贸易。为什么经济学家一般不强调贸易的收入分配效应呢？主要原因有如下三点：

（1）收入分配并不是国际经济学的专题。国民经济中发生的任何变化，包括技术进步、消费者偏好的转换、旧资源的枯竭和新资源的发现等，都会影响收入分配。由于互联网新闻供应商所带来的竞争，报业老板的关张歇业会迫使印刷机的操作工人失业，房地产市场的暴跌也会迫使建筑工人失业，那么，为什么由于进口增加所带来的竞争导致服装行业的工人失业一段时间就不可以呢？

（2）在贸易后补偿受损者总比禁止贸易要更合理。所有现代工业化国家都建立了某种维持收入的"安全网络"项目（例如失业救济、再培训补助及重新安置项目），这些项目都可以缓冲贸易受损者的损失。经济学家认为，这些缓冲如果不足以解决问题，政府就应当提供更多类似的支持项目，而不能靠阻碍自由贸易来解决问题。（这种支持也可以延伸至所有弱势群体，而不仅仅局限于间接帮

---

① 贸易由于扩大了一国的选择范围而使一国获益的论断远比本例中的情况更具有一般意义。更深入的讨论参见 Paul Samuelson, "The Gains from International Trade Once Again," *Economic Journal* 72 (1962), pp. 820 – 829。

助那些受到贸易冲击的人。)[①]

(3) 随着贸易的增加，受损者一般比受益者要更有组织（由于受损者在地域和产业方面都更加集中)。这种不平衡就使得政治决策过程产生了倾斜，因为这个过程需要权衡各方利益，尤其是要考虑到贸易的总收益。许多贸易限制往往有利于最有组织的集团，而这些集团常常并不是最需要收入支持的集团（在很多情况下，恰恰相反)。

在认识到国际贸易对收入分配的影响的同时，绝大多数经济学家认为，应当更加强调贸易的整体潜在收益，而不是一味强调贸易可能对一国某些集团所造成的损失。然而，经济学家通常不是经济政策制定中的决定性力量，尤其是在集团之间存在利益冲突时。要切实理解贸易政策的制定过程，就必须了解贸易政策的真正动机。

收入分配与贸易政策

不难理解贸易中的受损集团为什么会游说政府限制贸易以保护它们的收入。人们一定以为，在贸易中受益的集团会同样尽力地说服政府放宽贸易限制，但事实并非如此。在美国和其他大多数国家，那些想要限制贸易的人比想要放宽贸易的人更具有政治影响力。一般来说，任何产业中贸易受益者的集中程度、对信息的掌握程度以及组织程度都不如那些贸易受损者。

❖案例分析　贸易和就业

开放贸易会使得就业机会从进口竞争部门转移至出口部门。正如我们所讨论过的，这一过程并不是瞬间就自然完成的，而要经受一些非常现实的成本：进口竞争部门的一些工人失业后，难以在处于增长中的出口部门找到新的工作。我们在本章中已经论述过，对该问题的最后的政策应对是为失业工人提供一个充分的安全网，并且这样的安全保障不应因导致非自愿性失业的经济因素不同（无论是贸易，还是技术变化）而有所歧视。在此，我们将能够归咎于贸易的失业程度进行量化。因进口竞争或因海外工厂转移而造成的工厂停工总会得到广泛的舆论宣传，但是它们仅是造成工人非自愿性失业的一个很小的因素。美国劳工部将时间达 30 天以上、影响同一雇主下属的 50 名工人以上的失业定义为长期大规模失业（extended mass layoffs)，并追踪了所有长期大规模失业的主要原因。在 2001—2010 年期间，由进口竞争或海外转移而造成的长期大规模失业仅占总非自愿性失业的 2%。

图 4-12 表明，美国过去 50 年中并没有证据可以证明在失业率与进口（占 GDP 的比率）之间存在着正相关关系。(事实上，失业率的变化与进口呈现出显著的负相关。) 另外，图形清楚地表明，失业是一个受到整体经济形势影响的宏观经济现象：失业在阴影处的经济衰退时期达到高峰。因此，经济学家建议用宏观经济政策而非贸易政策来解决失业问题。

制造业的就业与来自中国的进口竞争

贸易对制造业的就业的具体影响是什么？来自发展中国家的进口竞争——特别是中国，经常被媒体和政客诉说成美国制造业就业下滑的元凶。严谨的学术同样表明，那些同来自中国的进口产品发生激烈竞争的行业经历着严重的失业。这些研究同样说明了失业带来的高昂损失（在之前的章节中已经介绍过)，特别是那些受教育程度较低并且在美国已经是夕阳产业就业的工人们。这些工人经历着严重的失业，并在找到下一份工作之前面临着没有收入的窘境。并且这些遭受重创的行业在地理上非常集中，因此来自进口的竞争将会导致长期的负面影响。

---

① 下述署名评论阐述了这一观点：Robert Z. Lawrence and Matthew J. Slaughter in the *New York Times*, “More Trade and More Aid” (June 8, 2011)。

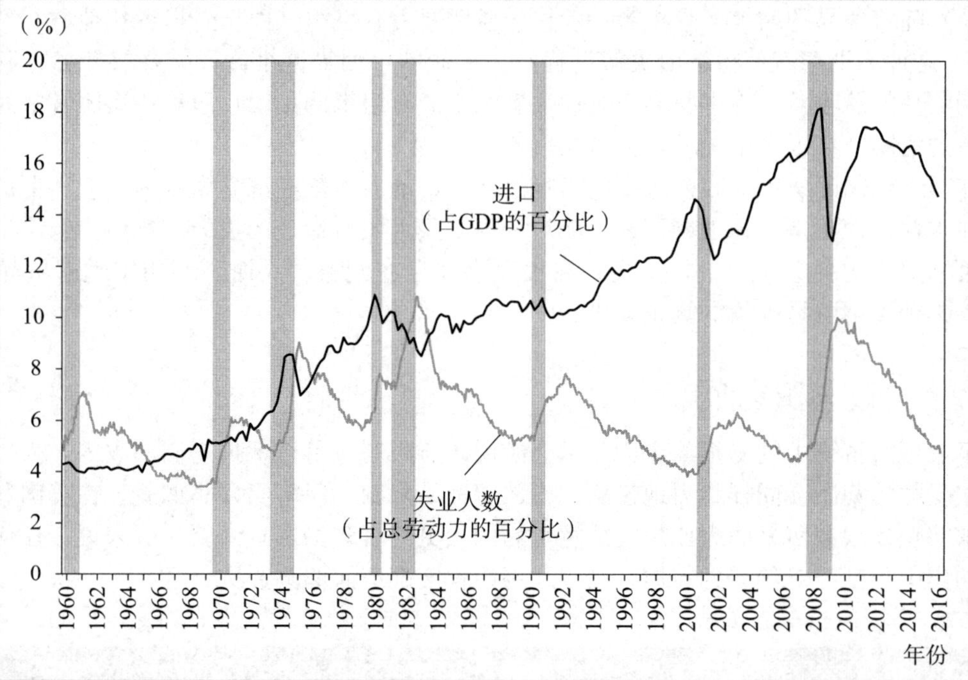

图 4-12 美国的失业与进口渗透

说明：根据美国国家经济研究局的资料整理，阴影中的年份是经济衰退时期。

资料来源：进口：U. S. Bureau of Economic Analysis；失业人数：U. S. Bureau of Labor Studies。

但是这些失业问题会因为出口导向部门的就业增加和那些从更便宜的中间品进口获益的其他雇用人员而减轻。（我们将在第 8 章详细讨论。）按净收益计算，我们还能用中国进口竞争带来的失业来解释美国制造业的总体失业情况吗？换个说法，如果关闭美国和中国之间的贸易，会提高美国制造业的就业率吗？①

图 4-13 展示了美国的制造业就业份额在刚刚过去的半个世纪已经开始稳步下降。在这期间，美国制造业仍旧保持在相同的生产水平，但是取得这一生产水平却使用越来越少的工人。② 图中虚线表示 1980 年以后制造业就业份额的预测值（使用 1960—1980 年的值进行线性预测）。因此，如果用 1980 年的制造业就业份额对 2010 年进行预测，基于 1960—1980 年的下降趋势进行预测，可以得到就业份额为 8.8%，和 2010 年实际的就业份额相差无几。但是 1960—1980 年，美国从中国的进口几乎为零。图 4-13 标记了美国从中国进口的显著增长（用与美国制造业产量的比值表示），这种增长是从 2001 年中国加入世界贸易组织开始之后表现得越发强劲的。也就是说，没有办法将美国制造业就业份额在 2010 年下降为 8.8%与来自中国的进口增长联系起来。毕竟，我们是使用 1980 年的数据进行的预测，而在这个年份来自中国的进口几乎为零。③

① Jeffrey Rothfeder, "Why Donald Trump Is Wrong about Manufacturing Jobs and China" in the *New Yorker*, March 14, 2016. http://www.newyorker.com/business/currency/why-donald-trump-is-wrong-about-manufacturing-jobs-and-china.

② 这一趋势与所观察到的美国农业工人的就业趋势很相似，美国工人的就业份额从 20 世纪之交的超过 40%下降到了一个世纪后的 2%。

③ 自 2010 年以来，制造业就业份额已经发生了偏离，但是方向相反。在 2010—2015 年的五年里它保持稳定，但来自中国的进口份额继续飙升。

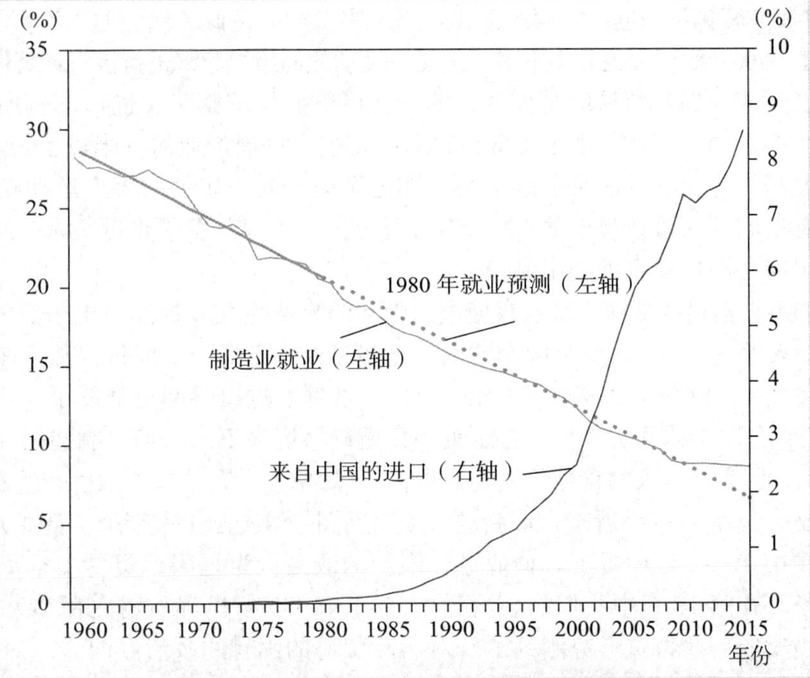

图 4－13　美国制造业就业与来自中国的进口

说明：制造业就业份额用美国非农就业率来表示；来自中国的进口用进口自中国的产品与美国制造业产量之比表示。

然而，制造业就业的下滑过于集中在与进口竞争激烈的行业中，并且集中影响那些低收入和工作流动性差（跨越地区和部门）的工人。这些工人很难在出口部门中或者制造业之外找到一份好的工作。作为回应，**美国贸易调整援助计划**（U. S. Trade Adjustment Assistance Program）向那些因为进口竞争和工厂搬迁到海外导致失业的工人提供了失业保障（一年期）和学费减免（新劳动技能的培训）。但是，只有少数工人符合这个项目的要求（本身这个项目就资金不足），而这些工人通常需要长期的失业救济。因为这个项目更多地救济那些因为经济原因而流离失所的工人而不是因为贸易原因而流离失所的工人，更多的经济学家主张用社会保险制度来保障那些流离失所的失业者。[①]

关于贸易受益者与受损者的对比，美国糖产业是一个很好的例子。多年以来，美国一直限制食糖的进口。在过去的 25 年中，美国市场上食糖的平均价格一直是世界市场平均价格的大约两倍。美国审计总署 2000 年的一项研究估计，进口限制及其带来的食糖的高价使得美国消费者每年损失 20 亿美元。2015 年，美国审计总署更新了这项研究，这一损失已增至 35 亿美元以上，这意味着每个家庭每年要为食糖的进口限制付出 30 美元。食糖生产厂商的获益要远比这份损失小，因为进口限制也导致了食糖市场的扭曲，那些获准向美国售糖的外国厂商会将美国市场的糖价维持在高于世界市场的水平。

如果生产者和消费者都能同等地将自己的损益情况表达出来，那么美国也许就从不会实施限制进口的措施了。然而，就绝对量而言，每个消费者的损失是非常小的。每个家庭每年 30 美元并不多；更何况，

① Grant D. Aldonas，Robert Z. Lawrence，and Matthew J. Slaughter，*Succeeding in the Global Economy*：*A New Policy Agenda for the American Worker*（Washington，D. C.：Financial Services Forum，2007）.

这些损失大多是看不见的，因为食糖主要是作为其他食物的原料被消费，人们一般并不直接购买。因此，大多数消费者根本察觉不到进口配额的存在，更不用说配额降低了他们的生活水平。即便是他们察觉到了，每个家庭 30 美元的损失也着实不多，不足以煽动他们组织起来进行抗议或者给众议院写信。

食糖生产厂商（那些贸易的受损者）的处境可就截然不同了。进口配额所带来的高额利润高度集中于少数厂商手中。（17 家甘蔗农场的利润占到整个蔗糖产业的一半以上。）食糖生产厂商以贸易联盟为组织，积极为实现其成员的政治利益四处游说，并为相关的大型运动建言献策。（自 2005 年至美国国会针对农场法进行投票的 2014 年，美国食糖联盟花费了将近 2 000 万美元游说费用，该法令再次批准了对美国进口食糖的限制。）

正如人们可以预料的那样，来自食糖进口限制的收益绝大多数都归于小部分甘蔗农场主，而与他们所雇用的工人无关。当然，贸易限制的确使这些工人免于受损，但每保住一个工作岗位所消费的成本却是个天文数字：每个岗位 300 万美元。此外，食糖的进口限制也降低了生产工序中需要大量使用食糖的其他部门的就业水平。例如，苦于美国食糖价格居高不下，糖果制造公司已经把它们的生产厂址搬至加拿大，因为加拿大的食糖价格要低得多。（加拿大没有从事食糖生产的农民，因此不存在限制食糖进口的政治压力。）这么看来，食糖进口限制反倒是给美国工人带来了就业方面的损失。

我们将在第 9～12 章中看到，糖业进口限制的政治行为是国际贸易中常见的政治过程中一个较为极端的例子。在第 10 章中我们将会论述，1945—1980 年世界贸易之所以在总体上变得越来越自由，是因为当时的一些特殊形势制约了反对国际贸易的固有的政治倾向。

国际劳动力流动

在本节，我们来看看如何应用特定要素模型来分析劳动力流动的效应。在当代社会，存在着大量对劳动力流动的限制——几乎每个国家都对移民施加了限制。所以，现实中劳动力的流动不如资本流动普遍。然而，对人力资本流动的分析更为复杂，因为它是在海外投资决策中与其他要素一同流动的（见第 8 章）。尽管如此，了解驱动工人自愿跨国流动的国际经济因素以及现实中国际流动的短期影响仍是很重要的。在下一章中，我们还会探究一国劳动力和资本禀赋变化的长期影响。

我们已经在前面看到了，工人是如何在一国之内的棉布部门和粮食部门之间流动，直至两部门间的工资率相等的。同理，一旦劳动力的国际流动成为可能，工人也会从低工资国家流动至高工资国家。① 为了简单起见以及为了专门研究劳动力的国际流动，我们假定，两个国家均使用劳动力和一种固定要素即土地生产一种产品。既然两国均只生产一种产品，那么就不可能发生贸易。但是，在劳动服务部门会发生“贸易”，因为工人总会追逐较高的工资。在不存在劳动力的国际流动时，技术差异可以导致国家之间的工资差别，或者土地相对于劳动的禀赋差异也可以导致工资差别。

图 4－14 显示了国际劳动力流动的原因及其影响。该图与图 4－4 非常类似，只存在一个差别，即横轴现在代表的是全世界的劳动总供给（而不是某个国家的劳动总供给）。两条边际产量曲线现在代表的是不同国家同一种产品的生产状况（而不是同一个国家两种产品的生产状况）。我们并不用这两条曲线与产品价格相乘，取而代之的做法是，我们假定纵轴上所衡量的工资代表着实际工资（工资除以每个国家这种单一产品的价格）。我们假定起初本国的工人数为 OL^1，外国的工人数为 L^1O^*。在这样的就业分布情况下，技术和土地的禀赋差异使得外国的实际工资（点 B）比本国的实际工资（点 C）要高。

① 我们假定工人的偏好都是相似的，因而地址的选择就仅取决于工资差异。国家之间的实际工资差异非常之大，乃至对许多工人来说，实际工资差异在决策中的作用大于对特定国家的个人喜好。

图 4-14　国际劳动力流动的原因及影响

说明：起初，本国雇用了 OL^1 的工人，外国雇用了 L^1O^* 的工人。劳动力会从本国向外国流动，直到本国所雇用的工人数为 OL^2，外国所雇用的工人数为 L^2O^*，此时两国工资相等。

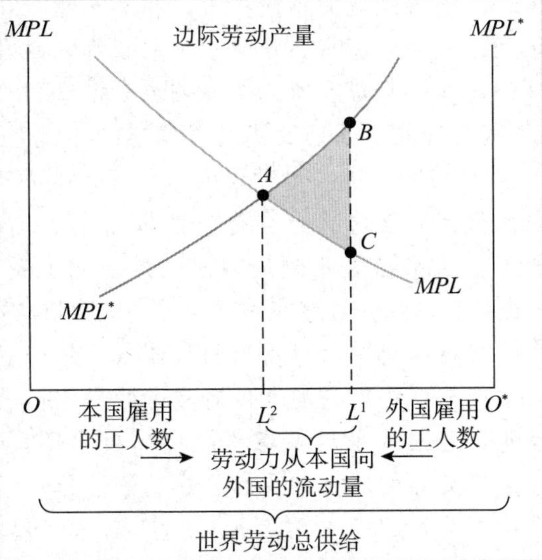

现在我们假定工人可以在两国之间进行流动。工人会从本国流动到外国。这样的流动会减少本国的劳动供给，从而提高本国的实际工资，同时会增加外国的劳动供给，从而降低外国的实际工资。如果劳动力的流动没有障碍，这个过程会一直持续到两国的实际工资相等。世界劳动总供给的最终分配状况将是：本国雇用 OL^2 的工人，外国雇用 L^2O^* 的工人（点 A）。

关于世界劳动力的上述再分配，我们还需注意三点：

（1）它会导致实际工资的趋同。本国实际工资上升，外国实际工资下降。

（2）它增加了世界的总产出。外国的总产出会从其边际产量曲线下方 L^1 所对应的面积增加到 L^2 所对应的面积，而本国的产出则减少了其边际产量曲线下方从 L^1 到 L^2 所对应的面积（详情见本章附录）。从图中我们可以看出，外国产量增加的部分要大于本国产量减少的部分，其净值等于图中阴影区域 ABC 的面积。

（3）尽管存在着上述净收益，仍有一些人会因劳动力的国际流动而受到损害。那些原本在本国工作的工人流动至外国后获取了更高的实际工资，而那些原本就在外国工作的工人由于本国工人的流入获得的实际工资却下降了。外国的土地所有者会从扩大了的劳动总供给中获益，但本国土地所有者的境况会恶化。

与讨论国际贸易的所得一样，国际劳动力流动虽然在理论上可以使得每个人的福利都得以改善，但却会使得部分群体的利益遭受现实的损失。只要存在着在短期固定不变的生产要素，即使模型更复杂一些，假定各国都生产并进出口不同的产品，这一主要结论也不会变化。不过，我们在下一章中将会看到，当所有要素都可以在部门之间流动时，在长期就不必固守这一结论了。只要一国通过贸易融入世界市场，该国劳动禀赋的变化就不会改变所有要素的福利状况。着眼长期，上述论断对于移民具有十分重要的意义，对于经历了大规模移民增长的国家来说，这一论断也得到了实证经验的证实。

❖案例分析　　欧盟工资收入的趋同

在过去的十年里，欧盟（EU）已经完成了东扩。2004 年，捷克、爱沙尼亚、塞浦路斯、拉脱维亚、立陶宛、匈牙利、马耳他和波兰加入欧盟；2007 年保加利亚和罗马尼亚紧随其后；2013 年克罗地亚加入欧盟。伴随着欧盟的不断扩大，在新千年里出现了大量的移民潮。西欧国家相对于东欧国家，工资水平差异巨大，特别是对于那些新加入欧盟的成员国来说，因此移民方向主要为从东欧向西欧。这个过程是否与我们的劳动力流动模型预测的工资趋同？答案是“是”。图 4－15 为 2004 年新加入的成员国相对于西欧成员国制造业工人的工资。1997 年东欧地区制造业工人的平均工资是西欧地区的 14%；但在接下来的十年里，这个数字翻了一番，到 2015 年增长到 27%。显然，薪酬差距仍然很大，但发展趋势是工资趋同。十几年前，随着 1990 年两德的统一，民主德国和联邦德国的工资水平出现了趋同现象。那一年，民主德国相对于联邦德国的薪酬水平从 7%上升到 37%。五年后，这一数字变成了 72%。(尽管从这以后这种趋同增长明显放缓。)

我们的劳动力流动模型对劳动力流出国和流入国的劳动力资源做出了明显的同质化假设。正如我们将在下面的案例分析中讨论的移民对美国的影响，移民工人通常与流入国的本土工人有非常不同的特征。因此，各国的平均工资差距也反映出不同的工人特征的分布以及不同类型的工作。最近一项关于工资差异的研究，通过关注工资差异巧妙地回避了如何测量这些个性差异的问题。它选择了一个跨国公司的标准化工作岗位：麦当劳餐厅的员工。餐饮跨国公司的全球化扩张，为研究提供了一个理想的进行同质化岗位工资水平对比的案例——麦当劳的工资（麦当劳员工的跨国工资收入差异）。图 4－15 同样提供了 2007 年和 2011 年东欧和西欧的麦当劳工资差异。在这项研究中，我们对东欧国家的定义要比之前的研究宽泛许多，其中包括了几个非欧盟国家，这些国家的人均 GDP 非常低（工资水平也是如此）。因此，得出的工资差异幅度低于之前的研究。然而，两项研究得出的 2007—2011 年两个地区的工资差异收敛趋势确实是高度一致的。

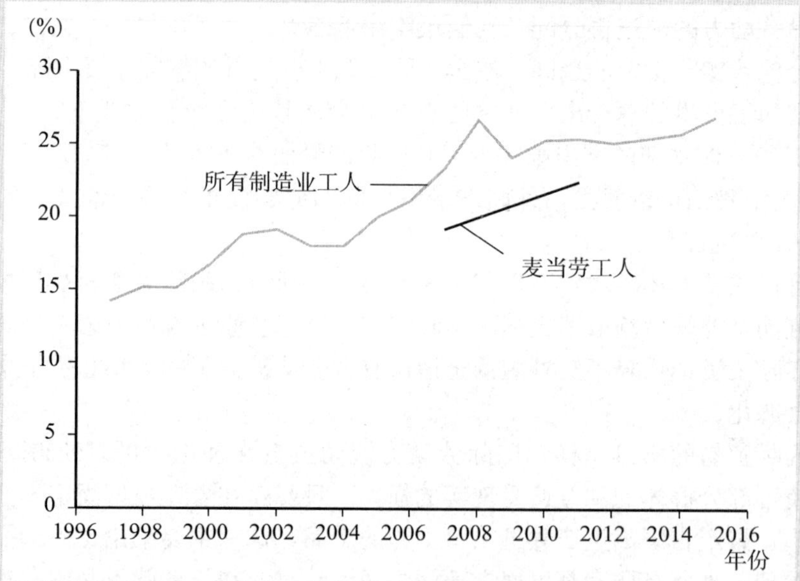

图 4－15　1997—2015 年东欧和西欧相对工资收入对比

说明：西欧（对于所有制造业工人来说）包括：奥地利、比利时、丹麦、芬兰、法国、德国、希腊、爱尔兰、意大利、荷兰、挪威、葡萄牙、西班牙、瑞典、瑞士和英国。东欧（对于所有制造业工人来说）包括：捷克、爱沙尼亚、匈牙利、波兰和斯洛伐克。西欧（对于麦当劳工人来说）包括：奥地利、比利时、丹麦、芬兰、法国、德国、爱尔兰、意大利、荷兰、挪威、西班牙、瑞典、瑞士和英国。东欧（对于麦当劳工人来说）包括：阿塞拜疆、白俄罗斯、捷克、爱沙尼亚、格鲁吉亚、拉脱维亚、立陶宛、波兰和乌克兰。

资料来源：The Conference Board International Labor Comparisons，2015；and Orley Ashenfelter，“Comparing Real Wage Rates，” *American Economic Review* 102 (2012)，pp. 617－642.

∵案例分析　移民与美国经济：未来前景

如图 4-16 所示，在过去的两个世纪中，移民在美国人口中的比重发生了很大变化。在 20 世纪之交，大量的在国外出生的美国人口显著地增长，其中大部分是来自东欧和南欧的移民。从 20 世纪 20 年代开始美国收紧了移民政策，20 世纪 60 年代是美国移民数量的最低谷。而 20 世纪 70 年代，一波新的移民潮开始，这次主要来自拉丁美洲和亚洲国家。虽然这次移民潮也带来了显著的移民增长，但是在数量上仍然没有达到第一次移民潮的高度。

图 4-16　在国外出生的美国人口占美国总人口的比重

说明：从 20 世纪 20 年代开始的对移民的限制措施导致了在 20 世纪中叶在国外出生的美国人口的下降，但是在最近的几十年时间里，移民数量又出现了显著的增长。

资料来源：U. S. Census Bureau.

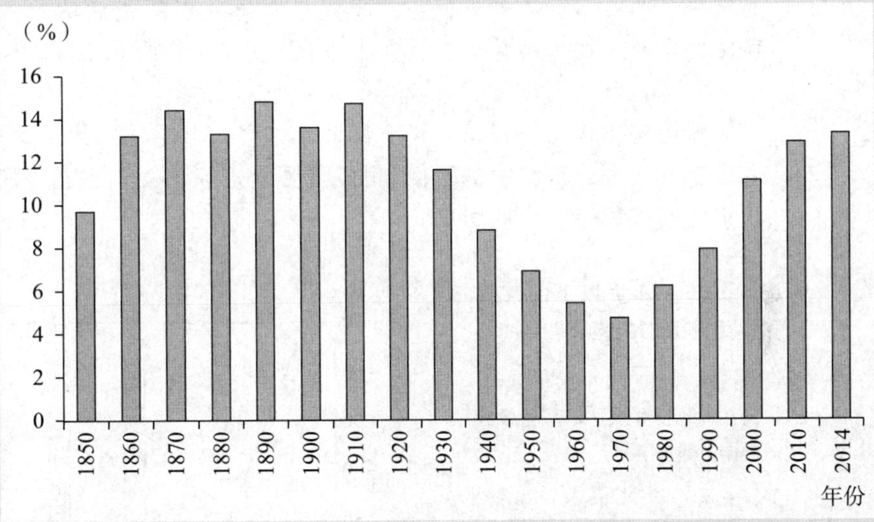

移民如何影响了美国的经济？最为直接的影响就是移民增加了美国的劳动力。以 2014 年为例，移民的劳动力占美国劳动人口的 16.7%，也就是说，如果没有移民，美国的劳动力将出现 16.7%的缺口。

其他条件相同，我们可以预期，增加的劳动力将降低工资。一个广为引用的数据估计是，美国的平均工资比移民前的水平低 3%。[①] 然而，这种平均工资的比较可能具有误导性，因为移民至美国的人与整个美国人口的教育背景存在差别。图 4-17 体现了这种差别。该图基于 2010 年的数据，依据 25 岁以上人口中所受教育程度的不同，对移民和美国总人口进行了柱状分类（左轴）。图中的曲线代表着两类人的比率（对于每个特定的受教育人群来说，移民所占的比例）。这一比率体现了移民工人相对于本地工人而言，在受教育水平最低和最高的人群中的集中程度。在受教育水平最高即拥有专业和博士学位的群体一端，移民为美国经济供应了大量具备所需技能的人才，尤其是在科学、技术、工程和数学领域（STEM）。在 STEM 领域具有博士学位的从业人员中，60%的人是移民。

在受教育水平最低的群体一端，移民同样十分集中。2014 年，移民所增加的劳动力中 30%的人没有完成高中或同等学业，而本土工人中具有这种教育背景的人仅占 9.6%。由于具有不同教育背景的工人意味着向生产中投入截然不同的要素（彼此之间不能相互替代），大多数数据统计认为，移民实际上提升了绝大多数美国本土工人的工资。任何工资上的下降都落在了受教育水平较低的美国人身上。不过，围绕着工资下降的幅度到底有多大，经济学家中存在着不小的争议，估计值的范围从 8%到更小的幅度不等。

---

① George Borjas, "The Labor Demand Curve Is Downward Sloping: Reexamining the Impact of Immigration on the Labor Market," *Quarterly Journal of Economics* 118 (November 2003), pp. 1335-1374.

移民对美国收入的整体影响又如何呢？很显然，美国的国内生产总值——在此指所生产的所有产品及服务的总价值——由于移民来的工人而增加了。然而，绝大部分所增加的产值都用于向移民自身支付工资了。总体上估计，"移民盈余"即 GDP 的增加值与向移民支付工资的成本之差是很小的，约为 GDP 的 0.1%。①

对移民经济影响的评估还需要考虑一个方面：对税收收入和政府支出的影响。一方面，移民支付税收，有助于抵消政府的成本。另一方面，他们也增加了政府的成本，因为他们的轿车需要上路行驶，他们的小孩需要入学接受教育，等等。由于许多移民工资较低，因此纳税也较少。一些研究表明：移民所带来的额外开支成本比他们所缴纳的收入要高。不过，与净经济影响一样，移民的净财政成本的估计值也非常小，约占 GDP 的 0.1%。

当然，移民问题是一个极具争议的政治话题。经济学对于移民的解释往往不能解释其全貌。不妨借助瑞士作家——马克斯·德里希（Max Frisch）的话来理解这一问题，他对移民对瑞士的影响曾经发表过这样的说法："我们需要的是劳动力，但是却来了所有的人。"众所周知，瑞士是非常依赖移民劳动力的国家。

图 4-17　25 岁以上的移民与美国总人口的教育背景

说明：与本土工人相比较而言，移民在所受教育水平最高和最低的群体中都很集中。

资料来源：U. S. Census Bureau.

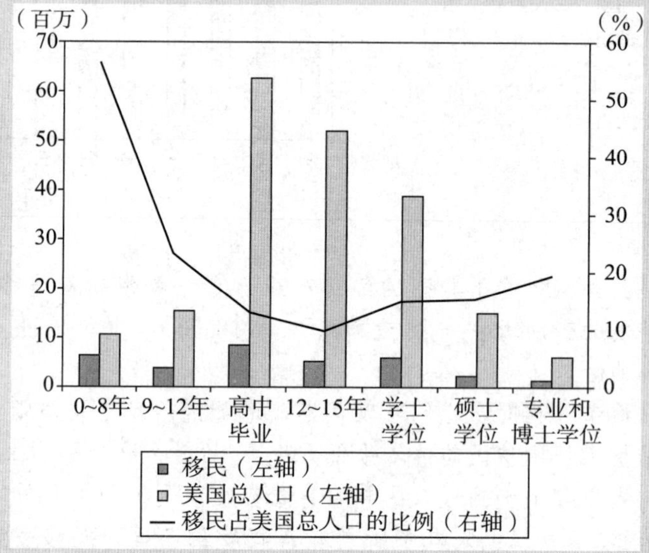

提　要

1. 国际贸易常常会影响各国国内的收入分配，因此贸易中既有受益者，也有受损者。产生收入分配效应的原因有两个：生产要素不能即刻地、无成本地从一个产业转移到另一个产业；一国产品组合的变化对不同生产要素需求的影响不同。

2. 特定要素模型是分析国际贸易收入分配效应的一个有用模型。在该模型中，要素被划分为两种：一种是能够在部门之间流动的通用要素，另一种是仅限定在特定部门使用的要素。资源的差异使得各国的相对供给曲线不同，因而产生了国际贸易。

3. 在特定要素模型中，每个国家出口部门的特定要素会从贸易中获利，而进口竞争部门的特定要素会从中受损。能够在两个部门中使用的流动要素可能受益，也可能受损。

---

① Gordon Hanson, "Challenges for Immigration Policy," in C. Fred Bergsten, ed., *The United States and the World Economy: Foreign Economic Policy for the Next Decade*, Washington, D. C.: Institute for International Economics, 2005, pp. 343-372.

4. 然而在整体上，可以认为贸易是能够产生收益的，因为受益者原则上可以补偿受损者，并且与贸易前相比，仍能提升福利水平。

5. 多数经济学家认为，不能将国际贸易对收入分配的影响当作限制贸易的理由。就对分配的影响而言，贸易与其他种种不受管制的经济因素的变化并无二致。进一步来说，经济学家更倾向于直接解决收入分配问题，而不是通过干涉贸易的自由流动来解决。

6. 尽管如此，在实际的贸易政策制定中，收入分配所起的作用是非常重要的。这主要是因为，与贸易的受益者相比，贸易的受损者常常是一个更知情、更团结、更有组织的集团。

7. 国际要素流动优势可以与贸易相互替代。因此，国际劳动力流动在原因上与影响上均与国际贸易类似也就不足为奇了。劳动会从充裕的国家流向稀缺的国家。这种流动会增加世界的总产出，但也会对收入分配产生强烈的影响，因而总有一些人会受到损害。

关键术语

预算约束	边际收益递减	劳动的边际产量
流动要素	生产函数	生产可能性边界
特定要素	特定要素模型	美国贸易调整援助计划

习　题

1. 1986 年，世界石油市场的价格猛跌。由于美国是一个石油进口国，人们都认为这对美国是件好事。然而在 1986 年，得克萨斯州和路易斯安那州的经济却下滑了，这是为什么？

2. 一个国家用劳动和资本生产产品 1，用劳动和土地生产产品 2。总劳动供给量是 100 个单位。在资本供给量给定时，两种产品的产出随劳动投入的变化如下表所示：

投入产品 1 的劳动	产品 1 的产出	投入产品 2 的劳动	产品 2 的产出
0	0	0	0
10	25.1	10	39.8
20	38.1	20	52.5
30	48.6	30	61.8
40	57.7	40	69.3
50	66.0	50	75.8
60	73.6	60	81.5
70	80.7	70	86.7
80	87.4	80	91.4
90	93.9	90	95.9
100	100.0	100	100.0

a. 画出产品 1 和产品 2 的生产函数。

b. 画出生产可能性边界。为什么生产可能性边界是弯曲的？

3. 根据第 2 题中的生产函数，劳动的边际产量曲线如下：

雇用的劳动	部门 1 的 *MPL*	部门 2 的 *MPL*
10	1.51	1.59
20	1.14	1.05
30	1.00	0.82
40	0.87	0.69
50	0.78	0.60
60	0.74	0.54
70	0.69	0.50
80	0.66	0.46
90	0.63	0.43
100	0.60	0.40

a. 假定产品 2 相对于产品 1 的价格为 2。画图确定工资率和劳动在两个部门之间的配置。

b. 利用第 2 题中画出的图，确定每个部门的产出。然后画图说明生产可能性边界在该点的斜率等于相对价格。

c. 假定产品 2 的相对价格下跌到 1.3，重做 a 和 b。

d. 计算价格从 2 到 1.3 的变化对部门 1 和部门 2 中特定要素收入的影响。

4. 假定两个国家（本国和外国）根据第 2 题和第 3 题中的生产函数生产产品 1（使用劳动和资本）与产品 2（使用劳动和土地）。起初，两国的劳动供给量（每个国家 100 单位）、资本供给量和土地供给量都相同。然后，本国的资本存量增加了。由于这一变化，描述劳动与产量函数关系的产品 1 的生产函数曲线（如第 2 题所述）向外移动，与之相关的劳动的边际产量曲线（如第 3 题所述）也向外移动。产品 2 的生产函数曲线和边际产量曲线都不变。

a. 说明本国资本供给的增加对其生产可能性边界的影响。

b. 在同一幅图上画出本国和外国的相对供给曲线。

c. 如果这两个国家开放贸易，贸易模式是怎样的？（即哪个国家出口哪种产品？）

d. 说明贸易对两个国家三种要素（劳动、资本和土地）的影响。

5. 本国和外国都有两种生产要素，即土地和劳动，但只生产一种产品。两国的土地供给和生产技术完全相同。每个国家劳动的边际产量取决于所雇用的工人数量，具体如下：

新雇用的工人数量	最后一位工人的边际产量
1	20
2	19
3	18
4	17
5	16
6	15
7	14
8	13
9	12
10	11
11	10

起初，本国雇用了 11 名工人，而外国只雇用了 3 名。分析劳动力从本国向外国自由流动对两国的就业、生产、实际工资和土地所有者收入的影响。

6. 使用第 5 题中的数字，现在假定外国对移民实施限制政策，只允许本国的 2 名工人进行移民。计算这 2 名工人的流动对以下 5 个群体收入的影响：

a. 本来就在外国工作的工人。

b. 外国的土地所有者。

c. 留守本国的工人。

d. 本国的土地所有者。

e. 进行移民的 2 名工人。

7. 针对墨西哥人向美国移民的影响的研究往往发现，移民的最大受益者正是移民者自己。用上一题中的例子分析这一结论。如果边界完全开放，不对移民施加任何限制，上述结论会如何变化？

延伸阅读

Avinash Dixit and Victor Norman. *Theory of International Trade*. Cambridge: Cambridge University Press, 1980. 如何在一些人的福利可能恶化的情形下建立贸易会给一国带来收益的模型这一问题争论已久。迪克西特和诺曼说明，原则上，一国政府总是能通过利用税收和补贴来进行收入再分配的方式来使自由贸易情形下的每个人福利都得到改善。

David Card. "Immigration and Inequality." *American Economic Review* 99 (2) (2009), pp. 1-21.

Lawrence Edwards and Robert Z. Lawrence. 2013. *Rising Tide: Is Growth in Emerging Economies Good for the United States?* Peterson Institute for International Economics. 该书考察了与新兴经济体（如印度）的贸易增加是如何影响美国及其工人的。

Gordon H. Hanson, "The Economic Consequences of the International Migration of Labor." *Annual Review of Economics* 1 (1) (2009): 179-208. 该文献回顾了移民的增加是如何影响移民输出国和移民输入国的。

Douglas A. Irwin, *Free Trade under Fire*, 3rd edition. Princeton, NJ: Princeton University Press, 2009. 该书提供了无数的细节和支持性数据来支持更自由的贸易能带来总体福利改善这一观点，其中的第 4 章讨论了贸易和失业之间的联系（该议题本章也简要讨论过）。

Douglas A. Irwin. "The Truth about Trade." *Foreign Affairs* 95 (2016), pp. 84 - 95. 在该文中，一个从事国际贸易研究的经济学家对美国 2016 年总统大选中人们对贸易的强烈反对做出了回应。

Robert A. Mundell. "International Trade and Factor Mobility." *American Economic Review* 47 (1957), pp. 321 - 335. 这篇文章首次提出了贸易和要素流动可以相互替代的观点。

Michael Mussa. "Tariffs and the Distribution of Income: The Importance of Factor Specificity, Substitutability, and Intensity in the Short and Long Run." *Journal of Political Economy* 82 (1974), pp. 1191 - 1204. 这篇文章将特定要素模型扩展为第 5 章将要讨论的要素比例模型。

J. Peter Neary. "Short-Run Capital Specificity and the Pure Theory of International Trade." *Economic Journal* 88 (1978), pp. 488 - 510. 这篇文章进一步探讨了特定要素模型中关于要素流动的不同假设如何影响模型的结论。

Mancur Olson. *The Logic of Collective Action*. Cambridge: Harvard University Press, 1965. 一本非常有影响力的书，强调在实务中，政府如何偏向小型、集中度高的群体而非大型群体。

David Ricardo. *The Principles of Political Economy and Taxation*. Homewood, IL: Irwin, 1963. 尽管在该书中李嘉图强调一国的贸易利得，但土地所有者和资本所有者之间的利益冲突也是该书的中心主题之一。

第 4 章附录　对特定要素的进一步分析

本章所讲述的特定要素模型实在是非常便利的分析工具，所以我们才可以在附录中进一步阐述它的一些细节。我们还要深入讨论两个相关的问题：（1）每个部门内边际产量和总产量之间的关系；（2）相对价格变化引起的收入分配效应。

边际产量和总产量

在本章中，我们用两种不同的方法说明了棉布的生产函数。在图 4 - 1 中，资本量不变，总产量是劳动投入量的函数。然后我们观察到，生产函数曲线的斜率就是劳动的边际产量，并用图 4 - 2 说明了这一边际产量。我们现在要论证的是，总产量可以由劳动的边际产量曲线下方区域的面积来衡量。（熟悉微积分的学生会轻松发现：边际产量是总产量的导数，所以总产量是边际产量的积分。不过，即便对于这些学生，用直观的方法进行分析也是很有帮助的。）

在图 4A - 1 中，我们再次画出棉布生产的边际产量曲线。假定我们雇用了 L_C 人・时的劳动。怎样表示棉布的总产量呢？我们要利用边际产量曲线来估计总产量。首先，如果我们减少一点点劳动投入，即减少 dL_C 的劳动，那么产量就会下降一点，下降的量近似为

$$dL_C \times MPL_C$$

即用所减少的劳动量乘以原来劳动投入水平下的边际产量。图 4A - 1 中的阴影长方形代表了减少的产量。现在我们继续压缩另一单位的劳动投入量，下一个长方形就是再次减少的产量。这个长方形更高，因为随着劳动投入量的减少，劳动的边际产量会增加。如果我们反复进行这一过程，直至劳动投入为零，那么总产量的减少量就近似地等于图中所有长方形的面积之和。在不雇用任何劳动时，总产量就会降为零。因此，我们可以用劳动的边际产量曲线下方所有长方形的面积之和粗略地估算棉布部门的总产量。

然而，这只是一个粗略的估算，因为我们在计算中使用的都是每次压缩劳动投入量之前那一单位的劳动所对应的边际产量。如果将劳动投入划分得更精细，估算就会更准确。当劳动投入量被无限细分时，长方形就会变得越来越窄，对边际产量曲线下方总面积的估算也就会越来越准确。最后，我们会发现，投入 L_C 的劳动所能生产的棉布总产量 Q_C，就等于劳动的边际产量曲线 MPL_C 下方、L_C 单位劳动左边区域的面积。

图 4A－1　总产量等于边际产量曲线下方的面积

说明：通过将边际产量曲线下方的区域细分为一系列窄长方形，我们可以看出，曲线下方的面积就是棉布的总产量。

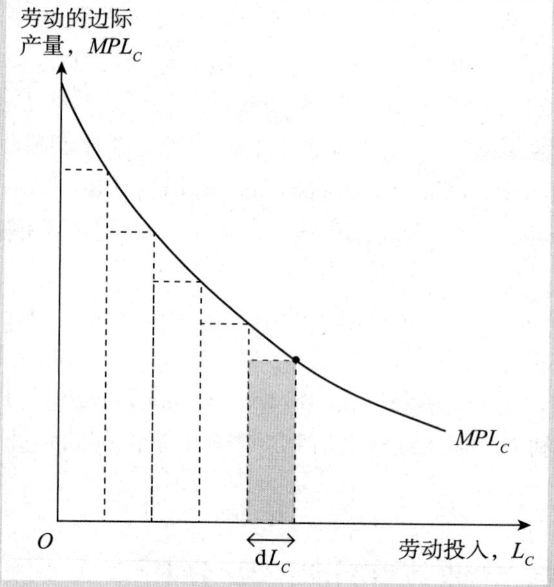

相对价格与收入分配

图 4A－2 利用我们上面刚刚得到的结论说明了棉布部门内部的收入分配。我们知道，棉布部门的生产厂商会雇用 L_C 的劳动力，直至工人的边际产量价值 $P_C \times MPL_C$ 与工资 w 相等。我们可以重写这一条件以体现用棉布价格衡量的实际工资，即 $MPL_C = w/P_C$。这样，给定一个实际工资水平，

图 4A－2　棉布部门内部的收入分配

说明：实际工资乘以劳动投入量就是劳动要素的收入。总产量减去劳动要素收入的剩余部分就是资本所有者的收入。

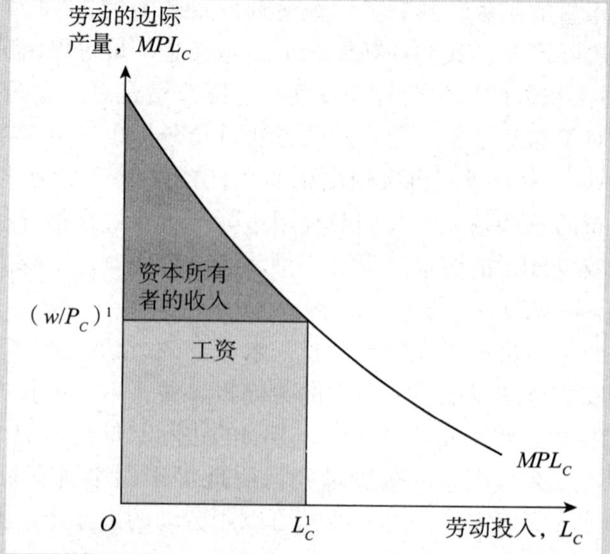

比方说 $(w/P_C)^1$，从图 4A－2 中的边际产量曲线我们可以看出，将有 L_C^1 的劳动会被雇用。而这些工人所生产出的总产量等于边际产量曲线下方、L_C^1 左侧区域的面积。这一产出可以被划分为两部分，即用棉布价格衡量的工人的实际工资及资本所有者的实际收入。支付给工人的部分即实际工资 $(w/P_C)^1$ 与就业水平 L_C^1 的乘积，也就是图中矩形的面积。余下的部分就是资本所有者的实际收入。我们可以用同样的方法，即根据用粮食价格来衡量的实际工资 w/P_F 而体现的函数关系，来确定粮食部门的收入在劳动和土地所有者之间的分配。

现在我们假定劳动的相对价格上升。在图 4－7 中，P_C/P_F 的上升会导致用棉布价格衡量的实际工资下降（因为工资的上升幅度不如 P_C），而用粮食价格衡量的实际工资上升。图 4A－3 和图 4A－4 说明了棉布相对价格上升对资本所有者和土地所有者收入的影响。在棉布部门，实际工资从 $(w/P_C)^1$ 下降至 $(w/P_C)^2$，因而资本所有者的实际收入会增加。在粮食部门，实际工资从 $(w/P_F)^1$ 上升至 $(w/P_F)^2$，因而土地所有者的实际收入会减少。

图 4A－3　棉布价格 P_C 上升会使资本所有者受益

说明：以棉布价格衡量的实际工资下降会增加资本所有者的收入。

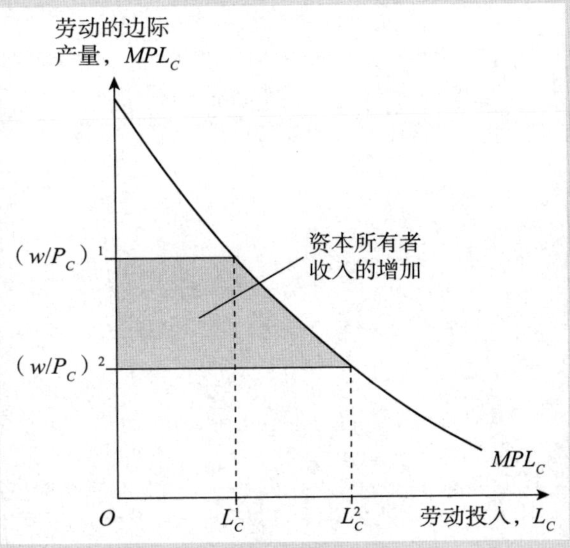

图 4A－4　棉布价格 P_C 上升会使土地所有者受损

说明：以粮食价格衡量的实际工资上升会减少土地所有者的收入。

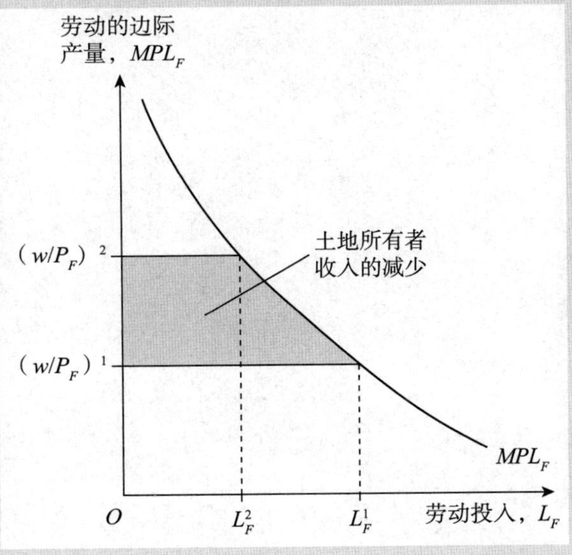

P_C/P_F本身的变化还会强化对实际收入的影响。一方面，相比以棉布价格来衡量的资本所有者的实际收入，以粮食价格来衡量的资本所有者的实际收入增加的幅度更大，因为现在粮食相对于棉布来说更便宜。另一方面，相比以粮食价格来衡量的土地所有者的实际收入，以棉布价格来衡量的土地所有者的实际收入减少的幅度更大，因为现在棉布相对于粮食来说更贵。

第5章 资源与贸易：赫克歇尔-俄林模型

如果像李嘉图模型所假设的那样，劳动是唯一的生产要素，那么产生比较优势的唯一原因就是各国之间劳动生产率的不同。然而，在现实世界中，各国间劳动生产率的不同只能部分地解释贸易产生的原因，贸易还反映了各国之间资源的差异。加拿大向美国出口林木产品并不是因为加拿大林木业工人的劳动生产率比美国同行要高，而是因为在人口稀少的加拿大，人均森林面积占有量高于美国。因此，契合现实的贸易理论不仅要强调劳动的重要性，也要承认土地、资本和矿产资源等其他生产要素的重要性。

为了分析资源差异在贸易中所起的作用，在本章讨论的模型中，我们假设各国间的资源差异是产生贸易的唯一原因。模型表明：国内各种资源［生产的相对**要素充裕度**（abundance of factors）］和生产技术［影响不同产品的生产中使用不同要素的相对**密集度**（intensity）］之间的相互作用会对一国的比较优势产生影响。第4章的特定要素模型已经部分地阐述了上面的观点，但我们在本章所要学习的模型将考察全部生产要素都能在部门间流动所带来的长期影响，从而将要素充裕度与生产密集度的相互作用进一步地推向现实。

用各国之间的资源差异来解释国际贸易原因的学说，是国际经济学中最具影响力的理论之一。这一理论是由瑞典经济学家伊莱·赫克歇尔（Eli Heckscher）和伯尔蒂尔·俄林（Bertil Ohlin，1977年诺贝尔经济学奖获得者）提出的，因此通常被称为**赫克歇尔-俄林理论**（Heckscher-Ohlin theory）。由于这一理论强调了不同生产要素在不同国家资源中所占的比例与它们在不同产品的生产投入中所占的比例二者之间的相互作用，它又被称为**要素比例理论**（factor-proportions theory）。

为了阐明要素比例理论，我们先来分析国家在没有贸易往来时的状况，然后讨论两个国家互通贸易之后的情形。我们会看到，与仅有一种生产要素的李嘉图模型不同，即使是在长期，贸易也会影响各种要素的收入分配。我们还会讨论可以将发达国家的工资不均等性归咎于贸易的程度。在本章的最后，我们将讨论一些支持（和反对）要素比例理论观点的实证研究。

学习目标

学完本章，你应该能够：

- 解释各国的资源差异是怎样确定一个特定的贸易模式的。
- 分析贸易利得即使在长期也不会平均分布的原因，并判断可能的受益者和受损者。
- 理解发达国家中贸易增长与工资不均等性加强之间的可能关联。
- 理解贸易的经验模式及要素价格对要素比例理论部分（但不是全部）观点的支撑。

两要素经济模型

在这一章，我们将分析最简单的要素比例模型，有时称之为“2×2×2”模型，即涉及两个国家、两种产品及两种生产要素的模型。在下面的例子中，两国指本国和外国，两种产品仍沿用第4章学习特定要素模型时所采用的产品，即棉布（单位：码）和粮食（单位：卡路里）。关键的不同在于，在本章，我们假定原来不能流动的每个部门的特定要素（棉布部门的资本、粮食部门的土地）在长期中都可以流动。这样，原来的农业用地现在可以被用来建设纺织工厂，而原来被用来购买动力织布机的资本现在也可以用来购买拖拉机。为简单起见，我们在模型中认定，只增加了一种被称为资本的要素※，它可以与劳动一同被用于生产棉布或粮食两种产品。在长期，资本和劳动都可以在部门之间流动，并使两者在两个部门中的报酬（租借利率和工资）都达到均等。

价格与生产

棉布和粮食现在都是用资本和劳动生产出来的。给定每个部门所雇用的资本和劳动的数量，每种产品的产量由其生产函数确定：

$$Q_C = Q_C(K_C, L_C)$$

$$Q_F = Q_F(K_F, L_F)$$

式中，Q_C和Q_F表示棉布和粮食的产出，K_C和L_C表示棉布生产中所雇用的资本和劳动的数量，K_F和L_F表示粮食生产中所雇用的资本和劳动的数量。整体上，一国资本存量K和劳动供给L都是固定的，并被分配于两个部门的生产当中。

为了理解两种产品的生产技术，我们定义下面的表达式：

a_{KC}＝生产1码棉布所需要投入的资本

a_{LC}＝生产1码棉布所需要投入的劳动

a_{KF}＝生产1卡路里粮食所需要投入的资本

a_{LF}＝生产1卡路里粮食所需要投入的劳动

上述单位产品的投入需求与李嘉图模型中的定义（只定义了单位产品的劳动投入）非常类似。然而，存在一个重要区别：当我们谈及这些定义时，是指用来生产给定数量的粮食或棉布所使用的土地或劳动的数量，而不是指生产这些粮食或棉布所要求的要素数量。相比李嘉图模型做出这一变化的原因是，当经济中有两种生产要素时，对投入要素的使用可以有一定的选择空间。

总体而言，对投入要素的选择取决于劳动和资本的要素价格。不过，我们先来看看每种产品只有一种生产方法的特殊情况。考虑下面的数字例子：生产1码棉布需要2工时的劳动和2机时的资本。粮食的生产更加自动化，生产1卡路里粮食仅需要1工时的劳动和3机时的资本。这样，所有单位产品的投入需求都固定在：$a_{KC}=2$；$a_{LC}=2$；$a_{KF}=3$；$a_{LF}=1$。并且，劳动不可能代替资本，反之亦然。假定一国的禀赋是3 000机时加上2 000工时。在生产要素不能互相替代的特殊情况下，可以用资本和劳动这两种资源的约束推导出该国的生产可能性边界。生产Q_C码棉布需要投入$2Q_C = a_{KC}\times Q_C$的机时加上$2Q_C = a_{L_C}\times Q_C$的工时。同理，生产Q_F卡路里粮食需要投入$3Q_F = a_{KF}\times Q_F$的机时加上$1Q_F = a_{LF}\times Q_F$的工时。棉布和粮食生产所使用的总机时不能超出资本总供给：

※ 此处所指的资本要素实际上包含了特定要素模型中的两种特定要素，即棉布部门的特定要素资本以及粮食部门的特定要素土地。——译者注

$$a_{KC} \times Q_C + a_{KF} \times Q_F \leqslant K \text{，或 } 2Q_C + 3Q_F \leqslant 3\,000 \qquad (5-1)$$

这是资本方面的资源约束。同理，劳动方面的资源约束即生产中所使用的总工时不能超出劳动总供给：

$$a_{LC} \times Q_C + a_{LF} \times Q_F \leqslant L \text{，或 } 2Q_C + Q_F \leqslant 2\,000 \qquad (5-2)$$

图 5-1 说明了不等式（5-1）及（5-2）对本例中生产可能性的意义。根据图 3-1 为李嘉图模型绘制生产可能性边界的方法，我们可以画出这两条资源约束线。在这种情况下，生产必然受到两种资源的约束。因此，生产可能性边界由图中所标注的折线组成。如果该国专业化生产粮食（点 1），那么它能够生产 1 000 卡路里粮食。在该点处，存在着剩余的劳动储备：2 000 工时的劳动中只有 1 000工时投入生产。再看另一个端点，如果该国专业化生产棉布（点 2），那么它能够生产 1 000 码棉布。在该点处，也存在着剩余的资本储备：3 000 机时的资本中只有 2 000 机时投入生产。在生产点 3，该国雇用了全部的劳动和资本资源（1 500 机时和 1 500 工时投入棉布生产；1 500 机时和 500 工时投入粮食生产）。[①]

此生产可能性边界的一个重要特点是：用粮食衡量的每多生产 1 码棉布的机会成本是可变的。当该国生产更多的粮食时（点 3 的左侧部分），存在着剩余的劳动储备。少生产 2 卡路里粮食所释放的 6 机时可以用来生产 3 码棉布，即棉布的机会成本是 2/3。当该国生产更多的棉布时（点 3 的右侧部分），存在着剩余的资本储备。少生产 2 卡路里粮食所释放的 2 工时可以用来生产 1 码棉布，即机会成本是 2。因此，该国生产的棉布越多，生产棉布的机会成本越大。

图 5-1　要素不可替代时的生产可能性边界：数字例子

说明：如果资本与劳动不能相互替代，那么要素比例模型中的生产可能性边界就由两条资源约束线组成：该国所能使用的劳动和资本分别以可得的供给量（2 000 工时和 3 000 机时）为限。因此，本图中所标注的折线就是生产可能性边界。在点 1 处，该国专业化生产粮食，存在着一些工时未被雇用。在点 2 处，该国专业化生产棉布，存在着一些机时未被雇用。在点 3 处，该国雇用了所有的劳动和资本资源。此生产可能性边界的一个重要特点是，用粮食衡量的棉布的机会成本是可变的：它随着该国的生产组合向棉布倾斜，从 2/3 上升至 2。

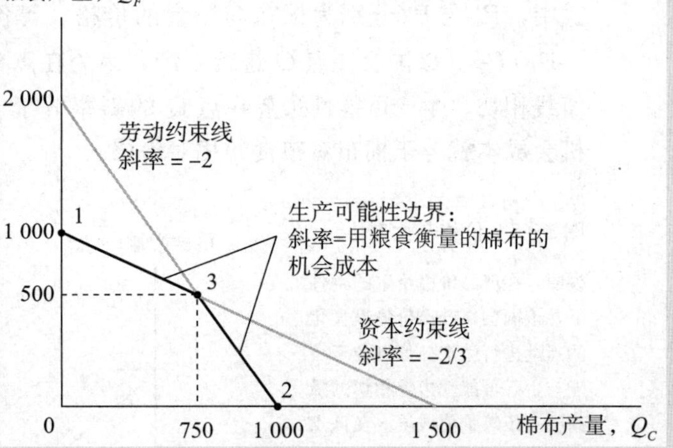

现在我们允许生产中资本与劳动相互替代，从而使模型更接近现实。这种替代使得生产可能性边界由图 5-1 中的折线变为图 5-2 中的弓形 PP 曲线。弓形的生产可能性边界表明：随着该国生产更多的棉布及更少的粮食，以粮食衡量的多生产 1 码棉布的机会成本会逐渐增加。也就是说，我们关于机会成本随着生产组合变化而如何变化的基本判断仍然成立。

① 不存在要素替代的情况是一种特例，在这种情况下，能充分使用两种要素的生产点只有一个；在生产可能性边界上的所有其他点上，总有一些要素未被使用。在下面存在要素替代的更一般化的例子中，这种特殊的情形就不复存在了：在沿着整个生产可能性边界进行生产时，两种要素总能得到充分使用。

图 5-2　生产要素可替代时的生产可能性边界

说明：如果资本与劳动可以相互替代，那么生产可能性边界就不再是折线。但是，随着棉布产量的增加和粮食产量的减少，以粮食衡量的棉布的机会成本不断上升，这一点仍然成立。

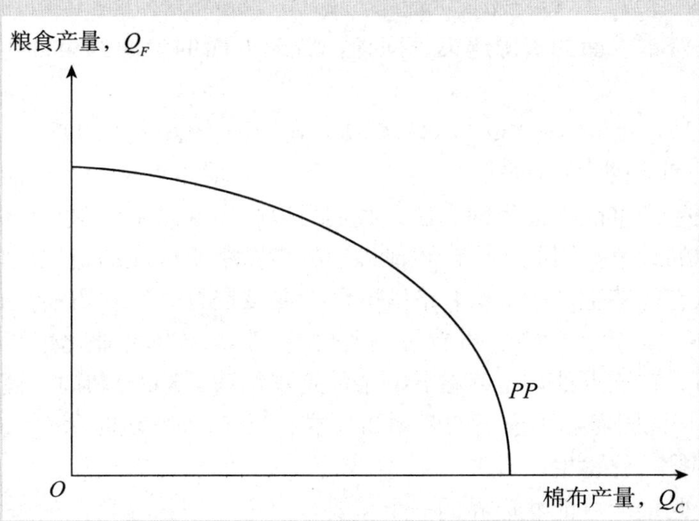

该国会在生产可能性边界的哪一点上进行生产呢？这取决于两种产品的价格。具体来讲，该国会在产出价值最大化的那一点上进行生产。图 5-3 显示了这一生产点。该国产出的价值由下式表示：

$$V=P_C\times Q_C+P_F\times Q_F$$

式中，P_C与P_F分别为棉布与粮食的价格。等价值线（线上任何一点的产出价值不变）的斜率是$-P_C/P_F$。该国会在点 Q 进行生产，因为在点 Q，生产可能性边界与可能达到的最高的一条等价值线相切。生产可能性边界在点 Q 的斜率等于$-P_C/P_F$。因此，用粮食衡量的多生产 1 码棉布的机会成本就等于棉布对粮食的相对价格。

图 5-3　价格与生产

说明：在产品价格给定的条件下，该国会在产出价值最大化的点上进行生产；该点位于可能与生产可能性边界相切的最高的一条等价值线上。在该点处，以粮食衡量的棉布的机会成本等于棉布的相对价格P_C/P_F。

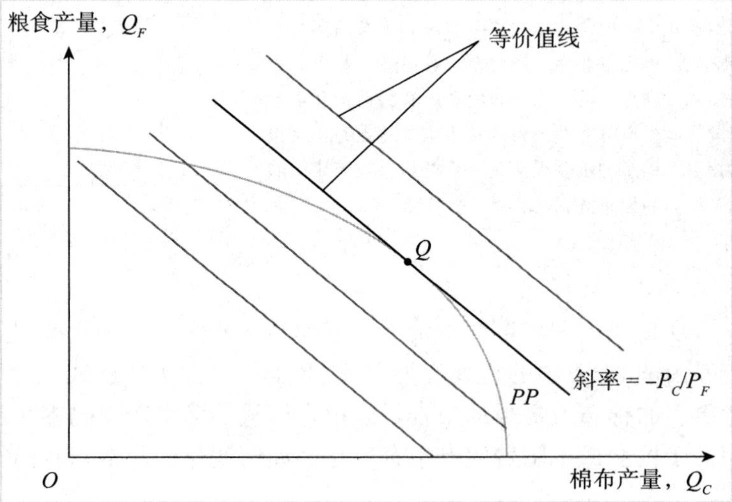

要素投入集的选择

我们已经指出，在两要素模型中，生产者对要素投入的使用有选择余地。例如，农场主可以选择使用相对较多的机械化设备（资本）搭配较少的人员，或者使用相对较少的机械化设备（资本）

搭配较多的人员。这样，农场主就可以选择每单位产出所使用的劳动和资本的数量。因此，每个部门的生产者面对的就不是固定的投入组合（与李嘉图模型不同），而是图 5－4 中的曲线 *II* 所描述的可调整的投入组合，该曲线显示了生产 1 卡路里粮食可能使用的不同要素投入组合。

在现实中，生产者会做出何种投入选择呢？这取决于资本和劳动的相对成本。如果资本的租借利率高而劳动的工资低，则农场主会选择使用相对较少的土地和较多的劳动来生产；反之，如果租借利率低而工资高，他们则会节省劳动而使用大量的资本。若用 w 表示劳动的工资率，用 r 表示资本的租借利率，那么对要素投入组合的选择将取决于这两种**要素价格**（factor prices）的比率 w/r。[①] 图 5－5 中的 *FF* 曲线揭示了要素价格与粮食生产中所用劳动与资本的比率之间的关系。

图 5－4　粮食生产中的要素投入可能性

说明：如果使用较多的劳动，一个农场主便可以使用较少的资本来生产 1 卡路里粮食，也可以使用较少的劳动和较多的资本达到同样的产量。

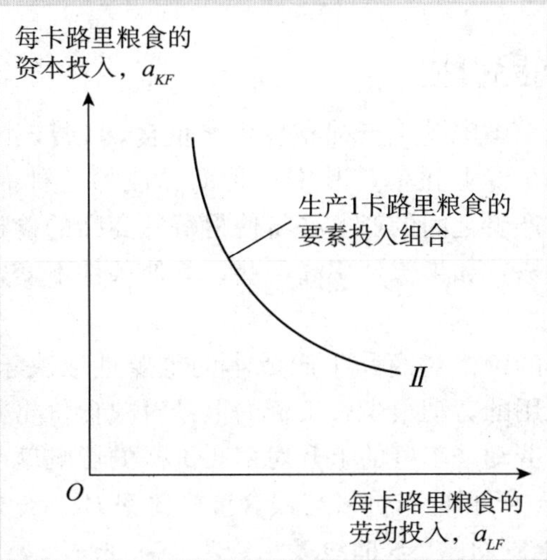

图 5－5　要素价格与投入选择

说明：在每个部门，生产中所使用的劳动-资本比率取决于劳动与资本的相对价格 w/r。图中的 *FF* 曲线表示粮食生产中的劳动-资本比率选择，*CC* 曲线则表示棉布生产中的劳动-资本比率选择。对于任一给定的工资-租借利率比率，棉布生产都使用了较高的劳动-资本比率。在这种情况下，我们称棉布生产为劳动密集型的，粮食生产为资本密集型的。

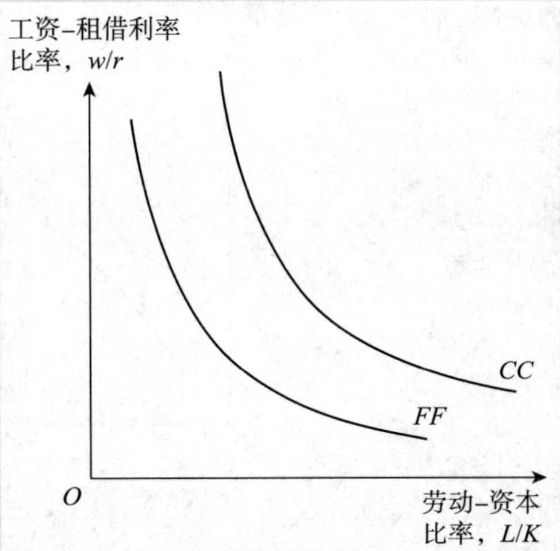

在 w/r 与棉布生产的劳动-资本比率之间存在着对应关系。图 5－5 中的 *CC* 曲线体现了这种关系。图中的 *CC* 曲线在 *FF* 曲线的右边，表明给定任意要素价格，棉布生产总比粮食生产的劳动-资本比率高。在这种情形下，我们说棉布生产是劳动密集型的（labor-intensive），粮食生产是资本密

① 有关劳动-资本比率的最优选择，我们将在本章的附录中进一步探讨。

集型的（capital-intensive）。注意，一种产品是劳动密集型的还是资本密集型的，取决于生产中劳动投入量对土地投入量的比例，而不是劳动投入量或土地投入量相对于产出的比例。因此，一种产品不可能同时是资本密集型产品和劳动密集型产品。

图 5－5 中的 CC 曲线和 FF 曲线叫作相对要素需求曲线；它们与产品的相对需求曲线十分类似。其向下倾斜的形状体现了生产者对要素需求的替代效应。随着工资 w 相对于租借利率 r 的上升，生产者会在生产决策中用资本替代劳动。我们前面所分析的无要素替代的情形是一个特例，因为不存在要素替代时，相对要素需求曲线是一条垂直于横轴的直线：所需求的劳动-资本比率是固定的，不随工资-租借利率比率 w/r 的变化而变化。在本章接下来的部分，我们考察的都是存在要素替代的更为一般化的情况，即相对要素需求曲线是向下倾斜的。

要素价格与商品价格

我们暂且假定一个国家既生产棉布也生产粮食。（若该国参与国际贸易，则不一定会出现这种情形，因为它可能完全专业化生产其中一种商品或另一种商品。但我们暂时不考虑这一可能性。）那么，每个部门中生产者之间的竞争必将使得每种商品的价格都等于它的生产成本。生产一种商品的成本取决于要素价格：如果工资率高一些，其他条件不变，则任何使用劳动要素生产出来的商品的价格都会高一些。

然而，某种要素的价格对商品生产成本的重要性取决于有多少该要素进入该商品的生产。例如，如果粮食生产使用的劳动很少，工资的上升对粮食价格并不会产生太大的影响；反之，如果棉布生产使用了大量的劳动，工资的上升对棉布价格的影响就会很大。因此，我们可以得出结论：在工资-租借利率比率 w/r 和棉布价格与粮食价格比率 P_C/P_F 之间存在着一一对应的关系。这种关系可以由图 5－6 中向上倾斜的 SS 曲线表示。①

图 5－6　要素价格与商品价格

说明：由于棉布生产是劳动密集型的，粮食生产是资本密集型的，所以要素价格比率 w/r 与棉布的相对价格 P_C/P_F 之间存在着一一对应的关系。劳动的相对价格越高，劳动密集型产品的相对价格就一定越高。图中的 SS 曲线体现了这种关系。

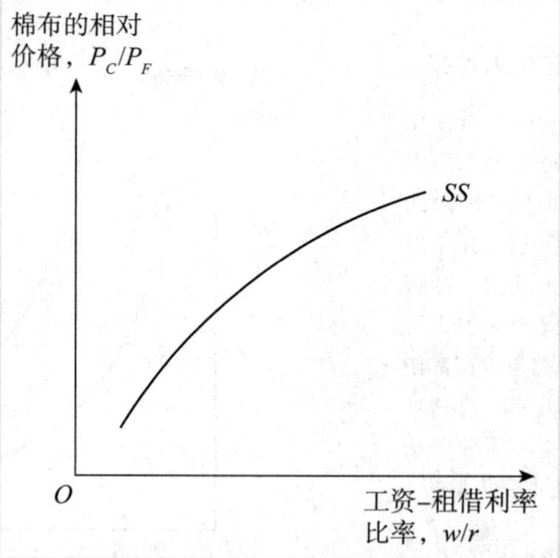

我们可以把图 5－5 和图 5－6 放到一起。在图 5－7 中，左边是逆时针旋转 90 度之后的图 5－6（SS 曲线），右边是图 5－5。将两幅图放到一起，我们可以看到令人惊讶的现象：商品价格和每种商品生产中所投入的劳动-资本比率之间存在着联系。假设棉布的相对价格是 $(P_C/P_F)^1$（图 5－7 的左半边）。如果该国这两种商品都生产，则工资-租借利率比率就一定等于 $(w/r)^1$。那么，该比率就

① 只有当该国生产棉布和粮食两种商品时，即存在着一个给定的棉布相对价格的变化范围时，这一关系才存在。如果棉布相对价格的上升超出了给定的上限水平，该国就会专业化生产棉布；反之，如果棉布相对价格的下降超出了给定的下限水平，该国就会专业化生产粮食。

意味着，在棉布生产和粮食生产中所投入的劳动-资本比率就一定分别等于 $(L_C/K_C)^1$ 和 $(L_F/K_F)^1$（图 5-7 的右半边）。如果棉布的相对价格上升到 $(P_C/P_F)^2$，则工资-租借利率比率也将上升到 $(w/r)^2$。由于现在劳动相对贵一些，所以棉布生产和粮食生产中所投入的劳动-资本比率也会分别下降到 $(L_C/K_C)^2$ 和 $(L_F/K_F)^2$。

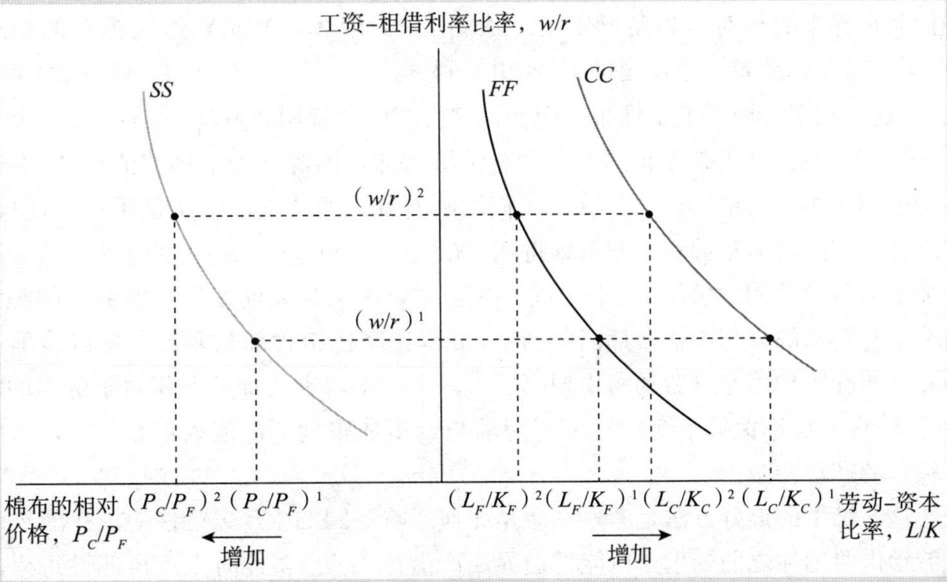

图 5-7 从商品价格到要素投入选择

说明：给定棉布的相对价格 $(P_C/P_F)^1$，工资-租借利率比率一定等于 $(w/r)^1$。对应于这一工资-租借利率比率，棉布和粮食生产中的劳动-资本比率一定分别是 $(L_C/K_C)^1$ 和 $(L_F/K_F)^1$。如果棉布的相对价格上升到 $(P_C/P_F)^2$，工资-租借利率比率就一定会上升到 $(w/r)^2$，从而造成两个部门生产中使用的劳动-资本比率均下降。

我们还可以从图 5-7 中得出一个重要的结论。左边的图形已经告诉我们，棉布对粮食的相对价格上升会导致工人相对于资本所有者的收入增加。但我们还可以做更明确的表述：这种相对价格的变化将通过提高用两种商品衡量的实际工资，同时降低用两种商品衡量的实际租金，明确无疑地提高工人的购买力，并降低资本所有者的购买力。

我们是如何知道这一点的呢？当 P_C/P_F 上升时，棉布生产和粮食生产中的劳动-资本比率都会下降。但在竞争经济中，支付给生产要素的收入等于它们的边际产出——用棉布衡量的工人的实际工资等于棉布生产中劳动的边际产量，依此类推。当任一商品生产中的劳动-资本比率下降时，用该种商品来衡量的劳动的边际产量会上升，所以，工人发现，无论用哪种商品衡量，他们的实际工资都提高了。另外，两个部门中资本的边际产量都下降了，因此，资本所有者发现，无论用哪种商品衡量，他们的实际收入都降低了。

因此，在该模型中，正如在特定要素模型中一样，相对价格的变化对收入分配会产生强烈的影响。商品价格的变化不仅会改变收入分配，而且这种变化总是使得一种生产要素的所有者获利，同时使另一种生产要素的所有者的利益受损。①

① 沃尔夫冈・斯托尔珀（Wolfgang Stolper）和保罗・萨缪尔森在他们的一篇经典论文中阐明了商品价格与要素价格之间的关系，参见“Protection and Real Wages,” *Review of Economic Studies* 9 (November 1941), pp. 58-73。因此，这一关系又被称为斯托尔珀-萨缪尔森效应。

资源与产出

现在，我们可以通过阐明商品价格、要素供给与产出之间的关系完成对两要素经济模型的描述。尤其是，我们来考察一下资源（一种要素的总供给）的变化是如何影响部门之间的资源分配，进而影响产出变化的。

我们假定棉布的相对价格是给定的。从图 5-7 中我们知道，给定棉布的相对价格，比方说 $(P_C/P_F)^1$，就可以确定一个固定的工资-租借利率比率 $(w/r)^1$（只要该国同时生产棉布和粮食两种产品）。这一利率进而决定了棉布生产和粮食生产中所使用的劳动-资本比率：分别为 $(L_C/K_C)^1$ 和 $(L_F/K_F)^1$。现在我们假定该国的劳动总供给增加，因此该国整体的劳动-资本比率 L/K 增加。对于给定的棉布相对价格 $(P_C/P_F)^1$，我们刚刚看到，两个部门中所使用的劳动-资本比率保持不变。如果每个部门对劳动的相对需求维持在 $(L_C/K_C)^1$ 和 $(L_F/K_F)^1$ 的水平不变，那么该国是如何容纳增加了的劳动总相对供给 L/K 的呢？换言之，该国是如何雇用新增劳动的呢？答案就在于部门之间劳动与资本的分配：棉布部门的劳动-资本比率比粮食部门要高，所以该国可以通过将更多的劳动和资本配置到棉布（劳动密集型部门）的生产中，来增加劳动相对于资本的就业数量（每个部门的劳动-资本比率保持不变）。① 随着劳动与资本从粮食部门流入棉布部门，该国棉布的产量会增加，粮食的产量会减少。

考虑这一结果的最好方法是考察资源是如何影响一国的生产可能性的。在图 5-8 中，TT^1 曲线代表了劳动供给增加之前的生产可能性边界。产量位于点 1，此时生产可能性边界的斜率等于负的棉布相对价格，即 $-P_C/P_F$，同时该国生产 Q_C^1 数量的棉布和 Q_F^1 数量的粮食。TT^2 曲线代表劳动供给增加之后的生产可能性边界。生产可能性边界向外扩张到 TT^2。劳动供给增加后，该国能比以前生产更多的棉布和粮食。然而，从外扩的边界可以看出，向棉布部门扩张的幅度比向粮食部门扩张的幅度要大。也就是说，存在着一种**生产可能性的偏向性扩张**（biased expansion of production possibilities），即生产可能性边界外扩时，朝着某一部门扩张的幅度远比朝着另一部门扩张的幅度要大。本例中，生产可能性边界的扩张明显偏向棉布部门的生产，以至在相对价格不变的情况下，生产从点 1 移到了点 2，从而使得粮食的产出从 Q_F^1 下降到 Q_F^2，而棉布的产出从 Q_C^1 大幅增加到 Q_C^2。

资源供给的增加对生产可能性的带有偏向性的影响是理解资源差异如何导致国际贸易的关键。②劳动供给的增加会使生产可能性更多地向棉布生产的方向扩张，而资本供给的增加会使生产可能性向粮食生产的方向扩张。因此，相比劳动对资本的相对供给较少的国家，劳动对资本的相对供给较多的国家将具有棉布生产的相对优势。**一般来说，一国生产效率较高的产品，往往是密集使用本国相对充裕的要素进行生产的产品。**

下面我们将进一步讨论一些经验现象，这些现象将会证实，一国资源的变化会导致带有偏向性的产出增长，产出所偏向的部门是密集使用供给增加的要素进行生产的产品部门。我们可以据此为中国经济做出注解，因为中国经济近年来就经历了熟练工人这一要素的大幅增长。

---

① 关于这一结果及其细节的正式推导，参见本章的附录。

② 波兰经济学家 T. M. 雷布津斯基（T. M. Rybczynski）在一篇论文中论述了资源变动对生产的偏向性效应，参见“Factor Endowments and Relative Commodity Prices，” *Economica* 22（November 1955），pp. 336-341。因此，这一效应也被称为雷布津斯基效应。

图 5-8　资源与生产可能性

说明：劳动供给的增加会使该国的生产可能性边界从 TT^1 外移到 TT^2，但是朝着棉布生产方向移动的幅度更大。其结果是，在棉布的相对价格（用斜率 $-P_C/P_F$ 表示）不变的情况下，粮食的产量从 Q_F^1 下降到 Q_F^2。

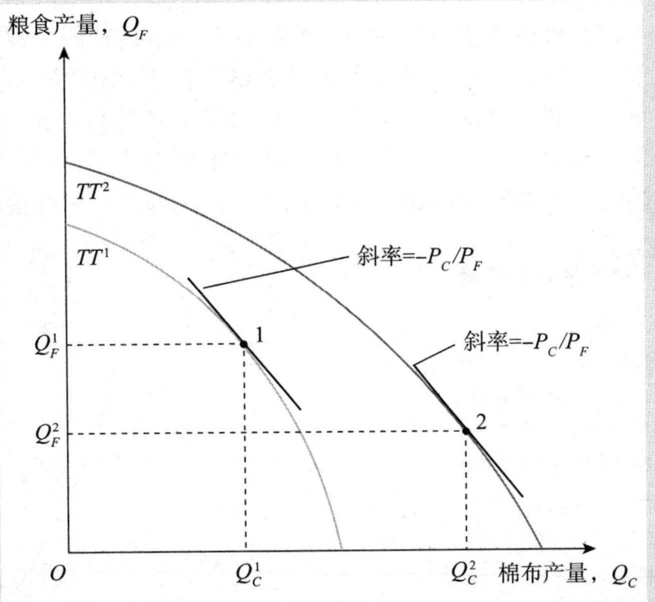

国际贸易对两要素经济的影响

我们已经勾画出两要素经济的生产结构，下面要讨论的是两个这样的国家——本国和外国——进行贸易时将会发生的情况。像以往一样，本国和外国在许多方面是相似的。它们的消费倾向相同，因此在面对同样的粮食和棉布的相对价格时，它们对两种商品的相对需求完全一致。它们的技术水平相同，投入给定数量的劳动和资本，两国棉布或粮食部门的产出完全相同。两国之间唯一的区别是资源的不同：本国的劳动-资本比率高于外国。

相对价格与贸易模式

由于本国的劳动-资本比率高于外国，我们称本国是劳动充裕的国家，外国是资本充裕的国家。注意，资源的充裕是用一个比率即相对数量来定义的，而不是绝对数量。例如，假定美国工人的数量比墨西哥多大约 3 倍，但是由于美国的资本存量比墨西哥的资本存量多出 3 倍以上，墨西哥相对于美国来说仍然可能是劳动密集型国家。“充裕”取决于相对量，是通过比较两国劳动对资本的相对供给得出的，所以不存在所有资源都充裕的国家。

因为棉布是劳动密集型产品，所以本国相对于外国的生产可能性边界朝棉布方向扩展的程度比朝粮食方向扩展的程度更大。因此，在其他条件相同时，本国棉布对粮食的相对产出往往较高。

由于国际贸易会导致相对价格趋于一致，所以对两国来说，棉布对粮食的相对价格也会趋同。由于两国的要素充裕程度不同，对于任何一个给定的棉布对粮食的相对价格，本国棉布的相对供给要比外国的多，因此，本国棉布的相对供给更大，本国的相对供给曲线位于外国相对供给曲线的右侧。

图 5-9 中的 RS 和 RS^* 分别代表本国和外国的相对供给曲线。图中的曲线 RD 是两国共同的相对需求曲线，我们在前面已经假定两国的相对需求相同。在贸易前，本国的均衡点在点 1，棉布的相对价格是 $(P_C/P_F)^1$。外国的均衡点在点 3，棉布的相对价格是 $(P_C/P_F)^3$。这样，两国间如

果没有贸易，本国棉布的相对价格比外国低。

当本国与外国发生贸易后，两国的相对价格会趋向一致。本国的棉布相对价格上升而外国的棉布相对价格下降。新的世界棉布相对价格会位于两国贸易前的相对价格之间，比方说 $(P_C/P_F)^2$。在第 4 章中，我们讨论了一国是如何针对基于产品相对价格变化的方向而发生的贸易做出反应的：一国会出口相对价格上升的产品。这样，本国会出口棉布（本国棉布的相对价格上升了），而外国会出口粮食（外国棉布的相对价格下降了，这也就意味着粮食的相对价格上升了）。

图 5-9　贸易使相对价格趋同

说明：在贸易前，点 1 是本国的均衡点，即本国的相对供给曲线 *RS* 和相对需求曲线 *RD* 的交点。同理，点 3 是外国贸易前的均衡点。贸易后，世界相对价格位于贸易前两国的均衡点之间，如点 2 所示。

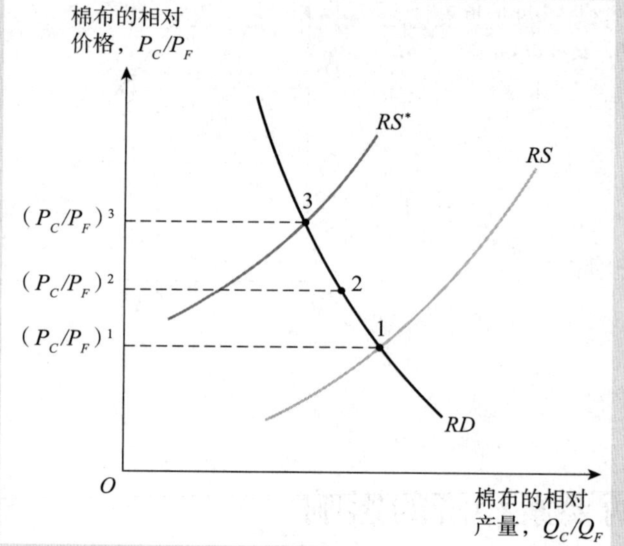

由于本国是劳动充裕的国家（相对于外国），并且棉布的生产是劳动密集型的（相对于粮食生产），因此本国成为棉布的出口方。类似地，由于外国是资本充裕的国家，并且粮食的生产是资本密集型的，因此外国成为粮食的出口方。我们可以将上述关于贸易模式的判断（在我们所学习的两种产品、两种要素、两个国家的模型中）概括成下述定理，该定理是用最初开创该贸易模型的经济学家的名字来命名的：

赫克歇尔-俄林定理：某种要素充裕的国家会出口密集使用该要素进行生产的产品。

在多个国家、多种生产要素、多种产品的更现实的情况下，我们也可以将上述定理进行一般化的阐述，即一国在某种要素上的充裕性与该国出口密集使用该要素进行生产的产品之间存在着关联关系：**一国往往会出口密集使用其禀赋充裕的要素进行生产的产品。**①

贸易与收入分配

我们刚刚讨论过，贸易是如何导致相对价格的趋同的。通过前面的学习，我们也知道，相对价格的变动又会对劳动和资本的相对收入产生强烈的影响。棉布相对价格的上升会提升以两种产品衡量的劳动的购买力，并降低以两种产品衡量的资本的购买力。粮食价格上升产生的影响则正好与此相反。因此，国际贸易对收入分配的影响非常大，即便在长期也是如此。在本国，棉布相对价格上升，靠劳动获取收入的人会从贸易中获利，而以资本为收入来源的人却遭受损失。在外国，棉布相对价格下降，情形正好相反：劳动者遭受损失，资本所有者获利。

---

① 关于将赫克歇尔-俄林模型扩展至多种产品、多种要素、多个国家的正规推导，参见 Alan Deardorff，"The General Validity of the Heckscher-Ohlin Theorem," *American Economic Review* 72 (September 1982)，pp. 683 - 694。

对于一个国家来说，供给相对多的资源（本国的劳动，外国的资本）就是这个国家的**充裕要素**（abundant factor）；供给相对少的资源（本国的资本，外国的劳动）就是这个国家的**稀缺要素**（scarce factor）。在长期中国际贸易的收入分配效应可以概括如下：**一个国家充裕要素的所有者可以从贸易中获利，稀缺要素的所有者会因贸易而受损。**

在分析特定要素模型的例子时，我们发现"被困在"进口竞争产业中的生产要素会因贸易开放而受损。在此，我们又发现进口竞争产业所密集使用的生产要素都会因贸易开放而受损，无论这些要素是被用于哪个产业。不过，关于贸易总收益的理论判断与特定要素模型是相同的：贸易开放可以扩大一国的消费可能性（参见图 4－11），因此就存在着让所有人都获益的可能方法。然而，两个模型关于收入分配效应的论述存在着一个关键的区别。用于特定产业的特定要素只是一个暂时的问题：服装制造商不可能一夜之间变成计算机制造商，但假以时日，美国经济的确可以将其制造业的就业从衰退部门转移至扩张部门。这样，由于劳动及其他生产要素是固定要素而产生的收入分配效应就只是一个暂时的、过渡性的问题（这并不是说，该效应对那些利益受损者来说不痛苦）。比较而言，贸易对土地、劳动和资本等更广泛要素的收入分配影响多多少少更为持久。

美国的贸易模式表明，与世界其他国家相比，美国的高技术工人比较充裕，低技术工人比较稀缺。这意味着国际贸易将使美国的低技术工人不是短期而是长期地受损。贸易对低技术工人的负效应持续引发政治问题，即使提供短期救助（例如失业保险）政策也难以解决。因此，美国等发达经济体中的贸易增长对收入不均等性的潜在影响成为大量实证研究的主题。在下面的案例分析中，我们提供了这类实证研究的部分成果，并据此得出结论：迄今，贸易至多只是美国可衡量的收入不均等程度加重的因素之一。

❖案例分析　南北贸易和收入不均等

自 20 世纪 70 年代起，美国工资收入不均等的现象明显加剧。1970 年，工资收入处于第 90 分位（在 90%的工资收入者之上、10%的工资收入者之下）的男性工人的工资收入是仅处于最低第 10 分位的工资收入者的男性工人工资的 3.2 倍。2016 年，收入处于第 90 分位的工资收入者的工人工资则比仅处于最低第 10 分位的工资收入者的工人工资的 5.5 倍还高。同一时期，女性工人工资不均等程度的上升速度也处于类似的水平。收入不均等程度的上升与教育回报的提高有关，尤其是在 20 世纪 80 年代之后。1980 年，大学毕业生的工资比高中毕业生高 40%，在 80 年代和 90 年代期间，这一指标作为教育的回报持续上升至 80%。达到这一峰值后，该指标的走势大体平稳（尽管大学毕业生之间的工资差距持续加大）。

工资不均的现象为什么会增多？许多观察家将原因归于世界贸易的增长，尤其是韩国和中国等新兴工业化经济体（newly industrializing economies，NIEs）工业制成品出口的增长。截至 20 世纪 70 年代，发达工业化国家与发展中国家之间的贸易——通常所说的"南北"贸易，因为大多数发达国家位于北半球的温带地区——绝大部分是北方的工业制成品与南方的原油和咖啡等原材料及农产品之间的交换。不过从 1970 年开始，以前的原材料出口国也开始日益向美国等高收入国家出售工业制成品。我们在第 2 章中已经了解到，发展中国家出口产品的种类已经发生了巨大的变化，从以出口农产品和矿物产品为主转为以出口工业制成品为主。尽管新兴工业化经济体也为高收入国家的产品出口提供了迅速发展的市场，这些新兴工业化经济体的出口产品明显地在要素密集度上大大有别于它们的进口产品。新兴工业化经济体向发达国家出口的产品绝大部分是服装、鞋类及其他相对来说不太复杂的产品（"低技术产品"），这些产品均属于非技术劳动密集型产品；而发达国家出口到新兴工业化经济体的产品则是资本密集型或技术密集型的，例如化学药品、航空器等（"高技术产品"）。对许多观察家来说，似乎能直接得出这样一个结论：正在发生的情况正是要素价格均等化。正如要素比例模型所论述的那样，资本和技术充裕的发达国家与非技术劳动充裕的新兴工业化经济体之间的贸易，提高了技术和资本充裕国家中高技术工人的工资，并降低了非技术工人的工资。关于这个问题的争论已远远超出了纯学术的范围。如果像许多人那样，人们认为发达国家收入不均现象加剧是一个严重的问题，而且相信世界贸易的增长是造成这一问题的主要原因，那么就很难理解为什么经济学家一贯支持自由贸易。（正如我们在前面所指出的，在原则上，税收和政府支付能够抵消贸易对收入分配的影响，但反对者可能会指出，在实际生活中，这种情形不太可能出现。）一些有影响力的评论家认为，发达国家若想基本保持一个中产阶级社会，就不得不限制与低工资收入国家之间的贸易往来。

尽管一些经济学家相信，与低收入国家之间贸易的增长是美国收入不均现象加剧的主要原因，但大多数实证研究者至今仍认为，国际贸易最多只是收入不均加剧的原因之一，但绝非主要原因。[①] 这种不同观点主要依据以下三个主要事实：第一，要素比例模型指出，国际贸易是通过产品相对价格的变化来影响收入分配的。所以，如果国际贸易是推动收入差距扩大的主要推动力，那么与非技术劳动密集型产品相比，技术密集型产品的价格就应该有明显的上涨。但是，有关国际价格数据的研究却未能找到这种价格变动的明显证据。第二，模型预测要素相对价格会趋于一致：如果在技术充裕的国家中，技术工人的工资上升而非技术工人的工资下降，那么在劳动充裕的国家中，情形应当相反。对开放贸易的发展中国家收入分配的研究表明，至少在一些条件下，情形的确相反。针对墨西哥的深入研究表明，该国 20 世纪 80 年代贸易结构转变后，即墨西哥放开了进口并主要出口工业制成品之后，技术工人的工资增长了，整体的工资不均加剧了，这与美国的发展轨迹类似。第三，尽管发达国家与新兴工业化经济体之间的贸易迅速增长，但这些贸易只占发达国家总支出比重的很小一部分。据此分析，这种发达国家出口技术劳动（通过出口技术密集型产品）和进口非技术劳动（通过进口劳动密集型产品）贸易中的“要素含量”只能占其技术工人与非技术工人总供给的一小部分。这说明这些贸易往来并不可能给收入分配带来很大的冲击。

那么，造成美国技术工人与非技术工人之间收入日益扩大的原因究竟是什么呢？大多数人认为，是新的生产技术而不是贸易对工人的技能提出了更高的要求（例如，计算机的广泛使用及工作场所中其他先进技术的应用）。这通常被称为技术-技能互补型或**技能偏向型技术变革**（skill-biased technological change）。[②] 在下一小节，我们将探讨此类技术变革与工资不均等加剧之间的关系。

技能偏向型技术变革与收入不均等

我们将两要素生产模型进行拓展，加入技能偏向型技术变革的因素。我们来看看这一因素是如何更好地契合美国工资不均等加剧的现实的。我们也叙述一下关于这种技术变革与贸易及外包关系的新研究。考虑一个两种产品、两种要素的模型，在该模型中，技术工人生产“高技术”产品，非

---

① 在有关贸易对收入分配的影响的讨论中，重要的有：Robert Lawrence and Matthew Slaughter，“Trade and U. S. Wages：Giant Sucking Sound or Small Hiccup?” *Brookings Papers on Economic Activity*：*Microeconomic* 2（1993），pp. 161 - 226；Jeffrey D. Sachs and Howard Shatz，“Trade and Jobs in U. S. Manufacturing，” *Brookings Papers on Economic Activity* 1（1994），pp. 1 - 84；and Adrian Wood，*North-South Trade*，*Employment*，*and Income Inequality*（Oxford：Oxford University Press，1994）。对这一争论及有关问题的概览，参见以下文献中的第 9 章：Lawrence Edwards and Robert Z. Lawrence，*Rising Tide*：*Is Growth in Emerging Economies Good for the United States*?（Peterson Institute for International Economics，2013）。

② 参见 Claudia Goldin and Lawrence F. Katz，“The Origins of Technology-Skill Complementarity，” *The Quarterly Journal of Economics*（1998），pp. 693 - 732。

技术工人生产“低技术”产品。图 5－10 显示了两个部门厂商的相对要素需求：技术-非技术工人就业比率作为技术-非技术工人工资比率的函数（LL 曲线是低技术部门的相对要素需求，HH 曲线是高技术部门的相对要素需求）。我们已经假定，高技术产品是技术劳动密集型的，因此，HH 曲线位于 LL 曲线的外侧。图中未明示的背景是，一条 SS 曲线（见图 5－6 和图 5－7）决定了技术-非技术工人工资比率，这一比率是高技术产品（相对于低技术产品）相对价格的递增函数。

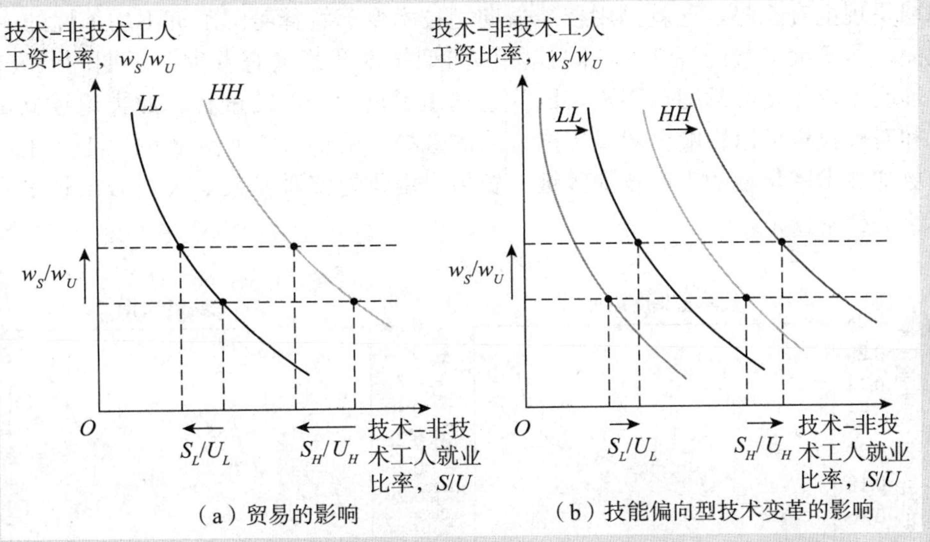

图 5－10　工资不均等的加剧：贸易还是技能偏向型技术变革惹的祸？

说明：LL 曲线和 HH 曲线分别显示了低技术部门和高技术部门中技术-非技术工人就业比率即 S/U 与技术-非技术工人工资比率即 w_S/w_U 之间的函数关系。高技术部门比低技术部门更加技术密集，因此 HH 曲线位于 LL 曲线的右侧。(a) 图显示了与发展中国家的贸易增长导致技术-非技术工人工资比率上升的情形。两个部门的厂商都因贸易而降低了对技术工人的相对雇佣数量：S_L/U_L 和 S_H/U_H 都下降了。(b) 图显示了技能偏向型技术变革导致技术-非技术工人工资比率上升的情形。LL 曲线和 HH 曲线均向外移动（因为两个部门对技术工人的相对需求都上升了）。然而，在此情形下，两个部门厂商的反应都是增加对技术工人的相对雇佣数量：S_L/U_L 和 S_H/U_H 都增加了。

在（a）图中我们看到的情形是，与发展中国家贸易的增长（通过高技术产品相对价格的上升）加剧了这些国家工资的不均等性（技术-非技术工人工资比率）。技术工人相对价格的上升使得两个部门的厂商都降低了它们对技术工人相对于非技术工人的雇佣数量。

在（b）图中我们看到的情形是，两个部门中的技能偏向型技术变革都加剧了工资的不均等性。这一技术变革之所以被定义为技能偏向型技术变革，是因为它使两个部门对技术工人的相对需求都增加了（LL 曲线和 HH 曲线均向外侧移动）。由于技术变革与技术工人的共同作用，高技术部门的生产率收益更大。这样，给定高技术产品的任一相对价格，技术变革都与技术-非技术工人工资比率的上升相关联（SS 曲线的位置变化了）。即使技术工人相对更贵，两个部门的厂商对技术变革的回应也都是增加对技术工人相对于非技术工人的雇佣数量。此外，我们注意到（a）图中的贸易带来的是两个部门厂商相反的雇佣变化。

下面我们通过观察美国某一部门内部技术-非技术工人就业比率的变化，来判断用贸易和技能偏向型技术变革来解释工资不均等性的加剧到底孰优孰劣。美国经济的所有生产部门（包括技术劳动密集型部门和非技术劳动密集型部门）中技术-非技术工人就业比率均普遍上升。这一事实为技能偏向型技术变革对工资不均等性的解释投了赞成票。这正反映了近半个世纪以来所观察到的美国经济现实。

图 5－11 根据技术密集度将所有生产部门划分为四组。美国公司依据技能划分的就业数据并不

公布，但它们使用的是一个类似的划分方法：生产工人和非生产工人。除少数特例之外，非生产职位都要求更高的受教育水平。因此，我们就用非生产-生产工人就业比率来衡量技术-非技术工人就业比率。[①] 我们认为，非生产-生产工人就业比率最高的部门就是技术劳动密集度最高的部门。图5-11的各幅子图分别显示了某组部门这一就业比率长期以来的变化过程（显示的是每组所有部门该就业比率的平均值）。尽管每组部门的平均技术劳动密集度之间存在着很大的差异，我们仍可以清晰地看到，四组部门的就业比率一直以来都在上升。美国经济的绝大多数生产部门中的这一就业比率普遍呈现上升态势，这就是用技能偏向型技术变革解释美国工资不均等性的主要依据之一。

然而，尽管大多数经济学家认同技能偏向型技术变革确有发生，近期的研究却有一些新发现：贸易是加剧工资不均等的间接因素，因为它加速了技术变革的进程。此类论述立足于以下信条：贸易开放和对外投资可以影响公司对生产方式的选择。例如，有研究表明，走上出口之路的公司往往会朝着更加技术密集型的生产技术升级。贸易自由化能够激发大量公司做出技术升级的选择，从而带来广泛的技术变革。

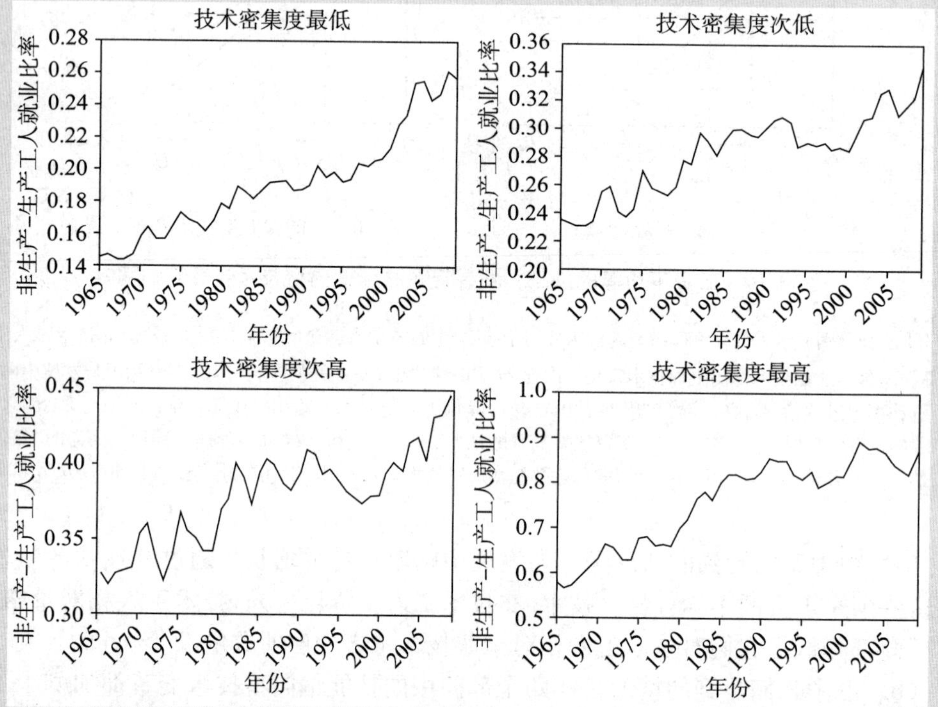

图5-11　美国四组生产部门中非生产-生产工人就业比率的演变

说明：根据技术密集度将所有的生产部门划分为四组。长期以来，四组部门的非生产-生产工人就业比率均上升了。

资料来源：NBER-CES Manufacturing Productivity Database.

另一方面的例子则与外包业务、贸易自由化及对外投资相关。特别地，美国、加拿大与墨西哥所建立的NAFTA（见第2章）使得公司极易将自身的若干生产环节（研发、零部件生产、组装、营销等）转移到北美洲的不同地区。由于墨西哥生产工人的工资低得多，受到利益驱动的美国公司就会将那些密集使用生产工人的工序（例如零部件生产和组装）转移到墨西哥。那些更密集地使用高技术工人或非生产工人的工序（例如研发和营销）就往往会留在美国（或加拿大）完成。从美国的角度来看，生产工序的分离增加了对技术工人的相对需求，其效果与技能偏向型技术变革十分类

① 平均而言，非生产工人的工资比生产工人的工资高出60%。

似。曾有一项研究发现，非生产工人的工资超出生产工人工资的部分在不断增加，而这一增加的21%～27%可以由美国向墨西哥的外包工序来解释。[①]

因此，人们所观察到的部分技能偏向型技术变革及其对工资不均等程度的加剧，都可以归因于对外贸易和对外投资的增长。并且，正如我们已经提到过的，发达国家工资不均等程度的加剧的确是个备受关注的问题。然而，由于技术创新偏爱相对高技术的工人就采用贸易限制措施来抑制技术创新更是成问题的：这相当于放弃了创新带来的巨大的总收益（除了贸易的标准收益之外）。鉴于此，经济学家赞成能够使所有工人都更容易获取技能的长期政策，这样，技术创新所带来的收益才能够惠及尽可能广泛的人群。

专栏 劳动收入占比的下降与资本-技术互补性

在之前的案例中，我们了解了在20世纪下半叶美国工人收入所经历的巨大差异。在这期间，不仅技术工人的收入增长了，资本所有者的收入也增长了。我们可以通过劳动收入占总收入的比重变化得出资本的回报情况。图5-12展示出了美国劳动收入占比从1975年的63%下降到2012年的57%。（换言之，资本收入占比从37%增长到了43%。）

一个可能的解释就是与劳动力丰裕国家的贸易的增长增加了技术工人的收入。这会导致劳动回报和资本回报的收入均等化：如美国这样的资本丰裕国家的资本收入会增长，如新兴工业化国家这样的劳动力丰裕国家的资本收入会下降。然而，事实却是与之相矛盾的。图5-12同样表明了以59个国家（从1975年到2012年）为样本的世界劳动收入占比的趋势是劳动力收入占比降低（资本收入占比提高），不仅仅是劳动力丰裕的新兴工业化国家是这样，资本丰裕的美国同样如此。因此，这些事实印证了产业内技术变革的理论。（资本回报的增加同样发生在产业内部。）

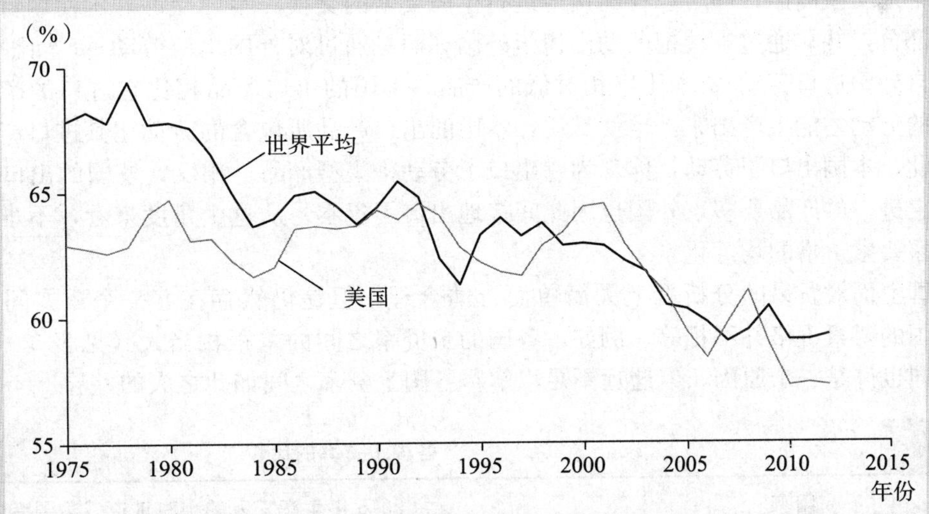

图5-12 美国和世界平均劳动收入占比

说明：非加权的世界平均劳动收入占比用可获得的59个国家数据表示。

资料来源：Loukas Karabarbounis and Brent Neiman, "The Global Decline of the Labor Share," *The Quarterly Journal of Economics* 129.1 (2014), pp. 61-103.

① 参见 Robert Feenstra and Gordon Hanson, "The Impact of Outsourcing and High-Technology Capital on Wages: Estimates for the United States, 1979-1990," *Quarterly Journal of Economics* 144 (August 1999), pp. 907-940。

在近期的研究中，一个常用的描述此类技术变革的模型是在生产函数中包括三种要素（技术劳动、非技术劳动和资本）。其中，与技术劳动相比，资本和非技术劳动更具有替代性。这通常被称为**“资本-技术互补性”**（capital-skill complementarity）（因为在生产函数中技术工人和资本的低替代性使其具有更多的互补性）。技术变革中需要更新和更高效的机器（资本）来代替非技术劳动，但是仍然需要技术劳动。这导致了资本和技术劳动的回报增高，而非技术工人的回报降低。这种技术变革可以解释世界范围内日益增加的工资收入的不平等和资本回报的增加，同样也可以解释产业内部技术劳动受雇佣比例的增大（参见之前的案例研究）。

要素价格均等化

在贸易前，本国劳动者的收入要比外国少，本国资本所有者的收入要比外国高。在没有贸易的情况下，劳动充裕的本国棉布的相对价格要比资本充裕的外国低。产品相对价格的不同意味着两国**要素**相对价格之间的差异更大。

在贸易后，产品相对价格的趋同导致了劳动和资本相对价格的趋同。显然，贸易后存在着**要素价格均等化**（equalization of factor prices）的趋势。这一趋势会发展到什么程度呢？

答案令人惊讶：模型中要素价格均等化的趋势会发展到底，即国际贸易会使得两国的要素价格最终完全相等。虽然本国劳动对资本的相对供给比外国高，但是只要它们之间有贸易往来，两国的工资率和租借利率就会变得完全相同。为了搞清楚这个问题，我们回顾一下图 5 - 6。图 5 - 6 表明，只需给定棉布和粮食的价格就能确定工资率和租借利率，而无须参考劳动和资本的供给状况。如果棉布对粮食的相对价格在本国和外国相同，那么两国的要素价格也将相同。

为了理解上述要素价格均等化的过程，我们必须认识到，本国和外国进行贸易往来时，不仅仅是在简单地交换商品，同时也在间接地进行生产要素的交换。本国允许外国使用自身充裕的劳动要素的一部分，并非通过直接把劳动出售给外国，而是通过对外国出口劳动-资本比率相对高的产品，同时，自外国进口劳动-资本比率相对低的产品。本国的出口产品相比它进口的产品来说，需要投入更多的劳动才能生产出来，也就是说，本国的出口产品所包含的劳动比其进口产品所包含的劳动多。因此，本国出口了劳动，体现为它出口了劳动密集型产品。相反，外国的出口产品中所包含的资本比它进口的产品要多，外国也因此间接地出口了资本。从这个角度来看，不难理解贸易导致了两个国家要素价格的均等化。

尽管上面对贸易的分析看上去简单而合情合理，但是仍然存在着一个重要问题：在现实世界中，各国的要素价格并不相等。例如，各国的工资率之间的差距相当大（见表 5 - 1）。各国劳动素质的不同也许是一个原因，但这远不足以解释各国工资率之间如此之大的差异。

表 5 - 1　各国工资率的比较

国家	2015 年生产工人的小时工资（美国＝100）
美国	100
德国	112
日本	63
西班牙	63
韩国	60

续表

国家	2015 年生产工人的小时工资（美国＝100）
巴西	31
墨西哥	16
中国*	11.3
印度**	4.5

* 中国为 2013 年数据。

** 印度为 2012 年数据。

资料来源：The Conference Board，International Labor Comparisons.

为什么模型得出的结论与现实不符？让我们来看看模型的假设。下面三个假设是要素价格均等化的关键，但它们在现实中是不存在的：（1）两个国家的技术水平相同；（2）无须任何代价的贸易会使得两个国家的产品价格均等化；（3）两个国家都生产两种相同的产品。

我们的反驳理由如下：

（1）如果两国的生产技术水平不同，国际贸易导致要素价格均等化的命题就不会成立。例如，生产技术水平高的国家，其工资率和租借利率一般都高于生产技术水平低的国家。

（2）要素价格的完全均等取决于产品相对价格的完全趋同。在现实世界中，国际贸易并没有导致产品价格完全趋同。价格未完全趋同的原因包括贸易的自然壁垒（如运输费用）和人为壁垒（如关税、进口配额和其他限制）。

（3）即便所有国家都使用相同的技术，也面临着相同的产品价格，要素价格均等化仍依赖两国生产相同的两种产品的假设。在图 5-6 中，为了从棉布和粮食的价格推导出工资率和租借利率，我们就做了两国同时生产两种相同产品的假设。然而，事实上，不同的国家各自可能更愿意从事不同产品的专业化生产。劳动-资本比率相对高的国家一般只生产棉布，而资本-劳动比率相对高的国家一般只生产粮食。这意味着，只有在两个国家的相对要素禀赋状况相似到足够的程度时，才可能发生要素价格均等化（本章的附录将更全面地讨论这一点）。因此，当两国资本-劳动比率或技术工人-非技术工人比率相差很大时，就不一定会发生要素价格均等化。

赫克歇尔-俄林模型的经验证据

赫克歇尔-俄林模型的要点就是：贸易是由国家间要素充裕度的差别引起的。我们刚刚讨论了从这个要点如何引申出下述推论：产品的贸易就是要素的贸易，国家之间产品的贸易应该体现要素差异。这一基于**贸易的要素含量**（factor content of trade）推论十分有影响力，并能够用现实经验去验证。然而，我们发现这一严格的经验验证所取得的成功十分有限，其主要原因与要素价格均等化不能成立的原因相同。这是否意味着要素充裕度的差异不能解释所观察到的国际贸易模式呢？答案是否定的。首先，我们会阐述，放松产生要素价格均等化的假设就可以非常成功地证实基于贸易的要素含量的推论。其次，通过直接观察发达国家和发展中国家之间的产品贸易模式，我们可以看到赫克歇尔-俄林模型与现实的契合是多么完美。

产品贸易对要素贸易的替代：贸易的要素含量

基于美国数据的检验　直到最近，从某种程度上说直到现在，美国一直是世界各国经济中的一个特例。直到几年前，美国还是比其他国家富有。与其他国家的同行相比，美国工人的人均资本要高得多。即便是现在，虽然一些西欧国家和日本已经迎头赶上，但美国仍然居于人均资本较高国家的前列。

人们也许会认为，美国是一个资本密集型产品的出口国和劳动密集型产品的进口国。然而，令人惊讶的是，在第二次世界大战后的25年里，事实却并非如此。在1953年发表的一篇著名研究论文中，经济学家瓦西里・里昂惕夫（Wassily Leontief，1973年诺贝尔经济学奖获得者）发现，美国出口产品的资本密集程度要低于其进口产品的资本密集程度。① 这一结论被称为**里昂惕夫悖论**(Leontief paradox)。

表5－2展现了里昂惕夫悖论和其他有关美国贸易模式的信息。我们将1962年美国用于生产每百万美元价值的出口产品所需的生产要素与用于生产同样价值的进口产品所需的生产要素进行比较。如表中前两行数据所示，1962年的情况符合里昂惕夫悖论：美国出口产品的资本-劳动比率低于进口产品。不过，该表的其余部分表明，其他有关进口产品和出口产品的数据是符合要素比例理论的。根据基于受教育年限的数据，美国出口产品的技术劳动密集度比其进口产品要高。美国还倾向于出口技术密集型产品，生产这些产品需要大量的科学家和工程师。美国作为一个高科技国家，在精密产品上具有比较优势，上述现象正好符合美国的这一特点。那么，我们为什么还会观察到里昂惕夫悖论呢？该悖论仅限于美国和/或仅限于所考察的要素吗？在此给出一个简短的答案：不。

表5－2　1962年美国进出口产品的要素含量

	进口	出口
每百万美元产品所包含资本（美元）	2 132 000	1 876 000
每百万美元产品所包含劳动（人・年）	119	131
资本-劳动比率（人均资本，美元）	17 916	14 321
工人平均受教育年限（年）	9.9	10.1
劳动供给中工程师和科学家的占比	0.018 9	0.025 5

资料来源：Robert Baldwin，“Determinants of the Commodity Structure of U. S. Trade,” *American Economic Review* 61 (March 1971), pp. 126－145.

基于全球数据的检验　哈里・P. 鲍恩（Harry P. Bowen）、爱德华・E. 利默（Edward E. Leamer）和利奥・斯维考斯卡斯（Leo Sveikauskas）② 将里昂惕夫针对贸易要素含量的研究扩展至27个国家和12种生产要素。基于一国进出口贸易的要素含量，他们考察了一国是否为自身相对充裕的生产要素的净出口国以及其他生产要素的净进口国。他们衡量要素充裕度的方法是：将一国的要素禀赋（计算一国某种要素禀赋占世界的比重）与该国占世界GDP的比重相比较。例如，美国2011年占世界总收入的比重大约是25%，但是美国工人占世界工人的比重仅为5%。根据里昂惕夫最初的预判，美国贸易的要素含量应当体现出对劳动的净进口。鲍恩等学者以此方法针对27个国家和12种要素进行了正误检验。结果，正确率只有61%，比随机掷硬币的概率高不了多少！也就

① 参见Wassily Leontief，“Domestic Production and Foreign Trade: The American Capital Position Re-Examined,” *Proceedings of the American Philosophical Society* 7 (September 1953), pp. 331－349。

② 参见Harry P. Bowen, Edward E. Leamer, and Leo Sveikauskas, “Multicountry, Multifactor Tests of the Factor Abundance Theory,” *American Economic Review* 77 (December 1987), pp. 791－809。

是说，在 39%的情况下，贸易的要素含量与要素比例理论所预示的方向相反。

这一结果证实了里昂惕夫悖论绝非个例。然而，如此消极的实证经验也许并不令人惊讶，因为这是对一个以要素价格均等化为推论的理论的严苛检验，而要素价格均等化就与国家间工资存在巨大差异的经验证据明显相悖。正如我们所论述过的，国家间技术水平相同的假设是得出要素价格均等化推论的重要前提之一。

丢失贸易的情况 所观察到的贸易规模与赫克歇尔-俄林模型所预示的情形之间存在偏差，这也说明了国家之间存在着巨大的技术差异。在一篇颇具影响力的论文中，多伦多大学的丹尼尔·特雷夫勒（Daniel Trefler）①指出了赫克歇尔-俄林模型也可以被用来估测一国的贸易规模，这种估测是基于该国与世界其他国家相比所具有的不同的要素充裕度而做出的（因为该模型认为产品贸易是要素贸易的替代品）。在现实中，要素贸易的规模要远远小于赫克歇尔-俄林模型的预估。

造成这个差别的原因主要是对富国和穷国之间大规模劳动力贸易的错误估计。回顾我们前面提到的例子，2011 年美国收入的世界占比是 25%，但美国工人的世界占比仅为 5%。简单的要素比例分析会得出这样的结论：美国贸易应净进口劳动，而且所进口的劳动服务的规模还应该十分庞大，因为美国相对于世界其他国家的劳动充裕度实在太低。但事实上，劳动充裕国与资本充裕国之间的要素贸易规模比要素比例理论（基于可观察到的国际要素充裕度差异）所预估的规模要小几个数量级。

特雷夫勒证明，放松"各国技术相同"这一假设既有助于解释关于贸易要素含量的检验，也有助于解释丢失的贸易规模（尽管放松假设之后仍存在大量丢失的贸易）。具体的论述大体如下：如果美国工人的效率比世界工人的平均水平高很多，那么美国的"有效"劳动力供给就比原始数据多得多，因而对美国进口劳动服务规模的预估量就会相应地低很多。

如果人们做一个便利的假定，即国家间的技术差异体现为简单的乘法形式，也就是说，给定任一国家的要素投入集，它的产出都是美国产出的倍数或分数，则使用要素贸易的数据来估计不同国家的相对生产效率就是可行的。表 5-3 给出了特雷夫勒对一些样本国家和地区的估计（相对于美国的乘常数），这些数据表明，技术差异的确是巨大的。

表 5-3　1983 年的技术效率估值（美国=1）

国家和地区	
孟加拉国	0.03
泰国	0.17
中国香港	0.40
日本	0.70
联邦德国	0.78

资料来源：Daniel Trefler, "The Case of the Missing Trade and Other Mysteries," *American Economic Review* 85 (December 1995), pp. 1029-1046.

关于贸易要素含量的更好的经验契合 后来，哥伦比亚大学的唐纳德·戴维斯（Donald Davis）和戴维·温斯坦（David Weinstein）的研究表明，如果放松关于技术相同的假设，同时放松要素价格均等化所基于的另外两个假设（各国生产相同的产品类别及无须任何代价的贸易会使得各国产品价格均等化），那么关于贸易要素含量的方向及规模的一系列理论预见与经验证据的契合程度就会

① Daniel Trefler, "The Case of the Missing Trade and Other Mysteries," *American Economic Review* 85 (December 1995), pp. 1029-1046.

大幅提高，甚至是完美匹配。表 5－4 显示了这一契合度的改进，无论是关于要素贸易方向的检验，还是丢失的贸易比率，都体现出理论与经验的更好契合。其中，丢失的贸易比率，即要素贸易的实际规模与预估规模的比率，如果是 1，那么就不存在丢失的贸易；该比率在 1 之下的逐渐下降表示有越来越多的预估贸易丢失了。在该研究中，只有 10 个国家和 2 种要素（劳动和资本）能够满足研究对数据的需求（每个国家所使用的详细的生产技术信息是可得的）。

表 5－4　关于贸易要素含量的更好的经验契合

	假设的放松*			
	不放松	放松假设（1）	放松假设（1）和（2）	放松假设（1）～（3）
关于要素贸易方向的检验	0.32	0.50	0.86	0.91
丢失的贸易（观察值/预估值）	0.000 5	0.008	0.19	0.69

*假设：（1）国家间的技术水平相同；（2）各国生产相同的产品类别；（3）无须任何代价的贸易会使得各国产品价格均等化。

资料来源：Donald R. Davis and David Weinstein，“An Account of Global Factor Trade，” *American Economic Review*（2001），pp. 1423－1453.

表 5－4 的第一列数据显示了要素价格均等化所基于的三项假设同时存在的情况（国家间的技术水平相同；各国生产相同的产品类别；无须任何代价的贸易会使得各国产品价格均等化）。这一检验的结果与鲍恩等学者的研究非常类似，尽管根据要素比例理论进行的预判被这一检验成功证实的程度更低（经验与理论的吻合度仅为 32%，远低于鲍恩等学者的研究结果 61%）。这是由于样本所选取的国家不同，所考察的要素不同，并且基于生产技术相关的新知识所完成的数据整理过程也不同。丢失贸易的比率也着实很高，几乎所有的要素贸易预估值都未在现实中实现。这些结果再次证实，对赫克歇尔-俄林模型的严苛检验的确失败了。

表 5－4 的第二列数据是在放松技术相同假设的条件下得出的，这与特雷夫勒所做的研究相同。两项实证检验的结果都大有改进，尽管理论成功预测经验的概率总体上仍然很低。第三列数据进一步放松了各国生产相同的产品类别这一假设。可以看到，这大幅提高了关于要素贸易方向的检验契合理论预判的程度（契合度高达 86%）。丢失贸易的程度也大大降低了，尽管可观察到的贸易规模仍然仅占理论预估值的 19%。第四列数据即最后一列数据放松了无须任何代价的贸易使得各国产品价格均等化的假设，关于要素贸易方向的检验与预判的契合度进一步上升至 91%。至此，我们可以断定，应将里昂惕夫悖论归于统计异常。第四列数据同时表明，丢失贸易的程度也大幅降低了：可观察到的贸易规模此时占到了理论预判值的 69%。

总之，表 5－4 清晰地表明，在不同的假设条件下，要素比例理论预测现实要素贸易方向及规模的成功概率差别巨大。在假设严苛的极端情形下（第一列数据），几乎找不到支持赫克歇尔-俄林模型的证据；不过，通过此项研究，我们也看清了根植于“纯”赫克歇尔-俄林模型的各项假设是如何导致其验证现实的失败的。当抛弃这些假设之后，我们就可以重新表述一个既高度契合现实的要素贸易模式，又以要素比例差异为基础的贸易模型了。

发达国家和发展中国家间的出口模式

还有一种方式可以考察要素比例差异是如何塑造现实贸易模式的。这种方式即将劳动充裕、技术稀缺的发展中国家的出口与技术充裕、劳动稀缺的发达国家的出口相比较。在“2×2×2”（2 种产品、2 个国家、2 种要素）理论模型中，我们推导出了赫克歇尔-俄林定理，即一国会出口密集使用其充裕要素进行生产的产品。悉尼大学的约翰·劳马里斯（John Romalis）[①] 的研究显示，该定理对出口模式的预估可以扩展至多个国家生产多种产品的情形：随着一国技术充裕度的提升，其出口会越来越集中于那些技术密集度较高的产业部门。下面我们将从两个角度观察这一论断的适用性：其一是比较技术充裕度处于相反极端的国家的出口；其二是比较一个国家例如中国的出口是如何随着经济增长和技术充裕度的提升而发生变化的。

图 5－13 比较了处于技术充裕度排名两端的两组国家的出口状况，技术充裕度的排名处于低端的三个发展中国家是孟加拉国、柬埔寨和海地，处于高端的三个国家是三个最大的欧洲经济体，即德国、法国和英国。根据产品的技术密集度从低到高的顺序，我们将这些国家对美国出口的产业部门分为四组。这四组的划分与图 5－11 中的划分完全相同。[②] 图 5－13 清晰地表明，三个发展中国家对美国的出口绝大部分集中于技术密集度最低的部门，而它们的高技术密集度部门对美国的出口几乎为零。三个欧洲国家的出口结构则与此形成了鲜明的对比：这些技术充裕国家对美国的出口都集中于技术密集度较高的部门。

图 5－13　2008—2012 年少数发达国家与发展中国家的出口模式

资料来源：NBER-CES U. S. Manufacturing Productivity Database，U. S. Census Bureau，and Peter K. Schott，"The Relative Sophistication of Chinese Exports，" *Economic Policy* (2008)，pp. 5－49.

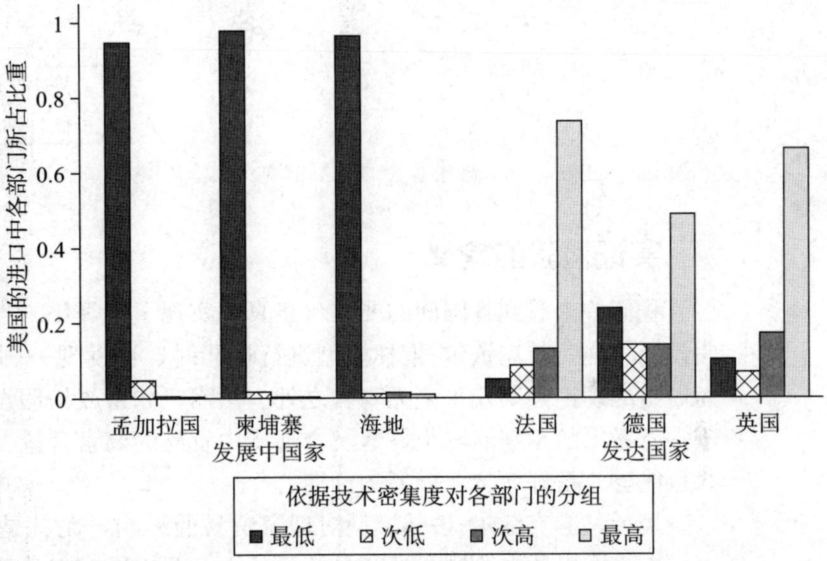

时间序列数据也与赫克歇尔-俄林模型的内容一致。中国过去三十年（尤其是过去五年中）的高速增长一直伴随着技术充裕度的显著上升。图 5－14 显示了三十年来中国对美国出口的结构变化。出口部门也依据技术密集度，按照与图 5－13 相同的方法划分为四组。我们可以清楚地看出中国出口模式的根本转变：正如中国要素比例变化所预示的那样，中国出口向高技术部门集中的趋势持续增强。在最近的几年中，技术密集度最高的产品部门在中国对美国的出口中占据了最大的份额，而早年的情况却是出口集中于技术密集度最低的部门。[③]

---

① John Romalis，"Factor Proportions and the Structure of Commodity Trade，" *American Economic Review* 94 (March 2004)，pp. 67－97.

② 与前面的论述一样，确定某个部门技术密集度的方法是衡量该部门中非生产工人与生产工人的比率。

③ 比较图 5－13 和图 5－14（最近几年），我们发现高技术密集度部门在中国对美国的出口中的集中度仍不及三个欧洲经济体。不过，考虑中国目前的人均 GDP 水平，中国出口中高技术部门所占的份额仍是相当高的。参见 Peter K. Schott，"The Relative Sophistication of Chinese Exports，" *Economic Policy* (2008)，pp. 5－49。

图 5-14　中国出口模式三十年来的转变

资料来源：NBER-CES U. S. Manufacturing Productivity Database，U. S. Census Bureau，and Peter K. Schott，"The Relative Sophistication of Chinese Exports，" *Economic Policy* (2008)，pp. 5-49.

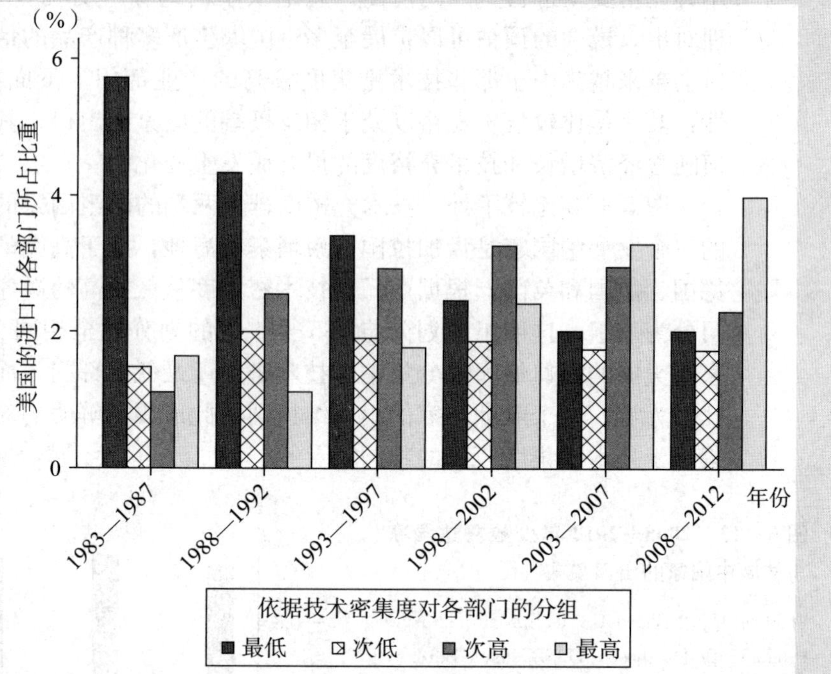

实证检验的含义

我们并未看到各国间的要素价格真正实现了均等化。当我们对保有支撑要素价格均等化的所有假设的"纯"赫克歇尔-俄林模型进行检验时，会发现一国贸易的要素含量与基于该国要素充裕度而做出的理论预期几乎毫无吻合之处。然而，如果放松假设，使得要素比例模型不那么严苛，则基于它所做出的预判能够很好地契合现实中贸易的要素含量。发达国家与发展中国家间的产品贸易模式也能够非常好地契合模型的预期。

最后，赫克歇尔-俄林模型对理解贸易的影响，尤其是对收益分配的影响仍然十分重要。事实上，由于在南北工业制成品贸易的增长中，北方进口产品的要素密集度与其出口产品很不一样，因此，在关于国际贸易政策的现实辩论中，要素比例理论已处于中心位置。

提　要

1. 为了理解资源在贸易中的作用，我们建立了一个采用两种生产要素来生产两种产品的模型。这两种产品具有不同的要素密集度，也就是说，对任一给定的工资-租借利率比率，生产其中一种产品所需的劳动-资本比率要高于另一种产品。

2. 只要一国两种产品都生产，则这两种产品的相对价格与用于生产这两种产品的要素的相对价格之间就存在着一一对应的关系。若劳动密集型产品的相对价格上升，收入分配将显著地向有利于劳动的方向转变：用两种产品衡量的劳动的实际工资都将上升，而资本所有者的实际收入则会下降。

3. 一种生产要素的供给增加会扩张生产可能性，但却有强烈的偏向性：在产品相对价格不变的情况下，该要素密集型产品的产出会增加，而另一种产品的产出则会下降。

4. 如果一个国家某种资源对其他资源的相对供给比较大，就称这种资源为这个国家的充裕资源。一个国家将生产相对更多的充裕资源密集型产品，这就是赫克歇尔-俄林贸易理论的基本结论：各国倾向于出口密集使用其供给充裕的要素来生产的产品。

5. 由于产品相对价格的变动会对要素所有者的相对收入产生很大的影响，而贸易会导致相对价格的改变，所以国际贸易有很强的收入分配效应。一个国家充裕要素的所有者会从贸易中获利，稀缺要素的所有者会遭受损失。然而在理论上，无论如何，贸易是有利可图的，因为至少受益者可以弥补受损者的损失，从而使所有人均受益。

6. 发达国家和发展中国家之间的日益增多的贸易一体化可以潜在地解释发达国家中工资不均等程度的加剧。然而，鲜有经验证据支持这一直接的因果关系。取而代之的是，经验证据表明在驱动工资不均等化方面，犒赏工人技能的技术变革所起的作用更大。

7. 在理想化的模型中，国际贸易会导致两国劳动和资本等要素的价格均等化。在现实中，由于资源差异、贸易壁垒等方面的巨大差异以及国际技术差异，完全的要素价格均等化并不存在。

8. 对于赫克歇尔-俄林模型所进行的实证检验结果不尽一致。不过，放松假设后的模型则能够实现理论预估与现实中贸易要素含量状况的完美契合。此外，赫克歇尔-俄林模型在预测发达国家与发展中国家间的贸易模式方面也相当准确。

关键术语

充裕要素	生产可能性的偏向性扩张	资本-技术互补性	要素价格均等化
要素充裕度	贸易的要素含量	要素密集度	要素价格
要素比例理论	赫克歇尔-俄林理论	里昂惕夫悖论	稀缺要素
技能偏向型技术变革			

习　题

1. 回顾本章中所述的不存在要素替代的那个数字例子。由于不存在要素替代，生产可能性边界如图 5-1 所示。

a. 如果一国既生产棉布又生产粮食，那么棉布相对价格的变化范围是什么？如果相对价格超出这一范围，所生产的是哪一种产品？

回答问题（b）～（f）时，假定价格位于两种产品都生产时的价格范围之内。

b. 将生产 1 码棉布和 1 卡路里粮食的单位成本写成 1 机时的价格 r 和 1 工时的价格 w 的函数。在竞争市场中，上述单位成本就等于棉布和粮食的价格。解出要素价格 r 和 w。

c. 如果棉布价格提高，上述要素价格会如何变化？棉布价格的这一变化会使谁受益，谁受损？为什么？上述变化与要素可替代情形下的变化一致吗？

d. 现在假设该国的机时供给即资本供给从3 000 增至 4 000。推导出新的生产可能性边界。

e. 资本供给以上述幅度增加之后，该国会生产多少棉布，多少粮食？

f. 分析机时和工时在棉布和粮食两个部门之间配置的变化。上述变化与要素可替代情形下的变化一致吗？

2. 在土地便宜的美国，用于养牛的人均土地要高于用于种植小麦的人均土地。但是在那些土地比较稀缺的国家里，土地昂贵而劳动力便宜，人们用于养牛的人均土地通常比美国用于种植小麦的人均土地更少。我们是否仍然可以认为，与种植小麦相比，养牛业是土地密集型产业？为什么？

3. “世界上一些最贫穷的国家找不到什么产品来出口。在这些国家里，没有一种资源是充裕的。既不是资本，也不是土地，在一些又小又穷的国家，甚至连劳动也不充裕。”分析上面这段话。

4. 美国劳工运动（基本上代表了蓝领工人，而不是专业人才和受过高等教育的工人）传统上对政府限制从发展中国家进口产品持赞同的态度。从工会成员利益的角度来看，这个政策是否合理？是否为一个短视的政策？如何用相关贸易模型来回答本题？

5. 最近，一些发展中国家（如印度）的计算机编程人员已经开始做原来由美国程序员完成的工作。这种转移无疑已导致部分美国程序员的收入实质下降。请回答以下两个问题：如果出现美国技术工人的工资整体而言上涨的情况，为什么会出现这一情况？如果人们将工资收入的下降作为反对计算机编程外包的理由，贸易经济学家会如何加以反驳？

6. 分析说明为什么里昂惕夫悖论以及本章所介绍的鲍恩、利默和斯维考斯卡斯的新近研究结果与要素比例理论相矛盾。

7. 在讨论赫克歇尔-俄林模型的实证研究结果时我们注意到，近期的研究表明，各国间存在着生产要素效率的差异。请解释这种差异对要素价格均等化这一概念的影响。

延伸阅读

Donald R. Davis and David E. Weinstein. "An Account of Global Factor Trade." *American Economic Review* 91 (December 2001), pp. 1423 - 1453. 这篇文章确认了早期研究所得出的赫克歇尔－俄林模型的实证表现非常差的结论，然后它说明了一个改进的模型将如何能够得出更好的结论。

Alan Deardorff. "Testing Trade Theories and Predicting Trade Flows," in Ronald W. Jones and Peter B. Kenen, eds. *Handbook of International Economics*. Vol. 1. Amsterdam：North-Holland，1984. 这篇文章为贸易理论尤其是要素比例理论提供了实证证据。

Lawrence Edwards and Robert Z. Lawrence，*Rising Tide*：*Is Growth in Emerging Economies Good for the United States*?（Peterson Institute for International Economics，2013）. 这本新书讨论了日益增加的一体化对美国以及快速增长的发展中国家的影响。

Gordon Hanson and Ann Harrison. "Trade and Wage Inequality in Mexico." *Industrial and Labor Relations Review* 52 (1999)，pp. 271 - 288. 这篇文章讨论了贸易对我们的邻国的收入不平等的影响，说明要素价格的变化方向与人们对简单要素比例模型的预期正好相反。作者们同样提出假设来说明这一情形为何会发生。

Ronald W. Jones. "Factor Proportions and the Heckscher-Ohlin Theorem." *Review of Economic Studies* 24 (1956)，pp. 1 - 10. 该文扩展了萨缪尔森 1948—1949 年的分析，主要聚焦于贸易和收入分配之间的关系，并尝试建立国际贸易的总体模型。

Ronald W. Jones. "The Structure of Simple General Equilibrium Models." *Journal of Political Economy* 73 (December 1965)，pp. 557 - 572. 该文尝试用优雅的代数来重述赫克歇尔-俄林-萨缪尔森模型。

Ronald W. Jones and J. Peter Neary. "The Positive Theory of International Trade," in Ronald W. Jones and Peter B. Kenen，eds. *Handbook of International Economics*. Vol. 1. Amsterdam：North-Holland，1984. 该文是对许多贸易理论的最新研究，包括要素比例理论。

Bertil Ohlin. *Interregional and International Trade*. Cambridge：Harvard University Press，1933. 该文是俄林提出要素比例理论的最初文献，该文献趣味性比较强。它对贸易的复杂而丰富的观点与简化的数学模型形成了鲜明的对比。

John Romalis. "Factor Proportions and the Structure of Commodity Trade." *The American Economic Review* 94 (March 2004)，pp. 67 - 97. 该文提出了针对赫克歇尔-俄林模型的一个修改版本，颇具解释力。

Paul Samuelson. "International Trade and the Equalisation of Factor Prices." *Economic Journal* 58 (1948)，pp. 163 - 184；and "International Factor Price Equalisation Once Again." *Economic Journal* 59 (1949)，pp. 181 - 196. 萨缪尔森对俄林的观点进行了最有影响力的公式化。萨缪尔森在《经济学杂志》上发表的两篇文章是关于这一主题的最经典的文献。

John Van Reenen. "Wage Inequality，Technology and Trade：21st Century Evidence." *Labor Economics* (December 2011)，pp. 30 - 741. 这篇新近文献考察了贸易和新技术如何结合起来扩大了美国和英国的工资不平等。

第5章附录1　要素价格、产品价格与生产决策

在本章正文中我们给出了三个命题，但没有进行详细的推导。第一个命题体现在图5－5中，即每个产业部门所采用的劳动-资本比率取决于工资-租借利率比率 w/r。第二个命题体现在图5－6中，即在产品的相对价格 P_C/P_F 和工资-租借利率比率之间存在着一一对应的关系。第三个命题是：一国劳动力供给的增加（在给定相对产品价格 P_C/P_F 的情况下）会使劳动和资本都从粮食部门向劳动密集型棉布部门流动。本附录将简要地论证这三个命题。

技术选择

图5A1－1再次显示了每生产1单位粮食所投入的劳动和资本的不同选择——曲线 II 代表了粮食的单位等产量线。同时，该图还展示了一组等成本线，即耗费相同成本的资本和劳动投入的组合。

图5A1－1　劳动-资本比率的最佳选择

说明：为使成本最小化，生产者必须选择可能达到的最低等成本线，即选择单位等产量线（曲线 II）上斜率等于负的工资-租借利率比率 w/r 的这一点。

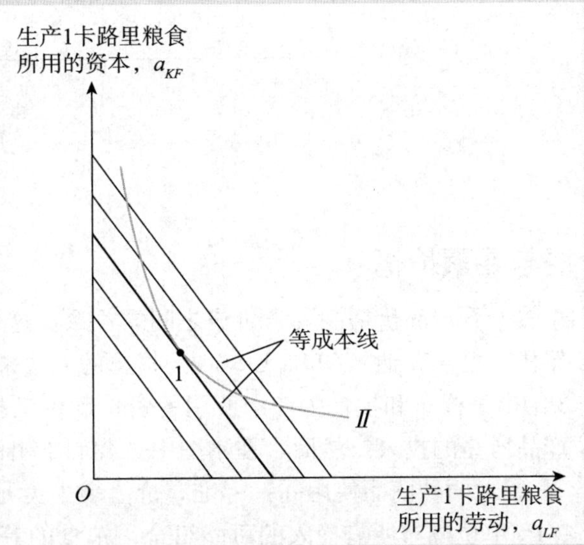

等成本线可依如下方法绘制：购买一定劳动 L 的成本为 wL；租借一定数量资本 K 的花费为 rK。因此，如果某人能够用 a_{LF} 单位劳动和 a_{KF} 单位资本生产出1单位粮食，则生产这1单位粮食的总成本 c 为：

$$c=wa_{LF}+ra_{KF}$$

用来表示同一成本下所有 a_{LF} 和 a_{KF} 组合的直线可以用下述方程表示：

$$a_{KF}=c/r-(w/r)\ a_{LF}$$

也就是说，这是一条斜率为 $-w/r$ 的直线。

图5A1－1展示了一组这样的直线，不同的直线对应着不同的成本；离原点越远，成本越高。在由曲线 II 给定的技术选择之下，生产者会选取尽可能低的成本。在本例中，这种情况发生在点1，此时曲线 II 与等成本线相切，曲线 II 的斜率为 $-w/r$。（如果这些结果让你联想起图4－5中所述的命题，即一个国家的最终生产点位于生产可能性边界上斜率等于 $-P_C/P_F$ 的那一点，那么你是对的：这里运用了相同的原理。）

现在我们来比较一下两个不同要素价格比率下的劳动-资本比率的选择。在图 5A1－2 中，我们给出了不同的投入选择：一种是假定劳动的相对价格较低的情形 $(w/r)^1$，投入选择在点 1；一种是假定劳动的相对价格较高的情形 $(w/r)^2$，投入选择在点 2。也就是说，劳动的相对价格越高，所选择的投入点的劳动-资本比率就越低，正如图 5－5 中所假设的一样。

图 5A1－2　工资-租借利率比率的改变

说明：当 w/r 上升时，投入选择的最低成本点将从点 1 移至点 2，也就是说，移动到劳动-资本比率更低的投入选择上。

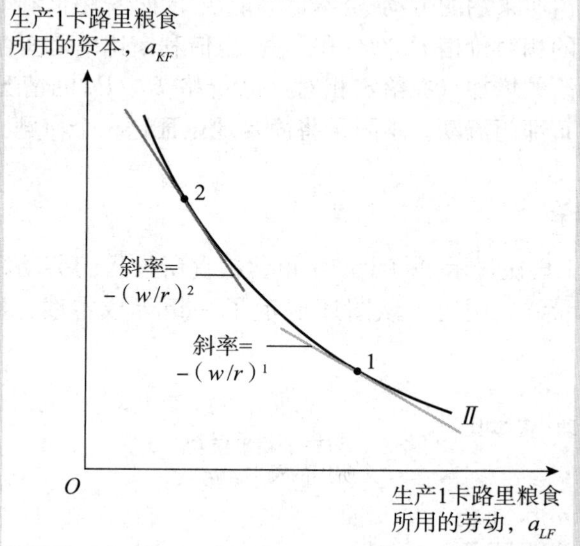

产品价格与要素价格

现在我们来看一看产品价格同要素价格之间的关系。这个问题有好几种分析方法；这里我们根据 20 世纪 30 年代阿巴·勒纳（Abba Lerner）提出的方法来进行分析。

图 5A1－3 给出了棉布和粮食生产中所用的资本和劳动投入。在以前的图形中，我们已经说明了生产 1 单位产品所需的投入。然而，在本图中，我们给出的是每生产价值 1 美元的产品所需的投入。（实际上，只要对两种商品使用同一标准，价值多少美元都没有关系。）这样，棉布的等产量线 CC 表明生产 $1/P_C$ 单位棉布所需投入的可能组合；粮食的等产量线 FF 表明生产 $1/P_F$ 单位粮食所需投入的可能组合。注意到，正如图 5A1－3 所显示的那样，棉布生产是劳动密集型的（粮食生产是资本密集型的）：在任一给定的 w/r 下，棉布生产中所用的劳动-资本比率总会比粮食生产中所用的高。

如果这个国家两种产品都生产，那么情况必然会是，生产价值 1 美元的每种产品，其成本实际上也是 1 美元。只有当两种产品的最低成本生产点位于同一条等成本线上时，两种产品的生产成本才能相同。因此，负的工资-租借利率比率 $-w/r$ 必然等于图 5A1－3 中所示直线的斜率，因为该直线刚好与两条等产量线都相切。

最后，我们来考虑一下棉布价格的上涨对工资-租借利率比率的影响。如果棉布价格上涨，那么就有必要少生产几码布以便维持 1 美元的价值。那么，对应于 1 美元价值棉布的等产量线就会向内移动。在图 5A1－4 中，原先的等产量线是 CC^1，新的等产量线是 CC^2。

必须再画出一条与两条等产量线都相切的直线，这条直线的斜率就等于负的工资-租借利率比率。从这条更陡的等成本线［斜率$=-(w/r)^2$］我们可以立刻知道，新的 w/r 高于原来的水平：棉布的相对价格越高意味着相对工资（工资-租借利率比率）越高。

图 5A1－3　工资-租借利率比率的决定

说明：等产量线 CC 和 FF 分别表示每生产 1 美元价值的棉布和粮食所需的要素投入。由于价格必须与生产成本相等，则每种产品的投入也必须花费 1 美元。也就是说，工资-租借利率比率必须与同两条等产量线都相切的那条直线的负斜率相等。

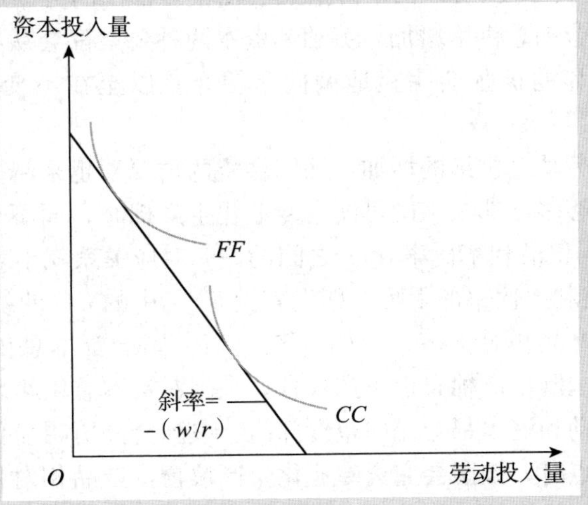

图 5A1－4　棉布价格上升的影响

说明：如果棉布的价格上升，较少的产出现在就能值 1 美元。因此，CC^1 曲线被 CC^2 曲线取代。工资-租借利率比率也因此由 $(w/r)^1$ 上升到 $(w/r)^2$。

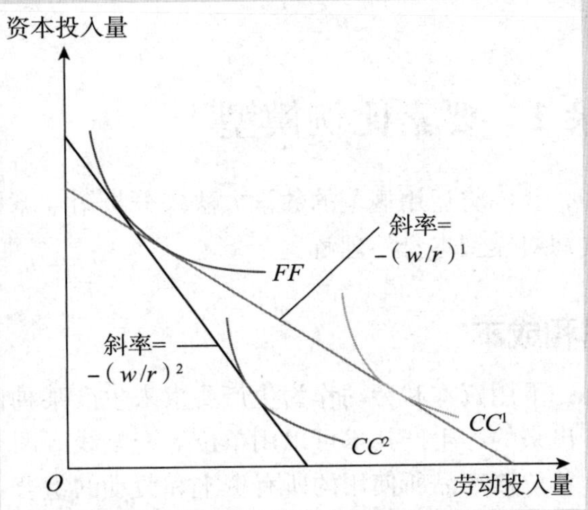

关于资源与产出的更多推导

现在我们来考察在棉布和粮食价格不变的情况下，资源的变化对生产要素在部门间配置进而对生产的影响。劳动相对于资本的总使用量 L/K 可以写成棉布部门（L_C/K_C）和粮食部门（L_F/K_F）这一比值的加权平均：

$$\frac{L}{K}=\frac{K_C}{K}\frac{L_C}{K_C}+\frac{K_F}{K}\frac{L_F}{K_F} \tag{5A1－1}$$

我们注意到，上述平均值中所采用的权数 K_C/K 和 K_F/K 分别是棉布部门和粮食部门所使用的资本的比重，其和为 1。我们已经论述过，给定一个棉布的相对价格，就可以确定一个工资-租借利率比率（只要该国既生产棉布也生产粮食），而工资-租借利率比率一旦确定，又可以进一步确定两个部门的劳动-资本雇佣量（L_C/K_C和 L_F/K_F）。现在考虑该国的劳动总供给 L 增加对给定的棉布相对价格的影响：L/K 会增加，而 L_C/K_C和 L_F/K_F都不变。为了让式（5A1－1）继续成立，较高的劳动-资本比率 L_C/K_C所占的权重必须上升。这就意味着权重 K_C/K 要上升，权重 K_F/K 要下降。这样，资本会从粮食部门流动至棉布部门（因为本例中的总资本供给 K 保持不变）。进而，

既然 L_F/K_F 保持不变，K_F 的下降必然会使粮食部门的劳动雇佣量 L_F 也下降。这表明，给定棉布的相对价格，若劳动总供给增加，劳动和资本两种要素都会从粮食部门向棉布部门流动。因此，该国生产可能性边界的扩张会明显地偏向于棉布，以至在不变的棉布相对价格下，该国生产更少的粮食。

随着一国劳动总供给的增加，该国会将两种要素越来越多地集中于劳动密集型棉布部门。如果劳动的增量足够多，那么该国可能会专业化生产棉布，而不再生产任何粮食。那时，产品相对价格 P_C/P_F 与工资-租借利率比率 w/r 之间的一一对应关系就不复存在了；劳动供给 L 的继续增加则会带来工资-租借利率比率的下降，即沿着图 5-7 中的 CC 曲线向右下方移动。

如果保持产品相对价格 P_C/P_F 不变，当一国的资本总供给增加时，推论的过程与上面的叙述类似。只要该国既生产棉布也生产粮食，该国对资本总供给增加的反应将是增加资本密集型粮食部门的生产：劳动和资本都会流向粮食部门。该国会经历明显偏向于粮食部门的经济增长。当资本供给增加至某一点时，该国会完全专业化生产粮食，产品相对价格 P_C/P_F 与工资-租借利率比率 w/r 之间的一一对应关系将再次消失。资本供给 K 的继续增加则会带来工资-租借利率比率的上升，即沿着图 5-7 中的 FF 曲线向左上方移动。

第 5 章附录 2　要素比例模型

在本附录中，我们将运用规范的数学方法来分析第 5 章解释过的生产的特定要素模型。数学方法有助于我们加深对模型本身的理解。

要素价格和成本

让我们考虑一下用资本和劳动作为生产要素来生产某种商品的情况。假设该商品是在规模收益不变情形下生产出来的，生产技术可以用单位等产量线（图 5A2-1 中的 II 线）来描述。单位等产量线是指生产 1 单位该产品所使用的所有资本和劳动的组合。II 线表明，单位产出所用资本的数量 a_K 和单位产出所用劳动的数量 a_L 之间有一种替代关系。单位等产量线的曲度反映了下述假设：随着资本-劳动比率的上升，用资本来替换劳动会越来越困难，反之亦然。

在竞争的市场经济中，生产者会选择成本最小化的资本-劳动比率。图 5A2-1 中的点 E 就是这样一个成本最小化的选择。在这一点，等产量线 II 和一条直线相切，该直线的斜率等于劳动价格 w 和资本价格 r 之比的负数。

实际的生产成本等于资本和劳动投入的成本之和，即

$$c=a_Kr+a_Lw \tag{5A2-1}$$

式中，a_K 和 a_L 为使得 c 最小化而选择的投入系数。

因为资本-劳动比率是使得成本最小化的选择，这意味着改变这一比率并不能降低成本，即通过增加 a_K 同时降低 a_L 来降低成本是不可能的，反之也不行。因此在成本最小点，资本-劳动比率的微小变化对成本肯定没有影响。令 $\mathrm{d}a_K$、$\mathrm{d}a_L$ 为最优投入选择点的变化量，那么对于沿单位等产量线的任何移动，均有

$$r\mathrm{d}a_K+w\mathrm{d}a_L=0 \tag{5A2-2}$$

接着，让我们考虑要素价格 r 和 w 变化的情况。这种变化会有两种结果：改变 a_K 和 a_L 的选择以及改变生产成本。

首先，考虑这一变动对单位产出所需资本和劳动相对数量的影响。成本最小化的资本-劳动比

率取决于劳动价格与资本价格比，即

$$\frac{a_K}{a_L}=\Phi\left(\frac{w}{r}\right) \tag{5A2-3}$$

生产成本也会变化。对于要素价格 dr 和 dw 的微小变化，生产成本的变化为

$$dc=a_K dr+a_L dw+r da_K+w da_L \tag{5A2-4}$$

然而，我们从式（5A2-2）中已经知道式（5A2-4）中的最后两项之和为零。因此，要素价格对成本的影响可以改写为

$$dc=a_K dr+a_L dw \tag{5A2-4'}$$

图 5A2-1　有效率的生产

说明：成本最小化的资本-劳动比率依赖于要素价格。

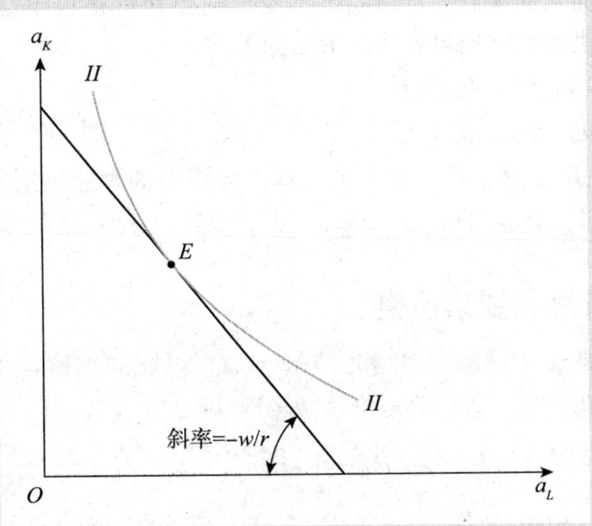

我们很容易从式（5A2-4′）推导出另外一种等式形式。通过乘以或除以某些元素得到的新式如下：

$$\frac{dc}{c}=\left(\frac{a_K r}{c}\right)\left(\frac{dr}{r}\right)+\left(\frac{a_L w}{c}\right)\left(\frac{dw}{w}\right) \tag{5A2-5}$$

式中，dc/c 可解释为 c 的百分比变化率，可以简记为 $\hat{c}$；类似地，令 d$r/r=\hat{r}$ 以及 d$w/w=\hat{w}$。$a_K r/c$ 解释为资本占总生产成本的比例，简记为 θ_K。因此式（5A2-5）可以简化为：

$$\hat{c}=\theta_K\hat{r}+\theta_L\hat{w} \tag{5A2-5'}$$

其中，

$$\theta_K+\theta_L=1$$

这是一个“帽尖代数”的例子，在国际经济学中用这种记号表示数学关系非常方便。

要素比例模型的基本式

假设一个国家生产两种商品：棉布 C 和粮食 F；使用两种生产要素：资本和劳动。再假设粮食是资本密集型商品。每种商品的价格必须等于它的生产成本，即

$$P_F=a_{KF}r+a_{LF}w \tag{5A2-6}$$

$$P_C=a_{KC}r+a_{LC}w \tag{5A2-7}$$

其中，a_{KF}、a_{LF}、a_{KC} 和 a_{LC} 为在给定资本价格 r 和劳动价格 w 下的成本最小化的投入选择。

同时，经济中的所有生产要素都被充分使用，即

$$a_{KF}Q_F+a_{KC}Q_C=K \tag{5A2-8}$$

$$a_{LF}Q_F+a_{LC}Q_C=L \qquad (5A2-9)$$

其中，K 和 L 分别为资本和劳动的总供给。

要素价格式（5A2－6）和（5A2－7）表明了要素价格变化率：

$$\hat{P}_F=\theta_{KF}\hat{r}+\theta_{LF}\hat{w} \qquad (5A2-10)$$

$$\hat{P}_C=\theta_{KC}\hat{r}+\theta_{LC}\hat{w} \qquad (5A2-11)$$

式中，θ_{KF}为在商品 F 的生产成本中资本所占的比例，依此类推。因为 F 相对 C 而言是资本密集型的，所以 $\theta_{KF}>\theta_{KC}$且$\theta_{LF}<\theta_{LC}$。

对于产量式（5A2－8）和（5A2－9）要仔细分析。要素价格的变化能够引起单位投入 α_{KF} 等发生变化。然而，如果商品价格固定不变，则要素价格也不会变化。因此，对于给定的 F 和 C 的价格，由要素供给和产出可以写出下面的等式：

$$\alpha_{KF}\hat{Q}_F+a_{KC}\hat{Q}_C=\hat{K} \qquad (5A2-12)$$

$$\alpha_{LF}\hat{Q}_F+a_{LC}\hat{Q}_C=\hat{L} \qquad (5A2-13)$$

式中，α_{KF}是用于商品 F 生产中的资本占经济中资本总供给的比例，依此类推。因为 F 是资本密集型的，所以 $a_{KF}>\alpha_{LF}$且$a_{KC}<a_{LC}$。

商品价格和要素价格

要素价格式（5A2－10）和（5A2－11）可联立求解，用商品价格来表示要素价格（这些解利用了关系式 $\theta_{LF}=1-\theta_{KF}$，$\theta_{LC}=1-\theta_{KC}$），即

$$\hat{r}=\left(\frac{1}{D}\right)[(1-\theta_{KC})\hat{P}_F-\theta_{LF}\hat{P}_C] \qquad (5A2-14)$$

$$\hat{w}=\left(\frac{1}{D}\right)[\theta_{KF}\hat{P}_C-\theta_{KC}\hat{P}_F] \qquad (5A2-15)$$

式中，$D=\theta_{KF}-\theta_{KC}$（意味着 $D>0$）。对上面的等式进行整理可以得到如下等式：

$$\hat{r}=\hat{P}_F+\left(\frac{\theta_{LF}}{D}\right)(\hat{P}_F-\hat{P}_C) \qquad (5A2-14')$$

$$\hat{w}=\hat{P}_C-\left(\frac{\theta_{KC}}{D}\right)(\hat{P}_F-\hat{P}_C) \qquad (5A2-15')$$

假定 F 的价格相对于C 的价格上升，则$\hat{P}_F>\hat{P}_C$。那么有以下结果：

$$\hat{r}>\hat{P}_F>\hat{P}_C>\hat{w} \qquad (5A2-16)$$

即不论用哪种商品来度量，资本的实际价格都会上升，而劳动的实际价格都会下降。特别地，若 F 的价格保持不变，C 的价格上升，那么工资率实际上将下降。

要素供给和产出

只要商品的价格给定，那么利用关系式 $\alpha_{KC}=1-\alpha_{KF}$，$\alpha_{LC}=1-\alpha_{LF}$ 可以求出式（5A2－12）与式（5A2－13）的解。从而可以利用要素供给的变化表示每种商品产出的变化，即

$$\hat{Q}_F=\left(\frac{1}{\Delta}\right)[\alpha_{LC}\hat{K}-\alpha_{KC}\hat{L}] \qquad (5A2-17)$$

$$\hat{Q}_C=\left(\frac{1}{\Delta}\right)[-\alpha_{LF}\hat{K}-\alpha_{KF}\hat{L}] \qquad (5A2-18)$$

式中，$\Delta=\alpha_{KF}-\alpha_{LF}$，$\Delta>0$。

可以将这些等式改写成

$$\hat{Q}_F = \hat{K} + \left(\frac{\alpha_{KC}}{\Delta}\right)(\hat{K} - \hat{L}) \qquad (5A2-17')$$

$$\hat{Q}_F = \hat{L} - \left(\frac{\alpha_{LF}}{\Delta}\right)(\hat{K} - \hat{L}) \qquad (5A2-18')$$

假设 P_F 和 P_C 保持不变，资本的供给相对于劳动的供给上升，即 $\hat{K} > \hat{L}$，则显然有

$$\hat{Q}_F > \hat{K} > \hat{L} > \hat{Q}_C \qquad (5A2-19)$$

特别地，如果 L 保持不变，K 上升，则 F 的产出会增加更多，而 C 的实际产出将下降。

第6章 标准贸易模型

我们在前几章中分析了几个不同的国际贸易模型。每一个模型对生产可能性的决定因素都做了不同的假设。为了突出重点，每一个模型都略去了其他模型强调的现实世界中的一些情形。这些模型有：

● 李嘉图模型。生产可能性由单一要素——劳动——在部门间的分配情况决定。该模型阐述的实质观点是比较优势，但无法让我们对收入的分配进行讨论。

● 特定要素模型。该模型包含了多种生产要素，但部分要素是由部门特定使用的。它也反映了贸易对收入分配的短期效应。

● 赫克歇尔-俄林模型。该模型中多种生产要素可以在部门间流动，资源的差异（在不同国家的资源水平层面）决定了贸易模式。该模型也反映了贸易对收入分配的长期效应。

在分析实际问题时，我们需要综合运用所有的模型。例如，在过去的二十年里世界贸易的一个主要变化是新兴工业化国家出口的快速增长，这些国家经历了劳动生产率的迅速提高；讨论劳动生产率增长所产生的影响，我们可以应用第3章中的李嘉图模型。贸易模式的改变对美国的不同集团会产生不同的影响；要理解贸易的增长对美国收入分配的影响，我们需要应用第4章和第5章中的特定要素模型（短期效应）或赫克歇尔-俄林模型（长期效应）。

尽管不同模型存在差异，但都具备以下一些共同点：

(1) 社会的生产能力可以用生产可能性边界表示，生产可能性边界的不同导致了贸易的产生。

(2) 一个国家的相对供给曲线由生产可能性边界确定。

(3) 世界均衡点由世界相对需求曲线与位于各国相对供给曲线之间的世界相对供给曲线确定。

由于这些共同特点，我们可以将我们研究过的模型看成是一个更具一般性的世界贸易模型的特例。这个一般性模型可用于分析国际经济学中的一些重要课题，区别在于所选择的特定模型。这些重要课题包括由经济增长引起的世界供给变化所产生的影响以及由关税和出口补贴变化导致的供给与需求的同时变化。

本章将着重讨论国际贸易理论中的一些重要见解，这些见解并不非常依赖于各国供给方面的具体情况。我们将引入一个世界贸易的标准模型。第3～5章中所讲的模型可以看作是这个模型的特例。我们将利用这个模型研究各种基本参数变化对世界经济的影响。

学习目标

学完本章，你应该能够：

● 理解标准贸易模型、生产可能性边界、等价值线及无差异曲线怎样结合以便阐述供求因素是如何决定贸易模式的。

- 认识国际贸易中贸易条件变化、经济增长如何影响国家福利。
- 理解关税及补贴如何影响贸易模式、贸易国家的福利及国家内部的收入分配。
- 将国际借贷与标准贸易模型关联起来，其中产品随着时间的推移而变化。

开放经济的标准模型

标准贸易模型（standard trade model）建立在下面四个重要关系的基础上：（1）生产可能性边界和相对供给曲线之间的关系；（2）相对价格和相对需求之间的关系；（3）确定世界均衡的世界相对供给与相对需求之间的关系；（4）**贸易条件**（terms of trade）——一个国家出口产品的价格除以进口产品的价格——对国家福利的影响。

生产可能性边界与相对供给

在标准模型中，我们假设每个国家都生产两种产品——粮食（F）和棉布（C），而且每一个国家的生产可能性边界都是一条光滑的曲线，如图 6-1 中曲线 TT 所示。[①] 生产可能性边界上的点所代表的社会实际产出由棉布对粮食的相对价格 P_C/P_F 确定。在既定的市场价格下，经济体将选择产品组合 $P_CQ_C+P_FQ_F$ 的最大化水平，其中 Q_C 代表棉布产量，Q_F 代表粮食产量。

我们可以在图上用一系列**等价值线**（isovalue line）来表示市场的产出价值，同一条等价值线的产出价值相等且不变。每一条等价值线都是由式 $P_CQ_C+P_FQ_F=V$ 或 $Q_F=V/P_F-(P_C/P_F)Q_C$ 确定的。在这里 V 是产出价值。V 越大，等价值线的位置离原点越远。因此，离原点越远的等价值线对应的产出价值就越高。等价值线的斜率等于$-(P_C/P_F)$。在图 6-1 中，社会将尽可能追求产出价值的最大化——在点 Q 进行生产。点 Q 是曲线 TT 和一条等价值线的切点。

假定 P_C/P_F 上升（相对于粮食而言棉布价值增加），等价值线会变陡。在图 6-2 中，P_C/P_F

图 6-1　产品相对价格决定社会产出

说明：曲线 TT 为一国的生产可能性边界。点 Q 是生产点，位于生产可能性边界所能接触到的最高的一条等价值线上。

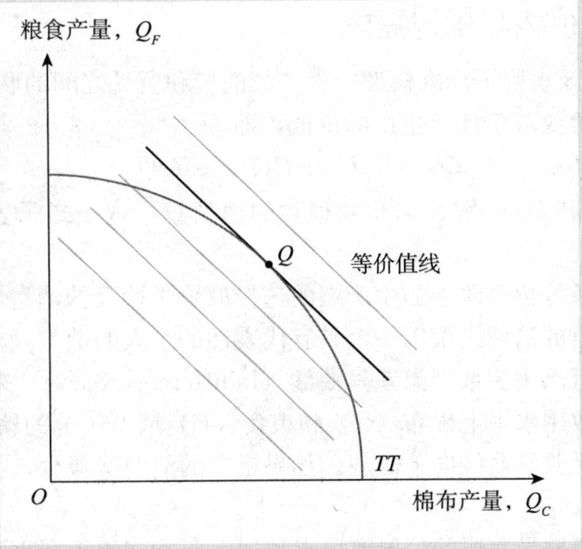

① 当如在第 3 章中所述仅存在一种生产要素时，生产可能性边界为一条直线。然而在绝大部分模型中它是一条平滑曲线，因此李嘉图模型可以视为一个特例。

变化前生产可能性边界能相切的最高等价值线是直线 VV^1。P_C/P_F 发生变动后，能相切的最高等价值线是直线 VV^2，社会生产点将从点 Q^1 转移到点 Q^2。于是，正如我们所期望的那样，棉布相对价格的上升会导致棉布产出的增加和粮食产出的减少。因此，棉布的相对供给会随棉布相对价格的上升而增加。社会相对价格和相对产出的关系可以用图 6－2（b）中的相对供给曲线表示。

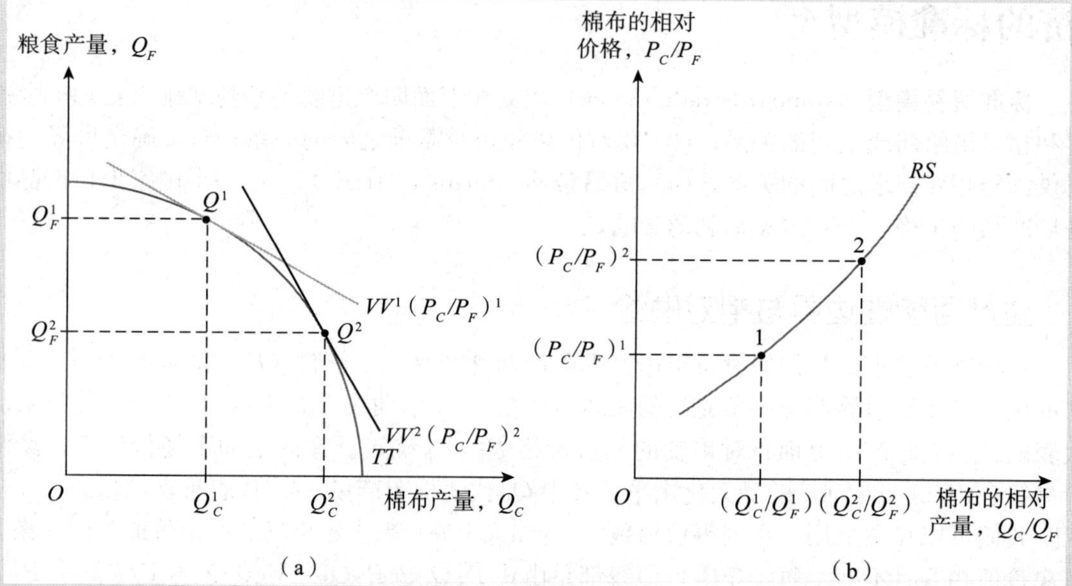

图 6－2　棉布相对价格的上升如何影响相对供给

说明：当棉布的相对价格从 $(P_C/P_F)^1$ 上升到 $(P_C/P_F)^2$（如图所示，从 VV^1 移动到 VV^2）时，等价值线变陡。结果，社会将生产更多的棉布和更少的粮食，均衡产出点将从点 Q^1 移动到点 Q^2。

相对价格与相对需求

图 6－3 表明了标准模型中生产、消费和贸易之间的联系。与我们在第 5 章中所指出的一样，社会消费的价值等于社会生产的价值，即

$$P_CQ_C+P_FQ_F=P_CD_C+P_FD_F=V$$

式中，D_C 和 D_F 分别为棉布和粮食的消费量，这一式子表示生产点和消费点一定在同一条等价值线上。

同一条等价值线上的生产点的选择取决于社会的消费倾向。在标准模型中，为了简化分析，我们假设社会的消费决策以一个具有代表性的个人的消费倾向为基础。①

我们可以用一系列**无差异曲线**（indifference curve）来表示个人的消费倾向。无差异曲线是在同一消费效用水平上棉布（C）和粮食（F）消费组合的轨迹。无差异曲线有三个特点：

（1）无差异曲线向下倾斜。如果粮食的消费量减少，为了达到相同的效用，就必须增加棉布的消费量。

（2）无差异曲线的位置离原点越远，所对应的福利水平就越高。对个人来说，消费的产品量越多，福利水平越高。

① 有几种情况可以说明这种假设的可行性。一种情况是，所有个人都具有相同的消费倾向，并且对所有资源占有相同的份额。另一种情况是，政府重新分配收入以达到整个社会福利最大化。实质上，该假设要求收入分配的变动对需求没有重要的影响。

图 6-3　标准模型中的生产、消费和贸易

说明：点 Q 是生产点，是生产可能性边界和它所能接触到的最高的一条等价值线的切点。点 D 是消费点，是等价值线和它所能接触到的最高的一条无差异曲线的切点。图中该国生产的棉布比消费的棉布多，因而出口棉布；相应地，消费的粮食比生产的粮食多，因而进口粮食。

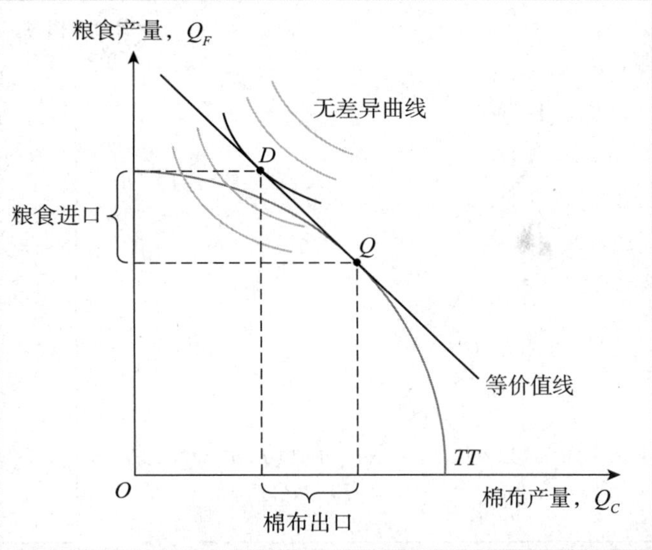

(3) 每一条无差异曲线越往右越平坦：每个人消费的棉布越多，消费的粮食越少，单位粮食对单位棉布的相对边际效用就越高。所以，随着粮食消费量的减少，用以补偿因此而减少的效用所需的棉布消费量就会越来越大。

图 6-3 中社会将根据福利最大化的原则在等价值线上决定消费点。这一点就是等价值线和它所能接触到的最高的一条无差异曲线的切点，即点 D。请注意，在这一点，该国将出口棉布（生产的棉布的数量超过所消费的棉布的数量），进口粮食。

现在，我们来考虑棉布相对价格 P_C/P_F 上升会产生什么影响。图 6-4 (a) 说明了这种影响。首先，当棉布的产出增加、粮食的产出减少时，生产会从点 Q^1 移动到点 Q^2。这会使得消费点所在的等价值线从 VV^1 移动到 VV^2。所以消费点也会从点 D^1 移动到点 D^2。

从点 D^1 到点 D^2 的移动反映了 P_C/P_F 上升所产生的两个影响。第一，消费移动到了一条更高的无差异曲线上，社会福利改善了。原因在于社会出口棉布，棉布相对价格上升，则同样数量的出口（棉布）能换取更多的进口（粮食）。因此，出口产品的价格上升代表了一种优势。第二，相对价格的变动会使得消费点随无差异曲线向靠近粮食远离棉布的方向移动（因为棉布相对更加昂贵）。

我们在经济学基础理论中已经提及过这两个效应。福利的增加是收入效应；在给定的福利水平下消费点的移动称为替代效应。收入效应会使得两种产品的消费量都增加，而替代效应的作用是使社会减少棉布的消费，增加粮食的消费。

图 6-4 (b) 反映了与生产可能性边界及无差异曲线相关的相对供给曲线和相对需求曲线。① 该曲线表明棉布相对价格上升如何导致相对产出增加（从点 1 移动到点 2）以及相对消费增加（从点 1′移动到点 2′）。这种相对消费的变化反映了价格变化造成的替代效应。如果价格变化造成的收入效应足够大，那么两种产品的消费都将增加（棉布和粮食）；但是需求的替代效应表明棉布的相对消费（D_C/D_F）会降低。如果社会不进行贸易，那么消费点和生产点将位于点 3，与相对价格 $(P_C/P_F)^3$ 相关。

① 对于一般偏好，相对需求曲线将取决于一国的总收入。我们在本章中假设相对需求曲线与收入无关。在广泛应用的偏好类型即同质偏好中，情形正是如此。

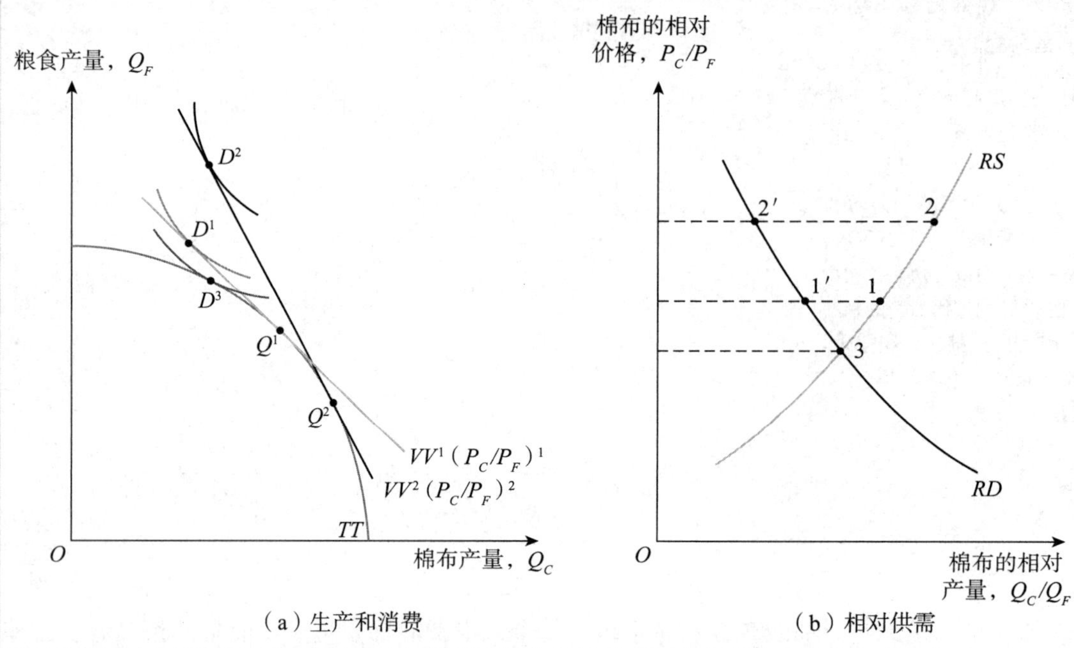

图 6-4　棉布相对价格上升产生的影响与贸易利得

说明：在图（a）中，等价值线的斜率等于棉布相对价格 P_C/P_F 的负数，因此，当棉布相对价格上升时，所有的等价值线都变得更陡峭了。尤其是，最大的价值线会从 VV^1 移动到 VV^2；生产点会从点 Q^1 移动到点 Q^2；消费点会从点 D^1 移动到点 D^2。如果经济不开展贸易，它将在点 D^3 生产与消费。图（b）给出了棉布相对价格上升对相对产量的影响（从点 1 移动到点 2）以及对相对需求的影响（从点 1′移动到点 2′）。如果经济不开展贸易，它将在点 3 生产与消费。

贸易条件改变对福利的影响

当 P_C/P_F 上升时，原本出口棉布的国家的福利会增加。在图 6-4 中表现为消费点从点 D^1 移动到点 D^2。相反，如果 P_C/P_F 下降，这个国家的福利就会恶化，比如，消费点可能会从点 D^2 移回到点 D^1。

如果一国原本出口的产品是粮食而不是棉布，P_C/P_F 变动所产生的影响将与上面正好相反。P_C/P_F 上升意味着 P_F/P_C 下降，国家的福利随之恶化：出口产品（粮食）的相对价格会下降。我们将贸易条件定义为一国出口产品的价格除以进口产品的价格。使用这一定义来概括以上各种情况，我们可以得出一个一般结论：一个国家的福利会随着贸易条件的改善而上升，随着贸易条件的恶化而下降。

然而请注意，国家贸易条件的改变绝不会将其福利降低到不进行贸易时的水平（点 D^3 代表该消费水平）。在第 3～5 章中所提及的贸易利得仍然在多种情况下可以适用。持否定意见者此前也讨论过，总收益很少被平均分配，从而导致单个消费者有得有失。

∴案例分析　　贸易利得的不均等分配

依经验而言，贸易条件是一国出口产品的平均价格与进口产品的平均价格之比。更低的进口价格意味着贸易条件的改善，一国与贸易利得相联系的福利得到改善。迄今为止，我们强调总收益在生产者及生产要素之间的分配是不均等的（如第 4 章和第 5 章所示）。不管各国消费模式存在多大的差异，消费者的收益分配均不同。消费模式（广泛的产品种类）不同的主要来源之一是收入分配：低收入群体对食品及制成品（如服装）的支出相对更多，高收入群体对服务的支出相对更多。因为食品及制成品的贸易量比服务更大，贫穷的消费者比富有的消费者能更多受益于低价进口。Pablo Fajgelbaum 和 Amit Khandelwal 利用 2005—2007 年 40 个国家 35 个部门的数据测算了这种背离程度。他们发现了所有 40 个国家中预估贸易利得有利于贫穷消费者的倾向。平均而言，相对于处于第 90 百分位的消费者而言，该国收入分配处于第 10 百分位的消费者的收益增加了 35%。图 6 - 5 表明了一国不同收入分配区间的平均利得是如何变化的（比较收入中间值）：贫穷的消费者比中值消费者获益更大，富有的消费者获益更小（尽管所有消费者均享有净贸易利得）。

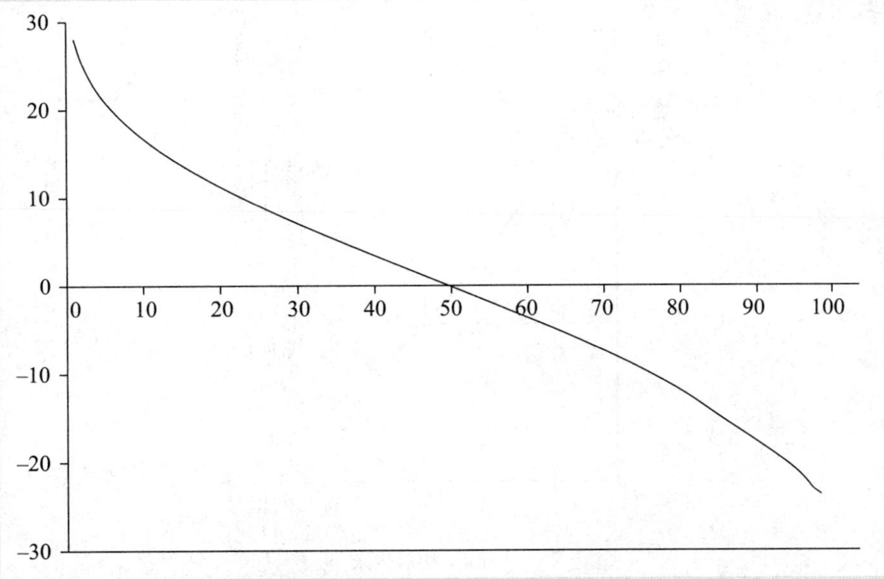

图 6 - 5　贸易利得的收入分配（相比中值消费者）（%）

说明：本图表明一国不同收入分配区间的消费者相比中值（收入分配居第 50 百分位）消费者的获利及损失。本图表明了 40 个国家的平均数。尽管富有的消费者获益少于中值消费者（比较利得是负值），但整体贸易利得仍然是正值。

资料来源：Pablo D. Fajgelbaum and Amit K. Khandelwal, "Measuring the Unequal Gains from Trade," *The Quarterly Journal of Economics* (2016), pp. 1113 - 1180. See also "Measuring the Distributional Effects of Trade through the Expenditure Channel," voxeu. org (November 2015).

相对价格的确定

假定世界由两个国家组成：本国（出口棉布）和外国（出口粮食）。本国的贸易条件用 P_C/P_F 来衡量，外国的贸易条件用 P_F/P_C 来衡量。假定图 6 - 6（a）中相对供给曲线所代表的本国和外国的生产能力不同导致贸易发生。同时假定两个国家具有相同的消费偏好从而具有同样的相对需求曲线。在任一给定的相对价格 P_C/P_F，Q_C 和 Q_F 分别是本国生产的棉布和粮食的数量；Q_C^* 和 Q_F^* 分别是外国生产的棉布和粮食的数量，此时 $Q_C/Q_F > Q_C^*/Q_F^*$。将世界棉布和粮食的生产水平相加，我们可得到世界相对供给并按以下比例确定：$(Q_C + Q_C^*)/(Q_F + Q_F^*)$。对此的解释是，世界相对供给曲线必定位于两个国家的相对供给曲线之间。[①] 世界相对需求仍然是两个国家的棉布和粮食需

① 对于正数 X_1、X_2、Y_1 和 Y_2，如果 $X_1/Y_1 < X_2/Y_2$，则 $X_1/Y_1 < (X_1+X_2)/(Y_1+Y_2) < X_2/Y_2$。

求的加总：$(D_C+D_C^*)/(D_F+D_F^*)$。既然两国消费偏好无差异，世界相对需求曲线与两国一致的相对需求曲线重叠。

世界相对均衡价格（当本国和外国开展贸易时）由世界相对供给曲线及世界相对需求曲线的交点决定，即点 1。相对价格决定本国棉布出口和外国粮食出口的交换数量。在相对均衡价格下，本国需要出口的棉布数量 Q_C-D_C 和外国需要进口的棉布数量 $D_C^*-Q_C^*$ 相对应。粮食市场也处于均衡，因此本国需要进口的数量 D_F-Q_F 和外国需要出口的数量 $Q_F^*-D_F^*$ 相对应。图 6－6（b）表示的是在相对价格 $(P_C/P_F)^1$、预算约束以及相联系的生产和消费选择下，本国和外国的生产可能性边界。

我们已知在标准模型中相对供给、相对需求、贸易条件和福利的决定，可以据此理解国际经济学中的众多问题。

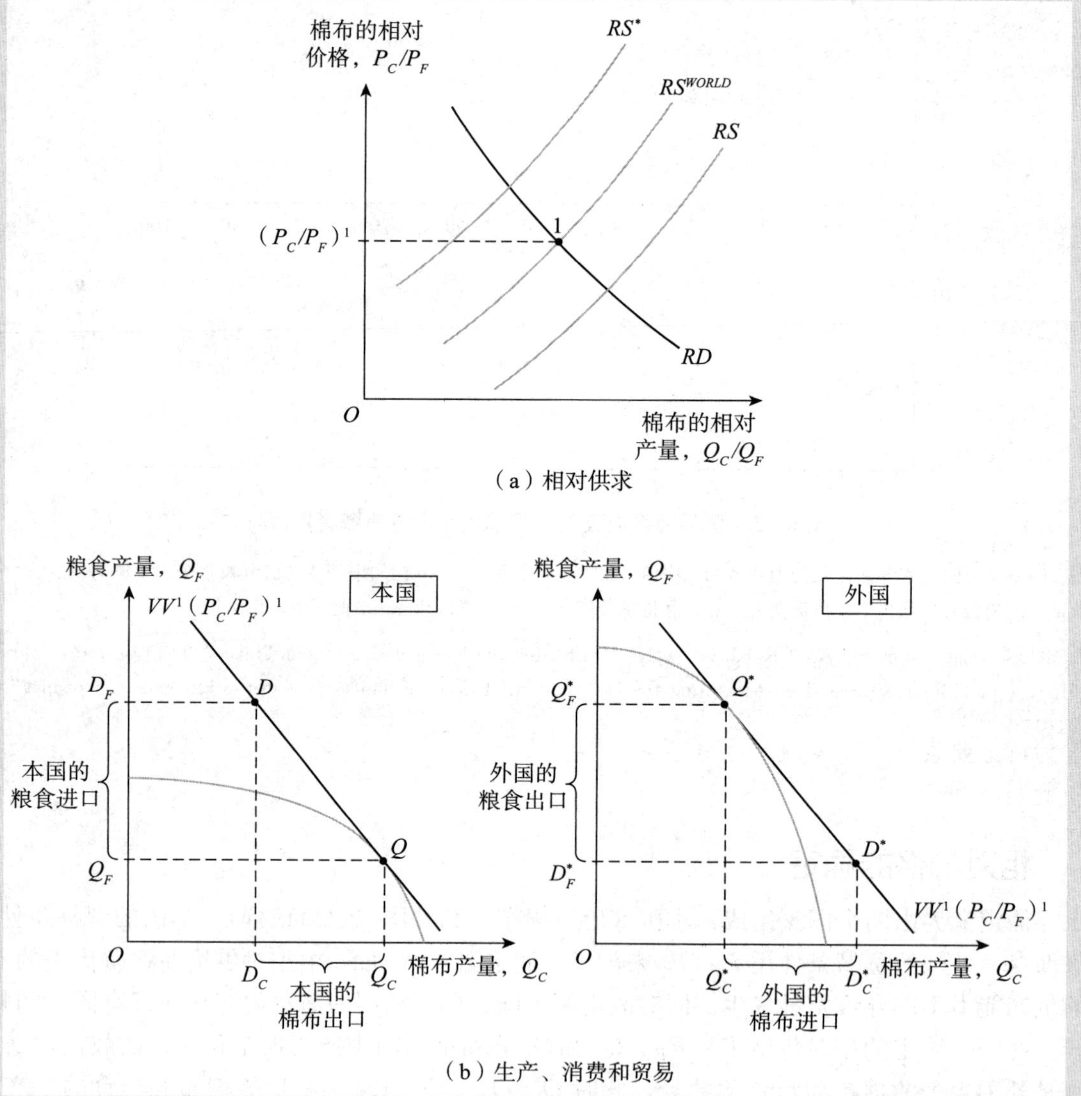

图 6－6　贸易及贸易流动的相对均衡价格

说明：图（a）显示了本国、外国、世界棉布的相对供给。本国和外国有相同的相对需求，世界相对需求也是如此。相对均衡价格为 $(P_C/P_F)^1$，由世界相对需求曲线和世界相对供给曲线的交点决定。图（b）显示了本国和外国的贸易流动均衡。在相对均衡价格 $(P_C/P_F)^1$ 处，本国的棉布出口和外国的棉布进口相等；本国的粮食进口和外国的粮食出口相等。

经济增长：*RS* 曲线的移动

开放经济中经济增长所产生的影响是经济学家长期关注和争论的焦点。争论主要集中在两个问题上：第一，其他国家的经济增长对本国有利还是有害？第二，当一个国家是世界经济一体化的一员时，国内经济的增长给本国带来的价值是更多还是更少？

在分析其他国家经济增长对本国经济的影响时我们一般会从两方面考虑。一方面，其他国家的经济增长可能有利于本国经济，因为其他国家的经济增长意味着本国的出口市场更大以及进口价格更低。另一方面，其他国家的经济增长也许意味着本国产品出口和国内生产者将面对国外出口商更加激烈的竞争。

我们审视本国经济增长的影响时也会发现同样模棱两可的结果。一方面，本国生产能力的加强使得本国能向世界市场出口更多的产品；另一方面，经济增长带来的收益可能会以本国出口产品价格降低的形式转移到国外消费者手中，而非被本国所得。

上一节阐述的标准贸易模型为剖析上述矛盾和说明国际贸易中经济增长的影响提供了一个分析框架。

经济增长与生产可能性边界

经济增长意味着生产可能性边界向外移动，这一增长既可能是由一国的资源增加引起的，也可能是由国家利用资源的效率提高所带来的。

经济增长对国际贸易的影响往往来自经济增长的偏向性。如果生产可能性边界在一个方向上扩张的幅度大于在另一个方向上扩张的幅度，就会产生**偏向型增长**（biased growth）。图 6－7（a）说明了偏向于棉布的经济增长（从 TT^1 移到了 TT^2），图 6－7（b）则说明了偏向于粮食的经济增长（从 TT^1 移到了 TT^3）。

经济增长发生偏向可能是由于以下两个主要原因：

（1）第 3 章的李嘉图模型表明，某个生产部门的技术进步会使得生产可能性向这个部门扩张的幅度大于向其他部门扩张的幅度。

（2）第 5 章的赫克歇尔-俄林模型表明，一个国家某种生产要素供给的增加——例如由储蓄和投资引起的资本存量的增加——会使得生产可能性边界发生偏向型扩张。这种扩张偏向于以这种要素为特定要素的部门或者在生产中密集使用该要素的部门。因此，在开放经济中国际贸易也引起偏向型经济增长。

图 6－7（a）和图 6－7（b）所描述的经济增长有很强的偏向性。在这两种情况下，一国生产两种产品的能力都增强了。但是在图 6－7（a）中，在棉布相对价格不变的情况下粮食产出实际上是下降的；而在图 6－7（b）中，则是棉布的产出实际上下降了。虽然通常的经济增长的偏向没有图 6－7 中所表现的那样强，但是对于任何给定的棉布相对价格，即使只是轻微地偏向棉布的经济增长也会导致棉布对粮食的相对产出增加。换言之，国家的相对供给曲线将右移。该变化在图 6－7（c）中表现为 RS^1 移动到 RS^2。当增长偏向于粮食时，相对供给曲线将左移，如图所示从 RS^1 移动到 RS^3。

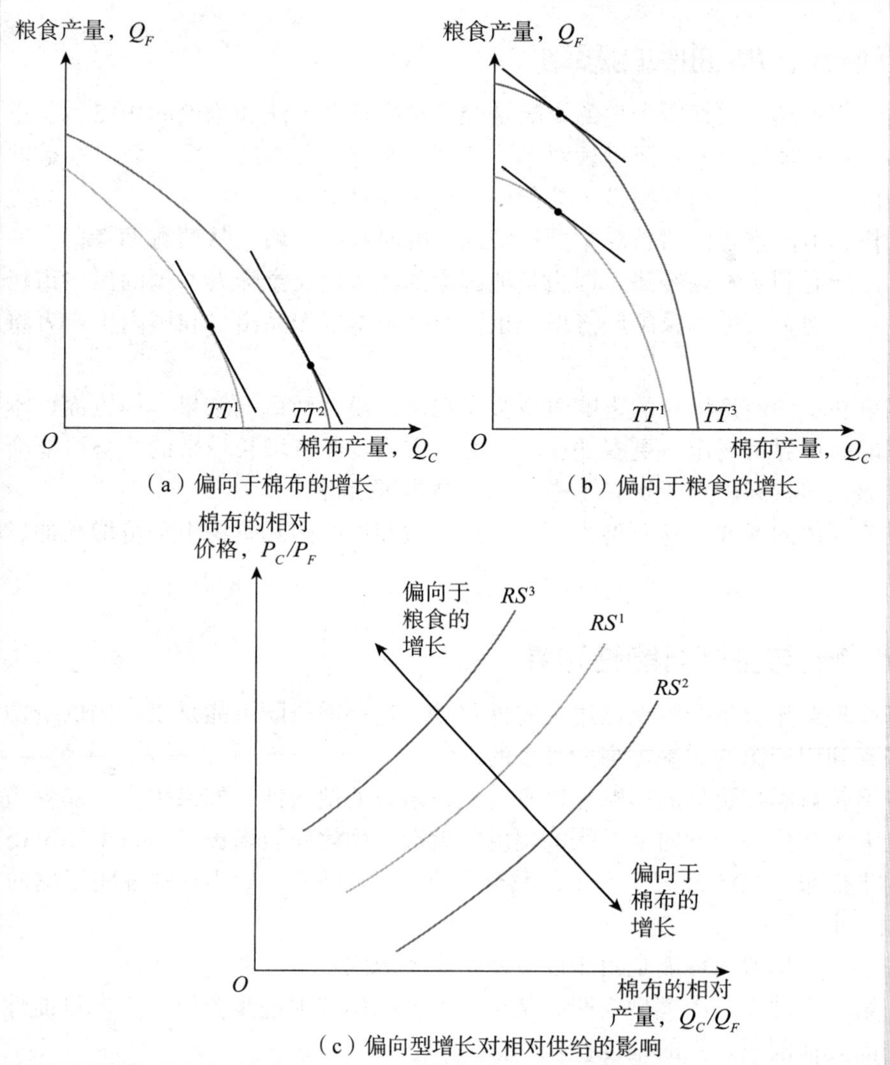

图 6-7　偏向型增长

说明：如果生产可能性边界在一个产品方向上扩张的幅度大于在另一个产品方向上扩张的幅度，这样的经济增长就被称为偏向型经济增长。在图（a）中，生产可能性边界的扩张偏向于棉布（从 TT^1 移动到 TT^2）。在图（b）中，生产可能性边界的扩张偏向于粮食（从 TT^1 移动到 TT^3）。图（c）表明对应的相对供给曲线的移动：偏向棉布的增长时从 RS^1 右移到 RS^2，偏向粮食的增长时从 RS^1 左移到 RS^3。

相对供给与贸易条件

假设本国出现了幅度很大的偏向于棉布的经济增长，对于给定的棉布相对价格，棉布的产出会增加，粮食的产出会减少［如图 6-7（a）所示］。从整体来说，在任何相对价格水平上，棉布对于粮食的世界相对产出都增加了。世界相对供给曲线就会如本国一样右移。图 6-8（a）表明了世界相对供给曲线从 RS^1 移动到 RS^2，这一移动会使得棉布的相对价格从 $(P_C/P_F)^1$ 下降到 $(P_C/P_F)^2$，意味着本国的贸易条件恶化，外国的贸易条件改善。

我们要注意，这里着重考虑的不是某个经济的增长，而是增长的偏向。如果外国发生了偏向于棉布的经济增长，对棉布的世界相对供给曲线的影响以及由此引起的对贸易条件的影响会是相似的。另外，无论是本国还是外国发生了偏向于粮食的增长，都会使 RS 曲线向左移动（从 RS^1 移动

到 RS^3），并因此使得棉布的相对价格从 $(P_C/P_F)^1$ 提高到 $(P_C/P_F)^3$ [如图 6－8（b）所示]。相对价格上涨意味着本国的贸易条件会随之改善，外国的贸易条件会恶化。

使得一国生产可能性边界非平衡的扩张偏向于出口产品（本国的棉布，外国的粮食）的经济增长被称为**出口偏向型增长**（export-biased growth）。类似地，使得一国生产可能性边界的扩张偏向于进口产品的经济增长被称为**进口偏向型增长**（import-biased growth）。我们的分析可以得出以下结论：出口偏向型增长会使得本国的贸易条件恶化，但对世界其他国家有利；进口偏向型增长有利于改善本国的贸易条件，但世界其他国家则会为此付出代价。

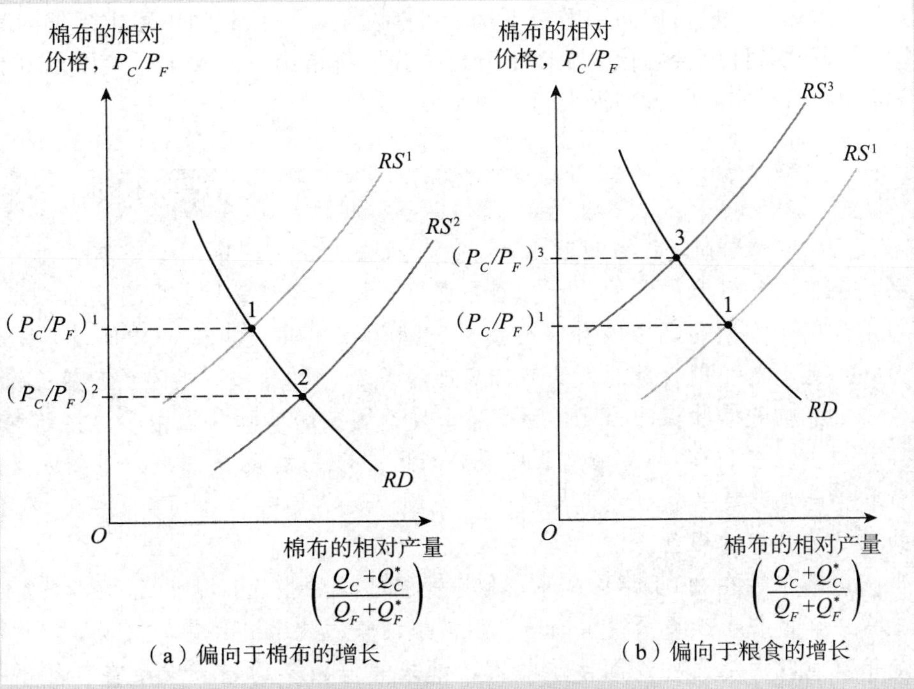

图 6－8　经济增长与世界相对供给

说明：（a）偏向于棉布的经济增长会使得棉布的相对供给曲线 RS 向右移动；（b）偏向于粮食的经济增长会使得棉布的相对供给曲线 RS 向左移动。

经济增长的国际性影响

我们要利用上述结论来分析经济增长的国际性影响。世界上其他国家的经济增长对本国利弊如何？本国参与国际贸易是增加还是减少国内经济增长带来的收益？对这些问题的回答都取决于经济增长的偏向性。世界其他国家的出口偏向型增长对本国有利，可以使得本国的贸易条件得以改善；而世界其他国家的进口偏向型增长则会使得本国的贸易条件恶化。本国的出口偏向型增长会使得本国的贸易条件恶化，减少增长带来的直接收益；而本国的进口偏向型增长会使得本国贸易条件改善，并带来额外的收益。

20 世纪 50 年代，许多发展中国家的经济学家相信，随着时间的推移，原本出口原材料的发展中国家的贸易条件很可能会持续恶化。他们认为，发达国家的经济增长以可代替原材料的人工合成品的发展为标志，而发展中国家的经济增长则要通过扩大其出口产品的生产能力而不是通过工业化来实现。也就是说，发达国家的增长是进口偏向型的，而发展中国家的增长是出口偏向型的。

一些分析家提出，发展中国家的经济增长是一种自伤行为。他们认为，发展中国家的出口偏向型增长会使得它们的贸易条件恶化，以致它们的福利水平比经济增长前还要低。这种情形被经济学家称为**福利恶化型增长**（immiserizing growth）。

哥伦比亚大学的经济学家贾格迪什·巴格沃蒂（Jagdish Bhagwati）在1958年发表的一篇著名论文中指出：在一个严格设定的经济模型中这种经济增长的负效应会发生。[①] 不过，产生福利恶化型增长的条件非常极端：*RS* 曲线和 *RD* 曲线必须非常陡峭，经济增长对出口产品的偏向非常强，以至贸易条件的变化足以抵消生产能力的提高所带来的正面效应。因此，大多数经济学家将福利恶化型增长看成是一个纯理论，而非实际情形。

在国际贸易中，国内的经济增长往往会提高本国的福利水平，但这并不意味着外国的经济增长也会改善本国的福利。进口偏向型增长不是不可能发生，一旦其他国家出现偏向其进口部门的经济增长，本国的贸易条件就会恶化。在以下分析中我们将指出，事实上，美国很可能由于战后其他国家的经济增长而遭受实际收入的损失。

❖案例分析　新兴工业化国家的经济增长损害了发达国家的利益吗？

20世纪90年代早期，许多观察家警告说，新兴工业化国家的经济增长对发达国家的繁荣构成了威胁。我们在第5章的案例分析“南北贸易和收入不均等”中提出了新兴工业化国家的经济增长可能引发的一个问题，即很可能会扩大发达国家中高技术工人和低技术工人之间的收入差距。但是，一些喜欢小题大做的人认为，来自新兴工业化国家和地区经济增长的威胁远大于这一范围。它们的影响并非收入的分配，而是整个发达国家的实际收入由于这些新竞争者的出现已经减少或即将减少。在2008年哥伦比亚广播公司的一项民意调查中绝大多数人支持以上观点：当调查“你认为诸如印度的新近经济发展对于美国经济的影响总体而言是好、坏还是无影响”时，62%的投票认为是坏的影响。

保罗·萨缪尔森在2004年的文章中似乎支持了这种担忧，他创造了很多当代国际贸易理论。在那篇文章中，他基于李嘉图模型论述了发展中国家的技术进步是如何损害发达国家的利益的。[②] 他分析的情况是我们上面已经阐述的特例：如果其他国家的增长发生在你的出口有竞争力的行业，那么这会伤及你。萨缪尔森据此认为，如果印度目前的进口行业生产率提高，那么美国将丧失比较优势并失去贸易利益。媒体热衷于这一结论，且把它视为具有某种革命性。《商业周刊》曾撰文写道：“萨缪尔森和他人所推出的中心问题是自由贸易是否总像他们长期相信的那样对美国有好处。”该刊物进一步暗示，这样的结果可能完全脱离比较优势理论轨道。[③] 政客们还利用萨缪尔森的文章及他在经济学领域的杰出声望支持采取保护贸易政策。[④] 国外经济增长可能损害本国经济，这不是什么新观点，而且它也没有回答自由贸易是否要优于保护贸易。新兴工业化国家的增长是否实际损害了发达国家，这还是一个实证问题，同时事实并不支持肯定的结论。

记住一国的增长对另一国的损害是通过贸易条件。如果来自新兴工业化国家的竞争的确危害到了发达国家，那么发达国家的贸易条件变化将是巨大的负值，而新竞争对手的贸易条件将是正值。在本章的数学附录中我们证明了贸易条件的变化所引发的真实收入的变化百分比近似等于贸易条件的变化百分比乘以进口占收入的份额。因为发达国家平均将25%的收入用于进口，所以贸

---

① “Immiserizing Growth：A Geometrical Note,” *Review of Economic Studies* 25 (June 1958), pp. 201 - 205.

② Paul Samuelson, “Where Ricardo and Mill Rebut and Confirm Arguments of Mainstream Economists Supporting Globalization,” *Journal of Economic Perspectives* 18 (Summer 2004), pp. 135 - 146.

③ “Shaking up Trade Theory,” *BusinessWeek*, December 6, 2004.

④ 例如，参见“Clinton Doubts Benefits of Doha,” *Financial Times*, December 3, 2007。

易条件每下降1%仅会使得真实收入减少大概0.25个百分点。因此，如果想对经济增长产生显著的负面影响，贸易条件必须每年下降好几个百分点。

图6-9显示了过去30多年以来（2000年为标准值100）中国和美国的贸易条件变化。从中可见美国的贸易条件年波动很小，没有明显的变化趋势。美国2014年和1980年的贸易条件几乎一致。并无明显的证据表明美国在贸易条件方面由于长期的恶化遭受了何种形式的损失。此外，没有证据表明中国由于已经逐渐融入世界经济从而贸易条件得到稳固。总之，中国的贸易条件在过去的十年已经恶化。最近的一篇运用很多中国工业品细节的文章确认了这一影响。① 作者列举了中国的工业生产率的增长（从1995年至2007年）对其贸易伙伴贸易条件的影响，发现该影响是积极的，尽管小到0.7个百分点。

图6-9 中美贸易条件变化（1980—2014年，2000年=100）

资料来源：World Development Indicators，World Bank.

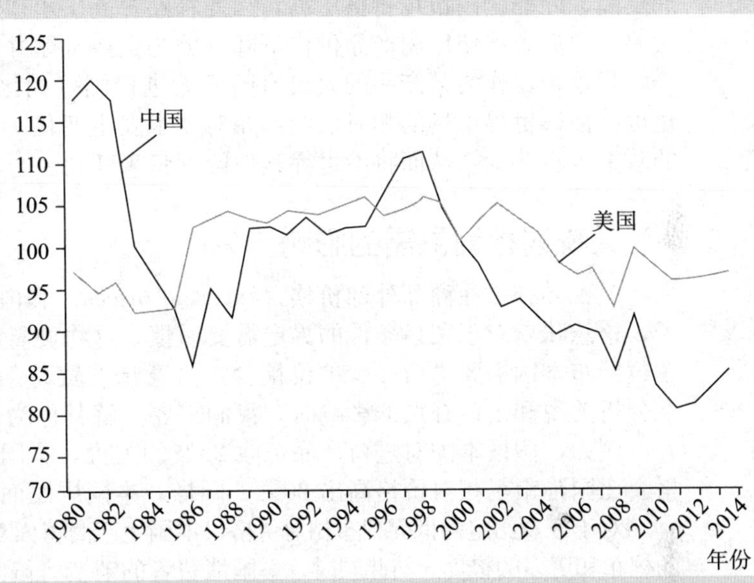

很多发展中国家都经历过贸易条件的微小变化，平均一年内在1%左右，如图6-9所示的美国。然而，很多发展中国家出口的主要产品集中在矿物及农业部门。世界市场上这些产品的价格变化剧烈，导致贸易条件大幅变化。这种变化反过来引起福利的大幅改变（因为贸易集中于少数部门并且占据国内生产总值的大部分比例）。事实上，一些研究表明，一些发展中国家（国内生产总值的波动与发达国家国内生产总值的波动密切相关）的国内生产总值波动主要是由贸易条件变化引起的。② 例如，最近（2011—2015年）金属和原油价格的下降使得几个拉美国家蒙受了经济损失，因为它们是受影响商品的主要出口商。委内瑞拉（主要原油出口国）受到了重创。IMF最近预估，与较低的原油价格有关的损失估计占到GDP的17%以上。③ 智利、哥伦比亚和厄瓜多尔同样由于商品价格下降而蒙受了占GDP 4%到7%不等的损失。

---

① 参见Chang-Tai Hsieh and Ralph Ossa，"A Global View of Productivity Growth in China，" National Bureau of Economic Research Working Paper 16778（2011）。

② 参见M. Ayhan Kose，"Explaining Business Cycles in Small Open Economies：How Much Do World Prices Matter?" *Journal of International Economics* 56（March 2002），pp. 299-327。

③ 参见International Monetary Fund，"Regional Economic Outlook（REO）：Western Hemisphere—Managing Transitions and Risks，"（April 2016），Chapter 2。

关税与出口补贴：*RS* 曲线与*RD* 曲线的同时移动

进口关税（import tariffs，对进口货物征收的关税）和**出口补贴**（export subsidies，对国内制造商销售到海外的货物的补助）通常并不作为影响国家的贸易条件的手段。这些政府干预贸易的手段通常用于收入分配、提高国家重大工业或者贸易收支平衡。（注：第10～12章将考察以上动机。）不管关税和补贴的动机为何，我们都可以运用标准贸易模型来理解其给贸易条件带来的影响。

关税和补贴的特性在于能够使世界市场和国内市场的商品价格产生差异。关税最直接的影响在于使得国内进口产品价格远高于国外市场。出口补贴鼓励了生产商的出口。海外销售比国内销售利润更高，除非国内市场价格更高，因此补贴提高了出口产品的国内价格。这和生产补贴的效应有很大差异，后者将使国内产品价格下降（因为生产补贴并未区分产品销售目的地）。

如果国家作为某产品的大出口国或大进口国（相比世界市场规模），关税和补贴带来的价格变化也将使得世界市场的相对供给和相对需求发生变化。最终结果是贸易条件改变，进口国和出口国的政策也将改变，从而将给世界其他国家带来变化。

关税对相对供需的影响

关税和补贴在商品**外部价格**（external prices）和**内部价格**（internal prices）之间植入了一个楔子，这意味着对于贸易条件的界定需要谨慎，这将衡量国家之间商品交换的比例。例如，每出口一单位棉布本国需要进口多少单位粮食？这意味着贸易条件是和外部价格而非内部价格相关。因此，在分析关税和出口补贴的影响时，我们需要了解其作为外部价格函数对相对供需的影响。

例如，假设本国对进口产品征收20%的关税，本国生产商和消费者面临的粮食对棉布的相对价格会比国际市场相对价格高出20%。同样，本国居民面临的国内棉布相对价格将比国际市场要低。

对于任意给定的世界棉布相对价格，本国生产商将面对较低的棉布相对价格，因而倾向于生产更少的棉布和更多的粮食。与此同时，本国消费者的消费将偏向于棉布而偏离粮食。如果将世界看成一个整体，棉布相对供给会下降（如图6-10所示，从RS^1移动到RS^2）而相对需求会上升（从RD^1移动到RD^2）。显然，世界棉布相对价格将从$(P_C/P_F)^1$上升到$(P_C/P_F)^2$，因此本国贸易条件改善而外国受损。

图6-10　关税对贸易条件的影响

说明：本国的进口关税会减少棉布的相对供给（从RS^1移动到RS^2），增加棉布的相对需求（从RD^1移动到RD^2）。因此，棉布的相对价格会上升。

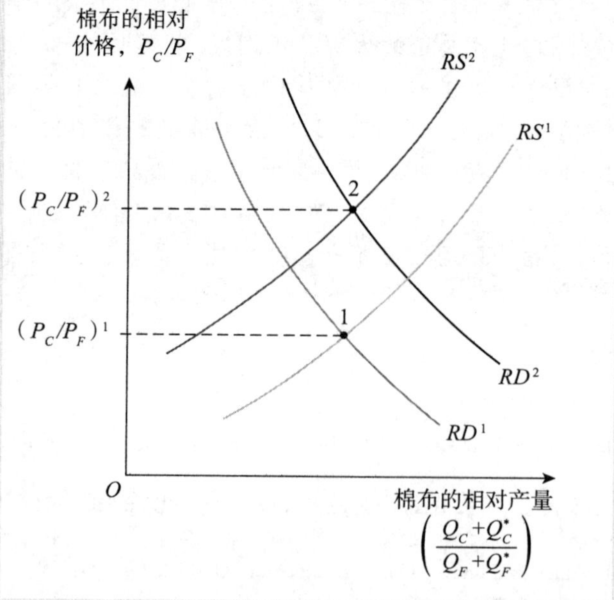

关税对贸易条件的影响程度取决于制定关税的国家相对于世界其他国家的大小。如果制定关税的国家只是一个小国，那么它对世界相对供给和相对需求的影响就不大，从而不会对相对价格产生什么影响。如果美国（一个非常大的国家）要征收20%的关税，据估计，美国的贸易条件将提高15%。也就是说，在世界市场上美国进口产品对美国出口产品的相对价格将下降15%。而在美国国内，进口产品的相对价格只会上升5%。另外，如果卢森堡或巴拉圭征收20%的关税，对它们贸易条件的影响恐怕可以忽略不计。

出口补贴的影响

关税和出口补贴经常被当成同一类贸易政策，因为看上去它们都是支持国内厂商的。但是，它们对贸易条件的影响却相反。假设本国向所有出口棉布的生产者提供相当于产品价值20%的补贴，在世界价格给定时，这项补贴会使得本国国内棉布对粮食的相对价格上升20%。棉布相对价格的上升会使得本国的生产者生产更多的棉布，同时减少粮食的生产。而本国的消费者会增加粮食的消费并减少棉布的消费。如图6-11所示，出口补贴会使得棉布的世界相对供给增加（从RS^1到RS^2），棉布的世界相对需求减少（从RD^1到RD^2），世界均衡点将从点1移到点2。本国的出口补贴会使得本国的贸易条件恶化，外国的贸易条件改善。

图6-11　对棉布的出口补贴对贸易条件的影响

说明：对棉布的出口补贴对相对供给和相对需求的影响与对粮食征收关税相反。出口补贴会使得棉布的世界相对供给增加，世界相对需求减少。棉布的相对价格从$(P_C/P_F)^1$下降到$(P_C/P_F)^2$，本国的贸易条件恶化。

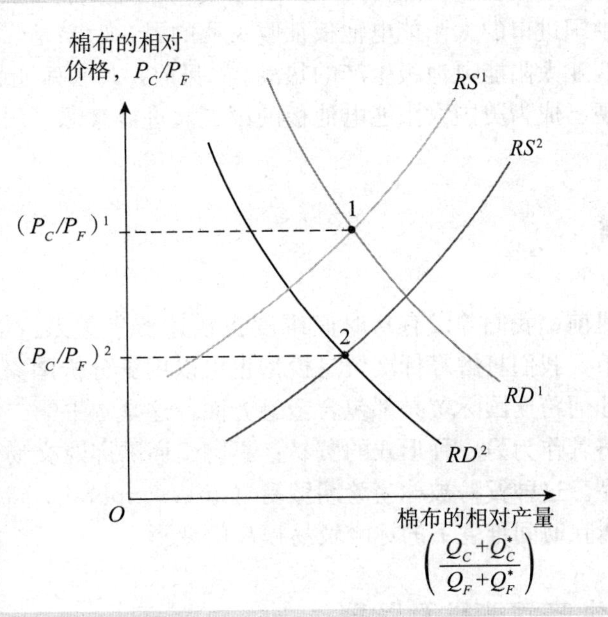

贸易条件效应的应用：谁得谁失？

假如本国征收关税，本国贸易条件改善而外国受损。因此，关税会损害其他国家。本国的福利效应并非非常明确。本国贸易条件改善会有利于本国；然而，也会由于扭曲生产和消费动机从而增加成本（见第9章）。只要关税不是太高，贸易条件改善带来的收益就会超过动机扭曲带来的成本。我们将在后面的章节讨论如何确定使得净收益最大化的最优关税税率。（由于小国的关税不能对它们的贸易条件造成影响，所以小国的最优关税税率接近于零。）

出口补贴的影响非常明显：它会造成本国的贸易条件恶化，外国的贸易条件改善，以至外国的福利水平明显提高。同时，本国不仅会因为贸易条件的恶化而遭受损失，而且会因为这一政策的其他扭曲作用而遭受损失。

上面的分析似乎使得出口补贴看上去没有任何意义。实际上，我们很难知道出口补贴在什么情况下对国家有利。出口补贴作为一种政策工具通常是由贸易政治的特性而不是由经济逻辑确定的。

那么，是否外国的关税总是对本国不利，而外国的出口补贴总是对本国有利呢？不一定。我们的模型只包含了两个国家，一个国家出口的产品由另一个国家进口，反之亦然。但是，在现实中存在着许多国家。在这种情况下，如果一个国家对其出口产品进行补贴来和美国的出口产品进行竞争，这项补贴显然会恶化美国的贸易条件。欧洲的农业补贴（见第 9 章）就是一个很好的例子。另一种情况是，如果一个国家对某种美国也进口的产品征收关税，使得这种产品的价格降低，美国也会从中受益。因此，我们需要限定我们在两个国家模型中得出的结论：对美国进口的出口产品进行补贴对美国有利，对针对美国出口的产品征收关税对美国不利。

但外国对向美国出口的产品进行补贴对美国有利的观点还没有被普遍接受。当外国政府被指责对其在美国销售的产品进行补贴时，普遍的政治反应是，这是一种不公平竞争。因此，当 2012 年美国商务部判定中国政府对出口到美国的太阳能电池板进行补贴时，美国做出的回应是相应征收关税。① 一方面，由标准贸易模型得知，对于美国而言，太阳能电池板低价格是有利的（作为净进口国）。另一方面，基于不完全竞争规模收益递增的一些模型表明，中国的出口补贴会导致潜在的福利损失。然而，补贴对于美国的收入分配会产生巨大影响。如果中国给出口到美国的太阳能电池板以补贴，美国居民会获得廉价的太阳能动力，但是低价产品会损害到美国该行业的工人和投资者。美国对从中国进口的太阳能电池板征收关税的另一后果是，来自中国的太阳能电池板的更高价格引发了马来西亚太阳能电池板生产的热潮。② 目前，马来西亚的太阳能电池板产量是美国产量的 3 倍。马来西亚现已成为美国太阳能电池板的第二大进口来源（居中国之后）。

国际借贷

截至目前，我们并没有从时间维度去描述贸易关系：以某种产品如棉布交换另一种产品如粮食。在本节，我们将解释标准贸易模型也可以用于分析国家之间发生的另一种重要的跨期贸易：国际借贷。任何跨期国际贸易都包含金融方面，这是本书第二部分的重点。但是我们仍然可以对此进行提炼并将其作为另一种形式的贸易：不同于商品即时交易，我们交换现在的商品是为了在未来获得其他商品。这种贸易被称为**跨期贸易**（intertemporal trade）。本书后文将进行更多论述，现在我们只是分析在时间维度下的标准贸易模型的变形。③

跨期生产可能性及贸易

即使缺乏国际资本流动，任何经济体也面临当期消费和未来消费的权衡。国家通常不会完全消耗所有产出，部分会以设备投资、建筑或者其他生产资本的形式存在。国家投资越多，未来生产及消费规模越大。为了增加投资，国家需要通过减少消耗（除非有未使用资源，该可能性暂时被忽略）以释放更多资源。因此，在当期消费和未来消费之间可以实现权衡。

我们假设国家仅在两个时期消费某种商品，我们称之为当期和未来。于是就可以实现当期消费和未来消费的权衡，我们可以通过**跨期生产可能性边界**（intertemporal production possibility fron-

① 参见 "U. S. Will Place Tariffs on Chinese Solar Panels," *New York Times*, October 10, 2012。

② "Solar Rises in Malaysia During Trade Wars Over Panels," *New York Times*, October 10, 2014.

③ 详情请见本章附录。

tier）来进行概述。图 6－12 就是跨期生产可能性边界，其形式与某节点两种商品的生产可能性边界相似。

图 6－12　跨期生产可能性边界

说明：国家可以采用同一方式，即通过减少另外一种商品的生产实现某种商品更多的产量，相当于交易当期消费以实现未来消费。

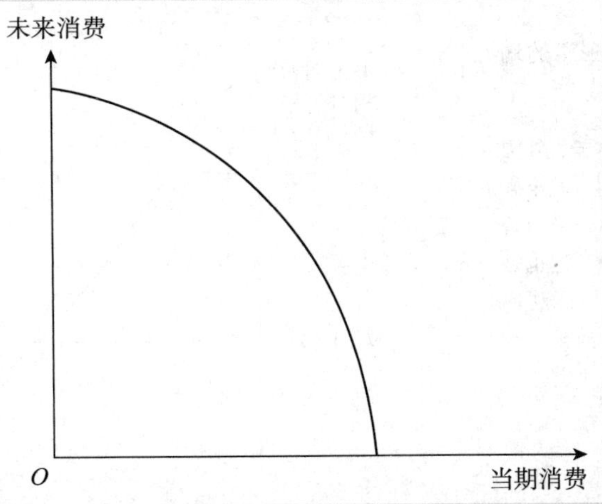

不同国家的跨期生产可能性边界有所不同，部分国家偏向于当期产出，其他国家偏向于未来产出。我们可能会询问这些偏向之间真正的差异，但可以先简单假设只有本国和外国两个国家，并且它们具有不同的跨期生产可能性。本国生产可能性偏向当期消费，而外国则偏向未来消费。

依此类推，我们可预期将得到何种结果。在没有国际借贷的情况下，我们希望本国未来消费的相对价格比外国高，虽然我们可能进行跨期贸易，但我们希望本国出口当期消费而进口未来消费。

这也许看上去有点令人困惑。未来消费的相对价格是什么？如何进行跨期贸易？

实际利率

国家如何进行跨期贸易？国家就像个人一样可以通过借贷进行贸易。考虑个人借款的情形：相比收入能够花费更多，或者说相比产出可以有更多消费。此后，必须偿还借款本金及利息，因此在未来消费将少于产出。通过借款于是对未来消费和当期消费的交换产生了影响，对国家借款也同样如此。

很显然，用当期消费表示的未来消费的价格与利率相关。在本书后面我们可以看到，在现实世界中，总体价格水平变化的可能性导致对利率的阐述是复杂的。我们假设贷款合同使用“现实”的条款从而忽略以上问题：当国家借款时，它获得了购买一定数量消费品的权利，在未来需要偿还更多的数量。特别是未来需要偿还（$1+r$）倍当期的借款，此处 r 为**实际利率**（real interest rate）。既然这种权衡是以一单位当期消费换取（$1+r$）单位未来消费，则未来消费的相对价格为 $1/(1+r)$。

当未来消费的相对价格上升（实际利率 r 下降）时，国家将扩大投资以做出应对；相对于当期消费将增加未来消费（在图 6－12 中沿着跨期生产可能性边界向左移动）并且显示未来消费的相对供给曲线的斜率为正。此前我们得知对于棉布和食物的消费偏好是如何通过相对需求曲线表述的，该曲线与消费商品的相对价格有关。类似地，随着时间的推移消费者会产生偏好从而在当期消费和未来消费之间做出替代选择。跨期相对需求曲线显示了这种替代影响，该曲线与相对价格为 $1/(1+r)$ 的未来消费（未来消费与当期消费的比例）的相对需求相关。

我们已经完成了标准贸易模型。在借贷允许的情况下，未来消费的相对价格及实际利率将由未来消费的相对供给决定。图 6－13［注意到与商品贸易及图 6－6（a）类似］显示了均衡相对价格

$1/(1+r^1)$ 的决定。本国和外国的跨期相对供给曲线反映了本国的生产可能性边界如何偏向当期消费而外国偏向未来消费。换言之，外国未来消费的相对供给相对于本国是向外偏移的。在均衡实际利率下，本国将出口当期消费以换取未来消费，即本国将在当期贷给外国以在未来获取回报。

图 6－13 借贷情形下的均衡利率

说明：本图给出了本国、外国和世界相对于当期消费的未来消费。本国和外国对未来消费有着同样的相对需求。这也是世界的相对需求。均衡利率 $1/(1+r^1)$ 由世界相对供给与世界相对需求的交点决定。

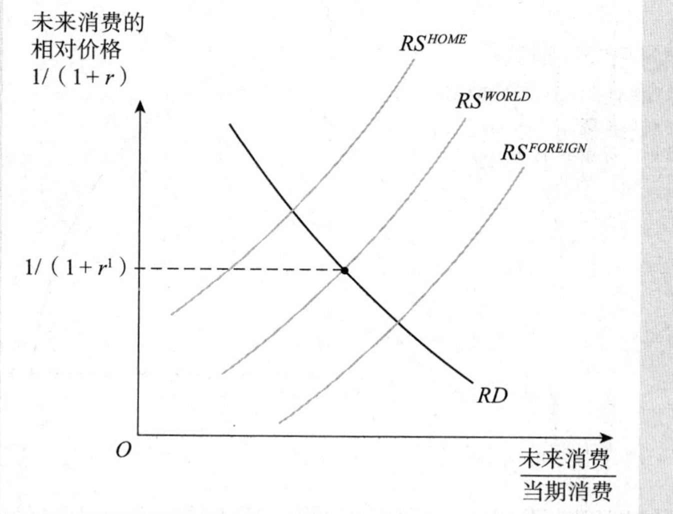

跨期比较优势

假设本国跨期消费生产可能性偏向当期生产，这意味着什么？产生跨期比较优势的原因与引起一般贸易增长的原因有所不同。

国家在未来消费的比较优势是当国家不存在国际借贷时具有较低的未来消费相对价格，即高实际利率。这种高实际利率与投资的高回报相关，意味着从当期消费产品转向资本品、建筑以及其他能够提高未来生产力的活动从而获得更高的回报。因此，那些相对于现在的生产率具有高效投资机会的国家会在国际市场上借款，而那些国内机会很少的国家会贷出款项。

提　要

1. 标准贸易模型是通过生产可能性边界推导出世界相对供给曲线，并由消费者偏好推导出世界相对需求曲线的。出口产品对进口产品的相对价格，即一国的贸易条件，由世界相对供给曲线和世界相对需求曲线的交点确定。在其他条件相同的情形下，一个国家的福利水平会随着贸易条件的改善而提高，随着贸易条件的恶化而下降。

2. 经济增长意味着一国的生产可能性边界向外扩张。经济增长通常是有偏向性的。也就是说，生产可能性边界在某种产品方向上扩张的幅度大于在另一种产品方向上扩张的幅度。在其他条件不变时，偏向型增长的直接影响是导致偏向扩张的产品的世界相对供给增加。世界相对供给的增加会使得经济增长国家的贸易条件发生变化，贸易条件可能改善、也可能恶化。如果经济增长国家的贸易条件改善，这一改善就会增加本国经济增长带来的收益，但是会对世界其他国家造成损害；如果经济增长国家的贸易条件恶化，就会抵消本国经济增长带来的一部分收益，但是会对世界上其他国家有利。

3. 贸易条件改变的方向取决于经济增长的性质，出口偏向型经济增长（导致原出口产品生产能力的扩张程度大于原进口产品生产能力的扩张程度）会使贸易条件恶化。进口偏向型经济增长（导致原进口产品生产能力的扩张程度大于原出口产品生产能力的扩张程度）会改善国家的贸易条件。外国的进口偏向型经济增长可能会使得本国受损。

4. 进口关税和出口补贴同时影响相对供给和相对需求。关税会使得一国进口产品的相对供给增加，进口产品的相对需求减少，改善本国的贸易条件，恶化其他国家的贸易条件。出口补贴的影响和关税相反。出口补贴会使得本国出口产品的相对供给增加，相对需求减少，恶化贸易条件。出口补贴的贸易条件效应是使补贴国受损、进口国受益，关税则正好相反。这意味着从国家整体的角度来说，本国的出口补贴是无意义的，而外国的出口补贴应当受到欢迎而不是反击。关税和出口补贴对一国内部收入分配的影响都很大。在政策制定过程中，一国内部的收入分配比贸易条件更受到关注。

5. 国际借贷可以被视为一种国际贸易，但更应该被看作当期消费和未来消费之间的交易而非一种商品交换另一种商品。跨期贸易发生时其相对价格为 1 加上实际利率。

关键术语

偏向型增长	出口偏向型增长	出口补贴	外部价格
福利恶化型增长	进口偏向型增长	进口关税	无差异曲线
内部价格	跨期生产可能性边界	跨期贸易	等价值线
实际利率	标准贸易模型	贸易条件	

习　题

1. 假设挪威与瑞典相互贸易，挪威出口鱼，而瑞典出口沃尔沃汽车。假定两国的消费偏好相同，但是生产可能性边界不同：挪威由于有较长的沿大西洋的海岸线，因此捕鱼效率高；瑞典的资本相对丰裕，故而汽车的生产效率高。据此，请根据标准贸易模型论述这两国的贸易利益。

2. 在第 1 题的贸易情景中，由于过度捕鱼，挪威现在捕获的鱼量低于前些年。这一变化不仅引起了挪威潜在产鱼数量的减少，而且导致了国际市场上鱼的相对价格（P_f/P_a）的上涨。

a. 分析过度捕鱼导致挪威福利的下降。

b. 分析过度捕鱼可以提高挪威的福利水平的可能性。

3. 在某些情况下，相对供给和价格的变动之间可能没有联系。例如，如果生产要素在部门之间完全不可流动，生产可能性边界就会成为直角形状，两种产品的产出也不取决于它们的相对价格。在这种情况下，贸易条件的改善是否会提高一国的福利水平？请画图进行分析。

4. 与供给方面要素不可流动性相当的就是需求方面的产品不可替代性。设想一个国家的消费者购买的产品的比例是固定的。例如，不论两种产品的相对价格是多少，每买 1 磅粮食就买 1 码棉布。画图分析贸易条件的改善是否会提高这个国家的福利水平。

5. 日本原本出口制成品，进口原材料如粮食、石油。分析在以下情况下日本贸易条件的变化：

a. 中东战争使得石油供应紧缺。

b. 韩国扩展了汽车的生产能力，并在加拿大和美国进行销售。

c. 美国的工程师建立了核反应堆以代替石油燃料发电厂。

d. 俄罗斯农业歉收。

e. 日本降低牛肉和柑橘的进口关税。

6. 互联网使得诸如编程及技术支持等服务贸易增加，并且使得服务相对于制成品的价格下降。印度尤其被认为是技术性服务的出口者，这曾经是美国的出口强项。把制成品和服务看成可贸易品，为美印经济建立标准贸易模型，分析引起服务外包的可出口性服务的相对价格下降会降低美国的福利，而增加印度的福利。

7. A 国和 B 国有两种生产要素——资本和劳动，用于生产两种产品——X 和 Y。两国的技术水平一样，X 是资本密集型产品，A 国是资本充裕的国家。分析在下列情形中，两国贸易条件和福利的变化：

a. A 国的资本存量增加。

b. A 国的劳动供给增加。

c. B 国的资本存量增加。

d. B 国的劳动供给增加。

8. 经济增长有可能改善一国的贸易条件，也有可能使之恶化。为什么大部分经济学家认为福利恶化型增长在现实中是不太可能的？

9. 从经济的视角看，印度与中国具有一定程度的相似性：都是低工资的大国，具有相似的比较优势模式，近些年都进一步融入到了国际贸易中。中国先开放，现在印度也正在对外开放，这对中国的福利有何影响？（提示：考虑对世界经济增加一个类似于中国的新经济体。）

10. 假定某国 X 对出口产品进行补贴，而另一国 Y 对这种产品征收高关税来抵消补贴产生的影响，从而使得后者的产品相对价格不发生变化。在这种情形下，两国的贸易条件如何变化？两国的福利有何变化？另外，假定另一国针锋相对地对自己的出口产品进行补贴，其结果与上述情形有什么不同？请对比分析。

11. 对国际借贷和一般国际贸易进行类比。

12. 你认为以下哪些国家跨期生产可能性偏向当期消费，哪些国家偏向未来消费？

a. 某国如 20 世纪的阿根廷或加拿大仅在近期开放大规模居住点并有大量移民涌入。

b. 某国如 19 世纪末的英国或当今美国，技术处于领先但被其他国家赶上。

c. 某国如沙特阿拉伯已经发现大量石油储备但是可以采用很少的新投资加以开采。

d. 某国如挪威发现大量石油储备位于挪威海底，但是需要大量投资加以开采。

e. 某国如韩国拥有工业化技术并迅速成为发达国家。

延伸阅读

Rudiger Dornbusch, Stanley Fischer, and Paul Samuelson. "Comparative Advantage, Trade, and Payments in a Ricardian Model with a Continuum of Goods." *American Economic Review* 67 (1977). 该论文清楚阐述了非贸易品在建立转移支付可以改善接收国的贸易条件这一假设上的作用。

Lawrence Edwards and Robert Z. Lawrence. *Rising Tide: Is Growth in Emerging Economies Good for the United States?* (Peterson Institute for International Economics, 2013), Chapter 5. 这一章详细分析了在关于发展中国家的增长对美国整体福利的影响的案例分析中所提出的问题。

Irving Fisher. *The Theory of Interest*. New York: Macmillan, 1930. 本章正文中所描述的跨期方法来源于费雪的这一文献。

J. R. Hicks. "The Long Run Dollar Problem." *Oxford Economic Papers* 2 (1953), pp. 117 - 135. 关于增长和贸易的现代分析来源于欧洲对美国在第二次世界大战后初期在经济方面所取得的不可推翻的领先地位的担忧。由希克斯所撰写的论文是最著名的。

Harry G. Johnson. "Economic Expansion and International Trade." *Manchester School of Social and Economic Studies* 23 (1955), pp. 95 - 112. 该文指出了出口偏向型增长和进口偏向型增长之间的关键区别。

Paul Krugman. "Does Third World Growth Hurt First World Prosperity?" *Harvard Business Review* 72 (July-August 1994), pp. 113 - 121. 该文试图解释为何发展中国家的增长，无论从理论来看还是从实践来看，都没有损害发达国家的利益。

Jeffrey Sachs. "The Current Account and Macroeconomic Adjustment in the 1970s." *Brookings Papers on Economic Activity*, 1981. 该文从跨期贸易的角度来研究国际资本流动。

第 6 章附录 1　详述跨期贸易

本附录包含本节中所描述的两期跨期贸易模型的更多细节。首先考虑本国的跨期生产可能性边界，如图 6A1 - 1 所示。回顾本国当期和未来消费品数量取决于当期消费品用于投资生产未来产品的数量。由于当前的可获资源从当期消费转化成投资，当期消费 Q_P 下降而未来消费 Q_F 上升，因此，投资的增加会使得经济沿着跨期生产可能性边界向左上方移动。

本章指出以当期消费表示的未来消费价格是 $1/(1+r)$，此处 r 为实际利率。按当期消费计算，国家在两期的总产品价值为：

$$V=Q_C+Q_F/(1+r)$$

图 6A1－1 显示了关于相对价格 $1/(1+r)$ 的等价值线包含不同的价值 V。这是一条直线，斜率为 $-(1+r)$（因为未来消费位于纵轴）。在标准贸易模型中，公司按在市场价格 $Q_C+Q_F/(1+r)$ 条件下产品价值最大化进行决策，因此生产点位于点 Q。国家按图示数量投资，当第一期投资偿清之后，当期消费为 Q_C，提供未来消费数量 Q_F。（注意到为使产品价值最大化，图 6－1 显示了类似的在单一时期棉布和粮食的数量的选择。）

在选择的生产点 Q，额外未来消费取决于当期消费的附加投资，正好等于 $(1+r)$。国家可以通过贷出附加的当期消费给国外从而提高效益，因此投资点位于点 Q 之下时效率是不足的。图 6A1－1 显示了世界实际利率 r 的上升使得等价值线变陡，从而投资减少。

图 6A1－1　本国跨期生产模式的决定

说明：跨期世界实际利率为 r，本国投资水平使两个时期的产品价值最大化。

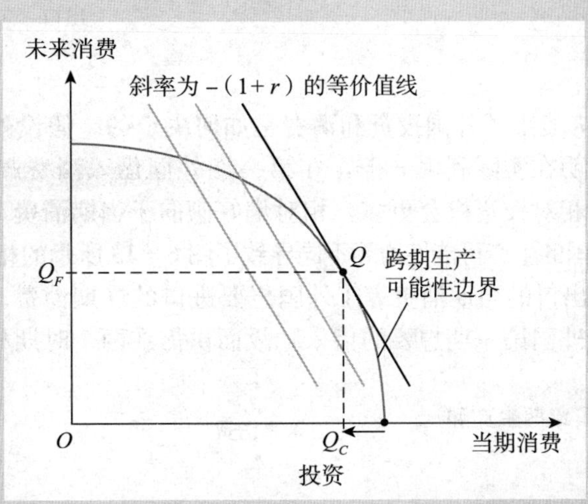

图 6A2－2 显示了本国在既定的世界实际利率下消费模式的决定。D_C 和 D_F 分别代表当期消费和未来消费的需求。既然生产点位于 Q，国家经过两个时期的消费可能性就受到跨期预算约束线的约束：

$$D_C+D_F/(1+r)=Q_C+Q_F/(1+r)$$

这种约束表明本国两个时期（用当期消费测量）的消费等于两个时期（仍然用当期消费测量）生产产品的价值。换言之，生产和消费必须位于同一条等价值线上。

本国预算约束线和最高无差异曲线的交点 D 表明国家当期消费和未来消费的选择水平。本国当期消费需求位于点 D_C，小于当期消费的产量 Q_C，因此国家将出口（贷出）Q_C-D_C 单位至国外消费者。相应地，当首期贷款按利率 r 偿还时本国从国外进口 D_F-Q_F 单位的未来消费。跨期预算约束意味着 $D_F-Q_F=(1+r)\times(Q_C-D_C)$，因此贸易是跨期平衡的。（另外，类似地注意到图 6－3，国家出口棉布并进口粮食。）

图 6A1－2 本国跨期消费模式的决定

说明：本国消费位于最高的无差异曲线与跨期预算约束线的交点。国家出口数量为 Q_C-D_C 单位的当期消费并进口 $D_F-Q_F=(1+r)\times(Q_C-D_C)$ 单位的未来消费。

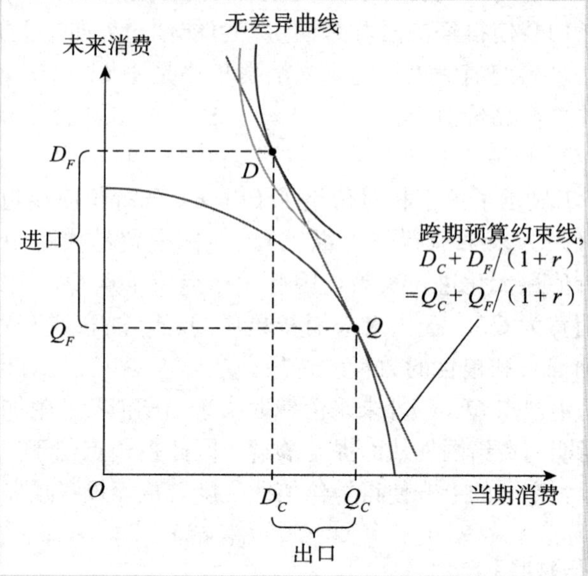

图 6A1－3 显示了外国投资和消费是如何决定的。假设外国在未来消费产品的生产上具有比较优势，图解说明在实际利率 r 下，在第一期外国借入消费产品并用第二期生产的消费产品偿还贷款。因为国内相对投资机会更多，相对偏好倾向于当期消费，外国进口当期消费而出口未来消费。

本国和外国的生产可能性边界不同导致了图 6－12 所示的相对供给曲线不同。在均衡利率 $1/(1+r)$ 下，本国所要出口的当期消费等于外国想要进口的当期消费。换言之，在该利率下，本国第一期想要的贷出等于外国第一期想要的借入，故而供需在两个时期相等。

图 6A1－3 外国跨期生产和消费模式的决定

说明：外国在点 Q^* 生产并在点 D^* 消费，进口 $D_C^*-Q_C^*$ 单位的当期消费并出口 $Q_F^*-D_F^*=(1+r)\times(D_C^*-Q_C^*)$ 单位的未来消费。

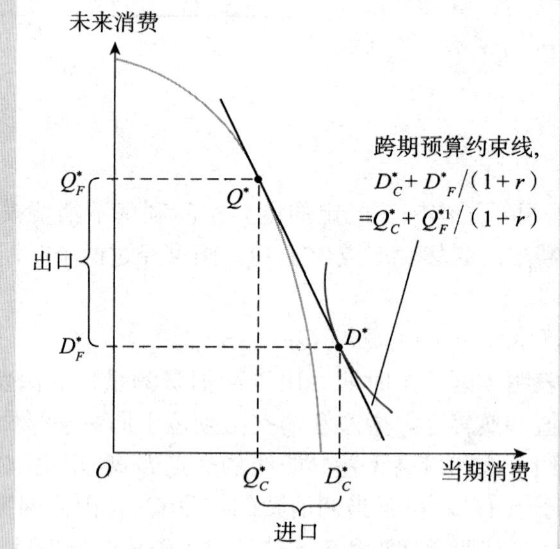

第 6 章附录 2　贸易下的世界经济

供给、需求和均衡

世界均衡

尽管用图形来表示相对供给等于相对需求的世界均衡是最容易的，但是从数学角度看，使用另一种方法更合适。这一方法主要研究两种商品（棉布和粮食）中每一种商品的供给与需求相等的条件。选择哪一种商品都一样，因为棉布市场达到均衡意味着粮食市场也达到均衡，反之亦然。

为得到这些条件，我们用 Q_C 和 Q_C^* 分别表示本国棉布和外国棉布的产量；D_C 和 D_C^* 分别表示本国和外国对棉布的需求。以 F 为下标的相应变量指的是粮食市场。此外，用 p 表示棉布对粮食的相对价格。

世界总支出恒等于世界总收入。世界总收入等于销售棉布和粮食所得收入的总和；世界总支出等于棉布和粮食消费的总和。因此，收入和支出相等的关系式可以表示为

$$p(Q_C+Q_C^*)+Q_F+Q_F^*=p(D_C+D_C^*)+D_F+D_F^* \quad (6A2-1)$$

现在，我们假设世界棉布市场是均衡的，即

$$Q_C+Q_C^*=D_C+D_C^* \quad (6A2-2)$$

则由等式（6A2-1）可以导出

$$Q_F+Q_F^*=D_F+D_F^* \quad (6A2-3)$$

即粮食市场也一定是均衡的。反之显然也成立：如果粮食市场是均衡的，那么棉布市场也一定是均衡的。

因此，只要研究棉布市场就可以确定均衡时的相对价格。

生产和收入

每个国家都有一个生产可能性边界，在这一边界上人们可以对棉布和粮食的生产进行选择。在给定棉布相对价格的情况下，人们会选择边界上的某一点，在该点上产出值达到最大。该值可以表示为

$$V=pQ_C+Q_F \quad (6A2-4)$$

与第 5 章附录中研究成本最小化的情况一样，选择产值最大化的产品组合意味着在生产可能性边界曲线上从最优组合点做一微小移动，对产值没有影响，即

$$p\,\mathrm{d}Q_C+\mathrm{d}Q_F=0 \quad (6A2-5)$$

棉布相对价格的变化将导致产出组合的变动以及产值的变化。产值的变化为

$$\mathrm{d}V=Q_C\,\mathrm{d}p+p\,\mathrm{d}Q_C+\mathrm{d}Q_F \quad (6A2-6)$$

然而，由式（6A2-5）得知，式（6A2-6）的后面两项为零，则以上表达式可以简写为

$$\mathrm{d}V=Q_C\,\mathrm{d}p \quad (6A2-6')$$

类似地，在外国，有

$$\mathrm{d}V^*=Q_C^*\,\mathrm{d}p \quad (6A2-7)$$

收入、价格和效用

我们将每个国家当作一个个体，该国的偏好可以用一个取决于对棉布和粮食的消费的效用函数来表示，即

$$U=U(D_C,D_F) \quad (6A2-8)$$

假设一个国家用粮食计算的收入用 I 表示。那么它的总支出一定等于这一收入，所以，

$$pD_C+D_F=I \tag{6A2-9}$$

给定收入和价格，消费者将使他们的效用最大化。用 MU_C 和 MU_F 分别表示消费者从棉布和粮食中得到的边际效用，则由消费的变化导致的效用的变化为

$$\mathrm{d}U=MU_C\mathrm{d}D_C+MU_F\mathrm{d}D_F \tag{6A2-10}$$

因为在给定收入和价格的情况下消费者必然选择最大化效用，因而任何支付得起的消费变化都不可能使他们变得更好。该条件意味着在最优点上，有

$$\frac{MU_C}{MU_F}=p \tag{6A2-11}$$

现在我们考虑收入和价格的变化对效用的影响。对式（6A2－9）求微分可以得到

$$p\mathrm{d}D_C+\mathrm{d}D_F=\mathrm{d}I-D_C\mathrm{d}p \tag{6A2-12}$$

但是由式（6A2－10）和式（6A2－11）可知

$$\mathrm{d}U=MU_F[p\mathrm{d}D_C+\mathrm{d}D_F] \tag{6A2-13}$$

因此，

$$\mathrm{d}U=MU_F[\mathrm{d}I-D_C\mathrm{d}p] \tag{6A2-14}$$

为方便起见，我们引进一个新的定义：以粮食作为衡量收入的商品，将效用的变动量除以粮食的边际效用，所得结果定义为实际收入的变动量，用符号 $\mathrm{d}y$ 表示：

$$\mathrm{d}y=\frac{\mathrm{d}U}{MU_F}=\mathrm{d}I-D_C\mathrm{d}p \tag{6A2-15}$$

对于整个经济来说，收入等于产值：$I=V$。因此，棉布相对价格的变化对经济实际收入的影响为

$$\mathrm{d}y=[Q_C-D_C]\mathrm{d}p \tag{6A2-16}$$

式中，Q_C-D_C 为棉布的净出口。棉布相对价格的上升将使得出口棉布的国家受益；这是该国贸易条件的一种改善。我们以另一种略为不同的形式更能说明这一观点，即

$$\mathrm{d}y=[p(Q_C-D_C)]\left(\frac{\mathrm{d}p}{p}\right) \tag{6A2-17}$$

方括号内的项是出口值，圆括号内的项是贸易条件的变化率。上式说明，从一个给定的贸易条件变化所获得的实际收入等于这个贸易条件的变化率乘以初始出口值。如果一个国家的初始出口值是 1 000 亿美元，贸易条件改善 10%，则该国获得了 100 亿美元的收益。

供给、需求和均衡的稳定性

在棉布市场中，相对价格的变化既会导致供给的变化，又会导致需求的变化。

对于供给，价格 p 上升会使得本国和外国生产更多的棉布。我们分别用 s 和 s^* 表示本国和外国的供给反应，则有

$$\mathrm{d}Q_C=s\mathrm{d}p \tag{6A2-18}$$

$$\mathrm{d}Q_C^*=s^*\mathrm{d}p \tag{6A2-19}$$

需求的情况要更复杂一些。价格 p 的变化会产生收入效应和替代效应，图 6A2－1 说明了这些影响。在该图中，VV^0 的斜率表示一个经济初始时所面临的相对价格。给定这个相对价格，该经济在点 Q^0 生产，在点 D^0 消费。现在我们假设棉布的相对价格上升了，我们用 VV^2 的斜率表示。如果效用没有增加，则消费会移动到点 D^1，使得对棉布的消费必然下降。这同时也意味着该经济的实际收入也会发生变化。在这个例子中，由于该经济最初是棉布的净出口国，所以其实际收入将上升。该变化会使得经济在点 D^2 消费，而不是点 D^1，收入效应增加了对棉布的消费。分析需求对价

格 p 变化的反应，既需要考虑替代效应，又需要考虑收入效应。替代效应是在实际收入保持不变情况下消费的变化，而收入效应是实际收入变化引起的在消费上的额外变化。

我们用 $-edp$ 表示替代效应，它总为负值。同样，用 ndy 表示收入效应，只要棉布是正常品，其需求就会随着实际收入的增加而增加。如果该国是棉布的净出口国，则其值为正；如果是净进口国，则其值为负。[①] 那么，价格变化对本国棉布需求的总影响为

$$\begin{aligned} dD_C &= -edp + ndy \\ &= [-e + n(Q_C - D_C)]dp \end{aligned} \tag{6A2-20}$$

图 6A2-1　价格变化的消费效应

说明：相对价格的变化会产生收入效应和替代效应。

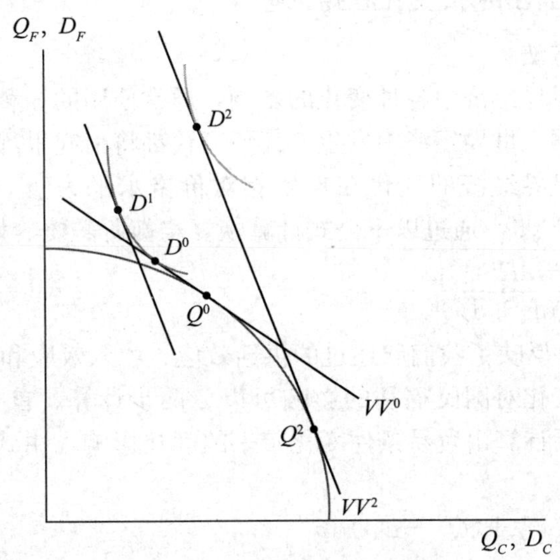

相似地，对外国需求的影响为

$$dD_C^* = [-e^* + n^*(Q_C^* - D_C^*)]dp \tag{6A2-21}$$

因为 $Q_C^* - D_C^*$ 为负，因而外国的收入效应为负。

现在我们可以把需求效应与供给效应放在一起考虑，以得到 p 的变动对棉布市场的总体影响。棉布的过度供给是合意世界生产量与消费量之差，即

$$ES_C = Q_C + Q_C^* - D_C - D_C^* \tag{6A2-22}$$

价格变化对世界过度需求的影响为

$$dES_C = [s + s^* + e + e^* - n(Q_C - D_C) - n^*(Q_C^* - D_C^*)]dp \tag{6A2-23}$$

如果市场一开始时就是均衡的，即本国的出口等于国外的进口，那么 $Q_C^* - D_C^* = -(Q_C - D_C)$，价格 p 对过度供给的影响因此可以写成

$$dES_C = [s + s^* + e + e^* - (n - n^*)(Q_C - D_C)]dp \tag{6A2-23'}$$

假设棉布的初始价格略高于均衡价格，其结果是棉布过度供给，那么市场的力量将使得棉布的价格下降，并重新恢复到均衡状态。另外，如果过高的棉布相对价格导致了对棉布的过度需求，则价格会进一步上升，导致经济远离均衡状态。因此，只有当棉布相对价格的较小增长导致对棉布的过度供给时，均衡才是稳定的，即下式成立：

① 如果食品也是正常品，n 一定小于 $1/p$。为说明这一效应，假定 I 增加了 dI 并且 p 保持不变，对棉布的消费将增加 $npdI$。除非 $n<1/p$，否则用于棉布的新增开支将超过收入的增量。

$$\frac{dES_C}{dp}>0 \tag{6A2-24}$$

考察式（6A2-23′）就可以发现决定均衡是否稳定的因素。供给效应和需求的替代效应共同使得经济趋于稳定。可能出现不稳定的唯一因素是收入效应。净收入效应对稳定性的影响是不确定的：它依赖于是否 $n>n^*$，即当实际收入增加时，本国对棉布消费的边际倾向是否高于外国。如果 $n>n^*$，收入效应会使得经济不稳定；如果 $n<n^*$，收入效应可以增加经济的稳定性。

在下面的讨论中我们假设式（6A2-24）成立，因此，世界经济的均衡状态是稳定的。

供给变化和需求变化的影响

比较静态方法

为了评估世界经济中各种变化的影响，通常使用的一种方法是比较静态方法。在我们将要讨论的每一种情况下，世界经济中发生的任何变化都将引起世界棉布相对价格的变化。比较静态方法的第一步是计算世界经济的变化在初始相对价格水平为 p 时对棉布过度供给的影响。这一变化用 $dES|_p$ 表示。第二步，通过以下公式计算恢复均衡所需要的相对价格变化：

$$dp=\frac{-dES\,|_p}{(dES/dp)} \tag{6A2-25}$$

式中，dES/dp 反映了我们叙述过的供给效应、收入效应和替代效应。

相对价格变化对国民福利的影响可以分两步计算。首先计算对实际收入的直接影响，我们用 $dy|_p$ 表示；然后计算由贸易条件变化带来的间接影响，由式（6A2-16）可以计算出。因此对福利的总影响为

$$dy=dy|_p+(Q_C-D_C)dp \tag{6A2-26}$$

经济增长

现在考虑本国经济增长的影响。正像本书中所指出的，经济增长意味着生产可能性边界向外移动。在初始价格 p 下，这一变化会导致棉布产出和粮食产出的变化；我们用 dQ_C 和 dQ_F 分别表示两种产出的变化。如果增长具有很强的偏向性，就可能是负的，但是由于生产可能性扩张了，用初始价格 p 计算的产出值必然增加，即

$$dV=p\,dQ_C+dQ_F=dy|_p>0 \tag{6A2-27}$$

在初始价格 p 下，棉布的供给量将上升 dQ_C。对棉布的需求也将上升，增量为 $n\,dy|_p$。因此，世界棉布的过度供给的净影响为

$$dES|_p=dQ_C-n(p\,dQ_C+dQ_F) \tag{6A2-28}$$

这一表达式的符号是不确定的，可以为正，也可以为负。首先，假设增长偏向棉布，即 $dQ_C>0$，$dQ_F\leqslant 0$。于是对棉布的需求将上升，即

$$dD_C=n\;(p\,dQ_C+dQ_F)\leqslant np\,dQ_C>dQ_C$$

因此，对过度供给的总影响为

$$dES|_p=dQ_C-dD_C>0$$

结果是 $dp=-dES|_p/(dES/dp)<0$。本国的贸易条件恶化。

其次，假设增长是非常偏向粮食的，即 $dQ_C\leqslant 0$，$dQ_F>0$。于是在初始价格 p 下对棉布供给的影响是负的，但对棉布需求的影响依然是正的。于是有

$$dES|_p=dQ_C-dD_C<0$$

所以 $dp>0$。本国的贸易条件改善。

如果增长没有强的偏向性，则 p 可能提高也可能降低，取决于增长偏向的强度与本国分配其边际收入方式的对比。

再来看福利影响，对外国的影响仅取决于贸易条件。但是对于本国而言，它取决于初始收入变化与随之而来的贸易条件变化的综合结果。式（6A2－26）说明了这种影响。如果增长对本国贸易条件不利，就会对增长的直接正面影响起抵消作用。

但是，对贸易条件产生不利影响的增长真的一定能使增长中的国家变得更糟吗？答案是肯定的。为了看清这一点，首先考虑一种情况：假如一个国家的生产可能性边界出现了有偏向的移动，在其生产可能性边界上 Q_C 增加，Q_F 减少，同时在初始相对价格下产出值保持不变。[这一变化不一定视为增长，因为不满足式（6A2－27）的假设条件，但它是一个有用的参考点。] 在初始价格 p 下需求无变化，而对棉布的供给会增加，因此 p 必然下降。实际收入的变化为 $\mathrm{d}y|_p-(Q_C-D_C)\mathrm{d}p$，然而在这种情况下，由于已知条件 $\mathrm{d}y|_p=0$，所以 $\mathrm{d}y$ 一定为负。

由于在初始相对价格下产出值没有增加，按通常的说法，这个国家的经济就没有增长。如果允许一种商品的产出略微增长，那么总能找到一种情形来使这个国家满足增长的定义。可是，如果增长的量足够小，就弥补不了相对价格 p 的下降所引起的福利的减少。因此，偏向性增长达到一定程度时是可以导致增长国家的境况变得更糟的。

转移问题

假设本国将一些收入转移到外国，比如说对外援助。转移的数量用粮食来计量，记为 $\mathrm{d}a$，这种转移的影响是什么？

在相对价格不变的情况下，这种转移对供给是没有影响的，唯一影响的是需求。本国的收入减少了 $\mathrm{d}a$，而外国增加了相同的数量。这一变化会导致 D_C 下降 $-n\mathrm{d}a$，D_C^* 增加 $n^*\mathrm{d}a$。因此，

$$\mathrm{d}ES|_p=(n-n^*)\mathrm{d}a \tag{6A2-29}$$

贸易条件的变化为

$$\mathrm{d}p=-\mathrm{d}a\,\frac{(n-n^*)}{(\mathrm{d}ES/\mathrm{d}p)} \tag{6A2-30}$$

如果 $n>n^*$，本国的贸易条件将恶化。这种情况被普遍认为是正常的。如果 $n^*>n$，本国的贸易条件将改善。

对本国实际收入的影响包含源于转移的直接的负影响，以及由贸易条件产生的间接影响。间接影响可能是正的，也可能是负的。由贸易条件产生的正面影响是否会抵补收入的损失？在本模型中答案是否定的。

下面的推导能说明其中的原因：

$$\begin{aligned}\mathrm{d}y &=\mathrm{d}y|_p+(Q_C-D_C)\mathrm{d}p\\ &=-\mathrm{d}a+(Q_C-D_C)\mathrm{d}p\\ &=-\mathrm{d}a\left\{1+\frac{(n-n^*)(Q_C-D_C)}{s+s^*+e+e^*-(n-n^*)(Q_C-D_C)}\right\}\\ &=-\mathrm{d}a\,\frac{(s+s^*+e+e^*)}{s+s^*+e+e^*-(n-n^*)(Q_C-D_C)}<0\end{aligned} \tag{6A2-31}$$

相似的代数表达同样能说明受援助国家的境况不会变坏。

以下是这一结果的直观解释。假如相对价格 p 上升得足够高，使得本国的境况与转移前一样好，并且外国的境况并不因获得转移支付而变好，那么在世界经济中收入效应对需求就不会产生影响。但是，价格的上升会使得棉布的产量增加以及对棉布的替代需求，导致棉布的过度供给从而又使得价格下跌。这一结果证明，能够使得与转移的直接福利影响相反的足够高的价格一定在均衡价格之上。

关 税

假设本国对进口征收关税，其税值等于价格的某个比例 t。那么对于一个给定的世界棉布相对价格 p，本国的消费者和生产者将面对一个国内的相对价格$\overline{p}=p\times(1+t)$。如果关税足够小，则此相对价格

$$\overline{p}\approx p \tag{6A2-32}$$

除了影响价格 p 之外，关税会提高收入，我们将假设关税收入会在经济的其他部分中重新分配。

在初始贸易条件下，关税将在两个方面影响棉布的过度供给：第一，本国棉布相对价格的降低会导致棉布产量的下降，并且诱导消费者购买更多的棉布来替代粮食；第二，关税会影响本国的实际收入，并进一步对需求产生收入效应。但是，如果本国原来没有关税，现在增加很少的关税，问题可能很简单，因为在这种情况下关税对实际收入的影响可以忽略不计。为说明这一关系，考虑下式

$$\mathrm{d}y=p\mathrm{d}D_C+\mathrm{d}D_F$$

在世界价格下，产出值总是等于消费值，因此初始贸易条件

$$p\mathrm{d}D_C+\mathrm{d}D_F=p\mathrm{d}Q_C+\mathrm{d}Q_F$$

但是在征收关税之前，经济达到了产出值最大化，所以，

$$p\mathrm{d}Q_C+\mathrm{d}Q_F=0$$

因为不存在收入效应，所以只剩下替代效应。国内相对价格$\overline{p}$的下降将导致产量的下降以及消费的上升，即

$$\mathrm{d}Q_C=-sp\mathrm{d}t \tag{6A2-33}$$

$$\mathrm{d}D_C=ep\mathrm{d}t \tag{6A2-34}$$

式中，$\mathrm{d}t$ 为关税增加量。因此，

$$\mathrm{d}ES|_p=-(s+e)p\mathrm{d}t<0 \tag{6A2-35}$$

意味着

$$\mathrm{d}p=\frac{-\mathrm{d}ES|_p}{(\mathrm{d}ES/\mathrm{d}p)}$$

$$=\frac{p\mathrm{d}t\ (s+e)}{s+s^*+e+e^*-\ (n-n^*)\ (Q_C-D_C)}>0 \tag{6A2-36}$$

这一表达式说明，关税将毫无疑问地改善征税国的贸易条件。

第7章 外部规模经济与国际生产布局

在第 3 章我们已指出，许多国家之所以进行贸易并从事专业化生产是出于两个原因：第一，国与国之间在资源上或在技术上存在差别，因此，各国生产自己擅长的产品；第二，规模经济（或边际收益递增）使得每个国家只能在一些有限的产品和服务上具有专业化生产的优势。我们在第 3～6 章中讨论了以比较优势为基础的几个贸易模型，也就是说，国与国之间的差异是导致贸易的唯一原因。在本章我们将介绍规模经济在贸易中所扮演的角色。

我们在对以规模经济为基础的贸易进行分析时提出了某些我们一直在回避的问题，即为了让超额利润为零，我们假设市场是完全竞争的。但是，随着边际收益递增，大厂商往往比小厂商更有优势，因而市场趋于为一个厂商所控制（垄断），或更经常地，为几个厂商所控制（寡头垄断）。毋庸置疑，随着边际收益递增的概念进入贸易领域，市场也就相应演变为不完全竞争市场。

然而，如果行业中存在而非单个厂商存在规模经济的外部性，那么将不会导致不完全竞争。在本章我们将主要阐述贸易中的外部规模经济的作用，内部规模经济将留待下一章讨论。

学习目标

学完本章，你应该能够：

- 认识规模收益为何经常导致国际贸易发生。
- 理解内部规模经济和外部规模经济。
- 讨论外部经济的根源。
- 讨论外部经济及知识外溢对比较优势及国际贸易模式的影响。

规模经济与国际贸易概述

我们讲述的比较优势模型是以规模收益不变的假设为基础的，即假定某个行业中的投入增加 1 倍，产出也相应地扩张 1 倍。但事实上，很多行业都具有生产规模越大、生产效率越高的**规模经济**（economies of scale）（或称边际收益递增）的特征，在这些行业中，双倍的投入获取的是超过双倍的产出。

让我们举一个简单的例子来说明规模经济在国际贸易中的重要性。表 7－1 列出了某一假想行业的投入产出关系，且该产品的生产只需要劳动这一种投入。表中显示了生产中所需的劳动是如何取决于这种产品的产量的：生产 10 件产品需要 15 小时的劳动，而生产 25 件产品需要 30 小时的劳动。规模经济表现在，劳动投入增加 1 倍（从 15 小时增加到 30 小时），产出却增加了 1.5 倍。同样，从每单位产品所需的平均劳动量中也可发现这一点：当产量是 5 件时，每件的平均劳动投入为 2 小时；而当产量为 25 件时，平均劳动投入却只要 1.2 小时。

表 7-1 某一假想行业的投入产出关系

产出（件）	总劳动投入（小时）	平均劳动投入（小时）
5	10	2
10	15	1.5
15	20	1.333 333
20	25	1.25
25	30	1.2
30	35	1.166 667

我们可以用一个例子来说明为什么规模经济能成为国际贸易的动因。假定世界上只有美国和英国两个国家，二者都具有生产这种产品的同样技术，最初都生产 10 单位。根据表 7-1，该产量在每个国家均要 15 小时的劳动投入，即全世界用 30 个小时来生产 20 单位产品。但是，我们现在假定该新产品的生产集中到一个国家，比如说美国，且美国在这一行业也投入 30 个小时的劳动。然而，在一个国家内投入 30 个小时的劳动却能生产出 25 件产品。显然，生产集中到美国可以使得世界以同样的劳动投入多产出 25%的产品。

但美国从哪儿获取生产这种产品所需的额外劳动呢？英国那些原先从事该产品生产的工人又去做什么了呢？为了得到某些产品生产扩张所需的劳动，美国必须缩减或放弃其他产品的生产；这些被放弃的产品将在英国生产，英国则雇用那些原先在英国生产而现在在美国扩张的行业的工人来从事这些产品的生产。不妨假定许多产品都具有规模经济，我们分别给其编号：1，2，3，…。为了利用规模经济，每个国家必须集中生产有限类别的产品，如美国生产 1、3、5 等类别的产品，英国生产 2、4、6 等类别的产品。如果每个国家都只生产几类产品，那么每种产品的生产规模均比以往各国什么都生产时要大得多，世界也因而可以生产出更加丰富多样的产品。

国际贸易又是如何产生的呢？很简单，消费者希望能消费种类繁多的商品。假定行业 1 在美国生产，行业 2 在英国生产。那么美国对产品 2 的需求者必须购买从英国进口的产品 2；同样，英国对产品 1 的需求者也只能购买从美国进口的产品 1。国际贸易在这一过程中扮演了关键角色：它可以使得各国既能利用规模经济来生产有限类别的产品，同时又不牺牲消费的多样性。事实上，就如我们以后将要看到的：国际贸易还增加了可供消费的商品种类。

上述例子充分说明，作为规模经济的结果，互利性的贸易是如何开始的。各国可以用比以往更有效的规模专业化地生产有限类别的产品；同时，它们之间的相互贸易又使得消费所有产品成为可能。

不过，从这个富有启发性的例子发展到一个明晰的基于规模经济的贸易模型却没有这么简单，原因就在于，规模经济必然导致一个不同于完全竞争的市场结构。因此，我们有必要仔细分析一下这个市场结构。

规模经济与市场结构

在表 7-1 的例子里，我们通过假定生产得越多则每单位产品的劳动投入越少来描述规模经济，但是我们并没有说明这种生产力的提高源自何处——是由于现有厂商生产规模的扩张，还是由于行业中厂商数目的增加呢？因此，为了分析规模经济对市场结构的影响，我们必须清楚哪种生产的增加对削减成本是必要的。规模经济可分为外部规模经济和内部规模经济。**外部规模经济**（external economies of scale）指的是单位产品成本取决于行业规模而非单个厂商的规模；**内部规模经济**（internal economies of scale）则指的是单位产品成本取决于单个厂商的规模而不是其所在行业的规模。

通过一个假定的例子，我们来说明外部规模经济与内部规模经济的区别。我们假设某行业最初由 10 个厂商组成，每个厂商生产 100 件产品。整个行业的产出是 1 000 件。现在考虑两种情形：首先，假设该行业规模扩张了 1 倍，即由 20 个厂商组成，每个厂商仍生产 100 件产品。由于行业规模扩大了，厂商的成本可以降低。例如，更大的行业会应用专业化服务及专用设备。如果这是事实，这就是存在外部规模经济的情形，即厂商效率的提高是由于更大的行业规模，尽管各厂商规模并没有变化。

其次，我们假设全行业产出不变，仍是 1 000 件，但只剩下一半厂商（5 个），每个各生产 200 件产品。若每件产品的生产成本下降，则存在内部规模经济：单个厂商产出越多，效率越高。

外部规模经济和内部规模经济对市场结构具有不同的影响。一个只存在外部规模经济的行业（即大厂商没有优势）一般由许多相对较小的厂商构成，且处于完全竞争状态；相反，在存在内部规模经济的行业中，大厂商比小厂商更具有成本优势，从而形成了不完全竞争的市场结构。

外部规模经济和内部规模经济都是国际贸易的重要原因。但是，由于它们对市场结构的含义不同，我们很难在同一个贸易模型中阐述这两种不同形态的规模经济。因此，我们将分别进行讨论。本章主要讨论外部经济，下一章主要讨论内部经济。

外部经济理论

正如我们此前已指出的，不是所有规模经济都存在于单个厂商内部。在很多时候，由于各种原因，某个行业会在一个或几个地点集中生产，从而降低该行业的成本，而行业中的单个厂商的规模仍可能很小。当规模经济存在于行业内而不是单个厂商内部时，这类规模经济就被称作外部经济。有关外部经济的分析可以追溯到一个世纪以前的英国经济学家阿尔弗雷德·马歇尔（Alfred Marshall）。行业地区集中现象——无法用自然资源来解释的行业的地理集中——使马歇尔很震惊。在马歇尔时代，行业集中的最典型例子莫过于云集于谢菲尔德的刀具制造商和北安普敦的制衣厂商。

现代有关外部经济的例子则主要有：集中于加利福尼亚州硅谷的半导体工业、纽约的投资银行业以及好莱坞的娱乐业。在发展中国家如中国正在兴起的制造业，外部经济非常普遍。例如，中国某座城市占据了世界衬衣产品份额的大部分，另一城市几乎生产世界上所有的打火机，还有城市生产世界三分之一的磁带磁头，诸如此类。外部经济对于印度信息服务的主要出口也起到了关键作用，大部分工业集中在班加罗尔附近。

马歇尔阐述了集中在一起的厂商比单个孤立的厂商更有效率的三个主要原因：厂商的地理集中能促进**专业化供应商**（specialized suppliers）队伍的形成；有利于**劳动力市场蓄水池**（labor market pooling）的形成；有助于**知识外溢**（knowledge spillovers）。时至今日，这三点依然成立。

专业化供应商

在很多行业中，产品和服务的生产——甚至新产品的开发——都需要使用专门的设备和配套服务，然而单个的厂商不可能提供足够大的服务需求市场来维持众多供应商的生存，但行业的地区集中却能解决这个问题——大量厂商集中在一起完全可以联合起来提供一个足够大的市场，使得各种各样的专业化供应商得以生存。这种现象在硅谷有着广泛的文献记载：

> 1994 年的一份研究报告表明，随着地方工业的发展，工程师离开原先的半导体公司并成立新的公司来生产一些产品（如扩散炉、分步重复照相机、实验设备）以及其他原料和零部件（如光罩、试验用模具和专门的化工产品）变得非常容易。这些独立的设备和服务供应部门通过分散开发成本，把单个厂商从自己开发资本产品需要巨额花费的困境中解放出来，从而促进了半导体工业的持续形成与发展；同时也强化了行业地区集中的趋势。在美国其他地区无法获得上述专业化的配套服务就是最好的例证。

我们从上述引文可知，这一密集的专业化供应商网络的存在，可以使得硅谷的高技术厂商比其他地区的厂商拥有更大的优势。很多供应商的存在可以使得一些关键的设备与服务变得便宜和容易获得，厂商因而也能集中精力做它们最擅长的事情而把其他方面的业务包给其他厂商去做。例如，有些硅谷的厂商专门为一些特定客户提供高度精密的计算机芯片，从而成为“无工厂企业”，即它们没有生产芯片的任何工厂，而只是致力于设计芯片，然后请其他厂商来生产。

一家试图进入该行业的外地厂商——如位于某个没有这样的产业集中的国家的厂商——将处于一种不利的地位，因为它缺乏与硅谷的供应商联系的便利渠道，它将不得不自己提供所需的材料及服务，或远距离与硅谷的供应商打交道。

劳动力市场蓄水池

外部经济的第二个来源是由厂商集中而形成的高度专业化技术工人聚集的劳动力市场。这个聚集市场不仅有利于厂商，也有利于工人，因为厂商会较少面临劳动力短缺的问题，同时工人也会较少面临失业。

一个简单的例子就能很好地论证上述观点。假定有两个公司都使用相同的专业化劳动力，比如说两个电影制片公司都需要电脑动画专家，但两个公司的老板并不确切知道要雇用多少工人。如果市场对其产品的需求大，公司将雇用 150 人；但如果需求少，则只雇用 50 人。又假定具有该项技术的工人为 200 人。下面比较两种情形：（1）两个公司和 200 个工人都位于同一个城市。（2）公司和工人均分布在两个城市，且每个城市 100 个工人。结果是明显的，工人和公司位于同一城市的情况会较好。

首先，从公司的角度考虑。如果两个公司位于不同的城市，无论哪一个表现良好，它都将面临劳动力短缺，因为它想雇用 150 人但却只有 100 人可供雇用。但如果两个公司距离很近，依照常理，其中一个经营良好而另一个较差是极有可能的，那么两个公司都能雇用到想要雇用的工人数。因此，公司相对集中能增加它们利用商业机会的可能性。

其次，从工人的角度分析，行业的集中也是有利的。如果一个行业分散在两个城市，那么当一个公司对工人的需求不足时，工人将面临失业，因为公司只能雇用 100 个工人中的 50 个。但如果行业集中在一个城市，那么一个公司对劳动力的低需求至少在某些时候能够被另一个公司的高需求所抵消，因此工人的失业风险将大大降低。

有关硅谷的文献记载也再次证明了上述观点。在硅谷，公司迅速扩张和员工跳槽都非常普遍。我们引用过的1994年的那份研究报告中就指出：行业在一个地区的集中分布为员工跳槽提供了便利。报告中还引用了一位工程师的一段话："你在星期五辞职并在下星期一找到另一份工作并非什么大事……你甚至没有必要告诉你的妻子。你不过在下星期一早晨驾车前往另一个公司罢了。"[①] 这种灵活性使得硅谷不仅对高技术工人具有非凡的吸引力，而且对雇用他们的公司也具有非凡的吸引力。

知识外溢

在现代经济生活中知识至少和其他生产要素如劳动力、资本以及原材料一样重要。这一点已不用再多说，尤其是在高度创新的行业中，知识的作用更加明显。在这些行业中，若生产技术或产品设计落后于前沿发展，几个月内公司就会面临困境。

这些对富于创造性行业的成功极其关键的专业化知识从何而来？公司既可以通过自己的研发获取技术，也可以通过研究竞争对手的产品获取技术。在有些情形下，甚至可以直接将竞争对手的产品分解开来然后"复制"其设计和制造工艺。但是，技术诀窍还有另一个重要来源，即个人之间信息与构想的非正式交流。而且，当一种行业集中分布在一个相当小的地区时，这种知识的非正式扩散经常非常有效，因为行业的集中分布使得不同公司的员工能自然地混杂在一起并自由地谈论技术话题。

马歇尔在他的论著中曾明确地描述过这一过程。他写道：

> 当同行业中的许多公司集中在一个地区时，业务中的秘密将不再是秘密，会在人群中流传……出色的工作能够得到应有的评价；机器、生产流程以及业务组织上的发明与改进也能够迅速得到论证——如果某人提出了一种新的构想，它将被其他人迅速采纳并糅入他人的想法。这就是新构思的源泉。

一名记者曾经描述过知识外溢在硅谷的发展时期是如何发挥作用的（他也使人们对与该行业有关的大量及广泛的专业化知识有了一个全面的感性认识）。他写道：

> 每年都有一些地方，如 Wagon Wheel、Chez Yvonne、Rickey's 和 Roundhouse，在这些地方从事半导体工业工作的年轻男女们就像是神秘的兄弟会成员一般，下班后会一起去喝一杯，聊聊天，谈谈与战争相关的话题，如间歇性的神经过敏、周期性幻觉、泡沫记忆、脉冲训练、无弹性联系、蛙跳测试、p-n 交叉、睡眠疾病模式、缓慢死亡情节、RAMs、NAKs、MOSes、PCMs、PROMs、PROM 吹风机、PROM 爆破器以及 teramagnitudes 等。[②]

这种非正式的信息流意味着在硅谷的公司比其他地方的公司更容易与技术发展的前沿保持一致。事实上，很多跨国公司在硅谷设立研究中心甚至建厂，无非是想跟上科技的最新发展。

外部经济与市场均衡

如我们所知，地理上集中的行业能够维持专业化的供应商队伍，培育出可以共享的劳动力市场，并有助于知识的外溢。但是，一国不能在一个行业集中大量的企业，除非该行业规模巨大。因

① Saxenian，p. 35.

② Tom Wolfe，quoted in Saxenian，p. 33.

此，外部经济理论表明，在外部经济的作用很重要而其他条件相同的情况下，行业规模大的国家将比行业规模较小的国家在该行业中更有效率。换言之，外部经济可以引起国家产业水平上的规模收益递增。以上说明了产出和价格是如何决定的。

虽然实践中外部经济的细节是相当微妙和复杂的（如硅谷的例子所示），但从纷繁的细节中抽象出要点仍然是相当有用的。我们可以把外部经济理论简单地表达为：行业规模越大，生产成本越低。如果我们忽略此刻的国际贸易，产品市场均衡就可以用图 7-1 中的供给曲线表示。在通常的市场均衡中，需求曲线向下倾斜，供给曲线向上倾斜。当外部规模经济存在时，存在**向下倾斜的供给曲线**（forward-falling supply curve）：因为工业产出的增加会使**平均生产成本**（average cost of production）下降，工业产出越大，企业的合意售价越低。

如果不存在国际贸易，图 7-1 中的非常规斜率似乎并不重要。在传统的供需分析中，均衡价格 P_1 和均衡产出 Q_1 是由需求曲线和供给曲线的交点决定的。如后文所见，外部规模经济让我们对国际贸易的原因和影响的认识产生了巨大差异。

图 7-1　外部经济和市场均衡

说明：当存在外部规模经济时，平均产品成本随产量上升而下降。假设生产者之间存在竞争，向下倾斜的平均成本曲线 AC 可以被看成是向下倾斜的供给曲线。在通常的供需分析中，市场均衡位于点 1，此时供给曲线与需求曲线相交于点 D。均衡产出水平为 Q_1，均衡价格为 P_1。

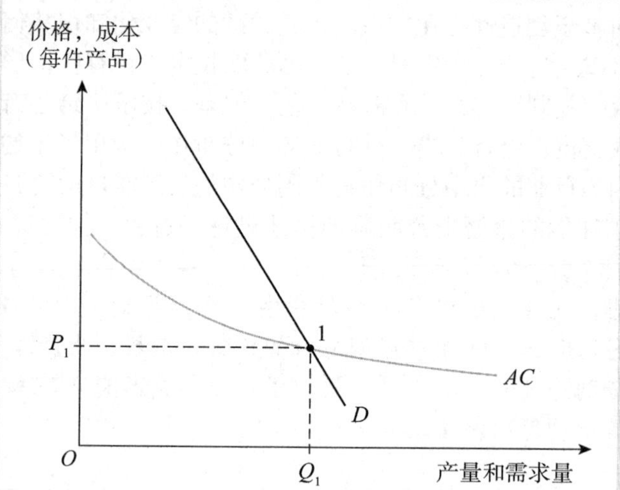

外部经济与国际贸易

外部经济促使国内和国家之间发生大量贸易。例如，主要因为投资的外部经济导致金融公司集中在曼哈顿，所以纽约向美国其他地区输出金融服务。类似地，英国向欧洲其他国家出口金融服务主要是因为同样的外部经济使金融公司集中在伦敦。但这种贸易的内涵是什么？我们首先了解贸易对产出和价格的影响；其次了解贸易模式的决定；最后了解贸易对福利的影响。

外部经济、产出与价格

假设在某一时刻，我们所生存的世界不可能跨越国界交易纽扣。同时假设世界上仅有两个国家：中国和美国。最后，假设纽扣受外部规模经济的影响，其使得在每个国家的纽扣均呈现向下倾斜的供给曲线。（如下文的专栏所示，这是纽扣业的现实情况。）

纽扣产业的均衡如图 7-2 所示。[①] 在中国及美国均衡价格和产量均位于国内供给曲线和国内需

① 在说明过程中，为简便起见，我们关注纽扣市场的部分均衡，而非经济总体的一般均衡。如果可能，但分析过程更复杂，对一般均衡情形进行同样的分析。

求曲线的交点。在图 7-2 所示的情形中，无贸易情况下中国纽扣的价格比美国低。

现在假设我们开展纽扣贸易，会发生什么？

似乎确定的是中国纽扣产业将会扩张，而美国纽扣产业将会收缩。这个过程会进行自我补充：中国产出增加，成本会大大下降；美国产出下降，成本会上升。最后，我们可以认为所有纽扣产品都将集中在中国生产。

图 7-2　贸易前的外部经济

说明：在无贸易情况下，中国纽扣的价格 P_{CHINA} 比美国纽扣的价格 P_{US} 低。

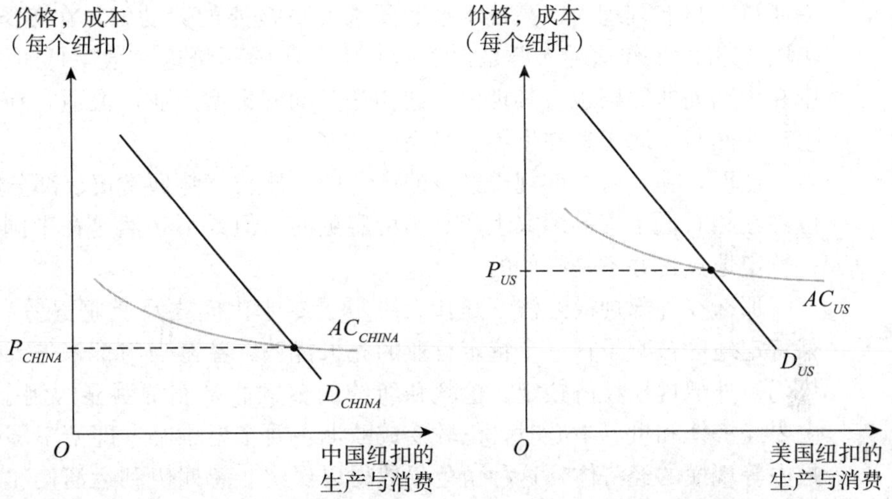

图 7-3 说明了这种集中效应。在贸易发生前，中国仅在国内市场供应纽扣。在贸易发生后，中国向世界市场供应纽扣，包括为美国和中国消费者提供纽扣。

请留意这种生产集中对价格带来的影响。因为中国的供给曲线向下倾斜，贸易的结果使生产增加，导致价格下降。记住，中国纽扣价格在贸易前比美国低。这告诉我们，在任一国家，贸易都使得纽扣价格比之前更低。

这和不存在收益递增时的模型的内涵非常不同。在第 6 章所述的标准贸易模型里，相对价格收敛为贸易的结果。贸易发生时如果本国棉布相对便宜而外国相对昂贵，贸易效应会提高本国棉布的价格并降低外国棉布的价格。在纽扣的案例中，相比之下，贸易使得价格下降。这种差异在于当存在外部规模经济时，国际贸易使世界生产集中在某一地区成为可能，因此可通过获得利益甚至强化外部经济降低成本。

图 7-3　贸易和价格

说明：当存在贸易时，中国将集中为世界市场生产纽扣，包括国内市场及美国市场。产出从 Q_1 上升到 Q_2，导致纽扣价格从 P_1 下降到 P_2，比贸易前的任一国家都低。

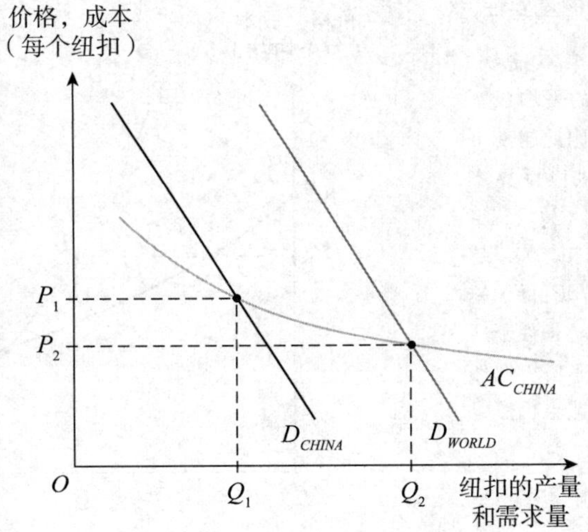

外部经济与贸易模式

在纽扣的世界贸易例子中，仅仅假设中国工业产品比美国工业产品成本更低。是什么导致了这种先天优势？

一种可能性是比较优势——技术和资源的潜在差异。例如，为何硅谷位于加利福尼亚而不位于墨西哥，自有其理由。高技术产业要求有高技能的劳动力，在美国比墨西哥更容易找到这类人才，美国40%的工作适龄人群是大学毕业生，在墨西哥这一数字低于16%。类似地，为何纽扣生产集中在中国而非德国也有其理由。纽扣是劳动密集型产业，最适合在产业工人每小时工资较低的国家生产而非每小时工资在世界上最高的国家。

然而，在具有外部规模经济的产业中，比较优势通常仅仅部分解释了贸易模式。绝大部分纽扣也许在相对低工资的国家生产是不可避免的，但并不必然是在中国。当然，生产集中在中国国内任一特定地点也并不是必然的。

那么在外部规模经济下是什么决定了专业化模式及产业贸易？答案通常是，这是历史的偶然：某特定地区被赋予在一个特定行业的先天优势，甚至当与带来先天优势的环境不再关联时，这种优势仍被外部规模经济锁定。伦敦和纽约的金融业是非常明显的例子。在19世纪，当英国作为世界主要经济体和世界中心时，伦敦变成欧洲主要金融中心。即使王国已成为历史并且现在的英国仅仅是中等规模的经济体，这种角色仍然得以保留。感谢伊利运河使纽约成为主要港口，变为美国主要的金融中心。甚至当伊利运河主要通行游艇时，这种角色仍然得以保留。

纯粹的意外在行业集中地的形成中起到了关键作用。地理学家热衷于谈论绒头床单布的传说。作为一种手工制作的婚礼礼物，它促使在佐治亚州多尔顿周围形成了地毯制作的聚集。硅谷的存在可以大部分归功于斯坦福毕业生休利特（Hewlett）和帕卡德（Packard）有关在那个区域的车库开启业务的决定。回到1984年，如果不是当地政纲的奇思妙想使得州仪器公司选择了班加罗尔而不是在其他城市进行该项投资，也许它就不是今天这个样子了。

历史作用决定工业位置的后果之一是工业常常并不位于“正确”的地点：一国已经形成了某行业的优势，即使他国具备更廉价生产的潜在可能，这种优势仍得以保留。

图7-4显示的每年生产纽扣的成本-数量函数表明了这一点。该图给出了两个国家：中国和越南。中国生产单位纽扣的成本为AC_{CHINA}，越南的成本为$AC_{VIETNAM}$。我们假定中国或越南均可满足世界需求，用D_{WORLD}代表该需求。

图7-4　建立优势的重要性

说明：越南的平均成本曲线，$AC_{VIETNAM}$位于中国的平均成本曲线AC_{CHINA}之下，因此越南可以比中国更廉价地供应世界市场。假设中国首先建立了工业，可以在P_1价格出售纽扣。如果越南公司开始独立生产，P_1低于越南单个公司的成本C_0。即使新厂商成本可以更低，由于历史偶然因素建立的专业化模式也仍然可以持续。

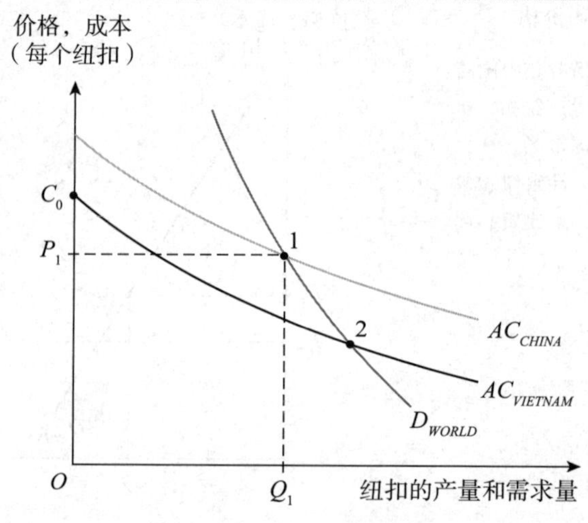

假设对于公司而言，纽扣生产的规模经济完全是外部的。既然在公司层面不存在规模经济，那么每个国家必然包含很多小的完全竞争公司。竞争驱使价格下降到平均成本。

专栏☞ 一起掌握世界

当你穿戴整齐并阅读这篇文章时，令你感到奇怪的是你衣服的关键部分——特别是，这一部分可以防止衣物失去作用——来自中国的一个小镇桥头，该镇生产了世界60%的纽扣和大部分拉链。

桥头纽扣产业符合典型的外部规模经济导致地理集中的古典模式。产业起源于历史偶然因素：1980年，三兄弟在街上看到一些被丢弃的纽扣，将其收集并修复以后进行出售，并且意识到可以从中赚钱。很明显不存在大的内部规模经济：镇里的几百家小家庭作坊进行纽扣和拉链的生产。但是这些相距很近的小厂商具有明显的优势。

桥头不是唯一的产业聚集地。关于这个城镇工业的一篇迷人的文章①指出：

> 在中国，很多小镇，甚至绝大部分在地图上微不足道，已经通过劳动密集型产业成为世界的佼佼者……从杭集牙刷开始，经过领带圣地嵊州，再到东边的廉价打火机产地掌起镇，延至有众多鞋厂的温岭，转回内陆的义乌（义乌不仅生产比其他地方更多的短袜，而且几乎在全世界销售所有产品）。

概括而言，作为劳动密集型产品巨大的出口国，中国的角色反映了比较优势：与发达国家相比，中国劳动力明显充裕。很多劳动密集型产品由高度区域性的产业生产，从外部规模经济中获得巨利。

由于越南的工资比中国低，我们假设越南的成本曲线位于中国之下。这意味着对于任一既定的产出，越南可以比中国更便宜地生产纽扣。有人也许希望这意味着事实上越南会供给世界市场。遗憾的是，事实并非如此。假设中国由于历史原因首先建立了纽扣行业。于是起初，世界纽扣均衡位于图7-4中的点1，中国产量为每年Q_1单位，价格为P_1。现在引入越南生产的可能性。假如越南可以供给世界市场，均衡点会移动到点2。然而，假如起初越南不生产（$Q=0$），任何单个的越南公司在考虑生产纽扣时则成本为C_0。如图所示，该成本位于中国行业所能生产的纽扣价格之上。所以尽管越南有可能比中国生产纽扣更便宜，但是由于中国更早开始生产纽扣，从而可以掌控这个行业。

这个例子表明，外部经济可能对历史偶然因素决定谁生产起到巨大作用，甚至当缺乏比较优势时可以通过已经建立的专业化模式得以持续。

外部经济下的贸易与社会福利

总而言之，我们可以认为外部规模经济导致的贸易利得超过比较优势。因为国际贸易允许国家在不同行业实施专业化，从而通过外部经济和比较优势使国家变得更加高效和富裕。

然而，以上推测需要一些限制条件。如图7-4所示，先建优势意味着不能保证合适的国家可通过外部经济生产产品。事实上，以外部经济为基础的贸易可能会使得一国的福利水平比没有贸易时下降。

图7-5所示为一国贸易后比贸易前实际上使得福利受损的例子。在该例子中，假设泰国和瑞士均可生产手表，泰国生产更为便宜，但是瑞士首先生产。D_{WORLD}是世界手表需求，假设瑞士进行

① "The Tiger's Teeth," *The Guardian*, May 25, 2005.

手表生产，均衡位于点 1。然而，我们现在增加泰国对手表的需求 D_{THAI}。如果禁止手表贸易，泰国只能自给自足，那么泰国市场的均衡将位于点 2。由于更低的平均成本曲线，点 2 所对应的泰国造手表的价格 P_2 事实上比点 1 所对应的瑞士造手表的价格 P_1 更低。

我们已提出一种情形：如果没有贸易因而泰国只能自给自足，则其进口产品的价格实际上可以更低。很明显，贸易后国家福利比贸易前恶化了。

在这一情形下泰国具有保护本国手表产业免受外国竞争的动机。在做出以上做法证明了保护贸易主义的结论之前，我们需要注意，在实践中识别如图 7-5 所示的情形要难得多。实际上，如我们在第 10 章和第 11 章中所强调的那样，在实践中，辨别外部经济的难度是反对激进主义政府贸易政策的主要争论之一。

值得指出的是，尽管有时外部经济会导致不利的专业化生产和贸易模式，但可以明确的是，外部经济有利于世界经济利用产业集中获益。如果硅谷离多伦多更近而不是旧金山，那么加拿大会更富裕；如果金融中心（伦敦金融地区，和华尔街一起统治世界金融市场）可以转移到法兰克福，那么德国会更富裕。但是总的来说，每一项产业集中在各个地区对世界更有利。

图 7-5　外部经济和贸易损失

说明：当存在外部经济时，贸易可能会使得一国的境况比没有贸易时更糟。在本例中，当瑞士以较低的足以阻止泰国生产者进入的价格（P_1）来供应世界市场（D_{WORLD}）时，泰国则会从瑞士进口手表。然而，若泰国打算切断一切手表贸易，它就会有能力以更低的价格 P_2 来供给其国内市场（D_{THAI}）。

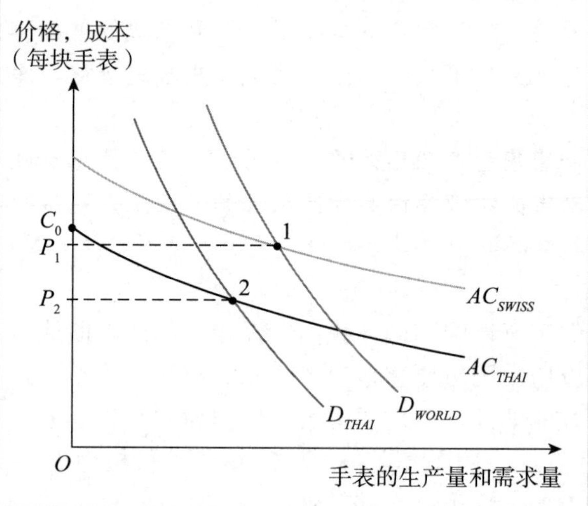

动态收益递增

一些最主要的外部经济可能源于知识的积累。当某个厂商通过经验积累而提高其产品质量或生产技术时，其他厂商就有可能对该技术加以模仿并从中受益。随着某一行业整体知识的不断积累，这种知识外溢就有助于各个厂商生产成本的下降。

要注意到，源于知识积累的外部经济与通常所说的外部经济有一定差异。在具备外部经济的行业中，成本依赖于当前产量。但在此种情形下，生产成本则取决于经验。这种经验一般用该行业迄今为止的累积产量来衡量。比如说，生产 1 吨钢的成本可能取决于该国钢铁工业从开工以来的总产量，累积产量越高，每吨钢的生产成本就越低。我们经常用**学习曲线**（learning curve）来概括这种关系。图 7-6 所示的学习曲线描述的是累积产量与成本的关系。由于从生产中获取的经验对成本的影响，学习曲线会向下倾斜。随着时间的流逝，累积产量会不断增加，成本也因而下降。这种成本随着累积产量而非当前劳动生产率下降的情形就是所谓的**动态收益递增**（dynamic increasing returns）。

与普通的外部经济一样，动态外部经济也能通过在某一行业的初始优势或先期进入而保持下来。在图 7-6 中，L 是先期进入某一行业的国家的学习曲线，L^* 则是另一个具有低投入成本——比如低工资水平——但却缺乏生产经验的国家的学习曲线。只要前者进入该行业足够早，那么即使后者具有潜在的低成本，它也无法进入该市场。例如，我们假定前者的累积产量为 Q_L 单位，对应的成本为 C_1，而后者从未生产过该产品，那么后者的初始成本 C_0^* 就会比前者现有工业的当前单位成本 C_1 要高。

图 7-6 学习曲线

说明：学习曲线说明一国工业的累积产量越大，则其单位成本也就越低。一个具有广泛行业经验的国家（L）比没有或只有一点经验的国家具有更低的单位成本，即便后者的学习曲线（L^*）由于较低的工资等原因而更低。

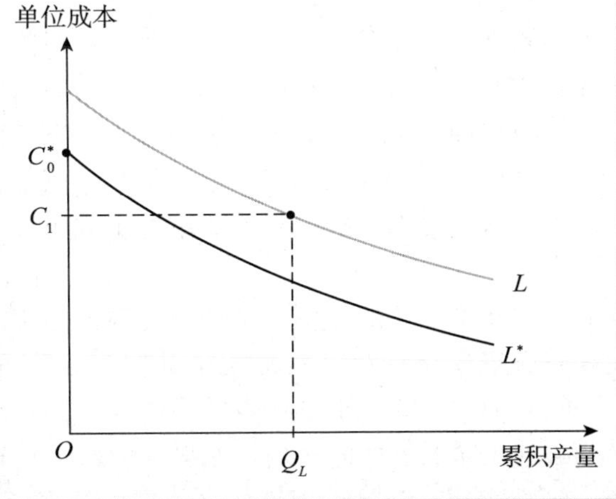

像某一时点的外部经济一样，动态收益递增潜在地支持保护主义。假如一国只要有更多的生产经验就可以生产出成本足够低的商品来出口，而目前苦于缺乏经验，生产出来的产品缺乏竞争力，那么这样的一个国家完全可能会为了增进社会长期福利而通过补贴来鼓励该产品的生产或排除外来竞争以保护该行业，直到它能在国际市场上站稳脚跟。这种认为通过暂时性的保护能够使得落后产业获取生产经验的观点就是著名的**幼稚工业论**（infant industry argument）。幼稚工业论在有关贸易政策在经济发展中的作用的争论中扮演了重要角色，我们将在第 10 章中用较大的篇幅探讨幼稚工业论。不过，现在我们必须记住一点：图 7-6 中所描述的情形如同实践中的非动态收益递增一样难以辨认。

区际贸易与经济地理学

经济的外部性对国际贸易模式的形式具有重要的作用，对**区际贸易**（interregional trade）模式的形成更是具有决定性作用。区际贸易指国内不同地区间的贸易。

为了理解外部经济在区际贸易中的作用，我们需要首先讨论区域经济学的性质，即一国的区域经济如何融入全国经济。对美国产业的分布研究表明：美国 60%多的工人即便在美国国内也是由非贸易品的产业所雇用，即这些产品只可以由当地供给。表 7-2 给出了一些可贸易产业及不可贸易产业的例子。西雅图制造的飞机在世界销售，用来建筑房屋基础的混凝土却是在数英里以外生产的。在硅谷的程序员团队为整个美国开发软件，但是为你填制 1040 表格的会计很有可能与你同在一个城市（如果不是一个社区的话）。

正如所料，不可贸易产业的就业率在全美的不同地区大致相同。例如，美国主要城市的饭店就业占 5%。相反，可贸易产业在不同地区的就业率相差很大。曼哈顿只吸收了全美 2%的就业人数，但吸收了证券交易业 1/4 的就业人数，吸收了广告业 1/7 的就业人数。

表 7-2 可贸易产业与不可贸易产业的部分例子

可贸易产业	不可贸易产业
飞机制造业	预拌混凝土业
软件出版业	税务筹划服务业

资料来源：Antoine Gervais and J. Bradford Jensen，"The Tradability of Services：Geographic Concentration and Trade Costs，" working paper，Peterson Institute for International Economics，2015.

是什么决定了可贸易产业的分布？在有些情况下，自然资源很关键。如休斯敦之所以成为石化工业的中心，就是因为其东部有原油。不管怎样，劳动、资本等生产要素在区际贸易中不如在国际贸易中关键，一个简单原因是生产要素在一国内有更强的流动性。结果是要素倾向于流向产业集中的地方。例如，在旧金山附近的加利福尼亚的硅谷有一支受过良好教育的劳动力队伍，工程师、计算机专家云集在这里。这不是因为加利福尼亚培养了大量工程师，而是因为工程师涌向了有高技术产业的硅谷去找工作。

资源在区际贸易中起第二位的作用。经济外部性大力促进了专业化和贸易的发展。例如，为什么这么多广告代理商云集在纽约？答案是大量其他广告代理商都选择了纽约。最近的一项研究表明："信息共享与扩散对团队和代理的成功很关键。在如纽约这样的城市，代理商像邻居一样聚集在一起。集群（cluster）催生了当地网络，加强了创新。代理商间面对面地共享信息和思想是很关键的。"[1] 事实上，证据表明，经济外部性促进了广告的当地化。为了获取信息共享的利益，广告代理商分布在 300 码以内。

如果经济外部性是地区专业化和区际贸易的主要原因，那么一个特定地区又如何发展经济外部性并促使经济发展？总的来说，历史上偶然事件起主要作用。一个半世纪前，纽约因可以通过伊利运河直达美洲五大湖从而成为美国最重要的港口城市，进而成为美国的金融中心。今天，由于金融业自身创造的外部性，纽约依然是金融中心。在电影必须在户外和天气好的日子才能放映的年代，洛杉矶成为早期的电影中心。即便现在很多电影是在室内放映，洛杉矶还是电影业中心，就是因为专栏"浮华城经济学"中描述的经济外部性。

你可能会问：推动区际贸易的力量是否真的完全不同于推动国际贸易的力量？答案是否定的。特别是考察融合紧密的国家如西欧国家之间的贸易。的确，伦敦是欧洲的金融中心，这和纽约是美国的金融中心一样。近年来，经济学家对区际贸易和国际贸易、城市崛起及经济间的空间影响等现象建立模型加以研究，这种方法被称为**经济地理学**（economic geography）。

专栏 浮华城经济学[2]

美国最重要的出口部门是什么？答案取决于定义的尺度。有的人认为是农业，有的人认为是航空业。但无论采取什么标准，美国最大的出口部门之中一定有娱乐业，尤其是电影业。2011 年，美国电影和录音带出口创造的收入达 143 亿美元，而美国国内的票房收入只有 102 亿美元。美国电影占据了世界许多国家大部分的票房收入，例如占据了欧洲 2/3 的票房收入。

美国何以能成为世界上的头号娱乐产品输出国？其中一个重要的优势纯粹来自其巨大的市场规模。一部主要针对法国或意大利市场的影片，由于法国和意大利的市场规模比美国的要小很多，因此制片中不可能达到大部分美国影片那样的预算要求。因而这些国家制作的影片主要是戏剧和喜剧，且常常无法负担配音和字

① J. Vernon Henderson，"What Makes Big Cities Tick? A Look at New York，" mimeo，Brown University，2004.

② 浮华城：对好莱坞的贬称。

幕的费用。然而，美国影片却能凭借其宏伟的制作和壮观的特技效果超越语言的障碍。

美国娱乐业霸主地位的形成还有另一个重要原因，即娱乐业公司在好莱坞的大量集中。好莱坞显然产生了马歇尔所说的两种外部经济：专业化的供应商和劳动力市场基础。虽然最终产品是由电影制片厂和电视网提供的，但它实际上是由独立制片人、演员及演员的代理人、法律公司和特技效果专家等诸多方面构成的复杂网络共同努力的结果。影片结尾通常列出参与电影制作人员的名单，每个看过这些名单的人都会明白电影制作对劳动力市场共享的需求。每部影片都需要一支巨大但临时性的工作队伍，不仅包括摄像师、化妆师，还包括音乐家、特技演员和一些神秘的职业如领班和包工头（当然还有男女演员）。至于娱乐业是否能产生第三种类型的外部经济——知识外溢——这一点尚无定论，但毕竟如作家纳撒尼尔·韦斯特（Nathaniel West）所说，理解电影行业的关键在于认识到“没人知道所有的事”这一点。另外，如果确实存在知识外溢，其在好莱坞的效果也会比其他任何地方要好。

好莱坞发挥外部经济作用表现为其能持续吸引世界各地的天才人物来到好莱坞。从嘉宝、冯·斯坦伯格（von Sternberg）到罗素·克劳（Russell Crowe）和吉尔莫·德尔·托罗（Guillermo del Toro），“美国”影片实际上经常是由移居好莱坞的有野心的外国人制作并最终赢得更多的观众的。

好莱坞是独一无二的吗？不是。相似的力量已经促成其他几个电影制作中心的出现。在印度，由于政府的政策保护和文化上的差异，印度的电影市场得以摆脱美国的垄断并在孟买出现了一个叫作“宝莱坞”（Bollywood）的电影制作基地。在中国香港则出现了迎合华人口味的庞大电影业。另外，一个专门为拉丁美洲制作西班牙语电视节目的特殊行业也出现在委内瑞拉的首都加拉加斯，它集中精力制作长期放映的肥皂剧（telenovelas）。最近出现的是尼日利亚电影制作中心——“奈莱坞”（Nollywood），它使用数字技术制造相对低预算的电影，其中大部分被出口到非洲其他国家。

提　要

1. 贸易不一定是比较优势的结果；相反，它可能是收益递增或规模经济的结果，即来自随着产出的增加，单位产品成本下降的趋势。即使国与国之间并不存在资源或技术上的差异，规模经济仍能促使各国追求生产的专业化和贸易。规模经济分为内部规模经济（单位产品成本取决于单个厂商的规模）和外部规模经济（单位产品成本取决于行业规模）。

2. 规模经济会导致完全竞争的崩溃，除非在产业而非工厂中存在外部经济。

3. 外部经济发生于行业这一级水平而不是厂商内部。外部经济使得历史因素和偶然因素在决定国际贸易模式方面起到了重要作用。当外部经济的作用非常重要时，即使一国在某一行业具有潜在的低生产成本，另一个首先在这一行业开始大规模生产的国家仍能够维持其生产优势。在这种情况下，一国可能会从贸易中蒙受损失。

关键术语

平均生产成本	动态收益递增	经济地理学
规模经济	外部规模经济	向下倾斜的供给曲线
幼稚工业论	内部规模经济	区际贸易
知识外溢	劳动力市场蓄水池	
学习曲线	专业化供应商	

习　题

1. 分析下列四例，解释每例是外部规模经济还是内部规模经济：

a. 集中在南卡罗来纳州东南部的药业合约性研究公司。

b. 美国本田汽车全部由位于俄亥俄、印第安纳或亚拉巴马的公司制造。

c. 欧洲唯一的大型客机生产商——空中客车公司的所有飞机都在法国图卢兹组装。

d. 新泽西的克兰伯里是人造香料中心。

2. 人们经常说收益递增的存在是国家之间产生摩擦的根源之一，因为每个国家都希望扩大具有规模经济的行业的生产。依据外部经济模型评述这一观点。

3. 举出两个在国际市场上进行贸易的具有动态收益递增的产品例子。在每个例子中，说明创新和干中学在产业中对动态收益递增的重要性。

4. 评价下述情形中规模经济与比较优势的相对重要性：

a. 世界上的大部分铝是在挪威或加拿大冶炼的。

b. 世界上一半的大型喷气式飞机是在西雅图组装的。

c. 绝大部分半导体是在美国或日本生产的。

d. 世界上大部分最好的酒产自法国。

5. 设想一个类似图 7－3 的情形，两国均能生产某种产品且有向下倾斜的供给曲线的约束。但在本例中，假定两国有相同的生产成本，因而其供给曲线相同：

a. 你认为国际专业化生产和贸易的模式会是怎样的？什么因素决定了一国生产何种产品？

b. 本例中国际贸易利得是什么？这些利得只存在于有该行业的国家吗？

6. 相当普遍的是，当产业技术不再迅速进步时，产业集群会解体，同时生产会转向低工资的地方。所谓技术不再迅速进步表现为：绝对先进的设备不再是至关重要的；对高技术工人的需求下降；前沿创新的优势不再明显。请用经济的外部性解释产业集群解体的原因。

7. 近年来，劳动力逐渐短缺致使中国工资上升。假如这种趋势继续，你认为目前在中国占据统治地位的外部经济产业会发生什么变化？特别考虑图 7－4 所示的情形，变化将如何发生？

8. 在劳动力市场共享的讨论中，我们强调在同一地区有两个公司的优势：如果一个公司扩张而另一个公司收缩，对于公司和工人而言可以利用单一劳动共享是一个优势。但是若两个公司共同扩张或共同收缩的情形发生了，这是否会引起反对地理集中的争论？

9. 如正文中所见，由于中国工资上涨使得孟加拉国服装出口快速增加。问题是孟加拉国服装制造厂商主要位于或靠近首都达卡，该城的交通状况堪称世界最差。这种情况如何解释服装制造业中的比较优势及外部经济？

延伸阅读

Frank Graham. “Some Aspects of Protection Further Considered.” *Quarterly Journal of Economics* 37 (1923), pp. 199－227. 该文章提出了一个早期警告：在存在外部规模经济的情况下，国际贸易可能是有害的。

Li & Fung Research Centre. *Industrial Cluster Series*, 2006—2010. 利丰（Li & Fung）集团是总部位于中国香港的一个贸易集团，它已经出版了一系列关于中国制造业的日益增长的产业集中的报告。

Staffan Burenstam Linder. *An Essay on Trade and Transformation*. New York：John Wiley and Sons, 1961. 该书提出了早期的一个有影响力的表述：发达国家之间的制成品贸易主要反映的是各国的势力而非比较优势。

Michael Porter. *The Competitive Advantage of Nations*. New York：Free Press，1990. 这是一本畅销书，阐述了国家出口的成功是产业集群的自我强化也即外部经济的结果。

Annalee Saxenian. *Regional Advantage*. Cambridge：Harvard University Press，1994. 该书对两个高科技产业区——加利福尼亚的硅谷和波士顿的 128 号公路——做出了迷人的比较。

World Bank. *World Development Report 2009*. 该书对经济地理学进行了大量实证检验，并广泛讨论了中国以及其他新兴经济体的产业集群。

第8章 全球经济中的公司：出口决策、外包与跨国公司

在本章中，我们继续探讨规模经济如何为国际专业化和贸易创造动机。我们先集中关注内部规模经济。如第7章所述，这种形式的收益递增导致了不完全竞争市场。**内部规模经济**（internal economies of scale）意味着公司产出增加，平均成本降低。完全竞争使产品价格下降到边际成本，意味着公司因为不能恢复由初始产出引起的高成本从而受损。① 结果是，完全竞争会迫使那些公司从市场出局，这种进程一直持续到不完全竞争均衡。

不完全竞争模型意味着我们可以明确考虑单个公司的行为。这将允许我们介绍现实世界公司的两个附加特征：(1) 在大多数部门，公司之间产品各异。某些产品（如瓶装水、订书钉等）之间差异很小，但另一些产品（如汽车、手机等）却差异巨大。(2) 公司间的业绩衡量指标非常不同。本章的分析将包含第一个特征（产品差异化）。为阐述方便及建立感性认知，我们最初假设公司之间没有业绩差异。于是我们将看到内部规模经济和产品差异化结合后通过经济一体化形成一些贸易利得的新来源。

然后我们介绍公司间差异，以便分析公司对国际力量的不同反应。我们可以看出经济一体化使不同类型的公司受益或受损。公司业绩好则繁荣扩张，否则收缩。这产生了贸易利得的附加来源：由于生产集中于业绩好的公司，产业整体效率提高。最后，我们将研究为何业绩好的公司有更大的动机参与全球经济，要么通过出口，要么通过向海外外包中间生产程序，要么通过成为跨国公司并开展多国经营。

学习目标

学完本章，你应该能够：

- 理解内部规模经济和产品差异化导致的国际贸易和产业内贸易。
- 认识产业内贸易带来的新型福利所得。
- 描述经济一体化如何使同一产业内的公司受益或受损。
- 解释为什么经济学家认为不能将倾销单挑出来作为不公平贸易手段，以及为什么反倾销法律的实施导致了保护贸易。
- 解释为何从事全球经济业务的企业（出口商、外包商、跨国公司）通常比不涉足海外市场的企业规模更大且业绩更好。
- 理解说明跨国公司存在性的理论和经济体开展对外直接投资的动因。

---

① 每当平均成本下降，生产额外一单位产出的成本（边际成本）都低于平均生产成本（因为平均生产成本包括最初以更高的单位成本生产的产品的成本）。

不完全竞争理论

在完全竞争市场——充斥大量买方和卖方，没有谁能代表大部分市场——厂商是价格的接受者。也即卖方在现行价格下可以出售想要出售的任意数量产品，但是无法影响既定价格。例如，农场主可以按他的愿望出售小麦而无须担心出售的小麦越多，小麦价格会越低。他无须担心销售对价格的影响是因为任何单个的种植者都仅仅代表世界市场微小的一部分。

如果仅有少数厂商生产一种产品，那么情况会不同。举一个显著的例子，波音公司在大型喷气式飞机市场只有一个主要对手——欧洲空中客车公司。波音公司清楚，假如生产更多的飞机，对世界飞机的供给将会产生巨大影响，同时价格会显著降低。或换言之，波音公司确信假如它想出售更多的飞机，只有通过降低价格。在**不完全竞争**（imperfect competition）市场，厂商可以影响产品价格，只有通过降价才能出售更多产品。这种情形以以下两种方式发生：当仅有少数主要厂商生产一种特定产品时，或当每个厂商与竞争对手相比产品存在差异时（消费者认为）。如我们的介绍中所提及的，在厂商这一级存在规模经济时，这种竞争类型是不可避免的结果：存活厂商数量被大幅削减或厂商必须从事与其竞争对手存在明显差异化的产品的生产。在这些情形下，每个厂商都认为自己是价格制定者，可以选择产品的价格，而不是一个价格接受者。

当厂商不再是价格接受者时，需要用其他方法描述价格和产出的决定。将要研究的最简单的不完全竞争市场结构是**完全垄断**（pure monopoly）：市场上仅有一个厂商，没有任何竞争。我们所用的这种方法可以用于分析更为复杂的市场结构。

垄断：简要回顾

图 8-1 展示的是一个垄断厂商的情况。该厂商面临一条向下倾斜的需求曲线，用 D 表示。D 向下倾斜，表明只要降低价格，厂商就能销售更多产品。回顾微观经济学基础知识，我们知道与需求曲线对应的是一条边际收益曲线。**边际收益**（marginal revenue）是厂商多销售一单位产品所获取的额外的或边际的收益。对垄断厂商来说，边际收益总是低于价格：因为为了多销售一单位产品，厂商必须降低所有产品的价格（不仅仅是最后一单位）。因此，垄断厂商的边际收益曲线 MR 总是位于需求曲线下方。

边际收益和价格 了解垄断者的价格与边际收益之间的关系对于我们在这部分分析的垄断竞争模型极为重要。边际收益总是低于价格——但低多少呢？边际收益与价格的关系取决于两点：第一，厂商已销售了多少产品。一个没有销售多少产品的厂商不会由于降低这些产品的价格而损失太大。第二，价格与边际收益之间的差距取决于需求曲线的斜率。需求曲线的斜率表明，垄断厂商为了多销售一单位产品必须降低多少价格。若需求曲线很平缓，那么垄断厂商只要略微降价就能够多售出一单位产品，而不必大幅削减原来的价格水平。因此，边际收益就接近单位产品价格。相反，如果需求曲线很陡峭，为了多销售一单位产品，垄断厂商将不得不大幅降价，边际收益自然也就远低于产品价格。

若假定厂商面临的是一条线性需求曲线，价格与边际收益之间的关系就更加明晰了。此时，垄断厂商的总销售量与价格决定之间的关系能用式子表示，即

$$Q=A-B\times P \tag{8-1}$$

图 8-1　垄断定价与生产决策

说明：一个具有垄断地位的厂商会选择这样一个产量：在该产量上，边际收益与边际成本相等。这个利润最大化的产量点就是图中的点 Q_M，与 Q_M 对应的价格为 P_M。由于边际收益总是低于价格，因此边际收益曲线 MR 位于需求曲线 D 下方。垄断利润等于长方形的阴影面积，即等于价格与平均成本之差乘以产量 Q_M。

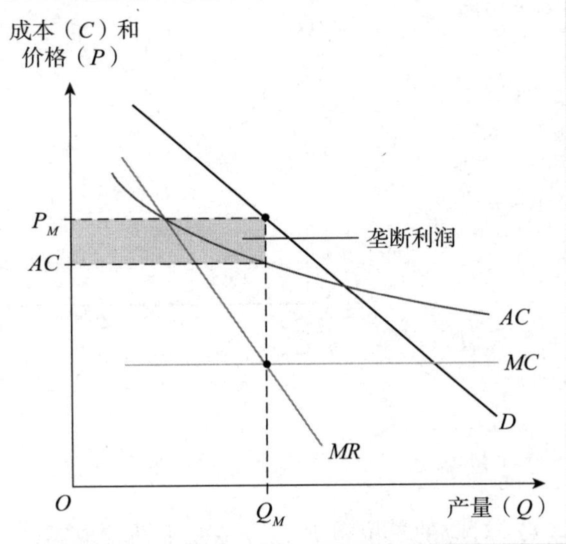

式中，Q 为销售量；P 为单位产品价格；A、B 为常数。从本章的附录中我们可知，在此情形下边际收益为

$$边际收益 = MR = P - Q/B \tag{8-2}$$

即

$$P - MR = Q/B$$

方程（8-2）表明，价格和边际收益之间的差取决于厂商的销售量 Q 和其需求曲线的斜率参数 B。如果销售量 Q 很大，边际收益就低，因为削价会给厂商带来较大损失；如果 B 较大，即在给定的价格增幅下销售量下降得越多，则边际收益与产品价格越接近。方程（8-2）对我们分析垄断竞争的贸易模型至关重要。

平均成本和边际成本　回到图 8-1，AC 代表该厂商生产的**平均成本**（average cost），即总成本除以产量。AC 向下倾斜反映了规模经济的假定：厂商产出越大，单位成本越低。MC 代表厂商的**边际成本**（marginal cost）（追加一单位产出的成本）。在图 8-1 中，我们假设厂商的边际成本不变（边际成本曲线是平的）。规模经济则必然来自固定成本（与生产规模无关）。固定成本使得平均成本高于不变的边际生产成本，尽管随着固定成本在更多的产品单位间分摊，这两种成本的差距变得越来越小。

如果令 c 为厂商的边际成本，令 F 为固定成本，则我们可以将厂商总成本 C 重写为：

$$C = F + c \times Q \tag{8-3}$$

式中，Q 仍为产量。给定这一线性成本函数，厂商的平均成本可具体表示为：

$$AC = C/Q = F/Q + c \tag{8-4}$$

如前所述，平均成本总是大于边际成本，而且平均成本会随着产量 Q 的增加而下降。

例如，如果 $F=5$，$c=1$，生产 10 单位产品的平均成本是 $5/10+1=1.5$，生产 25 单位产品的平均成本是 $5/25+1=1.2$。这些数字似曾相识，是因为我们曾经用它们来构造表 7-1。表 7-1 中所反映的产量、平均成本和边际成本之间的关系可用图 8-2 来表示：平均成本在产出为零时趋于无穷大，而在产出极大时趋向于边际成本。

垄断厂商利润最大的产出点位于边际收益（多销售一单位产品的收益）与边际成本（多生产一单位产品追加的成本）相等之处，即 MC 曲线与 MR 曲线的交点。在图 8-1 中，我们可以看到利

图 8-2 平均成本与边际成本

说明：本图表示的是与成本函数 $C=5+x$ 相对应的平均成本和边际成本。其中边际成本恒定为 1，平均成本则随产出的增加而下降。

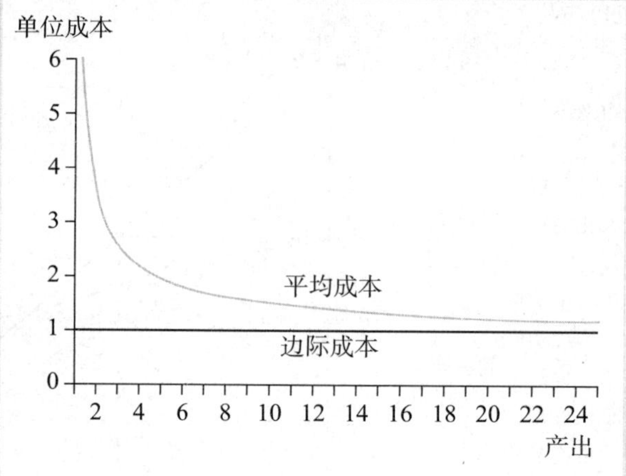

润最大的产出点 Q_M 对应的是价格 P_M，P_M 大于平均成本。当 $P>AC$ 时，厂商获得垄断利润。[①]

垄断竞争

垄断利润很难维持。一个取得高额利润的厂商自然会吸引竞争者，因此，完全垄断在现实中是很罕见的。在很多情况下，竞争者并不销售同样的产品——要么是不能（因为法律或技术原因），要么是宁愿创造自己的商机。这导致竞争者销售差异化产品。然而，即使有众多竞争者，**产品差异化**（product differentiation）也允许厂商保持其因产品多样性或品牌而具有的价格制定者地位。然而，更多竞争意味着任一既定厂商在选择的价格下销量更低：当竞争者增多时（在后面我们会详细建模），每个厂商的需求曲线都将发生偏转。需求越低，利润越低。

增加的新竞争者长期坚持的动力是盈利性。一旦竞争达到一定水平，再进入市场（如大型喷气式飞机市场）就不再有利润从而达到长期均衡。在某些情况下，市场仅有少数竞争者，这也可以发生。这种市场结构是**寡头垄断**（oligopoly）。在此情形下，单一厂商有足够的市场份额对市场聚集产生影响，如整体行业产出和平均行业价格。[②] 这反过来会影响其他厂商的需求。它们因此将有动力调整价格以对大型厂商的定价决策做出反应，或者当其他厂商为大型厂商时则相反。因此，在寡头垄断市场中，厂商的定价决策是相互依存的。寡头市场中的每个厂商在定价时都将考虑到竞争者的预期反应。然而，这些反应反过来又取决于竞争者对厂商行为的预期，因此我们处于一个复杂的博弈之中，其中的厂商试图再次揣摩彼此的策略。我们将在第 12 章讨论一个两厂商的寡头垄断模型。

在**垄断竞争**（monopolistic competition）模型中，围绕相互依存性的问题有两个关键假设：第一，每个厂商均能生产与竞争对手有差异的产品，也就是说，它的顾客不会由于微小的价格差别而去购买其他厂商的产品，产品的差异确保每个厂商在行业中对它所特有的产品拥有垄断地位，从而在某种程度上摆脱了竞争。第二，每个厂商都把竞争对手的价格作为既定价格，即它不考虑自己的价格对其他厂商价格的影响。因此，即使各厂商在现实中均面临竞争，但在模型中的厂商行为像一个垄断者一样——这也是该模型名字的由来。

---

① 按照传统的会计学定义，超过劳动力成本与原材料成本的那部分收益就是利润。但是利润的经济学定义与此不同。如果一个厂商的资本回报率低于它在其他行业可能的回报率，它就没有盈利。从经济学的角度来看，正常的资本回报率反映了厂商的部分成本，只有高于正常回报率的那部分收益可被视为利润。

② 当固定成本 F 相比于需求条件较高时，这通常会发生。每个厂商必须进行规模经营，以便降低平均成本从而获利。而且市场未大到可以支持许多大型厂商的程度。

在讨论贸易问题之前我们必须先建立一个垄断竞争的基础模型。为此，我们假设一个行业由数个厂商组成，这些厂商生产有差异的产品，即产品不完全相同但可相互替代。在某种意义上说，各厂商均是其特有产品的唯一生产者，但对其产品的需求却取决于同行业其他厂商生产的类似产品的数量及价格。

模型的假设 我们首先描述一个典型的垄断竞争厂商所面临的需求。一般而言，对其行业产品的需求越大和竞争对手的价格越高，则该厂商的产品销售量就越大；反之，若行业中竞争者增多，该厂商的价格升高，则该厂商的销售量就会减少。我们用一个能反映以上特征的式子来表述这种需求[①]：

$$Q=S\times[1/n-b\times(P-\overline{P})] \tag{8-5}$$

式中，Q 为某厂商的销售量；S 为行业的总销售量；n 为该行业中的厂商数目；b 为常数项，表示的是公司的销售量对价格变化的反应；P 为该厂商产品的价格；$\overline{P}$为竞争者的平均价格。式（8－5）隐含如下结论：如果所有厂商都制定相同的价格，则每个厂商分享 $1/n$ 的市场份额。价格高于其他厂商平均价格水平的厂商只能拥有较小的市场份额；相反，价格低于平均价格水平的厂商则能占有较大的市场份额。[②]

假定行业的总销售量 S 不受平均价格的影响，即任何厂商赢得顾客、获得市场均意味着别的厂商失去顾客。尽管这是个不太现实的假定，但它能够简化分析并使得我们的注意力集中于厂商间的竞争。具体来说，它意味着 S 是衡量市场规模的尺度，而且当各厂商的价格一致时，各自的销售量均为 S/n 单位。[③]

下一步，我们研究一个典型厂商的成本。我们假设厂商的总成本和平均成本由式（8－3）和式（8－4）给出。注意到在初始模型中，我们假定所有厂商都是对称的，尽管它们生产的是差异化产品：它们都面临同样的需求曲线［式（8－5）］，并且拥有同样的成本函数［式（8－3）］。在下一节，我们将放松这一假设。

市场均衡 当所有厂商都对称时，就可以不详细列举各厂商的特征而只考虑全行业的状况。我们真正想知道的是行业中的厂商数量及其具有代表性的价格。为了分析整个行业的问题，如评估国际贸易对该行业的影响，我们需要确定厂商数 n 和它们的平均价格 $\overline{P}$ 。一旦找出一个方法来确定 n 和 $\overline{P}$，也就能分析国际贸易对它们的影响了。

确定 n 和 $\overline{P}$ 的过程分为三步：首先推导出厂商数与一个典型厂商的平均成本的关系。我们用正比例关系来概括它：厂商数越多，单个厂商的产出越少，因而平均成本越高。然后说明厂商数和各厂商价格（在均衡时等于 $\overline{P}$ ）之间的关系。该关系是反向的：厂商数越多，厂商间的竞争就越激烈，因而各厂商定价越低。最后基于厂商所获利润论证厂商进入和退出决策。当价格高于平均成本时，厂商获得正的利润，其他厂商会进入该行业；而当价格低于平均成本时，利润为负，一些厂商会退出。所以，从长期来看，厂商进入和退出的过程使得利润为零。因此，每个厂商所制定的价格 $\overline{P}$ 必定等于第一步中的平均成本。

（1）厂商数与平均成本。作为确定 n 和 $\overline{P}$ 的第一步，我们讨论厂商数是如何决定一个典型厂商的平均成本的。由于模型中的各厂商均对称，因而在均衡时，它们制定的价格相同。但当 $P=\overline{P}$ 时，由式（8－5）可知 $Q=S/n$，即各厂商的产出是全行业销售量的 $1/n$。再由式（8－4）可知平均成本反过来由厂商的产出决定，因此，可以得出一个结论：平均成本取决于市场规模和行业中的厂商数，即

① 式（8－5）可以从这样一个模型推导出来：消费者有不同的偏好，厂商生产适合特定细分市场的产品。参见 Stephen Salop，"Monopolistic Competition with Outside Goods," *Bell Journal of Economics* 10（1979），pp. 141－156，该文献对这一方法做了探讨。

② 式（8－5）可重写为 $Q=(S/n)-S\times b\times(P-\overline{P})$。如果 $P=\overline{P}$，该式可简化为 $Q=S/n$；如果 $P>\overline{P}$，$Q<S/n$；如果 $P<\overline{P}$，$Q>S/n$。

③ 即使厂商制定了不同的价格，需求式（8－5）也确保了厂商产量 Q 等于总产出 S（因为各厂商的 $P-\overline{P}$之和必定为零）。

$$AC=F/Q+c=n\times F/S+c \tag{8-6}$$

式（8－6）表明，在其他因素相同的情况下，行业中厂商越多，平均成本越高。其原因就在于厂商越多，每个厂商的产量就越少。例如，假设某行业一年销售某种产品 100 万件，如果行业中有 5 个厂商，每个厂商每年销售 20 万件。但若有 10 个厂商，则每个厂商只能售出 10 万件，从而使得每个厂商的平均成本都很高。这种厂商数 n 与平均成本之间的正向关系可见图 8－3 中的 CC 曲线。

（2）厂商数与价格。与此同时，典型厂商的价格也由行业中的厂商数 n 决定。一般来说，人们会认为厂商越多，它们之间的竞争越激烈，相应地价格也就越低。我们的模型也得出了同样的结论，但要证明这一点则需花费一番工夫。其基本方法是，先说明各厂商面临的是一条如式（8－1）所显示的线性需求曲线，然后用式（8－2）来决定价格。

回顾一下垄断竞争模型，在那里我们假定每个厂商都把其他厂商的价格视作既定的，即它们没有考虑自己改变价格会引起其他厂商也改变价格的可能性。如果各厂商均把 $\overline{P}$ 作为既定价格，那么式（8－5）的需求曲线就可以改写成如下形式：

$$Q=(S/n+S\times b\times \overline{P})-S\times b\times P \tag{8-7}$$

式中，b 为式（8－5）中衡量各厂商的市场份额对其定价的敏感性的参数。式（8－7）实际上与式（8－1）是一样的，只不过现在用 $S/n+S\times b\times \overline{P}$ 替换了常数 A，用 $S\times b$ 替换了斜率系数 B。如果再把它代入边际收益函数（8－2），就可以得到一个典型厂商的边际收益函数：

$$MR=P-Q/(S\times b) \tag{8-8}$$

追求利润最大化的厂商会让其边际收益等于边际成本 c，于是有

$$MR=P-Q/(S\times b)=c$$

对上式进行整理，就可以得到一个典型厂商的价格函数：

$$P=c+Q/(S\times b) \tag{8-9}$$

但是我们已注意到，当所有厂商均制定同样的价格时，各自的销售量为 $Q=S/n$。把 S/n 代入式（8－9），就可以得到厂商数与各自定价之间的关系：

$$P=c+1/(b\times n) \tag{8-10}$$

式（8－10）从代数上说明了行业中厂商越多，则各厂商定价越低。这是因为每个厂商的**边际成本加价**（markup over marginal cost）即 $P-c=1/(b\times n)$ 随着竞争厂商数量的增加而减少。式（8－10）在图 8－3 中表示为向下倾斜的曲线 PP。

图 8－3　垄断竞争市场的均衡

说明：垄断竞争市场中的厂商数以及各厂商的定价由两个关系决定：一方面，市场中的厂商越多，则它们的竞争越激烈，相应地行业定价也越低。这一关系由 PP 曲线反映。另一方面，厂商越多，各厂商的销售量就越少，因而平均成本越高。这一关系用 CC 曲线表示。如果价格超过平均成本（即如果 PP 曲线位于 CC 曲线之上），该行业就会盈利，更多的厂商就会进入该行业；反之，若价格低于平均成本，该行业就会亏损，一些厂商自然就会退出该行业。当平均成本与价格相等时，即在 PP 曲线与 CC 曲线的交点 E 处会形成均衡的价格与厂商数。

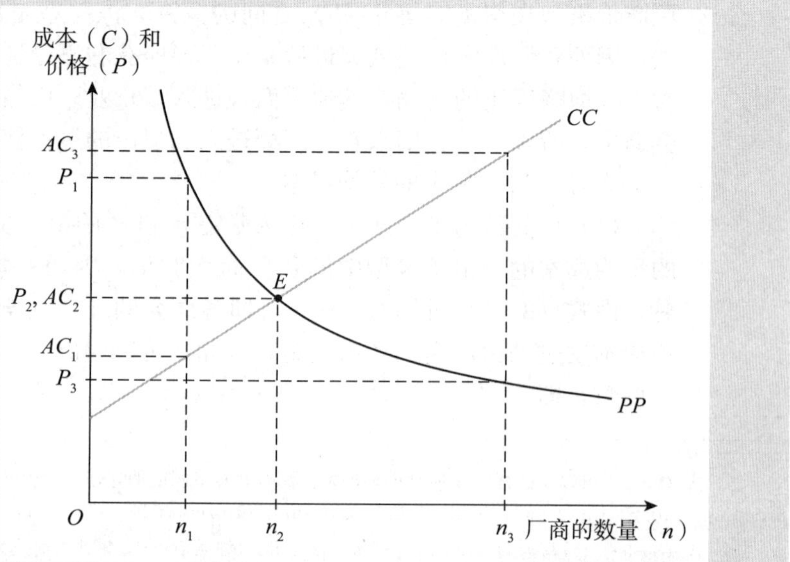

（3）均衡的厂商数。现在来探讨一下图 8－3 意味着什么。我们已把一个行业用两条曲线加以概括：向下倾斜的 PP 曲线表明行业中厂商越多，各厂商的产品定价越低。它意味着厂商越多，厂商面临的竞争越激烈。向上倾斜的 CC 曲线表明行业中厂商越多，每个厂商的平均成本越高。这说明，随着厂商数的增多，各厂商的销售量会下降，每个厂商都无法沿着下降的平均成本曲线达到很低的成本水平。

两条曲线交于点 E，对应的厂商数是 n_2，n_2的重要性在于它代表的是全行业利润等于零的厂商数。只要该行业中的厂商数为 n_2，那么利润最大化的定价就为 P_2，且 P_2正好等于平均成本 AC_2。这正是我们在前文讲述的长期垄断竞争均衡。

那么，为什么行业中的厂商数从长远看终将趋向于 n_2，同时点 E 将成为该行业的长期均衡点呢？

不妨假定 $n=n_1$，$n_1<n_2$，那么厂商的定价会是 P_1，而平均成本为 AC_1，厂商能够获取垄断利润。[①] 反过来，若假定 $n=n_3$，$n_3>n_2$，那么厂商只能把价格定为 P_3，而平均成本为 AC_3，厂商必然亏损（利润为负）。

随着时间的推移，厂商会进入一个有利可图的行业，而从赔本的行业中退出，即当 $n<n_2$时，厂商数就会增加，反之则减少。这充分说明 n_2就是该行业厂商数的均衡点，P_2就是均衡价格。[②]

至此，我们已建立起一个垄断竞争行业的模型。运用它，我们可以确定均衡的厂商数和各厂商的平均价格。我们从这个模型中可以得出一些关于规模经济在国际贸易中的作用的重要理论。但在运用之前，我们还需花点时间来讨论一下该模型的局限性。

垄断竞争与贸易

贸易能够扩大市场规模的思想成为垄断竞争模型在贸易中运用的基础。在具有规模经济的行业中，一国能生产的产品种类及其生产规模都受到该国市场规模的限制。但通过国与国之间的贸易就能形成一个一体化的世界市场，该世界市场当然比任何单个国家的国内市场都要大。各国因此也可以摆脱限制，在一个比贸易前要窄的范围内从事某些产品的大规模的专业化生产；同时，通过从别国购买自己不生产的产品可以扩大消费者可获取的产品种类。因此，即使国与国之间没有技术上的差别，贸易仍为互利性的生产提供了机会。

例如，假定有两个国家，各自汽车市场的年需求量都为 100 万辆。通过双边贸易，可以创造出一个总需求为 200 万辆的一体化市场。在这个市场中，更多种类的汽车能够以比贸易前要低的平均成本来生产。

垄断竞争模型可以用来说明贸易是如何解决各国所面临的规模与种类之间的利益平衡问题的。我们首先从垄断竞争模型中一个更大的市场是如何导致较低的平均价格和更多的产品种类入手来说明这一点；然后，把得出的结果运用到世界贸易中，就可发现贸易可以创造出一个比任何国内市场都要大的世界市场。因此，通过国际贸易促成一个一体化市场与单个国家国内市场的发展具有同样的效果。

---

① 回顾这表示经济利润。经济利润指剔除了所有固定成本和资本成本后的利润，与未剔除固定成本和资本成本的合计成本相对。

② 上述分析忽略了一个小问题，即行业中的厂商数当然必须为整数，如 5 或 8。如果 n_2算出来等于 6.37，怎么办？答案是，行业中有 6 个厂商，它们都获取少量的垄断利润。但不会有新的厂商进入，因为大家都知道，第 7 个厂商的进入会使大家都亏本。在大多数垄断竞争的例子中，整数或“整数约束”问题都不太重要，因此我们就不考虑它了。

市场规模扩大的影响

在垄断竞争行业中厂商数量及其定价受市场规模的影响；在较大的市场中通常会有更多的厂商，且每个厂商都有更大的销售量；消费者能以比较低的价格获得更丰富的产品。

为了结合模型说明这一点，我们再来看图 8-3 中的 *CC* 曲线，它表明行业中的厂商越多，各厂商的平均成本就越高。*CC* 曲线的定义由式（8-6）给出：

$$AC = F/Q + c = n \times F/S + c$$

考察该式，我们会发现，对于给定的厂商数 n，随着销售量 S 的上升，平均成本会下降。原因在于，当厂商数不变而市场发展时，各厂商的销售量会上升，而平均成本会下降。因此，若我们比较大、小两个市场，就不难看出较大市场的 *CC* 曲线位于较小市场的 *CC* 曲线的下方。

再看图 8-3 中的 *PP* 曲线，它表明厂商定价与厂商数的关系，其定义由式（8-10）给出：

$$P = c + 1/(b \times n)$$

由于该式没有考虑市场规模因素，所以 S 的上升不会改变 *PP* 曲线。

图 8-4 运用以上知识说明了市场规模的扩张给长期均衡带来的影响。最初，均衡点为点 1，价格是 P_1，厂商数为 n_1。当以行业销售量衡量的市场规模扩大后，*CC* 曲线会由 CC_1 下降到 CC_2，而 *PP* 曲线没有变化，新的均衡点为点 2，厂商数由 n_1 变为 n_2，价格从 P_1 降到 P_2。

图 8-4　大市场的影响

说明：在其他条件不变的情况下，随着市场规模的扩张，各厂商能生产更多的产品，平均成本也随之降低，这一点可以由 *CC* 曲线从 CC_1 下移到 CC_2 来表示。结果是，厂商数量增加（可获取产品的种类也因之而更加丰富），各种产品的价格下跌。

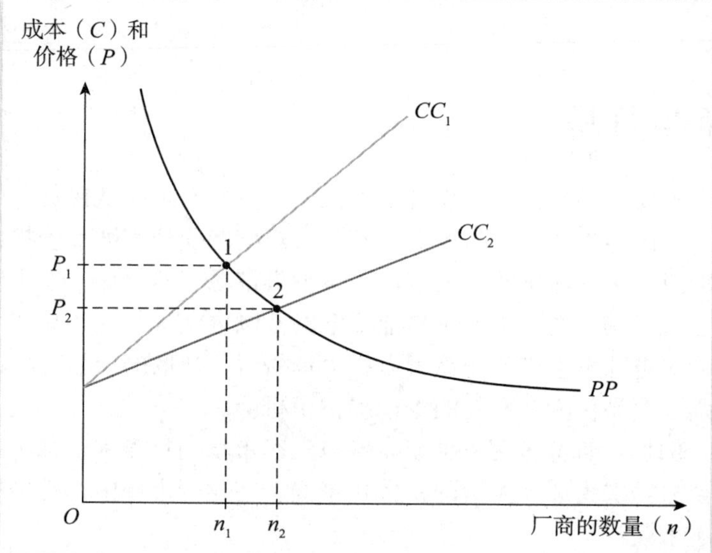

很明显，消费者愿意处于一个大市场，而不愿处于一个小市场。在点 2，消费者能以比在点 1 更低的价格获取种类更加丰富的产品。

从一体化市场中获利：一个数字例子

国际贸易可以创造出一个更大的市场。我们可以用一个具体的数字例子来阐释贸易对价格、生产规模以及可获取产品种类的影响。

假定汽车生产是一个垄断竞争行业，任何一个汽车制造厂商所面临的需求曲线均如式（8-5）所描述的那样，其中 $b = 1/30\,000$（这个数字没有特殊的含义，只是为了便于计算），这样，各厂商所面临的需求曲线如下：

$$Q=S\times[(1/n)-(1/30\ 000)\times(P-\overline{P})]$$

式中，Q 是厂商的汽车销售量；S 是行业总销售量；n 是厂商数；P 是某厂商的定价；$\overline{P}$ 是其他厂商的平均定价。我们还假设生产汽车的成本函数如式（8-3）所述，其中固定成本 $F=750\ 000\ 000$ 美元，边际成本 $c=5\ 000$ 美元（这些数字的选取只是为了计算方便），则总成本为：

$$C=750\ 000\ 000+5\ 000\times Q$$

平均成本为：

$$AC=750\ 000\ 000/Q+5\ 000$$

再假定有两个国家——本国和外国。本国的汽车年销售量为 900 000 辆，外国的年销售量为 1 600 000辆。另外，假定两国有相同的生产成本。

图 8-5（a）表示的是本国汽车行业的 PP 曲线和 CC 曲线。我们从图中可以看出，当没有贸易

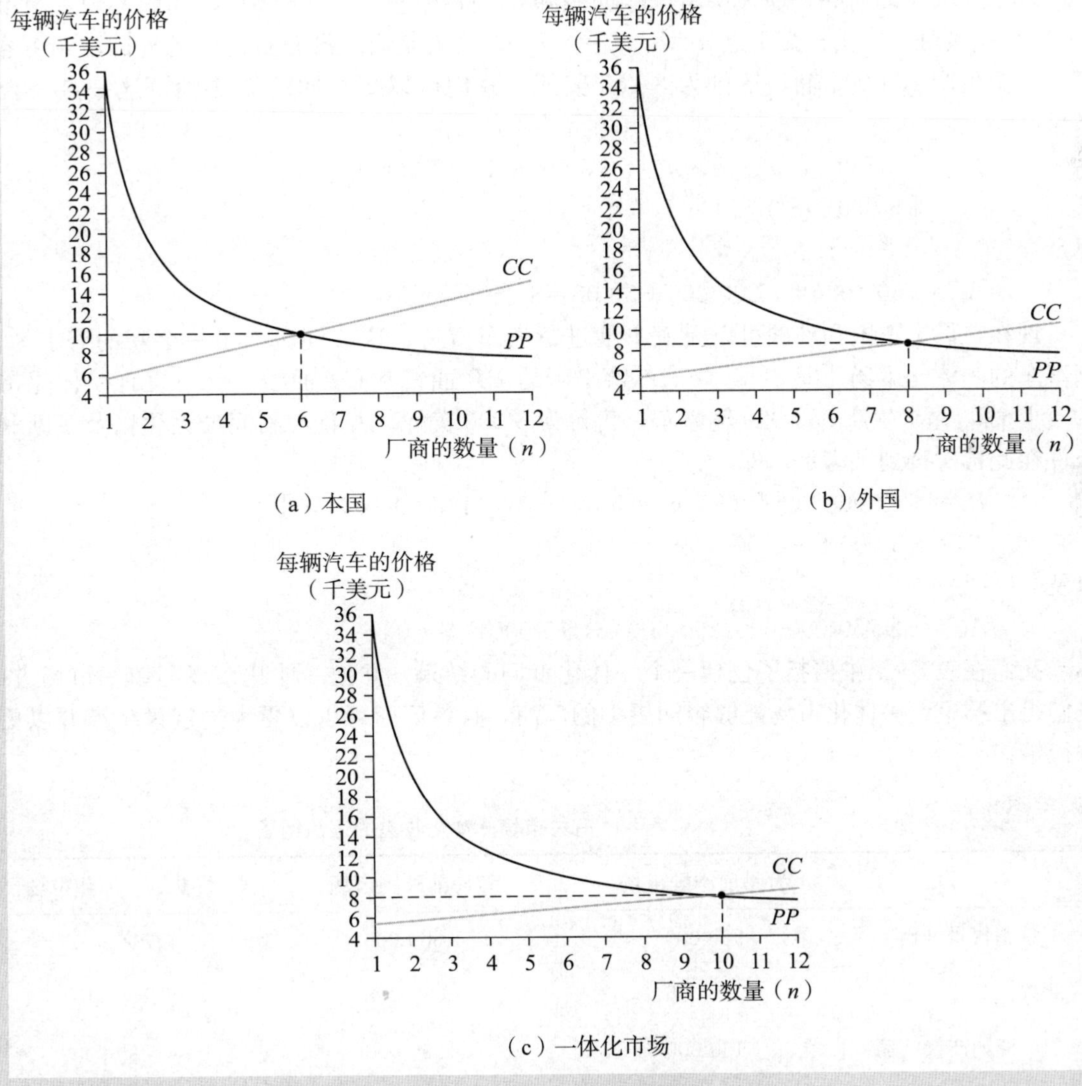

图 8-5　汽车市场的均衡

说明：（a）本国市场：与 900 000 辆汽车市场规模相对应，本国的均衡点由 PP 曲线和 CC 曲线的交点确定，即 6 个厂商，每辆汽车的售价为 10 000 美元。（b）外国市场：与 1 600 000 辆汽车市场规模相对应，外国的均衡点为 8 个厂商，每辆汽车的售价为 8 750 美元。（c）一体化市场：将两个汽车市场联合起来可以创造出一个规模为 2 500 000 辆汽车的市场。这一市场可支持 10 个厂商，每辆汽车售价为 8 000 美元。

时，国内有 6 个汽车厂商，每辆汽车售价为 10 000 美元（可以通过代数方法算出 n 和 P，过程参见本章附录的数学推导）。为了证明这就是长期均衡点，我们需要表明在这一点上，定价式（8-10）和价格等于平均成本这两个条件都得到了满足。我们把边际成本 c、需求参数 b 以及厂商数 n 的具体数据代入式（8-10），可以得到：

$$P=\$10\ 000=c+1/(b\times n)=\$5\ 000+1/[(1/30\ 000)\times 6]$$
$$=\$5\ 000+\$5\ 000$$

因此，边际收益等于边际成本这一利润最大化的条件得到了满足，每个厂商的销售量为 900 000÷6=150 000（辆），平均成本则为：

$$AC=750\ 000\ 000/150\ 000+5\ 000=10\ 000(\text{美元})$$

由于单位平均成本等于售价，所以垄断利润为零。这样，6 个汽车厂商，每个生产 150 000 辆，售价为 10 000 美元，这就是本国市场的长期均衡点。

外国市场又如何呢？通过绘出 PP 曲线和 CC 曲线［图 8-5（b）］，我们发现，当市场容量为 1 600 000 辆时，曲线相交于点 $n=8$，$P=8\ 750$。也就是说，没有贸易时的外国市场可容纳 8 个厂商，每个生产 200 000 辆，售价为 8 750 美元。我们可以用相同的方法验证这一点是否满足均衡条件：

$$P=\$8\ 750=c+1/(b\times n)=\$5\ 000+1/[(1/30\ 000)\times 8]$$
$$=\$5\ 000+\$3\ 750$$

以及

$$AC=750\ 000\ 000/200\ 000+5\ 000=8\ 750(\text{美元})$$

现在，假定本国和外国可以无成本地进行汽车贸易，这就创造出了一个新的需求为 2 500 000 辆汽车的一体化市场［图 8-5（c）］。绘出新的 PP 曲线和 CC 曲线，就可发现一体化市场只需要 10 个厂商，每个生产 250 000 辆汽车，售价为 8 000 美元。并且，利润最大化以及垄断利润为零的条件在此再次得到了满足，即

$$P=\$8\ 000=c+1/(b\times n)=5\ 000+1/[(1/30\ 000)\times 10]$$
$$=\$5\ 000+\$3\ 000$$

以及

$$AC=(\$750\ 000\ 000/250\ 000)+\$5\ 000=\$8\ 000$$

我们在表 8-1 中概括了创建一个一体化市场的结果，并把一体化市场与单一市场进行了比较。我们得出结论：一体化市场能够容纳更多的厂商，且各厂商可以以更大的规模生产并以更低的价格进行销售。

表 8-1　有关市场一体化收益的假想例子

	贸易前本国市场	贸易前外国市场	贸易后一体化市场
汽车总销售量（辆）	900 000	1 600 000	2 500 000
厂商数	6	8	10
每个厂商的产量（辆）	150 000	200 000	250 000
平均成本（美元）	10 000	8 750	8 000
市场价格（美元）	10 000	8 750	8 000

很明显，所有人都可以从一体化市场中得到好处。在这个大市场中，消费者有更广泛的选择，

厂商能够生产更多的产品，因而也能以低价供货。

为了实现一体化带来的好处，各国必须参与国际贸易。为了实现规模经济，各厂商必须集中生产——要么在本国，要么在外国。然而，厂商必须在两个市场同时销售。最终，任何产品均只在一国生产并出口到另一国。

这个数字例子强调了与贸易模型相关的垄断竞争贸易的两个重要的新特点，在第 3～6 章中我们提到了这个基于比较优势的贸易模型。第一，例子显示了产品差异化和内部规模经济如何导致了在相似国家之间的贸易，这些国家之间没有比较优势差异。与基于比较优势的贸易相比，这是一种非常不同的贸易，每个国家出口具有比较优势的产品。此处本国和外国均相互出口汽车。本国进口某些类型的汽车（由外国厂商生产），出口不同类型的汽车（由本国厂商生产），或者相反。这导致了所谓的**产业内贸易**（intra-industry trade）：相似产品的双向交易。第二，这个例子强调了贸易福利的两条新通道。在贸易发生后的一体化市场，本国和外国消费者受益于多种类型的汽车（10 对 6 或 8），由于厂商能够将产品和两个产地联合，同时利用规模经济的作用，因此价格更低（8 000 美元对 8 750 美元或 10 000 美元）。[①]

从经验看，与产业内贸易相关，我们是否观察到以产品多样化和低平均成本联合生产形式体现的贸易利得？答案是肯定的。

产业内贸易的重要性

世界贸易中产业内贸易的比例在过去的半个世纪已经稳步上升。产业内贸易的测量取决于产业分类系统将产品进行不同的分类。依靠产业分类的精度（成百上千种不同产业分类），产业内贸易占据世界贸易 1/4 到将近 1/2 的比例。在发达国家的制成品贸易中，产业内贸易扮演了非常重要的角色，占据了世界贸易的主要部分。

表 8－2 列举了 2009 年美国一些制造业产业内贸易的重要性指数，该指数是产业内贸易与总贸易之比。[②] 其数值介于美国进出口几乎相等的金属加工机械和无机化学产业的 0.97 到美国大量进口而几乎不出口的制鞋产业的 0.10 之间。推及一般，对于美国单纯进口或单纯出口的产业而言，该指数为 0；对美国某进出口额完全相等的产业来说，其值为 1。

表 8－2 说明产业内贸易在美国很多不同产业中是非常重要的贸易组成部分。一方面，那些产业主要熟练生产制成品如化学药品、药物以及专业化机器。发达国家主要出口这些产品，在生产上具有规模经济。另一个方面是很少有产业内贸易的产业，主要生产劳动密集型产品如鞋类和服装。美国从发展中国家大量进口这些产品，比较优势是美国和其他国家贸易的基本决定因素。

通过提高产品多样性和规模经济获得的新型福利类型是什么？近期迪尤肯资本管理公司的克里斯蒂安·布罗达（Christian Broda）及哥伦比亚大学的戴维·温斯坦（David Weinstein）的论文预计 1972—2001 年的 30 年间，美国进口产品数量达到了 3 倍。他们进一步估计消费者因提高产品多样性而获得的福利所得占 GDP 的 2.6％。[③]

---

① 还要注意到，本国消费者从贸易一体化中的所得大于外国消费者。这是具有递增收益和产品差异化的贸易模型的标准特征。小国的一体化收益大于大国。这是因为一体化收益由市场规模的扩大驱动；最初规模较小的国家由于一体化而获得的市场规模扩大程度更大。

② 更准确地说，计算给定产业的产业内贸易的重要性的标准公式如下：

$$I=\frac{\min\{出口,进口\}}{(出口+进口)/2}$$

式中，min{出口，进口} 指出口和进口之间的最小值。这是出口和进口所反映的双向产品交换的数值。这一数值用占平均贸易流（出口和进口的平均数）的比例表示。一方面，如果某产业的贸易是单向的，则 $I=0$，因为最小的贸易流为零：没有产业内贸易。另一方面，如果一国某产业内的出口和进口相等，我们得到另一个极端值 $I=1$。

③ 参见 Christian Broda and David E. Weinstein，"Globalization and the Gains from Variety," *Quarterly Journal of Economics* 121（April 2006），pp. 541－585。

表 8-1 的数字主要表示的是小经济体的规模经济带来的一体化收益：在实施一体化之前，由于国家经济规模小，不能发挥规模经济优势，生产效率特别低。当美国和加拿大在 1964 年签订《北美汽车协定》（不包括墨西哥）时，经济一体化加深了，到《北美自由贸易协定》（包括墨西哥）时则达到了顶点。下面的案例分析描述了一体化是如何导致汽车业联合及效率提高的——特别是对加拿大（经济规模是美国的十分之一）而言。

本书也测度了现实中其他更紧密的经济一体化例子的类似的贸易利得。欧洲 20 世纪后半叶发生了一个最突出的例子。在 1957 年，西欧主要国家建立了一个制成品的自由贸易区，称为共同市场或欧洲经济共同体（EEC）。（英国后来在 1973 年加入。）产业内贸易成为主导，获得迅速发展。在 20 世纪 60 年代欧洲经济共同体内部贸易的增长是世界的两倍，共同体逐渐一体化发展成为欧盟。这些国家团体（主要是组成 EEC 的国家）在 1999 年采用了统一货币欧元，国家之间的产业内贸易进一步发展（甚至是相对于欧盟其他国家）。近期的研究也表明，欧元的采用导致欧元区内不同产品的贸易数量得到了巨大增长。

表 8-2　2009 年美国工业的产业内贸易指数

金属加工机械	无机化学	动力机械	药品及医疗设备	科学设备	有机化学	钢铁	公路用车	办公设备	通信器材	家具	服装	制鞋
0.97	0.97	0.86	0.85	0.84	0.79	0.76	0.70	0.58	0.46	0.30	0.11	0.10

案例分析　产业内贸易实例：1964 年《北美汽车协定》和《北美自由贸易协定》

20 世纪 60 年代后半期，美国和加拿大之间汽车贸易的发展是一个特别明显的产业内贸易的例子，它清晰地展现了规模经济在促进国际贸易、提高双方利益中的作用。虽然本案例与我们的模型并不完全匹配，因为它涉及多国企业，但它显示了我们提出的基本概念在现实生活中是有用的。

在 1965 年以前，加拿大和美国的关税保护使得加拿大成为一个汽车基本自给自足的国家，进口不多，出口也少得可怜，而且加拿大的汽车工业被美国汽车工业的几个大厂商所控制（这一特点我们将在本章后面讨论）。美国厂商发现，在加拿大大量建立分散的生产体系比支付关税要划算。因此，加拿大的汽车工业实质上是美国汽车工业的缩小版，大约为美国规模的 1/10。

但是，美国厂商在加拿大的子公司发现了小规模带来的种种不利。一部分原因是，在加拿大的分厂比其在美国的分厂要小，但重要的原因可能是美国的工厂更加“专一”——集中精力生产单一车型的汽车或配件。而加拿大的工厂则不得不生产各种各样不同的产品，以致工厂不得不经常停产以实现从一个产品项目向另一个产品项目的转换，不得不保持较多的库存，不得不少采用专业化的机器设备，等等。这样，加拿大汽车工业的劳动生产率比美国的要低大约 30%。

为了消除这些问题，美国和加拿大政府通过努力于 1964 年建立了一个汽车自由贸易区（附有一些限制条件）。这一举措使得汽车厂商得以重组生产：美国厂商在加拿大各子公司大力削减其产品种类。例如，通用汽车削减了其在加拿大生产的汽车车型的一半。但是，加拿大的总体生产及就业水平并未改变。加拿大一方面从美国进口自己不再生产的汽车车型，另一方面向美国出口加拿大仍生产的车型。1962 年，加拿大向美国出口了价值 1 600 万美元的汽车产品，从美国进口了价值 5.19 亿美元的汽车产品。但是到 1968 年，这两个数字已分别为 24 亿美元和 29 亿美元。换言之，加拿大的进口和出口均大幅增长。

贸易利得是惊人的。到20世纪70年代初，加拿大汽车工业的生产效率已经可以与美国同行相媲美。后来，汽车业的发展延伸到墨西哥。1989年，大众汽车加强了在北美的墨西哥的经营，关闭了宾夕法尼亚州的工厂。《北美自由贸易协定》（美国、加拿大、墨西哥之间的自由贸易协定）延续了这种进程。1994年，大众汽车开始在墨西哥普埃布拉生产新甲壳虫。该工厂现在为整个北美市场生产高尔夫、捷达和甲壳虫等新车型。2011年，大众汽车重新进入美国市场，在田纳西州查塔努加市建立了一个新组装厂，为北美市场生产帕萨特（此前主要从欧洲进口）。

通过合并提高生产率不仅仅局限于最终产品组装阶段。整个北美市场的汽车配件制造商也加强了合并。在《北美自由贸易协定》的第一个十年，美国和墨西哥之间的双向汽车配件贸易额均翻了一番。双边贸易在接下来的十年又翻了一番，凸显了产业内贸易不断增长的重要性。

然而美国特定汽车组装厂迁移到墨西哥引起了大量有关《北美自由贸易协定》对美国的经济影响的新闻报道（特别是在2016年总统大选期间）。① 这些报道很少提及美国汽车业的增长和出口到墨西哥的部分：2002年墨西哥超过2/3的汽车进口来自美国。近期研究预测了取消《北美自由贸易协定》对世界汽车产量的影响。②

尽管取消《北美自由贸易协定》可能会使墨西哥和加拿大的汽车制造受到重大打击，降低它们的进口竞争力，但是并不会促使美国提高汽车产量。墨西哥和加拿大对美国进口需求的降低（伴随全体消费者面对高价）将导致美国汽车厂商减产。只有北美之外地区的汽车产量会由于该地区汽车价格上升而增加。

厂商对贸易的反应：获利者、受损者与产业绩效

在两个国家的汽车产业案例中，我们知道经济一体化导致厂商之间竞争加剧。贸易前生产汽车的14个厂商（本国6个、外国8个）在经济一体化后只有10个幸存。然而，每个厂商现在的生产规模更大（每个厂商生产250 000辆汽车，对应贸易前本国厂商150 000辆或外国厂商200 000辆）。在案例中，假设厂商是对称的，因此厂商退出或幸存以及扩张都是不重要的。在现实中，厂商绩效不同，因此贸易竞争加剧的影响一点儿都不重要。如所预料，由于被迫退出，绩效最差的厂商趋向于受竞争加剧的侵害最大。如果竞争加剧来自贸易（或经济一体化），那么竞争与幸存厂商在新市场的销售机会也有关联。此外，如所预料，绩效最好的厂商可以最佳地利用那些新的销售机会并实现最大扩张。

这种构成变化对产业水平产生了重大影响：当绩效好的厂商扩张、绩效差的厂商收缩或退出时，整体产业绩效将提升。这意味着贸易和经济一体化对产业绩效有直接影响。似乎整个产业的技术都得到了发展。从经验看，这种构成变化极大地提高了产业生产率。

考虑加拿大和美国经济更加一体化的案例（见第2章中的案例分析及讨论）。我们讨论这种一体化如何导致汽车厂商巩固了加拿大小规模厂商的生产，生产水平显著上升。1989年《美加自由贸易协定》生效，从汽车业延伸到多数其他制造业部门。类似的集合进程对加拿大制造业部门产生了影响。然而，这与选择的进程相关：绩效最差的厂商倒闭，绩效较好的厂商通过扩大对美国市场的出口进行扩张。多伦多大学的丹尼尔·特雷夫勒对贸易协定进行了细致分析，研究了加拿大厂商的

---

① 唐纳德·特朗普在成为共和党候选人时宣称《北美自由贸易协定》是美国历史上“曾经签订的最糟糕的协定”，并且一再呼吁取消该协定。

② 参见 Keith Head and Thierry Mayer，“Brands in Motion：How Frictions Shape Multinational Production，”CEPR Discussion Paper 10797（August 2015）。

不同反应。[1] 他发现受影响最大的加拿大行业生产率显著提高了14%～15%（在经济系统中，生产率每提高1%，保持就业不变，就能转化成国内生产总值增加1%）。就其本身而言，绩效最差的厂商由于来自美国的竞争加剧而导致的收缩或退出，占那些部门中15%的增长率的一半。

生产者绩效差异

我们放宽垄断竞争模型中对称性的假设，以便研究市场规模扩大后的竞争如何对厂商产生不同影响。[2] 对称性假设意味着所有厂商均具有同样的成本曲线式（8-3）和同样的需求曲线式（8-5）。假设厂商由于边际成本水平 c_i 不同，因此成本曲线不同。我们假设所有厂商均面临相同的需求曲线，不同厂商之间的产品质量差异导致了类似的厂商绩效预测，正如我们从成本差异中推导出来的一样。

图8-6说明了当 $c_1<c_2$ 时，厂商1和厂商2之间的绩效差异。在图（a）中，我们画出一般需求曲线式（8-5）和相应的边际收益曲线式（8-8）。注意到两条曲线在纵轴上具有相同的截距［插入 $Q=0$ 至式（8-8）得到 $MR=P$］；当 $Q=0$ 时，截距由式（8-5）中的 P 产生，需求曲线的斜率为 $1/(S\times b)$。如前所述，边际收益曲线比需求曲线陡峭。厂商1和厂商2选择的产量分别为 Q_1 和 Q_2，分别达到利润最大化。当各自的边际成本曲线与边际收益曲线相交时，会形成以上情形，与需求曲线上的产出水平对应的价格为 P_1 和 P_2。可见与厂商2相比，厂商1可以用较低的价格生产更多的产品。既然边际收益曲线比需求曲线更陡峭，我们也可以知道厂商1比厂商2在边际成本上的加价更高：$P_1-c_1>P_2-c_2$。

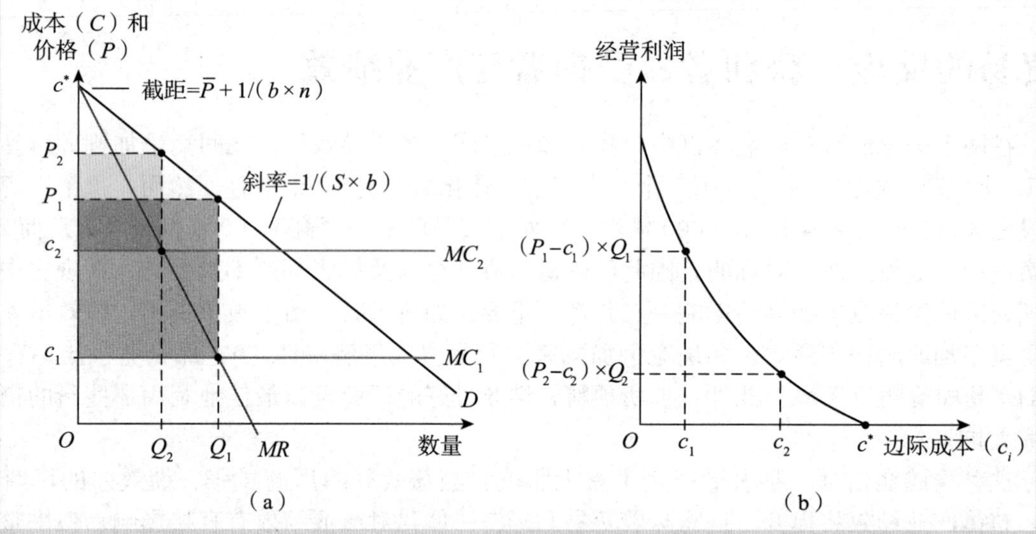

图8-6 厂商绩效差异

说明：(a) 厂商1和厂商2的需求曲线和成本曲线。厂商1的边际成本小于厂商2：$c_1<c_2$。所有厂商均面临相同的需求曲线和边际收益曲线。相比厂商2，厂商1价格更低，产出更高。阴影面积代表两个厂商的利润（扣除固定成本以前）。厂商1比厂商2的经营利润更高。(b) 经营利润是厂商边际成本 c_i 的函数。随着边际成本的增加，经营利润降低。边际成本超过 c^* 的厂商无法获得利润，只能倒闭。

---

① 参见Daniel Trefler, "The Long and Short of the Canada-U. S. Free Trade Agreement," *American Economic Review* 94 (September 2004), pp. 870-895，以及*New York Times* 对这一论文的总结："What Happened When Two Countries Liberalized Trade? Pain, Then Gain," by Virginia Postel (January 27, 2005); and Marc J. Melitz and Daniel Trefler, "Gains from Trade When Firms Matter," *Journal of Economic Perspectives* 26 (2012), pp. 91-118。

② 对模型的详细阐述，参见Marc J. Melitz and Daniel Trefler, "Gains from Trade When Firms Matter," *Journal of Economic Perspectives* 26 (2012), pp. 91-118。

阴影面积代表两个厂商的生产利润，等于收益 $P_i \times Q_i$ 减去生产成本 $c_i \times Q_i$（对于两个厂商，$i=1$，$i=2$）。此处，假设固定成本 F（假设所有厂商相同）不能收回，不计入生产利润（即为沉没成本）。既然生产利润可以被重新写成加价与产品出售数量的乘积，$(P_i - c_i) \times Q_i$，我们就可以确定厂商 1 比厂商 2 赚取更多的利润（回想厂商 1 比厂商 2 设置了更高的加价，产出更多）。我们可以总结出在边际成本不同的基础上，各厂商相关的绩效差异。相比边际成本更高的厂商，边际成本更低的厂商可能：(1) 设置较低的价格，但是在边际成本上加价更高；(2) 产量更高；(3) 利润更大。[①]

图 8-6 (b) 显示了厂商边际成本 c_i 不同，生产利润不同。如前文所指出的，这是一个边际成本的递减函数。回到图 (a)，我们看到，只要边际成本低于需求曲线在纵轴的交点 $\overline{P}+[1/(b \times n)]$，厂商就可以长期获得确定的利润。用 c^* 代表最大的边际成本。超过最大边际成本 c^* 的厂商实际上“定价过高”，如果有产量则亏损。厂商将选择停业，不再生产（全部损失等于固定成本 F）。为何厂商会首先进入？明显地，如果在进入之前了解到高成本 c_i，厂商将不会进入并支付固定成本。

我们假设厂商面临随机的未来生产成本 c_i，只有在支付固定成本 F 并成为沉没成本后，这种随机性才会消失。因此，如果全部利润为负，部分厂商会后悔进入市场。另外，一些厂商会发现生产成本 c_i 非常低，全部利润非常高。如我们在对称性厂商案例中所描述的，类似的进程会驱使厂商进入。在此前的案例中，厂商不断进入，直到所有厂商利润为零。这里的厂商之间利润各异，厂商进入，直到超过所有潜在成本水平 c_i 的预期利润被驱向零。

市场规模增大的效应

图 8-6 (b) 总结了市场规模 S 下的产业均衡。由图可知，生存下来进行生产（成本 c_i 低于 c^*）的厂商范围，以及利润如何随成本水平 c_i 而变化。当经济一体化形成一个单一的大市场后会发生什么？对于对称性厂商，大市场比小市场可以支撑更多的厂商。这将导致竞争加剧，并附带产生市场规模 S 增大的直接影响。如我们所见，这些变化对有不同生产成本的厂商会带来不同影响。

图 8-7 总结了市场一体化导致的不同影响。在图 (a) 中，每个厂商面对需求曲线 D。假设其他情况相同，我们期望加剧的竞争会扭转厂商的需求。另外，我们也期望更大的市场规模 S 本身能够转移需求。这种认知是正确的，导致需求从 D 变化到 D'，如图 (a) 所示。请注意需求曲线的旋转方式：小厂商（较低的产出）的需求曲线向内旋转而大厂商的需求曲线向外旋转。本质上，竞争加剧的影响是小厂商占主导，市场规模扩大的影响是大厂商占主导。

我们可以分析竞争加剧的影响和需求曲线 D 上的市场规模。回想需求曲线的纵轴截距是 $\overline{P}+1/(b \times n)$，斜率为 $1/(S \times b)$。竞争加剧（较多的厂商数量 n）保持市场规模不变，降低了需求的纵轴截距，斜率不变：更多的竞争导致需求曲线向内旋转。[②] 市场规模 S 扩大的直接影响是：保持截距不变，需求曲线变得平坦（斜率减小）：引起需求曲线向外旋转。结合两种影响，我们得到新的需求曲线 D'，纵轴截距变小，比初始需求曲线 D 更平坦。

图 8-7 (b) 显示了对于具有不同成本水平 c_i 的厂商的经营利润，需求改变的结果。对小厂商需求的降低转换成一个新的、更低的成本节点 $c^{*\prime}$。成本高于 $c^{*\prime}$ 的厂商在需求减少时无法幸存，被迫退出。另外，更加平坦的需求曲线有利于低成本水平的厂商：它们可以通过减少加价（因而价格）适应加剧的竞争并获得额外市场份额。[③] 这使得一些成本最低、绩效最好的公司利润增加。[④]

---

① 回忆我们曾经假设所有厂商都面临同样的不能收回的固定成本 F。如果一个厂商赚取了更高的经营利润，则它也赚取了更高的总利润（扣除固定成本后的利润）。

② 在均衡状态下，竞争加剧也导致了更低的平均价格 $\overline{P}$，从而进一步降低了截距。

③ 回忆厂商的边际成本 c_i 越低，它对边际成本的加价 $P_i - c_i$ 越大。高成本厂商的加价本来已经很低，因而无法通过降低加价来使需求变为正值，这意味着它们的价格低于边际生产成本。

④ 扣除某些厂商所增加的利润的另一种方法是利用使平均利润趋向零的进入条件。如果某些高成本厂商的利润下降，那么某些低成本厂商的利润必定上升，因为所有厂商的平均利润必定为零。

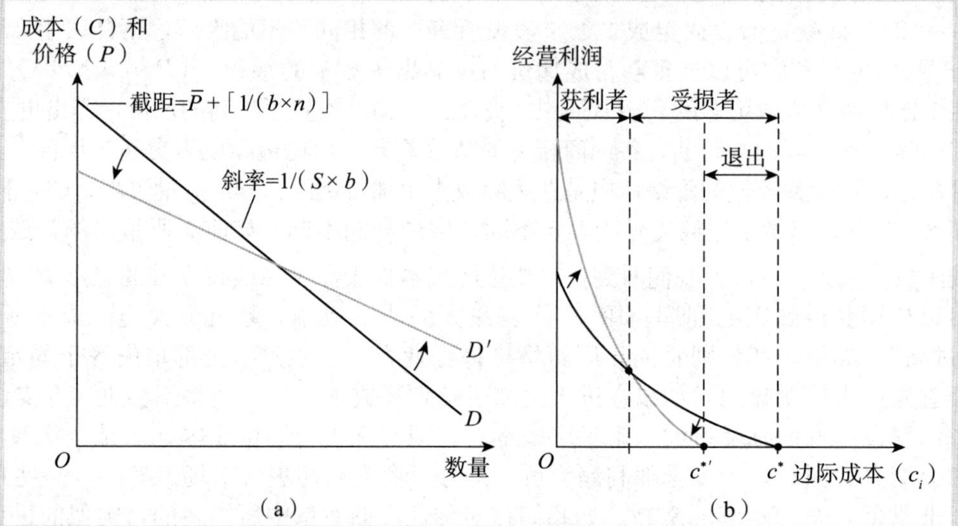

图 8-7 经济一体化的获利者和受损者

说明：图（a）显示所有厂商的需求曲线从 D 转移到 D'。它变得更平坦了，纵轴截距也变得更小了。图（b）显示了需求改变对边际成本 c_i 不同的厂商的经营利润的影响。边际成本位于初始值 c^* 及现值 $c^{*\prime}$ 之间的厂商被迫退出市场。边际成本最低的厂商因经济一体化获利，利润增加。

图 8-7 说明了市场规模增大如何在一个产业中形成获利厂商和受损厂商。低成本厂商兴旺，利润和市场份额增加，与此同时，高成本厂商份额收缩，而拥有最高成本的厂商退出。这种组成变化意味着由于生产集中于高效的（低成本）厂商，产业整体生产率提高。这再次验证了此前我们所描述的加拿大与美国制造业更加紧密一体化的例子。对于与大国一体化的小国而言，这种影响非常明显，但并不限于小国。即使对于美国这样的大国，通过降低贸易成本而增加的一体化也将导致重要的分布影响和生产率提高。①

贸易成本与出口决策

到目前为止，我们已将经济一体化按市场规模扩大建立模型。这隐含地假设这种一体化已发展到单一市场形成的阶段。在现实中，一体化很少如此深入：国家之间的贸易成本减少，但从未消除。在第 2 章中我们讨论过，即使是在如美国和加拿大这样如此高度一体化的两个国家，也存在贸易成本。我们可以看到美加边界大幅降低了两国之间的贸易量。

跨越边界的贸易成本是厂商层级的贸易模式的显著特点：美国厂商几乎不能为加拿大消费者提供产品。实际上，绝大多数美国厂商所报告的出口活动几乎为零（因为它们只是出售给美国消费者）。在 2007 年，550 万个美国企业中仅 4%报告有出口销售。制造业部门本质上更倾向于出口（相比农业、采矿业和服务业部门贸易成本更低）。然而，即使在最倾向于出口的部门也仅有 35%的制造商开展了出口业务。表 8-3 显示了具体制造业部门的出口商下降比例。我们可以看出在工业部门中出口商比例的变化。这种变化与美国工业的比较优势相关（参见第 5 章的详细描述）：美国出口集中在相对资本密集型及技术密集型行业，这些行业的公司本质上更倾向于出口。然而，即使

① 参见 A. B. Bernard，J. B. Jensen，and P. K. Schott，“Trade Costs，Firms and Productivity，” *Journal of Monetary Economics* 53（July 2006），pp. 917-937。

在出口倾向最大的工业中，也有大量公司没有从事出口活动（它们仅出售给美国消费者）。这强调了为什么与国境相关的贸易成本成为主要原因：成本大幅降低了有意愿或有能力跨越国境达成与消费者的交易的出口商数量。（另一原因是，贸易成本也降低了跨越国境达成与消费者的交易的出口销售量。）

表 8-3	2016 年美国工业部门报告有出口销售的公司比例（%）
印刷	15
家具	16
木制品	21
服装	22
金属制品	30
石油与煤炭	34
交通设备	57
机械	61
化学	65
电子设备和电器	70
计算机和电子	75

资料来源：A. B. Bernard，J. B. Jensen，S. J. Redding，and P. K. Schott，“Global Firms.” NBER Working Paper，22727（October 2016）.

在一体化经济中没有任何贸易成本，消费者所处的位置对厂商无关紧要。我们介绍贸易成本以解释为何厂商实际上关心消费者的位置，以及为何这么多厂商选择不进入另一个市场。我们马上将看到，这将解释厂商之间的重要差异，有的厂商选择承担贸易成本进行出口，有些并不如此选择。为什么有些厂商不选择出口？简单来说，贸易成本减少了所有厂商的出口利润。对部分厂商而言，利润的减少会使出口没有利润。我们下面将正式讨论这种争议。

为简化起见，我们考虑世界上两个完全相同的国家（本国和外国）的反应。市场规模 S 现在反映每个市场的大小，因此现在世界市场的规模为 $2S$。由于贸易成本的存在，市场不再是完全一体化的，因此我们将世界市场作为一个单一的 $2S$ 规模的市场进行分析。

明确假设厂商对于每个单位跨界销售的额外成本为 t。我们必须记录厂商在每个市场各自的行为。由于贸易成本 t，厂商在出口市场会采取与国内市场不同的价格。这会导致每个市场销售数量不同，最终在每个市场赚取的利润不同。由于每个厂商的边际成本不变（不随产出水平变化而变化），在每个市场出售的产品价格和数量的决定是分开的：国内市场的决定对出口市场不同决定的盈利能力没有影响。

考虑厂商位于本国的例子。它们所处境况完全如图 8-6 所示，除了全部结果（如价格、产出和利润）仅涉及国内市场外。[①] 现在考虑厂商 1 和厂商 2（边际成本分别为 c_1 和 c_2）对于出口市场（外国）的决策。它们在外国面临同样的需求曲线，如在本国一样（回想我们假设两国完全一样）。唯一的区别是厂商在出口市场的边际成本由于贸易成本的存在上升了。图 8-8 说明了两个厂商在两个市场的状况。

① 厂商数量 n 是在本国市场销售的所有厂商数量。（这包括位于本国的厂商，也包括位于国外的向本国出口产品的厂商。）$\overline{P}$ 是在本国销售的所有厂商的平均价格。

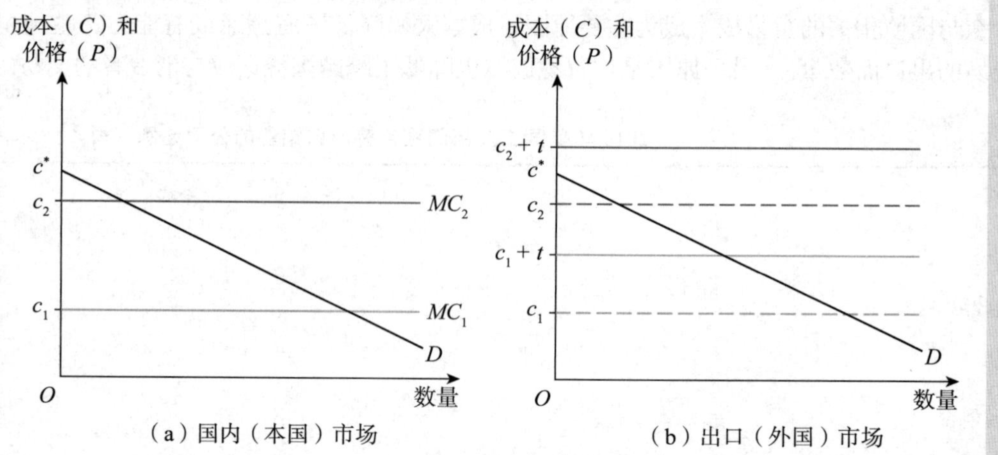

图 8－8　贸易成本下的出口决策

说明：（a）厂商 1 和厂商 2 均在国内（本国）市场生产。（b）仅厂商 1 选择出口到外国市场。在贸易成本 t 下厂商 2 没有利润。

贸易成本对厂商的出口市场决策的影响是什么？从前面的分析中我们得知，较高的边际成本致使厂商提价，导致产出下降和利润下降。我们也知道若边际成本超过门槛水平 c^*，厂商就无法在该市场获利。图 8－8 中的厂商 2 正是如此。一方面，由于成本小于门槛水平，$c_2 \leqslant c^*$，厂商 2 在国内市场可以获利。然而，由于在外国市场成本高于门槛，$c_2+t>c^*$，厂商 2 因此不能获利。另一方面，厂商 1 在国内和出口市场成本足够低，因此在两个市场均可获利：$c_1+t \leqslant c^*$。我们可以基于边际成本 c_i 对所有厂商延伸这种假设。成本最低的厂商，$c_i \leqslant c^*-t$，可以出口；成本较高的厂商，$c^*-t<c_i \leqslant c^*$，仍然为国内市场生产，但并不出口；成本最高的厂商，$c_i>c^*$，在两个市场都不能获利，于是退出。

我们刚才了解到贸易成本模型比垄断竞争和贸易模型增加了两个重要假设：成本解释了为什么仅有一部分厂商出口，也解释了为什么这部分厂商包含相对较大的、高效的厂商（具有较低的边际成本 c_i）。对多个国家的厂商出口决策的经验分析广泛支持了这个假设，即同一行业中出口厂商比不出口厂商规模更大、生产效率更高。在美国的典型制造业中，出口厂商比不出口厂商平均规模要大两倍。出口厂商的每个工人创造的附加值比不出口厂商的每个工人创造的附加值平均要高 11%。这种差异在许多欧洲国家甚至更大。①

倾　销

垄断竞争模型增加了贸易成本，也增加了另一个现实的维度：因为市场不再是没有贸易成本从而完全一体化的，厂商可以选择在不同市场采取不同价格。贸易成本也影响厂商对市场竞争的反应。回顾边际成本较高的厂商将选择在边际成本之上加上更低的加价（由于市场份额小，厂商面临更大的竞争）。这意味着出口厂商通过降低在出口市场上的加价以应对贸易成本的增加。

① 参见 A. B. Bernard，J. B. Jensen，S. J. Redding，and P. K. Schott，“Firms in International Trade，” *Journal of Economic Perspectives* 21（Summer 2007），pp. 105－130；and Thierry Mayer and Gianmarco I. P. Ottaviano，“The Happy Few：The Internationalisation of European Firms：New Facts Based on Firm-Level Evidence，” *Intereconomics* 43（May/June 2008），pp. 135－148。

考虑图 8-8 中厂商 1 的例子。它在国外出口市场面临较高的边际成本：c_1+t。令 P_1^D 和 P_1^X 分别代表厂商 1 在国内（本国）和出口（外国）市场的价格。厂商 1 在出口市场设置更低的加价 $P_1^X-(c_1+t)$，在国内市场设置加价 $P_1^D-c_1$。这相应意味着 $P_1^X-t<P_1^D$，厂商 1 在出口市场比在国内市场设定更低的出口价格（净贸易成本）。

厂商 1 的以上行为被多数国家认为是**倾销**（dumping），并被视为一种不公平贸易手段。任一外国厂商都可以向当地权力机构（如美国商务部和国际贸易委员会）寻求对厂商 1 的惩罚性赔偿。这经常采取针对厂商 1 的**反倾销税**（antidumping duty）形式，通常以 P_1^D 和 P_1^X-t 来衡量价格差异。①

在贸易政策中，倾销存在争议；我们将在第 10 章讨论对倾销的政策争论。现在，我们注意到厂商 1 与在国外市场竞争的外国厂商行为一致。在市场中，厂商 1 和厂商 2 在边际成本上恰好采取同样的加价，$c_2=c_1+t$。厂商 2 的定价行为是完全合法的，那么为什么厂商 1 的出口定价被认为是不公平的贸易手段？这是为何经济学家认为反倾销措施的强制实施是错误的（见案例分析中更详细的讨论）以及人们认为倾销特别有害的看法没有强有力的经济上的理由的主要原因之一。

我们的垄断竞争模型强调贸易成本有一个引诱厂商在出口市场上降低加价的自然趋势，因为在出口市场上厂商由于市场份额减少从而面对更激烈的竞争。这使得国内厂商相对更容易地对市场上的出口商提出倾销申诉。实际上，反倾销法很容易通过对出口商的市场歧视建立贸易壁垒。

∴案例分析　作为贸易保护手段的反倾销政策

在美国及许多其他国家，倾销被认为是一种不公平的竞争手段。那些自认为被外商倾销所侵害的美国厂商可以通过准司法程序向美国商务部提出申诉，寻求救助。如果它们申诉成功，政府就会对外国厂商课以“反倾销税”，其数额等于进口产品的实际价格与公平价格之间的差额。在实践中，美国商务部承认美国厂商对国外不公平价格的大部分申诉是有道理的。但是实际上是由另外一个部门——国际贸易委员会（International Trade Commission）来确定不公平价格是否确实造成了伤害，而国际贸易委员会否决了近半数的诉讼案。经济学家对于单把倾销拿出来作为被禁止的行为一直不满。首先，针对不同市场制定不同价格是完全合法的商业策略——就和航空公司向学生、老年人以及那些愿意在飞机上度过周末的旅行者提供的价格折扣一样。其次，倾销的法律定义基本上源于其经济定义。由于要证明外国厂商在出口市场上的定价比其国内的低通常是件困难的事，因此美国和其他一些国家就试着在估算这些外国产品的生产成本的基础上算出一个所谓的公平价格。这种“公平价格”准则严重干扰了正常的商业活动：一个正通过获取经验和打入新市场降低成本的厂商很可能愿意暂时蚀本销售。

尽管经济学家基本上都给出了负面评价，但是自 1970 年以来，对倾销的正式诉讼数量还是不断增长。在 20 世纪 90 年代早期，反倾销对象针对的大部分是发达国家。但是自 1995 年以来，发展中国家开始成为反倾销申诉的主要对象。在那些国家中，中国是大量申诉所针对的国家。引起这种趋势主要有两个原因。首先最重要的是，中国出口大量增长。没有厂商愿意面对激烈的竞争，反倾销法通过增加竞争对手的成本，从而允许厂商与竞争隔离。第二，证明中国厂商定价不公平比其他国家出口商相对容易。绝大多数发达国家（包括美国）面临中国出口的剧增，给中国贴上了“非市场经济”标签。《商业周刊》在美国厂商提出对中国出口商的反倾销申诉的时候如此形容这种差异：

---

① P_1^X-t 被称为厂商 1 的出厂价（即产生贸易成本之前在产品被运出工厂门口时的价格）。如果厂商 1 在国内市场存在运输及分销成本，则在国内市场中，将从 P_1^D 中扣除运输及分销成本以获得出厂价。倾销税基于国内市场出厂价和出口市场价格的差额而征收。

那就意味着美国可以不管中国的数据，而用被认为是市场经济国家的其他发展中国家的数据作为中国产品的成本，因为美国认为中国的成本数据被补贴、信贷、刚性市场及人民币限制所扭曲。在电视机及家具等反倾销案例中，美国用了印度的数据，尽管印度不是这类产品的出口大国。由于印度的生产成本较高，因而认定了中国的倾销。①

如上所述，中国已经被征收了电视机、家具以及其他产品包括绉绸纸、手推运货车、虾、熨烫板、塑料购物袋、铁栅栏柱以及近期最大的太阳能电池板的反倾销税。反倾销税税率很高：彩电高达78%，冷轧钢高达266%，糖精高达330%。

跨国公司与外包

何时公司成为跨国公司？根据美国的统计方法，当一个美国公司10%或者更多的股份被一个国外公司控制的时候，则被认为是由外资控制的，是外国跨国公司的子公司；这种统计方法认为10%的股份足以对公司进行有效的控制。类似地，当一个位于美国的公司拥有国外公司的控制性股权时，则被认为是一个跨国公司。控股公司被称为母公司，被控股的公司被称为跨国公司的分支机构。

当美国厂商购买国外厂商超过10%的股份或在国外建立新的生产设施时，这种投资被称为**对外直接投资**（foreign direct investment，FDI）。后者被称为绿地对外直接投资，前者被称为棕地对外直接投资（或跨界并购）。相反，外国公司在美国投资的生产设施被视为美国的资本流入。在下面的案例分析中，我们将描述这种全世界范围内的对外直接投资流动形式。现在，我们集中讨论公司成为跨国公司母公司的决策。为何公司选择在海外开设分支机构？

❖案例分析　世界对外直接投资流动模式

图8-9显示了在过去40年里，世界范围内对外直接投资的巨大流动。我们首先研究世界模式，对外直接投资流动必须平衡：因此世界资本流入和流出必须相等。我们看到在20世纪90年代中期到晚期，跨国活动有巨大的增加，世界范围内对外直接投资流动增长超过5倍，在21世纪初期也是如此。我们看到对外直接投资的增速并不平坦，有巨大的高峰及低谷。高峰和低谷与世界股票市场波动有关（受美国股市波动支配）。在2000年金融崩溃（互联网泡沫破裂），2007—2009年的金融危机也导致全球范围内对外直接投资流动的暴跌。特别是2012年，尽管世界GDP增加，大型股票市场均宣布获得巨大收益，但对外直接投资大幅下降。（与世界经济复苏的脆弱性和政治稳定性相关的不确定性扮演了重要角色，跨国公司将利润转移回国的举动也产生了很大影响。）绝大部分FDI流动与跨界并购有关，与此同时绿地FDI保持相对稳定。

从跨界FDI流入的地区分布来看，在过去，最富有的OECD国家是最大的流入国。然而，我们也看到，与低收入国家相比，OECD国家的资本流入非常多变（在与FDI关联的并购集中地）。最后，我们看到在OECD国家以外的国家中，FDI流动有一个稳定的扩张。自2009年以来，这些国家的流入超过了世界FDI的一半。金砖国家（巴西、俄罗斯、中国、印度和南非）占据了增长的大部分：在过去十年中流向这些国家的FDI增加了3倍。

① "Wielding a Heavy Weapon Against China," *BusinessWeek*, June 21, 2004.

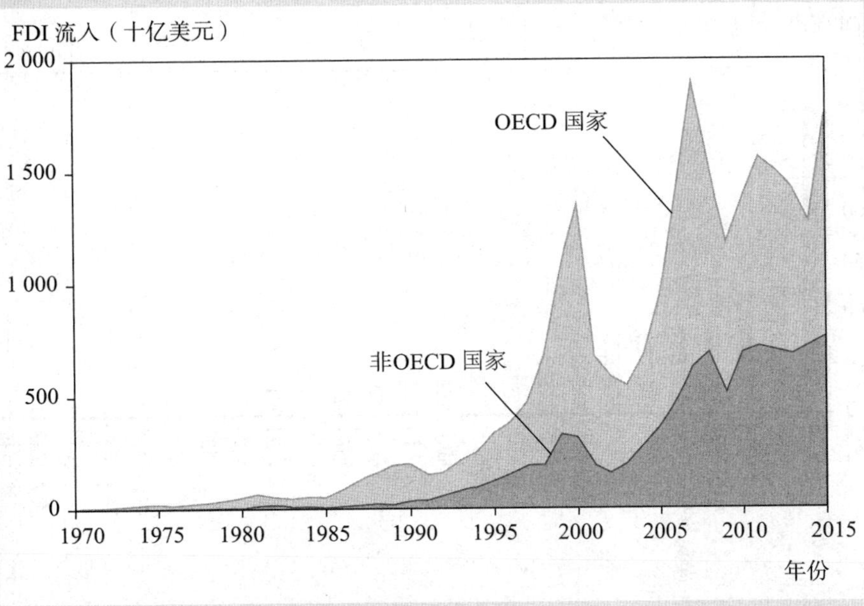

图 8-9　FDI 流入，1970—2015 年

说明：自 20 世纪 90 年代中期以来，世界范围内的 FDI 流动有显著增长，尽管增长速度不均匀。从历史来看，绝大部分 FDI 流入 OECD 的发达国家。然而，发展中和转型国家的流入也随时间的推移稳定增长，自 2009 年以来超过世界 FDI 流动的一半是流入这类国家。

资料来源：United Nations Conference on Trade and Development，*World Investment Report*，2015.

图 8-10 表明了前 25 个经济体的公司的 FDI 流出。因为那些流出是非常多变的，特别是在近期的危机时期，数据已对过去三年做了平均。我们看到 FDI 流出仍然由发达经济体支配；但是也可看到大型发展中经济体，尤其是中国，正在扮演越来越重要的角色。在这种相对新型的 FDI 中，中国和印度的跨国公司起到了重要作用。我们也可以看到，国际税收政策可以影响 FDI 的区位选择。例如，假如不是税收天堂，英属维尔京群岛将不可能名列前 25 个经济体。[①] 该经济体从事 FDI 的公司主要是离岸公司：它们的注册地是英属维尔京群岛，但生产活动发生在世界上的其他地方。

但 FDI 流动并不是测量世界经济体中的跨国公司的唯一方法。其他建立在经济活动基础上的方法有销售额、增加值（销售额减去购买的中间产品价值）和就业率。FDI 分支机构的销售额经常被视为跨国公司活动的参照。当比较跨国公司的行为及出口额时，这提供了一个相关标准。然而，跨国公司的销售额经常与国家 GDP 相比较，例如，大型跨国公司的销售额超过世界许多国家的 GDP。2015 年，最大的 100 个跨国公司的销售额达到世界 GDP 的 10.7%。

引人注目的是，这种比较产生了误导，同时夸大了跨国公司的影响。因为国家 GDP 是以增加值衡量的：在 GDP 的计算中，中间产品不重复计算。此外，跨国公司销售给另一跨国公司的中间产品被重复计算在总销售额里（在中间产品生产者的销售中计算了一次，另一次作为中间产品的使用者最终产品价值的一部分）。结果是，跨国公司和 GDP 的适当比较应该建立在增加值的基础上。按该度量标准，由最大的 100 个跨国公司所创造的增加值在 2015 年占 GDP 的 2%。这仍然是一个大的比例，但并非所见的 10.7%。

① 英属维尔京群岛和开曼群岛是对外直接投资不成比例的流入地（相对于经济规模而言）：它们均排在世界对外直接投资流入地前 25 名之内。

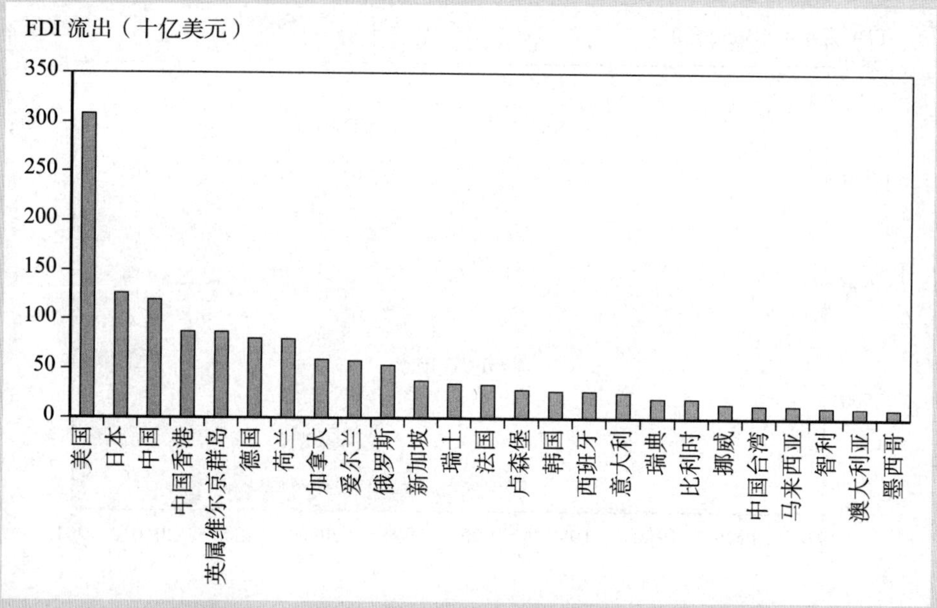

图 8-10　2013—2015 年前 25 个经济体年均 FDI 流出

说明：发达经济体主导了 FDI 流出的列表。近期，大型发展中经济体如中国和印度的公司的 FDI 流出显著增加。

资料来源：UNCTAD，*World Investment Report*，2015.

答案部分取决于分支机构的生产活动。这些活动主要被划分成以下类型：（1）分支机构在世界其他地方重复（母公司在国内设施中从事的）生产过程；（2）产业链被分解，部分生产程序被转移到分支机构所在地进行。在分支机构的投资若从事第一类活动，则被归类为**水平型对外直接投资**（horizontal FDI）；若从事第二类活动，则被归类为**垂直型对外直接投资**（vertical FDI）。[①]

垂直型 FDI 主要是由国家之间的生产成本差异引起的（部分生产程序可以在其他地区进行）。是什么造成了国家之间的成本差异？这正是在第 3～7 章中已提出的比较优势理论的结果。例如，英特尔（最大的计算机芯片制造商）已经将晶片生产分解为晶片制造、组装以及测试。一方面，晶片制造和相关的研发是技术密集型的，因此英特尔仍在美国、爱尔兰和以色列从事大部分这类活动（因为这些地方熟练工人资源充足）。[②] 另一方面，晶片组装和测试是劳动密集型产业，英特尔将生产线迁移到劳动力相对充足的国家，如马来西亚、菲律宾、哥斯达黎加和中国。这种垂直型 FDI 发展迅速，占流向发展中国家的 FDI 增长的一大部分（见图 8-9）。

对比垂直型 FDI，水平型 FDI 主要发生在发达国家之间，即母公司和分支机构均在发达国家。这种类型的 FDI 产生的原因是将生产设置在公司大客户总部附近。因此，比起生产成本差异，贸易和运输成本在 FDI 的决定中起到更为重要的作用。以丰田为例。作为世界最大的汽车生产商（至少在当时，大众是排在第二位的），在 20 世纪 80 年代初，丰田几乎在日本本土生产所有的汽车和卡车并出口到世界其他国家，但主要是北美和欧洲。市场高贸易成本（大部分是贸易限制，见第 9 章）和需求的增加引诱丰田逐渐向海外扩张。到 2009 年，丰田在海外工厂组装超过一半的汽车。丰田将部分流行车型，如卡罗拉，照搬到了在巴西、加拿大、中国、印度、巴基斯坦、南非、泰

① 在现实中，水平型 FDI 和垂直型 FDI 的区分比较模糊。一些大型跨国母公司拥有复制部分生产过程的分支机构网，但在整个母公司网络中与其他分支机构仍是垂直型关系。这类 FDI 被称为“复合”FDI。

② 2010 年，英特尔在原先生产晶片模型的中国大连建立了一个新的晶片制造厂。

国、土耳其、美国、英国、越南和委内瑞拉的组装工厂生产：这是一种水平型 FDI。

公司的对外直接投资决策

对于水平型 FDI 的公司决策，我们将做进一步研究。我们提到与出口相关的高贸易成本是主要驱动因素，导致公司将生产安置在客户附近。此外，存在生产规模收益递增效应。作为结果，多次重复生产程序并非成本有效的，生产设施由于生产的产出太小从而不能发挥收益递增优势。这被称作 FDI 临近-集中权衡。跨部门 FDI 的经验证据有力地确证了权衡的相关性：FDI 活动集中在高贸易成本部门（如汽车业）；然而，当规模收益递增很重要并且公司平均规模扩大时，可以看到，与 FDI 相关的出口量增加。

经验证据也表明在产业内厂商水平下，甚至有更强的 FDI 分类模式。跨国公司趋向于更大规模，在同一国家比非跨国公司有更高的生产率。即使比较一国的跨国公司和出口商，仍然可发现跨国公司规模更大、产出更高。我们回到贸易垄断竞争模型来分析公司如何差异化地回应 FDI 决定中的临近-集中权衡。

水平型 FDI 决策　临近权衡是如何被运用到图 8－8 的厂商出口决策模型中的？如果厂商希望服务国外消费者，仅有一种可能性：出口及负担每单位出口产品的贸易成本 t。我们介绍通过水平型 FDI 成为跨国公司的选择：公司可以在国外建立生产设施以避免贸易成本 t。当然，建立生产设施昂贵，同时可能要承担建立国外分支机构的固定成本 F。（注意，附加的固定成本不必等于本国建立原始生产设施的固定成本；个体国家的具体特征会影响这种成本。）简而言之，假设本国和外国是相似的，因此公司可以在外国设施中以相同的边际成本生产一单位产品。（回想水平型 FDI 主要涉及具有相似要素价格的发达国家。）

于是，公司对出口与 FDI 的选择包含了在单位出口成本 t 和建立附加生产设施的固定成本 F 之间的权衡。任何这种在每单位成本和固定成本之间的权衡归根到底均取决于规模。如果公司在国外市场出售 Q 单位，出口相关的总贸易成本为 $Q\times t$；与固定成本 F 进行比较。假如 $Q>F/t$，出口很昂贵，FDI 是利润最大化选择。

这会导致 FDI 的规模临界值。临界值总结了临近-集中权衡：较高的贸易成本和较低的固定生产成本都有利于降低 FDI 临界值。公司规模依赖于绩效测度。具有足够低成本 c_i 的公司希望出售给国外消费者的产品超过 Q 单位。最成本有效的方法是在国外建立分支机构并成为跨国公司。中等成本水平的一些公司仍然希望服务国外客户，但是希望销售的产品数量 Q 足够小，从而出口而非 FDI 是服务客户的最成本有效的方法。

垂直型 FDI 决策　若公司决定分散产品链并将部分环节转移到国外分支机构，同样要考虑单位出口成本和固定成本之间的权衡，因此公司活动的规模又成为决定结果的重要因素。当采取垂直型 FDI 时，成本节约的关键不是与跨界货物运输有关；相反，它涉及所转移生产环节的生产成本差异化。如前所述，成本差异大部分源于比较优势。

我们不再过多讨论成本差异，但会探析原因。给定成本差异，所有公司均不会选择在低工资国家开设分支机构来从事本可以在其他国家进行的最劳动密集型产品的生产。原因在于，和在水平型 FDI 情形下一样，垂直型 FDI 需要在具有适当特征的国家对国外分支机构进行大量的固定成本投资。[①] 此外，和水平型 FDI 一样，垂直型 FDI 一方面依赖于生产成本差异，另一方面依赖于开设国

① 显然，如工资等要素价格是个关键部分，但其他国家特征，如交通/公共基础设施、法律制度质量和对跨国公司的税收/管制政策，也非常重要。

外分支机构的固定成本的规模临界值。只有运营规模超过临界值的公司才会选择垂直型 FDI。

外　包

我们到目前为止对跨国公司的讨论忽视了一个重要的动机。我们讨论了生产设施的**位置动机**（location motive），它使跨国公司得以形成。然而，我们没有讨论为何母公司选择在那个地区拥有分支机构，并且作为一个单一的跨国公司运营。这被称作**内部化动机**（internalization motive）。

作为对水平型 FDI 的替代，母公司可以允许独立公司特许经营，令其在外国场所生产和销售母公司的产品；作为对垂直型 FDI 的替代，母公司可以和独立公司签订合同，利用最佳成本优势在外国场所从事产品特定部分的生产。对垂直型 FDI 的这种替代被称为**国外外包**（foreign outsourcing）（有时简称外包，暗含国外场所）。

离岸外包（offshoring）表示将部分产业链迁往海外，它将国外外包以及垂直型 FDI 结合了起来。过去十年来离岸外包急剧增加，并作为世界服务贸易（如电信服务）增加的一个主要动力；在制造业中，2008 年中间产品贸易占世界贸易的 40%。当中间产品在跨国公司内部分支机构网络中生产时，运输被看作企业内贸易的一部分。企业内贸易大体上占世界贸易的 1/3 以及美国贸易的超过 40%。

决定内部化选择的关键因素是什么？对一个公司专利技术的控制是内部化的明显优势。特许其他公司在另外的场所（对水平型 FDI 的替代）执行全部生产程序，常常涉及失去一些专利技术的风险。另外，没有明确的理由能证明独立公司可以比母公司有能力以更低的成本重复生产。内部化具有强大优势，因此，水平型 FDI 在重复生产程序方面比技术特许更受欢迎。

谁的贸易？

当一名美国消费者（在写作时）从苹果公司购买新 iPhone 7（32GB）时，这次交易被记录成从中国（苹果手机在中国进行组装和测试）进口 225 美元。这是单件产品的全部制造成本。当然，消费者会支付更多（无补贴价格为 649 美元）。差价并非苹果公司的纯利润，因为其涵盖了苹果公司在美国包括市场营销人员、设计人员以及工程师（苹果公司雇用了超过 50 000 名非零售雇员以及26 000 名在零售店工作的雇员）在内的劳动力成本。① 假设美国消费者购买了 1 200 万部苹果 iPhone 手机，每部手机 225 美元的进口价格意味着从中国进口了数十亿美元并形成美中之间巨大的贸易赤字。双边贸易赤字（2015 年总计为 3 050 亿美元）占美国与全球其他国家总贸易赤字的 60%，新闻报道及政客对此特别加以强调。②

然而，离岸制造的增加（参见接下来的案例分析）造成了这些合计数据的误导。以 iPhone 为例，在所有 225 美元的成本中，仅有 5 美元的组装及测试成本发生在中国。剩余 220 美元的配件成本完全发生在中国之外，包括亚洲（韩国、日本）、欧洲以及美国。最后的地区包括美国 75 个地点，在这些地点进行 iPhone 零部件的制造并且雇用了 257 000 名工人。很多美国之外的零部件制造商雇用了美国的研发人员及工程师，例如韩国三星公司——iPhone 零部件（以价值衡量）最大的供应商之一——在得克萨斯和加利福尼亚设有研发机构，雇用了几千名雇员。

因而报告的美国从中国进口的 iPhone 实际上是从很多其他国家进口，甚至包括美国，这些国家出口 iPhone 零部件到中国。这涉及以地区增加值为基础对 225 美元的总进口成本进行分解。③

① 因此，每件产品背面均有标注：“苹果公司在加利福尼亚设计，中国组装。”

② 在 2015 年的一次民意研究中心调查中，52%的受访者认为与中国的贸易赤字非常糟糕。

③ 这种增加值计算法与计算一国 GDP 产出的方法相同。

采用这种更精确的增加值计算法，从中国进口的只是225美元中极小的一部分。因此，价值数十亿美元的美国从中国进口的iPhone使中美的双边贸易赤字大量膨胀。

另一种类似的从总价值到增加值的分解可以适用美国与贸易伙伴的总贸易（出口和进口）。双边贸易流动和贸易赤字可以将总价值（根据通常的报告）换算成增加值。这种计算方法的变化不改变美国的总贸易赤字（与世界他国），但是能显著影响与不同的贸易伙伴的双边贸易赤字。这对与中国的贸易赤字计算影响最大：最近的一份研究报告计算了美中之间的真实双边赤字（以增加值计算），实际只有已报告的总价值计算的一半。[①] 反之，以增加值计算，美国与德国、日本和韩国的贸易赤字会扩大，因为这些国家制造了很多在中国进行组装的零部件并最终以制成品形式进口到美国。

当世界产业链不断延伸时，以一般贸易流动（总价值）衡量的双边贸易赤字很快就失去了相关性。

外包和垂直型FDI之间的权衡不太清晰。有很多原因可用来说明为何独立公司可以比母公司（在同一场所）以更低的成本进行部分程序的生产。首先和最重要的是，独立公司可以专注于较窄的那一特定部分程序的生产。因此，如果独立公司同时承担了许多不同母公司的同样程序，它可以从规模经济中受益。[②] 此外，独立公司具有当地所有权优势。

但是，当公司和重要的供应商之间在关键生产投入上形成垂直型一体化时，内部化也有其自身优势：这避免了（或至少减轻了）在初次谈判达成一致后潜在的重新谈判冲突，因为重新谈判代价高昂。在最初的协议里，一些投入的具体特征不能在合同里详细规定（或强制执行），从而造成了这种冲突。双方都可能导致生产的中止。例如，购买方可能抱怨质量与所描述的不一致，从而要求降低价格。供应方可能抱怨购买方的要求发生了变化，导致成本增加，而在出运时要求加价。

有关使权衡正规化的最近研究取得了很大进步。研究通过描述公司在何种情形下选择和供应商进行垂直型FDI，以及在何种情形下选择和海外供应商建立独立的合同关系，解释了公司是如何做出内部化决策的。[③] 对这些理论的探讨超出了本书的主题。许多理论可归结为不同的成本节约和转移部分生产程序到海外的固定成本之间的权衡。

描述何种类型的公司会选择离岸业务，与模型假设细节较为相关。但是有一种源于所有关于离岸选择模型的推测。相对于不采取离岸方法（不分解生产链并且部分转移到海外），垂直型FDI和国外外包都降低了生产成本但是固定成本增加。如我们所见，这暗含了公司做出其中一个离岸选择时的临界规模。因此，只有大公司会选择开展离岸业务并且进口中间投入品。

这种对公司进口中间产品的分类体系和我们描述的公司出口选择相似：只有相对更加高效（成本更低）的厂商会选择离岸外包（进口中间产品）并出口（服务国外消费者）——因为只有公司规模足够大，才能够实现更高的固定成本和更低的单位成本（生产或交易相关）之间的权衡。

实证来看，从事离岸业务并进口中间产品的公司与出口公司是相同的公司吗？答案是肯定的。在2000年，美国92%的公司（以就业衡量）既进口中间产品又出口中间产品。进口商也具备出口商的相同特征：比起不从事国际贸易的公司，它们规模更大，生产效率更高。

---

① Robert C. Johnson，“Five Facts about Value-Added Exports and Implications for Macroeconomics and Trade Research，” *The Journal of Economic Perspectives* 28（2014）：pp. 119－142.

② 提供外包产品及服务的公司由于扩大了其所服务的客户名单而使自己也成了跨国公司。它们专注于提供某一狭窄范围的服务（或某部分生产程序），但在全球范围内为客户公司重复从事同一活动。

③ 参见Pol Antras，*Global Production*：*Firms*，*Contracts*，*and Trade Structure*，Princeton，NJ：Princeton University Press，2015。

❖案例分析 向海外输送工作机会？美国的离岸外包及失业

当公司离岸外包部分生产链时，就进口了中间产品或服务。例如，公司可能进口零件甚至完全装配好的产品；或者可能通过会计师或海外呼叫中心进口服务。在下一节中我们将看到，中间产品的全部贸易效应和我们目前重点讨论的最终产品非常相似。但是，在讨论离岸业务对就业的影响时还要考虑到：进口中间产品价格更低，不仅有利于公司业主和消费者，而且有利于公司的在岗工人——因为更低的价格导致公司增加对中间产品的购买，从而提高了在岗工人的生产率。①

生产率效应也使得离岸公司雇用更多工人来从事其他生产程序的工作。在许多情况下，离岸公司的整体就业影响是积极的：对美国跨国公司的几个研究发现，当海外就业扩大时，本国就业也同时扩大。②

不再保留国外供应商所有权的外国外包商情况如何？最近关于整个美国制造业部门的研究发现，2001—2007 年全部离岸业务的增加对就业产生了负面影响。③ 然而，在此期间与此相联系的就业损失仅占总体就业损失的很小一部分（2.3%）。整体就业下降实际上是很大的：美国制造业部门整体就业人数减少了 200 万（在过去的 30 年里制造业就业人数稳定减少），但是离岸业务在这个趋势中作用有限。

研究也发现在岗工人生产率效应起到了很大作用：离岸业务使成本下降，大幅扩大了美国的生产并雇用了更多工人。非生产部门工人从增加的就业中受益，因为他们很少首先直接遭受离岸业务被取代的影响。然而，生产工人也从离岸的扩张影响中受益：由于就业岗位的增加，最初被取代的生产工人有一半又重新就业了。

另一个减轻由离岸外包造成的工人取代效应的通道是——正如最终产品贸易一样——中间产品和服务贸易是双向的。美国的大众媒体和政治家区分出了和离岸相关的就业下降。④ 考虑到扩大了“可离岸”商业服务范围的最近的技术趋势（见第 2 章的讨论），他们对服务业岗位的减少予以特别关注。这引起《今日美国》刊发了一些题为《更多美国服务工作岗位被转移到国外；期待离岸业务发展》等的文章。⑤ 然而，一国的离岸业务是另一国的进岸业务：对于中间产品或服务的进口交易，会引起从事离岸生产程序的国家相应的出口交易。事实证明，美国的进岸服务工作增长（中间服务出口）比美国之外国家的离岸服务工作增长要迅速（中间服务进口），形成盈余，并且这一盈余随着时间的推移而增长。图 8 - 11 绘制了与离岸外包相关的全美跨期跨界服务贸易（金融、保险、电信及商业服务，也即除了旅游、运输和版税外的所有服务贸易）。⑥ 很明显，商业服务贸易的趋势对美国整体就业并非不祥之兆。考虑到离岸外包对美国就业的实际影响，离岸外包将“工作输送到海外”的观点是一种误导。的确，由于美国公司将呼叫中心转移到印度，或将产品装配线转移到中国，原先在美国从事的一些具体工作现在被转移到印度或中国执

---

① 关于离岸外包的这一额外维度及其对低技能工人的影响，在一篇有影响力的新论文中得到了强调。参见 Gene M. Grossman and Esteban Rossi-Hansberg，“The Rise of Offshoring：It's Not Wine for Cloth Anymore，” *The New Economic Geography：Effects and Policy Implications*，2006，pp. 59 - 102。

② 参见 Mihir Desai，C. Fritz Foley，and James R. Hines，“Domestic Effects of the Foreign Activities of US Multinationals，” *American Economic Journal：Economic Policy*（January 2009）。

③ 参见 Greg C. Wright，“Revisiting the Employment Impact of Offshoring，” University of Essex，mimeo，2013。

④ 据 Public Citizen 报道，在 2012 年国会大选中对离岸外包的谴责大大增加（它记录了在 30 个州的竞选中出现的谴责离岸外包的 90 个宣传）。

⑤ *USA Today*，December 7，2012.

⑥ 那些贸易流包括跨国公司与其海外分支机构之间的交易。美国出口与进口的余额为正，无论是跨国公司之间的交易，还是没有附属关系的双方之间的交易。

行。然而，有迹象显示，对于整体就业来说，那些工作被美国其他工作取代：部分工作是源于离岸公司的扩张效应，其他工作则是由向海外公司提供中间产品和服务的公司提供的。

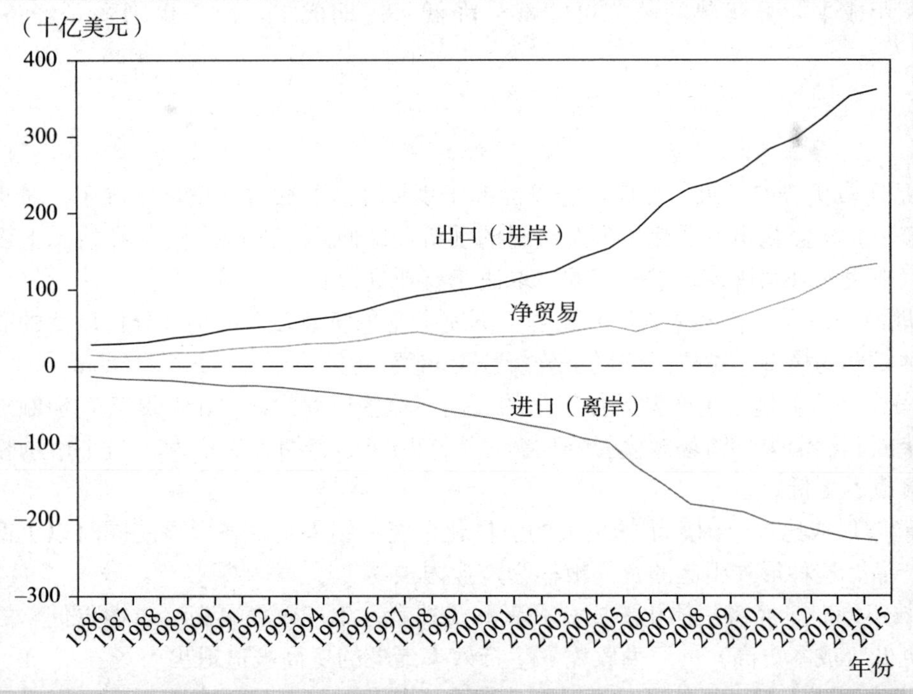

图 8-11　1986—2015 年美国国际服务贸易（除旅游、运输、版税和许可费用外的全部服务贸易）

说明：美国离岸服务是通过进口商业服务获得的。尽管在过去的十年里离岸业务显著增加，但进岸业务（商业服务出口）的增长更快。净余额为正，且在过去的十年里也显著增长。

资料来源：U. S. Bureau of Economic Analysis.

然而，像其他形式的贸易一样，中间产品贸易对于收入分配有重大影响。那些由于离岸业务而被取代的呼叫中心或制造业工人，并非那些被扩展的公司雇用的工人。我们将在下一节讨论全部的福利结果。

跨国公司效应与国外外包

在本章前面部分，我们提到内部规模经济、产品差异化、公司间的绩效差异及贸易利得的释放新渠道：产品多样化程度提高、由公司平均成本曲线下降导致的行业绩效提升、产品集中在大规模及高效率公司生产。跨国公司生产和外包扩大带来的福利结果是什么？

我们看到采用外包战略的跨国公司如何利用成本差异优势，以有利于将生产（部分）转移到特定场所。本质上，当进行贸易时，这与发生在部门之间的生产重新安排非常类似。从第 3～6 章我们可见，生产位置转移能够利用由比较优势产生的成本差异。

因此，我们预计跨国公司和外包具有类似的福利结果：利用成本差异的生产重新安排能够获取全部贸易利得，但很可能会引起致使部分人境况恶化的分配效应。在第 5 章中，我们讨论了发达国家外包可能引起收入不平等的潜在长期结果。

然而，作为对全球化深入的反应，随着一些公司增加就业岗位而其他公司减少就业岗位，跨国公司和离岸外包的一些最明显的影响经常在短期发生。在第 4 章，我们描述了产业间贸易造成工人

（尤其是低技术工人）的非自愿失业，从而形成相关的高成本。离岸外包造成的相关替代成本对于工人同样很严峻，并且具有类似特征。如在第 4 章中所提出的，应对这种严峻情况的最佳政策是，针对引致这种非自愿失业的因素，向失业工人提供充分的安全网，并排除歧视。妨碍公司重新安排生产和利用成本差异优势的政策可能部分降低了短期成本，但是也削弱了经济获取长期所得的能力。

提　要

1. 贸易未必是比较优势的结果。相反，它可能源于规模经济的收益递增，即源于产量扩大及单位成本下降的趋势。规模经济是国家从事专业化生产及贸易的动机，即使国家之间在资源和技术上没有差异。规模经济可以是内部的（取决于公司规模）或外部的（取决于行业规模）。

2. 公司内部规模经济导致了完全竞争的瓦解；不完全竞争模型必须被用于分析厂商的收益递增结果。垄断竞争模型是一种重要的模型，被广泛应用于分析公司和贸易。

3. 在垄断竞争中，行业包括生产差异化产品的厂商。这些厂商犹如单个垄断者，但额外的厂商进入可盈利的行业，直到垄断利润消失。市场规模影响均衡：大市场能够容纳大量厂商，与小市场相比，单个厂商的生产规模更大并且成本更低。

4. 国际贸易能够形成比单个国家市场更大的一体化市场。结果是，各国可能同时以更低的价格向消费者提供更多类型的产品。这种形式引起的贸易被称为产业内贸易。

5. 当厂商绩效不同时，经济一体化形成获利者和受损者。生产效率更高（成本更低）的厂商繁荣发展并扩张，生产效率更低（成本更高）的厂商收缩。生产效率最低的厂商被迫退出市场。

6. 在有贸易成本时，市场不再能通过贸易形成完全一体化。厂商可以在不同市场设置不同价格。价格反映了贸易成本和公司认识到的竞争水平。在有贸易成本时，只有更高效的厂商选择出口；其余厂商仅服务于国内市场。

7. 当厂商对出口产品索取的价格（减去贸易成本）比国内价格更低时，这一做法被称为倾销。贸易成本的一个结果是，由于市场份额更小，厂商感觉在出口市场竞争更加激烈。与国内销售相比，这导致厂商在出口市场降低加价，这种行为被称为倾销。倾销被认为是不公平的贸易手段，但在存在垄断竞争和公司在两个市场采取同样行为的贸易成本时，倾销会发生。反倾销法在市场上对外国厂商具有歧视，并形成贸易壁垒。

8. 一些跨国公司在大客户附近设置海外设施，以复制生产程序。这被视为水平型对外直接投资。向市场出口是在市场设置海外设施的一个替代选择。出口和对外直接投资的权衡包含后者具有更低的单位成本（没有贸易成本），但是海外设施产生额外的固定成本。只有规模足够大的公司才会选择对外直接投资而不是出口。

9. 一些跨国公司将产业链分解，在国外设施中执行部分工序。这被视为垂直型对外直接投资。向国外独立厂商外包部分产业链是一个替代选择。这两种办法都被称为离岸外包。相对于不选择离岸外包，离岸外包具有更低的生产成本，但是会有额外的固定成本。只有营业规模足够大的公司才会选择离岸外包。

10. 跨国公司和将部分生产外包的公司都可以利用不同生产位置的成本优势。这与比较优势模型类似，其中行业生产水平取决于国家之间的相对成本差异。福利结果也类似：跨国生产和外包增加产生合计利润，但是也改变了收入分配，使部分人境况恶化。

关键术语

反倾销税	平均成本	倾销	对外直接投资
国外外包	水平型对外直接投资	不完全竞争	内部规模经济
内部化动机	产业内贸易	位置动机	边际成本

边际收益	边际成本加价	垄断竞争	离岸外包
寡头垄断	产品差异化	完全垄断	垂直型对外直接投资

习　题

1. 在完全竞争市场上，厂商销售价格等于边际成本。当存在内部规模经济时，厂商为何不如此选择？

2. 在正文的数字例子中，假设两个国家将汽车市场与第三个国家进行一体化，第三国的市场容量为每年 375 万辆汽车。求出厂商数量、每个厂商的产出、在贸易发生后的一体化市场中的汽车单价。

3. 假设在汽车行业中的公司固定成本（工厂建立成本、资本设备等）是 50 亿美元，单位汽车可变成本是 17 000 美元。由于厂商增多导致市场竞争加剧，随着更多厂商的进入，市场价格下降，或明确表示为 $P=17\,000+(150/n)$，此处 n 代表市场厂商数量。假设美国和欧洲的初始市场规模分别是 3 亿人和 5.33 亿人。

a. 计算美国和欧洲市场开展贸易前的厂商均衡数量。

b. 如果汽车市场不存在对外贸易，美国和欧洲的汽车均衡价格是多少？

c. 现在假设美国决定和欧洲进行自由贸易。和欧洲的贸易协定使汽车市场除美国的 3 亿人之外增加了 5.33 亿人。美国和欧洲联合后有多少厂商？新的汽车市场均衡价格是多少？

d. 在 b 和 c 中，美国价格为何不同？自由贸易改善了消费者的境况吗？采取何种办法？

4. 回到在一个单一的一体化市场中的厂商绩效差异模型。现在假设有了新技术。每个厂商都可以采取新技术，但需要额外的固定成本投资。新技术的好处是对给定的数量减少了边际成本。

a. 采取新技术会使一些厂商利润最大化但其他采取同样技术的厂商却不能实现利润最大化吗？哪些厂商会选择采取新技术？它们与不选择采取新技术的厂商相比有何不同？

b. 现在假设存在贸易成本。在新均衡中有贸易成本和新技术采用，厂商决定是否出口并且是否采用新技术。比起不出口的厂商，出口厂商是更有可能还是更不可能采取新技术？

5. 在本章，我们描述了一种情形，即在两个对称国家发生倾销。简单描述如果两个国家规模不同会有哪些改变。

a. 在特定市场竞争的公司数量如何影响出口商在市场上被指控倾销的可能性？（假设倾销被指控的可能性与国内价格及出口价格相关：差价越大，越容易受到指控。）

b. 当出口到大市场时（相对于大国公司出口到小国市场），小国厂商更有可能还是更不可能被指控倾销？

6. 下面哪些是对外直接投资？

a. 沙特阿拉伯商人购买 1 000 万美元 IBM 股票。

b. 同样的商人购买一套纽约公寓。

c. 一个法国公司与一个美国公司合并；美国公司股东用股票交换法国公司股份。

d. 意大利公司在俄罗斯建立工厂，并作为承包商与俄罗斯政府签订管理该工厂的合同。

7. 对以下每一情形，说明对外直接投资是水平型的还是垂直型的。此外，描述投资表示从所指国家的流入还是流出。

a. 麦当劳（一个美国跨国公司）开业并在欧洲开设新店。

b. 道达尔（一个法国石油跨国公司）购买喀麦隆的石油产地所有权和开采权。

c. 大众（一个德国跨国汽车制造商）在美国建立一些新代理商。（注意，此时大众并未在美国生产任何汽车。）

d. 雀巢（一个瑞士食品饮料跨国公司）在保加利亚建立新工厂生产 Kit Kat 巧克力棒。（它已在 17 个国家生产 Kit Kat 巧克力棒。）

8. 如果存在内部规模经济，为什么公司利用更多的生产设施生产同一产品是有意义的？

9. 一方面，鞋帽行业的大多数厂商选择将生产外包给劳动力充裕的国家（主要为东南亚和加勒比海地区的国家），但是那些厂商并未和供应商一体化。另一方面，资本密集型行业的厂商选择和供应商一体化。劳动密集型鞋帽行业和资本密集型行业有何区别？如何解释这种选择？

10. 考虑前一问题中的行业例子。不同行业厂商的选择对跨行业的企业内部贸易的含义是什么？即在哪些行业中会发生高比例的企业内部贸易？

延伸阅读

Pol Antràs. *Global Production：Firms，Contracts，and Trade Structure*. Princeton，NJ：Princeton University Press，2015. 这是关于离岸外包和全球价值链的理论和实证研究的一个优秀参考文献。

Andrew B. Bernard，J. Bradford Jensen，Stephen J. Redding，and Peter K. Schott. "Firms in International Trade." *Journal of Economic Perspectives* 21（Summer 2007），pp. 105 - 130. 该文章对美国厂商的实证贸易模式进行了非技术性描述。

Andrew B. Bernard，J. Bradford Jensen，and Peter K. Schott. "Importers，Exporters，and Multinationals：A Portrait of Firms in the US That Trade Goods，" in T. Dunne，J. B. Jensen，and M. J. Roberts，eds. *Producer Dynamics：New Evidence from Micro Data*. Chicago University of Chicago Press，2009. 该文章对美国厂商和在美国经营的跨国公司的实证贸易模式进行了非技术性描述。

Robert Feenstra. "Integration of Trade and Disintegration of Production in the Global Economy." *Journal of Economic Perspectives* 12（Fall 1998），pp. 32 - 50. 该文章描述了供应链是如何被分解成不同的程序并在不同的地点被实行的。

Gordon Hanson，Raymond Mataloni，and Matthew Slaughter. "Vertical Production Networks in Multinational Firms." *Review of Economics and Statistics* 87（March 2005），pp. 664 - 678. 该文章对基于在美国经营的跨国公司的实证 FDI 模式进行了实证描述。

Keith Head. *Elements of Multinational Strategy*. New York：Springer，2007. 聚焦于跨国公司的一本较新的书。

Elhanan Helpman. "Trade，FDI，and the Organization of Firms." *Journal of Economic Literature* 44（September 2006），pp. 589 - 630. 该文章对说明厂商业绩差异的模型以及涉及跨国公司及外包的模型进行了技术性考察。

Elhanan Helpman. *Understanding Global Trade*. Cambridge，MA：Harvard University Press，forthcoming. 该书讨论了比较优势理论以及最近的贸易理论，技术性不强。

Elhanan Helpman and Paul R. Krugman. *Market Structure and Foreign Trade*. Cambridge：MIT Press，1985. 该书讨论了垄断竞争以及其他规模经济贸易模型，技术性较强。

J. Bradford Jensen. *Global Trade in Services：Fear，Facts，and Offshoring*. Washington，DC：Peterson Institute for International Economics，2011. 该非技术性著作聚焦于美国经济中日益增加的服务贸易的影响。

James Markusen. "The Boundaries of Multinational Enterprises and the Theory of International Trade." *Journal of Economic Perspectives* 9（Spring 1995），pp. 169 - 189. 该文章对贸易模型和跨国公司进行了非技术性的考察。

Thierry Mayer and Gianmarco I. P. Ottaviano. "The Happy Few：The Internationalisation of European Firms：New Facts Based on Firm-Level Evidence." *Intereconomics* 43（May/June 2008），pp. 135 - 148.

Marc J. Melitz and Daniel Trefler. "Gains from Trade When Firms Matter." *Journal of Economic Perspectives* 26（2012），pp. 91 - 118. 该非技术性文献更详细地描述了本章所论述的具有企业间绩效差异的垄断竞争模型。该文章同样对《美加自由贸易协定》实施之后加拿大企业的相关表现进行了详细描述。

第 8 章附录 1　边际收益的确定

在我们对垄断和垄断竞争的说明过程中，我们发现当某厂商的需求曲线给定时，如果能得出一个该厂商面对的边际收益的数学表达式，将非常有用。更进一步地，我们假设厂商面对如下需求曲线

$$Q=A-B\times P \tag{8A1-1}$$

则其边际收益为

$$MR=P-(1/B)\times Q \tag{8A1-2}$$

在本附录中，我们将说明这个关系为何成立。

首先注意到，需求曲线可被重新表述成价格作为厂商销量的函数。重写式(8A1-1)，我们得到

$$P=(A/B)-(1/B)\times Q \tag{8A1-3}$$

厂商的收益仅仅等于单位产品价格乘以销量。令 R 表示厂商的收益，我们有

$$R=P\times Q=[(A/B)-(1/B)\times Q]\times Q \tag{8A1-4}$$

我们下一步要问的是：厂商的收益将如何随着厂商销量的改变而改变？假设厂商决定小幅（$\mathrm{d}Q$）扩大其销量，从而使得新的销量水平为 $Q=Q+\mathrm{d}Q$。那么厂商销量扩大后的收益 R' 将是

$$\begin{aligned}R'=P'\times Q'&=[(A/B)-(1/B)\times(Q+\mathrm{d}Q)]\times(Q+\mathrm{d}Q)\\&=[(A/B)-(1/B)\times Q]\times Q+[(A/B)-(1/B)\times Q]\times \mathrm{d}Q\\&\quad-(1/B)\times Q\times \mathrm{d}Q-(1/B)\times(\mathrm{d}Q)^2\end{aligned} \tag{8A1-5}$$

式（8A1-5）可通过代入式（8A1-1）和式（8A1-4）简化为

$$R'=R+P\times \mathrm{d}Q-(1/B)\times Q\times \mathrm{d}Q-(1/B)\times(\mathrm{d}Q)^2 \tag{8A1-6}$$

当销量的变化量 $\mathrm{d}Q$ 相当小时，则变化量的平方即（$\mathrm{d}Q$）^{2} 的值将非常小。例如，$1^2=1$，但 $(1/10)^2=1/100$。因此，对于 Q 的微小变化，式（8A1-6）的最后一项可以忽略不计。由此，我们得出销量变化很小时的收益变化为

$$R'-R=[(P-(1/B)\times Q)]\times \mathrm{d}Q \tag{8A1-7}$$

因此，额外一单位销量的收益增加（这是边际收益的定义）为

$$MR=(R'-R)/\mathrm{d}Q=P-(1/B)\times Q$$

也就是我们上面所得出的式（8A1-2）。

第 8 章附录 2　垄断竞争模型

我们在这里探讨一下市场规模的变化对垄断竞争行业市场均衡的影响。我们假定每个厂商都有如下总成本函数

$$C=F+cX \tag{8A2-1}$$

式中，c 为边际成本；F 为固定成本；X 为该厂商的产出。从上式中我们可以推导出平均成本曲线的形式

$$AC=\frac{C}{X}=\frac{F}{X}+c \tag{8A2-2}$$

另外，各厂商面临的需求曲线如下：

$$X=S\left[\frac{1}{n}-b(P-\overline{P})\right] \tag{8A2-3}$$

式中，S 为全行业的销售量（作为既定值）；n 为厂商数；$\overline{P}$为其他厂商的平均价格（各厂商都把 $\overline{P}$ 作为既定值）。

每个厂商选择一个使其利润最大化的价格水平。其中具有代表性的厂商利润为

$$\pi=PX-C=PS\left[\frac{1}{n}-b(P-\overline{P})\right]-F-cS\left[\frac{1}{n}-b(P-\overline{P})\right] \tag{8A2-4}$$

为了使利润最大，厂商令 $\mathrm{d}\pi/\mathrm{d}p=0$，于是可得到

$$X-SbP+Sbc=0 \tag{8A2-5}$$

但是，由于所有厂商的情形都是对称的，即在均衡点有 $P=\overline{P}$ 且 $X=S/n$，所以从上式中我们可推出

$$P=\frac{1}{bn}+c \tag{8A2-6}$$

这就是正文中导出的关系式。

因为 $X=S/n$，所以平均成本就是 S 和 n 的函数，即

$$AC=\frac{Fn}{S}+c \tag{8A2-7}$$

但是，在利润为零的均衡点上，某一典型厂商的定价必然也等于其平均成本，因此我们一定会得出

$$\frac{1}{bn}+c=\frac{Fn}{S}+c \tag{8A2-8}$$

这一表达式反过来又意味着

$$n=\sqrt{\frac{S}{bF}} \tag{8A2-9}$$

上式表明，随着市场规模 S 的增大，厂商数 n 会随之增多，但并非成比例增长——比如说，市场规模增大 1 倍，厂商数将增加约 1.4 倍。

典型厂商的定价为

$$P=\frac{1}{bn}+c=c+\sqrt{\frac{F}{Sb}} \tag{8A2-10}$$

表明市场规模的增大会导致价格下跌。

最后，我们再看看各厂商的销售量 X。其值等于

$$X=\frac{S}{n}=\sqrt{SbF} \tag{8A2-11}$$

这一关系式表明，随着市场规模的增大，每个厂商的生产规模也会有所增大。

第2篇

国际贸易政策

第9章 贸易政策工具

在前面的几章中，通过描述国际贸易的原因、影响，以及一个存在贸易的世界经济的功能，我们已经回答了“一国为什么会从事贸易”的问题。如果我们的答案有助于回答“一国应该选择什么贸易政策”这一问题，那就更好了。为了抵制来自日本和韩国的竞争，美国究竟应该使用关税还是应该使用进口配额来保护其汽车工业？谁将从进口配额政策中获益，谁又将受损？收益能够弥补损失吗？

本章将探讨各国政府针对国际贸易所采取的各种政策。这些政策不仅包括许多行为，如对某些国际交易征税、对某些交易提供补贴、对一些特殊的进口产品在法律上进行价格或数量限制，还包括许多其他措施。本章将为理解最主要的贸易政策手段提供一个基本的框架。

学习目标

学完本章，你应该能够：

- 评价关税的成本和收益、关税对福利的影响，以及关税政策的得与失。
- 讨论什么是出口补贴和农业补贴，解释它们是怎样影响美国与欧盟的农产品贸易的。
- 识别自动出口限制对进出口国家的影响，描述自动出口限制同关税和配额政策相比福利影响的异同。

关税的基本分析

关税作为最简单的贸易政策，指的是对某种进口产品所征收的税款。**从量关税**（specific tariffs）指的是对每单位进口产品征收固定的税额（如每桶石油征收 3 美元的关税）。**从价关税**（ad valorem tariffs）则指的是按进口产品的价值收取一定比例的税收（如美国对进口卡车征收 25%的关税——见下文的专栏）。无论哪种情形，最终的结果都提高了进口产品的成本。

关税是最古老的贸易政策形式，且一直作为政府收入的重要来源。例如，美国政府在引入所得税之前，其主要收入就来自关税。但是，关税的真正目的不仅仅在于提供收入，更在于保护国内的某些部门。19 世纪早期，英国运用关税（著名的《谷物法》）来保护其农业不受外来竞争的影响。到了 19 世纪末期，德国和美国则通过对进口的制成品征收关税来保护其新兴的工业部门。在现代社会，由于各国政府通常更喜欢运用种种**非关税壁垒**（nontariff barriers）来保护其本国工业，包括**进口配额**（import quotas）（对进口量的限制）和**出口限制**（export restraints）（对出口量的限制，这一措施一般在进口国的要求下由出口国实行），因此，关税的重要性已日益下降。然而，理解关税的影响仍是理解其他贸易政策的重要基础。

在第3～8章研究贸易理论的过程中，我们运用的一直是一般均衡分析方法——因为我们深刻地意识到，世界经济某一部门的事件和行为会在其他地方产生影响。但是，在许多情形下（并非全部），针对一个部门的贸易政策一般比较容易理解，而不需要详细考虑该政策对经济其他部门的影响。因此，对贸易政策的分析，我们主要在局部均衡的框架下进行。当贸易政策对整个经济的影响变得非常重要时，我们会再次运用一般均衡分析方法。

供给、需求以及单一行业内的贸易

我们首先假定有两个国家——本国和外国，两国都生产小麦，且小麦在两国间的运输成本为零。小麦在两国都是一个简单竞争行业，其需求曲线和供给曲线都是市场价格的函数。一般来说，本国的供给和需求将决定以本国货币计算的小麦价格，外国的供给和需求则决定以外国货币计算的小麦价格。但如果我们假定这两种货币之间的汇率根本不受任何贸易政策的影响，那么我们就可以用本国货币作为两国市场的计价基础。

如果没有贸易时两国的价格不一样，自然就会引发贸易。假定没有贸易时本国的小麦价格比外国的要高，那么，如果允许两国从事贸易，贸易商就会把小麦从外国运到本国。小麦的出口会导致其在外国的价格上升，在本国的价格下跌，这个过程会一直持续到两国的价格差别完全消失为止。

为了确定世界的小麦价格和贸易量，我们先定义两条新的曲线，即本国**进口需求曲线**（import demand curve）和外国**出口供给曲线**（export supply curve）。这两条曲线都是以原来各国的需求曲线和供给曲线为基础推导而来的，本国的进口需求就是本国消费者的需求量超过本国生产者的供给量的那一部分；外国的出口供给则是其生产者的供给量超过其消费者的需求量的部分。

图9-1展示了本国进口需求曲线的推导过程。在价格P^1，本国消费者的需求量为D^1，而本国生产者的供给量仅为S^1，所以本国的进口需求量为D^1-S^1。如果价格上升为P^2，那么本国消费者的需求量会降为D^2，本国生产者的供给量会上升至S^2，因此进口需求量也就降为D^2-S^2。具体可参见图9-1的右侧价格数量变化图。这样，我们就可推导出进口需求曲线MD是向下倾斜的，因为进口需求随价格升高而下降。在点P_A，没有贸易下的国内供给和需求相等，因而进口需求曲线与价格轴交于点P_A（进口需求在点P_A为零）。

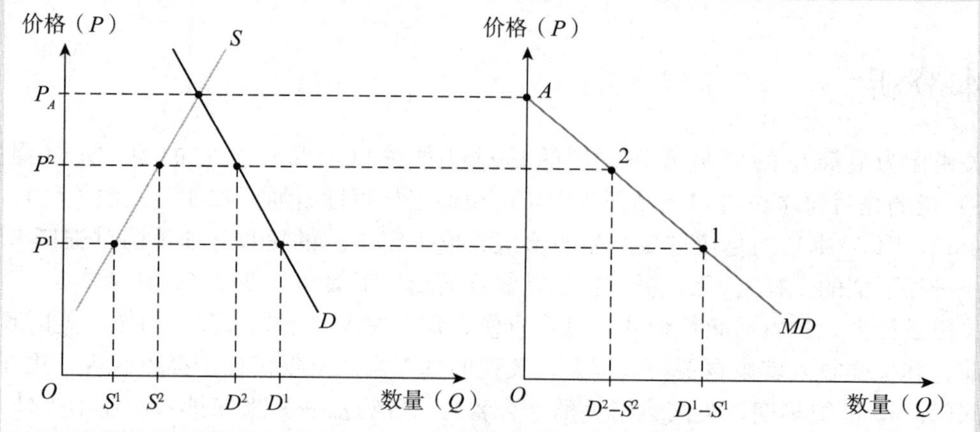

图9-1 推导本国进口需求曲线

说明：随着产品价格的上升，本国消费者的需求量会减少，本国生产者的供给量会增加，导致进口下降。

图 9-2 展示的是外国出口供给曲线 XS 的推导过程。在点 P^1，外国生产者的供给量为 S^{*1}，而外国消费者的需求量仅为 D^{*1}，所以可供出口的产品为 $S^{*1}-D^{*1}$。在点 P^2，外国生产者会将其供给量增加至 S^{*2}，外国消费者的需求量会降至 D^{*2}，因此，出口供给量上升为 $S^{*2}-D^{*2}$。这样，我们就可推导出外国出口供给曲线是向上倾斜的，因为出口供给随价格升高而增加。在点 P_A^*，供给和需求在没有贸易的情况下相等，所以外国出口供给曲线与价格轴交于点 P_A^*（出口供给在点 P_A^* 为零）。

当本国进口需求等于外国出口供给时，就实现了世界均衡（见图 9-3）。在两条曲线的交点，对应的价格为 P_W，此时世界的供给等于世界的需求。在图 9-3 中的均衡点 1，有

本国需求－本国供给＝外国供给－外国需求

通过整理可以得到：

本国需求＋外国需求＝本国供给＋外国供给

即

世界需求＝世界供给

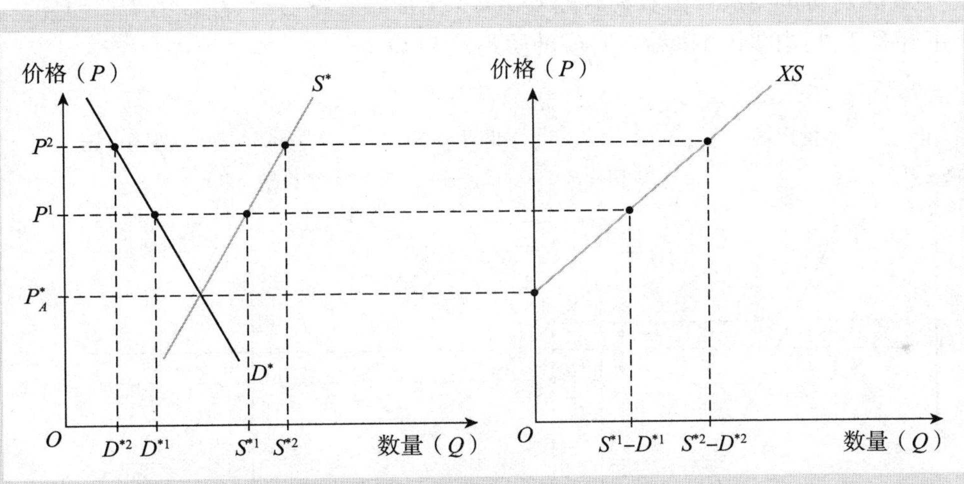

图 9-2　推导外国出口供给曲线

说明：随着产品价格的上升，外国生产者的供给量会增加，外国消费者的需求量会减少，所以可供出口的产品也就增多了。

图 9-3　世界市场均衡

说明：世界均衡价格由本国进口需求（MD 曲线）与外国出口供给（XS 曲线）相等时确定。

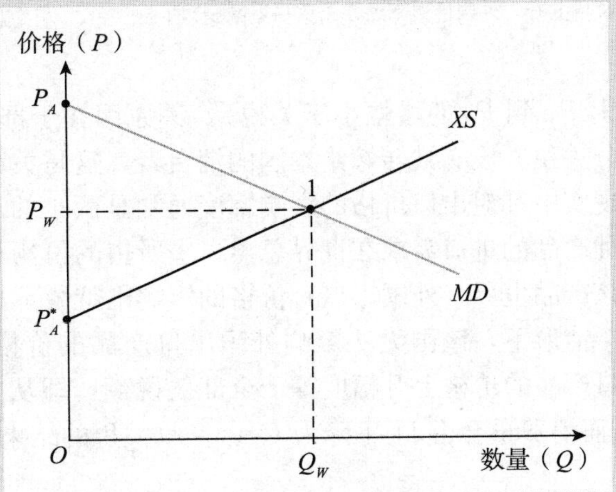

关税的影响

从人们将产品从一地运到另一地的角度看，关税就好比运输成本。如果本国对进口的每蒲式耳小麦征收 2 美元的关税，那么出口商只有在两国的小麦价格差异至少为 2 美元时才愿意出口小麦。

图 9－4 说明的是对每单位小麦征收 t 美元（在图中用 t 表示）的从量税所带来的影响。在没有关税时，本国和外国的小麦价格均为世界价格 P_W，这一点对应于世界市场的点 1。但若征收关税，贸易商不会乐意把小麦从外国运回本国，除非本国的小麦价格比外国的价格高出至少 t 美元。如果没有贸易，本国就会出现小麦供不应求的情况，而外国则出现小麦的超额供给，从而导致本国的小麦价格上升，外国的小麦价格相应下降，直至价格差距为 t 美元为止。

引进关税就好比在两国的价格之间插上了一个楔子。关税会使得本国的小麦价格上升至 P_T，外国的小麦价格下降至 $P_T^* = P_T - t$。这样，本国的生产者可以在更高的价格水平上供应更多的小麦，但消费者的需求量却会减少。因此，进口需求量也相应减少（在 MD 曲线上从点 1 移到点 2）。在外国，价格下降会使得供给减少而需求上升，从而导致出口供给下滑（在 XS 曲线上从点 1 移到点 3）。小麦的贸易量会从自由贸易时的 Q_W 减少至征收关税后的 Q_T。当 $P_T - P_T^* = t$ 时，本国的进口需求正好等于外国的出口供给，对应的贸易量为 Q_T。

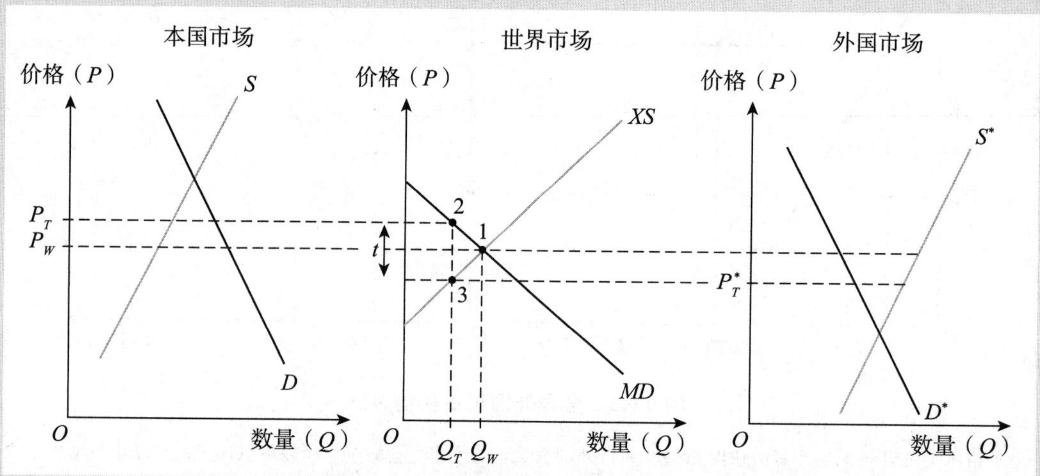

图 9－4　关税的影响

说明：征收关税会引起本国价格上升，外国价格下跌，总贸易量减少。

本国价格由 P_W 到 P_T 的增幅小于关税 t，其原因在于部分关税体现在外国出口价格的下跌上，因此，这一部分关税并没有被转嫁给本国的消费者，这是关税及任何限制进口的贸易政策的正常结果。但是，在现实中其对出口价格的影响幅度通常是微小的。例如，当一个小国对进口产品征收关税时，它对这种产品的进口需求在世界总出口中所占的份额小到几乎可以忽略不计，很自然地其进口量的减少对该产品世界（外国出口）价格的影响也就微不足道了。

在“小国”情形下，该国无法影响外国出口产品的价格，其征收关税的影响如图 9－5 所示：关税会使得进口产品的价格上升幅度等于全部关税额，即从 P_W 升至 $P_W + t$。本国产量相应地会从 S^1 上升到 S^2，而消费量会由 D^1 下降为 D^2。征收关税的结果是进口量下降。

图 9-5　小国关税情形

说明：当一国较小时，征收关税并不能使其进口的外国产品的价格降低。结果是，进口产品的价格从 P_W 上涨到 P_W+t，进口需求量从 D^1-S^1 减少到 D^2-S^2。

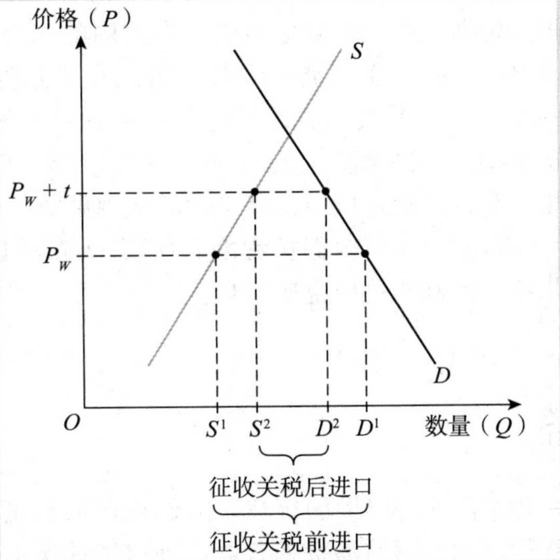

衡量保护的程度

对进口产品征收关税可以提高该产品国内生产者所能获得的价格，这一结果经常是关税的主要目标——保护国内生产者不受来自进口产品的价格冲击。在分析贸易政策的实际情况时，有必要考虑一下关税或其他贸易政策究竟提供了多大程度的保护。这一问题的答案通常都表述为价格比自由贸易时提高了多大比例，如对进口食糖实行配额制度可能会使得美国食糖生产者得到的价格上升 35%。

在关税情形下衡量政策的保护程度看起来比较直接：如果关税是收取进口产品价值量的某个比例的从价关税，那么关税税率本身就是衡量保护程度高低的尺度；如果是从量关税，用价格减去关税额后的净值去除关税额就可得出相当的从价税率。

这种简单的保护率的计算存在两个问题：第一，如果关于小国的假设并非完全准确，那么关税的一部分影响就会降低外国的出口价格而不是提高国内的价格。贸易政策对外国出口价格的影响有时是很重要的。

第二，关税对处于不同生产阶段的某一产品可能会产生极其不同的影响，一个简单的例子就能说明这一点。

假定某一车型的汽车在国际市场上的售价为 8 000 美元，而该汽车所有的零配件在国际市场上的总价值为 6 000 美元。我们不妨比较一下如下两国：一个想建立和发展自己的汽车组装工业；另一个则已经拥有了组装工业，打算建立汽车零配件生产工业。

为了鼓励国内的汽车工业，第一个国家会对进口汽车征收 25%的关税，以使得国内的汽车组装厂商能将其生产的汽车定价为 10 000 美元而不是 8 000 美元。在这种情形下，如果说国内的汽车组装业得到了 25%的保护，那是错误的。在征收关税以前，只有当组装成本不超过 2 000 美元时（即整车价格 8 000 美元与零配件总值 6 000 美元之间的差价），国内的汽车组装业方可生存；而现在即使组装成本为 4 000 美元（即整车价格 10 000 美元与零配件总值 6 000 美元之间的差价），国内汽车组装业也能存在。也就是说，25%的关税税率提供给国内组装厂商的**有效保护率**（effective rate of protection）是 100%。

再看第二个国家，假定为了鼓励本国的零部件生产，该国对进口的零配件征收 10%的关税，这就会使得国内汽车组装厂商获取零配件的成本由 6 000 美元上升至 6 600 美元，即使对汽车（整车）的关税没有变化，这一政策也足以使得国内的汽车组装工业失去优势。在征收关税以前，如果 2 000(=8 000−6 000) 美元能够组装一辆汽车还是值得的；在征收关税后，只有组装成本低于 1 400(=8 000−6 600) 美元方才可行。可见，对零配件征收关税，虽然给零配件制造商提供了正的保护率，但却给汽车组装业带来了−30%[=(−600/2 000)×100%] 的负有效保护率。

与上述例子中相似的道理可以使得经济学家使用更精细的计算方法来衡量关税及其他贸易政策为一些特殊行业所实际提供的有效保护程度。如第 11 章所述，旨在促进经济发展的贸易政策常常会导致其实际保护率大大高于关税税率本身。①

关税的成本与收益

关税会提高一种产品在进口国的价格，降低该产品在出口国的价格。这些价格变化的结果是，进口国的消费者受损，出口国的消费者获益；进口国的生产者受益，出口国的生产者则蒙受损失。此外，政府通过征收关税可以获得收入。为了比较这些成本和收益，我们有必要把它们量化。衡量关税的成本与收益的方法还必须借助微观经济分析中两个常用的概念：消费者剩余和生产者剩余。

消费者剩余与生产者剩余

消费者剩余（consumer surplus）衡量的是消费者在一次购买中愿意支付的价格与实际支付的价格之间的差额。比如说，某个消费者愿意花 8 美元购买 1 蒲式耳小麦，但他仅支付了 3 美元，那么在此次购买中他的消费者剩余为 5 美元。

我们可以通过市场需求曲线来推导消费者剩余（见图 9-6）。例如，假定消费者购买 10 单位的某种产品，愿意支付的最高价格为 10 美元，那么第 10 单位产品对消费者而言必定值 10 美元，如果不值 10 美元，消费者就不会购买；如果价值超过 10 美元，即使价格高一点，他仍会愿意购买。现在假定想让消费者购买 11 单位产品，价格必须降至 9 美元，那么第 11 单位产品对消费者而言就只值 9 美元。

假定价格就是 9 美元。那么，消费者正好愿意购买第 11 单位产品，但未能从这 1 单位的购买中获得消费者剩余。但是，他愿意为第 10 单位产品支付 10 美元，所以可以得到 1 美元的消费者剩余；他可能愿意为第 9 单位产品支付 12 美元，这样的话，他在第 9 单位产品上能获得 3 美元的消费者剩余；依此类推。

把这个例子推广到一般情形。如果 P 是某一产品的价格，Q 是与之对应的需求量，那么消费者剩余就是把需求曲线下方直到 Q 的面积减去 P 与 Q 的乘积。在图 9-7 中，如果价格是 P^1，需求量是 D^1，那么消费者剩余就是面积 a 加上面积 b；如果价格升至 P^2，需求量下降至 D^2，那么消费者剩余会下降，等于面积 a。

---

① 对某一部门的有效保护率通常定义为 $(V_T-V_W)/V_W$，其中，V_W 是该部门在世界价格下的增加值；V_T 是实施贸易政策后的增加值。根据我们的例子，假设 P_A 为整车的世界价格，P_C 为其所有部件的世界价格，t_A 是对整车征收的从价关税税率，t_C 是对零部件征收的从价关税税率。可以检验一下，如果关税不影响世界价格，那么组装厂商面对的有效保护率就是：

$$\frac{V_T-V_W}{V_W}=t_A+P_C\left(\frac{t_A-t_C}{P_A-P_C}\right)$$

图 9-6　从需求曲线推导消费者剩余

说明：每单位产品的消费者剩余是实际价格与消费者愿意支付的价格之间的差额。

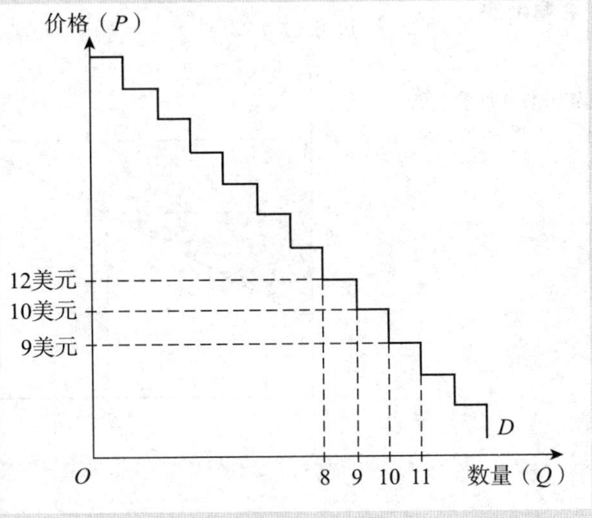

图 9-7　消费者剩余的几何表示

说明：消费者剩余等于需求曲线之下、价格之上的那块面积。

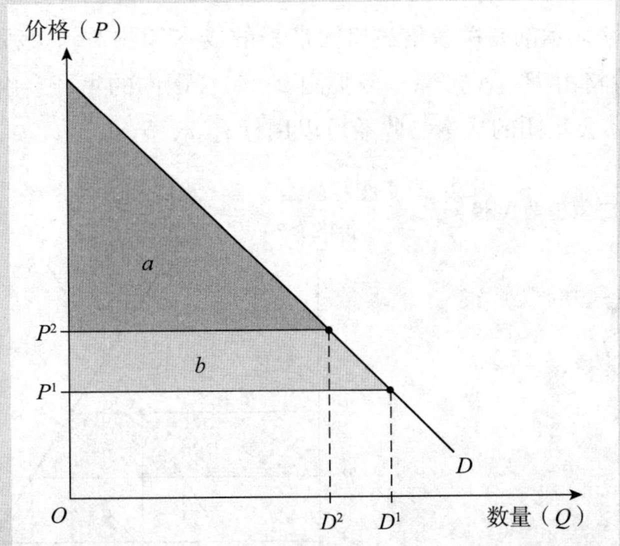

生产者剩余（producer surplus）是一个相似的概念。某一生产者愿意以 2 美元出售一件产品，却卖到了 5 美元，因此获取了 3 美元的生产者剩余。用与从需求曲线推导消费者剩余一样的方法可以从供给曲线推导出生产者剩余。如果价格是 P，对应的供给量为 Q，那么生产者剩余就是 P 与 Q 的乘积减去供给曲线下方直到 Q 的面积。在图 9-8 中，如果价格是 P^1，相应的供给量就是 S^1，生产者剩余为面积 c；如果价格涨至 P^2，供给量上升到 S^2，那么生产者剩余也会增加，其值等于面积 c 加上增加的面积 d。

与生产者剩余和消费者剩余有关的一些难点是计算中的技术性问题，我们大可忽略。最主要的问题在于生产者与消费者在一个既定市场中的直接收益是否精确衡量了社会收益。无法用消费者剩余与生产者剩余衡量的其他成本与收益是第 10 章中论述贸易政策不同观点的核心内容，但在目前，我们集中讨论以生产者剩余和消费者剩余衡量的成本与收益。

图 9-8　生产者剩余的几何表示

说明：生产者剩余是供给曲线之上、价格水平之下的那块面积。

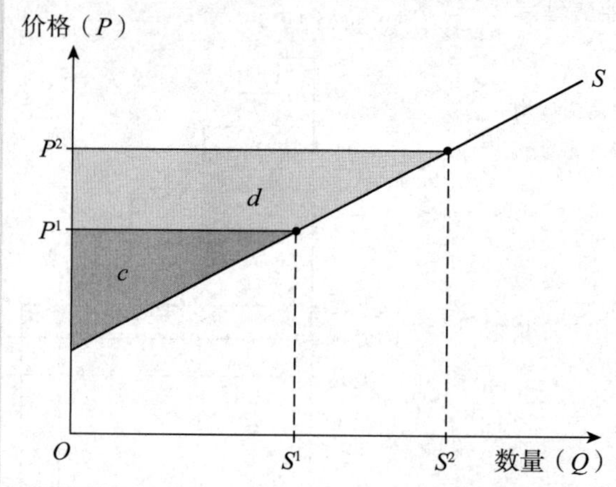

衡量成本与收益

图 9-9 显示的是关税给进口国带来的成本和收益。关税会把国内的价格由 P_W 提高到 P_T，把外国出口价格由 P_W 降至 P_T^*（参见图 9-4）。国内的生产会由 S^1 扩张至 S^2，而消费会从 D^1 下滑到 D^2。不同社会集团的成本与收益可以用标有 a、b、c、d、e 的五块面积的和来表示。

图 9-9　进口国征收关税的成本与收益

说明：不同社会集团的成本和收益可以用 a、b、c、d、e 五块面积的和来表示。

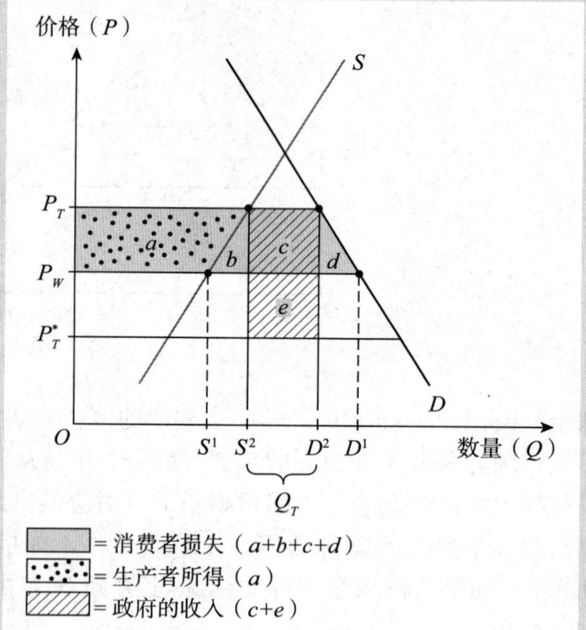

首先考虑国内生产者的所得。由于可以得到更高的价格，因而生产者剩余也更多。正如我们在图 9-8 中所看到的，生产者剩余是价格之下、供给曲线之上的面积。在征收关税之前，生产者剩余等于 P_W 以下、供给曲线以上的面积；当价格上涨到 P_T 后，生产者剩余增加了面积 a，这是关税带来的生产者所得。

国内的消费者会因更高的价格而蒙受损失。在图 9-7 中我们可以看到，消费者剩余等于价格之上、需求曲线之下的面积。由于消费者支付的价格从 P_W 提高到 P_T，消费者剩余的减少等于 $a+b+c+d$ 的总面积。因此，关税使消费者受损。

此外，还有第三个角色：政府。政府通过征收关税可以从贸易中获益。收益的大小等于关税税率 t 乘以进口量（$Q_T=D^2-S^2$）。因为 $t=P_T-P_T^*$，所以政府的收益就等于面积 c 与面积 e 之和。

由于收益和损失发生在不同的社会集团，因此关税的整体成本-收益评价就取决于 1 美元的收益对每个不同集团成员的价值。比如说，如果被保护的是普通消费品，大部分的生产者收益将由少数富有的生产资料所有者获得，主要的消费者都是低于平均收入的人们，对这种关税的评价一定与对那些只有富人才买得起而由低工资工人生产的奢侈品征收的关税的评价全然不同。政府角色的引入会使得这个问题变得更加难以确定：政府会把税收收入用于社会急需的公共服务上，还是浪费在 1 000 美元一个的厕所马桶上？尽管存在这些问题，在对贸易政策的分析中，人们总是试图通过假定 1 美元的边际收益或边际损失对每个集团的价值与对整个社会的价值相同来计算关税对一国福利的净影响。

那么，我们不妨来看看关税对社会福利的净影响。因此，

$$关税的净损失=消费者损失-生产者所得-政府收入 \tag{9-1}$$

我们用图 9-9 中的各块面积来取代上式中的概念，有

$$(a+b+c+d)-a-(c+e)=b+d-e \tag{9-2}$$

也即，关税的净损失可以表示为两个用三角形面积衡量的损失，一个用矩形面积衡量的有抵消作用的收益。三角形表示由于关税扭曲了消费和生产激励动因而产生的**效率损失**（efficiency loss），而矩形则代表由于关税降低了外国出口价格而产生的**贸易条件改善所得**（terms of trade gain）。

收益的大小取决于征收关税的国家迫使外国出口价格下降的能力。如果该国不能影响世界价格（如图 9-5 所示的小国情形），代表贸易条件改善所得的面积 e 就会减少直至完全消失。很显然，在这种情况下，征收关税会减少社会福利。由于关税提高了进口产品的价格，诱使生产者和消费者根据比实际价格高的进口产品价格来从事生产和消费，从而会扭曲生产者和消费者的行为动因。社会每增加 1 单位消费的成本就意味着增加 1 单位进口产品的价格。然而，由于关税会使国内价格高于世界价格，消费者不得不将其消费量减少至边际单位产品产生的福利等于含有关税的国内价格。社会每增加 1 单位产品的价值就是少进口的该单位产品的价格，因而国内生产者会扩大生产直至边际成本等于含有关税的国内价格为止。因此，尽管该社会可以更加便宜地从外国购买这些产品，但它却在国内增加了产量。

图 9-10 概括了关税的净福利影响。关税的负面影响由三角形 b 和三角形 d 构成。第一个三角形表示**生产扭曲损失**（production distortion loss），这是由关税会导致国内过多地生产该种产品造成的；第二个三角形表示本国的**消费扭曲损失**（consumption distortion loss），来自因为关税而造成的消费下降。与这两个损失相反的是由矩形 e 表示的贸易条件改善所得，它来自关税造成的外国产品出口价格的下降。但是在小国情形下，关税无法对外国价格产生重要影响，这最后的一块面积 e 也就不存在了，从而会使关税的成本明显超过其收益。

图 9-10　关税的社会福利净影响

说明：阴影三角形表示效率损失，斜纹矩形反映的是贸易条件改善所得。

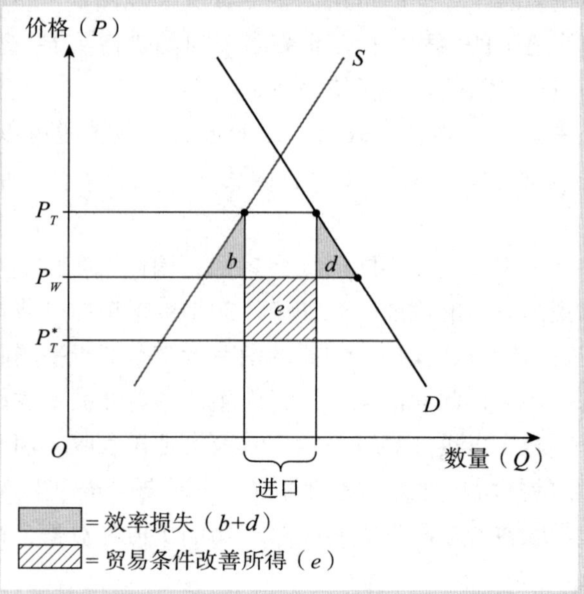

专栏　长期关税

我们刚刚分析了如何利用关税减少消费者剩余而增加生产者剩余，同时还有许多其他间接关税成本，比如贸易伙伴征收报复性关税（这样一来，首次征税国家的出口生产商便会遭受利益损失）；这些报复性关税后来难以根除，即使经济环境已改变也于事无补，因为它们在政治上帮助免受外国竞争的生产商组成一个小团体。（这部分内容我们将在第 10 章继续探讨。）最后，大额关税可以诱导生产商进行生产创新从而避税，虽然这些创新的方式最后会造成资源浪费。

拿“鸡肉税”（Chicken Tax）来说，该关税存续长达 47 年之久仍未终止，以至最初强烈游说政府维持该关税的生产商们大为光火。[①]鸡肉税得名是由于 20 世纪 60 年代西欧对美国鸡肉出口征收关税，美国总统林登·约翰逊为对西欧进行报复而征收的进口税。美国的报复性征税主要针对德国（最初征收鸡肉税的主要政治势力之一），对进口轻型商用卡车征收 25%的税。同时，大众是这类车辆的主要生产商，并大量出口到美国。后来，许多此类关税都被取消了，只有对鸡肉和轻型商用卡车的税收仍得以保留。大众已经停止生产轻型卡车，但是美国的三大汽车和卡车生产商都担心来自日本卡车生产商的竞争，因此力争保留关税。而日本生产商的应对之策是在美国国内组装这类轻型卡车（见第 8 章）。

因此，最近由于关税的一系列后果而蒙受损失的企业就是美国的三大汽车生产商之一——福特。福特专为欧洲设计并在欧洲生产一种小型的商业货车“Transit Connect”，该车型容量小，可以穿梭于欧洲狭窄的旧街道。而美国最近油价攀升使得国内对此类货车的需求量激增。2009 年，福特开始在国内售卖这种货车。为了避开 25%的关税，福特在将这些货车运送到美国之前对车进行改装，安装了后窗、后座和座椅安全带。这些车不再被归类为商用货车，而是作为客车，因为后者的关税只有 2.5%。在这些车被运抵美国马里兰州的巴尔的摩之后，新安装的后座便被立刻拆卸，而后窗被用金属挡板替换掉，然后再运往福特的经销商处。

① 参见 Matthew Dolan, “To Outfox the Chicken Tax, Ford Strips Its Own Vans,” *Wall Street Journal*, September 23, 2009。

其他贸易政策工具

虽然关税是最简单的贸易政策，但是在当代世界，大部分国家对国际贸易的干预采取的是其他形式，如出口补贴、进口配额、自愿出口限制以及国产化程度要求等。幸运的是，一旦我们理解了关税，再去理解其他贸易政策工具就不会太困难了。

出口补贴：理论

出口补贴（export subsidy）指的是对出口国内产品的公司或个人的支付。和关税一样，出口补贴也分从量补贴（每单位补贴一个固定数额）和从价补贴（出口总值的一个比例）。当政府提供出口补贴时，出口商会尽量出口产品直到国内价格与国外价格的差额正好等于补贴额时为止。

出口补贴对价格的影响与关税对价格的影响正好相反（见图 9-11）。由于出口国的国内价格会由 P_W上升至P_S，进口国的价格会由 P_W下降至P_S^*，所以价格增幅比补贴额要少。在出口国，消费者受到损害，生产者获取收益，政府则由于必须支付补贴也蒙受损失。面积 $a+b$ 是消费者损失，面积 $a+b+c$ 是生产者所得，政府支付的补贴是面积 $b+c+d+e+f+g$，因此社会福利的净损失就是面积 $b+d+e+f+g$。其中，$b+d$ 代表消费与生产扭曲损失，这与关税造成的损失一样；另外，与关税相反的是，由于出口产品在外国市场的价格会由 P_W降至P_S^*，所以出口补贴会恶化贸易条件，从而出现一个额外的贸易条件恶化损失 $e+f+g$，$e+f+g$ 等于 $P_W-P_S^*$ 与得到补贴的出口量的乘积。可见，出口补贴的成本明显超过了收益。

图 9-11　出口补贴的影响

说明：出口补贴提高了出口国本国产品的价格，但降低了这些产品在进口国的价格。

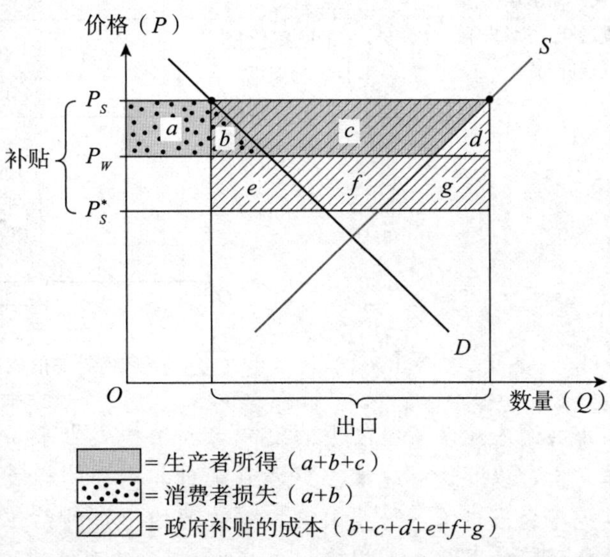

❖案例分析　　欧洲共同农业政策

1957 年，六个西欧国家——联邦德国、法国、意大利、比利时、荷兰和卢森堡——组成欧洲经济共同体，现在该组织已发展为包括大部分欧洲国家。这个现在被称为欧洲联盟（European Union，EU，简称“欧盟”）的组织的两个最有影响力的贸易政策是：第一，欧盟成员国已取消了相互间的所有关税，创造了一个关税同盟（我们将在下一章中讨论）；第二，欧盟的农业政策已发展为一个巨大的出口补贴项目。

欧盟的共同农业政策（Common Agricultural Policy，CAP）最初并不是出口补贴，只不过是用来保证欧洲农产品价格的一项措施。当农产品价格低于规定的支持价格水平时，由欧盟来收购农产品以保证欧洲农民能卖出高价。为了防止这一政策引致大规模的农产品进口，欧洲最初仍通过关税来消除欧洲农产品价格与世界价格之间的差额。

但是自 20 世纪 70 年代以来，欧盟所制定的支持价格已高到使得欧洲这个原本在自由贸易时需要进口大部分农产品的地区生产出了过剩的农产品。其结果是，欧盟发现它自己不得不购买和储存大量食物。到 1985 年底，欧洲各国已储存了 78 万吨牛肉、120 万吨黄油和 1 200 万吨小麦。为了避免无限制的储备增长，欧盟转而采用补贴出口的政策来消除生产过剩。

图 9－12 说明了欧洲共同农业政策是如何起作用的。除了欧洲在自由贸易时为农产品的进口国这一点外，其他与图 9－11 所示完全相同。支持价格定得不仅高于自由贸易下的世界价格，而且高于没有进口时国内需求与供给相等时的均衡价格。为了出口由此造成的剩余产品，欧盟通过支付出口补贴来抵消欧洲与世界价格的差额。得到补贴的出口产品本身又会压低世界价格，所以又增加了所需的出口补贴。最近一项分析表明：2007 年，欧洲消费者的福利成本超出农业生产者的利润，差价几乎达到 300 亿美元（215 亿欧元）。[①]

图 9－12　欧洲共同农业政策

说明：欧洲的农产品价格不仅定在世界市场价格水平之上，而且高于欧洲农产品市场出清时的价格。出口补贴被用来消除由此产生的过剩产品。

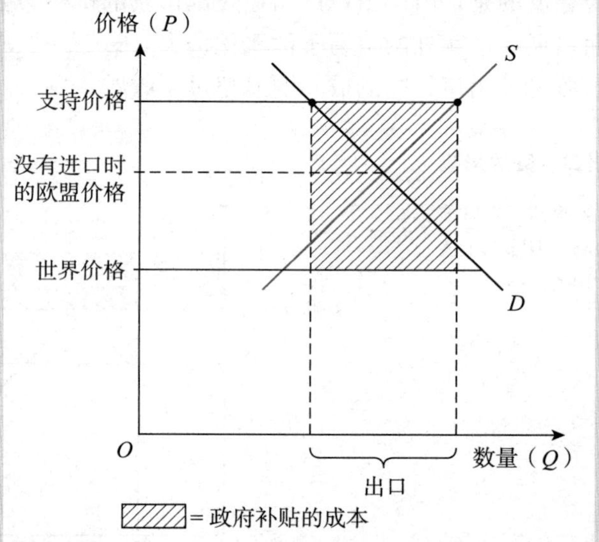

尽管欧洲共同农业政策给欧洲的消费者和纳税人带来了相当大的净损失，但欧盟农民的政治压力一直非常大，以至这一政策很少遇到来自其内部的挑战。对欧洲共同农业政策最大的压力来自美国和其他粮食出口国。这些国家抱怨欧盟的出口补贴使得它们的出口价格都下降了。欧洲共同农业政策的预算结果也令人担忧：在 2013 年，欧盟纳税人为共同农业政策付出了 650 亿美元的成本（590 亿欧元）——而且这个数字不包括给食品消费者带来的间接成本。欧盟农民得到的政府补贴占到整个农业产出的 19%，是美国（9.4%）的两倍还多（美国的农业补贴更多地是针对特定的农作物）。

① 参见 Pierre Boulanger and Patrick Jomini，*Of the Benefits to the EU of Removing the Common Agricultural Policy*，Sciences Politique Policy Brief，2010。

最近欧洲农业政策的改革表明欧盟努力减少由支持价格引起的激励扭曲，但继续对农民提供援助。如果政治家们的计划得以实施，农民将不断地增加和农业产量无关的直接收入，这将会降低农产品价格及农业产量。

进口配额：理论

进口配额指的是对可能进口的商品实行的直接进口数量限制。这种限制表现为向一些个人或公司颁发进口许可证。例如，美国对进口外国奶酪就有配额，唯一有权进口奶酪的是一些贸易公司，各公司都被分配一个年度奶酪进口的最高限额。各公司得到的配额多少基于其上一年进口奶酪的数量。在一些重要贸易中，如食糖和服装，美国把外国商品在美国的销售权直接给予了那些出口国的政府。

我们必须避免一个概念错误，即认为进口配额虽然会限制进口但不会抬高国内价格。事实上，进口配额总会抬高进口产品的国内价格。事实是进口配额一直都会提高进口产品的国内价格。当进口被限制时，立即出现的结果就是在初始价位上，国内的需求会超过国内供给加进口，于是价格不断上升，直到市场达到均衡为止。最终，进口配额抬高国内价格的幅度与达到同样限制进口效果的关税抬高的幅度一样（除非是国内垄断的情形，当存在国内垄断时配额抬升价格的幅度会超过关税，可参见本章附录）。

进口配额与关税之间的差别在于政府没有了收入。当不采用关税而采用配额限制进口时，先前采用关税时政府获取的那部分收益就会被持有进口许可证的个人和公司瓜分。许可证持有者能够从外国购买进口产品并在国内以高价出售，他们获取的利润就是所谓的**配额租金**（quota rents）。在评价进口配额的成本与收益时，确定谁获得了“租金”非常关键。如果把在国内市场销售的权利给予出口国政府（这种情形经常会出现），“租金”也就会被转移到外国，致使配额的成本大大高于同等情形下关税的成本。

∵案例分析　现实中的进口配额：美国食糖进口

美国食糖问题的起因与欧洲农业问题有些相似：联邦政府保证的国内价格高于世界市场的价格水平。但与欧盟不同的是，美国国内的供给没有超出国内需求。因此，美国政府可以运用配额制度使其国内食糖价格一直保持在目标水平。（参见第 4 章关于美国食糖生产厂商在美国食糖联盟的支持下产生政治影响的讨论。）

美国食糖进口配额的一个特别之处在于：在美国，销售食糖的权利被分配给了外国政府，然后由外国政府将这种权利分配给各自的厂商。因此食糖进口配额形成的“租金”由外国人获得。配额限制了原糖（主要是甘蔗）和精制糖的进口量。图 9－13 反映的是美国进口限制对原糖价格相对于世界价格的影响。从图中我们可以看出，这些价格限制成功地抬高了美国国内的价格，使之高于世界平均价格。当 2010—2011 年世界食糖价格大幅提升的时候，这些进口限制有一定程度的缓解，但是不足以限制美国国内价格的急剧攀升，仍然远高于世界价格。

但从那以后，世界食糖价格开始下降：2015 年，世界食糖价格只有其在 2011 年最高峰时价格的一半。由于墨西哥开始逐渐提高其食糖产量并出口至美国，美国食糖消费者一直到 2013 年都受益于食糖的低价：在《北美自由贸易协定》（NAFTA）之下，墨西哥食糖出口所受限额被逐渐豁免。美国食糖价格也因此首次达到了其 25 年间的最低水平，仅比世界食糖价格高 15%。美国食糖生产厂商因此非常不满，美国商务部立即介入并迅速降低了墨西哥的食糖进口份额。（先是对其施加64%的反倾销税，并谈判要求对方以减少对美国食糖出口和提高出口价格来换取倾销税的取消。[①]）在成功阻止了美国食糖进入世界市场之后，其价格开始上升。到2015年，美国食糖价格基本已达到世界食糖价格的两倍。

现在我们要估测的是这些进口限制以及相关的食糖高价所带来的影响。图9-14反映的是原糖市场在有配额限制以及没有配额限制两种情况下的供需平衡。这些估计是基于美国在世界食糖市场上只是一个"小国"的假设，即美国取消配额也不会对世界食糖市场的价格产生重大影响。此时的美国食糖价格应等于不变的世界食糖价格 P_W，在这个价格上的美国食糖产量为 S^1，消费量为 D^1，因此美国食糖进口量为 D^1-S^1。由于对原糖的进口配额为比较小的 Q，这使得美国的食糖价格上升，从而导致较低的消费量 D^2 以及较高的产量 S^2。由于进口配额 Q 使得进口量减少为 D^2-S^2，美国食糖市场均衡价格上升至 P_Q。P_Q-P_W 的价格差即可被看作进口配额的**等价关税**（tariff equivalent），因为施行这一价额的关税会使得美国食糖生产和消费发生同样数量的变化。

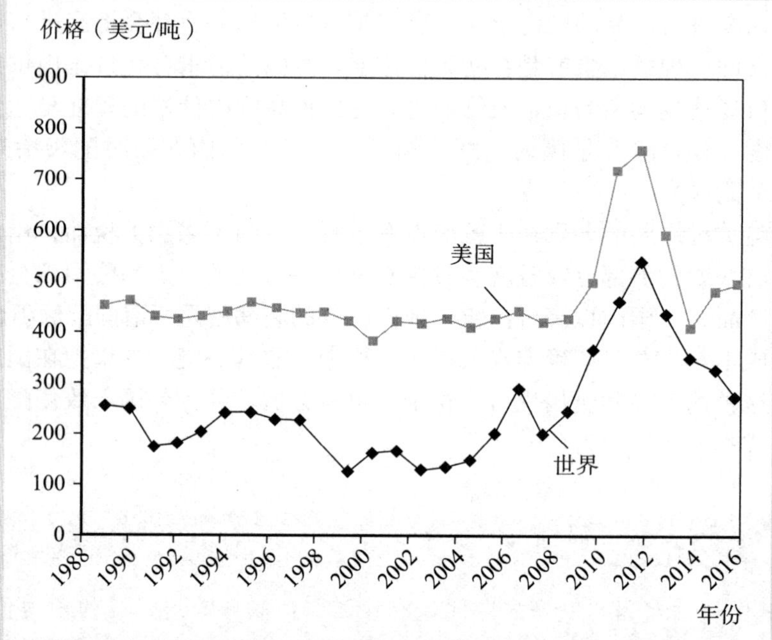

图9-13　1989—2015年美国和世界原糖价格（原始数值）

食糖进口配额对社会福利的影响由面积 a、b、c 和 d 来表示。美国消费者的消费者剩余损失为 $a+b+c+d$。消费者损失的一部分 a 转化为美国食糖生产者的生产者所得；还有一部分损失表现为生产扭曲损失 b 和消费扭曲损失 d；有美国食糖进口权的外国政府获取的"租金"合计为面积 c。

2013年的一项研究估算了在取消2013年食糖进口限额的假设下2014年的福利变化。[②] 美国食糖价格由于进口配额上升了 P_Q-P_w，这使得2014年美国的食糖价格高于世界价格34%，这一预测基本上符合图9-13所描述的情况。若没有进口限制，实行自由贸易，美国食糖价格将会降低到世界价格水平，食糖进口将由原来的 Q，即图9-14中的 D^2-S^2 约提高84%，国内生产将会减少11%（产量减少 S^2-S^1）。

---

① 参见"U. S. Sugar Soars Above World Prices," *Wall Street Journal*, December 7, 2014。

② 参见 John Christopher Beghin and Amani Elobeid, "The Impact of the U. S. Sugar Program Redux." *Applied Economic Perspectives and Policy* 37 (2015), pp. 1-33。

图 9-14 美国食糖进口配额的影响

说明：配额水平 Q 使得美国食糖的价格高于世界食糖价格（由 P_W 提高到 P_Q），与配额相关的更高价格使美国食糖的产量提高（从 S_1 提高到 S_2），同时使美国食糖消费量减少（从 D^1 减少到 D^2）。

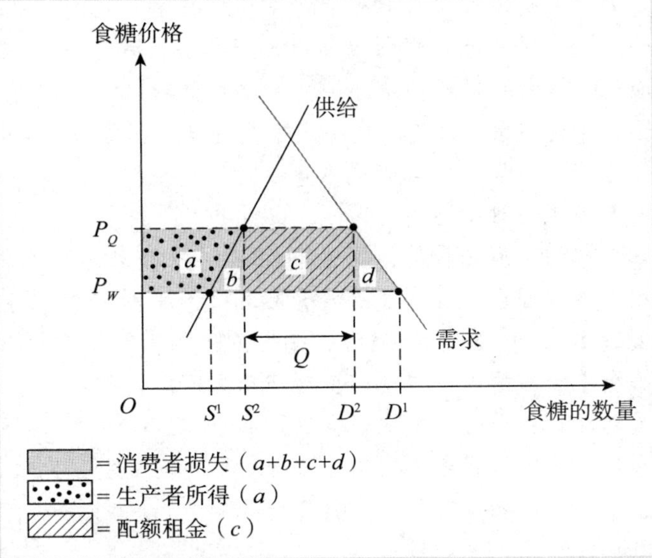

为了将美元数额加在这些社会福利的影响上，我们还必须考虑到：原糖价格的提高如何导致精制糖价格的升高，而如此一来，所有含糖食品的价格也将会随之水涨船高。即使最终由美国消费者所支付的食品价格攀升并不过高——以 0～2%的涨幅为例，整体消费者剩余损失仍将是巨大的，因为这些价格攀升涉及大量消费品。2014 年的损失估计高达 35 亿美元！（这一数字是在 2013 年食糖配额逐步被取消的情况下所做的假设。）此外，精制糖价格升高也会给食品产业带来生产者剩余损失。（将所有使用精制糖的食品生产者作为一个因素整体考虑。）这又为消费者带来了 9.09 亿美元的额外损失，根据美国的食糖配额，整体成本估计在 44 亿美元。

自然，美国的食糖生产商可从价格攀升中获利，2014 年的获利约为 39 亿美元。（这些获益多数被食糖加工商或精炼厂所得，而只有 4.86 亿美元流入种植甘蔗的农户手中。）最后，获得在美售卖食糖权的外国出口商也能从那些配额权中获益——它们的获益等于美国的食糖价格与世界价格的差价。（部分外国食糖出口商是由美国的大型食糖加工商所有。）这个差价也解释了食糖使用者（即消费者和食品生产商）的 44 亿美元损失与食糖生产商的 39 亿美元获益之间的差额，额外损失相对较少，因而可忽略不计。

作为一个比较极端的例子，食糖进口配额说明了保护的倾向：向一小部分生产者提供保护，可以使得每个生产者获取很大的利益；由广大消费者来支付这些代价，但每个消费者只负担很少一点。在食糖的例子中，消费者的年均损失只有人均 11 美元，或者说一个典型的美国家庭一年只负担约 30 美元。因此，一般的美国选民根本不知道食糖进口配额的存在就毫不奇怪了，当然也不会出现有力的反对意见。

但是，从食糖生产者（包括农户和加工商）的角度而言，进口配额可是生死攸关的大事。美国的食糖工业只雇用了约 20 000 人，食糖生产者从进口配额中的所得，表现为一种隐含的约每人 200 000 美元的生产补贴。这也就难怪美国的食糖生产者会极力维护进口配额。他们在 2012 年的国会竞选中捐赠了 450 万美元，美国糖业联盟在 2013 年国会大选之前的 12 个月期间针对农业议案另外花费了 300 万美元用于游说（美国农业议案再次认可了对美国食糖进口的限制）。① 对美国食糖进口的限制再次被批准实施到 2018 年。

① 2013 年农业议案（2013 年《食糖改革法案》）提议逐步淘汰食糖进口配额政策。但这一提议在参议院以 45：54、在众议院以 206：221 的微弱劣势被否决。

反对实施进口配额保护的人经常试图从进口限制所“保留”的每个工作机会所产生的消费者成本——而不是从生产者剩余和消费者剩余的角度来提出批评意见。很显然，配额间接提供的每人 200 000 美元的生产补贴这一损失将推动食糖生产商缩小其雇佣规模。缩小的雇佣规模从 500 人到 2 000 人不等。即使将这一大规模的就业损失考虑在内，在食糖配额这一政策下，被“保留”的每一个工作岗位的消费者成本也超过 175 万美元。这一成本并没有将食糖高价给食品工业带来的所有就业损失囊括在内。

如果取消了对食糖的配额限制，精制糖价格的降低将会带来食糖相关食品工业的大规模扩张。在上文我们已经提到了那些食品相关行业生产商剩余的 9.09 亿美元的差额，但是这一扩张也会创造 17 000～20 000 个新的就业岗位。事实上，这一扩张的规模如此之大，甚至可能将美国从一个含糖食品的纯进口国转变为纯出口国。比较一下食糖生产商保留的就业岗位（500～2 000 个）与食品行业损失的就业机会（17 000～20 000 个），可见政策保护带来的就业影响不再是保留就业岗位带来的消费者成本迅速攀升，而是在食糖配额情况下就业岗位的丧失。

自愿出口限制

自愿出口限制（voluntary export restraint，VER）是进口配额的一种特殊形式，亦称自愿限制协议（voluntary restraint agreement，VRA）（在贸易政策的官方语言中，到处都是这三个字母的缩写词）。自愿出口限制不是由进口国对进口产品实行配额，而是由出口国对出口产品实行配额，最著名的例子莫过于自 1981 年以来日本对向美国的汽车出口所实行的自愿限制。

自愿出口限制一般都是应进口国的要求制定的。出口国同意这些要求以防止其他形式的贸易限制。在第 10 章中我们会看到，自愿出口限制的某些政治及法律优势使其近几年成为一种受欢迎的贸易政策。但从经济的角度来看，自愿出口限制的确就像把许可证颁发给外国政府的进口配额，因此对进口国而言，自愿出口限制的代价高昂。

自愿出口限制对进口国来说，其代价总是比达到同样限制进口效果的关税要高，其区别仅在于关税下政府的收益在自愿出口限制下变成了外国获得的租金，因此，自愿出口限制显然会对进口国造成损失。

在 20 世纪 80 年代，一份关于自愿出口限制对美国纺织品及服装、钢铁和汽车等三个主要行业的影响的研究发现，由这些限制所造成的消费者损失中的大约 2/3 转化成了外国人获取的“租金”。[①] 换句话说，很大一部分成本反映的是一种收入的转移而非效率损失。该研究还强调了一点，即从国家的角度而言，自愿出口限制比关税的损失更为惨重。鉴于这种情况，我们需要对各国政府中普遍存在的对自愿出口限制的偏好进行仔细分析。

有些自愿出口限制协议涉及不止一个国家，其中最著名的多边协议是《多种纤维协定》（Multi-Fiber Arrangement）。2005 年初，它限制了 22 个国家的纺织品出口。诸如此类的多边自愿出口限制协议也有一个广为人知的三个字母的缩写：OMA，即《有序营销协议》（orderly marketing agreements）的缩写。

---

① 参见 David G. Tarr，*A General Equilibrium Analysis of the Welfare and Employment Effects of U. S. Quotas in Textiles，Autos，and Steel*（Washington，D. C.：Federal Trade Commission，1989）。

∴案例分析　现实中的自愿出口限制：日本汽车出口

日本的汽车

在 20 世纪 60 年代和 70 年代的大部分时间里，由于美国消费者与外国消费者对汽车种类及车型需求的不同，美国汽车工业基本不与进口汽车形成竞争。美国消费者因为生活在一个大国且汽油税很低，因此比欧洲人和日本人更喜欢大型汽车。另外，外国公司也没有选择在大型汽车市场上与美国竞争。

但是 1979 年，石油价格急剧上涨和暂时的汽油短缺使得美国市场一下子转向了小型汽车，而当时日本生产商的成本无论在哪个方面都已经低于美国的竞争者，因此它们迅速打入了美国市场并满足了美国消费者的新需求。随着日本厂商市场份额的持续扩大以及美国产量的不断下滑，美国国内的强大政治力量要求美国政府保护美国的汽车工业。为了避免单方面的行为造成引发贸易战的危险，美国政府要求日本限制出口。日本因害怕若不答应美国的要求，可能招致美国的单方保护措施，也就同意限制其销售。1981 年，双方达成了第一份协议，把日本每年向美国的汽车出口量限制在 168 万辆，1984 年又把总数修正到 185 万辆。1985 年美国允许日本不再执行这一协议。

这一自愿出口限制产生的影响是复杂的，主要由于以下原因：第一，日本和美国产的汽车显然不是完全替代品；第二，作为对配额的反应，日本汽车工业也从某种程度上提高了汽车质量，转而出售具备更多功能的较大型的汽车；第三，汽车工业明显不是完全竞争的。尽管存在这些因素，其基本结果与先前对自愿出口限制的讨论还是一样的：日本汽车在美国的售价上升，日本公司获取了由此产生的“租金”。美国政府估计：美国在 1984 年的总损失为 32 亿美元，这些损失主要来自转移到了日本的“租金”而非本国的效率损失。

中国的太阳能电池板

WTO 的条例规定不许限制自愿出口，但这仅限于政府协调的协议，并限于出口方。最近，欧盟与中国就中国太阳能电池板出口增加的争端事宜的解决之道便是中国“同意”限制其对欧盟国家的出口，将出口量限制为每年低于 7 000 兆瓦的太阳能电池板，同时对这些电池板给予最低限价。欧盟的太阳能电池板市场对此表示失望，因为这一协议先发制人地规定对所有中国太阳能电池板的进口都征收 47%的反倾销税（中国太阳能电池板生产商也因此而做出让步）。但是，中国对这一反倾销税的征收也采取了报复性措施，中国官方部门已经起草了一系列欧洲产品清单，包括奢侈品和酒，对这些产品严格征收进口税。中国的生产商已同意出口限额和最低限价，是因为这样做可以在欧盟索取高价。而损失最惨重的则是欧洲的消费者，他们将会为太阳能（以及环境）支付更高的价格。

国产化程度要求

国产化程度要求（local content requirement）指的是，在最终产品中必须有一个明确规定的比例是本国生产的。在有些情况下，这一比例以物理单位来规定，如 20 世纪 60 年代美国的石油进口配额。在其他情形下，这一比例以价值标准来表述，即要求产品价格至少有某一个份额反映的是国内增加值。国产化程度法被发展中国家广泛采用，它们试图通过国产化程度要求把它们的制造业基础由组装转变为制造中间产品。1982 年美国曾提出过汽车的国产化程度法案，但从未获得通过及实施。

从国内零部件生产者的角度来说，国产化程度规定为其提供的保护与进口配额相似。但对那些必须在本地采购的公司而言，其影响就不一样。国产化程度要求并不限制进口，它允许公司大量进口，只要这些公司在本国也大量采购。这就意味着这些公司在生产投入中支付的实际价格是进口投入价格与国产投入价格的平均值。

例如，在我们讨论过的汽车例子中，进口零部件的价格为 6 000 美元。现在假定购买同样的国产零部件需要 10 000 美元，但政府要求组装厂商必须使用 50%的国产零部件，因此，这些厂商面临的零部件平均成本就是 8 000(＝0.5×6 000＋0.5×10 000) 美元。这 8 000 美元在最终的汽车售价中会体现出来。

这里重要的一点是，国产化程度要求既没有产生政府收入，也没有产生配额租金，而是将进口产品价格与国产产品价格的平均值作为最终售价，并把负担转嫁给了消费者。

国产化程度规定中一个有意思的创新是，允许公司通过出口而不是必须使用国产零部件来达到国产化程度要求。这一点改变在很多情况下已变得非常重要。例如，在墨西哥经营的美国汽车公司会选择从墨西哥出口一些零部件到美国，即使这些零部件在美国生产可能更加便宜，其原因在于这样做它们就可以在墨西哥为墨西哥市场生产汽车时少用一些墨西哥产的零部件。

专栏

缩小差距

在第 8 章中，我们讨论了国际产品的贸易——如最终产品的贸易如何产生综合的福利性收益（虽然收益分配极不平均）。此外，公司在扩张生产规模的同时，购买价格稍低的进口半成品可以获取一定的收益。但是美国的政府机构（包括地方政府、州政府以及联邦政府）都被明令禁止利用这些机会，似乎有些匪夷所思。最早于 1933 年通过的《购买美国货法案》要求这些政府机构购买美国公司生产的许多具体的产品，除非这些产品在国外的标价比美国公司的出价低 25%以上。这一规定被写进美国 2009 年《美国恢复和再投资法案》关于 8 310 亿美元的一揽子经济刺激计划中，该法案是在发生严重的经济衰退之后被即时通过的。由《美国恢复和再投资法案》投资支持的任何公共项目必须使用美国生产的钢、铁和制成品（同样适用于 25%差价的规定）。

在一般情况下，美国公司和外国公司的出价之间的比例差别远低于 25%，因此，《购买美国货法案》所带来的成本增加量亦远低于 25%的最大限额。但是，中国在生产一些专用于大型基础设施项目的高度专业化的钢铁产品时却有独一无二的能力，这主要源于中国此前对这类项目有大量需求，因此积累了相关的经验。对于那些专业化的钢铁产品，中国生产商与少量拥有生产资质的美国公司之间的成本差价也接近了 25%的最大值。鉴于一些基础设施项目的规模庞大，这一差异数额不可小觑。

在建造连接旧金山和奥克兰的新海湾大桥时，中国和美国对一些关键钢铁部件投标的出价差额达到 23%，成本差距因此达到 4 亿美元。数额如此之大，以致加利福尼亚州政府不得不放弃《美国恢复和再投资法案》支持下的联邦政府资助，转而依靠未来通行费债券。这种融资渠道并不适用于其他许多基础设施项目，后者必须负担《购买美国货法案》中规定的高额成本。

那些规定不仅抬高了美国纳税人的成本，也导致一些关键项目短期交付，因为项目经理要按规定提交相关的行政文件，以证明一些主要的零部件在美国完全购买不到。美国国土安全部就曾发生过此类情况，直到承包商被允许从国外购买与机场的安全系统兼容的部分设施之后，美国国土安全部才可以运行其行李检查系统。最后，《购买美国货法案》中的规定还引发了其他外国政府对类似贸易保护主义的抗议，并将美国公司排斥在商业机遇之外。

其他贸易政策工具

政府影响贸易的工具还有其他许多种形式，我们把其中的几种简要列举如下：

（1）出口信贷补贴。除了采取向买方提供补贴贷款这一方式之外，它与出口补贴相当类似。与大多数国家一样，美国也有进出口银行，作为政府的一个机构，它负责向出口商提供略带补贴性质的贷款以促进出口。

（2）政府采购。政府或由政府控制的公司购买的必须是国产产品，即使这些产品的价格比进口产品要高。关于政府采购的典型例子是欧洲的电信设备制造业。欧盟各成员国之间原则上采用自由贸易形式，但是电信设备的主要买主是电话公司，而在欧洲，这些公司直到最近仍归政府所有。即使在其他国家供应商的报价要低得多的情形下，这些政府所有的公司也仍从本国厂商那里购买设备，因此，在欧洲内部电信设备的贸易量少得可怜。

（3）烦琐的手续。有时一个政府用非正规的方法限制进口。为了给贸易设置障碍，扭曲一下正常的卫生检疫及海关手续是件轻而易举的事。典型例子就是法国1982年规定所有从日本进口的录像机均必须经过普瓦捷（Poitiers）的一个海关，该海关只有一间很小的屋子——通过这种方法，法国将实际进口量有效地限制到了屈指可数的地步。

对贸易政策影响的总结

表9-1对几种主要的贸易政策工具的影响做了总结。在表中，我们具体比较了四种贸易政策工具对整个国家福利的影响。

表9-1显然不是为干预性的贸易政策做广告。从表中我们可以看出，所有四种贸易政策都是有利于生产者而损害消费者的利益。贸易政策对社会福利的最好结果也只是“不确定的”。其中有两种政策肯定会损害整个国家的福利水平，而关税和进口配额也只能给有能力压低国际市场价格的大国带来某些潜在利益。

既然如此，政府为何还经常使用这些政策工具来限制进口或促进出口呢？我们将在第10章中解答这些问题。

表9-1 各种贸易政策的影响

政策	关税	出口补贴	进口配额	自愿出口限制
生产者剩余	增加	增加	增加	增加
消费者剩余	减少	减少	减少	减少
政府收益	增加	减少	没有变化	没有变化
政府收益	增加	减少 （政府开支增加）	没有变化 （许可证持有者获得“租金”）	没有变化 （外国人获得“租金”）
国家综合福利水平	不确定 （小国减少）	减少	不确定 （小国减少）	减少

提 要

1. 在前面的章节中，我们主要使用强调市场相互作用的一般均衡分析，但本章讨论的是贸易政策，使用局部均衡的分析方法通常就足够了。

2. 关税好比在国内价格与国外价格之间嵌入了一个楔子，它会抬高国内市场价格，但增幅又小于关税税率。但是，一个相当重要且非常特殊的情形是小国的情况。由于小国对世界价格不能产生任何重要影响，因此，小国的关税几乎全部反映到国内价格的提高上。

3. 运用消费者剩余和生产者剩余的概念，我们得以衡量关税和其他贸易政策的成本与收益。运用这些概念，我们能够说明，由于关税提高了国内市场价格，国内生产者可以从中获益，而消费者却会蒙受损失。另外，政府也可以从中得到收入。

4. 如果把关税的收益与损失进行加总，我们会发现关税对社会福利的净影响可以分成两个部分：一部分是效率损失，来自关税造成的本国生产者与消费者激励机制的扭曲；另一部分是贸易条件改善所得，它反映出关税迫使外国出口价格下降的倾向。在小国情形中，关税不能影响外国价格，因此第二个影响的值为零，其社会福利的损失是显然的。

5. 分析关税的方法可以方便地运用于对其他贸易政策的分析中，如出口补贴、进口配额和自愿出口限制。出口补贴会导致与关税类似的效率损失；但是它还会引起贸易条件的恶化从而会使损失更加严重。进口配额与自愿出口限制在政府是否从中取得收入这一点上和关税不同：政府的关税收入在实行配额情形下会转化为进口许可证持有者获取的“租金”，而这个“租金”在实施自愿出口限制政策时则为外国人获取。

关键术语

从价关税	消费者剩余	消费扭曲损失
有效保护率	效率损失	出口限制
出口补贴	出口供给曲线	进口需求曲线
进口配额	国产化程度要求	非关税壁垒
生产者剩余	生产扭曲损失	配额租金
从量关税	等价关税	贸易条件改善所得
自愿出口限制（VER）		

习 题

1. 本国对小麦的需求曲线为

$$D=100-20P$$

供给曲线为

$$S=20+20P$$

推导并绘出本国的进口需求曲线。在没有贸易时，小麦的价格是多少？

2. 在上一题的基础上加入外国，其需求曲线为

$$D^*=80-20P$$

供给曲线为

$$S^*=40+20P$$

a. 推导并绘出外国的出口供给曲线，同时计算没有贸易时外国的小麦价格。

b. 现在允许本国和外国进行贸易，且运输成本为零。试述并绘出自由贸易时的均衡点，与之对应的世界价格是多少？贸易量又是多大？

3. 假设本国对进口小麦征收 0.5 的从量税。

a. 确定并绘出关税对以下几项的影响：

（1）各国的小麦价格；（2）各国对小麦的需求量与供给量；（3）贸易总量。

b. 确定关税对以下各社会集团的福利影响：

（1）与进口产品竞争的国内生产者；（2）本国消费者；（3）本国政府。

c. 画图说明并计算贸易条件改善所得、效率损失和关税对社会福利的总影响。

4. 假定外国是个大得多的国家，其国内需求与供给分别为

$$D^{*}=800-200P$$

$$S^{*}=400+200P$$

（要注意到，这意味着没有贸易时外国的小麦价格与习题2中的结果一样。）

重新计算自由贸易时的均衡点和本国征收0.5的从量税的影响，并联系正文中讨论的“小国”情形，讨论本题与正文计算结果的差异。

5. 如果中国对世界价格为200美元的自行车征收50%的关税，而没有关税时一辆自行车零部件的成本是100美元，那么中国制造的自行车得到的有效保护率是多少？

6. 美国在限制燃料用乙醇的进口的同时，在国内鼓励用乙醇作为燃料使用，这就造成乙醇作为燃料的价格提高了15%。然而，我们对经过加工就可以变成乙醇的玉米实行自由贸易，而且玉米占整个燃料成本的约55%，那么玉米在变成乙醇的过程中得到了多少有效保护率？

7. 回到习题2。在自由贸易的基础上，假定外国对出口商的每单位出口产品提供0.5的补贴，试计算其对各国小麦价格的影响以及对两国各社会集团和整个社会福利的影响。

8. 运用有关贸易政策的知识来评价下面的命题：

a. 减少失业的最好办法是对进口产品征收关税。

b. 与小国相比，关税对大国福利有负面影响。

c. 汽车制造业的工作都转移到墨西哥，因为那里的工人工资要比美国低得多，因此，我们要对汽车征收关税，税额等于美国与墨西哥工资的差别。

9. 假定艾瑟瑞马（Acirema）是个“小国”，无法影响国际价格。该国以每袋10美元的价格进口花生。其国内需求曲线为

$$D=400-10P$$

供给曲线为

$$S=50+5P$$

确定自由贸易的均衡点。然后，计算并绘出把进口配额限制在50袋时对以下各项的影响：

a. 本国价格的增幅。

b. 配额的“租金”。

c. 消费扭曲损失。

d. 生产扭曲损失。

10. 既然关税、配额、补贴都会导致净福利损失，尤其是农业领域，为什么一些发达国家如美国、欧盟成员国之间还要频繁地使用它们？

11. 假设制造业工人的收入少于其他行业工人的收入，如果对制造业产品征收大量关税，那么在经济中会对真实收入分配产生什么样的影响？

延伸阅读

Jagdish Bhagwati. “On the Equivalence of Tariffs and Quotas,” in Robert E. Baldwin et al., eds. *Trade, Growth, and the Balance of Payments*. Chicago: Rand McNally, 1965. 该文章对垄断情形下的关税和配额做了经典的比较。

W. M. Corden. *The Theory of Protection*. Oxford: Clarendon Press, 1971. 该书对关税、配额和其他贸易政策进行了一般性的考察。

Robert W. Crandall. *Regulating the Automobile*. Washington, D. C.: Brookings Institution, 1986. 该书包含对所有自愿出口限制案例的一个非常著名的分析。

Robert C. Feenstra. “How Costly Is Protectionism?” *Journal of Economic Perspectives* 6 (1992), pp. 159-178. 该文献对衡量贸易保护主义政策的成本的实证性研究做出了总结。

Gary Clyde Hufbauer and Kimberly Ann Elliot. *Measuring the Costs of Protection in the United States*. Washington, D. C.: Institute for International Economics, 1994. 该文献对美国21个不同部门的贸易政策做出了评价。

Kala Krishna. “Trade Restrictions as Facilitating Practices.” *Journal of International Economics* 26 (May 1989), pp. 251-270. 该文章对国外和本国生产商都拥有垄断势力情形下的进口配额的影响进行了前

沿性的分析，说明通常的结果是两个集团的利润都增加——当然是以消费者的牺牲为代价。

Patrick Messerlin. *Measuring the Costs of Protection in Europe: European Commercial Policy in the 2000s*. Washington，D. C.：Institute for International Economics，2001. 该文章考察了欧洲贸易政策及其影响，结果与 Hufbauer 和 Elliot 对美国的研究相似。

D. Rousslang and A. Suomela. "Calculating the Consumer and Net Welfare Costs of Import Relief." U. S. International Trade Commission Staff Research Study 15. Washington，D. C.：International Trade Commission，1985. 该文献说明了本章所用的框架，并且描述了该框架如何被应用于实践中以及实际的产业当中。

U. S. International Trade Commission. *The Economic Effects of Significant U. S. Import Restraints*. Washington，D. C.，2009. 这一文献是对美国贸易保护政策的影响的经济分析的定期更新。

第 9 章附录　垄断情形下的关税与进口配额

本章分析贸易政策时假定市场是完全竞争的，因此各公司接受既定的价格。但是，正如在第 8 章中我们所讨论过的，很多国际贸易中的商品市场不是完全竞争的，因而国际贸易政策的影响可能会受到市场竞争程度不同的影响。

当我们分析贸易政策在不完全竞争市场中的影响时，必须注意新的一点：国际贸易会抑制垄断力量，而限制贸易的政策则会增强垄断力量。如果有许多相同的外国厂商并允许自由贸易，即使某个厂商是一国某种产品的唯一生产者，它对提高价格也无能为力。但是，如果存在配额限制进口，那么该厂商就不必担心进口竞争而可以放心大胆地提价了。

为了有助于我们理解贸易政策与垄断力量之间的联系，我们建立了一个模型。在这个模型中，一国的进口竞争行业完全由一个厂商控制。该国在国际市场上是个小国，所以其贸易政策无法影响进口产品的价格。运用这个模型，我们可以探讨和比较自由贸易、关税和进口配额三种情形下的不同影响。

自由贸易时的模型

如图 9A－1 所示，在自由贸易情况下，国内的垄断厂商面临来自进口产品的竞争。D 是国内的需求曲线，即国内居民对该种产品的需求。P_W是该产品的世界价格，在这一价格上，可以无限量地进口这一商品。假定国内该行业仅有一个厂商，其边际成本曲线为 MC。

如果没有贸易，该国内厂商的行为就会如普通的追求利润最大化的垄断厂商一样。对应于 D 的是边际收益曲线 MR，该厂商会选择使得利润最大化的产出水平 Q_M和价格水平 P_M。

但是，如果允许自由贸易，上述垄断行为就不再可行。若该厂商试图把价格定在 P_M或任何比 P_W高的价位上，就不会有人来购买它的产品，因为消费者可以买到更加便宜的进口产品。因此，国际贸易给垄断厂商的价格规定了一个上限 P_W。

面对这一价格限制，垄断厂商的最佳举动莫过于选择产量 Q_f，在这一点上，其边际成本等于世界价格。在价格 P_W处，国内消费者对该产品的需求为 D_f单位，因此进口量为 D_f-Q_f。但是，这一结果与国内行业完全竞争时完全相同。所以，在自由贸易条件下，国内行业是垄断还是完全竞争对结果没有任何影响。

图 9A-1　自由贸易下的垄断厂商

说明：来自进口的竞争威胁迫使垄断厂商的行为像处于完全竞争的行业一样。

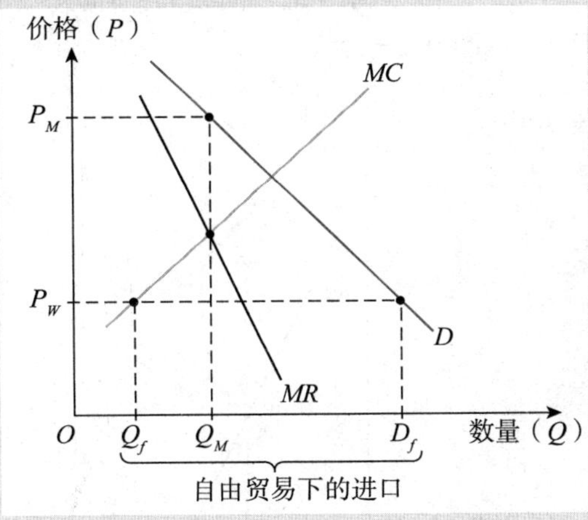

征收关税后的模型

关税的影响是它提高了国内厂商能制定的最高价格。如果对进口产品征收的从量关税为 t，那么国内厂商就能将价格定为 P_W+t（见图 9A-2）。但是，该厂商仍然无法自由提价，因为只要它的定价超过了国际价格与关税 t 之和，消费者就会转而购买进口产品。所以，垄断厂商所能做的最佳举动就是让价格等于边际成本，产量为 Q_t。关税提高了国内行业的产出与价格，但是，由于需求会降至 D_t，进口量也因之减少。在这种情况下，国内垄断企业仍然必须像完全竞争厂商一样从事生产。[①]

图 9A-2　关税保护下的垄断厂商

说明：征收关税使垄断厂商得以提高其产品价格，但其定价仍受到来自进口威胁的限制。

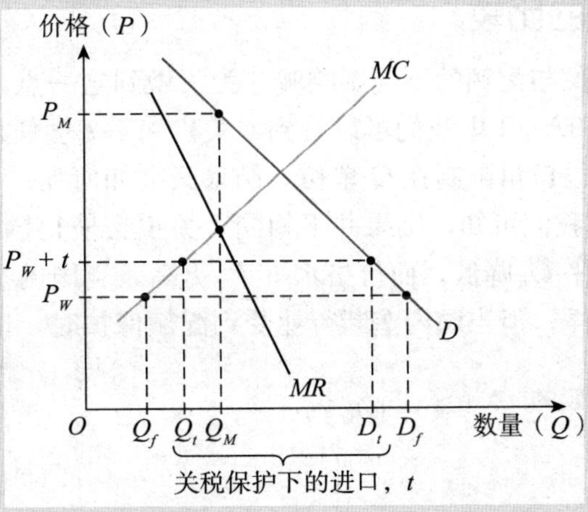

实行进口配额后的模型

假设政府对进口量实行限制，如限制在固定水平 $\overline{Q}$，那么垄断厂商知道，即使它的定价高于 P_W，它也不会失去所有的销售量；相反，它能以该价格售出本国需求减去允许的进口量之后的所有产品。因此，垄断厂商面对的需求就是国内需求减去允许的进口量之后的量。我们把实行配额后

① 有一种情形下关税对垄断行业的影响与对完全竞争行业的影响不同。这种情形就是关税非常之高以至杜绝了进口（禁止性关税）。对竞争行业而言，一旦进口没有了，关税的任何进一步提高就都没有意义了。但是，即使实际的进口为零，垄断厂商由于担心进口的威胁，也不得不限制它的价格。因此，提高禁止性关税税率使得垄断厂商能够把价格提升到接近利润最大化的价格水平 P_M。

的需求曲线定义为 D_q，D_q平行于国内需求曲线 D 但向左平移了 $\overline{Q}$ 个单位（前提是配额固定，国内价格高于世界价格 P_W，见图 9A－3)。

图 9A－3　进口配额保护下的垄断厂商

说明：在进口配额情况下，垄断厂商能自由提价，并且知道国内进口产品的价格也会上升。

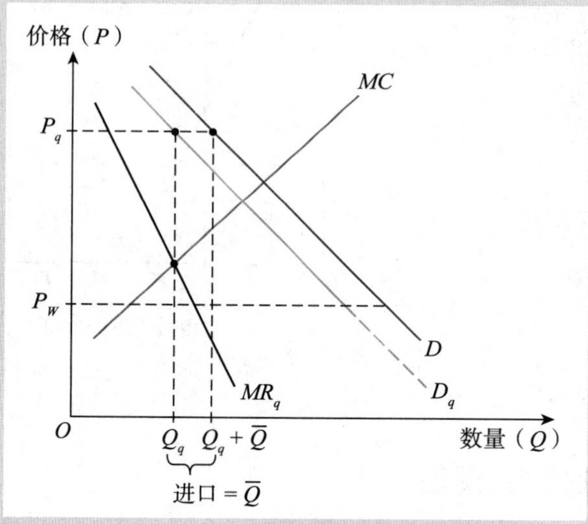

与 D_q对应的是一条新的边际收益曲线 MR_q。受到进口配额保护的厂商会使得边际成本等于新的边际收益，将产量定为 Q_q，价格定为 P_q，从而获取最大利润（允许进口 1 单位产品的许可证可以产生 P_q-P_W单位的“租”）。

关税与配额的比较

该怎样比较关税与配额的不同影响呢？为了做到这一点，我们比较一下会导致同样进口水平的关税与配额。在图 9A－4 中我们可以看到，关税水平 t 会使得进口量为 $\overline{Q}$ 单位。那么，如果政府不采用关税而直接把进口量限制在 $\overline{Q}$ 单位，结果又会如何呢？

从图 9A－4 中我们可知，结果并不相同。关税会使得国内产出为 Q_t，价格为 P_W+t；配额则会使得国内产出水平 Q_q降低，而价格水平 P_q更高。当国内垄断行业受到关税保护时，它的行为只能如同完全竞争一样；但当国内垄断行业受到配额保护时，情形就完全不同了。

图 9A－4　关税与配额的比较

说明：在同样的进口量下，与关税相比，配额会进一步降低本国产量并导致更高的价格水平。

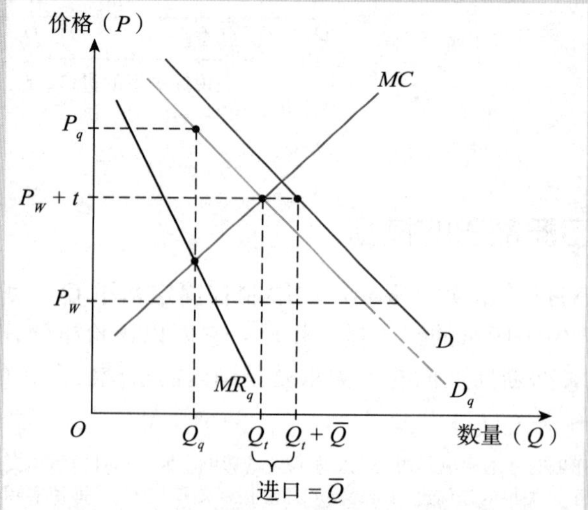

这一区别的原因就在于与关税相比，进口配额造成了更大的垄断。当国内垄断行业受到关税保护时，垄断企业明白，即使把价格抬高，最终仍会受到进口产品的竞争而不得不下降。但配额却能提供绝对保护：无论国内价格多高，进口量都不能超过配额水平。

上述比较似乎说明，若政府担心国内垄断力量增强，就应该更喜欢运用关税而不是配额来作为贸易政策工具。但事实上，保护已明显由关税向包括进口配额在内的非关税壁垒转移。要解释其中原因，我们还必须考虑政府的其他动机而不只是经济效率。

第10章 贸易政策中的政治经济学

2005年11月8日，美国政府和中国政府签署《谅解备忘录》。在美国的要求下，中国同意对出口到美国的服装和纺织品实行配额。比如，中国同意在2006年出口到美国的袜子不超过77 280万双。这项协议明显提高了袜子和其他商品在美国的价格。中国调整了对美国的出口政策，同时在美国的要求下，中国降低了制成品和农产品的关税。

根据第9章中的成本-收益分析，两国政府政策的成本显然大于收益，但它们仍这么做，充分说明政府政策中所体现的目标绝不能简单地用成本-收益尺度来衡量。

在本章中，我们将探讨政府不会或者说不把贸易政策建立在经济学家的成本-收益计算基础之上的几个原因。至于现实中推动贸易政策的力量，我们会在后续两章中进行研究，其中我们还会分别讨论几个发展中国家和发达国家所面临的具有代表性的贸易政策问题。

理解现实贸易政策的第一步就是看一看政府不干预贸易的几个原因。也就是说，政府为什么会支持自由贸易？只要回答了这个问题，政府干预贸易的原因就可以作为对自由贸易假设条件的挑战来研究。

学习目标

学完本章，你应该能够：

- 明晰对自由贸易的争论已经超出了传统的贸易利得。
- 评价反对自由贸易的国家福利依据。
- 叙述贸易政策的政治经济学中的理论和证据。
- 解释国际谈判和国际协议是怎样促进世界贸易的。
- 讨论由特惠贸易协定引起的特别问题。

支持自由贸易的观点

能真正做到自由贸易的经济体为数极少。中国香港可能是唯一没有关税及进口配额的现代经济体。尽管如此，自亚当·斯密时代以来，经济学家就一直倡导自由贸易，并把它作为贸易政策奋斗的目标。但是，倡导自由贸易的原因并不像这个思想本身一样简单。理论模型表明，自由贸易可以避免保护政策所带来的效率损失。但很多经济学家都认为，除消除生产扭曲与消费扭曲外，自由贸易还能产生额外收益。而且，即使在认为自由贸易并非绝对完美之策的经济学家中，仍有许多人相信，在通常情况下，自由贸易政策比政府可能采取的其他任何政策都要好。

自由贸易与效率

支持自由贸易效率的观点（efficiency case for free trade）使用的也是分析关税的成本-收益方法，但方向正好相反。图 10－1 再次说明了无法影响外国出口价格的小国关税情形的基本要点：关税会给该国经济造成净损失（如图中两个三角形面积所示），损失来自关税扭曲了该国生产者与消费者行为的经济动因。但是，采用自由贸易政策就可以消除上述扭曲并增进整个社会福利。

图 10－1　支持自由贸易效率的观点

说明：贸易限制如关税等会导致生产与消费的扭曲。

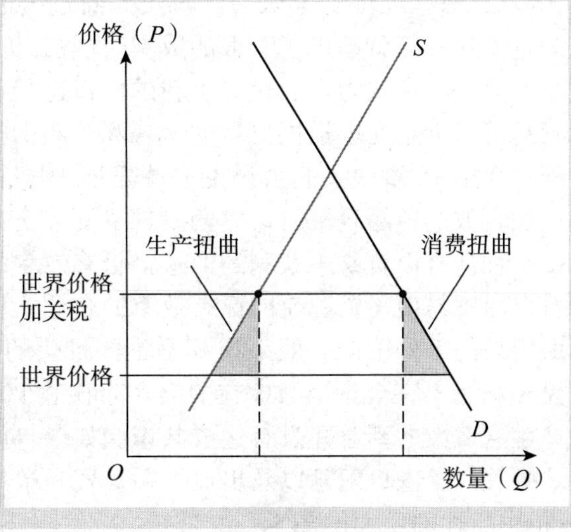

在现代世界中，关税税率一般较低，进口配额相对较少，其中的原因在本章后面会讲到。结果，有关对关税和进口配额导致的成本扭曲的估计趋向于比较适中。表 10－1 显示了对全球自由贸易利得的一个估计，用其占 GDP 的百分比来衡量。对于全世界来说，通过这些估计，保护成本占 GDP 的比例不到 1%。对于自由贸易的利得，像美国、欧洲这类发达经济体相对较少，而一些大的发展中国家的所得相对较多。

表 10－1　世界范围内自由贸易的收益（占 GDP 的百分比，%）

美国	0.57
欧盟	0.61
日本	0.85
发展中国家	1.40
世界	0.93

资料来源：William Cline，*Trade Policy and Global Poverty*（Washington，D.C.：Institute for International Economics，2004），p. 180.

自由贸易的额外收益[①]

经济学家普遍认为，像表 10－1 那样的估算虽然反映了一些国家从自由贸易中获得的巨额收

① 这里讨论的自由贸易的额外收益有时指的是“动态”收益，因为不断增加的竞争与创新显现效果比消除生产与消费扭曲可能需要花费更多的时间。

益，但这种计算没有概括全部情况。许多经济学家认为，小国（尤其是发展中国家）从自由贸易中获得的一些重要收益在传统的成本-收益分析中没有被计算进去。

自由贸易的额外收益之一是规模经济，这是第 7 章和第 8 章中的理论。在被保护的市场中，不仅生产被分割，而且竞争的减少和利润的提高会吸引太多的厂商进入被保护的行业。在一个狭小的国内市场中挤着众多的厂商，各厂商的生产规模自然不足。保护造成生产规模不足的一个很好的例子就是阿根廷的汽车工业。阿根廷由于限制汽车进口而导致缺乏规模效益。一个有效率的汽车组装厂一年应该生产 8 万～20 万辆汽车，但阿根廷汽车工业在 1964 年只生产了 16.6 万辆汽车，而汽车生产厂商却多达 13 家！有些经济学家认为，防止厂商过度进入，以至出现生产规模不足是实行自由贸易的理由之一，而这一点就超出了一般的成本-收益分析的范围。

支持自由贸易的另一观点认为，通过寻求新的出口途径和参与同进口产品的竞争，与管理贸易体制相比，自由贸易可以为企业家提供更多的学习和革新的机会。在管理贸易体制下，进出口模式大部分由政府支配。在第 11 章中我们会讨论一些发展中国家的经历：当它们将进口配额和关税贸易的体制转变为更加开放的贸易政策时，它们发现了许多出乎意料的出口机会。

第 8 章讲述了一种从自由贸易中获利的形式，更有效率的企业从事出口，效率低的企业从事国内贸易。这意味着自由贸易使得资源流向更有效率的企业，从而使经济作为一个整体更有效率。

这些支持自由贸易的额外论据一般来说都是不能量化的，尽管一些经济学家在试图量化它们。一般而言，把规模经济和不完全竞争考虑在内会产生比表 10－1 中的贸易利得数据更大的数字。然而，贸易是否会产生这么大的利益并没有达成共识。如果自由贸易的额外收益果真有一些经济学家所认为的那么多，则关税、进口配额以及出口补贴等贸易政策所带来的扭曲成本也就会相应地比传统的成本-收益分析中所述的要大得多。

寻　租

当进口由配额而不是关税限制时，成本有时会因为**寻租**（rent-seeking）过程而扩大。从第 9 章中我们可以看到，政府实行进口配额后就必须发放进口许可证，无论谁得到进口许可证都会增加经济的租。在某种情况下，个人和公司都要花费一些成本——事实上，这会浪费一些生产资源——去尽力得到进口许可证。

一个著名的例子就是 20 世纪 50 年代到 60 年代期间的印度。当时印度一些公司有权按照它们的生产能力购买进口许可证，这样就刺激了过度投资。例如，一个钢铁厂可能会建造过多的炼铁高炉，原因很简单，它可以获得更多的进口许可证。用来建造过剩生产能力的资源表明保护成本已经超过图 10－1 所示的成本。

一个现代的、不同寻常的寻租例子就是美国罐装金枪鱼的进口。金枪鱼受到“关税税率配额”的保护：一小部分金枪鱼（占美国消费量的 4.8%）被允许以更低的关税税率（6%）进口，但是任何超过这个水平的进口都要征收 12.5%的关税。由于某种原因，美国没有进口许可证，所以每年以低关税税率进口金枪鱼的权利就变成“谁先进口，谁得利”。这样就变成了一场尽快把金枪鱼运到美国的比赛。美国国际贸易委员会描述的寻租过程如下：

> 进口商可以在 12 月末把大量罐装金枪鱼储存在保税仓库中，在新年开始的时候，它们再把库存金枪鱼全部卖出，这样进口商就可以获得最大份额的关税税率配额。

进口商在 12 月储存大量金枪鱼所花费的成本表明，经济损失要大大超过正常保护的成本。

支持自由贸易的政治依据

支持自由贸易的政治依据（political argument for free trade）反映了如下事实：尽管理论上可能还有比自由贸易更好的政策，但在现实中，从政治上认可和支持自由贸易的原则也许更重要。经济学家认为，现实中的贸易政策经常会由具有特殊利益关系的集团所左右，而不考虑国家的成本与收益。虽然经济学家有时候可以从理论上证明某些选择性的关税和出口补贴政策能够增进整体社会福利，但在现实中，任何一个政府机构在试图制订一套干预贸易的详细计划时都有可能被利益集团所控制，从而成为在有政治影响力的部门中进行收入再分配的工具。如果上述观点正确，那么毫无例外地倡导自由贸易无疑是最好的选择，即使从纯粹的经济角度来讲，自由贸易可能并非总是最具说服力的政策。

我们曾经论述过的三个论据可能代表了大部分国际经济学家的一般观点，至少在美国是如此。

（1）用传统方法来衡量，限制自由贸易的代价很大。

（2）从自由贸易中可以获得额外的收益。这些收益也应包括在保护政策的成本中。

（3）任何实行非自由贸易政策的尝试，不管其最初动机如何，也不管政策设计得如何周全，最终都会被政治决策过程所扭曲。

然而，世界上毕竟还存在许多为非自由贸易政策辩护的论据，而且这些论据都相当值得一听。

反对自由贸易的社会福利依据

大部分关税、进口配额以及其他贸易政策措施的实施主要是为了保护某些特殊利益集团的收入。但是，政治家总是宣称采取这些措施是为了国家的整体利益，且有时候他们所说的也的确是事实。虽然经济学家一般都认为自由贸易会减少社会福利，但事实上一些理论依据也表明，积极的贸易政策有时也可以增进国家的整体福利。

赞成关税的贸易条件改善论

支持非自由贸易政策的论据之一就直接来自成本-收益分析：对一个能够影响出口国价格的大国而言，关税可以降低进口产品的价格从而使贸易条件得到改善。但这一收益必须抵补剔除关税带来的成本，因为它扭曲了生产与消费的动因。但是在某些情形下，贸易条件改善的收益可能会超过其成本。这就是**赞成关税的贸易条件改善论**（terms of trade argument for a tariff）。

本章的附录将证明，在一个足够低的关税税率下，贸易条件改善的收益会超过其成本。因此，大国实行低关税税率政策的社会福利比实行自由贸易政策时要大（见图 10－2），但是，随着关税税率的上升，其成本的增长速度会比利益的增长速度更快，以至社会福利水平相对于关税税率的曲线会转头朝下。关税税率达到一定水平时（图 10－2 中的 t_p）会完全排除贸易，从而会使得社会福利恶化到不如自由贸易时的水平；但关税税率在超过 t_p 后的进一步提高对社会福利不会再产生影响，因此曲线是平直的。

如图 10－2 所示，在曲线上对应于关税税率 t_o 的点 1，社会福利达到最大，这一使社会福利最大的关税税率 t_o 就是**最优关税**（optimum tariff）税率。（根据传统意义，最优关税税率通常都是指贸易条件改善论中认为的最优关税税率，而非把所有因素都考虑在内的最优关税税率。）最优关税税率总为正值，但小于使人们不再进口的禁止性关税税率 t_p。

图 10-2　最优关税

说明：对大国而言，存在着一个最优关税 t_o，在这一点上，从贸易条件改善中获取的边际收益正好等于生产与消费扭曲所带来的边际效率损失。

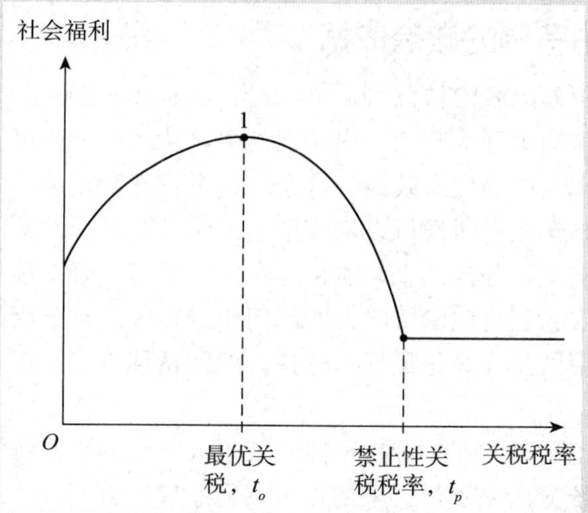

对出口部门应该制定什么样的政策呢？贸易条件改善论认为，由于出口补贴会使贸易条件恶化，社会福利明显减少，因此对出口部门的最优政策必然是实行负补贴，即通过对出口产品征税来提高其出口价格。与最优关税税率一样，最优出口税税率也总为正值，但小于使人们不愿再出口的禁止性出口税税率。

沙特阿拉伯和其他石油出口国历来的政策都是对其石油出口征税，从而提高石油的国际价格。虽然近年来油价有所起伏，但很难说实行自由贸易会使沙特阿拉伯的福利得到更大改善。

但是，贸易条件改善论存在重大的局限性。由于大部分小国无论是对进口还是出口产品的价格影响力都是微小的，因此，贸易条件改善论缺乏现实意义。对像美国这样的大国来说，该理论实际上等于让美国使用国际垄断力量以牺牲别国的利益为代价而获得收益。在某种程度上，美国的确可以做到这一点，这种掠夺性政策很可能会招致其他大国的报复。循环的贸易报复必然会破坏本章稍后要讲的国际贸易政策的合作。

综上所述，反对自由贸易的贸易条件改善论在理论上虽然无懈可击，但在现实中的实用性却令人怀疑。在实践中，经济学家更强调将它作为一种理论主张——并不认为它是政府应当使用的合理的贸易政策。

反对自由贸易的国内市场失灵论

暂且不考虑贸易条件的问题，自由贸易的基本理论是建立在运用消费者剩余与生产者剩余这两个概念的成本-收益分析的基础之上的。许多经济学家提出了一个反对自由贸易的理论，该理论建立在对上述两个概念的驳斥之上，尤其是对生产者剩余，认为它没有正确衡量成本与收益。

为什么生产者剩余可能没有正确衡量生产某种产品的收益呢？在后面两章中我们将讨论多种原因：某一部门中使用的劳动力在其他情况下可能失业或半失业；资本市场或劳动力市场存在缺陷使得资源并不能向高回报部门迅速转移；新兴的或不断革新的行业可能出现技术外溢。这些原因均可归为一类：**国内市场失灵**（domestic market failure）。也就是说，上述每一个例子都是国内市场没有发挥应有功能的缘故——劳动力市场没有出清、资本市场没有有效地分配资源，等等。

例如，假定在生产某种产品中积累的经验可以提高整个社会的技术水平，但是该部门中的厂商并不能获取这一收益，因此厂商在决定产量的时候也就不会把它考虑在内。也就是说，增加该产品的生产可能会产生**边际社会收益**（marginal social benefit），而用生产者剩余的衡量方法却不能反映这一额外收益。获取这一边际社会收益可以作为关税及其他贸易政策合理性的依据。

图 10－3 阐释了反对自由贸易的国内市场失灵论；图 10－3（a）是对小国关税情形的传统成本-收益分析（没有考虑贸易条件的效益）；图 10－3（b）显示的是在用生产者剩余方法衡量时未考虑在内的边际社会收益。该图表明，关税会使国内市场价格由 P_W 升至 P_W+t，产量从 S^1 上升到 S^2，并出现生产扭曲损失，我们用面积 a 表示；消费则会从 D^1 下滑至 D^2，导致相当于面积 b 的消费扭曲损失。如果只考虑生产者剩余与消费者剩余，我们会发现关税带来的成本超过了收益。但是，如图 10－3（b）所示，上述计算忽略了选择关税而非自由贸易所带来的额外收益。产量的增加会产生出一个如边际社会收益曲线下方从 S^1 至 S^2 面积大小的社会收益，我们用 c 表示该面积。事实上，通过一个与贸易条件情形相似的论证，我们可以证明，只要关税税率低到一定程度，面积 c 就总会超过面积 $a+b$，而且存在一个使得社会福利最大的关税税率，它会使得社会福利总水平超过自由贸易时的水平。

国内市场失灵论实质上是经济学中所说的**次优理论**（theory of the second best）的特例。该理论认为：在任何一个市场上，只有所有其他市场都能正常发挥作用时，实施自由放任才是最理想的政策；如果不是这种情况，政府干预造成的某一市场激励机制的扭曲就有可能可以通过抵消其他市场失灵的结果而增加社会福利。比如，如果劳动力市场功能失常而无法实现充分就业，那么对劳动密集型产业进行补贴的政策也许可以促进就业。这种政策在充分就业的情况下不可采纳，但在劳动力市场失灵时可能就不失为一个好主意。当然，通过诸如弹性工资等，可以更好地调节劳动力市场，但如果由于某些原因无法做到这一点，那么对其他市场进行干预可能是解决该问题的次优方法。

当经济学家把次优理论运用到贸易政策中时，他们认为，经济内部功能的不完全可能会使得干预其外部经济关系的行为趋于合理。该理论承认国际贸易不是这个问题的来源，但仍然暗示贸易政策可以部分地解决这一问题。

图 10－3　支持征收关税的国内市场失灵论

说明：如果某种产品的生产能产生超过生产扭曲损失 a 和消费扭曲损失 b 的额外社会收益［图（b）中的面积 c］，那么征收关税就能使社会福利得到改善。

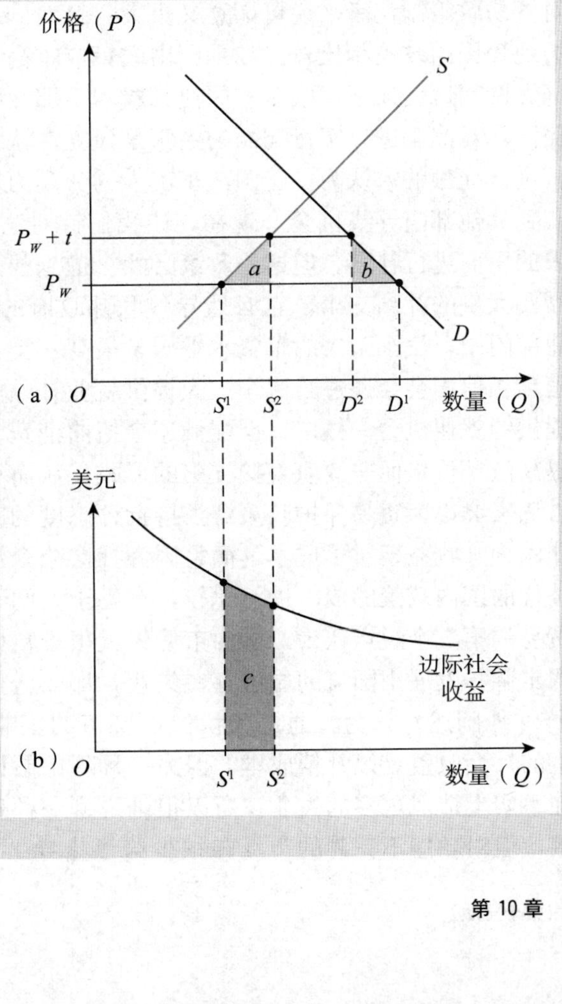

市场失灵论有多大说服力？

市场失灵论刚被提出时，它赞成贸易保护的思想似乎在很大程度上削弱了自由贸易的理论基础。毕竟，有谁会认为我们生活中的现实市场经济能够避免市场失灵呢？尤其是在比较贫困的国家，市场发育不完善的情形非常之多。例如，失业和城乡工资水平的巨大差异在许多发展中国家都很普遍（见第 11 章）。在发达国家，市场机制不完善的证据虽然不那么明显，但通过理论分析说明发达经济中也存在重大的市场失灵是很容易的。例如，富有创造性的厂商无法充分收获其创新的回报。面对这些对贸易进行干预可以增进社会福利的可能性，我们该如何捍卫自由贸易呢？

有两个观点可以为自由贸易辩护：第一个观点认为，国内市场的失灵应由直接针对问题根源的国内政策来修正；第二个观点认为，经济学家无法对市场失灵进行充分的诊断并开出对症的药方。

认为国内市场失灵需要的是国内政策的调整而非国际贸易政策的观点，可以从修正后的包括边际社会收益的成本-收益分析中推出。图 10-3 说明，尽管关税会引起生产扭曲和消费扭曲，但它仍有可能增进社会福利，因为关税导致的追加产量能产生社会收益。但是，如果同样的追加产量是通过生产补贴的手段而非通过关税取得的，那么消费者面临的价格上升及消费扭曲损失 b 均可避免。换句话说，通过把目标直接针对我们希望鼓励的行为，生产补贴就可以避免由关税带来的一些附带损失。

上述例子阐明了处理国内市场失灵过程中的一个普遍原则：应尽可能直接地处理国内市场失灵，因为间接的政策会无意中导致对社会其他部分行为的扭曲。因此，使用贸易政策来处理国内市场失灵永远都不是最有效的对策，它们只是次优而非最优的。

这一观点对贸易政策制定者来说可谓意义重大：针对同样的问题，任何贸易政策都应该与具有同样调整作用的纯粹国内政策相比较。如果国内政策成本高昂或者会产生不良的副作用，那么贸易政策也就几乎毫无疑问地更加不可取——即使其成本不那么明显。

例如，在美国，对汽车进口实行配额的主张是建立在认为它可以保护汽车工人就业机会的基础上的。主张实行进口配额的人认为，美国汽车工人的劳动力市场太缺乏灵活性，以至为了维持就业只能削减工资或到其他部门寻找机会。现在，让我们针对这一问题考虑使用一个纯粹的国内政策：对雇用汽车工人的厂商进行补贴。但这一政策必然会遭到强烈的反对。首先，不进行保护而维持同样的就业水平需要大量的补贴支出，它必然导致联邦政府的财政赤字增加或者税收的上升。其次，在所有的制造业部门中，汽车工人的工资水平属于最高一类：一般的社会公众肯定会反对对他们进行补贴，而且很难相信国会会通过给汽车工人提供就业补贴的法案。然而，进口配额政策的代价更加高昂：两者提供的就业机会一样多，但配额还会扭曲消费者的选择。二者唯一的区别在于，配额的成本表现为提高汽车价格而非政府直接支出的形式，从而不那么明显罢了。

对用国内市场失灵论为贸易保护政策辩护持批评态度的人士认为，大部分非自由贸易政策之所以得到采纳并非因为其收益超过了成本，而是因为社会公众没有理解其真正成本。因此，把贸易政策的成本与可替代的国内政策的成本进行比较，有助于人们了解这些成本究竟有多大。

捍卫自由贸易的第二个观点认为，国内市场失灵很难精确界定，因此也很难制定出合适的相应政策。例如，假定某一发展中国家的城市存在失业，那么适宜的政策是什么呢？一种理论假设（第 11 章中将更加详尽地阐述）认为，通过关税保护城市的工业部门可以使失业工人重新走上工作岗位，因此而产生的社会收益足以补偿成本。但另一种理论假设认为，上述政策会刺激人口向城市大量流动，从而在事实上造成更多的失业。所以很难说哪一种理论假设是正确的。经济学理论对完善的市场谈得很多，但对功能不完善的市场却很少给予指导。市场无法正常发挥作用的情形有很多，而次优政策的选择取决于市场失灵的具体情况。

确定合适的次优贸易政策的困难进一步强化了先前提到的支持自由贸易的政治依据。如果贸易政策专家都无法确定应该选择什么样的非自由贸易政策，那么贸易政策就太容易为一些特殊的利益集团所左右而忽视社会整体福利了。如果市场失灵还没有坏到不可收拾的地步，那么与打开各种不确定政策的“潘多拉魔盒”相比，承诺自由贸易可能最终还是更好的选择。

但是，这只是对政治的而非对经济学的判断。我们应该认识到，经济学理论并不像人们经常指责的那样在为自由贸易提供任何教条式的辩护。

收入分配与贸易政策

迄今为止，我们的讨论一直集中于支持和反对关税政策的社会福利方面，以它作为本章的开篇还是合适的，这既是因为社会福利与特殊利益集团之间的区别有助于我们理解这一问题，也是因为贸易政策的倡导者总是宣称他们的政策会使整个社会受益。但是，在分析贸易政策的现实政治意义的时候，就有必要正视这样的现实：实际上并不存在这种社会福利。在现实中，有的只是个人的利欲，且这些个人利欲或多或少地反映在政府的目标中。

那么，众多个人的偏好和意见是怎样被综合统一而形成我们所看到的贸易政策的呢？虽然并不存在一个被普遍接受的答案，但一项不断发展的经济分析正在尝试着建立模型。在这些模型中，政府目标被假设为追求最大的政治成功，而非抽象衡量的社会福利。

选举竞争

长期以来，政治学家一直使用一种简单的政党间竞争模型来说明选民的偏好有可能在现实政策中得到反映。[①] 该模型是这样的：假定有两个相互竞争的党派，且都愿意承诺能使其在竞选中获胜的任何条件；再假定政策能用单一的变量，比如说关税税率水平加以表述；最后假定选民的政策偏好不同。例如，假设一国出口技术密集型产品，进口劳动密集型产品，那么具有高技术水平的选民就会赞成低关税税率，而具有低技术水平的选民则希望国家实行高关税政策（原因在于第5章中讨论过的斯托尔珀-萨缪尔森效应）。因此，根据选民对关税税率高低的不同偏好，我们可以将所有选民排成一条直线，其中赞成最低关税税率的选民在左边，赞成最高关税税率的选民在右边。

接下来，两个党派会承诺什么样的政策呢？答案是，它们将尽力找出中间地带，尤其是两党都会把目光集中到**中点选民**（median voter）（所谓中点选民，就是恰好位于直线中间的选民）所赞成的关税税率上。要想知道个中原因，不妨参见图10-4。在图10-4中，选民被依照其偏好的关税税率的高低排成一条直线，且这条直线被假想为是向上倾斜的；t_M是中点选民所偏好的关税税率。现在假定某个政党提出的关税税率为t_A，其中t_A远远高于中点选民所偏好的关税税率。那么另一个党派就可能提出一个稍微低一点的关税税率t_B。很明显，它的提案将得到几乎所有希望实行较低关税税率的选民即大多数选民的支持。换言之，从政党的利益出发，各党派总是会对任何高于中点选民所偏好的关税税率进行削减。

① 参见 Anthony Downs，*An Economic Theory of Democracy*（Washington，D.C.：Brookings Institution，1957）。

图 10-4　政治竞争

说明：选民被依照其偏好的关税税率的高低排成一条直线。如果一个党派提出高关税税率 t_A，那么另一个党派就可能通过提出一个较低的关税税率 t_B 而赢得大部分选票。政治竞争将迫使两个党派都提出接近 t_M 的关税税率，其中 t_M 是中点选民所偏好的关税。

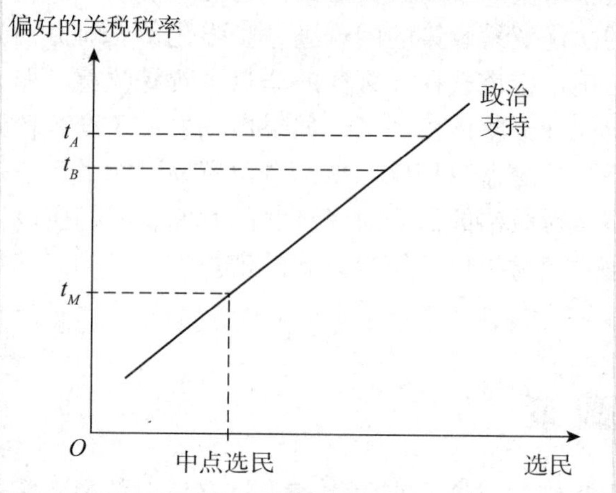

类似的推理表明，如果对手提出的关税税率低于中点选民的意愿关税税率，那么自利的政治家就会提出更高的关税税率。因此，最终两党提出的关税税率都将接近中点选民所偏好的关税税率。

政治学家曾运用多种方法对这个简单的模型进行修改。例如，有些分析家十分强调那些党内积极分子在争取选票中的作用。如该模型所示，由于这些积极分子通常是理想主义者，所以为了赢得他们的支持，政党不会过分中庸或采用毫无特色的政策。但无论如何，有关选举竞争的中点选民模型一直是研究现实生活中政治决策的有用方法。在现实生活中，政策对收入分配的影响比其对社会效率的影响大得多。

但是，在有关贸易政策的制定中，中点选民模型似乎难以胜任。事实上，这一模型会做出几乎完全错误的预测。依据该模型，政策的选择应建立在有多少选民赞成的基础之上：一种使极少数人蒙受巨大损失而让大多数人受益的政策应该是政治上的成功；一种使多数人遭受损失而有利于少数群体的政策应该是政治上的失败。但实际上，贸易保护政策更符合后面的描述。例如，美国的奶制品行业因受到精心制作的关税和配额系统的保护而远离竞争。这些限制为每一个美国家庭都带来了损失，而且，给仅为美国提供 0.1%就业的奶制品行业带来的收益也极其小。这种事情在政治上怎么可能发生呢？

集体行动

在一本名著中，经济学家曼瑟尔·奥尔森（Mancur Olson）指出，代表团体利益的政治行为是一种利众的行为，也就是说，这种行为将有利于团体中所有的成员，而不仅仅有利于实施这一行为的个人。[①] 假设某个消费者给所在选区的国会议员写了一封信，要求降低他所喜爱的某种进口产品的关税税率，而且这封信的确改变了该议员的初衷，从而使降低关税税率的提案得以通过。那么所有购买该进口产品的消费者，即使他们没有劳神写信，也可以从降低了的价格中获益。

这种政治中的公共品特点意味着，那些虽然在总体上损失巨大但是任何个人的损失都很小的政策不会遭到有效的反对。不妨再分析一下美国食糖进口配额的例子。该政策会给一个典型的美国家庭每年增加约 30 美元的成本，单个消费者是否应该游说自己选区的议员取消这一配额呢？从个人利益的角度出发，完全没有必要。因为一封信对政策的边际影响可谓是微乎其微，即使不考虑邮资，个人从这封信中得到的收益或许也微不足道。（事实上，如果你对配额根本没有兴趣，你甚至都不值得去知道配额的存在。）但如果有上百万个选民写信要求取消配额，那么配额肯定会被废止，

① Mancur Olson, *The Logic of Collective Action* (Cambridge: Harvard University Press, 1965).

因此给消费者带来的收益将远远超过发信的成本。用奥尔森的话说就是存在**集体行动**（collective action）的困难：当施加压力以谋求某种政策的行为有利于集团的整体利益时，那么从个人利益出发，谁都不愿去做。

集体行动难题最容易在规模较小的群体中（因而群体中的每个人都能从有利的政策中获取一份较大的收益）或在组织良好的集团中（因而组织中的成员能够被动员去维护组织的利益）解决。美国之所以能制定食糖进口配额，其原因就在于食糖的生产者形成了一个相当小但组织良好的团体，而且每个成员非常清楚可以获得的隐含补贴的大小。然而广大的食糖消费者甚至并不认为自己是一个共同的利益集团。因此，集体行动的困难解释了为什么有些政策得不偿失——而且受损害的选民也远超过受益的选民——却仍旧被采纳。

专栏 待售的政客：20 世纪 90 年代的证据

正如我们在正文中所述，如果假定政府是真心使国家利益最大化，将很难解释实际的贸易政策。另外，如果假定特殊利益集团能够通过金钱对政府施加影响，真实的贸易政策则能够说得通。但是，有没有直接的证据证明政客的确可以被收买呢？

20 世纪 90 年代美国国会针对一些重要的贸易问题进行了投票——这些投票情况可以帮助我们进行测试。美国竞选融资法律要求政客公开竞选资金的数量和来源——这一公开信息使得经济学家和政治学家能够找出捐资和实际投票之间的关系。

1998 年罗伯特·鲍德温和克里斯托弗·马吉[①]（Robert Baldwin and Christopher Magee，1998）所进行的研究，主要研究了两次关键性的投票：1993 年对《北美自由贸易协定》（NAFTA）的投票；1994 年批准 GATT 最新协议的投票。两次投票都经历了艰难的辩论过程，辩论的双方主要是商界和工会——商界非常赞成，工会则强烈反对。在这两次投票中商界所支持的自由贸易立场都获得了胜利。在针对 NAFTA 的投票中，直到最后一分钟结果才明朗化，支持自由贸易的一方在众议院多得了 34 票——优势并不是很大。

鲍德温和马吉估计了一个国会投票的计量模型，对议员所处选区经济特征等因素进行控制，模型包括了商界和工会对国会议员的竞选资助变量。他们发现，竞选资助的确会对投票行为产生很大的影响。衡量这一影响的一个办法就是，考虑一系列“反事实”：如果没有商界的竞选资助，或者没有工会的竞选资助，或者没有任何资助，整个投票结果会有什么样的变化？

下表总结了这些结果。第一行数字反映了有多少位议员投票赞成每项议案；记住，要通过一项议案至少需要 214 票。第二行数字是按照鲍德温和马吉的方程所预测的票数，他们的模型对 NAFTA 投票的预测很正确；对 GATT 投票的预测比实际情况稍微多了几票。第三行数字是如果没有工会竞选资助，根据这个模型所测算的各个议案会得到的票数。第四行数字显示的是在没有商界竞选资助的情况下，将有多少赞成票。第五行数字说明的是，如果商界和工会都没有进行竞选资助，将有多少票赞成议案。

如果这些估计正确，那么竞选资助对投票总数会产生很大的影响。在 NAFTA 的案例中，工会的竞选资助会导致本来会投票支持这项议案的议员中有 62%的议员转向投反对票；商界资助会导致 34%的议员改变立场。根据这一估计，如果没有商界竞选资助，NAFTA 只能得到 195 票——因此将无法获得通过。

另外，在双方都进行竞选资助的情况下，它们的影响可能会相互抵消。鲍德温和马吉的估计表明：如果工会和商界都停止竞选资助，NAFTA 和 GATT 也都会获得通过。

如果认为关键结论是在这两个特殊案例中双方所付出的竞选资助没能改变最后的结果，则很有可能是错误的。真正重要的结论是，政客的确是可以被收买的——这也就意味着强调特殊利益集团的贸易政策理论在

① Robert E. Baldwin and Christopher S. Magee, “Is Trade Policy for Sale? Congressional Voting on Recent Trade Bills,” Working Paper 6376, National Bureau of Economic Research, January 1998.

方向上是正确的。

	对 NAFTA 的投票	对 GATT 的投票
实际投票数	229	283
模型预测的投票数	229	290
没有工会竞选资助	291	346
没有商界竞选资助	195	257
没有任何竞选资助	256	323

政治决策过程模型

虽然经济学家一直引用集体行动的理论来解释那些不合情理的贸易政策，但是对于有组织的利益集团究竟是用什么方式来影响政策的，他们仍旧不太清楚。越来越多的分析研究试图运用简化的政治决策过程模型来弥补这个不足。①

这些分析基于一个明显的出发点：虽然政治家赢得选举的部分原因是他们提出了受欢迎的政策，但是任何成功的竞选还需要大量的资金来进行广告宣传、民意调查和其他活动。因此，如果某个向政治家提供了大量竞选经费的团体要求该政治家采取某种立场，即使该立场违背了大多数选民的利益，他也得照办。因为与提出不受欢迎的政策而失去的选票相比，用这些竞选经费所赢得的选票也许更多。

最近，一些研究贸易政策政治经济学的模型将现实假想成了一场拍卖会：利益集团会根据政府可能采取的政策来提供政治捐款"购买"政策。政治家当然不会不顾社会的整体福利，但是他们会愿意牺牲一部分选民的福利来换取大笔的竞选基金。结果是，组织良好的团体——或是能够克服集体行动困难的团体——将得到有利于它们但牺牲整个社会公众的利益的政策。

谁得到了保护？

作为一个实际的问题，我们需要了解一下，究竟哪些行业在与进口产品的竞争中得到了保护。许多发展中国家的传统做法是，运用所谓的进口替代工业化政策对本国的制造业提供广泛的保护。我们将在第 11 章中讨论这一政策以及该政策在近几年不再流行的原因。发达国家的保护范围要狭窄得多；事实上，大部分保护集中在两个部门：农业和服装业。

农业　发达国家并没有多少农业人口——在美国，在 1.3 亿劳动力中，农业工人只有 200 万。但农民通常都是一个组织良好且具有强大政治影响力的群体，他们一直能够从政府那里得到相当高的有效保护。我们曾在第 9 章中讨论过欧洲的共同农业政策；这一项目的出口补贴使得大量欧洲农产品价格达到了世界市场的 2～3 倍。日本政府有传统的大米进口禁令，该禁令使得日本国内的大宗食品价格超过国际市场的 5 倍。由于 20 世纪 90 年代中期的歉收，日本政府才稍微放松了禁令，但到 1998 年底，尽管遭到包括美国在内的其他国家的抗议，日本还是决定对大米进口征收 1 000％的关税。

美国基本上是一个粮食出口国，因此关税或进口配额并不能抬高市场价格（食糖除外）。虽然农民一直受到联邦政府的补贴，但是由于政府不愿意直接支付现金补贴（又不能以隐含成本的方式转嫁给消费者），因此补贴的规模一直有限。也正是由于政府不愿意直接支付补贴，所以美国的保护政策主要集中在另一个部门：服装业。

① 参见 Gene Grossman and Elhanan Helpman，"Protection for Sale，" *American Economic Review* 89（September 1994），pp. 833－850。

服装业 服装业由两部分组成：纺织品（纺纱和织布）和服装（把布加工成服装）。这两个行业，尤其是服装加工业，一直受到政府的关税和进口配额的有力保护。到 2005 年为止，它们仍在《多种纤维协定》（大多数国家的进出口配额都是根据该协定制定的）的管辖之下。

服装加工业具有两个显著特征。首先，它是一个劳动密集型行业：一个工人只需要很少的资本投入，有时甚至一台缝纫机就可工作，也不需要接受广博的正规教育。其次，服装加工业要求的技术非常简单：技术能轻易转移到任何贫穷的国家。因此，服装加工业在低工资国家中具有明显的比较优势，而在高工资国家中则处于明显的比较劣势。但是，在发达国家，服装加工业具有组织性强的传统：例如，很多美国服装加工业的工人就属于国际妇女时装工会（International Ladies' Garment Worker's Union）。

贸易谈判的作用将在本章后半部分谈论。1994 年签署的“乌拉圭回合”贸易谈判协定中的一个重要条款规定《多种纤维协定》将在 2004 年底被废止。虽然 2005 年中国被要求重新实施进口配额，但这些配额按计划将逐年被废除。到目前为止，服装贸易不再有任何限制。

表 10－2 显示了服装业在当今美国贸易保护中的重要地位。取消对服装业的限制产生了很大差别。2002 年，《多种纤维协定》仍起作用，服装业限制占到整个美国贸易保护所造成的福利损失的 80%以上。由于《多种纤维协定》把进口许可证给了出口国，美国的大部分福利成本不是来自生产扭曲和消费扭曲，而是因配额租金由外国人所得引起。

表 10－2 美国贸易保护的福利成本 单位：十亿美元

	2002 年估计	2015 年计划
总体	14.1	2.6
纺织品和服装	11.8	0.5

资料来源：国际贸易委员会。

随着《多种纤维协定》的终止，服装业保护的成本和美国贸易保护的成本大幅下降。

国际谈判与贸易政策

本章关于贸易政策中政治因素的讨论或多或少会让人们感到有些失望。我们一直认为，要设计出可以增进社会福利的贸易政策是困难的，但现实中这些贸易政策又总是被利益集团的政治意图所左右。有关贸易政策产生的成本远远超过了其带来的收益的“恐怖故事”非常盛行，使得人们很容易对贸易理论的实际意义产生怀疑。

然而事实上，从 20 世纪 30 年代中期直到 80 年代，美国和其他发达国家已逐步取消了关税及其他一些贸易壁垒，并且通过这些措施大大提高了国际一体化程度。图 10－5 显示的是 1891—2010 年间美国对进口产品征收的平均关税税率。从图中我们可以看到，自经历了 20 世纪 30 年代早期关税税率的急剧上升之后，税率一直在稳步下降。[①] 大部分经济学家相信，不断取得进展的贸易自由化

① 衡量平均保护率的尺度可能有些问题，因为进口产品的构成有所变化——部分因为关税税率自身的变化。例如，假定一国对某些进口产品征收极高的关税，以至杜绝了这些产品的进口，那么实际进口产品的平均关税税率就为零！为了修正这种偏差，我们在图 10－5 中所使用的衡量尺度只显示“被征税的”进口产品的关税税率，即它排除了那些由于某种原因而免征关税的进口产品。在美国关税税率的顶峰时期，关税税率太高以至被征税的进口产品只占进口产品的 1/3；截至 1975 年，这一比例已上升到 2/3。因此，所有产品的平均关税税率比可征税产品的平均关税税率要低许多。但是，由于经过了修正，图 10－5 中列出的数字对美国实际经历的贸易自由化进程进行了相当精确的刻画。

是很有好处的。但是，面对我们曾经讨论过的贸易政策的政治性，取消关税在政治上怎么可能呢？

对这一问题的部分答案是，通过一系列**国际谈判**（international negotiation），战后贸易自由化取得了巨大的进展。也就是说，各国政府同意共同进行关税削减。这些协议把各国减少进口竞争行业的保护与降低针对这些国家出口行业的外国进口保护联系起来了。正如我们马上要讨论的，这种联系有助于消除那些可能会阻止各国采纳自由贸易政策的政治障碍。

图 10－5 美国的关税税率

说明：自 20 世纪 30 年代初关税的一次急剧上升之后，美国的平均关税税率一直在稳步下降。

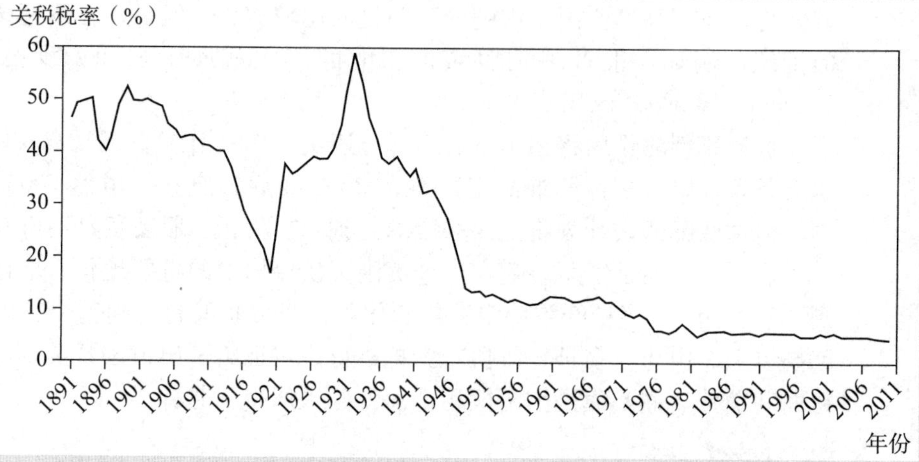

谈判的优点

至少有两个原因可以说明为什么降低关税作为多边协定的一部分比作为一种单边政策要容易许多：(1) 相互协定有助于调动对自由贸易的支持；(2) 经过谈判达成的贸易协定有助于各国政府避免卷入具有强大破坏力的贸易战。

国际谈判对自由贸易的正面影响一目了然。我们已注意到，进口竞争行业的生产者比消费者更容易组织起来，而且信息更充分。国际谈判则可通过让国内出口商参与来起到平衡作用。例如，美国与日本可能会达成一项协议，其中规定美国应取消针对日本竞争者而设置的一些制造业的进口配额；作为回报，日本也要撤销针对美国农产品及高技术产品向日本出口的障碍。对于美国的消费者来说，即使承受很大损失，可能也无法从政治上有效地反对这些进口产品的配额。但是，希望打入外国市场的出口商则不然，它们会通过游说促成双方同时取消进口配额，从而间接保护消费者的利益。

国际谈判还有助于避免**贸易战**（trade war）。借助一个非常标准化的例子，我们能更好地阐明贸易战的含义。

假定世界上只有两个国家——美国和日本；而且这两国只有两种可选择的政策——自由贸易或者贸易保护；还假定两国政府首脑的头脑都异常清醒，因此可以用准确的数字价值衡量对任何措施的满意程度（见表 10－3）。

该表中给出的数值包含着两个假设。第一，我们假定，如果任何一国政府把别国的政策视为既定的，它就一定会选择保护政策。也就是说，无论日本政府采取何种措施，美国政府的保护政策都会增加其收益。这一假设显然是成立的。也许有很多经济学家会认为，无论别国政府怎么做，自由贸易对本国而言都是最好的政策。但是，政府的行为不仅要顾及公众的利益，而且要考虑其自身的政治利益。由于上面所述的种种原因，各国政府经常发现，要想不保护某些行业，在政治上根本行不通。

表 10－3　　贸易的社会福利问题

日本 美国	自由贸易	贸易保护
自由贸易	10 10	20 −10
贸易保护	−10 20	−5 −5

在表 10－3 中我们的第二个假定是，即使各国政府单独行动，采取保护政策也会使得损失更小，但如果两国都选择自由贸易，则会使各自的收益更大，即美国政府从一个开放的日本市场中获得的收益比它开放自己市场的损失要多；日本也一样。我们只要看看从贸易中的所得，就会认识到这一假设的合理性。

对那些学过博弈论的人而言，这种情形就是所谓的**囚徒困境**（prisoner's dilemma）。各国政府为了使得自己的决策最优都会选择保护，但这种决策会导致如表 10－3 右下格中的结果。然而，若两国政府都不选择保护，那么它们的福利都会得到改善：表 10－3 左上格所示的结果显然比右下格的大为改善。各国政府的单边行为似乎可以使其利益最大化，但这样做恰恰无法达到最好的结果。若两国都实施单方面的保护措施，那么结果只能是导致贸易战以及双方社会福利的恶化。虽然贸易战不如真刀真枪那么可怕，但避免贸易战与避免武装冲突和军备竞争的问题是相似的。

很显然，日本和美国都有必要达成一项协议（如条约）来避免保护政策。如果两国政府都对自己的自由行为有所约束，那么两国的社会福利就会大为改善。签订条约就是一个不错的约束手段。

上面是个高度简化的例子，在现实世界中不仅存在很多国家，而且在自由贸易与完全限制进口的保护之间还有许多过渡政策。但是，这个例子已足以表明，有必要通过国际协定来进行贸易政策的国际合作。而且，这些协定的确能发挥很大作用。事实上，当前的国际贸易体系就是围绕一系列国际贸易协定而展开的。

国际贸易协定的简短历史

国际合作削减关税作为一项贸易政策的历史可以追溯到 20 世纪 30 年代。1930 年，美国通过了一部特别不负责任的关税法，即《斯穆特-霍利法案》（Smoot-Hawley Act）。根据该法案，关税税率骤然上升了许多，美国的贸易额也随之一落千丈。不少经济学家认为《斯穆特-霍利法案》加剧了美国的经济大萧条。这一法案通过后没几年，美国政府就认识到需要降低关税，但这一举动可能会危及政治合作的基础——对关税的任何削减都会遭到一些国会议员的反对，因为他们的选区里有与进口产品相竞争的公司，而削减关税带来的利益则相当分散，以至国会中很少有人会被动员起来站在受益者一方。因此，要削减关税，就必须把这一政策与出口商的具体利益联系起来。对这一政治问题的最初解决办法是双边关税谈判。美国与一些大宗产品的出口国——比如食糖出口国——谈判并许诺：如果该国能降低某些美国出口产品的关税，那么美国就降低食糖的进口关税。这笔交易对美国出口商的吸引力有助于抵消来自食糖利益集团的政治压力。同样，在外国，此项交易对外国食糖出口商的吸引力也平衡了该国进口竞争利益集团的政治影响。正是由于上述双边贸易谈判，美国的平均关税税率从 1932 年的 59％迅速回落至第二次世界大战结束时的 25％。

但是，双边贸易谈判并没有充分利用国际合作的优势。首先，双边贸易谈判产生的利益可能会“外溢”到那些没有做出任何让步的国家。例如，如果美国作为与巴西交易的结果而削减咖啡进口关税，那么哥伦比亚就会从更高的世界咖啡价格中受益。其次，有些有利的交易本身需要有两个以上的国家参与：美国向欧洲大量出口，欧洲又向沙特阿拉伯大量出口，沙特阿拉伯向日本大量出口，而日本又向美国大量出口。因此，国际贸易自由化进程的下一步是，进行有许多国家参与的多边贸易谈判。

多边谈判在第二次世界大战结束后不久就开始了。最初，根据战胜国的外交官们的设想，这种谈判应该在一个名为国际贸易组织（International Trade Organization，ITO）的实体主持下进行。该组织是与国际货币基金组织和世界银行并列的一个机构。1947 年，由于不愿意再继续等待 ITO 的正式运作，由 23 个国家组成的群体开始在一个临时性的准则指导下进行贸易谈判，这些准则就是人们所熟知的**《关税及贸易总协定》**（General Agreement on Tariffs and Trade，GATT）。结果是，ITO 在政治上遭到了强烈的反对，特别是在美国，所以这一机构一直就没有建立起来。结果，临时性的准则在以后的 48 年中一直指导着世界贸易。

正式说来，GATT 是一个协议，而不是一个组织——参加协议的国家被正式定义为“签约伙伴”，而不是成员。在实践中，GATT 在日内瓦保持着一个永久性的“秘书处”，人们一般把它称为“GATT”。1995 年，**世界贸易组织**（World Trade Organization，WTO）成立，50 年前人们所期望的正式组织最终建成。但是，GATT 的准则仍然是有效力的，这一体系的基本逻辑保持不变。

可以用一个关于机械的比喻来描述 GATT-WTO 对贸易的作用：它像一个设计出来用于推动沉重的物体慢慢上坡的装置，而被它推动的物体就是世界经济——逐渐走向自由贸易。为了到达目的地，我们不仅需要推动物体往正确方向运动的“杠杆”，还需要防止后滑的“棘轮”。

在这个系统中最基本的“棘轮”就是**约束**（binding）。当一个关税税率是“约束性的”时，施行这一关税的国家就会同意在将来不会提高这一税率。目前，发达国家几乎所有的关税税率都是约束性的，而发展中国家 3/4 的税率也是如此。约束性关税允许有一定的浮动空间：一个国家在得到其他国家同意的条件下可以提高其关税税率，这通常意味着该国要降低其他关税作为补偿。在实践中，关税约束一直都非常有效，在过去的半个世纪中很少有关税提升的现象发生。

除了约束性关税之外，GATT-WTO 体系通常还试图防止出现非关税性贸易干预手段。出口补贴是不允许的，除了一个例外：在 GATT 最初成立之时，美国坚持对农产品的出口补贴特别对待，此后欧盟充分利用了这一例外条款。

正如我们在本章中所提到的，美国保护的大部分成本来自进口配额。实际上，GATT-WTO 体系在进口补贴上有一定的传统——尽管一直有人在尽力消除这种配额或者将其转化为关税——而且取得了一定的成功。一般不允许实行新的进口配额，除非作为处理“市场破坏”的临时性手段。“市场破坏”是一个没有明确定义的词，一般理解为进口的突然快速增长会使得某个国内部门一下子面临衰败的危险。

用于推动进步的杠杆是一个有固定模式的过程——人们所熟知的**贸易回合谈判**（trade round），即许多国家聚集在一起，就一系列降低关税和其他能促使贸易自由化的措施进行磋商。自 1947 年以来已经进行了八轮贸易回合谈判，最近的一轮是在 1994 年结束的“乌拉圭回合”谈判——建立了 WTO。2001 年，在波斯湾的多哈市举行的会议正式开始了第九轮谈判，在本书付梓之际，该轮谈判显然还没达成一致协议。我们将在本章后面讲述“多哈回合”谈判失败的原因。

在 GATT 下的前五轮贸易回合谈判采取的是“并行的”双边协商的形式，即一国同时与多个国家达成双边协议。例如，如果德国打算削减某项关税，而该项削减对法国和意大利都有好处，那么德国可能会要求法意两国都做出互惠性让步。随着战后世界范围的经济复苏以及进行大规模交易能力的提高，各国关税都得到了大幅削减。

第六个多边贸易协定，即著名的肯尼迪回合谈判（Kennedy Round）协定于 1967 年签署。该协定使得主要的工业化国家除一些特殊行业的关税保持不变以外，其他所有关税一律削减了 50%。这轮谈判主要集中讨论了哪些行业可以不减免关税，而不纠缠于各行业关税削减的幅度。就整体而言，肯尼迪回合把平均关税税率降低了35%。

第七轮谈判，即东京回合谈判（Tokyo Round，于1979年结束）用了一个比肯尼迪回合谈判更复杂的公式来计算应削减的关税。另外，还建立了一些致力于控制非关税壁垒（如自愿出口限制和《有序营销协议》）扩散的新条款。第八轮谈判，即乌拉圭回合谈判终于在1994年完成。经过激烈的辩论，美国国会通过了该回合谈判制定的各项条款。在下一小节我们将对该回合谈判的结果加以讨论。

乌拉圭回合谈判

历轮重要的国际贸易谈判无一不是在一座风景迷人的城市举行开幕式，然后以在另一座城市举行签字仪式而告终。依据GATT，第八轮全球贸易谈判于1986年开幕，并在乌拉圭著名的海滨胜地埃斯特角举行了会议（这轮谈判亦因此而被称为乌拉圭回合谈判）。会后，与会者返回日内瓦，并在日内瓦进行了长达七年之久的提出意见和驳斥意见、威胁和反威胁的活动。数以万小时计的会议枯燥透顶，以至最有经验的外交家都无法一直保持清醒。该回合谈判原计划于1990年结束，但由于面临严重的政治问题，直到1993年底才产生了一份基本文件。该文件由长达400页的协议构成，再加上详尽记载成员对一些特殊市场和产品的承诺的补充材料，竟然厚达22 000页。协定于1994年4月在摩洛哥的马拉喀什签署，并在该年底获得了各主要国家的批准——在有些国家，包括美国，都经历了激烈的政治争论。

从文件的总长度我们就能知道，乌拉圭回合谈判的结果是难以简单概括的。但是，其最重要的结果可以概括为两点：贸易自由化和行政改革。

贸易自由化

与历轮GATT谈判一样，乌拉圭回合谈判致力于世界范围的关税减让。从数字上看，成果相当惊人：本轮谈判努力的结果是，发达国家的平均关税税率将削减40%。但是，由于关税税率已经相当低，因此平均关税税率事实上不过从6.3%下降到3.9%，对世界贸易只能产生少许促进作用。

比上述整体关税减让更为重要的是：在农业和服装这两个重要部门，贸易自由化被推进了一大步。

世界的农产品贸易一直被严重扭曲——日本因采取进口限制措施造成国内大米、牛肉以及其他食品的价格高出国际市场价格好几倍而声名狼藉。欧洲的共同农业政策为欧洲的农产品提供了巨额出口补贴。乌拉圭回合谈判伊始，美国就有一个宏伟目标：到2000年实现农产品的自由贸易。尽管目标没有完全实现，但取得的成果依然辉煌。协定要求农产品出口国在6年内削减补贴总额的36%和补贴出口总量的21%；像日本这样使用进口配额保护农业的国家则被要求用关税取代配额，而且关税在将来不可上升。

世界上的纺织品和服装贸易也由于《多种纤维协定》而受到严重扭曲，这在第9章中已经陈述过。通过10年时间逐步取消对纺织品和服装贸易的所有数量限制（但是有些高关税仍将保留），乌拉圭回合谈判将逐步淡化《多种纤维协定》的作用。这可谓是向自由化迈进了一大步——请记住许多估测认为，与任何其他保护性措施相比，对服装业的保护加在美国消费者身上的成本最高。但是我们也应注意到，逐步取消《多种纤维协定》的进程是"前松后紧"的：很多推进自由化的措施要一直推迟到过渡时期末，即2003年或2004年前后才实施。到2005年1月1日为止，配额都要取消。

事实上，《多种纤维协定》的终止造成中国服装出口巨幅增长。比如，2005年1月，从中国运往美国的裤子达到2 700万条，而一年前这个数字只有190万条。这引起了美国和欧洲服装生产者强烈的政治反应。尽管对中国服装出口有新的限制，这些限制随着时间的推移在逐步淡化；事实上，世界服装贸易已经逐步走向自由化。乌拉圭回合谈判取得的最后一项自由贸易成果是制定了一套新的政府采购规则。政府采购不是消费者或私人公司的购买行为，而是政府机构的购买行为。在过去，政府采购一直为各种各样的商品——从建筑设备到运输车辆——提供保护性市场。乌拉圭回合谈判制定了新的规则，以期为进口产品提供更加广泛的政府采购合同。

行政改革：从 GATT 到 WTO

许多对乌拉圭回合的关注，以及从此以后围绕世界贸易体系的争论，都集中在这个回合所创立的一个新机构——世界贸易组织。1995 年，这个组织取代了先前管理 GATT 的秘书处。正如我们将在第 12 章中论述的那样，WTO 已经成了全球化反对者的众矢之的。它同时被左派和右派攻击，它们谴责它在某种程度上履行了世界政府的职能，损害了国家主权。

WTO 和 GATT 有什么区别呢？从法律的角度来看，GATT 是一个临时性协议；而 WTO 是一个完全成熟的国际组织——但是，它真正的官方机构还是很小（只有 500 个工作人员）。对 GATT 最初条款的更新版已经被添加到 WTO 的规则中。GATT 只适用于货物贸易，服务业的世界贸易——例如保险、咨询以及银行服务等没有实体的物品——并不受到任何成文规则的约束，以至许多国家的法规公开地或者在实际上歧视外国供应者。GATT 对服务贸易的忽视逐渐变成了一个日益明显的缺陷，因为现代经济日益集中在服务产品而不是实物产品的生产上。所以 WTO 的规则中包括了对服务贸易的规则，即《服务贸易总协定》（General Agreement on Trade in Services，GATS）。在实践中，这些规则对服务贸易的影响还不大，它们的主要作用是作为未来贸易回合谈判的基础。

除了从生产物品到提供服务这一主要的转变之外，发达国家还经历了一个从依靠实物资本向依靠知识产权转变的过程，后者用专利和版权加以保护。[30 年前通用汽车（General Motors）是现代公司中的精英，现在则是微软。] 所以，界定对国际知识产权的国际运用已经成了当务之急。WTO 试图通过它的《与贸易有关的知识产权协定》（Agreement on Trade-Related Aspects of Intellectual Property，TRIPS）来解决这个问题。TRIPS 在制药产业的运用是一个颇有争议的话题。

不过，人们通常认为 WTO 最重要的新贡献是它的争端解决机制。当一个国家指责另一个国家违反了贸易体系规则的时候，比如，假设加拿大指责美国非法限制木材的进口，而美国否认了这一指责，那么接着会发生什么呢？

在 WTO 成立之前，加拿大可以通过国际法庭处理这种争端，但是这样的处理过程可能会持续好几年，甚至几十年。而且，即使形成了一个裁决，也没有办法来执行它。但这并不意味着 GATT 的规则没有效力，无论是美国还是其他国家都不想背上一个违反法规者的名声，所以它们也做了很大的努力以使自己的行为“符合 GATT 的规定”。但是，处于灰色地带的案例还是很有可能解决不了。

WTO 拥有一个更加正式、更加有效的处理程序。它挑选专家小组听证案例，通常在不到一年内就可以得出最后结论。即使有上诉，整个程序一般也不会超过 15 个月。

假设 WTO 裁定一个国家的确违反了规则，而这个国家仍然拒绝改变它的政策，那么该怎么办呢？WTO 本身并没有强制执行的能力。它所能做的只是给予诉讼国对违反规定的国家进行报复的权利。比如在我们假设的加拿大-美国木材争端中，WTO 可能会批准加拿大政府对美国出口施加限制，而加拿大政府的这一行为并不会被视为违反 WTO 规则。

人们的希望和预期是，不会有太多的争端发展到这一步。在许多情况下，威胁将一个争端提交到 WTO 就应该能解决问题；在大部分情况下，相关国家会接受 WTO 的仲裁并改变它们的政策。

本章专栏“解决一个争端——引发另一个争端”用美国和委内瑞拉在汽油进口问题上的争端描

述了 WTO 的争端处理机制是如何运行的。正如这一专栏所阐述的，这一案例成为那些指责 WTO 损害了国家主权的人们的一个主要例证。

专栏 解决一个争端——引发另一个争端

WTO 新的争端解决机制的第一次运用颇具争议性。对 WTO 的支持者来说，它表明了新体系的有效性；对反对者来说，它说明这个机制妨碍了诸如环境保护等重要社会目标的实现。

这个案例源于美国新的空气污染标准——该标准限定了在美国售出的汽油的化学成分。一个统一的标准在 WTO 规则看来显然是合法的。但这个新标准存在一些漏洞：那些在美国的精炼厂，或者那些将它们产出的 75%以上销往美国市场的精炼厂，分别被设定了以它们 1990 年的污染物水平为基础的“底线”标准。与给进口汽油设定的标准相比，该条款所设定的标准相对没有那么严格，所以，实际上给予了美国精炼厂出产的汽油特别的优惠。

委内瑞拉向美国出口巨大数量的汽油，它早在 1995 年就提出了针对新污染标准的诉讼。委内瑞拉论证说这个规则违反了“国民待遇”原则——这一原则规定进口产品应该享受与本国产品同等的待遇（以保证各项法规不会被用作间接的保护主义手段）。一年以后，WTO 指定的仲裁小组裁决支持委内瑞拉。美国提出上诉，但被驳回。此后，美国和委内瑞拉商定了一系列修订的规则。

从一个方面来看，这个结果表明 WTO 的确在履行它的使命——美国实行了一个明显违反了其贸易协定规则的措施；当一个影响力相对较弱的小国家对这些措施提出诉讼时，诉讼非常及时地得到了解决。

而从另一方面来看，环境保护主义者却非常失望：WTO 的裁决实际上阻碍了一个本来可以使空气变得更为清洁的法规的实行。进一步来说，毫无疑问这个清洁空气法规的初衷是良好的——它真正的本意是减少空气污染，而不是排斥出口。

WTO 的捍卫者指出，很明显美国本可以制定一个不歧视进口的规则。它没有这么做的原因是在政治上对精炼工业的妥协，而精炼工业的确在实践中形成了某种形式的保护主义。所以最多只能说 WTO 规则使得美国的环保主义者更难与精炼工业达成政治交易。

在第 12 章所讨论的反对全球化运动的神话中，WTO 干涉清洁空气标准已经被赋予了标志性的意义：这个案例已经被视为 WTO 剥夺国家主权、影响国家履行社会和环境义务的主要论据。但是，这个案例的性质绝不是一刀切的：如果美国施行了一个“纯洁的”没有歧视性的清洁空气规则，WTO 也就不会接到其他国家的诉讼。

成本与收益

对乌拉圭回合谈判的经济影响进行估计是非常困难的。不说其他的，单是准备工作就已不堪重负：为了进行估测，首先必须将大量文件从令人费解的一种行话（法律术语）翻译成另一种行话（经济学术语），还要整理归类各种各样的数据，然后把所有资料输入用于分析世界经济的计算机模型。如上所述，大部分重要的行动都被“有意搁置”了，使得我们在协议签署了近十年之后，才真正看到这个回合的一些重要条款的付诸实施，因而估测其影响的难度也就更大了。

这些估计中被最广泛引用的是《关税及贸易总协定》以及经济合作与发展组织（OECD）发表的两份报告。经济合作与发展组织是由发达国家组成的、总部设在巴黎的一个国际组织。这两份估测都认为，一旦协定完全生效，世界经济整体每年的收益将超过 2 000 亿美元，即世界实际收入会增加 1%。与往常一样，当然也存在与此意见相左的估测。有些经济学家认为，2 000 亿美元的预计收益过分夸张，部分原因在于上述估测的世界进出口对新的贸易自由化运动做出的反应可能过于乐观。更多的评论者则认为，鉴于本章早些时候讨论过的“动态”因素，2 000亿美元的预计收益未免太低。

无论是何种情形，贸易自由化产生的逻辑结果是一样的：一些相对集中的组织良好的利益团体将承担乌拉圭回合谈判的代价，然而广大分散的人口将享有乌拉圭回合谈判带来的巨大收益。农业部门的自由化进程将直接伤害欧洲、日本以及其他农产品价格远远高于世界市场价格的国家中为数不多但颇具影响力的农业人口。虽然这些国家的消费者和纳税人所获得的收益足以抵消农民的损失，但是，由于这种收益非常分散因此难以引人注目。同样，虽然纺织品和服装的自由化进程会给这一行业的工人造成相对集中的损失，但是数量大得多的消费者的所得完全能够弥补这种损失，只不过每个消费者的所得不太明显罢了。

尽管乌拉圭回合谈判对各国各部门的收入分配会产生如此强烈的影响，但出人意料的是，各方竟然达成了协议。事实上，当乌拉圭回合谈判未能于1990年在预定的期限内达成任何协议时，很多评论家曾宣称整个贸易谈判的进程将就此终结。虽然乌拉圭回合谈判没有完全实现预期目标，但最终能达成协议，也许应该归功于一系列连锁的政治考虑。在美国，农产品出口商的收益加上服务业出口商在《服务贸易总协定》下开辟出来的自由贸易的巨大市场后的期望收益，有效地抵消了来自服装业的不满。许多发展中国家之所以支持乌拉圭回合谈判，是因为它能够为其本国的纺织品和服装出口创造新的机遇。另外，某些所谓谈判中的“妥协”，不过是政府借以修改政策的借口，其实这些政策的修改已势在必行。例如，欧洲共同农业计划是一项纯粹的开支，长期的预算赤字使其无论如何也该废止了。

但是，促成乌拉圭回合谈判最终成功的一个重要因素却是对谈判破裂的恐惧。到1993年，保护主义在美国及其他地区已日趋盛行。在一些具有浓厚农业传统的国家，如法国、日本和韩国，实力强大的农民愤怒地反对农产品贸易的自由化。这些国家的谈判代表原先可能不愿意在协议上签字，但也害怕谈判破裂可能会带来更大危害。也就是说，他们担心这一轮谈判的失败不仅意味着谈判没有取得进展，还有可能导致前40年的自由贸易进程出现可怕的倒退。

案例分析

考验WTO的勇气

在2002年3月，美国政府对所有进口的钢铁产品征收30%的关税，这次行动的主要理由是美国钢铁业面临进口激增，需要时间进行重建，但是大家都明白真正的原因与政治有关。就西弗吉尼亚州、俄亥俄州和宾夕法尼亚州等钢铁业聚集的州而言，它们将成为2004年美国总统大选中关键的“摇摆州”。

欧洲、日本、中国和韩国向WTO提起诉讼反对美国征税，它们声明美国的行为是违反规则的。在2003年7月，一个WTO专门小组裁决美国的行为是不当的。许多观察家认为美国对这次裁决的反应将考验WTO的可信度：世界上最有权力的政府会服从一个国际组织的要求去取消一个在政治上重要的关税吗？这甚至有可能会引起贸易战。

事实上，美国服从了裁决，于2003年12月取消了钢铁关税，美国政府解释说关税已经达到了目的。但是许多观察家认为关键的动机来自欧盟的威胁，因为WTO的决议允许欧盟采取报复措施，这样欧盟就可以对来自美国的20亿美元产品征收报复性关税（和我们一样懂得政治，欧盟也把关税定在——你可以猜到——政治摇摆州生产的产品上）。

因此，WTO通过了一次重大考验。美国服从欧盟的控诉是因为它们在经济规模上都是相差无几的超级巨人。另一个问题是，当WTO规则支持小经济体反对像美国或欧盟这样的经济巨人时会产生什么样的结果？

在 2005 年 3 月，WTO 做出了一个重要的决定，支持巴西控告美国对棉农的补贴是违反规则的。美国已经声明将服从裁决，废除补贴，但是直到 2009 年，对棉农的补贴仍然没有全部被废除；那时，WTO 授权巴西对美国的出口进行制裁。然而，2010 年，巴西撤回了它的诉讼，但这并非因为美国终止了它对棉农的补贴，而是因为美国与巴西签订了一个补充协议，补充协议规定美国将向巴西支付数亿美元的补偿。这个棘手的案件说明了利益集团势力是何等之大。

令人失望的多哈回合谈判

有点儿虚套的国际贸易谈判第九回合于 2001 年在波斯湾城市多哈召开。和前几个回合一样，这个回合也充满着艰辛的谈判。到 2007 年为止，这个回合谈判出现了新情况：自从 GATT 创建以来，这个回合贸易谈判第一次以没有签订任何协定而宣告失败。

多哈回合谈判的失败并没有破坏以前贸易谈判所取得的进步，理解这一点非常重要。请记住世界贸易体系使各种“杠杆”有机结合——国家贸易谈判推动贸易自由化前进——“棘轮”主要起到约束关税的作用，它阻止国际贸易倒退。“杠杆”在最近的一个回合已经失败了，但是仍然存在：前八个回合谈判削减的关税税率依然起作用。因此，现在的世界贸易比历史上任何时期都要自由。

实际上，多哈回合谈判失败的主要原因在于前几个回合贸易谈判的成功，因为前几个回合在降低贸易壁垒上非常成功，剩下的贸易壁垒已经相当低了，所以进一步贸易自由化的潜在收益就很少了。除了服装和纺织品外，制成品的贸易壁垒的确很低了。进一步自由贸易的大部分潜在收益可能来自降低农产品关税和出口补贴——农产品是最后一个需要自由化的部门，因为它在政治上是最敏感的部门。

表 10-4 说明了这一点。世界银行估计了“完全自由化”的福利收益——废除所有贸易壁垒和出口补贴——的来源和它如何在各国进行分配。在当今世界上，农产品贸易额不到整个世界贸易额的 10%，但是根据世界银行的估计，农产品自由贸易可以为世界带来 63%的自由贸易收益。然而，这些收益很难获得。正如前面所描述的一样，富裕国家的农民较容易获得政治上的支持。

表 10-4　自由贸易潜在收益分配的百分比（%）

经济体	完全自由化			
	农产品和食品	纺织品和服装	其他商品	所有商品
发达国家	46	6	3	55
发展中国家	17	8	20	45
所有国家	63	14	23	100

资料来源：Kym Anderson and Will Martin，“Agricultural Trade Reform and the Doha Agenda，” *The World Economy* 28（September 2005），pp. 1301-1327.

在多哈回合中，有可能被接受的提议事实上缺乏完全自由化的空间，因为这个回合中的可能收益已经相当少了。表 10-5 显示了世界银行估计的在多哈回合两种方案的情况下福利收益占收入的百分比。一种“激进”的方案很难获得通过，而另一种“一般”方案中不包括敏感部门的自由化。即使在“激进”的方案中，整个世界的收益也许只有 GDP 的 0.18%；在一种更可行的方案中，收益只有 0.04%。这些收益对于中等收入国家和低收入国家就更少了。（为什么中国是负收益呢？正如下面的专栏中所说明的，因为中国最终将为进口的农产品支付更高的价格。）

表 10-5　多哈回合方案中福利收益占收入的百分比（%）

	激进	一般
高收入国家	0.20	0.05
中等收入国家	0.10	0
中国	−0.02	−0.05
低收入国家	0.05	0.01
世界	0.18	0.04

资料来源：参见表 10-4。

表 10-5 中的数字揭示了多哈回合谈判失败的原因。贫穷国家认为它们能够从提议中获得的利益太少，所以它们要求富国做出更多让步，而富国政府拒绝做出政治冒险去触犯一些有势力的利益团体，特别是农场主。由于没有得到相应的回报，穷国也不愿意大幅削减剩余的较高关税。

专栏　农业补贴会伤害到发展中国家吗？

在多哈回合谈判中，发展中国家的一个主要指责是富裕国家存在大量农产品出口补贴和生产补贴。美国棉花补贴降低了世界棉花的价格，伤害了非洲棉农的利益，这是一个被经常引用的例子。

但是我们在第 9 章了解到出口补贴通常会增加进口国福利，因为进口国可以买到更便宜的产品。那么，富国的出口补贴是不是真正地帮助了穷国呢？

在很多情况下，答案是肯定的。表 10-5 的估计表明成功的多哈回合谈判实际上会伤害中国人的利益。为什么呢？出口制成品和进口食品及其他农产品的中国会因为取消农业补贴而受到伤害。

实际上，并不只有中国从富国出口补贴中获益。由于来自欧盟和美国的补贴而造成价格下降，发展中国家的农民因此而受损，但是发展中国家的城市居民却因此受益，而且发展中国家农民生产咖啡等产品，这些农产品并不与得到补贴的农产品相竞争。

最近一篇论文估计了多哈回合谈判对低收入的非洲国家可能产生的影响。该论文发现，在大多数情况下非洲国家的实际情况更糟，因为较高的食品价格将会抵消棉花等农作物高价所带来的收益。

特惠贸易协定

我们提及的所有国际贸易协定在关税减让上都包括了“非歧视”原则。例如，如果美国同意降低从德国进口机器的关税，那么这一新的关税税率就不仅对德国，而且对从任何国家进口的机器都适用。这种非歧视原则在大部分关税中都适用。事实上，美国给予很多国家最惠国待遇（most favored nation，MFN），保证这些国家的出口商所缴纳的关税不高于缴纳最低关税国家的出口商所缴纳的。所有被给予最惠国待遇的国家都缴纳同样的关税。GATT 体系下的关税减让总是以最惠国待遇为基础。

但是，在某些情形下，一些国家之间也签订**特惠贸易协定**（preferential trading agreements）。依据这些协定，签约国相互之间的关税低于从非签约国进口同样商品的关税。虽然一般来说，

GATT 禁止这类协定，但仍旧规定了一个相当特殊的例外情形：GATT 反对 A 国对从 B 国和从 C 国进口同样的商品但征收不同的关税，但是如果 B 国和 C 国之间互免关税，A 国的上述行为就是准许的。也就是说，GATT 一般都禁止特惠贸易协定，因为它违背了最惠国待遇原则，但如果特惠贸易协定能促成签约国之间的自由贸易，那么 GATT 就允许它的存在。[①]

一般来说，两个或两个以上的国家可以通过两种方式来建立彼此之间的自由贸易：(1) 建立**自由贸易区**（free trade area），即各签约国之间互免关税，但各国独立地制定对其他非签约国的关税；(2) 成立**关税同盟**（customs union），即各国必须统一对外关税税率。例如，《北美自由贸易协定》将加拿大、美国、墨西哥变成了一个自由贸易区，但该协定并不要求各国制定统一的对外关税税率，例如不要求加拿大和墨西哥对从中国进口的纺织品征收同样的关税。另外，欧盟则是一个完全的关税同盟，它要求所有成员国必须对进口产品制定统一的关税税率。这两种方式可谓各有利弊，本章专栏“自由贸易区与关税同盟”讨论的就是这个问题。

专栏　自由贸易区与关税同盟

简单地说，自由贸易区与关税同盟的区别在于：前者在政治上简单易行，但在执行上令人头痛；而后者则刚好相反。

首先考虑关税同盟的情形。关税同盟一旦建立，关税的征收与管理就相当容易：当货物通过同盟区的边界时，就要缴纳关税，之后货物就可以在同盟区内的各国之间自由运输。例如，当货物在马赛或鹿特丹卸载时必须缴纳关税，运往慕尼黑则不用再缴纳任何附加关税。但是，为了使得这个简易的系统能正常运转，各国还需要制定统一的关税税率：无论货物是在马赛、鹿特丹还是在汉堡卸载，关税税率必须一致，因为如果不一致，进口商就会选择海关以使费用最低。因此，关税同盟要求德国、法国、荷兰以及所有其他成员国均必须制定一致的关税税率。但这一点并不容易做到，这意味着各国实际上要将一部分主权交给一个超国家的实体——欧盟。

要在欧洲实现这一点是有可能的。原因有很多，其中之一就是，欧洲人相信经济统一有助于强化欧洲各国战后的政治同盟关系。但是在世界其他地方就缺乏足够的条件。例如，北美自由贸易区的三个国家就难以把自己对关税的控制权拱手让给任何超国家的实体。如果没有其他特殊情况，很难想出一种两全其美的办法：既能充分考虑美国的利益，又不会使美国有效控制加拿大和墨西哥的贸易政策。因此，尽管允许墨西哥与美国的产品互相免税进入对方国家，但《北美自由贸易协定》并不要求墨西哥和美国在从其他国家进口产品时采取统一的对外关税。

但这又引发了另外一个问题。依照《北美自由贸易协定》，一件墨西哥工人制作的衬衣能够自由进入美国市场。但如果美国想对从其他国家进口的衬衣保持高关税，而墨西哥却没有采用相似的税率，那么怎样才能防止从孟加拉国运到墨西哥的衬衣不被装上开往芝加哥的卡车呢？

答案是，虽然美国和墨西哥之间实行自由贸易，但是从墨西哥运往美国的产品仍旧必须经过海关检查。只有当有充分的文件证明这些产品是地道的墨西哥产品而非由第三国转运过来的时，才能免关税进入美国。

但怎样才算是一件地道的墨西哥衬衣呢？如果衬衣来自孟加拉国，但是由墨西哥人钉上扣子，这样的衬衣算不算是墨西哥产的呢？恐怕不算。但如果除了扣子之外，整件衬衣都是在墨西哥缝制的，那么这件衬衣应算作是墨西哥产的。因此，管理一个非关税同盟的自由贸易区，不仅要求各国继续在边境检查进口产品，而且需要制定一套详尽完备的“原产地规定”以确定某种产品是否符合免税进口的条件。

---

① 这里运用的是法律上的逻辑而非经济上的。国家在其边境内可以实行自由贸易：没有人会坚持要求加利福尼亚州产的葡萄酒和法国产的葡萄酒在运往纽约时应支付同样的关税。也就是说，最惠国待遇原则在政治实体内部并不适用。但什么是政治实体呢？GATT 通过允许任何由一些经济体组成的组织像一个国家那样行事并在特定的边界内实行自由贸易，从而回避了这一潜在的有争议的问题。

因此，尽管原则上是自由贸易，但像《北美自由贸易协定》这样的自由贸易协定所造成的沉重的日常文书工作负担有可能成为贸易的重大障碍。

专栏 英国脱欧公投

欧盟源于1957年成立的共同市场。共同市场是由六个国家设立的一个关税同盟。自成立以后，它成为世界上关税同盟如何成功运作的优秀典型。在近半个世纪的时间里，它都在书写着一个难以逾越的成功故事。随着时间的推移，欧洲的经济一体化在广度和深度方面都取得了进展：有越来越多的国家加入了关税同盟，欧洲一体化的活动范围得以扩展。但是2016年欧盟经历了一次令人震惊的倒退：英国发起了一场关于是否退出欧盟的公投，简称"退欧公投"，并且脱欧派以微弱优势获胜。

到底发生了什么？或许这与产品和服务的贸易无关，也就是与关税同盟无关。相反，这是对欧洲超越关税同盟的努力的一种反抗，而欧洲的这种努力可以由共同市场向欧盟的名称转换体现出来。

具体来说，1992年，当时的欧洲经济共同体建立了新的规则来协调各种管制，或许更为重要的是，确保各成员国人员的自由流动。刚开始这些举措好像并没有带来太大的问题。但是在2004年之后，欧盟大量扩张，纳入了一些东欧国家。这些国家相对来说比较贫穷，例如，罗马尼亚和保加利亚的人均收入都不到英国的一半。结果是，大量工人向更富裕的欧洲国家移民。

接纳移民的国家中的很多有识之士认为，移民对土生土长的公民产生了不利的影响：工作岗位丢失，增加了公共服务的压力，等等。大部分经济分析认为，这些主张大大夸大了现实，并且未能考虑移民工人所带来的收益，但不难理解为何这样的主张得以流行，尤其是许多本土蓝领工人的工资随着外来移民的加入而正在下降。此外，民族认同感正在被削弱，由此催生了民粹主义者的抵触。

在写作本书的时候，英国尚未正式开启脱欧程序，所以未来欧洲内部的经济关系将采取什么形式尚不得而知。由脱欧公投我们可以清楚推断的是，关于国际经济政策的政治经济学机理依然是难以理解的，而且我们不应该将经济一体化壁垒的历史性倒退趋势当作是不可逆转的。

根据本章早些时候提出的几个条件，关税削减是件能够提高经济效率的好事。由此似乎可以推知，特惠协定中的关税削减虽然不及全面降低关税，但也应是一件不错的事情。毕竟有半条面包总比没有好！

令人惊讶的是，上述结论可能过于乐观了——一国加入关税同盟可能会使其境况恶化。我们可以用一个假想的例子说明其中的道理。我们假设有英国、法国和美国三个国家。其中美国是小麦的低成本生产国（每蒲式耳4美元），法国是中成本生产国（每蒲式耳6美元），而英国是高成本生产国（每蒲式耳8美元）。英国和法国都对小麦进口征收关税。如果英国和法国形成关税同盟，那么英国对法国小麦的进口关税就被取消了，但对从美国进口的小麦依旧征税。这对英国来说是好还是不好呢？要回答这一问题需要考虑两种情形。

第一，假定英国最初的关税高到足以排除来自美国和法国的小麦，例如对每蒲式耳小麦征收5美元的关税。那么，从美国进口小麦的成本变为9美元，从法国进口的成本变为11美元。这样，英国消费者会购买8美元的英国小麦。当法国小麦的进口关税被取消后，从法国进口的小麦就会取代英国国内生产的小麦。从英国的角度来看，这是一大收益。因为英国国内生产一蒲式耳小麦的成本为8美元，而现在英国只需要生产出价值6美元的出口产品就可购买一蒲式耳法国小麦了。

第二，假定英国的关税没有那么高，比如说只有每蒲式耳3美元。那么，在没有加入关税同盟之前，英国会从美国进口小麦（每蒲式耳小麦对消费者的成本为 7 美元）而不会自己生产小麦。当与法国组成关税同盟之后，消费者自然会购买 6 美元的法国小麦而不是 7 美元的美国小麦。所以，从美国的小麦进口就会中止。但是，美国小麦的确比法国小麦便宜。英国消费者支付的 3 美元关税以政府收入的形式返还给了社会，因此这一点对英国社会来说并非净损失。但是，为了从法国进口小麦，英国将不得不投入更多资源来生产出口产品，社会福利会因此恶化而非改善。

加入关税同盟有可能蒙受损失是次优理论的又一例证。想想英国起初有两个扭曲行为机制的贸易政策：对美国小麦的关税和对法国小麦的关税。虽然对法国小麦的关税看上去扭曲了激励机制，但这一关税在客观上起到了鼓励消费更便宜的美国小麦的作用。因此，对法国小麦的关税就可能有助于抵消对美国小麦的关税所导致的激励机制的扭曲。取消对法国小麦的关税有可能在实际上减少了社会福利。

因此，我们不难发现，如果组成的关税同盟能够导致新的贸易——从法国进口的小麦取代了英国国内生产的小麦——那么英国将从中受益；但是，如果关税同盟内的贸易只是取代了原先与同盟外国家的贸易，英国将蒙受损失。在对特惠贸易协定的分析中，前一种情形被称为**贸易创造**（trade creation），后一种被称为**贸易转移**（trade diversion）。关税同盟是否值得建立，取决于它是导致贸易创造，还是造成贸易转移。

案例分析　南美洲的贸易转移

1991 年，阿根廷、巴西、巴拉圭和乌拉圭四个南美国家组成了一个叫作南方共同市场（Mercosur）的自由贸易区。这个协定对贸易产生了立竿见影的巨大影响：四年之内，成员国之间的贸易量增加了 2 倍。该地区的领导人为南方共同市场取得的成绩骄傲不已，将其称为本国成效卓著的全面经济改革的组成部分。

尽管南方共同市场在增加地区内贸易方面取得了显著的成绩，但是特惠贸易区理论告诉我们，这不一定是件好事。如果新贸易是在损害了与世界其他国家贸易的条件下发生的，或者说这一协定并未创造出新的贸易而只是使原有贸易发生了转移，那么它实际上可能会降低福利。果然不出所料，1996 年由世界银行首席贸易经济学家设计的一项研究显示，虽然南方共同市场显著地促进了区域性贸易，但是由于这一成功牺牲了与其他国家的贸易，它对该地区经济的净影响很可能是负的。

该报告认为，南方共同市场的一个实质性影响是：成员国的消费者更倾向于购买邻国生产的成本昂贵的制成品，而非来自其他国家的那些原本价格低廉却被课以重税的制成品。特别值得一提的是，由于南方共同市场的存在，巴西高保护、低效益的汽车工业实际上取代了来自其他地区的进口而独霸阿根廷市场，就像上面例子中假设的法国小麦在英国市场上取代美国小麦一样。报告的初稿得出了这样的结论：“这些研究结果似乎为区域性贸易组织潜在的负面影响提供了证据。迄今为止，这些证据是最具说服力的，但同时也是最令人忧虑不安的。”

然而，在正式出版的报告中却找不到上面的一席话了。原来，初稿被泄露给了新闻界，继而招致了南方共同市场成员国政府（特别是巴西政府）的强烈抗议。迫于压力，世界银行先是迟迟不发表报告，在最终发表的版本中也加入了许多限制性说明。不过，即使是在公开发表的版本中，该报告还是通过确凿的证据表明：虽然不能说南方共同市场完全无益于社会生产率的提高，但它造成的数量可观的贸易转移这一事实应该是不容置疑的。

提 要

1. 虽然在现实中极少国家实行自由贸易，但大部分经济学家仍坚持认为自由贸易是最优的政策。倡导自由贸易有三个论据：(1) 从贸易政策的成本-收益方面考虑，人们发现自由贸易可以提高效率；(2) 很多经济学家相信，自由贸易所带来的额外收益会远远超过一般成本-收益分析中的所得；(3) 由于把复杂的经济分析转变为现实贸易政策存在困难，即使对那些并不认为自由贸易是最优政策的人而言，自由贸易也不失为一种有效的经验选择。

2. 支持非自由贸易政策的某些理论也很有道理。其中之一认为，通过最优关税和出口税收可以改善一国的贸易条件，这种观点在理论上非常有力，但是在实践中却并不重要。一方面，小国不可能对其进口产品和出口产品的价格施加多大影响，因此它们也不能通过使用关税或其他贸易政策来改变贸易条件。另一方面，大国的确能够影响其贸易条件，但征收关税会使它们不得不承担违背国际贸易协定并招致报复的风险。

3. 支持实行非自由贸易政策的另一论点以国内市场失灵作为依据。如果某些国内市场，比如说劳动力市场无法发挥正常作用，那么实行非自由贸易政策有时能够减少该市场失灵所带来的不良影响。次优理论认为，如果某一市场不能正常运作，那么政府对其他市场的不干预政策将不再是最优选择。如果生产某种产品可以带来生产者剩余之外的边际社会收益，那么对该种产品的进口征收关税就可以增进社会福利。

4. 虽然市场失灵可能普遍存在，但国内市场失灵论不能滥用。首先，国内市场失灵论是一种支持采用国内政策而非贸易政策的论点；用关税来抵消国内市场的失灵总是一种稍差的、"次优"的方式，对付国内市场失灵的最好办法是针对失灵原因制定国内政策。其次，市场失灵难以明确分析，因而也无法找出适合的政策。

5. 2004 年，美国与几个中美洲国家以及多米尼加共和国签订了一份自由贸易协定，也就是《中美洲贸易协定》。这份贸易协定肩负着振兴这些国家纺织品出口的期望——在那之前，这几个国家的纺织品出口是深受亚洲国家竞争威胁的。假设这份贸易协定起到了签订时所被赋予的期待，从整个经济影响的层面来看，这意味着什么？

6. 2016 年美国总统大选的一个重要议题是对贸易协定的普遍反对：相当多的选民相信，美国的贸易协定相当于放弃主权，美国应当停止束缚自己的双手，追求符合其自身利益的任何贸易政策。你会如何回应这种说法？

7. 虽然在 20 世纪 30 年代通过双边协定，贸易自由化进程取得了一定的成果，但第二次世界大战后国际贸易合作却主要是通过 GATT 主持下的一系列多边贸易协定进行的。GATT 包括办事机构及一系列指导原则，是国际贸易体系的核心机构。该协定通过了一个世界范围的协议，即成立了一个新的组织——世界贸易组织（WTO），来监控和督促协定的执行。

8. 除了通过多边贸易协定取得全球性关税削减之外，一些国家集团也通过谈判签订了一些特惠贸易协定。依据这些协定，各签约国相互减让关税，但不对非签约国减让。GATT 允许两种方式的特惠贸易协定：(1) 关税同盟。所有成员国制定统一的对外关税税率；(2) 自由贸易区。签约国之间互免关税，但各国独立设定对外关税税率。任何一种特惠贸易协定对社会福利的影响都是不确定的：一方面，如果加入协定导致国内的高成本产品生产被其他成员国的进口产品取代——贸易创造情形——则该国从中受益；另一方面，如果加入协定导致原来从非成员国进口的便宜产品被其他成员国的高成本产品取代——贸易转移情形——则该国从中受损。

9. 诸如智能手机等高科技产品的生产主要依赖于稀土的使用，稀土是一种不可再生的稀有金属。碰巧的是，A 国是这种稀有金属生产的主导者。考虑到目前紧张的国际局势，有人呼吁利用特殊的政策来鼓励美国的稀土生产。这样的呼吁是否有经济论证给予支撑？在本章的内容中，在哪里可以找到支撑分析？

关键术语

约束
国内市场失灵
《关税及贸易总协定》
中点选民
特惠贸易协定
赞成关税的贸易条件改善论
贸易转移
世界贸易组织
集体行动
支持自由贸易效率的观点
国际谈判
最优关税
囚徒困境
次优理论
贸易回合谈判
关税同盟
自由贸易区
边际社会收益
支持自由贸易的政治依据
寻租
贸易创造
贸易战

习　题

1. “对一个像菲律宾这样的小国而言，实行自由贸易可以带来许多好处。实行自由贸易可以使得消费者和生产者能够以产品的实际成本而非政府决定的价格作为决策的基础；可以使生产者和消费者从狭窄的国内市场的束缚中解脱出来；可以为企业家开辟一片全新的天地；最重要的是，有助于净化国内政坛。”请分别讨论以上陈述中赞成自由贸易的每一个论据。

2. 下列各项中哪些有可能是支持关税或出口补贴的有效论据，哪些不是（解释原因）？

a. “美国的石油进口量越大，在下一次世界性石油短缺中石油价格就越高。”

b. “美国非时令水果如冬葡萄等供应的80%都来自智利。随着智利非时令水果出口量的不断增加，这些昔日的奢侈品的价格已大幅下降。”

c. “美国农产品出口不仅对农民意味着更高的收入，而且对任何一个把产品及服务出售给美国农业部门的人来说都意味着更高的收入。”

d. “半导体就好比是技术的‘原油’；如果我们自己不生产芯片，那么对每一个使用微电子技术的产业来说，关键的信息流动就会被破坏。”

e. “木材的实际价格下降了40%，以致成千上万的木材工人被迫去寻找其他工作。”

3. 某小国能够以每单位10的国际价格进口某种产品。这种产品在该国国内的供给曲线为

$$S=20+10P$$

需求曲线为

$$D=400-5P$$

另外，每一单位产品能够产生价值为10的边际社会收益。

a. 试计算对每单位进口产品征收5的关税给社会福利造成的全部影响。

b. 计算每单位5的生产补贴给社会福利造成的全部影响。

c. 为什么生产补贴产生的社会福利所得比关税多？

d. 最优生产补贴是多少？

4. 假定供给与需求状况和习题3中描述的一样，但生产不能带来边际社会收益。然而，由于某些政治原因，该国政府认为价值1美元的生产者所得相当于3美元的消费者所得或政府收益。试计算对每单位进口产品征收5的关税给政府目标带来的影响。

5. 假设在进入欧盟市场之前，人们发现波兰的汽车生产成本为20 000欧元，而德国是30 000欧元。假设欧盟是关税同盟区，对汽车征收X%的关税，并假设日本的汽车生产成本为Y（欧元）。在下面的条件下，欧盟增加从波兰进口的汽车会导致贸易创造还是贸易转移？

a. $X=50\%$，$Y=18\ 000$欧元。

b. $X=100\%$，$Y=18\ 000$欧元。

c. $X=100\%$，$Y=12\ 000$欧元。

6. “美国抱怨日本和欧洲的政策是毫无意义的。每个国家都有权为了维护自己的最大利益而制定任何政策。因此，美国不应该抱怨别国的贸易政策；相反，美国应该让各国走自己的路，并且放弃它自己的自由贸易计划而随波逐流。”请讨论上述观点的经济学意义及政治经济学意义。

7. 给出最优关税依据的直观说明。

8. 如果政府是基于国民经济福利来制定贸易政策，那么贸易福利的问题是否可以用表 10－3 中的囚徒困境来表示？如果政府以这种方式来制定政策，那么什么是囚徒困境的均衡解？如果政府需要选择贸易保护策略呢？

9. 最近，为了保护美国消费者的利益，美国采取行动禁止进口某些 A 国产品，比如含铅的玩具和不符合标准的海产品。某些人说这是双重标准。如果我们以这些原因限制某些产品进口，我们为什么不限制由工资待遇极低的工人生产的产品呢？这个依据是否正确？为什么？

延伸阅读

W. Max Corden. *Trade Policy and Economic Welfare*. Oxford：Clarendon Press，1974. 该文献对支持和反对贸易保护的经济依据进行了经典考察。

I. M. Destler. *American Trade Politics*，4th edition. Washington，D. C.：Peterson Institute for International Economics，2005. 该文献对贸易政策制定的实际过程及其演化进行了全面描述。

Gene M. Grossman and Elhanan Helpman，*Interest Groups and Trade Policy*. Princeton：Princeton University Press，2002. 该文献是有关现代贸易政策的政治经济学模型的论文及案例集。

Jeffrey Schott. *The Uruguay Round：An Assessment*. Washington，D. C.：Institute for International Economics，1994. 该文献对 GATT 最近回合贸易谈判的问题及所取得的成就进行了简要回顾。

Peter Van den Bossche. *The Law and Policy of the World Trade Organization*. Cambridge：Cambridge University Press，2008. 该文献对国际贸易的法律框架的文本以及材料进行了全面考察。

World Trade Organization，*Understanding the WTO*. Geneva：World Trade Organization，2007. 该文献介绍了贸易机构的角色和历史。

第 10 章附录　最优关税为正值的证明

关税总能改善一个大国的贸易条件，但同时也扭曲了生产和消费行为。本附录将证明，在一个足够小的关税下，贸易条件改善的所得总会比扭曲的损失要大，因此，总是存在一个大于零的最优关税。

为了证明这一点，我们重点讨论需求曲线及供给曲线均为线性（都是直线）的情形。

需求和供给

我们假定本国为进口国，其需求方程为

$$D=a-b\widetilde{P} \tag{10A-1}$$

式中，$\widetilde{P}$ 为该产品的国内价格。本国的供给方程为

$$Q=e+f\widetilde{P} \tag{10A-2}$$

本国的进口需求正好等于国内的需求与供给之间的缺口：

$$D-Q=(a-e)-(b+f)\widetilde{P} \tag{10A-3}$$

外国的出口供给曲线也是一条直线，即

$$(Q^*-D^*)=g+hP_W \tag{10A-4}$$

式中，P_W 为国际价格。本国的国内价格比国际价格高出关税 t，即

$$\widetilde{P}=P_W+t \tag{10A-5}$$

关税与价格

关税就好比在国内价格与国际价格之间嵌入了一个楔子，它会使国内价格上升的同时压低国际价格（见图 10A-1）。

当国际市场处于均衡时，国内进口需求与外国出口供给正好相等，即

$$(a-e)-(b+f)\times(P_W+t)=g+hP_W \qquad (10A-6)$$

设 P_F 为没有关税时的国际价格，那么关税 t 就会把国内价格提高到：

$$\widetilde{P}=P_F+th/(b+f+h) \qquad (10A-7)$$

而国际价格则降至

$$P_W=P_F-t(b+f)/(b+f+h) \qquad (10A-8)$$

（对一个小国而言，外国的供给具有高度的弹性。也就是说，h 的值非常大。因此，对一个小国来说，关税对国际价格的影响微乎其微，而提高国内价格的幅度则几乎是 1∶1。）

图 10A-1 关税对价格的影响

说明：在一个线性模型中，我们能计算出关税对价格的确切影响。

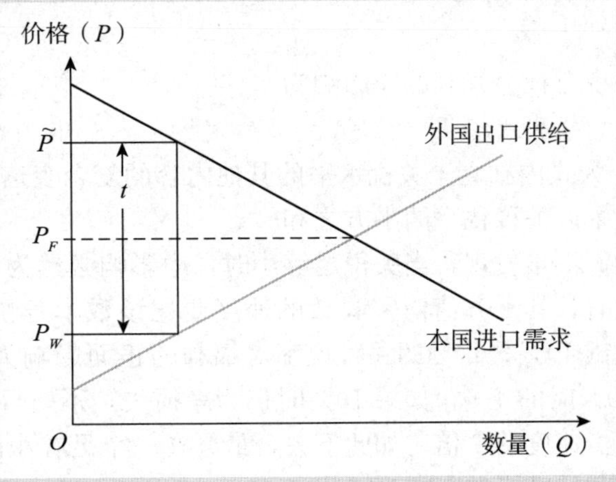

关税与国内社会福利

我们现在运用所学的知识推导关税对本国社会福利的影响（见图 10A-2）。Q^1 和 D^1 分别代表自由贸易时的产量和消费量；由于征收关税，国内价格会上升，Q 也随之上升为 Q^2，D 则下降至 D^2。其中：

$$Q^2=Q^1+tfh/(b+f+h) \qquad (10A-9)$$

$$D^2=D^1-tbh/(b+f+h) \qquad (10A-10)$$

从国际价格下降中获得的收益等于图 10A-2 中的矩形面积，其价值为价格的下降值与征收关税后的进口量的乘积，即

$$\begin{aligned}\text{收益}&=(D^2-Q^2)\times t(b+f)/(b+f+h)\\&=t\times(D^1-Q^1)\times(b+f)/(b+f+h)-t^2\times h(b+f)^2/(b+f+h)^2\end{aligned} \qquad (10A-11)$$

生产扭曲损失和消费扭曲损失为图 10A-2 中两个三角形面积之和：

$$\begin{aligned}\text{损失}&=(1/2)\times(Q^2-Q^1)\times(\widetilde{P}-P_F)+(1/2)\times(D^1-D^2)\times(\widetilde{P}-P_F)\\&=t^2\times(b+f)\times h^2/2(b+f+h)^2\end{aligned} \qquad (10A-12)$$

图 10A-2　关税对社会福利的影响

说明：关税的净收益等于阴影长方形的面积减去两个阴影三角形的面积。

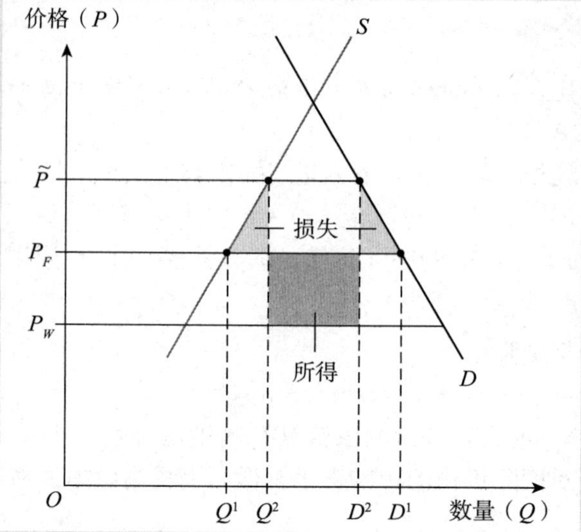

因此，关税对社会福利的净影响为

$$收益-损失=t\times U-t^2\times V \tag{10A-13}$$

式中，U 和 V 为式内独立于关税水平的其他内容的复合表达式，即净影响值是一个正数乘以关税税率和一个负数乘以关税税率的平方之和。

现在，我们不难发现，当关税足够小时，净影响必然为正值。其原因就在于，当我们减小一个小于 1 的正数时，其平方值向零收敛的速度要比该数本身快得多。假定关税税率为 20%时为净损失，那么再试试 10%；10%的关税税率对福利的正面影响为 20%的关税税率的一半，但是其负面影响却只有 20%时的 1/4；如果 10%时仍为净损失，不妨再试试 5%，同样，负面影响的减少速度为正面影响减少速度的 2 倍。如此下去，最终在一个足够小的关税水平上，负面影响会被正面影响超越，社会福利的净影响会变为正值。

第11章 发展中国家的贸易政策

到现在为止，我们一直都是在没有考虑具体环境（即采取这些政策的国家的情况）的前提下分析贸易政策的工具和目标的。每个国家都有自己独特的历史和问题，在讨论经济政策时，国家之间最明显的差别在于收入水平。如表11-1所示，每个国家的人均收入差异巨大。把所有国家按收入排列起来，最上面的是一些发达或先进国家，包括西欧国家、大部分居民为欧洲移民的国家（如美国）和日本。这些国家的年人均收入一般超过4万美元。但是，世界上的大多数人口生活在相对贫穷的国家。这些**发展中国家**[①]（developing countries）的收入跨度很大。其中一些国家，如韩国——不论是从官方统计数字来看，还是从它们对自己的认识来看——事实上已经开始步入发达国家的行列。其他一些国家，如孟加拉国仍然处于极度贫困的状况。尽管如此，试图缩短与发达国家的收入差距已经成为几乎所有发展中国家经济政策的中心议题。

为什么各国之间会有如此大的贫富差距？为什么一些国家在上一代还很贫穷的情况下出现了惊人的改观，而另一些国家却没有任何变化？这是一些分歧很大的问题，如要回答——即便是描述一下经济学家多年来的研究成果——这一本书恐怕也难以全面叙述。但是，我们可以说，答案是，经济发展的观念变化在贸易政策的决定中发挥了重要作用。

表11-1 **2016年人均国内生产总值（美元，因价格水平不同而浮动）**

美国	56 220
德国	48 282
日本	38 317
韩国	32 954
墨西哥	18 471
中国	13 395
孟加拉国	3 087

资料来源：世界大企业联合会经济总量数据库。

在第二次世界大战后的大约30年中，许多发展中国家深受一种观念的影响，即经济发展的关键在于拥有强大的制造业，而产生这一强大制造业的最佳途径是保护国内厂商不受国际竞争的冲击。本章第一节将阐述进口替代工业化战略的基本原理，讨论1970年以后日益普遍的对这一战略的批评，以及20世纪80年代后期出现的强调自由贸易优越性的新传统观念。本章第二节将阐述20世纪80年代以来发展中国家的贸易政策所发生的显著变化。

① 发展中国家是国际组织所用的术语，且已成为标准用语——尽管一些“发展中”国家的生活水平已下降了10年或10年以上。“欠发达国家”（less-developed countries，LDCs）则是一个描述性更强但较不礼貌的术语。

最后，当经济学家们还在争论国与国之间巨大收入差异持久存在的原因时，一大批东亚国家——自 20 世纪 60 年代中期以来——却以惊人的经济增长速度震惊了世界。本章第三节将解释这一“东亚奇迹”及其对国际贸易政策的含义（虽然存在许多争议）。

学习目标

学完本章，你应该能够：

- 概括曾被发展中国家实行过的贸易保护案例的重点，讨论进口替代导致的工业化和幼稚工业论。
- 总结经济二元论的基本思想及其与国际贸易的联系。
- 讨论亚洲国家最近的经济史，比如中国和印度，详述它们快速的经济增长与参与国际贸易的关系。

进口替代的工业化

从第二次世界大战结束到 20 世纪 70 年代，许多发展中国家试图通过限制工业品进口、促进本国制造业生产的方式来加速其发展。这种战略的盛行有一系列原因，其中经济理论对进口替代的支持起了重要作用。这些理论中最重要的也许是我们在第 7 章中提到过的“幼稚工业论”。

幼稚工业论

根据幼稚工业论，发展中国家具有制造业的潜在比较优势，但发展中国家新建的制造工业，最初却不能与发达国家已经成熟完善的制造业竞争。为了使新成长的制造业获得立足之地，政府应该暂时地给予支持，直到它们足够强大，能够参与国际竞争为止。根据这一理论，用关税或进口配额作为支持工业化起步的暂时措施是有现实意义的。历史上，世界三个最大的市场经济国家都是在贸易壁垒的保护下开始它们的工业化进程的：美国在 19 世纪对制造业产品征收高额关税，而日本直到 20 世纪 70 年代仍保持很大范围的进口控制。

幼稚工业论的问题　幼稚工业论似乎是很令人信服的，事实上也说服了许多国家的政府。但是，经济学家指出了该理论的许多误区，建议应慎重使用这一理论。

首先，现在就试图进入未来才会具有比较优势的产业并不总是件好事。假设一国目前正处于资本积累的过程中，劳动力充裕，当该国积累了足够的资本时，它将在资本密集型产业方面具有比较优势。但这并不意味着目前该国应立即努力发展这些产业。例如，韩国 20 世纪 80 年代成为汽车的出口国；但如果韩国 20 世纪 60 年代努力发展汽车工业，可能就不太明智，因为当时韩国的资本和熟练劳动都非常缺乏。

其次，保护制造业并没有什么好处，除非保护本身有助于使制造业具有竞争力。巴基斯坦和印度对其制造业部门保护了数十年，最近开始出口相当数量的制成品。但是，它们所出口的制成品是轻工业产品，例如纺织品，而不是它们所保护的重工业产品。事实上，即便它们从来没有保护过制造业，也同样会发展工业品的出口。一些经济学家警告过“假幼稚工业”的情况，即工业最初受到保护，然而却由于与保护无关的原因变得具有竞争力。这时的保护幼稚工业表面上获得了成功，实际上却是社会无端为此付出了经济上的净成本。

更一般地说，除非存在某种国内市场失灵，否则这种为建立一种产业而耗财费时的行为，并不能成为政府干预的有效论据。如果一个产业因被期望能够获得足够高的资本、劳动和其他生产要素的回报率而值得发展，那么为何不让私人部门的投资者在没有政府介入的情况下发展这一产业呢？

常常有人认为，私人投资者只会考虑一个产业的当前收益，而不能考虑其长远的发展。但是，这一观点并不符合市场行为。至少在发达国家，投资者经常支持一些收益并不确定、在未来可能失败的项目。（以美国的生物技术工业为例，远在进行商业性销售之前，这一产业就已经吸引了数以亿计的资本投入。）

市场失灵作为保护幼稚工业的依据　以一个新产业在开始成长时总是需要保护的观点作为保护幼稚工业的依据看起来似乎可信，但却存在许多问题。为了证明幼稚工业论的合理性，我们必须从其他方面找依据。幼稚工业是否需要保护取决于是否存在我们在第 10 章中所分析的问题，即幼稚工业的保护必须与一种具体的市场失灵相联系，这种市场失灵会使得私有市场不能以应有的速度发展这一产业。幼稚工业论的支持者认为，有两种类型的市场失灵可以作为保护幼稚工业的依据：**不完全资本市场**（imperfect capital markets）和**无偿占用**（appropriability）。

将不完全资本市场作为保护幼稚工业的依据的人认为：如果一个发展中国家没有一整套金融机构（例如有效率的股票市场和银行）可以使得传统部门（例如农业）的储蓄用于新成长部门（例如制造业）的投资，那么新工业部门的增长将会受这些工业当前盈利能力的限制。因此，即使这些工业的长期收益较高，最初较低的利润也将会成为投资的障碍。最优政策当然是建立更完善的资本市场，但是，由于对这些幼稚工业的保护可以提高利润，从而使其更快成长，所以保护幼稚工业可以作为次优的政策选择。

无偿占用作为保护幼稚工业的依据可以用多种方法来说明，但其中共同的思想是，新产业产生的社会福利没有得到补偿。例如，首先进入新兴产业的公司，必须承担为适应具体环境而进行的技术改造或开辟新市场的起步成本；其他公司可以跟随先驱者而不必承担起步成本；先驱者付出了成本却不能从中获得任何收益。而且，先驱公司可能除了生产有形产品之外，还可以创造出不能获得产权的无形利益（例如，知识或新市场）。在一些情形下，开创一个新工业的社会收益虽然会大于其成本，但是由于存在无偿占用的问题，没有私人公司愿意首先进入。最优的政策是给先驱公司的无形贡献予以补偿。然而，如果当最优政策无法办到时，用关税或其他贸易政策来鼓励进入新产业的做法也不失为次优的选择。

不完全资本市场和无偿占用作为保护幼稚工业的依据，显然是干预自由贸易理论中的市场失灵观点的特例。不同之处在于，这里所说的市场失灵只适用于新产业而不是任何产业。然而，市场失灵方法的一般问题在这里也同样存在，即在实际操作中很难判定何种工业确实需要特殊照顾——原本希望促进新产业发展的政策最后往往会以变成保护某些特殊集团的利益而告终。这种危险是存在的。现实中就有很多这样的例子，许多幼稚工业就一直没有成长起来，依然依赖于保护。

通过保护发展制造业

虽然幼稚工业论存在不少问题，但是许多发展中国家仍然把这一理论视为对制造业进行特殊扶持的有力依据。理论上，扶持可以有多种形式。例如，政府可以对制造业企业提供生产补贴；可以集中对一些确信可以获得比较优势的出口工业品进行补贴。然而，在大多数发展中国家，工业化的基本战略一直是发展面向国内市场的工业，用关税和限额等贸易限制措施鼓励用国内工业品代替进口。通过限制工业品的进口而对国内工业进行鼓励的战略被称为**进口替代工业化**（import-substituting industrialization）战略。

有人可能会问，为什么需要选择？为什么不既鼓励进口替代又鼓励出口呢？答案可以从第 6 章的一般均衡分析中找到：关税会减少进口，同时也必然使得出口减少。通过保护进口替代工业，政府可以把资源从现有或潜在的出口部门转移出来。于是，一国做出的进口替代选择同时也阻碍了出口的增长。

通常选择进口替代而不是出口增长作为工业化战略是政治和经济因素综合作用的结果。首先，截至 20 世纪 70 年代，许多发展中国家一直怀疑自己出口工业品的可能性（虽然这一怀疑同时也意味着要对保护制造业的幼稚工业论提出质疑）。这些国家认为，工业化必然是基于本国工业代替进口，而不是基于工业品出口的增长。其次，在许多情况下，进口替代工业化政策恰好迎合了存在的政治偏见。我们已经注意到了拉丁美洲的例子：拉美国家在 20 世纪 30 年代由于大萧条的影响，以及在 40 年代上半期因为战时贸易的中断，都强制实施了进口替代政策（见第 10 章）。在这些国家，进口替代可以使得有实力的、早已形成的利益集团获益，但促进出口则没有利益相关的自然支持者。

还值得指出的是，一些拥护进口替代政策的人认为，世界经济被工业化国家控制，不利于新参与者；发达的工业化国家所拥有的优势实在太大以至新工业化经济无法与之较量。这种理论的极端观点甚至主张发展中国家采取与发达国家在经济上脱钩的政策。直到 20 世纪 80 年代，即使那些支持保护主义发展战略的温和派也仍然认为，国际经济体系在体制上有损发展中国家的利益。

20 世纪五六十年代出现了进口替代工业化的高潮。发展中国家普遍从保护工业生产的最后阶段（例如，食品加工和汽车装配）开始。在较大的发展中国家，国内产品几乎完全替代了进口消费品（虽然通常是由外国的跨国公司制造的）。一旦不可能再进一步替代进口消费品，这些国家便开始保护中间产品，例如汽车车体、钢铁和石油化工产品。

在大多数发展中国家，进口替代并没有被推到极端：计算机、精密机床等尖端工业品仍然需要进口。但是，较大的发展中国家的进口替代使得进口水平显著地降低了。印度是个极端的例子。20 世纪 70 年代早期，包括石油在内的进口额只占印度国内生产总值的 3%。

作为一种鼓励制造业增长的战略，进口替代工业化的确起到了显著的作用。在拉丁美洲经济中，制成品占总产出的比例目前几乎与发达国家相同。（印度的比例低一些，但这只是由于该国较贫穷的居民继续在食品上花费较高比例的收入的缘故。）但是，对于这些国家而言，鼓励制造业发展本身并不是目的，而只是实现最终经济发展目标的手段。那么进口替代工业化是否促进了经济发展？这个问题值得怀疑。虽然许多经济学家在 20 世纪 50 年代和 60 年代初期赞成进口替代措施，但是自从 60 年代开始，进口替代工业化战略就受到日益严厉的批评。实际上，许多经济分析家和政策制定者的着眼点已经从试图鼓励进口替代转向了努力纠正进口替代政策所造成的损失。

❖案例分析　墨西哥放弃了进口替代工业化

在 1994 年，墨西哥与加拿大、美国签署了《北美自由贸易协定》（NAFTA）。正如我们将在第 12 章解释的那样，这个协定变得很有争议，但是墨西哥从进口替代工业化变为自由贸易实际上比它加入 NAFTA 早十年。

墨西哥转向自由贸易要回到半个世纪前。像许多其他发展中国家一样，墨西哥在 20 世纪 30 年代的大萧条时期也实行贸易保护主义。整个 20 世纪 50 年代和 60 年代，墨西哥的保护壁垒越来越高，直到自己完全自力更生。到了 20 世纪 70 年代，墨西哥差不多限制所有制成品的进口，包括那些以极其昂贵的成本在国内才能生产的精密仪器等。

墨西哥制造的产品几乎没有出口，国家的外汇收入主要来源于石油和旅游业。唯一重要的制成品出口来自自由贸易区，这里的工厂都靠近美国边界，它们也不受贸易限制的约束。

但是到了 20 世纪 70 年代后期，墨西哥遇到了通货膨胀和外债持续增加的经济困境。1982 年，墨西哥不能偿还它的外债，所有的问题就爆发了。这样就导致了一个较长时间的经济危机——政策的急剧变化。

1985—1988 年，墨西哥大幅削减关税并废除了大多数配额。新政策的目标就是使墨西哥成为制成品的一个主要出口国，并且使墨西哥经济和美国经济融为一体。20 世纪 90 年代，墨西哥加入 NAFTA 并没有减少多少贸易壁垒，因为 20 世纪 80 年代已经实行贸易自由化。但是，墨西哥加入 NAFTA 确保投资者相信它的政策不会再变化。

那么政策变化起了怎样的作用？出口的确出现了繁荣。在 1980 年，墨西哥出口只占 GDP 的 10.7%——大部分为石油。到了 2012 年，出口占到 GDP 的 34%，主要是制成品。今天，墨西哥制造业不仅服务于国内市场，更是整个北美制造业体系的一个组成部分。

但是，墨西哥经济整体开放的结果却令人有点儿失望。人均收入虽然在过去 25 年里增长了，但实际上增长率比它实行进口替代工业化时期的还要低。

这是否意味着实行贸易自由化是一个错误呢？不一定。大多数（不是所有）经济学家考察了墨西哥的经济表现后认为，教育等因素增长缓慢是主要原因。虽然墨西哥放弃了进口替代战略并非常成功地变成了一个出口国家，但实际上它的生产水平并没有取得一个比较自由的经济发展体所应该达到的水平。

偏爱制造业的后果：进口替代工业化的问题

许多一直致力于进口替代工业化的国家并没有显示出赶上发达国家的任何迹象，这一事实使得人们开始对进口替代工业化失去了偏爱。实际上，某些国家发展了国内制造业，但是它们仍然远远落后于发达国家。相对于美国的富裕程度，印度在 1950 年刚取得独立初期要比 1980 年富裕。

为什么进口替代工业化没有以预期的方式发挥作用呢？最重要的原因可能是，幼稚工业论并不像人们假定的那样具有普遍有效性。如果存在使制造业缺乏比较优势的某种基本的原因，一段时间的保护并不能为制造业部门创造出竞争力。经验显示，制造业不能够发展的原因，通常不仅仅是缺乏经验。发展中国家不仅缺乏熟练劳动力、企业家和管理才能，而且存在社会组织方面的问题，如难以保障从备用件到电力等所有工业所需的可靠供给。这些问题经济政策可能并不是不能解决，但却不能用贸易政策来解决：进口配额可以使低效率的制造业部门生存下去，但却不能直接使这一部门变得更具效率。幼稚工业论假定，在给定的短暂的关税和配额的保护下，发展中国家的制造业会变得很有效率。实际上，这种假定并不总是成立的，甚至一般是不成立的。

由于进口替代没能产生预期的收益，人们开始关注这一用以促进工业的政策的成本。对于这一问题，越来越多的证据表明，许多发展中国家的保护主义政策严重地扭曲了激励机制。一部分问题来自这些国家使用过于复杂的方法来促进幼稚工业。这些国家不仅使用关税，而且使用复杂且经常相互重叠的进口配额、外汇控制和国产化规定等措施。因此，通常很难判定一项行政规定实际上提供了多少保护。研究显示，保护程度通常比政府设想的要高，而且不同工业所受到的保护程度也有很大不同。如表 11-2 所示，一些拉丁美洲和南亚国家的工业受到的行政规定保护相当于 200%或更高税率的关税。这些高比例的有效保护使得这些工业即使在生产成本三倍或四倍于所替代的进口产品的价格时仍能生存下来。即使最拥护市场失灵理论的人也会发现，如此高比例的有效保护是难以接受的。

表 11-2	一些发展中国家对制造业的有效保护（%）
墨西哥（1960年）	26
菲律宾（1965年）	61
巴西（1966年）	113
智利（1961年）	182
巴基斯坦（1963年）	271

资料来源：Bela Balassa，*The Structure of Protection in Developing Countries*（Baltimore：Johns Hopkins Press，1971），p. 82.

引起人们关注的另一项成本来自进口限制所造成的无效率和小规模的生产趋势。即使是最大的发展中国家，其国内市场也只相当于美国或欧盟市场的一小部分。通常，这些国家的整个国内市场都不能大到能够有效率地进行规模生产的程度。但是，当这个小市场被保护起来时，例如用进口配额，如果只有一个企业进入该市场，这个企业总能获得垄断利润。垄断利润的竞争通常会使得几个企业进入这一甚至连一个企业都容纳不下的小市场，生产只能在非常低效率的规模上进行。正如我们在第8章中所讨论的，小国解决规模经济问题的方法在于专业化生产并且出口一定种类的商品，进口其他商品。进口替代工业化则摒弃了这一选择，把精力集中到面向国内市场的工业生产。

进口替代工业化的批评者还认为，这一战略会使其他问题，例如收入不均和失业问题变得更加严重。

到20世纪80年代后期，对进口替代工业化的批评已被广泛接受。不仅经济学家如此，世界银行等国际组织，甚至发展中国家自己的政策制定者也都赞同这些批评。统计资料表明，实施相对自由的贸易政策的发展中国家，平均发展速度要高于实行保护主义政策的国家（虽然一些经济学家对该统计资料提出异议）。① 理论界的这一变化导致了许多实际政策的变化——许多发展中国家取消了进口配额并降低了关税。

1985年以来的贸易自由化

从20世纪80年代中期开始，许多发展中国家实行低关税税率，取消进口配额和其他贸易限制，发展中国家转向自由贸易有可能是过去25年大的贸易政策中的主角。

自1985年以来，许多发展中国家降低了关税，取消了进口配额，开放经济以允许进口竞争。图11-1显示了作为整体的所有发展中国家和两个非常重要的发展中国家——印度和巴西——平均关税税率的变化趋势，这两个国家过去严重依赖作为发展战略的进口替代。我们可以看到，这两国的关税税率经历了急剧的下降。类似的情况也发生在其他发展中国家，即使其贸易政策没有发生如此巨大的变化。

发展中国家的贸易自由化有两个明显的影响。一是贸易量急剧增加。图11-2绘制了自1970年以来用进出口占GDP的百分比来衡量的发展中国家的贸易。我们可以看到，贸易在GDP中的份额在此期间增长了两倍，而且大多数增长发生在1985年之后。

第二个影响是贸易本质的改变。在贸易政策改变之前，发展中国家主要出口农产品和矿产品。

① 参见 Francisco Rodriguez and Dani Rodrik，"Trade Policy and Economic Growth：A Skeptic's Guide to the Cross-National Evidence，" in Ben Bernanke and Kenneth S. Rogoff，eds.，*NBER Macroeconomics Annual 2000*（Cambridge，MA：MIT Press for NBER，2001）。

但是，正如我们在图 2－5 中所看到的发生在 1980 年以后的变化：发展中国家制成品在出口中的份额激增，在最大发展中经济体的出口中占有主导地位。

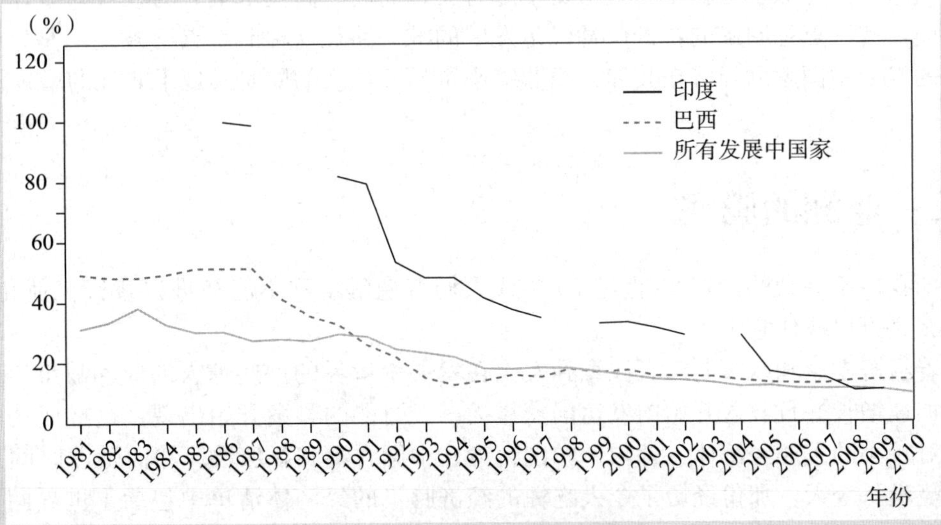

图 11－1　发展中国家的关税税率

说明：发展中国家关税税率的急剧下降可以用来衡量这种进口替代工业化向贸易自由化的转变，平均关税税率从 20 世纪 80 年代早期的 30%多下降至 2010 年的大约只有 10%。那些曾经实行强有力的进口替代政策的国家，如印度和巴西，其关税税率呈现出最为陡峭的跌势。

资料来源：世界银行。

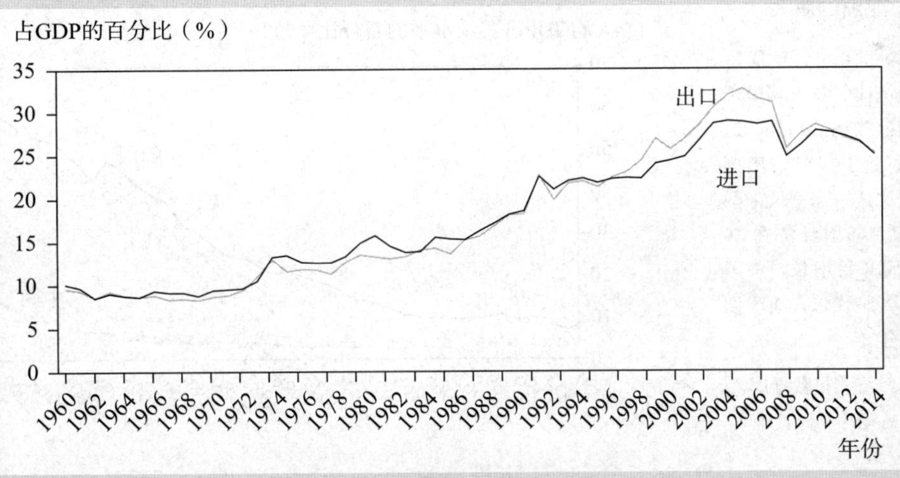

图 11－2　发展中国家贸易的增长

说明：从 20 世纪 80 年代开始，许多发展中国家从进口替代工业化向贸易自由化转变，从而带来出口与进口 GDP 占比的大幅增长。

资料来源：http://data.worldbank.org/indicator/NE.EXP.GNFS.ZS，http://data.worldbank.org/indicator/NE.IMP.GNFS.ZS.

像进口替代一样，贸易自由化是达到一定结果的手段，而它本身不是目标。正如我们所看到的，进口替代得不到支持是因为它不能满足经济快速发展的要求。然而，转向开放贸易就能产生更好的结果吗？

拉丁美洲国家的增长率要慢于它们实行进口替代工业化时期。另外，印度经历了一个令人难忘的加速发展过程。然而，正如我们在本章下一节将看到的，这种加速发展在多大程度上应归功于贸易自由化却极具争议。

另外，人们越来越关注发展中国家正在增长的不平等现象。至少在拉丁美洲，从进口替代工业化转向贸易自由化似乎与蓝领工人工资下降有关，而同时高技术工人的收入却上升了。

然而，有一点是明确的：进口替代是发展的唯一路径这种旧观点已被证明是错误的，因为相当大数量的发展中国家的经济在其加大而非缩小贸易开放度的同时实现了非凡的增长。

贸易与增长：亚洲的腾飞

正如我们所看到的，到 20 世纪 70 年代人们普遍醒悟到不能把进口替代工业化作为发展战略。那么什么又可以取代它呢？

随着经济学家和政策制定者注意到发生在发展中世界的一些惊人的成功故事——它们经历了戏剧性的加速增长并且收入开始向发达国家靠拢——可能的答案开始出现。这些成功的故事最初涉及一些相对较小的东亚经济体：韩国、中国台湾、中国香港和新加坡。然而随着时间的推移，这种成功开始蔓延。今天，那份经历了令人吃惊的经济腾飞的经济体清单中包括了世界两大人口大国——中国和印度。

图 11-3 通过呈现三个国家的经历阐述了亚洲的腾飞：韩国，最初的亚洲老虎中最大的一只；中国；印度。对于每一个国家，我们都描述其人均 GDP 占美国水平的百分比，这可以更好地凸显这些国家经济的追赶程度。正如我们所看到的，韩国经济在 20 世纪 60 年代开始增长，中国在 20 世纪 70 年代末，而印度大约在 1990 年。

图 11-3 亚洲的腾飞

说明：从 20 世纪 60 年代开始，一些经济体的收入就呈现出向发达国家靠拢的趋势。这里我们通过人均 GDP 占美国水平的百分比这一比例尺来凸显这种变化。韩国经济在 20 世纪 60 年代开始增长，中国在 20 世纪 70 年代末，而印度大约再晚十年。

资料来源：经济总量数据库。

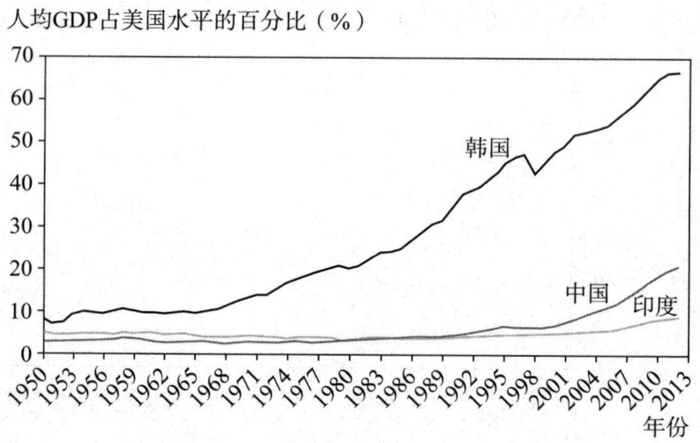

是什么引起了这样的经济腾飞？图 11-3 所描述的每个国家在其腾飞时期都经历了经济政策的重大变化。新的政策涉及在多个领域减少政府管制，包括向自由贸易的推进。最为惊人的变化发生在中国，1978 年邓小平把中央集权经济转变为利润驱动的相对自由的市场经济。同时正如下文的专栏中所阐述的那样，印度的政策变化也是引人注目的。

每种情况都表明，这些政策变革都会伴随着以出口占 GDP 的份额（见图 11-4）来衡量的经济开放度的大幅提升。那么可以公平地说，这些亚洲的成功故事表明进口替代工业化的支持者是错误的：通过出口导向型增长来获得发展也是可能的。

图 11-4　亚洲飙升的贸易

资料来源：世界银行。

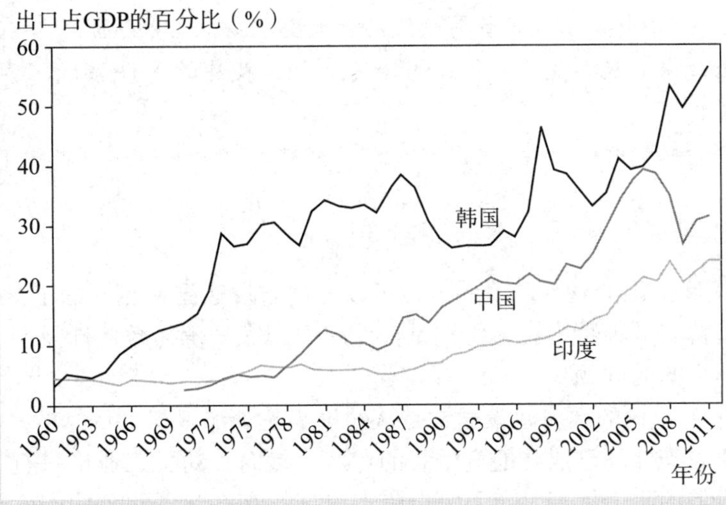

然而贸易自由化在多大程度上能够解释这些成功的故事还不十分明确。正如我们刚刚指出的，关税的削减以及其他进口限制的消除仅仅是这些国家实行的经济改革的一部分，这就难以评价贸易自由化本身的重要性。此外，拉丁美洲国家如墨西哥和巴西，它们也大幅增进贸易自由化并适时转向出口，但是却没有看到这种相当大规模的经济腾飞，这至少表明还有一些其他因素在亚洲奇迹中扮演着重要角色。

因此，亚洲经济腾飞的真正含义还存在着争议。然而有一点是明确的：被操纵的世界经济不利于新进入者以及穷国不能够变富这些一度被广泛认可的观点已经被证明显然是错误的。如此多的人经历了生活水平如此快速的增长，这在人类历史上是从未有过的。

专栏　印度的繁荣

印度是世界第二大人口大国，拥有 11 亿人口。它也是世界贸易中的一个新生力量——特别是它以新的信息贸易形式取代旧的有形商品贸易形式。印度城市班加罗尔因在信息技术产业中的显著地位而闻名全球。

可是在一代人以前，印度在国际贸易中还是一个小角色，部分原因是这个国家的经济发展缓慢。直到 1980 年，印度的经济增长率只比人口增长快一个百分点。

这种缓慢增长在很大程度上归因于其因官僚管制而产生的窒息性影响。观察者们提及“许可证为王”现象：事实上几乎任何一项新业务的发起都需要得到难以获得的政府许可，这对投资与创新造成了阻碍。印度的落后经济很少参与世界贸易。印度在取得独立后，采取了非常极端的进口替代工业化形式作为发展战略。即使国内生产的产品同进口的产品相比价格高昂、质量极差，也一度几乎不进口产品，完全由自己生产。这样，国内的高成本又损害了出口，所以印度是一个“封闭”的经济体。在 20 世纪 70 年代，印度的进出口额约占到 GDP 的 5%，这在一些较大的国家中几乎是最低的。

然而一切都发生了变化，印度经济开始快速增长。1960—1980 年，印度人均 GDP 的年增长率只有 1.3%，而从 1980 年开始，人均 GDP 的年增长率约为 4%。随着关税的大幅下降与配额的取消，印度的世界贸易参与度激增。总而言之，印度经济高速发展了。虽然它仍然是个贫穷的国家，但是它变得越来越富裕，已经同世界关注的焦点——中国竞争了。

当然，最大的问题是印度的经济为什么突然加速发展？这个问题引起了经济学家们激烈的讨论。有些经济学家认为使印度加入世界经济中的贸易自由化是最关键的因素。[①] 另外一些经济学家指出，印度经济高速增长是从 1980 年开始的，而贸易政策的巨大变化是从 20 世纪 90 年代开始的。[②]

无论是什么引起的变化，印度的转变是令人鼓舞的一件事情，毕竟有 11 亿人口对将来美好的生活抱有更大的希望。

提　要

1. 对发展中国家贸易政策的分析可以使用与发达国家相同的工具。然而，相对于发达国家而言，发展中国家的问题自有其独特之处，特别是，发展中国家的贸易政策涉及两个方面的目标：促进工业化和对付国内经济发展不平衡的问题。

2. 促进工业化的政府政策通常是从幼稚工业论那里得到依据的。幼稚工业论认为：新生产业需要暂时的保护，以免受到外国已成熟的竞争者的竞争。然而，幼稚工业论只有在作为一种需要干预的市场失灵理论时才成立。通常的两个依据是：不完全资本市场的存在与先驱公司产生的知识被无偿占用的问题。

3. 以幼稚工业论为依据，许多发展中国家一直致力于进口替代工业化的政策。在这种政策下，国内工业能够在关税或进口配额的保护下创建起来。虽然这种政策在促进制造业发展方面获得了成功，但是总体而言却没有在经济增长和生活水平提高方面产生预期的效果。目前，许多经济学家都在严厉批评进口替代所产生的后果，认为这种政策促进了高成本、低效率的生产。

4. 大约从 1985 年开始，许多发展中国家对进口替代政策的结果感到失望，它们大幅减少对制造业的保护。结果是这些发展中国家的对外贸易迅速增长，制成品在出口中的份额增大。然而，就经济发展来看，政策变化的结果仍然不十分明朗。

5. 那种经济发展只能通过进口替代来实现的观点，以及因为进口替代的失败而蔓延开来的对经济发展的悲观态度，已经受到一些亚洲经济体经济迅速增长的事实的挑战，这些亚洲经济体的经济增长是通过出口而非进口替代来实现的。它们兼具两个特点：贸易在国民收入中占有相当高的比率与极高的经济增长率。这些经济体成功的原因一直处于激烈争论之中，特别是在贸易自由化在其中发挥的作用这一点上。

关键术语

无偿占用　　发展中国家　　不完全资本市场　　进口替代工业化

习　题

1. 在过去的几十年中，哪些国家更多地受惠于国际贸易？这些国家的政策有什么相同之处？它们的经验是支持还是反对保护幼稚工业论？[③]

2. 回头看前一章的图 10 - 5，注意观察图形左边部分的数字。美国历史上这一贸易政策和 20 世纪的发展中国家相比如何？你认为二者为什么会出现如此差异？

3. 一国目前以每辆 8 000 美元的价格进口汽车。该国政府认为，经过一段时间后，国内生产者能够以 6 000 美元的成本生产汽车。但是，在国内生产的初始尝试阶段，每辆汽车的生产成本达到 10 000 美元。

---

① 参见 Arvind Panagariya，"The Triumph of India's Market Reforms：The Record of the 1980s and 1990s." Policy Analysis 554，Cato Institute，November 2005。

② 参见 Dani Rodrik and Arvind Subramanian，"From Hindu Growth to Productivity Surge：The Mystery of the Indian Growth Transition，" *IMF Staff Papers* 55 (2，2005)，pp. 193 - 228。

③ 该题旨在考查学生对本章所介绍理论的深入理解。

a. 假设每个试图生产汽车的企业都必须经过高成本的尝试生产阶段。在什么情形下，较高的起步成本能够证明保护幼稚工业是合理的？

b. 现在假设情形相反，一旦某个企业承担了学习成本，学会了如何以每辆 6 000 美元的成本生产汽车，其他企业就能够模仿并达到同样的水平。试解释上述情形是怎样阻碍国内工业发展的。对幼稚工业进行保护有助于避免这种情形吗？

4. 巴西和墨西哥在第二次世界大战后都实行了进口替代政策，但是印度更进一步，几乎所有的东西都由自己生产，而墨西哥却继续依赖资本品的进口。为什么会出现这种不同的状况？

5. 减少进口替代工业化战略的使用，从而支持对外贸易开放政策的原因是什么？

延伸阅读

W. Arthur Lewis，*The Theory of Economic Development*. Homewood，IL：Irwin，1955. 该文献例示了 20 世纪 50 年代和 60 年代进口替代政策风行时期对该贸易政策的乐观观点。

I. M. D. Little，Tibor Scitovsky，and Maurice Scott. *Industry and Trade in Some Developing Countries*. New York：Oxford University Press，1970. 该文献指出，在 20 世纪 70 年代和 80 年代时期出现了对进口替代政策的悲观观点。

Barry Naughton. *The Chinese Economy：Transitions and Growth*. Cambridge：MIT Press，2007. 该文献综述了随着时间的推移，中国的贸易政策所发生的翻天覆地的变化。

Dani Rodrik. *One Economics，Many Recipes*. Princeton：Princeton University Press，2007. 该文献从对流行的正统观点的怀疑角度探讨了贸易与发展。

T. N. Srinivasan and Suresh D. Tendulkar. *Reintegrating India with the World Economy*. Washington：Institute for International Economics，2003. 该文献描述了印度对进口替代政策的偏离及其结果。

第12章 贸易政策中的争议

正如我们所阐述的，国际贸易政策理论与国际贸易理论一样都经过了长期的积累。有经验的国际经济学家倾向于对那些认为自己发现了贸易中“新”问题的人们持一种嘲笑的态度：他们通常认为大部分所谓的新问题实际上仅仅是新瓶装旧酒。

但是，每隔一段时间，的确会出现真正的新问题。本章叙述了近35年以来关于国际贸易的四次争论，每一次争论都提出了国际经济学家先前没有严肃分析过的问题。

第一，20世纪80年代，发达国家出现了一系列关于政府对贸易进行干预的复杂论证。这些论证主要集中在高技术产业上，这些产业随着芯片的出现而引起了人们的关注。虽然这些论点中有一部分和第10章中谈到的市场失灵有密切的关系，但是这一**战略性贸易政策**（strategic trade policy）新理论是基于不同的思想基础，且在经济学界产生了相当大的轰动。关于高技术产业和贸易的争议在20世纪90年代平息了一段时间，然而近期随着对美国创新的关注而有所回升。

第二次争论发生在20世纪90年代，争论的焦点是增长的国际贸易对发展中国家工人的影响，以及贸易协定是否应该包括工资率和劳工生产条件标准。这些争论通常会扩展到更广阔的范围，即全球化的影响；争论不仅仅在学术期刊上进行，有时还出现在大街小巷。

第三，对于日益超越国家边界的环境问题与贸易政策的交叉部分的关注不断增加，像碳关税这样的政策合适与否，仍然存在着严肃的经济与法律上的争论。

在最后一次也即第四次争论中，经济学家们证明传统分析低估了国际贸易的快速发展过程中即自由贸易过程中输家的损失。

学习目标

学完本章，你应该能够：

- 总结贸易干预政策的复杂观点，尤其是与外部性和规模经济有关的论点。
- 反全球化运动涉及贸易对工人、劳工标准和环境的影响，请评价它的观点。
- 讨论WTO作为解决贸易争端论坛的作用以及WTO规则和国家利益之间的紧张关系。
- 讨论贸易政策与环境争论中的主要问题。

战略性贸易政策的复杂观点

在第9章和第10章的分析框架中，我们并未排除政府干预贸易的必要性。这一分析框架实际上揭示出，积极的政府政策需要一种特殊的依据，即它必须能够抵消某种事先已经存在的国内市场失灵。战略性贸易政策的许多观点存在的问题恰恰是没有把政府干预与自由放任政策的某些假定会出现偏差联系起来。

由于市场失灵而需要干预的问题是：如何才能知道你所观察的市场存在某种失灵？研究工业化国家的经济学家已经可以识别两种与发达国家的贸易政策相关的市场失灵。其中一种是，高技术产业中的企业不能获得外溢到其他企业的知识所带来的收益；另一种是，在高度集中的寡头垄断行业里存在垄断利润。

技术与外部性

我们在第 11 章对幼稚工业论的讨论中指出，存在由知识的无偿占用而导致的潜在市场失灵。如果某一产业的企业所生产的知识能够被其他企业无偿占用，这一产业实际上也在进行某种额外产品的生产——知识的边际社会收益——但这种收益却不能形成对企业的激励。只要此类**外部性**（externalities）（为企业外部各方所获得的收益）显得比较重要，补贴该产业就显得比较理所当然。

抽象地看，这种观点无论对发展中国家的幼稚工业还是对发达国家已经成熟的产业都同样适用。然而，对于发达国家而言，这种观点有特殊的适用性，因为发达国家存在一些产业，从各种角度来看，生产知识是这些产业活动的核心内容。在高技术产业中，企业会投入大量资源用以改进技术。它们通过在研发活动上直接投入资金或愿意承担开发新产品或新流程的损失来获得经验。因为上述活动几乎在所有产业都会发生，所以高技术产业和经济中的其他部门之间并没有明显的界线。然而，两者却存在程度上的明显差别——高技术部门是以对知识的投资为核心的产业。这样来讨论高技术产业是有意义的。

战略性贸易政策的关键在于，虽然企业可以获得自己对知识投资的某些收益（否则它们将不会投资），但是企业往往不能获得全部收益。其他企业可以通过模仿先驱者的思想或技术部分地获得这些收益。例如，在电子工业，企业常常“反向利用”竞争者的设计，把产品拆开，以弄清其中的运行和制造原理。因为专利法对创新者提供的保护非常微弱，所以有理由假定，在自由放任政策下，高技术企业未获得应有的创新激励。

政府支持高技术产业的情况 美国政府应该补贴高技术产业吗？虽然存在着进行此类补贴的合适理由，我们仍然需要慎重采用这一政策。具体来说，我们需要厘清两个问题：第一，政府能否定位正确的产业或行为？第二，从数量上看，源于这种定位的获益有多大的重要性？

虽然高技术产业能够创造新的知识从而可能产生额外的社会收益，但是在那些产业中，大多数生产活动与创造知识并没有关系。政府没有理由对高技术产业使用的资本或非技术工人进行补贴。另外，在某种程度上，创新和技术外溢甚至有可能发生在根本不属于高技术的产业中。一个基本原则是，贸易和产业政策应该针对发生市场失灵的特定活动。因此，补贴政策应该努力针对那些企业无法占有的知识创新活动。然而问题是，识别这种知识创新活动并不总是那么容易。我们很快就会看到，产业从业者们通常认为，只专注于被贴了“研究”标签的特定活动实在是太狭隘了。

上升、下降、上升的高科技忧虑 关于美国尤其应该实行专门的促进高技术产业的政策以便对抗外来竞争的观点有一段奇怪的历史。在 20 世纪 80 年代和 90 年代初期，这种观点赢得了广泛的关注和认可，继而失宠，直到最近几年才又强劲复苏。

20 世纪 80 年代和 90 年代初期高技术的讨论在很大程度上源于在一些重要高技术部门里日本企业的兴起，而这些部门以前被美国厂商所主导。尤为显著的是，美国在动态随机存储器芯片——许多电子设备的关键零部件——世界产量中的份额从大约 70%跌至 20%，而与此同时日本所占份额却从不足 30%升至 75%。其他高技术产品或许也将遭此不幸已成为普遍担忧。然而正如下文专栏所描述的，日本对半导体存储器市场的主导将转变为更广范围的对计算机及其相关技术的主导这样的担心并未出现。而且，日本总体经济的增长在 20 世纪 90 年代变得不那么顺畅。而与此同时，美国进入了一个科技主导的崭新时期，引领着互联网应用与其他信息产业。

然而近期，对于美国高技术产业地位的担忧又再度出现。美国所谓的高技术产品就业的下降成为这种担忧中最重要的因素。如图 12－1 所示，美国信息与通信技术产品的贸易变为大额逆差。与此同时，图 12－2 表明，美国计算机及其相关产业生产的就业自 2000 年下跌，而且实质上比总体制造业的就业下跌得更快。

图 12－1　美国信息产品的贸易余额

说明：自 2000 年以来，美国在被普遍认为是创新尖端的先进技术产品上呈现出巨额贸易逆差。

资料来源：National Science Foundation，*Science and Engineering Indicators 2012*.

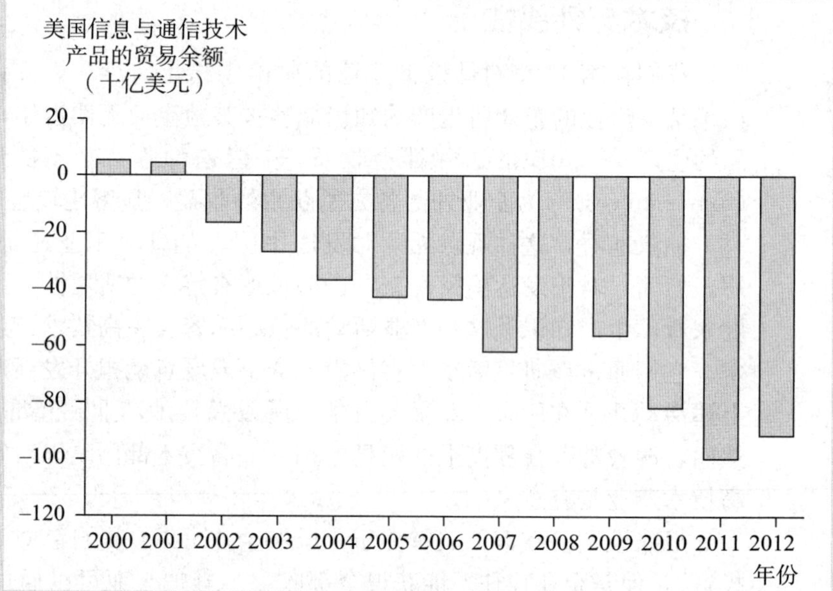

图 12－2　美国制造业就业

说明：自 2000 年以来，美国生产计算机及其相关产品的工人数量急剧下降，超过了制造业就业的普遍下降水平。

资料来源：美国劳工统计局。

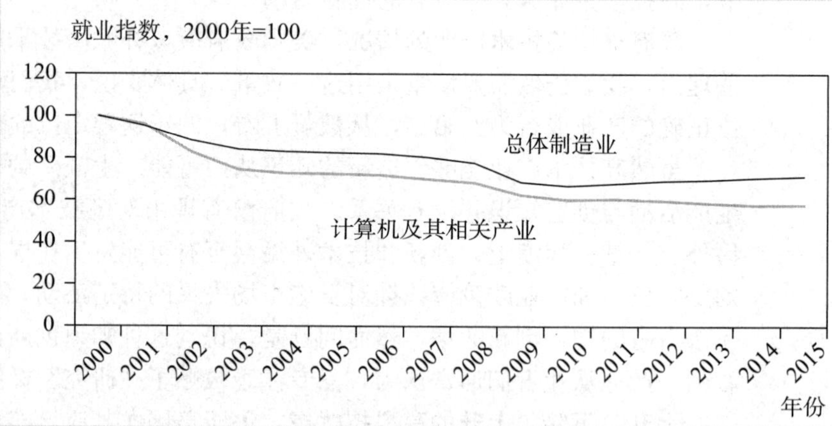

这有关系吗？我们可以说，把高技术产品绝大部分的实际生产外包给海外工厂，美国能够继续处在信息技术创新的尖端。然而，如同下文专栏所阐述的，一些有影响力的声音提出了警示：创新不可能换来繁荣，除非创新者与把这些创新转化为实体商品的人们保持紧密联系，无论是在实物还是商业模式上。

这是一个难以解决的争论，主要是因为根本就不清楚如何量化这些问题。然而，关于高技术产业是否需要被特别关注的争论在接下来的几年里会日益激烈。

不完全竞争与战略性贸易政策

20 世纪 80 年代，一种产业定位的新观点在理论界很受重视。这一观点由不列颠哥伦比亚大学（University of British Columbia）的经济学家巴巴拉·斯潘塞（Barbara Spencer）和詹姆斯·布兰德（James Brander）首先提出，他们把为政府干预提供依据的市场失灵定位于缺乏自由竞争。他们指出：在一些产业，仅有为数不多的几个企业参与实际竞争。因为参与的企业数目少，所以完全竞争的假设不能成立。尤其是，企业会有**超额收益**（excess returns），即与在经济中其他地方进行相同风险的投资相比，企业将获得更高的收益。在国际上，存在着争夺这些超额利润的竞争。

斯潘塞和布兰德注意到，在这种情况下，政府原则上可能会通过变更博弈的规则将这些超额收益从国外企业转移到国内企业。最简单的情形是，对国内企业进行补贴，可以阻止国外竞争对手的投资和生产，而由此增加的国内企业利润会超过补贴的数额。如果不考虑对消费者的影响（例如，当企业仅在国外市场销售时），那么从国外竞争对手那里夺得了利润，就意味着补贴增加了国民收入。不过，国民收入的这一增加是建立在其他国家的损失之上的。

布兰德-斯潘塞分析：一个例证　我们可以用一个简单的例子来说明**布兰德-斯潘塞分析**（Brander-Spencer analysis）。假设只有位于不同国家和地区的两个企业参与竞争。我们把这两个企业称为波音公司和空中客车公司；国家和地区分别为美国和欧洲。不过请记住，如果本例与现实情况有任何相似之处，可能仅仅是巧合。假定两个企业都能生产一种新产品，即一种超巨型飞机。为了简化起见，假定两个企业只能做出是或否的决策：生产或不生产这种飞机。

表 12-1 表明了两个企业的利润是如何取决于它们的决策的（该表的形式类似于我们在第 10 章研究不同国家贸易政策的相互影响时采取的形式）。每一行对应波音公司的某种决策，每一列对应空中客车公司的某种决策。每一个方框里有两个数字，左下方的数字代表波音公司的利润，右上方的数字代表空中客车公司的利润。

如表所示，该表反映了下列假设：无论哪一个企业单独生产这种飞机都可盈利。但是，如果两个企业都打算生产这种飞机，那么两个企业都会受到损失。哪一个企业能够得到利润？这取决于谁先占领这一市场。假设波音公司能够在空中客车公司进入市场以前稍微领先一步，承诺生产这种飞机，则空中客车公司就没有了进入市场的激励。结局就会是表 12-1 右上方单元格中的情形，波音公司将获利。

表 12-1　两个企业竞争

波音公司 \ 空中客车公司	生产	不生产
生产	空中客车 -5；波音 -5	空中客车 0；波音 100
不生产	空中客车 100；波音 0	空中客车 0；波音 0

布兰德-斯潘塞的观点是：欧洲政府能够改变这种状况。假设欧洲政府承诺，如果空中客车公司进入市场，欧洲政府将给予 25 单位补贴。这样一来，结局就会变为如表 12-2 所示的情形。这时，无论波音公司做何决策，空中客车公司都可以从这种飞机的生产中获利。

表 12-2　补贴对空中客车公司的影响

波音公司 \ 空中客车公司	生产	不生产
生产	20 -5	0 100
不生产	125 0	0 0

让我们研究一下上述转变的意义。波音公司目前知道，无论自己做何决策，它都将不得不与空中客车公司竞争。如果它选择生产，它将不可避免地蒙受损失。因此，现在成了波音公司被排除在市场之外。事实上，政府补贴会使得我们假设的波音公司先行动可能获得的优势不复存在。相反，空中客车公司会因此获得进入市场的优势。

最后的结局是，均衡会从表 12-1 的右上方单元格转变为表 12-2 的左下方单元格。由于政府的 25 单位补贴，空中客车公司会从原来的零利润变成 125 单位利润。也就是说，补贴可以使得利润的增加比补贴本身更多，因为补贴具有阻止国外竞争的作用。如果是空中客车公司（而不是波音公司）率先进入，那么空中客车公司会拥有战略优势。而补贴为空中客车公司创造了一种类似的优势，从而产生了上述结果。

布兰德-斯潘塞分析存在的问题　上述假设的例子似乎说明，战略性贸易政策理论能够为政府的积极干预提供有力的佐证。通过牺牲外国竞争者的利益，欧洲政府的补贴大大地提高了欧洲企业的利润。如果不考虑消费者的利益，这似乎可以提高欧洲的福利水平（同时减少美国的福利水平）。美国政府是否也应该把这种理论付诸实践呢?

事实上，战略性贸易政策理论虽然引起了人们很大的兴趣，但同时也受到了许多批评。批评者认为，这种理论在实际运用中所需要的信息比能够得到的信息更多。这种政策可能存在被外国报复的危险。而且，影响贸易政策和产业政策的国内政治因素会使得这种敏感的分析工具无法在实际中运用。

信息不充分的问题可以从两方面来看。一方面，即使单独研究某一产业，我们也很难信心十足地填写如表 12-1 之类表格的所有项目。如果政府在这方面出了什么差错，那么补贴政策可能最终会被证明是一种代价高昂的错误决定。假设波音公司具有某种潜在的优势（也许是技术上更高一筹），这时，即使空中客车公司进入市场，波音公司的生产仍然是有利可图的。如果波音公司继续生产，空中客车公司则不能获利。

在没有补贴的情况下，结局将会是波音公司生产而空中客车公司不生产。现在假设，与前面的情形一样，欧洲政府提供的补贴足以使得空中客车公司进行生产。在这种情况下，波音公司潜在优势的存在使得欧洲政府的补贴并不能将其排除在市场之外，而且空中客车公司的利润也无法达到其补贴的价值。也就是说，这种政策变成了一个成本高昂的错误。

问题在于虽然这两种情况看起来非常相似，然而在一种情形下，补贴似乎是一个好政策；而在另一种情形下，补贴似乎是一个糟糕的政策。看来，战略性贸易政策的可行性似乎取决于能否准确地分析具体情况。这不得不使一些经济学家提出疑问：我们能否获得足够的信息来有效地使用这一理论?

由于我们不能把产业单独隔离开来进行考察，信息问题因此会变得更为复杂。如果一个产业得到补贴，这一产业将从其他产业吸收资源，而使得其他产业的成本上升。因此，虽然政府政策可以使得美国企业成功地在某一产业获得战略优势，但也会使得其他产业处于战略劣势。为了了解政策是否合理，美国政府需要权衡这两种相互抵消的影响。即使政府对某一产业有准确的了解，这也是不够的；政府还需要同样准确地了解与这一产业争夺资源的其他产业的情况。

如果战略性贸易政策可以解决上述问题，它仍将面临外国报复的问题。本质上，这一问题与使用关税来改善贸易条件面临的问题相同（见第 10 章）。战略性贸易政策是一种**以邻为壑的政策**(beggar-thy-neighbor policies)，即以牺牲别国的利益来提高本国福利的政策。这种政策将面临发生贸易战从而使得各方均受损害的风险。几乎没有经济学家会支持美国成为此类政策的发起者。相反，多数经济学家认为，当外国政府积极使用战略性贸易政策时，美国自己应该做好报复的准备。

最后，这种理论可以在政治背景下运用吗？我们在第 10 章中讨论过这一问题——对此类政策持怀疑态度的理由，是以政治上对自由贸易的不确信为基础的。

专栏 英特尔公司创始人的警告

当安迪·格鲁夫谈到技术时，人们莫不洗耳恭听。1968 年，他与他人合创了英特尔公司，发明了微处理器（驱动计算机的芯片），几十年以来主导着半导体行业。

许多人注意到了 2010 年格鲁夫发表的关于美国高技术命运的严重警告。他指出：制造业就业对技术产业的侵蚀破坏了未来创新的条件。[1] 格鲁夫写道：

> 创办新公司的确是件好事，但是它们自身不会提升技术就业。同样重要的是，车间里神奇的创造时刻过后会发生什么，因为技术已成为适合大规模生产的标准化技术。这是公司扩大规模的阶段。他们制定出设计细节，弄清楚如何可以更实惠地行事，建造工厂，并且雇用数以千计的工人。扩大规模虽然不易，但是对创新而言十分有必要。
>
> 扩大规模的过程在美国已经很少发生。那么只要是这样，向在其他地方创建工厂的新公司投入资本就会使美国的就业变得更糟糕。

实际上，格鲁夫认为技术外溢不仅需要研究人员，而且需要大量在工作中有新想法的工人的参与。如果他是对的，他的主张便构成了产业定位的有力论据。

案例分析 当芯片兴起时

当关于战略性贸易政策影响的讨论达到顶峰时，美国倡导干预主义贸易政策的人们经常宣称，日本通过有计划地发展其核心产业而促进了繁荣。截至 20 世纪 90 年代初期，半导体芯片的例子成为证明促进核心产业的确能够起作用的经典例子。确实，当詹姆斯·法洛斯（James Fallows）1994 年发表一系列文章攻击自由贸易、倡导日本式的干预主义时，他的第一篇文章的题目就是《芯片的寓言》(The Parable of the Chips)。但是到了 90 年代后期，半导体的例子已经被视为战略性贸易政策存在缺陷的例证了。

半导体芯片是一小块刻有复杂电路的硅。正如我们在前面的专栏中所看到的，这一产业始于美国，当时英特尔公司生产了第一个微处理器——电脑的“大脑”。从那以后，这个产业经历了迅速的技术变革，而且技术变革的过程非常有规律：大约每隔 18 个月，在芯片上可刻的电路数量就会增加 1 倍，这就是有名的摩尔定律 (Moore's Law)。这一定律在很大程度上描述了过去 30 年中的信息技术革命。

---

① Andy Grove, "How to Make an American Job Before It's Too Late," Bloomberg. com, July 1, 2010.

日本在20世纪70年代后期进入半导体市场。这个产业毫无疑问被日本政府视为扶持目标，政府积极支持能建立本国技术能力的研究工作。但是，日本政府在这方面的补助数额并不大。据美国评论界评价，日本战略性贸易政策的主体是暗中的保护主义。尽管日本几乎没有什么正式的关税或其他进口壁垒，美国公司却发现，一旦日本能够生产某种类型的半导体芯片，美国的同类产品在日本就几乎卖不出去。评论家宣称，在诸如家用电器等行业中（日本在该行业已经处于领先地位），日本企业已经暗中达成共识：应该购买本国的半导体，即使相对于美国产品来说日本产品的价格要更高或者质量更低。这种说法是真的吗？直到今天人们还在争论真实情况到底是什么。

观察家也宣称，受到保护的日本市场——如果这是实际情况——间接地促进了日本出口半导体的能力。他们是这样论证这一观点的：半导体产品的特征是一条陡峭的学习曲线（回忆一下我们在第7章中讨论过的动态规模经济），因为有足够大的国内市场作为担保，日本的半导体生产厂商确信它们能够沿着向下的学习曲线进行生产。这就意味着它们愿意投资建造新厂，这些厂也能够生产出口产品。

至于这些政策在何种程度上帮助日本成功地夺取了一大部分半导体市场，我们还不清楚。日本工业体系的一些特点可能会使其在半导体生产方面具有一种“天然”的比较优势，因为在这个产业，质量控制是一个关键问题。20世纪70—80年代，日本公司发展了一种新的制造业模式，其中一个重要基础就是制定与美国标准相比更低的次品率。

80年代中期，日本在其中一种类型的半导体方面的生产规模已经超过了美国，该半导体即随机存取存储器（random access memory，RAM），人们普遍认为这是日本在该产业取得成功的关键。RAM的生产之所以能够在它在整个半导体产业中占据主导地位这一事件中起到关键作用，是因为它能带来巨大的技术外部性和超额收益。RAM当时是半导体中数量最多的一种，产业专家声称RAM生产技术对于一个国家能否在诸如微处理器等其他半导体的生产领域保持先进水平至关重要。所以，人们普遍预测日本在RAM方面的主导地位将迅速转化为其在整个半导体行业的主导优势——而这一优势又会使得日本在其他许多使用半导体的产品生产上具备一定的优势。

人们普遍相信：尽管在1990年之前RAM的生产并不是一个利润非常高的行业，但它最终会成为一个有超额收益的行业。原因是，生产RAM的公司数量在逐渐减少：每一代芯片出现时，都有生产者退出这个部门，但是没有新的进入者。许多观察家认为，最终只会有两三个盈利非常高的RAM生产者生存下来。

但是到了20世纪90年代，RAM生产的两个理由——技术外部性和超额收益——都没有实现。一方面，日本在RAM的生产上的领先地位并没有最终转化为在其他半导体生产上的优势，例如，美国公司在微处理器方面仍然保持着其领先地位；另一方面，RAM生产者不仅没有继续减少，反而重新开始增加，主要的新进入者是韩国和其他新兴工业化国家。到了90年代后期，RAM的生产已经被认为是“日用品”生产：许多公司都能够生产RAM，这个部门也没有什么特别的战略性可言。

从这个案例中我们可以看到，正确选择需要重点扶持的部门有多难。半导体产业从表面上看来具有适合采取战略性贸易政策的所有行业特征，但是到最后，它既没有带来明显的外部性，也没有带来超额收益。

全球化与低工资的劳动力

我敢打赌，你读这本书时身上穿的大部分衣服来自比美国要穷得多的国家。发展中国家制成品出口的增加已经成为过去 10 年中世界经济的主要变化之一；甚至像孟加拉国这样一个人均 GDP 不超过美国 5%的贫穷国家现在也更多地依赖于制成品的出口，而不是像以往那样依靠传统的农业或矿产品出口。（一位发展中国家的政府官员曾经对作者之一说过："我们不是一个生产香蕉的共和国——我们是生产睡衣的共和国。"）

毫不奇怪的是，按照发达国家的标准来看，发展中国家制造业工人的工资非常低——通常不到 1 美元/小时，有时候甚至不到 50 美分/小时。毕竟，在这些整体上非常贫穷的国家，工人并没有多少更好的选择。就像后面的案例分析所讲述的，他们的工作条件在很多情况下也很差，有时甚至是致命性的，这一点也不足为奇。

低工资和恶劣的工作条件应当引起人们的关注吗？许多人认为答案是肯定的。20 世纪 90 年代，反全球化运动在发达国家有很多支持者，特别是在大学校园里。发展中国家出口行业中的低工资和工作环境恶劣是这项运动主要抨击的问题，尽管他们也关注一些其他问题（在下一小节中将有所讨论）。

大部分经济学家都认为，反全球化运动被误导了。比较优势的标准分析指出：贸易对参加的双方都是有利可图的；当劳动力丰富的国家出口诸如服装等劳动密集型产品时，不仅它的国民收入会增加，收入的分配也将朝着有利于劳动力的方向发展。然而，是否反全球化运动完全错了呢？

反全球化运动

在 1995 年之前，发达国家公民对国际贸易的抱怨主要集中在它对其他发达国家公民的影响上。在美国，20 世纪 80 年代对自由贸易的批评主要集中在日本给美国带来的所谓的竞争压力上；到了 90 年代早期，美国和欧洲都很关注从低工资国家的进口对本国非熟练工人的影响。

但是到了 90 年代后半期，一场迅速扩大的运动开始强调国际贸易对发展中国家的工人可能造成的损害，这场运动从大学学生那里得到了相当大的支持。激进分子把目标指向了为西方国家市场进行生产的发展中国家工厂的低工资和工作条件。反全球化运动变得越来越引人注目了，同时也为贸易规则的拟订提供了更多的来自反对全球化的声音。但是，这一运动的目标是什么呢？它的目标正确吗？

重探贸易与工资

从第 3 章中的分析来看，反对全球化的一部分观点我们是很熟悉的。激进分子指出：发展中国家出口行业的许多工人工资非常低。这些批评人士认为：低工资（还有相应恶劣的劳动条件）说明与自由贸易倡导者所宣称的相反，全球化并没有帮助发展中国家的工人。

例如，有些激进分子就指出墨西哥加工出口区的例子，这些邻近美国边界的工厂在《北美自由贸易协定》签订后的五年里迅速扩张，雇员数量几乎翻了一番。这些工厂的工资有时甚至不到 5 美元/天，而且它们所提供的工作条件以美国标准来看也是非常可怕的。《北美自由贸易协定》的反对者说，这一协定使得雇主能够轻松地以低工资的墨西哥工人来代替高工资的美国工人，使得两国的劳动力都受到了侵害。

驳斥这一观点的标准经济学解释需要我们回忆一下我们在第 3 章中所分析的对比较优势的错误

理解。有人认为：如果一国工人的工资明显低于其贸易伙伴国工人的工资，则贸易就必然会带来对工人的剥削，这是一个普遍存在的错误观点。

表 12－3 简要重复了这一分析。在这里我们假设有两个国家——美国和墨西哥；有两个行业——高技术行业和低技术行业。我们还假设劳动力是唯一的生产要素，并且在两个行业中美国劳动力的生产率都高于墨西哥劳动力的生产率。特别地，美国劳动力只需要 1 个小时就能在任一个行业生产出 1 单位产品；而墨西哥的劳动力生产 1 单位低技术产品需要 2 个小时，生产 1 单位高技术产品需要 8 个小时。表 12－3 的上半部分反映了在没有贸易的情况下以每种产品衡量的各国工人的真实工资：真实工资就是一个工人在单位时间里所能生产出来的产品数量。

表 12－3　真实工资

(A) 贸易之前		
	高技术产品（单位/小时）	低技术产品（单位/小时）
美国	1	1
墨西哥	1/8	1/2
(B) 贸易之后		
	高技术产品（单位/小时）	低技术产品（单位/小时）
美国	1	2
墨西哥	1/4	1/2

现在假设贸易开放了。在贸易后的均衡中，美国工人和墨西哥工人的相对工资率会处于两个行业中工人的相对生产率之间。例如，美国的工资可能是墨西哥工资的 4 倍。这样，在墨西哥生产低技术产品、在美国生产高技术产品就要便宜得多。

全球化的批评者可能会这样看待这一均衡以论证贸易损害了工人的利益。首先，在低技术产业，美国报酬比较高的工作岗位会被墨西哥工资比较低的工作岗位所取代。其次，墨西哥工人的报酬还有可能会低于他们应得的报酬：尽管在低技术部门他们的生产率是美国工人的一半，但他们的工资仅仅是美国工人的 1/4（不是 1/2）。

但是，正如表 12－3 的下半部分所示，在这个例子中两个国家工资的实际购买力确实都增加了。美国工人都受雇于高技术部门，与以前相比，他们能够购买更多的低技术产品：每小时报酬能购买 2 单位低技术产品而不是以前的 1 单位产品。墨西哥工人现在都受雇于低技术部门，他们工作 1 小时的报酬也能够买到更多的高技术产品（1/4 而不是 1/8）。因为贸易，每个国家以工资率表示的进口货物的价格都下降了。

这个例子的目的并不是精确地复制真实情况，它只是为了说明：这一用来论证全球化损害了发展中国家工人利益的证据恰恰是在贸易给发达国家和发展中国家的工人都带来好处的模型中将出现的情况。

有人可能会说这个模型具有误导性，因为它假设劳动力是唯一的生产要素。如果我们从采用李嘉图模型变成采用第 5 章所讨论的要素比例模型，则贸易有可能损害到劳动力短缺的高工资国家，即在本例中的美国。但这并无助于解释为什么贸易会伤害到发展中国家的工人。相反，这将更有助于证明贸易事实上有利于低工资国家的工人。标准的经济学分析认为，当像美国这样的资本密集型国家同墨西哥这样的劳动密集型国家进行贸易时，尽管资本密集型国家的工人有可能因为贸易而受损，但劳动密集型国家的工人则会因为收入分配的变化而受益。

针对出口加工区的例子，经济学家认为：尽管出口加工区的工资与美国的工资相比确实很低，但这也是必然的。因为墨西哥的整体生产率很低，工人缺乏其他就业机会。另外，尽管出口加工区的工资低廉、工作条件恶劣，但是与这些工人在墨西哥可以获得的其他工作机会相比还是有所改进。确实，这些工厂雇员数的迅速增加说明，与其他可以获得的工作机会相比，他们更喜欢在出口加工区工作。（出口加工区里的许多新工人实际上是来自墨西哥遥远且贫穷的边远地区的农民。所以，可以说，他们是从不为人知的极度贫困转变为不那么严重但随时能见到的贫困，他们的生活有了改善，但同时却给那些对他们先前的悲惨状况一无所知的美国居民带来了罪恶感。）

换言之，经济学家的标准观点是：尽管发展中国家工人的工资很低，但是与没有发生全球化相比，他们的状况已经好转了很多。一些激进分子并不接受这个论点——他们坚持认为，贸易的增长使得发达国家和发展中国家工人的状况都恶化了。但是，他们很难清晰地阐述贸易使工人状况恶化的渠道。最盛行的观点可能是：资本是全球流动的，而劳动力则不是；资本的流动性使得资本家拥有了议价优势。但是，正如我们在第 4 章中所论述的，国际要素流动和国际贸易也有类似的效果。

劳工标准与贸易协定

自由贸易的提倡者和反对全球化的激进分子可能会讨论诸如全球化对工人有利还是不利这样的大问题。但是，真正危险的是相对狭隘的实际政策问题：国际贸易协定是否应该以及在何种程度上应该包括旨在提高穷国工资水平和工作条件的条款？

经济学家最保守的建议是认为应该建立一个监测工资和工作条件的系统，并让消费者能够看到监测的结果。他们的论证类似于我们在第 10 章中对市场失灵的分析。他们认为：假设发达国家的人们更愿意购买由工资比较合理的工人所生产出来的产品，那么这个不需要花大力气进行信息收集的系统就能带来互利的结果，因为它能让消费者得知这些工人的工资是否合理。[本章的延伸阅读中收录了金伯利·安·埃利奥特（Kimberly Ann Elliott）的一篇文章，在该文中他引用了一个孩子的话说："你看，并不是每次我去商场时都有时间像政治激进分子一样进行调查。简单地告诉我哪种鞋子可以买，行吗？"] 因为消费者能够选择只购买"有保证的"产品，所以他们的福利水平就会因为他们对购买的产品感觉更好而得到提高。同时，生产这些产品的工人的生活水平也会有所提高。

提倡建立这样一个系统的人们承认，这对发展中国家的生活水平不会有太大的影响。主要的原因是：它只会影响出口行业工人的工资，而即使是在高度出口导向型的国家里，出口行业的工人也只占劳动力的一小部分。但是，提倡者补充说：这多少会带来一些好处，同时几乎没有什么坏处。

一个更为激进的想法是在贸易协定中加入正式的劳工标准，即出口行业必须遵守的标准。这样的标准在发达国家得到了很多人的支持。实际上，在灾难性的西雅图会议上，比尔·克林顿总统所发表的演讲就赞同引入这种标准。

支持在贸易协定中加入劳工标准的经济学解释与赞成引入本国工人最低工资的经济学解释类似：尽管经济学理论认为最低工资政策减少了低技术行业的岗位数量，但是一些（尽管绝不是全部）经济学家认为这一影响很小，其作用也会因为最低工资制度提高了在岗工人的收入而被抵消。

但是，大多数发展中国家强烈反对贸易中的劳工标准，它们相信这些标准最终会被用作保护主义工具：发达国家的政客会制定发展中国家无法达到的标准，最终迫使它们的产品被挤出世界市场。其中引起人们特别担忧的就是劳工标准将被用作私人指控外国公司的基础，就像反倾销法案被私人公司用来牵绊国外竞争者一样——实际上这是导致西雅图会议以失败告终的主要担心之一。

环境与文化问题

对全球化的抱怨并不仅限于劳动力问题。许多批评家认为全球化对环境不利。发展中国家出口行业的环境标准的确比发达国家低得多。在一些情形下，为了向发达国家市场提供产品，也的确存在很严重的环境破坏问题。一个著名的例子就是东南亚为了向日本和西方国家出口木材产品而大面积砍伐森林。

但另一方面，在那些坚持内向型政策而不愿意与全球经济接轨的国家中，环境破坏的例子也屡见不鲜。一个著名的例子就是巴西热带雨林的大面积破坏——部分原因是补贴内陆发展的巴西国内政策。这一政策与出口没有丝毫关系，事实上，环境破坏恰恰是在巴西开始实行内向型发展战略的那几年开始的。

与劳工标准一样，也有人讨论是否应该在贸易协定中加入环保标准。一方面，支持者说这样的协定至少能够在环境方面带来些许的改进，给相关的人带来好处。另一方面，反对者则认为将环保标准加到贸易协定中实际上会减少穷国的潜在出口量，因为它们支付不起达到西方的标准所需的费用。

一个更难处理的问题是全球化对地区和民族文化的影响。市场的逐渐融合的确导致了世界各地文化的趋同。世界各地的人们越来越倾向于穿同样的衣服，吃同样的食物，听同样的歌，看同样的电影和电视剧。

尽管很多文化趋同等价于美国化，但并不是所有文化都是这样。例如，尽管现在麦当劳随处可见，但日本寿司也到处都有。尽管好莱坞的动作电影主导了全球票房，但是诸如《黑客帝国》（*The Matrix*）等好莱坞大片中典型的打斗场景则是学自中国香港的功夫片。

难以否认的是，文化趋同的确会造成一些文化的丧失。因此，的确可以以市场失灵为由来支持试图保持民族文化差异性的政策，例如限制电影院可以上映的美国电影数量，限制外国电视节目占总播出时间的比例。

但是，一旦有人提出这一观点，很显然这还涉及另外一个原则：自由社会的个人有权选择自己喜欢的休闲方式。如果有人以捍卫美国文化的独立性为名不让你听滚石乐队的歌或看成龙的电影，你会有什么感觉呢?

WTO 与国家独立性

反全球化运动中反复出现的一个主题是，认为追求自由贸易与资本自由流动会损害国家主权。这类抱怨最极端的观点是，把 WTO 视为一种超越国家的力量，能够阻止国家实行符合自己利益的政策。这个观点中有多少真实的成分呢?

简单的答案是，WTO 一点也不像是世界政府，它的权力基本上只局限于要求各国遵守它们所签订的国际贸易协定。但是，认为 WTO 是一个超国家的权威机构也不是完全没有道理，因为它的权力使得它不仅能够监督传统的贸易政策工具——关税、出口补贴和数量限制，还能够监督那些实际上是贸易政策的国内政策。而且，因为合法的国内政策与实质上的保护主义之间的界限并不是很清晰，所以在一些情况下，就某些观察家而言，WTO 似乎是在干涉国内政策。

我们在前文描述了一个非常有名的例子，它说明了这个问题的模棱两可性。正如我们所论述的，美国修订了《清洁空气法》，要求进口汽油的污染水平不得超过本地精炼厂出产汽油的平均污染水平。WTO 裁决这个要求违反了现行贸易协定。对于 WTO 的批评者来说，这个裁决正是 WTO 阻止一个民主国家政府对环境进行改善的例子。

但是，正如 WTO 的捍卫者所指出的，这一裁决是基于美国对进口产品和本国产品实行区别待遇这一事实。毕竟，一些美国精炼厂生产的是高于平均污染程度的汽油，但是政府仍然允许其营业。所以这个规定实际上只是阻碍了委内瑞拉向美国市场销售污染性汽油，但是允许国内的精炼厂出售具有同样污染性的汽油。如果这一规定对本地汽油和外国汽油施行同样的标准，那么就会被WTO所接受。

案例分析　孟加拉国发生的悲剧

孟加拉国是一个十分贫穷的国家。据世界银行估计，2010 年大约 77%的孟加拉国人每天的生活费用不足 2 美元，而 43%的人口甚至不足 1.25 美元。然而，令人难以置信的是，这相对于并不遥远的过去已经有了很大的改善：1992 年，以现在的美元来衡量，93%的人口每天的生活费用不足 2 美元，而 67%的人口甚至不足 1.25 美元。

令人难忘的 20 年的经济增长使其人均 GDP 翻了一番，同时也带来了贫困人口的减少。孟加拉国的增长主要依赖其出口的增长，特别是服装的出口。正如我们在第 11 章所注意到的，孟加拉国的服装产业是其古典比较优势产业：与其他发展中国家相比较，该产业的相对生产率虽然较低，但是孟加拉国在其他产业的相对生产率更低，所以就成了服装出口大国。

然而，孟加拉国服装业的竞争力依赖于其低工资和恶劣的工作环境。有多恶劣？2013 年 4 月 24 日，孟加拉国一座拥有多家服装厂的 8 层大楼倒塌的新闻震惊了世界，该事件造成 1 200 多人丧命。调查显示：此前大楼已出现裂缝，但是服装工人被命令无论如何也要返回工作。调查还显示：从结构上来说，这座大楼并不适合制造作业，并且在没有被许可的情况下加盖了楼层。

是谁在购买这些在如此不安全的环境下生产的服装呢？大楼中的工厂为多个流行的西方服装品牌供货。

显然，孟加拉国需要采取措施保护其工人，可从加固其建筑楼房与制定工人安全法案着手。但是富国的消费者——也就是人群中的你——会做何反应呢？

最为直接的本能反应是拒绝购买如此糟糕地对待工人的国家生产的产品。然而就如同我们所看到的，孟加拉国极度需要一直不断地出口服装，即使相对于西方的标准工人获得极低的工资水平，它也只能这样做。的确，孟加拉国的工资相当低。无论我们是否喜欢，低工资与恶劣的工作环境往往并行。

这是否意味着我们已无能为力，没有办法帮助孟加拉国工人使其免受伤害？不是这样的。我们可以设想，通过法令或者仅仅是消费者的压力，同时对孟加拉国及其竞争对手试着设置一些基本的工作环境标准。只要他们不是太过于有雄心壮志，这样的标准可以改善孟加拉国工人的生活，也不至于损害该国所依赖的出口。

但是这并非易事，我们不能对此抱有太大的期望。在可预见的未来，在与贫穷国家进行贸易时仍存在这样两个令人不安的事实：这些国家的工人将面临比西方人想象的还要低的工资和更加糟糕的工作环境；然而拒绝购买这些工人生产的产品将会使他们的境况更加恶化。

全球化与环境

人类对环境的影响逐渐成为世界的关注焦点，相应地，这些关注在国内政治中的作用也越来越重要。比如，2007 年 11 月，澳大利亚总理约翰·霍华德选举失败。许多政治分析家认为，由于澳大利亚执政党——自由党不愿对环境威胁采取有效措施而导致公众不满，这才使执政党选举大败。

环境问题不可避免地在国际贸易争端中起着越来越重要的作用。一些反全球化的激进分子声称逐渐增长的国际贸易损害了环境，而另一些激进分子则声称国际贸易协定起到了阻碍环境保护行动的作用。大多数国际经济学家认为第一种观点过于简单化了，他们也不同意第二种观点。那就是，他们否认全球化和环境破坏之间存在简单的关系，他们也不相信贸易协定阻碍了一些国家实行开明的环境政策。但是，贸易与环境交织在一起也引起了一些重要的问题。

全球化、增长与污染

生产和消费的副产品经常导致环境破坏。工厂往空气中排放废气，有时把大量污水排入河流。农民使用化肥和杀虫剂最终会污染水源。消费者驾驶油耗高的汽车，结果和其他事情一样——增加生产和消费的经济增长导致更大的环境破坏。

但有些事情是不同的，这就是，当一些国家变得更加富裕时，它们会改变自己生产和消费的比例，在某种程度上它们更倾向于减少对环境的影响。例如，当美国的经济越来越注重服务而不是产品的生产时，它每单位的 GDP 会使用更少的能源和更少的原材料。

此外，财富增长也会提高对环境质量的政治要求。这样，富国都实行比穷国更加严格的规定来确保清洁的空气和干净的水——对于任何一个来往于美国或欧洲的一个大城市和发展中国家的一个大城市的人来说，当他在每个城市深吸一口气时，这种差别就明显了。

20 世纪 90 年代早期，普林斯顿大学经济学家吉恩・格罗斯曼（Gene Grossman）和艾伦・克鲁格（Alan Krueger）在研究国民收入水平和污染物比如二氧化硫之间的关系时发现：这些抵消经济增长作用的因素会在人均收入和环境破坏之间产生倒 U 形关系，即众所周知的**环境库兹涅茨曲线**（environmental Kuznets curve）①。这种关系已经被大量研究证明。这一概念在图 12－3 中用曲线进行说明。

这种观点认为，随着一国经济的增长，人均收入也会增加，但是初始时的增长对环境具有破坏作用。因此，虽然某国经济近几十年有了巨大的发展，但实际上只是从点 A 移到点 B。当这个国家在电厂烧煤、在工厂里制造更多产品时，它往空气中排入了更多的二氧化硫，往江河中排入了更多的废水。

当一个国家达到一定的富裕程度时，它就有足够的财力来保护环境。由于美国近几十年已经变得非常富有，它已经开始限制污染。例如，要求给汽车安装催化式排气净化器来减少烟雾排放。政府通过许可制度来限制电厂的二氧化硫排放量。根据图 12－3，美国大约已经从点 C 移到点 D，美国变得越富有，对环境的破坏就越少。

国际贸易和环境有什么关系呢？贸易自由化将会促进经济增长就是它得到支持的原因。在某种程度上，贸易自由化促进了经济增长，而且增加了人均收入。那么它是提高还是损害了环境质量呢？这要看一个经济体是在库兹涅茨环境曲线的哪一边。为了回应《北美自由贸易协定》有害于环境的论证，格罗斯曼和克鲁格在他们早期的文章中表明：墨西哥大约位于曲线的右边，也就是说，在一定程度上《北美自由贸易协定》增加了墨西哥的收入，墨西哥对环境的破坏实际上在减少。

然而，库兹涅茨环境曲线并不一定意味着全球化有益于环境。事实上，从世界范围来看，很容易拿出证据证明全球化的确损害了环境——至少目前是这样的。

---

① Gene Grossman and Alan Krueger, "Environmental Effects of a North American Free Trade Agreement," in Peter Garber, ed., *The U. S. Mexico Free Trade Agreement*. MIT Press, 1994.

图 12-3　环境库兹涅茨曲线

说明：经济数据表明，当国家经济增长时，它们的初始增长会增加对环境的破坏，但是当这些经济体变得足够富裕时，它们的经济增长对环境有利。中国的经济正在增长，但对环境是有害的。

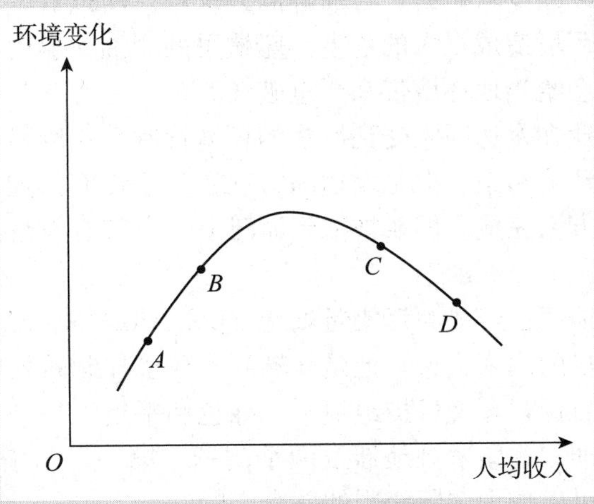

症结如下：全球化最大的受益者大概就是中国了，自 20 世纪 80 年代以来，它的出口导向型经济经历了飞速发展。同时，最大的环境问题毫无疑问就是气候变迁。科学上一致认为，二氧化硫和其他温室气体的大量排放造成了全球平均气温的升高。

中国的繁荣和二氧化碳排放量剧增有一定的联系。图 12-4 显示了美国、欧洲和中国 1980—2011 年间二氧化碳的排放量。在 1980 年，中国还是全球变暖的一个小因素，到 2008 年，大幅增长使得中国已成为世界上温室气体的主要排放源。

图 12-4　二氧化碳排放量

说明：中国经济的快速增长使它由一个气候变迁的小因素成为世界最大的二氧化碳排放者。

资料来源：美国能源信息局。

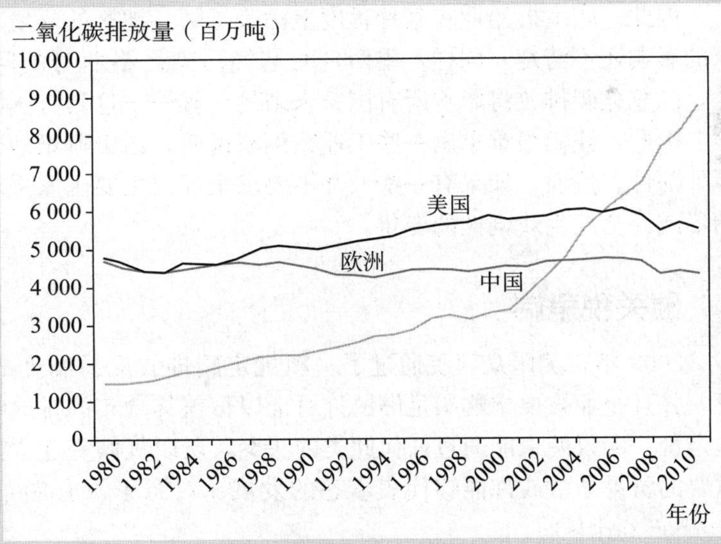

但是，重要的是要认识到这个问题虽然并不是全球化——中国的成功本身固有的，但在某种程度上却是全球化的结果。尽管有环境问题，但也很难因此认为中国经济增长是件坏事，因为中国经济的增长使十几亿人口脱离了贫困。

"污染避难地"问题

当船破旧得不能继续使用时，船将被拆解，金属和其他部件将被回收。看待拆船业的一种观点认为它是一种回收形式。拆船业公司寻找并且重新利用废船的部件，而不是让它在那里生锈，这种回收使得我们可以减少铁矿石、石油等的开采量。所以有人认为拆船业对环境有利。但是，这项工作本身可能会给环境造成很大的危害：船槽里的废油、船内椅子和内部装饰中的塑料，这一切如果处理不当，可能会给当地环境带来严重破坏。

因此，拆船业在发达国家受到严格的环境管制。在废船被运到巴尔的摩或鹿特丹后，工人们小心作业，以避免环境污染。但是发达国家现在几乎没有拆船业，这些工作由印度的拆船中心——阿兰地区这样的地方来完成。旧船被拖到海滩上，由带有喷灯的工人把船拆解，但他们身后却留下了大量污染。

实际上阿兰地区已经成为**污染避难地**（pollution haven）。由于国际贸易的原因，贸易活动本应在环境控制较严格的国家进行，但是却转到了环境控制较松的国家进行。污染避难地成为世界各地激进分子关注的目标，环境保护组织——绿色和平组织是这次抗议中的领袖，它要求对这一地区实行较高的环境标准。污染避难地涉及两个问题：第一，污染避难地是否为一个重要的因素？第二，污染避难地是否可以作为国际谈判的一个主题？

关于第一个问题，大部分研究认为污染避难地对国际贸易的影响很小，没有大量证据表明“污染”工业转移到一些国家是因为这些国家有宽松的环境法令。[①] 以拆船业为例，印度的低工资似乎要比它的宽松环境管制更有吸引力。

关于第二个问题，一些国家对另外一些国家的环境政策真正感兴趣吗？这要看环境问题的本质是什么。

污染是一个具有负外部性的典型例子——某些人给别人带来了成本损失却不愿为之付出。这就是为什么政府对污染进行干预是有正当理由的。但是，不同形式的污染有不同的地理范围——只有超越国界的污染才会明显引起国际关注。

因此，印度拆船业在某种程度上污染了阿兰地区的环境，这是印度自己的问题，而这对其他国家的影响还不清楚。同样，墨西哥的空气污染是墨西哥的问题，不清楚为什么涉及美国利益。另外，二氧化碳排放将影响所有国家未来的气候——这具有国际外部性，值得作为国际谈判的主题。

因此，我们很难拿出一些工业案例来说明，污染避难地现象的出现在一定程度上导致了负的国际外部性。然而，如果有一些（并不要求全部）主要国家采取强有力的政策来限制气候变迁，这种情形或许会发生戏剧性的变化。

碳关税争端

2009 年，美国众议院通过了一项规定碳排放交易制度的法案——签发了数量有限的排放许可证，并且企业被要求购买足够的许可证以覆盖其真实的排放量，实际上也就是给二氧化碳和其他气体定价。参议院未能通过任何此类的法案，所以气候变迁立法搁浅至今。然而，众议院法案中一项重要的贸易条款或许能够代表事态的发展：对源于没有颁布类似政策的国家的进口品征收**碳关税**（carbon tariffs）。

那会怎样？气候变迁立法涉及的一个问题是：如果一些国家采取行动是否会有效？美国只占世界温室气体排放的一部分，实际上，正如我们在图 12 - 4 中所看到的，它甚至不是最大的排放国。所以，美国单方面削减排放对全球排放量的影响非常有限，对未来的气候变迁也是如此。此外，给碳定价的政策或许会使得污染避难地效应比目前更大。排放密集型产业被重新布局到没有强有力气候变迁政策的国家必然会导致“碳泄漏”。

这些问题最明显的解决办法是全球倡议经济大国采取相似政策。但是，无法保证这样的协定即

① 例如，参见 Josh Ederington，Arik Levinson，and Jenny Minier，“Trade Liberalization and Pollution Havens，” Working Paper 10585，National Bureau of Economic Research，June 2004。

将来临，特别是当一些发展中国家觉得，相对于已经达到较高生活水平的富裕国家，它们有权实行更加宽松的环境政策时。

那么该怎么办？碳关税意在对从没有气候变化政策的国家进口的进口商征收与这些商品生产中所排放的二氧化碳量比例相当的关税。每吨碳排放的关税应该等于国内市场二氧化碳排放许可证的价格。这样可以激励国外厂商限制其二氧化碳排放量，并且打消其把生产转移至管制宽松的国家的动机。此外，或许还会激励那些管制宽松的国家采取自己的气候变化政策。

碳关税的批评者认为这是一种贸易保护，而且有悖于禁止歧视性对待国内产品与国外产品的国际贸易规则。支持者则认为这仅仅是把进口品生产商与国内生产商置于平等地位，即当向国内消费者销售时，都要为它们的温室气体排放做出支付。并且支持者认为，因为碳关税提供了平等的平台，关税——只要小心运用——在现行贸易规则下也是合法的。

此时此刻，碳关税问题还是一种假设，因为没有一个经济大国已经对其温室气体排放制定了实质性价格。相应地，WTO 也还没有对这种关税的合法性做出任何裁定，或许要等到至少出现一个真实的案例。如果气候变迁立法东山再起（其实是迟早的事），很显然它会带来一些重要的新的贸易政策问题。

贸易冲击及其对各国的影响

和广为流传的讽刺漫画所描述的相反，对国际贸易的经济学分析并未宣称自由贸易对每一个参与者都利大于弊。我们也已经在前面的讨论中看到，国际贸易会使得收入分配在一国范围内调整贫富，从而得到有人笑有人哭的结果。但标准的模型是否准确地衡量了贸易冲击过程中所造成的损失呢?

在近年来的一系列研究中，学者们都认为答案是否定的。其中最具影响力的是戴维·奥特（David Autor)、戴维·多恩（David Dorn）和戈登·汉森（Gordon Hanson）的观点。他们认为自 1990 年尤其是 2001 年加入世界贸易组织以来中国迅猛增长的出口对美国造成了比多数经济学家认为的更多的困境。[①]

奥特等人的研究得出了以下三个关键结论：

其一，中国各行业的出口增长非常不平衡。例如，中国几乎独占了世界女性非运动鞋的生产，同时在家具生产方面取得了非常大的进展，而后者也是典型的劳动密集型产业。

其二，美国制造业大多在地理位置上目前或者曾经非常高度集中——可能是由于第 7 章所讨论的外部经济——因此源自中国的巨大影响大多也呈现出地理集中性，一些地区受影响巨大而另一些几乎不受影响。

其三，美国工人及其家庭大多对从一个经济低迷地区迁移至一个经济发达地区的意愿较低。

因为以上原因，奥特等人认为：中国出口激增对美国工人的影响实际上要大于整体数据所显示的。他估计，中国的冲击总共导致了约 100 万个美国制造业工作岗位的流失。在一个拥有 1.45 亿名工人的经济体中，每个月约有 150 万名工人失业，这实际上并不是那么严重。但由于与中国相关的失业主要集中在相对较少的地区，从而导致这些地区进一步失业，因此，他们认为这一贸易冲击对某些地区的影响是毁灭性的。

这类分析显示，贸易冲击对某些地区的痛苦指数要比经济学意识到的大得多。这也从某种程度

---

① 参见 David H. Autor，David Dorn and Gordon H. Hanson，“The China Shock：Learning from Labor-Market Adjustment to Large Changes in Trade，” *Annual Review of Economics*，October 2016。

上解释了2016年显现出来的对全球化的政治上的强烈反对，如英国的脱欧公投以及美国总统大选中选出一位具有强烈贸易保护主义倾向的候选人。

提　要

1. 过去25年来，出现了要求政府干预贸易的新论点：战略性贸易政策理论论证了为什么一国可以通过促进一些特定产业的发展而获益。20世纪90年代则出现了对全球化的新批评，主要集中在全球化对发展中国家工人的影响上。影响气候变迁的活动已经引发了一些重要的贸易问题，包括征收碳关税的意愿与合法性。

2. 激进主义贸易政策理论主要有以下两个观点。一个观点认为政府应该促进那些具有技术外部性的产业的发展；另外一个观点与标准的市场失灵理论相去更远，即布兰德-斯潘塞分析，该观点认为战略性干预可以使国家得到超额收益。这些观点在理论上具有说服力，但是许多经济学家认为这些分析太精细，需要太多的信息，所以在实践中没有太大用处。

3. 随着发展中国家制成品出口越来越多，一场反对全球化的新运动开始了。尽管这场运动有多个主题，但它关注的重点是出口行业工人的低工资。大多数经济学家的反应是——以西方的标准来看——发展中国家工人的工资可能很低，但是贸易会使得他们能够赚到比没有贸易时更多的收入。

4. 对一些案例的分析显示出对全球化的讨论是多么困难，特别是当你试图把它定位为一个道德问题时；当人们试图做好事的时候，他们极有可能是在做一件坏事。激进分子最钟爱的诸如劳工标准这样的目标实际上却是发展中国家所惧怕的，因为它们认为这有可能被用作保护主义工具。

5. 全球化在某种程度上促进了经济增长，但是它对环境的影响却是模棱两可的。环境库兹涅茨曲线表明：当一个国家开始变得富裕时，经济增长初期会破坏环境，但是当国家富裕到一定程度后，经济增长就会有利于环境。遗憾的是，世界上经济增长最快的一些国家仍然比较贫困，它们依然处于曲线不利的一边。

6. 人们越来越担忧全球化会使得高污染工业都被转移到监管较松的污染避难地。然而，几乎没有证据表明这是当地做出决定的一个主要因素，至少目前没有。但是如果实行严格的气候变化政策，或许会有所变化。对于碳关税既有有力的支持，又不乏质疑声。

7. 近期的一个担忧是，在中国出口增长的推动下，国际贸易的迅速增长可能会给某些地区造成严重损失。因此，不利影响比经济学家先前意识到的更为严重。

关键术语

以邻为壑的政策	布兰德-斯潘塞分析	碳关税
环境库兹涅茨曲线	超额收益	外部性
污染避难地	战略性贸易政策	

习　题

1. 尽管实行战略性贸易政策能够增加国家福利，但这种政策的不利后果是什么？

2. 自动驾驶汽车被认为是未来最具增长潜力的产业。假设美国政府能够确知在以后20年中自动驾驶汽车产业的增长最为迅速，为什么这并不一定意味着美国应该采取政策支持这些产业的增长？

3. 如果美国能够办到，它将会要求日本在基础科学研究上多花些钱，在产业应用研究上少花些钱。请从无偿占用的角度分析上面的原因。

4. 在布兰德-斯潘塞关于空中客车与波音的案例中，能够使战略性贸易政策发挥作用的关键假设是什么？

5. 发达国家的一些零售商销售来自低工资发展中国家的产品并向消费者保证这些产品是在可以忍

受的工作环境下被生产出来的。要求零售商做出这样的保证是否具有与对低工资出口产品征收关税同等的效果？有什么办法可以使海外工人受益吗？

6. WTO 有关环境保护问题受到的主要批评是什么？在有关环境问题的贸易争端中，WTO 是怎样证明自己的观点的？

7. 除了不时地进行战略性贸易政策的尝试之外，法国还致力于推行一种积极的民族主义的文化政策，以促进法国艺术、音乐、服饰、烹饪等的发展。这项政策是在日益单一化的世界中保持民族特征的一种努力。但是，一些法国官员还从经济的角度来支持这项政策。从何种意义上讲，这项政策的某些方面具有战略性贸易政策的特点？

8. 多数国家都有增值税——生产者支付但最终转嫁给消费者的税收（实际上是间接征收销售税）。这样的增值税通常与等额进口税相伴。因为像增值税这样的进口税被认为是合法的，它们实际上是以相同的税率对消费者的购买间接征税。对比这种情况与有关碳关税的争论，拥护者为什么主张这种关税是合法的？你能想到哪些反对的理由？

9. 我们通常的贸易模型假设在一个产业中损失的工作岗位会被另一个产业中新增的工作岗位所抵消。然而，奥特等人认为，因进口产品而失去制造业岗位的社区往往最终失去了工作岗位。这两个说法是否相互矛盾？

延伸阅读

James A. Brander and Barbara J. Spencer. “Export Subsidies and International Market Share Rivalry.” *Journal of International Economics* 16 (1985), pp. 83 - 100. 这是关于作为战略性贸易政策工具的补贴的潜在作用的一篇基础文献。

Kimberly Ann Elliott. *Can Labor Standards Improve Under Globalization*? Washington, D.C.: Institute for International Economics, 2001. 该文献聚焦于一个认同激进分子所持理由的经济学家所提出的问题。

Edward M. Graham. *Fighting the Wrong Enemy: Antiglobalization Activists and Multinational Corporations*. Washington, D.C.: Institute for International Economics, 2001. 该文献聚焦于一个比较认同激进分子所持理由的经济学家所提出的问题。

Elhanan Helpman and Paul Krugman. *Trade Policy and Market Structure*. Cambridge: MIT Press, 1989. 该文献综述了与战略性贸易政策及相关主题有关的文献。

William Langewiesche. “The Shipbreakers.” *The Atlantic Monthly* (August 2000). 该文献对拆船业及其所引起的争端进行了迷人的描述。

Hearing on Trade Aspects of Climate Change Legislation, Before the Subcommittee on Trade, 112th Cong. (March 24, 2009) (statement of Joost Pauwelyn). 一个贸易律师对碳关税问题进行了明确而简要的讨论。他认为在现行协定下，如果足够谨慎，它们是合法的。

第3篇

汇率与开放经济的宏观经济学

第13章 国民收入核算与国际收支平衡

2004—2007年，世界经济急速发展，实际总产出以年均约5%的速度增长。2008年，世界产出的年增长率降至3%，而2009年跌至−0.6%。自第二次世界大战以来，世界产出还从未出现过这样的下降。在许多国家，包括美国，失业飙升。虽然世界发展中国家和新兴国家的年均增长率迅速回升，直逼6%，但2016年已回落至4%。欧元区的欧洲国家自2012年负增长以来，复苏步伐也一直乏力。经济学的分析是否能够帮助我们理解全球经济的行为以及各国的运气经常不一样的原因？

国际贸易理论主要关心的是如何在一个时间点上最佳地利用世界稀缺的生产资源。经济学中的**微观经济学**（microeconomics）部分，是从单个企业和消费者的角度研究这个问题。微观经济学"自下而上"地揭示了单个经济角色在对各自利益的追求中怎样共同决定资源的利用。在对国际微观经济学的研究中，我们已经学习过单个生产和消费决策是如何影响国际贸易和分工模式的问题。我们知道，自由贸易通常有利于资源的有效使用，而政府干预或市场失灵，即使在所有生产要素都被充分使用时，也会造成浪费。

在本书中，我们转换思路并提出疑问：经济政策如何保证生产要素都被充分利用？是什么因素决定一国生产产品和服务能力的长期变化？为了回答这些问题，我们必须学习**宏观经济学**（macroeconomics），即经济学中研究经济的整体就业、生产和增长水平如何决定的部分。如同微观经济学，宏观经济学也研究资源有效使用的问题。但是，微观经济学侧重分析单个经济决策，而宏观经济学则侧重分析整体经济行为。在对国际宏观经济学的研究中，我们将分析各国经济间的相互作用是如何影响世界的宏观经济活动模式的。

宏观经济分析强调四个耳熟能详的经济内容，以简化我们关于国际经济学的讨论：

（1）失业。我们知道，在现实世界中，工人可能失业，工厂可能闲置。宏观经济学研究造成失业的因素和政府可能采取的预防措施。国际宏观经济学研究主要关心的问题之一就是在有国际贸易的开放经济中如何保证充分就业。

（2）储蓄。我们通常假定，每个国家的消费与收入恰好相等——不多也不少。但是实际上，家庭可以把一部分收入储蓄起来以备将来使用，也可以暂时用借贷的方式花费超过收入的支出。一个国家的储蓄或借贷行为能够影响国内的就业和国民财富水平。把国际经济视为一个整体，世界的储蓄率就可以决定世界生产资本的存量能够以多快的速度增长。

（3）贸易不平衡。当支出等于收入时，一国的进口与出口的价值量相等。但是，在实际的经济中却很少达到这种平衡状态。贸易不平衡在下面章节的分析中显得很重要，因为贸易不平衡会使得财富在各国之间重新分配，这也是一国宏观经济政策影响其贸易伙伴的主要渠道。因此，毫不奇怪，贸易不平衡很容易成为国际争端的原因，当规模大而持久的贸易不平衡出现时尤其如此。

（4）货币和价格水平。迄今为止，我们所讨论的国际贸易理论仅是易货贸易理论。易货贸易是基于商品之间的相对价格而直接进行商品交换的行为。在实践中，使用货币进行交易会更方便，因为货币是一种能够被广泛接受的交换媒介。在现代经济中，几乎所有交易都涉及货币，因此货币需求和供给的波动可以对产出和就业产生影响。国际宏观经济学考虑到，每个国家都使用某种货币，而一国货币变动（如货币供给的变动）可以越过国界影响他国，因此，货币价格的稳定是国际宏观经济学的一个重要政策目标。

本章作为我们国际宏观经济学研究的第一步，将解释有关核算的概念，经济学家使用这些概念来描述一国的生产水平和国际贸易情况。为了全面了解从事国际贸易的各国在宏观经济方面的联系，我们必须掌握两种有关的重要工具。其中之一是**国民收入核算**（national income accounting），它记录对一国的收入和产出做出贡献的所有支出的有关情况。另一个工具是**国际收支核算**（balance of payments accounting），它有助于我们了解和追踪一国对外负债、出口竞争产业以及进口竞争产业的状况及变动。国际收支账户还可以显示出一国的对外贸易和本国货币供给的联系。

学习目标

学完本章，你应该能够：

- 讨论经常账户余额的概念。
- 利用经常账户余额将国民收入核算扩展到开放经济中。
- 将国民收入核算运用到储蓄、投资与净出口之间的相互影响中。
- 描述国际收支账户并解释它们与经常账户余额之间的关系。
- 将一国经常账户的变化与其净外国财富的变化联系起来。

国民收入账户

宏观经济分析的主要着眼点是一国的**国民生产总值**（gross national product，GNP），它是一个国家的生产要素在一定时期内所生产并在市场上卖出的最终产品和服务的价值总量。GNP 是宏观经济学家研究一国产出时所用的基本度量手段，由花费在最终产出上的支出的市场价值量加总而得。因此，GNP 既包括在超级市场中卖出的面包和在书店里售出的课本之类的商品的价值，又包括股票代理人和水管工提供的服务的价值。这些最终产出的生产不可能没有生产要素投入，所以组成 GNP 的支出与劳动、资本以及其他生产要素紧密相连。

为了区别组成 GNP 的支出的不同类型，政府的经济学家和统计学家在制定国民收入账户时，会根据购买最终产出的四种可能用途把 GNP 分为消费（国内居民私人消费的数额）、投资（私人企业为进行再生产而留下的用于购买厂房设备的数额）、政府购买（政府使用的数额）和经常账户（对外净出口的产品和服务的数额）。我们用“国民收入账户”而不是“国民产出账户”的概念来描述以上四个方面，是因为一国的收入与产出实际上是相等的。因此，国民收入账户可以被认为是根据支出类型来对形成国民收入的业务进行分类的。图 13－1 说明了美国 2016 年第一季度的 GNP 是怎样被分为这四个部分的。①

---

① 在图 13－1 中，季度 GNP 及其构成以年率测算（也就是季率乘以 4）。当一国是国外赠与的接受国或净输出国时，我们对经常账户的定义并不是严格正确的，这种可能性会与其他可能性一起使得 GNP 等同于国民收入的过程变得复杂。在上述情况下国民收入和经常账户的定义需要做什么样的改变，我们将在本章的后半部分讨论。

图 13－1 美国的国民生产总值及其构成

说明：2016 年第一季度美国的国民生产总值可以分为图中的四个部分。数字进行了季度调整。

资料来源：U. S. Department of Commerce，Bureau of Economic Analysis.

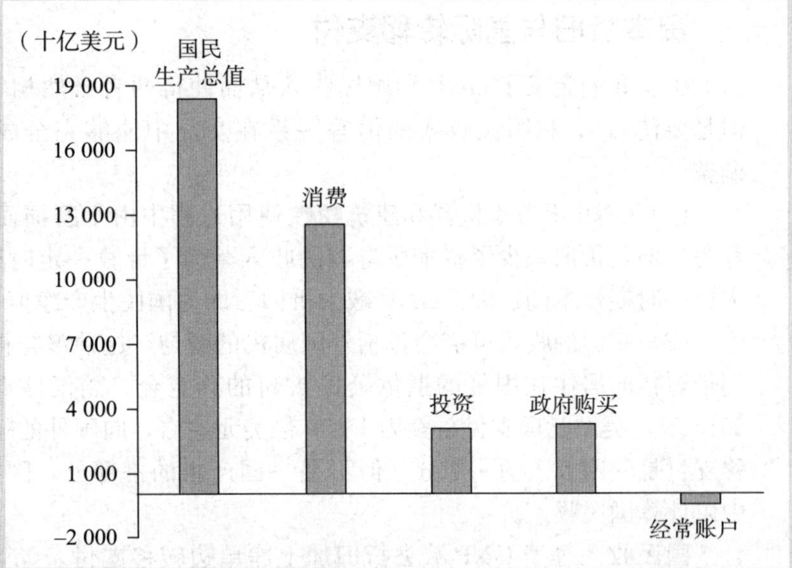

为什么要把 GNP 区分为消费、投资、政府购买和经常账户呢？一个主要原因是，如果我们不知道各类主要支出的变动情况，我们就无法找到引起经济衰退或高涨的原因。如果我们不知道经济衰退或高涨的原因，我们就不能提出合理的对策。另外，国民收入账户有助于我们研究为什么一些国家比较富裕——相对于人口规模而言有较高水平的 GNP——而另一些国家却比较贫穷。

国民产出与国民收入

为了理解经济学家如何分析 GNP，我们的第一个任务就是更详细地解释为什么一个国家一定时期的 GNP 必须等于该国的**国民收入**（national income），即在一定时期内由该国的生产要素获得的收入。

相等的原因在于，用于购买产品或服务的每 1 美元都会自动进入另一人的口袋。举一个到医生那里看病的简单例子，就可以说明国民生产总值的增加是怎样使得国民收入增加相同的数额的。你支付给医生 75 美元，这相当于医生为你提供的服务的市场价值，于是这次看病使 GNP 增加了 75 美元。但你支付给医生 75 美元，同时也使得医生的收入增加了。所以，国民收入也增加了 75 美元。

产出与收入相同这一原则同样也适用于产品——即使产品是用多种要素生产出来的，也是如此。以一本经济学教科书为例。当你从出版商那里买到一本新书，你所购买的价值即成为 GNP 的一部分。但你所支付的价值则成为共同生产这本书的各种生产要素的收入，因为出版商必须用销售收入来支付这些要素所提供的服务。首先，作者、编辑、美编和排版工人为书的生产提供了必要的劳动投入；其次，出版公司的股票持有者为书的出版提供了资本而要获得股息；最后，纸、墨的供应商则为书的生产提供了中间原料。

出版公司为生产书籍购买的纸和墨在 GNP 中不再单独分开核算，因为它们对 GNP 的贡献已经包含在书价中了。为了避免重复计算，我们只用最终产品和服务的销售来定义 GNP。中间产品的销售（例如出版商所购的纸、墨）不计入 GNP。同时注意，旧教科书的销售也不计入 GNP。GNP 的定义只考虑生产出来的最终产品和服务，旧教科书不符合这一要求。在第一次被出售时，这本教科书已经计入 GNP。同样，旧教科书的销售不会为任何生产要素带来收入。

资本折旧与国际转移支付

由于我们定义了 GNP 和国民收入从而使得两者必然相等，因此这种相等实际上是一种恒等。但是要使 GNP 和国民收入的恒等关系在实际中能够完全成立，我们必须对 GNP 的定义做两项调整。

（1）GNP 不考虑机器和建筑物在使用过程中由于磨损而引起的经济损失。这部分经济损失被称为折旧，折旧减少了资本所有者的收入。为了计算一定时期的国民收入，我们必须从 GNP 中减去这一时期资本的折旧。GNP 减去折旧后即为国民生产净值（net national product，NNP）。

（2）一国的收入可能会包括外国居民的赠与，这种赠与被称为单边转移支付。单边转移支付的例子包括向居住在国外的退休公民支付的养老金、赔偿性支付和对遭受旱灾国家的救济援助等。2015 年，美国此项支付总额为 1 450 亿美元左右，向国外的净转移支付占 GNP 的 0.8%。净单边转移支付是一国收入的一部分，但不是一国产出的一部分，因此，净单边转移支付必须被加到 NNP 中以计算国民收入。

国民收入等于 GNP 减去折旧加上净单边转移支付。GNP 与国民收入的差额绝不是一个小数目，但是该差额在宏观经济学中往往忽略不计，而且它在宏观经济分析中的作用也很小。因此，在本书中我们把 GNP 和国民收入看作可以互换的两个词，仅当两者差别较为显著时才特别加以强调。①

国内生产总值

除美国以外的大多数国家是将**国内生产总值**（gross domestic product，GDP）而不是 GNP 作为国民经济活动的主要指标。1991 年，美国也开始使用 GDP。GDP 是用来度量一国境内的生产量的指标。GNP 等于 GDP 加上从世界其他地方获得的净要素收入。对美国来讲，这部分净要素收入是由本国居民用自己在别国持有的财富获得的收入减去国内居民向在本国内的外国财富持有者的支出得到。

一国使用其拥有的外国资本和劳动生产的那部分产出要计入 GDP，而不计入 GNP。下面我们来看一个例子。英国在西班牙的工厂的利润要计入西班牙的 GDP，但同时也是英国 GNP 的一部分。英国资本在西班牙提供的服务是英国服务出口的一部分，因此在计算英国的 GNP 时要在英国的 GDP 上加上这部分。同时，在计算西班牙的 GNP 时我们必须从西班牙的 GDP 中减去从英国的这一部分服务进口。

在实际操作中，GDP 与 GNP 的变动通常不会相差太大。但是在本书中，我们将重点研究 GNP，因为 GNP 比 GDP 更能反映国民收入的变动。而且，国民的福利水平会更直接地体现在国民收入而不是国内产出上。

开放经济中的国民收入核算

在本节我们将研究开放经济中的情形，至于封闭经济中的国民收入核算构架，你也许已在其他

① 严格来讲，官方统计是指我们称之为国民收入的国民可支配收入。国民收入的官方概念遗漏了净单边转移支付。然而，国民收入与国民可支配收入的差异在宏观经济分析中并不那么重要。单边转移支付被视为二次支付，以与包括跨境薪酬和投资收入的初次支付区别开来。这些术语将出现在接下来的国际收支账户中。

经济学课程中看到过了。我们之所以要从讨论国民收入核算开始，是因为它突出了国际贸易在开放的宏观经济理论中的核心地位。封闭经济中的居民既不能购买外国的产品，也不能把本国的产品出售给外国人，所以国民收入全部由国内的消费、投资和政府购买产生。然而，在一个开放国际贸易的经济中，封闭经济的国民收入核算概念就应该被修改，因为这时一些国内的产出被出口给了外国，而一些国内收入又被花费在进口的外国产品上。

本节将集中讨论国民储蓄、投资和贸易不平衡这三者之间的关系。我们将看到开放经济中的储蓄与投资并不像在封闭经济中那样必然相等。这是因为各国既可以通过出口多于进口的方式储蓄外国财富，也可以通过进口多于出口的方式动用储蓄，即减少外国财富。

消　费

被私人部门购买以满足当前需要的那部分 GNP 被称为**消费**（consumption）。对电影票、食品、牙医服务以及洗衣机等的购买都属于此类。在大多数经济中，消费支出是 GNP 中最大的组成部分。例如，在美国，在过去的 60 年中，GNP 中的消费部分一直在 62%和 70%之间波动。

投　资

被私人企业用于生产未来产品的那部分产出被称为**投资**（investment）。投资支出可被视为用于增加一国资本存量的那部分 GNP。用于修建工厂的钢材和砖块的支出就是投资支出的一部分；安装商业计算机的技术人员所提供的服务也是投资支出的一部分；公司对存货的购买也算作投资支出，因为持有存货，实质上是企业把产品的使用从现在转移到了未来。

投资通常比消费更易于变动。近年来，美国的（总）投资占 GNP 的比重一直在 11%和 22%之间波动。虽然我们经常用投资这个词来描述个人对股票、债券或房地产的购买，但是我们必须注意不要把这个词的日常含义与作为 GNP 组成部分的经济学定义相混淆。当你购入 1 股微软公司股票时，你既没有买入产品，也没有购入服务，因此你的购买不会出现在 GNP 中。

政府购买

任何由联邦、州或地方政府购买的产品和服务，在国民收入账户中都属于**政府购买**（government purchase）。政府购买包括联邦军费开支、政府对癌症研究的资助、高速公路维修费用以及教育费用等。社会保险和失业救济等被称为政府转移支付，转移支付不要求接受者给政府任何产品或服务作为回报，因此，转移支付不属于政府购买。

政府购买目前大约占美国 GNP 的 17%，这一比重自 20 世纪 50 年代后期以来有所下降。（例如，1959 年的数字是 22%左右。）但是在 1929 年，政府购买仅占美国 GNP 的 8.5%。

开放经济的国民收入恒等式

对于一个封闭经济而言，任何最终产品和服务，只要没有被家庭或政府购买，就会被企业用来建立新的工厂，生产新的设备和存货。当消费品未能立刻被卖给消费者或政府时，会发生什么情况？企业会（也许不情愿地）把这部分算到现有存货中，于是投资得以增加。

以上分析使得我们能够建立一个封闭经济的基本恒等式。令 Y 代表 GNP，C 代表消费，I 代表投资，G 代表政府购买。由于封闭经济的所有产出都必须被用于消费、投资或政府购买，因此我们可以得到

$$Y=C+I+G$$

我们假设所有产出都被用于国民消费、投资或政府购买，从而获得了这个封闭经济中的国民收入恒等式。但当可以进行对外贸易时，一些产出会被外国人购买，而一些本国支出则会被用于购买外国生产的产品和服务。开放经济的 GNP 恒等式将揭示一国销售产品和服务所获的收入是如何分为对国内居民销售部分和对国外居民销售部分的。

由于开放经济中的居民可以把一些收入用于进口，即从国外购买产品和服务，所以，只有他们没有用于进口的那一部分支出才是本国 GNP 的组成部分。进口的价值 IM 必须从国内总支出 $C+I+G$ 中扣除，以求出国内支出中用于产生本国国民收入的那一部分。从外国进口的产品价值要加到外国的 GNP 中而不能直接加到本国的 GNP 中。

同样，向外国人销售的产品和服务组成了一国的出口。出口值 EX 要加到本国的国民收入中。

因此，开放经济的国民收入是本国和外国对由本国生产要素生产的产品和服务的支出的总和。于是，开放经济的国民收入恒等式为

$$Y=C+I+G+EX-IM \tag{13-1}$$

一个虚拟的开放经济

为了验证恒等式（13－1）的正确性，让我们考虑一个虚拟的封闭经济，叫作农业国，该国的唯一产出是小麦。农业国的每一个公民都既是小麦的消费者，又是生产小麦的农民，因此可被视为一个企业。农民的投资是把每一年收获的一部分小麦作为种子储蓄起来，用于下一年的播种。该国政府会征收一部分收获的小麦用于维持军队。农业国的年总收获量为 100 蒲式耳小麦。它从外国进口牛奶，作为交换，农业国出口小麦。在计算农业国的国民收入时，我们必须知道以小麦计算的牛奶价格，因为 GNP 恒等式（13－1）中的所有要素都必须用相同的单位来计量。如果我们假设牛奶的价格是每加仑 0.5 蒲式耳小麦，并且知道在这个价格上农业国愿意消费 40 加仑牛奶，于是该国进口的牛奶相当于 20 蒲式耳小麦的价值。

在表 13－1 中我们可以看到，农业国的小麦总产出仍是 100 蒲式耳，但消费现在被分为小麦和牛奶两部分。农业国年消费 55 蒲式耳小麦和 40 加仑牛奶（相当于 20 蒲式耳小麦的价值）。用小麦计算的消费总价值为 $55+0.5\times40=55+20=75$。

农业国生产的 100 蒲式耳小麦的去向如下：55 蒲式耳被国内居民消费，25 蒲式耳用于投资，10 蒲式耳被政府征收，10 蒲式耳用于出口。国民收入（$Y=100$）等于国内支出（$C+I+G=110$）加出口（$EX=10$）减进口（$IM=20$）。

经常账户与外债

在现实中，一国外贸很少平衡。出口的产品和服务与进口的产品和服务之差被称为**经常账户余额**（current account balance）或经常账户。如果我们把经常账户记为 CA，我们可用符号把这个定义表示为：

$$CA=EX-IM$$

当一国进口大于出口时，我们称该国有经常账户赤字；当一国出口大于进口时，我们称该国有经常账户盈余。[①]

① 除净出口的产品和服务之外，经常账户余额还包括净单边转移支付。根据我们先前的假定，我们仍将忽略转移支付以简化分析。当本章详细分析美国的国际收支时，我们将考虑转移支付问题。

表 13-1　一个开放的农业国的国民收入账户（以蒲式耳小麦计量）

GNP（总产出）	=	消费	+	投资	+	政府购买	+	出口	−	进口
100	=	75[a]	+	25	+	10	+	10	−	20[b]

a. 55 蒲式耳小麦+0.5 蒲式耳/加仑×40 加仑牛奶。

b. 0.5 蒲式耳/加仑×40 加仑牛奶。

GNP 恒等式即式（13-1）揭示了经常账户在国际宏观经济学中具有重要作用的一个原因。由于式（13-1）右边是用于国内产品的支出，因此经常账户的变动可以与产出的变动相联系，进而和就业的变动相联系。

经常账户之所以重要，还因为它度量了国际借贷的规模和方向。当一国进口大于出口时，该国从外国人那里购买的比卖给外国人的多，因此必须为消除经常账户赤字而筹措资金。当该国用于进口的资金超出了从出口获得的收入之后，再要进口用什么支付呢？只有当该国能够从外国借入资金时，该国作为一个整体，才能使得进口大于出口。所以一国的经常账户出现多少赤字，就会增加多少净外债。这正是美国目前的状况：拥有庞大的经常账户赤字（并借入了约相当于 2015 年 GNP 3%的资金）。①

同样，一国若有经常账户盈余，则意味着该国的出口收入大于进口支出。有盈余的国家为有经常账户赤字的贸易伙伴提供了资金——盈余国家的国外财富得以增加，因为进口大于出口的国家会给盈余国家留下欠条，这些钱最终是必须归还的。以上推理说明，一国的经常账户余额等于它的净国外财富的变动。②

我们已经把经常账户定义为进出口的差额。从式（13-1）可知，经常账户也可以等于国民收入 Y 与国内居民总花费 $C+I+G$ 的差额，即

$$Y-(C+I+G)=CA$$

只有通过举借外债，一个国家才能具有经常账户赤字，才能消费超出当前产出的产品。如果一国消费了少于当前产出的产品，该国就会具有经常账户盈余，就可以借给外国。③ 国际借贷被视为跨期贸易。具有经常账户赤字的国家，相当于进口当前的消费，出口未来消费；具有经常账户盈余的国家，相当于出口当前的消费，进口未来消费。

我们再一次考虑表 13-1 中所描述的农业国虚拟经济。该国消费、投资和政府购买之和是 110 蒲式耳小麦，大于该国的产出 100 蒲式耳。这种不相等在封闭经济中是不可能存在的，而在开放经济中则是可能的，因为农业国现在进口 40 加仑牛奶，价值 20 蒲式耳小麦，但是仅出口 10 蒲式耳小麦。农业国借入了价值 10 蒲式耳小麦的外债，此时，经常账户赤字相当于 10 蒲式耳小麦，这笔外债以后必须偿还。

图 13-2 生动地说明了连续的经常账户赤字如何最终导致了巨额的外债。该图描绘了自 20 世纪 70 年代末以来美国的经常账户余额和净国外财富的存量，即**净国际投资头寸**（net international investment position，NIIP），它等于一国对外资产与负债的差额。从图中我们可以发现，美国积累了

① 另一种方式也可以用来为经常账户赤字筹措资金，即动用以前积累的国外财富来支付进口。该国的净国外财富会因此减少，这与净外债的增加是一回事。在这里我们忽略了国家之间外国资产的无偿转移，比如当一个国家免除另一个国家的债务时。下面我们将讨论，这种资产转移（不同于经常收入的转移）并不属于经常账户，但是它们的确影响了净国外财富。它们记录在资本账户下。

② 这种表述也不精准，因为影响净国外财富的因素并未包含在国民收入和产出账户中，在本章总结性的案例研究之前，我们一直这样简化事实。

③ $A=C+I+G$ 在国际宏观经济学文献中通常被称为国内消耗。用这个术语，我们可以把经常账户余额描述为收入与消耗之差，$Y-A$。

规模相当大的国外财富——直到 80 年代初开始出现 20 世纪中从未有过的持续大量的经常账户赤字。1989 年，美国自第一次世界大战后首次变成了净债务国。外债还在持续增加，2016 年初已经达到 GNP 的 40%。

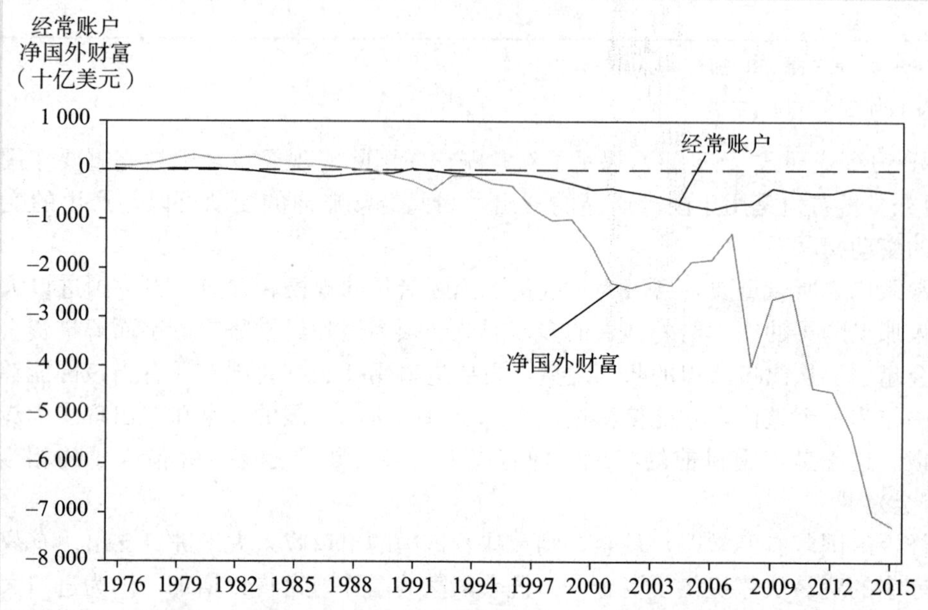

图 13-2　1976—2015 年美国经常账户和净国际投资头寸

说明：自 20 世纪 80 年代初开始的连续多年的经常账户赤字使美国的净国外财富减少，到 21 世纪初，美国已经积累了大量净国外债务。

资料来源：U. S. Department of Commerce，Bureau of Economic Analysis.

储蓄与经常账户

GNP 恒等式虽然简单，却有许多发人深省的含义。为了解释其中最重要的含义，我们有必要定义一下什么是**国民储蓄**（national saving），即它是国民收入（Y）中没有用于家庭消费（C）或政府购买（G）的部分。[①] 在封闭经济中，国民储蓄总是等于投资。这说明经济作为一个整体只能通过积累新资本来增加其财富。

我们用 S 代表国民储蓄。S 的定义为

$$S=Y-C-G$$

因为封闭经济中的 GNP 恒等式 $Y=C+I+G$ 也可以写作 $I=Y-C-G$，所以，

$$S=I$$

即在封闭经济中国民储蓄一定等于投资。

虽然在封闭经济中国民储蓄和投资必然总是相等，但在开放经济中它们可能有所不同。因为国民储蓄 $S=Y-C-G$，$CA=EX-IM$，所以我们可以将 GNP 恒等式（13-1）重写为：

$$S=I+CA$$

① 美国的国民收入账户假定政府购买支出并不是用于扩大资本存量。在此我们与这个习惯做法保持一致，在计算国民储蓄时从产出中减去所有的政府购买支出。大部分其他国家的国民收入账户对政府消费和政府投资（例如，公共部门的投资）加以区分，并将后者视为国民储蓄。不过，政府投资也经常包括购买军事装备的支出。

这个式子突出了开放经济和封闭经济的一个重要差异：一个开放经济既可以通过积累资本存量来进行储蓄，又可以通过获得外国财富来进行储蓄；而一个封闭经济则只能通过积累资本存量来进行储蓄。

与封闭经济不同，面对有利可图的投资机会，一个开放经济不一定要通过增加储蓄才能把握。根据上述表达式，一个开放经济有可能同时增加投资和外国借款而不改变储蓄。例如，新西兰决定建造一个新的水力发电厂，它可以从美国进口所需的材料并向美国借钱来支付这些进口。这笔交易增加了新西兰的国内投资，因为进口的材料有助于扩大国内的资本存量。这笔交易也会使新西兰的经常账户赤字增加，其增幅和投资的增幅相同。尽管新西兰的投资上升了，它的储蓄却无须变动。然而，为了使这一切成为可能，美国居民必须愿意储蓄更多，以使建造发电厂所需的资源可供新西兰使用。这一结果是跨期贸易的另一个例子，新西兰进口当前产品（当它从美国借钱的时候），出口未来产品（当它偿还借款的时候）。

因为一国的储蓄可以借给另一国以增加该国的资本存量，所以，一国的经常账户出超常常被称为对外净投资。当然，一国贷款给另一国，为其投资提供资金，这些投资的未来收益的一部分必须被偿还给贷款人。国内投资和对外投资是一国用当前储蓄来增加未来收入的两种不同的方式。

私人储蓄与政府储蓄

迄今为止，我们对储蓄的讨论都没有强调私人储蓄决策和政府储蓄决策的区别。与私人储蓄决策不同，政府储蓄决策通常着眼于对产出和就业的影响。国民收入恒等式可以帮助我们分析政府储蓄决策对宏观经济环境的影响渠道。为了使国民收入恒等式实现上述功能，我们首先必须把国民储蓄分解为私人储蓄和政府储蓄两个部分。

私人储蓄（private saving）是用于储蓄而不是消费的那部分可支配收入。可支配收入等于国民收入 Y 减去由政府从家庭和企业征收的净税收 T。[①] 私人储蓄 S^p 因此可以表示为

$$S^p=Y-T-C$$

政府储蓄的定义类似于私人储蓄。政府的“收入”是净税收 T，政府的“消费”是政府购买 G。如果用 S^g 表示政府储蓄，则

$$S^g=T-G$$

我们所定义的这两种储蓄（私人储蓄和政府储蓄）之和等于国民储蓄。我们由国民储蓄的定义知道，$S=Y-C-G$，于是有

$$S=Y-C-G=(Y-T-C)+(T-G)=S^p+S^g$$

我们可以用私人储蓄和政府储蓄去改写国民收入恒等式，使之成为分析开放经济中政府储蓄作用的有用工具。因为 $S=S^p+S^g=I+CA$，所以

$$S^p=I+CA-S^g=I+CA-(T-G)=I+CA+(G-T) \tag{13-2}$$

式（13-2）把私人储蓄与国内投资、经常账户盈余和政府储蓄联系在了一起。为了解释式（13-2），我们把**政府预算赤字**（government budget deficit）定义为 $G-T$，即在政府储蓄前面加一个负号得到。政府预算赤字度量的是政府通过借贷来为支出筹措资金的水平。于是，式（13-2）表明，一个国家的私人储蓄可以有三种形式：对国内资本的投资（I）；从外国人那里购买的财富（CA）；购买本国政府新发行的债券（$G-T$）。[②]

---

① 净税收等于税收减去政府转移支付。这里的政府一词，把联邦政府、州政府和地方政府视为一个整体。

② 在一个封闭经济下，经常账户总是为零，所以式（13-2）可简化为 $S^p=I+(G-T)$。

专栏 神秘消失的赤字

因为一国出口是他国进口，所以世界经常账户余额之和应为零。但事实并非如此，下图的数据显示了这种模式。1980—2003 年全球经常账户之和为负，这意味着要么低估了盈余，要么高估了赤字。然而，2004 年这种“神秘消失的盈余”变成了“神秘消失的赤字”，而且此后全球经常账户之和一直为正。

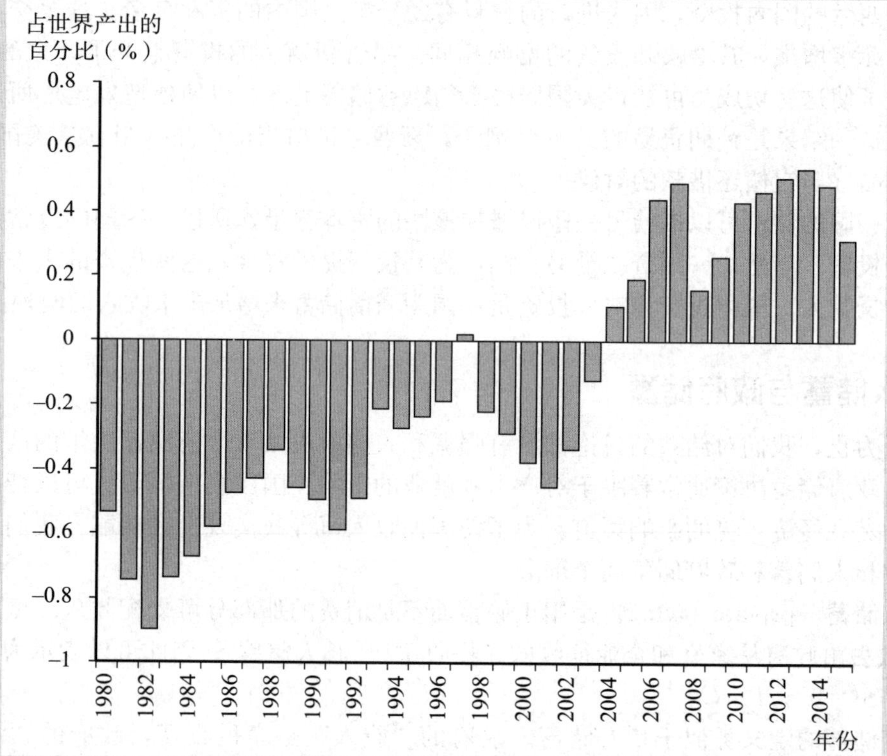

1980 年以来的全球经常账户差额

说明：大的负向差额意味着消失的经常账户贷方项；大的正向差额意味着消失的经常账户借方项。

资料来源：International Monetary Fund，*World Economic Outlook* database，April 2016.

考虑到从各国精准度与覆盖度不同的机构那里收集详细的国际收支数据时存在的不可避免的错误，一些差异在所难免。令人不解的是，这种全球差异应该保持一贯的正或者负，这样可以说明存在一些系统性因素。

当全球经常账户余额为负时，人们会认为有一个未能完全记录国际投资收益的因素在起作用。例如，银行向母国政府上报这样的收益，然而收款人或许是出于逃税的目的而最终没有报告。

不仅税务当局在强制执行方面做得越来越好，而且一般利率水平也较 20 世纪 80 年代和 90 年代有所下降。较好的国际投资收益测量可以说明世界经常账户负余额的减少。但是，是什么使得它变为正余额了呢？

一个可能的罪魁祸首是增长的国际服务贸易。例如，一个大的法律公司很可能相当精确地报告其出口，但是众多较小消费者的购买或许会被漏掉。然而在近期对这一问题的详细考察中，《经济学家》杂志指出，商品贸易度量的误差也在大幅上升，而且不足以说明这将会产生明显的全球盈余倾向。[①] 这个谜团仍未解开，2015 年误差高达 2 300 亿美元，几乎为世界产出的 0.33％ 。

① 参见“Economics Focus：Exports to Mars，” *The Economist*，November 12，2011，at http：//www.economist.com /node/21538100。

国际收支账户

除国民收入账户以外，政府经济学家和统计学家还设立了国际收支账户。国际收支账户是对经常账户的组成以及相关金融业务的详细记录。[①] 公众对国际收支数据很感兴趣，这一点从关注这些数据的各种新闻媒体即可见一斑。但是，新闻报道有时会混淆国际收支的不同指标。如果《华尔街日报》(*Wall Street Journal*) 的文章标题宣称"美国的国际收支赤字创下了纪录"，我们是应该警觉，还是应该欢呼呢？对于国际收支账户的透彻理解将有助于对一国参与国际经济交往的意义进行评价。

一国的国际收支账户记录的是该国对外国的支付和从外国获得收入的情况。任何导致从外国人那里获得收入的交易都记入国际收支账户的贷方：任何导致对外国人进行支付的交易都记入国际收支账户的借方。

三种类型的国际交易记入国际收支账户：

(1) 涉及产品和服务的进出口，并因此直接记入经常账户的交易。例如，当法国消费者进口美国的蓝色牛仔裤时，这笔交易记入美国国际收支账户经常账户的贷方。

(2) 涉及金融资产买卖的交易。**资产** (asset) 是指任何一种持有财富的形式，例如货币、股票、工厂以及政府债券。国际收支的**金融账户** (financial account) 记录的是所有金融资产的国际买卖状况。当一个美国公司购买一家法国工厂时，这笔交易记入美国国际收支账户中金融账户的借方，之所以记入借方是因为该交易需要美国对外支付。相应地，美国对外出售资产则记入其金融账户的贷方。一国对外资产买卖之差被称作金融账户余额或净金融流动。

(3) 其他导致财富在国家间进行转移的活动记入**资本账户** (capital account)。这些国际资产的流动——对美国来说通常是很小的——与那些在金融账户中记录的有所不同。在大多数情况下它们是由非市场活动带来的，或者代表非生产、非金融性质，以及对无形资产（例如产权和商标）的收购或放弃。例如，如果美国政府免除了巴基斯坦政府所欠的 10 亿美元债务，美国的财富就减少了 10 亿美元，则在美国的资本账户中借记 10 亿美元。

如果你牢记复式记账的简单法则，你就会发现上述复杂的国际收支账户变得易于理解，即：每一笔国际交易都会自动进入国际收支账户两次，一次作为贷方，一次作为借方。它之所以正确是因为每一笔交易都有两个方面：如果你从一个外国人那里买东西，你必须支付给他钱，而这个外国人必定会把这笔钱花掉或存起来。

成双交易的例子

下面的例子将说明复式记账原则在实际中是如何操作的。

例 1 假定你从意大利的奥利维提公司 (Olivetti Company) 购入一台打字机，你用 1 000 美元的支票进行支付。由于你的购买导致对外支付，这笔交易便记入美国国际收支账户经常账户的借方。但用以抵消这笔支付的贷方是什么？这笔交易的另一方面是，奥利维提公司在美国的销售商持

① 美国经济分析局正在改变国际收支账户的表示方法以使之符合国际上流行的标准，所以本章的讨论在某些方面与本书前面版本有所不同。我们采用以下文献所介绍的新的描述方法：Kristy L. Howell and Robert E. Yuskavage, "Modernizing and Enhancing BEA's International Economic Accounts: Recent Progress and Future Directions," *Survey of Current Business* (May 2010), pp. 6 – 20。美国经济分析局在 2014 年 6 月完成了这一转变。更新的版本，参见 Jeffrey R. Bogen, Mai-Chi Hoang, Kristy L. Howell and Erin M. Whitaker, "Comprehensive Restructuring and Annual Revision of the U. S. International Transactions Accounts," *Survey of Current Business* (July 2014), pp. 1 – 24。

有你的支票，它必须对此支票进行处理。如果把这张支票存入纽约花旗银行（Citibank），奥利维提公司则购入了（花旗银行也同时出售了）美国资产——价值 1 000 美元的美国银行存款——这笔交易记入美国国际收支账户金融账户的贷方。这笔交易在美国的国际收支账户上产生了下面两个相互冲抵的复式记账条目：

	贷方	借方
购买打字机（经常账户，美国商品进口）		1 000 美元
花旗银行出售存款（金融账户，美国资产出售）	1 000 美元	

例 2　再举另外一个例子。假设你在法国旅行期间，在 de l'Escargot d'Or 餐馆吃了一顿丰盛的晚餐，为此支付了 200 美元。由于没带现金，你用你的 Visa 卡付了款。你的支付，即旅游花销，将被视为美国的服务进口而记入经常账户借方。相应的贷方呢？餐馆会拥有用你使用信用卡付款时的签字单从发信用卡给你的第一信用卡（First Card）公司那里索取 200 美元的权利（实际上是等值的本地货币）。因此，这是一项资产，是该餐馆对第一信用卡公司将来支付的要求权。于是，当你用信用卡支付在法国的餐费时，你就出售了一项资产给法国，从而在美国的金融账户贷方增加了 200 美元。在这个例子中，互相冲抵的借方和贷方形式如下：

	贷方	借方
国外就餐（经常账户，美国服务进口）		200 美元
出售第一信用卡公司的支付要求权 （金融账户，美国资产出售）	200 美元	

例 3　我们假设一位从洛杉矶来的希德大叔购买了 1 股新发行的英国石油（British Petroleum，BP）公司的股票。他通知他的经纪人用其货币市场账户资金支付 95 美元的股金。而 BP 公司则把这 95 美元存在了它自己在芝加哥第二银行（Second Bank of Chicago）的美元账户上。希德大叔购买股票，在美国的金融账户的借方增加了 95 美元（即他从一个外国居民那里购买了一项资产）。而相冲抵的金融账户的贷方则是 BP 公司存在芝加哥第二银行的 95 美元（BP 公司扩大了它的美元资产持有量）。这种在美国国际收支账户上的双重变化都反映在金融账户上。

	贷方	借方
希德大叔购买 BP 公司股票 （金融账户，美国资产购买）		95 美元
BP 公司将希德大叔的支付存于芝加哥第二银行 （金融账户，美国资产出售）	95 美元	

例 4　最后，我们来考虑一下当美国银行豁免一个假想的巴格纳（Bygonia）国政府所欠的 5 000美元的债务时美国的国际收支将如何变化。在这种情况下，美国对巴格纳进行了 5 000 美元的转移支付，这在资本账户上借记 5 000 美元。与此相关的是金融账户的贷记，即将美国持有的海外资产减少 5 000 美元（一个负向对外资产收购，所以贷记国际收支）：

	贷方	借方
美国银行的债务豁免 （资本账户，美国转移支付）		5 000 美元
银行对巴格纳要求权的减少 （金融账户，美国资产出售）	5 000 美元	

上述这些例子表明，一笔交易产生后，可以根据具体情况以许多不同的方式在国际收支账户上冲抵。我们不能确定每一笔特定交易的对应交易发生在什么地方，但我们知道它一定会在国际收支账户的某一处出现。

国际收支恒等式的基本平衡

因为任何国际交易都会自动在国际收支账户上产生贷方与借方相互抵消的记录，所以经常账户余额和资本账户余额之和自动等于金融账户余额，即

经常账户余额＋资本账户余额＝金融账户余额 (13－3)

在上述例 1、例 2 和例 4 中，经常账户或资本账户与金融账户中的对应项相互抵消，然而，在例 3 中是金融账户中的两项相互抵消。

这个恒等式可以换个方式理解，即经常账户与国际借贷的联系。因为经常账户和资本账户之和反映一国净国外资产的变动，包括非市场资金通过资本账户的转移，所以经常账户必然等于一国购买与出售对外资产的差额，即金融账户余额（也被称为净金融流动）。

下面我们将以美国 2015 年账户为例，对国际收支账户进行更详细的描述。

对经常账户的进一步讨论

你已经学过，经常账户收支衡量的是一国产品和服务的净出口。表 13－2 表明，2015 年美国的出口（在贷方）是 30 440.8 亿美元，而进口（在借方）是 33 620.6 亿美元。

国际收支账户把进出口分为了三个更细的类别：第一类是商品贸易，即商品的进出口；第二类是服务，包括对例如律师费用、旅行费用和运输费用等的支付；第三类是收入，由国际利息、股息和本国在海外企业的收益构成。如果你拥有 1 股德国公司的股票并且收到 5 美元股息，这笔 5 美元的股息收入在该账户中记作美国的投资收入。工人在国外获得的工资也记入这个收入项目。

表 13－2 **美国 2015 年国际收支账户** 单位：十亿美元

经常账户	
（1）出口	**3 044.08**
其中：	
商品	1 510.30
服务	750.86
收入所得（主要收入）	782.92
（2）进口	**3 362.06**
其中：	

续表

商品	2 272.87
服务	488.66
收入所得（主要收入）	600.53
（3）净单边转移支付（次要收入）	−144.99
经常账户余额［（1）−（2）+（3）］	**−462.97**
资本账户	
（4）	**−0.04**
金融账户	
（5）美国净金融资产收购（不包括金融衍生品）	**225.40**
其中：	
官方储备资产	−6.29
其他资产	231.69
（6）美国净负债发生额（不包括金融衍生品）	**395.23**
其中：	
官方储备资产	−98.10
其他资产	493.33
（7）金融衍生品净额	**−25.39**
净金融流动［（5）−（6）+（7）］	**−195.23**
净错误与遗漏（净金融流动减去经常账户与资本账户之和）	267.78

说明：合计数由于四舍五入会有所出入。

资料来源：U. S. Department of Commerce，Bureau of Economic Analysis，June 16，2016，release.

我们将对外投资收入归入经常账户，是因为这部分收入是对外投资提供的服务所获得的补偿。这一概念我们前面已接触过，是造成GNP和GDP不同的原因。例如，当一个美国公司在加拿大建立了一家工厂时，这家工厂所提供的生产服务被视为美国向加拿大出口的服务，其价值等于该工厂为美国所有者创造的利润。为了保持前后一致，我们必须把这部分利润计入美国的GNP，而不是计入加拿大的GNP。应该记住，GNP的定义是指由一国生产要素所生产的产品和服务，但是并不要求这些要素必须在本国境内发挥作用。

在计算经常账户之前，我们必须把以前忽略的一类国际交易考虑进去。在讨论GNP与国民收入的关系时，我们把国家间的单边转移支付定义为国际赠与，即不引起任何产品、服务以及资产购买的支付。净单边转移支付是经常账户的一部分，也是国民收入的一部分。如果 Y 被视为GNP加上净转移支付，恒等式 $Y=C+I+G+CA$ 就能恰好满足。2015 年，美国的单边转移支付为−1 449.9亿美元。

如表所示，2015 年的经常账户余额是 30 440.8−33 620.6−1 449.9=−4 629.7（亿美元），处于赤字状态。

负号表示支出大于收入，美国居民花掉的产出多于他们所生产的产出。我们知道，因为经常账户的交易必须以某种方式进行支付，所以经常账户的净借方 4 629.7 亿美元必须被国际收支账户的另一部分即净贷方 4 629.7 亿美元所抵消。

资本账户

表 13-2 的资本账户条目说明，在 2015 年，美国接受的净资本资产转移大概为 0.4 亿美元。美国收到的这些金额已贷记国际收支账户。我们把这个值和经常账户赤字相加后会发现，美国对外国的超额支付只略有增加，从 4 629.7 亿美元增加到 4 630.1 亿美元。因为国民支出高于收入的部分由从国外的净借入来弥补，这一差额加上资本账户余额必须由等额的净金融流动负额来匹配，这意味着 2015 年美国通过其对外净负债来为其赤字融资。

金融账户

正如经常账户是对外国人销售的产品和服务与向外国人购买的产品和服务的差额，金融账户是向外国购买资产与对外国人销售资产的差额。当美国从外国人那里借入 1 美元时，美国便卖给他们 1 美元的资产——一份将在未来偿还他们 1 美元及其利息的保证。同样，当美国向外借出贷款时，它获得了一种资产：向外国人主张未来偿付的权利。

为了弥补 2015 年经常账户的 4 630.1 亿美元赤字，美国需要从国外借入 4 630.1 亿美元（或者出售资产给他们）。我们再来看一下表 13-2，就可以看出这笔净资产出售是如何产生的。

表 13-2 分别记录了美国对外金融资产的收购（美国要因此而对外支付，所以记入国际收支借方）和对外金融资产的出售（美国要因此而收到支付，所以记入国际收支贷方）。

美国持有国外资产和外国持有美国资产的增量并未包括金融衍生品持有量的变化情况。金融衍生品是一类比普通股票和债券更为复杂的资产，但其价值有赖于股票和债券的价值。（我们将在下一章介绍一些特定的衍生债券。）从 2006 年开始，美国商务部已经可以掌握越境流入美国的衍生品净值数据（美国购买的国外发行的衍生品的净值少于外国购买的美国发行的衍生品的净值）。国际收支记录衍生品交易的方式与记录其他国际资产交易的方式相同。

根据表 13-2，外国持有的美国资产（不包括衍生品）2015 年增加了（净值）2 254 亿美元，计算净值是因为美国居民购买外国资产的同时也对外出售其拥有的资产，美国对外资产的总购买与总出售的差额是 2 254 亿美元。当年，仍指净值，对外新发生负债 3 952.3 亿美元。毫无疑问，美国居民加速了外债，新借外债超过已偿还部分为 3 952.3 亿美元。金融衍生品的收购与出售余额是－253.9 亿美元：美国取得的对外衍生品要求权在价值上低于外国人获得的对美国衍生品的要求权。我们这样计算出金融账户（净金融流动）余额：2 254－3 952.3－253.9＝－1 952.3（亿美元），净金融流动为负意味着，2015 年美国对外净负债（负债减资产）增加 1 952.3 亿美元。

净错误与遗漏

我们发现，净金融流动是－1 952.3 亿美元，而不是我们所期望的经常账户余额与资本账户余额之和－4 630.1 亿美元。根据贸易与金融流动的数据，相对于实际需要融资的经常账户与资本账户赤字，少了 2 677.8 亿美元的外债——因为(－1 952.3)－(－4 630.1)＝2 677.8(亿美元)。如果国际收支账户贷方的每一次记入都会自动产生相同的借方记入，反过来也是一样的，为什么会出现上述不一致呢？原因是，一笔业务的借方和贷方数据可能是通过不同的渠道得到的。例如，从日本进口 DVD，借方数据可能是从美国海关验关报告中得到的，而对应的金融账户贷方数据则可能是从存入付款支票的美国银行获得的。因为不同来源的数据可能在范围、精确度以及计时等方面存在不同，所以，在实际操作中，国际收支账户很少能达到理论的平衡状态。通过引入净错误与遗漏的概念，账户记录人员可以使得账户人为地达到平衡。2015 年，未记录（或记录错误）的国际交易产生了贷方余额 2 677.8 亿美元——记录的净金融流动与记录的经常账户与资本账户之和的差额。

我们无法准确地知道应该如何在经常账户、资本账户和金融账户之间分配误差。（如果我们能够做到这一点，这个误差就不能被称为统计误差了。）金融账户可能是导致统计误差的最主要原因，因为记录不同国家之间复杂的金融业务是非常困难的。但是，我们不能由此得出净金融流动的账面值比实际值高 2 677.8 亿美元的结论，因为经常账户也不能避免误差。国际收支会计认为，商品交易数据是相对可靠的，但服务交易的数据则不然。例如，金融业务咨询和计算机程序设计等服务交易可能根本就没被记录在内。另外，对国际利息、股息收入的精确度量也是特别困难的。

官方储备交易

虽然资本账户交易有许多种类，但其中有一种特别重要，有必要单独讨论。此类交易涉及中央银行官方储备资产的买卖。

中央银行（central bank）是负责管理货币供给的机构。美国的中央银行是联邦储备系统。**官方国际储备**（official international reserves）是中央银行持有的外国资产，可以作为国民经济出现不利情况时的缓冲器。官方储备曾经主要由黄金组成，但现在中央银行的储备包括大量外国金融资产，特别是像美国国库券那样的美元资产。除黄金之外，美联储自己仅持有一小部分官方储备，但美联储持有的美元资产不被视为国际储备。

中央银行通常在私人外汇市场上买卖国际储备以改变经济的宏观环境。此类官方交易被称为**官方外汇干预**（official foreign exchange intervention）。官方外汇干预之所以可以改变宏观经济环境，一个原因是中央银行通过这种方式可以向经济注入货币或收回货币。我们在本章将对外汇干预的原因和后果进行详细讨论。

除中央银行以外，政府机构也可以持有外汇储备并在外汇市场上进行官方干预。例如，美国财政部的汇率稳定基金有时会在市场交易中发挥积极的作用。但是，由于此类机构的操作对货币供给没有明显的影响，所以为了简化讨论，我们将假定（在不产生太严重误导的情况下）只有中央银行一家机构持有外汇储备并进行干预。

当中央银行购买或出售外国资产时，在金融账户中的反映与公民个人进行这样的交易是一样的。日本中央银行（被称为日本银行）购买美元资产的交易，可能会通过以下方式发生：一个美国汽车交易商从日本进口一辆日产汽车，并向日产汽车公司支付了 20 000 美元的支票。但是日产汽车公司不愿持有美元资产，而同时日本银行愿意用日元与这 20 000 美元的支票交换。于是，经过这笔交易，日本银行的国际储备增加了 20 000 美元。因为日本银行的美元资产是整个日本在美国持有的资产的一部分，所以日本在美国持有的资产增加了 20 000 美元。因此，这笔交易以＋20 000 美元的形式记入美国的金融账户；由于购买汽车，美国的经常账户记入－20 000 美元。①

表 13－2 显示了 2015 年美国官方储备交易的规模和方向。美国的官方储备资产下降了 62.9 亿美元。外国中央银行售出它们持有的 981 亿美元储备。美国官方储备的净增加减去外国美元官方储备的净增加部分就是中央银行净金融流动水平。2015 年，该项余额为(－62.9)－(－981)＝918.1(亿美元)。

我们可以把这 918.1 亿美元的余额看作是对美国和外国的货币权力机构以及其他放贷者一起弥补美国经常账户赤字程度的一种度量。在上面的例子中，日本银行获得了 20 000 美元的美国存款，这相当于间接为美国进口价值 20 000 美元的日本汽车提供了资金。中央银行净金融流动水平被称为**官方结算余额**（official settlements balance），或者被称为（较不正式地）**国际收支余额**（balance of payments）。这是经常账户余额、资本账户余额、金融账户余额中的非储备部分之和，表示需要官

① 为了检验一下你的理解，请解释为什么这笔交易同时也会使日本的经常账户增加 20 000 美元，而且净金融流动增加 20 000 美元。

方储备交易去弥补的收支差额。因此，美国 2015 年的国际收支余额为 918.1 亿美元。

国际收支余额作为国际支付中衡量不平衡状况的指标，在历史上扮演过重要角色。即使现在，它仍在许多国家起着重要作用。负的国际收支（赤字）可能是危机出现的信号。因为这意味着，一国的国际储备资产正在不断减少，或者正陷入对外国货币机构的债务之中。如果一国突然面临所有外国贷款被切断的危险，它肯定希望国际储备资产能够承担“战时基金”的功能。发展中国家尤其如此（参见第 22 章）。

但是与许多总指标一样，我们必须对国际收支平衡状况做谨慎的解释。回到我们上面的例子，日本银行增加 20 000 美元的美国银行存款，这会使得美国国际收支赤字也增加 20 000 美元。假设日本银行把这 20 000 美元存入伦敦的巴克莱银行（Barclays Bank），巴克莱银行接着把这笔钱存入纽约花旗银行。在这种情况下，美国对外国私人负债增加了 20 000 美元，美国的国际收支赤字则不会增加。但是，这种国际收支“改善”的经济意义微乎其微：是直接借入日本银行的货币，还是通过一家伦敦银行借入货币，对美国而言没有什么不同。

❖案例分析　世界上最大的债务国的资产和负债

我们知道，经常账户余额计量的是通过出口比进口更多的产品和服务所获得的净国外资产的流入量。但是，净国外资产流入量并不是使一国净国外资产变动的唯一原因。除此之外，以前获得的资产市场价格的变动，也能影响一国净国外资产的价值。例如，当日本股市 20 世纪 90 年代猛烈下跌，股票价值损失 3/4 时，美国和欧洲的日本股票持有者发现他们的股票价值暴跌，但日本的净国外资产价值却因此增加。汇率变化产生了同样的效果。比如，当美元相对于外币贬值时，持有美元资产的外国人就会发现，如果以本国货币来衡量，他们的资产缩水了。

美国商务部经济分析局（Bureau of Economic Analysis，BEA）——负责监督美国国民收入和产出账户以及国际收支账户大规模统计数据的收集——报告每年对“美国的国际投资状况”（国外资产减去国外负债）的估计。由于资产价格和汇率的变化改变了其外国资产及债务的美元价值，因此 BEA 必须对现有权益价值进行调整以反映资本的盈亏，从而对美国的海外资产进行准确估值。这一估值显示，至 2015 年底，美国的净国外资产为负值，这一数字比世界其他任何一个国家都要大得多。

截至 1991 年，对外直接投资，比如美国公司所有的外国工厂，一直是以历史价格即购买价格来计量的。目前，BEA 用两种方法来评估对外直接投资的现值：现行成本法，即用现行购买价格对直接投资进行估价；市场价格法，即用现行售出价格对直接投资进行估价。这两种方法会产生不同的评估结果，因为一项直接投资的重置成本与它的售出价格可能是无法衡量的。（图 13-2 中的净国外资产的数据是用现行成本法估计的，这种方法被认为更加精确。）

表 13-3 再现了 BEA 是如何进行价值调整以得出 2015 年底美国的净国外资产状况的。以 BEA 对 2014 年净国外资产的估计（—70 461 亿美元）为基数，加上 2015 年美国净金融流动—1 952亿美元——表 13-2 中的数据。然后，BEA 根据美元价格的变化对美国原有资产的价值进行了调整。经过这些价值调整以后，美国的净国外资产价值的下降要大于 1 952 亿美元的新的净国外资本借入——实际上，美国净国外资产减少了 2 345 亿美元。BEA 估计 2015 年美国的净国外资产是—72 806 亿美元。

美国的这笔外债比中欧和东欧国家的外债总和（2014 年共计约 8 220 亿美元）还大。但是，如果把这些数字放到经济总体中去看，认识到美国净外债（按市场价格评估）占美国 GDP 约 40%是很重要的，而匈牙利、波兰、罗马尼亚以及其他中欧、东欧国家则不然，其净外债已经占到它们 GDP 总和的约 55%。因此，美国外债所构成的国民收入负担要低得多。

然而，由于近年来美国的国外资产和债务总量已经相当庞大，汇率和证券价格的调整可能导致美国净外债的急剧变化，因为美国总的国外资产和负债最近几年变得很庞大。图 13-3 表明了这种戏剧化的趋势。1976 年，美国的国外资产占到其 GDP 的 20%而国外债务只占 15%（这使得美国成为一个净债权国，其净债权总量相当于其 GDP 的 5%）。到了 2015 年，美国的国外资产累计达到 GDP 的 130%，而国外债务累计达到 GDP 的 171%。这一巨大变化反映了 20 世纪后期金融市场飞速全球化的影响。对于这一问题，我们将在第 20 章进行进一步的讨论。

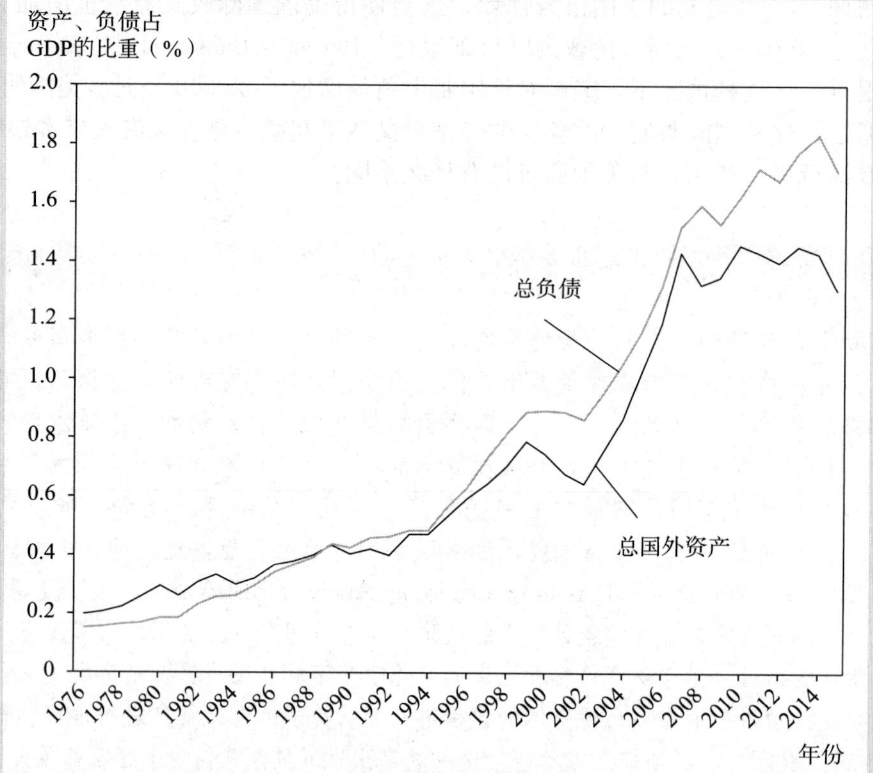

图 13-3　1976—2012 年美国的总国外资产与负债

说明：自 1976 年以来，美国的国外资产和负债都急剧增加。但负债增加得更快，使得美国成为真正的净债务国。

资料来源：U. S. Department of Commerce，Bureau of Economic Analysis，June 2013.

试想一下如此庞大的财富总量会如何放大汇率变化的影响。假设 70%的美国国外资产以外币结算，而所有美国的外债都以美元结算（这一假设近似于实际数据）。因为美国 2015 年的 GDP 约为 18 万亿美元，如果美元贬值 10%，美国的外债没有变化，但美国资产（以美元计）占 GDP 的比重将会增加 9.1%（=0.1×0.7×1.3），相当于 1.6 万亿美元。这一数字大约 3.4 倍于美国 2015 年的经常账户赤字！的确，由于汇率与股价的大幅变化，美国经济在 2007—2008 年间丢失了大约 8 000 亿美元，而 2008—2009 年间又获得了相当的数额（见图 13-2）。从国外流向美国的财富重新分配，如果是在 1976 年，就会小很多。

这一可能性是否意味着政策制定者们可以忽略国家的经常账户，转而通过操纵货币价格以阻止外债的节节攀升？这种战略相当危险，正如我们将在下一章中看到的，对汇率变化的预期是影响市场参与者行为至关重要的因素，政府试图通过汇率变化来减少国外投资者的系统性尝试会极大地减少国外对本币资产的需求，从而减少甚至消除通过本币贬值而带来的获利。

表 13-3 **美国净国际投资头寸年末变化** 单位：十亿美元

行	投资类型	年末头寸[r]	2015年头寸变化						2015年年末头寸[r]
			合计	归于					
				金融账户交易	其他头寸变化				
					小计	价格变化	汇率变化[1]	数量和价值变化[2]	
1	**美国净国际投资头寸（行4—行35）**	**−7 046.1**	**−234.5**	**−195.2**	**−39.3**	**(4)**	**(4)**	**(4)**	**−7 280.6**
2	净国际投资头寸（不包括金融衍生品）（行5—行36）	−7 131.7	−206.2	−169.8	−36.4	781.4	−1 051.5	233.7	−7 337.9
3	金融衍生品净值（不包括储备）（行6—行37）	85.5	−28.3	−25.4	−2.9	(4)	(4)	(4)	57.2
4	**美国资产**	**24 717.5**	**−1 376.8**	(3)	(3)	(3)	(3)	(3)	**23 340.8**
5	资产（不包括金融衍生品）（行7+行10+行21+行26）	21 503.4	−558.0	225.4	−783.4	220.4	−1 141.5	137.7	20 945.4
6	金融衍生品（不包括储备）总的正公允价值（行15）	3 214.1	−818.8	(3)	(3)	(3)	(3)	(3)	2 395.4
	依功能分类								
7	直接投资的市场价值	7 133.1	−154.8	348.6	−503.4	−64.7	−449.3	10.5	6 978.3
8	股权	6 045.1	−234.0	316.3	−550.3	−64.7	−449.3	−36.3	5 811.1
9	债务工具	1 088.1	79.2	32.3	46.9	…	…	46.9	1 167.2
10	组合投资	9 704.3	−98.1	154.0	−252.1	323.2	−631.3	56.0	9 606.2
11	股权和投资基金份额	6 770.6	57.6	202.6	−145.0	357.9	−562.9	60.1	6 828.2
12	债务证券	2 933.6	−155.7	−48.6	−107.1	−34.6	−68.4	−4.1	2 777.9
13	短期	447.2	39.1	42.5	−3.4	…	−3.4	0	486.2
14	长期	2 486.4	−194.7	−91.1	−103.6	−34.6	−65.0	−4.1	2 291.7
15	金融衍生品（不包括储备）总的正公允价值	3 214.1	−818.8	(3)	(3)	(3)	(3)	(3)	2 395.4
16	柜台合约	3 144.0	−797.3	(3)	(3)	(3)	(3)	(3)	2 346.7
17	单一货币利率合约	2 451.1	−643.7	(3)	(3)	(3)	(3)	(3)	1 807.4
18	国外汇率合约	415.4	−73.2	(3)	(3)	(3)	(3)	(3)	342.3
19	其他合约	277.5	−80.4	(3)	(3)	(3)	(3)	(3)	197.1
20	汇率交易合约	70.1	−21.5	(3)	(3)	(3)	(3)	(3)	48.6
21	其他投资	4 231.8	−254.5	−270.9	16.4	…	−54.7	71.1	3 977.3
22	通货和存款	1 785.5	−156.9	−194.4	37.5	…	−30.6	68.0	1 628.6

续表

行	投资类型	年末头寸r	2015年头寸变化							2015年年末头寸r
			合计	归于						
				金融账户交易	其他头寸变化					
					小计	价格变化	汇率变化[1]	数量和价值变化[2]		
23	贷款	2 399.2	−95.3	−74.8	−20.5	…	−23.6	3.1	2 304.0
24	保险专门储备	n. a.	n. a.	n. a.	n. a.	n. a.	n. a.	n. a.	n. a.
25	贸易信用及预付	47.0	−2.3	−1.7	−0.6	…	−0.6	0	44.7
26	储备资产	434.3	−50.7	−6.3	−44.4	−38.2	−6.2	0	383.6
27	货币黄金	315.4	−38.2	0	−38.2	−38.2	…	0	277.2
28	特别提款权	51.9	−2.3	(*)	−2.3	…	−2.3	0	49.7
29	IMF中的储备头寸	25.2	−7.6	−6.5	−1.1	…	−1.1	0	17.6
30	其他储备资产	41.8	−2.7	0.2	−2.8	0	−2.8	0	39.1
31	通货和存款	19.0	−1.4	(*)	−1.4	…	−1.5	0.1	17.6
32	证券	22.8	−1.2	0.2	−1.4	0	−1.4	−0.1	21.6
33	金融衍生品	…	…	…	…	…	…	…	…
34	其他要求权	0	0	0	0	0	0	0	0
35	**美国债务**	**31 763.7**	**−1 142.3**	**(3)**	**(3)**	**(3)**	**(3)**	**(3)**	**30 621.4**
36	债务（不包括金融衍生品）（行38+行41+行56）	28 635.1	−351.8	395.2	−747.0	−561.0	−90.0	−96.0	28 283.3
37	金融衍生品（不包括储备）总的负公允价值	3 128.6	−790.5	(3)	(3)	(3)	(3)	(3)	2 338.1
	依功能分类								
38	直接投资的市场价值	6 350.1	193.8	379.4	−185.7	−160.3	…	−25.3	6 543.8
39	股权	4 884.1	95.2	301.1	−205.9	−160.3	…	−45.6	4 979.3
40	债务工具	1 466.0	98.6	78.3	20.2	…	…	20.2	1 564.5
41	组合投资	16 919.8	−242.8	250.9	−493.7	−400.7	−57.0	−36.0	16 677.0
42	股权和投资基金份额	6 642.5	−423.6	−178.3	−245.4	−187.8	…	−57.5	6 218.9
43	债务证券	10 277.3	180.8	429.2	−248.4	−212.9	−57.0	21.5	10 458.1
44	短期	911.8	43.4	45.8	−2.4	…	−2.4	0	955.2

续表

行	投资类型	年末头寸r	2015年头寸变化						2015年年末头寸r
			合计	归于					
				金融账户交易	其他头寸变化				
					小计	价格变化	汇率变化[1]	数量和价值变化[2]	
45	国库券和存单	671.6	53.1	53.1	0	…	…	0	724.7
46	其他短期证券	240.2	−9.7	−7.3	−2.4	…	−2.4	0	230.5
47	长期	9 365.5	137.5	383.4	−246.0	−212.9	−54.6	21.5	9 503.0
48	中期和长期国债	5 484.4	−61.0	−4.8	−56.3	−56.3	…	0	5 423.4
49	其他长期证券	3 881.1	198.5	388.2	−189.7	−156.6	−54.6	21.5	4 079.6
50	金融衍生品（不包括储备）总的负公允价值	3 128.6	−790.5	(3)	(3)	(3)	(3)	(3)	2 338.1
51	柜台合约	3 062.6	−771.5	(3)	(3)	(3)	(3)	(3)	2 291.1
52	单一货币利率合约	2 398.8	−643.4	(3)	(3)	(3)	(3)	(3)	1 755.4
53	国外汇率合约	393.6	−49.6	(3)	(3)	(3)	(3)	(3)	344.0
54	其他合约	270.2	−78.5	(3)	(3)	(3)	(3)	(3)	191.7
55	汇率交易合约	66.0	−19.0	(3)	(3)	(3)	(3)	(3)	47.0
56	其他投资	5 365.2	−302.7	−235.1	−67.6	…	−33.0	−34.6	5 062.5
57	通货和存款	2 886.7	27.5	33.4	−5.9	…	−10.8	4.9	2 914.3
58	贷款	2 265.6	−342.0	−282.7	−59.3	…	−19.7	−39.5	1 923.6
59	保险专门储备	n. a.	n. a.	n. a.	n. a.	n. a.	n. a.	n. a.	n. a.
60	贸易信用及预付	161.7	13.9	14.2	−0.3	…	−0.3	0	175.6
61	特别提款权配置	51.2	−2.2	0	−2.2	…	−2.2	0	48.9

r 表示修改，n. a. 表示数据不可获得，…表示不适用，＊表示数值在 0 美元和＋/—5 000 万美元之间。

1 代表由于以现行汇率重估而导致的以外币计价的资产和负债的收益和损失。

2 包括由于逐年构成变化以及纳入更多的综合调查结果而做出的变动。也包括直接投资分支机构的收益和损失，以及不能被归入金融交易的头寸变化、价值变化以及汇率变化。

3 是指金融交易以及金融衍生品头寸的其他变化只能获得净值，在行 3 给出；它们无法在金融衍生品总的正公允价值和金融衍生品总的负公允价值中一一单独分列。

4 是指价格变化、汇率变化以及数量和价值变化无法单独分列，其他项目均不包括这些数据。

说明：由于四舍五入，合计数可能有一定出入。

资料来源：美国经济分析局。

提　要

1. 国际宏观经济学研究的是整个世界经济中稀缺资源的充分利用和价格稳定问题。国民收入账户和国际收支账户是研究开放和互相依存经济中宏观经济学的必不可少的工具，因为它们反映了国民支出模式及其在国际上的相互作用。

2. 一国的国民生产总值（GNP）等于该国生产要素获得的收入。国民收入账户根据产生国民收入的支出方式可分为消费、投资、政府购买以及经常账户。国内生产总值（GDP）等于GNP减去来自国外的要素收入净值。GDP衡量的是一国国境内的产出。

3. 在没有国际贸易的封闭经济中，GNP一定会被用于消费、投资和政府购买。通过使用现有产出来修建工厂、添置设备和增加存货，投资可以把当前产出转化为未来产出。对封闭经济而言，投资是进行总体储蓄的唯一方式。因此，私人部门和公共部门的储蓄总和（国民储蓄）必然等于投资。

4. 在一个开放经济中，GNP等于消费、投资、政府购买以及产品和服务净出口之和。如果一国能够向世界上的其他地方借入或贷出资金，那么贸易则不一定必须保持平衡。一国进口与出口之差（即经常账户余额）等于该国产品和服务的总产出与总消费之差。

5. 经常账户也等于一国的净对外贷款。与封闭经济不同，开放经济可以通过国内投资和国外投资的方式储蓄。因此，国民储蓄等于国内投资与经常账户余额之和。

6. 国际收支账户提供了有关经常账户组成和筹资方式的详细情况。一国与世界上其他国家的所有交易都记录在国际收支账户上。该账户规定：任何导致对外支付的交易都要记入借方；任何导致对外收入的交易都要记入贷方。

7. 涉及产品和服务的交易，在国际收支账户的经常账户中记录；涉及国际资产买卖的交易，在金融账户中记录；资本账户记载资产转移，对美国而言，数值可能偏小。经常账户与资本账户余额之和必然等于金融账户余额（净金融流动）。这一特点揭示出：出口收入与进口支出之间的差异，必须与未来偿还这一差异（通常包括利息）的承诺相一致。

8. 中央银行从事的国际资产交易记入金融账户。中央银行在私人市场上进行的外汇交易被称为官方外汇干预。官方外汇干预之所以重要，原因之一是中央银行可以以此作为改变流通中货币量的手段。当一国的官方国际储备下降或向外国中央银行借款时，该国国际收支账户就会出现赤字；反之，则会出现盈余。

关键术语

资产	国际收支核算	资本账户
中央银行	消费	经常账户余额
金融账户	政府预算赤字	政府购买
国内生产总值	国民生产总值	投资
宏观经济学	微观经济学	国民收入
国民收入核算	国民储蓄	净国际投资头寸
官方外汇干预	官方国际储备	官方结算余额（或国际收支余额）
私人储蓄		

习　题

1. 我们在正文中提到，为了避免重复计算GNP，只计算在市场上出售的最终产品和服务。那么，GNP中的进口是否也应被定义为仅仅包括最终产品和服务的进口？对于出口呢？

2. 式（13－2）告诉我们，为了减少经常账户赤字，一国必须增加私人储蓄，减少国内投资或削减政府预算赤字。现在，一些人建议限制从中国和其他国家的进口以减少美国的经常账户赤字。美国设立较高的进口壁垒，对美国的私人储蓄、国内投资和政府财政赤字会产生什么影响？你是否认为对进口的限制一定会削减美国的经常账户赤字？

3. 解释下列交易是如何在美国国际收支账户中的贷方和借方分别记录的，并说明每笔记录的分类：

a. 一个美国人购入 1 股德国股票，用一家瑞士银行开出的支票支付。

b. 一个美国人购入 1 股德国股票，用一家美国银行开出的支票支付。

c. 韩国政府通过用存在一家美国银行的美元从韩国公民手中买进韩国货币的方式来进行官方外汇干预。

d. 一个底特律的旅行者在法国里昂的一家豪华饭店吃了一顿饭，用旅行支票进行支付。

e. 一个加州葡萄酒生产者为伦敦葡萄酒品尝节运去一箱赤霞珠酒（cabernet sauvignon）。

f. 一个位于英国的美国企业用在当地的收入购入额外的机器。

4. 一个纽约人到新泽西州旅行，他用 100 美元购入了一个电话录音器。卖出该产品的新泽西州公司接着把这 100 美元的支票存入该公司在一家纽约银行的账户。这笔交易将如何在纽约州和新泽西州的国际收支账户中反映出来？如果这个纽约人用现金支付，情况又如何？

5. 2017 年，假想国帕丘尼亚国（Pecunia）的经常账户赤字为 10 亿美元，非储备金融账户盈余为 5 亿美元。

a. 这一年帕丘尼亚国的国际收支余额是多少？该国的净国外资产发生了什么变化？

b. 假设外国中央银行既不买入也不售出帕丘尼亚国的资产。2017 年帕丘尼亚国中央银行的外汇储备有什么变化？这项官方干预行为如何在帕丘尼亚国的国际收支账户中反映出来？

c. 如果已知 2017 年外国中央银行购入了 6 亿美元的帕丘尼亚国资产，你将如何回答 b 的问题？这些官方购买如何记入外国的国际收支账户？

d. 假定 c 中的情况在 2017 年发生，写出帕丘尼亚国该年的国际收支账户。

6. 政府可能会关注大规模的经常账户赤字或盈余，你能找出其中的理由吗？政府为什么会关注该国的官方结算余额（即该国的国际收支余额）？

7. 美国官方结算数据能否为外国中央银行在货币市场买卖美元的程度提供准确的描述？

8. 具有经常账户赤字的国家有无可能同时拥有国际收支盈余？使用经常账户和非储备金融账户的假设数据来解释你的回答。注意讨论官方国际储备流动的可能作用。

9. 假设美国净外债占美国 GDP 总量的 25%，这些债务每年会产生 5%的利息。每年对净外债支付的利息会对美国的 GDP（以百分比计）形成巨额负担吗？你认为这是一个庞大的数字吗？如果净外债为 GDP 的 100%呢？你认为一国的外债规模发展到何种程度，就应该引起政府的担忧？

10. 如果你登录美国商务部经济分析局的网站的“美国国际交易”栏目（http://www.bea.gov/iTable/iTable.cfm?reqid=62&step=1&isuri=1#reqid=62&step=6&isuri=1&6210=1&6200=1），参见其中的表 1－1，你会发现在 2015 年，美国来自国外资产的收入是 7 758.5 亿美元（第 6 行），然而支付给国外债权人 5 824.7 亿美元（第 14 行）。在这一章我们了解到美国是一个外债规模非常大的国家。美国如果想获得更多的国外资产收入而不是将其收入用来归还巨额外债，这一点将如何成为可能？

11. 通过学习本章中的最后一个案例分析，请分析：如果美元贬值 10%，将会对美国的国外净资产产生何种影响？外国债权人持有的以美元计价的净资产将会受到多大的影响（占美国 GDP 的百分比）？

12. 我们在本章提到了一国的国外净资产的盈亏不计入经常账户项下的国民收入。如果经济学家希望把国外净资产的盈亏计入经常账户，他们应如何重新修订国民收入恒等式（13－1）呢？在你看来，这样做有意义吗？你认为在实践中为什么没有这样做呢？

13. 登录美国商务部经济分析局的网站（http://www.bea.gov/iTable/iTable.cfm?reqid=62&step=1&isuri=1#reqid=62&step=6&isuri=1&6210=5&6200=143），下载美国自 1976 年以来的年末国际投资头寸年均数据。从网站 http://www.bea.gov/national/index.htm#gdp 下载同一时期美国名义 GDP 年均数据。计算自 1976 年以来年均 IIP 占 GDP

的比例，并画出曲线图。自 20 世纪 80 年代中期以来，美国几乎每年都是经常账户赤字。用于画图的数据是否让你吃惊？（提示：为了回答这个问题，需要对比经常账户赤字占名义 GDP 的百分比与名义 GDP 增长率，而且需要从 BEA 网站查阅经常账户的年数据。可以学完第 19 章再回过头来解答该问题。）

延伸阅读

European Commission，International Monetary Fund，Organisation for Economic Cooperation and Development，United Nations，and World Bank. *System of National Accounts 2008*. New York：United Nations，2009. 该文献为构建国民收入和产出账户定义了指导原则。

Christopher A. Gohrband and Kristy L. Howell. “U. S. International Financial Flows and the U. S. Net Investment Position：New Perspectives Arising from New International Standards，” in Charles Hulten and Marshall Reinsdorff，eds.，*Wealth，Financial Intermediation，and the Real Economy*. Chicago：University of Chicago Press，2014. 该文献详细描述了美国的 IIP 数据。

William Griever，Gary Lee，and Francis Warnock. “The U. S. System for Measuring Cross-Border Investment in Securities：A Primer with a Discussion of Recent Developments.” *Federal Reserve Bulletin* 87 (October 2001)，pp. 633 - 650. 该文献批判性地描述了美国衡量国外资产和负债的程序。

International Monetary Fund. *Balance of Payments and International Investment Position Manual*，6th edition. Washington，D. C.：International Monetary Fund，2009. 该文献对国际收支核算进行了权威的讨论。

Philip R. Lane and Gian Maria Milesi-Ferretti. “The External Wealth of Nations Mark II：Revised and Extended Estimates of Foreign Assets and Liabilities，1970 - 2004.” *Journal of International Economics* 73 (November 2007)，pp. 223 - 250. 该文献运用通用方法为大型样本国家构建了国际头寸数据。

Catherine L. Mann. “Perspectives on the U. S. Current Account Deficit and Sustainability.” *Journal of Economic Perspectives* 16 (Summer 2002)，pp. 131 - 152. 该文献考察了美国经常账户赤字产生的原因及后果。

James E. Meade. *The Balance of Payments*，Chapters 1 - 3. London：Oxford University Press，1952. 该文献探讨了国际收支的经典概念。

Maurice Obstfeld. “Does the Current Account Still Matter?” *American Economic Review* 102 (May 2012)：pp. 1 - 23. 该文献讨论了在一个存在大型双向国际资产流动的世界中经常账户的重要性。

Cédric Tille. “The Impact of Exchange Rate Movements on U. S. Foreign Debt.” *Current Issues in Economics and Finance* (Federal Reserve Bank of New York) 9 (January 2003)，pp. 1 - 7. 该文献讨论了资产价格变化对于美国国外资产和负债的意义。

第14章 汇率与外汇市场：一种资产方法

在2007年中至2014年中的七年间，美元相对于主要外国货币的币值基本保持稳定（2009年春天有过短暂上升）。然而，在2014年中至2016年初的一年半间，美元价值突然上升了25%。美国和世界经济的什么变化能导致国际外汇市场如此巨大的变化？在本章，我们将开始关于汇率变化的因果关系的研究。

一国货币用另一国货币表示的价格称为**汇率**（exchange rate）。2017年1月19日，伦敦当地时间下午4点，你要用1.061 2美元来换一单位欧洲货币即欧元。因此，美元兑欧元的汇率为1.061 2美元/欧元。由于汇率对经常账户和其他宏观经济变量都有很强烈的影响，所以汇率成为开放经济中最重要的价格体系。

由于汇率作为一国货币以他国货币表示的价格，也是一种资产价格，所以管理其他资产价格的原则也同样适用于管理汇率。我们在第13章中已经学过，资产的界定性特征是指，它是财富的一种形式，一种把购买力从现在转向将来的手段。因此，资产的现时价格与购买产品和服务的人预期的未来收益直接相关。同样，现时的美元/欧元汇率与人们对未来该汇率水平的预期联系紧密。有关谷歌公司前景的利好消息一旦传来，立即会使得谷歌公司的股票价格上涨。汇率也是如此，汇率对任何有关未来货币价值的消息均会立即做出反应。

学习本章的总目的是理解汇率在国际贸易中的作用以及汇率是如何决定的。首先，我们将了解汇率是如何使得我们能够比较不同国家的产品和服务的价格的；其次，我们将描述进行货币交换的国际资产市场以及该市场是如何决定均衡汇率的；最后，我们将通过揭示即期汇率如何随预期汇率的变动而变动着重解释资产市场分析法。

学习目标

学完本章，你应该能够：

- 将汇率变动与一国出口产品的相对价格变动联系在一起。
- 描述外汇市场的结构与功能。
- 利用汇率计算并比较以不同货币计价的资产回报。
- 运用利率平价找到均衡汇率。
- 找到利率与其期望变动对汇率的影响。

汇率与国际交易

汇率在国际贸易中具有重要的作用，这是因为汇率使得我们能够比较不同国家的产品和服务的价格。例如，某个消费者决定购买两辆美国小汽车中的一辆，他必须比较两辆汽车的美元价格，其中一辆 44 500 美元（林肯大陆），另一辆 27 000 美元（福特金牛）。那么，消费者该如何比较这两个价格与从日本进口的日产小汽车的价格（350 万日元）呢？为了进行这种比较，他必须知道美元和日元的相对价格。

货币的相对价格可以通过互联网实时查看。不同货币的相对价格，每日在报纸上的金融栏目中都有报道。表 14－1 是《金融时报》所报道的美元汇率价格，时点为 2017 年 1 月 20 日伦敦时间下午 4 点。汇率可以从两个角度来计量：一是外国货币的美元价格（例如，每欧元 1.061 2 美元），二是美元的外国货币价格（例如，每美元 0.942 4 欧元）。第一种汇率标价方式（每单位外国货币对应的美元数）被称为直接标价（或美式标价），第二种汇率标价方式（每单位美元对应的外国货币数）被称为间接标价（或欧式标价）。①

表 14－1　汇率报价

CURRENCIES

Jan 19	Currency	DOLLAR Closing Mid	DOLLAR Day's Change	EURO Closing Mid	EURO Day's Change	POUND Closing Mid	POUND Day's Change
Argentina	Argentine Peso	15.9795	0.0015	16.9567	-0.1293	19.6613	-0.0603
Australia	Australian Dollar	1.3250	0.0031	1.4061	-0.0076	1.6303	-0.0014
Bahrain	Bahrainin Dinar	0.3771	0.0000	0.4001	-0.0030	0.4639	-0.0014
Bolivia	Bolivian Boliviano	6.9300	-	7.3538	-0.0568	8.5267	-0.0269
Brazil	Brazilian Real	3.2087	-0.0094	3.4049	-0.0363	3.9480	-0.0241
Canada	Canadian Dollar	1.3327	0.0233	1.4142	0.0139	1.6398	0.0235
Chile	Chilean Peso	661.4250	2.0350	701.8740	-3.2428	813.8212	-0.0597
China	Chinese Yuan	6.8766	0.0424	7.2971	-0.0110	8.4610	0.0256
Colombia	Colombian Peso	2942.8500	7.4950	3122.8189	-16.0953	3620.9004	-2.1895
Costa Rica	Costa Rican Colon	553.0400	3.3600	586.8608	-0.9380	680.4637	1.9971
Czech Republic	Czech Koruna	25.4634	0.1957	27.0206	0.0007	31.3303	0.1426
Denmark	Danish Krone	7.0073	0.0534	7.4358	-0.0003	8.6218	0.0387
Egypt	Egyptian Pound	18.9085	0.0350	20.0648	-0.1175	23.2651	-0.0303
Hong Kong	Hong Kong Dollar	7.7569	0.0008	8.2313	-0.0626	9.5441	-0.0291
Hungary	Hungarian Forint	290.9580	3.0774	308.7513	0.9071	357.9963	2.6673
India	Indian Rupee	68.1625	0.1060	72.3309	-0.4451	83.8675	-0.1342

Jan 19	Currency	DOLLAR Closing Mid	DOLLAR Day's Change	EURO Closing Mid	EURO Day's Change	POUND Closing Mid	POUND Day's Change
Indonesia	Indonesian Rupiah	13373.5000	31.0000	14191.3620	-76.4156	16454.8381	-13.7391
Israel	Israeli Shekel	3.8222	0.0157	4.0559	-0.0145	4.7029	0.0045
Japan	Japanese Yen	115.2950	2.0200	122.3458	1.2155	141.8596	2.0450
..One Month		115.2949	2.0198	122.3458	1.2156	141.8596	2.0449
..Three Month		115.2945	2.0191	122.3458	1.2156	141.8594	2.0445
..One Year		115.2927	2.0155	122.3459	1.2156	141.8596	2.0437
Kenya	Kenyan Shilling	103.9000	-	110.2539	-0.8512	127.8392	-0.4039
Kuwait	Kuwaiti Dinar	0.3054	0.0002	0.3240	-0.0023	0.3757	-0.0009
Malaysia	Malaysian Ringgit	4.4490	0.0045	4.7211	-0.0316	5.4741	-0.0117
Mexico	Mexican Peson	21.9550	0.1729	23.2976	0.0050	27.0136	0.1280
New Zealand	New Zealand Dollar	1.3942	0.0049	1.4795	-0.0061	1.7154	0.0007
Nigeria	Nigerian Naira	304.7500	-10.0000	323.3868	-13.1902	374.9662	-13.5278
Norway	Norwegian Krone	8.4894	0.0389	9.0086	-0.0279	10.4454	0.0151
Pakistan	Pakistani Rupee	104.8050	-	111.2143	-0.8587	128.9527	-0.4075
Peru	Peruvian Nuevo Sol	3.3408	-0.0062	3.5451	-0.0340	4.1105	-0.0206
Philippines	Philippine Peso	49.9875	0.1900	53.0445	-0.2064	61.5049	0.0402

Rates are derived from WM Reuters Spot Rates and MorningStar (latest rates at time of production). Some values are rounded. Currency redenominated by 1000. The exchange rates printed in this table are also available at www.FT.com/marketsdata

Jan 19	Currency	DOLLAR Closing Mid	DOLLAR Day's Change	EURO Closing Mid	EURO Day's Change	POUND Closing Mid	POUND Day's Change
Poland	Polish Zloty	4.1188	0.0378	4.3707	0.0067	5.0678	0.0306
Romania	Romanian Leu	4.2381	0.0334	4.4973	0.0010	5.2146	0.0248
Russia	Russian Ruble	59.8644	0.5419	63.5254	0.0890	73.6575	0.4361
Saudi Arabia	Saudi Riyal	3.7505	-0.0001	3.9798	-0.0308	4.6146	-0.0147
Singapore	Singapore Dollar	1.4296	0.0082	1.5170	-0.0029	1.7590	0.0046
South Africa	South African Rand	13.6088	0.1300	14.4410	0.0275	16.7443	0.1075
South Korea	South Korean Won	1177.6000	10.8500	1249.6154	1.9545	1448.9259	8.8139
Sweden	Swedish Krona	9.0063	0.0963	9.5571	0.0292	11.0814	0.0839
Switzerland	Swiss Franc	1.0107	0.0091	1.0725	0.0014	1.2435	0.0072
Taiwan	New Taiwan Dollar	31.5900	0.0465	33.5219	-0.2091	38.8685	-0.0654
Thailand	Thai Baht	35.3785	0.0680	37.5420	-0.2171	43.5299	-0.0536
Tunisia	Tunisian Dinar	2.3061	0.0244	2.4471	0.0072	2.8374	0.0212
Turkey	Turkish Lira	3.8317	0.0630	4.0660	0.0359	4.7145	0.0628
United Arab Emirates	UAE Dirham	3.6731	0.0001	3.8977	-0.0300	4.5194	-0.0142
United Kingdom	Pound Sterling	0.8127	0.0026	0.8624	-0.0039	-	-
..One Month		0.8128	0.0026	0.8624	-0.0039	-	-

Jan 19	Currency	DOLLAR Closing Mid	DOLLAR Day's Change	EURO Closing Mid	EURO Day's Change	POUND Closing Mid	POUND Day's Change
..Three Month		0.8130	0.0026	0.8623	-0.0039	-	-
..One Year		0.8141	0.0026	0.8616	-0.0039	-	-
United States	United States Dollar	-	-	1.0612	-0.0082	1.2304	-0.0035
..One Month		-	-	1.0610	-0.1731	1.2305	-0.0035
..Three Month		-	-	1.0607	-0.1731	1.2307	-0.0035
..One Year		-	-	1.0589	-0.1732	1.2318	-0.0036
Venezuela	Venezuelan Bolivar Fuerte	9.9950	0.0050	10.6062	-0.0765	12.2979	-0.0327
Vietnam	Vietnamese Dong	22565.0000	-8.0000	23944.9840	-193.3965	27764.1271	-97.6229
European Union	Euro	0.9424	0.0072	-	-	1.1595	0.0052
..One Month		0.9422	0.0072	-	-	1.1594	0.0053
..Three Month		0.9419	0.0072	-	-	1.1593	0.0052
..One Year		0.9401	0.0072	-	-	1.1587	0.0053

Source: *Financial Times*, January 20, 2017.

家庭和企业利用汇率可以把以外国货币表示的价格转化成用本国货币计量的价格。一旦本国产品和进口产品的价格能用相同的货币表示出来，家庭和企业就能计算出影响国际贸易流动的相对价格。

国内价格与国外价格

如果我们知道两国货币之间的汇率，我们就可以计算出一国出口产品以另一国货币计算的价

① 中间价表示的是美元买入价和卖出价的平均值。由于中介贸易的成本（例如通过银行或经纪人），美元买者支付的（卖出价）通常比卖者得到的（买入价）更多。买卖价差是对交易成本的测度。在第 19 章，我们将涉及有效汇率指数，有效汇率指数是以个别贸易伙伴国货币计算的汇率的平均值。

格。例如，购买一件价值 50 英镑的爱丁堡毛衣，会花去多少美元？答案是，用毛衣的英镑价格 50 英镑乘以英镑的美元价格，即美元相对于英镑的汇率。如果汇率是每英镑 1.50 美元（美式标价），该毛衣的美元价格即为：

1.50 美元/英镑×50 英镑＝75 美元

美元/英镑汇率的变动将改变毛衣的美元价格。如果汇率是每英镑 1.25 美元，该毛衣将值：

1.25 美元/英镑×50 英镑＝62.50 美元

假定毛衣的英镑价格保持不变。如果汇率是每英镑 1.75 美元，该毛衣的美元价格将更高，等于

1.75 美元/英镑×50 英镑＝87.50 美元

汇率的变动被称为贬值或升值。英镑相对于美元的**贬值**（depreciation），即为英镑的美元价格下降，例如汇率从每英镑 1.50 美元降至每英镑 1.25 美元。这个例子表明，在其他条件相同时，一国货币的贬值会使得该国产品对外国人而言变得更加便宜。英镑相对于美元的**升值**（appreciation），即为以美元计价的英镑价格上升，例如汇率从每英镑 1.50 美元升至每英镑 1.75 美元。在其他条件相同时，一国货币的升值会使得该国产品对外国人而言变得更加昂贵。

本例讨论的汇率变动会同时影响英国人购买美国产品时支付的价格。当汇率为每英镑 1.50 美元时，每条价格为 45 美元的美国名牌牛仔裤的英镑价格为：(45 美元)/(1.50 美元/英镑)＝30 英镑。当汇率从每英镑 1.50 美元变为每英镑 1.25 美元时，英镑相对于美元贬值，但同时也是美元的英镑价格上升，即美元相对于英镑的升值。美元的升值会使得美国名牌牛仔裤对于英国人来说变得更贵，他们必须支付更高的英镑价格，即

(45 美元)/(1.25 美元/英镑)＝36 英镑

如果汇率由每英镑 1.50 美元变为每英镑 1.75 美元——英镑相对于美元升值，但也是美元相对于英镑贬值——牛仔裤的英镑价格则降为

(45 美元)/(1.75 美元/英镑)＝25.71 英镑

我们可以看到，简单地把汇率变动描述为贬值或升值可能会造成混淆，因为当一种货币相对于另一种货币贬值时，后者必然同时相对于前一种货币升值。为了避免在讨论汇率时出现这种混淆，我们必须时刻注意我们所讨论的两种货币中哪一种相对于另一种升值或贬值。

如果我们还记得美元相对于英镑贬值的同时也是英镑相对于美元升值，我们可以得出这样的结论：当一国货币贬值时，外国人发现，该国出口的产品变便宜了；该国消费者发现，从外国进口的产品变昂贵了。一国货币升值具有相反的效果：外国人为该国产品支付得更多，而该国消费者则为外国产品支付得更少。

汇率与相对价格

与所有产品和服务的需求一样，对进口与出口的需求也受到诸如用牛仔裤表示毛衣价格这样的相对价格的影响。我们刚才已经看到，汇率是如何使得我们能够以相同货币单位来比较国内外价格的。进一步分析可知，汇率也使得我们可以计算以不同货币计价的产品和服务的相对价格。

一个美国人要决定在美国名牌牛仔裤和英国毛衣上各花多少钱，必须首先把价格转化为用相同货币计价的、用牛仔裤表示的毛衣价格。我们已经知道，每英镑 1.50 美元的汇率意味着美国人必须支付 75 美元购买一件在英国标价 50 英镑的毛衣。一条牛仔裤的价格是 45 美元，因此，用牛仔裤表示的毛衣价格为：每件毛衣 75 美元÷每条牛仔裤 45 美元＝每件毛衣相当于 1.67 条牛仔裤。自然，英国人也面对相同的相对价格：每件毛衣 50 英镑÷每条牛仔裤 30 英镑＝每件毛衣相当于 1.67 条牛仔裤。

表 14－2 列出了每英镑 1.25、1.50、1.75 美元的不同汇率所对应的相对价格。这里假定牛仔裤的美元价格和毛衣的英镑价格不受汇率变动的影响。为了检验一下你是否理解，试着自己计算一下

这些相对价格，看看计算结果对美国人和英国人是否一样。

表 14-2 美元/英镑汇率和美国牛仔裤与英国毛衣的相对价格

汇率（美元/英镑）	1.25	1.50	1.75
相对价格（牛仔裤/毛衣）	1.39	1.67	1.94

说明：上述计算假设每条牛仔裤 45 美元的价格和每件毛衣 50 英镑的价格保持不变。

表 14-2 说明，如果产品的价格不变，美元相对于英镑的升值会使毛衣相对于牛仔裤变得便宜（每条牛仔裤相当于更多的毛衣）；而美元相对于英镑的贬值则会使毛衣相对于牛仔裤变得昂贵（每条牛仔裤相当于更少的毛衣）。这些计算揭示了一个普遍原则：当其他条件相同时，一国货币的升值会使出口产品的相对价格上升，进口产品的相对价格下降；贬值则会使出口产品的相对价格下降，进口产品的相对价格上升。

外汇市场

正如经济中各种价格是由买方和卖方的相互作用形成的一样，汇率也是由买卖外汇进行国际支付的家庭、企业和金融机构的相互作用决定的。国际货币的交易场所被称为**外汇市场**（foreign exchange market）。

参与者

外汇市场的主要参与者包括：商业银行、从事国际贸易的公司、非银行金融机构（例如资产管理公司和保险公司等）和中央银行。个人也可以参与外汇市场的交易——例如，在旅馆前台购买外汇的旅游者——但是此类现金交易在整个外汇市场上的份额微乎其微。

下面我们描述一下外汇市场的主要参与者及其所起的作用。

（1）商业银行。商业银行是外汇市场的核心，这是因为几乎每一项具有一定规模的国际交易都涉及各金融中心的商业银行账户的借方和贷方。因此，绝大多数外汇交易都包含了不同货币存款之间的相互交换。

让我们来看一个例子。假设埃克森美孚公司打算支付 160 000 欧元给德国供应商。首先，埃克森美孚公司从自己的开户银行——第三国民银行（Third National Bank）得到汇率的报价。然后，埃克森美孚公司通知第三国民银行从埃克森美孚公司的美元账户上支付 160 000 欧元给供应商在德国一家银行的账户。如果第三国民银行给埃克森美孚公司的汇率报价是每欧元 1.2 美元，从埃克森美孚公司账户的借方支出额就是 192 000 美元（=1.2 美元/欧元×160 000 欧元）。交易的结果是，第三国民银行用 192 000 美元的存款（现在由提供欧元的德国银行拥有）换得德国银行 160 000 欧元的存款。第三国民银行将这些欧元支付给埃克森美孚公司的德国供应商。

如本例所示，银行通常会为满足客户（主要是公司）的需要而进入外汇市场。此外，银行也向其他银行进行汇率报价，并在满意的汇率下向其他银行买入或卖出外汇。银行之间的外汇交易——被称为**银行间交易**（interbank trading）——解释了外汇市场上的大部分交易。实际上，表 14-1 列示的汇率就是银行间汇率，即银行向其他银行收取的汇率。低于 100 万美元的交易是不能在这个汇率水平上进行的。提供给公司客户的汇率被称为“零售”汇率，通常不如银行间的“批发”汇率优惠。零售汇率和批发汇率的差价是对银行从事这项业务的一种补偿。

因为商业银行的国际运作非常广泛，所以，大商业银行善于把货币的买者和卖者集中起来。假设一个跨国公司希望把10万美元兑换为瑞典克朗，这个公司可能会发现这是一件成本较高、困难重重的事，因为很难找到一个愿意卖出同样数量克朗的公司。而银行则可以通过一次性大量购买瑞典克朗并同时对众多客户提供服务来降低这种搜寻成本。

(2) 公司。在多个国家开展业务的公司，日常业务收支所用的货币往往会与总部所在国的货币不一致。例如，为了支付位于墨西哥的工厂的工人工资，IBM公司可能需要墨西哥比索。如果IBM公司只有在美国销售计算机而获得的美元，该公司就必须在外汇市场上用美元购买比索。

(3) 非银行金融机构。最近几年来，美国、日本和其他一些国家对金融市场的管制放松鼓励了非银行金融机构（例如共同基金）为客户提供更为广泛的服务，其中许多服务无法与银行的服务区分开来。这些服务包括外汇交易——许多机构投资者（例如养老基金、保险公司）常常进行外汇交易。对冲基金满足了非常富有的个人的需要，并且不受制于政策的管制，而正是这种管制限制了共同基金的交易策略，所以套期保值基金可以在外汇市场上进行活跃的交易。

(4) 中央银行。在前一章我们已经论述过，中央银行有时也会干预外汇市场。虽然中央银行的交易一般不大，但作用往往却很大。产生这种效果的原因是，外汇市场参与者一直在密切注视着中央银行的一举一动，希望能够从中获得可能影响未来汇率的宏观经济政策的蛛丝马迹。除了中央银行之外，其他政府机构也可能会在外汇市场上参与交易，但是中央银行是主要的官方参与者。

专栏 汇率、汽车价格与货币战

汽车在国际贸易中占有重要份额，许多发达国家既是汽车的主要出口商，也是汽车的主要进口商。竞争是激烈的——美国出口福特，瑞典出口沃尔沃，德国出口宝马，日本出口本田，英国出口路虎，这些只是其中的一部分——增加从国外进口的汽车有可能意味着国内汽车销售量的下降。

因此，汇率对汽车制造商是非常重要的。例如，当韩国货币即韩元在外汇市场上升值时，将以两种不同的方式损害韩国生产商。第一，因为以韩元标价的国外商品价格下降，所以进口汽车价格下降。因此，进口汽车大量涌入国内市场，为韩国本土制造商如现代、起亚创造了一个更具竞争力的国内价格环境。第二，外国人（其本国货币对韩元贬值）发现韩国汽车的本国货币价格上升，他们将转向购买更便宜的汽车。韩国汽车出口因此受到影响。在本书的后面（第16章），我们将讨论专业产品如汽车在面对汇率变动试图维护市场份额时可能采取的价格策略。

汇率变动对制造业产品的影响解释了当外国采取弱化本国货币的政策时出口行业抱怨的原因。2010年9月，由于经济增长缓慢，许多工业化国家采取货币贬值的政策，巴西财政部部长指责发达国家对新兴市场国家发动“货币战”。读完第17章之后，你将会理解缓慢经济增长与货币贬值联系在一起的原因。第18章讨论了类似的“竞争性贬值”现象如何发生在20世纪30年代的大萧条时期。

随着2013年初日元迅速贬值（如本章第一段所述），“货币战”的言论再一次涌现。当然，日本汽车公司是主要的受益者，而它们的国外竞争对手利益受损。根据美联社2013年5月的报道，日产能够下调其在美国销售的18个汽车型号中的7个型号的价格：在新的美元兑日元汇率下，甚至在更低一些的价格下都能够产生足够的日元收入以支付日本的生产成本，同时产生更高的日元利润。日产把“美版天籁”（Altima）的价格降低了580美元，把Armada SUV的价格降低了4 400美元。据美联社报道，尽管日产否认，行业分析师认为因为日本努力使日元相对于美元贬值，公司可以降低价格。这使得日本制造的汽车及零部件比美国制造的这些产品更便宜。

资料来源：“Nissan Cuts Prices on 7 of Its U. S. Models,” *USA Today*, May 1, 2013, available at: http://www.usatoday.com/story/money/cars/2013/05/01/nissan-cuts-prices-juke/2127721/.

外汇市场的特征

外汇交易在许多金融中心进行，其中最大的交易发生在诸如伦敦（最大的外汇市场）、纽约、东京、法兰克福以及新加坡之类的大都市里。世界范围的外汇交易量极为巨大，而且近年来还在不断膨胀。1989 年 4 月，全球平均每天进行的外汇交易超过 6 000 亿美元，其中 1 840 亿美元是在伦敦交易的，1 150 亿美元是在美国交易的，1 110 亿美元是在东京交易的。仅仅 24 年之后，截至 2013 年 4 月，全球平均每天的外汇交易量就已跃升至 5.3 万亿美元左右，其中 2.72 万亿美元是在英国交易的，1.26 万亿美元是在美国交易的，3 740 亿美元是在日本交易的。[①]

直拨电话、传真和互联网链接把主要的外汇交易中心联为一体，使它们成为一个单一的昼夜交易的世界市场的一部分。经济信息在一天中的任何时刻一经发布，就会立即传遍世界并可能引发市场参与者疾风骤雨般的行动。虽然当天纽约的交易已经结束，但纽约的银行和公司在其他时区的分支机构仍然在外汇市场中不停地忙碌着。当深夜得知位于另一个大陆上的金融中心发生重大事件时，外汇交易者在家里就可以直接进行交易。

金融中心的一体化意味着，纽约上午 9 时的美元/欧元汇率，与相同时间（伦敦时间下午 2 时）的伦敦市场的美元/欧元汇率之间不会有太大差别。如果 1 欧元在纽约卖 1.1 美元，而在伦敦卖 1.2 美元，那么通过**套利**（arbitrage）就可以获得利润，即通过对货币的贱买贵卖获得收益。例如，在以上价格情况下，交易者可以在纽约用 110 万美元买入 100 万欧元，然后立即把这些欧元在伦敦以 120 万美元的价格卖掉，从而获取净利润 10 万美元。然而，如果所有交易者都想通过这种机会获利，他们在纽约对欧元的需求将抬高伦敦欧元的美元价格，而他们对伦敦欧元的供给则会使伦敦欧元的美元价格下跌，纽约和伦敦的汇率差就会迅速消失。由于外汇交易者都在计算机前仔细地寻找着套利机会，所以套利机会一般很少，持续时间很短，规模也不大。

虽然外汇交易可以涉及任何两种货币，但大多数银行间的交易（在 2013 年 4 月达到了近 87%）都主要是外国货币和美元的交换。即使原本目标是卖出一种非美元货币以买入另一种非美元货币的银行也是如此。例如，假设一家银行希望卖出瑞士法郎，买入以色列新谢克尔，它一般会先卖出瑞士法郎买入美元，再用美元买入新谢克尔。虽然这个过程似乎绕了一个大圈子，但是实际上对银行而言，这比直接找一个愿意卖出新谢克尔而买入瑞士法郎的交易者更为廉价。美国在世界经济中的重要地位会使通过美元进行的交易具有优势。因为涉及美元的国际交易量非常巨大，所以找到愿意用美元与瑞士法郎或新谢克尔进行交易的人并不困难。相反，直接用瑞士法郎和新谢克尔进行的交易却相对较少。[②]

因为美元在如此众多的外汇交易中发挥着中枢作用，美元有时也被称为**媒介货币**（vehicle currency）。媒介货币是一种在发行该种货币以外国家的国际交易中被广泛用作度量标准的货币。许多人相信，1999 年诞生的欧元会演变成一种与美元相抗衡的媒介货币。但是，截至 2013 年 4 月，只有大约 33%的外汇交易是以欧元进行的，少于三年前的 39%，仍然低于美元份额的一半。日元是第三大重要的货币，市场份额为 23%（200 中的 23 个百分点，因为每一个外汇交易都有两种货

---

① 1989 年 4 月的数字来自由纽约联邦储备银行（Federal Reserve Bank of New York）、英格兰银行（Bank of England）、日本银行（Bank of Japan）、加拿大银行（Bank of Canada），以及法国、意大利、荷兰、新加坡、中国香港、澳大利亚的货币当局同时所做的调查。2013 年 4 月的调查是由 53 个中央银行组织进行的。修正数据见 "Triennial Central Bank Survey of Foreign Exchange and Derivatives Market Activity in 2013," Bank for International Settlements，Basel，Switzerland，February 2014。在 1980 年，美国日均外汇贸易额大约为 180 亿美元。

② 瑞士法郎/新谢克尔汇率能够用美元/瑞士法郎和美元/新谢克尔汇率来计算，即美元/新谢克尔除以美元/瑞士法郎汇率。如果美元/瑞士法郎汇率为每瑞士法郎 0.80 美元，美元/新谢克尔汇率是每新谢克尔 0.20 美元，则瑞士法郎/新谢克尔汇率为(0.20 美元/新谢克尔)/(0.80 美元/瑞士法郎)＝0.25 瑞士法郎/新谢克尔。非美元货币之间的汇率被外汇交易者称为"套算汇率"。

币)。从前仅次于美元的主要国际货币英镑的重要性已经降低了。[①]

即期汇率与远期汇率

我们前面讨论过的外汇交易都是即期的：交易双方同意交换银行存款并立即交割。这种即期交易的汇率被称为**即期汇率**（spot exchange rate），这时发生的交易被称为即期交易。

外汇交易有时可以指定在未来一个时间交割。这一时间可以长达 30 天、90 天、180 天甚至数年。这种交易中所报的汇价被称为**远期汇率**（forward exchange rate）。例如，在进行 30 天远期交易时，双方可能会在 4 月 1 日同意在 5 月 1 日以 100 000 英镑交换 155 000 美元。因此，30 天远期汇率为 1.55 美元/英镑。这一汇率与即期汇率不同，也与生效日不同的远期汇率不同。当你同意以目前确定的一个远期汇率在未来卖出英镑买入美元时，你“卖出了远期英镑”，“买入了远期美元”。未来进行实际货币交换的日期被称为交割日（value date)。[②] 表 14-1 列出了几种交易最多的货币之间的远期汇率。虽然远期汇率与即期汇率并不必然相等，但是它们的变动方向却相同，如图 14-1 所示的美元/英镑汇率。本章附录将讨论远期汇率是如何确定的，并解释远期汇率和即期汇率变动之间关系密切的原因。

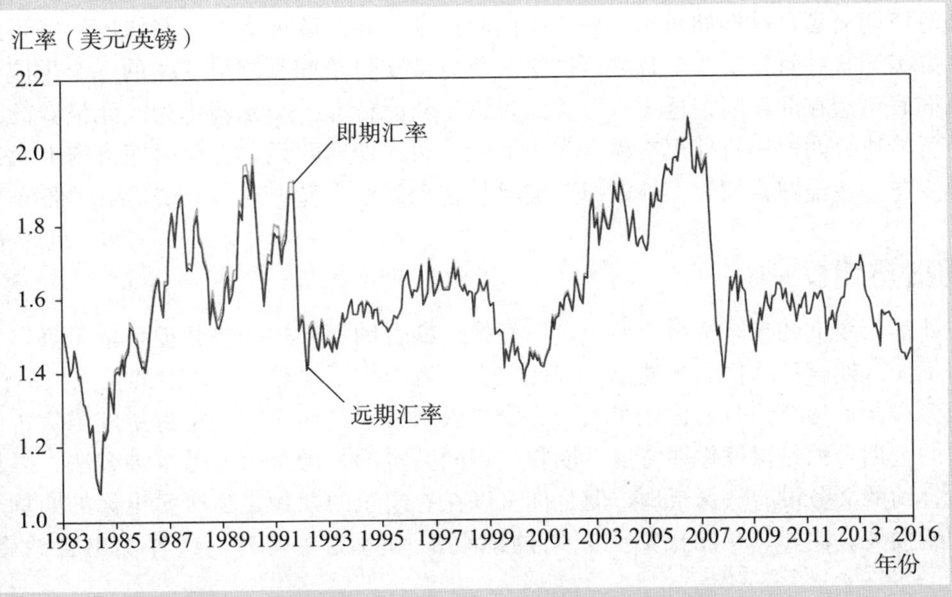

图 14-1　1983—2016 年美元/英镑即期汇率与远期汇率

说明：即期汇率与远期汇率的波动总是密切相关的。图中所示的是 90 天远期汇率和即期汇率的月末数据。

下面我们举例说明为什么交易各方愿意进行远期交易。假设有一个美国人从日本进口收音机，他知道 30 天后货物到达时他必须付给日本供应商日元。进口商能以 100 美元的单价出售收音机，

① 关于媒介货币的更详细讨论，参见 Richard Portes and Hélène Rey，“The Emergence of the Euro as an International Currency，” Economic Policy 26 (April 1998)，pp. 307-343。货币份额数据来自 Bank for International Settlements，op. cit.，table 2。对未来欧元和美元地位的评估可以参见 Jean Pisani-Ferry and Adam S. Posen，eds.，*The Euro at Ten*：*The Next Global Currency*? (Washington，D. C.：Peterson Institute for International Economics，2009)。这些文章是在欧元危机之前写的，将在第 21 章探讨。

② 在过去，即便即期外汇交易也需要两天。换句话说，一个即期交易的真正交割日是在交易执行后的两天。现在，大多数主要货币的即期交易都是当天结算的。

但必须每台支付给供应商 9 000 日元，因此他的利润将依赖于美元/日元汇率。目前的即期汇率为 0.010 5 美元/日元，对于每台收音机，进口商将支付 0.010 5 美元/日元×9 000 日元/台＝94.50 美元/台，因此每进口一台收音机可获利润 5.50 美元。但是，进口商要等到收音机收到并卖出后才有资金向供应商支付。如果在这 30 天里美元出乎意料地贬值为 0.011 5 美元/日元，那么对每台收音机进口商将支付 0.011 5 美元/日元×9 000 日元/台＝103.50 美元/台。这时，每进口一台收音机，进口商将会蒙受 3.50 美元的损失。

为了避免这类风险，进口商可以与银行进行 30 天远期外汇交易。如果银行同意在 30 天后以 0.010 7 美元/日元的汇率卖给进口商日元，那么进口商可以确定对每台收音机所支付的数额不会超过 0.010 7 美元/日元×9 000 日元/台＝96.30 美元/台。由于买入了远期日元，卖出了远期美元，进口商可以保证每台获得 3.70 美元的利润，同时消除由于汇率突然变化而使本来赚钱的生意赔本的可能。用外汇市场的行话来说，进口商已经对它的外汇风险进行了保值。

从现在起，我们在提及汇率而不说明它是即期汇率还是远期汇率的时候，一般指的是即期汇率。

外汇掉期交易

外汇掉期交易，是即期卖出一种货币同时远期再买回该种货币。例如，丰田公司刚从销售中获得 100 万美元，并且知道 3 个月之后这笔美元将被支付给加利福尼亚州的一个供应商。该公司资产管理部同时希望在此期间把这 100 万美元投资于欧元债券。美元转化为欧元债券的 3 个月外汇掉期交易，可能比分两次进行外汇交易（卖出美元，买入即期欧元，再在远期市场上卖出欧元，买入美元）要少花一些经纪人佣金。外汇掉期交易是整个外汇交易中的一个重要组成部分。

期货与期权

在外汇市场上的未来货币交换中，还有像远期合约那样的一些其他金融工具。它们的期限和条款可以不像远期合约那样具体规定，因此为交易者提供了规避外汇风险的更大灵活性。

当你买入期货合约时，你就买入了一份在未来特定日期交割一定数量外国货币的保证。你与他人订立的远期合约是保证你在特定日期收到相同数量的外国货币的另一种方法。虽然你对于履行远期交易合约的义务没有选择余地，但是你可以在有组织的期货交易所卖出你的期货合约，以立即实现利润或损失。比如，在你预期到未来的即期汇率可能变动时，这种卖出合约带来的收益就很明显。

外汇期权使得所有者有权在到期日以前的任何时间内买卖特定数量的外国货币。交易的另一方是期权的卖方，他必须按期权所有者的要求买卖外汇，而期权所有者则没有义务必须行使他的权利。

设想如果你不能确定在下月的什么时候一笔外汇偿付可以到达。为了避免损失的风险，你可能希望买入一个卖出期权，使你有权在这个月的任何时候以一个已确定的汇率卖出外汇；相反，如果你预计你在这个月的某个时候会向国外支付一笔外汇，买入期权可能具有吸引力，因为买入期权使你有权以已确定的价格买入外汇。作为期权基础的原生资产有许多种，包括外汇期货。与期货一样，外汇期权可以自由买卖。远期、掉期、期货、期权都是金融衍生品的例子，我们在第 13 章已经讲过了。

外汇资产需求

我们已经看到银行、公司和其他机构是如何在全球 24 小时开放的外汇市场上进行银行外汇存款交易的。为了理解外汇市场如何决定汇率，我们必须首先知道主要参与者对不同类型的外汇存款需求是如何产生的。

影响银行外汇存款需求的因素与影响其他资产的因素是一样的。其中最主要的因素是对存款未来价值的评价。外汇存款的未来价值取决于两个因素：第一，这种外汇存款的利率；第二，相对于其他货币，该货币的预期汇率变动。

资产与资产收益

我们知道，人们可以以多种方式持有财富——股票、债券、现金、房地产、稀有葡萄酒、钻石等。持有财产的目的——或储蓄的目的——是把购买力转移到未来。人们这样做可能是为了退休后的生活、继承人的利益，或仅仅是因为在某一年赚的钱超过了需要花的钱，于是人们便将余额储蓄起来以备不时之需。

资产收益的定义 由于储蓄是为了未来的消费，因此我们对资产的评价也主要是基于**收益率**(rate of return)，即经过一定时期价值增值的百分比。例如，假设在 2015 年初你付出 100 美元购买了一股由“金融预言家”(Financial Soothsayers) 公司发行的股票。如果该股票能在 2016 年初给你带来 1 美元的股息，并且该股票价格在这一年内从 100 美元升至 109 美元，那么你就能够通过这只股票在 2015 年内获得 10%的收益率——你最初的 100 美元投资已经增值到 110 美元，即有 1 美元的股息，加上若卖出股票可以获得的 109 美元，即为 110 美元。如果“金融预言家”公司的股票仍然对每股支付 1 美元的股息，但是股票价格却降至每股 89 美元，这 100 美元投资在年末仅值 90 美元，年收益率则为－10%。

当购入一项资产之后，你通常不能确切地知道实际上可以获得多少收益。例如，每股股票支付的股息和股票再次出售时的价格都是难以预测的。因此，你的决策就必须基于预期收益率。为了计算一定时期内的预期收益率，必须对期末的资产总价值做最准确的预测。资产的预期价值与目前购买这一资产所支付价格之间差额的百分比，等于在一定期限内的预期收益率。

当我们计算一项资产的收益率时，我们应该对该项资产在两个时点的总价值变化情况加以比较。在前例中，我们比较了“金融预言家”公司股票的价值变化，2015 年为 100 美元，2016 年为 110 美元，然后得出该股票的年收益率为 10%的结论。我们称之为美元收益率，因为我们所比较的两个价值量是用美元来计量的。然而，我们也可以用外国货币或某种商品（例如黄金）来计量资产价值，计算出收益率。

实际收益率 储蓄者在考虑持有何种资产时依据的是预期**实际收益率**（real rate of return），即用一些具有广泛代表性的、储蓄者经常购买的商品作为标准来计量资产价值进而计算出的收益率。实际收益率是很重要的，因为储蓄的最终目的是未来的消费。只有实际收益率才能衡量储蓄者因放弃当前消费（即储蓄）而能在未来购买到的产品和服务量。

继续上面的例子，假设“金融预言家”公司股票的美元价值在 2015—2016 年增长了 10%，但所有产品和服务的美元价格也上涨了 10%。于是，这一期间以产出（即以实际的标准）来计量的资产价值量并没有增加。因此，实际收益率为零。在这种情况下，“金融预言家”公司的股票就不那么具有吸引力了。

虽然储蓄者关心预期实际收益率，但是以货币表示的收益率仍然可以用于比较不同资产的实际收益。2015—2016 年，即使所有产品和服务的美元价格平均上升了 10%，如果一瓶稀有葡萄酒的美元价格上升了 25%，而某种债券的美元价格上升了 20%，那么稀有葡萄酒仍是一种比该债券更好的投资，因为稀有葡萄酒的实际收益率为 15%(=25%−10%)，而这种债券的实际收益率仅为 10%(=20%−10%)。注意，两种资产的美元收益率之差（25%−20%）一定与它们的实际收益率之差（15%−10%）相等。之所以存在这种相等关系，是因为给定两种资产的美元收益，商品的美元价格上升率会导致两种资产的实际收益率产生相同幅度的变化。

实际收益率与美元收益率的区别说明了评价资产过程中的一个重要概念：除非两种资产以相同单位计量，否则它们的收益将是无法比较的。例如，用葡萄酒的实际收益率（在本例中为 15%）与债券的美元收益率（20%）直接比较，或者用一幅古画的美元收益与黄金的欧元收益直接比较，这些比较都是没有意义的。只有当收益用一种共同计量单位表示出来——例如，都用美元——才能使我们比较出哪种资产可以提供最高的预期实际收益率。

专栏 离岸货币市场：以人民币为例

世界上人口最多的中国，经济创下了至少 25 年来的高速增长，其在国际贸易和金融市场的地位日益显著。虽然中国的 GDP 以美元计量仅次于美国，但是中国的货币人民币（顾名思义即“人民的货币”）在国际交易中的重要性与其经济规模的地位是不相匹配的。根据国际清算银行的数据，目前人民币在全球外汇交易市场中排名第九。[①]

过去，中国政府严格限制人民币在国际贸易中的跨境交易，人民币只能在中国境内由居民进行交易。这个限制与中国政府推动人民币作为国际储备货币的目标相矛盾。为了推动人民币国际化，中国政府自 2009 年以来推出跨境贸易人民币结算试点（在香港先行先试）。因为人民币的离岸持有者之间可以互相交易，这个新政策催生了一个离岸人民币市场。离岸人民币通常以 CNH 来表示，以区别于在岸人民币的标识 CNY。2013 年 4 月，人民币现货市场交易量已达 1 760 亿美元，相应的离岸人民币市场交易量为 1 280 亿美元，其中，510 亿美元在香港，其余在新加坡、台北和伦敦。[②]

中国限制离岸人民币在国际交易中的使用，意在防止国外投资基金在内地市场通过人民币和外汇在预期收益上的差别而获取套利收益。中国还限制国内基金投资于外国资产。因为在岸和离岸市场的条件不同，尤其是离岸人民币汇率与在岸人民币汇率的背离，在岸人民币汇率是受到严格管控的。

最近发生的两者背离的一大案例是 2015 年 8 月，在两日内美元的人民币价格出乎意料地上升了 3 个百分点。紧接着海外交易商因为担心人民币进一步贬值而抛售离岸人民币，人民币的美元价格急剧下跌。另一个例子发生在 2016 年 1 月，在一次人民币贬值恐慌之后。当然，最终中国政府通过在香港的国有银行买入离岸人民币而化解了这次危机。

离岸市场的发展鼓励了货币在本国以外的使用。在金融账户管制缺失的情况下，离岸货币交易也有可能出现，且往往促进了离岸市场的发展（详见第 20 章）。人民币离岸市场的快速发展预示着人民币向国际货币更进了一步。但是在此之前，中国将首先需要大幅放宽跨境金融交易的限制。如此发展的话，CNY 和 CNH 的一致性才能得到保障。

---

① 参见“Triennial Central Bank Survey of Foreign Exchange and Derivatives Market Activity in 2013,” Bank for International Settlements, Basel, Switzerland, February 2014。

② 参见 Chang Shu, Dong He, and Xiaoqiang Cheng, “One Currency, Two Markets: The Renminbi's Growing Influence in Asia-Pacific,” Bank for International Settlements Working Paper 446, April 2014。

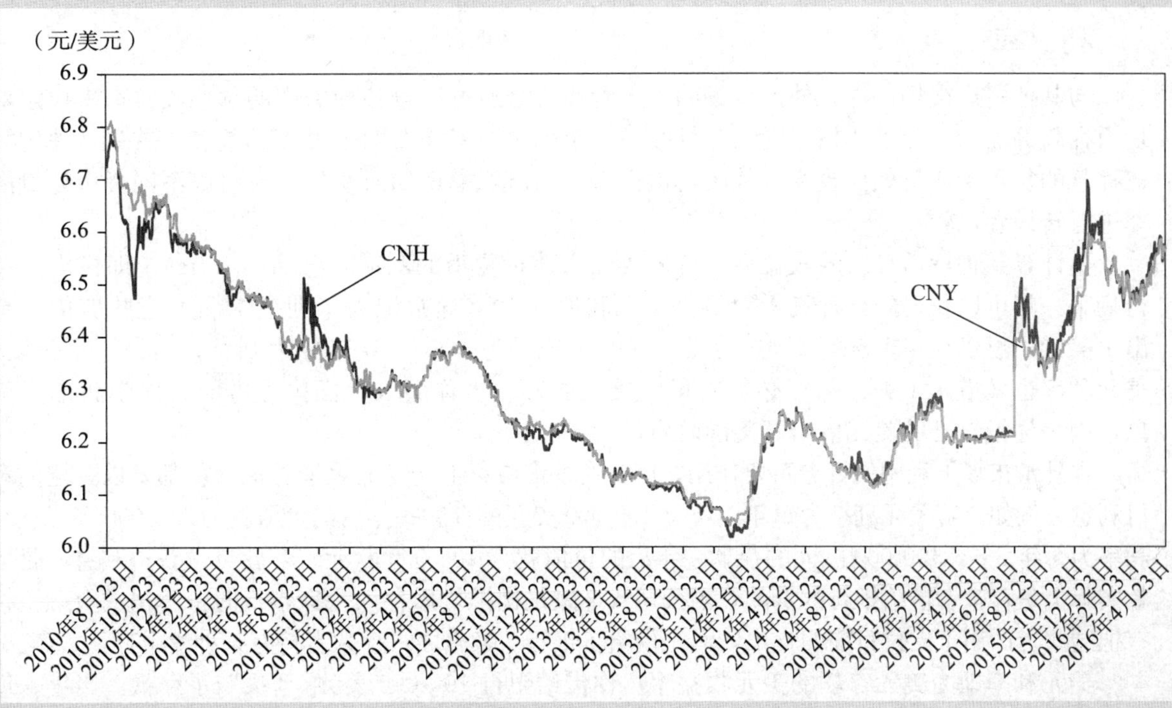

资料来源：Bloomberg Terminal.

风险与流动性

在所有其他条件相同时，个人愿意持有能够提供最高预期实际收益率的资产。但是，我们在后面对特定资产的讨论中将揭示，“所有其他条件”并不总是相同的。储蓄者评价某些资产时考虑的可能是其品质特征而不是资产的实际预期收益率。除了收益之外，储蓄者主要关心资产在两个方面的特征：一是该资产的**风险**（risk），即对储蓄者财富贡献的易变程度；二是该资产的**流动性**（liquidity），即可以被卖掉或用来与商品进行交换的方便程度。

（1）风险。某种资产的实际收益率通常不可预测，而且可能会与储蓄者购买时的预期大相径庭。在前面的例子里，储蓄者进行债券投资，实际收益率为10%，这是由债券投资的美元价值预期增长率（20%）减去美元价格预期增长率（10%）而得到的。但是，如果预期失误——债券的美元价值保持不变，而不是上升20%，那么储蓄者最终将获得−10%（=0−10%）的实际收益率。储蓄者不喜欢不确定性，不愿意持有使他们的财富处于高度不稳定状态的资产。如果某种资产实现的收益率变动很大，这种资产即使具有较高的收益率，可能也不会对储蓄者产生吸引力。

（2）流动性。资产处置的成本和速度也因资产不同而各异。例如，房屋不具有较大的流动性，因为房屋出售通常需要时间，需要经纪人、评估机构的服务。为了迅速卖掉房子，卖方可能以一个相对较低的价格出售。相反，现金是最具流动性的资产：现金总能以面值支付，可用于购买商品和其他资产。储蓄者愿意持有一些流动资产来作为一种预防措施，以便支付预期之外的费用，否则储蓄者将不得不卖掉一些流动性较低的资产并因此蒙受损失。所以，在决定某种资产的持有量时，储蓄者不仅会考虑预期收益和风险，还会考虑这种资产的流动性。

利　率

与其他资产市场一样，外汇市场的参与者通常会通过比较各种资产的预期收益率来决定对各种货币存款的需求。为了比较不同的存款收益，市场参与者需要两个方面的信息。首先，他们需要知道存款的货币价值将如何改变；其次，他们需要知道汇率将如何变化以便将以不同货币计量的收益率进行转换和比较。

要计算某种货币存款的收益率，首先要知道该种货币的**利率**（interest rate），即借出 1 单位某种货币一年可以获得的该种货币数量。美元利率 0.10（通常记为年利率 10%）意味着借出者每借出 1 美元，可以在年末获得 1.10 美元，其中 1 美元为本金，10 美分为利息。从另一个角度来看，美元利率也是借入 1 美元每年必须支付的美元数额。当你买入美国国库券时，你就获得了美元利息，因为你把自己的美元借给了美国政府。

在外汇市场上利率发挥着重要作用，因为在外汇市场上交易的大量外汇存款都要以一定的利率支付利息。例如，若美元利率为每年 10%，100 000 美元的存款一年后的价值就为 110 000 美元；若欧元利率为每年 5%，100 000 欧元的存款一年后的价值就为 105 000 欧元。存款可以获得利息，是因为存款实际上是存款者借给银行的贷款。当公司或金融机构把货币存入一家银行时，公司或金融机构并没有把这些货币用于支付目前的支出，而是借给了银行。换言之，存款者持有某种货币存款资产。

美元利率即为美元存款的美元收益率。你借给银行 100 000 美元，“买”了存款。当年末你获得 10%的利息时，这笔资产的价值为 110 000 美元。年收益率为（110 000－100 000）/100 000＝0.10 或 10%。同样，外国货币利率即为外国货币存款的外国货币收益率。图 14 - 2 显示的是 1978—2016 年美元和日元的月利率变化状况。这些利率不是以可比的标准来计量的，因此我们没有理由认为随着时间的推移，它们会相互接近或以相似的方式变动。

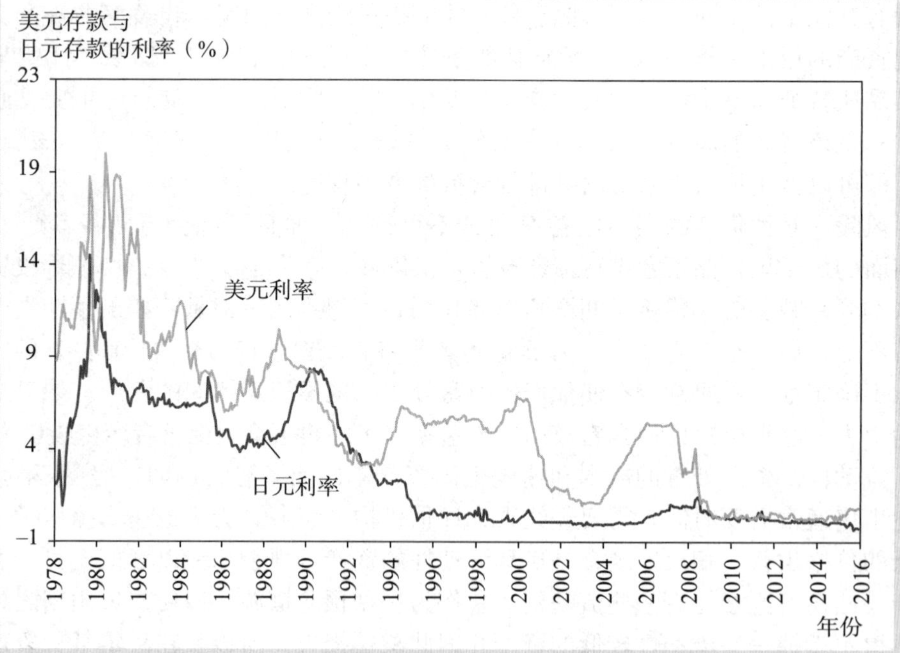

图 14 - 2　1978—2016 年美元存款与日元存款的利率

说明：由于美元和日元的利率不是用可比的标准来衡量的，在这一时期中两者的变动相当不同。图中所示为 3 个月期利率。

资料来源：Datastream.

汇率与资产收益

美元和欧元的存款利率告诉我们，美元和欧元的价值经过一年后会如何变化。为了比较美元存款和欧元存款的收益率，我们需要知道的另一方面的信息是在这一年中美元/欧元汇率的预期变动。为了知道美元和欧元哪一种货币的预期收益率更高，你必须问自己：如果我用美元购买欧元存款，一年之后我能拿回多少美元？当你回答这一问题时，你会计算欧元存款的美元收益率，因为你会比较这笔欧元目前的美元价格和一年之后的美元价格。

如何进行这种计算？我们来看下面的例子：假设今天的汇率（美式标价）是 1.10 美元/欧元，但你预计一年后汇率将变为 1.165 美元/欧元（可能因为你预期美国经济发展将出现不利情况），再假设美元利率为每年 10%，欧元利率为每年 5%，这意味着 1 美元存款一年后值 1.10 美元，而 1 欧元存款一年后值 1.05 欧元，哪一种存款的收益更高？

你可以分五步求出答案。

第一步：用目前的美元/欧元汇率计算出欧元存款（例如 1 欧元存款）的美元价格。如果今天的汇率是每欧元 1.10 美元，则 1 欧元存款的美元价格为 1.10 美元。

第二步：用欧元利率计算出如果现在买入 1 欧元存款一年后将获得的欧元数额。欧元存款的年利率为 5%，所以在年末，1 欧元存款将值 1.05 欧元。

第三步：用你所预期的一年后的汇率计算出第二步中计算得出的欧元的美元价值。由于你预计在未来一年中美元将对欧元贬值，所以 12 个月后的汇率将为 1.165 美元/欧元。于是，你的欧元存款一年后的预期美元价值是 1.165 美元/欧元×1.05 欧元=1.223 美元。

第四步：已知今天的 1 欧元存款的美元价格（1.10 美元）并预测到一年后的价值为 1.223 美元，就可以计算出欧元存款的预期美元收益率为（1.223−1.10）/1.10=0.11 或 11%。

第五步：因为美元存款的美元收益率（美元利率）仅为每年 10%，你预计以欧元存款形式持有你的财富更为有利。尽管事实上美元年利率要比欧元高 5%，欧元的预期升值给欧元持有者带来的未来资本收益会使得欧元存款成为高回报的资产。

一个简单法则

有一种方法可以简化此类计算。首先把美元相对于欧元的**贬值率**（rate of depreciation）定义为美元/欧元汇率的年增长率。在上面这个例子中，美元的预期年贬值率为（1.165−1.10）/1.10=0.059 或约 6%。一旦你算出美元相对于欧元的贬值率，我们的法则即为：欧元存款的美元收益率约等于欧元的利率加上美元相对于欧元的贬值率。换言之，为了把欧元存款的欧元收益转化为美元收益，我们需要在欧元利率的基础上加上欧元的美元价格的年增长率。

在我们的例子中，欧元利率为 5%，美元相对于欧元的预期贬值率约为 6%，两者之和约为 11%，这与我们前面计算出来的欧元存款的美元预期收益率相等。

通过引入一些符号，我们把上面的讨论总结如下：

$R_{€}$=目前的一年期欧元存款利率

$E_{\$/€}$=目前的美元/欧元汇率(每欧元的美元数额)

$E^{e}_{\$/€}$=预期一年后的美元/欧元汇率(每欧元的美元数额)

（最后一个汇率的上标“e”表示人们基于现在所知情况对未来汇率的预测。）

使用这些符号，我们可以将欧元存款的美元预期收益率表示为：欧元利率与美元相对于欧元的预期贬值率之和，即

$$R_€+(E^e_{\$/€}-E_{\$/€})/E_{\$/€}$$

这一预期收益率必须与一年期美元存款利率 $R_\$$ 相比较，才能确定在美元存款或欧元存款中哪一个可以提供更高的预期收益率。[①] 因此，美元存款和欧元存款的预期收益率之差等于 $R_\$$ 减去上面的表达式，即

$$R_\$-[R_€+(E^e_{\$/€}-E_{\$/€})/E_{\$/€}]=R_\$-R_€-(E^e_{\$/€}-E_{\$/€})/E_{\$/€} \qquad (14-1)$$

当这个差为正时，美元存款具有更高的收益率；当其为负时，欧元存款具有更高的收益率。

表 14-3 列出了一些说明性的比较。在第一种情形下美元存款与欧元存款的年利率差为 4%（$R_\$-R_€=0.10-0.06=0.04$），预期汇率的变动为 0，即 $(E^e_{\$/€}-E_{\$/€})/E_{\$/€}=0$。这意味着美元存款的年预期实际收益率比欧元存款的年预期实际收益率高 4%，于是，当其他条件相同时，你会愿意以美元存款而不是欧元存款的方式来储存你的财富。

在第二种情形下利差是一样的（4%），但它刚好被 4%的预期美元的贬值率所抵消，两种资产有着相同的预期收益率。

第三种情形与上述情形有相似之处：4%的利率差不足以抵消 8%的美元预期贬值率，这时市场参与者倾向于选择欧元存款。

在第四种情形下欧元利率较高，利率差为 2%，但是美元相对于欧元的预期年升值率为 4%。因此，美元存款的预期收益率比欧元存款的预期收益率高 2%。

表 14-3 美元存款和欧元存款的美元收益率的比较情况

情形	美元利率 $R_\$$	欧元利率 $R_€$	美元相对于欧元的预期贬值率 $\frac{E^e_{\$/€}-E_{\$/€}}{E_{\$/€}}$	美元存款与欧元存款的收益率差异 $R_\$-R_€-\frac{(E^e_{\$/€}-E_{\$/€})}{E_{\$/€}}$
1	0.10	0.06	0	0.04
2	0.10	0.06	0.04	0
3	0.10	0.06	0.08	−0.04
4	0.10	0.12	−0.04	0.02

至此，我们已经把所有收益都转化成了美元的形式。但是，如果我们选择欧元或其他货币来表示收益，所计算出的收益率之差将是相同的。例如，假设我们希望以欧元来计量美元存款的收益，用我们的简单法则即为美元利率 $R_\$$ 加上欧元相对于美元的预期贬值率。欧元相对于美元的预期贬值率可以近似地表示为美元相对于欧元的预期**升值率**（rate of appreciation），即在美元相对于欧元的预期贬值率前加一个负号。这意味着，以欧元计量的美元存款收益率为

$$R_\$-(E^e_{\$/€}-E_{\$/€})/E_{\$/€}$$

① 如果你用我们讨论过的五步法来精确计算欧元存款的美元预期收益率，你会发现所求即为

$$(1+R_€)+(E^e_{\$/€}/E_{\$/€})-1$$

但是这个准确公式可以重写为

$$R_€+(E^e_{\$/€}-E_{\$/€})/E_{\$/€}+R_€\times(E^e_{\$/€}-E_{\$/€})/E_{\$/€}$$

但当 $R_€\times(E^e_{\$/€}-E_{\$/€})/E_{\$/€}$ 较小时（实际上一般比较小），上面的公式与用简便方法得出的公式非常接近。

上述表达式与$R_€$之差等于式（14-1）。因此，只要我们用单一货币来计量，选择美元还是选择欧元对我们的比较结果并不会产生什么影响。

外汇市场的收益、风险与流动性

我们已经论述过，储蓄者在决定持有哪一种资产时要考虑资产的风险、流动性以及预期实际收益率。同样，对外汇资产的需求不仅取决于收益，也取决于风险和流动性。例如，即使欧元存款的预期美元收益比美元存款更高，如果欧元存款的收益变化无常，人们可能也不愿意持有欧元存款。

对于外汇市场风险的重要性，经济学家们并没有达成共识，甚至对“外汇风险”的定义仍然存在着争议。为了避免卷入过分复杂的讨论之中，我们假设：无论以何种货币形式存款，所有存款的实际收益的风险都是一样的。换言之，我们假定风险差异不影响对外汇资产的需求。然而，我们将在第18章中更加详细地讨论外汇风险的作用。①

在决定持有何种货币时，一些市场参与者可能会受到流动性因素的影响。大多数这类参与者是进行国际贸易的公司和个人。例如，一个进口法国商品的美国商人可能发现持有欧元进行日常支付比较方便，即使当欧元比美元的预期收益率低时也是如此。但是，与国际贸易相联系的支付活动仅占外汇交易总量的很小一部分，因此，我们可以忽略持有外汇的流动性动机。

因此，我们可以假设外汇市场参与者对外汇资产的需求完全取决于对不同资产预期收益率的比较。上述假设的主要目的是为了简化分析，使我们便于分析外汇市场的汇率决定机制。另外，在下面各章对国际宏观经济问题的讨论中，风险和流动性动机对外汇持有量的影响似乎也只是第二位的。

外汇市场均衡

现在，我们运用已学过的外汇资产需求知识来描述汇率是如何决定的。我们将揭示，如果市场在某个汇率水平上出清，那么在该汇率水平上市场参与者将愿意持有现有的所有各种货币存款。当市场参与者愿意持有现有的所有各种货币存款时，我们称外汇市场处于均衡状态。

本节对汇率决定的描述仅仅是第一步。只有在研究了外汇市场参与者如何形成对未来汇率的预期之后，我们才能给出对现有汇率水平的全面解释。在接下来的两章我们将研究影响汇率预期的因素。但是现在，我们把预期汇率视为给定的。

利率平价：基本均衡条件

当所有货币存款都提供相同的预期收益率时，外汇市场处于均衡状态。用相同货币衡量的任意两种货币存款的预期收益率相等，这种状况被称为**利率平价条件**（interest parity condition）。这一条件意味着，外汇存款的潜在持有者把所有外汇存款都视为有同等持有意愿的资产。

让我们来看一看为什么只有当利率平价条件满足时，外汇市场才能处于均衡状态。假设美元利率为10%，欧元利率为6%，但是美元相对于欧元的年预期贬值率为8%（这是表14-3中的第三种情形）。在这种情形下欧元存款的年收益率比美元存款高4%。在上一节中我们假定人们总是愿意持有有最高预期收益率的货币存款。这意味着，如果欧元存款比美元存款的预期收益率高4%，没

① 在讨论即期和远期外汇交易时，一些教科书对下面两种参与者进行了区分：外汇“投机者”——声称仅关心预期收益的投资者；外汇“对冲者”——关心回避风险的市场参与者。但我们没有采用这种传统的区分，因为这种区分可能会产生误导：由于在汇率决定中投机动机和对冲动机都具有潜在的重要性，同一个人如果既关心收益又关心风险，则可以既是投资者又是对冲者。我们假定风险对外汇资产需求的决定并不重要，换句话说，持有外汇的投机动机比对冲动机重要得多。

有人会愿意继续持有美元存款，而且美元存款的持有者也会试图卖出美元存款并买入欧元存款。因此，外汇市场就会出现美元存款的过度供给和欧元存款的过度需求。

作为一个对比的例子，假设美元存款仍旧保持 10%的利率，但欧元存款的利率为 12%，美元相对于欧元的年预期升值率为 4%（这是表 14-3 中的第四种情形）。现在，美元存款的收益率高出了 2%。在这种情况下没有人愿意持有欧元存款，于是就会出现欧元存款的过度供给和美元存款的过度需求。

但是当美元利率为 10%、欧元利率为 6%、美元相对于欧元有 4%的年贬值率时，美元存款和欧元存款的收益率就会相等，外汇市场参与者就会愿意持有其中任意一种货币的存款（这是表 14-3 中的第二种情形）。

只有当所有货币的预期收益率都相等时，即当利率平价条件得以满足时，才不会存在一种货币存款的过度供给、另一种货币存款的过度需求现象。只有当所有货币存款都不存在过度供给和过度需求时，外汇市场才能处于均衡状态。因此，我们认为：只有当利率平价条件得以满足时，外汇市场才能处于均衡状态。

我们可以使用表达式（14-1）表示美元存款和欧元存款之间的利率平价。该式表示的是以美元计价的两种资产的预期收益率的差异。当

$$R_{\$}=R_{€}+(E^{e}_{\$/€}-E_{\$/€})/E_{\$/€} \tag{14-2}$$

时，预期收益率相等。

你可能会认为，当美元存款比欧元存款提供的收益更高时，投资者都试图把资金转化为美元，美元会相对于欧元升值；反之，当欧元存款比美元存款提供的收益更高时，美元会相对于欧元贬值。这种直觉恰好是正确的。但是，为理解其中的运行机制，我们必须认真研究此类汇率变动如何有助于保持外汇市场的均衡。

当前汇率变动如何影响预期收益？

作为理解外汇市场如何达到均衡的第一步，我们将考察当利率与对未来汇率的预期保持不变时，当前的汇率变动是如何影响外汇存款的预期收益的。我们的分析将指出：在其他条件相同时，本国货币的贬值会降低外汇存款的预期本币收益率；反之，本币的升值在其他条件相同时会使外汇存款的预期本币收益率上升。

我们从一个例子入手来理解为什么存在这种关系。当其他条件相同时，当前美元/欧元汇率的变动会如何改变欧元存款的预期美元收益呢？假设当前的美元/欧元汇率为每欧元 1.00 美元，你预期在明年的今天汇率将变为每欧元 1.05 美元。因此，美元相对于欧元的年预期贬值率为（1.05－1.00)/1.00＝0.05 或 5%。这意味着：当你买入 1 欧元存款时，你不仅可以获得利息 $R_{€}$，而且可以获得 5%的美元“奖金”。现在，假定目前汇率突然上升至每欧元 1.03 美元（美元贬值，欧元升值），但是预期汇率仍为每欧元 1.05 美元。你本希望从欧元的美元价值上升中获得的“奖金”又会怎样变化呢？美元的年预期贬值率现在仅为（1.05－1.03)/1.03＝0.019 或 1.9%，并不是 5%。由于 $R_{€}$ 没有变化，欧元存款的美元年收益率——$R_{€}$ 与美元年预期贬值率之和——下降了 3.1%。

在表 14-4 中，我们根据不同的当前美元/欧元汇率水平 $E_{\$/€}$ 分别计算出欧元存款的美元收益，其中假定对未来的预期汇率保持不变，仍为每欧元 1.05 美元，欧元年利率也保持不变，仍为 5%。你可以看到，当前美元/欧元汇率的上升（美元相对于欧元的贬值）总会使得欧元存款的预期美元收益率降低（正如本例所示）；当前美元/欧元汇率的下降（美元相对于欧元的升值）总会使得欧元存款的预期美元收益率上升。

表 14-4	当 $E^e_{\$/€}=1.05$ 美元/欧元时，当前美元/欧元汇率和欧元存款的预期美元收益率		
当前美元/欧元汇率	欧元存款的利率	美元相对于欧元的预期贬值率	欧元存款的预期美元收益率
$E_{\$/€}$	$R_€$	$\frac{1.05-E_{\$/€}}{E_{\$/€}}$	$R_€+\frac{1.05-E_{\$/€}}{E_{\$/€}}$
1.07	0.05	−0.019	0.031
1.05	0.05	0	0.050
1.03	0.05	0.019	0.069
1.02	0.05	0.029	0.079
1.00	0.05	0.050	0.100

美元相对于欧元的贬值会使得欧元存款相对于美元存款的吸引力下降（欧元存款的预期美元收益率下降）；而美元相对于欧元的升值会使得欧元存款的吸引力上升。这也许与你的直觉不一致。如果你还记得我们前面假定美元/欧元预期汇率和利率均不变，上面的结论就不那么难以理解了。例如，当前美元的贬值意味着美元只需再有一个较小幅度的贬值，就可以达到任何给定的预期水平。如果当前美元贬值而预期美元/欧元汇率保持不变，美元相对于欧元的预期贬值就会降低，或者美元相对于欧元的预期升值就会增加。由于利率也保持不变，所以当前美元的贬值会使欧元存款相对于美元存款的吸引力下降。

换言之，当汇率预期和利率不变时，当前美元的贬值并不会改变欧元存款的预期美元支付，但会使得欧元存款的当前美元成本上升。这种变化通常会使欧元存款相对于美元存款的吸引力下降。

虽然未来的预期汇率不发生变动，但当前的汇率则可能变动，这或许也与你的直觉不一致。我们将在本书的后面讨论两个汇率同时变动的情况。然而，在我们目前的讨论中，仍保持预期汇率不变，因为这是阐明当前汇率对预期收益的作用的最简明方法。如果你将当前汇率的变动想象为一个暂时变动，可能有助于你理解这个问题。这一变动非常短暂，对下一年的预期汇率没有任何影响。

图 14-3 是表 14-4 中计算结果的图示，将有助于分析汇率的决定。图中的纵轴度量当前的美元/欧元汇率，横轴度量欧元存款的预期美元收益率。当对未来的美元/欧元汇率预期和欧元利率一定时，我们可用一条向下倾斜的曲线来表示当前的美元/欧元汇率和欧元存款的预期美元收益率之间的关系。

均衡汇率

我们已经知道为什么外汇市场处于均衡状态时必须满足利率平价条件以及当前汇率是如何影响外汇存款的预期收益的，现在我们开始讨论均衡汇率是如何决定的。我们的主要结论将是汇率总是在不断调整以维持利率平价。在分析中我们将继续假定美元利率 $R_\$$、欧元利率 $R_€$ 以及预期美元/欧元汇率 $E^e_{\$/€}$ 都是给定的。

图 14-3　当前美元/欧元汇率与欧元存款的预期美元收益率之间的关系

说明：给定美元/欧元预期汇率 $E^e_{\$/€}=1.05$ 和欧元存款利率 $R_€=0.05$，美元升值会提高欧元存款以美元衡量的预期收益率。

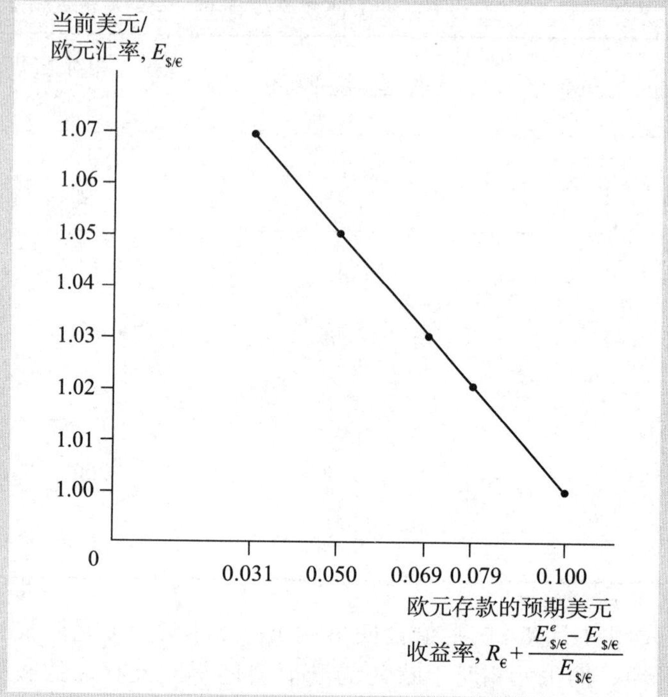

图 14-4 说明了美元/欧元均衡汇率是如何在上述假定下被决定的。图中的垂线表示给定水平的美元利率 $R_\$$，即美元存款的美元收益。向下倾斜的曲线说明欧元存款的美元预期收益率如何取决于当前的美元/欧元汇率；第二条曲线与图 14-3 中的对应曲线的导出过程相同。

美元/欧元的均衡汇率为两条曲线的交点（点 1），即为 $E^1_{\$/€}$。在这个汇率水平下美元和欧元的资产收益相等，因此利率平价条件（14-2）得到满足。

$$R_\$=R_€+(E^e_{\$/€}-E^1_{\$/€})/E^1_{\$/€}$$

图 14-4　美元/欧元均衡汇率的决定

说明：在点 1，外汇市场达到均衡，美元和欧元的美元收益率相同。

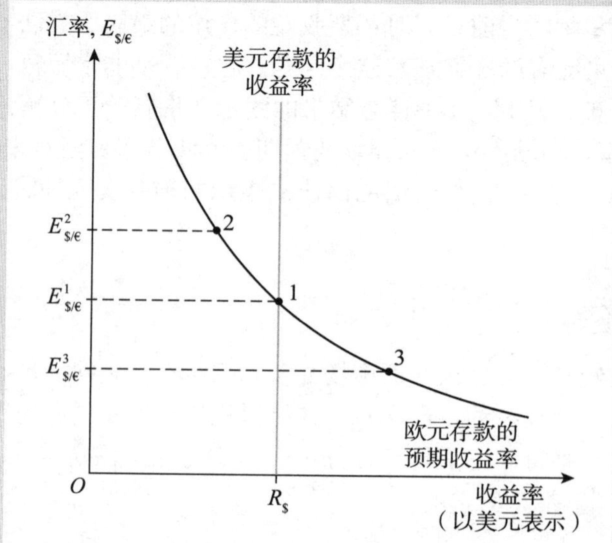

让我们来看一看，如果汇率最初处于其他水平，如点 2 或点 3，为什么最终会趋向于在点 1 上稳定下来。首先，假设汇率最初处于点 2，汇率为 $E^2_{\$/€}$。度量欧元存款预期美元收益率的向下倾斜的曲线告诉我们，在汇率为 $E^2_{\$/€}$ 时，欧元存款的收益率比美元存款的收益率低。在这种情况下，持有欧元存款的人都想卖出欧元存款并买入收益更高的美元存款。外汇市场处于不均衡状态，因为像银行、跨国公司等参与者不愿意持有欧元存款。

那么，汇率是如何调整的呢？欧元存款持有者试图卖出欧元存款并买入美元存款，但是，当汇率为 $E^2_{\$/€}$ 时，美元存款的收益率比欧元存款的收益率高，没有美元存款持有者愿意在这一汇率水平上卖出美元存款。为了吸引美元持有者与之交易，欧元持有者就必须提出更优惠的价格来购买美元，美元/欧元汇率就会朝 $E^1_{\$/€}$ 下降，即欧元的美元价格变得便宜起来。一旦汇率到达 $E^1_{\$/€}$，欧元存款和美元存款就能够获得相等的收益，欧元存款持有者就不会再有卖出欧元存款并买入美元存款的动力，所以外汇市场达到均衡状态。在汇率由 $E^2_{\$/€}$ 降至 $E^1_{\$/€}$ 的过程中，美元预期贬值率的上升会使欧元存款的吸引力上升。

如果最初从点 3 开始，汇率为 $E^3_{\$/€}$，上述过程就会反向进行。在点 3，欧元存款的收益率超过了美元存款的收益率，于是美元存款会出现过度供给。这时，不愿意继续持有美元存款的人会愿意买入更具吸引力的欧元存款，欧元存款的美元价格将趋于上涨，即美元相对于欧元贬值。当汇率移到 $E^1_{\$/€}$ 时，两种货币的收益率相等，外汇市场处于均衡状态。美元从 $E^3_{\$/€}$ 到 $E^1_{\$/€}$ 的贬值会使美元在未来进一步贬值的预期下降，从而使欧元存款相对于美元存款的吸引力下降。①

利率、预期与均衡

在讨论了汇率如何由利率平价决定之后，我们现在开始研究利率变动和预期汇率变动如何影响当前汇率，这两个因素我们在前面的讨论中视为是不变的。我们将看到，影响两种资产的预期收益率的这两种因素是怎样对汇率（两种资产的相对价格）产生影响的。

利率变动对当前汇率的影响

我们经常从报纸上看到如下说法：美国利率的上升会使美元升值，或美国利率的下降会使美元贬值。我们可以用对外汇市场的分析来解释这些说法吗？

为了回答这一问题，我们又一次求助于图解。在图 14－5 中，随着垂直的美元存款收益率曲线向右移动，美元利率从 $R^1_{\$}$ 上升到 $R^2_{\$}$。

在原来的汇率 $E^1_{\$/€}$ 处，美元存款比欧元存款的预期收益率高，两者之差等于点 1 到点 1′的距离。正如我们已经看到的，这个差额会使美元升值到 $E^2_{\$/€}$（点 2）。因为欧元利率、预期汇率都没有变动，所以当前美元升值会使美元的预期贬值率上升，从而使欧元存款的预期美元收益率上升。

图 14－6 揭示了欧元利率 $R_€$ 上升的影响。这一变动会使向下倾斜的曲线（用来度量欧元存款的预期美元收益率）向右移动。（欲知原因，请考虑一下：在当前汇率与预期汇率一定时，欧元利率上升是如何改变欧元存款的美元收益率的。）

---

① 我们可以从欧洲的角度进行图解，纵轴为欧元/美元汇率 $E_{€/\$}$（$=1/E_{\$/€}$），通过 $R_€$ 的垂线表示的是欧元存款的欧元收益率；向下倾斜的曲线表示的是美元存款的欧元收益率是如何随 $E_{€/\$}$ 而变化的。本章末的练习将要求你用这种方法来研究外汇市场均衡，求出与教材中给出的方法一致的答案。

图 14－5　美元利率上升的影响

说明：美元存款的利率从 $R_{\$}^{1}$ 上升到 $R_{\$}^{2}$ 会引起美元升值，汇率从 $E_{\$/€}^{1}$（点 1）移动到 $E_{\$/€}^{2}$（点 2）。

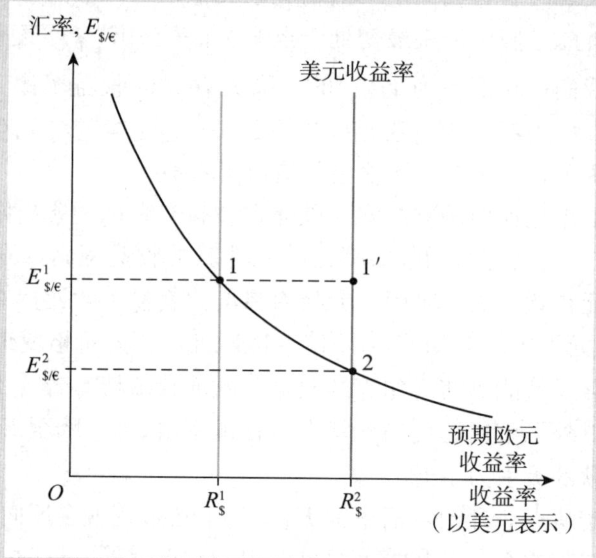

图 14－6　欧元利率上升的影响

说明：支付给欧元存款的利率上升会导致美元从 $E_{\$/€}^{1}$（点 1）贬值到 $E_{\$/€}^{2}$（点 2）。（本图也可用来说明美元/欧元预期汇率上升的影响。）

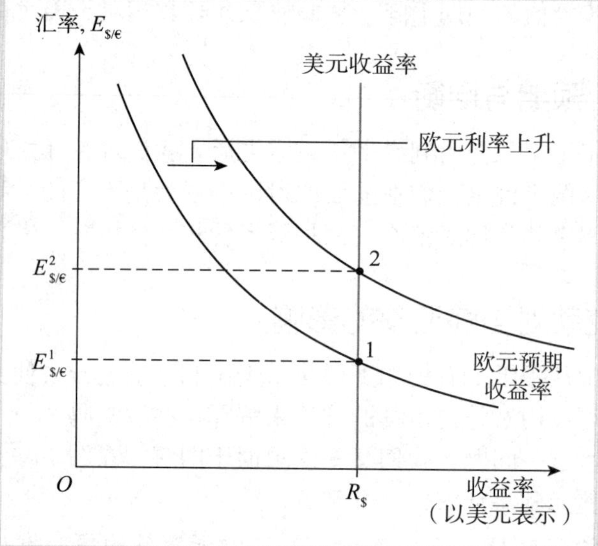

在初始汇率 $E_{\$/€}^{1}$ 处，美元的预期贬值率与 $R_{€}$ 上升前是一样的，因此，欧元存款的预期收益率现在超过了美元存款的预期收益率。美元/欧元汇率的上升（$E_{\$/€}^{1}$ 到 $E_{\$/€}^{2}$）可以消除点 1 的美元过度供给——美元相对于欧元的贬值会使欧元存款的预期美元收益率下降，从而使美元资产的过度供给得以消除。所以，欧元利率上升会使美元相对于欧元贬值，或从欧洲的角度来看，会使欧元相对于美元升值。

我们的讨论说明，当其他条件相同时，一种货币存款利率上升，会使该种货币相对于外国货币升值。

在给报纸上有关利率对汇率作用的看法下结论之前我们必须记住，预期汇率不变这一前提常常是不现实的。在许多情况下，利率的变动会伴随着预期汇率的变动。反过来，预期汇率的变动又取决于导致利率变动的经济原因。我们将在第 16 章中比较利率与预期汇率的几种可能关系。请记住，在现实世界中，除非我们知道利率为什么会变动，否则我们将不能预测利率变动对汇率产生的影响。

预期变动对当前汇率的影响

图 14－6 也可用于研究预期美元/欧元汇率 $E^e_{\$/€}$ 上升对当前汇率的影响。

给定当前汇率，欧元的预期美元价格上升会使美元的预期贬值率上升。例如，如果当前汇率为每欧元 1.00 美元，一年后的预期汇率为每欧元 1.05 美元，则美元相对于欧元的预期贬值率为 (1.05－1.00)/1.00＝0.05；如果预期汇率现在上升为每欧元 1.06 美元，则预期贬值率也会上升，为 (1.06－1.00)/1.00＝0.06。

因为美元的预期贬值率上升会使欧元存款的预期美元收益率提高，所以向下倾斜的曲线会向右移动，如图 14－6 所示。在初始汇率 $E^1_{\$/€}$ 处，存在美元存款的过度供给：欧元存款比美元存款的预期收益率高（以美元计算）。因此，美元相对于欧元会出现贬值，直至达到均衡（点 2）为止。

我们因此得出结论：当其他条件相同时，预期汇率的上升会使当前的汇率上升；同样，预期汇率的下降会使当前的汇率下降。

❖案例分析　什么解释了套利交易？

在 2000 年之后，日元利率接近 0（如图 14－2 所示），而澳元的利率呈现正的态势，截至 2008 年春季澳元利率攀升至每年 7%。虽然可能因此使得借入日元投资澳元债券具有吸引力，但利率平价条件表明这种策略不会连续盈利：一般来说，澳元的利率优势不会被日元的相对升值抵消吗？

尽管如此，实际上从日本家庭主妇到复杂的对冲基金等市场参与者都奉行这一策略：投资数十亿澳元，促使货币相对于日元价值上升而不是下降。更普遍的是，国际投资者经常借入低利率货币（称为“融资货币”），买入高利率货币（称为“投资货币”），结果是在长期内可以盈利。这个活动被称为套利交易。当国际利率差异巨大时套利交易规模将会很大，所以一般不可能准确记录套利交易头寸的程度。套利交易的盛行是否证明了利率平价是错的？

真实的回答是，当利率平价在实践中不能完全成立时——部分是因为以上所提到的风险和流动性因素——经济学家仍然努力了解套利交易是否需要附加解释。他们的工作很可能将进一步阐释金融市场特别是外汇市场的运作。

套利交易的一个重要风险是投资货币（高利率货币是套利者的目标）可能会经历突然崩溃。图 14－7 说明了外汇市场的这个特征。最初的投资是在 2002 年最后一个季度，比较在不同的投资周期投资 100 日元在日元债券和澳元债券上的累计收益。正如你在图中所看到的，日元投资收益率几乎为零，而澳元投资收益可观，不仅是因为澳元具有高利率，而且是因为 2008 年夏天日元对澳元价格下跌。但在 2008 年 7—12 月，澳元对日元价格下跌，从 1 澳元兑 104 日元下跌到 1 澳元兑 61 日元。如图 14－7 所示，这次下跌没有完全消除套利策略的收益——如果这种策略很早就开始了！当然，例如，在 2007 年，任何晚进行套利交易的人盈利都会很差。相反，任何足够精明的人若能在 2008 年 6 月解除策略，那么在 5 年半的时间里他的钱将翻一番。套利交易显然是一个风险非常高的业务。

从这种模式中我们得到一些启示。假设投资者预期澳元每年逐渐升值 1%的可能性很大（可能性为 90%），还有 10%的可能性贬值 40%。澳元的预期升值率是：

$$预期升值率＝0.9\times1－0.1\times40＝－3.1\%/年$$

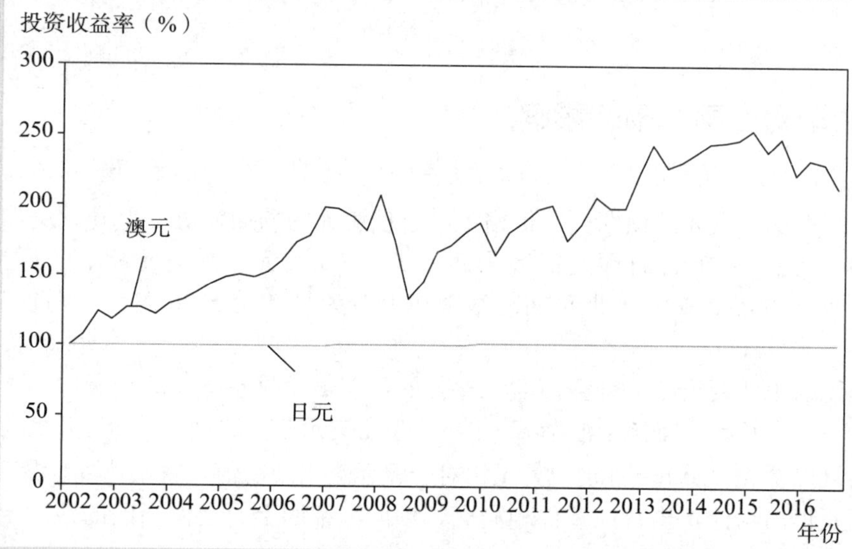

图 14-7　2003—2016 年澳元相比于日元的总累计投资收益率

说明：一般来说，澳元/日元套利交易是有利可图的，但容易遭受突然的大幅逆转，如 2008 年所发生的情况。

资料来源：汇率及 3 月期国库券收益率来自 Global Financial Data。

负的预期升值率意味着实际上日元对澳元一般预期升值。而且，在投资的第一个六年出现崩溃的可能性只有 $1-(0.9)^6=1-0.53=47\%$，低于 50%。[①] 由此产生的复利收益率的模式看起来很像图 14-7 所显示的那样。以上这些计算都是提示性的，虽然它们不可能解释套利交易收益的全部幅度，但研究人员已经发现投资货币尤其可能遭受突然崩溃，而融资货币会急剧升值。[②]

基于风险考虑和流动性的补充解释已经很先进了。通常来说，在金融危机中其他财富迅速丧失，流动性强的现金显得尤为可贵，汇率会出现突然变动。在那样的情况下，套利交易头寸的损失格外惨重，可能会迫使交易者抛售其他亏本资产。[③] 在后面的章节中我们会详细论及金融危机，但是目前我们只需注意到 2008 年末的澳元崩溃发生在严重的全球金融危机期间。

当出现大额套利交易头寸时，负责国际经济政策的政府官员会失眠。在早期阶段，套利交易动态将推高投资货币，当投资者涌入后，增强了越来越大的投资货币突然贬值的风险。这使得当投资货币突然贬值时，乱了分寸的投资者将争相偿还融资贷款，崩溃则变得更严重。一般来说，汇率波动越大，大交易商损失的可能性越大，对股票市场、债券市场、银行拆借市场造成的负面影响也越大。

提　要

1. 汇率是一国货币用另一国货币表示的价格。汇率在支出决策中具有一定作用，因为汇率使我们能够把不同国家的价格转化为可比形式。当其他条件相同时，一国货币相对于外国货币贬值（外国货币的本国货币

---

① 如果崩溃是一段时间中的独立事件，六年内崩溃不会出现的可能性是 $(0.9)^6$。因此，六年内崩溃出现的可能性是 $1-(0.9)^6$。

② 参见 Markus K. Brunnermeier，Stefan Nagel，and Lasse H. Pedersen，"Carry Trades and Currency Crashes，" *NBER Macroeconomics Annual* 23 (2008)，pp. 313-347。正如 Menzie Chinn 在文章中说明的，这些发现显然符合利率平价条件在相当长时期内的更大的成功经验。"The (Partial) Rehabilitation of Interest Rate Parity in the Floating Rate Era：Longer Horizons，Alternative Expectations，and Emerging Markets，" *Journal of International Money and Finance* 25 (February 2006)，pp. 7-21。

③ 参见 Brunnermeier et al.，ibid，Craig Burnside，"Carry Trades and Risk，" in Jessica James，Ian Marsh，and Lucio Sarno，eds.，*Handbook of Exchange Rates* (Hoboken，NJ：John Wiley & Sons，2012)，pp. 283-312。

价格上升）会使本国出口的商品更加便宜，进口的商品更加昂贵。一国货币的升值（外国货币的本国货币价格下降）会使本国出口的商品更加昂贵，进口的商品更加便宜。

2. 汇率由外汇市场决定。外汇市场的主要参与者为商业银行、跨国公司、非银行金融机构以及国家中央银行。商业银行在外汇市场上起着关键作用，因为商业银行可以使得付息的银行存款之间的交换变得比较方便，这种交换是外汇交易的主体部分。外汇交易是在全球众多不同的金融中心进行的，现代电信技术使得这些金融中心相互联系，形成了一个 24 小时不停运转的统一市场。远期交易是一类重要的外汇交易，交易各方同意在未来某个日期以事先商定的汇率进行交易。相比之下，即期交易（实际上）是立刻进行的。

3. 因为汇率是两种资产的相对价格，汇率自身最适于被视为一种资产价格。资产价格的基本原则是，一种资产的现值取决于对这种资产的未来购买力的预期。在对一种资产进行评价时，储蓄者要考虑这种资产的预期收益率，即所投资的资产价值在一定时期内的预期增长率。可以用几种不同方式来度量一种资产的预期收益率，每一种都取决于资产价值的计量单位。储蓄者关心的是资产的预期实际收益率，即用具有代表性的产品篮子表示的资产价值的预期上升率。

4. 当一种资产的相对收益也很重要时（例如在外汇市场中），就应该用同一种货币对各种资产货币价值的预期变动进行比较。如果风险和流动性对外汇资产需求不会产生很大影响，外汇市场的参与者就总是愿意持有具有最高预期收益率的资产。

5. 在外汇市场上交易的各种货币存款的收益取决于利率和预期汇率的变动。例如，为了比较美元存款和欧元存款的预期收益率，欧元存款的收益率就必须等于用美元表示的欧元存款利率加上在欧元持有期间内美元相对于欧元的预期贬值率（或欧元相对于美元的预期升值率）。

6. 外汇市场的均衡需要满足利率平价条件；也就是说，当收益用可比形式计量时，所有货币存款都必须能获得同等的预期收益率。

7. 当利率和预期汇率一定时，由利率平价条件可以确定当前的均衡汇率。例如，当欧元存款的预期收益率比美元存款更高时，美元相对于欧元就会立即贬值。当其他条件相同时，当前美元的贬值会减少美元相对于欧元的预期贬值率，从而会降低欧元存款的预期美元收益率。同样，当欧元存款的预期收益率低于美元存款的预期收益率时，美元相对于欧元就会立即升值。当其他条件相同时，当前美元的升值会增加美元相对于欧元的预期贬值率，从而增加欧元存款的吸引力。

8. 当其他条件相同时，美元利率的上升会使美元相对于欧元升值；欧元利率上升会使美元相对于欧元贬值。当前汇率也受预期汇率水平影响。例如，当利率不变时，如果美元/欧元预期汇率上升，当前的美元/欧元汇率也会上升。

关键术语

升值	套利	贬值	汇率
外汇市场	远期汇率	银行间交易	利率平价条件
利率	流动性	升值率	贬值率
收益率	实际收益率	风险	即期汇率
媒介货币			

习 题

1. 在慕尼黑，一根多味腊肠卖 5 欧元；在波士顿的芬维公园，一个热狗卖 4 美元。当汇率为每欧元 1.05 美元时，以热狗表示的多味腊肠的价格是多少？当其他条件相同而美元贬值为每欧元 1.25 美元时，相对价格会如何变化？与最初的情况相比，热狗相对于多味腊肠是变贵了还是变便宜了？

2. 套算汇率是与其他货币的汇率报价，而不是与美元的汇率报价。如果你回到表 14－1，你会注意到表中不仅列出了对美元的汇率，也列出了对欧元和英镑的套算汇率。我们可以从美元/法郎汇率和美元/新谢克尔汇率中获得瑞士法郎/新谢克尔汇率，排除了一个潜在的有利可图的套利策略，即“三角套利”。例如，假设一新谢克尔的瑞士法郎价格低于一美元的瑞士法郎价格乘以一新谢克尔的美元价格。解释一下原因：用美元购买新瑞士法郎和用法郎购买新谢克尔而不是用美元购买新谢克尔更便宜。因而，假设情形提供了一个无风险的套利机会，与利润最大化不符。

3. 表 14－1 不仅详细说明了美元的汇率，也详细说明了欧元和英镑的汇率。(每一行分别给出了根据不同货币计算的美元、欧元、英镑的价格。) 同时，该表给出了欧元的即期美元价格（每欧元 1.133 2 美元）和英镑的即期美元价格（每英镑 1.451 8 美元）。从表中挑选任意五种货币，说明三种（用美元、欧元和英镑）标价的即期汇率几乎排除了三角套利。为什么我们需要使用“几乎”一词？

4. 石油在世界市场上出售，并且通常是以美元标价。日本的新日铁化学集团为了生产塑料以及其他产品必须进口石油。那么当日元相对于美元贬值时，集团的利润将受到怎样的影响？

5. 计算下列资产的美元收益率：

a. 在一年里，一幅画的价格从 20 万美元升至 25 万美元。

b. 一瓶珍贵的勃艮第葡萄酒在 2013—2014 年的价格由 255 美元升至 275 美元。

c. 将 10 000 英镑的一年期存款存入一家伦敦银行，英镑利率为 10%，美元/英镑汇率由每英镑 1.50 美元变为每英镑 1.38 美元。

6. 如果上题中所有资产的美元价格同时提高 10%，实际收益率将是多少？

7. 假设美元利率和英镑利率均为每年 5%。当前的美元/英镑均衡汇率与预期美元/英镑汇率之间有什么联系？假设预期美元/英镑汇率为每英镑 1.52 美元并保持不变，英国的年利率升至 10%。如果美国的利率仍然保持不变，那么新的均衡汇率是多少？

8. 资产市场的交易者突然获悉，美元利率不久将下降。假定当前的美元存款利率和欧元存款利率均保持不变，用本章的图形分析确定这一消息对于当前美元/欧元汇率的影响。

9. 我们可以从欧洲的角度来对外汇市场进行图形分析。此时，图的纵轴为欧元/美元汇率 $E_{\$/€}$ ($=1\$/E_{€/\$}$)，垂线 $R_€$ 表示欧元存款的欧元收益，向下倾斜的曲线表示美元存款的欧元收益与欧元/美元汇率 $E_{€/\$}$ 的关系。画出这种情况下的外汇市场均衡图，并用此图来研究利率和预期汇率变动的影响。你的答案与我们前面讨论过的一致吗？

10. 下列报道摘自《纽约时报》1989 年 8 月 7 日的《美元坚挺的惊讶》(Dollar's Strength a Surprise) 一文：

> 但是，现在有一种观点认为，经济正在朝“软着陆”的方向运动，经济增长明显放慢，通货膨胀率降低，但衰退并没有发生。
>
> 这种前景对美元是有利的。原因有二：第一，“软着陆”不像衰退那样具有破坏作用，因此，对美元起支持作用的外国投资很可能持续下去。
>
> 第二，“软着陆”不会迫使美联储为刺激增长而降低利率。利率下降会对美元产生贬值的压力，这是因为利率下降会使美元证券对外国人的吸引力下降，促使人们卖出美元。此外，由“软着陆”预期而产生的乐观情绪甚至可以抵消一些由利率下降带给美元的压力。

a. 试用本章所学的汇率决定模型解释报道的第三段。

b. 还有什么汇率决定因素有助于解释第二段？

11. 假设美元相对于欧元和日元的汇率的变化相同，但是当你的其他财富收益率出乎意料地升高时，欧元相对于美元却意外地贬值，而日元则突然升值。作为一个美国公民，你认为欧元和日元这两种货币哪一种的风险更大？

12. 本章的讨论是否使你认为美元存款的流动性特征可能与其他货币有所差异？如果你认为这一差异存在，这一差异是如何影响利率差异的（例如美元存款和墨西哥比索存款的利率差异）？你是否认为，经过一段时间后，欧元存款的流动性会有变化？

13. 1979 年 10 月，美国中央银行（美联储）宣布，在限制美元利率波动方面，它将不再扮演一个积极的角色。这个新政策实施后，美元相对于外国货币的汇率变得更加多变。从我们对外汇市场的分析中可以找到这两个事件之间的联系吗？

14. 假设世界上每一个人都对利息收入和因汇率改变而产生的资本收益支付 $\tau\%$的税，这项税收会对利率平价条件的分析产生什么影响？如果此项税收只针对利息收入，而不适用于资本收益，即不对资本收益征税，这时的情况又会怎样？

15. 假设一年的远期美元/欧元汇率是每欧元 1.26 美元，即期汇率为每欧元 1.2 美元，欧元的远期升水（或美元的远期贴水）是多少？一年期美元存款利率和一年期欧元存款利率之差是多少（假设不存在政治风险）？

16. 欧元作为欧洲的单一货币于 1999 年 1 月问世，它替代了欧盟 11 个成员国的货币，其中包括法国、德国、意大利、西班牙（但不包括英国，见第 21 章）。你认为在欧元被推出之后，以欧元计价的外汇交易价值是高于还是低于 1999 年以前以原来 11 国的本国货币计价的外汇交易价值？请加以解释。

17. 跨国公司通常在很多国家都设有工厂。因此，为了适应不同的经济发展水平，它们可以将生产从成本高的地点转移到成本低的地点——以本国为总部的公司将其生产流程的一部分转移到国外的现象被称为外包。如果美元贬值，那么你会预期这对美国公司的外包意味着什么？解释原因并举个例子。

18. 2008 年底美国 3 个月期国债的利率下降到一个非常低的水平，并在几年内保持在这一水平。在圣路易斯联邦储备银行的联邦经济数据中找到 2009 年 1 月到 2016 年 12 月 3 个月期国债的利率数据；从韩国央行经济统计系统中找到美元兑韩元的汇率数据，网址是：http://ecos.bok.or.kr/flex/EasySearch_e.jsp；同样从韩国央行经济统计系统中找到韩国 91 天期货币稳定债券的利率。设想一下，你以国债利率借入美元投资韩国货币稳定债券，因而套利会使你遭受韩元、美元汇率波动的风险。如教材中的案例分析一样，计算 2009 年 2 月到 2016 年 12 月每月的套利总收入。

19. 本章解释了当本国货币贬值时出口商欢呼的原因。同时，国内消费者发现他们需要支付更高的价格，所以当货币贬值时他们会失望。为什么出口商经常胜利，致使政府似乎经常欢迎贬值而试图避免升值？（提示：类比保护性关税进行思考。）

延伸阅读

Sam Y. Cross. *All About the Foreign Exchange Market in the United States*. New York：Books for Business，2002. 这是了解美国市场的一个基本文献。

Wenxin Du，Alexander Tepper，and Adrien Verdelhan. "Deviations from Covered Interest Parity." Mimeo，June 2016，available at SSRN：http：//ssrn.com/abstract=2768207. 该文献证明了银行压力和抵补利率平价之间的关系。

Federal Reserve Bank of New York. *The Basics of Foreign Trade and Exchange*，at http：//www.ny.frb.org/education/fx/index.html. 该文献广泛讨论了汇率市场及其作用，并提供了许多有用的网络链接。

Philipp Hartmann. *Currency Competition and Foreign Exchange Markets：The Dollar，the Yen and the Euro*. Cambridge：Cambridge University Press，1999. 该文献从微观角度对国际货币在世界贸易和资产市场中的作用进行了理论和实证分析。

John Maynard Keynes. *A Tract on Monetary Reform*，Chapter 3. London：MacMillan，1923. 该文献对远期汇率市场和抵补利率平价进行了经典分析。

Michael R. King，Carol Osler，and Dagfinn Rime. "Foreign Exchange Market Structure，Players，and Evolution，" in Jessica James，Ian Marsh，and Lucio Sarno，eds.，*Handbook of Exchange Rates*. Hoboken，NJ：John Wiley & Sons，2012，pp. 3－44. 该文献对汇率市场结构做了最新的综述。

Paul R. Krugman. "The International Role of the Dollar：Theory and Prospect，" in John F. O. Bilson and Richard C. Marston，eds. *Exchange Rate Theory and Practice*. Chicago：University of Chicago Press，1984，pp. 261－278. 该文献对美元的国际货币地位进行了理论和实证分析。

Richard M. Levich. *International Financial Markets: Prices and Policies*, 2nd edition. Boston: Irwin McGraw-Hill, 2001. 该文献中的第 3～8 章聚焦于外汇市场。

Michael Mussa. "Empirical Regularities in the Behavior of Exchange Rates and Theories of the Foreign Exchange Market," in Karl Brunner and Allan H. Meltzer, eds., *Policies for Employment, Prices and Exchange Rates*, Carnegie-Rochester Conference Series on Public Policy 11. Amsterdam: North-Holland, 1979, pp. 9－57. 该经典文献考察了汇率决定的资产价格方法的实证基础。

David Sawyer. "Continuous Linked Settlement (CLS) and Foreign Exchange Settlement Risk." *Financial Stability Review* 17 (December 2004), pp. 86－92. 该文献描述了用于快速结算外汇交易的连续链接结算系统的功能及存在基础。

Julian Walmsley. *The Foreign Exchange and Money Markets Guide*, 2nd edition. New York: John Wiley and Sons, 2000. 这是一本关于外汇市场方法及机构的基础教材。

Tim Weithers. *Foreign Exchange: A Practical Guide to the FX Markets*. Hoboken, NJ: John Wiley & Sons, 2006. 该文献对外汇工具和外汇市场进行了清晰的介绍。

第 14 章附录　远期汇率与抵补利率平价

本附录解释远期汇率是如何决定的。假设利率平价条件始终成立；远期汇率与远期交易生效日的即期预期汇率相等。

作为讨论的第一步，我们将强调两种货币之间的远期汇率、即期汇率以及不同货币存款的利率之间的紧密联系。这种联系被称为抵补利率平价条件，它与定义外汇市场均衡的（非抵补的）利率平价条件类似，但是抵补利率平价条件与远期汇率有关，而不涉及预期的未来即期汇率。

为了具体说明，我们再次考虑美元存款和欧元存款的情况。假设你希望用美元买入欧元存款，但是你同时希望能够确知年末与这笔欧元存款等值的美元数额。你可以通过在买入欧元存款的同时卖出远期投资收益来避免汇率风险。当你用美元买入欧元存款同时又卖出本金和利息的远期获得美元时，我们称你"抵补"了你自己，也就是说，避免了欧元的非预期贬值的可能性。

抵补利率平价条件规定，美元存款的收益率与外币存款的抵补收益率必须相等。我们通过一个例子可以使得这一条件的意义明晰起来，并阐明必须满足这一条件的原因。设 $F_{\$/€}$ 为一年期的欧元远期美元价格，假定 $F_{\$/€}=1.113$ 美元/欧元。同时假设即期汇率为 $E_{\$/€}=1.05$ 美元/欧元，$R_{\$}=0.10$，$R_{€}=0.04$。显然，美元存款的（美元）年收益率为 0.10 或 10%。那么，欧元存款的抵补收益率是多少呢？

我们像在本章中那样回答这一问题。1 欧元存款的当前价值为 1.05 美元，一年之后价值为 1.04 欧元。如果你把这 1.04 欧元在现在以每欧元 1.113 美元的远期汇率卖出，一年之后，你投资的美元价值将为 1.113 美元/欧元×1.04 欧元＝1.158 美元。因此，抵补购入的欧元存款获得的收益率为 (1.158－1.05)/1.05＝0.103。10.3%的年收益率高于 10%的美元存款收益率，因此，抵补利率平价条件不能成立。在这种情况下，没人愿意持有美元存款，人们都更愿意持有抵补的欧元存款。

更正式地，我们可以把欧元存款的抵补收益率表示为：

$$\frac{F_{\$/€}(1+R_{€})-E_{\$/€}}{E_{\$/€}}$$

当 $R_{€}\times(F_{\$/€}-E_{\$/€})/E_{\$/€}$ 的值比较小时，该抵补收益率大约等于

$$R_{€}+\frac{F_{\$/€}-E_{\$/€}}{E_{\$/€}}$$

因此，抵补利率平价可以写为

$$R_{\$}=R_{€}+(F_{\$/€}-E_{\$/€})/E_{\$/€}$$

式中，$(F_{\$/€}-E_{\$/€})/E_{\$/€}$ 被称为欧元存款相对于美元的远期升水（或称为美元相对于欧元的远期贴水）。用这一术语，我们可以把抵补利率平价条件描述为：美元存款的利率等于欧元存款的利率加上欧元相对于美元的远期升水（或美元相对于欧元的远期贴水）。

在单个金融中心里发行不同货币的存款，抵补利率平价条件可以得到满足。许多实证研究证明：事实上，货币交易者往往会根据当前的利率和即期汇率运用抵补利率平价公式来确定远期汇率的报价。[①]

但是，如果所比较的存款被分别存放在不同国家，抵补利率平价可能会出现偏差。当资本持有者害怕政府通过管制禁止资金跨国自由流动时，上述偏差有可能就会出现。我们在导出抵补利率平价时，隐含的前提就是假设不存在这种政治风险。当资产持有者害怕银行因倒闭而不能支付大量存款时，这种偏差也会出现。[②]

将（非抵补）利率平价条件

$$R_{\$}=R_{€}+(E^{e}_{\$/€}-E_{\$/€})/E_{\$/€}$$

与抵补利率平价条件相比，你会发现：只有当一年远期美元/欧元汇率报价与人们预期一年后的即期汇率相等时，即

$$F_{\$/€}=E^{e}_{\$/€}$$

两个平价条件才能同时满足。这一点与直觉是一致的。当双方同意在未来某一天进行外汇交易时，协议汇率就是双方预期的那一天的即期汇率。但是，抵补与非抵补的交易是存在重要差别的，这一点必须记住。抵补的交易没有汇率风险，而非抵补的交易则有。

抵补利率平价理论有助于解释如表 14 - 1 所示的远期汇率变动与即期汇率变动之间的紧密联系。这种相关性是所有主要货币的典型特征。能够影响资产的预期收益率的意外经济事件对短期（例如 3 个月）存款之间的国际利率差通常只能产生较弱的影响。因此，为了满足抵补利率平价条件，对应于同一期限的即期汇率和远期汇率必然会大致成比例变化。

我们以对抵补利率平价条件的进一步应用来结束本附录。为了阐明远期汇率的作用，本章在美国进口商进口日本收音机这一例子中描述了美国进口商对于 30 天后偿付日本供应商时美元/日元汇率的担忧。在这一示例中，进口商会卖出足够的远期美元并买入远期日元以支付收音机的成本。但是为了排除汇率风险，它还可以用一种不同的、更为复杂的方法解决这一问题。它可以：(1) 从银行借入美元；(2) 把这些美元以即期汇率立即卖掉，买入日元，并且将这笔日元存入 30 天存款账户；(3) 30 天之后，用到期的日元存款支付日本供应商；(4) 用在美国销售收音机获得的收入减去利润后的部分偿还最初的美元借款。

哪一种做法——是买入远期日元还是依照上述四步进行交易——对进口商来说更有利可图？我们将把这一问题作为练习留给你解决，并希望你通过这个问题来说明，当抵补利率平价条件得以满足时，上述两种策略的收益是相等的。

---

① 支持抵补利率平价条件的经验证据来自 Frank McCormick，“Covered Interest Arbitrage：Unexploited Profits? Comment,” *Journal of Political Economy* 87（April 1979），pp. 411 - 417，以及 Kevin Clinton，“Transactions Costs and Covered Interest Arbitrage：Theory and Evidence,” *Journal of Political Economy* 96（April 1988），pp. 358 - 370。

② 有关政治风险在远期外汇市场中的作用的更详细的讨论，请参见 Robert Z. Aliber，“The Interest Parity Theorem：A Reinterpretation,” *Journal of Political Economy* 81（November/December 1973），pp. 1451 - 1459。当然，政府部门对跨境货币流动的实际限制也能导致抵补利率平价不成立。对银行倒闭的担忧是抵补利率平价不成立的一个原因，参见 Naohiko Baba and Frank Packer，“Interpreting Deviations from Covered Interest Parity During the Financial Market Turmoil of 2007 - 2008,” Working Paper No. 267，Bank for International Settlements，December 2008。这篇文章我们会在第 20 章讨论。关于欧元危机期间的抵补利率平价（将于第 21 章讨论），参见 Victoria Ivashina，David S. Scharfstein，and Jeremy C. Stein，“Dollar Funding and the Lending Behavior of Global Banks,” *Quarterly Journal of Economics* 130（August 2015），pp. 1241 - 1281。也可参见延伸阅读中 Du、Tepper 和 Verdelhan 的文献。

第15章 货币、利率与汇率

第 14 章告诉我们，不同货币的汇率取决于两个因素：该币种存款所能够获得的利息；预期的未来汇率。然而，为了充分理解汇率是如何决定的，我们必须了解利率和对未来汇率的预期是如何形成的。在本章及接下来两章里，我们将通过建立经济模型来研究这两方面的内容。这一经济模型将把汇率、利率以及其他诸如通货膨胀和产出之类的重要宏观经济变量联系在一起。

建立这个模型的第一步是弄清一国的货币供给和货币需求对利率和汇率的影响。因为汇率表明的是不同国家货币的相对价格，所以那些影响一国货币供求的因素也是决定汇率的重要因素。因此，我们将从讨论货币供求入手来对汇率决定做更深入的研究。

货币变动会从两个方面影响汇率：一是通过改变利率；二是通过改变人们对未来汇率的预期。对未来汇率的预期与对未来产品价格的预期是紧密相关的，而价格的变动则依赖于货币供求状况。因此，在研究货币变动对汇率的影响时，我们将讨论货币因素是如何影响产品价格和利率的。当然，对未来汇率的预期还取决于货币以外的许多其他因素，这些非货币性因素我们将在下一章中讨论。

首先，在理解了货币供给及需求的有关理论和决定因素之后，我们将运用这些知识来研究货币供求平衡是如何决定均衡利率的；其次，我们将把利率决定模型与利率平价条件结合起来，研究在产品和服务价格、产出水平以及对未来市场的预期等给定的条件下货币变动对汇率的影响；最后，我们将讨论货币变动对产品价格和未来汇率预期的长期影响。

学习目标

学完本章，你应该能够：

- 描述并讨论决定利率水平的国内货币市场。
- 说明货币政策与利率是怎样影响外汇市场的。
- 区分经济的长期情况与具有货币价格与工资黏性的短期情况。
- 解释在长期，价格水平与汇率是如何对货币因素做出反应的。
- 概述短期与长期货币政策效应之间的关系，并且解释短期汇率超调的概念。

货币定义：简短的回顾

我们已习惯于使用货币，但却很少留意货币在日常交易中所发挥的作用。如同使用其他现代便利手段一样，除非发生了什么意外变故，我们都把使用货币视为理所当然的事情。事实上，理解货币重要性的最简单方法就是想象一下，如果没有货币，经济生活将会是什么样子。

在本章中我们将讨论这一问题。这一“思想试验”的目的就是要对货币和其他资产进行区分，并识别是货币的哪些特征让人们愿意持有它。这些货币特征对于分析货币需求至关重要。

作为交换媒介的货币

货币最重要的职能就是作为交换媒介，也就是作为一种被广泛接受的支付手段。为了明白为什么交换媒介是必需的，我们只需想象一下，在一个以货易货是唯一交易形式的世界里，人们要为购买产品和服务花费多少时间。假如你的教授想要修理一下她的汽车，那么她将不得不找一位急需学习经济学课程的技工。

由于货币是被广泛接受的，因此，使用货币节省了以货易货条件下巨大的搜寻成本，因为一个人不必再把自己生产的产品和服务直接卖给自己所需消费品的另一个生产者了。如果没有这种标准化的方便的支付手段，复杂的现代经济将会停止运转。

作为计价单位的货币

货币的第二个重要职能就是作为计价单位，即作为一种被广泛认可的价值衡量标准。我们在第 14 章中阐述过的货币发挥的正是这一职能。产品、服务、资产的价值都是以货币来衡量的，而汇率使我们能够把不同国家的货币换算成可比较的形式。

以货币形式计价能够简化经济方面的计算，使不同商品价格之间的比较变得容易起来。如果没有一种标准的计价单位，你每天所必须进行的计算就类似于我们在第 14 章中使用汇率来比较不同国家产品的价格，计算量势必会很大。如果第 14 章里的计算已经使你感到头痛，你可以进一步想象，如果所有产品和服务的相对价格都要由别的产品和服务来衡量，那将会遇到什么样的麻烦。例如用香蕉表示一块比萨饼的价格。上述考虑可以使你对货币作为计价单位有一个更深刻的认识。

作为价值贮藏手段的货币

由于货币能够被用于将现实的购买力转移到未来，因此货币也是一种资产，或者说是一种价值贮藏手段。这一特性对任何交换媒介而言都是至关重要的，因为没有人愿意接受一种对产品和服务的购买力会迅速下降的交换媒介。

货币作为交换媒介的有用性自然会使得货币在所有资产中具有最强的流动性。从上一章中我们知道，当一种资产可以被很快地转化为产品和服务而没有较高的转移成本（如可能发生的经纪人佣金等）时，我们就称这种资产具有流动性。由于货币作为支付手段随时能够被接受，因此货币为衡量其他资产的流动性提供了判断标准。

什么是货币?

现金与可开支票的银行存款自然属于货币范畴。这两者都能够作为被广泛接受的支付手段，在所有者之间以较低的成本进行转移。家庭和企业持有现金和支票存款作为支付日常交易的便利手段。与现金和支票存款不同，房地产一类的资产不属于货币范畴，它们缺乏最基本的流动性。

本书中定义的**货币供给**（money supply）是指美联储所称的货币总量，即 M1。M1 包括家庭和企业持有的现金和支票存款总量。美国 2016 年底货币供给总量达 3.3 万亿美元，相当于当年 GNP

的 17%。[①]

然而，在外汇市场上交易的大额存款不是货币供给的一部分。这些存款与货币相比流动性差，不作为日常交易的支付手段。

货币供给是如何决定的？

一国的货币供给都由其中央银行控制。中央银行直接控制现存的现金量并间接控制由私人银行发行的支票存款。中央银行控制货币供给的过程比较复杂。在这里，我们假定中央银行在它所希望的水平上确定货币供给规模。我们将在第 18 章中对货币供给的过程进行更详细的研究。

个人货币需求

我们已经讨论了货币的功能和货币供给的定义，现在开始研究个人愿意持有的货币量的决定因素。个人货币需求的决定因素可从前一章中讨论的资产需求理论导出。

我们从前一章中知道，个人是基于下面三个因素来确定他们对某种资产的需求的：

（1）该种资产相对于其他资产的预期收益。

（2）该种资产预期收益的风险。

（3）该种资产的流动性。

虽然在决定外汇市场对资产的相对需求时，流动性并不重要，但是家庭和企业之所以持有货币，仅仅是因为货币具有流动性。为了理解家庭和企业如何决定它们愿意持有的货币量，我们必须进一步研究上述三个因素是如何影响货币需求的。

预期收益

现金不支付利息。支票存款通常支付一些利息，但支票存款的收益率通常低于流动性较低的财富所提供的收益率。当你持有货币时，你会牺牲持有其他财富的方式，如政府债券、大额定期存款以及其他相对不具有流动性的资产。我们通常所说的利率，指的是你心中所想到的较高收益的利率。由于现金所支付的利息为零，同时活期存款利息也趋于相对固定，因此，货币与流动性较低的其他资产之间收益率的差别则由市场利率的变动来体现：市场利率越高，持有货币的代价就越大。[②]

例如，假定持有美国国库券可获得 10%的年利率。如果你用 10 000 美元去买国库券，在年底，你将获得山姆大叔支付给你的 11 000 美元。但是，如果你选择把这 10 000 美元作为现金放入银行的安全存款保险箱，你就因此放弃了可以从国库券中获得的 1 000 美元利息，也即持有现金，你将失去 10%的收益率。

上一章的资产理论说明了利率的变化是如何影响货币需求的。该理论认为：在其他条件相同时，人们更偏好于预期收益率较高的资产。当利率的上升使得流动性较低的资产的收益率（相对于货币的收益率）上升时，人们将愿意更多地持有支付市场利率的非货币资产，更少地持有货币形式

① 美联储对货币供给的广义度量，即 M2，还包括定期存款。但定期存款的流动性低于 M1 中的资产，因为定期存款中的资金通常不能提前取出，否则必须支付罚金。另一种更广义的度量，被称为 M3，同样由美联储记录。如何划定货币和准货币，在某种程度上具有一定的主观随意性，因此还存在争议。关于这一问题的进一步讨论，参见以下文献的第 3 章：Frederic S. Mishkin，*The Economics of Money*，*Banking and Financial Markets*，11th edition（Upper Saddle River，NJ：Prentice Hall，2016）。

② 许多个人能选择的不具有流动性的资产并不以利息的形式支付收益。例如，股票以股息和资本利得的形式支付收益。在科德角（Cape Cod）的家庭避暑别墅，是以资本所得和在海滨度假享受的形式支付收益。在我们所分析的货币需求的背后有一个前提，那就是：一旦风险得到补偿，货币以外的所有资产提供的预期收益（用货币形式计量）都等于利率。这一假设使得我们能够用利率来概括人们持有货币而不是持有非流动性资产时放弃的收益。

的财富。我们由此得出结论：在其他条件相同的情况下，利率的上升会使货币需求下降。

我们也可以用机会成本这一经济学概念来描述利率对货币需求的影响。机会成本是人们采取了某种行为而放弃了另一种行为时的损失。利率就是持有货币而放弃付息债券的机会成本。因此，利率的上升提高了持有货币的成本，从而使货币需求下降。

风　险

风险并不是一个决定货币需求的重要因素。持有货币的风险在于：未预期到的产品和服务的价格上涨会降低用消费品衡量的货币价值。但是，由于生息资产（例如政府债券）要以货币来定值，非预期价格上涨会使这些生息资产的价值以同样的百分比降低。由于任何持有货币的风险变动都会使得持有债券的风险也产生同样的变动，因此，风险的变化不一定会造成人们对货币需求的减少以及对生息资产需求的增加。

流动性

持有货币的主要好处在于它的流动性。家庭和企业持有货币，是因为它们将它作为日常购买的便利支付手段。当然，一些大宗购买可以通过出售足够的非流动性资产来支付。例如，一个艺术品收藏者可以通过卖出一件毕加索的作品来购买一幢房子。然而，为了应付随时可能发生的不同数量的连续小额花费，家庭和企业必须持有一定量的货币。

当平均每天的支付量增加时，个人对货币的需求也会增加。例如，一个每天乘坐公共汽车的学生没有必要像一个每天在交通高峰期乘坐出租车的商业经理那样持有那么多的现金。因此，我们得出结论：家庭和企业的平均交易价值量的上升会使得货币需求增加。

货币总需求

我们对单个家庭和企业怎样决定其货币需求的讨论可以用来导出**货币总需求**（aggregate money demand）的有关决定因素。所谓货币总需求，是指经济中所有家庭和企业对货币总的需求，即经济中所有的个人货币需求之和。

决定货币总需求的三个主要因素是：

（1）利率。利率的上升会使得经济中的每个个人减少对货币的需求。当其他条件相同时，货币需求量随利率上升而下降。

（2）价格水平。经济中的**价格水平**（price level）是指以货币度量的一篮子典型产品和服务的价格。一般来说，用来作为参考的商品篮子中既包括日常消费品，如食物、服装和住房，又包括医疗和法律咨询费用这些不是经常买卖的项目。如果价格水平上升，每个家庭和企业购买同样的商品篮子就必须比原来支出更多的货币。为了保持与价格水平上涨前相同的流动性，人们将不得不持有更多的货币。

（3）实际国民收入。当实际国民收入（GNP）增加时，经济中有更多的产品和服务被出售。在给定价格水平下，实际交易量的增加会使货币需求随之增加。

如果 P 是价格水平，R 是利率，Y 是实际 GNP，则货币总需求 M^d 可以表示为

$$M^d = P \times L(R, Y) \tag{15-1}$$

式中，$L(R, Y)$ 的值会随 R 上升而降低，随 Y 上升而上升。[1] 为了理解我们为什么会把货币需求

[1] 自然地，$L(R, Y)$ 会随 R 下降而上升，随 Y 下降而下降。

视为与价格水平成正比，我们可以考虑这样一种情况：假设所有价格都变成原来的 2 倍，而利率和每个人的实际收入仍保持不变。在这种情况下，每人平均每日交易量的货币价值会简单地变成原来的 2 倍。同时，每个人希望持有的货币量也会翻倍。

我们通常会将货币总需求关系式（15-1）表示为下式：

$$M^d/P=L(R,Y) \tag{15-2}$$

式中，$L(R,Y)$ 被称为实际货币总需求。该货币需求表达式揭示了：流动性总需求 $L(R,Y)$ 不是对一定数量现金的需求，而是对一定数量的、以流动形式持有的购买力的需求。M^d/P 这一比率实际上是以典型的商品篮子度量的人们愿意持有的货币量。这一货币量等于人们愿意持有的以流动形式体现的购买力的数量。例如，当每个商品篮子的价格为 100 美元时，如果人们愿意持有 1 000 美元的现金，那么他们持有的实际货币等于 1 000 美元÷100 美元/篮=10 个商品篮子。如果价格水平增加至原来的 2 倍（达到每个商品篮子 200 美元），这 1 000 美元的购买力则会变为原来的一半，即只相当于 5 个商品篮子。

图 15-1 说明，当实际收入水平 Y 不变时，实际货币总需求是如何受到利率影响的。实际货币总需求 $L(R,Y)$ 曲线之所以向下倾斜，是因为利率的下降会使得经济中每个家庭和企业愿意持有的货币量增加。

图 15-1 实际货币总需求与利率

说明：实际货币需求是一条向下倾斜的曲线。对于任何给定的实际收入水平 Y，实际货币需求量均会随着利率的下降而增加。

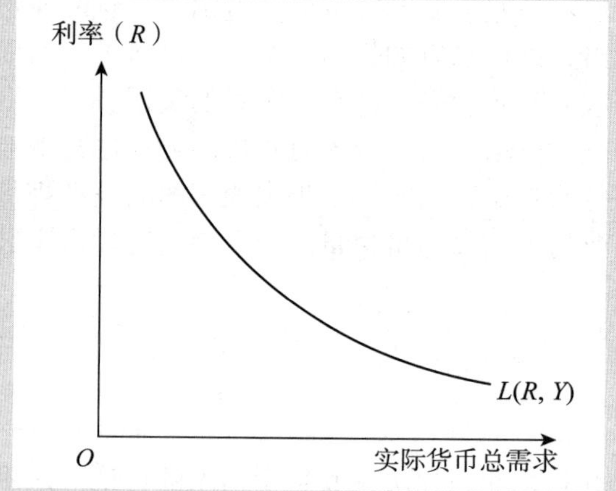

对于任何给定的实际 GNP 水平，利率变化只会造成货币需求量沿着 $L(R,Y)$ 曲线的运动。然而，实际 GNP 的变化则会使得 $L(R,Y)$ 曲线本身发生移动。图 15-2 说明了实际 GNP 从 Y^1 上升到 Y^2 是如何影响实际货币总需求曲线的位置的。因为当利率一定时，实际 GNP 的上升会使货币总需求增加，所以当 $Y^2>Y^1$ 时，$L(R,Y^2)$ 曲线将位于 $L(R,Y^1)$ 曲线的右侧。

图 15-2 实际收入增加对实际货币总需求的影响

说明：实际收入从 Y^1 提高到 Y^2 会使得每一个利率水平的实际货币需求量都增加，造成整条货币需求曲线向外移动。

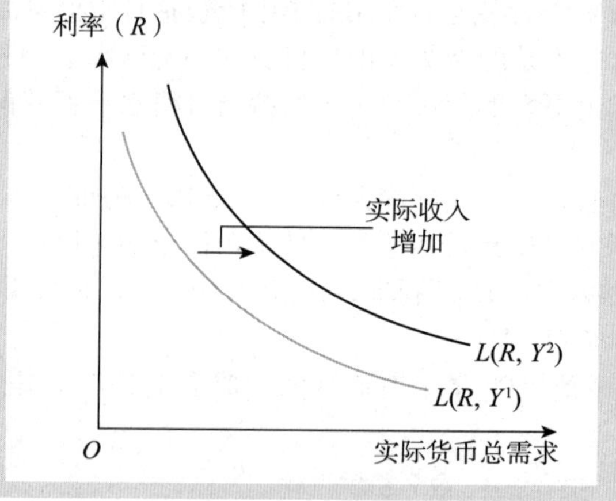

均衡利率：货币供给与货币需求的相互作用

你从其他经济学课程中可能已经知道，当中央银行确定的货币供给等于货币总需求时，货币市场处于均衡状态。在本节中，我们将研究货币市场均衡是如何决定利率的。这里我们假定：价格水平和产出不变，且两者均不受货币变化的影响。

货币市场均衡

如果设 M^S 为货币供给，则货币市场均衡条件为

$$M^S = M^d \tag{15-3}$$

在两边同时除以价格水平，可以得到以实际货币需求来表示的货币市场均衡条件

$$M^S/P = L(R, Y) \tag{15-4}$$

假设价格水平 P 和产出 Y 不变，则均衡利率为实际货币总需求与实际货币供给相等时的利率。

在图 15-3 中，实际货币总需求曲线与实际货币供给曲线在点 1 相交，从而决定了一个均衡利率 R^1。货币供给曲线在 M^S/P 处垂直，是因为当 P 一定时，M^S是由中央银行确定的。

图 15-3　均衡利率的决定

说明：给定 P 和 Y，在实际货币供给等于 M^S/P 时，货币市场在点 1 达到均衡。在这一点上，实际货币总需求与实际货币供给相等，均衡利率为 R^1。

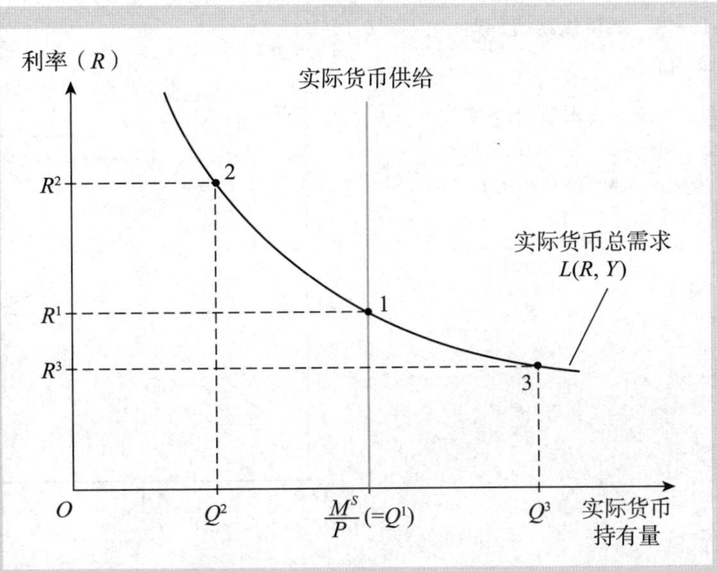

为了说明利率倾向于在均衡水平上保持稳定的原因，我们可以先看一下如果市场开始时处于点 2（$R^2 > R^1$）将会发生的情况。

在点 2 处，对实际货币的需求比货币供给少 $Q^1 - Q^2$，于是存在过量的货币供给。当利率为 R^2，人们持有的货币超过他们所愿意持有的货币量时，他们就会通过用货币去购买生息资产以减少对流动性的需求。或者可以说，人们通过把钱借给其他人试图摆脱过量的货币供给。但是，由于当利率为 R^2时货币供给过量，并不是每个人都能成功地把货币借给别人：愿意借出货币以减少流动资产的人远比愿意借入货币以增加流动性的人多。那些不能借出自己的多余货币的人会试图降低利率，使之低于 R^2，以吸引潜在的借入者。这种使利率降低的压力会一直保持到利率降至 R^1。在这个利率水平下，任何愿意借出货币的人都能够成功，因为此时过量的货币供给已经消失；也就是

说，供给量又一次与需求量达到相等。一旦货币市场达到点 1，利率将不再具有进一步下降的趋势。[①]

同样，如果利率最初处于 R^3 的水平，$R^3<R^1$，这时就会出现利率上升的趋势。如图 15－3 所示，在点 3 处，存在超额货币需求 Q^3-Q^1。因此，人们都试图卖掉生息资产（例如债券），以增加自己的货币持有量（即卖出债券换取现金）。但是，在点 3 处，并不是所有人都能够成功地卖出足够的生息资产以满足自己的货币需求。于是，人们会通过提出支付更高的利率来竞争货币，最终把利率抬高至 R^1。只有当市场处于点 1 处，过量的货币需求被消除时，利率才会停止上升。

我们总结如下：货币市场总是朝着均衡利率的方向运动，在均衡利率水平上，实际货币的供给与需求相等。如果最初存在超额货币供给，利率就会下降；反之，如果最初存在超额货币需求，利率就会上升。

利率与货币供给

当价格水平一定时，货币供给增加对利率的影响如图 15－4 所示。最初，货币市场在点 1 处达到均衡，此时货币供给为 M^1，利率为 R^1。由于 P 保持不变，当货币供给增至 M^2 时，实际货币供给会由 M^1/P 增至 M^2/P，点 2 为新的均衡点，R^2 为新的均衡利率。这一较低的利率会使人们愿意持有这些新增加的实际货币供给。

图 15－4　货币供给增加对利率的影响

说明：给定价格水平 P 和实际收入水平 Y，货币供给从 M^1 增加到 M^2 会使利率从 R^1（点 1）下降到 R^2（点 2）。

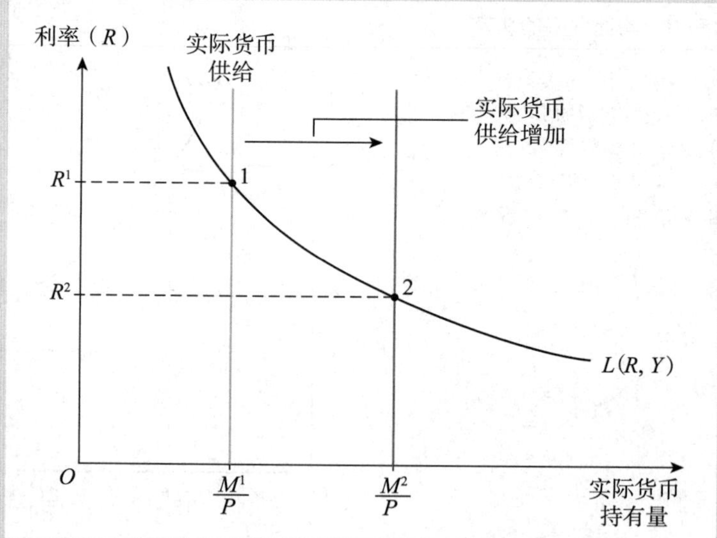

至此，我们对利率降低过程已经比较熟悉了：当中央银行增加货币供给 M^S 时，在原来的市场均衡利率 R^1 处会出现过量的实际货币供给。由于人们并不愿意持有如此多的货币，他们便会用自己多余的资金去购买生息资产。经济作为一个整体不能减少货币持有量，于是利率被压低，因为不愿持有过量货币的人相互竞争，都试图借出自己多余的现金。在图 15－4 中的点 2 处，利率已经下降到了可以使实际货币需求量的增加与实际货币供给量的增加相等的程度。

如果把上述政策试验反过来做，我们可以发现货币供给的减少是如何使得利率提高的：货币

① 可以用另一种方法研究这一过程：我们从上一章知道，当资产的当前价格相对于未来价格上升时，该资产的收益率就会下降。当存在过量的货币供给，个人试图减少货币持有量时，不具有流动性的生息资产的当前价格将会因此被抬高。当前资产价格的上涨会使非货币资产的收益下降，由于该收益率与利率（经风险因素调整后的利率）相等，利率也会因此降低。

供给 M^S 的减少使得在原来处于供求平衡的利率水平处出现了超额货币需求。人们都试图出售生息资产（也就是借出生息资产）以增加他们快要耗尽的实际货币持有量。由于人们不能都成功地做到这一点，因此，过量的货币需求会促使利率升高，直至每个人都满足于较小的实际货币持有量。

我们总结如下：当价格水平和产出一定时，实际货币供给的增加会使利率下降，而实际货币供给的减少则会使利率上升。

产出与利率

图 15－5 说明了，当货币供给和价格水平一定时，产出水平从 Y^1 增至 Y^2 对利率的影响。我们知道，产出的增加会使货币总需求曲线向右移动，使均衡从点 1 处移开。在原来的均衡利率 R^1 处，现在存在过量的货币需求 Q^2-Q^1（与点 1′相比较）。由于实际货币供给保持不变，利率将会被抬高，直到达到新的均衡利率水平 R^2（点 2）处。产出的下降则具有相反的效果，它会使实际货币总需求曲线向左移动，导致均衡利率下降。

我们总结如下：当货币供给和价格水平一定时，实际产出的增加会使利率上升，而实际产出的减少则会使利率下降。

图 15－5　实际收入增加对利率的影响

说明：给定货币供给 M^S/P（$=Q^1$），实际收入从 Y^1 增加到 Y^2 会使利率从 R^1（点 1）提高到 R^2（点 2）。

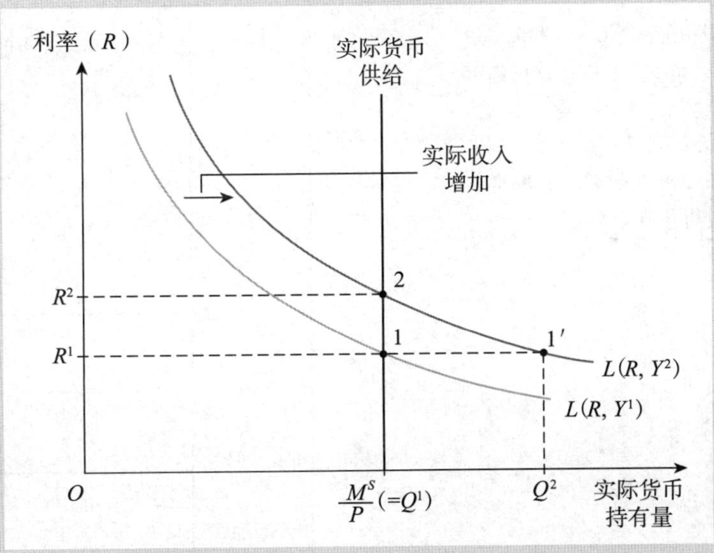

短期货币供给与汇率

在第 14 章中，我们学习了利率平价条件。给定未来的预期汇率水平，我们可以运用这一条件预测利率变动对汇率的影响。我们已经论述过一国货币供给的变动是如何影响非货币资产的利率的（以该国货币表示的利率）；以及货币变动会对汇率产生什么样的影响。一国货币供给的增加会使该国货币在外汇市场上贬值，而货币供给的减少则会使该国货币升值。

在本节中，我们继续假设价格水平（以及实际产出）不变，因此，本节进行的是**短期**（short run）分析。对经济现象的**长期**（long run）分析，则要求价格水平的完全调整（这一调整可能需要花费较长的时间），并要求各生产要素均被充分利用。本章后面部分将研究货币供给的变动对价格水平、汇率以及其他宏观经济变量的长期影响。我们的长期分析将表明货币供给会影响汇率预期，但目前我们仍然假设汇率预期不变。

把货币、利率与汇率联系起来

为了分析在短期内货币与汇率的关系，在图 15－6 中，我们把以前分别研究过的两幅图结合起来。我们再次假定，我们讨论的是美元/欧元汇率，即欧元的美元价格。

第一幅图（即之前的图 14－4）试图说明，在利率和预期汇率均保持不变的情况下，外汇市场上的均衡汇率是如何决定的。这幅图将成为图 15－6 的上半部分，其中的美元利率 $R^1_\$$ 是由货币市场决定的，用垂线来表示。

正如第 14 章中分析过的，欧元的预期收益曲线是向下倾斜的，它代表的是以美元计算的欧元存款的预期收益。该曲线向下倾斜主要是因为现行汇率的变化引起了对未来贬值的预期：相对于给定的预期汇率，美元现在的升值（$E_{\$/€}$ 下降）会使人们相信未来将出现美元的急剧贬值。这种情况会使欧元存款变得更有吸引力。

图 15－6　美国货币市场与外汇市场的同时均衡

说明：在利率为 $R^1_\$$ 和汇率为 $E^1_{\$/€}$ 时，两个资产市场都可以达到均衡状态。在这一利率和汇率水平上，货币供给等于货币需求（点 1），利率平价条件得到满足（点 1′）。

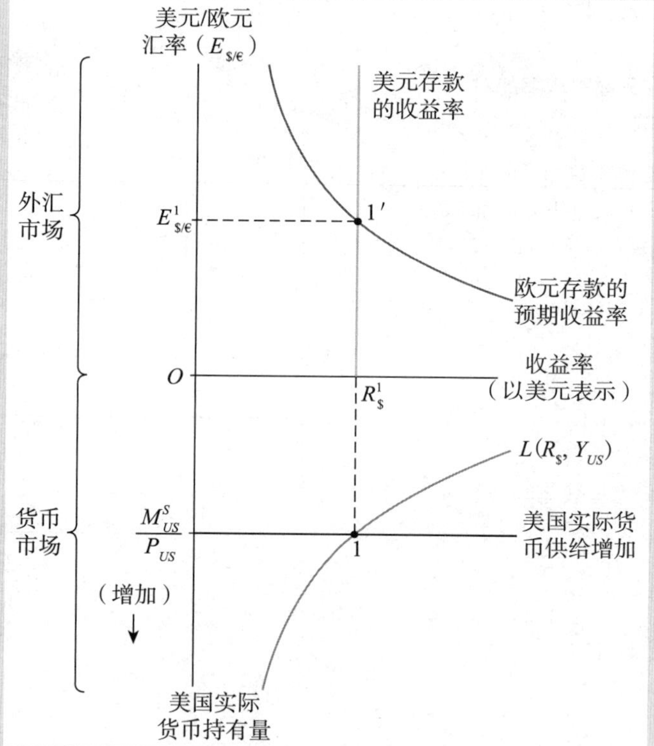

在两条曲线的交点处（点 1′），美元存款的预期收益率与欧元存款的预期收益率相等，因此，利率平价存在，$E^1_{\$/€}$ 是均衡汇率。

我们用来揭示外汇市场和货币市场关系的第二幅图是图 15－3。该图说明了一国货币市场上的均衡利率是怎样决定的。这幅图即图 15－6 的下半部分。但是为了方便起见，这幅图已经被沿顺时针方向旋转了 90°：从点 O 出发的横轴表示的是美元利率，从点 O 开始垂直向下的纵轴则表示美元的实际货币供给。在点 1 处，货币市场达到均衡。在此处的美元利率 $R^1_\$$ 会使得人们对美元的实际需求与美国的实际货币供给（M^S_{US}/P_{US}）相等。

图 15-6 强调了美国货币市场（下半部分）与外汇市场（上半部分）的联系——美国的货币市场决定美元的利率，美元利率则影响维持利率平价的汇率。（当然，欧洲货币市场和外汇市场也存在类似的联系，是通过欧元利率的变动来实现的。）

图 15-7 揭示了上述这些联系。美国和欧洲的中央银行，即美联储和欧洲中央银行（European Central Bank，ECB），分别决定美国和欧洲的货币供给，M_{US}^{S} 和 M_{E}^{S}。当两国价格水平和国民收入给定时，货币市场的均衡决定美元利率 $R_{\$}$ 和欧元利率 $R_{€}$。当美元/欧元的预期汇率不变时，上述两个利率作用于外汇市场，按利率平价条件决定当前的汇率 $E_{\$/€}$。

图 15-7　货币市场与汇率的联系

说明：美联储的货币政策行为影响美国利率，从而影响外汇市场出清的美元/欧元汇率。欧洲中央银行也能通过改变欧洲货币供给和利率来影响汇率。

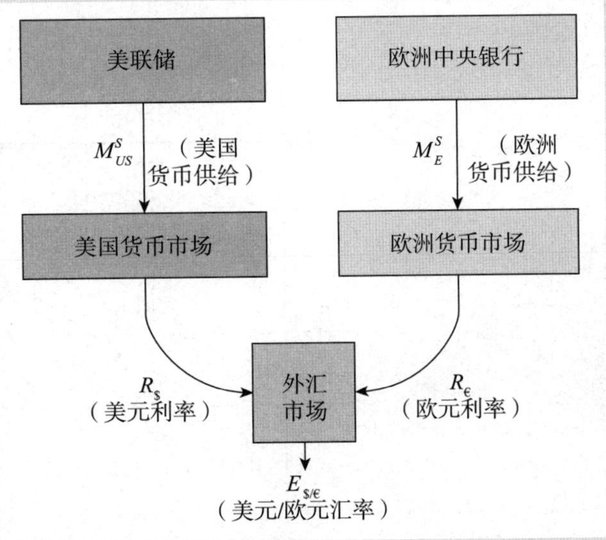

美国货币供给与美元/欧元汇率

我们现在运用上述资产市场关联（货币市场和外汇市场之间的关系）模型来研究：当美联储改变美国货币供给 M_{US}^{S} 时，美元/欧元汇率将如何变化。货币供给对汇率的影响如图 15-8 所示。

在最初的货币供给 M_{US}^{1} 处，货币市场在点 1 处达到均衡，利率为 $R_{\$}^{1}$。给定欧元的利率与未来预期汇率，美元利率 $R_{\$}^{1}$ 意味着，外汇市场在点 1′处达到均衡，汇率为 $E_{\$/€}^{1}$。

当美联储把美元货币供给由 M_{US}^{1} 增加到 M_{US}^{2} 时，会发生什么情况呢？货币供给的增加依次会带来以下一系列后果：(1) 在最初的利率 $R_{\$}^{1}$ 处，美国货币市场存在过量的美元供给，于是当货币市场到达新的均衡位置（点 2）时，美元利率下降到 $R_{\$}^{2}$。(2) 给定最初的汇率 $E_{\$/€}^{1}$ 与新的较低的美元利率 $R_{\$}^{2}$，欧元存款的预期收益率将高于美元存款的预期收益率。此时欧元存款更具有吸引力，美元持有者都试图卖出美元，换取欧元。(3) 当美元持有者为买入欧元存款而竞价时，美元贬值，汇率变为 $E_{\$/€}^{2}$——导致美元预期贬值率下降到了足以抵消美元利率下降的程度，外汇市场在点 2′处又一次达到均衡。

我们由此得出结论：一国货币供给的增加会使该国货币在外汇市场上贬值。从相反的角度来考察图 15-8，我们可以发现，一国货币供给的减少会使该国货币在外汇市场上升值。

图 15-8　美国货币供给增加对美元/欧元汇率和美元利率的影响

说明：给定 P_{US} 和 Y_{US}，当货币供给从 M_{US}^1 增加到 M_{US}^2 后，美国货币市场在点 2 处达到新的均衡，美元利率下降；外汇市场的新均衡点移到点 2′，美元相对欧元贬值。

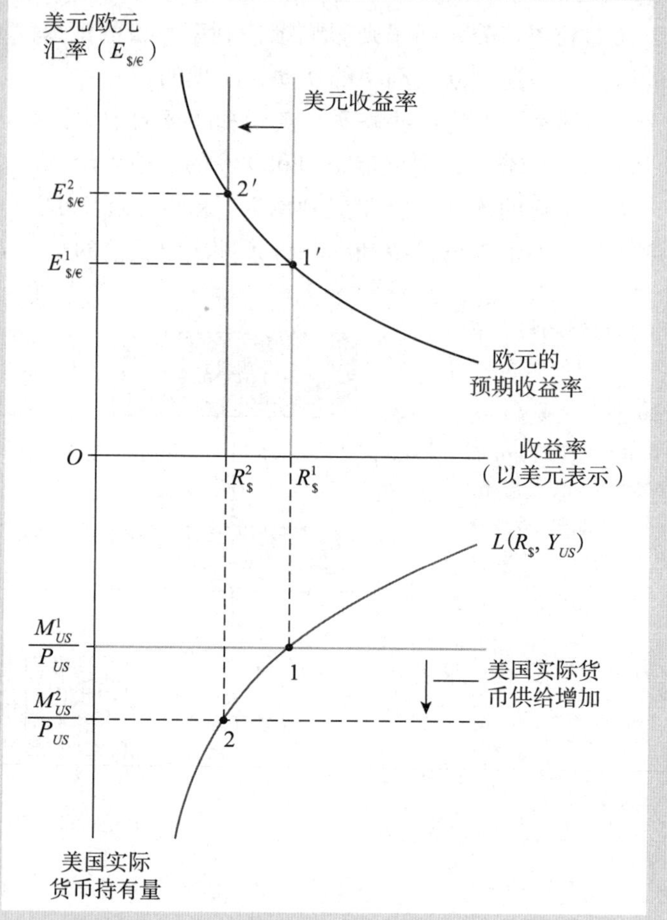

欧洲货币供给与美元/欧元汇率

我们在美国货币市场分析中得到的结论，同样适用于欧洲中央银行改变欧洲货币供给的情况。假设欧洲中央银行担心欧洲陷入衰退，希望通过宽松的货币政策来抵消这一影响。欧洲货币供给 M_E^S 的增加会导致欧元的贬值（也就是说，美元的升值，或美元/欧元汇率 $E_{\$/€}$ 的下降）；欧洲货币供给 M_E^S 的减少会导致欧元的升值（也就是说，美元的贬值，或美元/欧元汇率 $E_{\$/€}$ 的上升）。

欧洲利率与汇率的运行机制与刚才的分析完全一样。画出类似于图 15-6 和图 15-8 的图来说明欧洲货币市场和外汇市场的联系，可以证实以上结论。

在这里，我们用另一种方法来揭示欧洲货币供给对美元/欧元汇率的影响。在第 14 章中，我们已经知道，欧元利率 $R_€$ 的下降会使图 15-6 上半部分中的下倾曲线向左移动。这是因为，在任何汇率水平上，$R_€$ 的下降都会使欧元存款的预期收益率下降。由于欧洲货币供给 M_E^S 增加会使 $R_€$ 下降，所以，我们可以通过把图 15-6 中的预期欧元收益率曲线向左移动来揭示欧洲货币供给增加对汇率的影响。

图 15-9 说明了欧洲货币供给增加的影响。最初，美国货币市场在点 1 处达到均衡，外汇市场则在点 1′处处于均衡，汇率为 $E_{\$/€}^1$。欧洲货币供给的增加会使 $R_€$ 下降，因而使表示欧元存款预期收益率和汇率关系的曲线向左移动，外汇市场在点 2′处重新恢复均衡，此时汇率为 $E_{\$/€}^2$。我们可以看出，欧洲货币供给的增加将使欧元相对于美元贬值（欧元的美元价格下降）。同样，欧洲货币

供给的减少将使欧元相对于美元升值（美元/欧元汇率 $E_{\$/€}$ 会上升）。但欧洲货币供给的变动并没有对美国货币市场的均衡产生影响，美国货币市场仍在点 1 处保持均衡。①

图 15－9　欧洲货币供给增加对美元/欧元汇率的影响

说明：通过降低欧元存款的美元收益率（表现为欧元的预期收益率曲线左移），欧洲货币供给的增加会引起美元相对于欧元升值。外汇市场均衡点由点 1′移到点 2′，但美国的货币市场均衡仍在点 1。

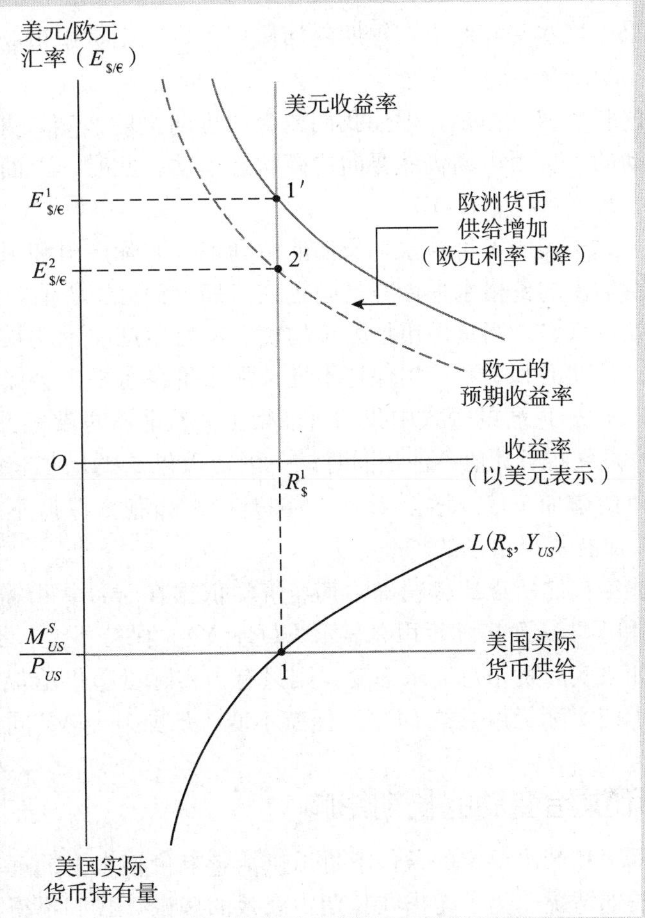

长期货币、价格水平与汇率

我们对货币市场和外汇市场联系的短期分析基于一个简化的前提，即价格水平和预期汇率是不变的。为了进一步理解货币供求对汇率的影响，我们必须研究货币因素对一国价格水平的长期影响。

所谓经济的**长期均衡**（long-run equilibrium），是指在向充分就业状态的调整过程中，如果不出现新的经济震荡，经济最终可以达到的状态。我们可以把长期均衡理解为在所有工资、价格都有足够时间调整到市场出清水平后所能保持的一种均衡。另外一种等价的思考是把其视为当价格具有完全弹性且可随时调整以保证充分就业时会出现的均衡。

在学习货币变动的长期影响时，我们将研究货币变动如何使得经济的长期均衡发生变动。我们

① 美国货币市场仍在点 1 处保持均衡，因为当 Y_{US} 与 P_{US} 一定时，欧洲货币供给增加引起的、使欧洲货币市场和外汇市场维持均衡状态所出现的价格调整既没有改变美国的货币供给，也没有改变美国的货币需求。

将再次运用货币总需求理论作为主要研究工具。

货币与货币价格

如果价格水平和产出在短期内均保持不变，则货币市场均衡条件

$$M^S/P=L(R,Y)$$

决定国内利率 R。但是，即使我们放弃"短期"的假定，并把 P 和 Y 视为与 R 一样在一定时期内可以变动的，货币市场仍然要向均衡状态运动。此时，上面的均衡条件可以改写为

$$P=M^S/L(R,Y) \tag{15-5}$$

这一式子表明了价格水平是如何由利率、实际产出和国内货币供给决定的。

长期均衡的价格水平恰好是满足式（15－5）的 P 值，此时利率和产出也处于长期水平，即处于充分就业状态。当货币市场处于均衡，所有生产要素均被充分利用时，如果货币供给、货币总需求函数、长期的利率和产出保持不变，那么价格水平也会保持不变。

从以上关于 P 的等式中我们可以得出一些非常重要的预测。其中之一是一国价格水平与货币供给 M^S的关系：当其他条件相同时，一国货币供给的增加将使该国价格水平同比例提高。例如，如果货币供给增加 1 倍（增至 $2M^S$），但是产出和利率保持不变，那么价格水平也会增加 1 倍（增至 $2P$），以保持货币市场的均衡。

上述推论之所以比较精确，其经济学依据在于：货币需求本质上是对实际货币持有量的需求。如果 R 和 Y［从而实际货币总需求 $L(R, Y)$］保持不变，那么 M^S增加并不会改变实际货币需求。但是，如果实际货币总需求不变，则只有当实际货币供给保持不变时，才能使货币市场仍然保持均衡。为了使实际货币供给 M^S/P 保持不变，P 必须与 M^S同比例变动。

货币供给变动的长期影响

在利率和产出给定的条件下货币供给影响价格水平的理论还不能简单地用于解释货币供给影响价格的长期情况。为了得出在长期中有效的理论，我们不得不明确货币供给变动对利率和产出的长期影响——这可能比想象的要容易一些，因为我们目前认为，货币供给的变动对长期利率或实际产出没有影响。①

理解货币供给对利率和产出的长期影响的最好办法是考虑币制改革的情形，即政府重新定义国家货币单位。例如，2005 年 1 月 1 日，土耳其政府对币制进行改革，发行"新"土耳其里拉，1 单位新里拉等于 100 万旧里拉。此项改革是为了减少流通中的货币单位量，使所有以里拉计量的价格降至原来的 1/1 000 000。但是，货币单位的重新定义并没有对实际产出、利率、商品的相对价格产生影响。所产生的唯一影响仅仅是所有里拉价格的一次性变化。与用 0.5 英里而不是 1 英里来度量距离一样，这项改革仅仅是在每一个以货币计量的数值后面去掉六个 0 而已，不会对实际经济变量产生影响。

一国货币供给增加的长期效果与币制改革的效果相似。例如，货币供给变为原来的 2 倍，与币制改革把 1 单位货币变为 2 单位货币一样，具有相同的长期影响。如果经济最初处于充分就业状态，那么经济中每个以货币表示的价格最终均会变为原来的 2 倍，但是实际 GNP、利率和所有的相对价格仍会回到它们长期的或者充分就业的水平。

---

① 这种说法只能适用于名义货币供给水平的变化，而不适用于比如货币供给增长率的变化。货币供给水平的一次性变化对于长期的实际经济变量没有影响的命题通常被称为长期货币中性。而货币供给增长速度的变化在长期内不一定是中性的。至少货币供给增长速度的持续变化会通过提高利率而最终影响均衡的实际货币余额（下一章将讨论这一问题）。

为什么货币供给变动对经济均衡的影响恰好与币制改革相似呢？由于充分就业的产出水平是由经济中的劳动和资本禀赋决定的，因此，长期实际产出并不取决于货币供给。同样，长期利率也不取决于货币供给。如果货币供给和所有的价格都永久性地变为原来的 2 倍，人们过去愿意用 1 美元与一年后的 1.10 美元相交换，现在，人们也没有理由不愿意用 2 美元与一年后的 2.20 美元相交换。年利率将仍保持在 10%的水平。当所有价格都变为原来的 2 倍时，相对价格仍保持不变，因为相对价格仅仅是价格的比率。因此，货币供给的变化并不会改变资源的长期配置，仅仅是改变了价格的绝对水平。[①]

因此，在研究货币供给增加的长期影响时，我们有理由假定，长期的 R、Y 值不受货币供给变动的影响。于是，我们可以从式（15－5）中得出结论：货币供给的永久性增加将使价格水平的长期值相应地增加。尤其是当经济最初处于充分就业状态时，货币供给的永久性增加最终将使价格水平同比例上升。

关于货币供给与价格水平的实证研究

在研究货币与价格的实际资料时，我们不应期待两者在长期内存在一种严格的比例关系。部分原因是，一些与货币供给无关的因素也会影响产出、利率和实际货币总需求函数。例如，资本积累和技术进步会使产出发生变化；人口趋势或金融创新（例如采用电子化的现金交易设施）也会使货币需求行为发生变化；此外，还因为现实经济很少处于长期均衡状态。但是，我们应该期望通过数据可以看到，货币供给与价格之间存在明确的正向相关关系。如果实际资料不能够在这方面提供强有力的证据，那么我们前面得出的货币需求理论的有用性就值得怀疑。

近年来，拉丁美洲大规模的通货膨胀使得这一地区成为研究货币供给与价格水平之间关系的理想案例。拉丁美洲的高通货膨胀及其波动持续了十多年，直到 20 世纪 90 年代中期的宏观改革才开始降低。

按照我们的理论，如此剧烈波动的通货膨胀率应伴随着货币供给增长率的波动。这一预期由图 15－10 证实。图中给出了 1980—2014 年货币供给的年均增长率与年通货膨胀率之间的关系。平均来说，在货币供给量大的年份，通货膨胀率也高。此外，数据点都分布在 45°线附近，说明货币供给与价格水平几乎同比例上升。

从图 15－10 中我们可以得出的一个主要结论就是：这些数据支持了经济理论所预测的货币供给与价格水平之间的长期相关性。

长期中的货币与汇率

货币供给的永久性增加会使经济中的诸多价格在长期内上涨，用本国货币衡量的外国货币的价格上涨亦是其中之一。如果再次考虑币制改革的影响，就会理解汇率的长期变动状况。例如，假设美国政府用一个新美元代替两个旧美元。那么，如果改革前汇率是每欧元 1.20 旧美元，改革后，汇率会立刻变为每欧元 0.60 新美元。同样，如果把美国货币供给变为原来的一半，将最终使美元升值，汇率从 1.20 美元/欧元升至 0.60 美元/欧元。由于用美元表示的美国所有产品和服务的价格都将减少一半，所以尽管有 50%的美元升值，但美国和外国的所有产品和服务的相对价格均保持不变。

---

① 为了充分地理解货币供给的一次性变动为什么不会改变长期的利率水平，我们可以把货币利率看作在不同时点上的货币单位的相对价格。如果美元的年利率是 R%，那么现在放弃 1 美元的消费意味着一年之后可以获得 $1+R$ 美元。因此，用现在的美元来计量，$1/(1+R)$ 就是未来美元的相对价格。如果在所有时点上，货币单位的实际价值均以同样的比率上升或下降，这一相对价格就会保持不变。

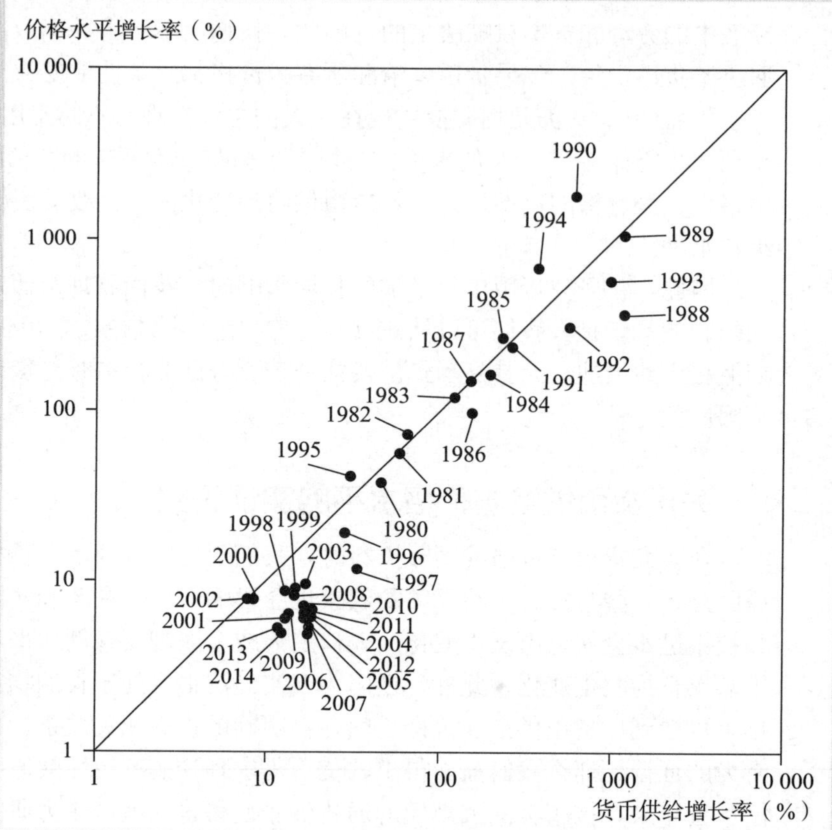

图 15－10　1980—2014 年西半球发展中国家的平均货币增长率与通货膨胀率的变化

说明：在这些国家中，逐年的货币供给增长率和通货膨胀率表现出明显的正相关关系。两条轴均以对数表示。

资料来源：世界银行发展指标及作者自己的计算。各地区总计数用美元 GDP 占总地区美元 GDP 的份额加权算出。

我们由此得出结论：当其他条件相同时，一国货币供给的永久性增加会使该国货币相对于外国货币在长期内产生相同比例的贬值；同样，一国货币供给的永久性减少会使该国货币相对于外国货币在长期内以相同比例升值。

通货膨胀与汇率的动态变化

在本节中，我们将把货币变动的长期影响和短期影响结合起来，对价格水平向长期状态调整的过程进行分析。一国总体价格水平的上升被称为**通货膨胀**（inflation）；一国总体价格水平的下降被称为**通货紧缩**（deflation）。通过对通货膨胀的分析，我们将进一步理解汇率是如何对经济中的货币波动做出反应的。

短期价格刚性与长期价格灵活性

在对货币变动的影响进行短期分析时，我们假定一国的价格水平与汇率的情况不同，不会立即变动。这一假定并不是严格成立的，因为许多商品（例如农产品）在通过市场进行交易时，价格受供求状况的影响，几乎每天都可能有大幅度的调整。而且，汇率本身也可以影响某些贸易品和服务的价格，而这些贸易品和服务则可能是定义价格水平的商品组合的一部分。

但是，经济中有许多价格在长期合同中明文规定不能立即随货币供给的变动而变动。工人工资是此类价格中最重要的一种。在许多行业中，工人工资仅仅是通过周期性的谈判而确定的。虽然工资没有直接包括在价格指数中，但是在生产产品和服务的成本中，工资却占很大的份额。由于产出的价格在很大程度上取决于生产成本，因此，工资的缓慢变动能够对整体价格水平产生影响。图15－11反映的正是这种短期价格“黏性”。该图把美元/日元汇率（$E_{\$/¥}$）逐月变动的百分比，与美国、日本价格水平比率（$P_{US}/P_J$）逐月变动的百分比进行了比较。正如我们所见，汇率的变动比相对价格的变动要大。这一事实与价格水平在短期具有相对刚性的观点是一致的。该图的分析可用于描述所有主要工业国近年来的情况。因此，由上述事实和其他一些证据，我们可以继续假定：价格水平在短期内是给定的，它不会对政策变动立即做出反应。

但是，这一假定并不是对所有国家、所有时期都成立。在恶性通货膨胀的条件下，比如在20世纪80年代的一些拉丁美洲国家，规定货币工资的长期合同可能不起作用。在高通货膨胀条件下，许多国家会自动采用工资价格指数化的方式来支付工人报酬。这种情况会使价格水平远不如在温和通货膨胀条件下表现得那样具有刚性，以至大规模的迅速的价格上涨成为可能。但是，一些价格刚性依然可以保持，甚至在面对较工业化国家标准高得多的通货膨胀率的情况下也是如此。例如，土耳其2002年30%的通货膨胀率即使与同年土耳其里拉相对于美元114%的贬值幅度相比较，仍然显得很高。

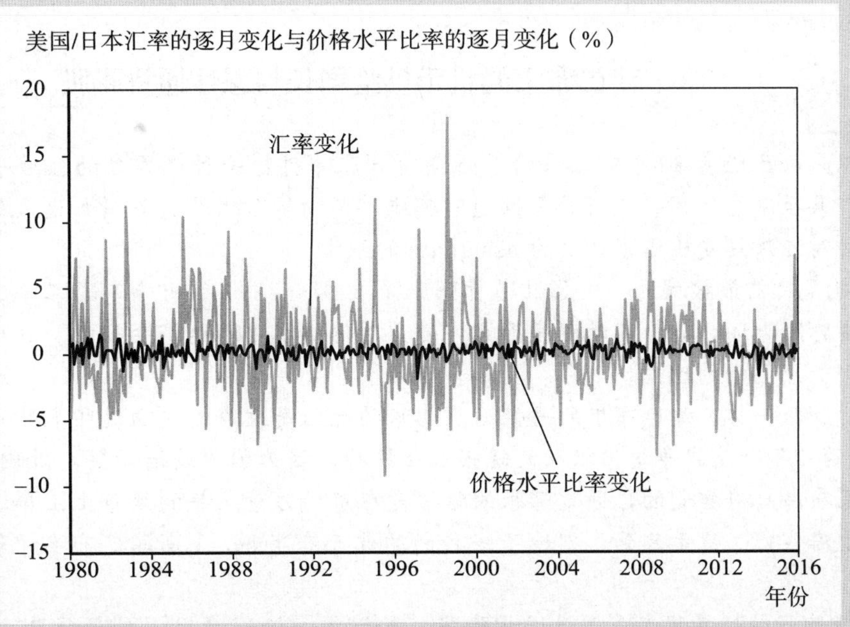

图15－11　1980—2016年间美元/日元汇率的逐月变化与美国/日本价格水平比率的逐月变化

说明：汇率逐月变化的程度较大，意味着在短期内价格水平是相对黏性的。

资料来源：价格水平数据来自International Monetary Fund，International Financial Statistics。汇率数据来自Global Financial Data。

因此，我们所假定的短期价格刚性最适用于价格水平相对稳定的国家，例如美国。但即使在低通货膨胀国家里，有关表面上呈刚性的工资和价格在实际上是否相当灵活的问题，在学术界始终存在着激烈的争论。①

① 对于这一争论的讨论以及美国总体的价格和工资具有明显刚性的实证证据，参见列在本章延伸阅读中的Hall和Papell的著作。有关美国价格刚性的最新证据请参见Mark A. Wynne，“Sticky Prices：What Is the Evidence?” *Federal Reserve Bank of Dallas Economic Review* (First Quarter 1995)，pp. 1－12；以及Peter J. Klenow and Benjamin A. Malin，“Microeconomic Evidence on Price Setting,” in Benjamin M. Friedman and Michael Woodford，eds.，*Handbook of Monetary Economics*，Vol. 3（Amsterdam：Elsevier，2010）。

虽然在许多国家价格水平似乎呈现出短期的刚性，但是货币供给的变动会立即产生对需求和成本的压力，最终使得未来的价格水平上升。这些压力主要来自三个方面：

（1）对产出和劳动的过度需求。货币供给的增加通常会提高对最终产品和服务的需求，对经济具有扩张作用。为了满足这一需求，生产产品和服务的厂商必须使工人加班工作或者雇用新的工人。即使工资在短期内保持不变，对劳动的额外需求也会使工人能够在下一轮工资谈判中要求更高的工资。厂商也会愿意支付更高的工资，因为它们知道，当经济繁荣时，通过提高价格把增加的工资成本转嫁给消费者并非难事。

（2）通货膨胀预期。如果每个人都预期未来的价格水平会上升，他们的预期就会使目前的通货膨胀加速。工人们在工资合同谈判中会坚持要求提高工资，以抵消预期价格普遍上涨对实际工资的影响。而如果厂商预期自己产品价格的上涨能够弥补额外的工资成本，它们就会又一次屈服，答应工人的工资要求。

（3）原材料价格。最终产品中所使用的某些原材料（例如石油产品和金属）的市场，即使在短期内也会有较大的调整。货币供给增加会使原材料价格上涨，从而导致使用这些原材料的行业的生产成本上升。最终，这些行业的生产者会提高产品价格以弥补增加的成本。

专栏 津巴布韦的货币供给增长与恶性通货膨胀

自法国大革命以来，已经有30个有记录的恶性通货膨胀事件：一种爆炸性的、似乎不可控制的通货膨胀，货币迅速贬值，甚至不能使用。所有的恶性通货膨胀都是由货币供给大量增加造成的，始于法国大革命时期政府发行的一种旨在满足支出需求的名为assignats的纸币。

21世纪出现的也是目前最极端的一次恶性通货膨胀是2007—2009年间非洲国家津巴布韦发生的恶性通货膨胀。在恶性通货膨胀期间，货币变动程度很大，货币对价格水平迅速产生影响。这些事件恰好能够检验货币供给对价格水平长期影响的理论。①

和其他恶性通货膨胀一样，津巴布韦的恶性通货膨胀的起因是政府需要通过印刷货币支付支出。这些支出包括1998年开始的4年刚果战争支出以及大规模农业扶持，因为国内政治动荡，外国人收回贷款、投资、援助。汇率是由津巴布韦政府控制的，通货膨胀的结果是在市场力量主导的黑市上汇率迅速贬值。2006年4月1日，津巴布韦政府实行了货币改革，创造了一种新的津巴布韦元，1新津巴布韦元等于1 000旧津巴布韦元。

2007年，高通货膨胀越过界限变成恶性通货膨胀，见附图。2007年3月的通货膨胀率超过了50%，而且一直上升。2008年7月1日，津巴布韦政府发行了面值为1 000亿的津巴布韦元——当时大约等于3个鸡蛋的价格。随后实行了进一步的货币改革，每一最新的津巴布韦元等于100亿旧的新津巴布韦元。但是情形进一步恶化。根据津巴布韦储备银行（中央银行）的官方CPI数据，在2007年1月到2008年7月价格水平上升了36 661 304倍（当时银行停止报告价格数据）。津巴布韦储备银行的数据可能被低估了。根据一份报告，2008年10月的通货膨胀率超过了33 000 000%！② 2009年2月3日进行了其他的货币改革，创造了第四种津巴布韦元，等于1万亿之前的津巴布韦元。

---

① 在经典著作中，哥伦比亚大学经济学家菲利普·卡甘（Phillip Cagan）画出了通货膨胀和每月的通货膨胀率是50%时恶性通货膨胀（通过复利计算，得到的结果是每年12 875%）之间的曲线。参见“The Monetary Dynamics of Hyperinflation,” in Milton Friedman, ed., *Studies in the Quantity Theory of Money*（Chicago：University of Chicago Press，1956），pp. 25－117。18世纪的数据能够表明在法国大革命期间（1789—1796年）通货膨胀率达到顶峰，超过143%。

② 参见Tara McIndoe-Calder，“Hyperinflation in Zimbabwe,” unpublished manuscript，Central Bank of Ireland，March 2011。

2007—2008 年津巴布韦月度通货膨胀率

资料来源：Reserve Bank of Zimbabwe.

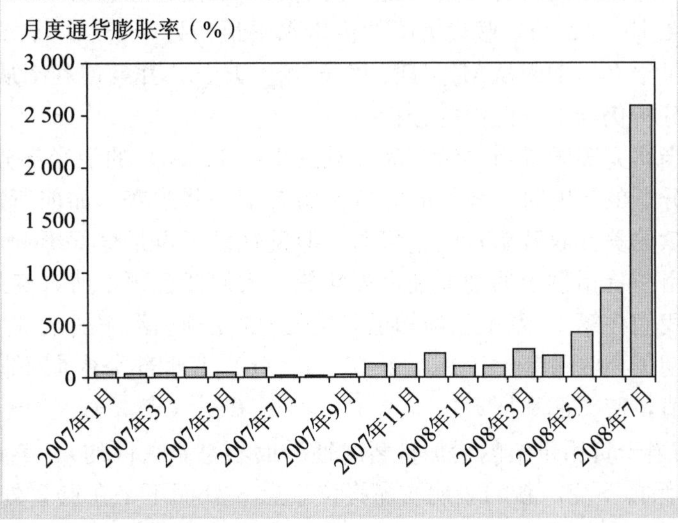

然而，2009 年初，恶性通货膨胀终于行将结束，因为人们避免使用币值不稳定的津巴布韦元，转而依赖外国货币如美元、南非的兰特、博茨瓦纳的普拉。新的联合政府将外币使用合法化，暂停津巴布韦法定货币的使用，宣布将使用美元进行所有交易。重要的是，政府（不再印刷货币）采取了“现金预算”规则，只允许自身花通过税收得来的钱。因为津巴布韦元以很快的速度退出了流通，津巴布韦联邦银行在 2009 年 11 月 6 日之后不再报告其汇率。2009 年通货膨胀（现以美元计算）迅速下降。① 尽管多种货币都在流通，美元仍然占据主导地位。实际上，美联储现在决定着津巴布韦的货币状况。

在 2010—2013 年间，津巴布韦仍然面临许多经济问题，其中许多问题都源于多年的极端宏观经济不稳定，但通货膨胀不是其中之一。最近的通货膨胀一直很低，2010 年后每年都低于 5%。不幸的是，2014 年以后，低而正的通货膨胀被通货紧缩，也就是负利率取代。价格持续下跌导致了一系列复杂问题，我们将于第 17 章讨论。津巴布韦的通货紧缩不仅反映了美国的低通胀，也是其本国经济的缩影。铁矿石、木材、棉花等津巴布韦主要出口产品的国际价格一路下跌。第 19 章和第 22 章将详细讨论 2010 年的国际商品价格下跌，这也是影响包括津巴布韦在内的众多发展中国家发展前景的关键因素。通过采用他国货币，津巴布韦政府放弃了对本国货币供给的控制，也就不再有能力通过印发货币来抵制通货紧缩。取而代之的是必须通过经常账户顺差、国际援助和海外劳工汇款进口所需的美元来充实本国货币供给。

由于津巴布韦出口疲软，津巴布韦经济对美元的强烈需求导致津巴布韦政府考虑再次发行本国法币。为了向国民保证不走此前急剧通货膨胀的老路，该国政府申明新的法币有非洲进出口银行借来的 2 亿美元作为支撑。② 然而，新的法币可能并不能自由兑换美元。因此，津巴布韦居民已经开始担心 2017 年会重蹈 2007 年的覆辙。

永久性货币供给变动与汇率

现在我们将对通货膨胀的分析用于研究美国货币供给的永久性增加对美元/欧元汇率的影响。图 15－12 显示了这一变动在短期［见图 15－12(a)］和长期［见图 15－12(b)］的影响。我们假定，

① 更详细的核算数据，参见 Janet Koech，“Hyperinflation in Zimbabwe，” in *Globalization and Monetary Policy Institute 2011 Annual Report*，Federal Reserve Bank of Dallas，pp. 2－12；and Joseph Noko，“Dollarization：The Case of Zimbabwe，” *Cato Journal* 31（Spring/Summer 2011），pp. 339－365。

② 参见“Who Wants to Be a Trillionaire? Zimbabwe's New Currency，” *The Economist*，May 14，2016。

开始时经济中的所有变量均处于长期水平，而且当经济对货币供给变动做出调整时产出保持不变。

图 15－12（a）假设美国的价格水平最初处于 P_{US}^1。名义货币供给从 M_{US}^1 增至 M_{US}^2 会使得实际货币供给在短期内从 M_{US}^1/P_{US}^1 增至 M_{US}^2/P_{US}^1，并且使利率从 $R_\$^1$（点 1）降至 $R_\$^2$（点 2）。至此，我们的分析仍与本章前面的分析一致。

当研究美国货币供给变动［见图 15－12（a）的下半部分］对外汇市场［见图 15－12（a）的上半部分］的影响时，我们的分析开始有了一些改变。如前所述，美国利率下降会使得垂线（表示美元存款的美元收益率）向左移动。但是这已不再是全部影响，因为货币供给的增加现在影响到了汇率。由于货币供给的增加是永久性的，人们便会预期所有商品（包括欧元）的美元价格都会长期上涨。我们在第 14 章中已经知道，美元/欧元预期汇率的上涨（美元的预期贬值）将会提高欧元存款的预期美元收益率。于是，图 15－12（a）上半部分中向下倾斜的曲线将向右移动。美元相对于欧元贬值，使得汇率从 $E_{\$/€}^1$（点 1′）移至 $E_{\$/€}^2$（点 2′）。注意，如果美元/欧元的预期汇率保持不变（即相当于货币供给的增加是暂时性的而不是永久性的），美元的贬值将不会这么大。如果预期汇率 $E_{\$/€}^e$ 保持不变，新的短期均衡将位于点 3′处而不是在点 2′处。

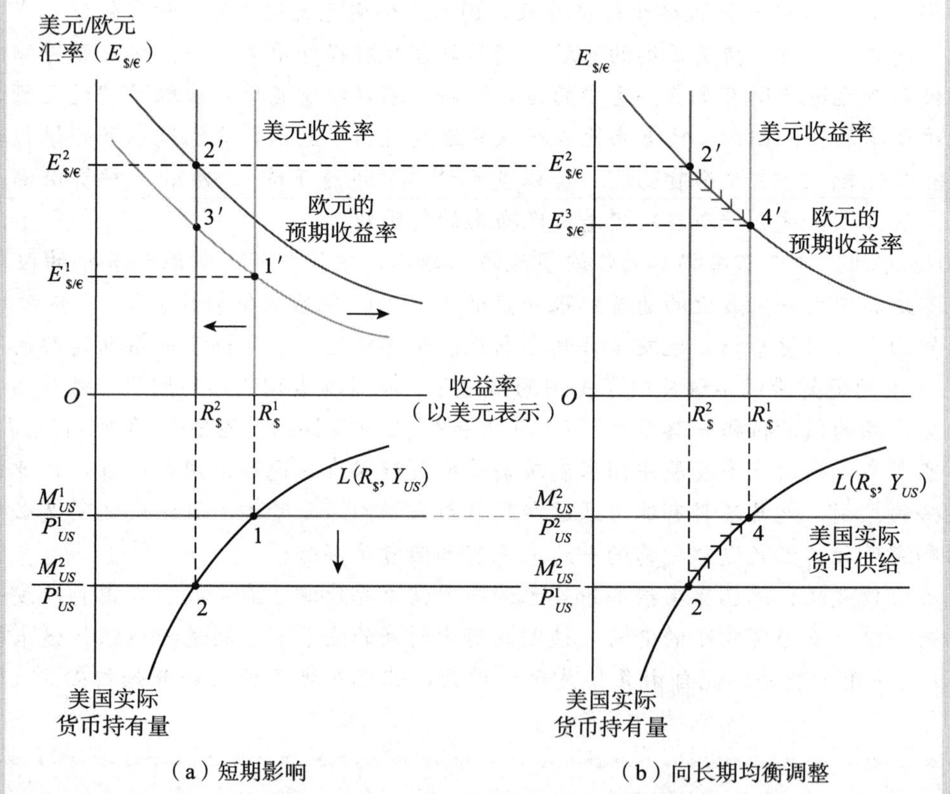

图 15－12　美国货币供给增加的短期和长期影响（假定实际产出不变）

说明：（a）资产市场的短期调整。（b）当经济趋于长期均衡时，利率、价格水平和汇率怎样变动。

图 15－12（b）揭示了价格水平上升和经济向长期均衡调整过程中利率和汇率的变动状况。价格水平从最初给定的 P_{US}^1 开始上升，最终到达 P_{US}^2。因为在长期中，价格水平必然与货币供给同比例上升，所以最终的实际货币供给 M_{US}^2/P_{US}^2 与最初的实际货币供给 M_{US}^1/P_{US}^1 相等。由于产出是既定的，而实际货币供给返回到了最初水平，所以长期均衡利率必定仍然等于 $R_\$^1$（点 4）。因此，当价格水平从 P_{US}^1 上涨到 P_{US}^2 时，利率即从 $R_\$^2$（点 2）上升到 $R_\$^1$（点 4）。

美国利率的上升对汇率的影响也可以从图 15－12（b）中看出来：在这一调整过程中，美元相对于欧元升值。如果对汇率的预期在这一过程中不再变动，外汇市场就会沿着向下倾斜的曲线（表示欧元存款的美元收益率）向长期均衡状态移动。其运动路径与在价格逐渐上升过程中美元利率垂线右移的运动轨迹是一致的。长期的均衡汇率 $E^3_{\$/€}$（点 4′）比在点 1′上的最初的均衡汇率要高。与价格水平一样，美元/欧元汇率与货币供给同比例增加。

图 15－13 显示的是上述美国货币供给、美元利率、美元价格水平和美元/欧元汇率变动的时间路径。该图显示，长期价格水平［见图 15－13(c)］和汇率［见图 15－13(d)］的提高与货币供给［见图 15－13(a)］的增加是成比例的。

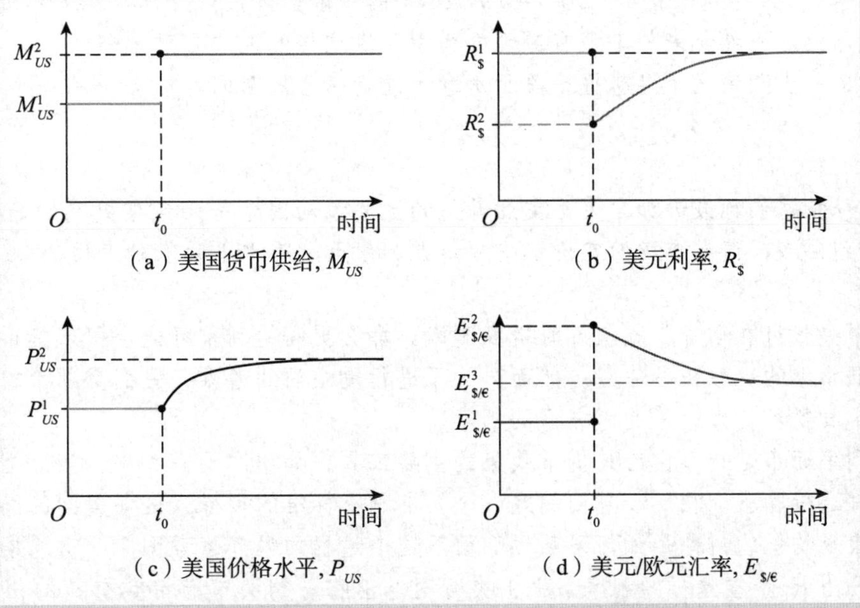

图 15－13　美国货币供给永久性增加后各经济变量变动的时间路径

说明：在图（a）中 t_0时的货币供给增加之后，图（b）中的利率、图（c）中的价格水平以及图（d）中的汇率都如图中所描绘的那样向它们的长期均衡水平移动。如图（d）所示，在达到长期均衡水平 $E^3_{\$/€}$ 以前，在短期内会出现汇率超调，从原来的 $E^1_{\$/€}$ 跳到 $E^2_{\$/€}$。

汇率超调

当货币供给增加之后，汇率的最初贬值（由 $E^1_{\$/€}$ 跳至 $E^2_{\$/€}$）会大于汇率的长期贬值（由 $E^1_{\$/€}$ 跳至 $E^3_{\$/€}$），见图 15－13（d）。当汇率对货币波动的即刻反应超过了长期反应时，我们称之为**汇率超调**（exchange rate overshooting）。汇率超调是一种重要的现象，因为它有助于解释为什么汇率的日常波动可以如此之大。

汇率超调的经济解释来自利率平价条件。如果我们假定在货币供给增加之前人们没有预期到美元/欧元汇率的变动，那么汇率超调现象将比较容易理解。在这种情况下，美元利率 $R^1_\$$ 与某一给定的欧元利率 $R_€$ 相等。美国货币供给的永久性增加对 $R_€$ 不会产生影响，但它会使 $R^1_\$$ 下降并一直低于 $R_€$［见图 15－13(b)］，直至美国的价格水平完成长期调整到达 P^2_{US}［见图 15－13(c)］。但是，为了使外汇市场在这一调整过程中保持均衡，欧元存款的利率优势必须被美元相对于欧元的预期升值所抵消，即被 $E_{\$/€}$ 的预期下降所抵消。而只有当美元/欧元汇率在最初出现超调，即高于长期均衡水平 $E^3_{\$/€}$ 时，市场参与者才会预期到美元相对于欧元将出现升值。

汇率超调是短期价格水平刚性的直接后果。如果假设当货币供给增加之后价格水平能够立即调整到新的长期水平并使得实际货币供给并不增加，那么美元利率就不会下降。因此，在这种情况下，就没有必要以汇率超调来维持外汇市场的均衡。只要汇率立即跳到新的长期水平，市场就会继续保持均衡状态。

∵案例分析　通货膨胀率升高会导致货币升值吗？通货膨胀目标的意义

在我们刚才已经考察过的超调模型中，货币供给的增加导致了高通胀与货币贬值，如图 15－13 所示，这可能看起来令人困惑。金融杂志的读者们经常会看到诸如下面这样的大标题：《通货膨胀促使加拿大元升值》[来自 2007 年 5 月 24 日的《金融时报》(*Financial Times*)]。参照我们在本章中给出的那个看起来似乎很有道理的模型，像这样的说法有意义吗？

通过进一步阅读《金融时报》关于加拿大通货膨胀的新闻，你会得到一个线索。据《金融时报》称：

> **分析家们称最近加拿大元突然升值的主要推动因素是比预期更高的通货膨胀数据。数据预示到年底，债券市场的定价水平应该在加拿大利率水平的基础上提高 25 个基点。**

如果中央银行在通货膨胀上升时提高利率，那么更高的利率可能会引起货币升值，所以这可以解决与我们模型的这种明显冲突。然而，为了进行更全面的考察，我们必须考虑有关现代中央银行是如何制定和执行货币政策的两方面的因素。

(1) 利率而不是货币供给是货币政策的主要工具。如今，大多数央行实际上不会制定货币供给目标来控制通货膨胀。相反，它们制定一个短期利率标准的目标（例如美国的隔夜联邦基金利率）。有关货币市场均衡的讨论是如何帮助我们理解这个过程的呢？参考图 15－3，并假定央行希望制定的利率水平为 R^1，在这样的利率水平上央行同意出售与购买市场希望交易的任意水平的现金。例如，如果货币供给的初始水平为 Q^2，在 R^1 的利率水平上将会出现超额货币需求，因此人们将把债券卖给央行以换取货币，直到货币供给扩张到 Q^1 水平，这时超额需求就消失了。央行倾向于固定一个利率水平，而不是货币供给水平，因为货币需求曲线 $L(R, Y)$ 实际上可以自由地移动。如果央行试图固定货币供给，结果将是更高并且可能是破坏性的利率震荡；固定利率并且让货币供给在有必要的时候自动调节更符合实际。①

然而，我们以上有关货币供给与价格水平之间正相关关系的讨论将会面临利率工具的一个潜在的问题。如果货币供给可以像市场整体希望的那样自由扩张和收缩，那么怎样才能使价格水平及通货膨胀处于控制之下呢？例如，如果市场参与者怀疑央行控制通货膨胀的决心，并且突然将价格水平推高（因为他们预期将来会有更高的价格水平），那么他们可以从央行借入更多的钱，因此带来了保持长期高价水平所需要的货币供给。这种令人担忧的可能性将我们带到了现代货币政策的第二个支柱。

(2) 大多数中央银行为了使通货膨胀处于可控范围内都会快速地调整它们的利率政策，这样，央行就可以避免过高或过低的通货膨胀。当它了解到通货膨胀较预期的高时，就会提高利率，当通

① 中央银行政策执行的非技术性阐述，参见 Michael Woodford, "Monetary Policy in a World without Money," *International Finance* 3 (July 2000), pp. 229－260。伍德福德极富煽动性的标题指出了央行利率工具的另一个优点：即使为货币存款支付竞争性的利率，在这种情况下也可以执行货币政策。然而，出于多种目的，忽略 $L(R, Y)$ 曲线的变动并且简单地假定中央银行直接确定货币供给量是合理的。在本书的其他大部分内容中我们将做出同样的假设。主要的例外情况就是在第 18 章引入固定汇率的时候。根据利率而不是货币供应手段对货币政策理论的一个简单再表述，参见本章延伸阅读中戴维·罗默的文章。

货膨胀过低时就会降低利率。我们将会从第 17 章的详细表述中看到：利率的上升导致了货币升值，使得相对于外国商品而言本国商品更昂贵，因此，降低了对本国商品的需求。这种需求的下降反过来会促使国内价格下降。相应地，利率的下降会提升国内价格水平。实际上，现在许多中央银行遵循正常的通货膨胀目标策略。在这种策略下，它们宣布一个通胀目标（或目标带范围），并且通过调整利率以保持这个通胀目标。中央银行通常以所谓的核心通胀率为目标。核心通胀率是指排除了像能源价格这种易于波动的组成部分而包括在总消费者价格指数水平中的通货膨胀。这种通货膨胀目标是由新西兰央行于 1990 年首先正式实行的。许多其他国家和地区也随后跟进，其中包括加拿大、智利、墨西哥、南非、瑞典、泰国、英国及欧元区等。

现在我们可以理解为什么比预期更高的通货膨胀可以引起货币升值而不是货币贬值。假想市场参与者很可能怀疑加拿大央行对低通胀的承诺，因而会出人意料地推高价格水平，并且通过借款来扩张货币供给。这样，当加拿大政府公布新的价格数据时，这时的数据会比市场参与者先前预期的价格水平要高。如果加拿大央行被认为会快速提高利率以使得价格水平与货币供给回到正轨，那么就没有理由预见汇率会变动。但是随着加拿大利率的升高，利率平价要求加拿大元预期贬值，只有加拿大元立即升值，才能与未来不变的汇率保持一致。未预料到的货币增加与价格水平上涨之后的经济调整图看起来像图 15－13 反过来一样（即构造反映货币紧缩过程而不是扩张过程）。同时附加假设是：加拿大央行在价格水平回到目标路径时，渐渐地将利率调整到初始水平。①

哥伦比亚大学的经济学家理查德·克拉里达（Richard Clarida）与巴克莱投资银行的经济学家丹尼尔·瓦尔德曼（Daniel Waldman）提供了与此解释一致的统计证据。② 这些学者通过以下方法来测量未预期到的通货膨胀：他们用政府最初宣布的通胀率估计此前未经修改的数据，减去由一组银行业分析家在这个时期以前公布的通货膨胀预测的均值。对于一个包括 10 个国家和地区的样本——加拿大、英国、澳大利亚、欧元区、日本、新西兰、挪威、瑞典、瑞士以及美国——克拉里达与瓦尔德曼检验了发生在一个时段内的汇率变动。这一时段由通胀率宣布之前的五分钟持续到宣布之后的五分钟。他们的主要发现如下：

（1）对于他们研究的这 10 种货币，平均来说，有关出人意料高的通货膨胀的新闻实际上会导致货币升值而不是货币贬值。

（2）这种影响对核心通胀率较一般媒体宣扬的通胀率更强。

（3）这种影响对通胀目标制国家比美国和日本（这两个国家不宣布通胀目标）要大得多。例如，在加拿大的例子中，宣布每年在市场预期之上 1% 的核心通胀率会导致加拿大元对美元立即升值 3%，对美元与欧元比价的相对效应来说，虽然变化也在同一方向，但大小仅有 1/4。

（4）对那些可以得到相当长时间序列数据的国家而言，未预期到的通货膨胀对货币的加强影响是在引入通胀目标之后才显现出来的，而不是在此之前。

科学理论只能被证伪，不能被证实。然而，到目前为止，该理论看起来是相当有说服力的，即严格的通胀目标对通胀来说是坏消息，而对货币来说是好消息。

---

① 严格地说，文中的陈述描述了制定价格目标而不是以通货膨胀为目标。然而，当假设央行的利率对未预期到的通货膨胀反应相当强烈的时候，通货膨胀目标的推理几乎是一样的。

② Clarida and Waldman, "Is Bad News About Inflation Good News for the Exchange Rate? And If So, Can That Tell Us Anything about the Conduct of Monetary Policy?" in John Y. Campbell, ed., *Asset Prices and Monetary Policy* (Chicago: University of Chicago Press, 2008). 塔夫茨大学的迈克尔·W. 克莱恩（Michael W. Klein）和纽约联邦储备银行的琳达·S. 戈德尔伯格（Linda S. Goldberg）应用相关方法来考察对欧洲中央银行自 1999 年成立以来的通货膨胀厌恶的变化中的市场感知。参见"Evolving Perceptions of Central Bank Credibility: The European Central Bank Experience," *NBER International Seminar on Macroeconomics* 33 (2010), pp. 153－182。

提 要

1. 人们持有货币是因为它有流动性。从实际考虑，货币总需求不是指对一定数量货币单位的需求，而是指对一定数量的购买力的需求。实际货币总需求与持有货币的机会成本（以国内利率来计量）负相关，与经济中的交易量（以实际 GNP 计量）正相关。

2. 当实际货币总供给与实际货币总需求相等时，货币市场处于均衡状态。给定价格水平与实际产出，货币供给增加会使利率降低，货币供给减少会使利率上升。如果价格水平不变，实际产出上升会使利率上升，实际产出下降则具有相反的效果。

3. 通过降低国内利率，货币供给的增加导致本国货币在外汇市场上贬值（即使在对未来汇率的预期不变时也是如此）。同样，国内货币供给的下降会使本国货币相对于外国货币升值。

4. 在短期内价格水平保持不变这一假设比较适用于温和通货膨胀的国家，但是在长期，这一假定是不正确的。在长期中，货币供给的永久性变动会使长期均衡价格产生同方向、同比例的变动，但并不会影响长期的产出、利率或任何相对价格。另一个受货币供给变动影响的重要变量是用本国货币衡量的外币价格，即汇率。汇率的长期均衡水平会随永久性的货币增加而成比例地提高。

5. 货币供给的增加会造成汇率的短期超调现象（超过长期汇率水平）。例如，当产出一定时，货币供给的永久性增加会使货币出现短期贬值，贬值幅度比货币供给增幅更大，并随后出现货币朝其长期汇率水平的升值。汇率超调加剧了汇率的易变性，它是短期价格水平刚性与利率平价条件共同作用的结果。

关键术语

货币总需求	通货紧缩	汇率超调	通货膨胀	长期
长期均衡	货币供给	价格水平	短期	

习 题

1. 假设实际货币总需求出现下降，即实际货币总需求函数（曲线）向左移动。试分析实际货币总需求下降对汇率、利率和价格水平的短期影响和长期影响。

2. 如果一国人口下降，货币总需求函数会如何变化？人口下降的原因可能是由于家庭数量的减少，也可能是由于家庭平均规模的缩小，这对于分析货币总需求的变化是否重要？

3. 所谓货币流通速度 V 是指实际 GNP 与实际货币持有量的比率，$V=Y/(M/P)$。请利用式（15－4）推导货币流通速度的表达式，并解释货币流通速度是如何随 R 和 Y 的变化而变动的。（提示：产出变化对 V 的影响取决于相对于实际产出的货币总需求弹性，经济学家认为该弹性小于 1。）货币流通速度与汇率之间存在什么联系？

4. 给定对未来汇率的预期，国内实际 GNP 的增加对汇率的短期影响是什么？

5. 我们对货币作为交换媒介和计价单位的有用性的讨论能否作为解释某些货币成为外汇交易的媒介货币的根据？（媒介货币的概念我们在第 14 章中讨论过。）

6. 如果币制改革对经济中的实际变量没有作用，那么为什么政府通常会采用币制改革的方式并结合其他做法来控制通货膨胀呢？[除正文中讨论过的土耳其的例子之外，还有许多例子。近年来的实例包括：以色列由镑改为谢克尔（shekel）；阿根廷将比索改为奥斯托（austral），再改回比索；巴西将克鲁赛罗（cruzeiro）改为克鲁扎多（cruzado），接着又改为克鲁赛罗，既而又改成克鲁赛罗雷亚尔（cruzeiro real），最后在 1994 年又将其改成雷亚尔（real）]。

7. 1984—1985 年，拉美国家玻利维亚经历了恶性通货膨胀。以下是 1984—1985 年期间玻利维亚一些重要的宏观经济数据。

a. 货币供给、价格水平、比索与美元的汇率和你预期的相去甚远吗？请解释。

b. 计算价格总水平和1984年4月—1985年7月美元价格水平变动的百分比。这些价格水平之间如何比较？这些价格水平与货币供给增长的百分比如何比较？解释一下这个结果。（提示：回到问题3中有关货币周转率的讨论。）

c. 1985年8月底玻利维亚政府实行了一个戏剧性的稳定计划。观察接下来两个月的价格水平和汇率，你认为计划是成功的吗？根据你的回答，解释一下为什么1985年9月和10月间货币供给大量增加。

1984年4月—1985年10月玻利维亚宏观经济数据

月份	货币供给（十亿比索）	价格水平（相对于1982年的平均值，1982年=1）	汇率（比索/美元）
1984年			
4月	270	21.1	3 576
5月	330	31.1	3 512
6月	440	32.3	3 342
7月	599	34.0	3 570
8月	718	39.1	7 038
9月	889	53.7	13 685
10月	1 194	85.5	15 205
11月	1 495	112.4	18 469
12月	3 296	180.9	24 515
1985年			
1月	4 630	305.3	73 016
2月	6 455	863.3	141 101
3月	9 089	1 078.6	128 137
4月	12 885	1 205.7	167 428
5月	21 309	1 635.7	272 375
6月	27 778	2 919.1	481 756
7月	47 341	4 854.6	885 476
8月	74 306	8 081.0	1 182 300
9月	103 272	12 647.6	1 087 440
10月	132 550	12 411.8	1 120 210

说明：货币供给指的是M1。

资料来源：Juan-Antonio Morales, "Inflation Stabilization in Bolivia," in Michael Bruno et al., eds., *Inflation Stabilization: The Experience of Argentina, Brazil, Bolivia, and Mexico*. Cambridge, MA: MIT Press, 1988, table 7A-1.

8. 以下表格是一些实行通货膨胀目标制的国家的列表以及这些国家采取这种做法的年份。

国家	采用年份
新西兰	1990
智利	1991
加拿大	1991
以色列	1991
瑞典	1993
芬兰	1993
澳大利亚	1994
巴西	1999
墨西哥	1999
南非	2000
印度尼西亚	2005

访问国际货币基金组织最新的世界经济展望数据库（直接访问或通过 www.imf.org 访问），收集这些国家年度通货膨胀率的 PCPIEPCH 系列数据，这些数据始于 1980 年。然后用 Excel 或其他一些数据分析包画出每个国家的数据图。若只看数据，这些国家的通货膨胀在采用通货膨胀目标制后有明显不同吗？

9. 当我们讨论短期汇率超调时，我们曾假定实际产出不变。现在，假定货币供给的增加在短期内提高了实际产出（第 17 章将给出该假定成立的理由），那么，这对汇率超调的程度会产生什么影响？可能出现“汇率缺调”的现象吗？[提示，在图 15－12（a）中，允许实际货币总需求曲线随产出增加而移动。]

10. 图 14－2 显示了日本的短期利率曾一度接近或是等于零。日元利率从未显示低于 0 点，这是一种巧合吗？或者你能找出一些原因来解释为什么利率可能以零为下界吗？

11. 零利率是怎样使制定货币政策的任务变得更复杂的？

（提示：当利率为零时，从货币转向债券没有优势。）

12. 正如我们在本章中所看到的那样，各国央行并不是有目的地确定货币供给水平，而是设立一个短期目标利率，并在这样的利率水平上随时向人们借贷他们所愿意持有的任何数量的货币。（当人们不是因为利率变化而是因为其他原因愿意持有更多货币时，货币供给因此得到扩张；当人们愿意持有更少的货币时，货币供给就会紧缩。）

a. 如果央行通过固定市场利率来制定货币政策，描述一下这时有可能出现的问题。（首先，考虑价格灵活变动的情况，并且试问当央行以固定利率向人们提供他们所需的所有货币的时候，你是否会找到唯一的均衡价格水平。然后，考虑存在价格黏性的情况。）

b. 根据公式 $R-R_0=a(P-P_0)$，其中 a 为正常数，P_0为目标价格水平，如果央行在价格上升的时候提高利率，形势会发生变化吗？

c. 假设央行的政策规则是 $R-R_0=a(P-P_0)+u$，这里的 u 代表利率政策中的一种随机扰动。在图 15－13 显示的超调模型中，描述在一次未预期的随机因素 u 下降的情况下，经济是怎样调整到长期水平的，并且解释其中的原因。你可以将 u 的下降解释为央行削减利率，并且因此执行了一次货币扩张行动。请将这一过程与图 15－13 所描述的过程进行比较。

13. 自 1942 年以来，巴拿马除了美元以外没有纸币，美元在其国内自由流通。关于巴拿马的通货膨胀率与美国的通货膨胀率对比，你预测哪些是正确的？为什么？访问国际货币基金组织最新的世界经济展望数据库（直接访问或通过 www.imf.org 访问），观察巴拿马和美国的可比消费者价格通货膨胀率，在那里看到的通货膨胀率符合你之前的预测吗？（在阅读完第 16 章和第 18 章之后，你应该回到这个问题，你将会对决定像巴拿马这样的国家的价格水平的因素有更深刻的理解。）

延伸阅读

Ben S. Bernanke，Thomas Laubach，Frederic S. Mishkin，and Adam S. Posen. *Inflation Targeting: Lessons from the International Experience*. Princeton，NJ：Princeton University Press，1999. 该文献讨论了有关通货膨胀和其他宏观经济变量的近期货币政策经验及其后果。

Rudiger Dornbusch. “Expectations and Exchange Rate Dynamics.” *Journal of Political Economy* 84 (December 1976)，pp. 1161 - 1176. 该文献对汇率超调进行了理论分析。

Jacob A. Frenkel and Michael L. Mussa. “The Efficiency of Foreign Exchange Markets and Measures of Turbulence.” *American Economic Review* 70 (May 1980) pp. 374 - 381. 该文献比较了国家价格的行为与汇率及其他资产价格的行为。

Robert E. Hall and David H. Papell. *Macroeconomics*：*Economic Growth*，*Fluctuations*，*and Policy*，6th edition. New York：W. W. Norton & Company，2005. 其中的第 15 章讨论了有关名义价格刚性的一些理论。

David Romer. “Keynesian Macroeconomics without the *LM* Curve.” *Journal of Economic Perspectives* 14 (Spring 2000)，pp. 149 - 169. 该文献给出了一个央行利用利率而非货币供给来实施货币政策的宏观经济模型。

Edwin M. Truman. *Inflation Targeting in the World Economy*. Washington，D. C.：Institute for International Economics，2003. 该文献综述了以低通货膨胀为目标的货币政策框架的国际方面。

第16章 长期价格水平与汇率

1970年底，1美元可以兑换358日元；而到1980年圣诞节，1美元只值203日元。尽管20世纪80年代美元有短期回升，但到了2016年夏天，1美元降到了只值105日元的境况。许多投资者认为这些价格变化实在难以预测，外汇市场上几家欢喜几家愁。人们不禁要问：在长期中这种剧烈的汇率变化背后究竟隐藏着什么样的经济动因呢？

我们已经知道，汇率的高低取决于利率以及对未来的预期，而这些因素又受到国内货币市场状况的影响。为了充分理解汇率的长期运动，我们必须从两个方向拓展我们已有的模型：首先，我们必须充分考虑货币政策、通货膨胀、利率和汇率之间的相互联系；其次，我们还必须考虑货币供求以外的一些其他因素，如产品和服务市场上的需求变动对汇率的影响。

在本章中我们将论述一个长期汇率模型，它能够为资产市场上的各种参与者提供一个用以预测未来汇率的分析框架。由于参与者的预期会立即对汇率产生影响，因此对长期汇率的预测即使从短期来看也是十分重要的。在第17章中你会看到，在研究短期汇率和产出的相互作用时，我们将大量运用本章所得到的结论。

从长期看，一国的价格水平会对利率以及各国产品相对价格的决定产生重要影响，因此，有关国内价格水平与汇率如何互相影响的理论是理解为什么汇率会在几年内发生剧烈变动的关键。在本章中，我们将首先讨论**购买力平价**（purchasing power parity，PPP）理论，该理论解释了两个国家的价格水平变化是如何引发两种货币之间的汇率波动的；其次，我们将探讨购买力平价理论可能无法准确地做出长期预测的原因，并说明为什么有时必须根据产品市场上的供求变化对该理论进行修正；最后，我们将阐述拓展后的购买力平价理论是如何分析货币市场和产品市场变化对汇率和利率的影响的。

学习目标

学完本章，你应该能够：

- 解释汇率的绝对购买力平价理论以及这种理论与国际产品市场一体化之间的关系。
- 描述在长期内，像目前价格水平的通货膨胀率这样的货币因素是如何影响汇率的。
- 讨论实际汇率的概念。
- 理解长期内影响实际汇率与相对货币价值的因素。
- 解释国际实际利率差异与实际汇率的预期变动之间的关系。

一价定律

为了理解购买力平价理论预测结果的市场动因，我们首先讨论**一价定律**（law of one price）。一价定律认为，在没有运输费用和官方贸易壁垒（例如关税）的自由竞争市场上，同样的货物在不同国家出售时按同一货币计量的价格应该是一样的。例如，如果美元/英镑汇率是 1 英镑兑 1.5 美元，那么一件羊毛衫在纽约卖 45 美元，在伦敦就应该卖 30 英镑，即伦敦羊毛衫的美元价格应该是 1.5 美元/英镑×30 英镑＝45 美元，与纽约的价格一样。

让我们继续讨论这个例子，看看在无运输费用和其他贸易壁垒时一价定律为什么会成立。如果美元/英镑汇率为每英镑 1.45 美元，通过外汇市场把 43.50 美元（＝1.45 美元/英镑×30 英镑）兑换成 30 英镑，你可以在伦敦买到一件羊毛衫。因此，伦敦羊毛衫的美元价格就应该是 43.50 美元；如果同样的羊毛衫在纽约卖 45 美元，那么美国的进口商和英国的出口商就会在伦敦购买羊毛衫并运到纽约去卖。这将导致伦敦羊毛衫价格的上升和纽约羊毛衫价格的下降，直到两地价格相等为止。类似地，如果汇率是 1.55 美元/英镑，那么伦敦羊毛衫的美元价格应该是 46.50 美元（＝1.55 美元/英镑×30 英镑），比纽约高 1.5 美元。此时，羊毛衫就会从大西洋的西边运往东边，直到两个市场上的价格完全一致为止。

一价定律实际上是对本书贸易理论中一个重要原则的重新表述，即当贸易是开放的且交易费用为零时，同样的货物无论在何地销售，其价格都必然相同。我们之所以重提这个原则，是因为它揭示了国内商品价格和汇率之间的一个基本联系。我们可以用下式来表达一价定律：如果 P_{US}^{i} 表示的是商品 i 的美元价格，P_{E}^{i} 表示的是相应的欧元价格，那么一价定律预言，商品 i 无论在何地出售都应该有同样的美元价格，即

$$P_{US}^{i}=E_{\$/€}\times P_{E}^{i}$$

这意味着美元/欧元汇率就是商品 i 的美元价格和欧元价格之比，即

$$E_{\$/€}=P_{US}^{i}/P_{E}^{i}$$

购买力平价

购买力平价理论认为，两国货币的汇率等于两国价格水平之比。在第 15 章中我们谈到过，一国的价格水平，即一个基准商品篮子的价格，反映了该国货币的国内购买力。因此购买力平价理论认为，某种货币国内购买力的下降（表现为国内价格水平的上升）会引起该货币在外汇市场上的等比例贬值，而购买力的上升则会引起相应的货币升值。

购买力平价的基本观点在 19 世纪英国经济学家的著作中就已经被提出。在这些经济学家中，有比较优势理论的创始人大卫·李嘉图。20 世纪初，瑞典经济学家古斯塔夫·卡塞尔（Gustav Cassel）推广了购买力平价理论，使其成为汇率理论的核心部分。尽管对购买力平价的普遍正确性还存在种种质疑，但是它的确揭示了影响汇率运动的最重要因素。

为了简单地表述购买力平价理论，我们用 P_{US}表示在美国销售的一个基准商品篮子的价格，用 P_{E}表示在欧洲销售的同一个商品篮子的价格（我们假设该商品篮子能够准确地衡量两国货币的购买力），那么，购买力平价所预测的美元/欧元汇率就是：

$$E_{\$/€}=P_{US}/P_{E} \tag{16-1}$$

如果购买一个基准商品篮子在美国要花 200 美元，在欧洲要花 160 欧元，则购买力平价预测美元/欧元汇率将会为 1.25 美元/欧元（= 每个篮子 200 美元/每个篮子 160 欧元）；如果美国的物价提高到原来的 3 倍（每个篮子 600 美元），那么欧元的美元价格也会同比例变化，购买力平价意味着每欧元现在等于 3.75 美元。重新整理式（16-1），我们得到：

$$P_{US}=E_{\$/€}\times P_E$$

这里我们得到了购买力平价的另一种表述方式。等式左边是一个商品篮子在美国的美元价格，等式右边则是在欧洲购买该商品篮子的美元价格（也就是欧元价格乘以美元/欧元汇率）。如果购买力平价成立，则这两种价格应是相等的。因此，购买力平价理论实际上断言：如果用同一种货币来表示，所有国家的价格水平都将是相等的。

换一个角度来看，等式右边衡量的是美元兑换为欧元并在欧洲境内使用时的购买力。因此，在现行汇率下，只有当每种货币的国内购买力与它在国外的购买力相等时，购买力平价才成立。

购买力平价与一价定律之间的关系

从表面上看，式（16-1）所表达的购买力平价类似于一价定律，因为对于任何商品 i，都有 $E_{\$/€}=P_{US}^i/P_E^i$。然而购买力平价和一价定律之间是存在区别的：一价定律适用于单个商品（例如商品 i）的情况；购买力平价理论适用于普遍的价格水平，即商品篮子中所有基准商品价格的组合。

如果一价定律对所有商品都成立，那么只要用于计算不同国家价格水平的基准商品篮子是一样的，购买力平价就成立。然而，购买力平价理论的拥护者认为，这个理论的正确性（特别是它作为一种长期理论的正确性）并不要求一价定律一定成立。

他们认为，即使对单个商品而言一价定律并不成立，价格和汇率也不会与购买力平价理论所预测的关系偏离太远。因为当一国的商品价格暂时比其他国家高时，对其货币和商品的需求就会下降，这将促使汇率和国内价格重新回到购买力平价所预测的水平上来。类似地，当出现相反的情况，即一国的商品相对便宜时，就会引起货币升值和价格上升。因此，购买力平价理论认为，即使一价定律不成立，其背后所隐藏的经济力量最终也会使各国货币的购买力趋于一致。

绝对购买力平价与相对购买力平价

认为汇率等于相对价格水平的观点［式(16-1)］有时被称为**绝对购买力平价**（absolute PPP），这意味着还存在**相对购买力平价**（relative PPP）。相对购买力平价表示在任何一段时间内，两种货币汇率变化的百分比将等于同一时期两国国内价格水平变化的百分比之差。绝对购买力平价反映的是两国价格水平和汇率水平之间的关系；相对购买力平价反映的是价格水平变动与汇率水平变动之间的关系。相对购买力平价理论认为：价格和汇率会在保持各国货币的国内购买力和国外购买力不变的情况下发生变化。

举例来说，如果美国的物价一年上涨 10%，而欧洲只上涨 5%，相对购买力平价理论预测美元相对于欧元将会贬值 5%。美元相对于欧元贬值的 5%刚好抵消了美国的通货膨胀超过欧洲的那 5 个百分点，从而使得两种货币各自相对的国内购买力和国外购买力保持不变。美国与欧洲之间的相对购买力平价可以用下式表示：

$$(E_{\$/€,t}-E_{\$/€,t-1})/E_{\$/€,t-1}=\pi_{US,t}-\pi_{E,t} \qquad (16-2)$$

式中，π_t 表示通货膨胀率［也就是说，$\pi_t=(P_t-P_{t-1})/P_{t-1}$，即从时间 $t-1$ 到 t 之间的价格水平

变动的百分比]。[1] 与绝对购买力平价不同，在谈到相对购买力平价时，我们一定要指明价格水平和汇率发生变化的那一段时间。

事实上，一国政府通常不会花费很多精力去采用国际标准的商品篮子来计算本国的价格指数。然而，除非在式（16－1）中用于进行价格比较的两种商品篮子相同，否则绝对购买力平价将变得没有意义（因为没有理由认为不同的商品篮子会卖相同的价格）。因此，当我们不得不用政府公布的物价统计资料评估购买力平价时，相对购买力平价这个概念就变得十分有用。

相对购买力平价正确地反映了汇率变化的百分比与通货膨胀率差异之间的关系，即使两个国家为计算各自价格水平所选取的商品篮子的构成和范围不同时也是如此。相对购买力平价之所以重要，还因为即使当绝对购买力平价不成立时它也可能成立。只要那些使得实际情形偏离绝对购买力平价的因素随时间推移基本不变，那么相对价格水平的百分比变化仍约等于汇率的百分比变化。

建立在购买力平价之上的长期汇率模型

结合第15章阐述的关于货币供求的分析框架，从绝对购买力平价理论出发，我们可以导出一个关于汇率和货币因素在长期中如何相互影响的有用理论。由于这一理论基本上不考虑那些不影响货币供求的因素，因此该理论又被称为**汇率的货币分析法**（monetary approach to the exchange rate）。货币分析法是本章建立长期汇率一般理论的第一步。

我们之所以认为货币分析法是一种长期而非短期理论，是因为这一理论基本不考虑价格刚性，而价格刚性在短期宏观经济分析中特别是在分析偏离充分就业的情况时非常重要。货币分析法认为：价格水平总是立即调整的，从而使得经济始终保持在充分就业状态并满足购买力平价条件。与上一章一样，在提到一个变量的长期值时，我们指的是该变量在一个假设的要素市场价格和产品市场价格完全浮动的世界里的均衡值。

在宏观经济学界，对于是否存在明显的价格黏性仍存在很大的分歧。一部分经济学家认为：价格和工资仅仅在表面上看起来有刚性，而实际上却是能够迅速调整从而使市场出清的。对这一派经济学家来说，本章中的模型可以用于描述经济的短期行为，在这类情形中，价格变化非常快，因而不会出现严重的失业状态。

货币分析法的基本方程

为了应用货币分析法预测美元/欧元汇率，我们假设在长期中外汇市场可以使得汇率满足购买力平价条件［见式(16－1)］：

$$E_{\$/€}=P_{US}/P_E$$

换句话说，我们假设在一个汇率和价格能够及时调整从而始终保持充分就业状态的世界里，上述方程是成立的。

---

[1] 准确地说，当变化率不太大时，式（16－1）与式（16－2）相当接近。其关系为：

$$E_{\$/€,t}/E_{\$/€,t-1}=(P_{US,t}/P_{US,t-1})/(P_{E,t}/P_{E,t-1})$$

两边同时减去1，得

$$\begin{aligned}(E_{\$/€,t}-E_{\$/€,t-1})/E_{\$/€,t-1}&=(\pi_{US,t}+1)(P_{E,t-1}/P_{E,t})-(P_{E,t}/P_{E,t})\\&=(\pi_{US,t}-\pi_{E,t})/(1+\pi_{E,t})\\&=(\pi_{US,t}-\pi_{E,t})-\pi_{E,t}(\pi_{US,t}-\pi_{E,t})/(1+\pi_{E,t})\end{aligned}$$

如果$\pi_{US,t}$和$\pi_{E,t}$很小，则$-\pi_{E,t}(\pi_{US,t}-\pi_{E,t})/(1+\pi_{E,t})$可忽略不计，这正好是式（16－2）。

在上一章中，式(15－5)表明了国内价格水平是如何由货币供求关系决定的。在美国，

$$P_{US}=M_{US}^{S}/L(R_{\$},Y_{US}) \tag{16-3}$$

而在欧洲，

$$P_{E}=M_{E}^{S}/L(R_{€},Y_{E}) \tag{16-4}$$

和以前一样，我们用M^S表示一国的货币供给，用$L(R，Y)$表示一国的实际货币总需求。货币总需求与利率成反比，与实际产出成正比。[①]

式(16－3)和式(16－4)表明了汇率的货币分析法这一名称是如何得来的。根据式(16－1)所表示的购买力平价，欧元的美元价格等于美国产出的美元价格与欧洲产出的欧元价格之比，而这两种价格水平又是由它们各自国内的货币供求关系决定的。如式(16－3)所示，美国的价格水平是由其国内的货币供给量与国内的实际货币需求量之比决定的；欧洲也是如此，见式(16－4)。这样，汇率的货币分析法预示：两种货币的汇率，即两种货币的相对价格(在这里指美元和欧元)，从长期来看完全取决于两种货币的相对供给量与相对实际需求量。利率和国内产出的变化只有在影响了货币需求的情形下才会使汇率发生变动。

此外，汇率的货币分析法还将货币供给、利率和产出的变化对汇率的长期影响做了具体分析和预测：

(1)货币供给。根据式(16－3)，当其他条件不变时，美国货币供给量的持续增长将会导致美国国内价格水平P_{US}的长期同比例上升。由于在购买力平价理论中$E_{\$/€}=P_{US}/P_E$，所以$E_{\$/€}$也会与美国货币供给一起同比例上升。(例如，如果$M_{US}^{S}$增加了10%，$P_{US}$和$E_{\$/€}$最终也会增长10%。)因此，美国货币供给量的增加在长期将导致美元相对于欧元的同比例贬值。类似地，式(16－4)表明：欧洲货币供给的永久性增加在长期内会造成欧洲价格水平的同比例上升。根据购买力平价理论，欧洲价格上升意味着美元相对于欧元在长期同比例升值(即欧元相对于美元同比例贬值)。

(2)利率。如果美元资产的利率$R_{\$}$上升，那么美国的实际货币需求$L(R_{\$}，Y_{US})$就会下降。式(16－3)表明：美国的长期价格水平将会上升。根据购买力平价理论，美元相对于欧元将以美元价格上升的相同比例贬值。类似地，若欧元资产的利率$R_{€}$上升，对汇率的影响刚好相反。根据式(16－4)，欧洲的实际货币需求$L(R_{€}，Y_E)$会下降，价格水平会上升。购买力平价理论认为：美元相对于欧元将以欧洲价格上升的相同比例升值。

(3)产出水平。美国国内产出的增长会使美国的实际货币需求量$L(R_{\$}，Y_{US})$增加。根据式(16－3)，美国的长期价格水平将会下降。再根据购买力平价理论，美元相对于欧元将出现升值。同理，若欧洲国内产出$L(R_{€}，Y_E)$增长，根据式(16－4)，欧洲长期价格水平会下降，购买力平价理论预示美元会相对于欧元贬值。

为理解以上分析和预测，我们必须记住，与其他长期理论一样，汇率的货币分析法也是假定价格水平和汇率都能及时调整。例如，美国国内产出的增加会提高对美元的交易需求。根据货币分析法，这时价格水平会立即下降，从而增加实际货币供给以使市场出清。根据购买力平价理论，美国价格水平的瞬时下降会导致美元相对于其他货币的瞬时升值。

一方面，采用汇率的货币分析法可以推导出一个与第15章类似的结论，即一国货币用其他货币表示的长期值与该国的货币供给同比例变动；另一方面，汇率的货币分析法也使我们面临一个自相矛盾的局面：在以前的例子中，我们论述过，当一国利率水平高于其他国家时，该国货币会升值，而现在我们怎么会得出截然相反的结论，即一国利率上升会导致该国的实际货币需求减少，从而使得该国货币贬值呢？

在第14章的最后我们曾指出，除非我们弄清了利率变化的原因，否则我们不可能对利率变化对汇率的影响做出完整的分析。这一点可以解释上述矛盾为什么会出现。要解决这一疑难，我们必须深入探讨在长期中货币政策与利率的关系。

---

① 为简化起见，我们假设美国和欧洲的货币需求函数一样。

持续通货膨胀、利率平价与购买力平价

在上一章中我们知道，一国货币供给量的永久性增加最终会导致该国价格水平的同比例上升，但不影响长期利率或国内产出。从理论上讲，分析一次性的、分段式的货币供求变化对理解货币变化的长期效应来说是有用的，但用它来描述实际的货币政策就显得不太现实了。通常的情况是：一国货币管理当局会给该国的货币供给设置一个既定的增长率，比如说每年5%、10%或50%，然后才允许货币供给量保持稳步的、小幅度但经常性的增长。如果一国的货币当局让其货币供给平稳地、持续不断地上升，那么这一政策会有什么样的长期后果呢？

第15章的分析表明：不断增长的货币供给会使价格水平持续上升，即导致持续的通货膨胀。当厂商和工人认识到货币供给量正以每年10%的比率持续增长时，他们就会要求价格和工资同样以每年10%的比例上升以保持其实际收入水平的稳定。充分就业产出取决于生产要素的供给状况，但通常我们可以假定在长期中，要素供给从而产出水平不受持续性货币供给增长的影响。在其他条件相同时，货币供给以一个固定的比例增加只会导致同样比例的持续通货膨胀，而长期通货膨胀率的变化既不会影响充分就业产出，也不会影响各种产品和服务之间的相对价格。

但是从长期看，利率水平与货币供给增长率肯定不是无关的。虽然长期利率水平不取决于货币供给的绝对水平，但货币供给的不断增加最终会影响到利率。要研究持续通货膨胀对长期利率的影响，最简单的方法就是把购买力平价理论与利率平价条件结合在一起进行考虑，而我们对汇率决定的有关分析就是建立在利率平价基础之上的。

如前两章所述，美元资产和欧元资产之间的利率平价条件是：

$$R_{\$}=R_{€}+(E^{e}_{\$/€}-E_{\$/€})/E_{\$/€}$$

该式即为前面的式（14-2）。现在我们论述一下这个无论在长期还是短期都成立的利率平价条件是如何与长期模型中的另一个平价条件——购买力平价条件协调一致的。根据相对购买力平价理论，美元/欧元汇率在一年中变化的百分比应该等于当年两国通货膨胀率之差［见式（16-2）］。由于知道以上关系，人们就会预期美元/欧元汇率的变化率将等于美国和欧洲的通货膨胀率之差。以上所描述的利率平价条件告诉我们：如果人们相信相对购买力平价理论成立，那么美元存款和欧元存款的利率差异将等于同期美国与欧洲的预期通货膨胀率之差。

一些附加的说明有助于理解这一结论。如果 P^{e} 代表的是人们预期的某国从今天开始一年以后的价格水平，则这一年的预期通货膨胀率 π^{e} 就是人们预期的该年中价格水平上升的百分比，即

$$\pi^{e}=(P^{e}-P)/P$$

如果相对购买力平价理论成立，且市场参与者也是这样认为的，那么我们就可以用市场所预期的贬值率和通货膨胀率来代替式（16-2）中的实际贬值率和通货膨胀率，即

$$(E^{e}_{\$/€}-E_{\$/€})/E_{\$/€}=\pi^{e}_{US}-\pi^{e}_{E}$$

把相对购买力平价理论的这个“预期”观点与利率平价条件

$$R_{\$}=R_{€}+(E^{e}_{\$/€}-E_{\$/€})/E_{\$/€}$$

结合在一起并重新调整，我们就可以得到下式：

$$R_{\$}-R_{€}=\pi^{e}_{US}-\pi^{e}_{E} \qquad (16-5)$$

式（16-5）把各国之间的利率之差表达为各国预期的通货膨胀率之差。这意味着，如果像购买力平价理论预示的那样，一国的货币贬值率能够抵消该国与其他国家通货膨胀率的差异（美国的预期贬值率就等于 $\pi^{e}_{US}-\pi^{e}_{E}$），那么它们之间的利率差异一定等于预期通货膨胀率之间的差异。

费雪效应

式（16-5）揭示了持续的通货膨胀与利率之间的长期关系，有助于我们解释货币分析法关于利率

如何影响汇率的预测。该式告诉我们，在其他条件相同的情况下，若一国的预期通货膨胀率上升，最终会导致该国货币存款利率的同比例上升。同样，预期通货膨胀率降低最终会导致利率水平下降。

通货膨胀率与利率之间的这种长期关系被称为**费雪效应**（Fisher effect）。根据费雪效应，如果美国的年通货膨胀率从5%的水平永久性地升至10%，那么美元利率最终也会紧跟通货膨胀率，从原来的水平上涨5个百分点。这种变化将使以美国产品和服务计量的美元资产的实际收益率保持不变。因此，费雪效应再次证明了这样一种基本观点，即在长期中纯粹的货币增长不会对经济生活中的相对价格产生影响。①

费雪效应可以解释货币分析法得出的表面上看似矛盾的结论，即当一国货币利率相对于外国货币提高时，在外汇市场上该货币将会贬值。在货币分析法所假设的长期均衡中，只有当预期的本国通货膨胀率相对于外国预期通货膨胀率上升时，本国利率与外国利率的差异才会扩大。在国内价格水平处于黏性状态的短期分析中，这种情况不会发生。如第15章所述，在短期内，当国内货币供给量下降时，利率会上升，这是因为价格黏性会导致在原来利率水平上出现对实际货币的超额需求。但在货币分析法价格灵活可调的假设之下，价格水平会立即下降，从而不一定造成利率波动。

通过思考下面的一个例子，我们可以更好地理解货币分析法是如何解释利率和汇率的相互作用的。该例子说明了为什么货币分析法要将持续的利率上扬与现行的和未来的货币贬值联系起来，将持续的利率下降与货币升值联系起来。

假设在时点t_0，美联储突然把美国货币供给的增长率从π提高到$\pi+\Delta\pi$。图16-1说明了在货币分析法的假设之下，这一变化是如何影响美元/欧元汇率$E_{\$/€}$以及美国的其他经济变量的。为了简便起见，我们假定欧洲的通货膨胀率恒为零。

图16-1　美国的货币供给增长率永久性提高后，美国经济变量的长期路径

说明：在时点t_0上，货币供给增长率提高后[见图(a)]，利率[见图(b)]、价格水平[见图(c)]与汇率[见图(d)]都移到了新的长期均衡路径上。（货币供给、价格水平与汇率都用自然对数表示。自然对数可以将固定比例的变动用相对于时间的直线表示。直线的斜率与变量的变动率成比例。）

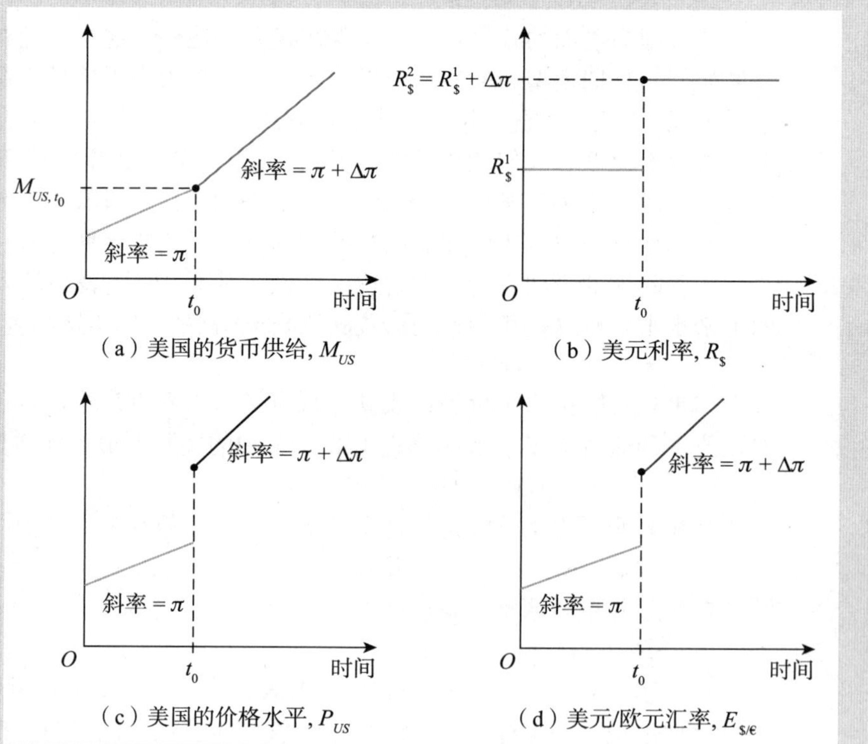

① 该效应是以美国20世纪早期耶鲁大学的经济学家欧文·费雪（Irving Fisher）的名字命名的。其著作*The Theory of Interest*（New York：Macmillan，1930）详细论述了这一效应。顺便提一下，费雪很早就讨论了作为现代外汇市场均衡理论基础的利率平价条件。

图 16-1（a）表明，在时点 t_0 处，美国货币供给会突然加速（图中不变的斜率代表的是经济变量稳定的增长率）。这一政策变动会使人们预期未来货币贬值的速度将更快，因为根据购买力平价理论，美元将按 $\pi+\Delta\pi$ 而不是按 π 的速度贬值。在这种情况下，利率平价条件要求美元利率上升，如图 16-1（b）所示。美元利率会从初始水平 $R_{\$}^1$ 上升到一个新的水平 $R_{\$}^2=R_{\$}^1+\Delta\pi$［参见式（16-5）］。这一新的利率水平反映了对美元加速贬值的预期。由于欧洲的货币供给和产出并未发生变动，欧元利率仍会维持在欧洲货币市场原来的均衡水平上，即美国的货币调整并不会影响欧元利率。

从图 16-1（a）中我们可以看到，在 t_0 处货币供给水平实际上并没有向上跳跃，只是未来的增长率改变了。由于货币供给量没有立即增加，但利率上升使得货币需求减少了，所以在 t_0 以前的价格水平上会出现美国实际货币供给过度。面对这种可能出现的货币供给过度，美国价格水平会在 t_0 处向上跳跃［见图 16-1（c）］，从而使得实际货币供给量减少并重新与实际货币需求量相等［见式（16-3）］。而图 16-1（d）则表明，随着美国价格 P_{US} 在时点 t_0 处向上跳跃，购买力平价理论预言汇率 $E_{\$/€}$ 会以相同的比例向上跳升。

我们如何才能了解外汇市场在时点 t_0 的反应呢？在该例子中，美元利率上升并不是因为货币供给或需求水平的变动，而是因为人们预期会出现更快的货币供给增长和美元贬值。由于投资者的反应是把资金转向能够提供更高预期收益的外币存款，所以美元在外汇市场上会急剧贬值，此时的贬值率高于 t_0 以前的水平。[1]

我们注意到，对价格调整速度的不同假设会导致在利率与汇率相互作用方面明显不同的结论。在黏性价格的假设之下，如果货币供给下降，而价格水平无法立即下降以对货币供给减少做出反应，那么，要保持货币市场均衡，利率必然上升。在黏性价格情况下，利率上升是与更低的通货膨胀预期和长期货币升值联系在一起的，其结果是货币立即升值。但我们在运用货币分析法讨论货币供给增长率提高的例子中，利率上升是与更高的通货膨胀预期和未来货币贬值相联系的，其结果是货币立即贬值。[2]

利率变动导致的不同结果证实了我们先前提出的一个警告，即从利率角度说明汇率问题时，必须认真分析导致利率变动的因素。这些因素在影响利率的同时也会影响未来预期汇率，从而对外汇市场对利率变动做出反应产生决定性的影响。本章的附录详细论述了预期是如何变化的。

购买力平价与一价定律的经验证明

购买力平价理论在多大程度上能够解释有关汇率和价格水平的实际数据呢？简单的回答是，所有版本的购买力平价理论都无法很好地解释这些实际数据。特别是，当一国价格水平的变动与汇率变动之间很少甚至根本没有任何联系时。

然而，请不要就此认为你用来学习购买力平价理论的时间都白费了。在本章中我们将阐述购买力平价理论有助于建立一个比货币分析法更具现实性的汇率模型。实际上，在如何建立更有现实性的汇率模型这一问题上，购买力平价理论在实证方面的失败给我们提供了许多重要的启示。

为验证绝对购买力平价理论，经济学家选取了范围广泛的基准商品组成商品篮子来进行国际价格比较。同时，他们对各国之间同样商品的质量差异进行了仔细的调整。但是，这些比较得出的典型结

---

① 在一般情况下，欧洲的通货膨胀率为 π_E 而不是零。在时点 t_0 前，美元对欧元的贬值率也并非为 π，在 t_0 后也并非为 $\pi+\Delta\pi$，而是在 t_0 前为 $\pi-\pi_E$，在 t_0 后为 $\pi+\Delta\pi-\pi_E$。

② 如图 16-1（a）所示，国内货币供给一般是趋于上升的。这种趋势导致了价格水平的相应上涨。如果两国价格变动趋势不同，则购买力平价理论认为它们的汇率变动趋势也会不同。从现在开始，当谈到货币供给、价格水平或汇率的变化时，我们指的是这些经济变量相对于它们事前的预期增长率而言的变化。如果我们考虑的是趋势本身的变化，我们将会明确指出。

论是：绝对购买力平价与实际情况相去甚远。即使换算为同一国家的货币，同样的商品篮子在国与国之间的价格相差也很大。近期对一些商品价格数据的分类研究发现，甚至一价定律也不是完全成立的。自 20 世纪 70 年代初以来，一些十分相似的制成品在不同市场上的售价相差很大。由于购买力平价理论是建立在一价定律的基础之上的，所以购买力平价理论在经验数据面前站不住脚也就不足为奇了。[①]

尽管相对购买力平价理论有时能比较合理地解释数据，但其表现也不尽如人意。图 16－2 标出了日元/美元汇率 $E_{¥/\$}$ 和美日两国的 2012 年价格水平之比 P_J/P_{US}，它清楚地显示了相对购买力平价理论的不足。图中的价格水平指数取自美国和日本的政府报告。[②]

根据相对购买力平价理论，汇率 $E_{¥/\$}$ 应该与相对价格 P_J/P_{US} 等比例变动。但实际并非如此，在 20 世纪 80 年代初期，美元相对于日元大幅升值，尽管这样，日本相对于美国的物价水平却一直下降，按照相对购买力平价理论，美元应相反地进行贬值。20 世纪 80 年代中期之后，同样的通货膨胀趋势仍在持续，但是日元的升值幅度较购买力平价理论预测的高得多。只有在相当长的时期内，相对购买力平价理论才近乎成立。然而考虑到购买力平价理论的长期偏离，即使将其运用于汇率的长期预测，其可信度也是有限的。

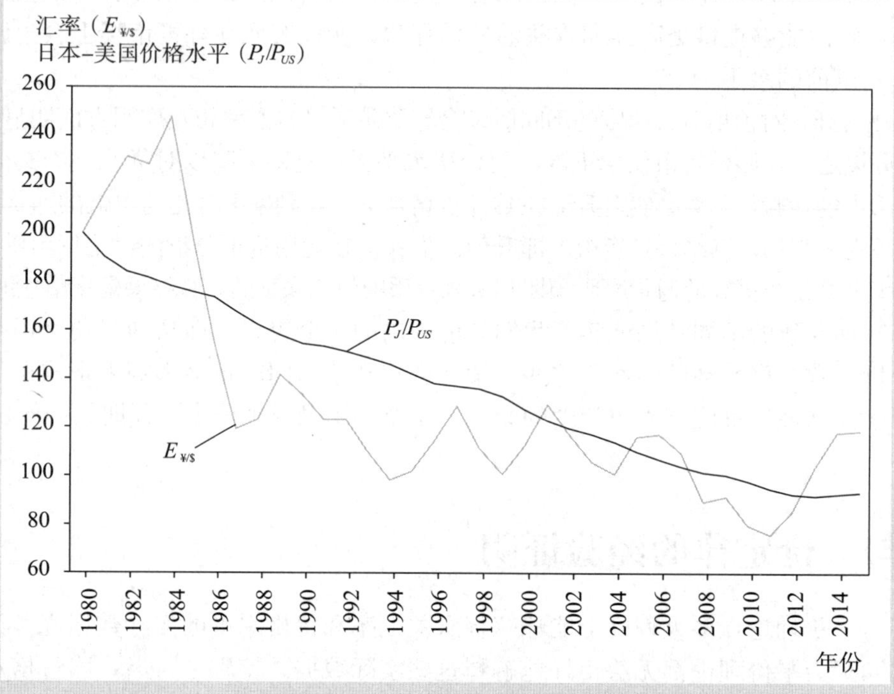

图 16－2　1980—2015 年日元/美元汇率及相对日本-美国价格水平

说明：本图表明在 1980—2015 年相对购买力平价没有解释日元与美元间的汇率。图中的汇率与价格水平为年末数据。

资料来源：IMF，International Financial Statistics.

---

① 本章中的案例给出了一些反对绝对购买力平价的证据。关于一价定律，可参见 Peter Isard，"How Far Can We Push the Law of One Price?" *American Economic Review* 67（December 1977），pp. 942－948；Gita Gopinath，Pierre-Olivier Gourinchas，Chang-Tai Hsieh，and Nicholas Li，"International Prices，Costs，and Markup Differences，" *American Economic Review* 101（October 2011），pp. 2450－2486；Mario J. Crucini and Anthony Landry，"Accounting for Real Exchange Rates Using Micro-Data，" Working Paper 17812，National Bureau of Economic Research，February 2012；以及本章延伸阅读中 Goldberg 和 Knetter 的文章。

② 图 16－2 中用于衡量价格水平的是价格指数而非美元值。例如，美国的消费者价格指数（CPI）在基期 2000 年为 100，而在 1980 年仅为 50，因此，一个典型的美国基准商品篮子的价格在 1980—2000 年上涨了 1 倍。图中价格水平的基期定为 1980 年，所以，1980 年美日两国价格水平的比值等于该年的汇率。但这并不意味着 1980 年绝对购买力平价成立。虽然图 16－2 使用的是消费者价格指数，但是换用其他指数也可以得出相同的结论。

对其他货币的研究也基本符合图 16－2 的结论。相对购买力平价理论不能对实际情况很好地做出解释。[①] 在本书后面，你将看到，从第二次世界大战结束的 1945 年至 20 世纪 70 年代初期，中央银行通过干预外汇市场可以将汇率固定在一个各国都认可的狭小范围之内。在那个固定汇率时期，购买力平价理论表现不俗。但是，在 20 世纪 20 年代前半期、70 年代后期以及 20 世纪 80—90 年代，当许多国家由市场决定汇率时，严重背离相对购买力平价的情况仍然会发生。[②]

如何解释购买力平价出现的问题？

如何解释对购买力平价理论不利的经验证据？这主要是因为购买力平价的理论基础——一价定律存在几个直接的问题：

（1）与一价定律的假定相反，运输费用和贸易管制确实存在。这些贸易壁垒可能会高到使得一些产品和服务在两国之间无法进行贸易的程度。

（2）商品市场上的垄断或寡头行为可能会与运输费用和其他贸易壁垒相互作用，进一步削弱不同国家商品价格之间的联系。

（3）不同国家公布的通货膨胀数据所依据的商品篮子不同，因此，即使不存在贸易壁垒而且所有商品都是可贸易的，汇率变动也不可能抵消官方所衡量的通货膨胀率差异。

贸易壁垒与非贸易品

运输费用和贸易管制会使得商品在不同国家之间的流通成本变高，从而削弱作为购买力平价理论基础的一价定律的作用机制。仍然以我们的羊毛衫为例。假设一件羊毛衫在纽约的售价为 45 美元，在伦敦为 30 英镑，两个城市之间的运输成本为每件 2 美元，当汇率为 1.45 美元/英镑时，羊毛衫在伦敦的售价换算为美元为 1.45 美元/英镑×30 英镑＝43.50 美元。但如果美国进口商从伦敦进口一件羊毛衫，其成本为 43.50＋2＝45.50（美元）。所以在此汇率水平下，尽管美国售价高于伦敦售价，但从伦敦进口羊毛衫到纽约并不合算。同样地，当汇率为 1.55 美元/英镑时，尽管纽约价格 45 美元比伦敦价格 46.50 美元要低，但美国商人从纽约出口羊毛衫到伦敦仍会亏本。

这一例子的结论是：运输成本切断了一价定律下汇率和商品价格之间的密切联系。在各国商品价格一定的条件下，运输成本越高，汇率波动的范围就越大。官方的贸易管制，如关税，也具有相同的效果，因为通关费用和运费一样也会侵蚀进口商的利润。无论何种形式的贸易壁垒都会使一国货币的购买力在不同国家产生很大的差异，从而削弱购买力平价的基础。打个比方说，由于贸易壁垒的存在，1 美元货币在伦敦所能买到的东西不如在芝加哥多。任何一个到过伦敦的美国人都会发现，事实确实如此。

当我们回顾国际贸易理论时，相对于一些产品和服务的生产成本而言，运输成本有时可以高到使得这些产品的国际流通无利可图的地步，这样的产品和服务称为非贸易品。该类产品的一个经典教学例子是理发。一个法国人想要个美国发型，他就要亲自到美国接受理发服务或请一个美国理发师到法国为他理发。无论是何种情况，交通费用都会大大高于理发费用，因而可以预料，在法国的

---

① 例如，参见本章末延伸阅读中泰勒的文章。

② 参见 Paul R. Krugman，"Purchasing Power Parity and Exchange Rates: Another Look at the Evidence," *Journal of International Economics* 8 (August 1978), pp. 397－407；Paul De Grauwe，Marc Janssens，and Hilde Leliaert，*Real-Exchange-Rate Variability from 1920 to 1926 and 1973 to 1982*，Princeton Studies in International Finance 56 (International Finance Section，Department of Economics，Princeton University，September 1985)；and Hans Genberg，"Purchasing Power Parity under Fixed and Flexible Exchange Rates," *Journal of International Economics* 8 (May 1978)，pp. 247－276。

理发店只有法国人光顾，在美国的理发店只有美国人光顾，当然，观光游客例外。

各国非贸易品的价格在国际上并无多大联系。由于它们的存在，即使是相对购买力平价也会出现系统性偏差。因为非贸易品的价格完全是由其国内的供求关系决定的，所以供求变动会使商品篮子的国内价格相对于同样篮子的国外价格发生变动。在其他条件相同时，一国非贸易品价格的上涨会提高本国相对于他国的价格水平（以同一货币计算）。换句话说，当一国非贸易品价格上升时，其货币的购买力将下降。

用来衡量各国价格水平的基准商品篮子通常包括多种非贸易品，除理发外还包括日常医疗、健美指导以及住房供给等。大致说来，贸易品主要是制成品、原材料和农产品；非贸易品主要是服务与建筑业产品——但也有例外，例如银行和证券经纪商提供的金融服务经常是国际性的。（尤其是互联网的兴起扩大了可贸易服务的范围。）此外，如果贸易管制足够严格，贸易品也可能变成非贸易品。因此，在大多数国家，也有一些制成品是非贸易品。

通过了解服务业占美国 GNP 的比重，我们大致可以知道非贸易品的重要性。近年来，服务业的产值大致占美国 GNP 的 75%。虽然非贸易品是许多国家 GNP 的重要组成部分，但在发展中国家服务业产值的比重仍然较小。非贸易品的存在有助于解释图 16－2 中所示的实际情形与购买力平价理论的大幅偏离。

非自由竞争

当贸易壁垒和不完全竞争市场结构同时存在时，各国价格水平之间的联系会进一步弱化。一种极端情况是，一个公司能够在不同市场上以不同的价格出售同一产品。

当一个公司在不同市场上以不同价格出售同样的产品时，我们说它在**对市场定价**（pricing to market）。对市场定价可能反映了不同国家的不同需求状况。例如，在需求价格弹性比较低的国家里，垄断销售者制定的价格与生产成本之间的差额就会更大。对公司层次出口数据的经验研究充分证明，在制造业贸易市场中存在普遍的对市场定价现象。[①]

例如，2016 年，尽管奥地利与爱尔兰都采用欧元，以及为了消除欧洲内部的贸易壁垒，欧盟做出了多年的努力（见第 21 章），但大众帕萨特轿车的价格在奥地利仍旧比在爱尔兰高出 4 000 美元。但如果消费者不用花费太多就能在爱尔兰购买汽车，然后运回奥地利，或者消费者认识到在奥地利有较便宜的车可作为帕萨特不错的替代品，那么这种价格歧视的实施将是很困难的。但是，产品差异和市场分割的共同存在会使得一价定律和绝对购买力平价理论难以成立，而市场结构和需求随时间的变动也会使相对购买力平价的有效性大打折扣。

不同国家消费模式与价格水平计量方面的区别

各国政府对价格水平的计量存在差别。产生这些差别的一个原因是：生活在不同国家的人们的消费方式不同。一般来说，人们消费的本国商品（包括可贸易品）比外国商品要多。与美国消费者相比，挪威人购买的驯鹿更多；日本人购买的寿司更多；印度人购买的酸辣酱更多。在选择一个基准商品篮子来衡量购买力时，挪威政府会考虑赋予驯鹿较大的权重，日本政府和印度政府也会有类似的做法，计算价格指数时会分别赋予寿司和酸辣酱较大的权重。

---

① 对证据更详细的评论可参见本章延伸阅读中 Goldberg 和 Knetter 的文章。相关理论文章包括 Rudiger Dornbusch，"Exchange Rates and Prices，" *American Economic Review* 77（March 1987），pp. 93－106；Paul R. Krugman，"Pricing to Market When the Exchange Rate Changes，" in Sven W. Arndt and J. David Richardson，eds.，*Real-Financial Linkages among Open Economies*（Cambridge，MA：MIT Press，1987）；Andrew Atkeson and Ariel Burstein，"Pricing-to-Market，Trade Costs，and International Relative Prices，" *American Economic Review* 98（December 2008），pp. 1998－2031。

由于相对购买力平价预测的是价格变动而非价格水平，所以不管各国用什么样的商品篮子来定义价格水平，它都是一个切合实际的概念。例如，如果美国所有商品的价格都上涨 10%，同时美元对外币贬值 10%，那么不论国内和国外政府如何测算价格指数，相对购买力平价条件都会得到满足（假定国外情形不变）。

但是，商品篮子中不同商品的相对价格发生变动可能会使得相对购买力平价无法经受不同官方价格指数的检验。例如，鱼的相对价格上升会使日本政府所选择的基准商品篮子的美元价格相对于美国商品篮子上升，这只是因为鱼在日本商品篮子中的比重较大。即使贸易完全自由且没有交易成本，有关商品相对价格的变动也可能导致如图 16－2 所示的违反相对购买力平价的情形发生。

专栏☞ 有关一价定律的一些生动证据

1986 年夏，《经济学家》杂志对麦当劳快餐店的巨无霸汉堡包在世界各地的销售价格进行了一次广泛的调查。这个听起来有点怪的念头并不是源于编辑一时头脑发热，该杂志的目的是想嘲弄一下那些过于自信的经济学家。这些经济学家认为，根据购买力平价理论，各经济体的汇率不是过高就是过低地反映了货币的实际价值。由于巨无霸在 41 个经济体销售，而且配方只做了极微小的改变，所以该杂志认为，通过对汉堡包价格进行比较可以“对汇率是否合理做出比较公正的判断”。[①] 自 1986 年开始，《经济学家》定期更新它的数据和计算。

《经济学家》杂志的这一调查可以看作是对一价定律的一次检验。从这一角度来看，最初的调查结果很让人吃惊。巨无霸在不同经济体的销售价格换算成美元相差巨大。在纽约，其价格比在澳大利亚高 50%，比在中国香港高 64%；而巴黎的价格则比纽约高 54%；东京则比纽约高 50%；只有英国和爱尔兰的价格才与纽约相似。

如何解释这一明显违背一价定律的现象呢？《经济学家》杂志认为：运输费用和政府管制是部分原因；产品差异可能是另一重要原因。在一些经济体，与巨无霸相似的替代品很少，这种产品差异使得麦当劳有能力依据当地市场条件来定价。最后，应当注意到，巨无霸的价格不仅包括肉饼和面包的成本，还包括员工的工资、房租、电费等。这些投入品的价格在不同国家和地区可能相差很大。事实上，现在《经济学家》杂志已经引入了更精确版本的指数，以修正劳动力成本在发展中经济体更低的事实。[②]

我们复制了《经济学家》杂志 2016 年 1 月的调查报告。下面的表格显示了各经济体巨无霸汉堡包的美元价格。价格范围从瑞士的 6.44 美元（高于美国价格 30.7%）到俄罗斯的仅 1.53 美元（不到美国价格的 1/3）。

汉堡包标准

经济体	巨无霸		以美元表示的购买力平价*	2016 年 1 月 30 日的实际汇率	相对于美元高估(＋)/低估(－)的百分比（%）
	当地价格	美元价格			
美国	$4.93	4.93	1.00	1.00	0
阿根廷	Peso 33	2.39	6.69	13.81	−51.5
澳大利亚	A$5.3	3.74	1.08	1.42	−24.1
巴西	Real 13.5	3.35	2.74	4.02	−32.0
英国	£2.89	4.22	0.59	0.68	−14.4
加拿大	C$5.84	4.14	1.18	1.41	−15.9

① “On the Hamburger Standard,” *The Economist*, September 6－12, 1986.

② 巨无霸指数参见网站：http://www.economist.com/content/big-mac-index，下表中的数据是从网站上摘录的。

续表

经济体	巨无霸		以美元表示的购买力平价*	2016 年 1 月 30 日的实际汇率	相对于美元高估(+)/低估(-)的百分比(%)
	当地价格	美元价格			
智利	Peso 2 100	2.94	425.96	715.22	-40.4
中国	Yuan 17.6	2.68	3.57	6.56	-45.6
哥斯达黎加	Colon 2 150	4.02	436.11	535.25	-18.5
捷克	Koruna 75	2.98	15.21	25.14	-39.5
丹麦	DK 30	4.32	6.09	6.94	-12.3
埃及	Pound 16.93	2.16	3.43	7.83	-56.1
欧元区	€ 3.72	4.00	0.75	0.93	-18.9
中国香港	HK$ 19.2	2.48	3.89	7.75	-49.8
匈牙利	Forint 900	3.08	182.56	292.68	-37.6
印度	Rupee 127	1.90	25.76	66.80	-61.4
印度尼西亚	Rupiah 30 500	2.19	6 186.61	13 947.50	-55.6
以色列	Shekel 16.9	4.29	3.43	3.94	-13.0
日本	¥370	3.12	75.05	118.65	-36.7
马来西亚	Ringgit 8	1.82	1.62	4.39	-63.1
墨西哥	Peso 49	2.81	9.94	17.44	-43.0
新西兰	NZ$5.9	3.91	1.20	1.51	-20.6
挪威	Kroner 46.8	5.21	9.49	8.97	5.8
秘鲁	Sol 10	2.93	2.03	3.42	-40.7
菲律宾	Peso 131	2.79	26.57	47.02	-43.5
波兰	Zloty 9.6	2.37	1.95	4.05	-51.9
俄罗斯	Ruble 114	1.53	23.12	74.66	-69.0
沙特阿拉伯	Riyal 12	3.20	2.43	3.75	-35.2
新加坡	S$4.7	3.27	0.95	1.44	-33.7
南非	Rand 28	1.77	5.68	15.81	-64.1
韩国	Won 4 300	3.59	872.21	1 197.75	-27.2
瑞典	SKR 45	5.23	9.13	8.60	6.1
瑞士	CHF 6.5	6.44	1.32	1.01	30.7
中国台湾	NT$ 69	2.08	14.00	33.23	-57.9
泰国	BAHT 112	3.09	22.72	36.22	-37.3
土耳其	Lire 10.25	3.41	2.08	3.01	-30.9

* 购买力平价=当地价格÷美国价格。

资料来源：McDonald's；*The Economist*，January 2016 survey. 汇率以每美元当地货币数表示。

对每个国家而言，我们都可以计算出“巨无霸购买力平价”，这一平价是假想的汇率水平，它可以使本地出售的巨无霸美元价格等于美国的 4.93 美元的价格。例如，2016 年 1 月，1 美元在外汇市场上值 1.01 瑞士法郎。瑞士巨无霸汉堡包的美元价格是 6.44 美元，确实比美国汉堡包价格高一点。然而，能使美国汉堡包与瑞士汉堡包价格相等的汇率是每美元值 1.32 法郎：

(6.44 法郎/个汉堡包)/(4.93 美元/个汉堡包)=1.32 法郎/美元

汇率使得以美元计的法郎更加便宜（因而使瑞士汉堡包更加便宜）。

人们经常说当一种货币的汇率使得其国内的相似产品的价格相对于国外而言变贵时，这种货币就被高估了，反之这种货币则被低估了。例如，对于瑞士法郎而言，高估的程度可以用假想的巨无霸购买力平价水平超过法郎的美元市场价格的百分比来表示，或者如下：

100%×(1.32－1.01)/1.01=30.7%

当然，除了舍入误差，这是瑞士汉堡包的美元价格超过美国汉堡包价格的百分比，因此货币汇率高于任一种商品价格。

同样地，2016 年 1 月人民币的美元价格要低于汉堡包平价水平的 45.6%：中国的货币价值以巨无霸价格测量被低估了 45.6%。中国货币需要对美元大幅升值以使中国与美国的巨无霸汉堡包价格一致。相反，瑞士的货币将大幅贬值。

一般来说，购买力平价汇率能够使某个包括产品与服务的商品篮子的国际价格相等，而不仅仅是汉堡包。我们将会看到即使在长期，也有很多原因来解释为什么我们可能预期购买力平价不完全成立。因此，尽管人们普遍使用像高估这样的词语，政策制定者在判断某个汇率水平是否发出需要进行经济政策调整的信号时，需要格外谨慎。

然而，政策制定者将是明智的，会考虑高估和低估的极端情况。思考一下冰岛的例子。2006 年 1 月，冰岛巨无霸的价格是 7.44 美元，而且以巨无霸衡量存在高达 131%的货币高估。然后这个小国陷入全球金融危机，在第 19 章和第 20 章中我们将详细讨论。从 2006 年的 1 美元约 68 克朗一路贬值，到 2010 年 1 美元约为 120 克朗。与其他国家不同，冰岛进口汉堡包原料，因为货币贬值，原料的克朗价格急剧上升。突然增加的成本使得经销商必须提高价格才能获利。但是冰岛经济在金融危机中遭受了沉重打击。经销商关闭了冰岛所有的麦当劳店，而不是提高产品价格。因此，冰岛不再出现在《经济学家》杂志的调查中。[①]

短期与长期购买力平价

至此，我们解释了导致购买力平价理论经验证据不足的一些因素。甚至在长期，在所有产品价格最终调整到市场出清水平后，上述这些因素也会使各国价格水平产生差别。然而，正如我们在第 15 章中所讨论的，经济中许多产品价格都具有黏性，需要时间来充分调整，所以违反购买力平价的现象在短期比在长期更为突出。

例如，如果美元对外币突然贬值，美国农用机械相对于国外类似产品将变得便宜。此时，由于各国农场主会购买美国制造的拖拉机和收割机，美国农用机械的价格就会因此上扬。这将缩小因美元贬值引起的偏离一价定律的幅度。但价格充分上涨需要时间，在市场对汇率变动做出完全调整之前，美国与外国农用机械的价格差别可能会相当大。

短期价格黏性和汇率变动的灵活性有助于解释我们在讨论图 16－2 时提到的一个现象，即当汇率浮动时，违反相对购买力平价的现象将更为显著。实证研究支持了这种解释。图 15－11 说明了相对于汇率而言货物价格的黏性，该图展现的是浮动汇率体制下的典型情形。在对许多国家和多个历史时期的详细研究中，经济学家迈克尔·穆萨（Michael Mussa）对固定汇率制和浮动汇率制下短期偏离购买力平价的幅度进行了比较。他发现，浮动汇率制会造成短期内偏离购买力平价程度的

① Omar R. Valdimarsson, "McDonald's Closes in Iceland after Krona Collapse," *Bloomberg News*, October 26, 2009. 浏览网站 http://www.bloomberg.com/apps/news?pid=newsarchive&sid=amu4.WTVaqjI。

扩大和频率的增加。① 本章专栏生动地说明了即使对完全相同的产品，价格黏性也可能造成对一价定律的背离。

最近的一项研究表明，在短期中，由汇率浮动引起的这种对购买力平价的偏离会随着时间的推移逐渐减弱，四年之后这种暂时偏离的影响将减少一半。② 但是，即使把这种暂时偏离的情形从数据中剔除，许多国家仍然存在着可预见的偏离购买力平价的现象。本章案例分析“为何国家越穷价格水平越低?”讨论了造成这些趋势的主要机制之一。

案例分析　为何国家越穷价格水平越低?

对国际价格水平差异的研究发现了一个令人惊讶的规律：当换算为一种货币来衡量价格时，各个国家的价格水平与实际人均收入成正比。换句话说，当1美元以市场汇率换算为当地货币时，在穷国能买到的东西比在富国更多。图16-3给出了价格水平和收入之间的关系，其中每个点代表一个国家。

我们在上一节中讨论的非贸易品在决定一国价格水平时的作用表明，非贸易品价格的国际差别也许是导致富国与穷国价格水平不同的原因。现有资料显示，与贸易品相比，富国非贸易品的价格的确比穷国更高。

图16-3　2014年的价格水平和实际收入

说明：当一国的实际收入上升时，其价格水平也趋于上升。图中每个点代表一个国家。直线表示在已知人均实际收入的情况下，相对于美国价格水平做出的最好统计预测。

资料来源：Penn World Table, version 9.0.

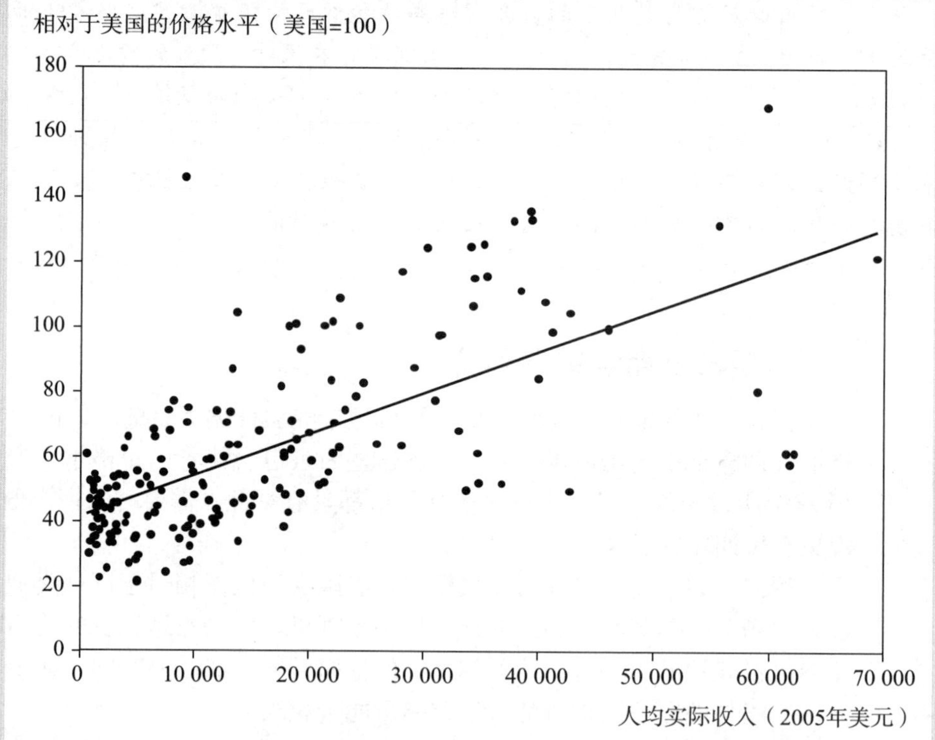

---

① 参见Mussa，“Nominal Exchange Rate Regimes and the Behavior of Real Exchange Rates：Evidence and Implications，” in Karl Brunner and Allan H. Meltzer，eds.，*Real Business Cycles*，*Real Exchange Rates and Actual Policies*，Carnegie-Rochester Conference Series on Public Policy 25（Amsterdam：North-Holland，1986），pp. 117－214。威斯康星大学的查尔斯·恩格尔（Charles Engel）发现，在浮动汇率下，同种商品的国际价格差异可能比单个国家内不同商品的相对价格更加多变。可参见Engel，“Real Exchange Rates and Relative Prices：An Empirical Investigation，” *Journal of Monetary Economics* 32（August 1993），pp. 35－50。也可参见Gopinath，Gourinchas，Hsieh and Li，op. cit.。

② 参见Jeffrey A. Frankel and Andrew K. Rose，“A Panel Project on Purchasing Power Parity：Mean Reversion within and between Countries，” *Journal of International Economics* 40（February 1996），pp. 209－224。保罗·G.J. 奥康奈尔（Paul G. J. O'Connell）在“The Overvaluation of Purchasing Power Parity”［*Journal of International Economics* 44（February 1998，pp. 1－19）］一文中对这些结果的统计有效性提出了挑战。

贝拉·巴拉萨和保罗·萨缪尔森提出了对穷国非贸易品价格相对较低这一现象的一种解释。[1] 巴拉萨-萨缪尔森理论认为：在贸易品生产部门，穷国的劳动生产率低于富国；但在非贸易品生产部门，二者生产率的差别小到可以忽略不计。然而，如果所有国家贸易品的价格大致相同，则穷国贸易品生产部门较低的劳动生产率意味着穷国的工资水平较低，因此，在非贸易品部门的生产成本也比较低，非贸易品的价格水平也随之降低。而富国贸易品生产部门的劳动生产率较高，因此，富国的非贸易品价格——从而整个价格水平都比较高。有关劳动生产率的统计数据在实证方面支持了巴拉萨-萨缪尔森的生产率差别假设。而且，贸易品生产率的国际差别的确比非贸易品大。无论一个国家是穷还是富，一个理发师在一个星期内只能为一定人次的人理发。但是，不同国家之间在贸易品如个人电脑制造上的生产率差别就大得多了。

对这一问题的另一种解释是由哥伦比亚大学的贾格迪什·巴格沃蒂（Jagdish Bhagwati）、宾州大学的欧文·克莱维斯（Irving Kravis）以及纽约城市大学的罗伯特·利普西（Robert Lipsey）提出的。[2] 巴格沃蒂-克莱维斯-利普西理论的出发点是各国资本和劳动资源储备的不同，而非劳动生产率的差别。但是，他们同时也得出了非贸易品价格随人均实际收入的增长而提高的结论。他们认为：富国的资本-劳动比率较高，而穷国则拥有较多的劳动和较少的资本。因此，富国的边际劳动生产率高于穷国，从而工人工资也相应地高于穷国。[3] 非贸易品主要是劳务，相对于贸易品来说它是劳动密集型的。因为穷国劳动力价格低廉，所以非贸易品在穷国比高工资的富国要便宜。非贸易品相对价格的国际差别再一次说明，当用同一种货币计量时，富国的整体价格水平比穷国高。

超越购买力平价：长期汇率的一般模型

既然购买力平价理论有如此多的例外情形和与实际数据的矛盾，我们为什么还要对它进行如此详尽的讨论呢？我们之所以如此仔细地考察购买力平价理论的含义，是因为这一理论的基本思想，即考虑长期汇率与一国长期价格水平的联系，对我们进一步分析问题非常有用。我们曾经提到过，以购买力平价为假设前提的货币分析法由于过于简单而无法对实际情形进行精确的预测，但是我们可以通过考虑实际情形偏离购买力平价的原因来扩展这一方法，使之一般化。在本节中，我们所要做的就是这个任务。

在下文的长期分析中，我们将继续忽略价格黏性所带来的种种短期复杂情形。我们曾经提到过，对汇率长期行为的理解是进行更复杂的短期分析的前提。我们将在下一章讨论短期情形。

实际汇率

作为扩展购买力平价理论的第一步，我们先给**实际汇率**（real exchange rate）下定义。两国货币之间的实际汇率是一国产品和服务价格相对于另一国产品和服务价格的一个概括性度量标准。我

① 参见 Balassa，“The Purchasing Power Parity Doctrine：A Reappraisal，” *Journal of Political Economy* 72（December 1964），pp. 584－596，and Samuelson，“Theoretical Notes on Trade Problems，” *Review of Economics and Statistics* 46（May 1964），pp. 145－154。巴拉萨-萨缪尔森理论早在李嘉图的发现中就已有迹可寻。参见 Jacob Viner，*Studies in the Theory of International Trade*（New York：Harper & Brothers，1937），p. 315。

② 参见 Irving B. Kravis and Robert E. Lipsey，*Toward an Explanation of National Price Levels*，Princeton Studies in International Finance 52（International Finance Section，Department of Economics，Princeton University，November 1983）；and Jagdish N. Bhagwati，“Why Are Services Cheaper in the Poor Countries?” *Economic Journal* 94（June 1984），pp. 279－286。

③ 这种观点假设资源储备在富国和穷国之间的差别大到足以使要素价格相等的理论失效。

们在这里引出实际汇率这一概念是很自然的，因为购买力平价理论的一个主要观点是：实际汇率不会发生变动，至少不会发生根本性变动。要使我们的模型能更准确地反映实际情形，我们必须系统地研究使实际汇率发生显著和根本性变动的原因。

我们将看到：实际汇率这一概念不仅有助于我们对现实中偏离购买力平价的程度进行定量分析，而且对分析开放经济中的宏观供求条件也非常重要。为了区分两个商品篮子的相对价格（由实际汇率所代表）和两种货币的相对价格，我们把后者称为**名义汇率**（nominal exchange rate）。在不引起混淆的情况下，我们通常所说的汇率都是指名义汇率。

当然，实际汇率要由名义汇率和价格水平确定。因此，在给出更精确的实际汇率定义之前，我们需要明确一下用于衡量价格水平的有关尺度。与往常一样，我们用 P_{US} 代表美国的价格水平，P_E 代表欧洲的价格水平。由于我们不采用绝对购买力平价（如在讨论货币分析法时所用的），所以我们不再假设美国的价格水平可以用与欧洲一样的商品篮子来衡量；由于我们很快要将我们的分析与货币因素联系起来，所以我们要求各个国家的价格指数能清楚地表明一国居民对该国货币供给的需求情况。

事实上，没有任何一种衡量价格水平的尺度能够完全达到上述要求。然而，为了确定实际汇率，我们必须决定采用何种尺度。为具体起见，我们把 P_{US} 看作美国公众和企业日常购买的典型商品篮子的美元价格；把 P_E 看作基于一个不变的欧洲公众和企业日常购买的典型商品篮子的价格。需要记住的是，美国的价格水平侧重于反映在美国本土生产和消费的商品价格；欧洲的价格水平也把相当大的比重放在欧洲生产和消费的商品上。[①]

在确定了衡量价格水平的商品篮子之后，我们可以把美元对欧元的实际汇率（符号为 $q_{\$/€}$）正式定义为欧洲商品篮子相对于美国商品篮子的美元价格，也就是以美元表示的欧洲价格水平除以美国价格水平所得到的值，表示如下：

$$q_{\$/€}=(E_{\$/€}\times P_E)/P_{US} \qquad (16-6)$$

我们以数字举例来阐明实际汇率这一概念。设想欧洲一个基准商品篮子值 100 欧元（即 $P_E=$ 100 欧元/欧洲篮子），一个美国商品篮子值 120 美元（即 $P_{US}=120$ 美元/美国篮子），名义汇率 $E_{\$/€}=1.20$ 美元/欧元，则美元相对于欧元的实际汇率为

$$\begin{aligned} q_{\$/€}&=\frac{(1.2\text{ 美元/欧元})\times(100\text{ 欧元/欧洲篮子})}{120\text{ 美元/美国篮子}}\\ &=(120\text{ 美元/欧洲篮子})\div(120\text{ 美元/美国篮子})\\ &=1\text{ 美国篮子/欧洲篮子}\end{aligned}$$

美元相对于欧元实际汇率 $q_{\$/€}$ 的上升称为美元相对于欧元的**实际贬值**（real depreciation），它可以从几个不同的角度来理解，但它们其实是等价的。最直接的理解是，式（16－6）表明实际汇率的上升意味着 1 美元在欧洲的购买力相对于在美国的购买力下降了。相对购买力的这一变化是因为欧洲商品的美元价格 $E_{\$/€}\times P_E$ 相对于美国商品的美元价格 P_{US} 上涨了。

在上例中，若美元名义贬值 10%，即名义汇率上升至 $E_{\$/€}=1.32$ 美元/欧元，实际汇率 $q_{\$/€}$ 会上升到 1.1 美国篮子/欧洲篮子，即美元相对于欧元实际贬值了 10%。（P_E 上升 10% 或 P_{US} 下降 10% 也会导致 $q_{\$/€}$ 发生同样的变化。）这一实际贬值意味着美元对欧洲产品和服务的购买力相对于美元对美国产品和服务的购买力下降了 10%。

换个角度来看，即使在衡量价格水平的商品中有许多是非贸易品，我们也可以把实际汇率 $q_{\$/€}$ 看作用美国商品衡量的欧洲商品的相对价格，因为如果以国内价格来进行两国贸易是可能的，实际汇率也就是用一个美国商品篮子交换一个欧洲商品篮子时所采用的价格。当 $q_{\$/€}$ 上升时，美元相对

① 在对国内商品的相对偏好中，非贸易品是一个重要的因素。

于欧元实际上是贬值了，因为美国商品相对于欧洲商品的购买力下降了。也就是说，美国产品和服务相对于欧洲变得便宜了。

类似地，美元相对于欧元的**实际升值**（real appreciation），也即 $q_{\$/€}$ 的下降，表明美元在欧洲购买的商品的相对价格降低了，或者说美元在欧洲的购买力相对于在美国上涨了。[①]

我们描绘美元相对于欧元实际贬值和实际升值的方法与描述名义汇率贬值和升值的方法相同（即 $E_{\$/€}$ 上升为美元贬值，$E_{\$/€}$ 下降则为美元升值）。式（16-6）表明，在产出价格不变的条件下，名义贬值（升值）意味着实际贬值（升值）。这样，我们对实际汇率的讨论能够解释第 14 章中的一个现象：当国内商品价格不变时，美元名义贬值会使美国商品相对于国外商品变得便宜，而名义升值则会使美国商品相对于国外商品变得昂贵。

从式（16-6）我们可以很容易看出为什么当相对购买力平价成立时实际汇率不会变动。根据相对购买力平价，如果 $E_{\$/€}$ 上升 10%，则价格水平之比 P_E/P_{US} 也会正好下降 10%，这样两者相互抵消，$q_{\$/€}$ 不变。

专栏 价格黏性与一价定律：从斯堪的纳维亚免税店获得的证据

名义价格黏性和工资黏性是宏观经济学理论中的核心概念，但是为什么货币价格很难随着市场状况的变化而同步变化呢？一个解释是基于“菜单成本”。产生菜单成本的原因有很多，例如印制新报价单、目录的真实成本。另外，公司可能也会因为顾客对其竞争对手的价格没有完全信息而承担另外一种菜单成本——当一个商店提高它的价格时，一些顾客可能会选择去周围别的商店逛。即使所有商店都提高了价格，出于方便起见，顾客也不太可能再回头去买最初商店的商品了。由于存在这么多种不同类的菜单成本，销售者经常会在市场环境有所变化之后依旧保持价格不变，直到他们确信这个变化是永久性的、价格变化所导致的成本是值得的，才会改变价格。[②]

假设有两个不同的市场分别以不同的货币对产品定价。如果这两个市场间不存在任何阻碍，那么在发生汇率改变后，黏性价格就不可能出现。所有购买者都会蜂拥而至那个产品最便宜的市场。但是，如果存在某种贸易壁垒，对一价定律的偏离就不可能带来无限制的套利，所以尽管存在汇率的变动，销售者也有可能保持价格不变。在现实世界里，贸易壁垒影响重大而广泛，而且通常不易察觉。

显然，即使两个市场间的物理距离为零，它们间的套利也可能非常有限，对斯堪的纳维亚免税店定价行为的研究表明了这一点。瑞典经济学家马库斯·阿斯普伦德（Marcus Asplund）和理查德·弗里伯格（Richard Friberg）对斯堪的纳维亚渡轮（Scandinavian ferry lines）上两家免税店的定价行为做了研究，这些商店为了各国顾客的方便都在价目表中以多种货币标出了每种商品的价格。[③] 因为重新印制目录费用昂贵，所以价目单上的价格不会频繁改变。但是，在价格还没有发生改变的那段时间里，汇率的变化会导致同种商品的价格出现多重变化。例如，在瑞典和芬兰间的比尔卡渡轮（Birka Line）上，1975—1998 年，商品价格同时以芬兰马克和瑞典克朗标出，这意味着马克的贬值会使得购买香烟或者伏特加酒时支付马克比支付克朗要便宜。

尽管存在这样的价格差异，但比尔卡渡轮一直都是以两种货币做生意——乘客并不是以最低价格疯狂购买。瑞典乘客持有相对多的本国货币，比较倾向于以克朗购买商品，而芬兰的顾客更倾向于以马克进行

---

① 因为 $E_{\$/€}=1/E_{€/\$}$，所以美元相对于欧元的实际贬值等于欧元相对于美元的实际升值（即欧元在美国的购买力相对于其在欧洲的购买力上升，或者说，以欧洲产品衡量的美国产品的相对价格下降）。

② 当经济环境非常不稳定时，价格水平似乎也变得非常易变。例如，饭店的菜单经常用“市价”来标价（例如鱼），这样就可以反映出鱼价格的易变性。

③ “The Law of One Price in Scandinavian Duty-Free Stores,” *American Economic Review* 91 (September 2001), pp. 1072 - 1083.

支付。

在通常情况下，比尔卡渡轮如果印制一份新的价目表，减少对一价定律的偏离，就可以从中得到好处。在价格调整之前的一个月，对一价定律的平均偏离是 7.21%，但是在价格调整的那个月只有 2.22%。利用这样一个套利机会的一大阻碍是在外汇交易所兑换货币的成本——大约是 7.5%。给定不同乘客上船时对货币的偏好，交易成本就成为一个显著的贸易壁垒。①

令人惊奇的是，比尔卡渡轮改变目录价格时并没有完全消除对一价定律的偏离。相反，比尔卡渡轮在船只上实行了对市场定价。一般来说，对市场定价的出口者会以顾客的不同地理位置为基础对其进行差别定价，但是比尔卡渡轮却能够基于不同国籍和货币偏好来进行差别定价，即使所有潜在消费者都在同一条船上。

需求、供给与长期实际汇率

在购买力平价不成立时，实际汇率的长期值如同其他使市场出清的相对价格一样，取决于供求情况，这一点并不奇怪。然而，由于实际汇率的变动与两个国家商品篮子的相对价格变动都有关，所以两国的情形都需要考虑。但是，各国商品市场的变化可能会很复杂，而我们又不想长篇累牍地讨论各类商品的各种可能性，因此我们把注意力放在两种具体情形上，这两种情形比较容易掌握而且在解释实际汇率长期值变动的原因时具有重要意义。

（1）对美国商品的世界相对需求的变动。想象一下整个世界对美国产品和服务的开支与对欧洲产品和服务的开支相比增加的情况。这一变化可能由几个因素导致，例如，美国国内的私人需求从欧洲商品转向美国商品，或者是国外的私人需求转向美国商品，也可能是美国政府对美国商品的需求增加了。在原有的实际汇率水平上，美国商品的世界相对需求的任何增加都会引起对美国商品的超额需求。为恢复市场均衡，以欧洲商品衡量的美国商品的相对价格必须上涨，这其中既包括美国贸易品相对价格的上涨，又包括美国非贸易品相对价格的上涨。这些变化都将导致 $q_{\$/€}$ 的下降。我们由此得出结论：对美国商品的世界相对需求的增加会造成美元相对于欧元的长期实际升值，即 $q_{\$/€}$ 下降；同样地，对美国商品的世界相对需求的减少会造成美元相对于欧元的长期实际贬值，即 $q_{\$/€}$ 上升。

（2）相对产品供给的变动。假设美国劳动和资本的生产率提高了。由于美国人会把增加的一部分收入用于进口国外商品，因而各种类型的美国产品和服务的供给相对于需求来说都增加了。结果是，在原有的实际汇率水平上，美国商品的供给相对过剩，导致相对价格降低。美国商品（包括贸易品和非贸易品）相对价格的下降会增加对美国商品的需求量，从而使超额供给消失。这一价格变动实际上是美元相对于欧元的实际贬值，即 $q_{\$/€}$ 值上升。因此我们的结论是：美国商品供给的相对扩大会使美元相对于欧元长期实际贬值，即 $q_{\$/€}$ 值上升；而欧洲商品供给的相对扩大则会使美元相对于欧元长期实际升值，即 $q_{\$/€}$ 值下降。②

我们用一幅很有用的图来总结我们对需求、供给和长期实际汇率的讨论。在图 16－4 中，美国相对于欧洲的产出供给即 Y_{US}/Y_E 用横轴表示，而美元相对于欧元的实际汇率 $q_{\$/€}$ 用纵轴表示。

---

① 顾客不仅可以选择用哪种货币付款，还可以选择用信用卡付款。信用卡付款需要支付的汇兑费用要低得多，但是采用的是购物几天后的汇率。阿斯普伦德和弗里伯格推测，对于这种小额交易来说，不确定性和计算相对价格的成本（再加上信用卡的汇兑费用）可能会给使用相对陌生的异国货币造成显著的障碍。

② 按照案例分析“为何国家越穷价格水平越低?”中讨论的巴拉萨-萨缪尔森效应，人们可能会预期美国可贸易产业生产率的提高将使得美元相对于欧元升值，而不是贬值。但是，我们论述过的一个均衡的生产率增长可以使得贸易品部门和非贸易品部门以相同的比例受益。通过使非贸易品价格下降以及使那些在美国消费者价格指数比在欧洲消费者价格指数中更重要的可贸易品价格下降，可以造成美元的实际贬值。

图 16-4　长期实际汇率的确定

说明：实际汇率的长期均衡是世界相对需求与充分就业水平下的相对供给相交的点。

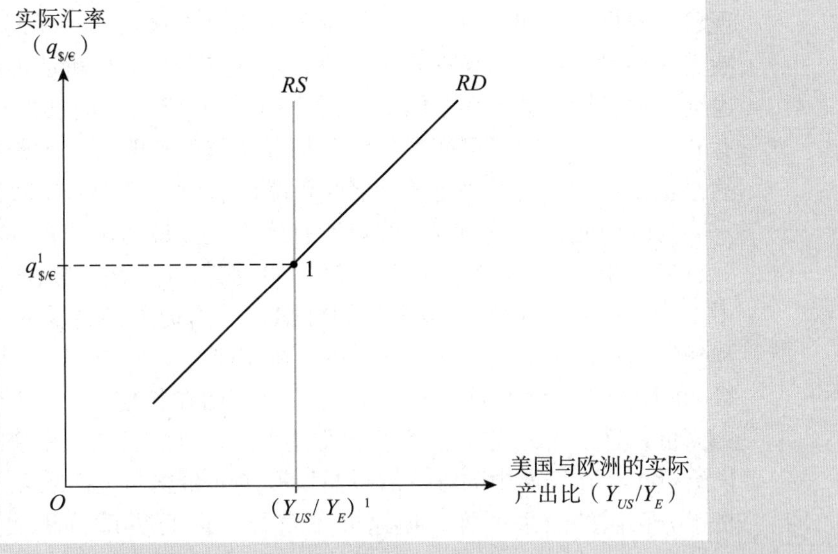

实际汇率的均衡点由两条直线的交点决定。向上倾斜的直线 *RD* 表示的是相对于欧洲商品而言对美国商品的相对需求，随着 $q_{\$/€}$上升，也就是说，美国商品的相对价格变低了，这条需求曲线代表着相对欧洲商品的美国商品需求，它的斜率为正是因为我们沿着纵轴向上移动来衡量美国商品相对价格的下降。那么相对供给又是怎样变化的呢？在长期，相对国民产出水平由要素供给量和生产率决定，即便受实际汇率的影响，它的影响也是很小的。因此，相对供给曲线垂直于长期（即充分就业）相对产出率（Y_{US}/Y_E）^{1}。长期实际均衡汇率是使相对需求与长期相对供给相等的点（点 1）。①

这幅图简单地说明了世界市场的变化是如何影响实际汇率的。假设世界汽油价格下降，这使得美国多功能运动型轿车受到世界各地人们的欢迎。这种变化将提高美国商品在世界上的相对需求，进而使 *RD* 曲线向右移动，导致 $q_{\$/€}$下降（美元相对于欧元实际升值）。假设美国改进了它的医疗系统，减少了全国劳动力患病人数，如果工人们因此在一小时内有能力生产更多的产品和服务，美国生产力的这种提升将促使 *RS* 曲线向右移动，导致 $q_{\$/€}$上升（美元相对于欧元实际贬值）。

长期均衡中的名义汇率与实际汇率

现在，我们把本章和上一章所学过的知识结合在一起，分析长期名义汇率是如何决定的。我们的核心结论是：一国货币供求变动在长期将会导致名义汇率同比例波动，而且，正如相对购买力平价所预测的，各国价格水平之比也会发生同样的波动。但是，一国商品市场供求变动所引起的汇率波动却并不符合购买力平价。

回忆一下，我们对美元/欧元实际汇率的定义是［参见式（16-6）］：

$$q_{\$/€}=(E_{\$/€}\times P_E)/P_{US}$$

将该式变形，有

$$E_{\$/€}=q_{\$/€}\times(P_{US}/P_E) \tag{16-7}$$

即美元/欧元的名义汇率等于实际汇率乘以美欧价格水平之比。

我们知道，货币分析法对汇率的论述基于式（16-1）。严格说来，该式与式（16-7）之间唯一

① 注意，这里的 *RD* 曲线和 *RS* 曲线与前文所使用的不同。在前文中是指世界对任何两国的商品的相对需求和供给。相比之下，这里的 *RD* 曲线和 *RS* 曲线是指一国的全部产出（GDP）相对于另一国的世界需求和供给。

的区别是：后者是将实际汇率作为决定名义汇率的另一个因素以说明可能出现的偏离购买力平价的现象。根据式（16－7），一旦给定美元相对于欧元的实际汇率，欧洲或美国的货币供求变动就会影响美元相对于欧元的长期名义汇率，这一点与货币分析法的结论一致。但是，长期实际汇率的变动也会影响长期名义汇率。因此，式（16－7）所表述的长期汇率决定理论既包括了货币分析法中的有效成分，又考虑了可能导致实际情况持续偏离购买力平价的种种非货币因素，这是对货币分析法的修正。现在我们对决定长期名义汇率的各种因素都有了较深入的理解。

为方便起见，我们首先假设所有经济变量最初都处在其长期水平之上：

（1）相对货币供给水平的变动。假设美联储为了刺激经济实行扩张性货币政策，使得美国的货币供给量扩大。从第15章中我们可知，一国货币供给量的一次性增加在长期中不影响产出、利率和任何相对价格（包括实际汇率）。在本章中，式（16－3）也同样表明，P_{US}将与美国货币供给M_{US}的增加等比例上升。式（16－7）则表明在长期中，美国价格水平是随名义汇率$E_{\$/€}$变动的唯一变量，这是因为实际汇率$q_{\$/€}$没有变化，所以名义汇率变化与相对购买力平价一致，即美国货币供给量扩大在长期中的唯一后果是所有美元价格（包括欧元的美元价格）等比例上升。这一结果与货币分析法的结果一样，但这并不奇怪，因为货币分析法本来就是用来解释货币变动的长期影响的。

（2）相对货币供给量增长率的变动。假设美联储悲观地预测未来几年美国价格水平会下降（这种价格水平下降被称为通货紧缩）。美国货币供给量增长率的永久性增加会提高美国的长期通货膨胀率，并且将通过费雪效应提高美元相对于欧元的利率，美国的实际货币需求也会因此而相对降低，根据式（16－3），这时P_{US}将上升（见图16－1）。但是，由于导致这种结果的变动因素是纯货币性的，所以其长期影响是中性的，即这种变动并不会改变美元相对于欧元的长期实际汇率。根据式（16－7），$E_{\$/€}$会与$P_{US}$等比例上升，即美元相对于欧元贬值。正如货币分析法所预测的，纯货币性变动只会导致长期名义汇率的变化，这与相对购买力平价是一致的。

（3）相对产品需求的变动。货币分析法没有讨论过这一类型变化的影响。为了得出更为一般化的结论，在这里我们通过引入可以变化的实际汇率来扩展我们的分析，这一点至关重要。由于一国长期价格水平完全取决于式（16－3）和式（16－4）中所出现的各种因素，所以相对产品需求的变动并不影响长期价格水平，这样式（16－7）中名义汇率发生变动的唯一原因只可能是实际汇率的变动。现在假设对美国产品的世界相对需求增加了，从本节的分析中我们知道，这会引起美元相对于欧元的长期实际升值，即$q_{\$/€}$下降；这一变化会使美国产品的相对价格上涨。但一旦给定本国长期价格水平不变，根据式（16－7），美元相对于欧元必然会出现名义升值，即$E_{\$/€}$下降。这一结论反映了一个重要事实，即尽管汇率是一种名义价格，但对于非货币性因素，它也如同对于货币性因素一样做出反应。

（4）相对产品供给的变动。在本节中我们谈到过，美国产品相对供给量的增长会导致美元相对于欧元的实际贬值，从而降低美国产品的相对价格。但是，$q_{\$/€}$的上升并不是美国产出相对增长在式（16－7）中所引起的唯一后果，除此之外，美国产出增长将扩大对美国实际货币余额的交易需求，从而刺激美国的实际货币总需求，根据式（16－3），这将压低美国的长期价格水平。回到式（16－7），我们可以看到，由于$q_{\$/€}$上升而$P_{US}$下降，相对产出变动对产品市场和货币市场的影响截然相反，因而它对$E_{\$/€}$的净影响是不确定的。我们对相对产出变动的这一分析表明，即使变动最初源自一个市场（在本例中为产品市场），它对汇率的影响往往也要通过其他市场的反复作用才能最终完成。

我们的结论是，如果所有经济冲击均是货币性的，那么汇率从长期来看符合相对购买力平价。从长期看，货币性冲击只影响一国货币的购买力。购买力的这种变化会使以国内产品和国外产品衡量的该国货币价值发生同样的改变；而当经济冲击发生在产品市场时，汇率波动则不大可能符合相对购买力平价，即使在长期中也是如此。表 16－1 总结了有关货币市场和产品市场变动对美元/欧元长期名义汇率的影响。

表 16－1 货币市场和产品市场变动对美元/欧元长期名义汇率 $E_{\$/€}$ 的影响

变动	对美元/欧元长期名义汇率 $E_{\$/€}$ 的影响
货币市场	
1. 美国货币供给的增加	等比例上升（美元名义贬值）
2. 欧洲货币供给的增加	等比例下降（欧元名义贬值）
3. 美国货币供给增长率的提高	上升（美元名义贬值）
4. 欧洲货币供给增长率的提高	下降（欧元名义贬值）
产品市场	
1. 对美国产品需求的增加	下降（美元名义升值）
2. 对欧洲产品需求的增加	上升（欧元名义升值）
3. 美国产品供给的增加	不确定
4. 欧洲产品供给的增加	不确定

在以后的几章中，我们都将引用本章的长期汇率一般模型，甚至在讨论短期宏观经济问题时也是如此。长期因素之所以在短期内也是重要的，是因为对未来的预期在汇率的日常决定中发挥着核心作用。例如，有关经常账户的消息能够对汇率产生很大冲击。本节的长期汇率模型为市场预期提供了一个基本框架，市场参与者将根据自己所掌握的当天的信息运用这一模型来预测未来的汇率。

国际利差与实际汇率

我们在本章中曾提到，相对购买力平价与利率平价相结合可以得出一个结论：各国之间的利率差异等于彼此间的预期通货膨胀率之差。但是一般而言，相对购买力平价在现实世界中并不存在，所以利率差异与通货膨胀率之间的关系在实际情形中要复杂得多。尽管如此，无论是希望控制汇率的政策制定者，还是想预测汇率走势的个人，如果不能理解产生利率差异的这些复杂原因，就不能达成他们的目标。

因此，在本节中我们将扩展早先对费雪效应的讨论，以期彻底理解实际汇率的运动。我们将阐明：在一般情况下，国家之间的利率差异不仅像货币分析法所断言的那样取决于预期的通货膨胀率之差，而且取决于预期的实际汇率的变动。

我们知道，美元/欧元实际汇率 $q_{\$/€}$ 的变动是对相对购买力平价的偏离，即 $q_{\$/€}$ 的变动等于美元/欧元名义汇率变动的百分比减去美欧之间的通货膨胀率之差。这样，我们就可以得到实际汇率的预期变动、名义汇率的预期变动和预期通货膨胀率三者之间的关系。表示如下：

$$(q^e_{\$/€}-q_{\$/€})/q_{\$/€}=[(E^e_{\$/€}-E_{\$/€})/E_{\$/€}]-(\pi^e_{US}-\pi^e_E) \tag{16-8}$$

式中，$q^e_{\$/€}$（正如我们通常所用的符号）是从现在算起一年之内的预期实际汇率。

我们已经知道美元存款和欧元存款之间的利率平价条件是：

$$R_\$-R_€=(E^e_{\$/€}-E_{\$/€})/E_{\$/€}$$

对式（16－8）稍加整理就可以得出，美元/欧元名义汇率的预期变化率等于美元/欧元实际汇率的预期变化率加上美欧预期通货膨胀率之差。将式（16－8）与上述利率平价条件结合在一起可得到下列公式：

$$R_{\$}-R_{€}=[(q^e_{\$/€}-q_{\$/€})/q_{\$/€}]+(\pi^e_{US}-\pi^e_E) \quad (16-9)$$

请注意，当人们预期市场情形将符合相对购买力平价时，$q^e_{\$/€}=q_{\$/€}$，这时式子右边第一项可以约去。在这种特殊情况下，式（16－9）就变成了式（16－5），后者正是在假定相对购买力平价成立的条件下推导出来的。

但是总的来说，美元和欧元的利率差别是以下两个因素的总和：（1）预期的美元相对于欧元的实际贬值率；（2）预期的美国和欧洲的通货膨胀率之差。举个例子来说，如果美国的通货膨胀率一直是5%，而欧洲是0，美元和欧元的长期利差未必就一定是购买力平价（和利率平价）所预测的5%。此外，如果每个人都知道产品市场的供求趋势会使美元相对于欧元出现每年1%的实际贬值，那么两国之间的利率差异实际上会是6%。

实际利率平价

在经济学中，人们一般认为**名义利率**（nominal interest rate）和**实际利率**（real interest rate）之间存在着重大区别，前者是以货币衡量的收益率，后者则是以实际指数即一国实际产出衡量的收益率。因为实际收益率经常是不确定的，所以我们通常用的是预期实际利率。在讨论利率平价条件和货币需求的决定因素时，我们研究的利率是名义利率，如美元存款的美元收益率。但为了其他一些目的，经济学家常常有必要研究实际收益率。比如，没有一个投资者会在仅仅知道名义利率是15%的情况下就做出一项投资决策。如果通货膨胀率为零，进行投资是很有吸引力的；如果年通货膨胀率超过100%，投资就毫无吸引力可言。[①]

我们通过表明以下观点来结束本章，即当名义利率平价条件使得货币之间的名义利率差异等于名义汇率的预期变化时，实际利率平价条件也会使得预期的实际利率差异等于实际汇率的预期变化。只有当人们普遍认为相对购买力平价成立时（这意味着人们相信实际汇率在未来不会发生变化），所有国家的预期实际利率才会一致。

预期实际利率一般记作 r^e，它等于名义利率 R 减去预期通货膨胀率 π^e，即

$$r^e=R-\pi^e$$

换句话说，一国的预期实际利率就是该国居民预期的通过贷放本币所能获得的实际收益率。预期实际利率的定义说明了产生费雪效应的那些经济力量的普遍性，即如果预期通货膨胀率没有改变预期实际利率，预期通货膨胀率的任何上升都将会对名义利率产生一一对应的影响。

从上述定义出发，我们可以推出一个关于两国之间预期实际利率差异的公式，如美欧之间的预期实际利率差异为：

$$r^e_{US}-r^e_E=(R_{\$}-\pi^e_{US})-(R_{€}-\pi^e_E)$$

将式（16－9）变形并与上式联立，我们可以得出合意的实际利率平价条件：

$$r^e_{US}-r^e_E=(q^e_{\$/€}-q_{\$/€})/q_{\$/€} \quad (16-10)$$

式（16－10）表面上看起来很像名义利率平价条件，但它是通过美元/欧元实际汇率的预期变化来解释美欧之间预期的实际利率差异的。

① 我们可以不用考察外汇市场上的名义收益率差异，因为（如第14章所示）对任何给定的投资者来说，名义收益率差异均等于实际收益率差异。对货币市场而言，名义利率是持有无息的现金而放弃的真实收益率。

当人们预期相对购买力平价成立时［在这种情况下，式（16－10）意味着 $r_{US}^{e}=r_{E}^{e}$］，不同国家的预期实际利率就会相等。但更多的情况则是，只要人们预期产品市场将发生变动，预期实际利率在不同国家间就不会相等，即使从长期来看也如此。[①] 比如说，人们可以预计韩国贸易品部门的生产率在下一个 20 年会上升，而韩国的非贸易品部门以及美国所有工业中的生产率都将停滞不前。在这种情形下，如果巴拉萨-萨缪尔森假设成立，人们就会预期，美元相对于韩元会随着韩国非贸易品价格的上升而出现实际贬值。根据式（16－10），美国的预期实际利率将高于韩国。

这样的利率差异对国际投资者而言会不会暗藏着潜在的获利机会呢？不一定。虽然利率差异的确表明两国居民能获得不同的财富实际收益率，但是名义利率平价告诉我们，对特定的投资者来说，他们对国内货币资产和国外货币资产的预期实际收益率是一样的。如果相对购买力平价理论没有把各国商品篮子的价格联系起来，居住在不同国家的投资者就无须以相同的方法来计算这个单一的实际收益率，但此时也不会有通过货币转换来从这种利差中获利的机会。

提　要

1. 购买力平价理论认为，各国货币间的汇率等于它们之间以基准商品篮子货币价格衡量的价格水平之比。购买力平价的另一种表述方式是，在任何国家中任意一种货币的购买力相等。由绝对购买力平价理论发展而来的相对购买力平价理论则认为，汇率的百分比变化等于不同国家之间的通货膨胀率之差。

2. 购买力平价理论的基础之一是一价定律，它认为在自由竞争并且没有贸易壁垒的情况下，一种商品在世界各地的售价是一样的。但是购买力平价理论的支持者又强调说，该理论的有效性并不要求一价定律对所有商品都适用。

3. 汇率的货币分析法试图通过购买力平价来解释由货币供求所引起的长期汇率行为。该理论认为，长期国际利率差异源于各国通货膨胀率的差异，这一点可以用费雪效应来说明。而这种通货膨胀率差异的背后则是各国货币供给增长率的差别。因此，货币分析法认为，一国利率的提高将导致其货币贬值。相对购买力平价理论认为，国际利率差异等于预期汇率变化的百分比，也等于预期通货膨胀率之差。

4. 近来的研究表明，购买力平价理论和一价定律缺乏实证支持。在现实世界中它们之所以出现缺陷，与贸易壁垒的存在和非自由竞争有关，这些因素导致出口商可以对不同市场进行区别定价。此外，各国对其价格水平定义的不同也妨碍了用政府数据来验证购买力平价的努力。对另一些产品和服务来说，运输费用如此巨大以至它们几乎变成了非贸易品。

5. 一国货币的实际汇率是指以国内支出篮子衡量的国外典型支出篮子的价格，对相对购买力平价的偏差可被看作一国实际汇率的变化。在其他条件相同时，对一国产品的世界相对需求增加会导致该国货币相对于他国货币的长期实际升值。在此情形下，一国的实际汇率会下降。当国内产出相对于国外产出增加时，一国货币相对于他国货币将发生长期实际贬值，此时，一国的实际汇率会上升。

6. 将长期实际利率理论与国内货币因素如何决定长期价格水平的理论相结合，我们可以分析长期名义汇率的决定。一国货币供给的逐步增加最终将引起其价格水平的同比例增加以及其货币汇率的同比例下降，这正符合相对购买力平价理论的预测。货币增长率的变动也有长期效应，符合购买力平价理论。但是，产品市场上的供求变化则会使汇率运动偏离购买力平价。

7. 根据利率平价条件，不同国家名义利率的差异将等于预期名义汇率变化的百分比。如果利率平价在此意义上成立，那么实际利率平价条件也会使得预期的实际利率差异与预期的实际汇率变化相等。实际利率平价还指出，预期通货膨胀率差异加上预期实际汇率变化的百分比，等于不同国家之间的名义利率差异。

---

① 在前文对国际借贷的两期分析中，我们假设所有国家均面临相同的世界实际利率。在该分析中，相对购买力平价一定成立，因为每一期只有一种消费品。

关键术语

绝对购买力平价	费雪效应	一价定律	汇率的货币分析法
名义汇率	名义利率	对市场定价	购买力平价
实际升值	实际贬值	实际汇率	实际利率
相对购买力平价			

习 题

1. 假设俄罗斯的年通货膨胀率为 100%，而瑞士仅为 5%。根据相对购买力平价理论，瑞士法郎对俄罗斯卢布的汇率将如何变化？

2. 讨论一下为什么人们经常说当本国货币相对于外币出现实际升值时，出口状况恶化；而当本国货币实际贬值时，出口部门则兴旺发达。

3. 在其他条件相同时，下列变动是如何影响一国货币相对于外币的实际汇率的？

a. 总支出水平不变，但该国国内消费者决定将更多的收入花在非贸易品上，并相应地减少贸易品的消费。

b. 国外居民将需求从其本国产品转向该国的出口产品。

4. 大规模战争经常会阻碍国际贸易和金融活动的正常进行。在这种情况下，大部分汇率将失去彼此之间的相关性，一旦战争结束，政府就会面临以什么比率重新确定汇率的问题。购买力平价理论经常被用作战后汇率重新安排的依据。现在假设你是英国财政大臣并假设第一次世界大战刚刚结束，请说明你将如何运用购买力平价理论来决定英镑相对于美元的汇率。在什么情况下，运用这一理论可能是不合适的？

5. 20 世纪 70 年代末，英国经历了一夜暴富——由于早几年北海油田的成功开发，以及 1979—1980 年间石油价格的飞涨，英国国民收入突然迅速增加。然而到了 80 年代初期，由于世界性的经济滑坡和对石油需求的减少，油价下降。

在下表中我们列出了英镑相对于一些外国货币的平均实际汇率指数（这些平均指数被称为实际有效汇率）。这些指数中任何一个数值的提高都意味着英镑的实际升值，即英国的价格水平相对于用英镑表示的外国平均价格水平提高，反之则为贬值。

1976—1984 年英国实际有效汇率的变动（1980 年＝100）

1976 年	1977 年	1978 年	1979 年	1980 年	1981 年	1982 年	1983 年	1984 年
68.3	66.5	72.2	81.4	100.0	102.8	100.0	92.5	89.8

说明：对实际汇率的衡量是基于被称为增加值平减指数的净产出价格指数。

资料来源：International Monetary Fund，*International Financial Statistics*.

请用以上信息解释英国 1978—1984 年实际有效汇率变动的原因，请注意非贸易品的作用。

6. 一国实际货币需求的永久性变化在长期中是如何影响名义汇率与实际汇率的？

7. 第一次世界大战后，《凡尔赛和约》强加给德国战争赔款，德国每年要向战胜国支付大量赔款。（许多历史学家认为赔款在两次世界大战期间金融市场动荡甚至导致第二次世界大战方面起到了一定作用。）在 20 世纪 20 年代，经济学家约翰·梅纳德·凯恩斯（John Maynard Keynes）和伯蒂尔·俄林（Bertil Ohlin）在《经济学杂志》（*Economic Journal*）上对如下问题展开了激烈的争论：转移支付对德国造成了“二次负担”的可能性，“二次负担”使其贸易条件恶化。运用本章发展的理论讨论从波兰到捷克的永久性转移支付在长期内影响兹罗提/克朗的实际汇率的机制。

8. 继续第 7 题，请讨论这种转移支付是如何影响两国货币之间的长期名义汇率的。

9. 一国对进口产品征收关税，这一举措将如何影响该国与外国之间的长期实际汇率和长期名义汇率？

10. 假设两个各方面条件相同的国家都对各自

的进口产品实行同样程度的限制，不过一国采用关税方式，另一国采用配额方式，这两种政策都会导致两国国内花费以同样的均衡方式增加。请问哪一种政策将引起本币更大程度的实际升值？

11. 解释美元相对于欧元预期实际汇率贬值在长期是如何影响美元相对于欧元的名义汇率的。

12. 在一个价格可以灵活变动的世界里，你能否设想一种使得一国名义利率提高和本币升值同时发生的情况？

13. 假设预期实际利率在美国为每年 9%，在欧洲为每年 3%。请问在下一年度，美元/欧元汇率将如何变化？

14. 在短期黏性价格模型中，减少货币供给将提高名义利率并使通货升值（见第 15 章）。在这种情况下，预期实际利率会发生什么变化？请解释为何实际汇率的随后变化满足实际利率平价条件。

15. 评价以下论点：“当一国名义利率的变化是由其预期实际利率提高引起的时，本国的货币将升值。而当一国名义利率的变化是由其预期通货膨胀率提高引起的时，本国的货币将贬值。”（可参见第 15 章。）

16. 根据借款时间的长度，名义利率按照不同的到期日报价。例如，2004 年底，美国政府可以以略高于 4%的年利率获得 10 年期的借款，而 3 个月期的借款的年利率要略低于 2%。[3 个月期的贷款的 2%的年利率意味着如果你借入 1 美元，那么你将在 3 个月之后偿还 1.005 美元。即 $1.005=1+(3/12)\times0.02$。] 尽管不总是，但通常来说，长期利率要高于短期利率，正像前面 2004 年的例子所显示的那样。就费雪效应而言，那种形式将如何解释预期的通货膨胀或预期的未来实际利率？

17. 继续第 16 题，我们可以定义短期与长期的实际利率水平。在所有情况下，相关的实际利率（年利率以%表示）是到期日的年名义利率减去在借款期间预期的年通货膨胀率。回忆一下，有证据表明相对购买力平价在长期比短期能够更好地成立。在这种情况下，国际实际利率差异在短期要比长期大吗？解释你的推理。

18. 为什么相对购买力平价有可能在长期更容易成立？（考虑一下国际贸易公司对可贸易品存在的巨大和长期持续的跨国价格差异可能会做出怎样的反应。）

19. 假设美国居民比国外居民消费更多的美国出口产品。换句话说，美国出口产品在美国消费者价格指数（CPI）中的权重比其在其他国家 CPI 中的权重更高。相反，国外出口产品在美国 CPI 中的权重低于其在其他国家 CPI 中的权重。美国的贸易条件（以美国的进口产品计算的美国出口产品）改善对美元的实际汇率会有什么样的影响？

20.《经济学家》杂志已经观察到，正如一般价格水平一样，巨无霸的价格与一个经济体的收入水平是系统正相关的。如果你登录《经济学家》关于巨无霸标准的网站 http://www.economist.com/content/big-mac-index，你会找到 2016 年 1 月低估/高估数据的 Excel 电子表格（也有之前年份的调查）。浏览 2016 年 1 月世界银行关于世界发展指标的网站 http://data.worldbank.org/indicator/，找到所有经济体最新的人均 GNI 数据和购买力平价数据。运用这些数据与《经济学家》的巨无霸美元价格数据画一幅图，横轴表示人均 GNI，纵轴表示巨无霸美元价格。你会发现什么？

延伸阅读

James E. Anderson and Eric van Wincoop. “Trade Costs.” *Journal of Economic Literature* 42 (September 2004), pp. 691 - 751. 该文献对国际贸易成本的本质和效应进行了全面考察。

Gustav Cassel. *Post-War Monetary Stabilization*. New York: Columbia University Press, 1928. 该文献将汇率的购买力平价理论应用于分析第一次世界大战之后的货币问题。

Robert E. Cumby. “Forecasting Exchange Rates and Relative Prices with the Hamburger Standard: Is What You Want What You Get with McParity?” Working Paper 5675. National Bureau of Economic Research, July 1996. 该文献研究了被高估和被低估的巨无霸数据的统计预测能力。

Angus Deaton and Alan Heston. “Understanding PPPs and PPP-Based National Accounts.” *American*

Economic Journal: *Macroeconomics* 2 (October 2010): 1－35. 该文献对构造准确的国际价格比较的许多困难进行了批判性的综述。

Michael B. Devereux. "Real Exchange Rates and Macroeconomics: Evidence and Theory." *Canadian Journal of Economics* 30 (November 1997), pp. 773－808. 该文献回顾了关于实际汇率的决定及效应的理论。

Rudiger Dornbusch. "The Theory of Flexible Exchange Rate Regimes and Macroeconomic Policy," in Jan Herin, Assar Lindbeck, and Johan Myhrman, eds. *Flexible Exchange Rates and Stabilization Policy*. Boulder, CO: Westview Press, 1977, pp. 123－143. 该文献发展了一个包括可贸易和不可贸易产品和服务的长期汇率模型。

Pinelopi Koujianou Goldberg and Michael M. Knetter. "Goods Prices and Exchange Rates: What Have We Learned?" *Journal of Economic Literature* 35 (September 1997), pp. 1243－1272. 该优秀文献对一价定律、汇率转嫁和对市场定价提供了微观层次的证据。

David Hummels, "Transportation Costs and International Trade in the Second Era of Globalization." *Journal of Economic Perspectives* 21 (Summer 2007), pp. 131－154. 该文献考察了现代国际贸易中有关运输成本的经济学理论。

Jaewoo Lee, Gian Maria Milesi-Ferretti, Jonathan Ostry, Alessandro Prati, and Luca Antonio Ricci. *Exchange Rate Assessments*: *CGER Methodologies*. Occasional Paper 261, International Monetary Fund, 2008. 该文献描述了国际货币基金组织用于评估实际汇率的模型。

Lloyd A. Metzler. "Exchange Rates and the International Monetary Fund." in *International Monetary Policies*. Postwar Economic Studies 7. Washington, D. C.: Board of Governors of the Federal Reserve System, 1947, pp. 1－45. 作者从技能和怀疑的角度运用购买力平价来评估国际货币基金组织在第二次世界大战以后所建立起来的固定汇率机制。

Frederic S. Mishkin. *The Economics of Money*, *Banking and Financial Markets*, 11th edition. Upper Saddle River, NJ: Prentice Hall, 2016. 其中的第 5 章讨论了通货膨胀和费雪效应。

Kenneth Rogoff. "The Purchasing Power Parity Puzzle." *Journal of Economic Literature* 34 (June 1996), pp. 647－668. 该文献对理论和实证工作进行了批判性考察。

Alan C. Stockman. "The Equilibrium Approach to Exchange Rates." *Federal Reserve Bank of Richmond Economic Review* 73 (March/April 1987), pp. 12－30. 该文献对与本章所介绍的长期模型类似的均衡汇率模型进行了讨论。

Alan M. Taylor and Mark P. Taylor. "The Purchasing Power Parity Debate." *Journal of Economic Perspectives* 18 (Fall 2004), pp. 135－158. 该文献对购买力平价理论进行了最新研究。

第 16 章附录　利用弹性价格货币分析法研究费雪效应、利率与汇率

汇率的货币分析法假定商品的价格都是完全灵活可调的，这就意味着当一国的名义利率随预期通货膨胀率的提高而上升时，该国的货币将贬值。本附录为这一重要的结论提供了详细的分析。

我们再来考虑一下美元/欧元的汇率，并且假设美联储把美国未来的货币供给增长率提高了 $\Delta\pi$。图 16A－1 将帮助我们明确不同市场是如何对这一变化做出反应的。

图中的右下象限是我们通常对美国货币市场的描绘。它表明，在美国货币供给增长率提高之前，美元的名义利率等于 $R_{\$}^{1}$（点 1）。费雪效应告诉我们，当其他条件不变时，美国未来货币供给增长率提高 $\Delta\pi$ 将使美元的名义利率提高到 $R_{\$}^{2}=R_{\$}^{1}+\Delta\pi$（点 2）。

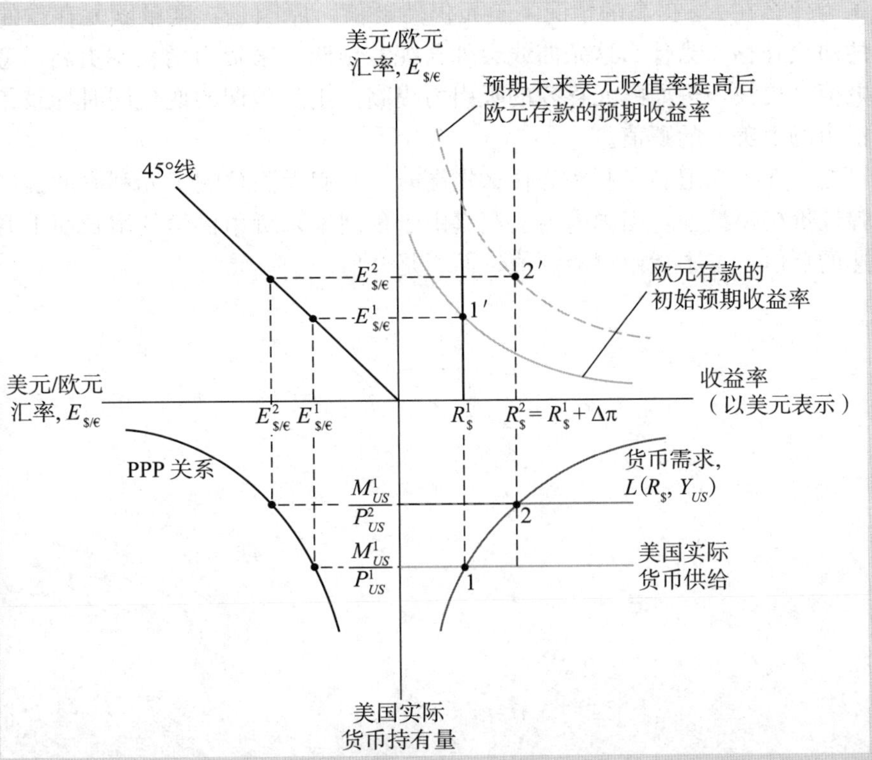

图 16A－1　当商品价格灵活可调时，美国货币增长率的提高对美元的利率和美元/欧元汇率的影响

说明：当商品价格完全灵活可调时，货币市场均衡图（右下象限）显示了美国未来货币供给增长率提高 $\Delta\pi$ 的两个效果。这一变化：(1) 会使美元利率从 $R^1_\$$ 提高到 $R^2_\$=R^1_\$+\Delta\pi$，符合费雪效应；(2) 会导致美国价格水平从 P^1_{US} 跳跃到 P^2_{US}，因此，货币市场均衡将从点 1 移动到点 2。(由于 M^1_{US} 没有立刻发生变化，实际的美国货币供给量会下降到 M^1_{US}/P^2_{US}，以使实际货币供给量与减少了的货币需求相符。) 左下象限的购买力平价关系表明，价格水平从 P^1_{US} 跳跃到 P^2_{US}，要求美元相对于欧元贬值（即美元/欧元汇率从 $E^1_{\$/€}$ 提高到 $E^2_{\$/€}$）。在外汇市场的图中（右上象限），美元的贬值可以用从点 1′ 到点 2′的移动来表示。虽然 $R_\$$ 提高了，但美元却贬值了，因为对未来美元相对于欧元贬值的预期的增强会使得度量欧元存款的预期美元收益率的曲线外移。

如图 16A－1 所示，名义美元利率的上升会降低货币需求，因而要求实际货币供给相应下降以重新达到均衡。但是在短期内名义货币存量不变，因为提高的仅仅是美国未来的货币供给增长率。这样会发生什么情况呢？给定不变的名义货币供给量 M^1_{US}，美国价格水平从 P^1_{US} 跳跃到 P^2_{US} 要求美国货币持有量下降。我们假定的价格灵活性会使得这种跳跃即使在短期内也能发生。

为了观察汇率的反应，我们转到左下象限。货币分析法假定购买力平价成立，这意味着当 P_{US} 上升时（同时按照我们的假定，欧洲的价格水平不变），美元/欧元汇率 $E_{\$/€}$ 必然上升（即美元贬值）。图 16A－1 的左下象限以图形的形式描述了在美国的名义货币供给量和欧洲价格水平不变的情况下美国实际货币持有量 M_{US}/P_{US} 和汇率 $E_{\$/€}$ 之间的内在关系。由购买力平价理论，我们可以写出图形（向下倾斜的双曲线）所表示的公式：

$$E_{\$/€}=P_{US}/P_E=\frac{M_{US}/P_E}{M_{US}/P_{US}}$$

该公式表明，当美国实际货币供给量从 M^1_{US}/P^1_{US} 下降到 M^1_{US}/P^2_{US} 时，意味着美元贬值，美元/欧元的名义汇率将从 $E^1_{\$/€}$ 提高到 $E^2_{\$/€}$（在图上显示为沿横轴向左移动）。

图 16A－1 的左上象限中的 45°线使得我们能把左下象限给出的汇率变化转换到右上象限的纵轴上。右上象限包含我们通常对外汇市场均衡的描述。

从图 16A－1 中我们可以看到，美元的贬值与外汇市场均衡从点 1′ 到点 2′的移动相伴随。这个图形说明了为什么在 $R_{\$}$ 提高的情况下美元仍然贬值。原因是：度量欧元存款的预期美元收益率的向下倾斜的曲线外移。为什么这条曲线会外移呢？预期未来货币增长率更高，意味着美元相对于欧元的预期贬值会更快，进而欧元存款的吸引力提高。正是预期的变化同时导致了美元的名义利率的提高和外汇市场上美元的贬值。

总而言之，在不知道名义利率为什么提高时，我们无法预测美元利率的提高将如何影响美元的汇率。在弹性价格模型中，当国内名义利率由于预期未来货币供给的增长而上升时，因为预期未来会有更迅速的贬值，本国货币将会贬值，而不是升值。

第17章 产出与短期汇率

2009年，美国和加拿大经济经历了相似的产出负增长，这一年，全球经济陷入大衰退。但是尽管这一年美元相对于外国货币贬值了大约8%，加拿大元却升值了大约16%。该如何解释这种具有明显差异的经历？通过完善第14～16章建立的宏观经济模型，在本章我们将厘清导致产出、汇率和通货膨胀变动的复杂因素。第15章和第16章解释了汇率、利率和价格水平三者之间的关系，但在以前的分析中，我们总是假定产出水平是由模型以外的因素决定的。事实上，影响汇率、利率和价格水平的因素也会影响产出，所以那些章节只是部分地描述了宏观经济变动如何影响开放经济。本章将通过说明产出和汇率在短期内是如何决定的来完善这一分析。

我们的讨论将在已知的资产市场和长期汇率行为分析中引入一个新的因素，即当产品价格缓慢变动时，产品市场是如何对需求变动进行调整的。从第15章中我们知道，一些制度因素如长期名义合同会导致价格"黏性"或缓慢调整。通过将短期产品市场模型与外汇市场模型及货币市场（或资本市场）模型相结合，我们可以得到一个用以说明开放经济中所有宏观经济变量短期行为的新模型。而前一章中的长期汇率模型则提供了一个资产市场参与者预测未来汇率的基本框架。

由于产出变动可以使得一个经济体偏离充分就业状态，所以产出与其他宏观经济变量如商品贸易余额和经常账户之间的联系，对经济决策者来说至关重要。在本章的最后一部分，我们将运用短期模型来分析宏观政策工具是如何影响产出和经常账户的，以及如何运用这些工具来维持充分就业。

学习目标

学完本章，你应该能够：

- 解释实际汇率在决定对一个国家的总产出的总需求中的作用。
- 明白如何通过资本市场均衡曲线（AA）和产品市场均衡曲线（DD）的交叉分析一个开放经济的短期均衡。
- 理解在短期货币政策和财政政策如何影响一国的国民产出与汇率。
- 描述并解释永久宏观经济政策改变的长期效果。
- 解释宏观经济政策、经常账户余额和汇率的关系。

开放经济环境下总需求的决定因素

为了分析短期内在价格黏性条件下产出的决定，我们引入了对一国产出的**总需求**（aggregate

demand)这一概念。这里的总需求指的是世界范围内的家庭、厂商（或企业）和政府对一个国家的产品和服务的需求总和。正如一种产品或服务的产出部分地取决于对它的需求一样，一国短期的产出水平也由对其产品的总需求来决定。根据定义，工资和价格在长期内能够充分调整，所以经济总是处于充分就业状态。因此，一个国家的长期产出只取决于国内的生产要素供给，如劳动与资本。但是，我们将看到，尽管总需求的变动在长期内可能不会对价格水平产生充分的影响，但在短期中却能够决定这些生产要素是否被闲置或被过度使用。

从第 13 章中我们知道，一国的产出是国民收入的四种支出之和，即消费、投资、政府购买和经常账户的加总。相应地，对一个开放经济，产出的总需求亦可划分为：消费需求（C）、投资需求（I）、政府需求（G）和净出口需求。净出口需求即为经常账户（CA）。总需求的每个组成部分都取决于各种不同的因素。本节主要讨论决定消费需求和经常账户的因素，政府需求将在本章研究财政政策的作用时讨论。目前我们暂时假定 G 是给定的。为了避免模型复杂化，我们同时也假定投资需求是给定的。

消费需求的决定因素

在本章中，我们假定一国居民愿意消费的总额取决于可支配收入 Y^d（即国民收入减去税收，$Y-T$）。①（C、Y 和 T 一律用国内产出单位来计量。）根据这一假定，一个国家的意愿消费水平可以表达为一个可支配收入的函数，即

$$C=C(Y^d)$$

当一个消费者的实际收入增加时，其对产品和服务的需求也会随之增加。因此，当经济中总的可支配收入增加时，消费水平也会同时上升，即消费需求与可支配收入成正比。然而，消费需求的增加幅度一般小于可支配收入的增加幅度，这是因为有一部分收入被储蓄起来了。

经常账户的决定因素

经常账户余额是国外对一国出口产品的需求与其对国外进口产品需求的差额，它主要由两个因素决定：其一，本币相对于外币的实际汇率，即以本国消费商品篮子衡量的外国消费商品篮子的价格；其二，国内可支配收入（实际上，一个国家的经常账户还取决于许多其他因素，如外国支出水平等，但现在我们假设这些因素都是常量）。②

现在我们可以把一国经常账户余额表示为该国货币的实际汇率（$q=EP^*/P$）与国内可支配收入（Y^d）的函数，即

$$CA=CA(EP^*/P, Y^d)$$

从上一章的讨论中我们知道，以本币衡量的外国和本国代表性的消费商品的价格分别为 EP^* 和 P，其中：E（名义汇率）是本国的外币价格；P^* 是外国物价水平；P 是国内物价水平；实际汇率 q 则被定义为以国内商品衡量的外国商品的价格水平，因而等于 EP^*/P。例如，如果欧洲一篮子代表性商品值 40 欧元（P^*），美国一个代表性商品篮子值 50 美元（P），美元相对于欧元的汇率为 1.10 美元/欧元，那么以美国商品篮子衡量的欧洲商品篮子的价格是：

$$EP^*/P = (1.10\text{ 美元/欧元})\times(40\text{ 欧元/欧洲篮子})\div(50\text{ 美元/美国篮子})$$
$$=0.88\text{ 美国篮子/欧洲篮子}$$

---

① 在一个更完整的模型中，我们还应该考虑其他一些影响消费的因素，如实际财富、预期收入和实际利率等。在本章附录 1 中，我们将把这里提出的公式与微观经济学中的消费者理论结合在一起。

② 正如上一个注释中所声明的，我们将忽略一些影响消费和可支配收入的其他因素（如财富和利率）。由于任何消费变化都会影响进口，因此这些被忽略的因素实际上也会影响经常账户。沿用第 13 章中的习惯，我们在分析经常账户时将忽略单方转移支付。

实际汇率变动反映了国内产品和服务价格相对于国外价格的变动，因此会对经常账户产生影响。而可支配收入则是通过影响国内消费者的总支出对经常账户产生影响的。为了理解实际汇率和可支配收入究竟是如何发挥作用的，我们将分别研究一国出口产品的需求（EX）和该国居民对进口产品的需求（IM）。如第 13 章所述，经常账户与出口、进口之间有如下关系：

$$CA=EX-IM$$

式中，CA、EX 和 IM 均以国内产出来衡量。

实际汇率变动对经常账户的影响

如前所述，一个典型的国内消费商品篮子虽然包括一些进口产品，但主要是本国生产的产品。同样地，一个典型的外国商品篮子也更侧重于外国所生产的产品。这样，以本国商品篮子衡量的外国商品篮子的价格上涨，意味着相对于本国而言，外国产品的相对价格普遍上涨。①

在其他条件不变的情况下，要弄清本国产品的价格变动是如何影响经常账户的，我们必须先弄清它是如何影响 EX 和 IM 的。例如，如果 EP^*/P 上升，则外国产品相对于本国产品会变得更昂贵，1 单位本国产品现在只能购买较少单位的外国产品。外国消费者对这一价格变动的反应是增加对本国出口产品的需求，这将刺激本国的出口，提高 EX，从而改善本国的经常账户。

实际汇率变动对 IM 的影响则要复杂得多。国内消费者对这一价格变动的反应是购买较少的价格上涨的外国产品，但这并不意味着 IM 一定会下降。IM 指的是以本国产出衡量的进口产品的价值，而非进口的国外产品的数量。因为 EP^*/P 的上升会提高以本国单位产出衡量的每单位进口产品的价格，所以，虽然外国产品的进口数量下降了，但以本国单位产出衡量的进口值也可能会上升。因此，当 EP^*/P 上升时，IM 可能上升，也可能下降，实际汇率变动对经常账户的影响是不确定的。

经常账户究竟是改善还是恶化，取决于实际汇率在哪一方面的影响占主导地位，即取决于消费者支出变动以进出口产品的数量效应为主，还是以本国产品衡量的国外产品的价值效应为主。目前我们暂且假定实际汇率变动的数量效应大于价值效应，故在其他条件不变的情况下，一国货币的实际贬值会改善经常账户，而实际升值则会使之恶化。②

尽管我们刚才对实际汇率和经常账户的讨论主要考虑的是消费者的行为，但是生产者的行为同样也很重要，几乎是以同样的方式产生影响。当一个国家的实际汇率贬值时，外国公司可能会发现该国提供的中间投入品变得更加便宜了。随着跨国公司越来越倾向于将不同阶段的生产工序放到不同国家进行，这些效果会变得更加明显。例如，如果美元的贬值降低了在美国生产的相对成本，德国的宝马汽车制造商就有可能将其在德国的生产线转移到南卡罗来纳州的斯帕坦堡（Spartanburg）。这一生产转移表明，世界对美国的劳动力和产出需求增加了。

可支配收入的变动对经常账户的影响

影响经常账户的第二个因素是国内可支配收入。由于 Y^d 的上升会使得国内消费者增加对包括进口产品在内的所有产品的支出，所以在其他条件不变时，可支配收入的增加会使经常账户恶化。（Y^d 的上升对出口需求无影响，这是因为我们视外国收入为定量，且 Y^d 对它没有影响。）

表 17－1 总结了实际汇率和可支配收入的变动对一国经常账户的影响。

---

① 在此使用实际汇率主要是因为它可以方便地度量本国产品和外国产品的相对价格。更准确（但也更复杂）的分析要用到每一个国家的贸易品和非贸易品的供给与需求方程，但是得到的结论却和我们的非常相似。

② 这一假设要求进口需求和出口需求相对于实际汇率是有弹性的。本章附录 2 说明了这一假设成立的确切条件，即马歇尔-勒纳条件，该附录同时也讨论了有关马歇尔-勒纳条件成立所需时间长度的实证证据。

表 17-1	决定经常账户的因素及其影响
变动	对经常账户（CA）的影响
实际汇率（EP^*/P）↑	CA ↑
实际汇率（EP^*/P）↓	CA ↓
可支配收入（Y^d）↑	CA ↓
可支配收入（Y^d）↓	CA ↑

总需求方程

我们现在将总需求的四个组成部分结合在一起，可以得到一个关于总需求的表达式，用 D 来表示：

$$D=C(Y-T)+I+G+CA(EP^*/P,Y-T)$$

在这里，可支配收入 Y^d 用产出 Y 和税收 T 的差来表示。这一表达式说明，国内总需求可被看作实际汇率、可支配收入、投资需求与政府购买的函数，即

$$D=D(EP^*/P,Y-T,I,G)$$

我们现在阐述在税收水平 T、投资需求 I 和政府购买 G 给定的条件下，实际汇率和国民生产总值是如何决定总需求的。①

实际汇率与总需求

EP^*/P 的上升会使得本国产品和服务相对于外国变得便宜，从而使国内和国外的消费均从外国商品向本国商品转移。结果是，CA 改善（上节中已讨论过），总需求 D 也相应增加。因此，在其他条件不变的情况下，本币的实际贬值会提高对本国产品的总需求；本币的实际升值则会降低对本国产品的总需求。

实际收入与总需求

国内实际收入对总需求的影响更复杂。假设税收一定，则 Y 的上升意味着可支配收入 Y^d 的等量上升。Y^d 的上升一方面会刺激消费，另一方面则会通过增加进口导致经常账户恶化。前者会扩大总需求，而后者则会降低总需求。但是，由于增加的消费中对国内产品开支的增加较多，而对进口产品开支的增加较少，故第一种影响（可支配收入对总消费的影响）大于第二种影响（可支配收入对进口的单独影响）。所以，在其他条件不变的情况下，国内实际收入的增加会扩大对本国产品的总需求；国内实际收入的减少则会降低对本国产品的总需求。

图 17-1 表明了在实际汇率、税收、投资需求和政府购买固定时总需求和实际收入 Y 之间的联系。随着 Y 的增长，消费也相应增长，但增长幅度小于 Y 的增长幅度。由于消费增加的一部分会被

① 如上所述，投资 I 被视作给定的，尽管我们可以设想投资可能由于模型外的原因而移动。换句话说，我们假设投资是一个外生变量而不是一个内生变量。我们对 G 也做同样的假设。假设 I 是外生变量不是太困难，然而投资是国内实际利率的减函数。（这是中等宏观经济条件的 $IS-LM$ 模型中的标准假设。）对于一个给定的预期未来汇率和一个给定的充分就业产出水平，模型暗示着投资需求可以表示为 $I(E,Y)$，其中，E 的上升（国内货币的贬值）导致投资需求增加，正如国内产出 Y 的上升也会导致投资需求增加。在本章的设定下，通过这种方式为投资建模不会在任何重要方面改变我们先前的预测。

用于进口产品，所以 Y 的增长对本国产品总需求的影响将小于对消费需求的相应影响，因此，总需求的增长小于 Y 的增长。这一点在图 17－1 中体现为总需求曲线的斜率小于 1。(该曲线纵轴上的截距大于零是因为投资需求、政府需求和国外需求会使得总需求总是大于零，即使当国内产出假设为零时也一样。)

图 17－1　总需求作为产出的函数

说明：总需求是实际汇率（EP^*/P）、可支配收入（$Y-T$）、投资需求（I）和政府购买（G）的函数。在其他条件不变时，产出 Y（实际收入）的增加会引起总需求的增加，但增加的幅度小于总产出增加的幅度。这意味着图中总需求曲线的斜率小于 1，即与水平线的夹角小于 45°。

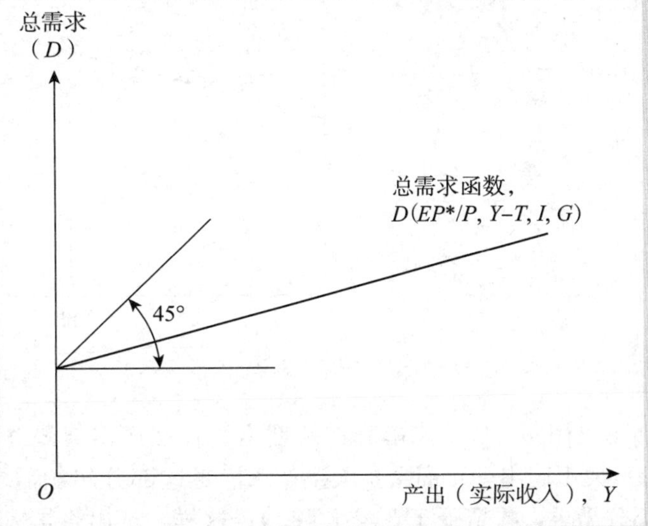

短期内的产出决定

在讨论了影响开放经济中总需求的因素之后，我们现在研究短期内的产出是如何决定的。在本节中，我们将说明只有当实际产出 Y 等于对国内产出的总需求时，产品市场才会达到均衡，即

$$Y=D(EP^*/P, Y-T, I, G) \tag{17-1}$$

所以总供给和总需求相等决定短期均衡产出水平。[①]

由于我们假定产品和服务的货币价格是暂时固定的，因此上述对实际产出决定的分析只限于短期。在本章后面部分我们将看到，这种价格暂时固定时发生的短期实际产出变动，最终会导致价格变动并使得经济向长期均衡点移动。在长期均衡状态下，生产要素可以被充分利用，实际产出水平完全由生产要素的供给决定，此时的实际汇率会调整到使得长期实际产出等于总需求的水平。[②]

图 17－2 说明了在短期内一国产出的决定过程。在给定实际汇率、税收、投资需求和政府购买的情况下，我们把总需求描述为产出的函数。总需求曲线和从原点出发的一条 45°直线相交于点 1，在该点上，总需求等于特定的产出水平 Y^1。

---

① 从表面上看，式（17－1）可写成 $Y=C(Y^d)+I+G+CA(EP^*/P, Y^d)$，很像我们在第 13 章中讨论过的 GNP 恒等式 $Y=C+I+G+CA$。这两者之间究竟有什么区别呢？区别在于，式（17－1）是一个均衡条件而非恒等式。回忆一下第 13 章中，由于 GNP 恒等式中的投资数量 I 包括了厂商的非意愿存货，所以从定义出发，GNP 恒等式是永远成立的。但是式（17－1）中的投资需求都是意愿投资或者是计划投资。因此，GNP 恒等式永远成立，而式（17－1）只有在厂商没有非意愿的存货积压或非意愿的库存不足时才成立。

② 因此，在长期均衡中式（17－1）也是成立的，但是，正如我们在第 16 章中所看到的，当 Y 处在长期水平时，该式决定了长期汇率（保持国外条件不变）。

图 17-2 短期内产出的决定

说明：在短期，产出最终确定为 Y^1（点 1），总需求正好等于总产出。

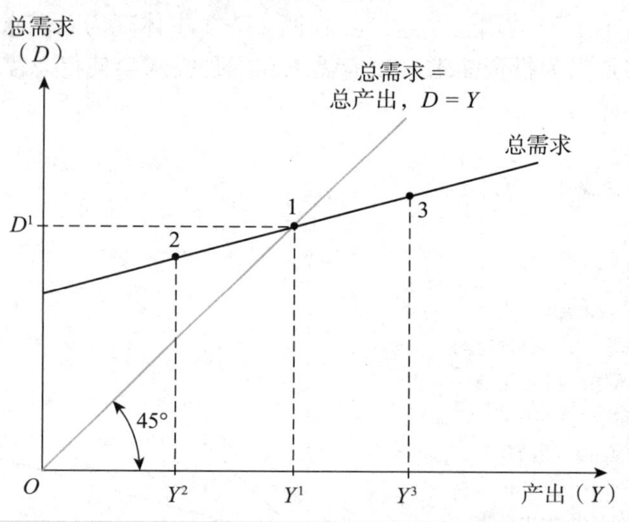

我们可以用图 17-2 来解释在短期内为什么产出会最终确定在 Y^1。在 Y^2 的产出水平下，总需求（点 2）大于产出，厂商会扩大生产来满足这部分超额需求（如果不这么做，厂商只能以存货来满足这部分需求，投资低于意愿水平 I）。这样，产出将扩大，直至国民收入达到 Y^1。

在点 3 处，国内生产过剩，厂商会发现它们被迫增加存货（被迫使投资支出高于意愿水平）。当存货开始增加时，厂商会减少生产。当产出降到 Y^1 时，厂商才会对它们的生产水平感到满意。再一次地，产出水平将再次固定在点 1，产出正好等于总需求。在这一短期均衡状态下，消费者、厂商、政府和国外购买者都能实现他们的意愿支出而且没有过剩的产出。

短期产品市场均衡：*DD* 曲线

我们已经知道了在实际汇率 EP^*/P 给定的条件下产出是如何决定的，现在我们再探讨一下汇率和产出在短期内是如何同时被决定的。要理解这一过程，我们需要掌握两个要点：一是当产品市场处于均衡时产出和汇率必须满足的关系，这一关系（*DD* 曲线）将在本节中导出；二是国内货币市场和外汇市场（即资产市场）处于均衡时产出和汇率必须满足的关系，这将在下一节分析。这两个要点都是必不可少的，这是因为，只有当产品市场和资产市场都处于均衡状态时，整个经济才能达到均衡。

产出、汇率与产品市场均衡

图 17-3 说明了产品市场处于均衡时汇率和产出之间的关系。更确切地说，该图说明了在给定国内物价水平 P 和国外物价水平 P^* 的条件下，本币相对于外币贬值（即汇率 E 从 E^1 上升到 E^2）所产生的影响。在国内外物价水平不变的情况下，名义汇率的上升会使得外国产品和服务相对于本国产品和服务变得更加昂贵。这种相对价格变动将使得总需求曲线向上移动。

图 17-3　当产品价格固定时，货币贬值对产出的影响

说明：在其他条件不变时，汇率从 E^1 提高到 E^2（货币贬值）会使得总需求提高到 D^2，产出增加到 Y^2。

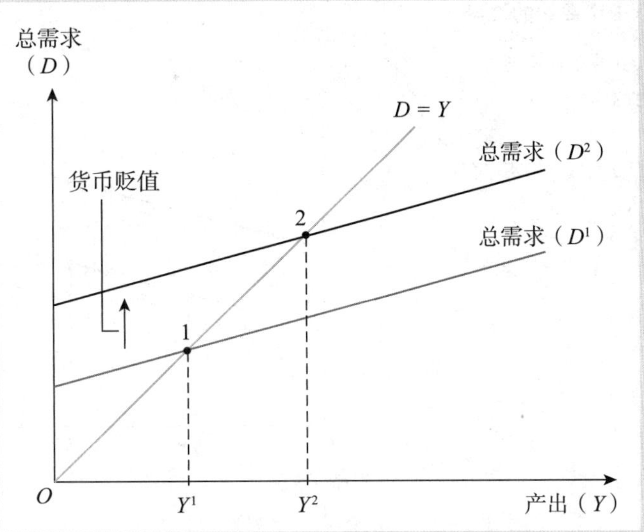

本国产品相对价格的下降会使得总需求曲线向上移动，这是因为在国内的每一产出水平上，对本国产品的需求都增加了。例如，当美元贬值时，外国和美国的消费者都会自动地将需求向美国产品转移。这时，在原来的产出水平上，厂商面临超额需求，故而产出会从 Y^1 扩大到 Y^2。

虽然我们已经分析了当 P 和 P^* 不变时 E 的变动对产出的影响，但我们也可以直接分析 P 或 P^* 的变动对产出的影响。当其他条件不变时，实际汇率 EP^*/P 的任何上升（无论源于 E 或 P^* 的上升还是源于 P 的下降）都将向上推动总需求曲线并使产出扩大。（例如，P^* 的上升与同等幅度 E 的上升效果一样。）同样地，当其他条件不变时，EP^*/P 的任何下降（无论其原因是 E 或 P^* 的下降还是 P 的上升）都将使产出收缩。（例如，当 E 和 P^* 固定时，P 的上涨会使本国产品价格相对于外国上涨，从而减少对本国产品的总需求并使产出下降。）

推导 *DD* 曲线

如果我们假定 P 和 P^* 在短期内是固定的，那么本币的贬值（E 的上升）会导致国内产出 Y 的增加；本币的升值（E 的降低）则会导致国内产出 Y 的减少。这正是我们描述开放经济中短期宏观经济行为时必须把握的 E 和 Y 之间两种联系中的一种。我们用一条 ***DD* 曲线**（*DD* schedule）来归纳这种关系，该曲线给出了产品市场处于均衡（总需求等于总供给）时所有产出和汇率的组合。

图 17-4 说明了 *DD* 曲线的推导过程，该曲线表明了当 P 和 P^* 给定时 E 和 Y 之间的关系。该图上半部分重述了图 17-3 的结论，即本币的贬值会使总需求曲线向上移动并使产出扩大。而下半部分中的 *DD* 曲线则表明了汇率和产出之间的关系（假定 P 和 P^* 不变）。在点 1 处，总需求等于总供给，产出水平为 Y^1，汇率为 E^1。根据该图上半部分，当本币贬值到 E^2 时，产出水平会提高到 Y^2，Y^2 的确定才能使我们在 *DD* 曲线上确定点 2 的位置。

导致 *DD* 曲线移动的因素

许多因素都会影响到 *DD* 曲线的位置：政府需求、税收、投资水平、国内和国外的价格水平、国内消费行为的变动，以及外国对本国产品的需求。为了理解每一个因素变动所产生的影响，我们必须研究这些因素的变化是如何导致 *DD* 曲线移动的。在下面的讨论中，我们假设所有其他条件均保持不变。

图 17－4 *DD* 曲线的推导

说明：假设其他条件不变，当汇率从 E^1 提高到 E^2（本币贬值）时，产出会从 Y^1 提高到 Y^2，因而 DD 曲线（图下半部分）向上倾斜。

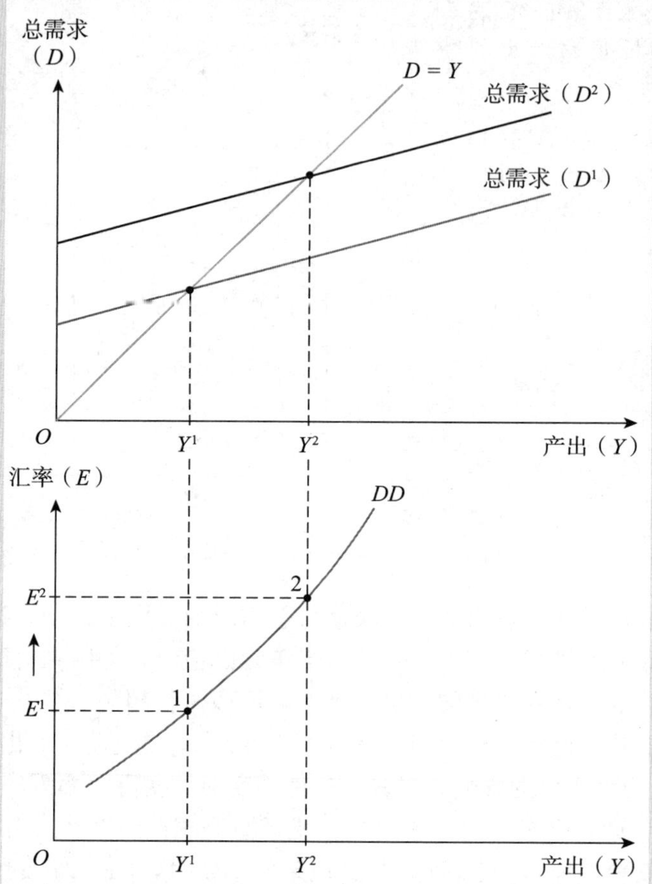

（1）G 的变动。图 17－5 说明了汇率 E^0 不变时政府购买从 G^1 增加到 G^2 对 DD 曲线的影响。比如随着 2001 年 9 月 11 日的恐怖袭击，美国军队的国防开支相应增加。如图的上半部分所示，在政府需求的最初水平，对应于汇率 E^0 的均衡产出水平为 Y^1，所以点 1 位于 DD^1 曲线上。

G 的增加会使图上半部分的总需求曲线向上移动，如果其他条件不变，产出将从 Y^1 增加到 Y^2。给定一个不变的汇率 E^0，图的下半部分表明总需求与总供给将在更高的产出水平 Y^2（点 2）处相等。点 2 位于新的曲线 DD^2 上。

对于任何给定的汇率，G 的增加都将提高总需求等于总供给时的产出水平。这意味着：G 的增加会使 DD 曲线向右移动，如图 17－5 所示；类似地，G 的减少会使 DD 曲线向左移动。

我们在研究 G 的增加是如何导致 DD 曲线移动时所采用的方法和推理适用于以下所有情况。所以下面我们只列举了结论，读者可以自己运用类似图 17－5 的图形来进行分析，以检验自己的理解是否正确。

（2）T 的变动。在任何水平 Y，税收 T 是通过改变可支配收入和消费来影响总需求的。对于给定的汇率水平 E，税收 T 的增加会引起图 17－1 中的总需求曲线向下移动。由于这一结果同 G 增加的结果正好相反，所以 T 的增加将使 DD 曲线向左移动；类似地，T 的减少，例如 2001 年布什总统颁布的减税法案，会使 DD 曲线向右移动。

（3）I 的变动。投资需求的增加与政府支出增加的效果相同——总需求曲线向上移动，DD 曲线向右移动；投资需求的下降则会使 DD 曲线向左移动。

图 17－5 政府需求和 DD 曲线的位置

说明：政府需求从 G^1 上升到 G^2，对应于每一汇率水平的产出均上升。因此 DD 曲线向右移动。

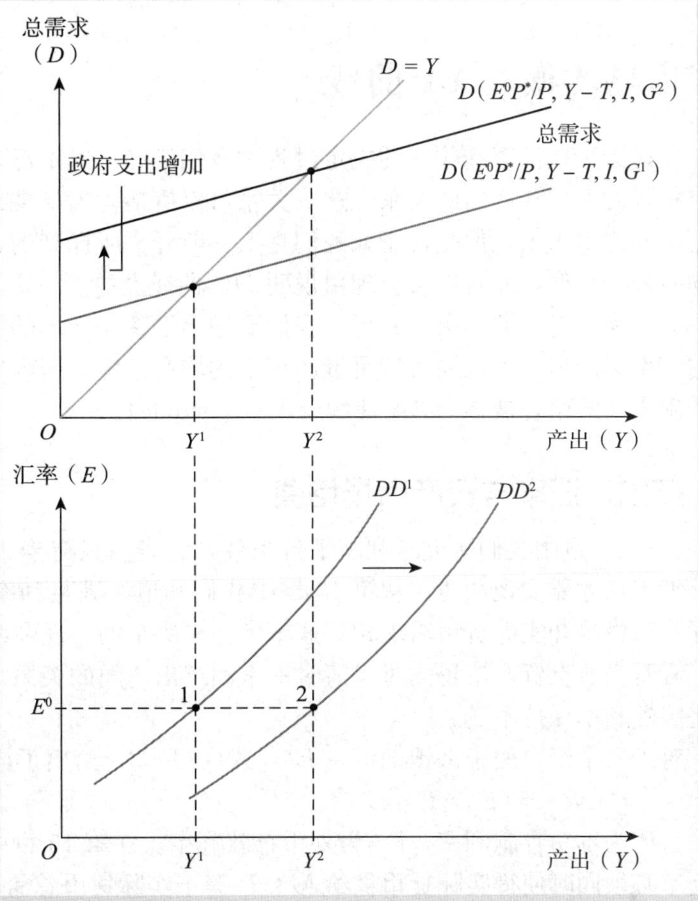

（4）P 的变动。给定 E 和 P^*，P 的上升会使本国产品较外国产品变得昂贵，从而使净出口需求减少，总需求下降，DD 曲线向左移动；P 的下降则会使国内产品变得便宜，DD 曲线向右移动。

（5）P^* 的变动。给定 E 和 P，P^* 的上升会使外国的产品和服务变得相对昂贵，因而对本国产品的总需求上升，DD 曲线向右移动。类似地，P^* 的下降会使 DD 曲线向左移动。

（6）消费函数的变动。假设国内居民突然决定在每一可支配收入水平上都消费更多，储蓄更少。比如房屋价格上涨，就会发生房主借用额外资金的事情。如果增加的消费开支并非全部用于进口外国产品，那么对于任何给定汇率 E，对本国产品的总需求就会上升，总需求曲线上移。这将导致 DD 曲线向右移动。同样，自主消费下降（如果不是完全由于进口需求的下降）将使 DD 曲线向左移动。

（7）需求在外国产品和本国产品之间转移。假定国内消费函数没有变化，但国内外居民突然决定将更多的开支用于本国的产品和服务。（例如，因为担心外国的疯牛病，美国居民增加了对美国牛肉生产的需求。）如果本国可支配收入和实际汇率保持不变，则这种需求变化将增加出口，减少进口，从而使经常账户得以改善。总需求曲线将向上移动，因而 DD 曲线向右移动；同理，世界需求由本国产品转向外国产品会导致 DD 曲线向左移动。

你或许已经注意到一条简单规则可以用来预测我们所讨论的任何一种经济冲击对 DD 曲线的影响：任何导致对本国产品的总需求上升的冲击都将使 DD 曲线向右移动；任何导致对本国产品的总需求下降的冲击都将使 DD 曲线向左移动。

短期资产市场均衡：*AA* 曲线

在讨论短期汇率和收入的决定过程中我们已经得出了汇率和产出的第一种关系，即总供给和总需求相等时汇率和产出的关系。这一关系可以概括为 *DD* 曲线，它显示了产品市场短期均衡时的所有汇率和产出水平。但是，正如我们在上一节开头所提到的，总体经济均衡要求资产市场和产品市场同时处于均衡，而我们没有理由说明 *DD* 曲线上的点一定会使得资产市场达到均衡。

为了完善对短期均衡的分析，我们要导出汇率与产出的第二种关系，以确保产品市场达到均衡时的汇率和产出水平也同时满足资产市场的均衡条件。国内货币市场和外汇市场均衡条件下的汇率和产出水平的组合被称为 ***AA* 曲线**（*AA* schedule）。

产出、汇率与资产市场均衡

在第 14 章中我们研究了利率平价条件，它表明只有当本币存款和外币存款的预期收益率相等时外汇市场才能实现均衡。从第 15 章中我们知道，满足利率平价条件的利率是由国内货币市场上实际货币供给和实际货币需求相等这一条件来决定的。现在我们将这些资产市场均衡条件都放到一起，看看当所有资产市场同时出清时汇率和产出之间的关系。因为目前焦点是国内经济，因而我们假定国外利率保持不变。

对于一个给定的未来预期汇率 E^e，式（14－2）给出了描述外汇市场均衡的利率平价条件，即

$$R=R^*+(E^e-E)/E$$

式中，R 为本币存款利率；R^* 为外币存款利率。在第 15 章中我们论述过，满足利率平价条件的本币利率必须同时使得实际货币供给 M^S/P 等于实际货币总需求［见式（15－4）］：

$$M^S/P=L(R,Y)$$

你也许会记得，当利率下降时，实际货币总需求 $L(R, Y)$ 将上升，因为 R 的下降使得持有非货币资产的吸引力下降了（相反，利率上升将降低实际货币需求）；而实际产出 Y 的增加则会通过扩大人们必须进行的货币交易的数量来增加实际货币需求（实际产出的下降会减少交易需要，从而减少实际货币需求）。

现在，我们运用第 15 章中的图示工具来研究产出变化时汇率的相应变动以保持资产市场均衡。图 17－6 显示了在给定名义货币供给 M^S、国内物价水平 P、国外利率 R^* 和未来预期汇率 E^e 的条件下国内均衡利率与汇率在产出水平 Y^1 下的关系。在该图的下半部分，我们看到，当实际产出为 Y^1、实际货币供给为 M^S/P 时，利率 R^1 能使国内货币市场出清（点 1），而汇率 E^1 则能使外汇市场出清（点 1′）。汇率 E^1 能使外汇市场出清是因为它可以使得以本币计算的外汇存款的预期收益率等于利率 R^1。

当产出从 Y^1 增至 Y^2、实际货币总需求由 $L(R, Y^1)$ 提高到 $L(R, Y^2)$ 时，图 17－6 下半部分中的整条货币需求曲线将向外移动。这一移动会导致国内均衡利率上升到 R^2（点 2）。当 E^e 和 R^* 不变时，本币必然由 E^1 升值到 E^2 以使外汇市场重新在点 2′处达到均衡。此时，本币的升值幅度恰好可以使得本币存款利率的上升与预期的未来贬值相抵消。为了保持资产市场均衡，在其他条件不变时，国内产出的增加必须伴随着本币的升值；同样地，国内产出的减少必须伴随着本币的贬值。

图 17-6　资产市场均衡时的产出与汇率

说明：当其他条件不变时，为保持资产（外汇和货币）市场均衡，产出的增加必须伴随着货币的升值。

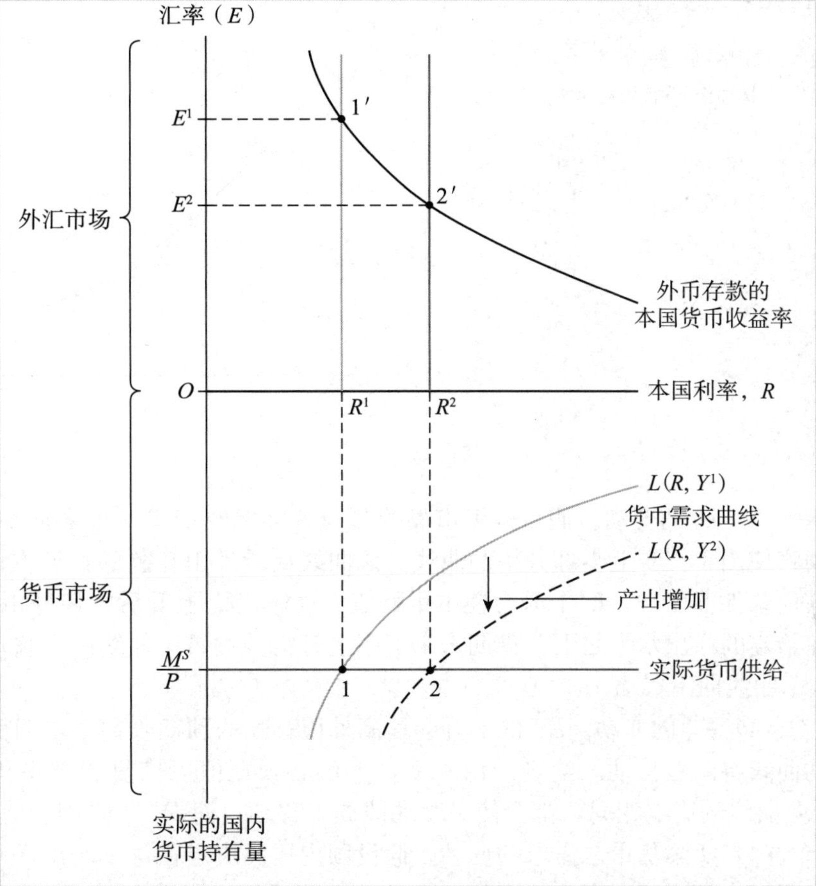

推导 AA 曲线

DD 曲线给出了产品市场均衡时的汇率和产出水平，而 *AA* 曲线将使货币市场和外汇市场达到均衡的汇率和产出水平联系在一起，图 17-7 显示的就是 *AA* 曲线。从图 17-6 中我们知道，在给定实际货币供给、外国利率和预期未来汇率的情形下，对任意一个产出水平 Y 都有一个唯一的满足利率平价条件的汇率 E 与之对应。由于在其他条件不变时，产出从 Y^1 上升到 Y^2 将使本币升值，汇率将从 E^1 下降到 E^2，因此，如图 17-7 所示，*AA* 曲线的斜率为负。

导致 AA 曲线移动的因素

导致 *AA* 曲线移动的因素有五个：国内货币供给量 M^S 的变动；国内物价水平 P 的变动；预期未来汇率 E^e 的变动；国外利率 R^* 的变动；实际货币总需求的变动。

（1）M^S 的变动。在其他条件不变时，对于一个既定的产出水平，M^S 的增长会导致外汇市场上本币贬值，即 E 上升。由于在每一产出水平上 M^S 上升后汇率 E 都将提高，所以 M^S 的上升会导致 *AA* 曲线向上移动；类似地，M^S 的下降会导致 *AA* 曲线向下移动。

（2）P 的变动。P 的上升会使实际货币供给减少，并使利率上升。如果其他条件（包括 Y）不变，利率的上升会使 E 下降。因此，P 上升将导致 *AA* 曲线向下移动；P 下降则使 *AA* 曲线向上移动。

图 17-7　AA 曲线

说明：如果其他条件不变，产出从 Y^1 增加至 Y^2 将引起国内利率的上升和本币从 E^1 到 E^2 的升值，所以资产市场均衡曲线 AA 向下倾斜。

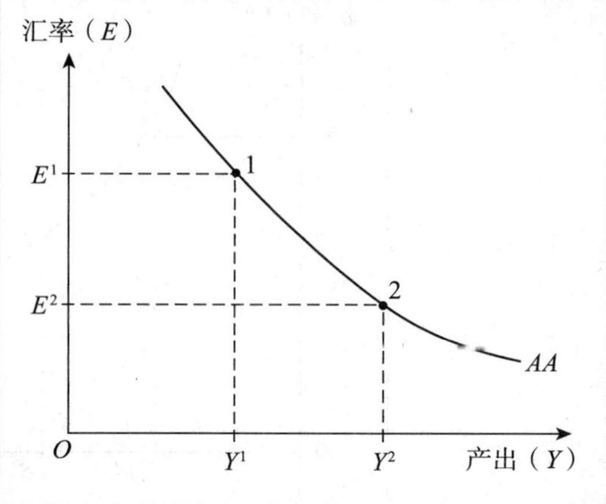

（3）E^e 的变动。假设外汇市场的参与者突然改变了对未来汇率的预期，导致 E^e 上升。这种变动将使图 17-6 上半部分中的曲线（该曲线衡量外币存款的预期本币收益率）向右移动。因此，在其他条件不变时，E^e 上升会使本币贬值。这样，E^e 上升后，使外币市场保持均衡的汇率也将上升。在给定的产出水平之下，预期未来汇率上升将导致 AA 曲线向上移动。而预期未来汇率下降将导致 AA 曲线向下移动。

（4）R^* 的变动。R^* 的上升会提高外币存款的预期收益率，因而图 17-6 上半部分中向下倾斜的曲线将向右移动。给定产出不变，本币必须贬值以恢复利率平价。因此，R^* 上升与 E^e 上升对 AA 曲线的影响相同，都会使 AA 曲线向上移动；而 R^* 下降则会使 AA 曲线向下移动。

（5）实际货币总需求的变动。假设国内居民决定在每一产出水平和利率水平下都持有较低的实际现金余额（这一资产持有偏好变动就是货币需求的降低）。货币需求下降意味着，对于任何固定的产出水平 Y，实际货币总需求函数 $L(R, Y)$ 均会向内移动，从而导致利率的下降和 E 的上升。因此，货币需求量的减少如同货币供给量的上升一样，都会使 AA 曲线向上移动；而来自货币需求的相反冲击，即需求增加，将使 AA 曲线向下移动。

开放经济的短期均衡：*DD* 曲线与 *AA* 曲线的结合

通过假设产品价格暂时固定，我们分别导出了关于汇率和产出水平关系的两条曲线：代表产品市场均衡的 DD 曲线和反映资产市场均衡的 AA 曲线。一个经济的总体短期均衡必定存在于这两条曲线之中。因为总体均衡必须同时在产品市场和资产市场上都达到均衡，而 DD 曲线和 AA 曲线的交点就是这样一个均衡点。由于我们假设产品价格是暂时固定的，因此这一交点实际上就是短期均衡点。本节的分析也继续假设国外利率 R^*、国外价格水平 P^* 和预期未来汇率 E^e 不变。

图 17-8 把 DD 曲线和 AA 曲线结合起来以确定短期均衡点。DD 曲线和 AA 曲线相交于点 1，该点的汇率和产出是同时使得总需求等于总供给以及资产市场达到均衡的唯一组合。所以，短期均衡的汇率和产出分别应为 E^1 和 Y^1。

图 17-8　短期均衡：*DD* 曲线与 *AA* 曲线的交点

说明：经济在点 1 实现了短期均衡。在该点处，资产市场（*AA* 曲线）与产品市场（*DD* 曲线）同时达到均衡。

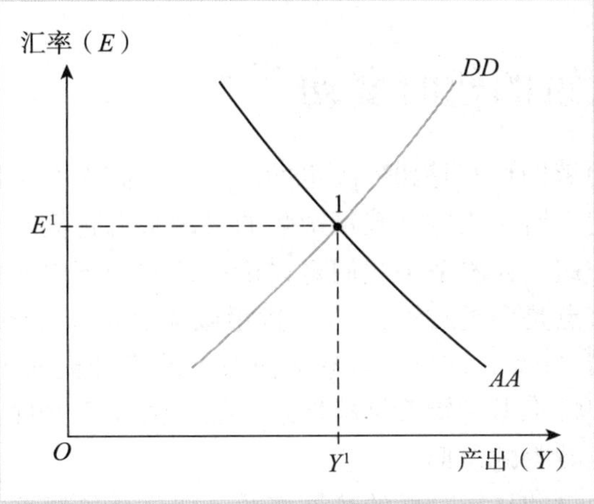

为了确证经济最终会在点 1 达到均衡，我们可以设想一下当经济处于图 17-9 中的点 2 时的情况。由于点 2 在 *AA* 曲线和 *DD* 曲线之上，因此在该点，产品市场和资产市场都处在非均衡状态。由于 E 相对于 *AA* 曲线来说过高了，高于满足利率平价条件的汇率，所以人们预期汇率在未来将下降。预期本币升值意味着外币存款的预期本币收益率会低于本币存款，所以在外汇市场上会出现对本币的超额需求。同时，对外国购买者来说，点 2 处过高的 E 水平也会使得本国产品变得更便宜（假设产品的本币价格不变），从而造成在该点对本国产品的超额需求。

图 17-9　经济达到短期均衡的方式

说明：由于资产市场调整非常迅速，所以汇率会由点 2 立刻跳到点 3，然后随着产出增加以满足总需求，经济沿 *AA* 曲线向点 1 运动。

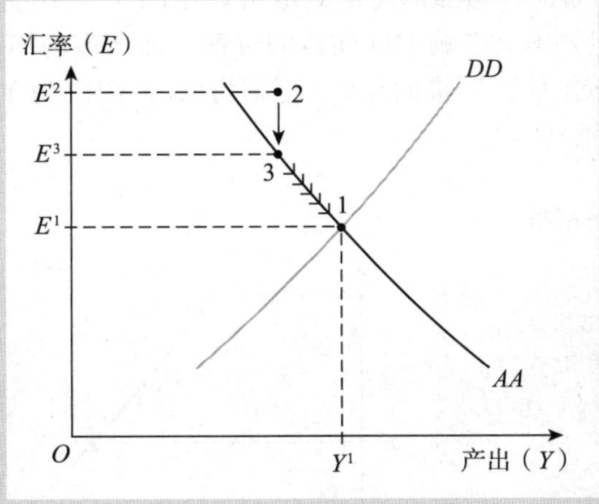

对本币的超额需求导致了汇率立刻由 E^2 降至 E^3。本币的这一升值会使本币存款和外币存款的预期收益率相等，从而推动经济移动到资产市场均衡曲线 *AA* 上的点 3 处。但是，由于点 3 仍高于 *DD* 曲线，所以对国内产品仍存在超额需求。为了避免非意愿的存货减少，厂商将扩大生产，整个经济会沿着 *AA* 曲线滑动到总需求等于总供给的点 1。因为生产的变动需要一段时间，而资产价格可以迅速发生变化，所以尽管产出在变动，资产市场这时仍可以保持均衡状态。

随着经济沿着 *AA* 曲线靠近点 1，汇率会持续下降，这是因为不断增加的产出提高了货币需求，从而推动利率稳步上升。（本币必须不断升值以降低预期的未来升值率，并保持利率平价。）一旦经济到达 *DD* 曲线上的点 1，总需求就将等于总产出，厂商不再面临非意愿存货的衰竭状态，于是经济就稳定在该点。这是使得产品市场和资产市场同时保持均衡的唯一点。

货币政策与财政政策的暂时变动

知道了经济的短期均衡是如何决定的之后，我们现在可以研究政府的宏观经济政策是如何影响产出和汇率的。我们对宏观经济政策影响的兴趣来自它们对引起产出、就业和通货膨胀波动的经济冲击所起的抵消作用。在本节中我们将讨论在开放经济中如何运用政府政策来保持充分就业。

我们的关注重点是两类政策：（1）**货币政策**（monetary policy），它通过改变货币供给发挥作用；（2）**财政政策**（fiscal policy），它通过改变政府开支或税收发挥作用。① 为了避免持续性通货膨胀的复杂性，我们将不考虑货币供给持续增加的情况。这样，我们所讨论的货币政策仅限于货币供给量一次性增加或减少的情形。②

在本节我们探讨的是暂时性的政策变动，即公众预期这一政策在不久的将来会逆转。我们还假设预期的未来汇率 E^e 等于我们在第 16 章中讨论过的长期汇率，即经济已达到充分就业状态，且国内价格已经对产品市场和资产市场的冲击做过充分调整。这一说明意味着，暂时性的政策变动并不会影响长期的预期汇率 E^e。

在我们的研究中，我们自始至终假定：经济事件并不影响外国利率（R^*）和价格水平（P^*），在短期内国内物价水平 P 是固定的。

货币政策

国内货币供给暂时性增加的短期效应可以用图 17－10 来说明。货币供给增加会使 AA 曲线从 AA^1 增至 AA^2，但并不会影响 DD 曲线的位置。资产市场均衡曲线的向上移动将把经济均衡点从点 1（汇率为 E^1，产出为 Y^1）推向点 2（汇率为 E^2，产出为 Y^2），货币供给的增加会促使本币贬值，生产扩张，从而增加就业。

图 17－10　暂时性货币供给增加的影响

说明：暂时性货币供给增加会使 AA^1 曲线向上移动，引起本币贬值和产出增加。

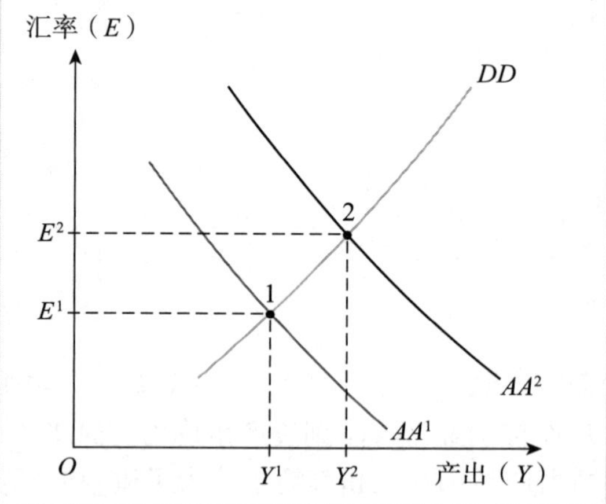

回顾我们讨论过的资产市场均衡和产出的决定过程，我们就可以理解导致这些后果的经济力量

① 有关后者最近的一个例子是 2001—2005 年在乔治 · W. 布什执政期间所执行的减税政策。其他政策对宏观经济具有负面效应，例如关税、配额等商业政策。然而这些政策并不经常被用于稳定宏观经济的目的，所以我们不在本章讨论这些政策（本章末的一道习题将要求你思考税收的宏观经济效果）。

② 如果考虑汇率 E 与价格 P 偏离以不变速率上升的时间路径的情况，你可以将下面的结果扩展到一种具有持续通货膨胀的情形中。

了。在最初的产出水平 Y^1 和给定的价格水平处，货币供给的扩张必然会降低国内利率 R。由于我们一直假定货币政策是暂时性的，并不会影响预期的未来汇率 E^e，所以为了在利率 R 降低的情况下维持利率平价（给定国外 R^* 不变），本币必须立即贬值以使人们预期本币将来的升值速度会超过人们在 R 降低之前的预期升值速度。不过，本币的迅速贬值也会使得国内产品比国外产品变得便宜，总需求扩大，从而要求产出也相应增加。

财政政策

如前所述，扩张性财政政策可以通过增加政府开支、削减税收或者两者并用的方式来实现。这些措施都会刺激总需求。因此，暂时性财政扩张（它不会影响预期未来汇率）将使 DD 曲线右移，但不会影响 AA 曲线。

图 17－11 说明了财政政策是如何在短期内影响经济的。最初经济处于点 1，此时汇率为 E^1，产出为 Y^1。假设政府决定花费 300 亿美元来开发一种新的航天飞机，政府购买的这个一次性增加将把经济推向点 2，促使本币升值到 E^2，产出增加到 Y^2。削减税收对经济也会起到同样的作用。

图 17－11 暂时性财政扩张的影响

说明：暂时性财政扩张会使 DD^1 曲线右移，并引起本币升值和产出增加。

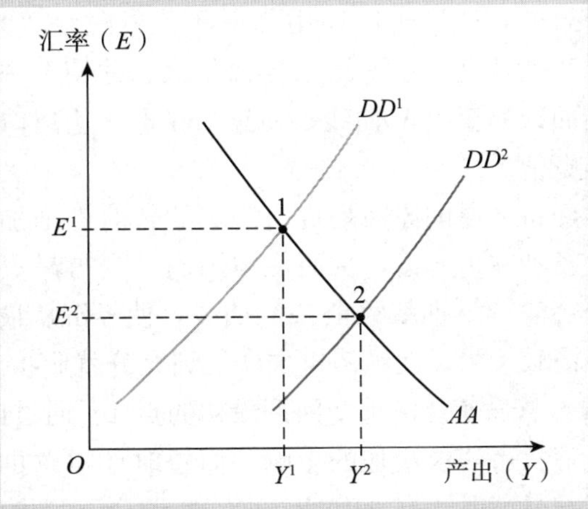

是什么经济力量造成均衡点从点 1 向点 2 移动呢？政府支出增加所引起的产出增加提高了对实际货币持有量的交易需求。给定价格水平不变，货币需求的增加会推动利率 R 上升。由于未来预期汇率 E^e 与外国利率 R^* 不变，本币必须升值以产生足够大的贬值预期来抵消增大的有利于本币存款的国际利率差异。

保持充分就业的政府政策

本小节的分析可以用来解决在开放经济中如何维持充分就业的问题。由于暂时性货币扩张和暂时性财政扩张都能提高产出与增加就业，所以它们都可以用于抵消引起萧条的暂时性经济扰动。同样，导致过度就业的暂时性冲击也可以通过相反的宏观经济政策加以抵消。

图 17－12 说明了宏观经济政策的运用。假定经济的最初均衡点为点 1，产出正好等于充分就业产出，以 Y^f 表示。假设消费者偏好突然从国内产品上转移。如前所述，这种转移会导致对国内产品总需求的下降，使 DD^1 曲线向左移至 DD^2 曲线，在点 2，经济达到一个新的短期均衡。此时，本币贬值至 E^2，产出降至 Y^2，低于充分就业水平，经济经历了一场衰退。由于这种偏好变化被认为是暂时的，因此它并不会影响 E^e，故 AA^1 曲线的位置不变。

图 17－12　对国内产品的世界需求暂时减少后如何维持充分就业

说明：就业对本国产品的世界需求暂时减少会导致 DD^1 曲线左移至 DD^2 曲线，并引起产出从 Y^f 下降到 Y^2，本币从 E^1 贬值到 E^2（点 2）。此时，暂时性财政扩张可使 DD 曲线回到最初位置，在点 1 恢复充分就业状态。而暂时性货币扩张则通过使 AA^1 移动到 AA^2 来恢复充分就业状态（点 3）。这两种政策的区别在于它们对汇率的影响不同：前者会使本币回到原来的汇率水平 E^1，后者则使本币进一步贬值至 E^3。

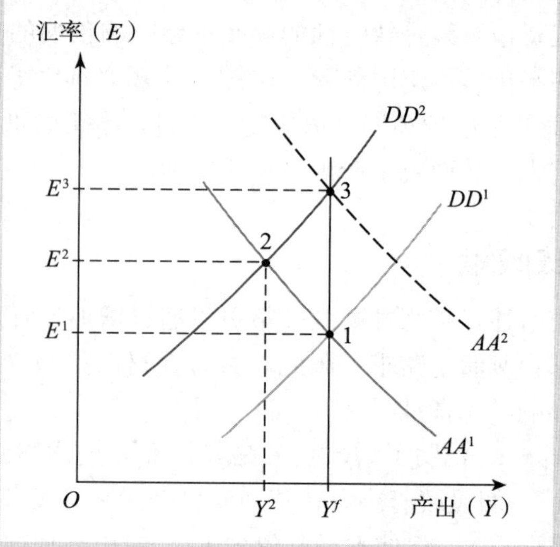

为了恢复充分就业，政府可以动用货币政策或财政政策，或两者兼用。暂时性财政扩张可使 DD^2 曲线返回到原来的位置，以恢复充分就业状态并使汇率回到 E^1。而暂时性货币供给的增加则会使资产市场均衡曲线移至 AA^2 曲线，使经济在点 3 达到均衡。这一措施可以恢复充分就业，但会引起本币的进一步贬值。

另一可能导致经济衰退的原因是货币需求的暂时性增加。如图 17－13 所示，货币需求的增加会推动国内利率上扬和本币升值，从而使本国商品变得昂贵并造成产出收缩。在图 17－13 中，资产市场的这一冲击会使 AA^1 曲线移至 AA^2 曲线，使经济从最初的充分就业均衡点（点 1）移至点 2。

扩张性宏观经济政策可以使经济再次恢复到充分就业状态。暂时性货币供给增加可以使 AA 曲线退回到 AA^1 曲线，从而使经济重新回到最初的点 1。通过向居民提供更多的货币，暂时性货币供给增加可以完全抵消货币需求增加的影响。而暂时性财政扩张会使 DD^1 曲线移到 DD^2 曲线，并使经济在点 3 上恢复充分就业状态。但是，这一变动会引起货币的进一步升值。

图 17－13　货币需求增加后维持充分就业的政策

说明：在货币需求暂时增加后（图中表现为从 AA^1 到 AA^2 的移动），无论是货币供给增加还是暂时性财政扩张都可以维持充分就业。这两种政策的区别在于它们对汇率的影响不同：货币政策会使汇率回到 E^1；财政政策会使本币进一步升值至 E^3。

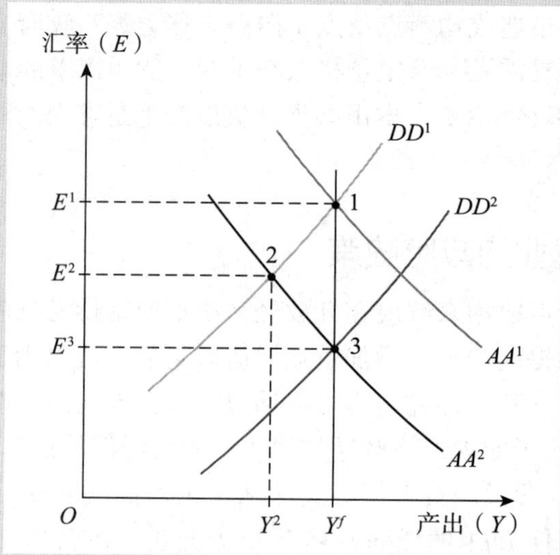

通货膨胀偏向与政策制定中的其他问题

从我们的模型中看，要维持充分就业似乎是轻而易举的，但实际上这是一种误导，请不要从我们的政策讨论中得出保持宏观经济稳定发展十分容易的想法。以下我们仅举出诸多问题中的几个：

（1）名义价格黏性不但给予政府在经济不景气时提高产出的能力，而且可以引诱政府出于政治目的，比如在一个即将到来的大选前，创造某种经济繁荣。如果工人和厂商事先预期到这种财政扩张和经济繁荣，这种诱惑力就会带来问题。工人和厂商会要求更高的工资或提高价格，政府将不得不运用扩张性政策工具以防止价格上升可能带来的衰退。其结果是，政府的宏观经济政策总带有某种**通货膨胀偏向**（inflation bias）；价格水平不断上升而产出未必增加。在 20 世纪 70 年代，不但美国曾发生过这种通货膨胀的增长，而且其他国家也发生过。政府的这一通货膨胀偏向会使人们试图在制度上寻找某种解决之道。例如，让中央银行独立于政府权力，这可能会使市场主体相信政府政策不会被短期目标所左右而以牺牲长期价格稳定为代价。在第 15 章中我们提到，许多国家的中央银行现在都努力达到宣布的（低）通货膨胀目标值。我们将在第 21 章和第 22 章中讨论这方面的努力和尝试。①

（2）在实际操作中，要确定一个经济扰动是来自产品市场还是资产市场有时是很难的，而如果政府重视政策对汇率的影响，它就需要在选择货币政策还是财政政策之前弄清这一点。

（3）在现实世界中，政策的制定往往取决于政治需要，而不是详细考虑对经济的冲击是来自实际领域（即产生于产品市场）还是来自货币市场。财政政策的改变通常要经过冗长的立法讨论；与之相反，货币政策则往往是由中央银行来实施的。因此，尽管有时改变财政政策更为合适，但为了避免程序上的延误，政府还是偏好采用货币政策来对付经济冲击。

（4）有关财政政策的另一个问题是它对政府预算的影响。削减税收或增加政府开支可能会导致政府预算赤字，以至政府早晚会采取相反的财政措施来消除赤字，就像 2009 年奥巴马政府推出的数十亿美元的财政刺激计划那样。遗憾的是，往往不能保证政府有政治意愿使得这些措施与经济周期同步。相反，我们经常看到的是，大选周期对于政策来说可能会更重要。

（5）在我们的简单模型中，政策好像能够很快地发挥作用，但实际上其中存在着不同长度的时滞。同时，要评估一个既定经济冲击的规模和持续时间是很难的，这就使得政府很难把握好政策药方的剂量。这种不确定性使政策制定者只能根据推测和预感来做出反应，其结果很可能远离预期目标。

货币政策与财政政策的永久性变动

一个永久性的政策变动不仅会影响政府政策工具（货币供给、政府开支或税收）的当前水平，而且会影响长期汇率。长期汇率的变动反过来又会影响对未来汇率的预期。由于预期的变化对短期的汇率水平有着重要影响，所以永久性政策变动的后果不同于暂时性政策变动。在本节中我们将讨

① 如果想对通货膨胀偏向问题有更清楚和更深入的了解，请参见 Andrew B. Abel，Ben S. Bernanke，and Dean Croushore，*Macroeconomics*，8th ed.（Upper Saddle River，NJ：Prentice Hall，2014），Chapter 14。正如该文所解释的那样，即使有时政府的政策不是出于政治动机，也可能会产生通货膨胀偏向问题。其基本的观点是，像最低工资法之类的因素可以通过减少就业使产出处于无效率的低水平，而增加就业的货币扩张政策则可以使经济朝着更有效地利用其所有资源的方向移动。政府可能仅仅因为这种政策变化潜在地可以使得该国的每个人受益而希望（借助该政策）实现更好的资源配置。但私人部门对这种政策的预期将仍会带来通货膨胀。

论货币政策和财政政策的永久性变动在短期和长期中的影响。[①]

为便于理解政策的长期效应，我们假设经济最初处于长期均衡状态，而且我们所要讨论的政策变动是唯一发生的经济变化（即通常所说的“其他条件不变或相同”）。这些假设意味着经济将从充分就业状态开始变动，变动前汇率处于长期水平上且对它的预期不变。而且我们还知道，开始时国内利率 R 一定与国外利率 R^* 相同。

货币供给的永久性增加

图 17－14 显示了货币供给的永久性增加对经济的短期影响。这一经济最初处于充分就业的产出水平 Y^f（点 1）。如前所述，即使是暂时性的 M^S 扩张也会使资产市场均衡曲线由 AA^1 向上移动到 AA^2。但因为 M^S 的增加是永久性的，它还会影响到未来的预期汇率 E^e。我们在第 15 章中说明了货币供给的永久性增加是如何影响长期汇率的，即 M^S 的永久性增加最终将导致 E 的等比例上升。因此，M^S 的增长会导致未来的预期汇率 E^e 的等比例上升。

因为 E^e 的上升伴随着货币供给的永久性增加，所以 AA^1 曲线至 AA^2 曲线的移动幅度将大于等量的暂时性货币供给增加所引起的移动幅度。点 2 为新的短期均衡点，该点处的 Y 和 E 均高于暂时性货币供给增加时它们所处的水平（点 3 为 M^S 暂时性增加后的均衡点）。

对永久性货币供给增加的调整

图 17－14 中的货币供给增加并没有被中央银行逆转。于是人们不禁要问：这样长期下去会对经济产生什么样的影响？在图 17－14 中所示的短期均衡点 2 上，产出高于充分就业时的水平，工人和机器超负荷工作。随着工人要求加薪而厂商通过提高价格来弥补不断增加的生产成本，价格上涨的压力增大。从第 15 章中我们知道，货币供给的增加最终会导致所有商品的价格同等上升，但对产出、相对价格或利率没有影响。在长期中，由永久性货币供给增加带来的通货膨胀压力会将价格水平推到新的长期水准，并使经济恢复到充分就业状态。

图 17－14　永久性货币供给增加的短期影响

说明：相对于暂时性货币供给的增加，永久性货币供给增加对汇率与产出会产生更强烈的影响——AA 曲线从 AA^1 移到 AA^2，会使得经济从均衡点 1 移动到均衡点 2，而暂时性货币供给增加仅会使经济移动到均衡点 3。

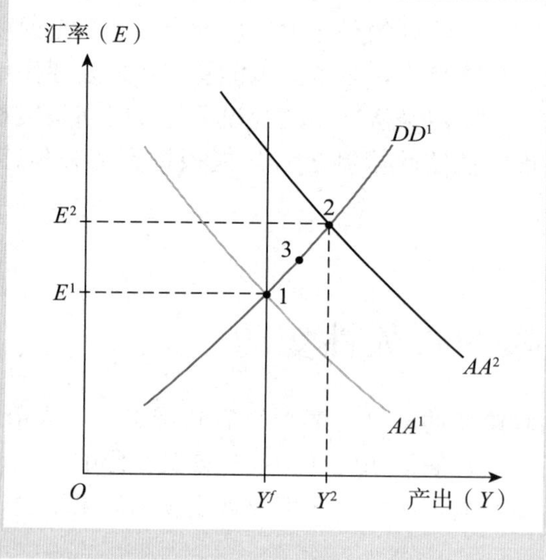

① 你也许对一个财政政策的永久性变动是否一直可能表示疑惑。例如，如果政府最开始时是预算平衡的，没有财政扩张导致的赤字，那么是否需要一个最终的财政收缩呢？本章末的习题 3 将给出可能的答案。

图 17－15 有助于我们形象地认识使经济恢复到充分就业状态的调整过程。无论何时，只要产出高于其充分就业水平 Y^f，生产要素过度使用，价格水平 P 就一定会随生产成本同步增长。虽然 DD 曲线和 AA 曲线是在价格水平 P 不变的条件下推导出来的，但我们已经知道 P 的上升是怎样使得它们移动的。P 的上升会使国内产品相对于进口产品变得昂贵，从而鼓励进口、抑制出口。因此，在一段时间之后，持续上涨的物价会使 DD^1 曲线向左移动。又因为随着时间的推移，持续上升的物价水平将减少实际货币供给，所以随着物价的上涨，AA^2 曲线也向左移动。

图 17－15　对永久性货币供给增加的长期调整

说明：在永久性货币供给增加之后，持续的价格上涨将使 DD 曲线与 AA 曲线都向左移动，最终在点 3 处实现新的长期均衡。

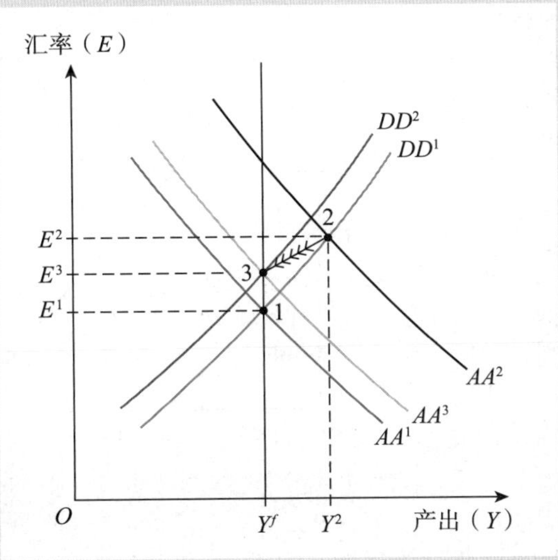

只有当 DD 曲线和 AA 曲线相交于充分就业产出 Y^f 时，DD 曲线和 AA 曲线才停止移动。只要产出偏离 Y^f，价格水平就会变化，两条曲线也不会停止移动。两条曲线的最终位置为图 17－15 所示的 DD^2 曲线和 AA^3 曲线。在两者相交的点 3 处，汇率 E 和价格水平 P 会随货币供给的增加等比例增长。这一点正是长期货币中性所要求的。（AA^2 曲线并不会一直恢复到它原先的位置，这是因为 E^e 在永久性货币供给增加之后，也是永久性地高于以前：它也随着 M^S 上升了相同的百分比。）

我们注意到，在从最初的短期均衡点（点 2）到长期均衡点（点 3）的调整过程中，本币实际上是在急剧贬值（从 E^1 到 E^2）之后经历了一个升值（从 E^2 到 E^3）。汇率的这种行为是我们在第 15 章中所讨论的汇率超调现象的一个例子，它意味着，汇率对一些经济变动的最初反应要比长期反应强烈。①

从上述分析中我们可以总结出回应永久性货币冲击的适当政策。比如说，永久性货币需求上升可以被相同幅度的永久性货币供给增加所抵消。这一政策能使经济保持充分就业状态。另外，由于如果不采取这一政策，价格水平就会下降，所以采用这一政策也不会带来通货膨胀。相反，货币扩张能把经济直接推向长期充分就业的位置。不过我们也必须记住，在实践中要确认一个经济冲击的起因或持续时间是很困难的。

永久性财政扩张

永久性财政扩张不仅会对产品市场立刻产生影响，而且能通过改变对长期汇率的预期来对资产市场产生影响。图 17－16 说明了一个每年多花费 100 亿美元用于航天计划的政府决定所产生的短期

① 尽管在图 17－15 的情形中汇率在最初就发生了超调，但是在其他情况下汇率超调却不是必然发生的。你能解释原因吗？“超调”事件看起来合理吗？

影响。和前述相同，G 的增加对总需求的直接影响会使 DD^1 曲线移动到 DD^2 曲线。但由于这一次政府对国内产品和服务的需求扩大是永久性的，它最终会导致我们在第 16 章中所见到的本币升值。随之而来的是 E^e 下降，资产市场均衡曲线由 AA^1 曲线下移到 AA^2 曲线。新的 DD^2 曲线与 AA^2 曲线的交点（点 2）正是经济的短期均衡点。在该点上，产出 Y^f 不变，但本币会从最初水平升值到 E^2。

图 17－16　永久性财政扩张的影响

说明：由于永久性财政扩张会改变汇率预期，因此它在使 DD^1 曲线向右移动的同时会使 AA^1 曲线向左移动。如果经济最初是从长期均衡出发的，那么它将不影响产出（点 2）。相比较而言，暂时性财政扩张将增加产出，并使经济在点 3 处实现均衡。

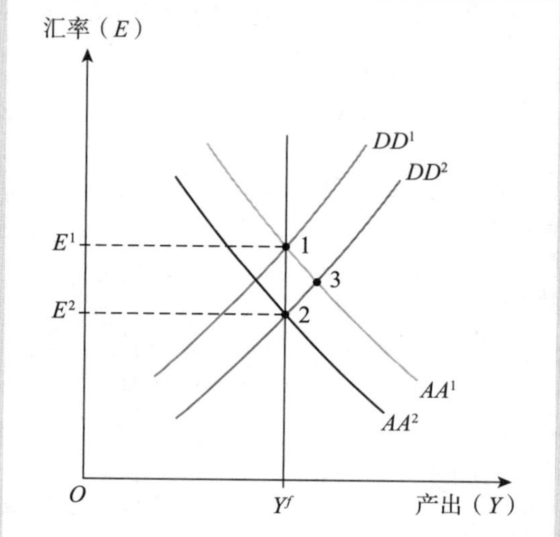

图 17－16 显示的重要结果说明，如果一个财政扩张是永久性的，汇率预期变化所引起的货币升值会减弱该政策对产出的扩张性影响。如果没有这种永久性财政变动所引致的对预期的影响，均衡点将会是点 3，在该点产出较高，本币升值幅度较小。资产市场均衡曲线向下移动得越多，本币升值的幅度就越大。这一升值会使国内产品相对于国外产品变得昂贵，从而把对国内产品的总需求“挤出”了一部分。

图 17－16 显示了一个出人意料的情况，即财政扩张并不会对产出造成实际影响。但这种情况并不是特例。事实上，在我们的假设之下，这种情况是不可避免的。阐述这一问题需要分五步。花费一些时间了解这一观点有助于巩固我们对迄今为止所涉及的一切问题的理解。

（1）第一步，你可以确信（可以通过复习第 15 章），因为财政扩张对货币供给 M^S、长期国内利率 R（它等于国外利率 R^*）以及长期产出 Y^f 并无影响，所以它也不影响长期价格水平。

（2）下一步，回顾一下我们的假设，即经济从长期均衡点出发，国内利率 R 正好等于国外利率 R^*，产出为 Y^f。另外还要注意，在短期中财政扩张并不影响实际货币供给，M^S/P 的分子和分母都不变。

（3）设想一下产出真的高于 Y^f，即与图 17－16 所示相反的情况。由于 M^S/P 在短期内不会变化（第二步），为保持货币市场的均衡，国内的利率必须高于初始阶段的 R^*。但由于国外利率仍保持在 R^* 水平，Y 上升到超过 Y^f 的任一水平均预示着预期的本币贬值（根据利率平价）。

（4）注意以下结论中的矛盾：我们已经知道长期的价格水平不受财政扩张的影响（第一步），因此，只有当经济在向长期均衡恢复的过程中发生本币实际贬值时，人们才会在财政政策变动后预期本币将出现名义贬值。然而货币的实际贬值会使国内产品变得相对便宜，这只会进一步恶化我们设想中存在的初始过度就业，这实际上阻碍了产出向充分就业水平 Y^f 的恢复。

（5）最后我们得出结论：只有在财政政策改变而产出并不变化的条件下，以上矛盾才可能得到解决。唯一合乎逻辑的可能性是：货币应立刻升值到新的长期水平。无论 G 的增加有多高，这一升值都正好挤出净出口需求，使产出保持在充分就业的水平不变。

请注意，这一汇率变化在使产品市场在充分就业的水平上出清的同时，也保证了资产市场的均衡。因为汇率立刻跳到了新的长期水平，所以 R 仍将等于 R^*。又因为产出保持为 Y^f，长期货币市场均衡条件 $M^S/P=L(R^*，Y^f)$ 与财政干预前一样仍然成立。于是，我们可以得出结论：永久性财政扩张引起的货币升值，会立即将资产市场和产品市场移至长期均衡水平。

我们总结如下：如果经济从长期均衡出发，永久性财政政策的改变不会影响产出；相反，它所引起的迅速而持久的汇率上升，正好抵消了财政政策对总需求的直接影响。净出口的减少抵消了政府需求的增加。

宏观经济政策与经常账户

经济政策的制定者通常会考虑经常账户的收支情况。经常账户过度失衡，无论顺差还是逆差，都将对国家福利产生不良影响，这一点我们将在第 19 章中更加充分地加以讨论。巨大的外部失衡也会导致政治压力，迫使政府对贸易进行管制。因此，了解定位于国内目标的货币政策和财政政策怎样影响经常账户非常重要。

图 17－17 显示了 *DD-AA* 模型是如何被扩展的，以说明宏观经济政策对经常账户的影响。除了 *DD* 曲线和 *AA* 曲线外，该图还有一条标为 *XX* 的新曲线，代表汇率和产出的组合。在这条曲线上，经常账户余额保持在一个比较理想的水平上，比如说 $CA(EP^*/P，Y-T)=X$。在其他条件不变的情况下，产出增加会刺激进口消费，如果货币不贬值，则会使经常账户收支恶化。因此，*XX* 曲线的斜率是正的。因为 *CA* 的真实值不等于 *X*，所以这个国家的短期均衡没有必要处在 *XX* 曲线上。

图 17－17　宏观经济政策对经常账户的影响

说明：在 *XX* 曲线上，经常账户余额等于 *X*（*CA*＝*X*）。货币扩张会使经济移至点 2，从而使经常账户余额增加。暂时性财政扩张会使经济到达点 3，而永久性财政扩张会使经济到达点 4，这两者都将减少经常账户余额。

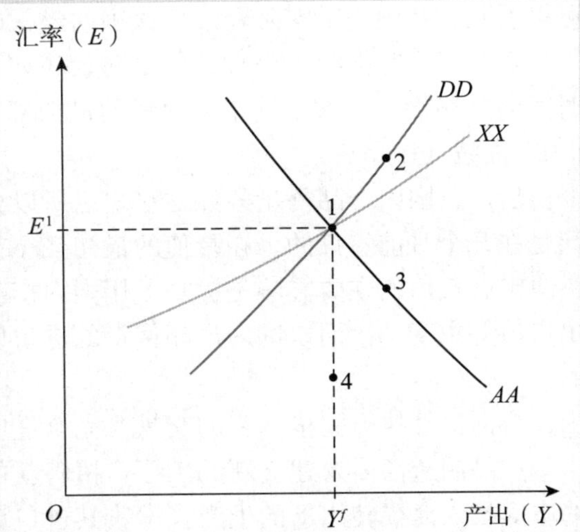

图 17－17 的主要特征是，*XX* 曲线比 *DD* 曲线平坦。为了理解其中的原因，我们需要弄清从点 1 出发沿着 *DD* 曲线向上移动时，经常账户会如何变化。在点 1 处，三条曲线均相交（因此，在最初时 $CA=X$）。当 Y 增加并沿着 *DD* 曲线向上移动时，本国产品国内需求的增长少于产出本身的增长（因为一些收入被储蓄起来，并有一些开支用于进口）。在 *DD* 曲线上，总需求必须与总供给相等。为了避免本国产品的供给过剩，E 必须沿着 *DD* 曲线迅速上升，以至造成出口需求的增长快于

进口的增长。换言之，随着产出的增加，外国净需求（经常账户）必须沿着 DD 曲线随产出的上升而上升到足够的高度，以弥补因储蓄而导致的空缺。这样，在点 1 的右边，DD 曲线在 XX 曲线之上，在该区域内 $CA>X$。同理可证，在点 1 的左边，DD 曲线在 XX 曲线之下，在该区域内$CA<X$。

现在我们可以讨论宏观经济政策对经常账户的影响了。在上面的例子中，货币供给的增长会将经济推动到点 2，使产出扩大，本币贬值。因为点 2 位于 XX 曲线上方，所以政策的结果是经常账户得到改善。结论是，货币扩张会使经常账户余额在短期内增加。

接着我们分析一下暂时性财政扩张。这一政策会将 DD 曲线向右推移，经济移动到图中点 3 处。因本币升值和收入增加，经常账户会发生恶化。而永久性财政扩张还有将 AA 曲线左移的额外效应，并将经济推动到新的均衡点（点 4）。与点 3 一样，点 4 处于 XX 曲线下方，故经常账户同样也会恶化。因此，扩张性财政政策会减少经常账户余额。

贸易流量的逐步调整与经常账户的动态分析

DD-AA 模型成立的一个重要假设前提是：在其他条件不变时，本币的实际贬值将立即改善经常账户，实际升值将使经常账户立即恶化。但是在现实中，贸易流动的实际行为比我们假设的要复杂得多。它涉及供求两方面的一些动态因素，这些因素使得经常账户对汇率变化的调整只是逐步的和渐进的。在本节中我们将讨论一些对解释经常账户实际调整模式十分重要的动态因素，并讨论这些因素的存在如何修正我们模型的预测。

J 曲线

有时候我们可以看到，一国货币实际贬值后该国的经常账户会立即恶化，经过几个月之后这种状况才会好转。这一点与我们在推导 DD 曲线时的假设正好相反。如果货币贬值后经常账户最初出现恶化，但随着时间的推移逐步改善，其路径曲线的最初部分就会类似于英文字母“J”（见图 17 - 18），我们将其称为**J 曲线**（J curve）。

在货币实际贬值后，以国内产品衡量的经常账户之所以会立即出现恶化（从点 1 到点 2），是因为多数进出口合同是在几个月前签订的。在贬值的最初几个月，进出口额反映的仍是以前依据老的汇率而做出的购买决定。贬值的主要影响是提高了用国内产品衡量的预定进口产品的价值。由于以国内产品衡量的出口值并未变动，而以国内产品衡量的进口值上升了，所以经常账户在最初阶段会出现恶化。

即使旧的进出口合同已经执行完毕，新的交易要完全适应相对价格的变动也需要一定时间。从生产方面来看，出口产品制造商需要建立新的工厂，招聘新的工人。对于需要进口中间产品的国内生产者来说，节约中间投入需要转用新的生产技术，其进口调整也是逐渐发生的。在消费方面也同样存在着时滞。例如，要扩大国外对本国产品的消费，需要在国外建立新的销售网点，这也需要花费时间。

由于调整过程中存在时滞，因此，经常账户的改善是逐渐发生的。图 17 - 18 中从点 2 到点 3 的运动过程说明了这一点。只有在点 3 之后，经常账户才超过贬值前的水平。当实际贬值引起的调整最终完成时，经常账户余额的增长也逐渐停止。

图 17 - 18　J 曲线

说明：J 曲线描述了实际货币贬值后经常账户改善的时滞。

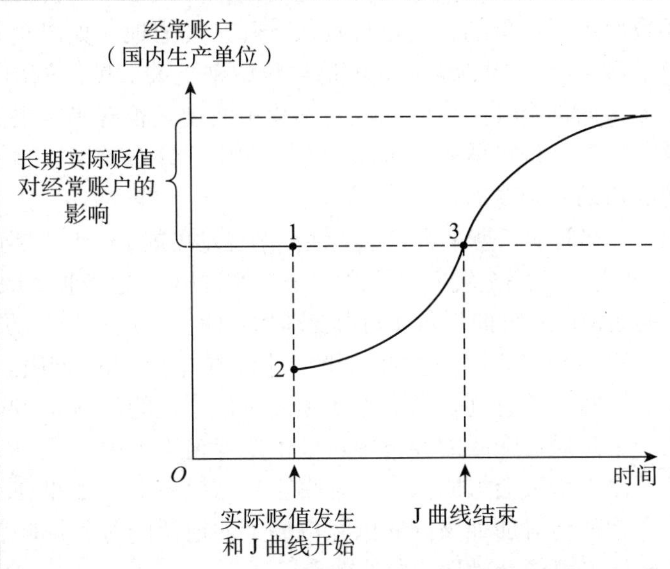

经验数据表明：对于多数工业化国家，J 曲线的持续时间在六个月到一年之间。所以图中的点 3 一般会在发生贬值后的一年之内到达，之后经常账户会继续改善。[①]

J 曲线效应的存在使我们不得不修正先前的一些结论，至少对一年或少于一年的短时期来说是这样。例如，货币扩张可能会通过使本币贬值而在最初阶段使产出减少。在这种情况下，虽然货币供给的增加会最终改善经常账户和扩大总需求，但这需要一定的时间。

如果扩张性货币政策在短期内使产出实际上下降了，那么国内利率必须比正常情况下使本国货币市场出清的利率下调得更多。相应地，汇率也应更大幅度地上调，以使人们预期本币会发生更大的升值，从而保持外汇市场均衡。作为导致汇率超调的另一个原因，J 曲线效应加剧了汇率波动。

汇率转嫁与通货膨胀

在 DD-AA 模型中讨论经常账户如何决定时，我们曾认为名义汇率变动在短期内会引起实际汇率等比例的变动。这是因为 DD-AA 模型假定名义产品价格 P 和 P^* 不会突然上涨，所以在短期内实际汇率 $q=EP^*/P$ 完全随名义汇率 E 的波动而波动。但在现实中，名义汇率和实际汇率无论如何波动，也不会是完全一致的。为了全面理解名义汇率波动在短期内是如何影响经常账户的，我们必须进一步探讨名义汇率和进出口价格之间的关系。

国外产品的本币价格是汇率和外币价格的乘积，即 EP^*。到目前为止，我们一直假设当 E 上升时 P^* 是固定不变的，因此进口产品的本币价格将随 E 等比例上涨。当本币贬值 1%时，进口产品价格上涨的百分比被称为从汇率到进口价格的**转嫁**（pass-through）度。在我们研究过的 DD-AA 模型中，我们假设转嫁度为 1，即汇率波动完全被转嫁到进口价格上。（当然，对于一个国家的贸易伙伴来说，这种情况是对称的，因为它们面临着的进口价格 P/E 是以外币计价的。本模型中 P 在短期内也是固定不变的，这说明出口产品的国外价格转嫁度为 1。）

但与此假设相反，汇率转嫁通常是不完全的。原因之一是国际市场分割，它会使得不完全竞争厂商能在不同国家对同一产品制定不同的价格（回忆一下第 16 章中的内容）。当美元贬值 10%时，

① 参见本章附录 2 中对表 17A2 - 1 的讨论。

一个向美国出口汽车的大型厂商可能会因担心失去市场份额而不会把美元售价立刻提高 10%，尽管这会导致以本币衡量的在美销售收入下降。类似地，如果美元升值 10%，该厂商也不会立即将其美元售价下调 10%，因为无须立即追加投资来扩大对美国的出口，厂商也可以增加利润。无论是哪种情况，该厂商都会等一段时间以观察货币波动是否有确定的趋势，然后再做出价格和生产决策。如果不这样做，代价可能是巨大的。在实践中，许多美国进口价格在来年大概都会上升，但其幅度仅为美元贬值的一半左右。

因此，尽管从长期来看，永久性汇率变动可能完全反映到进口价格上，但在短期内转嫁度可能远小于 1。但是，不完全转嫁会给经常账户的调整速度带来复杂的影响。一方面，在短期内，进口价格对汇率的迟钝反应将抑制名义货币变动的 J 曲线效应；另一方面，不完全转嫁意味着货币变动对决定贸易量的相对价格有不同比例的影响。相对价格无法迅速调整，又会使得贸易量的调整缓慢。

我们同时也注意到，名义汇率和实际汇率之间的联系可以进一步被国内的价格反应所削弱。例如，在一个高通货膨胀的经济中，仅仅改变名义汇率 E 是很难改变实际汇率 EP^*/P 的，因为随之而来的总需求增长会加剧国内通货膨胀从而提高 P。如果在一国货币贬值的同时，该国的出口价格上涨，那么任何对加强该国在国际市场上的地位的有利影响都会消失。但是，这样的价格上涨类似于部分转嫁，可能会减弱 J 曲线效应。

经常账户、财富与汇率变动

我们的理论模型表明，一个永久性的财政扩张可能同时引起货币升值和经常账户逆差。尽管我们在本章开始的讨论集中于价格水平的变动在引起一个永久性的政策变更出台后经济从暂时的位置变化到长期的位置中的作用，但是经常账户的定义应该提醒你注意另外一个潜在的动态变化：随着时间的推移，一个有财政赤字的经济体的国外净财富是下降的。

尽管我们没有明显地把财富效应融入我们的模型中，但是我们希望随着人们财富量的下降，其消费水平也相应降低。因为一个有经常账户逆差的国家正在把财富转移给外国人，因此，随着时间的推移，国内消费减少，而国外消费增加。这种对外国人有利的消费需求的国际重新分配的汇率效应是什么？外国人更倾向于消费本国生产的产品，结果，对国内产品的世界需求相对就会下降，国内货币也会贬值。

这一更长期的视角导致了对诸如财政扩张的永久性变动后一幅关于真实汇率波动的更复杂的图景。最初，随着经常账户余额急剧下降，国内货币会升值。但是随后，随着时间的推移，当市场参与者的预期越来越集中在经常账户对相对国际财富水平的效应上时，货币将开始贬值。[①]

流动性陷阱

在 20 世纪 30 年代的大萧条期间，美国的名义利率接近零，美国经济陷入了经济学家所说的**流动性陷阱**（liquidity trap）。

在第 15 章中，我们说过，货币是流动性最强的资产，它能很容易地用于交换商品。流动性陷阱是一种陷阱，因为一旦一个经济体的名义利率降至零，中央银行就无法通过增加货币供给（也就是说，通过增强经济体的流动性）来使利率进一步降低。为什么？因为在一个负的名义利率水平上，人们会发现相对于债券，其更偏好货币，因此，债券就会供给过多。尽管零利率可以取悦能免费获得借款的借款人，

① 关于汇率和经常账户的一个有影响力的模型，可以参见 Rudiger Dornbusch and Stanley Fischer, "Exchange Rates and the Current Account," *American Economic Review* 70 (December 1980), pp. 960–971。

但它使宏观经济政策制定者担心再也无法通过传统的货币扩张来调整经济，从而可能使整个经济掉入陷阱。因此，经济学家建议央行要尽力避免名义利率的**零利率下限**（zero lower bound，ZLB）。

名义利率降到零以下，对各国央行来说都是比较困难的，只有少数央行会这样做。自 2014 年始，部分央行，尤其是欧洲央行，通过向商业银行收取现金存储费用方式，将名义利率降到零以下。相对于留存无息现金，人们负息储蓄的意愿降低。到底有多少人选择负息储蓄，取决于留存大量现金的风险，比如被盗、失火，以及购买或者租用一个大保险箱的费用（虽然有些国家保险箱的销量增加了）。

虽然留存现金有成本，但当利率降到负以下的程度足够低时，人们仍会选择留存现金。尽管不同国家有所不同，大部分经济学家认为若利率降到−2%和−1%之间，人们会放弃储蓄，陷入流动性陷阱。考虑到这种可能性，经济学家称这种情况为有效利率下限（effective lower bound，ELB）。在本书的后半部分，为简化分析，我们将忽略 ELB 和 ZLB 的区别。

在日本于 20 世纪 90 年代末期陷入流动性陷阱之前，经济学家一直认为流动性陷阱已经是过去的事情了，不会再重现。尽管日本中央银行（BOJ）大大调低了利率，但是从 20 世纪 90 年代中期开始，日本经济不可避免地陷入了停滞，经历了通货紧缩（即价格水平的持续下降）。到 1999 年，日本的短期利率实际上已经下降为零。例如，到 2004 年 9 月，日本中央银行报告其隔夜利率（隔夜利率是受货币政策影响最迅速的指标之一）为每年 0.001%。

看到经济有复苏的迹象，日本中央银行从 2006 年开始缓慢提升利率。但是，从 2008 年开始的全球金融危机（见第 19 章）的大爆发使该国的利率迅速再次降至零。这次危机也深深地打击了美国经济，如图 14－2 所示，美国的利率迅速降至零，日本也一样。同时，世界其他地区的中央银行也大幅降低了本国的利率。流动性陷阱席卷全球。

当国内利率 $R=0$ 时，通过考虑利率平价条件，我们可以得知当一个经济体陷入流动性陷阱时，该国中央银行面临的困境。

$$R=0=R^{*}+(E^{e}-E)/E$$

设定期望未来汇率 E^{e} 是固定的。假设该国中央银行增加国内货币供给以使货币暂时贬值（也就是说，今天先使 E 上升，但是随后使汇率降至 E^{e}）。利率平价条件表明，一旦 $R=0$，E 将无法上升，因为利率将变为负的。相反，尽管货币供给增加，但是当 $E=E^{e}/(1-R^{*})$ 时，汇率是稳定的。

这怎么可能呢？我们通常的观点认为，货币供给的暂时增加会使利率下降（并且本币贬值）。这一观点是建立在以下假设条件上的：只有当债券的吸引力下降时，人们才会在他们的资产组合中增加货币。然而，在利率 $R=0$ 时，人们对持有货币还是债券无所谓，这两者都会使名义收益率降至零。在公开市场购买中，用债券交换现金不会扰乱市场：当利率为零且没有变化并且汇率也没有变化时，人们将乐意用额外的货币去换取债券。与我们在本章前面观察到的案例相反，增加货币供给对经济毫无影响！一个通过出售债券来迅速减少货币供给的中央银行最终将继续推动利率进一步升高——如果没有一些货币，经济体将无法运转——但是当经济体陷入衰退，利率降低是医治经济衰退的药方时，这一可能性将毫无用处。

图 17－19 表明，*DD*-*AA* 图如何做出调整，以描述一个陷入流动性陷阱的地区所处的潜在均衡位置。*DD* 曲线没有变化，但是 *AA* 曲线有一部分是水平的，在此水平上，产出水平是如此之低，以至货币市场发现其均衡位于利率 R 等于零处。*AA* 曲线的水平部分表明，在超出 $E^{e}/(1-R^{*})$ 的水平，货币无法贬值。在图中的均衡点 1 处，产出水平为 Y^{1}，低于充分就业时的产出水平 Y^{f}。

接下来，让我们考虑在这样一个奇特的、零利率的世界中，开放市场的货币扩张是如何运作的。尽管我们没有在图 17－19 中包括这一点，这一行为将导致 *AA* 曲线右移：在一个不变的汇率水平下，更高的产出 Y 将使得货币需求增加，使得人们对在不变的利率水平 $R=0$ 下持有额外的货币感到满意。结果 *AA* 曲线的水平部分将变得更长。因为流通中有更多的货币，在名义利率没有变为正数时，真实产出和货币需求将比之前上升得更多。（最终，随着 Y 进一步上升，增加的货币需求将导致利率 R 更剧烈的上升，结果，在 AA 曲线的斜率下降部分，货币将不断升值。）令人吃惊的结果是，均衡点仍然为点 1。因此，货币扩张对产出或者汇率没有影响。正是在这个意义上，经济体掉入了“陷阱”。

图 17-19　低产出水平的流动性陷阱

说明：在点 1 处，产出低于充分就业时的产出水平。然而，由于期望汇率 E^e 是固定的，货币扩张将使 AA 曲线稍微右移，而初始的均衡点不变。AA 曲线水平拉长的部分最终使经济掉入了流动性陷阱。

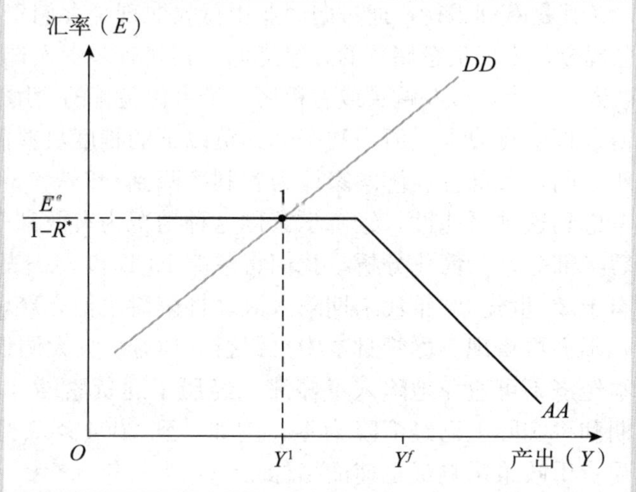

在这个流动性陷阱的故事中，我们先前关于预期未来汇率固定的假设很关键。假设中央银行能够可靠地做出最终将增加货币供给的承诺，以致 E^e 和当期货币供给同时增加。在这种情况下，AA 曲线也将右移，产出将扩张，货币将贬值。然而，对日本情况的观察家认为，日本中央银行的官员是如此害怕货币贬值和通货膨胀（正如 20 世纪 30 年代初许多国家的中央银行家所经历的），以致市场不再相信官员会愿意使货币永久地贬值。相反，市场会对接下来汇率升值会恢复的企图持怀疑态度，并且认为任何货币扩张都是暂时性的。只是在 2013 年上半年，日本政府才最终宣布将货币供给扩大到足够的水平，从而使利率保持在零水平足够长的时间，并且保持 2%的年通货膨胀率。在这一点处，日元迅速贬值。①

随着日本和美国在整个 2016 年都保持零利率或接近零利率，一些经济学家担心美联储没有足够的力量阻止美国陷入通货紧缩，正如日本所经历的。美联储和其他中央银行通过采取被称为非传统的货币政策的措施做出回应。非传统的货币政策是指中央银行用新发行的货币购买指定种类的资产，极大地增加了货币供给量。其中一种政策涉及购买长期政府债券以降低长期利率。这些利率在决定贷款利率中扮演了重要的角色，当这些利率下降时，国内需求因此增加了。我们将在下一章讨论的另一个非传统的政策是购买外汇。

∴案例分析　　政府支出乘数有多大？

许多学生都是在他们初次接触宏观经济学时知道**政府支出乘数**（government spending multiplier）的。该乘数度量了由政府支出增加引起的产出增加的规模，用符号表示就是 $\Delta Y/\Delta G$。

乍一看，该乘数似乎很大，学生很快就知道了哪些因素可以缩小该乘数的规模。如果政府支出的增加也导致利率上升，而利率上升接下来使得消费支出和投资支出减少，那么该乘数就会变小：利率的上升“挤出了”财政政策的一部分潜在扩张性效应。

---

① 保罗·克鲁格曼提出了一个类似的政策，参见 Paul R. Krugman, “It's Baaack: Japan's Slump and the Return of the Liquidity Trap,” *Brookings Papers on Economic Activity* 2 (1998), pp. 137-205。

在一个开放经济中，该乘数依旧很小。一些私人支出通过进口漏出了经济体。如果汇率升值，正如我们在本章中所看到的，净出口的最终减少是挤出的另一个通道。

最后，在价格具有灵活性和充分就业的条件下，该乘数接近零：如果政府希望消费更多，并且资源在生产中已被充分利用，那么私人部门必须放弃一部分政府想要的产出。因为没有办法从现有的、存货充分利用的生产要素中得到更多，因此 $\Delta Y/\Delta G \approx 0$。

一旦世界经济滑入由我们将在后面几章讨论的全球金融危机（从第 19 章开始讨论）导致的 2008 年的经济衰退，乘数规模的不确定性就导致了学术界之外对其的关注。美国、中国和其他国家都上马了大规模的财政扩张项目，包括增加政府支出，以促进其受挫的经济。这些资源是浪费了，还是对缓解经济下滑有用？为了使衰退引起的政府赤字恢复，减少政府支出会更容易还是更困难？答案取决于政府支出乘数的规模。

经济学家对乘数规模的研究由来已久，但是 2008—2009 年严重的衰退又掀起了新的一轮从理论和实践方面研究乘数的热潮。在前面我们看到，在开放经济中，永久性的政府支出对产出没有影响——乘数为零——但是暂时性的政府支出能提高产出（回忆一下图 17－16）。反周期的财政扩张最有可能是暂时性的（因为衰退是暂时性的），因此最近的研究集中于乘数也是暂时性的。

在一次彻底的调查中，斯坦福大学的罗伯特·E. 霍尔（Robert E. Hall）表明，大多数研究发现的乘数介于 0.5 和 1 之间（参见延伸阅读中霍尔的论文）。也就是说，当政府消费增加 1 美元时，产出的增加至多只有 1 美元——小于最简单的封闭经济模型中的大乘数，但是仍然对就业有比较大的积极影响。

然而，如前所述，2009 年许多工业化经济体急剧降低了其利率，有时陷入了有零利率的流动性陷阱。霍尔解释说，这种情况比较少见，因为一般的“挤出”不会发生，他认为对于陷入流动性陷阱的经济体，其乘数可能高达 1.7。西北大学的劳伦斯·克里斯蒂娜（Lawrence Christiano）、马丁·艾肯鲍姆（Martin Eichenbaum）和瑟吉翁·里贝罗（Sergio Rebelo）基于他们的理论模型给出了一个大得多的数字：一般来说，低于 1 是正常的，但是他们认为，在流动性陷阱的情况下，乘数可以高达 3.7！加州大学伯克利分校的艾伦·奥尔巴克（Alan Auerbach）和 Yuriy Gorodnichenko 分析了取自经济合作与发展组织（OECD）最富有的成员国的数据，发现陷入衰退（但不一定必须是陷入流动性陷阱）的经济体，乘数大概为 2。①

我们的流动性陷阱模型使得我们很容易看出，当利率为零时乘数将变大，并且它也得出了一个针对开放经济的有趣的额外的预测。不仅利率没有挤出，汇率也没有挤出。

图 17－16 给出了在正常（利率为正）条件下 G 的暂时性增加对产出的影响。将这种情况与图 17－19（假设 R 继续为零）中支出的类似增加对 Y 的影响做个比较。因为（通过假设）当 G 的增加是暂时的时，预期未来汇率 E^e 没有变化，DD 曲线只是沿着 AA 曲线的水平部分稍微右移了，而 AA 曲线本身没有移动。在图 17－19 中，利率和预期未来汇率都没有变化，因此，利率平价条件表明，当前汇率也没有变化。相反，在图 17－16 中，产出的增加使货币需求增加，推动 R 升高，货币升值。因为货币升值减少了净出口，因此限制了产出的净的正效应，图 17－16 中的乘数比图 17－19 中的小。事实上，在固定汇率下，乘数是一样的，我们将在下一章讨论。

欧洲的乘数规模争议较大，2009 年后，为了减少公共债务和赤字，各个成员国同时急剧削减政府支出。我们关于乘数的讨论可能使你相信，乘数的效应是高度矛盾的。这正是实际发生的情形，正如我们将在第 21 章中看到的。

---

① 参见 Lawrence Christiano，Martin Eichenbaum，and Sergio Rebelo，“When Is the Government Spending Multiplier Large?” *Journal of Political Economy* 119（February 2011），pp. 78－121；and Alan Auerbach and Yuriy Gorodnichenko，“Fiscal Multipliers in Recession and Expansion，” in Alberto Alesina and Francesco Giavazzi，eds.，*Fiscal Policy after the Financial Crisis*（Chicago：University of Chicago Press，2013），pp. 63－102。

提　要

1. 开放经济的总需求由四个部分组成，这四个部分对应着GNP的组成部分：消费需求、投资需求、政府需求和经常账户余额（净出口需求）。经常账户的重要决定因素是实际汇率，即外国价格水平（用国内通货衡量）与国内价格水平之比。

2. 产出在短期由总需求和总供给相等来决定。当总需求大于产出时，厂商可以增加产出，以避免未预期到的存货耗完。当总需求小于产出时，厂商会削减产出，以避免未预期到的存货增加。

3. 给定价格水平、预期未来汇率、外国经济条件，当总需求等于总供给且资本市场处于均衡时，一个经济体的汇率和产出水平的短期均衡就发生了。在一幅图中，两轴分别表示汇率和实际产出，短期均衡可以很容易通过 *DD* 曲线的斜率上升部分和 *AA* 曲线的斜率下降部分的交点得出。在 *DD* 曲线的斜率上升部分，产出市场出清。在 *AA* 曲线的斜率下降部分，资本市场出清。

4. 货币供给的暂时性增加不会改变长期预期名义汇率，但会导致货币贬值和产出增加。暂时性财政扩张也会导致产出增加，但是会引起货币升值。政府会使用财政政策和货币政策来抵消对产出和就业的扰动。然而，当经济陷入零利率的流动性陷阱时，暂时性货币扩张对于提高产出或移动汇率的力量会削弱。

5. 永久性货币供给的移动不会改变长期预期的名义汇率，但会引起汇率急剧变动，因此对产出的短期效应要强于暂时的移动。如果经济位于充分就业水平处，货币供给的永久性增加会导致价格水平升高，其最终会使得名义汇率的初始贬值对实际汇率的影响出现反转。在长期，产出会回到初始水平，所有的货币价格将随着货币供给的增加等比例上升。

6. 因为永久性财政扩张改变了长期预期汇率，其引起了比等量的暂时性扩张更剧烈的货币升值。如果经济初始时处于长期均衡，额外的货币升值将使得国内产品和服务变得如此昂贵，以至净出口需求的“挤出”最终使得政策对产出和就业几乎没有影响。在这种情况下，一个永久性财政扩张根本就没有扩张效果。在永久性财政扩张中，政府支出乘数等于零，和暂时性财政扩张的情况不同。

7. 一个主要的实践问题是：政府刺激经济的能力没有使其政策转向短期政治目标，因此创造了通货膨胀偏向。其他问题包括确认经济变化的来源或持续期以及执行政策中的时滞等困难。

8. 如果进口和出口对实际汇率的改变做出逐步的调整，在一次实际货币贬值后，经常账户会遵循J曲线模式，先恶化，再改善。如果这样的J曲线存在，货币贬值对产出的影响初始时可能是矛盾的，并且汇率超调会加倍。有限的汇率转嫁，加上国内价格水平升高，可能导致名义汇率变化对实际汇率的影响被削弱。

关键术语

AA 曲线	总需求	*DD* 曲线	财政政策
政府支出乘数	通货膨胀偏向	J曲线	流动性陷阱
货币政策	转嫁	零利率下限	

习　题

1. 如果投资需求下降，*DD* 曲线将如何移动？

2. 假设政府对所有进口产品征收关税。运用 *DD*-*AA* 模型分析这一措施对经济的影响。分析关税的暂时性影响和永久性影响。

3. 假设国会通过了一项宪法修正案，要求美国政府时时刻刻保持预算收支平衡，那么，如果政府希望改变政府支出，它必须将税收改变同等的量，也就是说，$\Delta G=\Delta T$。宪法修正案的提案是否意味着政府再也不能运用财政政策来影响就业和产出？（提示：分析政府支出的一个平衡预算的增加，这伴随着等量的税收增加。）

4. 假设对一个国家的产出的私人总需求永久性

地减少了。（也就是总需求曲线下移。）这对产出有什么影响？你会建议政府采取什么应对措施？

5. 为什么政府支出的永久性增加导致经常账户下跌的幅度大于政府支出的暂时性增加所带来的影响？

6. 如果政府最初预算平衡，但是接着削减税收，它将陷入赤字，需要融资。假设人们认为政府会通过印刷更多的钱来为其赤字融资，你仍然期望税收削减会引起货币升值吗？

7. 你观察到，随着一国经常账户的恶化，该国的货币会贬值。如果你目睹了一个J曲线效应，你可能会查看哪些数据？即使没有J曲线，伴随着经常账户恶化的货币贬值可能会带来哪些宏观经济变化？

8. 一个新政府被选举出来并宣布一旦它开始履行职责，它将增加货币供给。运用 DD-AA 模型研究经济会对这一宣告做出什么反应。

9. 当经常账户对汇率变动的反应遵从J曲线时，如何画出 DD-AA 曲线？运用这一改动过的图形考察财政政策和货币政策的暂时性变动和永久性变动的影响。

10. 如果一国的实际汇率变动并没有从经常账户为零开始，则马歇尔-勒纳条件看起来像什么？（马歇尔-勒纳条件是在本章附录2中初始经常账户平衡的“标准”假设下得出的。）

11. 我们的模型假设短期价格水平 P 是给定的，但是事实上，由永久性财政扩张引起的货币升值可能通过降低一些进口品的价格导致 P 下降。如果作为永久性财政扩张的结果，P 只下降了一点点，没有产出效应的结论还正确吗？（如上所述，假设最初时位于长期均衡。）

12. 假设利率平价并不准确，真实的关系是 $R=R^*+(E^e-E)/E+\rho$，其中，ρ 是度量国内存款相对于外国存款的不同风险度的指标。假设国内政府支出永久性增加，那么通过它创造未来政府赤字的前景也会使 ρ 增加，也就是说，使得国内货币存款的风险更大。评价这种情况下政策的产出效应。

13. 假设经济体初始时并非处于充分就业状态，财政政策的永久性变化对产出没有当期影响这一说法仍然正确吗？

14. 考虑正文中讨论的 DD-AA 模型的下列线性版本：消费由 $C=(1-s)Y$ 给出，经常账户余额由 $CA=aE-mY$ 给出。（在宏观经济学教科书中，s 有时指边际储蓄倾向，m 称作边际进口倾向。）因此，产品市场均衡的条件为 $Y=C+I+G+CA=(1-s)Y+I+G+aE-mY$。我们可以将货币市场均衡的条件写为 $M^S/P=bY-dR$ 。假设中央银行能保持利率 R 和汇率 E 不变，并且假设投资 I 也不变，政府支出 G 的增加如何影响产出 Y？（这一数字经常被称为开放经济的政府支出乘数，但是正如你所见，这只在严格的条件下才是相关的。）解释你的结果。

15. 请运用正文中讨论的五步方法来表明永久性财政扩张不会引起产出下降。

16. 正文中有关通货膨胀偏向和政策制定中的其他问题一节的讨论表明，实际上并不存在诸如永久性的财政扩张之类的事情。你如何看？这些考虑如何影响财政政策对产出和汇率的效果？有没有和正文中讨论的经常账户不平衡的长期影响类似的事情？

17. 如果你将一个低通货膨胀的经济体和一个通货膨胀高且易变的经济体做比较，你预期汇率转嫁的程度有多么不同？为什么？

18. 在2009年2月美国实行财政刺激期间，许多国会成员要求通过“购买美国货”条款，这可以阻止政府将钱花在进口产品上。按照本章的分析思路，由“购买美国货”条款限制的政府支出比没有这一限制时对美国产出的影响更大吗？为什么？

19. 回到上面的第14题。注意到，为了使得该题中描述的模型完整，我们必须加入利率平价条件。同时观察到 Y^f 是充分就业下的产出水平，长期预期汇率为 E^e，满足下式：$Y^f=(aE^e+I+G)/(s+m)$。（我们再次假设投资 I 是给定的。）运用这一式子，使用代数方法表明如果经济体初始时位于充分就业水平 $R=R^*$，G 的增加对产出没有影响。这对汇率有什么影响？汇率的变化如何取决于 a？为什么？

20. 我们可以用一个近似的式子来给出利率平价条件（对小的汇率变动也是准确的）：$R=R^*+(E^e-E)/E^e$。将这一条件加入第14题和第19题的模型中，解作为 G 的函数的 Y。G 的暂时性变化（不改变 E^e）的政府支出乘数是什么？你的答案如何取决于系数 a、b 和 d？为什么？

延伸阅读

Victor Argy and Michael G. Porter. "The Forward Exchange Market and the Effects of Domestic and External Disturbances under Alternative Exchange Rate Systems." *International Monetary Fund Staff Papers* 19 (November 1972), pp. 503 - 532. 该文献对与本章所讨论的类似的宏观经济模型进行了进一步的分析。

Moren Linnemann Bech and Aytek Malkhozov. "How Have Central Banks Implemented Negative Policy Rates?" *BIS Quarterly Review* (March 2016), pp. 31 - 45. 该文献回顾了中央银行在应对负的名义利率方面的最新经验。

Rudiger Dornbusch. "Exchange Rate Expectations and Monetary Policy." *Journal of International Economics* 6 (August 1976), pp. 231 - 244. 该文献对J曲线模型中的货币政策和汇率进行了正式的考察。

Rudiger Dornbusch and Paul Krugman. "Flexible Exchange Rates in the Short Run." *Brookings Papers on Economic Activity* 3 (1976), pp. 537 - 575. 该文献对浮动汇率制下的短期宏观经济调整进行了理论和实证分析。

Joseph E. Gagnon. "Productive Capacity, Product Varieties, and the Elasticities Approach to the Trade Balance." *Review of International Economics* 15 (September 2007), pp. 639 - 659. 该文献考察了新产品在决定长期贸易弹性方面的作用。

Robert E. Hall. "By How Much Does GDP Rise If the Government Buys More Output?" *Brookings Papers on Economic Activity* 2 (2009), pp. 183 - 231. 该文献对当代宏观经济模型及实践中的政府支出乘数进行了全面而非深入的讨论。

Daniel Leigh, Weicheng Lian, Marcos Poplawski-Ribeiro, and Viktor Tsyrennikov. "Exchange Rates and Trade Flows: Disconnected?" Chapter 3 in International Monetary Fund, *World Economic Outlook*, IMF, October 2015. 该文献在对市场定价的背景下，对贸易对汇率的反应的演化进行了实证分析。

Jaime Marquez. *Estimating Trade Elasticities*. Boston: Kluwer Academic Publishers, 2002. 该文献对贸易弹性的估计进行了全面考察。

Subramanian Rangan and Robert Z. Lawrence. *A Prism on Globalization*. Washington, D.C.: Brookings Institution, 1999. 该文献对跨国公司对汇率变动的反应进行了考察。

Lars E. O. Svensson. "Escaping from a Liquidity Trap and Deflation: The Foolproof Way and Others." *Journal of Economic Perspectives* 17 (Fall 2003), pp. 145 - 166. 该文献对经济在面临通货紧缩时的政策选项进行了清楚的描述，包括非传统的货币政策。

第17章附录1　跨期贸易与消费需求

在正文中，我们假设个人消费需求是可支配收入的函数，即 $C=C(Y^d)$，并具有如下性质：当 Y^d 上升时，消费上升的幅度要稍微小一些［所以储蓄 $Y^d-C(Y^d)$ 也上升］。本附录将根据跨期消费行为模型来解释我们的假设。

我们假设消费者的福利依赖于当前消费需求 D_P 和未来消费需求 D_F。如果当前收入是 Q_P，未来收入是 Q_F，则消费者可以通过借债或储蓄安排跨期消费，使其满足跨期预算约束：

$$D_P+D_F/(1+r)=Q_P+Q_F/(1+r)$$

式中，r 为实际利率。

图 17A1－1 可以让我们回想起消费和储蓄是如何决定的。如果当前和未来的产出最初位于图中的点 1，而消费者希望达到预算约束条件下最高的效用无差异曲线，则他的消费也会位于点 1。

为了清楚地说明当前产出上升的影响（这一点留待以后讨论），我们曾假设在点 1 处储蓄为零。假设当前产出上升，未来产出不变，收入限制移至点 2′。点 2′位于点 1 的右方，与点 1 位于同一条水平线上。你会发现消费者希望将消费的增加分散化，以便在其一生中消费这一增加的产出。消费者将增加的一部分当前收入 $Q_P^2-Q_P^1$ 储蓄起来，使消费点沿着预算线从点 2′向左上方移至点 2，就可以做到这一点。

图 17A1－1　产出和储蓄的变化

说明：产出的一次性增加可以使储蓄也增加。

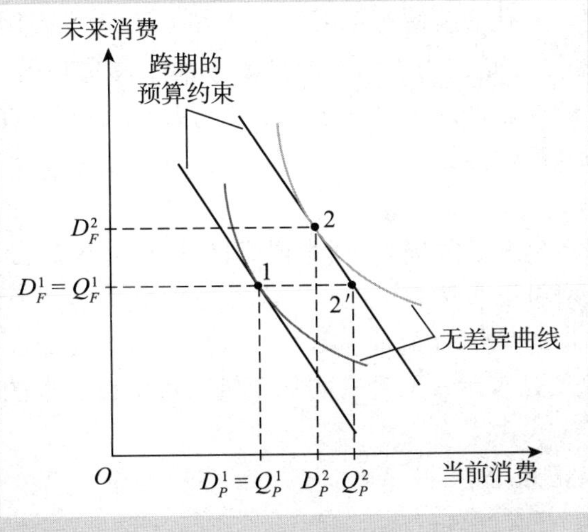

如果我们现在重新解释这些符号的含义，从而使当前产出 Q_P 和可支配收入 Y^d 相对应，使当前消费需求和 $C(Y^d)$ 相对应，那么我们就可以发现：当消费依赖于当前可支配收入之外的一些因素（主要是未来收入和实际利率）时，即使一生收入的增加主要发生在当前，当前消费增加的幅度也要小于当前收入增加的幅度。由于本章考察的产出变化都是由短期国内货币价格黏性引起的临时变化，所以本章假设的消费行为虽然简单，但确实都抓住了对 *DD*-*AA* 模型至关重要的跨期消费的特征。

我们也可以使用图 17A1－1 来观察实际利率对消费的影响。如果经济最初位于点 1，实际利率 r 的下降会使预算线绕着点 1 逆时针旋转，当前消费上升。但如果经济最初有一个正的储蓄，如点 2 所示，这种影响就不确定，反映了收入效应和替代效应两股相反力量的相互作用。经验证据表明，较低的实际利率对消费的正面影响可能非常微弱。

尽管财政政策的跨期影响是宏观经济学中一个非常诱人的课题，但使用以前的理论框架来分析这一问题可能会使我们误入歧途，因此我们建议读者参阅一些好的宏观经济学中级教程。[①]

第 17 章附录 2　马歇尔-勒纳条件与贸易弹性的经验估计

在本章中，我们曾假定一国货币的实际贬值可以改善该国的经常账户，但是我们也注意到，这

① 例如，可以参见 Abel，Bernanke，Croushore，*Macroeconomics*，Chapter 15。

一假定的有效性依赖于进出口额对实际汇率变化的反应。在本附录中我们将为这一假定的成立推导出一个进出口额如何反应的条件，称为马歇尔-勒纳条件。该条件指出：在其他条件不变时，如果进出口对实际汇率有足够的弹性，实际贬值将有利于经常账户的改善［该条件是以其发现者阿尔弗雷德·马歇尔（Alfred Marshall）和阿巴·勒纳（Abba Lerner）这两位经济学家的名字来命名的］。在导出马歇尔-勒纳条件后，我们将对贸易弹性进行经验估计，并分析它们在有关变化中的含义。

首先，我们把经常账户表示为产品和服务进出口之差，用国内产出单位来衡量，写为

$$CA(EP^*/P, Y^d) = EX(EP^*/P) - IM(EP^*/P, Y^d)$$

其中，因为假定外国收入不变，所以出口需求仅是 EP^*/P 的函数。

另外，我们以 q 代表实际汇率 EP^*/P，以 EX^* 代表用外国而非本国产出衡量的国内进口。之所以使用符号 EX^*，是因为以外国产出衡量的本国进口等于外国对本国的出口。由于 q 又代表着以本国产出衡量的外国产品价格，于是 IM 与 EX^* 之间存在如下关系：

$$IM = q \times EX^*$$

即

以本国产出衡量的进口＝(本国产出单位/外国产出单位)×以外国产出单位衡量的进口①

故而经常账户可以表达为：

$$CA(q, Y^d) = EX(q) - q \times EX^*(q, Y^d)$$

现在我们用 EX_q 表示 q 上升（实际贬值）对出口需求的影响，用 EX_q^* 表示 q 上升对进口额的影响。这样就有

$$EX_q = \Delta EX/\Delta q$$

$$EX_q^* = \Delta EX^*/\Delta q$$

正如我们在本章中所见到的，EX_q 为正（因为实际贬值会使得本国产品相对便宜从而刺激出口），而 EX_q^* 为负（因为本国产品的价格降低抑制了进口需求）。运用上述这些定义，我们就可以探讨在其他条件均不变的情形下 q 的上升如何影响经常账户。

如果上标“1”表示一个变量的初始值，上标“2”表示该变量在 q 改变了 $\Delta q(=q^2-q^1)$ 之后的值，那么实际汇率变化（Δq）所引起的经常账户的变化为：

$$\Delta CA = CA^2 - CA^1 = (EX^2 - q^2 \times EX^{*2}) - (EX^1 - q^1 \times EX^{*1})$$

$$= \Delta EX - q^2 \times \Delta EX^* - \Delta q \times EX^{*1}$$

两边同时除以 Δq 就可以得到经常账户对 q 变动的反应，即

$$\Delta CA/\Delta q = EX_q - (q^2 \times EX_q^*) - EX^{*1}$$

这一式子概括了正文中所谈到的实际贬值对经常账户的两个影响，即数量效应和价格效应。包含有 EX_q 和 EX_q^* 的项代表了数量效应，即 q 的变动对进出口数量的影响。这些项始终为正，因为 $EX_q > 0$，$EX_q^* < 0$。上式中的最后一项 EX^{*1} 代表了价格效应，该项前面为负号。该项表明 q 的上升可以使得经常账户恶化到增加以国内产出衡量的原有进口产品价值的程度。

我们感兴趣的是上述式子右边何时为正，从而使得实际贬值能够改善经常账户。为了回答这一问题，我们首先定义出口需求对 q 的弹性

$$\eta = (q^1/EX^1)EX_q$$

以及进口需求对 q 的弹性

① 正如我们在本章中所提到的，实际汇率与相对产品价格并不完全相等，因为实际汇率是支出篮子的相对价格。但从最实用的目的出发，这种差别在质上并不重要。我们分析中一个比较严重的问题是，国民产出包括一部分非贸易品，而实际汇率则既包括了非贸易品的价格，也包括了贸易品的价格。为了避免对国民产出的进一步分解所带来的额外复杂性，我们在推导马歇尔-勒纳条件时假设实际汇率可以大致等同于用出口衡量的进口产品的相对价格。

$$\eta^* = -(q^1/EX^{*1})EX_q^*$$

(η^* 的定义中有一负号，这是因为 $EX_q^* < 0$，而我们把贸易弹性定义为正数。）现在回到式 $\Delta CA/\Delta q$，如果在其右边乘上 (q^1/EX^1)，就可以得到用贸易弹性表达的式子。假设经常账户余额最初为零（这意味着 $EX^1 = q^1 \times EX^{*1}$），那么这最后一个步骤表明，当

$$\eta + (q^2/q^1)\eta^* - 1 > 0$$

时，$\Delta CA/\Delta q$ 为正。

如果 q 的变动很小，则可认为 $q^2 \approx q^1$。那么，q 上升能够改善经常账户的条件为

$$\eta + \eta^* > 1$$

这就是马歇尔-勒纳条件。这一条件表明，当进出口需求的相对价格弹性之和大于 1，而经常账户最初余额为 0 时，实际货币贬值可以带来经常账户盈余。（如果经常账户初始值不为零，该条件就会变得相当复杂。）在应用马歇尔-勒纳条件时请记住，在推导过程中我们一直假设当 q 变动时，可支配收入不变。

有了马歇尔-勒纳条件，我们现在可以考察经验估计是否显示价格弹性与本章关于实际汇率下降改善经常账户的假设一致。表 17A2－1 给出了国际货币基金组织对制成品贸易弹性的估计。该表的估计是在经过三个时间段的连续观测之后做出的。这使得进出口需求有充分的时间对相对价格变动做出调整，就像我们在对 J 曲线的讨论中那样。在该表中，“冲击”弹性衡量的是相对价格变动之后头六个月内贸易流量对它的反应；“短期”弹性适用于一年的调整时间；“长期”弹性适用于一个假设的无限调整期。

表 17A2－1　**国际贸易中制成品的价格弹性估计**

国家	η			η^*		
	冲击	短期	长期	冲击	短期	长期
奥地利	0.39	0.71	1.37	0.03	0.36	0.80
比利时	0.18	0.59	1.55	—	—	0.70
英国	—	—	0.31	0.60	0.75	0.75
加拿大	0.08	0.40	0.71	0.72	0.72	0.72
丹麦	0.82	1.13	1.13	0.55	0.93	1.14
法国	0.20	0.48	1.25	—	0.49	0.60
德国	—	—	1.41	0.57	0.77	0.77
意大利	—	0.56	0.64	0.94	0.94	0.94
日本	0.59	1.01	1.61	0.16	0.72	0.97
荷兰	0.24	0.49	0.89	0.71	1.22	1.22
挪威	0.40	0.74	1.49	—	0.01	0.71
瑞典	0.27	0.73	1.59	—	—	0.94
瑞士	0.28	0.42	0.73	0.25	0.25	0.25
美国	0.18	0.48	1.67	—	1.06	1.06

说明：— 表示数据不可获得。

资料来源：该数据摘自 Jacques R. Artus and Malcolm D. Knight，*Issues in the Assessment of the Exchange Rates of Industrial Countries*. Occasional Paper 29. Washington，D. C.：International Monetary Fund，July 1984，table 4。

对于大多数国家来说，冲击弹性系数太小，因此进口和出口价格冲击弹性之和小于 1，无法满

足马歇尔-勒纳条件。这一结果证实了J曲线效应的存在，即实际经常账户在实际货币贬值之后首先会发生恶化。

但是，表中所列的多数国家在短期满足马歇尔-勒纳条件，在长期则几乎所有国家都满足这一条件。所以，这一证据与本章所做的假设一致，即除了在很短的时期内，实际贬值一般会改善经常账户，而实际升值则会使经常账户恶化。

第18章 固定汇率与外汇干预

在前面的几章里，我们提出了一个有助于我们理解一国的汇率和国民收入是如何由资产市场和产品市场决定的模型。通过这一模型，我们可以看到政府是怎样运用货币政策和财政政策来维持充分就业与稳定物价水平的。

为简单起见，我们曾假设汇率完全浮动，这意味着国家货币当局并不介入外汇市场来影响汇率。然而，现实中这种汇率完全浮动的情况是很少见的。正如我们早已指出的，第二次世界大战结束至1973年之间世界经济是在固定的美元汇率体系下运行的，其间各国中央银行经常通过买卖外汇使汇率维持在国际协定的水平上。现在，工业化国家实行的是**有管理的浮动汇率**（managed floating exchange rates）体系。在该体系中，政府试图缓和汇率的波动但并不会使汇率完全固定。许多发展中国家仍然维持某种形式的政府固定汇率，其原因我们将在第22章中讨论。

在本章我们将研究各国中央银行如何干涉外汇市场以稳定汇率，并讨论在固定汇率条件下宏观经济政策如何运作。本章还将有助于我们理解在有管理的浮动汇率体系下中央银行的外汇干预在汇率决定中的作用。

学习目标

学完本章，你应该能够：

- 理解为了在外汇市场上使一个国家的货币价值固定，一国中央银行应该怎样管理该国的货币政策。
- 描述并分析中央银行的外汇储备、其在外汇市场上的买卖以及货币供给之间的关系。
- 解释在固定汇率下，货币政策、财政政策和冲销性外汇干预政策如何影响一国的经济。
- 讨论国际收支平衡危机的产生原因和影响。
- 描述可替代的多层次钉住汇率体系是如何运作的。

为什么研究固定汇率？

在有关主要工业化国家货币汇率剧烈变化的报道充斥报刊的今天，谈论固定汇率似乎有些过时。然而，我们对固定汇率感兴趣并非由于我们热衷于怀旧好古或者沉迷思辨。在分析当代宏观经济政策问题之前，我们必须理解固定汇率，原因有以下四点：

（1）有管理的浮动。如上所述，中央银行经常会干预货币市场以影响汇率。所以，工业化国家货币的美元汇率虽然现在不由政府固定，但政府也不会任其完全自由浮动。我们一般所说的浮动美元汇率体系是指肮脏浮动，它与清洁浮动不同，在清洁浮动中政府不直接干预外币币值。前几章所述的汇率模型实际上分析的是清洁浮动或完全弹性汇率，问题在于现实中是否存在真正的清洁浮动。政府的多数政策会对汇率产生影响，并且政府很少会在不考虑对汇率的影响的情况下执行其政策。[①] 由于现行货币体系是“纯”固定汇率与“纯”浮动汇率体系的混合体，所以对固定汇率的理解能够使我们深入洞察浮动汇率制下外汇干预的影响。

（2）区域性货币协定。有些国家参加了汇率联盟，同意在成员国之间维持固定汇率，而对非成员国则允许其汇率随价值波动。例如，最近丹麦就把它的货币的价值钉住欧盟汇率机制内的欧元。

（3）发展中国家。一般来说，工业化国家允许它们的货币相对于美元浮动，但这些国家在世界上只占不到 1/6。许多发展中国家都试图“钉住”其币值，常常是参照美元，有时也参照一些非美元货币或当局选定的“篮子”货币。例如，摩洛哥钉住一篮子货币，巴巴多斯钉住美元，而塞内加尔则钉住欧元。如果不弄清固定汇率的含义，对发展中国家的许多问题我们将无法深入理解。[②]

（4）过去的教训对未来的启示。在历史上的许多时期，实行固定汇率是一种标准做法，如第一次世界大战前的几十年、20 世纪 20 年代中期至 1931 年以及 1945—1973 年。而今，许多对浮动汇率制不满意的经济学家和政策制定者建议达成新的国际协议，以恢复某种形式的固定汇率体系。这一计划会使世界经济受益吗？谁将从这一体系中获益或受损？为了比较固定汇率和浮动汇率的优劣，我们必须对固定汇率有所了解。

中央银行干预与货币供给

在第 15 章中，我们把一国的货币供给定义为该国居民和公司所持有的通货和活期存款的总和，并假设中央银行能决定流通中的货币量。为了便于理解中央银行干预外汇市场所产生的影响，我们必须首先弄清中央银行的金融交易是如何影响货币供给的。[③]

中央银行的资产负债表与货币供给

我们研究中央银行资产市场交易的主要工具是**中央银行资产负债表**（central bank balance sheet）。该表记录的是中央银行所持有的资产和负债。与其他资产负债表一样，中央银行资产负债表也是按照复式记账原则来编制的。中央银行获得的任何一笔资产都会在资产负债表的资产栏中表

---

① 对于现实中是否存在真正的清洁浮动人们仍然没有达成一致意见。大多数政府政策会影响汇率，并且政府在采取某一政策时，大多数时候都考虑了其汇率影响。

② 我们将在下一章详细讨论有关国际货币基金组织（IMF）的问题，该组织对其成员的汇率安排进行了一种很有用的分类。截至 2015 年 4 月底的汇率安排可以参见 Annual Report on Exchange Arrangements and Exchange Restrictions 2015，p. 4，也可以在下面的网站上找到：http://www.elibrary-areaer.imf.org/Documents/YearlyReport/AREAER_2015.pdf。（IMF 称其为约定俗成的汇率安排，因为这些汇率安排是基于各个国家实际上采取的行动，而不是基于它们声称它们会采取的行动。）IMF 会定期对这些汇率安排进行更新。到 2015 年 4 月，有 67 个国家采用的是“浮动”或“独立浮动”汇率，其中包括大多数主要的工业化国家和随后使用欧元的 19 个国家。（当然，欧元本身对美元及其他主要货币也独立自由浮动，我们将在第 21 章讨论这一点。）13 个国家没有自己的货币（包括厄瓜多尔、巴拿马和津巴布韦）。44 个国家实行的是传统的钉住政策，我们将在这一章对该政策进行讨论。超过 11 个国家采用的是货币局制度（这种制度是一种固定汇率安排，我们将在本章对此进行讨论）。在采用钉住政策的国家中，大多数是极度贫穷的国家，但是也包括富裕的产油国沙特阿拉伯和欧盟成员国丹麦。超过 22 个国家，包括柬埔寨、埃及、马其顿和越南，实行的是“稳定的汇率安排”，由当局制定汇率，但是没有任何正式的这样做的承诺。1 个国家（汤加）允许汇率在水平波动带内变动。23 个国家采用的是折中的“爬行钉住”或“类似爬行钉住”制度，使汇率按照预先确定的路径波动，中国采取的就是“类似爬行钉住”制度。最后，有 10 个国家（包括叙利亚、尼日利亚、马来西亚）采用的是“其他有管理的安排”。像你看到的那样，不同的汇率安排制度使得人们感到迷惑，其中固定汇率制度仍旧相当重要。

③ 正如我们在第 13 章所指出的，政府机构而非中央银行也可以干预外汇市场，但其操作与中央银行不同，且对一国的货币供给并无显著影响（用我们将要引入的术语来说，非央行机构的干预是自动冲销的）。为简化讨论，我们继续假设只有中央银行进行外汇干预。

现为正向增加，而任何一笔负债都会在负债栏中表现为正向增加。

设想一个叫帕丘尼亚的国家，其中央银行资产负债表列示如下：

中央银行资产负债表

单位：美元

资产		负债	
国外资产	1 000	私人银行存款	500
国内资产	1 500	流通中的货币	2 000

帕丘尼亚中央银行资产负债表的资产方列示了两类资产，即国外资产与国内资产。国外资产主要包括中央银行持有的外币债券。这些国外资产构成了中央银行的官方国际储备；当中央银行以买卖外汇的方式干预外汇市场时，这些储备的数量也随之变化。此外，由于历史性原因（我们将在本章后面讨论），中央银行的国际储备也包括它持有的黄金。国际储备的主要特征是：它们或者是对外国人的债权，或者是普遍接受的国际支付手段（如黄金）。在本例中，中央银行持有的国外资产为1 000美元。

国内资产指中央银行持有的要求本国居民和国内机构在未来予以偿付的债权。这些债权通常表现为国内政府债券和对国内私人银行的贷款。本例中帕丘尼亚中央银行拥有国内资产 1 500 美元。其总资产（即国外资产与国内资产之和）为 2 500 美元。

表的负债方将私人银行存款和通货，包括纸币和硬币，列为负债（非银行机构和居民一般不能在中央银行存款，而私人银行通常可以按法律规定在中央银行持有存款作为它们自身负债的部分保证金）。私人银行存款成为中央银行的负债是因为这笔钱只要私人银行需要就可以随时提取。通货成为中央银行负债主要是基于历史原因：历史上中央银行有对那些想以本国货币兑换贵金属的人支付金银的义务。上述资产负债表显示，帕丘尼亚的私人银行在中央银行拥有 500 美元存款。通货共计 2 000 美元，因此中央银行的总负债为 2 500 美元。

中央银行的总资产等于其总负债加上其资产净值。在本例中，我们将资产净值假设为零。由于中央银行资产净值的变化对我们的分析并不是很重要，所以我们将其忽略。[①]

资产净值不变的附加假设意味着，中央银行资产方的变化会自动地引起负债方的等量变动。例如，当中央银行购入一项资产时，它可用两种方法来支付。现金支付可引起等量通货供给增加，支票支付则承诺支票所有者将拥有一笔与该资产等值的在中央银行的存款。当支票接受者将其存入私人银行账户时，私人银行对中央银行的债权（因此中央银行对私人银行的负债）就等量增加了。在上述任何一种情况下，中央银行购入资产都会自动引起等量的负债增加。类似地，中央银行售出资产将引起通货减少或私人银行在中央银行存款的减少，相应地，中央银行对私人银行的负债也减少了。

中央银行资产负债表之所以重要，是因为中央银行资产的变化将引致本国货币供给的变动。我们关于中央银行资产与负债等量变化的讨论，阐明了货币供给的实际机制。

例如，当中央银行向公众购入一项资产时，无论是以现金还是支票形式，其支付都会直接增加货币供给。伴随着资产的购入，中央银行的负债增加，从而货币供给量扩张。当中央银行向公众售出一项资产时，货币供给量收缩，这是因为中央银行在支付中收到的现金或支票已不再流通，从而减少了中央银行对公众的负债。中央银行持有的资产数量的变化会引起货币供给量同方向的变化，这是由于它需要有负债方等量的变化。

---

① 中央银行资产净值（又称央行资本金）有数种可能变化途径。例如，政府可能会允许中央银行对其资产保留部分利息收入，且如果再投资，这一利息流就会增加银行的资产净值。这些净值的变化很小，因而在做宏观分析时常常被忽略。不过，对之加以考虑的情况也有，请看章末习题 19。

如果你在以前的课程中学习过中央银行公开市场操作，你就会非常熟悉我们所描述的过程。从定义上说，公开市场操作只涉及国内资产的买卖，但实际上，官方买卖国外资产也会对货币供给产生相同的直接影响。你也许还记得，例如，当中央银行购入资产时，伴随而来的货币供给增加往往会大于最初购入的资产，这是由于私人银行系统存在着多倍存款创造机制。正是由于这种货币乘数效应，中央银行的交易对货币供给的冲击才得以放大，而这一点强化了我们的结论：中央银行的任何资产购入都会自动导致本国货币供给的增加，而任何资产的售出都会自动引起货币供给的减少。[①]

外汇干预与货币供给

为了更详细地了解外汇干预如何影响货币供给，让我们一起来讨论下面的例子。假设帕丘尼亚中央银行到外汇市场上售出价值 100 美元的外国债券，换回帕丘尼亚的本国货币。这一销售会使得官方所持有的国外资产从 1 000 美元降到 900 美元，相应地，中央银行资产负债表的资产方也从 2 500 美元下降到 2 400 美元。

帕丘尼亚中央银行出售外国资产收到的款项会使其负债自动减少 100 美元。如果帕丘尼亚中央银行收到本币，则这些货币将退出流通领域进入银行保险库，流通中的货币因此减少了 100 美元。出售国外资产的结果是中央银行的资产负债表发生了如下变化：

出售 100 美元国外资产后中央银行的资产负债表（买方支付现金） 单位：美元

资产		负债	
国外资产	900	私人银行存款	500
国内资产	1 500	流通中的货币	1 900

在资产被出售之后，中央银行的资产仍然等于负债，但两者都减少了 100 美元，这正好等于由于帕丘尼亚中央银行干预外汇市场而从流通领域中退出的货币。中央银行资产负债表上的变化显示了帕丘尼亚货币供给的减少。

如果帕丘尼亚中央银行购得 100 美元国外资产，则其负债会增加 100 美元。如果中央银行用现金购买，则流通中的货币会增加 100 美元；如果用支票方式支付，则私人银行在中央银行的存款将最终增加 100 美元。两种方式都会使国内货币供给有所增加。

冲销操作

中央银行有时会进行数量相等但方向相反的国外资产和国内资产交易，以抵消外汇交易对国内货币供给的影响。这类政策被称作**冲销性外汇干预**（sterilized foreign exchange intervention）。通过下述例子，我们可以理解冲销性外汇干预是如何进行的。

假设帕丘尼亚中央银行一次售出 100 美元国外资产，并收到帕丘尼亚公司私人银行支票 100 美元作为支付。这项交易会使中央银行国外资产和负债同时减少 100 美元，并由此减少了国内货币供给。如果中央银行想抵消出售国外资产对货币供给的影响，它可以购买 100 美元国内资产，如政府债券。这一行动将使帕丘尼亚银行国内资产和负债都增加 100 美元，完全抵消了出售 100 美元国外资产对货币供给的影响。如果中央银行购买政府债券使用的是支票，那么这两笔业务（出售 100 美元国外资产和购得 100 美元国内资产）在资产负债表上就会有如下净影响：

① 有关存款多倍创造与货币乘数的详细描述，参见 Frederic S. Mishkin，*The Economics of Money，Banking and Financial Markets*，11th edition.，Chapter 14（Upper Saddle River，NJ：Prentice Hall，2016）。

出售 100 美元国外资产进行冲销前中央银行的资产负债表　　单位：美元

资产		负债	
国外资产	1 000	私人银行存款	500
国内资产	1 500	流通中的货币	2 000

出售 100 美元国外资产进行冲销后中央银行的资产负债表　　单位：美元

资产		负债	
国外资产	900	私人银行存款	500
国内资产	1 600	流通中的货币	2 000

中央银行国外资产 100 美元的减少与国内资产 100 美元的增加相对应，而负债方并没有变化。经过冲销，外汇销售不会影响货币供给。

表 18-1 总结并比较了对外汇干预进行冲销和不进行冲销的影响。

表 18-1　100 美元外汇干预的影响：总结　　单位：美元

国内中央银行的操作	对国内货币供给的影响	对中央银行国内资产的影响	对中央银行国外资产的影响
购买外汇，但不冲销	+100	0	+100
购买外汇并进行冲销	0	−100	+100
出售外汇，但不冲销	−100	0	−100
出售外汇并进行冲销	0	+100	−100

收支平衡与货币供给

在第 13 章中，我们讨论了国际收支的度量。我们把一国的国际收支（或官方结算余额）定义为本国中央银行对国外资产的净购买减去外国中央银行对本国资产的净购买。从另一个角度来看，国际收支是经常账户和资本账户的非储备部分的总和，也就是中央银行必须通过储备交易来弥补的国际收支缺口。例如，一国国际收支赤字意味着该国的外汇净储备负债的增加。当非储备性资本的净流入不能完全弥补经常账户赤字，或当本国经常账户盈余不足以弥补非储备性资本的净流出时，就需要本国通过中央银行出售外汇储备和外国中央银行购入外汇储备的某种组合来平衡。

在本节中，我们解释了国际收支与国内货币供给及国外货币供给增长之间的重要联系。例如，如果中央银行不进行冲销操作且本国国际收支有盈余，那么在这种情况下，本国中央银行任何国外资产的增加都意味着本国货币供给的增加；同样，本国在外国中央银行债权的减少意味着外国货币供给的减少。

然而，在实践中，一定程度的国际收支失衡对本国和外国的货币供给的影响程度是不确定的。这是因为：首先，我们需要知道进行国际收支调整的负担是如何在中央银行之间进行分配的，即为了弥补收支失衡，本国中央银行和外国中央银行分别需要进行多少官方干预。这种负担的分配取决于多种因素，例如中央银行的宏观经济目标和中央银行之间关于干预事宜的制度性协议（这将在本章稍后谈到）。其次，中央银行可能进行冲销操作来抵消储备变动对货币供给的影响。最后，正如我们在第 13 章中所述，有些中央银行的交易会间接地帮助其他国家弥补国际收支赤字，但这些交易并没有在其他国家的国际收支数字中体现出来。这种交易或许仍然影响承担这些交易的银行的货币负债。

中央银行怎样固定汇率?

在了解了中央银行的外汇交易如何影响货币供给之后，我们现在来看看中央银行是如何通过外汇干预来固定本国货币的汇率的。

为了固定汇率，中央银行必须愿意在外汇市场上以固定汇率同私人部门兑换货币。例如，为了将日元/美元的汇率固定在120日元兑换1美元的水平上，无论市场需求有多大，日本银行都必须愿意按照1美元=120日元的汇率，用它的美元储备兑换日元。日本银行还必须愿意对市场上为了换得日元而出售的任何美元资产按此固定汇率购入。如果日本银行不通过市场干预来轧平对日元的超额供给或超额需求，那么汇率就必然会变动，直到重新达到平衡。

只有当中央银行的金融操作能确保资产市场保持平衡从而汇率固定于某一水平时，中央银行才能成功地维持固定汇率。资产市场维持均衡的过程我们已经通过前几章中外汇市场与货币市场的联立均衡模型做了阐述。

固定汇率下的外汇市场均衡

首先我们考虑当中央银行以E^0的水平永久固定其汇率时，外汇市场均衡是如何维持的。答案是，只要利率平价条件得到满足，外汇市场就能保持均衡。此时，本国利率R等于外国利率R^*加上本币对外币的预期贬值率$(E^e-E)/E$。但是当汇率固定为E^0并且市场参与者预期它会保持不变时，本币的预期贬值率为零。利率平价条件意味着，仅当

$$R=R^*$$

时，E^0才会成为均衡汇率。

由于外汇市场上的参与者都预期汇率不会发生变动，所以只要能提供相等的利率，他们就愿意同时持有本币存款和外币存款。[①]

为了确保汇率永久固定在E^0时外汇市场实现均衡，中央银行必须使$R=R^*$。由于国内利率取决于实际货币需求和实际货币供给的相互作用，所以我们必须考察货币市场以完成有关固定汇率的分析。

固定汇率下的货币市场均衡

为使本国利率保持在R^*的水平上，中央银行的外汇干预必须调整货币供给，以使得利率为R^*时，本国货币的实际总需求正好等于实际总供给，即

$$M^S/P=L(R^*,Y)$$

给定P和Y，上述均衡条件可以告诉我们，当外国利率为R^*并且永久固定汇率时，能够使资产市场达到均衡所需的货币供给是多少。

当中央银行进行外汇干预以固定汇率时，它必定会自动地调整国内货币供给以使得货币市场均衡维持在$R=R^*$的水平上。下面我们举例来分析这一过程。假设中央银行已将E固定为E^0且资产市场最初是均衡的。假定产出突然增加而人们预期未来汇率仍会保持为E^0，欲使汇率水平永久地固定在E^0的水平上，一个必要条件就是中央银行必须确保资产市场在该汇率水平上恢复

---

① 即使汇率现期固定于某一水平，市场参与者也可能预期中央银行会改变它。在这种情况下，本国利率必须等于外国利率加上本国货币的预期贬值率，才能维持外汇市场均衡。我们会在本章后面考察这种情况，但现在我们假设没有人预期中央银行会改变汇率。

均衡。所以，我们的问题是：给定未来预期汇率，究竟什么样的货币措施能够固定当前的汇率水平？

产出的增加提高了对本国货币的需求，货币需求的增加在正常情况下会推动本国利率上升。为阻止本币升值（假设人们对未来汇率的预期为 E^0），中央银行必须通过购入外国资产来干预外汇市场。因为中央银行会通过增发货币来支付对外国资产的购买，因而会减少对本币的过度需求。银行会用这种方法自动增加货币供给，直至资产市场再次在 $E=E^0$ 和 $R=R^*$ 的水平上达到均衡。

当产出增加时，如果中央银行并不购买外国资产而是保持原有的货币存量不变，汇率还能固定为 E^0 吗？答案是否定的。如果中央银行不能满足由于产出增加而引起的超额货币需求，那么本国利率就会上升并超过外国利率 R^* 以平衡本国货币市场。当外汇市场交易者发觉本币存款能够提供更高的收益率（给定预期不变）时，他们就会竞买本币，抛售外币。如果没有中央银行的干预，汇率就会因此降到低于 E^0 的水平。为阻止本币升值，中央银行必须卖出本币并购入外国资产从而增加货币供给，阻止超额货币需求推动国内利率水平超过 R^*。

图解分析

上述固定汇率机制能够用我们先前所提出的图解方法加以说明。图 18－1 显示了当汇率固定在 E^0 且对汇率的未来预期也是 E^0 时，外汇市场和本国货币市场同时处于均衡的情况。

图 18－1　固定汇率 E^0 下的资产市场均衡

说明：当产出从 Y^1 提高到 Y^2 时，为了把汇率固定在 E^0，中央银行必须购入外国资产从而使货币供给由 M^1 提高到 M^2。

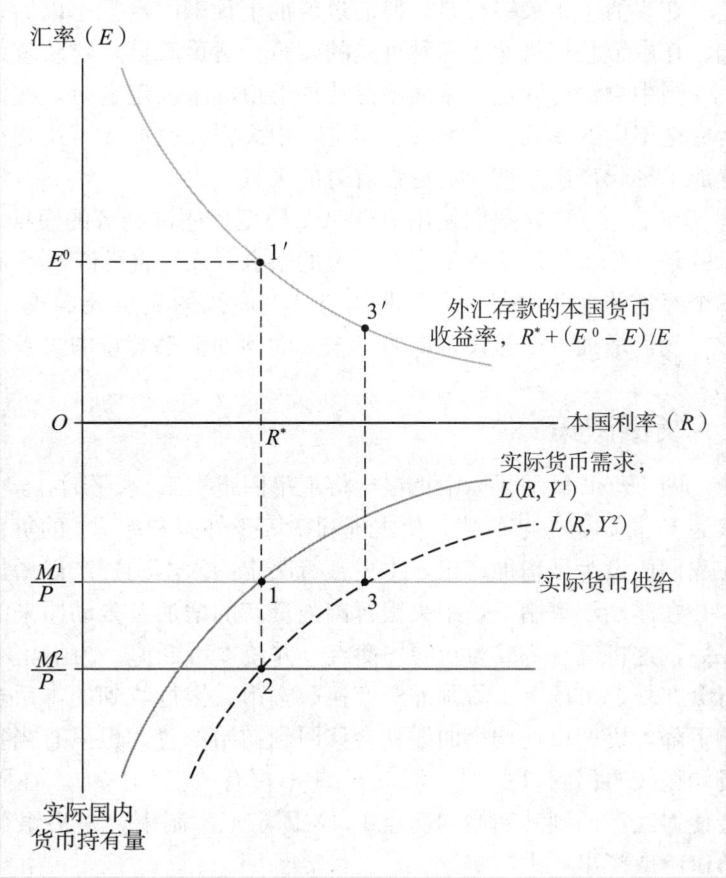

货币市场均衡最初位于点 1。图 18－1 表明，在给定价格水平 P 和国民收入水平 Y^1 时，使得本国利率等于外国利率 R^* 的货币供给必须等于 M^1。图的上半部分说明了外汇市场在点 1′处达到均衡。如果对未来汇率的预期是 E^0，则只有现在的汇率也等于 E^0 且 $R=R^*$ 时，利率平价条件才会成立。

为弄清中央银行如何对宏观经济变化做出反应以使汇率永久保持在 E^0 的水平上，让我们再看一次国民收入增加的例子。收入增加（从 Y^1 到 Y^2）提高了在任一利率水平上的实际货币需求。因此，如图 18－1 的下半部分所示，货币需求总量上升。如前所述，在给定未来预期汇率仍为 E^0 的情况下，保持固定汇率的一个必要条件就是保持当前的资产市场均衡。因此，我们可以假设在图的上半部分中向下倾斜的曲线没有移动。

如果中央银行不采取行动，那么货币市场就会在点 3 处达到新的均衡。由于点 3 的利率高于 R^*，所以本币不得不升值以使外汇市场在点 3′处达到均衡。

在固定汇率制下，中央银行不会允许本币升值，所以它就必然会购入国外资产。正如我们所知道的，中央银行购入外国资产将引起本国货币供给增加。中央银行会继续购买外国资产直至本币供给增加到 M^2。结果在货币市场新的均衡点（图中的点 2）上，本国利率再一次等于 R^*。在这一本国利率下，外汇市场均衡维持在点 1′，此时均衡汇率为 E^0。

固定汇率制下的稳定政策

在弄清了中央银行是如何通过外汇干预来固定汇率以后，我们现在可以分析各种经济政策的影响。在本节我们将考虑三种可能的政策：货币政策、财政政策以及对固定汇率 E^0 的突然改变。

当中央银行固定汇率而不是让外汇市场来决定它时，我们在前一章中研究过的稳定政策就会产生完全不同的影响。汇率一旦固定，中央银行就放弃了用货币政策影响经济的能力，但财政政策却变成了影响产出与就业的更强有力的工具。

在上一章中，我们使用 DD-AA 模型描述过经济的短期均衡。我们可以回忆一下，DD 曲线表示的是产品市场均衡时汇率与产出的组合，AA 曲线说明了资产市场均衡时汇率与产出的组合，而整个经济的短期均衡在 DD 曲线与 AA 曲线的交点处实现。为了将该模型运用到固定汇率的情况中，我们增加一个假设，即假设未来的预期汇率等于中央银行钉住的固定汇率。

货币政策

图 18－2 显示了当中央银行将汇率固定在 E^0 水平时，经济会在点 1 达到短期均衡。在点 1 处产出为 Y^1，如上一节所述，使本国利率等于外国利率 R^* 的货币供给可以使得本国货币市场出清。现在我们假设为了增加产出，中央银行决定购入本国资产以增加货币供给。

在浮动汇率制下，中央银行国内资产的增加会推动原来的资产市场均衡曲线 AA^1 向右上移动到 AA^2，这将使点 2 成为新的均衡点，并使本币贬值。为阻止本币贬值并维持 E^0 的固定汇率，中央银行会在外汇市场上出售国外资产换取本币。银行收到的本币会退出流通领域，而随着本国货币供给的下降，资产市场均衡曲线就会移回到初始位置。也只有当货币供给回到初始水平，相应地资产市场均衡线再回到 AA^1 时，汇率 E^0 才不再有改变的压力。在固定汇率制下增加货币供给的努力最终会使得经济回到其初始均衡点 1。在固定汇率制下，中央银行的货币政策工具无力对该国经济的货币供给或产出产生影响。

图 18-2　固定汇率条件下货币扩张的无效性

说明：最初的均衡点是点 1，该点的产出为 Y^1，汇率固定为 E^0，产品市场和资产市场同时出清。为了使产出增加到 Y^2，中央银行决定通过购买国内资产增加货币供给，使 AA^1 移动到 AA^2。但是，由于中央银行必须维持固定汇率 E^0，它不得不出售部分国外资产以换回本币，这一行动会导致货币供给立刻减少，AA^2 移回到 AA^1，经济仍然在点 1 处保持均衡，原有产出 Y^1 不变。

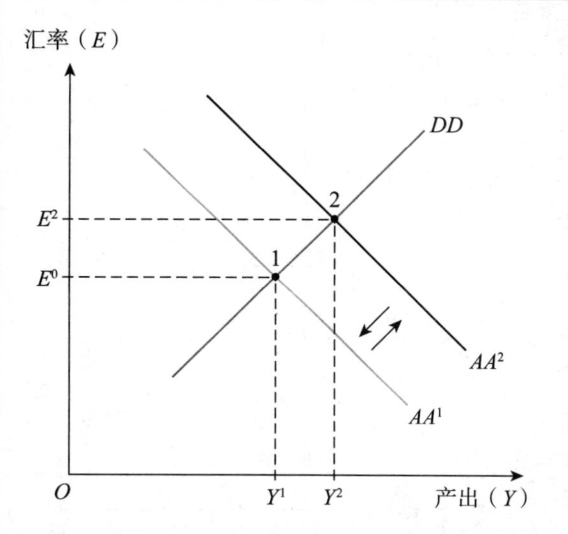

这一结果与我们在第 17 章中所述的浮动汇率制下中央银行可以使用货币政策来增加货币供给和产出的结论大不相同，原因何在？在浮动汇率制下，中央银行购买本国资产就会引发最初的本币超额供给，这将立即迫使本币利率下降和本币贬值。而在固定汇率制下，中央银行可以通过出售国外资产换回本币的方法抵消任何本币贬值的倾向，这将消除最初的由于政策变动所产生的超额货币供给。因为本币供给无论增加多少都会引起本币贬值，所以中央银行必须不断地出售国外资产直至货币供给回到最初水平为止。最终，中央银行国内资产的增加正好等于中央银行官方国际储备的减少。类似地，出售国内资产减少货币供给的尝试会引起储备的等量增加，这将最终阻止货币供给的变化。在固定汇率制下，货币政策仅能影响国际储备，舍此无他。

固定汇率使中央银行失去了运用货币政策稳定宏观经济的能力。然而，政府的第二个稳定工具——财政政策，在固定汇率制下比在浮动汇率制下更加有效。

财政政策

图 18-3 说明了当经济的最初均衡点为点 1 时扩张性财政政策的影响。正如我们从第 17 章中所看到的那样，财政扩张会推动产品市场均衡线向右移动。在图 18-3 中表现为由 DD^1 移至 DD^2。如果中央银行不对外汇市场进行干预，本币利率上升（假设期望不变）的结果会使产出增至 Y^2 而汇率降到 E^2（本币升值）。

在财政扩张之后，中央银行如何通过干预来保持汇率固定不变呢？这一过程我们在图 18-1 中已经解释过。最初，产出的增加使得对货币的需求增加，从而产生对货币的超额需求。为阻止超额货币需求对本国利率上升和本币升值的推动作用，中央银行必须用本币购入国外资产，从而增加货币供给。从图 18-3 来看，干预是通过将 AA^1 向右推到 AA^2 而将汇率固定在 E^0 水平进行的。在新的均衡点（点 3），产出比最初点要高，汇率不变，官方国际储备（货币供给）增加了。

与货币政策不同，在固定汇率制下的财政政策可以用来影响产出，而且比在浮动汇率制下更加有效。在浮动汇率制下，财政扩张会带来本币升值，使得本国的产品和服务更加昂贵，从而部分地抵消了财政政策对扩大总需求的直接影响。为阻止本币升值，在固定汇率制下，中央银行将被迫购入外汇以增加货币供给。这种非主动的货币供给增加带来的额外的扩张效应，解释了为什么财政政策在固定汇率制下比在浮动汇率制下更加有效。

图 18-3 固定汇率制下的财政扩张

说明：财政扩张（从 DD^1 到 DD^2）和相应的外汇干预（从 AA^1 到 AA^2）会使经济均衡从点 1 移至点 3。

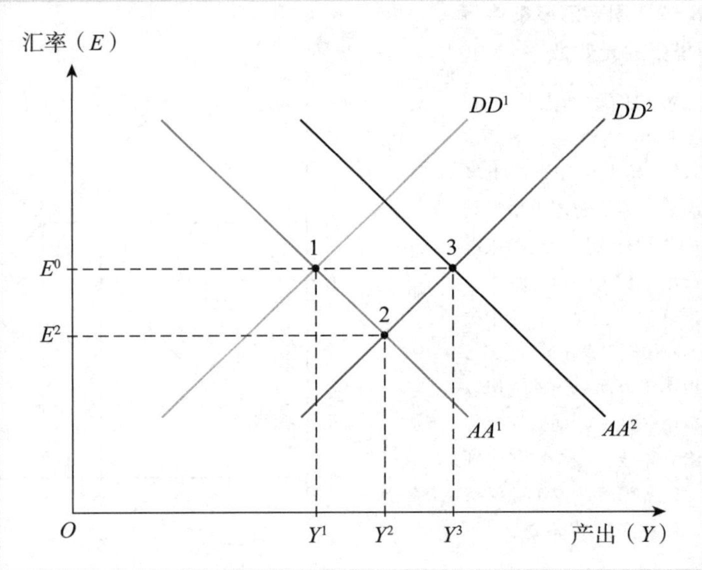

汇率变动

实行固定汇率制的国家有时会突然决定改变本币的外币价值。比如当一个国家由于巨大的经常账户赤字已经超过私人资金的注入而引起外汇快速流失时，这种情况就很有可能会发生。当中央银行提高了外币的本币价格 E 时，就称为本币**币值下调**（devaluation）；当中央银行降低了 E 时，就称为本币**币值上调**（revaluation）。要想使本币币值下调或者币值上调，中央银行所需要做的就是承诺按照新的汇率进行不限数量的本币、外币交易。①

图 18-4 显示了币值下调是如何影响一国经济的。固定汇率水平从 E^0 增加到 E^1 会使得本国产品和服务相对于外国产品和服务更为便宜（给定价格 P 和 P^* 在短期内不变）。产出因此会沿 DD 曲线移动到更高水平的 Y^2（点 2）。然而，点 2 并不位于最初的资产市场均衡线 AA^1 上：在点 2，随着产出的增加，交易也增加了，因此产生了最初的超额货币需求。如果中央银行不干预外汇市场，超额货币需求就会使得本国利率高于世界利率。为使固定汇率维持在新的水平 E^1 上，中央银行必须购买国外资产、扩张货币供给直至资产市场均衡曲线达到通过点 2 的 AA^2 为止。这样，币值下调就引起了产出的增加、官方储备的增加和货币供给的扩张。②

币值下调的效应解释了政府为什么有时会实行这样的本币贬值。主要有三个原因。第一，尽管缺乏有效的货币政策，但币值下调可以成为政府克服本国失业的工具。例如，如果政府增加支出和预算赤字在政治上不受欢迎，或者立法过程太慢，那么政府就会倾向于选择贬值作为扩张总需求的最方便的途径。第二，币值下调可以改善经常账户的收支状况，这是政府十分需要的。第三，币值

---

① 我们看一下 devaluation 和 depreciation（或 revaluation 和 appreciation）之间的细微区别。depreciation（appreciation）是指当汇率可浮动时 E 的增加（或降低），而 devaluation（revaluation）是指固定汇率制下 E 的增加（或降低）。depreciation（appreciation）因此含有主动的意思（如升值的货币），而 devaluation（revaluation）含有被动之意（如货币被贬值）。换句话说，devaluation（revaluation）反映的是政府有意识的决策，而 depreciation（appreciation）反映的是政府行为和市场力量共同作用的结果。

② 在本币币值下调之后，市场参与者预期将来会有一个新的更高的汇率，而不是过去的汇率。这一预期变化会推动 AA^1 曲线右移。但如果没有中央银行的干预，仅凭预期本身还不足以使 AA^1 曲线移到 AA^2 曲线。在点 2 处，和在点 1 处一样，如果外汇市场出清，则 $R=R^*$。但由于点 2 的产出高于点 1 的产出，所以在点 2 处的实际货币需求也更高一些。由于价格固定，为了使点 2 成为货币市场新的均衡点，货币供给必须增加，即让均衡点落在新的 AA 曲线上。因此，要想使经济在新的固定汇率水平上达到均衡，中央银行购入国外资产是必不可少的。

下调可以影响中央银行的外汇储备。如果中央银行的外汇储备不足，那么可以运用突然的、一次性的贬值增加其储备。

图 18-4 货币币值下调的影响

说明：当一种货币币值从 E^0 下调到 E^1 时，经济的均衡点会随着产出与货币供给的增加而从点 1 移至点 2。

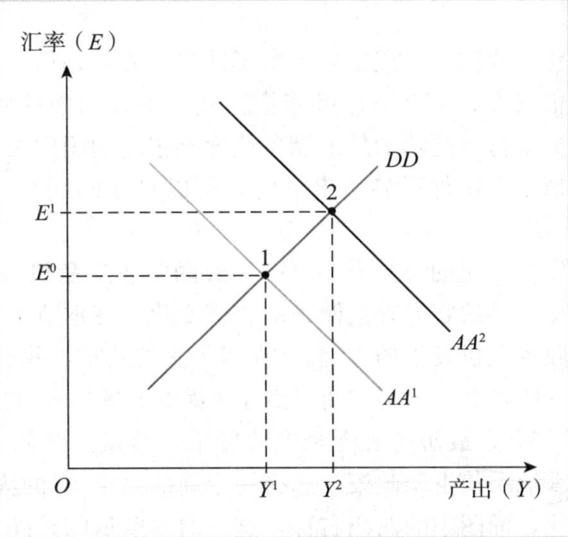

经济对财政政策变动与汇率变动做出的调整

如果财政政策和汇率变动在充分就业的条件下发生，并且这些新的政策维持的时间足够长，那么它们最终将使得价格水平变动到恢复充分就业的水平。为理解这一动态过程，我们将依次讨论经济如何对财政扩张和本币币值的下调做出调整。

如果经济最初处于充分就业状态，财政扩张会使产出增加，而这部分超出充分就业水平的产出增加会引起本国价格水平 P 的上升。随着 P 的上升，本国产品会变得昂贵，于是总需求逐渐降低，从而使得产出返回到最初的充分就业水平。一旦回到原来的水平，价格水平上升的压力就消失了。在固定汇率制下，短期内不会出现实际汇率升值，而在浮动汇率制下，短期内则会出现实际汇率升值。但是在长期，不论汇率是固定还是浮动，都会出现相同幅度的实际汇率升值。[①] 在现在的例子中（指固定汇率制下的充分就业状态），实际汇率升值（即 EP^*/P 的下降）是由于 P 的上升而不是因为 E 的下降。

乍看起来，固定汇率制下财政扩张引起长期价格水平上升的结论似乎与我们在第 15 章中阐述过的结论（即在既定产出水平和利率下，价格水平和货币供给在长期内同比例增长）不符。实际上两者并不矛盾，因为财政扩张会迫使中央银行干预外汇市场从而确实引起货币供给的增加。在调整过程中，为了固定汇率，中央银行最终必须进行干预，与长期价格水平 P 上升同比例地增加货币供给。

贬值政策的调整过程与以上所述类似。事实上，由于贬值并不会改变产品市场的长期供求条件，因此长期中贬值所引起的价格水平的上升与汇率的上升是成比例的。固定汇率制下的货币币值下调与浮动汇率制下成比例的货币供给增加的长期效果是相同的。正如后者一样，在长期中贬值政策是中性的，也就是说，它对经济长期均衡的唯一影响是，所有名义价格和国内货币供给都同比例地上升。

① 这是因为，在两种情况下使经济系统达到长期均衡的实际汇率 EP^*/P 都满足同一个式子，即 $Y^f=D(EP^*/P, Y^f-T, I, G)$，在这里，$Y^f$ 就是我们在第 17 章中谈到过的充分就业产出。

国际收支危机与资本抽逃

到目前为止，我们一直假定外汇市场的参与者都相信汇率将永久地固定在它现在的水平上。然而在许多实际情况中，中央银行可能会发现，维持当前的固定汇率并不那么有吸引力或者并不可行。例如，中央银行可能缺少外汇储备或面临很高的国内失业。由于市场参与者知道中央银行可能会通过本币贬值来对这种形势做出反应，所以对他们而言，当前汇率永远维持不变的预期是非理性的。

汇率行将发生变化的市场预期可以导致**国际收支危机**（balance of payments crisis），即对未来汇率预期的变化会导致官方外汇储备的急剧变化。在本节中我们将用资产市场均衡模型来说明固定汇率制下国际收支危机发生的原因。（在接下来的几章，我们将描述蔓延范围更广泛的金融危机。）

在图 18－5 中，资产市场均衡于点 1（货币市场）和点 1′（外汇市场），汇率固定于 E^0 且预期长期固定在此。M^1 是最初均衡所对应的货币供给量。例如，假设经常账户突然恶化，以至外汇市场预期政府将采取币值下调政策，选择一个新的高于 E^0 的固定汇率 E^1。图 18－5 的上半部分显示了这一预期变化，即图中的曲线右移，这一曲线度量的是外币存款的预期本币收益。因为当前汇率仍是 E^0，所以外汇市场均衡（点 2′）要求本国利率提升至 $R^*+(E^1-E^0)/E^0$。它等于外国货币资产的预期本币收益。

图 18－5　资本抽逃、货币供给与利率

说明：当市场将汇率水平推至 E^1 时，中央银行为了保持汇率在 E^0 固定不变，必须运用其储备来弥补私人资本的流出，并减少货币供给，同时提高国内利率。

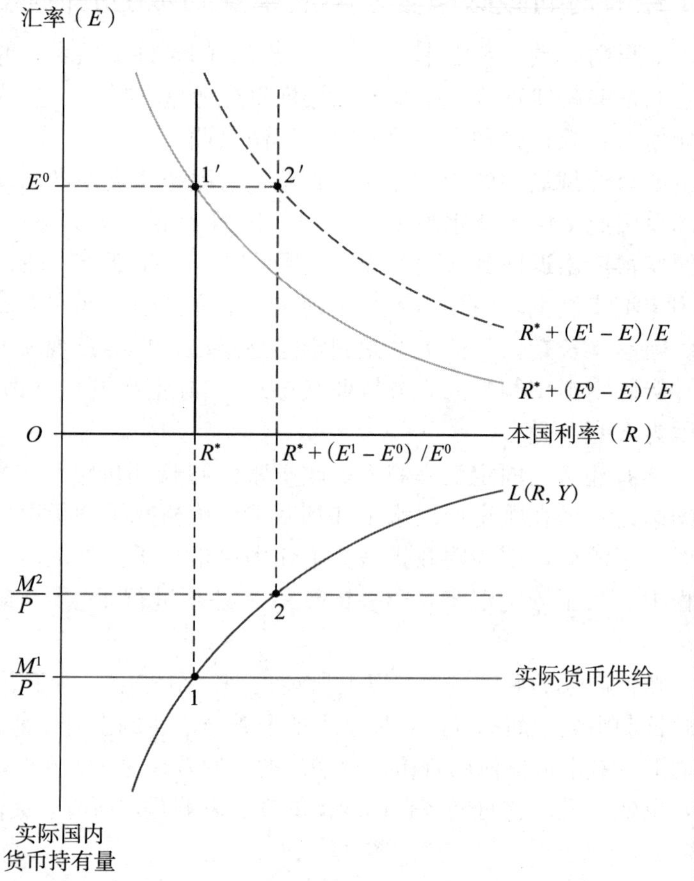

然而，最初本国利率仍会维持在 R^*，低于这一新的对国外资产的预期收益率。这一差别会引起外汇市场上对外币资产的超额需求；为继续使汇率保持在 E^0，中央银行必须出售外汇储备以减少本国货币供给。一旦货币供给降到 M^2，中央银行的干预就结束了，此时货币市场达到均衡点，外汇市场出清（点 2），利率为 $R^*+(E^1-E^0)/E^0$。结论是：对未来贬值的预期会引起国际收支危机，危机表现为储备的急剧减少、本国利率水平高于世界利率水平。类似地，对未来本币升值的预期将导致本国利率水平低于世界利率水平，同时外汇储备大幅增加。

基于贬值恐慌的储备流失常常被称为**资本抽逃**（capital flight），这是由于国际收支账户中有关的借方项目上有私人资本流出。居民会向中央银行抛售本币换取外汇，并将换得的外汇投资于国外。当刚开始的中央银行的储备过低引起贬值恐慌时，资本抽逃就特别值得政府关注，这是因为资本抽逃会使储备减少得更快，中央银行不得不比原计划更快和更大幅度地下调本币。①

货币危机的原因究竟是什么呢？从长期来看，政府采取的政策通常与维持固定汇率制的目标不一致。一旦市场预期考虑到了这些政策，国内利率必然被迫提高。例如，中央银行可能会购买本国政府的债券，使得政府可以继续维持财政赤字。因为中央银行买入国内资产会导致其外汇储备不断流失，储备会下降到某一点，以至中央银行发现自己已经无法再维持原汇率。随着时间的推移，汇率失守的可能性增大，同时国内利率水平会不断上升，直到中央银行的外汇储备耗竭，放弃固定汇率为止。（本章附录 2 介绍了一个具体的模型。该模型揭示，如果货币交易者发起投机性攻击，突然取得中央银行所有余下的外汇储备，就会导致中央银行放弃货币钉住制度。）对中央银行而言，要避免这种命运的唯一办法只能是停止为政府的财政赤字融资，借此迫使政府中规中矩。

在上面的例子中，给定宏观政策，外汇储备的耗竭和固定汇率的放弃都是不可避免的。即使禁止私人资本流动，汇率失守也必然会发生，因此，伴随货币危机的资本流出会加速汇率失守。不过，并不是所有危机都属于这个类型。即使一国经济并非处于固定汇率制必然失守的情况下，也可能遭到货币投机。在这种情况下发生的货币危机通常被称为**自我实现的货币危机**（self-fulfilling currency crises），不过我们还是要重点强调：如果政府制造或默许国内经济存在某些脆弱性从而吸引投机者对本币实施攻击，政府就应该对此类危机负主要责任。

举一个例子，我们假设在一个经济中，国内商业银行的负债主要是短期存款，而在衰退时期银行的许多商业贷款很可能都无法收回。如果投机者认为本币会贬值，则利率会上升，在银行借款成本骤然上升的同时，银行资产的价值会下降。为了防止国内金融混乱，中央银行可能会向银行提供贷款，在这个过程中中央银行的外汇储备不仅会不断流失，而且很可能会同时失去继续维持钉住汇率的能力。在这种情况下，货币交易者的贬值预期就会把经济推入危机，迫使汇率改变。

在本章接下来的部分我们继续假定：在固定汇率制下，市场没有变更固定汇率的预期。但是当我们在后面的章节里讨论不同国家关于固定汇率制的经验时，我们将频繁地提到刚才所做的分析。

有管理的浮动与冲销性干预

在有管理的浮动汇率制下，货币政策受汇率变动影响，但不像在固定汇率制下那样毫无作为。相反，中央银行不得不在就业或通货膨胀等国内目标和稳定汇率之间做出权衡取舍。例如，假设中央银行试图扩张货币供给来应对失业，但同时又出售国外资产以抑制由于货币扩张而带来的本币贬值，那么，外汇干预将会减少货币供给，但并不能完全抵消中央银行应对失业的努力。

---

① 如果总需求取决于实际利率水平（如 *IS-LM* 模型所讨论过的），资本抽逃将通过减少货币供给和提高实际利率来减少产出。对经济的这一可能的紧缩影响是政策当局力图避免资本抽逃的另一原因。

政策讨论会和报纸上关于外汇干预的讨论似乎常常忽略了我们详细讨论过的外汇干预与货币供给之间的密切联系。实际上，这些讨论通常假设外汇干预已经被冲销了，即中央银行对国内资产的反向操作已经使得外汇干预无法影响货币供给。对中央银行行为的研究证实了上述假设并展现了中央银行所实行的在浮动和固定汇率下的冲销性干预政策。

尽管冲销性干预在实际中被广泛运用，但经济学家对其的评价仍存在很大的分歧。在本节中我们将讨论汇率管理中冲销政策的作用。[①]

资产完全替代与冲销性干预的无效性

如果中央银行执行了冲销性外汇干预，则本国货币供给不会发生变化。但这种政策很难用我们先前提出的汇率决定模型做出理论上的解释，因为该模型预言，如果没有货币供给的相应变化，中央银行的干预就不会影响本国利率，也就不会影响汇率。

我们的模型还预言，在固定汇率制下，冲销性干预将毫无效果。财政扩张的例子说明了为什么中央银行在固定汇率情况下希望实行冲销性干预，以及为什么该模型预言这一政策会失效。回顾一下，当财政政策扩张时，为保持汇率稳定，中央银行必须购入国外资产和扩充本国货币。这一政策在增加产出的同时会引起通货膨胀。而通货膨胀正是中央银行试图通过冲销性干预减少货币供给来予以避免的。但如果中央银行通过出售国内资产来减少货币供给，那么它就必须买进更多的国外资产以维持固定汇率。因此，在固定汇率制下，货币政策的无效性意味着冲销操作必然是自相矛盾的，从而是失败的。

导致该结论的关键在于，我们的模型假设，只有当本币债券与外币债券的预期收益率一样时，外汇市场才会实现均衡。[②] 这一假设通常被称作**资产的完全替代**（perfect asset substitutability）。正如我们的模型所假设的，只有当两种资产的预期收益率相同时，投资者对其资产是如何组合的才并不在乎。由于外汇市场上资产完全替代，所以汇率就这样被决定了，因此利率平价条件成立。如果资产确实是完全替代的，那么中央银行的外汇干预和纯粹的公开市场操作就都不会产生什么效果。

与资产的完全替代相反，如果在均衡时资产的预期收益率不同，则存在着**资产的不完全替代**（imperfect asset substitutability）。正如我们在第 14 章中所指出的，在外汇市场上，导致资产不完全替代的主要因素是风险。如果不同币种的债券有不同程度的风险，有时投资者宁愿持有预期收益率较低但风险也较小的债券。同样，只有当预期收益率相对较高时，他们才愿意持有风险较高的资产。

在资产完全替代的情况下，外汇市场的参与者只关心预期收益率。由于收益率取决于货币政策，所以冲销性干预之类的政策举措既不会影响货币供给，也不会影响汇率。而在资产不完全替代的情况下，风险和收益率同样重要，所以，即使货币供给不改变，中央银行的行动也既会改变国内货币资产的风险，又会使汇率发生变动。然而，为了理解冲销性干预如何影响国内货币资产的风险，我们必须修改原有的外汇市场均衡模型。

专栏 市场能打击一种强大的货币吗？以瑞士为例

传统上，瑞士法郎被视为避险货币：当投资者觉得全球经济不稳定时，会购买避险货币。当 2008 年 9 月的全球金融危机（我们将在接下来的几章讨论）加深时，投资者（许多投资者是瑞士人且拥有大量外国资

---

① 在美国，纽约联邦储备银行负责执行美联储制定的干预政策，并且这些干预政策经常会失效。参见 Federal Reserve Bank of New York, "Fedpoint: U. S. Foreign Exchange Intervention," http://www.newyorkfed.org/aboutthefed/fedpoint/fed44.html。

② 我们假设生息（非货币）资产（以同种货币命名），无论是流动性较差的定期存款还是政府债券，都是资产组合中的完全替代物。"债券"一般被用于泛指这些资产。

产）纷纷把他们的货币投资到瑞士。正如你在图 18－6 中所看到的，欧元的瑞士法郎价格急剧下跌（瑞士法郎升值），而中央银行即瑞士国家银行（Swiss National Bank，SNB）的储备大量增加。（储备用图 18－6 中的右轴来衡量。）储备增加是因为 SNB 干预了外汇市场，用瑞士法郎购买了欧元，以延缓瑞士法郎的升值。

SNB 迅速调低了利率，既刺激了经济活动，也打击了瑞士法郎的升值。到 2008 年 11 月，瑞士的短期利率跌至接近零（并且保持了很长时间）。瑞士法郎相对于欧元的汇率几乎稳定在 1.5 瑞士法郎＝1 欧元。

但是，当 2009 年晚些时候欧元区陷入金融危机时（将在第 21 章讨论），新的压力又来了。瑞士法郎相对于欧元的汇率急剧升值，由于外汇购买进一步增加，储备大大膨胀。随着进口品价格下跌、出口工业品（如手表业）价格脱离了世界市场价格，瑞士遭受了通货贬值和失业之苦。到 2011 年 8 月，汇率为 1.12 瑞士法郎/欧元。

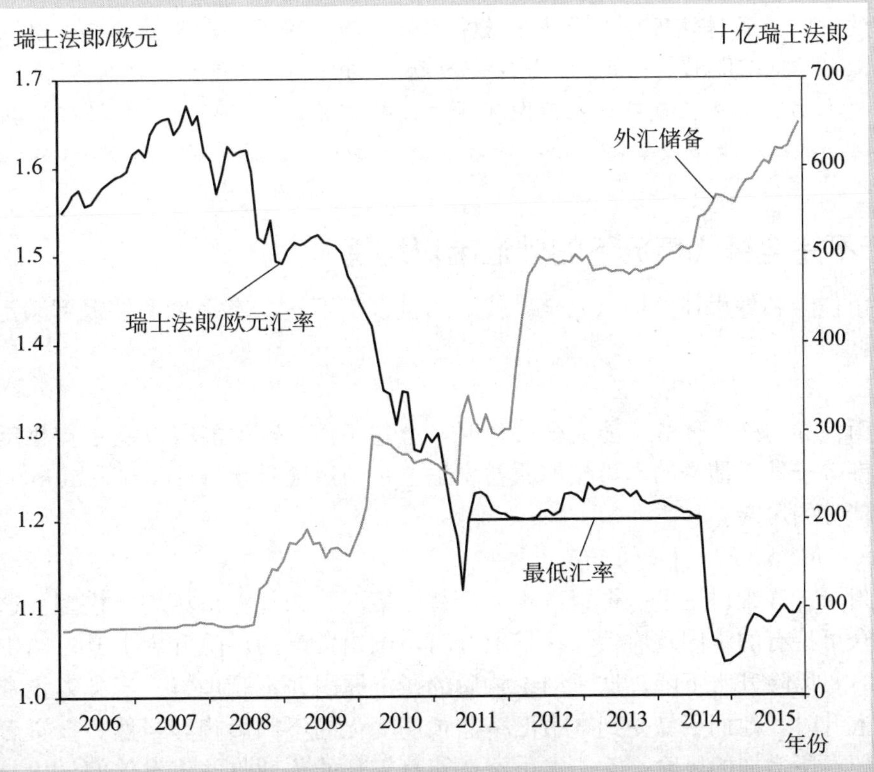

图 18－6　瑞士法郎相对于欧元的汇率以及瑞士的外汇储备，2006—2015 年

说明：SNB 极力干预瑞士法郎相对于欧元的升值，最终在 2011 年 9 月使得欧元的价格跌入谷底，并在 2015 年 1 月舍弃了该最低汇率。

资料来源：Swiss National Bank.

在该汇率水平处，SNB 采取了激进的措施：在 2011 年 9 月，SNB 承诺汇率不会跌至 1.2 瑞士法郎/欧元。这使得瑞士法郎可以从谷底贬值，但是不会在低于谷底的水平升值。为了兑现这个承诺，SNB 只得以 1.2 瑞士法郎/欧元的价格买入市场上所有想卖出欧元的卖者手中持有的欧元。

图 18－6 表明，随后瑞士的国际储备增加得更迅速。随着那些打赌货币谷底不会维持的投机者抛售手中的现金，现金大量涌入市场，SNB 的外汇储备几乎达到了该国年产出 3/4 的水平！当一个脆弱的货币遭到打击时，保护该货币的中央银行只好卖出手中的储备，可能导致储备耗尽。但是，如果中央银行可以无限制地印刷货币，对其用自己的钱购买储备以压低强通货的能力有限制吗？主要的潜在的可以采取的措施是购买储备并允许货币供给增加，中央银行会触发过度通货膨胀。但是这一切并没有发生。部分是因为邻近欧元区国家的经济增长乏力，自从瑞士采取了限制瑞士法郎升值的措施后，其经历了长时间的通货紧缩。

汇率低谷一直延续到2014年末，外汇储备保持在5 000亿瑞士法郎。2015年1月15日，SNB放弃了1.2瑞士法郎/欧元的低汇率政策，瑞士法郎迅速升值，在1个交易日内升至0.8瑞士法郎/欧元（图18-6未显示，因图18-6演示了月末汇率变化）。在经历了一开始时的快速升值后，瑞士法郎的币值逐步回落到稳定水平，即1.1瑞士法郎/欧元。SNB的强干预有助于汇率趋于稳定。

是什么促使SNB放弃汇率低谷？2015年1月，人们认为ECB会通过采取购买资产的非常规方式应对欧元区的低通胀、低增长。上述计划将使欧元进一步贬值、瑞士法郎进一步升值，甚至促使SNB购买大量欧元。由于持有大量欧元资产，SNB需要承担巨大的资本损失风险（以瑞士法郎测算），这促使SNB放弃汇率低谷，允许瑞士法郎升值。与其让瑞士法郎进一步背离其市场均衡价值从而增加面临的损失风险，SNB认为扭转局面的时机已到。

瑞士出口商自然抱怨汇率的变化，斯沃琪集团CEO甚至称之为一次“海啸”。这次变化对其他国家也有重大影响，例如在波兰，为了转嫁风险，很多市民采用低利率的瑞士法郎贷款而不是波兰兹罗提贷款，当时波兰的瑞士法郎贷款约占GDP 8%。由于瑞士法郎升值，约50万拥有瑞士法郎贷款的波兰人月供提高了15%～20%。在写作本书时，波兰政府正在试图通过立法将汇兑损失转嫁给延长抵押贷款期限的银行。

资产不完全替代情况下的外汇市场均衡

若本币债券和外币债券可以完全替代，当且仅当下述利率平价条件得到满足时，外汇市场才会实现均衡：

$$R=R^{*}+(E^{e}-E)/E \qquad (18-1)$$

当本币债券与外币债券不能完全替代时，上述条件一般不能得以满足。相反，外汇市场均衡要求国内利率等于外币债券的本币预期收益率加上一个**风险升水**（risk premium）ρ，ρ反映了本币债券与外币债券的风险差异。

$$R=R^{*}+(E^{e}-E)/E+\rho \qquad (18-2)$$

本章附录1详细讨论了一个资产不完全替代情况下的外汇市场均衡模型。这一模型的主要结论是：当公众可持有的本国政府债券存量上升时，国内资产的风险升水上升；当中央银行持有的国内资产上升时，风险升水下降。这一结论背后的经济原因并不难理解。当私人投资者持有的国内政府债券存量上升时，他们更易受到本币汇率非预期变化的不利影响。当然，投资者并不愿意承担持有本国政府债券所增加的风险，除非本币资产能有较高的预期收益率对他们做出补偿。本国政府债券存量的增加会因此扩大本币债券与外币债券预期收益率之间的差别。同样地，当中央银行购入国内资产时，市场便不再持有它们，私人受本币汇率波动影响的风险因此降低，本币资产的风险升水也降低了。

这一新的外汇市场均衡模型意味着，风险升水与本国政府债券存量B减去中央银行持有的国内资产A的差成正比，即

$$\rho=\rho(B-A) \qquad (18-3)$$

当$B-A$上升时，本国债券的风险升水会增加。风险升水与中央银行所持国内资产之间的关系使得中央银行可以通过外汇市场的冲销性干预影响汇率。它还意味着，国内资产和国外资产的官方操作的各自市场后果可能是有差异的。[①]

① 中央银行国内资产存量通常被称作国内信贷。

资产不完全替代情况下冲销性干预的影响

我们在图 18－7 中通过增加资产不完全替代假定修改了我们关于资产市场均衡的早期模型，说明了冲销性干预是如何影响汇率的。图的下半部分说明了货币市场仍旧处在均衡点 1，没有变动。除了向下倾斜的曲线现在表示国外资产的本币预期收益率与风险升水的总和如何依赖于汇率水平之外，图的上半部分也大致与从前一样（曲线继续呈下滑趋势是因为假设风险升水本身并不取决于汇率）。外汇市场在点 1′处处于均衡，对应的本国政府债券存量为 B，中央银行的国内资产持有量为 A^1。在这一点上，国内利率等于国外存款经过风险调整的本币收益率［如式（18－2）所示］。

让我们使用图解来检测中央银行通过购买国外资产进行冲销操作的影响。由于中央银行在出售国内资产的同时会购入国外资产，本国货币供给保持在 M^S 的水平上，所以图 18－7 的下半部分没有任何变化。然而，作为出售国内资产的结果，中央银行所持有的国内资产减少了（降至 A^2），相应地，市场所持有的国内资产的存量 $B-A^2$ 高于最初的存量 $B-A^1$。这一增加会推动风险升水 ρ 上升，使得图的上半部分中的负斜率曲线向右移动。外汇市场现在在点 2′处达到均衡，本国货币贬值到 E^2。

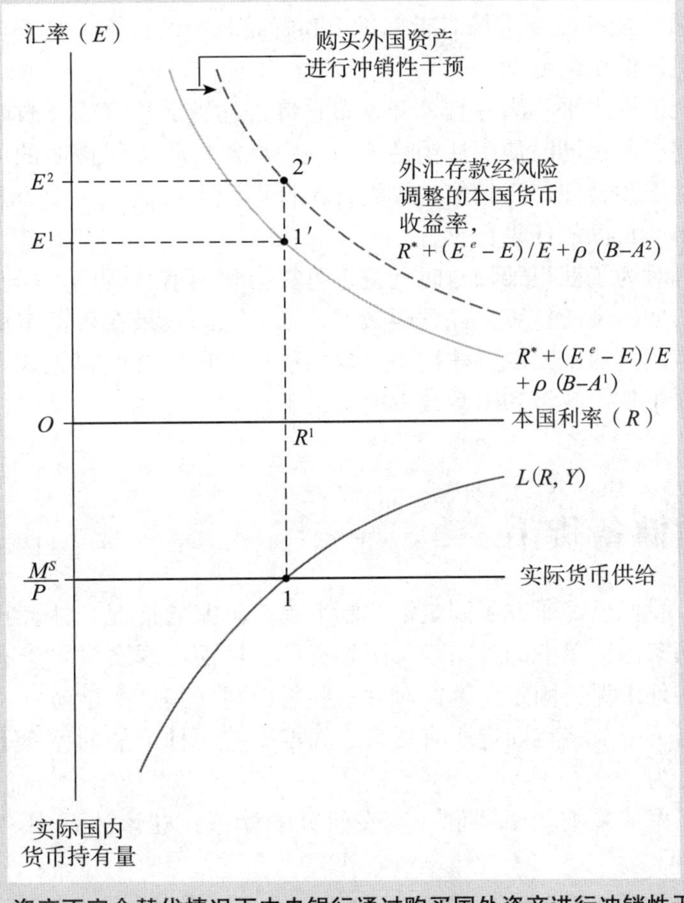

图 18－7　资产不完全替代情况下中央银行通过购买国外资产进行冲销性干预的影响

说明：中央银行购买国外资产来进行冲销性干预，导致货币供给不发生变化，但在均衡时本国货币存款所能提供的经过风险调整的收益率必定上升。结果是，图的上半部分中的收益率曲线向右上方移动，在其他条件不变的情况下，这将导致本币从 E^1 贬值到 E^2。

在资产不完全替代的情况下，通过购买外汇进行冲销性干预也会引起本币的贬值。类似地，通过出售外汇进行冲销性干预会引起本币升值。这一结论说明了当中央银行改变货币供给以实现充分就业等国内目标时，它也能通过冲销性干预来保持汇率稳定。实际上，在短期内，当冲销性干预发挥作用时，我们可以对汇率和货币政策进行相互独立的操作。

冲销性干预发挥作用的证据

很少有证据表明冲销性干预在没有货币政策和财政政策配合的情况下对汇率有显著的影响。这一结论与大多数关于冲销性干预的理论研究的结果是一致的。[①] 然而，正如我们在第 14 章所讨论的，也有相当多的证据反对不同币种的债券是完全替代的这一观点。[②] 一些经济学家从这些冲突的结果中推断：虽然风险升水是很重要的，但它们并不像我们模型简单假设的那样依赖于中央银行的资产交易。另一些经济学家则争辩说：现在使用的用来检测冲销性干预效果的方法是有缺陷的。但无论如何，在冲销性干预对汇率是否有确定性影响尚缺乏充分证据的情况下，持怀疑态度可能是很自然的。

我们关于冲销性干预的讨论已经假设干预并不会改变汇率的市场预期。然而，如果市场参与者并不能确定宏观经济政策的未来走向，冲销性干预可能会给出这样一种信号，即中央银行期望（或愿意）汇率朝某个方向变动。这种被称作**外汇干预的信号效应**（signaling effect of foreign exchange intervention）的效应能够改变市场对未来货币和财政政策的预期，甚至在不同币种的债券可以完全替代时也会立即引起汇率的变动。

当政府对现行汇率水平不满并且公开宣布它将通过货币政策或财政政策来改变汇率时，信号效应将变得十分重要。通过同时使用冲销性干预，中央银行将加强声明的可信度。例如，通过购入国外资产进行冲销性干预会使市场相信中央银行正打算让本币贬值，因为升值会给银行带来损失。中央银行甚至必须小心自己的钱袋！

但是，政府有时为了获得某种暂时利益也可能会利用信号效应，即便它本来没有通过货币政策或财政政策改变长期汇率的打算。经常叫喊“狼来了”的效果在外汇市场上与在别处是一样的。如果政府在其政策声明之后不采取具体措施，这些信号很快就会变得无效。因此，信号干预本身并不能被视为一项独立于货币政策和财政政策的政策工具。[③]

世界货币体系中的储备货币

到目前为止，我们已经研究了固定汇率制下单一国家的情况，并且我们一直假设可以在有必要的时候，在这个国家内以单一的外币购买国外资产。然而，现实世界里有多种货币，所以一国可能会使其本币对某些外币保持固定汇率，对另一些货币则任其自由浮动。

我们在本节与下一节将在固定所有货币之间汇率的两种可能的体系下，从全球视角来研究世界经济的宏观经济行为。

第一种固定汇率体系类似于我们一直在研究的体系。在该体系中，某一货币被选作**储备货币**

---

① 有关冲销性干预的证据，可参见延伸阅读中 Sarno 和 Taylor 的文章，以及 2000 年 12 月的 *Journal of International Financial Markets, Institutions, and Money*。

② 参见本章末延伸阅读中 Froot 和 Thaler 的文章。

③ 关于信号效应的作用的讨论，参见 Kathryn M. Dominguez and Jeffrey A. Frankel, *Does Foreign Exchange Intervention Work?* (Washington, D.C.: Institute for International Economics, 1993); and Richard T. Baillie, Owen F. Humpage, and William P. Osterberg, "Intervention from an Information Perspective," *Journal of International Financial Markets, Institutions, and Money* 10 (December 2000), pp. 407–421。

(reserve currency)，中央银行通过持有储备货币以保持其国际储备，确定本币与储备货币之间的固定汇率，并且愿意按此汇率来进行外汇交易。从第二次世界大战结束直到1973年，美元成为主要的储备货币，几乎每一个国家的货币汇率都钉住美元。

第二种固定汇率体系（下一节研究）是**金本位制**（gold standard）。在金本位制下，中央银行用黄金来固定其货币的价值，将黄金作为官方储备。国际金本位制在1870—1914年处于全盛期，不过，许多国家试图在1918年第一次世界大战结束时恢复金本位制的努力并未成功。

储备货币本位制与金本位制都会在世界上任意两种货币之间导致固定汇率。但是两个体系在各国如何分担国际收支清算的负担和国内货币供给的增长及控制等问题上有很大不同。

储备货币本位制的运行机制

储备货币本位制的运作可以通过第二次世界大战末期建立起来的美元本位制来说明。在美元本位制下，每一个国家的中央银行都通过在外汇市场上以本币兑换美元资产来固定其本币的美元汇率。频繁的入市干预意味着每家中央银行在手头上都必须保持充足的美元储备，以应付外汇市场上可能出现的本币过度供给。因此，中央银行相当大的一部分国际储备以美国国库券和美元短期存款的形式保有，因为这两种储备形式都可以获得利息收入且变现成本较低。

由于每种货币的美元价格都由其中央银行固定了，所以除美元之外的任何两种货币之间的汇率都会通过外汇市场上的套汇行为自动地固定下来。这一过程是怎样实现的呢？我们来看一个有关欧元引进之前的法国和德国货币——法郎和马克的例子。让我们假设美元的法国法郎价格固定于5法郎/美元，而美元的德国马克价格固定于4马克/美元，那么法郎与马克之间的汇率就必须固定为(4马克/美元)÷(5法郎/美元)＝0.80马克/法郎，无须中央银行直接以法郎兑换马克来保持两种货币之间固定的相对价格。例如，当马克与法郎的兑换比率为0.85马克/法郎时，通过法国中央银行出售100美元，你将肯定可以获得6.25美元的利润。具体操作是：先向法兰西银行（Bank of France）出售100美元，得到100美元×5法国法郎/美元＝500法郎，再在外汇市场上出售500法郎得到500法郎×0.85马克/法郎＝425马克，然后向德意志联邦银行出售马克，得到425马克÷4马克/美元＝106.25美元。然而，如果每个人都试图在外汇市场上通过卖出法郎买入马克来获利，那么马克相对于法郎就会升值，直至马克与法郎的兑换比率达到0.80马克/法郎。类似地，如果汇率为0.75马克/法郎，那么外汇市场上的压力就会迫使马克相对于法郎贬值，直到汇率达到0.80马克/法郎。

因此，尽管每家中央银行都只把其本币汇率同美元挂钩，但市场力量还是会自动维持所有货币之间的固定汇率——这被称为交叉汇率决定。第二次世界大战后的汇率体系实际上是任何两种货币之间的汇率都固定的一种制度。①

储备货币发行国的不对称地位

在储备货币本位制中，储备货币的发行国具有特殊地位，因为它无须干预外汇市场。原因在于如果世界上有N个国家N种货币，那么相对于储备货币只有$N-1$种汇率。如果这$N-1$种非储备货币固定其与储备货币之间的汇率，那么储备货币发行国就没有必要固定自己的汇率了。因此这个中心国家不需要干预外汇市场，没有保持国际收支平衡的负担。

这一安排会使得储备货币发行国处于特权地位，因为尽管是在固定汇率制下，该国仍可以使用

① 但是，战后汇率制度的实际运行规则允许货币的美元价值围绕“官方”价值上下浮动1个百分点。这意味着交叉汇率可浮动4个百分点。

货币政策来稳定其宏观经济。在本章前面我们已经论述过，当一国必须干预市场以保持汇率固定时，其扩张货币供给的尝试就会由于国际储备的流失而注定要失败。但由于储备货币发行国是体系中唯一可以无须干预就能保持固定汇率的国家，所以它仍能达到用货币政策维持经济稳定的目的。

储备货币发行国的中央银行购买国内资产会产生什么影响呢？其货币供给的增加会使得其利率低于其他国家的利率，因而在外汇市场上会出现对外币的过度需求。为阻止其货币相对于储备货币升值，体系中所有其他国家的中央银行都会被迫以本币购买储备资产，扩大本国的货币供给，从而推动其利率回落到储备中心确立的水平。结果是，在储备货币发行国购买本国资产之后，世界总产出以及各国国内产出都会增加。

我们认为，储备货币本位制下各国货币政策的作用基本上是不对称的，储备货币发行国通过货币政策不但能够影响本国的经济，还能够影响外国经济；其他国家的中央银行被迫放弃将货币政策作为谋求经济稳定的工具，而代之以“进口”储备货币发行国的货币政策，因为它们必须钉住本国货币对储备货币的汇率。

这一储备货币体系天生的不对称性使得储备货币发行国掌握了巨大的经济力量，并因此在体系内部最终引起了政策争端。这些问题导致了战后“美元本位制”于 1973 年崩溃，我们将在第 19 章中详细讨论这些问题。

金本位制

国际金本位制通过避免“第 N 种货币问题”从而避免了储备货币本位制中天生的不对称性。在金本位制下，每个国家都将本币与黄金挂钩，随时准备在有必要时将本币兑换成黄金以捍卫官价。由于有 N 种货币就有 N 种货币的黄金价格，所以在该体系内没有一个国家享有特权地位，每一国都有责任用官方储备资产黄金来钉住其货币的价格。

金本位制的内在机制

由于在金本位制下各国都把本国货币与黄金挂钩，所以官方国际储备主要采取黄金的形式。金本位制的规则要求每个国家都允许黄金不受任何阻碍地自由进出口。通过这种安排，金本位制就像储备货币本位制一样，也形成了各种货币之间的固定汇率。例如，如果黄金的美元价格被美联储固定于 35 美元/盎司，而黄金的英镑价格被英格兰银行（Bank of England，英国中央银行）固定于 14.58 英镑/盎司，则美元/英镑汇率一定固定于（35 美元/盎司）÷（14.58 英镑/盎司）＝2.40 美元/英镑。在储备货币本位制下保持交叉汇率固定的套汇机制同样能够维护金本位制下的固定汇率。[①]

金本位制下对称的货币调整

由于金本位制内在的对称性，该体系中没有一个国家拥有特权地位，都必须承担干预外汇的义务。通过考察一国中央银行购买国内资产的国际影响，我们可以更详细地论述金本位制下货币政策是如何起作用的。

假设英格兰银行决定通过购入国内资产来增加其货币供给。英国货币供给的增加最初将对英国利率施加向下的压力，从而使得外国货币资产比英镑资产更具吸引力。英镑存款的持有者将试图卖出英镑换回外国存款，但是不会有私人买者出现。在浮动汇率制下，英镑相对于外币将会贬值，直

① 事实上，运送黄金时的运输成本和保险成本确定了两个点，即黄金输出点和输入点，在此范围内，汇率可以上下浮动。

至利率平价重新恢复。然而，在金本位制下，贬值却不会发生，因为中央银行被迫按固定汇率以本币换取黄金，因此不愿意持有英镑的人可将英镑卖给英格兰银行以换取黄金，再出售黄金给其他国家的中央银行以换取外币，然后用这些外币购买利率比英镑利率更高的外币存款。因此，英国将出现私人资本外流，外国会出现资本的流入。

这一过程会使外汇市场重新恢复均衡。英格兰银行失去了储备，这是因为它被迫通过购买英镑售出黄金来维持英镑的固定价格。外国中央银行通过以其货币购买黄金而获得了储备。各国在国际收支调整上都承担同样的义务。由于英国的官方外汇储备减少而其他国家的官方外汇储备增加，英国货币供给减少，这会推动英国利率反弹；同时，外国货币供给增加，外国利率下降。一旦各国利率再次相等，资产市场就会恢复均衡，英格兰银行售出黄金而外国中央银行购入黄金的趋势将消失。世界货币总供给（而不是英国货币供给）将大于英格兰银行国内资产的购买数量。此时全世界的利率都更低了。

我们的例子说明了金本位制下国际货币调整的对称性质。当一国失去其储备并导致货币供给收缩时，其他国家将相应获得储备并且货币供给扩张。相反，储备货币本位制下的货币调整是极不对称的。各国储备的增减可能对储备发行国的货币供给毫无影响，而储备货币发行国却有能力影响本国和世界的货币供给。[①]

金本位制的优缺点

金本位制的倡导者声称，除了对称性外，金本位制还有另一个吸引人的优点。由于全世界的中央银行都必须固定其货币的黄金价格，所以它们不会允许其货币供给比实际货币需求增长得更快，因为过快的货币增长最终会抬高包括黄金在内的所有产品和服务的货币价格。因此，金本位制天然地能够对中央银行通过扩张性货币政策引起国内价格水平上涨的做法予以限制。这种限制会使一国货币的实际价值更加稳定和更具可预测性，从而进一步加强由货币使用发展起来的商品交换经济（见第 15 章）。在储备货币本位制下并不存在这种对货币创造的限制；储备货币发行国可以毫无限制地扩张货币供给。

金本位制的如下不足可能会抵消它的好处：

（1）金本位制大大限制了使用货币政策应对失业的能力。如果面临世界性的经济衰退，对所有国家而言，共同扩大货币供给或许更好，即便这将抬高用各国货币表示的黄金价格。

（2）只有当黄金与其他产品和服务的相对价格是稳定的时，将货币与黄金挂钩的做法才能确保总体价格水平的稳定。例如，假设黄金的美元价格是每盎司 35 美元，而黄金按典型的商品篮子来计算的价格是每盎司 1/3 篮子，这意味着每个商品篮子的价格是 105 美元。现在假设在南美发现了一个巨大的金矿，按商品篮子计算的黄金价格降至每盎司 1/4 篮子，而黄金的美元价格在每盎司 35 美元不动，那么价格水平就会从每个篮子 105 美元升至每个篮子 140 美元。实际上，对金本位制时代的研究表明：黄金相对价格的变化所引致的价格水平的波动之大令人吃惊。[②]

（3）基于金本位制的国际支付体系有很多问题。当各国经济增长时，除非能源源不断地发现新的黄金，否则中央银行无法增加其持有的国际储备。每一家中央银行都需要持有一定的黄金储备来固定其货币的黄金价格，以及作为一种应对难以预知的经济灾难的缓冲器。因此，当中央银行都试

---

① 最初，金币是金本位制国家的货币供给的一个重要部分。一国黄金损失给外国人也并非必然采取中央银行黄金持有量减少的形式：私人可以将黄金熔铸成块并运到国外，在那里或被铸成外国货币或被卖到外国中央银行换取纸币。按我们以前对中央银行资产负债表的分析，流通金币被看作是基础货币的组成部分，而不是中央银行的负债。任何形式的黄金出口都会导致本国货币供给的减少和外国货币供给的增加。

② 参见 Richard N. Cooper, "The Gold Standard: Historical Facts and Future Prospects," *Brookings Papers on Economic Activity* 1: 1982, pp. 1-45。

图通过出售国内资产从而缩减国内货币供给来增加其储备时，可能会因此带来世界性的失业。

（4）金本位制给了主要的黄金生产国——如俄罗斯和南非——通过出售黄金来影响世界宏观经济状况的巨大能力。

由于这些缺点，今天很少再有经济学家主张返回金本位制。早在1923年初，英国经济学家凯恩斯就把金本位制描述为早期国际货币体系的“原始的遗产”。① 今天多数中央银行都将黄金仅作为其国际储备的一部分，因此金价对各国货币政策并无特别的影响。

复本位制

直到19世纪70年代早期，许多国家还是实行**复本位制**（bimetallic standard），意即货币同时以金和银为基础。美国自1837年至内战一直实行复本位制，不过那时世界上最主要的复本位制国家是法国，它直到1873年才废弃了复本位制，采取了金本位制。

在复本位制下，一个国家的铸币厂通常会在本国的单位货币中（一般是以一定费用）铸入一定数量的金或者银。例如，在内战前的美国，371.25格令的银（一格令相当于1/480盎司）可以铸成一个银币，或者23.22格令的金可以铸成一个金币。因此，金的价值为银的371.25/23.22＝16倍。

然而，铸造厂规定的比例可以与市场上两种金属的相对价格不同，当它这么做的时候，其中一种金属就可能会退出流通领域。例如，如果黄金相对于白银的价格上升到了20∶1，那么相对于铸造比例16∶1来说白银就贬值了，没有人会再愿意在铸造厂将黄金转换为金币。通过用黄金在市场上购买白银，再将这些白银铸成美元就可以得到更多的美元。结果是，当黄金的相对价格上升到比铸造相对价格要高的时候，黄金就可能退出货币流通，在相反的情况下，银币也有可能消失。

复本位制的优势在于它可能会减少由于单独使用一种金属而造成的价格水平的不稳定性。一旦黄金变得稀缺而且昂贵，更便宜而且相对丰富的白银就可以成为货币的主导形式，这样就可以减轻纯金本位制可能暗含的通货紧缩问题。尽管有这些优势，截至19世纪晚期大多数国家还是追随当时世界上领先的工业化国家英国而实行了金本位制。

金汇兑本位制

在金本位制与纯粹的储备货币本位制之间还存在着**金汇兑本位制**（gold exchange standard）。在金汇兑本位制下，中央银行的储备由黄金和具有固定黄金价格的货币组成，每一家中央银行都将其汇率钉住具有固定黄金价格的货币。金汇兑本位制与金本位制一样能够抑制世界性的货币供给过度增长，但它同时在国际储备增长方面允许有更大的灵活性，即储备可含有黄金以外的资产。然而，金汇兑本位制仍具有金本位制的上述其他缺点。

第二次世界大战后以美元为中心的国际储备货币体系最初实际上是金汇兑本位制。当外国银行将其汇率固定时，美联储承诺黄金的美元官价为每盎司35美元。但到了20世纪60年代中期，该体系运作得更像纯粹的储备货币本位制而不是金本位制。1971年8月，尼克松总统单方面中止了美元与黄金的挂钩（我们将在下一章中探讨），之后不久固定美元汇率体系就瓦解了。

---

① 参见John Maynard Keynes，“Alternative Aims in Monetary Policy，” reprinted in his *Essays in Persuasion*（New York：W. W. Norton & Company，1963）。关于金本位制的最新观点，参见Robert A. Mundell，“International Monetary Reform：The Optimal Mix in Big Countries，” in James Tobin，ed.，*Macroeconomics*，*Prices and Quantities*（Washington，D. C.：Brookings Institution，1983），pp. 285－293。

❖案例分析　国际储备的需求

本章解释说，中央银行资产分为国内货币资产（例如国内政府债券）和国外货币资产（即中央国际储备）。由古至今，国际储备都被中央银行所珍视，因为它在国内资产价格或许翻倍的环境下（例如金融危机和战争），可以用来与外国人做产品和服务贸易。在金本位制下，黄金在国际储备资产中扮演着极其重要的角色。经济学家争论美元在今天能否起到这个作用，如果可以，这种唯一的美国特权能够持续多久。因为中央银行和政府可以修改政策来影响国家持有的国际储备，因此理解国家对国际储备的需求的影响因素至关重要。

本章的模型是思考国际储备的一个很好的出发点。在该模型中，国内外债券是很好的替代品，汇率是固定的，各国对固定汇率都很有信心。在该模型中，我们得出的货币政策无效的结论同时意味着单个中央银行能够毫不痛苦地获得它们所需要的国际储备。它们的做法很简单，就是在公开市场上卖出国内资产，这会立刻引起国外资产的等量流动，但是国内利率或者国内经济条件不变。在现实生活中可能没有这么容易，因为国家恰恰是在对固定汇率有信心和汇率平价这些条件很有可能会被违背的情况下需要储备。结果，中央银行用谨慎的方式管理它们的储备，将持有的储备保持在它们认为能充分应对未来危机的水平上。①

通常，获得和持有储备既有成本也有收益，中央银行希望持有的储备水平反映了两者间的平衡。许多金融当局的价值储备是如此之高，以至全部货币供给都靠国外资产来支持——根本没有国内货币资产。然而在许多情况下，中央银行既持有国内资产，又持有国外资产，其最合适的储备水平是通过权衡成本与收益来决定的。

从 20 世纪 60 年代中期开始，经济学家发展和探讨了有关国际储备需求基于实证证明的正式理论。那时的国际资本市场与今天的相比有更多限制（见第 20 章），而对储备的一个主要威胁就是出口收入突然降低，中央银行衡量储备水平是依据其能够支持的进口需求的月数。相应地，出口、进口和国际金融流动等所有能够引起储备变动以至接近零的因素的变化都被视为国际储备需求的基础决定因素。理论上，高易变性会提高储备需求。提高对储备的平均需求的额外的变动因素是，如果国家突然不得不减少进口、增加出口来实现贸易顺差，或者提高利率来吸引国外资本，将会面临调整成本。更高度的经济开放使这种调整变得容易，从而会减少储备需求，但也会导致经济面对外贸的冲击时更加脆弱，从而提高预期储备的持有。②

另外，持有储备的主要成本是利息。中央银行从国内债券转到国外储备失去了国内债券利息而获得了储备货币利息。如果市场认为本币可能出现贬值，那么国内债券就会提供高于外国储备的利率，这意味着从中央银行的资产组合转变为储备需要较高的成本。当然，如果储备货币相对于国内货币升值，中央银行会获益。相应地，如果储备货币相对于国内货币贬值，中央银行将受损。

此外，储备的流动性越高，利率就越低。持有相对较高流动性的储备的利率成本和持有现金的利率成本相似，我们可以回过头看一下第 15 章。

20 世纪 60 年代人们认为汇率较有弹性的国家更容易产生出口盈余，因为如果储备降低可以让货币贬值，并且能避免经济衰退。20 世纪 70 年代初当工业化国家实行浮动汇率时，许多经济学家因此预期国际储备需求会迅速下降。

---

① 在金本位制下，全球的国际储备额可能是受限制的（相对于储备货币体系），这会产生一个不同的问题。困难在于所有的国家不能同时提高它们的国际储备，因此当许多国家试图在同一时间提高国际储备时，这样的行动将会影响世界经济形势。本章末的习题 18 会要求你思考这种情况。

② 早期有影响的研究有 H. Robert Heller，"Optimal International Reserves，" *Economic Journal* 76（June 1966），pp. 296－311。

然而，图 18－8 显示此种情况并没有发生。从 20 世纪 60 年代开始，工业化国家的国际储备增长率有轻微下滑。工业化国家的储备一直与名义收入保持大体相当的增长步伐。发展中国家的储备平均增长率远高于过去 40 年（图 18－8 显示了 2005 年前后的迅速高增长，其在某种程度上是对中国巨额储备购买的反映）。尽管许多发展中国家采用了更有弹性的汇率，但还是加速了储备的增长。

对这种发展的一个解释是（在接下来几章将做更深入的讨论）：全球资本市场的成长大大提高了金融跨境流动（尤其是有危机倾向的国家的跨境流动）的潜在变化。① 如图 18－8 所示，1982—1992 年间，发展中国家储备的迅速下滑反映了 1982—1989 年间的国际债务危机。在那次危机中，国外借出资源干涸，发展中国家被迫吸收储备。在 2008—2009 年的危机期间，我们再次目睹了储备增长率的下降。这一幕很好地说明了为什么发展中国家那么急切地增加储备的持有量。即使是使用浮动汇率的发展中国家也需要用美元来偿还国外债权人与国内居民的债务，以避免金融危机和货币崩盘。

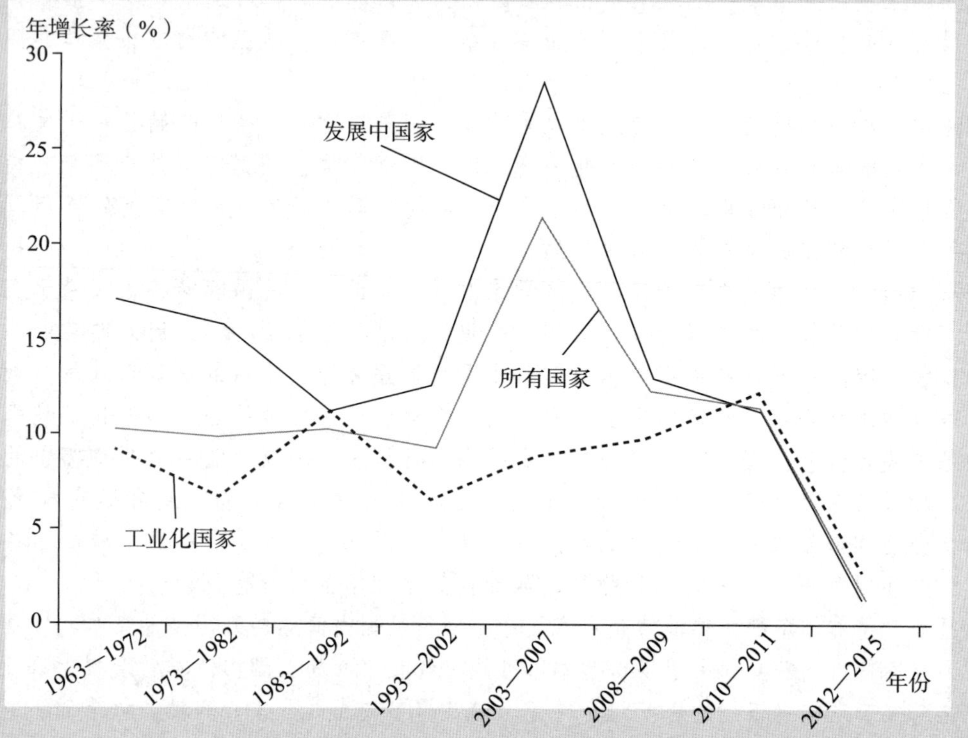

图 18－8　国际储备增长率

说明：国际储备的年增长率自 20 世纪 70 年代初以来没有出现迅速下滑。近期，发展中国家大量地增加了储备持有量，但是自危机开始的年份 2008—2009 年以来，发展中国家增加储备持有量的步伐放缓了。本图显示了储备的年增长率。

资料来源：International Monetary Fund.

这一解释与早期的理论不矛盾。国际储备需求仍然反映了收支平衡的易变性。然而，近些年金融市场的快速全球化导致了潜在变化和潜在风险大量增加。

① 近期探讨国际储备需求的现代决定因素的文献包括：Robert Flood and Nancy Marion，“Holding International Reserves in an Era of High Capital Mobility，” *Brookings Trade Forum* 2001，pp. 1－47；Joshua Aizenman and Jaewoo Lee，“International Reserves：Precautionary versus Mercantilist Views，Theory and Evidence，” *Open Economies Review* 18（April 2007），pp. 191－214；and Maurice Obstfeld，Jay C. Shambaugh，and Alan M. Taylor，“Financial Stability，the Trilemma，and International Reserves，” *American Economic Journal：Macroeconomics* 2（April 2010），pp. 57－94。

各个国家可以并且仍然选择持有其他货币而不仅是美元作为国际储备。它们选择持有那些币值稳定且国外出口商和贷款人很容易接受的货币。欧元诞生于 1999 年，在国际上得到了广泛的应用，并且很多非欧元区国家也将大量欧元作为它们的国际储备，因此欧元对美元的地位构成了最大的挑战（尽管最近的欧元危机对欧元造成了一定的负面影响）。

图 18－9 表明了各国的国际储备中四种主要货币的重要性。自 1999 年诞生至 2009 年的第一个十年间，欧元在国际储备中的份额从 18%上升到了 28%，但 2009 年末以来的欧元危机（见第 21 章）削弱了欧元作为储备货币的地位，欧元份额跌至 20%以下。自 1999 年以来美元的份额从 71%下降到了 64%。在 20 世纪 20 年代之前，英镑一直是国际储备中的主要币种。但如今英镑在国际储备中的份额已经下降至只有 5%了。日元也是国际储备的主要币种，在 20 世纪 90 年代中期日元在国际储备中的份额一度是英镑份额的三倍，如今日元的份额略低于英镑，只有 4%。

在 1999 年欧元诞生之时，一些经济学家预测欧元将取代美元，成为国际储备中的主要货币。尽管如图 18－9 所示，美元在国际储备中的份额有所下降，但是欧元取代美元似乎还遥不可及。然而，历史肯定可以见证新来者是如何取代主要储备货币的地位的。①

图 18－9　国际储备的货币份额

说明：尽管随着时间的推移，欧元在国际储备中的地位上升了，但是美元仍然占有绝对优势。

资料来源：International Monetary Fund，Currency Composition of Foreign Exchange Reserves（COFER），at http：//www.imf.org/external/np/sta/cofer/eng/index.htm。这些数据只包括向 IMF 汇报了储备构成的国家的情况，不包括中国。

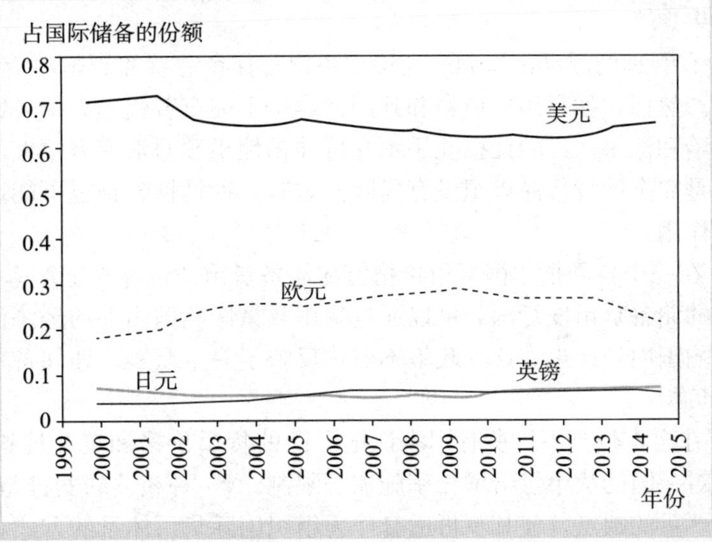

提　要

1. 中央银行对外汇市场的干预和国内货币供给之间有直接的联系。当一国中央银行购买外国资产时，一国的货币供给自动增加了。类似地，一国中央银行卖出外国资产会自动减少本国的货币供给。中央银行的资产负债表表明了外汇干预是如何影响货币供给的，因为当中央银行的资产增加或减少时，负债也相应地增加或减少，资产和负债的增加或减少是国内货币供给过程的基础。中央银行可以通过对冲操作使货币供给对干预的影响无效。如果没有对冲操作，国际收支平衡和国际货币供给之间的联系将取决于中央银行如何分担国际收支中的金融缺口负担。

2. 如果它愿意在此汇率上不限量地用本国货币兑换外国资产，中央银行可以固定本国货币对外国货币的

① 艾肯格林最近对美元储备的地位做了一个评估，见延伸阅读。艾肯格林在他的书中对美元的特殊地位做了一个综合的、历史性的分析，参见 Eichengreen，*Exorbitant Privilege*：*The Rise and Fall of the Dollar and the Future of the International Monetary System*（New York：Oxford University Press，2011）。一个正式的统计分析，参见 Menzie Chinn and Jeffrey A. Frankel，“Will the Euro Eventually Surpass the Dollar as Leading International Reserve Currency?” in Richard H. Clarida，ed.，*G7 Current Account Imbalances*：*Sustainability and Adjustment*（Chicago：University of Chicago Press，2007），pp. 283－322。

汇率。为了固定汇率，不论何时，只要有必要阻止对本国货币资产的超额供给或需求，中央银行就必须干预外汇市场。实际上，中央银行会调整其外国资产——因此，调整其国内货币供给——以确保在固定汇率制下，资产市场一直保持均衡。

3. 固定汇率的承诺使得中央银行牺牲其运用货币政策的能力来换取稳定。中央银行对国内资产的购买引起其官方国际储备的等量减少，而货币供给和产出保持不变。类似地，中央银行对国内资产的卖出使得外国储备增加相等的数额，但是没有其他的影响。

4. 和货币政策不一样，财政政策在固定汇率制下比在浮动汇率制下对产出的影响更大。在固定汇率制下，在短期，财政扩张不会引起实际升值，进而"挤出"总需求。相反，其使得中央银行购买外国资产，引起货币供给增加。币值下调在短期也使得总需求和货币供给增加。（币值上调有相反的影响。）在长期，财政扩张引起实际升值，使得货币供给增加，本国价格水平上升。而币值下调使得货币供给和价格的长期水平与汇率变动成比例上升。

5. 当市场参与者预期中央银行会在现有水平上改变汇率时，就会发生国际收支危机。例如，如果市场认为币值下调，国内利率将上升，超过世界利率，而外国储备将随私人资本流向国外而急剧下降。当经济体暴露在投机中时，就会发生自我实现的货币危机。在其他情况下，汇率下降可能是不一致的政府政策的不可避免的结果。

6. 有管理的浮动汇率制度允许中央银行保留一些控制国内货币供给的能力，但却是以更大的汇率不稳定为代价。然而，如果国内债券和外国债券是不完全替代品，中央银行通过冲销性外汇干预可能可以同时控制货币供给和汇率。经验证据几乎不支持冲销性干预对汇率有重大的直接影响这一观点。即使当国内债券和外国债券是完全的替代品以至没有风险升水时，冲销性干预也可能通过改变市场关于未来政策的观点的信号间接产生作用。

7. 在一个各国把本国货币价格钉住储备货币的世界固定汇率体制中，包括了大量的不对称：那些没有固定汇率的储备货币发行国，可以通过货币政策影响国内外的经济活动。相反，所有其他国家都无法通过货币政策影响国内外产出。这一政策不对称反映了一个事实，即储备货币发行国没有承担任何为其国际收支平衡融资的负担。

8. 在金本位制下，所有国家都把自己的货币价格和黄金挂钩，避免了储备货币本位制下的内在不对称性，并对一国的货币供给增长率施加了限制。（一种相关的安排是基于金和银的复本位制。）但是，金本位制也有很严重的缺点，使其不再适合作为组织国际货币体系的方式。即使第二次世界大战之后设立的基于美元的金汇兑本位制最终也被证明无效。

关键术语

国际收支危机	复本位制	资本抽逃
中央银行资产负债表	币值下调	金汇兑本位制
金本位制	资产的不完全替代	有管理的浮动汇率
资产的完全替代	储备货币	币值上调
风险升水	自我实现的货币危机	外汇干预的信号效应
冲销性外汇干预		

习　题

1. 在固定汇率制下，中央银行国内资产的扩张最终是如何影响其资产负债表的？中央银行在外汇市场上的交易是如何反映在其收支平衡表中的？

2. 在政府支出增加的情况下重做上一题。

3. 描述未预期到的币值下调对中央银行资产负债表和收支平衡表的影响。

4. 解释为何在本章的模型中，币值下调改善了一国的经常账户。（提示：考虑在上一章中给出的 XX 曲线。）

5. 为什么一国政府可能愿意牺牲一些运用货币政策的能力以换取更稳定的汇率？

6. 在固定汇率制下，财政扩张如何影响一国的经常账户？

7. 解释为何在固定汇率制下，暂时性和永久性财政扩张的效果相同，如同在浮动汇率制下一样？

8. 各国经常运用币值下调来改善其经常账户。然而，既然经常账户等于国内储蓄减去国内投资（见第 13 章），这一改善只有在投资下降、储蓄上升或两者同时发生的情况下才有可能出现。币值下调如何影响国内储蓄和国内投资？

9. 运用 DD-AA 模型分析在固定汇率制下进口税对产出和国际收支平衡的影响。如果世界上所有国家同时试着通过征收关税改善就业和国际收支平衡表，将会发生什么？

10. 当发生国际收支危机后，中央银行下调币值，这通常会增加外国储备。可以运用我们的模型解释这一金融流入吗？如果市场相信，在不久的将来会出现另一次币值下调，将会发生什么？

11. 假设在战后美元本位制下，外国中央银行以隐藏在其储备中的美元现钞的形式而不是美国国库券的形式持有美元储备。此时，国际货币调整机制是对称的还是不对称的？（提示：例如，考虑如果日本银行卖掉日元，换取美元并持有美元，这会对美国和日本的货币供给产生什么影响。）

12. “当国内债券和外国债券是完全的替代品时，中央银行对使用国内资产还是外国资产来执行货币政策无所谓。”请讨论这一观点。

13. 美国的外汇干预有时由外汇稳定基金（Exchange Stabilization Fund，ESF，财政部的一个部门）进行，该基金管理美国政府和外汇债券的资产组合。例如，ESF 将采取在其资产组合中减少美元、增加日元的干预政策来支持日元。ESF 的操作如何影响外汇的风险升水？

14. 运用类似图 18－7 的图来解释在保持汇率固定、资产不完全替代的情况下，中央银行如何改变国内利率。

15. 在本章正文中，我们分析了出售价值 100 美元的外国资产是如何影响一国中央银行的资产负债表的。在那个例子中，假设外国资产的购买者是以本国货币现金支付的。假设买者用她在帕丘尼亚公司的账户中的支票购买外国资产，帕丘尼亚公司是一家私人国内银行。使用和正文中类似的资产负债表，表明交易如何影响中央银行的资产负债表和货币供给。

16. 在正文中，我们观察到，“固定的”汇率制度不仅会导致绝对固定的汇率，而且会导致汇率波动范围变窄。例如，在金本位制下，金点确定了这样的波动范围。（典型的这种波动范围是在中心汇率平价上加减一个百分点。）汇率的这种波动范围允许国内利率不随外国汇率波动而独自波动多大程度？说明答案取决于利率的到期日或者期限。为了有助于你判断，假设汇率加减 1%，分别考虑 3 个月期、6 个月期和 1 年期存款的利率。在这一比较狭窄的波动范围内，10 年期贷款利率独立变动的范围有多大？

17. 在一个由三个国家组成的世界上，中央银行固定其中一种汇率而让另外两种波动。它能运用货币政策影响产出吗？它能同时固定两种汇率吗？

18. 在关于国际储备的案例中，我们确认了除非在储备货币体系下，所有中央银行通过在公开市场上同时出售国内资产来增加其国际储备的尝试可能会对世界经济产生自相矛盾的影响。通过对比金本位制类型的体系和储备货币体系来进行解释。

19. 如果一个国家改变其汇率，以国内货币衡量的外国储备的价值也会变化。这后一种变化可能代表了中央银行国内货币的收益或者损失。当一个国家相对于储备货币下调其货币的币值时，会发生什么？当其上调币值时呢？这一因素可能如何影响持有外国储备的潜在成本？在组织你的答案时，确保考虑了利率平价的作用。

20. 分析一个经济体持续下调币值对我们在第 17 章中讨论的流动性陷阱的影响。

21. 回顾我们在本章正文的专栏中讨论的瑞士法郎币值下降到谷底的情形。同时，回顾上一章中讨论的流动性陷阱。因为在瑞士防止其币值下降到谷底的过程中，瑞士一直处于流动性陷阱中，我们在上一章讨论的流动性陷阱理论是否表明，在 SNB 采取措施大量购买外汇的情况下，瑞士的通货膨胀并没有加剧？

22. 继续回顾关于瑞士法郎币值下降到谷底的

专栏，在这种情况下，瑞士的利率跌至零。如果货币预测家预测瑞士法郎升值的速度快于欧元利率提高的速度，你认为会发生什么？

延伸阅读

Graham Bird and Ramkishen Rajan. "Too Much of a Good Thing? The Adequacy of International Reserves in the Aftermath of Crises." *World Economy* 86 (June 2003), pp. 873 - 891. 该文献回顾了国际储备的要求。

William H. Branson. "Causes of Appreciation and Volatility of the Dollar," in *The U. S. Dollar—Recent Developments, Outlook, and Policy Options*. Kansas City: Federal Reserve Bank of Kansas City, 1985, pp. 33 - 52. 该文献发展并运用了一个具有不完全资产替代性的汇率决定模型。

Barry Eichengreen. "The Dollar Dilemma: The World's Top Currency Faces Competition." *Foreign Affairs* 88 (September/October 2009), pp. 53 - 68. 该文献对美元维持在潜在的媒介和储备货币中的首要地位所面临的挑战做出了评估。

Milton Friedman. "Bimetallism Revisited." *Journal of Economic Perspectives* 4 (Fall 1990), pp. 85 - 104. 该文献重新考察了经济学家对双重金银本位制的评估。

Kenneth A. Froot and Richard H. Thaler. "Anomalies: Foreign Exchange." *Journal of Economic Perspectives* 4 (Summer 1990), pp. 179 - 192. 该文献对利率平价条件的实证证据进行了清楚、非技术性的讨论。

Karl Habermeier, Annamaria Kokenyne, Romain Veyrune, and Harald Anderson. "Revised System for the Classification of Exchange Rate Arrangements." IMF Working Paper WP/09/211, September 2009. 该文献解释了国际货币基金组织如何对各国多元化的汇率决定体系进行分类。

Matthew Higgins and Thomas Klitgaard. "Reserve Accumulation: Implications for Global Capital Flows and Financial Markets." *Current Issues in Economics and Finance* 10 (September/October 2004). 该文献分析了中央银行在储备持有方面的趋势。

Owen F. Humpage. "Institutional Aspects of U. S. Intervention." *Federal Reserve Bank of Cleveland Economic Review* 30 (Quarter 1, 1994), pp. 2 - 19. 该文献讨论了美国财政部和美联储如何在外汇干预方面进行协调。

Olivier Jeanne. *Currency Crises: A Perspective on Recent Theoretical Developments*. Princeton Special Papers in International Economics 20. International Finance Section, Department of Economics, Princeton University, March 2000. 该文献展示了作者对投机性危机和冲击的最新思考。

Robert A. Mundell. "Capital Mobility and Stabilization Policy under Fixed and Flexible Exchange Rates." *Canadian Journal of Economics and Political Science* 29 (November 1963), pp. 475 - 485. 作者对不同汇率制度下货币政策和财政政策的效应进行了经典的阐述。

Michael Mussa. *The Role of Official Intervention*. Occasional Paper 6. New York: Group of Thirty, 1981. 该文献讨论了在肮脏浮动汇率下，中央银行外汇干预的理论和实践。

Maurice Obstfeld. "Models of Currency Crises with Self-Fulfilling Features." *European Economic Review* 40 (April 1996), pp. 1037 - 1048. 该文献对国际收支危机的本质进行了进一步的讨论。

Jonathan D. Ostry, Atish R. Ghosh, and Marcos Chamon. "Two Targets, Two Instruments: Monetary and Exchange Rate Policies in Emerging Market Economies." IMF Staff Discussion Note SDN/12/01 (February 2012). 该文献描述了在未抵补利率平价不成立的新兴市场环境下，对货币政策和汇率的联合管理。

Lucio Sarno and Mark P. Taylor. "Official Intervention in the Foreign Exchange Market: Is It Effective and, If So, How Does it Work?" *Journal of Economic Literature* 39 (September 2001), pp. 839 - 868. 该文献是对外汇干预的最新考察。

第 18 章附录 1　资产不完全替代情况下的外汇市场均衡

本附录将提出一个外汇市场模型，在这个模型中，风险因素会使得本币资产和外币资产是不完全替代的；风险升水会使得国内资产与国外资产的预期收益率之间存在差别。

需　求

由于人们不喜欢其财富每天都面临巨大变化的风险，所以他们会通过对预期收益和风险的权衡来决定自己的资产组合。例如，某人可能会因为预期能够得到高额收益而以英镑形式持有其全部资产，但这也意味着一旦英镑贬值，他就可能遭受巨大的损失。更明智的策略是投资于几种不同的货币，即使某些货币比英镑的预期收益低，这样做也可以减少任一货币贬值对总财富的不利影响。通过持有几种货币的方式分散风险，个人可以减少其财富的不稳定性。

如果考虑到风险，我们有理由假设，当本币资产的利率 R 相对于外币资产的本币收益 $R^* + (E^e - E)/E$ 上升时，个人对本币生息资产的需求将会增加。换句话说，只有当个人能够获得更高的本币资产的预期收益作为补偿时，他才愿意更多地投资于本币资产，因而也增加了其证券组合的风险。

我们来总结这一假设。i 表示对本币债券有需求的某个人，B_i^d 表示对本币债券的需求，它是本币债券与外币债券收益率之差的增函数，即

$$B_i^d = B_i^d[R - R^* - (E^e - E)/E]$$

当然，B_i^d 也依赖于个人 i 的其他特定因素，如他的财富与收入。对本币债券的需求可正可负，但在我们的假设中，个人 i 是本币的净借入者，所以也就是本币债券的供给者。

为了得到对本币债券的总需求，我们只需加总世界上所有个人 i 的个人需求 B_i^d，这也是本币债券与外币债券收益率之差的增函数，即

$$\text{需求} = B^d[R - R^* - (E^e - E)/E]$$
$$= \sum i\, B_i^d[R - R^* - (E^e - E)/E]$$

由于在市场中既有人买入本币债券，也有人卖出本币债券，所以 B^d 应被理解为私人部门对本币债券的净需求。

供　给

由于我们把 B^d 理解为私人部门对本币债券的净需求，所以恰当的供给变量是指提供给私人部门的本币债券的净供给，即作为私人资产的债券供给。因此，净供给等于公众持有的本币政府公债的价值 B 减去中央银行持有的本币资产的价值 A，即

$$\text{供给} = B - A$$

为了得到净供给，A 必须从 B 中减去，这是因为中央银行购买债券将减少私人投资者所能购得的债券数量（更一般地说，我们还应该从 B 中减去外国中央银行所持有的本币资产）。

均　衡

风险升水 ρ 是由供需双方相互作用来决定的。风险升水可以定义为：

$$\rho = R - R^* - (E^e - E)/E$$

即本国债券与外国债券的预期收益率之差。因此私人部门对本币债券的净需求即为 ρ 的增函数。图 18A1－1 中斜率为正的本币债券的需求曲线反映了这一关系。

债券供给曲线是在点 $B-A^1$ 垂直于横轴的直线，这是因为市场上的债券净供给是由政府与中央银行决定的，与风险升水无关。图中均衡点为点 1（风险升水为 ρ^1）。在该点，私人部门的本币债券净需求正好等于净供给。注意在给定 R、R^* 和 E^e 时，图中显示的均衡也可以确定汇率，因为 $E=E^e/(1+R-R^*-\rho)$。

图 18A1－1 也显示了中央银行出售国内资产，使其持有的国内资产从 A^1 减少到 A^2（$A^2<A^1$）时的效应。这一销售会使本币债券的净供给增至 $B-A^2$，供给曲线右移。新的均衡出现在点 2，此时风险升水为 $\rho^2>\rho^1$。类似地，本币政府债券 B 的增加也会提高风险升水。

这个模型说明，风险升水是 $B-A$ 的增函数，这与我们在讨论冲销性干预时导出的式（18－3）是一致的。

图 18A1－1　资产不完全替代情况下的本国债券供给及外汇风险升水

说明：当私人部门持有的本币债券的供给增加时，本币资产的风险升水会随之上升。

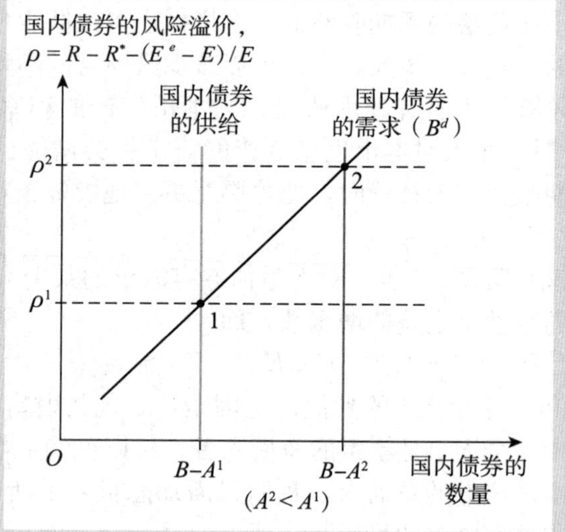

你可能已经意识到我们对有关风险升水的决定因素的讨论进行了简化，尤其是假定本国是一个小国，所有的国外变量都是给定的。但是，大体上外国政府还是可以影响风险升水 ρ 的，当然能够从正负两方面影响。也就是，使得外国债券风险不断增加的政策或事件将最终使得投资者在本币债券的预期收益低于外币债券的情况下愿意持有本国债券。

捕获这种可能性的方法就是概括正文中的式（18－3），并将风险升水 ρ 表示为

$$\rho = \rho(B-A, B^*-A^*)$$

式中，B^*-A^* 是公众持有的净外币债券股本。在这个延伸的公式中，$B-A$ 增加仍然会使 ρ 增加，但 B^*-A^* 的增加会使外币债券风险加大，从而导致 ρ 的下降。

第 18 章附录 2　国际收支危机的时点

在正文中我们将国际收支危机定义为市场对中央银行维持固定汇率的承诺突然失去信心的情况。如前所述，货币危机通常并不像被危机折磨得焦头烂额的政策制定者所宣称的那样是市场情绪变化无常的结果。相反，汇率坍塌是政府政策和永久地维持固定汇率不一致所导致的不可避免的后

果。通过仔细分析政府政策和市场对这些政策的理性反应，简单的经济理论就可以使我们预测危机发生的时间。[①]

使用货币分析法的有关假定和概念来分析国际收支和汇率（见第16章），我们很容易归纳出要点。为简化起见，我们假定价格水平具有完全的弹性，充分就业产出是个常量。我们还假定，市场参与者对未来有完全正确的预期。

国际收支危机的发生时点与政府政策相关。重要的是，我们并不仅仅描述政府今天如何行动，还应知道政府将对经济中未来发生的事件做何反应。在这里，我们提出对政府行为的两个假设：(1) 中央银行现在允许国内信贷 A 稳定增长，并将永远这样做。(2) 中央银行目前将维持 E^0 的固定汇率，但如果其外汇储备 F^* 降到零，它将会允许汇率永久地自由浮动。进一步说，只要还有外汇储备，中央银行就会继续按 E^0 的价格进行交易以维持汇率，直到储备全部用完。

中央银行的政策问题在于它们不可能自始至终地维持固定汇率。根据货币分析法，当中央银行的国内资产持续增加时，外汇储备会稳定下降，因此储备最终将会消耗殆尽而固定汇率 E^0 也不得不被放弃。事实上，当外汇储备仍然大于零时，投机者会通过投机袭击并购买中央银行手中所有的储备来迫使这一事件发生。

我们可以在定义和图示的帮助下描述危机的时点，在 t 时刻的影子浮动汇率称作 E_t^S，它指的是在 t 时刻，如果中央银行不持有外汇储备，允许币值浮动并继续允许国内信贷增长的市场汇率。根据货币分析法我们知道，在这种情况下将出现持续的通货膨胀，此时 E_t^S 会随着时间的推移而上升，并与本国信贷增长率成比例。图18A2－1的上半部分显示了影子浮动汇率的上升趋势，而最初固定汇率被钉在 E^0 的水平上。横轴代表的时间 T 被定义为当影子汇率达到 E^0 时的时间。

图18A2－1的下半部分说明了当国内信贷稳定增长时储备是如何随时间的推移而变化的（从原点沿着纵轴向下的方向是储备增加的方向）。储备的变化路径是一条折线，即先是缓慢下降，然后在时间 T 降至零。储备的直线下降（损失 F_T^*）是投机冲击的结果，而这一冲击会导致固定汇率最终被放弃。如果资产市场在每一时刻都是出清的，则我们可以肯定在时间 T 投机冲击一定会发生。

由于假定产出 Y 是固定的，所以只要本国利率 R 不动，储备就会按国内信贷增长的速度下降。但利率会如何变动呢？我们知道，只要人们确信汇率不动，R 就会等于外国利率 R^*，这是因为没有人会预期本币贬值。因此，只要汇率固定在 E^0，储备就将稳步地下降，如图18A2－1所示。

让我们设想一下储备能否在晚于 T 的某一时间 T' 才降到零。由于影子汇率 E^S 被定义为外汇储备为零时的市场均衡时的浮动汇率，所以如果储备在时间 T' 为零，则货币当局会在时间 T' 永远放弃 E^0，而实际汇率会立即跳到较高的水平 $E_{T'}^S$。但是这里的“均衡”有点问题。因为每一位市场参与者都知道本币在时间 T' 会剧烈贬值，他们会在时间 T' 之前就以较低的价格 E^0 向中央银行购买外汇并争取获利。因此，中央银行在 T' 之前就会失去它所有的储备，这与我们关于储备在时间 T' 才降到零的假设矛盾。因此我们在时间 T' 并未真正见到均衡。

如果投机者在早于时间 T 的某点 T'' 就买光了官方储备，我们能得到均衡吗？答案又一次是否定的。考虑一下个人投资者将如何选择。他知道如果中央银行储备在时间 T'' 达到零，则货币就将从 E^0 升值到 $E_{T''}^S$。因为中央银行会放弃干预外汇市场，在这种情况下投资者不会加入任何旨在推动储备在 T'' 达到零的投机行动。事实上，他宁愿在时间 T'' 之前尽可能地将外币卖给中央银行而在危机之后以较低的市场价格将它购回。因为每一个市场参与者都会发现以这种方式行动是有利可图

① 有关国际收支危机的模型，参见 Paul Krugman，“A Model of Balance-of-Payments Crises,” *Journal of Money, Credit and Banking* 11 (August 1979)，pp. 311－325；Robert P. Flood and Peter M. Garber，“Collapsing Exchange Rate Regimes: Some Linear Examples,” *Journal of International Economics* 17 (August 1984)，pp. 1－14；and Maurice Obstfeld，“Rational and Self-Fulfilling Balance-of-Payments Crises,” *American Economic Review* 76 (March 1986)，pp. 72－81。还可参见本章延伸阅读中 Maurice Obstfeld 的文章。

的，所以在时间 T 之前投机风潮根本不会发生。没有投机者会以 E^0 的价格购买中央银行储备，因为这样做会招致巨大的损失。

只有外汇储备正好在时间 T 达到零时，资产市场才会保持均衡。如上所述，时间 T 实际上是由条件

$$E_T^S = E^0$$

确定的，储备在时间 T 降到零时，汇率恰好会保持在最初固定的水平上，之后才会向上浮动。

图 18A2－1　国际收支危机时点的决定

说明：市场遭受了一个投机性冲击，并在时间 T 购买了剩余的外汇储备 F_T^*。此时的影子浮动汇率 E_T^S 正好等于固定汇率崩溃前的 E^0。

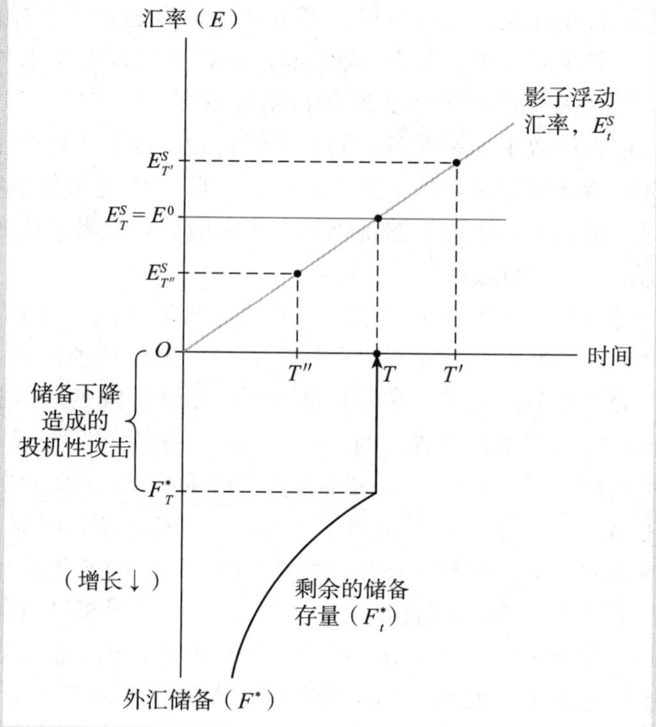

如果对汇率最初波动的方向（无论是向上还是向下）缺乏预见，投资者将会丧失套汇的机会（如前所述），而正是套汇阻止了在像 T' 或 T'' 这类时点出现投机风潮的可能。还要指出的一点是，即使汇率在时间 T 并不浮动，货币市场也会保持均衡，这是由于这两个因素正好相互抵消。随着储备迅速下降到零，货币供给也下降了。一旦固定汇率被放弃，人们就会预期本币将不断贬值。本国利率 R 将因此而上升以维持利率平价条件，最终伴随着实际货币供给的下降，利率的上升会减少实际货币需求。

通过上面的分析，我们可以推断发生国际收支危机并迫使当局放弃固定汇率的大致时点。请注意在我们的例子中，由于货币政策的问题，危机是无法避免的。有时候中央银行虽持有外汇储备，但危机仍然会发生。一个粗心的观察者可能会由此得出结论，认为正是某种莫名其妙的市场情绪导致了过早的恐慌。但我们在这里分析的不是这种情况。我们分析的投机风潮是在市场参与者没有套汇机会的情况下出现的结果。① 不过，在一些其他危机模型研究中，即使在没有攻击——汇率可以永远保持下去——的情况下，投机风潮也仍会发生。

---

① 储备在遭受一次攻击后降至零点的发现来自我们的假设，即市场可以确切地预见将来事件的过程和兑换将持续不断地进行。如果我们允许存在非连续的不确定性——例如，关于本国信贷增长率——本国利率将因为汇率崩溃的可能性越来越大而上升，并在外汇储备最终衰竭之前引起一系列“投机性”货币需求减少。每一次初步攻击都与本章所述危机的类型相同。

第4篇

国际宏观经济政策

第19章 国际货币体系：历史视角

在前两章的论述中，我们知道了一个国家是如何运用货币政策、财政政策和外汇政策来改变国内的收入和就业水平的。虽然在分析中我们往往假设该国的任何举动都不会波及世界其他国家，但是通常来说，这种假定是不成立的，因为本国实际汇率的任何变动都将自动地引起其他国家实际汇率的反向变化。此外，一国在支出方面的变动也可能会影响到该国对外国商品的需求。也就是说，除非一国在国际上的地位无足轻重，否则该国境内的任何变化都将影响到外国的宏观经济环境，并使外国的政策制定者面临更为复杂与棘手的问题。

这种开放经济下的内在相互依存关系有时会使得政府在实现诸如充分就业与物价稳定等目标时更加困难。而这种相互依赖关系反过来又取决于各国所采用的货币政策与汇率体制，也就是被称为国际货币体系的一系列制度。本章主要研究国际货币体系在四个时期内是如何影响宏观经济政策的制定和实施的。这四个时期分别为：1870—1914 年的金本位制时期；1918—1939 年两次世界大战之间的时期；第二次世界大战后《布雷顿森林协议》（Bretton Woods Agreement）下的固定汇率时期（1946—1973 年）；最近大量采取浮动汇率的时期（1973 年至今）。我们将看到，不同的国际货币体系对宏观经济政策施加了不同的影响。

在开放经济中，宏观经济政策有两个基本目标：内部平衡（价格稳定和充分就业）与外部平衡（避免过度的国际收支失衡）。由于一个国家在改变自身的国际收支状况时将相应地引起世界其他国家国际收支的等量变化，所以一国在追求其宏观经济目标的过程中将不可避免地对其他国家目标的实现产生冲击作用。因此，外部平衡的目标就清楚地说明了国外政策变动是如何影响国内经济的。

自 1870 年至今，在不同的国际货币体系下，一个国家是如何实现其内部平衡与外部平衡的？其效果如何？为什么在不同的时期会实行不同的国际货币体系？政策制定者是否担心外国对其采取的行动进行报复？各国是否会采取民族主义的措施而自毁作为一个整体的世界经济？这些问题的答案都取决于当时所采用的国际货币体系。

学习目标

学完本章，你应该能够：

- 解释在开放经济中，内部平衡和外部平衡的目标是如何刺激经济政策制定者的。
- 理解在开放经济中，政策制定者不可避免地会面临的货币三重困境，以及不同的国际货币体系如何采取各种不同的方法来解决这种三重困境。
- 描述在第一次世界大战以前，将各个国家的汇率和政策联系起来的国际金本位制的结构，以及 20 世纪 30 年代的大萧条在结束恢复 1914 年之前的世界货币秩序的努力中的作用。
- 讨论第二次世界大战结束后建立的关于全球固定汇率的布雷顿森林体系是如何被设计来将一

国的汇率稳定与该国当局有限的制定国家宏观经济政策的权力结合在一起的。

- 解释布雷顿森林体系是如何在 1973 年坍塌的，以及为何当时的很多经济学家赞成一个诸如各国货币基于浮动美元汇率的国际金融体系。
- 总结诸如美国这样的大国的货币和财政政策在浮动汇率制下是如何传导到国外的。
- 讨论在最近几年世界经济是如何运作的，以及 1973 年后的经历教给了我们关于国际政策协调的哪些经验。

开放经济中的宏观经济政策目标

在开放经济中，政策制定者需要解决内部平衡与外部平衡的问题。简单来说，**内部平衡**（internal balance）是指一国资源的充分利用和国内价格水平的稳定。**外部平衡**（external balance）则指一国经常账户既没有陷入赤字危机而使得将来无法清偿外债，又没有由于过度的盈余而使他国陷入这种境地。

在实践中，这两个定义都无法囊括所有潜在的政策目标。例如，除了充分就业与总体价格稳定之外，政策制定者可能还会将一定的国内收入分配状况作为附加的内部目标。在特定的汇率安排下，政策制定者可能更关注国际收支账户的波动情况，而不仅仅是经常账户。另外，由于内部目标与外部目标之间并不总是那么泾渭分明，事情就变得更加复杂了。比如，当出口的增长影响到国家偿还外债的能力时，应该把出口产业的就业目标归入哪一类呢？

然而，无论特定经济环境如何，以上给出的关于内部平衡与外部平衡的简单定义都概括了大多数政策制定者的共同目标。因此，我们将围绕这两个定义展开我们的分析，并讨论其他可能与内部平衡或外部平衡有关的问题。

内部平衡：充分就业与物价稳定

当一国的生产资源得到充分利用且价格水平保持稳定时，我们说该国实现了内部平衡。在资源未充分利用时出现浪费和困苦是显而易见的。当一国经济过热和资源被过度使用时，实际也是另一种形式的浪费（尽管危害性可能要小一些）。例如，超时工作的工人可能更愿意缩短工作时间而享受闲暇，但劳动合同却要求在需求大的时候加班加点。超负荷运转的机器则可能会更频繁地出现故障而导致过早报废。

资源利用不足或过度使用都将导致总体价格水平的波动，由此引起的货币单位实际价值的不确定则会使得经济决策更加缺乏依据，从而降低整个经济的效率。当对劳动和产出的需求超过充分就业水平时，工资与价格水平将上升；反之则下降。政府必须防止总需求（相对于它在充分就业时的水平）发生大的波动，以保持价格水平的稳定和可预见性。

如果工人与雇主对未来货币政策的预期导致了工资-物价的螺旋式上升或下降，那么即使在充分就业的条件下，也有可能发生通货膨胀或通货紧缩。但是，只有中央银行持续地实行货币扩张或紧缩政策，从而使这种预期变成现实，这种螺旋式运动才有可能继续下去（见第 15 章）。

价格不稳定带来的一个典型的破坏性结果是它对信贷合同实际价值的影响。由于信贷通常是以货币的形式进行的，没有预期到的价格水平的变动会导致收入在借方与贷方之间重新分配。比如，美国一次突然的价格上涨将会使美元借款者的境况有所改善，因为用所能购买的服务或产品来衡量，他们所欠的钱变少了。同时，价格上涨会使贷款人的境况变坏。由于这种偶然的收入再分配会给受害者带来严重的灾难，这成了政府保持价格稳定的另一个理由。①

从理论上说，完全可预测的价格水平上升或下降都不会造成过大的成本，因为每个人都能很容易地计算出未来任何时点上货币的实际价值。但是在现实中，可被完全预测的通货膨胀几乎是不存在的。实际经验表明，整体价格水平的不可预测性在价格迅速波动的时期将会被极端地放大。通货膨胀的这种危害性从战后阿根廷、巴西、塞尔维亚和津巴布韦的例子中可以很好地反映出来。由于这几个国家国内价格水平的急剧上涨，国内货币实际上丧失了其作为计价单位的作用。

因此，为了避免价格水平的不稳定，政府必须防止产出的大幅波动，这也是生产者的利益所在。此外，还必须保证稳定的货币供给增长率以避免持续性的通货膨胀或通货紧缩。

外部平衡：经常账户的最优水平

由于没有类似“充分就业”“价格稳定”等天然的尺度来衡量一个经济体的对外交易，故而外部平衡较内部平衡而言显得更难以定义。与外国的商品交易是否会形成宏观经济问题取决于许多方面，比如，特定的经济环境、世界局势、管理对外经济关系的制度安排等。例如，与实行浮动汇率制的国家相比，实行固定汇率制的国家将采用一个不同的外部平衡的定义。

国际经济学教科书通常把外部平衡定义为该国经常账户的平衡。尽管这个定义在有些环境中是合适的，但它并不能作为一种通用的法则。回顾第 13 章中的内容可知：若一个国家的经常账户存在赤字，则意味着它会从别国借入资源，因而不得不在将来偿付债务。这种境况并非在任何时候都是有弊无利的。举例来说，如果一国的投资机会比世界其他国家更好，那么该国现在借入资源并于将来偿还外国投资者会毫无问题，因为有利可图的投资所产生的收益将足以补偿借款的本金与利息。同样地，如果国内储蓄在国外投资能产生比国内投资更大的收益，那么经常账户的盈余也不会产生任何问题。

进一步说，我们可以把经常账户的不平衡看作国家从贸易中获利的另一种方式。这种贸易也就是所谓的跨期贸易，即交换不同时点的消费的贸易（参见第 17 章的附录 1）。正如在同一个时点上具有不同生产力的国家可以集中生产具有优势的产品，然后进行贸易并从中获利一样，一国也可以通过把经济资源集中在那些最能将现在的产出转化为将来的产出的国家而获利。投资机会少的国家应尽可能地压缩国内的投资规模，把节余的资金投放到国外生产力更高的活动中去。换句话说，投资收益率低的国家应是当前产出的净出口国（因此，它的经常账户有盈余）；而投资收益率高的国家则应是当前产出的净进口国（它的经常账户有赤字）。当投资到期需偿还外债时，后一个国家出口货物给前一个国家，从而也就实现了当前产出与未来产出的转换。

一国基于其他一些考虑因素也会保持经常账户的不平衡。例如，产出暂时下降的国家（比如由于突然性的农业减产）可能希望从国外借款以避免消费水平的急剧下降。如果没有这种借贷，那么低产出国用未来产出表示的当前产出的价格将明显高于其他国家。跨期贸易将消除这种价格差异，使各国都受益。

坚持所有国家必须保持经常账户平衡的观点忽视了跨期贸易带来的收益。实际上，没有一个现实主义的政策制定者会在任何情况下都采纳经常账户绝对平衡的政策。

在特定的时点上，政策制定者通常会采取一些经常账户余额方面的目标作为自己的目标，这个目标确定了他们的外部平衡目标。虽然经常账户余额的目标并不总是零，但政府总会力求避免过度赤字与过度盈余的出现，除非有明显的迹象表明这种不平衡会因跨期贸易而带来潜在的收益。不

① 当政府自己是本国货币的主要债务人时，情况将略有不同。此时，一次突然的价格上涨将减少政府债务的实际价值，从而成为一种简便的课税方式。这种课税方式在发展中国家十分常见（见第 22 章）。不过，其他国家很少采用这种方式，只是在极端的或迫不得已的情况下才使用（比如战争时期和战后），因为这种突然的通货膨胀政策会损害政府的信誉，并且依据费雪效应，将增加政府在未来筹措资金的难度。

过，政府为取得最大收益而考虑合适的经常账户余额时必须格外小心谨慎，因为产生跨期贸易的最优余额即使可以计算出来，也是非常困难的。此外，经常账户余额的理想水平会随经济环境的变化而发生不可预测的变化。然而与现实脱节的经常账户余额的大幅波动将会带来严重的问题。

经常账户过度赤字引发的问题 政府为何总是竭力避免过大的经常账户赤字？正如上面所说，经常账户赤字（意味着该国从国外借款）可能会由于借来的资金被投放到盈利好的项目而使将来的偿还毫无问题。不过，经常账户的巨额赤字有时是因为政策误导所造成的高消费或其他经济失调而产生的；有时是因为对外国投资的计划安排欠妥或对未来收益的估计过于乐观。在这些情况下，政府可能更愿意尽快减少赤字以避免将来偿债时的困境。尤其是当扩张性财政政策引起了巨额的贸易赤字却并未对国内的投资收益率起多大改善作用时，更预示着政府必须尽快改变其现行的经济政策以恢复外部平衡。每一个开放经济都面临**跨期预算约束**（intertemporal budget constraint），这一约束会将其支出限制在允许其有能力支付外国借款的本息的水平上。在第 17 章的附录中我们讨论了这一预算约束的简单版本，一个更加现实的版本将在下面关于新西兰的外国借款和负债的专栏中讨论。

有时，外部平衡的目标不是由政府自己选定的，而是由外国强加的。当国家对以往外债的偿付出现困难时，外国贷款者可能不再愿意发放新的贷款并且会敦促其迅速偿清以前的债务。经济学家将这种情况称为**突然停止**（sudden stop）。在这种情况下，本国政府不得不采取强硬措施使得对外资的需求降到可行的水平，并偿还外国不愿意续借的到期贷款。巨额的经常账户逆差会削弱外国投资者的信心，并且会导致信贷危机。然而，在出现信贷危机时，一国将会有更大的内部赤字，国内支出也会有更大和更痛苦的下降，以使经济沿着本来的道路前进。

专栏☞ 一个国家能永久借款吗？以新西兰为例

新西兰是位于太平洋的一个小国（人口大约为 450 万）。很长一段时间以来，几乎是该国官方有记录以来，该国几乎每年经常账户都为赤字。结果，该国对外国贷款者的净债务大约占其国内产出的 70%。然而，贷款者继续对其债务展期，似乎并不担心还款的问题（和我们随后将看到的许多案例不一样）。对一个国家来说，能否年复一年借款而不会破产呢？也许，令人惊讶的是，答案是“能”——只要该国不借款太多就可以了。

为了理解其中的原因，我们考虑当一个国家可以在很长一段时间内借入和借出时，其所面临的预算约束。[①]（我们的分析也将强调为何 IIP 如此重要。）我们继续用 IIP 表示一个国家的净外国财富（外国人的资产减去负债），用 GDP 表示一国国内产出或一国境内的产出。用 r 表示一国挣得的外国财富和支付给外国贷款人的债务的（不变的）利率。[②]为了简化，如果我们假设一国的总产出 Y 是 GDP 和净外国投资收入之和，即 $Y=\mathrm{GDP}+rIIP$，那么，任意一年 t 的经常账户可以表达为：

$$CA_t=IIP_{t+1}-IIP_t=Y_t-(C_t+I_t+G_t)=rIIP_t+\mathrm{GDP}_t-(C_t+I_t+G_t)$$

（假设 IIP_{t+1} 是 t 年结束时的净外国财富。在第 13 章的案例分析中，我们知道之前的关系并不十分准确，因为国民收入和产出账户没有反映净外国负债的价格收益与损失。在本专栏结尾处，我们会详述这一点。）

将净出口定义为一国国内产出和它的需求之差（可能为负），即 $NX_t=\mathrm{GDP}_t-(C_t+I_t+G_t)$。（净出口

① 我们此处的讨论和第 17 章的附录紧密相关但更加普遍，因为此处我们允许许多时期（而不仅仅是两期），且开始时 IIP 不为零。

② 对这一模型的一个简单解释假设所有外国资产和负债都是用单一全球货币表示的债券，其中，r 表示用全球货币衡量的名义利率。然而，实际上外国资产和负债的名义收益率不同，也不太容易预测，正如我们下面将讨论的。在第 17 章的附录 1 中，我们将 r 解释为全球实际利率。如果此处我们将 GDP、Y 和 IIP 都用其实际值表示（而不是用假想的全球货币表示），我们也可以这样做。

有时候指“贸易余额”。）则我们可以将上面经常账户的式子重写为

$$IIP_{t+1}=(1+r)IIP_t+NX_t$$

现在，我们可以采用一种简单的代数式了。假设在上式中，我们将开始的年份标记为 $t=0$，那么在将来的一年 T，每个人的债务都需要偿还，因此 $IIP_T=0$。我们可以对之前的式子应用从第一年、第二年直到第 T 年的连续年份的 IIP。在一开始时，注意之前的式子可以写为

$$IIP_0=-\frac{1}{1+r}NX_0+\frac{1}{1+r}IIP_1$$

但是，如果将上式左边换为 IIP_1，将右边换为 IIP_2和 NX_1，一个类似的关系式也成立。如果替换上式中的 IIP_1，我们将得到

$$IIP_0=-\frac{1}{1+r}NX_0-\frac{1}{(1+r)^2}NX_1+\frac{1}{(1+r)^2}IIP_2$$

当然，我们可以一直做这样的替换，直到我们得到 $IIP_T=0$。（在这一点，所有的债务都已偿还完毕。）最终的式子就是经济体的跨期预算约束，即

$$IIP_0=-\frac{1}{1+r}NX_0-\frac{1}{(1+r)^2}NX_1-\frac{1}{(1+r)^3}NX_2-\cdots-\frac{1}{(1+r)^T}NX_{T-1}$$

一方面，如果一个国家最初时 IIP 为正（外国资产超过外国负债），这一跨期预算约束表明，如果这些赤字的净现值不会超过该国最初对外国人的净债权，该国在将来会有持续的净出口赤字（$NX<0$）。另一方面，如果最初 $IIP<0$，经济体对净出口的未来盈余必须足够偿付其对外国人的净债务（该净债务有利息，这就是为什么未来净出口要用 r 折现，并且比其在未来发生时折现的幅度更大）。因此，一个诸如新西兰这样的净债务国最终将永远没有净出口或者贸易余额赤字。在某一点，该国必须生产比其自身能吸收的更多的产品和服务以偿还其欠款，否则，它将永远借的钱比偿还的多——在这种状态下，当该国没有新贷款者时，它最终会破产（并且就在不远的将来）。[①]

但是，经常账户余额会怎么样呢？一国的经常账户余额等于净出口加上由一国的负 IIP 表示的净利息支付的负流入。也许令人吃惊的是，对一个信誉良好的国家来说，这一总和不必总为正。

为了弄明白原因，我们用比率的形式表示名义产出（名义 GDP）和 nx，即 $iip=IIP/\text{GDP}$，$nx=NX/\text{GDP}$，以此来重写上面的跨期预算约束是有帮助的。假设名义 GDP 以一个低于 r 的不变的年增长率增长，这意味着 $\text{GDP}_t=(1+g)\text{GDP}_{t-1}$。接下来，在第 0 年，我们将跨期预算约束式除以 GDP，得到

$$\begin{aligned}iip_0=\frac{IIP_0}{\text{GDP}_0}&=-\frac{1}{1+r}\frac{NX_0}{\text{GDP}_0}-\frac{1}{(1+r)^2}\frac{NX_1}{\text{GDP}_1}\frac{\text{GDP}_1}{\text{GDP}_0}\\&\quad-\cdots-\frac{1}{(1+r)^T}\frac{NX_{T-1}}{\text{GDP}_{T-1}}\frac{\text{GDP}_{T-1}}{\text{GDP}_0}\\&=-\frac{1}{1+r}nx_0-\frac{1+g}{(1+r)^2}nx_1-\frac{(1+g)^2}{(1+r)^3}nx_2-\cdots-\frac{(1+g)^{T-2}}{(1+r)^T}nx_{T-1}\end{aligned}$$

现在我们运用这一预算约束式，其中，我们通过假设一国的时间长度很长，以至约束近似等于无限期的加总做了简化：

$$iip_0=-\frac{1}{1+g}\sum_{t=1}^{\infty}\left(\frac{1+g}{1+r}\right)^t nx_{t-1}$$

为了解释一国为何能很容易地在永久的经常账户赤字下运转，我们来研究不变水平的净出口 $\overline{nx}$ 使得该国

① 一直用从新贷款者那里借来的钱偿还旧贷款者的策略——和用真实的投资收益偿还贷款者的策略不同——被称为庞氏骗局（Ponzi schemes）。查尔斯·庞齐（Charles Ponzi，1882—1949）对那些容易上当受骗的马萨诸塞州的投资者承诺他能在 90 天内使他们的投资翻倍，但是当他需要偿还这些投资者时，他使用的是新一批投资者投入的钱。当庞齐的生意模式的欺骗本质被揭露后，美国当局于 1920 年逮捕了庞齐。最近，金融家伯纳德·麦道夫（Bernard Madoff）策划了一个比庞氏骗局更大的骗局。

预期到了该预算约束。我们通过将$\overline{nx}$代入前一式子并运用数学加和公式，就可以得到这一不变水平的净出口。[①]

$$iip_0=-\frac{1}{1+g}\sum_{t=1}^{\infty}\left(\frac{1+g}{1+r}\right)^t\overline{nx}=\frac{-\overline{nx}}{r-g}$$

这一结果意味着净出口为$\overline{nx}=-(r-g)iip_0$。例如，如果$iip_0$为负——该国是一个净借款者——则$\overline{nx}$需要为正，提醒一下，它应该大到使得该国可以偿还其长久以来的借款。

那么，这一水平的经常账户余额意味着什么？在初始年份即$t=0$时，该国的经常账户余额（表示为GDP的一部分）等于$ca_0=r(iip_0)+\overline{nx}=r(iip_0)-(r-g)iip_0=g(iip_0)$。对于诸如新西兰这样的借债国来说，初始时的经常账户应该为赤字。然而，这一经常账户水平的更重要的含义是，在$\overline{iip}=iip_0$的水平上，IIP与GDP的比率应该保持不变，以使得经常账户也能够保持在$g(\overline{iip})$不变：给定名义GDP以比率g增长，这一经常账户水平仅足以保持净外国资产或负债与名义GDP的比率不变。[②] 因此，如果净出口与GDP的比率保持为一个正确的值不变，一个初始时有净外国负债的国家的经常账户将永远为赤字，而净外国负债与该国产出的比率仍然保持不变。

接下来的图给出了新西兰的净出口、经常账户（左轴）和IIP（右轴）的数据，都是以占GDP百分比的形式给出的。正如你所见，在近期，每年新西兰的经常账户余额都为负。但是，其IIP与GDP的比率仍保持不变，大约为GDP的－70%。这怎么可能呢？因为1992—2015年，新西兰名义GDP的年增长率为5%，我们先前的公式表明，在年利率为$r=6\%$时，如果平均来说，新西兰的年净出口总和等于

$$\overline{nx}=-(r-g)iip_0=(0.06-0.05)\times0.7=0.01\times0.7=0.007$$

或为GDP的0.7%，那么IIP与GDP的比率将保持不变。但是，如图中所示，这明显低于1992—2015年间新西兰净出口与GDP的平均比率1.7%。[③]

1992—2015年新西兰的净出口、经常账户和国际净投资

说明：新西兰多年来经常账户一直为赤字，然而，其净外国负债接近GDP的70%。

资料来源：Statistics New Zealand.

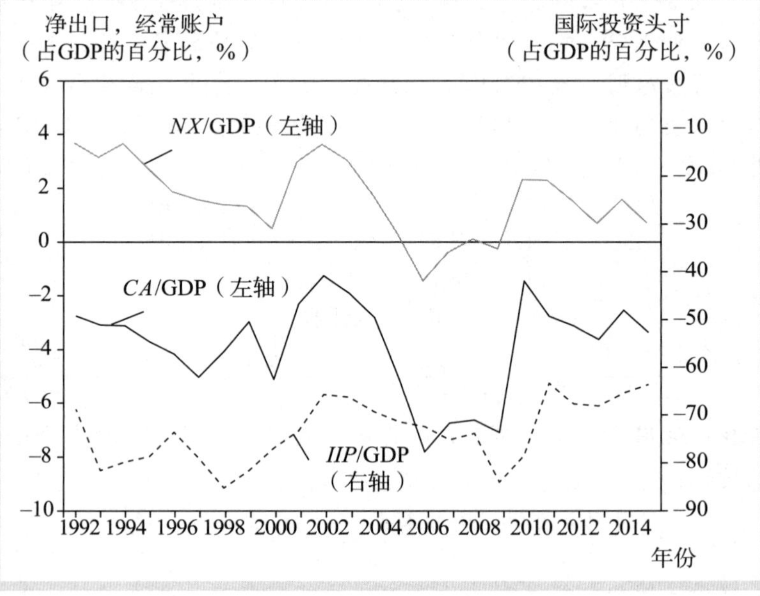

---

① 回顾你在高中代数中所学的：如果x是一个绝对值小于1的数，那么，$x+x^2+x^3+\cdots=\frac{x}{1-x}$。在现在的例子中，$x=\frac{1+g}{1+r}<1$。

② 因此，如果名义GDP每年增长5%，经常账户也会使得净外国资产或负债增长5%，这样，两者的比率不变。本章末的习题8将要求你运用代数方法进行验证。

③ 用这种方法计算出来的经常账户赤字应该更大，$g(iip_0)=0.05\times0.7\times100\%=3.5\%$，即每年为GDP的3.5%。

我们能否自行确认在这段时期内，新西兰 IIP 的回报率大约为每年 6%? 这样的估计不容易做出，因为我们需要关于该国外国负债、投资和投资回报率的详细数据（回顾我们在第 13 章结尾对美国 IIP 的讨论)。通过观察新西兰的国际投资收入平衡表（国际投资收入是 IIP 的一个组成部分)，我们可以得到部分答案——部分是因为它忽略了外国资产和负债的资本收益和损失。1992—2015 年间，平均来说，新西兰支付的净利息和红利等于其净外国负债的 7.8%。这高于使得 IIP 相对于 GDP 保持稳定的 6%的水平。

如何解释这一差异？一种可能性是，由于标准的低报问题（见第 13 章)，流入新西兰的利息被官方数据低估了。此外，新西兰的总外国负债主要由银行负债组成，银行负债用新西兰元表示，而其总的国外资产，包括大量股票份额，加上其他资产，则用外国货币表示。虽然自 1992 年以来，kiwi 升值了（从大约每新西兰元兑换 55 美分升值到每新西兰元兑换 72 美分)，但全球股票市场在这个时期表现良好。例如，标准普尔 500 指数的美国股票价格大概上涨了 5 倍。很明显，外国资产的这些收益有助于将新西兰的负 IIP 的年均总成本降至接近 6%。最后，不要忘了，在 $r=6\%$ 的情况下，新西兰的净出口与 GDP 的平均比率明显高于其负净财富债务比（0.7%)。总之，这个国家因此看起来能够安全地支撑其国外负债。

经常账户过度盈余引发的问题 经常账户过度盈余所带来的问题与过度赤字情况下的问题不同。经常账户的盈余意味着该国在国外资产的积累。为什么本国对外国资产所有权的增加会带来麻烦？一个可能的原因是，在一定的国民储蓄水平下，经常账户的盈余意味着对国内工厂和设备投资的减少（这可以从国民收入恒等式 $S=CA+I$ 中看出来，即国内总储蓄 S 是外国资产积累 CA 和国内投资 I 之和)。有很多因素会促使政府更愿意将国内储蓄用于提高国内的投资水平而压缩在国外的投资规模。首先，国内的投资收益相对于国外的投资收益更易征税；其次，国内投资的增加会降低国内的失业率，从而与国外资产的等量增加相比可以带来更高的国民收入；最后，某家工厂的国内投资可能会由于技术外溢效应而使国内其他厂商受益。

如果本国经常账户的大量盈余反映的是向外国的过度贷款，那么该国将来可能会遭受无法收回贷款的损失。换句话说，本国可能会因外国借款者无法偿债而丧失对国外资产的部分所有权。与之相比，国内居民间的相互借贷即便无法偿还，也只会引起国内收入的重新分配，而不会对国民财富的总量产生影响。[①] 过多的经常账户盈余从政治角度考虑也可能是一个不利因素。拥有大量盈余的国家很容易成为拥有巨额贸易赤字国家实行歧视性贸易保护措施的对象。例如，日本有时就会处在这样一种境况中，而中国的贸易盈余使其遭受了最明显的保护主义威胁。为了预防这种破坏性的限制，这些国家通常竭力避免过大的贸易盈余。

小结 外部平衡的目标在于使经常账户既可以通过跨期贸易取得最大收益，又要避免以上所提及的各类问题。但由于政府并不总能确切地把握经常账户余额水平，因此，除非有显著的证据表明跨期贸易将带来巨大的收益，否则政府通常更愿意避免过大的顺差或逆差。

不过，促使赤字国或盈余国调整其外部不平衡的压力具有非常大的不对称性。债权国可以通过突然停止（sudden stop）强制清理长期持续大额赤字，债务国从国外吸收资金的意愿却不太可能突然停止！因此，赤字国面临的调整压力要比盈余国大得多。

货币体系分类：开放经济下的货币三重困境

自 19 世纪以来，世界经济经历了各种不同的货币体系。我们在前文给出的模型提供的简单的

① 这一事实由凯恩斯指出，参见 Maynard Keynes, “Foreign Investment and National Advantage,” *The Nation and Athenaeum* 35 (1924), pp. 584-587。

视角被证明在理解这些货币体系之间的区别以及导致一个国家采取一种货币体系而不是另一种货币体系的经济、政治和社会因素时是非常有帮助的。我们将依赖的视角是，在一个开放经济中，政策制定者在选择最适合达成其内部平衡和外部平衡的目标的货币安排时，将不可避免地会面临**货币三重困境**（monetary trilemma）。

第 18 章表明了一个在固定其汇率的同时允许国际资本自由流动的国家是如何放弃对国内货币政策的控制权的。这一牺牲表明，一个国家不可能达到下面列出的两项以上的目标：

（1）汇率稳定。

（2）货币政策指向国内目标。

（3）国际资本自由流动。

因为上面列出的三项包括了大多数经济学家认为一个合意的国际货币体系应该具有的性质，对政策制定者来说，只能从其中选择两项使其陷入了三重困境。这是一个三重困境而不是一重困境，因为可能的选项有三个：1 和 2，1 和 3，或者 2 和 3。

正如我们所见，实行固定汇率的国家允许资本跨国自由流动，牺牲了上面的第二项，即货币政策指向国内目标。另外，如果一个实行固定汇率的国家限制国际金融流动，以致利率平价条件 $R=R^*$ 不一定成立（因此，牺牲了上面的第三项），该国仍然可以改变国内利率以影响国内经济（因此保证了第二项成立）。例如，通过这种方式，该国可能可以减少国内经济过热（通过提高利率以更接近国内平衡），而不会引起出口的下降（由于货币升值，该国阻止了一个潜在的对外部平衡的背离）。最后，正如第 17 章所表明的，实行浮动汇率的国家（因此放弃了上面的第一项）可以使用货币政策调整其经济，即使跨国的金融流动是自由的。但是，结果，汇率可能变得相当不可预测，使得进口商和出口商的经济计划变得复杂。

图 19－1 表明，前述国际货币体系框架中的三个合意的性质是一个三角形的三条边，只能同时达到其中的两个。每个三角形的边代表了该条边所在的两个顶点表示的性质组成的政策框架。

图 19－1　开放经济的货币三重困境

说明：三角形的三个顶点表明了在开放经济中，政策制定者希望其货币体系能实现的三个性质。遗憾的是，最多只能同时满足其中的两个性质。三角形的三条边表示三种政策安排（浮动汇率、固定汇率、金融控制），每一条边上的政策表示由该条边所在的两个顶点表示的性质组成的政策框架。

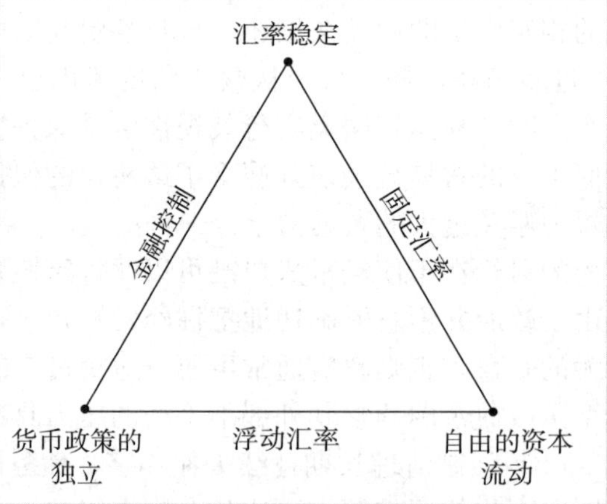

当然，这种三重困境并不意味着中间的制度是不可能的，只是要求政策制定者在不同的目标之间做出权衡。例如，管理汇率的更激进的货币干预能减轻汇率的波动性，但这是以削弱货币政策追求目标而不是汇率的能力为代价的。类似地，金融账户的部分开放将允许跨国借款和贷款自由流动。然而，同时，在国内利率变动时固定汇率要求大量的干预和国外外汇储备更多的流出，比跨国金融交易被完全禁止情况下需要的多得多。中央银行保证汇率稳定的能力（通过避免币值下调和危机）因此将下降。

1870—1914 年金本位制下的国际宏观经济政策

在 1870—1914 年间实行金本位制的这个时期内，国际宏观经济政策的指导思想与第二次世界大战以后国际货币安排的准则大相径庭。尽管如此，由于随后建立在固定汇率基础上的国际货币体系常被视为是对金本位制的扬弃（金本位制的一些优缺点我们在第 18 章中曾经论述过），因此，金本位制仍受到很大的关注。在本节我们主要考察第一次世界大战前金本位制的作用以及如何帮助各国实现外部平衡与内部平衡的目标。

金本位制的起源

金本位制起源于以金币作为交换媒介、价值尺度和贮藏手段。尽管黄金自古以来就具有这些功能，但金本位制作为法定制度诞生于 1819 年，从此英国国会废除了长期以来对金币与金条从英国出口的限制。

19 世纪末，美国、德国、日本和其他一些国家也纷纷采用了金本位制。那时，英国是世界经济强国，因此各国都愿意仿效英国的做法来实现经济的腾飞。由于英国拥有在世界贸易方面举足轻重的地位和高度发达的金融机构，伦敦很自然地成为金本位制下国际货币体系的中心。

金本位制下的外部平衡

在金本位制下，中央银行的主要任务是在黄金与通货之间维持官方的平价关系。为了保持这种关系，中央银行需要拥有充足的黄金储备。因此政策当局不是以经常账户而是以中央银行与国外之间的黄金流量来衡量外部平衡目标，即中央银行既不要过快地从国外获取黄金，也不要让黄金过快地流失到国外（这种情况更令人担心）。

用我们在第 13 章中介绍的专业术语来说，中央银行总是力求避免国际收支余额（或官方储备余额）——经常账户余额、资本账户余额，以及金融账户中非储备部分的余额——的剧烈波动。在这个时期，国际储备是以黄金的形式持有的，因而国际收支的顺差或逆差将不得不以转移黄金的形式在中央银行之间进行结算。① 为了避免大量黄金流动，中央银行会采取措施使金融账户中的非储备部分的盈余（或赤字）与经常账户和资本账户的总赤字（或盈余）保持一致。当经常账户、资本账户以及金融账户中非储备部分之和为零时，我们说该国实现了**国际收支平衡**（balance of payments equilibrium）。因此，经常账户和资本账户的平衡是在没有储备流动的情况下通过国际借贷来实现的。

许多政府对经常账户抱一种放任自流的态度。1870 年至第一次世界大战期间，英国在经常账户方面的顺差平均占 GNP 的 5.2%，如果以 1945 年后的标准来看，这个数字实在太大。与此相反，许多借款国常常会陷入偿债的困境。可能是因为当时英国不仅是世界上头号资本输出国，而且因为英国是国际经济理论的主导者，故而金本位制时期的经济学著述中很少提及有关经常账户调整的问题。

物价-硬币-流动机制

在金本位制下存在一些可以自动调节各国国际收支平衡的有力机制，其中最重要的是 18 世纪所提出的**物价-硬币-流动机制**（price-specie-flow mechanism）（当时稀有金属被用作硬币）。苏格兰

---

① 实际上，中央银行早在 1914 年之前就开始持有一定量的外国货币作为储备（英镑是当时首屈一指的储备货币）。

哲学家大卫·休谟（David Hume，1752）是这样描述该机制的：

> 假设英国4/5的金钱在一夜之间消失殆尽，同时整个国家的硬币也同样减少，就如同亨利与爱德华家族统治时期的状况一样，后果将会如何？所有产品与服务的价格不会以同样的比例下降吗？是否每样东西都要以那时的低价来出售？什么样的国家在此情况下可能与我们在任何国际市场上竞争，或者试图以同样的价格运输和出售制成品？从什么方面我们可以获得充足的利润？在多长的时间内这些利润将足以弥补我们的损失，使得我们上升到与邻国一样的水平？而在我们达到了这个水平之后，我们是否会迅速地丧失廉价劳动力与产品的优势，从而使国际资金的流入随着我国的恢复而趋于停止？
>
> 再如，假设英国的金钱在一夜之间增加了5倍，难道相反的情况不会出现吗？难道劳动力与产品的价格不会提高到如此昂贵的地步，以至再也没有邻国能从我国买东西？另外，它们的产品对我们而言变得如此便宜，因而即便存在法律约束，也会源源不断地涌入我国，而我国的金钱则会流出；是否只有当我们的货币量最终降低到与它们同等的水平时，我们才能避免由这种过多的财富所带来的问题？①

休谟的物价-硬币-流动机制理论用现代的术语来解释是很容易的。我们假设英国经常账户和资本账户的盈余大于金融账户中的非储备性资本的赤字。那么，由于外国从英国的净进口不能完全由英国的贷款来平衡，故这种余额必须靠国际储备的流动来填补。也就是说，黄金将流入英国。黄金流动会自动地减少外国货币的供给，同时使英国的货币供给增加，因而造成外国价格水平的下降和英国价格水平的上升。（这里我们注意到，休谟完全领悟到了我们在第15章中所讨论的价格水平与货币供给在长期的等比例变动关系。）

英国价格水平的上升与外国价格水平的下降同时发生，即在固定汇率制下意味着英镑的实际升值，从而在减少外国对英国产品与服务的需求的同时，会增加英国对外国产品和服务的需求。需求的这种变化会减少英国经常账户的盈余和外国经常账户的赤字。最终，储备流动停止，两个国家都达到了国际收支平衡。对于相反的情况，即英国存在赤字而外国存在盈余，这个过程也同样适用，即会消除英国赤字与外国盈余的初始状态。

金本位制下的“游戏规则”：神话与现实

从理论上讲，物价-硬币-流动机制可以自动运行。但是，中央银行对黄金跨国流动的反应形成了另一种有助于恢复国际收支平衡的潜在机制。持续丧失黄金储备的中央银行可能会面临无法赎回其银行券的危机，因而当黄金流出时，中央银行可能会尽力紧缩银根，从而使得国内利率提高以吸引外国资金的流入。拥有黄金净流入的中央银行恐怕不会有太多的动力来采取行动减缓这种流入。它们的主要动力可能在于：与持有“无息”的黄金相比，拥有国内生息资产可以带来更大的收益。黄金储备不断增加的中央银行可能会趋向于购买国内的资产，因此降低国内的利率水平，从而增加资本输出并促使黄金外流。

如果中央银行实施这些国内的信贷措施，则会强化物价-硬币-流动机制，从而把各国都推向国际收支平衡。第一次世界大战以后，这种在赤字时变卖本国资产、在盈余时购买本国资产的举措经常被采用，它也是金本位制下所公认的“游戏规则”——一个据说是由凯恩斯创造的名词。由于这些措施加速了各国外部平衡目标的实现，因而也就增强了金本位制下固有的自动调节机制的有效性。

---

① Hume，“Of the Balance of Trade,” reprinted (in abridged form) in Barry Eichengreen，and Marc Flandreau，eds.，*The Gold Standard in Theory and History* (London：Routledge，1997)，pp. 33－43.

后来的研究表明，金本位制下所假设的“游戏规则”在 1914 年之前经常被违背。赤字国家遵守这个规则的动力比盈余国家强烈得多。因此在实践中，是那些赤字国家负担让所有国家实现国际收支平衡的重任。然而，由于盈余国家并不总是采取措施限制黄金流入，这就恶化了金本位制中固有的国际收支政策协调问题，即赤字国家为了能从有限的黄金供给中分一杯羹，可能会采取过度紧缩的货币政策，以致一方面危害到国内的就业状况，另一方面却在增加储备方面仍无多大起色。

实际上，各国经常采取与“游戏规则”相反的行动并且冲销黄金流动，也就是说，当外汇储备增加时卖出本国资产，当外汇储备减少时购进本国资产。政府对私人黄金出口的干预也动摇了这种机制。自动并且顺利地调整国际收支平衡的梦想在第一次世界大战前并不总是与现实相吻合。各国政府有时会忽视“游戏规则”并且不顾自己的行动对其他国家造成的影响。[①]

金本位制下的内部平衡

金本位制下用黄金来固定本国货币价格的做法旨在限制世界经济中货币的增长，从而保证国际价格水平的稳定。尽管实行金本位制的国家在 1870—1914 年间的价格上涨幅度低于第二次世界大战后的时期，但各国国内的价格水平仍然出现了不可预测的波动，并伴随着通货膨胀与通货紧缩的交替发生。金本位制在稳定物价方面并不总是那么成功，这反映出我们在前一章已讨论过的一个问题：黄金与其他商品的相对价格的变动。

此外，金本位制对维持充分就业似乎起不了多大作用。举例来说，美国的失业率在 1890—1913 年平均为 6.8%，然而在 1948—2010 年该数字大概为 5.7%。[②]

在 1914 年之前实行金本位制的时期，短期内部不平衡的基本原因在于，相对于外部平衡而言，内部平衡在经济政策中处于次要地位。在第一次世界大战前，政府远没有像在第二次世界大战后那样肩负着保持内部平衡的重任。就像接下来的案例分析所解释的那样，在美国，第一次世界大战后的经济衰退导致了政治上对金本位制的反对。用我们上面讨论的货币政策的三重困境来说，金本位制允许较高程度的汇率稳定性和国际金融资本的流动性，但是不允许货币政策追求内部政策目标。这些优先权和当时失业率较高情况下有限的政府权力一致。

在两次世界大战期间（即 1918—1939 年间）出现了世界范围内的经济不稳定，这才导致了第一次世界大战后提高内部政策目标的重要性。1918 年之后，试图恢复金本位制的努力给各国的国内经济造成了不利影响，这在一定程度上奠定了 1945 年后采取固定汇率制的基础。为了理解第二次世界大战后国际货币体系是如何努力协调内部平衡目标与外部平衡目标的，我们需要考察一下两次世界大战之间的经济状况。

❖案例分析　汇率体制的政治经济学：19 世纪 90 年代

美国货币标准的冲突

就像我们在第 18 章中所学到的，在美国内战爆发之前，美国一直实行复本位制——银币和金币同时参与流通。在美国内战爆发后，美国开始使用纸币（叫作“绿背纸币”）并实行浮动汇率政策，但是 1879 年美国开始采用单一的金本位制（连同固定汇率政策以钉住其他金本位货币，例如英镑）。

---

① 对金本位制下中央银行行为的一个有影响力的现代研究，参见 Arthur I. Bloomfield，*Monetary Policy under the International Gold Standard：1880 - 1914*（New York：Federal Reserve Bank of New York，1959）。

② 关于价格水平与美国失业率的数据来自 Cooper（见第 18 章）。在比较金本位制时期与第二次世界大战后的失业率情况时必须注意，早期用于测算失业率的方法比较粗略。对美国 1930 年以前失业率数据的批判性研究，参见 Christina D. Romer，“Spurious Volatility in Historical Unemployment Data，”*Journal of Political Economy* 94（February 1986），pp. 1 - 37。

自加利福尼亚州1849年发现金矿以来，世界的黄金供应增长很快。但是1879年由美国内战前的平价向金本位的转换还是导致了美国国内的通货紧缩。更进一步，在美国重新采用金本位制以后，世界范围内的黄金短缺对价格水平产生了持续向下的压力。截至1896年，美国的价格水平已经比1869年的价格水平低40%。经济衰退开始大范围出现，并在1893年发生银行业的恐慌之后变得越来越严重。农产品价格的下降速度比平均价格水平的下降速度还要快，使得农民受到的冲击尤为严重。

19世纪90年代，由美国农民、矿工等组成的人民党联合会（Broad Populist Coalition）要求复兴美国内战之前盛行的金银复本位货币体系。它想要恢复过去的金对银16：1的铸币平价，但是在19世纪90年代初，市场上黄金相对于白银的价格已经上升到30左右。它预见到以16：1的比例铸造银币可以增加银币的数量，并且，随着人们可以用金币在市场上以很便宜的价格购买银来铸造银币，这些举动可能会使得通货紧缩变为通货膨胀。这些变化从农民及其盟友的角度来看有诸多好处，例如终止几十年来贸易条件不断恶化的趋势，以及减少农民抵押贷款的真实价值。西部的银矿所有者对这件事情尤其热心。另一方面，东部的金融家却认为“坚挺的货币”——只可能是黄金——是实现美国与国际市场整合的必要条件。

银本位运动1896年达到了高潮，那一年按照惯例进行竞选提名演讲后，威廉·詹宁斯·布赖恩（William Jennings Bryan）被提名为民主党总统候选人。他提出了非常著名的竞选口号：“你们不应该用金十字架来残害自己的同胞。”但是，截至1896年，南非、阿拉斯加州和其他地方陆续发现了新的黄金资源，通货紧缩趋势开始扭转，并逐渐减少了关于银本位的政治争论。布赖恩在1896年和1900年的大选中输给了共和党的威廉·麦金利（William McKinley），1900年3月国会通过了《金本位法案》(Gold Standard Act)，这个法案明确地指出黄金是美元的唯一基础。

L. 弗兰克·鲍姆（L. Frank Baum）写了一本经典的儿童读物，名叫《绿野仙踪》（*The Wonderful Wizard of Oz*），现代读者通常意识不到这一关于多萝西（Dorothy）、小狗托托（Toto）及其朋友的故事是对美国展开金本位政治斗争的讽喻。黄砖路代表对金本位的错误承诺，而“奥兹”(Oz) 指的是一“盎司”黄金，多萝西的银鞋子——在广为人知的好莱坞彩色电影版本中换成了红宝石鞋子——是她回到负债严重的农业州——堪萨斯州家乡的唯一途径。[①]

尽管农业债务通常被认为是19世纪90年代银本位运动的主要原因，但是哈佛大学的政治学家杰弗里·弗里登（Jeffry Frieden）则指出，更实质性的原因其实是从事农业和矿业的人想要提高他们的产品相对于非贸易品的价格。[②] 与进口商竞争的美国制造商能够获得关税保护作为平衡通货紧缩的一种方式，因此，作为一个整体他们对改变当前的货币标准没有多少兴趣。因为美国几乎是唯一的初级产品的出口商，所以进口关税帮不了农场主和矿工们。然而，美元的贬值可以提高初级产品相对于非贸易品的美元价格。通过对国会选举中有关货币政策议案的严格的统计学分析，弗里登指出，立法机关对银本位运动的支持与债务水平无关，但是与本州从事农业和矿业的人数高度相关。

两次世界大战之间：1918—1939年

在第一次世界大战期间，各国政府实际上已经放弃了金本位制，开始通过印制钞票部分地弥补

① 全面和有趣的版本请参见 Hugh Rockoff, “The ‘Wizard of Oz’ as a Monetary Allegory,” *Journal of Political Economy* 98 (August 1990), pp. 739 - 760。

② 参见 “Monetary Populism in Nineteenth-Century America: An Open Economy Interpretation,” *Journal of Economic History* 57 (June 1997), pp. 367 - 395。

巨额的战争开支。因为劳动力与生产能力在战争期间遭受了严重的损失，因而当1918年战争结束时，各国物价水平普遍很高。

许多国家由于政府试图通过大量公共开支来恢复经济而经历了严重的通货膨胀。这些政府仿照战时的做法，通过印制钞票来弥补其各项开支所需的费用，结果造成了货币供给与价格水平的急剧上涨。

金本位制的短暂“恢复”

美国于1919年恢复金本位制。1922年，在意大利热那亚（Genoa）召开的一次会议上，英国、法国、意大利、日本等国通过了一项全面恢复执行金本位制的行动纲领，同意各国中央银行紧密合作，共同配合实现外部平衡与内部平衡的目标。由于意识到世界的黄金供给量无法充分满足各国中央银行国际储备的需要（如第18章所述，这是金本位制的一个弊端），热那亚会议批准了一个局部的金汇兑本位制，即小国可以用一些大国的货币作为储备，而拥有这些货币的大国则全部以黄金作为国际储备。

1925年，英国通过把英镑与黄金的兑换比率固定为第一次世界大战前的水平而恢复了金本位制。当时的英国财政大臣温斯顿·丘吉尔（Winston Churchill）力主恢复原来的黄金平价。他认为：任何对战前价格水平的偏离都将动摇人们对英国金融体制的稳定性——这是金本位制时期国际金融体系的核心——的信心。虽然战争结束以后，英国的价格水平已经逐渐降低，然而在1925年，仍然高于战前实行金本位制时期的水平。因此英格兰银行不得不以严重的失业为代价实行紧缩性货币政策，把英镑对黄金的比价控制在战前的水平。

英国经济在20世纪20年代的停滞不前加速了伦敦世界金融中心地位的下降。英国经济发展的失败说明了保留金本位制所带来的弊端。根据热那亚会议的协定，许多国家把国际储备以英镑的形式存放在伦敦。然而英国国内的黄金储备是有限的，经济的持续停滞影响了人们对其偿债能力的信心。1929年大萧条开始后不久就发生了世界范围的银行破产。1931年，外国英镑持有者（包括一些中央银行）由于对英国维持英镑价值的承诺失去了信心，纷纷把英镑兑换成黄金，迫使英国放弃了金本位制。

世界经济的崩溃

随着萧条的持续，许多国家放弃了维持金本位制的义务，在外汇市场上实行浮动汇率制。面对不断上升的失业率，赞成实行固定汇率制以解决三重困境变得越来越难以维持。美国于1933年放弃了金本位制，不过1934年又恢复了金本位制。政府把美元对黄金的比价由每盎司黄金20.67美元提高到每盎司黄金35美元。实行金本位制而没有采取货币贬值政策的国家在大萧条中的损失尤为惨重。最近的研究指责大萧条在全世界蔓延主要是由金本位制造成的（见下面的案例分析“国际金本位制和大萧条”）。

对国际贸易与国际信贷的限制给经济造成了很大的损失，并且由于各国试图通过限制进口来增加国内总需求，这种情况更加恶化了。美国1930年实施的《斯穆特-霍利关税法案》对海外就业造成了很大损害。外国的反应则包括实行报复性贸易限制和一些国家彼此之间实行特惠贸易协定。一项增加本国福利的措施如果是以牺牲外国经济为代价而使得本国福利状况改善的，就被称为以邻为壑的政策。但是，当各个国家同时采取以邻为壑的政策时，每个人都会受到伤害。

政府政策的不确定性导致了实行固定汇率制的国家外汇储备的急剧变动以及实行浮动汇率制的国家汇率的急剧波动。许多国家采取了对私人资本账户交易进行限制的政策，以约束外汇市场带来的这些影响。美国和欧洲国家的关税壁垒和通货紧缩导致了国际债务危机的广泛蔓延，尤其是拉美国家，其出口市场几乎濒临消失。西欧国家政府拒绝偿还因第一次世界大战招致的其对美国和英国的债务。简言之，20 世纪 30 年代初期，世界经济被肢解成了越来越多的自给自足的国家单位。

面对大萧条，许多国家不得不在内部平衡与外部平衡中做出抉择。它们采取措施尽量减少与世界其他国家的贸易联系，并通过政府法令干预尽量避免任何大的外部不平衡。但是，这种减少贸易利得的做法使全球经济付出了巨大的代价，并放慢了各国从危机中复苏的速度，以至许多国家截至 1939 年仍没有完全摆脱萧条。如果实行更加自由的贸易，且国际合作能够保证在不牺牲内部平衡的前提下实现外部平衡和金融稳定，那么所有国家的境况都有可能得到改善。正是这种认识勾画了第二次世界大战后国际货币体系——**《布雷顿森林协议》**（Bretton Woods agreement）的蓝图。

案例分析　国际金本位制和大萧条

从 1929 年开始的长达 10 年的大萧条最突出的特点之一就是它的全球性。它并非局限于美国及其主要的贸易伙伴国，而是迅速地蔓延到欧洲、拉美和其他地区。大萧条的这种全球性是什么造成的呢？近来的研究表明，国际金本位制在这次 20 世纪最大的经济危机的开始、加深和蔓延中起到了关键作用。①

1929 年大多数市场经济国家恢复了金本位制。然而在当时，美国正试图通过货币紧缩来给其过热的经济降温，法国则刚刚结束了一个通货膨胀时期并恢复了金本位制。两国都遇到了大规模的资本流入。由此带来的国际收支盈余使得两国都以惊人的速度吸收着世界货币黄金。（1932 年，仅这两国就持有世界货币黄金总量的 70%以上！）其他实行金本位制的国家只有出售国内资产并且提高利率以保存它们正在不断减少的黄金储备。这样就形成了世界性的货币紧缩，再加上 1929 年 10 月美国纽约股市崩溃的冲击，世界经济陷入大萧条。

1930 年世界范围的银行倒闭风潮加速了全球经济的滑坡，而金本位制在这时又一次扮演了罪魁祸首的角色。许多国家为了保证本国的金本位制而努力保护自己的黄金储备。这使得它们不愿为银行提供有可能使这些银行继续经营下去的流动资金。毕竟政府向其本国银行提供的任何贷款都会增加私人对该国政府宝贵的黄金储备的潜在要求权。②

关于金本位制作用的最明显证据也许就是早先脱离金本位制的国家（如英国）和坚决保持金本位制的国家之间产出与价格水平的强烈对比。脱离金本位制的国家可以自由地采用扩张性货币政策，从而减少（或者阻止）国内通货紧缩和产出的下降。1929—1935 年间通货紧缩和产出下降最严重的国家包括法国、瑞士、比利时、荷兰和波兰，这些国家直到 1936 年都坚持采用金本位制。

---

① 对这项研究有重要贡献的著作包括 Ehsan U. Choudhri and Levis A. Kochin, "The Exchange Rate and the International Transmission of Business Cycle Disturbances: Some Evidence from the Great Depression," *Journal of Money, Credit, and Banking* 12 (1980), pp. 565 - 574; Peter Temin, *Lessons from the Great Depression* (Cambridge, MA: MIT Press, 1989); and Barry Eichengreen, *Golden Fetters: The Gold Standard and the Great Depression, 1919 - 1939* (New York: Oxford University Press, 1992)。Ben S. Bernanke 的论文 "The World on a Cross of Gold: A Review of 'Golden Fetters: The Gold Standard and the Great Depression, 1919 - 1939'," [*Journal of Monetary Economics* 31 (April 1993), pp. 251 - 267] 是一个简洁生动的总结。

② Chang-Tai Hsieh 和 Christina D. Romer 认为，对被迫放弃金本位制的忧虑并不能解释美联储 20 世纪 30 年代早期不愿意扩大货币供给的行为。参见 "Was the Federal Reserve Constrained by the Gold Standard During the Great Depression? Evidence from the 1932 Open Market Purchase Program," *Journal of Economic History* 66 (March 2006), pp. 140 - 176。

布雷顿森林体系与国际货币基金组织

1944 年 7 月，44 个国家的代表在美国新罕布什尔州的布雷顿森林举行会议，起草并签署了《国际货币基金组织协定》[**国际货币基金组织**（International Monetary Fund，IMF）]。两次世界大战之间世界经济发生的一系列悲惨事件历历在目，为此这些国家希望建立一种国际货币体系以实现国内的充分就业和价格稳定，并使各国在不限制国际贸易的条件下实现外部平衡。①

在《布雷顿森林协议》下所建立的国际货币体系要求各国货币对美元保持固定汇率，并把美元与黄金的比价固定在每盎司黄金 35 美元。成员官方的国际储备以黄金或美元资产的形式持有，并有权向美国联邦储备银行以官方价格兑换黄金。该体系是以美元为基本储备货币的金汇兑本位制，用第 18 章中的术语来讲，美元是“第 N 种货币”，并用它来定义该体系中其他 $N-1$ 种货币的汇率。由于美国自身极少干预外汇市场，所以通常是由其他 $N-1$ 个成员的中央银行在必要的时候对外汇市场进行干预以维持该体系中 $N-1$ 种货币的汇率。对美国中央银行来说，在理论上必须负责固定美元对黄金的价格。

国际货币基金组织的目标与结构

《国际货币基金组织协定》希望通过兼顾原则性和灵活性以力求避免历史悲剧的重演。

对货币管理的主要规定是要求各国汇率与美元挂钩进而与黄金联系。如果一国的中央银行（美联储除外）推行过度的货币扩张政策，那么它将丧失国际储备且该国货币对美元的固定汇率也难以维持。由于美国货币供给的过快增长会导致外国中央银行所持美元的积累，美联储自身也由于负有用美元兑换黄金的义务而对其货币政策有所限制。每盎司黄金 35 美元的官方价格是对美国货币政策的进一步制约，因为如果美元的投放量过大，这个比价将会上扬。

不过，固定汇率并不仅仅被看作是对该体系施加限制的一个工具。不管是对还是错，两次世界大战之间的经历都使得国际货币基金组织（IMF）的缔造者们深信：浮动汇率是造成投机性不稳定的根源之一并且对国际贸易是有害的。

战时的经验还表明，各国政府总是不太情愿以长期国内就业为代价来保持自由贸易与固定汇率。大萧条的经历使人们普遍认为：政府负有维持充分就业的义务。因此，《国际货币基金组织协定》致力于在该体系中融入充分的灵活性，允许各国在不牺牲国内平衡目标与保持固定汇率的基础上有秩序、有步骤地实现外部平衡。

《国际货币基金组织协定》的两大特征有助于促进外部调整中灵活性的实现：第一，IMF 的成员把它们的通货和黄金汇集起来形成一个资金来源池，当成员需要时，IMF 可以把这些资金借给它们。第二，虽然各国的汇率对美元是固定的，但这些比价经 IMF 同意后可以改变。然而，这种升值和贬值是不常见的，并且只有一国经济发生根本性失衡时方可执行。虽然根本性失衡这个概念在《国际货币基金组织协定》中没有明确定义，但是却被用来描述一些国家——这些国家遭受了对其国内产品需求的永久性不利变动——的状况。如果不实行货币贬值，这些国家将会出现大量失业与经常账户逆差。不过，这种灵活性对“第 N 种货币”即美元是不可行的。

---

① 这次会议成立了另一个机构——世界银行。其目标在于帮助成员在战后复兴经济，协助原殖民地国家发展国内经济和实现工业化。1947 年，GATT 以会谈的形式开始了关于减少贸易壁垒的多边谈判。GATT 原计划作为国际贸易组织（International Trade Organization，ITO）的前身，而国际贸易组织旨在在贸易领域实现与 IMF 在金融领域相似的目标。遗憾的是，该组织由于其宪章未获美国参众两院的批准而不得不宣告流产。20 世纪 90 年代，GATT 成为目前的世界贸易组织（WTO）。

如何用布雷顿森林体系来解决三重困境呢？本质上，该体系基于私人金融资本的流动受限的假定，允许国内货币政策有一定程度的灵活性。因此，新体系对金本位制下货币政策从属于诸如金融流动自由的外部考虑这一做法提出了直接反对意见。在经历了战时的高失业率之后，布雷顿森林体系的构造者希望确保在面临经济下滑时，国家不会因为国际收支的原因被迫采取自相矛盾的货币政策。

有了对高就业率的强调的支持，跨国金融流动在持续的不平衡情况下将允许"有序的"汇率变动。理论上，政策制定者可以在没有大量投机性攻击的压力下，经过深思熟虑之后改变汇率。然而，正如我们下面将看到的，尽管这一方法开始时运作良好，但布雷顿森林体系在重建国际贸易的过程中获得的巨大成功使得随着时间的推移，政策制定者避免投机性攻击变得愈发困难。

可兑换性与私人资本流动的扩张

正如在一国内一种为大众广泛接受的货币可以减少物物交换的成本一样，在国际贸易领域中运用各国货币也可以使得经济更有效地运行。为了促进有效的多边贸易，《国际货币基金组织协定》敦促成员尽可能早地实行货币的自由兑换。**可兑换货币**（convertible currency）是指该种货币可以自由地与外币进行兑换。美元与加元 1945 年实现了可自由兑换。例如，这意味着一个拥有美元的加拿大居民既可以在美国境内购买商品，也可以在外汇市场上兑换加元，或把美元卖给加拿大中央银行，进而由后者向美国联邦储备银行以固定的美元黄金比率兑换黄金。各国通货若不可兑换就会使得国际贸易举步维艰。法国公民可能不愿意把商品卖到德国，因为由这种交易所获得的不可兑换的德国马克只能在德国政府限定的范围内使用。如果没有不可兑换的法国法郎的汇兑市场，德国就无从获得法国法郎来购买法国商品，从而使两国的贸易只剩下直接的物物交换这种形式。大部分欧洲国家直到 1958 年底才恢复了货币的可兑换性，日本在 1964 年也做到了这一点。

美元较早实行可自由兑换及其在布雷顿森林体系中的特殊地位，使之成为战后世界经济中的一种关键货币。由于美元可自由兑换，许多国际贸易趋向于用美元计价，进口商与出口商也尽量用美元结算。实际上，美元已成为一种国际货币——一种被普遍接受的交换媒介、计量尺度与价值贮藏手段。各国中央银行发现，采取有息的美元资产来持有其国际储备很有优势。

1958 年货币可兑换制度的恢复逐渐改变了欧洲各国政策制定者面临的外部约束的性质。随着外汇交易的扩大，不同国家金融市场之间的联系日益紧密，从而向开创当今世界范围内的外汇市场迈出了重要的一步。由于国际上转移资金的机会逐渐增加，各国利率之间的相互关系也更加紧密。国内政策对国际储备产生影响的速度也加快了。在 1958 年之后的 15 年中，中央银行不得不密切关注国外的金融环境，否则它们将冒相当大的风险，因为突然的储备流失有可能使得它们缺乏资源来保持固定汇率。比如，当面临外国的利率突然升高时，中央银行可能会被迫出售本国资产，以提高本国利率从而维持本国国际储备的稳定。

可兑换制度的恢复并未像在第 18 章的固定汇率模型中所假设的那样导致迅速与完全的国际金融一体化。相反，大多数国家继续保留对金融账户交易的限制，这是 IMF 明确表示允许的。但是，掩盖在经常账户下的资本流动以惊人的速度增加了。例如，通过加速向外国供应商付款和推迟实际装运，国内的进口商实际上可以有效地买到外国资产，它们也用推迟付款的方式有效地从外国供应商那里借款。这些贸易形式分别被称作"预付"和"延期付款"，是避免官方对私人资本流动的限制的众多方式中的两种。即使上一章所假设的国际利率相同的条件并未完全成立，随着布雷顿森林体系的日益成熟，各国之间利率的关系也日趋紧密。

投机性资本流动与危机

经常账户的赤字和盈余问题在私人资本流动性增强的新形势下呈现出更为特殊的重要性。根据

《国际货币基金组织协定》，一个有巨额长期经常账户赤字的国家可能会被视为出现了根本性失衡，从而具备了实行货币贬值的条件；对即将实行货币贬值的国家的怀疑，反过来会激发该国的国际收支危机（见第 18 章）。

例如，在英镑贬值期间，任何持有英镑存款的人都会遭受损失，因为英镑资产的外币价值会忽然以与汇率变化相同的幅度下跌。如果英国存在经常账户赤字，英镑的持有者会急于把他们的财富转化为外国货币。而英格兰银行（英国的中央银行）为了保持英镑对美元的固定比率，将不得不购进英镑，向市场上的英镑持有者供应他们愿意拥有的外国资产。这种外汇储备的损失大到一定程度，就可能使英格兰银行无法获得充足的储备来维持原来的固定汇率而不得不将英镑贬值。

同样，市场可能会认为经常账户存在大量盈余的国家的货币有升值的倾向。在这种情况下它们的中央银行会发现，为了防止货币升值，要在外汇市场上持续卖出本国货币，结果会导致官方储备激增。一个处于这种境地的国家将面临货币供给过度增长的问题，这种过度的增长会导致国内价格水平上涨并破坏内部平衡。因此，政府会变得更加不愿意考虑重新安排其汇率制度，担心由此会导致投机性攻击。

国际收支危机在 20 世纪 60—70 年代初期变得更为频繁与剧烈。1964 年初，英国的贸易赤字导致了很长一段时间内对英镑的时断时续的投机性冲击，这一直影响着英国政府的政策制定，直到 1967 年 11 月英镑不得不贬值为止。1969 年法国法郎的贬值与联邦德国马克的升值，也是由同样的投机性冲击造成的。（当时法国和联邦德国仍然有自己的货币。）这种危机在 70 年代初期变得非常严重，以致最终摧毁了以固定汇率为基础的布雷顿森林体系。国际收支可能遇到的危机更是增加了外部平衡目标中经常账户的重要性。尽管经常账户不平衡可以用国际投资机会的不同来解释或仅仅是因为一些暂时性的因素，但仍可能会使得市场充满对汇率平价会出现调整的怀疑。在这种情况下，政策制定者就会格外努力地避免经常账户的剧烈波动。

对达到内部平衡与外部平衡的政策选择的分析

在布雷顿森林体系下，各个单独的国家如何达到内部平衡和外部平衡？一个简单的图示将能帮助你看清可行的政策选择。（正如我们在后面将描述的，在布雷顿森林体系下美国面临的问题稍有不同。）为了和布雷顿森林体系的条件大体保持一致，我们假设跨国金融资本的流动性很高，以至国内利率水平不能独立于汇率设立。

实际上，我们的图示框架无论在固定汇率制下、在布雷顿森林体系下还是在灵活的汇率安排下都适用。图 19 - 2 显示了一国内部平衡和外部平衡目标的实现取决于该国的汇率 E 与国内支出水平，而不必然受到汇率制度的限制。本章所有的 E 都表示外国货币（在布雷顿森林体系下是美元）的本国货币价格。这种分析适用于短期，因为我们假定国内与国外的价格水平（分别用 P 与 P^* 表示）是固定的。

保持内部平衡

首先考虑内部平衡，其要求总需求等于充分就业水平下的产出 Y^f。①

我们可以回忆一下，对国内产出的总需求是消费 C、投资 I、政府购买 G 和经常账户 CA 之和。在这一总和中，国内总支出，也可被称作国内吸收，可以表示为 $A=C+I+G$。（当然，一些这种

① 例如，如果是因为国外的通货膨胀而使 P^* 不稳定，那么在固定汇率制下仅有充分就业并不能保证价格稳定。我们将在考察固定汇率制下世界范围内的通货膨胀时再考虑这个复杂的问题。

国内总支出因为进口而下降了，因此，对国内产出的总需求没有贡献。然而，国外对该国出口产品的需求使得总需求增加了。）在第 17 章中，我们将经常账户盈余表示为可支配收入的减函数和实际汇率 EP^*/P 的增函数。然而，因为随着国内总支出 A 的增加，进口支出上升了，我们可以类似地将经常账户表示为支出的减函数和真实汇率的增函数，CA（EP^*/P，A）。有了这些表达式，内部平衡条件（充分就业下的产出等于总需求）可用下式表示：

$$Y^f = C + I + G + CA(EP^*/P, A) = A + CA(EP^*/P, A) \qquad (19-1)$$

式（19－1）显示了短期内影响总需求与总产出的政策工具，例如，政府可以通过财政政策直接影响总支出 A。财政扩张（增加 G 或减少 T）将刺激总需求，从而引起产出上升，即使增加的支出的一部分用于购买进口产品。同样，货币贬值（E 上升）将使国内产品和服务相对于国外更加便宜，也将引起需求与产出的增加。政策制定者可以通过财政政策或汇率的变动，把产出稳定在充分就业的水平 Y^f。

我们必须注意到，在固定汇率制下，货币政策并不是一个政策工具。这是因为：如第 18 章所述，中央银行通过买卖国内资产所做的任何试图改变货币供给的举措都将引起其外汇储备的反向变动，从而使国内的货币供给保持不变。然而，如果我们将这一图示用于解释浮动汇率制下的情形，我们可以考虑与外部平衡和内部平衡一致的汇率变动潜在地带来的货币政策。

图 19－2 中的 II 曲线显示了汇率与财政政策的组合是如何使得产出维持在 Y^f，从而实现内部平衡的。由于货币贬值（E 的上升）和更高的国内吸收都将引起产出增加，因此该曲线是向下倾斜的。为了保证产出不变，货币升值（减少了总需求）时要配以更高的国内支出（增加了总需求）。II 曲线表明，为保证充分就业，国内支出必须适应汇率的变动。在 II 曲线的右方，国内支出的增加超过了充分就业时的需求，因此，经济中的生产资源被过度利用。在 II 曲线的左方，支出太低，因此存在失业。

图 19－2　内部平衡（*II*）、外部平衡（*XX*）和经济不协调的四个区域

说明：本图表明了不同水平的汇率 E 与国内总支出 A 对就业与经常账户的影响。在 II 曲线上，产出处于充分就业的水平 Y^f；在 XX 曲线上，经常账户余额为目标水平 X。

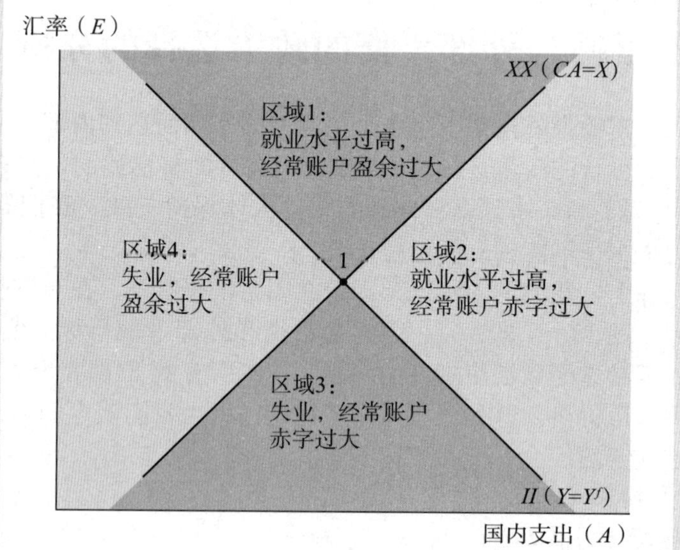

保持外部平衡

我们已经考察了国内支出或汇率变动是怎样被用来影响产出进而帮助政府实现充分就业的内部目标的。这些政策工具又是如何影响经济中的外部平衡的呢？为了回答这个问题，我们首先假设政府有一个经常账户盈余的目标值 X。外部平衡的目标要求政府运用国内支出（也许通过财政政策）和汇率变动来保证下面这个式子成立：

$$CA(EP^*/P,A)=X \tag{19-2}$$

若给定 P 与 P^*，则 E 的提高将使国内商品更便宜从而改善经常账户。然而，国内支出 A 的增加则会对经常账户产生相反的影响，因为 A 的增加会引起进口增加。为了在货币贬值（即提高 E）时使得经常账户的余额保持在 X，政府必须执行增加国内支出的政策。图 19－2 显示，代表外部平衡的 XX 曲线是向上倾斜的，具有正的斜率。XX 曲线表明，当货币出现一定数量的贬值时，为了使经常账户的盈余保持在 X，需要多少额外的支出。[①] E 的上升将增加净出口，从而使经常账户的盈余高于目标值 X，在 XX 曲线之上。同样，在 XX 曲线之下，相对于目标水平，经常账户处于赤字状态。[②]

支出-变动政策和支出-转换政策

II 曲线与 XX 曲线把图形划分成了四个区域，我们有时将其称为“经济不协调的四个区域”。每一个区域代表不同政策安排的结果。在区域 1，就业水平过高，经常账户盈余过大；在区域 2，就业水平过高，经常账户赤字过大；在区域 3，存在失业与经常账户过度赤字；在区域 4，存在失业与大于目标水平的经常账户盈余。综合运用支出改变与汇率政策可以使经济处于 II 曲线与 XX 曲线的交点（点 1）。在该点上，内部平衡和外部平衡都得以实现。点 1 显示了使经济处于政策制定者的理想水平上的政策组合。

如果经济一开始时就偏离点 1，则需要对国内支出与汇率政策进行调整以实现内外部平衡。使经济达到点 1 的影响支出的财政政策被称作**支出-变动政策**（expenditure-changing policy），因为它会改变经济中对产品和服务的总需求水平。相应的汇率变动被称作**支出-转换政策**（expenditure-switching policy），因为它会对需求的方向产生影响，使需求在国内产品与进口产品之间进行转移。总的来说，实现经济的内外部平衡需要同时使用支出-变动政策和支出-转换政策。除了货币政策之外，财政政策是政府用来推动国内总支出上升或者下降的主要手段。

在《布雷顿森林协议》下，汇率的变动（支出-转换政策）不应被经常使用，这使得财政政策成为调整经济内外部平衡的主要手段。但是如图 19－2 所示，一般来说，仅用财政政策一种政策工具是难以充分实现内外部平衡两个目标的。只有当经济位于与点 1 在同一条水平线上的某点时，仅用财政政策才有可能实现内外部平衡。此外，财政政策是一种难以操纵的工具，因为它通常要得到立法机构的许可方可实施。例如，财政扩张的另一个缺点是，如果财政扩张引起政府长期预算赤字，那么一段时间以后，将不得不实行紧缩。

由于在实行布雷顿森林体系期间汇率被固定了，结果，政策制定者有时会发现他们处于一种进退两难困境。如图 19－3 中的点 2 所示，在点 2 所示的支出和汇率水平下，存在失业和经常账户过度赤字。只有同时采取货币贬值与支出扩张政策才有可能使经济达到内部平衡和外部平衡（点 1）。如果只实行扩张性财政政策，可以使经济处于点 3，减少失业，不过这样做往往会导致更大的外部赤字。同样，只实行紧缩性财政政策虽然可以实现外部平衡（点 4），但由此导致的产出下降将使经

---

① 你知道如何根据图 17－17 中不同的 XX 曲线推导出图 19－2 中的 XX 曲线吗？（提示：用图 17－17 分析财政扩张的效果。）

② 由于中央银行在公开市场上销售国内资产增加其外汇储备的做法并不会对经济产生影响，所以图 19－2 并没有另外的储备约束。实际上，银行通过向公众出售国内资产可以自由地从国外借入储备（如果发生货币贬值的恐慌，由于没有人愿意向中央银行出售国外资产来获得本国货币，这个机制将无法运作）。不过，我们的分析假设国内资产与国外资产是完全可替代的（见第 18 章）。在不完全替代的情况下，中央银行出售国内资产吸引外汇储备的举措将使得国内利率相对于国外利率上升。因此，在资产不完全替代的情况下，中央银行就有了另外一个政策工具（货币政策），但也使得中央银行必须承担一个额外的政策目标（国内利率）。例如，如果政府怕影响投资而担心国内利率，那么这个额外的工具并不必然扩大政策的选择范围。在布雷顿森林体系中，中央银行利用了这种不完全替代性，但这并不能使各国走出困境。

济更大程度地偏离内部平衡。毫无疑问，如点 2 所处的政策两难困境经常会增加人们对货币将贬值的怀疑。通过实际汇率 EP^*/P 一次性的提高，货币贬值可以改善经常账户状况，扩大需求。另外一种情况是，经济经历一个漫长的政治上不受欢迎的失业时期，通过价格 P 的下降来使实际汇率最终也发生同样的变化。①

图 19-3　实现内部平衡和外部平衡的政策手段

说明：除非货币贬值且国内支出水平扩张，否则内外部同时平衡的目标（点 1）就难以达到。例如，如果单独运用财政政策，那么经济只能要么处于内部平衡点（点 3），要么处于外部平衡点（点 4），代价是增大经济与理想目标之间的差距。

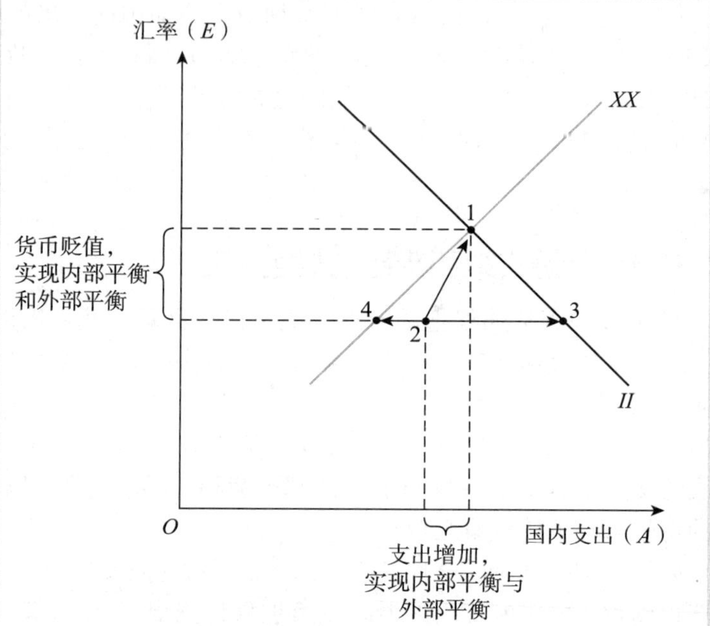

尽管汇率的变化经常伴随着国际收支危机，但在实践中，各国有时确实也会通过调整其汇率来使经济更接近内部平衡和外部平衡。许多国家也时常用加强对资本账户交易的管制的方法来切断国内利率与国外利率的联系，以使得货币政策的调节更为有效。这种做法只取得了部分成功，下面将分析的导致布雷顿森林体系崩溃的事件证明了这一点。

布雷顿森林体系下美国的外部平衡问题

在布雷顿森林体系下，美国所面临的外部平衡问题有别于其他国家。作为第 N 种货币的发行国，美国的责任并不在于保持美元汇率的稳定。它的主要责任是将美元与黄金的比价固定在 35 美元兑换 1 盎司黄金上，尤其是保证外国的中央银行可以以此官方价格将它们所持有的美元兑换成黄金。为了达到这个目的，美国必须拥有足够的黄金储备。

由于美国承担着为外国中央银行用美元兑换黄金的责任，其他国家可能采取的将美元兑换成黄金的行为就构成了对美国宏观经济政策的一个潜在的外部约束。实际上，许多国家往往更愿意持有它们所积累的美元，因为这是一种生息资产并代表了一种国际上通行的优秀的货币。金汇兑本位制的逻辑暗含着外国的中央银行应该不断地积累美元。世界的黄金供给并不能跟上世界经济发展的步伐，因而对中央银行来说，保持充足的国际储备（除非通货紧缩）的唯一手段就是积累美元资产。官方之间偶尔发生的黄金兑换会使得美国的黄金储备下降，引发人们的忧虑。但是，只要大部分外

① 为了加强理解，作为一个练习，请指出当价格 P 下降而其他条件不变时，经济如何降低 II 曲线与 XX 曲线，并使点 1 垂直下降。

国的中央银行愿意以美元的形式增加它们的储备，放弃将其兑换为黄金的权利，美国的外部约束与该体系内的其他国家相比，就显得相对小一些。

在1960年出版的一本颇具影响力的书中，耶鲁大学的经济学家罗伯特·特里芬（Robert Triffin）提醒人们注意在布雷顿森林体系下将长期存在的一个根本性问题，即**信心问题**（confidence problem）。[①] 特里芬认识到，随着时间的推移，各国中央银行对国际储备的需求会不断增加，外国所拥有的美元储备很可能会超过美国所拥有的黄金。既然美国许诺以35美元兑换1盎司黄金的官方价格赎买美元，那么如果所有的美元持有者同时向美国要求承兑，美国将无法履行它的诺言。这样就产生了信心问题：外国的中央银行如果认识到它们所持有的美元将不再"像黄金那样值钱"，就可能再也不愿意持有美元，而宁愿将它们马上兑换成黄金，这可能会导致整个体系的瓦解。

当时可能的一个解决办法是，提高黄金对美元以及对其他所有国家货币的官方价格。不过，这样做将会导致通货膨胀并产生政治家所不愿看到的局面，即使得主要的黄金生产国受益。再者，黄金价格的提高可能会导致中央银行产生它们的美元储备对黄金价格会进一步下跌的预期，从而不但没有解决信心问题，反而雪上加霜。

∵案例分析　布雷顿森林体系的瓦解、世界范围的通货膨胀和向浮动汇率的转向

到20世纪60年代末期，固定汇率的布雷顿森林体系开始表现出即将走向瓦解的压力。这些压力与美国特殊的地位紧密相关。在美国，由于高货币增长率以及对诸如Medicare（老年和残障健康保险）等新项目和并不得人心的越南战争的巨额政府开支，通货膨胀迅速聚集力量。20世纪60年代美国通货膨胀的加速增长是一个世界性现象。表19-1表明，从20世纪70年代开始，通货膨胀已经破坏了欧洲经济。[②] 通货膨胀问题的世界性质并不是偶然的。第18章的理论预测，当储备货币国家加速其货币增长时，正如美国在20世纪60年代后半期所做的，结果之一是，随着外国中央银行购买储备货币以维持汇率并增加流通中的货币供给量，货币增长率和国外通货膨胀自动增加。对布雷顿森林体系瓦解的一种解释是，外国被迫通过第18章描述的机制进口不受欢迎的美国的通货膨胀。为了稳定价格水平和重新实现内部平衡，这些国家不得不放弃固定汇率，允许它们的货币自由浮动。货币的三重困境意味着，这些国家无法同时钉住汇率和控制国内通货膨胀。

表19-1　工业化国家的年通货膨胀率，1966—1972年

国家	1966年	1967年	1968年	1969年	1970年	1971年	1972年
英国	3.6	2.6	4.6	5.2	6.5	9.7	6.9
法国	2.8	2.8	4.4	6.5	5.3	5.5	6.2
德国	3.4	1.4	2.9	1.9	3.4	5.3	5.5
意大利	2.1	2.1	1.2	2.8	5.1	5.2	5.3
美国	2.9	3.1	4.2	5.5	5.7	4.4	3.2

资料来源：Organization for Economic Cooperation and Development. *Main Economic Indicators: Historical Statistics, 1964－1983*. Paris：OECD，1984. 数字为每年相对于前一年的平均消费者价格指数的增长百分比。

① 参见Triffin，*Gold and the Dollar Crisis*（New Haven：Yale University Press，1960）。

② 1971年和1972年，美国的通货膨胀率还比较低，因为尼克松政府在1971年8月实行了政府管理的工资水平和价格控制。原则上，美国承诺钉住黄金的市场价格应该能限制美国的通货膨胀，但是实际上，随着时间的推移，美国慢慢削弱了该承诺，允许黄金的市场价格上升，同时坚决承诺以每盎司35美元的价格从中央银行赎回美元。到20世纪60年代末期，美国是这个体系中唯一没有面临全面的货币三重困境的国家。它继续实行固定汇率，因为其他国家将本国货币钉住美元，因此，美国仍然能够将货币政策指向国内目标。关于20世纪70年代世界性通货膨胀的近期研究，参见Michael Bordo and Athanasios Orphanides，eds.，*The Great Inflation*（Chicago：University of Chicago Press，2013）。

使这些压力雪上加霜的是，美国经济在 1970 年陷入了衰退。随着失业率的上升，市场更加确信，美元将不得不相对于所有主要欧洲货币贬值。为了重新恢复充分就业和经常账户平衡，美国在某种程度上可能不得不让美元实际贬值。这种实际贬值可以通过两种途径来实现：第一种是，作为对国内失业的反应，美国降低价格水平，伴随着作为对外国中央银行持续购买美元的反应，外国价格水平上升。第二种是，以外国货币衡量的美元的名义价值下降。第一种途径——美国失业和外国通货膨胀——对政策制定者来说似乎很痛苦。市场正确地猜测到，美元价值的改变是不可避免的。在经过几次稳定体系失败的尝试之后（包括美国在 1971 年 8 月单方面决定彻底终止美元与黄金的联系），1973 年 3 月，主要工业化国家允许其美元汇率浮动。① 当时，浮动汇率被视为是对失去控制的投机性资本流动的一个暂时应对措施。但是，1973 年 3 月采取的暂时安排最终成了永久性的，这标志着固定汇率制的终结和国际货币关系更加波动的一个新的时代的到来。

输入型通货膨胀的机制

为了理解在汇率不变的前提下通货膨胀是如何进口的，让我们再回顾一下图 19－2 中所示的内部平衡与外部平衡。假设本国面对国外的通货膨胀。以前我们假定国外的价格水平 P^* 不变，现在假设 P^* 由于外国通货膨胀而上升了，图 19－4 表明了它对国内经济的影响。

如果名义汇率能随着 P^* 的上升而以相应的比例下降，这两条曲线将如何移动呢？在这种情况下，实际汇率 EP^*/P 不受影响（给定 P）。如果经济一开始时就处于内部平衡或外部平衡状态，经济将继续保持该状态不变。因此图 19－4 表明了对于一个给定的初始汇率，P^* 的上升会使得 II^1 曲线与 XX^1 曲线向下移动相同的距离（相当于 P^* 上升的比例与初始汇率的乘积）。新的两条曲线 II^2 与 XX^2 的交点（点 2）位于点 1 的正下方。

图 19－4　国外价格水平 P^* 的上升对内部平衡和外部平衡的影响

说明：P^* 上升后，点 1 处于区域 1（过度就业与经常账户过度盈余）。货币的升值（E 降低）将使经济很快在点 2 达到均衡。

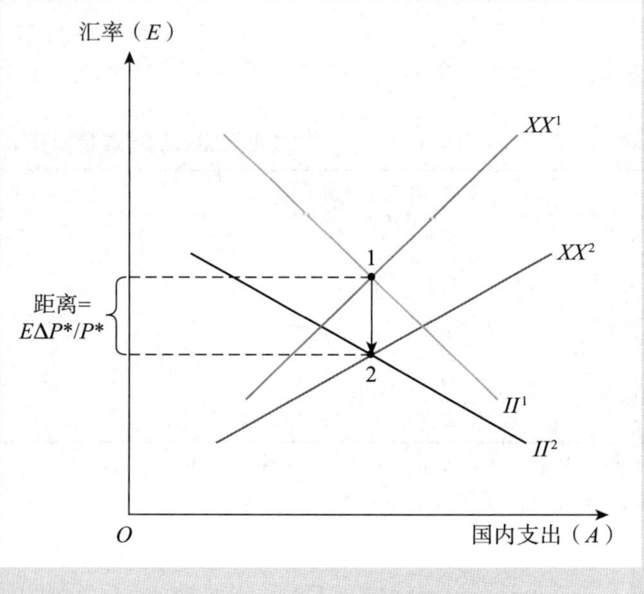

① 许多发展中国家继续钉住美元，一些欧洲国家继续钉住其共同的汇率，作为被称作“蛇形浮动”的非正式安排的一部分。蛇形浮动最终发展为欧洲货币体系（将在第 21 章讨论）并最终导致了欧洲单一货币——欧元的诞生。

如果经济位于点 1，给定固定汇率和国内价格水平，P^* 的上升将使经济陷入区域 1 的过度就业与经常账户的过度盈余状态。产生这种后果的原因在于本国货币的实际贬值将使世界的需求转向本国（EP^*/P 由于 P^* 的上升而上升了）。

如果政府不采取任何措施，过度就业将对国内价格水平产生一个向上的压力，并使得这两条曲线逐渐趋向最初的位置，直到 P 上升的比例与 P^* 相同为止。在此状态下，实际汇率、失业与经常账户都会回到最初水平。点 1 再次成为内部平衡与外部平衡的交点。

避免输入型通货膨胀的方法是货币升值（也就是降低 E），使经济移到点 2。升值可以通过名义汇率的变动来抵消 P^* 上升对实际汇率产生的影响，从而不需要国内实行通货膨胀就能迅速恢复内外部平衡。此时，我们仅需要用支出-转换政策来对外国价格的上升做出反应就足够了。

不实行货币升值所导致的国内价格上升将要求增加国内的货币供给，因为长期内价格和货币供给会以相同比例变动。产生这种结果的机制在于本国中央银行对汇率的干预。在国内的产出与价格水平随 P^* 上升而上升后，实际货币供给会减少，实际货币需求会上升。为了防止由此产生的国内利率上升压力导致的本币升值，中央银行必须购买国际储备从而增加国内的货币供给。这样一来，储备货币发行国的通货膨胀政策就会影响到其他国家的货币供给。

评　价

布雷顿森林体系崩溃的部分原因在于美国宏观经济力量的减弱，这使得其产生了全球性通货膨胀。但是，更大部分原因是这样一个事实，即为实现内外部平衡所采取的支出-转换政策——不连续的汇率调整，引起了资本的投机性冲击，从而使得内外部平衡更难以达到。该体系因此成了三重困境的牺牲者。随着国际资本流动变得更难限制，政策制定者面临汇率稳定和国内货币目标之间更加艰难的权衡。然而，到 20 世纪 70 年代，工业化国家的选民长久以来都希望政府优先考虑国内经济。因此，最终，固定汇率制度被放弃了。

浮动汇率制的例子

20 世纪 60 年代末，国际货币危机的爆发越来越频繁，发生的范围也在不断扩大。大多数经济学家开始建议实行更有弹性的汇率制度，其中许多人认为：浮动汇率制（在这种制度下，各国中央银行不会为了固定汇率而干预外汇市场）不仅能自动地保证汇率的弹性，还能为世界经济带来许多其他好处。因此，1973 年 3 月，当开始实行浮动汇率制时，许多经济学家将其看作世界货币体系发展史上的大好事，认为在浮动汇率制下，市场在决定汇率的过程中处于中心地位。

支持浮动汇率制的观点主要有以下四个：

（1）货币政策自主性。如果各国中央银行不再为了固定汇率而被迫干预货币市场，各国政府就能够运用货币政策来达到内部平衡和外部平衡，并且各国不再会被迫从外国输入通货膨胀或通货紧缩。

（2）对称性。在浮动汇率制下，布雷顿森林体系所固有的不对称性消失了，美国不能够独自决定世界货币状况。同时，美国也拥有与其他国家一样的机会来影响本国货币对外国货币的汇率。

（3）汇率具有自动稳定器功能。在世界总需求不断变化的情况下，即使没有一个有效的货币政策，由市场决定的汇率的迅速调整也能帮助各个国家保持内部平衡和外部平衡。在布雷顿森林体系下，汇率重新调整之前那个又长又令人痛苦的投机过程，在浮动汇率制下不会再出现了。

（4）汇率和外部平衡。市场决定的汇率能自动波动，以阻止大的经常账户赤字和经常账户盈余出现。

货币政策自主性

在布雷顿森林体系的固定汇率制下，除美国以外的其他国家极少有机会运用货币政策来达到内部平衡和外部平衡。各国为了保持其货币的美元汇率的稳定，只能保持国内利率与美国国内利率相同。因此，在实行固定汇率制的最后几年里，各国中央银行只得通过对国际支付加以日益严格的限制来保证对本国货币供给的控制。这些控制只是在增强货币政策作用方面部分地取得了成功，但它们对国际贸易却会产生扭曲效应。

浮动汇率制的提倡者认为，如果中央银行不必再承担稳定其币值的义务，那么它们将恢复对货币的控制。假如某国的中央银行希望采取增加货币供给的办法来解决失业问题，由此导致了货币贬值，则对这种货币贬值情形，法律将不再干预和阻挠。同样，在经济过热的国家中，中央银行可以通过压缩货币供给来抑制过热的经济活动，而不必担心过多的国际储备流入会破坏其稳定币值的努力。通过加强对货币政策的控制，各国可以排除那些扭曲国际支付的障碍。换句话说，浮动汇率意味着针对货币的三重困境采取措施，该措施将牺牲固定汇率，以支持金融自由流动和货币政策。

和这种观点一致，浮动汇率制的提倡者还认为：各国如果使用浮动汇率，就能够选择自己愿意接受的长期通货膨胀率，而不再被动地输入国外的通货膨胀率。在上一章中我们已经看到，当一个国家外部的价格水平上升时，如果仍然坚持固定汇率，则该国不仅无法保持平衡，而且最终会输入国外的通货膨胀。20 世纪 60 年代末期，许多国家都发现它们在引进美国的通货膨胀。如果某国重新调整本国货币的价值——降低本国货币对外国货币的价格，该国就完全不会受外国通货膨胀的影响，因而能够保持其内部平衡和外部平衡。支持浮动汇率制最为有力的理论之一就是认为它能够通过汇率的自动调整来隔绝国外持续性通货膨胀带来的影响。

产生这种隔绝的机制是购买力平价（第 16 章）。回忆一下，当世界经济的变化都是货币性的时，购买力平价会在长期内保持有效，汇率变动最终将恰好抵消国家之间通货膨胀率的差异。如果美国的货币增加引起美国的价格水平上涨 1 倍，并且上涨的价格水平将持续一段时间不变，而欧洲的价格仍然固定在原来的水平上，根据购买力平价理论就能预测到在长期内以欧元表示的美元价格将减半。这种名义汇率的变化可以使美元与欧元间的实际汇率保持不变，从而保护欧洲的内部平衡和外部平衡不遭破坏。换言之，购买力平价理论预测的长期内汇率的变化恰好隔绝了美国通货膨胀对欧洲的影响。

当汇率可以浮动时，美国货币增加引起的价格上涨还会导致外国货币对美元的立即升值。在短期内，升值的幅度可能会与购买力平价的预测不同。但是，那些或许会给固定汇率造成冲击的外汇投机者会加速浮动汇率的调整，因为他们知道，就长期而言，外国货币会按照购买力平价预测的水平升值，所以他们将按此估计进行交易，推动汇率向其长期水平靠拢。

相反，实行布雷顿森林体系固定汇率制的国家不得不在保持对美元的汇率不变而引进美国的通货膨胀和根据美国价格上涨的幅度审慎地按比例重新调整本国的币值之间进行选择。而在浮动汇率制下，国际外汇市场会自动地把汇率调整到能消除美国通货膨胀对其他国家的影响的那一点上。由于达到这种结果并不需要任何政府决策，所以能够避免出现在固定汇率制下的要重新确定币值的难题。①

---

① 在浮动汇率制下，各国也可通过汇率浮动避免输入不合意的通货紧缩。在外国的价格下降的情况下，将上述分析反过来推导一下，就可得出这个结论。

对称性

浮动汇率制的提倡者列举出的第二个理由是：放弃布雷顿森林体系可以改变汇率决定的不对称状态，而这种不对称状态曾经导致了20世纪整个60年代和70年代初期的许多国际争端。美元在国际货币体系中至高无上的中心地位导致了两种主要的不对称。第一，除美国外的各国中央银行都将它们的本国货币钉住美元，并且积聚大量美元作为它们的国际储备，因此美联储在决定世界范围内的货币供给方面处于领导地位，而其他国家的中央银行即使在决定自己国内的货币供给方面也没有多大的自主权。第二，任何其他国家都可以在出现“根本性失衡”时使其本国货币相对于美元贬值，但布雷顿森林体系却不允许美元相对于其他外币贬值。然而，经过长时间的、给经济带来许多不利影响的多国谈判之后，美元才被允许贬值。

浮动汇率制可以消除上述不对称。由于各国不再将本国货币钉住对美元的汇率，所以各国都可以自主决定本国的货币状况。同样，美国在运用货币政策或财政政策改变美元汇率时不会再遇到特别的阻碍。最后，在全球范围内，所有国家的汇率都将由市场而不是由政府决定。①

汇率具有自动稳定器功能

支持浮动汇率制的第三个理由是：在理论上，当出现某些经济变动时，浮动汇率制能够促进经济本身进行迅速且相对无痛苦的调整。这些经济变动中的一种，就是上面讨论过的外国通货膨胀。在图19-5中，我们运用在第17章中应用过的DD-AA模型考察了另一种经济变动，比较了当一国出口产品的国际需求暂时下降时，该国经济在固定汇率制和浮动汇率制下的不同反应。

对本国出口产品的国外需求下降意味着在所有的汇率水平E上，世界总需求都要下降，因此DD曲线从DD^1向左移动到DD^2。（回忆一下，DD曲线表示的是在世界总需求等于世界总产出时汇率与产出的对应关系。）图19-5（a）显示了当汇率浮动时，DD曲线的移动对经济均衡点的影响。因为我们假设这种需求的改变是暂时的，所以它并不改变长期预期汇率，从而不会影响资产市场均衡曲线AA^1。（回忆一下，AA曲线表示的是国际外汇市场和国内货币市场都处于均衡时汇率与产出的对应关系。）这样，经济的短期均衡点位于点2。与初始均衡点（点1）相比，货币贬值（E上升）并且产出下降了。为什么汇率会从E^1上升到E^2呢？因为需求和产出下降，减少了对货币的交易需求，该国的利率必然下降以保持国内货币市场的均衡。这种国内利率的下降会导致该国货币在国际外汇市场上贬值，所以汇率从E^1上升到E^2。

图19-5（b）显示了同样的出口产品国外需求变化在固定汇率制下带来的影响。因为在固定汇率制下中央银行必须阻止本国货币的贬值，所以它会抛售外国货币买进本国货币，从而紧缩本国货币供给，这样AA^1曲线会向左移动到AA^2曲线。在固定汇率制下，新的经济短期均衡点位于点3，这时产出等于Y^3。

图19-5说明，产出在固定汇率制下比在浮动汇率制下下降得多。在浮动汇率制下产出只降到Y^2，而在固定汇率制下产出最终会降到Y^3。换言之，与固定汇率制相比，浮动汇率制相对减少了需求冲击对就业的影响，从而有利于经济稳定。当对本国产品和服务的需求下降时，浮动汇率制下的货币贬值会使本国产品和服务的价格下降，部分地减轻了这种需求下降的不利影响。货币贬值除了能减轻出口产品需求下降造成的偏离内部平衡的程度外，还能使国内产品在国际市场上更有竞争力，从而减少固定汇率制下经常账户上会出现的赤字。

---

① 一般来说，上述对称性理由并不能用于否定整个固定汇率制，而只是针对20世纪70年代初崩溃的特殊类型的固定汇率制。正如我们在第18章所论述的那样，建立在金本位制基础上的固定汇率制是可以达到完全对称的。

图 19-5　出口产品需求下降的影响

说明：在浮动汇率制和固定汇率制下，出口产品需求下降（从 DD^1 移动到 DD^2）的影响是不同的。在浮动汇率制下［见图（a）］，本国货币的贬值（从 E^1 到 E^2）会使得对本国产品的需求有所增加，所以产出只降到 Y^2。在固定汇率制下［见图（b）］，由于中央银行减少货币供给（从 AA^1 移动到 AA^2），产出最终会降到 Y^3。

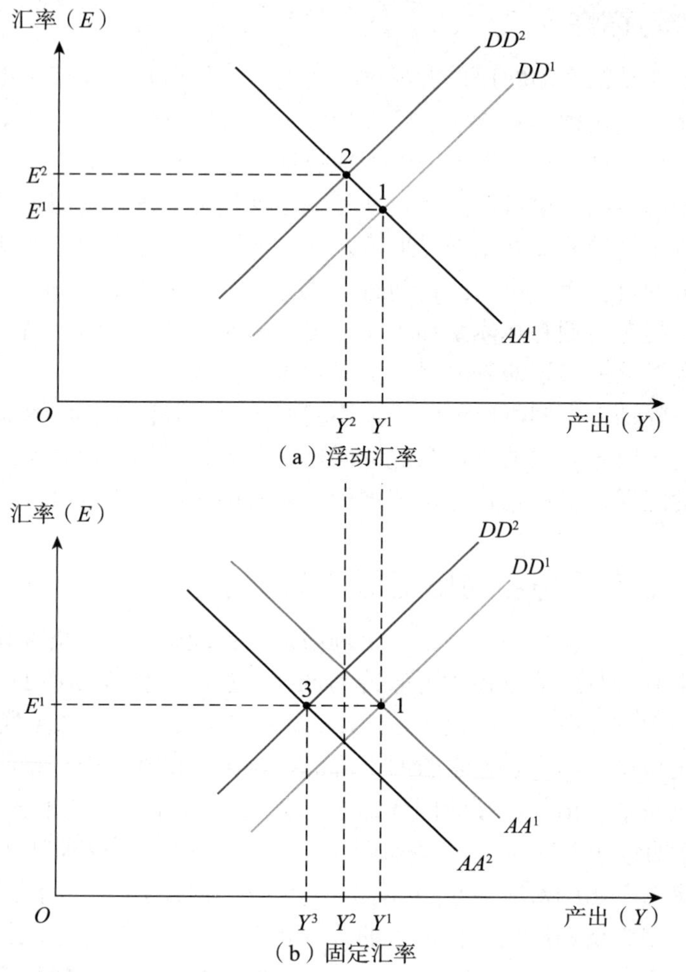

以上我们讨论了出口产品需求暂时下降的情况，但当出口产品需求出现永久性下降时，我们还能得出更为有力的结论。在这种情况下，预期汇率 E^e 也将上升。结果，AA 曲线向上移动，与暂时性需求变动相比，永久性需求变动会导致更大幅度的货币贬值，因此在永久性变动下汇率变动更能减少国内产出的变动。

在布雷顿森林体系下，当像图 19-5（b）中那样发生出口产品需求下降时，如果这种下降是永久性的，就会导致根本性失衡的情况，从而不得不重新确定币值；或者会由于出口产品价格和工资的下降而造成长期国内失业。在大批失业的同时，会导致中央银行的外汇储备空虚，国内货币紧缩，并且由于无法把握政府的意向，投机资本将大量流出，加剧局势的恶化。而在浮动汇率制下，它的支持者认为，外汇市场将通过名义汇率的变动自动产生所需的实际货币贬值。这种汇率变动会减少或消除通过失业来降低价格水平的需要。而且，因为这种汇率调整非常迅速，所以不会像在固定汇率制下那样存在投机混乱的风险。

汇率与外部平衡

浮动汇率制的最后一个优点是：它能阻止永久性的大量经常账户赤字或者经常账户盈余出现。因为一个有大量经常账户赤字的国家会从外国人那里借款，因此，其外国债务增加，最终，它将不得不使出口产品大大超过进口产品，以支付外国债务的利息。反过来，这些出口产品大大超过进口产品的国家将要求货币贬值。浮动汇率制的支持者建议，那些预期到货币贬值的投机商将提前使得币值下跌，在短期内使得出口产品更有竞争力，而进口产品更昂贵。他们所持有的这种稳定性的预测将首先使得经常账户赤字不会变得太大。(用升值代替贬值的同样的机制将限制外部盈余。)

对这一观点的推论是：浮动汇率制不能波动太大，因为稳定性的预测者会一直使得汇率保持在外部平衡的水平。

1973年后，这些预测进展如何？我们将表明，尽管一些预测失败了，但是浮动汇率制的支持者整体上过于乐观，认为存在一个市场决定汇率的体系，该体系将在各国之间没有汇率市场波动或者政策冲突的情况下运作。

∵案例分析　1973—1990年实行浮动汇率制的第一阶段

回顾自1973年以来世界经济的宏观经济史为我们判断现代国际货币体系的优缺点提供了关键数据。我们从总结浮动汇率第一阶段动荡不安的年份开始。

1973—1982年通货膨胀和反通货膨胀

浮动汇率年代开启的标志性事件是在1973年末到1974年初之间，世界石油价格上涨了3倍，这一上涨的促发因素是石油输出国组织（OPEC）的成立。该组织是一个包括大多数主要产油国的国际卡特尔。各个国家的投资和消费下降，世界经济陷入衰退。石油进口国的经常账户余额进一步恶化。

本书第14～18章构造的模型预测：在经济繁荣时通货膨胀会加剧，在经济萧条时通货膨胀会降低。但是，1974年世界经济严重衰退时，大多数国家的通货膨胀却加剧了。表19-2说明了最主要的工业化国家（地区）在1973—1982年近十年中失业率上升的情况下，通货膨胀是怎样急剧上升的。

表19-2　1963—2015年主要工业国（地区）的宏观经济数据

时期	1963—1972	1973—1982	1983—1992	1993—2006	2007—2009	2010—2015
			通货膨胀（%/年）			
美国	3.3	8.7	4.0	2.7	2.1	1.7
欧洲	4.4	10.7	5.1	2.4	2.3	1.5
日本	5.6	8.6	1.8	0.2	0	0.5
			失业率（占劳动力的百分比,%）			
美国	4.7	7.0	6.8	5.3	6.6	7.6
欧洲	1.9	5.5	9.4	9.4	7.8	10.1
日本	1.2	1.9	2.5	4.0	4.3	4.2
			人均实际GDP增长率（%/年）			
美国	2.8	0.9	2.4	2.1	−0.9	1.4
欧洲	3.9	2.0	3.0	2.1	0.6	0.9
日本	8.5	2.9	3.4	1.0	−3.8	1.4

资料来源：International Monetary Fund, Eurostat, and World Bank.

发生了什么？一个重要的影响因素就是石油危机本身。石油价格的上涨直接提高了石油产品的价格和使用能源的产业的成本，导致了整个价格水平的上涨。并且，自20世纪60年代末开始的世界范围内不断增强的通货膨胀压力，在决定工资的过程中产生了很大的影响，并在失业增加的情况下继续推动通货膨胀的上升。对通货膨胀的预期不仅会使新工资合同确定的工资水平越来越高，同时投机者大量收购囤积价格看涨的商品，也促使商品价格进一步提高。在接下来的几年中，各国央行都变得不愿以高失业为代价来控制通货膨胀。为了描述 1974—1975 年间这种特殊的宏观经济形势，经济学家创造了一个新的并从此被普遍使用的名词——**"滞胀"**（stagflation），即生产停滞与高通货膨胀的组合。滞胀是以下两个因素作用的结果：

（1）在世界总需求和总供给萎缩的同时直接推动通货膨胀的商品价格上涨。

（2）在经济衰退、失业率上升时仍然促使工资和其他价格上涨的对未来通货膨胀的预期。

由于不用再费力去维持一个固定汇率，各国政府就选择了最有利于实现本国目标的货币政策和财政政策。美国和联邦德国放松了它们 1974 年前实行的对资本流动的严格控制。这样，发展中国家就能更方便地通过在发达国家金融市场筹资以维持它们的开支和经济增长，从而缓和了发展中国家的调整问题。反过来，发展中国家对工业化国家出口产品相对较强的需求有利于减轻 1974—1975 年衰退带来的危害。但是在工业化国家，如表 19-2 所示，失业率上升了，并且一直维持在高水平。

20 世纪 70 年代中期，美国试图通过扩张性货币政策对失业做出反击，然而，其他国家如联邦德国和日本却更担心通货膨胀。由于政策的不平衡——美国扩张性政策的力度大大超过了其他国家，造成美元从 1976 年开始急剧贬值。美国的通货膨胀率达到了两位数（如同其他国家一样，包括加拿大、法国、意大利和英国）。这种情况我们可以从图 19-6 中明显地看到。图 19-6 显示了美元**名义和实际的有效汇率指数**（nominal and real effective exchange rate indexes）。这两种指数分别表示用一篮子外国货币度量的美元价格和用一篮子外国产出度量的美国产出的价格。因此，任一指数上升都意味着美元（名义的或实际的）升值。而任一指数下降都意味着美元（名义的或实际的）贬值。

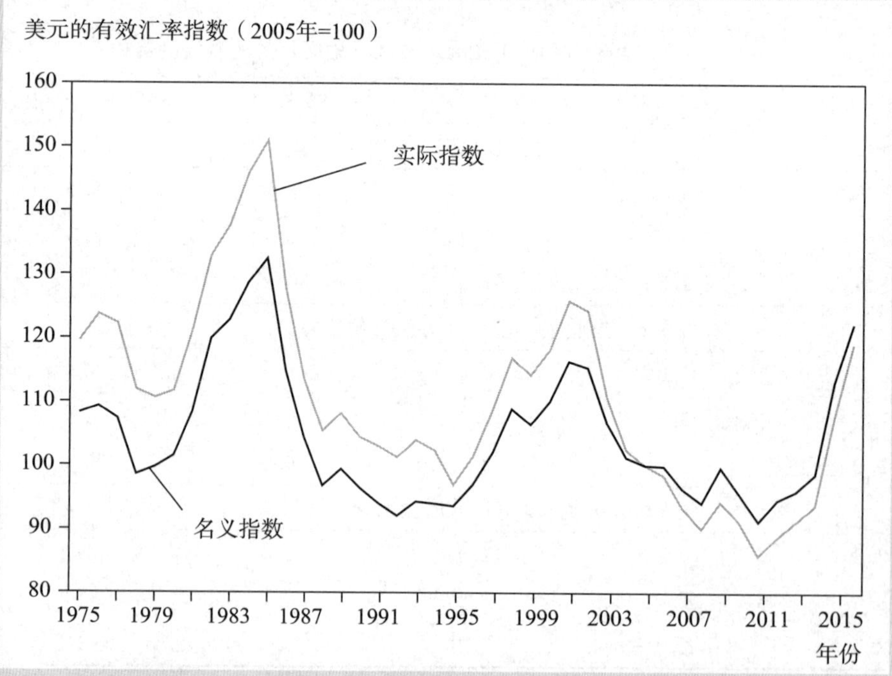

图 19-6　1975—2015 年美元名义和实际的有效汇率指数

说明：这两种指数是用一篮子外国货币来度量的美元的名义价值和实际价值。指数上升意味着美元升值，指数下降意味着美元贬值。对这两种指数度量的美元价值在 2005 年都为 100。

资料来源：Bank for International Settlements.

为了恢复对美元的信心，卡特总统任命了在国际金融方面经验丰富的保罗·沃尔克（Paul A. Volcker）来担任新的联邦储备委员会主席。1979 年 10 月，沃尔克宣布美国实行紧缩的货币政策，美联储采用了更严格的措施来控制货币供给的增长。

1979 年伊朗国王被赶下台后，该国的石油出口遭到破坏，从而引起了第二轮石油价格的上涨。1975 年，工业化国家的宏观经济政策制定者运用扩张性货币政策和财政政策来应对第一次石油危机。但在第二次石油危机中，他们的对策却大为不同了。1979—1980 年，大多数主要工业化国家的货币增长实际上都受到了限制，因为这些国家想消除石油价格上涨带来的通货膨胀。这一政策阻止了通货膨胀的上升，但是引起了世界范围的衰退。

1980 年 11 月在竞选中坚决主张反通货膨胀的里根当选美国总统，因此，美元开始升值（见图 19-6）。1979 年底美国的利率也急剧上升，截至 1981 年，美国的短期利率已接近 1978 年利率水平的 2 倍。

通过提高美国利率并使得投资者预期美元在将来会走势强劲，美国的行动使得美元迅速升值。这种升值使得美国的商品相对于外国的商品变得昂贵，因此减少了美国的产出。

然而，美元的升值在国外也不受欢迎，尽管理论上它在经济增长较慢时可能会对外国经济有一定的正面刺激。原因在于美元升值提高了外国从美国进口的商品的价格，使得外国工人要求更高的工资待遇，这些都妨碍了外国旨在降低其通货膨胀的工作。而美元升值对美国本身的作用恰好相反，它加快了通货膨胀的下降速度。因此，美国紧缩的货币政策对国外经济有以邻为壑的作用，因为它对本国通货膨胀的抑制部分是通过将通货膨胀转嫁到外国。

外国中央银行的反应是通过干预国际外汇市场来减缓美元的升值。通过抛售美元储备和购买本国货币，一些中央银行在 1980 年和 1981 年降低了它们的货币供给增长率，从而使利率上升。在紧接着的第二次石油危机期间，美国和其他国家同时采取的货币紧缩政策将世界经济推进了一次大衰退中。这是在 20 世纪 30 年代大萧条和 2007—2009 年危机期间最为严重的衰退。1982—1983 年全世界的失业率达到了第二次世界大战以后的最高水平。虽然美国失业率快速恢复到衰退前的水平，但日本的失业率特别是欧洲的失业率仍长期维持在很高的水平（见表 19-2）。然而，货币紧缩和由此造成的大衰退迅速使得各工业化国家的通货膨胀大大降低。

强势美元和《广场协议》

在里根总统进行竞选时，他曾许诺降低税收和平衡联邦预算。1981 年时他兑现了第一个承诺。与此同时，里根政府在缩减一些国内项目的开支的同时大大增加了国防开支。这些措施和后面一些国会决议的最终结果是，造成了美国政府预算赤字的急剧膨胀和对经济强烈的财政刺激。美国的财政支持使得美元持续升值（见图 19-6）。从 1979 年底到 1985 年 2 月，美元相对于联邦德国马克已累计升值达 47.9%。1982 年 12 月，美国经济衰退到最低点，而后产出开始回升；同时，美国财政政策对经济的刺激也通过美元的稳步升值传导给其他国家，促使外国经济也开始复苏。

虽然美国的财政扩张政策对世界经济的恢复做出了贡献，但不断增加的联邦预算赤字使得人们更加担忧世界经济未来的稳定——不断增加的政府赤字并没有被私人储蓄的增加或投资的减少所抵消，因而美国经常账户收支状况急剧恶化。1987 年，美国已成为外国的净债务国，其经常账户赤字达到了战后的最高水平——占 GNP 的 3.6%。一些分析家担心，外国的债权人会对他们积聚的美元资产的未来价值失去信心，从而抛售这些美元资产并导致美元的突然大幅贬值。

同样令人担忧的是美元坚挺对美国国内收入分配的影响。美元升值降低了美国的通货膨胀，使得国内的消费者能用更便宜的价格购买从外国进口的产品。但这种贸易条件的改变也损害了一部分人的利益，而且这部分人比那些从贸易条件改变中获益的人更有组织性，也拥有更多的发言权。20 世纪 80 年代美国整个经济形势的持续不景气导致要求政府保护与进口相竞争的产业的压力增大。保护主义者的压力越来越大。

里根政府一开始时对国际外汇市场采取的是“善意的忽视”政策，一般不干预外汇市场，除了在非常时期（例如在一个狂热的刺客行刺里根后）。但到了1985年，美元坚挺与保护主义盛行之间的密切联系再也不可能被忽视。

因为担心国际贸易体系会受到破坏，美国、英国、法国、联邦德国以及日本主管经济的官员1985年9月22日在纽约的广场饭店（Plaza Hotel）发表联合宣言，声明将联合起来干预国际外汇市场以使美元贬值。第二天，美元便大幅贬值，并且因为美国继续维持宽松的货币政策，美元的利率相对于外国货币的利率而言处于较低水平，而且美元贬值趋势从1986年一直持续到1987年初（见图19-6）。

浮动汇率制下宏观经济的相互依存

到现在为止，我们的开放经济模型主要研究的是相对简单的小国情形，即该国不能通过本国的货币政策和财政政策影响国外的产出、价格水平和利率水平。这种描述显然不适合美国的情况，因为美国的国民总产出相当于整个世界总产出的1/5。要讨论美国与世界其他国家宏观经济的相互作用，我们必须考虑由浮动汇率制联系在一起的各个国家政策的相互作用。下面我们提供一个简要的基于直觉的讨论，而不是一个正式的模型，并且限制在短期情况下，所以假定产出价格不变。

假设世界经济由两个大国经济组成——本国和外国。我们的目标是评价本国的宏观经济政策如何影响外国。这个模型的复杂性在于，不能再认为任何一个国家均面临着固定不变的外部利率和固定不变的国外出口需求。为了简化，我们只考虑货币政策和财政政策发生持久改变的情形。

我们首先考虑本国货币持久扩张的情形。我们知道在小国的情形中（第17章），国内的货币贬值会使国内的产出上升。当本国是大国时，相同的结果也会发生，世界上的其他国家同样也会受到影响。因为在本国经历着实际货币贬值的同时，外国一定经历着实际货币升值，这会使得外国商品变得相对昂贵，因而对外国的产出会产生负面的影响。然而，本国产出的增加也会产生相反的作用，因为本国会把多余的收入花费在外国商品上，这样，对外国产出的总需求增加了。因此，本国的货币扩张会对外国产出产生两个相反的作用，而净结果如何，依赖于哪种影响更强，外国的产出可能会上升，也可能会下降。①

接下来我们考虑本国持久的财政扩张政策。在第17章中的小国情形下，持久的财政扩张会导致实际货币升值和经常账户恶化，使得对总需求的任何积极作用都成为无效的。从效果来看，国内财政政策的扩张效应完全渗漏到国外去了（因为本国的低经常账户余额一定对应着外国的高经常账户余额）。在大国情形下，因为在本国货币升值的时候外国出口价格会变得相对便宜，所以外国产出仍旧会增加。并且，外国增加的一部分花费增加了本国的出口，所以本国的产出实际上会随着外国产出的增加而增加。②

我们对大国之间宏观经济的相互依存性总结如下：

（1）本国持久的货币扩张的作用：会导致本国产出增加，本国货币贬值，外国产出可能增加，也可能减少。

（2）本国持久的财政扩张的作用：会导致本国产出增加，本国货币升值，外国产出增加。

---

① 外国货币市场均衡的条件是$M^*/P^*=L(R^*, Y^*)$。因为M^*没有改变，而P^*是刚性的，在短期是固定不变的，所以外国产出仅仅能够在外国名义利率上升的时候增加，在外国名义利率下降的时候下降。

② 考虑到本国货币市场均衡条件（与上一个注释类似），你将看到本国的名义利率一定上升。类似的争论显示外国的利率一定也同时上涨。

∵案例分析　世界经济的转型与危机

1989 年柏林墙的倒塌标志着苏联解体的开始。最终，前苏联阵营国家都引入了市场结构并融入世界经济。同时，中国从 1978 年开始进行市场经济改革，以加速经济增长和现代化步伐。这些同时发生的变化大大增加了世纪之交全球经济总量和劳动力的规模。

1990—1999 年亚洲和欧洲的危机

1990 年 7 月 1 日联邦德国和民主德国的统一给德国带来了通货膨胀压力。同时，其他欧洲国家在欧洲的固定汇率机制（欧洲货币体系）内部正把它们的汇率钉住德国的前货币——联邦德国马克。德国为应付国内的通货膨胀压力而实行的紧缩性货币政策导致了欧洲货币体系伙伴国经济增长的放缓，其中许多国家并没有和德国一样面临不断上升的通货膨胀率。由此造成的欧洲货币体系内部不对称的压力引起了 1992 年对该体系固定平价的大规模投机性冲击。

日本的通货膨胀率 1989 年有所上升，这在一定程度上是 1986—1988 年日本实行了相对宽松的货币政策的结果。两个非常明显的特征是，日本房地产和股票的价格都飞速上涨。日本银行通过实行紧缩性货币政策和高利率，成功地刺破了这两项资产的价格泡沫，1990—1992 年东京日经股票价格指数下降了一半以上。遗憾的是，资产价格的暴跌使得日本的金融体系于 1992 年初陷入危机，日本经济也开始衰退。

复苏从来就没有真正来临。到 1998 年，日本经济似乎开始“自由落体”了：GDP 缩减，价格下跌，失业率达到 40 多年来的最高水平。然而，1997—1998 年日本经济存在的问题对与其有大量贸易往来的东亚发展中国家产生了扩散影响。正如我们将在第 22 章中论述的，在 1997 年之前这些国家的 GDP 多数都保持着极快的增长速度，其中许多国家保持了本币对美元的固定汇率或者汇率在目标区内浮动。因此，日本在 1997 年的衰退打击了这些东亚国家的经济。

最终的结果是对东亚货币的一系列灾难性投机冲击，1997 年夏从泰国的泰铢开始，然后转移到马来西亚、印度尼西亚和韩国。正如我们将在第 22 章中详细讨论的，这些国家陷入了严重的衰退，它们受到日本的拖累，但同时又把日本拖进了恶性循环。1998 年俄罗斯对内债和外债的拖欠导致了国际投资者的恐慌和国内的金融混乱。对全球范围内衰退的忧虑使得美联储接二连三地降息；欧洲 11 国为在 1999 年放弃本国货币采用欧元做准备，也进行了前所未有的合作降息。这些举措对防止全球经济的彻底垮台有所帮助。

互联网崩溃和全球经济出现不平衡

1999 年底，随着资金大量涌入新的基于互联网科技的高科技领域，美国股票市场暴涨。投资增加，美国经常账户赤字膨胀。当 2000 年股票价格开始下跌时，这一下跌助推了衰退，美联储极大地削减了利率。尽管投资下降了，但因为储蓄下跌，美国经常账户赤字再次开始上升。导致美国储蓄率下跌的一个因素是房地产价格急剧上升，如图 19－7 所示。随着美国人借钱消费来对抗房屋净值的上升，美国家庭的储蓄率变成了负数。结果，到 2005 年，美国经常账户赤字达到了前所未有的高水平，占 GDP 的 6%（见图 13－2），并且同时美元开始贬值（见图 19－6）。除了美国之外，很多国家的房地产价格也开始上升，包括英国、西班牙、爱沙尼亚等，这些国家和美国一样，可能面临更大的贸易赤字。

实际上，在 1999 年以后的几年里，全球外部失衡的模式被扩大了。图 19－8 描述了这个过程。将图中的负数（赤字）计作全球储蓄的净需求，同时把正数（盈余）计作全球储蓄的净供给（超过国内投资需求的储蓄）是很有用的。在全球资本市场的均衡中，储蓄的世界总需求与总供给相等，也就是所有国家的经常账户余额加总必须为零。从需求方面看，美国经常账户赤字的爆炸式增长起到了主导作用。因为经常账户余额等于储蓄减去投资，巨大的美国赤字意味着美国的投资（实际上是对储蓄的需求）远远超过了由美国家庭、公司和政府单位提供的储蓄。来源于快速发展的中东欧国家的由投资驱动的储蓄需求尽管在规模上小很多，但也推动了全球对储蓄的需求（见图 19－8）。

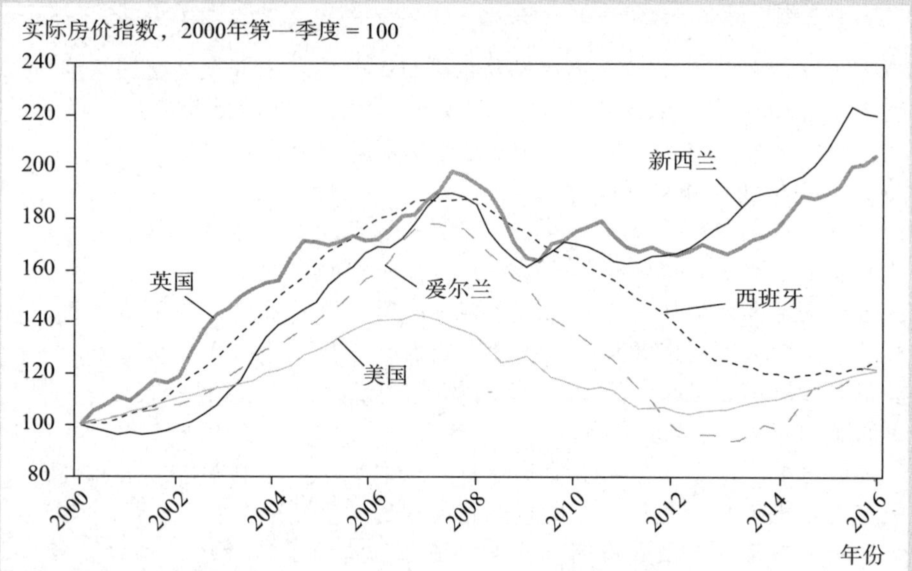

图 19-7　2000—2016 年几个选定国家的房地产价格

说明：在衰退之前，美国的房地产价格在 2006 年加速上升。然而，在其他一些国家，价格上升的速度更快。

资料来源：Federal Reserve Bank of Dallas，from http：//www.dallasfed.org/institute/houseprice/index.cfm. 将名义房价指数除以消费者价格平减指数可得实际房价指数。

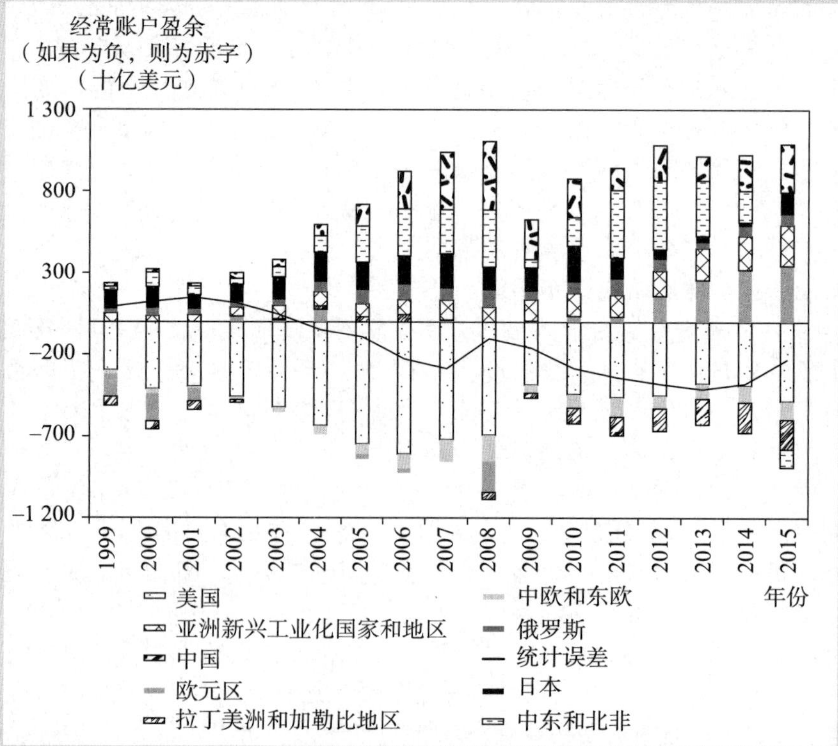

图 19-8　1999—2015 年全球外部失衡

说明：在进入 21 世纪的头几年，美国经常账户赤字的巨大增长依靠的是亚洲国家和地区（尤其是中国）、拉丁美洲和石油输出国的融资。2008 年后，失衡有所缩减，但随后再次增长。

资料来源：International Monetary Fund，*World Economic Outlook* database.

数据令人迷惑的特征是：随着美国赤字的扩大——这反映了美国对世界储蓄的需求的增长——长期实际利率下降了，接下来发生的是，从 2000 年开始，当互联网崩溃时，投资需求下降，未来经济增长的市场预期减少（见图 19-9）。较低的实际利率促使美国房产价格高涨，鼓励了美国人借钱消费，并且大大超过了国民收入。反过来，也很自然，当实际利率上升时，将鼓励美国人储蓄，减少投资。如果世界实际利率下降，会发生什么情况呢？然而，如图 19-9 所示，为什么其他一些国家也出现了这种现象？答案必然在除美国之外的其他国家的投资与储蓄行为的变化中。

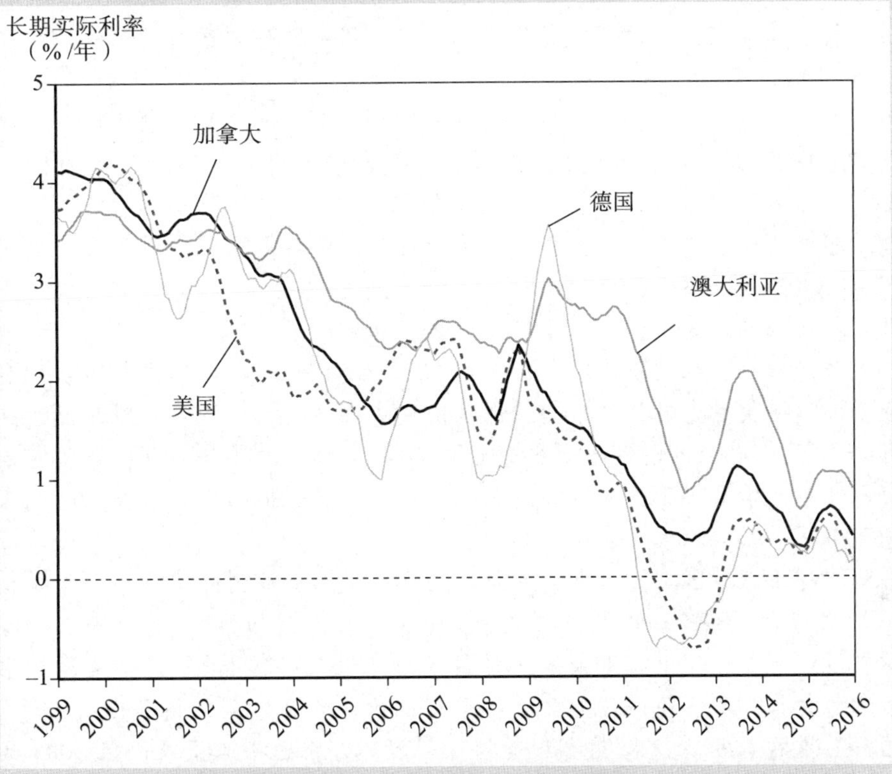

图 19-9　1999—2016 年美国、澳大利亚、德国和加拿大的长期实际利率

说明：自 21 世纪以来，实际利率下降到很低的水平。许多国家都遵循相同的趋势。

资料来源：Global Financial Data and Eurostat. 实际利率是基于对 10 年期通货膨胀指数化债券的观察所得到的 6 个月移动平均利率。

图 19-8 显示了自 21 世纪以来一些国家和地区经常账户盈余的增加，其中包括俄罗斯、中东及亚洲（特别是中国，但也包括日本及像新加坡那样的新兴工业化经济体）以及拉丁美洲。非洲的盈余（未在图中显示出来）也增加了。经济学家仍在争论产生这些盈余的原因，但一些可能因素凸显出来了。其中之一就是中国经济作为世界经济的主要角色出现了，尤其是中国在 2001 年 12 月加入世界贸易组织之后。自 20 世纪 70 年代末开始，中国经济快速发展，但同时也由于巨大的人口数量而导致了一些不好的其他经济现象。作为预防性措施，中国人比以前储蓄得更多。同时中国经济的快速增长（此时美国经济表现得也很强劲）提高了一系列初级产品的价格，其中以原油价格变动最为明显。初级产品出口的利润暴增，其中包括来自巴西的大豆与铁矿石、马来西亚的棕榈油，以及俄罗斯、委内瑞拉、刚果和沙特阿拉伯的石油。这些在经济上的意外收获使得这些国家还没有充分的时间将它们消费或者进行投资，这也有助于提升全球的储蓄。导致美国以外各国储蓄增加的因素还有另外一个。20 世纪 90 年代后期的经济与金融危机使得较穷的国家对它们

的财政政策更加谨慎，并且降低了它们的投资意愿。类似地，日本经济的不确定性也抑制了那里的投资需求。更加谨慎的经济政策的结果之一就是：像上面提到的那样，发展中国家快速积累美元储备，这些储备可以在这些国家将来可能遇到经济困难时起到很好的稳定器作用。总而言之，美国以外的其他国家对储蓄的较高供给，再加上普遍的低投资需求，抵消了国际金融市场上由美国较高的经常账户赤字带来的影响，结果是全球利率下降。[①]

全球金融危机

2007 年 8 月爆发了一场严重的金融危机，这一次不是发生在发展中国家，而是在美国和欧洲的贷款市场。这一危机席卷全球，很快就在 2008—2009 年发展成为世界性金融恐慌和衰退。这场危机的根源在于美国国内的抵押贷款市场。我们将在下一章学习关于这场危机的金融性质及其传播的更多细节。

导致这场危机的一个关键因素是较低的长期实际利率时期，如图 19 - 9 所示。低利率使得美国和很多其他国家的国内价格上涨。在美国，低利率还使得抵押贷款者的行为风险性更大（例如，以极低或者零利率贷款，或以暂时性的较低的“棘手”的利率贷款）。使事态进一步恶化的是，这些次级抵押贷款或无级抵押贷款被重新打包，然后被出售给世界各地的投资者，这些投资者对他们面临的风险几乎一无所知。

如此低的实际利率是不能永远维持下去的。最终，商品出口商的消费开始赶上它们的收入，世界投资需求上升。正如你从图中所见，从 2003 年到 2005 年底，在美国实际利率很低，然后开始急剧上升。这一突然上升的利率使得许多借款买房的人无法偿还月供。反过来，房屋所有者的债权人开始遇到麻烦，2007 年的信贷危机爆发了。在更高的利率水平上，许多次级房屋抵押贷款看起来可能永远也偿还不了了。这些出借方（包括世界各地的银行）开始遇到困境，连它们自己也无法借到款。

尽管许多中央银行和其他旨在帮助恢复经济的金融干预削减了利率，但是世界经济还是滑向了衰退。2008 年秋，随着金融危机的进一步深化，衰退更加严重了。（第 20 章将详细讨论。）最初，全球贸易削减的速度比大萧条第一阶段还要快。[②] 许多国家，包括美国和中国，出台了大规模的财政刺激计划，尽管在许多情况下，中央银行将其目标名义利率推向接近零。（图 14 - 2 给出了美国和日本的利率。）尽管这些政策阻止了世界经济进一步下滑，但 2009 年世界范围内失业率急剧上升（见表 19 - 2），产出总体上收缩了。到 2010 年，世界经济稳定下来，但是工业化国家的增长依然不温不火，失业率下降得很缓慢，衰退使得许多政府面临巨额财政赤字。全球经常账户不平衡下降了，但是仍然很大。2009 年之后，大部分发展中国家从危机中的复苏比工业化国家更强健。但是多数欧洲国家和日本从自大萧条以来最糟糕的全球危机中的恢复仍然举步维艰。21 世纪第二个十年中期，美国和英国的经济增长更为强健，但随后受英国脱欧公投影响，复苏停滞。21 世纪第二个十年中国宣布将经济增长模式由投资推动转换为消费带动，加之经济增长放缓，共同导致了全球商品需求的下降。对出口依赖较大的经济体，尤其是发展中国家，遭到冲击。在第 22 章我们将对这一联系进行更为详细的讨论。

在日本，经过 20 多年萎靡的经济增长后，持续的通货紧缩终于在 2013 年结束。日本提出了

---

① 本章末的习题 13 给出了一个简单的经济框架，有助于你思考全球储蓄的供给曲线和需求曲线转移的效应。延伸阅读中本·伯南克的文章提供了对 2005 年前后较低的实际利率的详细分析。

② 关于 2008 年及之后与战时大萧条的对比，参见 Barry Eichengreen and Kevin Hjortshøj O'Rourke，“What Do the New Data Tell Us?” *Vox*：*Research-Based Policy Analysis and Commentary from Leading Economists*，March 8，2010（at http：//www.voxeu.org/article/tale-two-depressions-what-do-new-data-tell-us-february-2010-update#apr609）。

一个雄心勃勃的计划，一方面恢复该国经济活动，另一方面控制政府债务的规模，这一规模目前已经超过GDP的两倍。这一计划的一个组成部分是日本银行承诺迅速使货币供给量翻倍，以此来提高通货膨胀率。这一积极的刺激计划的效果并不尽如人意，通货膨胀率持续下降，低于日本政府期望达到的每年2%的水平。在第21章中我们将看到，欧元区的复苏停止，并且在2009年末，一场明显的危机爆发了。欧元危机是由发展缓慢、失业、银行业问题和2007—2009年全球危机引发的公共债务驱动的。到2012年底，欧元危机最糟糕的时期已经过去，但欧元区并没有完全克服危机造成的创伤。在写作本书时，欧洲央行和日本银行都还在努力摆脱通货紧缩。

❖案例分析 通货紧缩的危害

1973年布雷顿森林体系解体后的第一个十年，全球范围内的央行担心最多的是高通货膨胀及其对经济造成的破坏性影响。为了避免高通胀，很多央行采取了通货膨胀目标制，实际的或预测的对通货膨胀目标（多数工业化国家为2%）的背离会触发紧缩的或宽松的货币政策。

高通胀的坏处显而易见，但与之相反的低于目标的通货膨胀或通货紧缩的危害就不明显得多。当然，通货紧缩可能是高失业率的症状之一，一个极端的例子就是大萧条；但是当失业率与历史平均水平相差不大的时候，通货紧缩会不会出现呢？如果出现了央行是否要担心？近期的数据（见附图）显示一些工业化国家的通货膨胀率一直低于2%，部分国家接近通货紧缩。这些国家的央行不仅口头上关切，大多数还反应非常强烈。

它们为什么这样做？下面我们将列举一些通货紧缩的危害，这些危害（尽管程度较低）也适用于低于目标的通货膨胀或者零通货膨胀（有时被称为“低通胀”）。

（1）债务通缩。耶鲁大学的经济学家欧文·费雪在大萧条期间已经阐述了这一问题，但今天仍然有借鉴意义，因为自2007年金融危机以来，很多家庭、企业和政府背负了大额债务。当价格下降时，债务的实际价值升高，债务人更加难以偿还。社会财富从支出较高的债务人向储蓄较高的债权人转移，并且降低了社会总需求，也提高了债务人对前期债务违约的概率。结果，最初因为通货紧缩造成的经济增速放缓更加难以摆脱，通货紧缩进一步加强，导致螺旋式下降的出现。

（2）经济弹性降低。正如我们已经看到的，在面对经济变化时，企业和工人可能不愿意降低工资和价格，从而会面临失业。当存在温和的通货膨胀时，必要的价格调整就很容易被接受。例如，当能源价格急剧上升时，企业可能需要通过降低劳动力成本来维持生产。当价格提升2%但工资仅提升1%时，实际劳动力成本就是下降的，但如果价格不提升，工人就得接受工资下降1%。在第二种情形下，拒绝名义工资下降将导致失业。

（3）流动性陷阱出现得更加频繁。依据我们在第16章中讨论的费雪效应，低通货膨胀或通货紧缩意味着在其他条件不变的情况下，名义利率更低。但如果名义利率降低，央行更可能发现自己已经陷入了流动性陷阱（第17章），没有能力应对加剧失业的经济负增长。央行可能会采取非传统的货币政策，这类政策可能不太有效，反而会带来不想看到的副作用。

（4）通货膨胀目标不再可靠。由于流动性陷阱让央行失去了管理通货膨胀的基础工具，央行的通货膨胀目标变得不再那么可靠，使得通货紧缩或低通货膨胀能够自我循环，并增加了价格下降的压力。当然，这种压力是通过债务紧缩和经济弹性的降低起作用的。这些力量会导致零利率陷阱和低通胀非常难以摆脱。

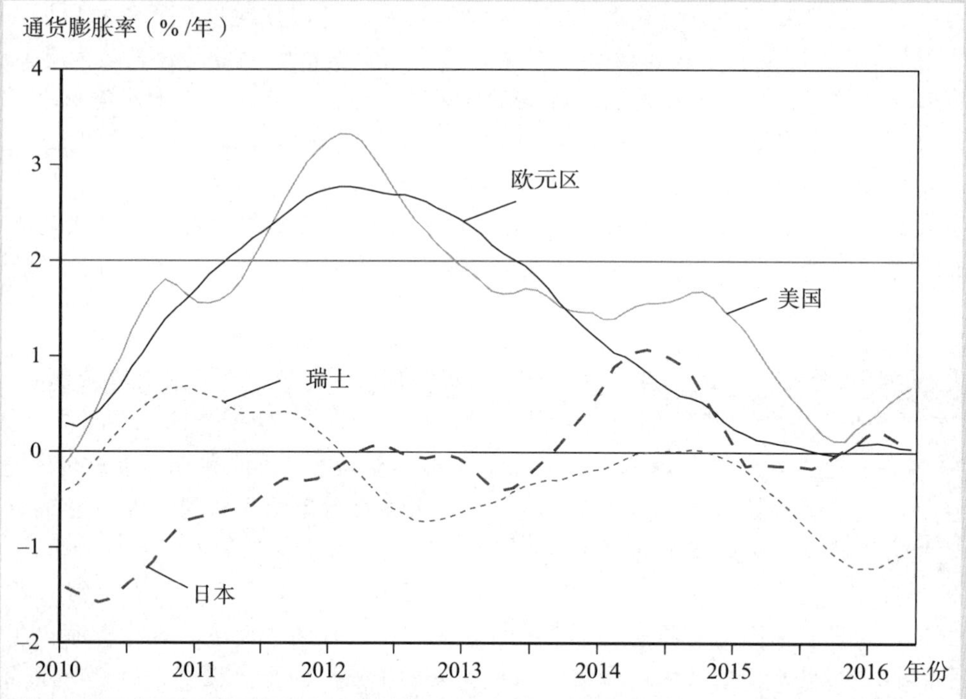

一些发达经济体最近的通货膨胀率

说明：数据为 12 个月移动平均的逐年的月度数据。日本的 CPI 依它 2014 年 4 月的增值税税率的增长做了调整。

资料来源：OECD.

对通货紧缩的恐惧是中央银行选择正的而不是负的或者零通货膨胀目标的重要原因之一。一些经济学家认为即使 2%的通货膨胀目标也不能为避免通货紧缩的危险提供足够的保障。一种建议是工业化国家的中央银行将通货膨胀目标提高至 4%或 6%，这种想法在印度和巴西等国家比较受欢迎；另一种思路是中央银行制定固定的价格水平每年增长 2%的路径目标，而不是以通货膨胀率本身为目标。在这种情形下，即使通货膨胀率低于 2%，也会为了恢复 CPI 的目标路径而在随后加速超过该水平，因此，任何低于目标的通货膨胀都能够自动引发未来短期高于目标的通货膨胀的预期。可是一旦掉入流动性陷阱，通货膨胀目标就将失去可靠性，实施任一种想法都是困难的。在这种情况下应该怎么办呢？一些经济学家建议中央银行直接发行货币并发放给消费者，消费者会增加消费从而使得价格提升。但这一做法会模糊货币政策和财政政策的分界线，政策制定者认为这会增加未来出现过度通货膨胀的风险。时间会告诉我们，现在的通货紧缩压力是否会变得棘手从而达到政府不得不采取这种极端应对措施的地步。

1973 年以来的经验

本章前面介绍了支持和反对浮动汇率制的主要观点。在考察了浮动汇率制近来的表现后，我们现在来比较一下 1973 年前浮动汇率制的支持者和反对者各自列举的理由，看一下近年来的历史是否支持对现有汇率制度的改革。

货币政策自主性

毫无疑问，浮动汇率制可以使得各国中央银行能够控制本国的货币供给并选择自己想要的通货膨胀率。我们可以发现，浮动汇率制会使得各国间通货膨胀率的差异更大。那么在实行浮动汇率制期间，货币的贬值能否抵消各国间的通货膨胀率差异呢？图 19－10 比较了除美国以外六个最大工业国的货币相对于美元的贬值情况以及这六国与美国的通货膨胀率差异。购买力平价理论认为，图中各点应在 45°线上，但实际上并非如此。虽然图 19－10 证实了我们在第 16 章中所讨论的购买力平价理论并非永远正确，但它说明了在长期实现平衡的情况下，与低通货膨胀国家的货币相比，高通货膨胀国家的货币要疲软一些。并且，贬值率差异主要来自通货膨胀率差异，从而证明了购买力平价是导致名义汇率长期波动的主要因素。

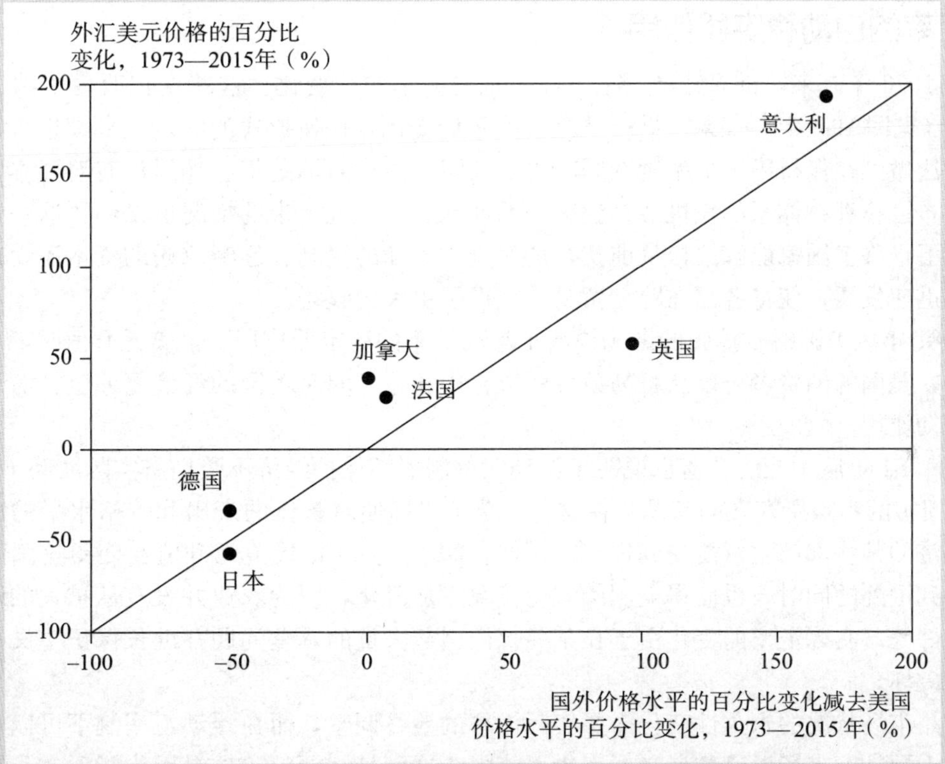

图 19－10　1973—2015 年各国汇率变动趋势和通货膨胀率差异

说明：纵观实行浮动汇率制的全部期间，高通货膨胀与货币贬值总是相互联系的。但是相对购买力平价理论所预测的那种确切的联系在大多数国家都不成立。横轴上所示的通货膨胀率差异是运用相对购买力平价理论的公式 $(\pi-\pi_{US})\div(1+\pi_{US}/100)$ 计算得出的。

资料来源：International Monetary Fund and Global Financial Data.

虽然从长期来看政策自主性理论中所提出的浮动汇率制能隔绝通货膨胀影响的观点很有道理，但对经济的分析和过去的经验都表明，在短期内，浮动汇率制下一国的货币政策和财政政策仍然会对外国有所影响。例如，两国宏观经济模型就表明：在短期内，只要货币政策改变了实际汇率，它就会影响本国和外国的产出。因此，浮动汇率制的批评者所声称的浮动汇率制不能完全隔绝外国政策变动的影响的观点是正确的。

对称性

因为各国中央银行继续持有美元储备并干预国际外汇市场，所以 1973 年后的国际货币体系并没有实现对称性。虽然欧元和日元确立了在国际储备货币中的重要地位（而英镑的地位在下降），但美元仍是大多数中央银行的基本外汇储备。

斯坦福大学的经济学家罗纳德·麦金农（Ronald McKinnon）认为，现行的浮动汇率体系在某些方面与布雷顿森林体系下不对称的储备货币体系很相似。[①] 麦金农还指出：如果是在一个更对称的货币调整机制下，世界货币供给的变动会受到抑制。在 21 世纪初，中国出台的限制其货币相对于美元升值的措施使其积累了大量美元储备，可能进一步加强了 2007—2009 年金融危机之前世界范围内的经济繁荣。结果，一些经济学家将 21 世纪前半期称作“复苏的布雷顿森林体系时期”。[②]

汇率的自动稳定器作用

自 1973 年以来，世界经济发生了许多重要的结构性变化。这些变化改变了国家之间的相对产出价格（见图 19－6）。如果没有一些重大的平价变化，任何形式的固定汇率都很难行得通。各工业国也无法做到在保持固定汇率制的同时平安地渡过两次石油危机。如果没有对资本流动的控制，类似击溃布雷顿森林体系的投机活动就会周期性地发生，近年来的情况也说明了这一点。但是在浮动汇率制下，许多国家能够放松从前实行的对资本流动的控制。逐渐放松的资本流动也促进了全球金融业的迅速发展，使得各国在跨期贸易中获得了更大的收益。

1981 年后美国财政扩张的影响说明了浮动汇率的稳定器作用。当美元升值时，美国的通货膨胀会下降，美国的消费者可以从贸易条件的改善中获益，同时美国的经济复苏也会对外国的经济恢复起到推动作用。

但 1981 年后美元的升值也说明了浮动汇率制能够保护经济不受经济实际波动（例如世界总需求变动）损害的观点所存在的问题。在这种情况下，即使对整体的产出和价格水平的冲击可能得到缓冲，经济的某些部门也可能受到损害。例如，20 世纪 80 年代美元升值在使得美国财政扩张的影响被转移到国外的同时，也使得美国的农业境况更加恶化，因为农业并没有从扩大的政府需求中得到直接的好处。实际汇率的变化由于在某些部门引起大量的调整问题并助长保护主义行为而可能对经济产生破坏。

产品市场状况的永久性变化需要实际汇率的最终调整，而在浮动汇率制下可以加速实际汇率的调整。干预外汇市场以钉住名义汇率也不能阻止这种最终调整，这是因为货币在长期是中性的，所以无法永久性地改变相对价格。但 20 世纪 80 年代的一些事实表明，如果生产要素在经济中各部门之间的流动非常困难，那么在产品市场发生短期波动时钉住汇率是有好处的。遗憾的是，这个理论会使政策制定者面临这样一个难题：判断哪些波动是暂时性的，哪些波动是永久性的。

外部平衡

如图 19－8 所示，浮动汇率制并不能阻止经济大规模和永久性地偏离外部平衡。实际上，中国拒绝让它的货币完全自由浮动也是 21 世纪初以来全球大规模不平衡的故事的组成部分。如果中国

---

① Ronald I. McKinnon，*An International Standard for Monetary Stabilization*，Policy Analyses in International Economics 8（Washington，D. C.：Institute for International Economics，1984）.

② 参见 Michael Dooley，David Folkerts-Landau，and Peter Garber，*International Financial Stability：Asia Interest Rates，and the Dollar*，2nd edition（New York：Deutsche Bank Securities Inc.，2008）。

人民币在外汇市场上自由升值，中国的盈余和世界其他地方相应的赤字规模要小得多。

但是即使在中国作为世界经济力量的重要部分以及欧元发明以前，大规模的经常账户赤字和盈余也会发生，正如20世纪80年代美国的赤字和日本持续的盈余一样。金融市场很明显可以使其汇率远离与外部平衡一致的价值，正如图19-6中美元的例子一样。在浮动汇率制下，在汇率调整之前，外部不平衡已经持续了很多年。实际汇率的长期波动使得国家远离外部平衡，这一现象被称作“失调”，其经常会对一国对进口实施保护施加政治压力。

政策协调问题

在浮动汇率制下，国际政策协调问题并没有消失。解决全球不平衡的问题提供了一个很好的例子，因为由赤字国家实施的减少不平衡的单边措施将导致全球通货紧缩，然而，盈余国家只有很少的激励来避免由提升其内部需求和使货币升值所导致的结果。

可能还有一些更引人注目的例子。如果各个国家同意协调彼此的政策而不是像在以邻为壑模式下那样不管不问，各国可能会明显受益。例如，在20世纪80年代初的通货紧缩时期，各工业国如果通过协商达成促进共同目标实现的联合决议，就能更有效地实现本国的宏观经济目标。本章的附录给出了一个正式的模型以说明各国是如何通过国际政策间的协调来获益的。

另一个例子是全球对2007—2009年危机引起的衰退所做出的财政反应。我们在本章前面和第17章看到，当一个国家增加政府支出时，一部分扩张性影响将会漏出到国外。然而，该国将以更大的政府赤字的形式支付政策的成本。既然各国没有将其所有的财政扩张效应内部化，而是支付了全部的成本，那么在全球衰退期间，各国几乎不会采用这种方法。

然而，如果各国能够协调一致地采取扩张行动，它们在抵御衰退时可能更加有效（并且它们的财政成本可能更低）。二十国集团（该集团是一个由包括阿根廷、巴西、中国、印度和俄罗斯在内的发展中国家和主要工业国组成的非正式组织）阶段性地讨论了对2007—2009年危机的反应。在危机的早期阶段，二十国集团内部对财政反应达成了广泛的一致。随后，随着各国经济恢复的步伐不一致，政策协调变得越来越困难，二十国集团会议很少能得出各国一致同意的结果。

固定汇率对大多数国家来说称得上是一种选择吗？

在金融市场对商品市场开放的前提下，是否存在浮动汇率的可行的替代性选择？布雷顿森林体系以后的经验提出了另一种假设：持久的固定汇率也许本来就是不可能实现的。在一个资金可以在各国金融市场之间瞬间转移的金融一体化的世界里，在长期内维持固定汇率是不可信的，除非各国坚持严格的资本管制，或者走向另一个极端，与货币伙伴国共享单一货币（像欧洲那样）。这种观点认为，若没有这些措施，试图把汇率固定起来的努力必然缺少可信性而且难以持久。在这种情况下，固定汇率将不会带来其拥护者所承诺的那些好处。[①]

这种对固定汇率的悲观论的理论基础是，投机性货币危机至少在一定程度上可能是自我实现的事件（回忆第18章）。根据这种观点，即使一国执行谨慎的货币政策和财政政策，也仍然无法避免

---

① 允许资本自由流动的固定汇率制可能是不稳定的这一假设的早期相关论述，参见 Maurice Obstfeld，“Floating Exchange Rates：Experience and Prospects，” *Brookings Papers on Economic Activity* 2（1985），pp. 369-450。最近的讨论参见 Barry Eichengreen，*International Monetary Arrangements for the 21st Century*（Washington，D. C.：Brookings Institution，1994）；Lars E. O. Svensson，“Fixed Exchange Rates as a Means to Price Stability：What Have We Learned?” *European Economic Review* 38（May 1994），pp. 447-468；and Maurice Obstfeld and Kenneth Rogoff，“The Mirage of Fixed Exchange Rates，” *Journal of Economic Perspectives* 9（Fall 1995），pp. 73-96。还可参见延伸阅读中 Klein 和 Shambaugh 的书。

其固定汇率遭受投机性攻击的风险。一旦该国遇到了不利的经济形势（而这最终总是无法避免的），货币投机者就将发动突袭，导致国内利率上升到极高的水平，带来严重的经济压力，迫使政府最终选择放弃其汇率目标。

20 世纪末 21 世纪初，对固定汇率制度的投机性攻击——在欧洲、东亚和其他地区——似乎发生得越来越频繁了。这些危机的数量和情形使得人们越来越相信，在同时保持开放的资本市场和国家政策主权的情况下，不可能长期钉住货币价值。而且，工业化世界之外的许多国家近年来允许其汇率更加灵活，并且明显从中受益，正如我们将在第 22 章中所见。一些国家似乎要么对跨国金融流动实施更大的控制，要么牺牲更多的货币自主权（例如，采用欧元）。在货币三重困境的约束下，未来在不同国家选择不同的货币制度的体系下，各国将面临政策协调问题。

提 要

1. 在开放经济中，政策制定者试图维持内部平衡（充分就业和一个稳定的价格水平）和外部平衡（经常账户既没有陷入赤字危机而使得将来无法清偿外债，又没有由于过度的盈余而使他国陷入这种境地）。外部平衡的定义取决于一系列因素，包括汇率制度和世界经济条件。由于各国的宏观经济政策都会对国外产生影响，因此，一国达到内部平衡和外部平衡的能力取决于其他国家采取的政策。一个经历了大量的、持久的赤字的国家可能破坏其跨期预算约束，使其在外国贷款突然停止时陷入危险。

2. 可以用开放经济的货币三重困境来理解可供选择的汇率制度的有限性。开放经济的货币三重困境是说，一个国家必须在以下三个货币政策系统的特征中选择两个：汇率稳定、跨国金融自由流动和货币政策自主性。

3. 金本位制包括一个确保外部平衡的有力的自动调节机制，称作物价-硬币-流动机制。伴随着赤字和盈余的黄金的流动引起了价格变化，减少了经常账户不平衡，因此倾向于使所有国家重新回到外部平衡。然而，这一系统在维持内部平衡方面的表现是混合的。随着 1914 年第一次世界大战爆发，金本位制结束了。

4. 1918 年后试图重回战前金本位制的努力失败了。随着世界经济在 1929 年后陷入整体衰退，刚刚恢复的金本位制崩溃了，国际经济一体化被削弱。在当时动荡不安的经济条件下，政府把维持内部平衡作为其主要目标，试图通过将本国经济与外部世界部分地隔绝来避免外部平衡问题。结果是，通过跨国合作，世界上所有国家的境况都得到了改善。

5. IMF 的成立旨在设计一个鼓励国际贸易发展的固定汇率体系，使得对外部平衡的需求具有足够的灵活性，在不必牺牲内部平衡的情况下就能实现外部平衡。为了实现这一目的，IMF 宪章为赤字国家提供了金融便利，允许它们在“根本性失衡”的条件下进行汇率调整。所有国家都将其货币钉住美元。美国钉住黄金，同意外国中央银行以一盎司黄金 35 美元的价格用美元兑换黄金。

6. 在 1958 年欧洲恢复了货币可兑换之后，各国的金融市场更加紧密地结合在一起，货币政策变得更加无效（除了美国之外），国际储备流动更加易变。这些变化揭示了该体系的一个关键的弱点。为了同时实现内部平衡和外部平衡，需要支出-转换政策和支出-变动政策。但是，支出-转换政策（汇率改变）的可能性可能会导致可能削弱固定汇率的投机性金融流动。作为主要的储备货币国，美国面临独特的外部平衡问题：信心问题。当外国的美元官方持有量不可避免地超过美国的黄金持有量时，这一问题就会出现。1973 年 3 月，随着工业化国家放弃美元与黄金和固定美元汇率的联系，一系列国际危机接踵而至。

7. 在 1973 年以前，布雷顿森林体系的弱点使得大多数经济学家提倡浮动汇率制。他们给出了赞成浮动汇率制的四个理由。首先，他们认为，浮动汇率制给了宏观经济政策制定者管理该国经济时更大的自主性。其次，他们预测，浮动汇率制可以消除布雷顿森林体系下的不对称。再次，他们指出，浮动汇率制可以迅速消除在固定汇率制下会导致平价改变和投机性攻击的根本性失衡。最后，他们声称，相同的汇率移动可以阻止更大的、更持久的对外部平衡的偏离。

8. 在实行浮动汇率制的早期，浮动汇率制似乎整体上运作良好。特别是，在面临由两次石油冲击引起的滞胀时，工业化国家似乎无法维持固定汇率制。然而，1976 年后，随着美国采取比其他工业化国家更加扩张性的宏观经济政策，美元急剧贬值。

9. 美国的货币增长急转直下，伴随着美国政府预算赤字的增加，1980—1985 年早期美元大幅升值。其他工业化国家跟随美国实行通货紧缩，加上第二次石油冲击后不久世界范围内的货币下降，最终导致了全球经济陷入深度衰退。随着 1984 年底经济从衰退中缓慢复苏，美国的经常账户开始重新出现赤字，大范围的贸易限制的政治压力在华盛顿聚集。在 1985 年 9 月纽约的广场饭店，美国和其他四个主要工业化国家同意采取一致行动以使美元贬值。

10. 在 20 世纪 90 年代和 21 世纪初，汇率稳定性作为一个主要政策目标的重要性在降低。相反，政府旨在在维持经济增长的同时降低国内通货膨胀率。2000 年后，全球外部不平衡急剧扩大。在美国和其他国家，外部赤字伴随着快速上涨的国内价格。从 2006 年开始，全球金融体系停滞不前，世界经济陷入深度衰退。

11. 从这些经历中得出的一个毫不含糊的教训似乎是，当国际经济合作瓦解时，没有一种汇率体制运转良好。在不久的将来，对几种主要货币之间的汇率灵活性的严格限制似乎不会恢复。但是，国际政策制定者之间协调的增多应该会改善国际货币体系的运作。

关键术语

国际收支平衡	《布雷顿森林协议》	信心问题
可兑换货币	支出-变动政策	支出-转换政策
外部平衡	内部平衡	国际货币基金组织
跨期预算约束	货币三重困境	名义和实际的有效汇率指数
物价-硬币-流动机制	滞胀	突然停止

习　题

1. 如果你负责制定一个小型开放经济的宏观经济政策，为了实现外部平衡，下列每一个事件的数量效应应该为多大？

a. 在你的国家的某一地区发现了大量铀。

b. 你们国家的主要出口产品——铜——的世界价格永久性地上升了。

c. 铜的世界价格暂时性地上升了。

d. 世界石油价格暂时性地上升了。

2. 在休谟分析的金本位制类型下，描述在收入从 B 国流向 A 国后，这两个国家之间的经常账户平衡如何恢复？

3. 尽管 1914 年前的金本位制有各种缺点，但是"核心"国家（包括富裕的欧洲国家和美国）很少改变汇率。相反，在两次世界大战期间，这种变动很频繁。你能解释原因吗？

4. 在金本位制下，当所有国家都徒劳地想在世界黄金储备有限的供给量中占有更多的份额时，各国可能采取完全矛盾的货币政策。当用不同货币表示的债券是完全替代品时，在一个储备货币体系下会出现同样的问题吗？

5. 采用固定汇率制的中央银行可能牺牲其在制定国内货币政策上的自主权。有时，人们争论道，若这是真的，中央银行也放弃了运用货币政策来对抗工资-价格螺旋的能力。论点如下："假设工人要求更高的工资而雇主答应了，雇主接下来会提高产出品的价格以弥补更高的成本。现在，价格水平更高了，而实际余额用货币来度量却降低了，因此，为了阻止可能导致货币升值的利率上升，中央银行必须购买外国货币并增加货币供给。这一行动使得初始工资需求与货币增长相适应，经济永久性地移向更高的工资和价格水平。因此，在固定汇率制下，就没有办法使得工资和价格下降。"这一论点错在什么地方？

6. 假设一个有着固定汇率制的小国的中央银行面临世界利率 R^* 的上升。这对其持有的外国储备有什么影响？对其货币供给有什么影响？该国能否通过国内公开市场操作抵消这两种影响？

7. 对私人金融账户交易的限制是如何改变在固定汇率制下达到内部平衡和外部平衡的问题的？这种限制可能包括哪些成本？

8. 在关于新西兰的专栏中我们得出了一个式子，表明了 IIP 是如何随着时间的推移而调整的：$IIP_{t+1}=(1+r)IIP_t+NX_t$。说明如果 $g=(GDP_{t+1}-GDP_t)/GDP_t$ 表示名义产出（GDP）的增长率，小写字母的变量表示与名义 GDP 的比率（正如本章正文中一样），我们可以将这一式子写为

$$iip_{t+1}=\frac{(1+r)ipp_t+nx_t}{1+g}$$

运用这一式子，找到净出口与 GDP 的比率，使得随着时间的推移，IIP 与 GDP 的比率 iip 保持不变。

9. 2008 年，你是 A 国政府的一名经济观察员，该国经常账户盈余且正面临不断聚集的通货膨胀压力。

a. 在类似图 19－2 那样的图中表明 A 国经济所处的位置。

b. 关于当局如何移动该国货币的汇率，你有什么建议？

关于财政政策，你有什么建议？关于这一方面，你有三组数据：首先，经常账户盈余很大，超过 GDP 的 9%。其次，A 国现在向其国民提供的政府服务水平相对较低。最后，A 国政府想把农村地区的劳动力吸引到制造业就业，以使得 A 国官方更愿意减轻其针对城市就业的政策包的负面影响。

10. 运用 DD-AA 模型考察外国价格水平 P^* 一次性上升的影响。如果预期未来汇率 E^e 与 P^* 几乎同时成比例下降（与 PPP 一致），表明汇率也将与 P^* 几乎同时成比例上升。如果经济初始时实现了内部平衡和外部平衡，P^* 的这一突然上升是否会打乱经济的位置？

11. 如果外国通货膨胀率永久性地上升，在短期内，你是否期望有一个浮动汇率来使国内经济与世隔绝？在长期会发生什么？在回答后一个问题时，将注意力集中在国内和国外名义利率的长期关系上。

12. 假设国内和国外债券是不完全替代品，投资者突然将其需求转向外国债券，提升了国内资产的风险升水（见第 18 章）。哪一种汇率制度最小化了对产出的效应，是固定汇率制还是浮动汇率制？

13. 案例分析“世界经济的转型与危机”讨论了 21 世纪初全球经济的大范围不平衡，建议我们可以通过世界储蓄需求（旨在为投资融资）和世界储蓄供给（如同在一个封闭经济中一样——这个世界本来就是如此）的平衡来分析决定世界实际利率水平的因素。作为正式开始这种分析的第一步，假设由于预期实际汇率变化，实际利率并不存在国际差异。（例如，你可以假设你所做的是一个长期分析，其中实际汇率预期将保持在长期水平。）作为第二步，假设一个更高的实际汇率减少了全世界期望的投资，增加了全世界期望的储蓄。你可以设计一幅简单的世界资本市场的供给-需求均衡图吗？在图中，横轴表示数量（储蓄量或投资量），纵轴表示实际利率。在这种设定下，世界储蓄量的增加（通常定义为整条供给-储蓄曲线的外移）是如何影响均衡储蓄、投资和实际利率的？将你的讨论和本章的案例分析“世界经济的转型与危机”及延伸阅读中伯南克的文章联系起来。[一个类似的经典的模型，参见 Lloyd A. Metzler，“The Process of International Adjustment under Conditions of Full Employment：A Keynesian View,” in Richard E. Caves and Harry G. Johnson，eds.，*Readings in International Economics* (Homewood，IL：Richard D. Irwin，Inc. for the American Economic Association，1968)，pp. 465－486。]

14. 我们在本章正文中指出，虽然石油价格大幅上升为这些国家带来了大量收入，但这些国家因无法迅速增加它们的消费或者投资而必须将这笔意外之财储蓄起来，结果，世界实际利率在短期下降了。收集美国 1970—1976 年的实际利率数据，这一期间包括第一次石油冲击时期。美国的实际利率会有什么变化？（你可以假设预期的通货膨胀率等于实际的通货膨胀率。）

15. 我们在本章中注意到，外国中央银行，尤其是亚洲的中央银行，2000 年后积累了大量美元外国储备。一个持续性的担心是，这些中央银行因为担心美元贬值，可能将它们持有的美元储备转换为欧元。说明这一行为和在外汇市场上大量卖出美元是等价的。这一行为的效应是什么？确保阐明你关于完全资产替代和不完全资产替代的假设。

16. 和它的邻国新西兰一样，澳大利亚有一大串经常账户赤字且是一个国际债务人。登录澳大利亚统计局的官方网站 http://www.abs.gov.au/

AUSSTATS，找到你进行经常账户“外部可持续性”分析所需的数据，正如本章对新西兰所做的分析一样。你可能需要从 1992 年开始的名义 GDP、*IIP*、经常账户和产品与服务净出口（*NX*）的余额的数据（从“time series spreadsheets”中查找）。这一练习的目的是找到 *IIP* 的利率 r，使得给定 *NX* 和名义 GDP 增长的历史平均水平（都是从 1992 年开始），*IIP*/GDP 的比率接近最近的值。提示：这是一个有挑战性的练习，要求你找到澳大利亚的数据系统，根据你从第 13 章中所学的知识判断最适用的数据。

延伸阅读

Liaquat Ahamed. *Lords of Finance: The Bankers Who Broke the World*. New York: Penguin Press, 2009. 该文献对 20 世纪两次世界大战期间的国际货币危机进行了生动的历史性描述。

Ben S. Bernanke. “The Global Saving Glut and the U. S. Current Account Deficit.” Sandridge Lecture, March 10, 2005, at www.federalreserve.gov/boarddocs/speeches/2005/200503102/default.htm. 美联储主席对 2005 年左右的较低的实际利率做出了诊断。

Olivier J. Blanchard and Gian Maria Milesi-Ferretti. “(Why) Should Current Account Balances Be Reduced?” *IMF Economic Review* 60 (April 2012), pp. 139 - 150. 作者们对非常大的经常账户赤字和盈余所存在的风险进行了简要而最新的考察。

Richard H. Clarida. *G-3 Exchange Rate Relationships: A Review of the Record and Proposals for Change*. Princeton Essays in International Economics 219. International Economics Section, Department of Economics, Princeton University, September 2000. 作者对限制汇率移动的各种目标区方案进行了批判性的回顾。

W. Max Corden. “The Geometric Representation of Policies to Attain Internal and External Balance.” *Review of Economic Studies* 28 (January 1960): 1 - 22. 该文献对支出-转换和支出-变动宏观经济政策进行了经典的图解分析。

Barry Eichengreen. *Globalizing Capital: A History of the International Monetary System*, 2nd edition. Princeton: Princeton University Press, 2008. 该文献对从金本位时期到目前的国际货币历史进行了简要而颇有洞见的综述。

Milton Friedman. “The Case for Flexible Exchange Rates,” in *Essays in Positive Economics*. Chicago: University of Chicago Press, 1953, pp. 157 - 203. 该论文对浮动汇率制的优点进行了经典的阐述。

Joseph E. Gagnon. *Flexible Exchange Rates for a Stable World Economy*. Washington, D.C.: Peterson Institute for International Economics, 2011. 作者呈现了一个有关汇率灵活性的最新情形。

Charles P. Kindleberger. *The World in Depression 1929 - 1939*, 40th Anniversary edition. Berkeley and Los Angeles: University of California Press, 2013. 一个国家领先的经济学家考察了大萧条的成因与后果。

Michael W. Klein and Jay C. Shambaugh. *Exchange Rate Regimes in the Modern Era*. Cambridge, MA: MIT Press, 2010. 该文献对不同汇率机制的成因与后果进行了全面分析。

Maurice Obstfeld. “The International Monetary System: Living with Asymmetry,” in Robert C. Feenstra and Alan M. Taylor, eds., *Globalization in an Age of Crisis: Multilateral Cooperation in the Twenty-First Century*. Chicago: University of Chicago Press, 2014, pp. 301 - 336. 该文献从全球金融危机的角度对国际货币体系进行了综述。

Maurice Obstfeld and Alan M. Taylor. *Global Capital Markets: Integration, Crisis, and Growth*. Cambridge, U.K.: Cambridge University Press, 2004. 该文献对国际金融一体化和汇率机制之间的联系进行了综述。

Robert Solomon. *The International Monetary System*, *1945 -1981*. New York: Harper & Row, 1982. 该文献是关于布雷顿森林体系时期以及浮动汇率制实施早期的一本编年史。作者是固定汇率制崩溃之前美联储国际金融部门的主管。

第 19 章附录　国际政策协调的失败

本附录将说明，当各国都实行利己主义政策时它们的利益是怎样受到损害的，以强调各国宏观经济政策协调的重要性。这种现象也是博弈论中囚徒困境的又一个例子。如果各国政府进行政策协调，各国就都能取得更好的宏观经济效果。

通过 20 世纪 80 年代初的通货紧缩一例，我们可以证实以上观点。回忆一下，1981 年各工业国实行货币紧缩政策的结果，是使得全球经济陷入了更深的衰退之中。各国都希望放慢货币增长速度以降低通货膨胀，但由于汇率对价格水平的影响，情况变得复杂化了。如果一国实行的货币政策的紧缩程度不如邻国，那么该国就会面临货币贬值的影响，从而在一定程度上阻碍自己降低通货膨胀目标的实现。

许多观察家认为，当各工业国单独行动以阻止货币贬值时，作为整体来说，货币政策就会过于紧缩，从而加剧衰退。如果各国政府统一实施比较宽松的货币政策，那么它们的境况都会好一些。但是，给定其他国家都采用了宽松一些的货币政策，那么任何一个国家都不会再改变其已定的紧缩的货币政策，因为改变了反而会减少它的利益。

上面的论点可以用一个简单的模型来更精确地证明。假定有两个国家：本国和外国。每个国家都有两个政策选择：高度紧缩的货币政策和比较紧缩的货币政策。图 19A-1（类似于我们用来分析贸易政策的图解）说明了两国不同的政策组合带来的结果。图中的行代表本国的货币政策选择，列代表外国的货币政策选择。我们在单元格中给出了两国通货膨胀率的变化（$\Delta\pi$ 和 $\Delta\pi^*$）和年失业率的变化（ΔU 和 ΔU^*）。在每个单元格中，位于左下方的是本国的数字，位于右上方的是外国的数字。

图 19A-1　假想的两国的不同货币政策组合

说明：一国对货币政策的不同选择会影响外国货币政策实施的结果。

本国 \ 外国	比较紧缩	高度紧缩
比较紧缩	外国：$\Delta\pi^* = -1\%$，$\Delta U^* = 1\%$ 本国：$\Delta\pi = -1\%$，$\Delta U = 1\%$	外国：$\Delta\pi^* = -2\%$，$\Delta U^* = 1.75\%$ 本国：$\Delta\pi = 0$，$\Delta U = 0.5\%$
高度紧缩	外国：$\Delta\pi^* = 0$，$\Delta U^* = 0.5\%$ 本国：$\Delta\pi = -2\%$，$\Delta U = 1.75\%$	外国：$\Delta\pi^* = -1.25\%$，$\Delta U^* = 1.5\%$ 本国：$\Delta\pi = -1.25\%$，$\Delta U = 1.5\%$

我们可以用本章的两国模型来理解图 19A-1 给出的假定数字。例如，当两国都实行比较紧缩的货币政策时，两国的通货膨胀率都会下降 1%，失业率都会上升 1%。如果本国忽然实行高度紧缩的货币政策而外国保持政策不变，则本国的货币会升值，通货膨胀率会下降得更多，失业也会增加得更多。但是，本国进一步的货币紧缩对外国也会造成两方面的影响：一方面，外国的失业率会下降；另一方面，由于本国货币升值意味着外国货币的贬值，所以外国的通货膨胀率又会回升到它

实行通货紧缩前的水平。外国本来以失业增加为代价换来了通货膨胀的下降，但由于货币贬值会导致进口价格上升，工人也要求提高工资，所以又造成了通货膨胀上升的趋势，后者将前者抵消了。因此，本国进一步的通货紧缩政策使得外国被迫从本国“进口”了通货膨胀，对外国有以邻为壑的影响。

我们可以将图 19A-1 所展示的结果转化为对政策效用的说明。假设两国都希望以最少量的失业增加换得通货膨胀最大幅度的下降，即两国都希望使失业率每增加一个百分点时，通货膨胀下降率（$-\Delta\pi/\Delta U$）最大。用图 19A-1 中的数字我们构造了一个支付矩阵，见图 19A-2。

图 19A-2　不同货币政策组合的收益矩阵

说明：单元格内各数字项都代表失业率每增加一个单位时，通货膨胀率降低的数量（计算公式为 $-\Delta\pi/\Delta U$）。如果每个国家都独自做决策，它们都会选择高度紧缩的货币政策。但如果两国都只采用比较紧缩的货币政策，则两国都会得到更好的结果。

外国 / 本国	比较紧缩	高度紧缩
比较紧缩	1 1	$\frac{8}{7}$ 0
高度紧缩	0 $\frac{8}{7}$	$\frac{5}{6}$ $\frac{5}{6}$

面对这个模型提供的数据，本国和外国将如何行动？假设各自“单独行动”，在其他国家政策给定时，各国政府都会选择使得自己利益最大化的政策。如果外国采用比较紧缩的货币政策，则本国采用高度紧缩的货币政策（收益=8/7）就优于选择比较紧缩的货币政策（收益=1）。如果外国采用高度紧缩的货币政策，则本国选择高度紧缩的货币政策（收益=5/6）仍然优于选择比较紧缩的货币政策（收益=0）。因此，不管外国采用哪种政策，本国政府总会选择高度紧缩的货币政策。

外国面临的是一个对称的情况。不管本国采用哪种政策，选择高度紧缩的货币政策对外国都会比较有利。结果两国都将选择高度紧缩的货币政策，各国的所得都为 5/6。

但是，我们可以发现，如果两国同时采用比较紧缩的货币政策，两国的收益都会增加。两国的所得都等于 1，大于原来的 5/6。在这种政策组合下，两国通货膨胀的下降幅度虽然减小了，但是失业率却比两国都实行高度紧缩的货币政策时要低得多。

既然两国都实行比较紧缩的货币政策时它们的效用最大，那么它们为什么不这样做呢？这就是政策协调的问题。我们的假设是每个国家都“单独行动”来使自己的效用最大化。在这个假设下，两国都实行比较紧缩的货币政策的情形是不稳定的，因为各国都想更多地降低自己的货币供给增长率，使得本国货币升值从而降低通货膨胀，而不会顾及邻国的利益受损。

如果要达到像模型中左上方那样的最佳效果，本国和外国必须达成一个明确的协议，即它们必须协调它们的政策选择。两国必须都同意放弃实行以邻为壑的高度紧缩的货币政策，并且每个国家都必须遵守该协议而不得采用欺骗手段。如果本国和外国可以协调，两国都将获得通货膨胀和失业的理想组合。

当然，实际的政策协调比这个简单的模型要复杂得多，因为可供选择的政策和可能产生的结果会更多，也更难以确定。这些复杂因素使得政策制定者更不愿意去签订协调性协议，也对自己的竞争对手对协议的遵守更无把握。

第20章 金融全球化：机遇与挑战

如果一位名叫瑞普·范·温克尔（Rip van Winkle）的金融学家于20世纪60年代初期进入梦乡，并在55年后被唤醒，他将会对国际金融活动性质与规模所发生的变化感到震惊不已。以20世纪60年代初期的银行业务为例，其大多数业务活动仅在国内开展，所涉及的货币和客户也纯粹是国内的。而50年后，许多银行却从国际性的活动中获得巨额利润。令瑞普感到惊奇的是，他发现他不仅可以在巴西的圣保罗找到花旗银行的分支机构，还可以在纽约找到英国巴克莱银行的分支机构。此外，他还将发现，一个在伦敦的美国银行的分行可以接受一笔来自一个瑞典公司的日元存款，或是把瑞士法郎借给一个荷兰制造商，并且这些都已成为司空见惯的事情。最后，他还会发现大量的非银行金融机构参与到了国际市场中，全球交易正以难以置信的速度大量扩张。

国际资本市场（international capital market）即不同国籍的居民进行资产交易的市场。国际资本市场并不是一个单一的市场，它是一组相互间紧密联系的市场的集合，在这个市场集合中发生着国际范围的资本交换。发生在外汇市场上的国际货币贸易是国际资本市场的一个重要组成部分。国际资本市场中的主要参与者与外汇市场中的一样（第14章），包括商业银行、大公司、非银行金融机构、中央银行以及其他政府机构。与外汇市场一样，国际资本市场的活动也发生在由错综复杂的通信系统连接起来的世界金融中心的网络之中。不同的是，国际资本市场中的资产除了以各国货币计价的银行存款之外，还包括各国的股票和债券。

本章主要讨论关于国际资本市场的四个重要问题。第一，这种发达的全球金融网络是如何增加各国来自国际贸易的收益的？第二，是什么促使20世纪60年代初以来就已出现的国际金融活动迅猛发展起来？第三，完整的世界资本市场横跨国家边界时所带来的风险是什么？第四，政策制定者是如何将世界范围内的资本市场中出现的问题降到最低限度，同时又不过多地减少它所带来的收益的？

学习目标

学完本章，你应该能够：

- 理解国际投资组合多样化的经济功能。
- 解释导致国际金融市场迅猛发展的因素。
- 分析在国际银行与非银行金融机构的调控与监管中存在的问题。
- 描述一些已经被用来衡量国际金融一体化程度的不同方法。
- 了解引发2007年全球金融危机的因素。
- 评估国际资本市场在联系工业化国家经济方面的作用。

国际资本市场与贸易收益

在前面的章节中，有关国际贸易收益的讨论主要集中在产品和服务的交换上。而在国际资本市场上，银行通过提供世界范围的支付体系来降低交易成本可以增加来自这类贸易的收益；与此同时，国际资本市场活动还能通过将身处不同国家的借贷双方联系起来为弥补国际经常项目差额提供资金，从而共同实现全球收支账户平衡。但是，发生在国际资本市场上的大部分收益都来自不同国家居民之间的资产交换，例如，用美国 IBM 公司的股票与英国政府债券相交换。虽然这种资产交易有时会被人蔑视为非生产性的“投机活动”，但是它们确实使得各方交易者都获得了收益。

三种贸易收益

不同国家居民之间的所有贸易活动不外乎以下三种类型：产品和服务之间的贸易、产品和服务与资产的贸易，以及资产与资产之间的贸易。在任何时候，一个国家通常都在从事三种类型的贸易。图 20－1（其中，假定有两个国家：本国和外国）显示了国际交易活动的三种类型，每一种都有可能从贸易中获得不同收益。

国家可通过集中生产本国最有效率的产品并用自己的一部分产出来支付进口的外国产品从而获取收益。这种类型的贸易收益来自产品或服务与其他产品或服务的交换。图 20－1 上部的水平箭头显示的是本国与外国的产品和服务的交换。

图 20－1　三种类型的国际交易活动

说明：各国居民可以用产品和服务交换别国的产品和服务，也可用产品和服务交换别国的资产（即未来的产品和服务），还可用资产交换别国的资产。这三种交换均能带来贸易的收益。

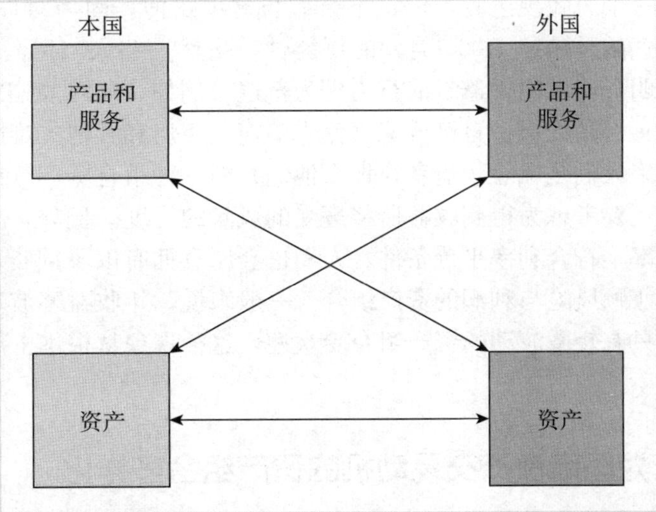

第二种贸易收益来源于跨期贸易，即用现在的产品和服务与未来的产品和服务的所有权进行交换，也就是与资产的交换（见第 19 章）。当一个发展中国家向国外举债（即向外国人出售债券）来为国内的投资项目进口原材料时，就是在从事跨期贸易，而这种贸易无法脱离国际资本市场而存在。图 20－1 的对角箭头表明了产品和服务与资产进行的贸易。举个例子，如果本国的经常账户出现赤字，那么本国就是把资产出口到外国的资产净出口国以及外国产品和服务的净进口国。

图 20－1 底部的箭头代表最后一种类型的国际贸易，即资产与资产的贸易，例如法国房地产与美国国库券的交易。表 13－2 说明了 2015 年度美国国际收支账户的情况。在金融账户一栏中我们可

以看到美国居民购买了 2 254 亿美元外国资产，外国居民购买了 3 952 亿美元美国资产。（这些数据并没有包括衍生品；美国商务部经济分析局仅报告净衍生品贸易数据。）所以，美国除了卖给外国人资产来弥补其经常账户赤字以外，什么也买不回来，美国与外国的居民同时也在从事大笔纯资产交易。国家之间进行如此大额的资产交易的部分原因在于，与产品和服务的交易一样，它可以使所有相关国家受益。

尽管前面的论述在理论上比较清晰，但要意识到在现实世界中不同类型的贸易会由于它们的互补性而同时发生。例如，进口商会基于对销售商的信用而进口外国产品，在产品销售给本国消费者之后再付款。这样的话，进口商的这种在获得产品一段时间之后再付款的能力——一种跨期贸易的形式——对于产品和服务的国际汇兑是至关重要的。第二个例子是，出口商需要在期货市场上对未来的外汇收入进行套期保值。此时，资产与资产的贸易——远期外币对远期本币——降低了出口商产品和服务的交易成本。

风险规避

当个人选择资产时，影响他们决策的一个重要因素是获取每一笔投资收益的风险（见第 14 章）。在其他条件相同时，人们不喜欢有风险的那种资产。经济学家把人们的这种偏好叫作**风险规避**（risk aversion）。我们在第 18 章中曾经说明，风险规避的外币资产投资者对某一特定资产的需求除考虑预期的收益外，还会考虑资产的风险性（用风险升水衡量）。

我们举一个例子来更清楚地说明风险规避的含义。假设你被提议参加一项赌博，赢 1 000 美元的可能性与输 1 000 美元的可能性各占 50%。既然赢和输的可能性一样大，那么这场赌博的平均收益——预期价值是：$1/2\times1\ 000+1/2\times(-1\ 000)=0$（美元）。即使两种可能性的结果相同，但如果你是一个风险规避者，你将不会参与这项赌博，因为对你来说，相对于赢 1 000 美元的可能性，你更在意的是输掉 1 000 美元的可能性。虽然一些人（风险偏好者）喜欢冒险，也许会参加赌博，但是很明显，风险规避者的行为更为普遍。例如，风险规避能帮助解释保险公司的盈利性——人们愿意购买保险以保护自己或家庭免受盗窃、疾病和其他灾难所带来的经济上的风险。

如果人们是风险规避者，那么他们判断一种组合资产（或资产组合）的价值不仅要根据预期的收益，还要考虑为得到收益所将遭受的风险的程度。例如，在风险规避的情况下，即使资产组合提供的利率不符合利率平价条件，人们也会愿意拥有以不同货币计价的债券——如果这一结果是一个理想的兼顾风险与利润的资产组合。一般来说，年收益率波动很大的资产组合不如拥有相同的年收益率但只有轻微波动的资产组合受欢迎，这种现象从根本上解释了为什么不同国家之间要进行资产交易。

作为国际资产交易动机的资产组合多样化

国际资产交易能够通过减少交易双方财产收益的风险来使双方都受益。贸易通过允许交易双方资产组合的多样化来降低风险，即把他们的财富配置到更大范围的资产上，减少他们投放在每一笔投资上的金额。耶鲁大学的经济学家詹姆斯·托宾（James Tobin）是风险规避下**资产组合多样化**（portfolio diversification）选择理论的创始人。他曾把资产组合多样化的思想描述为“不要把所有鸡蛋放在一个篮子里”。当一国经济对国际资本市场开放时，就可以把一些“鸡蛋”放在新增加的外国“篮子”里，以减少其财富所面临的风险。减少风险是资产交易的基本动机。

现在我们举例说明两个国家是怎样靠资产交易受益的。假设有本国和外国两个国家，每一个国家的居民都只拥有一项资产：用于种植猕猴桃的国内土地，且每年只收获一次。

但是土地的收获量是不确定的。一半可能性是本国的土地收获 100 吨猕猴桃，外国的土地收获

50 吨猕猴桃；另一种相反的可能性是外国的土地收获 100 吨猕猴桃，本国的土地收获 50 吨猕猴桃。平均来说，每一个国家的收获量是 $1/2\times100+1/2\times50=75$ 吨猕猴桃，但是居民从来不知道下一年的收获情况。

现在假设两个国家能够交换它们各自拥有的资产份额。例如，一个本国人拥有 10%的外国土地，他将得到 10%的外国年收获量。同样，一个外国人拥有 10%的本国土地，并有权获得 10%的本国年收获量。如果允许对这两项资产进行国际贸易，结果会如何呢？本国的全体居民将购买 50%的外国土地，作为补偿，他们将给外国居民 50%的本国土地。

为理解结果为何如此，只需想一想本国和外国平分各自原有的土地所有权时，资产组合的收益各是多少。当本国收成好（而外国不好）时，每一个国家都得到相同的投资收益：一半国内的收获量（100 吨猕猴桃）加上一半外国的收获量（50 吨），共 75 吨猕猴桃。相反，当国内收成不好（而外国收成好）时，每一个国家仍然赚得 75 吨猕猴桃。如果两个国家拥有的资产组合是两种资产的一半，每一个国家都可以获得 75 吨猕猴桃的确定性收入——每个国家面临的平均收获量与进行国际资产交易以前是一样的。

既然两项可以利用的资产（本国土地和外国土地）拥有相同的收益，那么任何的资产组合都会生产出 75 吨猕猴桃的预期（或平均）收益。但每个地方的人都是风险规避者，所有人都愿意掌握如上所述的 50：50 的资产组合，这种组合每年能产生 75 吨猕猴桃的确定性收入。所以开放贸易以后，两个国家的居民将交换各自的所有权，直到能达到 50：50 的结果。因为这种交换在不改变平均收益的情况下减少了两个国家面临的风险，资产交易的结果是两个国家都明显地受益了。

上面的例子过于简单，因为两个国家不可能真正通过国际资产交易来消除所有风险。（与模型中的世界不同，真正的世界即使在集合体中也是一个充满风险的地方。）然而这个例子确实说明了一国能够通过在国际范围内使资产组合多样化来减少财富的风险。国际资本市场的主要作用是使这种多样化成为可能。[①]

国际资产的种类：债务与权益的比较

国际资产交易包括许多不同种类资产的买卖。在国际资本市场上进行交换的资产有债券、各国货币存款、股票以及更复杂的金融工具，例如股票期权或货币期权。国际多样化投资的其他方式包括购买外国房地产和直接购买外国的工厂。

对资产交易来说，区别**债务工具**（debt instrument）和**权益工具**（equity instrument）是很有用的。债券和银行存款是债务工具，因为无论经济状况如何，债券的发行人和银行都必须偿还一个固定的价值（一定数量的本金加上利息）。相反，股票则是一种权益工具，它是对公司利润的一种要求权，而不是一种固定的支付，它的偿还会根据情况的不同而变化。同样，在我们的例子中，交易的猕猴桃土地股份就是一种权益工具。不论发生什么，个人和国家都可以通过在债务工具和权益工具之间配置投资的方法来尽量靠近预期的消费和投资水平。

债务与权益之间的区分实际上并不是很清楚。即使一种债券的支付在不同的国家是相同的，它的实际支付也要取决于不同国家的价格水平和汇率。而且，一种既定的债券所许诺的收入有可能不会兑现，如在银行破产、政府没收外国资产的情况下。像信誉等级较低的公司债券那样的资产，从表面上看好像是债务，实际上也许只是权益，因为它的支付要视发行人将来的财务状况而定。我们

① 本章的数学附录详述了一个国际资产组合多样化的模型。你也许会注意到，在我们的例子中，各国不仅能通过我们描述过的资产交换来减少风险，而且能通过贸易来减少风险。例如，一个高产出的国家可能拥有经常账户盈余并借款给低产出国家，这就部分地拉平了世界经济中每个国家的消费水平。因此，跨期贸易与纯资产交换的经济功能也就部分一致了。在一定程度上，这两种贸易能够相互替代，这仅仅是因为不同的经济主体所处的经济状态存在时间上的不同。但一般来说这两种贸易不能完全相互替代。

将在第 22 章中看到，许多发展中国家的债务就是如此。

国际银行业务与国际资本市场

上面提到的本国-外国猕猴桃的例子描述了只存在两种资产的假想世界。但在现实世界中，可利用的资产数目是庞大的。为了把处于不同国家的资产的买卖双方联结起来，人们建立了许多专门性机构。

世界资本市场的结构

我们曾经论述过，国际资本市场的主要参与者包括商业银行、公司、非银行金融机构（例如保险公司、货币市场基金、对冲基金和养老基金）、中央银行和其他政府机构。

（1）商业银行。商业银行是国际资本市场的中心，这不仅是由于商业银行负责国际支付机制的运行，更是由于它们从事的大范围的金融活动。商业银行债务主要由到期日不同的存款构成，而其资产主要由贷款（贷给公司和政府）、在其他银行的存款（银行间的存款）和债券构成。跨国银行也大量参与其他种类的资产交易。例如，银行可能承销公司股票和债券，同意在保证价格下为这些证券找到买主并收取一定的佣金。有关国际银行业务的一个很重要的事实是，银行能够自由地在国外从事它们在国内不被允许从事的活动。这种管制的不对称性在过去 50 年加速了国际银行业务的发展。

（2）公司。公司——特别是跨国经营公司，诸如可口可乐、IBM、丰田和耐克等——通常会吸收国外资金为它们的投资进行融资。公司至少可通过以下三种形式得到这些资金：出售一定份额的、意味着持股者对公司资产有要求权的股票；或者采用从国际银行或其他贷款机构借款的筹资形式；当然，还可以采用在国际资本市场上出售短期商业票据或公司债券的形式。通常而言，公司将以出售债券的金融中心所在地的货币为债券票面标价货币，而今，公司也在逐渐实行新奇的标价策略，以使它们的债券吸引更广泛的潜在购买者的注意。

（3）非银行金融机构。非银行金融机构，例如保险公司、养老基金、共同基金和对冲基金已经涌进国际资本市场，因为它们需要购买外国资产以使得它们的资产组合多样化。现在，它们已经成为国际资本市场上的重要组成部分。特别值得一提的是，一些投资银行其实不是银行，而是专门为一些公司——有时是为政府——提供承销股票和债券、提出并购方案建议、便利客户交易等相关功能服务的机构。投资银行或许是独立的，但是在大多数情况下隶属于大型的包括商业银行在内的金融集团。突出的例子包括高盛投资公司、德意志银行、花旗集团和巴克莱银行。

（4）中央银行和其他政府机构。中央银行通常通过干预汇率来参与国际金融市场。其他政府机构也经常从国外借款。发展中国家政府和国有企业也从国际商业银行大量借款，并且向国外出售债券。

无论用什么标准衡量，20 世纪 70 年代以来国际资本市场交易规模的增长都远远快于世界 GDP 的增长。这种增长的一个主要因素是：从工业化国家率先开始，许多国家逐渐解除了私人资本跨国流动的壁垒。

促成这种增长的一个重要原因与汇率体系有关。根据第 19 章中提到的货币不可能三角，20 世纪 70 年代早期浮动汇率的广泛采用使得国家在保持独立的货币政策自主权的同时开放了资本市场。就内部相互汇率来说，欧洲经济和货币联盟的成员国（第 21 章）选择了一种不同的道路。然而，欧元相对于外国货币的汇率是浮动的，因此，欧元区可以在允许跨国自由支付的同时制定以区域内宏观经济目标为导向的货币政策。

离岸银行业与离岸货币交易

现在的商业银行业的最普遍特征之一是，随着它们将分支机构从国内扩展到国外金融中心，银行业的活动已经全球化了。1960 年，只有 8 家美国银行在外国设有分支机构，但是现在，这样的分支机构已成百上千。同样，外国银行办事处在美国的数目近年来也在稳步增长。

离岸银行业（offshore banking）是指银行的外国办事处在本国之外所从事的业务。银行能够通过以下三种机构中的任何一种来从事它们的国际业务。

（1）海外办事处。它负责贷款和调拨资金，但并不接受存款。

（2）海外子银行。一家外国银行的子银行与其所在地银行的不同之处在于，这家外国银行的子银行的控制权归属于一家外国银行。子银行受与所在地银行相同的制度的管制，但却不受总行所在地制度的管制。

（3）国外分支机构。它只是本国银行设在另一国的办事机构。分支机构从事与所在地银行相同的业务，通常同时受分支机构所在地和总行所在地制度的制约。但是，分支机构也常常利用国家间管制制度上的差异来从中渔利。

离岸货币交易（offshore currency trading）与离岸银行业务的发展是同步的。一笔离岸存款是指以非银行所在地货币计价的存款，如伦敦银行里的日元存款，或者是在苏黎世的美元存款。许多在国际外汇市场上交易的存款都是离岸存款。离岸货币存款通常指**欧洲货币**（Eurocurrency）。但是，自从许多欧洲货币交易发生在非欧洲的交易中心（如新加坡和中国香港）以来，这种说法就有些不妥了。存在于美国之外的美元存款被称为**欧洲美元**（Eurodollar）。接受欧洲货币（包括欧洲美元）存款的银行被称为**欧洲银行**（Eurobank）。新的欧洲货币欧元的出现使得这些术语更加容易混淆!

离岸银行业务和货币贸易迅速发展的一个原因是国际贸易的发展和跨国公司业务的增加。例如，从事国际贸易的美国企业需要大量的国外金融服务，美国银行自然也要把它们的国内业务扩展到国外。美国银行通过提供更为迅速的支付清算服务以及先前处理业务时建立起来的灵活性和可信性来与那些也向美国顾客提供服务的外国银行竞争。欧洲货币贸易是扩张中的世界产品和服务贸易中的另一种自然的发展形式。例如，进口美国产品的英国人经常需要持有美元存款，伦敦银行自然要为发展业务而迎合他们的需要。

但是，仅仅用世界贸易的增长还不能解释 20 世纪 60 年代以来国际银行业务的发展。除了适应世界贸易增长的需要之外，国际银行业务的迅速扩张还有其他几个重要原因：第一，银行为了躲避本国政府对金融活动的管制（有时是税收），会把它们的一部分业务转移到境外和外国货币；第二个原因带有一定的政治性，即一些存款人希望拥有不受发行国司法权管辖的货币。最近几年，许多国家纷纷向外国人开放其金融市场，这一趋势使得跨国银行可以在全球范围内为争夺新业务而竞争。

欧洲货币贸易能够持续获利的一个主要因素是管制：在制定银行监管政策的过程中，主要欧洲货币中心的所在国政府实行的是歧视政策，它们区别对待本国货币的存款和外国货币的存款、区别对待与本国顾客交易的货币贸易和与外国顾客交易的货币贸易；而本国货币存款在很大程度上被当作控制本国货币供给的手段而受到比较严格的管制，与之相对，当银行进行外国货币业务时却被给予更大的自由。

这种管制的不对称性解释了为什么那些政府对经营外国货币的银行业限制最少的金融中心成为最主要的欧洲货币交易中心。英国在这方面独占鳌头，卢森堡、巴林以及其他一些国家是后起之秀，它们靠对其境内外国银行较少的限制和较低的税收来争夺国际银行业务。

影子银行体系

近几十年来，一个主要的管制不对称问题已经在银行和**影子银行体系**（shadow banking system）间出现。如今，大量的金融机构提供类似于银行能提供的支付和信贷服务。例如，美国货币市场共同基金为顾客提供支票填写服务，并且是为企业提供信贷（通过商业票据市场）和为国外银行提供美元贷款的主要参与者。投资银行也已经在提供信贷和支付服务。影子银行体系甚至包括由银行发起的，但很可能独立于银行自己的资产负债表的投资渠道。与银行相比，影子银行受到的是最低限度的监管。

为什么会出现这种情况？从历史上说，货币政策制定者把银行看作关注的主要焦点是因为银行是支付体系、企业和居民借款者资金来源和实施货币政策的中心。但是影子银行体系已经出现了大幅增长，并从事许多与传统银行相同的业务且发挥着和传统银行相同的功能。总体的影子银行部门资产很难被精确地测量，但是目前在美国它们很可能与传统银行部门资产相当。

而且，影子银行和作为债务人及债权人的银行紧密地交织在一起，这使得影子银行网络的稳定性与银行的稳定性密切相关。如果影子银行陷入困境，向它贷款的银行也会陷入困境。本章接下来讲述的2007—2009年所经历的令人痛苦的金融危机就属于这种情况。我们现在转而讨论银行的管制，但读者应该意识到，银行只是众多国际金融市场的参与者之一，并且银行的命运很可能依赖于其他参与者。在下文中我们谈到的有关银行的问题大部分可以应用于影子银行。

银行与金融的脆弱性

许多观察家认为，大量不受任何国家管制约束的全球范围的银行活动会使世界金融体系变得脆弱，容易导致大规模的银行倒闭。我们接下来将要讨论的2007—2009年的金融危机支持了这种论断。为明确金融全球化的问题所在，首先，我们需要回顾银行活动的内在脆弱性，甚至是在假设的封闭经济环境下；其次，我们需要了解负责监管的相关政府部门应如何找准功能定位并采取恰当措施来减少银行危机。

银行倒闭问题

当银行不能履行对其存款人及其他债权人的相关义务时，银行就会倒闭。在银行把存款人的存款贷出或用于购买其他资产后，有一些借款者可能不会按期偿还借款，或者银行购买的资产会因为某些原因而发生贬值，此时，银行将不能偿还它的短期债务，包括活期存款。

银行的一个重要特征在于，其财务状况的好坏取决于存款人（和其他债权人）对银行资产价值的信心。例如，如果存款人觉得银行的许多资产开始贬值，他们就会有提取存款并存入另一家银行的动机。即使银行的资产负债表上资产项目完好，但当银行面临全部存款被大规模地突然提走的危险时，即发生银行挤兑时，其经营境况就和关门停业差不多。形成这种结果的原因在于，银行的许多资产是非流动性的，不能立即出售以满足存款人的提款要求；若强行出售则会对银行造成巨大损失。如此，如果金融恐慌的气氛到处蔓延，银行倒闭就不会局限在几个因为资产管理不当而倒闭的小范围的银行中。若很多存款人都来提款，那么其他存款人为了自己的利益也会这么做，即使银行的资产在被持有到期时将能还清全部债务。

遗憾的是，一旦一个银行陷入困境，借钱给它的其他银行也会受到怀疑：如果它们的贷款损失得太多，它们连自己的债务也无法偿还。当银行通过相互贷款和衍生合约高度相互联系时，银行挤兑就具有高度传染性。除非政策制定者能很快检测出恐慌并将其消除，否则单个银行困境的多米诺骨牌效应将会导致普遍的或是系统的银行危机。

了解一个银行的脆弱性的最好办法是看它的资产负债表。下面的程式化的资产负债表显示了银行的资产和负债的关系、区别以及银行的资本（它是由持有银行股票的银行所有者提供的非借入资源）。

资产负债表 单位：美元

资产		负债	
贷款	1 950	活期存款	1 000
有价证券	1 950	定期存款和长期负债	1 400
在中央银行的准备金	75	短期批发负债	1 400
现金	25	资本	200

在这个例子中，银行的总资产（列在资产负债表的资产一栏中）是 4 000 美元。它是由一小部分现金（25 美元）、准备金（75 美元，被储存于本国中央银行）、贷给企业和家庭的潜在的流动性较差的贷款（1 950 美元）和其他有价证券（如政府和公司债券，共计 1 950 美元）组成。显然，银行保险库里的现金可用于满足存款人的随时提现需要，它在中央银行的存款也是如此；但是贷款（如抵押贷款）却不能随意收回，因此，在通常情况下它是非常缺乏流动性的。相比之下，有价证券是可以出售的，但是如果市场状况碰巧不乐观，在短期内银行将不得不亏本将其卖出。例如，在发生金融恐慌时，其他银行将同时出售相似的证券以减轻负担，这样就会拉低证券的市场价格。

银行向存款人和其他短期债权人承诺随时提现，因此，它在赚取利润的同时也承担着资产损失的风险。银行向债权人提供的流动性体现在它的资产负债表的负债方。银行的定期存款和长期负债（1 400 美元）是资金的源泉，这些资金不能被债权人随意提取，因而银行为这些债务支付了比它的活期存款（1 000 美元）和短期批发负债（1 400 美元）这两种短期借款业务更高的利率。其中短期批发负债可能以各种形式出现，包括来自其他银行的隔夜贷款（包括中央银行）或者是一个有担保的回购协议（简称"回购"）。回购是指银行向现金借出者抵押一部分资产并且承诺随后（通常是第二天）以略高的价格将其赎回。如果所有批发贷款者都不愿意再向银行提供短期贷款，银行将不得不卖掉它的所有资产以筹措资金，就如发生银行挤兑时。一般而言，银行的资产负债表具有期限错配的特征——它们所持有的短期债务超过它们的短期资产——这就是银行运营的脆弱之处。

银行资本（bank capital）（此处为 200 美元）是银行资产和负债之差，当出售全部资产也无法还清债务时，银行便会破产清算。如果没有银行资本作为缓冲，银行将没有犯错误的余地，债权人将永远不会相信银行的偿还能力。这样的话，银行将无法通过赚取利差而运营或者交替"挪动"流动性不同的资产。因为银行业务依赖于债权人对它的信心，即使是对银行破产的怀疑也可以导致债权人立即提现，使之变为流动资产，从而使银行破产成为现实。这种情形很可能在系统性金融危机时期出现，这时，银行在正常情况下很容易出售的有价资产的价格会因面临众多金融机构纷纷出售资产的困境而贬值。①

① 尽管我们在第 18 章中没有强调，但中央银行同样有资金问题。中央银行的资产通常超过债务，利润通常可以涵盖支出——例如，员工的薪水和中央银行厂房设备的运营成本。任何超过这些支出的利润通常都被转交到国库。通常中央银行资本的股权不是公开交易的（由政府拥有），尽管以往并非总是这样。（举一个广为人知的例子，英格兰银行从 1694 年建立到 1946 年是私有的。）例如，如果一个中央银行在外汇干预上有足够大的损失，这将大大减少中央银行的资本并使得它不得不向政府申请资金援助。中央银行往往不愿意陷入如此境地，因为政府会以削弱中央银行的独立性来作为向其提供资金的附加条件。

银行资本越少，它因资产贬值而破产的可能性就越大，无论是来自经济环境的外部冲击还是债权人的操作。因此，你会感到惊奇的是：一些在国际舞台上活跃着的大型银行过去往往是在很少的银行资本下运营的。我们的例子并不是不切实际的，银行资本与总资产的比例仅仅是 200 美元/4 000美元＝5％。这意味着银行在破产前最多可以承受占其资产 5％的损失。许多大型全球性银行甚至在更低比例的银行资本下运作。尽管银行通常避免重仓持有高风险资产，如股票，也会经常避免套期保值交易和外汇的敞口头寸，然而，全世界大量的银行仍然在 2007—2009 年的金融危机中陷入了困境。正是由于这次经历，国际政策制定者努力确保世界范围内的银行持有较高的资本水平，我们将在本章接下来的部分简述。

显然，银行的倒闭还使个人存款人遭受了严重的经济损失。但是，除了这些个人的损失外，银行的倒闭还破坏了宏观经济的稳定性。如果这些银行被怀疑把钱借给了那个有问题的银行，一个银行的问题将很容易扩散到其他运转良好的银行上。这样一个普遍的对银行信心的丧失破坏了经济运行所需要的信用和支付体系。一次突如其来的银行倒闭将带来银行体系投融资能力、消费支出以及家庭购买力的下降，从而减少总需求，使经济陷入衰退。强有力的证据表明，20 世纪 30 年代美国一系列银行的倒闭产生了大萧条，并且使之恶化。金融恐慌的确也加重了始于 2007 年的世界范围的衰退。①

政府对金融不稳定性的防范

因为银行倒闭的潜在后果非常可怕，所以政府试图通过对国内银行体系的大量管制来减少银行倒闭的发生。即使没有管制，管理良好的银行也会自行采取措施以预防倒闭。但是因为倒闭的代价不只是由银行所有者承担，所以一些银行可能会在自身利益的驱动下忽略银行破产所可能引致的社会成本，去冒高于社会最优水平的风险。而且，当有关金融危机的传闻开始散播时，即使那些在投资战略上很谨慎的银行，也可能会发生倒闭危机。当今许多由政府采取的谨慎性银行管制措施大多是这些国家吸取了大萧条时期经验教训的直接成果。

大多数国家已经建立了一个范围广泛的安全网来降低银行倒闭的风险。其中，主要保护措施包括：

（1）存款保险。20 世纪 30 年代大萧条时的一个遗产就是存款保险。在美国，联邦存款保险公司（Federal Deposit Insurance Corporation，FDIC）使得存款人免受损失的数额最高达 250 000 美元。银行要缴纳一定数额的款项给联邦存款保险公司以支付保险费。联邦存款保险公司的保险会减少小额存款人对银行的冲击，因为受保的小额存款人知道他们的损失将会由政府弥补，因而他们不再会因为其他人提款就竞相仿效。自 1989 年以来，联邦存款保险公司还为储贷协会（savings and loan associations，S&L）的存款提供保险。② 政府保险的缺失是政策制定者对银行离岸业务和影子银行体系采取轻微管制的原因之一。

（2）准备金要求。准备金要求作为货币政策的中心是中央银行调整基础货币与货币总量之间关系的主要渠道。同时，这一规定要求银行将资产的一部分以容易变现的流动资产的形式持有，以应付突然出现的提款要求。在美国，银行往往持有超出要求的过量的准备金，所以准备金要求并不重

① 对 20 世纪 30 年代的评价，参见 Ben S. Bernanke，"Nonmonetary Effects of the Financial Crisis in the Propagation of the Great Depression，" Chapter 2 in his *Essays on the Great Depression*（Princeton，NJ：Princeton University Press，2000）。银行危机也会导致支付平衡危机。用来抵消银行体系崩溃的宏观政策使得它很难维持固定汇率（如我们在本书中随后要阐述的欧元危机）。一个经典的研究是 Graciela L. Kaminsky and Carmen M. Reinhart，"The Twin Crises：The Causes of Banking and Balance-of-Payments Problems，" *American Economic Review* 89（June 1999），pp. 473－500。

② 如果感到不安全，存款超过 250 000 美元的存款人仍会提款，而除存款人之外的其他未经保险（未被抵押）的银行债权人（包括其他银行），也会这么做。

要。在我们前面的资产负债表的例子中，银行的总的流动储备（包括现金）是100美元，只有它的总资产的2.5%。

（3）资本要求和资产限制。美国及其他国外银行管制规则的制定者设置了银行资本的下限以降低银行倒闭的风险。其他条款则禁止银行拥有风险过大的资产，比如价格易于变化的普通股，同时也禁止银行把太大比例的资产贷给一个私人客户或一个外国政府借款者。

（4）银行审查。政府监管者有权审查银行账簿，以确保银行资本合乎标准和其他实施规则。银行必须卖掉审查者认为风险性太大的资产，或通过注销那些审查者认为借款人不能偿还的贷款来调整资产负债表。在一些国家中，中央银行是主要的银行监管者，在另一些国家中，银行的监管则由一些专门的金融监管机构负责。

（5）最后贷款人。银行可以从中央银行的贴现窗口或者其他便利通道获得贷款。（一般而言，只要提供等价或者溢价的抵押品，）作为中央银行实施货币管理的一个工具，贴现还是中央银行用以防止或者隔离银行挤兑与混乱的重要手段。由于中央银行有发行货币的权力，当银行面临大量存款被提走的危险时，银行可以从中央银行那里借到等量的贷款以满足存款人的提款需要。这时，对于银行而言，提供贷款的中央银行就是**最后贷款人**（lender of last resort，LLR）。事实上，1913年为应对金融恐慌，美国适时地建立了美联储。当出现金融危机的苗头时，存款人知道美联储作为最后贷款人会提供帮助，他们对银行抵御挤兑能力的信心会增强，不会轻易做出提款决定。然而，最后贷款人的行政管理是很复杂的。如果商业银行认为中央银行总能贷款给它们，那么它们就敢冒很大的风险，所以中央银行必须以经营良好作为商业银行获得最后贷款服务的条件。为了确定银行遇到困难并非因为它们冒了不必要的风险，最后贷款人必须介入银行审查过程。

（6）政府管制的重组和紧急救助。中央银行作为最后贷款人的作用是试图帮助银行渡过由敏感的债权人所导致的银行暂时流动性难关。如果中央银行给那些有问题的银行足够的时间以合适的价格转让资产，这些银行的问题是有希望获得解决的。如果是这样，中央银行将不会因它的介入而受到损失。然而，通常的情况是债权人以合理的理由而战战兢兢，遭受大量的损失。这样，国家财政当局把纳税人的钱也一同牵扯了进去。中央银行和财政当局组织起来通过健康的机构来购买倒闭的银行，有时会把自己的钱也扔进去。有时财政当局也会用公众的钱对银行进行资产重组。实际上这使得政府在银行重新站稳脚跟之前成为其完全或部分所有者，这些公众股票将会被卖给私人购买者。假若是这样，银行的破产将因作为危机处理者的政府的介入而避免，但这或许用的是公众的资金。政府也可能选择通过让无担保的债权人[①]和无保险的存款人承担要求权损失来保护纳税人。

这些保障措施究竟有多成功呢？图20-2显示了1970—2011年间全国性金融危机的发生频率——已经影响了大部分国家的银行体系的系统性危机。[②] 浅灰色所示的是发展中国家和新兴市场经济体的银行危机发生数量，而工业化经济体（包括美国）的银行危机发生数量则以深灰色显示。显然，这样的系统性危机并不少见。正如我们在第22章中将讨论的，从近来历史上大量贫穷国家对银行的管制不及富裕国家有效率的事实可看出，发展中经济体有着更大的金融不稳定性。然而，这种情况在2007—2009年间许多繁荣经济体的银行为了生存而要求更多的政府支持时已经发生了变化。因此，2007—2009年的危机揭示出银行安全网存在着严重的漏洞，我们将在下文中分析。

美国的商业银行安全网在20世纪80年代之前一直合理地运行着，但是由于放松管制，1990—1991年的衰退和商业房产价值的迅速下跌使得银行倒闭的数量剧增，联邦存款保险公司的保险基金

---

① 无担保的债权人是指那些没有要求银行为他们的贷款提供担保的人。有担保的债权人所获利率更低一些，因为他们的贷款所面临的风险较小。

② 危机的年表取自 Luc Laeven and Fabián Valencia，“Systemic Banking Crises Database,” *IMF Economic Review* 61 (June 2013), pp. 225-270。

被耗尽。就像美国一样，其他在 20 世纪 80 年代对银行放松管制的国家——包括日本、斯堪的纳维亚半岛国家、英国和瑞士十年后也都面临了严重的问题。结果许多国家彻底地审查了它们的安全网。但是，正如接下来将要看到的，那些安全网绝不足以防止 2007—2009 年大规模的金融危机。

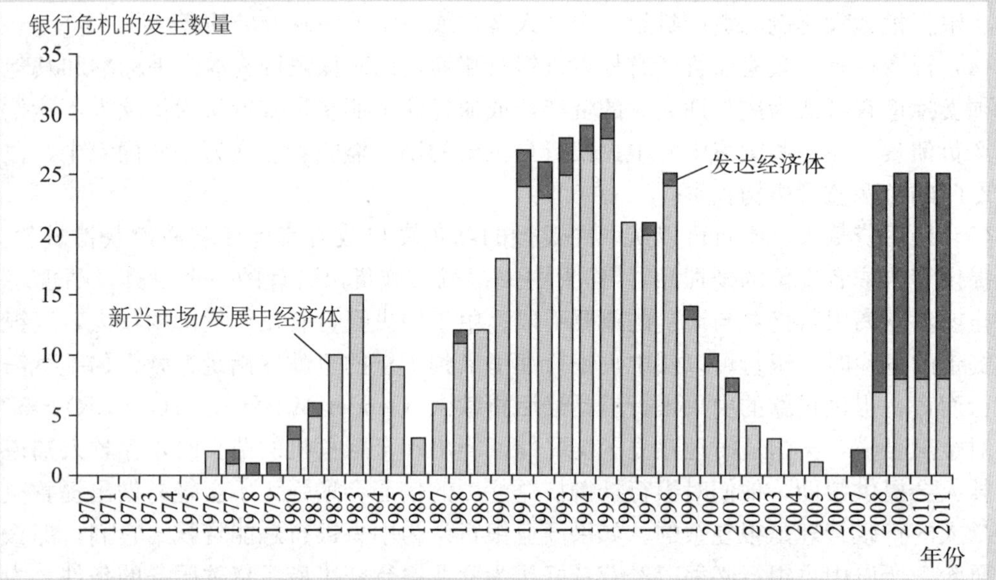

图 20－2　1970—2011 年系统性银行危机发生的频率

说明：自 20 世纪 70 年代中期以来，危机在世界范围内广泛发生。但近年来，危机集中发生在较富裕的国家。

资料来源：Laeven and Valencia，*op. cit*.

道德风险与"大而不倒"问题

上述银行保障措施分为两类：一类给予银行和它们的顾客紧急的财政支持，另一类是对银行的不明智的风险经营的制止。

认识到这两类保障措施是相互补充的很重要。对会有最后贷款人作为支撑，或者一个由政府承担的一揽子救助计划的预期，会使银行的高风险贷款更加泛滥，使投资的损失更大。存款保险会使存款人认为他们不用自行监管银行管理者的决定，不用担心银行挤兑的威胁。银行管理者将从事最大限度的风险业务，包括持有不足额的缓冲资本和现金。

因为有保险而没有实施足够的防范措施的可能情形被称为**道德风险**（moral hazard）。对国内银行的监管和对资产负债表的制约，对于防止因存款保险和有权适用最后贷款人条款而导致的道德风险的发生是必要的，否则将引致银行发放过多的风险贷款和不合理地适用可能致使经营失败的条款。

专栏　道德风险的简单代数

被觉察到的政府担保和对被担保机构的管制不力结合在一起所导致的道德风险助长了许多国家中的过度投机性投资。为了解释这种情况，假设有一笔潜在的投资——比如一个大的房地产开发项目——需要预先支付 0.7 亿美元的成本。如果进展顺利，这个项目将带来 1 亿美元的收益；但是这种可能性只有 1/3，还有 2/3 的可能性是这项投资只能带来 0.25 亿美元的收益。那么预期收益仅为 $1/3\times1+2/3\times0.25=0.5$（亿美元），远远低于 0.7 亿美元的初始投资。通常来说这种投资绝不会有人做。

但是政府的救援担保会改变这一结果。假设一个房地产开发商可以借入全部的0.7亿美元，因为它能使贷款人相信，如果项目失败且开发商无法偿还借款，政府会保护它。那么，从开发商的角度来看，它有1/3的可能性赚到0.3(=1—0.7) 亿美元，否则它不会做这个项目。开发商盈利的背后就是纳税人的损失。

上面的例子可能看起来有些极端，但是这种逻辑导致了许多国家的金融灾难。最近的一个例子是2007—2009年的金融危机，此次危机到目前为止代价最大，但其却有先例。20世纪80年代美国的储蓄和贷款行业被授予了无须负责任的特权：政府在不对风险进行密切监管的情况下对存款提供担保。最终，美国的纳税人所需承担的账单达到了1 500亿美元。对金融部门类似的不慎处理在20世纪90年代导致了许多工业化国家大量的银行亏损，例如瑞典和日本。

FDIC对有保险存款的250 000美元的规模制约是为了通过鼓励大额存款人、其他银行债权人（包括银行同业贷款人）监管银行管理者来限制道德风险。原则上讲，如果银行要冒不明智的风险，那些大的存款人将会转而去别的银行存款。问题是一些银行已经在全球市场上变得如此之大，与其他银行以及影子银行的联系是如此紧密，以至它们的倒闭将会引发连锁反应，使整个金融体系陷入危机。

1984年5月，当伊利诺伊大陆银行已经有大量不良贷款的谣言开始流传时，这个银行的无保险存款开始大量流失。那时该银行是美国的第七大银行，持有许多外国人的存款，所以它的倒闭很可能会引发全球性银行危机。作为对它的救援行动的一部分，FDIC扩充了它对所有伊利诺伊大陆银行存款人的保险责任范围，无论他们的存款规模有多大。这件事和随后的一些事情使人们确信美国政府是按照“大而不倒”的政策行事，对大银行的存款人提供完全的保护。

当一个金融机构具有系统重要性时，即“大而不倒”或者“相互联系而不倒”，它的管理者和债权人将期待政府对它的支持，因为政府为了使其免于陷入危机而不得不支持它。由此所产生的道德风险将引发一个恶性循环。由于这个机构被认为是在政府的保护下运行的，它可以很便宜地借到钱并且从事高风险（在时机恰当之时）、高回报的借贷业务，所产生的利润可以使这类机构变得更大和联系更紧密，产生更多的利润，更加具有道德风险。最终，整个金融体系将变得更加不稳定。

正是出于这个原因，经济学家越来越赞成抑制金融企业的规模，尽管这可能会牺牲规模效率。正如美联储前主席艾伦·格林斯潘所说：“如果它们大而不倒，那么它们真的是太大了。”许多经济学家也赞成迫使大型综合性银行和影子银行订立“遗嘱”，允许它们倒闭或延缓发展，这样的话，破坏性会降到最低，纳税人所负担的成本也会降到最低。让银行关门的这一可信的威胁对限制道德风险是有必要的：银行管理者需要知道，如果他们有不端行为，银行是会被停业的。但是，特别是在国际环境下，设计具体的程序并不容易。

正如我们将要看到的，道德风险问题对理解2007—2009年金融危机的发生机理以及如何避免将来危机的发生是重要的。而那次危机和导致其国际传导的另外一个重要元素是银行的全球化特征。

管制国际银行业务的挑战

在本节中我们将学习银行（和更一般化的金融机构）的国际化是如何削弱纯粹的为防止银行崩溃而设的国家安全网的。然而，与此同时，全球金融的相互依赖使满足有效的安全保障的需求变得更加紧迫。结果是政策制定者将面临又一个三难困境。[①]

① 如你所看到的，我们在这里引入的金融三难困境与我们在第19章及本章前文所提及的货币三难困境不同，但是两者都涉及金融一体化和其他可能的政策目标的联系。

金融三难困境

离岸银行业务包括大量银行同业存款——例如，欧洲货币存款额的大约80%属于私人银行。一个更高水平的银行同业存款意味着，对单个银行造成影响的问题是具有高度传染性的，并且会很快地扩散到和它有业务往来的银行。正如我们接下来要讨论的2007—2009年的危机所示，通过多米诺骨牌效应，一个局部的扰动可以引发全球性恐慌。

在国际环境下，银行可以在不同的行政管辖范围内进行业务转换，由此，美国和其他国家的这种在国际环境下的银行管制虽严谨，但效率低。一个国际银行体系比国内银行体系更难管控的很好的例子是我们之前所讨论的、美国安全网的有效性是如何因离岸业务而降低的问题。

（1）国际银行体系基本上没有存款保险。国内存款保险制度可以保护国内存款和外国在本国的存款，但是存款保险能提供的金额毕竟太小，不足以为一般的国际银行业务存款提供充分的保险，尤其是银行之间的存款得不到保险。

（2）没有准备金要求已成为欧洲货币贸易增长的一个主要原因。由于逃避了准备金税，欧洲银行得到了竞争上的优势，但与此同时也存在社会成本，即降低了银行体系的稳定性。没有一个国家能通过要求本国银行的国外分行提取准备金的方法来独自解决这一问题。由于在国际统一管制上存在政治和技术上的困难以及一些国家害怕管制将导致银行业务流失，共同的国际银行管制活动受到阻碍。如今，准备金要求在许多国家已经不那么重要了。部分原因是政府已认识到了全球化银行的准备金要求的无效性。

（3）及（4）以保证资本要求和资产限制为目的的银行审查规则在国际环境下很难实现。国家银行的管理者一般是在一个统一的基础上对国内银行及其国外支行的资产负债表进行监控的，但对这些银行的外国子行和分部的经营却缺乏严格的管制。而这些子行和分部与其母行的联系虽较弱，但其财务状况会深刻影响到母行的偿债能力。银行经常利用管理者对子行的宽松政策把在本国会受到审查的风险业务转移给审查较少的子行。这个过程被称作**监管套利**（regulatory arbitrage）。但是究竟哪个国家有责任管理某家特定银行的资产还没有一个定论。假设一家意大利银行在伦敦的子行主要从事欧洲美元的业务，那么该子行的资产应当受英国监管还是受意大利或者美国管辖呢?

（5）还有一个不确定的问题，就是在国际银行体系中，究竟哪一国的中央银行（如果有的话）应该负责提供最后贷款？这个问题与对国际银行业务的管理监督问题相似。让我们回顾一下意大利银行在伦敦的子行的例子。美联储是否有责任在这个子行的美元存款突然枯竭时救助它呢？还是应该由英格兰银行来插手？或者由欧洲中央银行来承担最后贷款人责任？当中央银行提供最后贷款帮助时，会增加国内货币的供给量，从而在实现国内宏观经济目标上做出妥协。在国际上，中央银行也可以为那些设在国外但不受它监控的银行提供财力上的帮助。如此，中央银行在很大程度上扩大了它们最后贷款人的责任范围。

（6）当一家银行在许多国家有资产和负债时，为了救援或重组，许多政府将不得不分担业务和财务责任。结果的不确定会减缓或阻碍这个过程。大而复杂且相互间密切关联的全球性银行知道，比起简单地把它们排除在外来说，政府将其关闭或重组有多难，在这一缘由的刺激下，它们将进行更多的风险活动。

之前的对国际金融机构进行调节的困难显示出，**金融三难困境**（financial trilemma）约束着政策制定者在开放经济中的预定目标，从而下面的三个目标至多有两个可行：

（1）金融稳定。

（2）国家对金融监管政策的控制。

（3）国际资本的自由流动。

例如，如果一个国家在金融上是与外界隔绝的，可以不用担心跨境的监管套利，无论外国政策制定者如何行事都不会影响到本国的金融稳定性。当然，从另一个角度看，如果一个国家把金融安全问题的设计和执行交给一个不受一国国内政治压力约束的全球性管理机构，那么它将会享有巨大的金融稳定性和金融开放度。[①]

当然，实现这种无所不知的全球金融机构的乌托邦式的目标是遥远的。然而，近四十年来，在不断增长的金融合作进程中，国家管理者一直在用金融稳定来调节日益增长的金融一体化。当新的浮动汇率体系使得一个国家通过国际资本自由流动而移动到货币三难困境（第 19 章）的一个新的边缘时，这个进程变得更加精确便并不是一个偶然现象了。

截至 2007 年的国际管制的协调

20 世纪 70 年代早期，新的浮动汇率制度产生出了一种新的扰动方式：一个大的、非预期的汇率变化可能会摧毁一个暴露于风险的银行的资本。

作为对银行危机的反应，1974 年来自 11 个工业化国家的中央银行首脑成立了一个名为**巴塞尔委员会**（Basel Committee）的组织，它的任务是“强化金融稳定性，对各国银行机构实施更为严谨的管理、监控及行为指导”[巴塞尔委员会的名称源于 11 国中央银行首脑会议的所在地——瑞士的巴塞尔，巴塞尔也是国际清算银行（Bank for International Settlements，BIS）所在地]。从此，巴塞尔委员会成为各国银行管制者合作的主要场所。

1975 年，巴塞尔委员会达成一项协议，该协议被称为《巴塞尔协议》(Concordat)。《巴塞尔协议》的内容是：为了更好地管理跨国银行业的业务，各国需要在来源国和东道国之间分摊各自的责任。此外，《巴塞尔协议》要求来源国和东道国的管制者分享有关银行的信息，并且要求“允许来源国或代表来源国当局在东道国领土上审查银行”。[②] 在后来的工作中，巴塞尔委员会指出了跨国银行业管理过程中出现的漏洞，并要求各国政府对此加以重视。比如，巴塞尔委员会建议各国管制机构像对待国内分行一样监控国外的子行。巴塞尔委员会的很多工作都致力于开发更为详细的有关跨国银行资产负债表方面的资料，这是进行有效的银行监督的先决条件。巴塞尔委员会于 1988 年制定了一套共同的评估银行资本充足量的标准，这些标准要求国际银行拥有的资本至少等于它们资产的 8%。这一标准被世界各国广泛使用，成为著名的《巴塞尔协议Ⅰ》。此后，在 2004 年，巴塞尔委员会对这一标准框架进行了修改，并制定了一套新的针对银行资本的规则，称为《巴塞尔协议Ⅱ》。

国际金融关系中的一个重要变化是：**新兴市场**（emerging markets）日益成为私人资本流动的重要来源和目的地。所谓新兴市场，是指那些已经逐渐开放本国的金融体系、容许与外国人进行私人资产交易的正在进行工业化的发展中国家资本市场。1990 年以后，巴西、墨西哥、印度尼西亚以及泰国都是来自发达工业国的私人资本的主要接受国。

然而，事实证明：新兴市场的金融机构一般来说要比工业化国家的金融机构脆弱。这种脆弱性最终导致了 1997—1999 年严重的新兴市场金融危机（见第 22 章）。此外还存在一些其他问题，如发展中国家一般缺少银行管制经验，其避险和会计标准都较发达国家宽松，也更容易为本国银行提供隐性担保，即保证它们在陷入困境时得到政府的救助，从而产生道德风险。

由此看来，将国际公认为“最佳实践”的管制标准扩展到新兴市场国家，已成为一个迫在眉睫的任务。1997 年 9 月，巴塞尔委员会与来自许多发展中国家的代表合作，颁布了《有效银行监管的

---

① 对最近的国际银行的金融三难困境的考察，参见 Dirk Schoenmaker，*Governance of International Banking：The Financial Trilemma*（Oxford：Oxford University Press，2013）。

② 英格兰银行的 W. P. 库克（W. P. Cooke），时任巴塞尔委员会主席，以《银行管理机构合作的发展》(Developments in Cooperation among Banking Supervisory Authorities）为题，简要论述了该协议，参见 *Bank of England Quarterly Bulletin* 21（June 1981），pp. 238 - 244。

核心原则》(Core Principles for Effective Banking Supervision)(并于 2006 年进行了重新修订)。这份文件制定了 25 个原则,以作为有效的银行监管的最低要求,涉及银行审批、监管方法、报告要求以及跨国业务等方面。当全球金融危机在 2007 年 8 月爆发的时候,巴塞尔委员会和国际货币基金组织对各国实施已修订的核心原则及《巴塞尔协议Ⅱ》的相关行为进行了监管。这次危机揭露了《巴塞尔协议Ⅱ》的弱点,这使得巴塞尔委员会同意了一个新的框架——《巴塞尔协议Ⅲ》(我们会在下文中讲述)。非银行金融机构的国际交易是另一个潜在的问题所在。影子银行体系中的一个主要证券机构的破产就像银行倒闭一样,会严重破坏国家的支付和信贷网络系统。日益增强的**证券化**(securitization)(银行资产重新包装后以易于出售的形式存在)趋势以及期权和其他衍生证券交易使得银行管制者仅仅通过审查银行资产负债表来得到有关全球金融流量的准确信息变得越来越困难。事实上,正如我们所看到的,证券化和衍生品既是 2007—2009 年金融危机的核心,也是我们接下来探讨的案例的主题。

∵案例分析　2007—2009 年的全球金融危机

2007—2009 年发生的经济与金融危机是自大萧条以来最严重的一次危机,在世界范围内银行出现倒闭或获取政府的大量救助后才得以存活;全球金融体系被冻结;世界经济陷入衰退。与以往不同,这次衰退起源于一次来自金融市场的冲击,并且这次冲击迅速在国家之间传递。

这次危机的起源看起来令人难以置信,是美国的抵押贷款市场。[①] 2005 年左右,伴随着美国的极低利率和房屋价格泡沫的上升(回忆第 19 章),抵押贷款出借方向信用不良的借款人出售贷款。在许多情况下,借款人对所购买房子只打算短期拥有,获利后便会把它们卖掉。许多人以极低的利率借了款,但事实上,利率上升后他们却无法偿还借款。最后,当美联储为避免通货膨胀而逐渐收紧货币政策时,美国的利率便开始上升。2006 年,美国的房价开始下跌。

比起美国总的金融财富来说,它的次级贷款总数并不是非常大。然而那些次级贷款很快就被证券化了,并且被初始放款人廉价出清。这使得很难了解到哪个投资者会有还不清抵押贷款的风险。此外,世界范围内的,特别是美国和欧洲的银行是贪婪的证券化的次级贷款相关资产的买者,在有些情况下设置——监管之外的——不透明的、资产负债表外的工具以达到其目的。一个主要的动机是监管套利。银行急于在谨慎原则(包括《巴塞尔协议Ⅱ》)下钻空子,以最少的所持资产借入最多的款项去购买信贷证券化产品。为这些银行购买证券化资产出资的放款人源自美国,包括货币市场共同基金。[②] 大多数欧洲的银行也购买美国的产品,但是如我们在第 19 章所述,21 世纪初住房市场的繁荣是一个全球化现象(回忆图 19-7)。在美国之外的高价房屋市场的作用下,欧洲的银行也经历了严重的低迷时期。欧洲国家的房屋价格跟着美国的价格一起下跌。(在下一章我们将会看到欧洲银行的问题是如何导致欧元危机的。)

---

① 这场危机的相关评论参见 Markus Brunnermeier,"Deciphering the Liquidity and Credit Crunch of 2007-2008," *Journal of Economic Perspectives* 23 (Winter 2009), pp. 77-100; Gary B. Gorton, *Slapped in the Face by the Invisible Hand: The Panic of 2007* (New York: Oxford University Press, 2010); Frederic S. Mishkin, *The Economics of Money, Banking, and Financial Markets*, 11 edition, Chapter 9 (Upper Saddle River, NJ: Prentice Hall, 2016);以及延伸阅读中 Blinder 的书。

② 对于危机之前欧洲和美国双方的资金溢出的记录参见 Ben S. Bernanke, Carol Bertaut, Laurie Pounder DeMarco, and Steven Kamin, "International Capital Flows and the Returns to Safe Assets in the United States, 2003-2007," *Financial Stability Review*, Banque de France 15 (2011), pp. 13-26。Viral V. Acharya 和 Philipp Schnabl 对监管套利做出了说明,参见"Do Global Banks Spread Global Imbalances? Asset-Backed Commercial Paper during the Financial Crisis of 2007-09," *IMF Economic Review* 58 (August 2010), pp. 37-73。除了拒绝履行抵押贷款责任(特别是当美国大部分地区出现房地产市场崩盘时)普遍存在的情况之外,许多证券化的抵押贷款支持证券(MBS)被发行者捆绑以便可以还清。由于信用评级机构认为此类事件不会发生,它们给予 MBS 最高的评级。然而,在《巴塞尔协议》的指导下,银行被要求持有相当少的资本来对抗这些防御型资本。所以欧洲银行挤进 MBS 市场并且发行有价证券,这是由于它们可获得更高的回报以及可以以低成本借贷。

2007 年，越来越多的次级借款者无法还款，放款者逐渐意识到了他们面临的风险，并且开始从市场中撤回资金。没有人知道谁会面临次贷风险，也不知道自己在风险面前有多脆弱。随着借款的成本增加，许多金融市场的参与者除了卖掉资产换取现金外别无选择。许多衍生资产被低价出售，这被市场理解为潜在的购买者已经不能对其进行估价。

在 2007 年 8 月 9 日所在的那一周，中央银行为市场提供了自 2001 年 9 月 11 日的恐怖袭击以来最大范围的流动性支持。在 8 月 9 日，一家法国的主要银行——巴黎国民银行披露了它的三只基金因次级贷款而面临问题的事实，信贷市场陷入恐慌。世界范围内同业银行利率上升到高于中央银行目标利率。银行担心其他银行会破产并且还不起债务，害怕不能获得银行同业拆借，于是它们都开始储存现金。欧洲中央银行以最后贷款人的身份插手银行同业拆借市场，并且美联储也跟着学，宣布将接受抵押贷款支持证券作为抵押向银行贷款。股票市场普遍开始下跌，2007 年后期在信贷市场崩盘和房地产市场崩溃的推动下，美国经济开始陷入衰退。

将要面对的问题还有很多。2008 年 3 月机构贷款人拒绝了第五大投资银行贝尔斯登（它参与了大量次贷投资）的短期信贷延期申请。尽管贝尔斯登不是商业银行，也仍然遭受了放款人的挤兑。在一次迅速组织的救援中，美联储买回了贝尔斯登 300 亿美元的“有毒”资产，用来说服摩根大通低价收购贝尔斯登。美联储因未能弥补贝尔斯登的股东的损失（以制止道德风险）以及使纳税人的钱置于风险中而受到指责。

但即使是在这次救助之后，金融稳定也没有恢复。丧失对拖欠的美国抵押贷款的赎回权的情形逐渐增加，房价仍在下跌，然而银行和影子银行还持有那些很难估价和出售的“有毒”资产。在这样的背景下，美国政府控制了那两个巨大的由私人拥有但由政府发起的抵押中介机构——房利美和房地美。

在美国财政部和美联储疯狂地寻找买者但未成功之后，2008 年 9 月 15 日投资银行雷曼兄弟申请了破产。关于美国当局制止银行破产的法律地位仍存在争议。美国当局仍因为关于贝尔斯登的批评而心有余悸，并希望雷曼兄弟的破产能够得到控制。事实上，局势很快失去了控制。雷曼兄弟申请破产一天后，保险公司巨头美国国际集团（AIG，资产超过 1 万亿美元）遭遇了挤兑。在未经上级管理者许可的情形下，交易员就已经发行了 4 000 亿美元的衍生品。这些衍生品被称作信用违约掉期（CDS），是针对未偿还贷款的保险政策（包括被迫给雷曼兄弟的贷款和抵押证券）。随着世界金融体系的崩溃，那些信用违约掉期看上去越来越有可能发生，但美国国际集团却缺乏资金去支付，美联储立即动用 850 亿美元进行干预，后来美国政府又向美国国际集团贷款数十亿美元之多。

在同一个月内，美国市场共同基金（一些与雷曼兄弟索赔有关）遭遇挤兑并且令美国财政部对其债务进行了担保。华盛顿互惠银行（美国第六大银行）破产；衰落的美联银行（美国第四大银行）和投资公司美林证券公司分别被美国富国银行和美国银行收购；最大的两个独立的美国投资公司高盛和摩根士丹利变成接受美联储监管的银行控股公司，但是可以获得向美联储借贷的便利。同业银行贷款与国债的息差达到了历史水平；世界股票市场感到震惊。经过大量的争论之后，美国国会通过了一项配置 7 000 亿美元从银行购买问题资产的法案，以助其恢复正常的借贷——但最后那些资金却没有用于这个目的。雷曼兄弟破产的消息传到了欧洲，大量银行破产，欧洲政府发行覆盖存款担保的债券以使银行免于挤兑。此外，许多国家为同业拆借提供担保。但是，此时全世界的经济已经开始下滑，给产出和就业造成了毁灭性的后果。

由于篇幅限制，我们不能对许多金融的、财政的和非常规的货币政策做出详细的介绍。非常规的货币政策是指中央银行和政府为使 2008 年末到 2009 年初的全球经济免于下滑所实施的货币政策（下面的专栏探讨了其中的一个方面）。[1] 然而，由于工业化国家房地产市场的低迷，金融和家庭部门资产负债表以及总需求的复苏非常缓慢。

专栏 外汇的不稳定性和中央银行的外汇掉期额度

从传统上讲，最后贷款人以本国的货币提供流动性，因为本国的货币可以随意印刷。然而，从2007—2009年的危机中我们可以很清楚地看到，在金融全球化的现代世界中，银行可能需要本国货币之外的流动性。危机中一个地区的银行改革对国外的银行也有帮助。事实上，最先倡导改革的美联储成了美元的全球最后贷款人。

为什么这是必要的？正是因为美国信贷市场，特别是同业银行拆借市场发生崩溃的溢出效应。如上文所述，在危机发生的前几年，欧洲银行已经在美国抵押贷款支持证券和其他证券化资产上投资太多。然而，欧洲银行并不希望为持有这些以美元标价的债权承担太大的风险。因为不能从小额存款中获得美元，它们从批发市场（美国银行和货币市场基金）借入短期美元去购买美国的资产担保债券。

随后，虽然同业银行信贷市场因受到危机的冲击而停止运作，但欧洲银行并不想在遭受损失时卖掉它们现在仍有毒的美国资产（即使它们仍有卖的机会）。所以它们需要借入美元来偿还短期贷款并且维持它们的美元对冲头寸。即使银行的美元债券和美元资产名义上达到了平衡，一旦那些资产不能很快以票面价值售出，资产和负债的比例失衡也会造成货币错配。既然私人美元信贷市场已经被冻结，这些银行能从哪里很快地得到美元贷款呢？一些但并不是全部银行可以通过它们在美国的分支机构向美联储借到钱。其他缺乏担保的欧洲银行也可以从美联储借到钱，但最糟糕的是，在欧洲开始早盘交易的时候美联储却是关着的。

欧洲央行可以印刷欧元，也可以把它们借给银行，但它不能印刷美元。因此，欧洲央行一直在把借来的欧元换成美元（为了得到美元，在现货市场上将其卖出，在期货市场上再把它们买回来）。在抵补利率平价下（第14章），这种复杂的操作和美元的直接贷款付出的成本一样大。但是由于银行不想相互借贷美元，抵补利率平价就会失灵。因此，将欧元换成美元的掉期换回的是极少的现货美元和期货欧元。特别是这种美元荒导致美元在现货市场上出现了走强的趋势。

2007年12月，美联储的外汇掉期首先延伸到了欧洲央行和瑞士国家银行，旨在补救短缺和防止外汇市场发生混乱。具体操作是：欧洲央行和瑞士央行可以直接从美联储借到美元，并且在本国银行需要时可以出借给这些银行。

但是在2008年9月雷曼兄弟倒闭后，美元荒越来越严重了，美联储将外汇掉期扩展到更大范围的银行，包括四个新兴国家（巴西、墨西哥、韩国和新加坡）的银行，并且给予许多工业化国家中央银行无限期的货币掉期额度（包括欧洲央行和瑞士银行），完全外包了它的最后贷款人职责。最后，美联储以这种方式借出了数以亿计的美元。[2]

中央银行也像美联储一样扩张它们的本币掉期协议，尽管这比美联储的范围小。下图展示了那些已经出现的不平凡的外汇掉期网络。

---

① 一个可读性强的有关危机期间联邦政策的解释参见 David Wessel, *In Fed We Trust*: *Ben Beranake's War on the Great Panic* (New York: Crown Business, 2009)。关于政府政策的更多评论参见延伸阅读中 Blinder 的书。

② 进一步的讨论参见 Maurice Obstfeld, Jay C. Shambaugh and Alan M. Taylor, "Financial Instability, Reserves, and Central Bank Swap Lines in the Panic of 2008," *American Economic Review* 99 (May 2009), pp. 480 - 486; Patrick McGuire and Götz von Peter, "The US Dollar Shortage in Global Banking and the International Policy Response," BIS Working Papers No. 291, October 2009; and Linda S. Goldberg, Craig Kennedy, and Jason Miu, "Central Bank Dollar Swap Lines and Overseas Dollar Funding Costs," *Economic Policy Review*, Federal Reserve Bank of New York (May 2011), pp. 3 - 20。

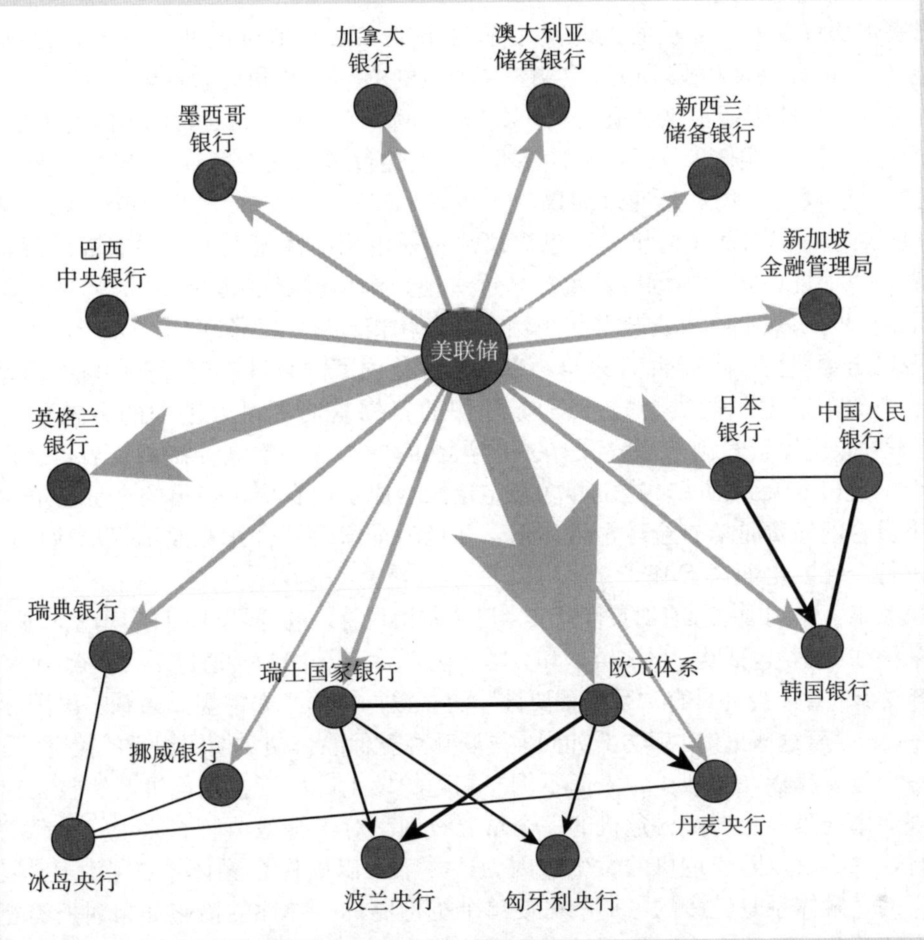

2007—2009 年危机期间中央银行掉期网络

说明：浅灰色线表示美元贷款，黑色线表示其他货币贷款。箭头方向表示放贷方向。箭头大小与掉期额度成比例。如果无额度限制，则与贷款额成比例。

资料来源：Patrick McGuire and Götz von Peter，"The US Dollar Shortage in Global Banking and the International Policy Response，" BIS Working Papers No. 291，October 2009，from http://www.bis.org/publ/work291.pdf © Bank for International Settlements（"BIS"）.

美联储在 2010 年 2 月将减少它的掉期额度，但是在欧洲债务危机爆发不久后重新放宽，并且银行同业拆借市场再次变得紧张不安（第 21 章）。最近发生的一些事情清晰地显示出一个能贷出各种货币的全球最后贷款人是必要的，由此，2013 年，六大主要中央银行——美联储、欧洲央行、英格兰银行、日本银行、加拿大银行及瑞士国家银行——将它们相互之间的货币掉期期限额度永久地固定下来。这个由工业化国家央行达成的协议将那些经常可以通过不如央行货币掉期灵活的相关程序从 IMF 获得借款的一些新兴经济体排除在外。然而，当 IMF 作为世界政府应对危机时，它可以发现自身借款资源将面临三元悖论困境，即资源是有限的，而针对其无限的货币供给责任，只能通过不断地印发钞票来实现。

全球金融危机后的国际管制措施

2007—2009 年金融危机的严重程度和广泛程度引起了对一国国内和国际金融体系的改革。现在我们来描述其中的一些措施，尽管会把更多的注意力放在宏观层面和银行问题上，但这些措施仍力求填补现有管制架构的空缺。

《巴塞尔协议Ⅲ》 金融危机的发生暴露出了《巴塞尔协议Ⅱ》的不足之处，所以，在2010年，巴塞尔委员会提议对国际银行建立一套严格的资本标准和监管保障措施，即《巴塞尔协议Ⅲ》。《巴塞尔协议Ⅲ》使银行很难逃避资本的要求。(例如，它对银行运营的风险有了更广泛的认识，可以通过资产负债表外的实体来认识，并且要求银行避免过多的悲观情绪。) 但是，像《巴塞尔协议Ⅱ》一样，《巴塞尔协议Ⅲ》仍然是通过加权的方式对不同的资产进行风险评定，风险越低的资产所需要的资本也就越少。《巴塞尔协议Ⅲ》也提议逐步采用流动性覆盖率，要求银行持有足够的现金和流动性债券，以保证在特定的危机发生时，这些现金和债券足够提供30天的现金流出。净稳定融资率力图限制银行对短期批发资金（与小额零星存款相对应）的依赖。[1]

金融稳定委员会 1999年，来自小部分工业化国家的政策制定者在国际清算银行建立了金融稳定论坛（类似于巴塞尔委员会）。然而，他们的目标是促进更大范围的金融稳定问题的国际合作（包括但不只限于银行管制），并且是在一个潜在的更广泛的宏观经济制定者群体间进行。2009年4月全球金融危机发展到顶峰，这个金融稳定论坛变成了拥有更多会员的金融稳定委员会（FSB）。金融稳定委员会的职责是监督全球金融体系，并且为全球政策合作和改革提出建议，有时也与其他国际机构进行合作，比如说IMF。

国家改革 个别国家没有对贯彻落实《巴塞尔协议Ⅲ》进行限制。许多国家和地区已着手进行长远的金融体系的改革，包括欧元区、英国和美国。在2010年美国国会通过了《多德-弗兰克法案》，这项法案向政府授予了对被视为具有"系统重要性"的非银行机构（如雷曼兄弟和美国国际集团）的监管权，并且允许政府掌管这些机构，其方式如同美国联邦存款保险公司对倒闭银行的接管。[2]《多德-弗兰克法案》的一个重要目标在于减少"大而不倒"问题的发生，尽管金融危机已然验证其失败性。

宏观审慎视角 全球金融危机的一个重要教训是对于金融监管者来说，确保每一个金融机构都正常运行，并不足以阻止危机的发生，因为这并不足以确保金融体系在总体上是稳健的。事实上，给定广义的金融体系是健康的，那些可使单个机构更具有弹性的措施如果对所有机构同时实施，将会使整个体系陷入危险。金融管制的**宏观审慎视角**（macroprudential perspective）力图在总体水平上避免这样的错误发生。[3]

例如，以巴塞尔资本标准为例，它将不同的权重赋予不同的资产，从而决定需持有的外资银行结汇的数量。如果现在有两种回报相似的资产A和B，但是资产B的巴塞尔资产风险权重更小，所有银行将愿意持有资产B，而不是资产A。但是，总的来说，当资产B的价格下跌时，这个系统将比银行多样化地持有两种资产时更脆弱。这恰好是2007年所发生的事。那时，美国和欧洲银行都对与美国房地产市场相关的证券进行了巨额投资。因此，当美国的房地产市场下跌时，它们都受到了巨大的冲击。新的巴塞尔规则令人担忧的地方是：它欠缺更正系统性问题的能力。

然而，在其他方面，《巴塞尔协议Ⅲ》认识到了宏观审慎问题。例如，巴塞尔委员会提议，为了使系统在衰退时期更加具有回弹力，银行应该在信贷繁荣时期提高它们的资本比率，因为经济衰退时资本的必要条件会放松。为什么这一"逆周期资本缓冲"的计划是有用的？如果相反，在金融危机中，为了增加它们的资本缓冲，所有银行同时卖掉资产——这就是微观审慎的做法，结果会导致资产被减价出售：压抑证券价格，并且使得系统作为一个整体的偿付能力陷入危险。

在美国，《多德-弗兰克法案》建立了一个金融稳定监督委员会（FSOC）——包括美联储和财

---

① 有关《巴塞尔协议Ⅲ》的实施进程，可浏览BIS网站上公布的系列进程报告：http://www.bis.org。2016年4月已发布了第十份报告，参见http://www.bis.org/bcbs/publ/d366.htm；此外，你还可以自己查询网站http://www.bis.org/bcbs/basel3.htm?ql=1，以了解《巴塞尔协议Ⅲ》的框架。

② 参见Mishkin，op. cit.。

③ 参见延伸阅读中Brunnermeier等的专著。

政部部长，用以监督金融稳定性的宏观经济方面，包括影子银行体系风险。金融稳定监督委员会有权指出个体金融机构具有系统重要性，并要求它们服从严格的监管。它同样能够建议那些对经济造成威胁的大的或相互联通的机构拆分。然而，在金融危机之后，那些大型金融机构可能会变得更大。许多人还一直担心这样一个问题：美国和其他国家对于解决大而不倒问题和减少金融市场的道德风险所做的事太少了。政策制定者在看到了雷曼兄弟倒闭的影响之后，会害怕这种倒闭在国际银行中传递。

国家主权和全球化的限制 国家金融监管部门通常会面临来自本国金融机构的激烈游说。它们认为严格的规则会使它们与外国的竞争对手相比处于劣势。（尽管这些规则对外国的竞争无效。）巴塞尔多边进程，就像GATT和WTO下的多边贸易自由化一样，在允许政府克服反对监管政策方面的压力和控制金融部门中起到了重要的作用。这个过程通过使国家对财政政策有更多的掌控权，部分地解决了金融不可能三角。金融不可能三角的限制仍然是很重要的。例如，一个想要控制本国住房市场泡沫的国家会禁止银行给予未来购买者太多的贷款，但是，它不能阻止国外银行这样做。既然这样，就存在一个金融稳定和金融一体化之间的权衡；然后，国家受到诱惑通过资本控制和分割本国金融市场而反方向行事。除非政府可以成功地承受金融市场风险，金融全球化似乎不可能再像近几十年那样继续进行下去了。

国际金融市场在分配资产与风险中的表现

国际资本市场现行结构所隐含的金融不稳定性风险只能通过各国银行监管者的密切合作来降低。但是跨国金融机构针对各国的管制进行金融创新的利润动机也能给客户带来很大的收益。正如我们所看到的，国际资本市场允许不同国家的居民通过买卖风险资产进行多样化资产组合。除此以外，通过确保有关投资机会的信息在全球范围内迅速流动，国际资本市场能够帮助配置全球储蓄以使它们得到最有效的运用。在这些方面，国际资本市场的表现如何呢？

国际资产组合多样化的程度

由于基本上不可能掌握一个国家居民持有的全部资产组合的准确情况，所以也就不可能通过直接观察的方法来精确计量国际多样化资产组合的程度。不过，近几年有关美国的一些资料可用来大致了解国际多样化资产组合的变化。

1970年，美国居民持有外国资产的数量相当于美国资本存量的6.2%（包括居民房产），而外国对美国的债权占美国总资本存量的4.0%。截至2008年，美国拥有的国外资产占美国资本的46.6%，而在美国的外国资产已增加到美国资本的54.7%。

这些百分数看上去似乎比1970年大得多，但仍然显得很小。随着资产组合的完全国际化，可以预料它们将反映美国经济相对于世界经济的规模。因此，在一个完全多样化的世界经济中，大约有80%的美国资本将由国外客户持有，同时，美国居民也将拥有大约等于美国资本80%的国外债权。而且，在前面的章节中描述的总的外国资产——包括股票、外国直接投资和债券等——不仅仅指股票和FDI，它代表对资本的要求权。（对于美国来说，它的外国资产的不到一半是股票和FDI，而少于1/3的外国负债是股票和FDI。）现在明显过低的国际多样化资产组合水平一直令人迷惑不解，因为大多数经济学家推测：从交易中获得的潜在收益是很可观的。例如，在法国金融学家布鲁诺·索尔尼克（Bruno Solnik）的一个有影响的研究中，他估计一个仅持有美国股票的投资者可以通过把股票进一步分散到欧洲各国的股票中而使他的资产组合风险降低一半以上。[①] 如此，对于观

① 参见Solnik，“Why Not Diversify Internationally Rather Than Domestically?” *Financial Analysts Journal*（July-August 1974），pp. 48–54。

测到的资产持有过程中的本国偏向效应，便显得难以理解。

不过，资料显示，随着国际资本市场的不断扩大，国际资产交易额以相当可观的速度在增加着，与此同时，国际资产拥有量的绝对值处于很高水平。例如，截至 2015 年底，美国拥有的对外国资产的要求权相当于美国当年国民生产总值的 130%，而同期外国拥有的对美国资产的要求权相当于美国当年国民生产总值的 171%（回顾图 13－3）。全球范围的股票交易活动正在建立起更为密切的信息联系，各企业卖出股票接受外币的倾向也日益增强。表面看来程度较低的国际资产组合状况并非全然是国际资本市场的过错。尽管尚有一些影响国际资本交易的障碍，但国际资本市场在提高资产组合的多样性方面还是有一定贡献的。而且美国的经历并不一定是典型的。表 20－1 以一组工业化国家为样本给出了过去 20 年中这些国家的国际资产组合多样化的发展趋势，展示了这些国家总的外国资产和负债占它们 GDP 的比重。早在 20 世纪 80 年代初就已经成为世界金融中心的英国，那时候它的多样化程度已经很高，并且现在这一趋势更加明显了。像荷兰那样的小国正试图使其资产和负债变得更加多样化，同时，欧元区的所有国家（包括荷兰）由于欧洲资本市场一体化，自 1993 年以来都大范围地提高了其多样化程度。对于澳大利亚、加拿大和美国而言，尽管进展比较缓慢，但这种趋势是很明显的。即使是新兴市场经济体也开始从事大量资产交易了。

表 20－1　一些工业化国家总的外国资产和负债占 GDP 的比重（%）

		1983 年	1993 年	2011 年
澳大利亚				
	资产	12	34	83
	负债	43	87	140
法国				
	资产	63	80	256
	负债	46	89	289
德国				
	资产	38	64	230
	负债	31	54	205
意大利				
	资产	22	43	106
	负债	26	55	131
荷兰				
	资产	93	148	450
	负债	72	133	421
英国				
	资产	150	202	694
	负债	134	198	711
美国				
	资产	31	40	146
	负债	26	46	173

资料来源：Philip R. Lane and Gian Maria Milesi-Ferretti，“The External Wealth of Nations，Mark Ⅱ：Revised and Extended Estimates of Foreign Assets and Liabilities，1970－2004，” *Journal of International Economics* 73 (November 2007)，pp. 223－250. 表中 2011 年数据来自 Philip R. Lane 更新后的数据，参见他的主页 http://www.philiplane.org/EWN.html。

这些数字的福利方面的影响还不清楚。如我们在本章开始时所述，就其代表经济风险的多样性而言，它们表明经济会更稳定。但是大多数外部的资产负债都是债券，包括在某种情况下监管套利驱动下产生的银行债务。它们很可能包括系统性风险借贷，如当一个英国银行借入短期资金用于购买国外的流动性较差的债券时所发生的。因此，尽管这些数据显示在过去的十年中国际资产交易量已大幅增加，但是这也同样提醒我们，不可能有一个衡量国外投资的社会最优程度的指标。

跨期贸易的规模

经济学家马丁·费尔德斯坦（Martin Feldstein）和查尔斯·霍瑞卡（Charles Horioka）提出了另一个评价全球资本市场成就的方法。费尔德斯坦和霍瑞卡提出：一个平稳运行的国际资本市场应该允许各国国内投资率和储蓄率存在很大的差别。在这种理想状态下，储蓄追求的是在全球范围内的最有效使用，而不管在什么地方使用；同时，各国国内的投资不应受到本国储蓄的限制，因为有全球的基金可以为各国的投资提供资金。

自第二次世界大战以来，很多国家的国内储蓄率与国内投资率的差别（即经常账户余额）还不是很大，如图 20 - 3 所示，长期储蓄率高的国家，它的投资率也很高。费尔德斯坦和霍瑞卡由此得出结论：大量国内储蓄持续增加会导致国内资本积累增加，从这种意义上说，资本的跨国流动性很低。按这种观点，世界资本市场并不能很好地帮助各国从跨期贸易中获得长期收益。[①]

图 20 - 3　1990—2015 年 24 个工业国的平均储蓄率和投资率

说明：OECD 各国的储蓄与投资相对于产出的比例接近正相关。在这个国家样本中，考虑到储蓄率，直的回归线代表了统计数据对投资水平的最大猜想。

资料来源：World Bank，World Development Indicators.

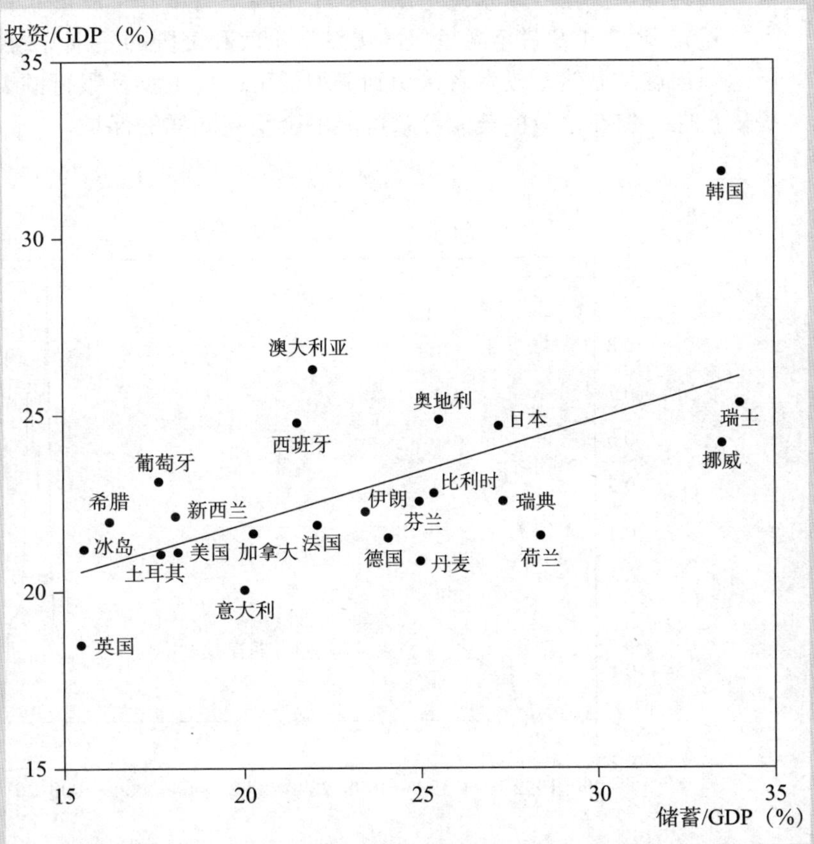

① 参见 Martin Feldstein and Charles Horioka，“Domestic Savings and International Capital Flows，” *Economic Journal* 90（June 1980），pp. 314 - 329。

费尔德斯坦和霍瑞卡的论点存在的主要问题是：如果不知道是否有未能获取的跨期贸易收益，并且需要了解比一般情况更多的实际经济状况，那么就不可能精确估量跨期贸易的规模是否达到了最优。例如，一国的储蓄和投资可能经常同方向变动，因为带来高储蓄率的因素（比如经济高速发展）同样能带来高投资率。这样，一国从跨期贸易中的获利就很小了。对于储蓄和投资之间相关关系的另一种解释是：这是政府尽力管理宏观经济以避免出现巨大经常账户失衡的结果。现实情况却远非解释所言。对工业化国家来说，那些被费尔德斯坦和霍瑞卡提到的经验规律在面对美国、日本、瑞士和一些欧元区国家近年来创纪录的巨大外部不平衡时就显得软弱无力。在最初运用费尔德斯坦和霍瑞卡测算方法时，使用的是 20 世纪 70 年代中期的数据，从而图 20－3 中所绘直线的斜率接近 1，而今，这一斜率却下降到不到 1/3。

国内利率与离岸利率的差别

反映国际资本市场业绩的晴雨表是以同种货币计价的相似资产的国内利率和离岸利率的关系。如果世界资本市场能很好地传递全球投资机会的信息，那么这些利率就会相互接近，不会有太大的差别。利率相差过大意味着有未实现的贸易收益。

图 20－4 反映了从 1990 年末以来的一份研究中得到的 3 月期欧洲美元存款和美国的定期存款这两种具有可比性的银行存款利率的差别。然而这些数据并不完善，因为进行比较的利率并不是在同一时刻内计算的。与此同时，它们也并没有显示出任何在正常时期内没有观测到的较大规模的收益。对其他工业化国家来说，国内利率不同于离岸利率的形式是相似的。

随着 2007 年 8 月金融危机的爆发，伦敦和美国的差别开始显现，在 2008 年 10 月雷曼兄弟倒闭后达到顶点。显然，投资者认识到美国货币市场工具及银行的美元存款将会由美国财政部和美联储提供担保，但在伦敦的美元存款可能不会受到同样的保护。

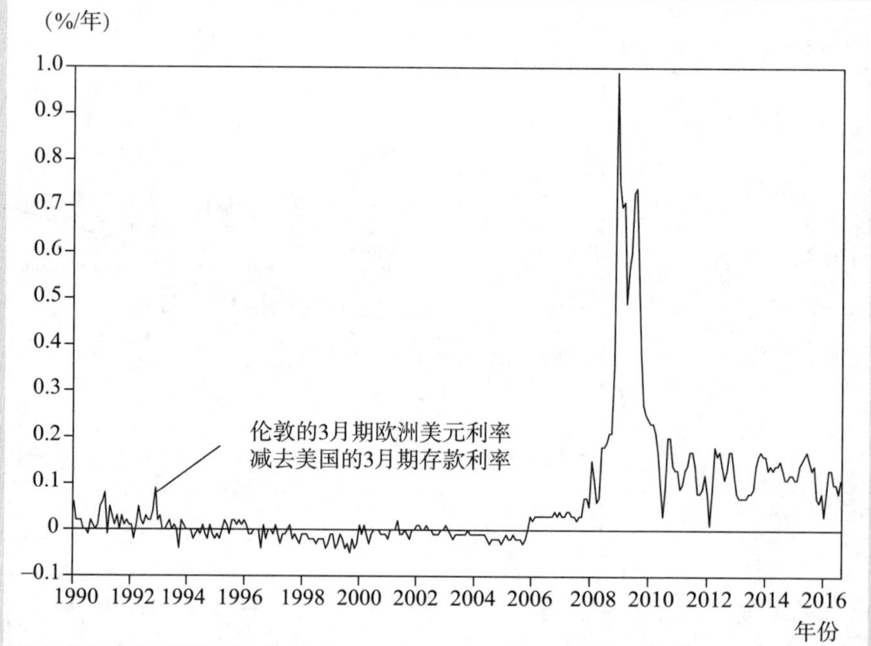

图 20－4　国内利率与离岸利率的比较

说明：伦敦美元的利率与美国国内存款利率的差额本来已经趋近于零，但在 2008 年秋季随着雷曼兄弟的倒闭而急剧变大。

资料来源：Board of Governors of the Federal Reserve System and OECD，monthly data.

外汇市场的效率

外汇市场是国际资本市场的一个重要组成部分，外汇市场设定的汇率可以用来决定各种类型国际交易的盈利性。汇率还可以向从事国际贸易和投资的居民及厂商传达重要的经济信号。如果这些信号不能反映市场机会的所有可得信息，就会导致资源配置不当。所以，研究外汇市场如何利用可得信息对于判断国际资本市场是否对其他市场发出正确信号具有潜在的重要意义。我们进行三种类型的检验：基于利率平价的检验、基于风险升水的检验以及基于过度波动的检验。

基于利率平价的检验 在第 14 章中我们已经讨论了利率平价条件是决定汇率的基础，现在我们仍用它来研究市场汇率是否包括所有可得信息。回忆一下利率平价模型：两种货币存款的利率差就是市场上这两种货币间汇率预期变化的百分比。更正式地，如果 R_t 是本国货币的存款利率，R_t^* 是外国货币的存款利率，E_t 是汇率（定义为外国货币的本币价格），E_{t+1}^e 是到期日偿付利息 R_t 和 R_t^* 时外汇市场参与者预期的汇率，则利率平价条件为：

$$R_t - R_t^* = (E_{t+1}^e - E_t)/E_t \tag{20-1}$$

式（20－1）提供了一种简单的方法来测试外汇市场是否在很好地运用当前信息。利率差 $R_t - R_t^*$ 是由市场预测的，预测的汇率变化与随后发生的实际汇率变化的差额显示了市场预测技术的高低。[①]

对利率差异和后来的贬值率之间关系的统计研究表明，用利率差异来预测汇率十分不准确，因为它无法对任何一次大幅度的汇率波动做出预测，我们在第 14 章讨论过这种情况。更糟糕的是，平均来说，利率差异甚至不能正确预测这段时期内即期汇率的变化方向。如果利率差异是一个糟糕但无偏的指标，那么我们还可以说市场是根据利率平价条件来决定汇率，并尽其所能在一个快速变化且难以预测的环境中做出最好的预测。可是偏差的发现似乎与对数据的这种解释发生了矛盾。

利率平价条件也可以用于验证“市场运用所有可得信息来调整汇率”这一假定所暗含的第二层意义。假设 E_{t+1} 是人们正努力猜测的实际远期汇率，那么他们在预测未来的贬值时所发生的预测误差 u_{t+1} 时，可用实际贬值减去预期贬值来表示，即

$$u_{t+1} = (E_{t+1} - E_t)/E_t - (E_{t+1}^e - E_t)/E_t \tag{20-2}$$

如果市场确实利用了全部可得信息，则预测误差 u_{t+1} 就应该和在第 t 天形成预期时市场知道的情况在统计上不相关。换言之，市场没有机会利用现有的资料来降低以后的预测误差。

在利率平价条件下，我们可以通过把 u_{t+1} 作为实际货币贬值减去国际利率的差额来检验这个假设：

$$u_{t+1} = (E_{t+1} - E_t)/E_t - (R_t - R_t^*) \tag{20-3}$$

总的来说，通过利用过去的资料，可以用统计方法来检验 u_{t+1} 是否可以预测。很多观察家发现，如上所定义的预测误差是能够被预测到的。例如，已知的过去预测误差对预测未来误差十分有用。[②]

基于风险升水的检验 对于上述研究结果的一个解释是，外汇市场在调节汇率时容易忽视一些很容易得到的信息。这一发现使得人们对国际资本市场传达合适价格信号的能力心存疑虑。在得出

① 多数有关外汇市场效率的研究都对远期汇率溢价如何预测以后的即期汇率变化进行了研究。这一过程类似于我们在抵补利率平价条件下使用利率差异 $R_t - R_t^*$ 来预测远期升水（参见第 14 章附录）。正如第 14 章所述，在比较同一金融中心的存款利率（比如伦敦的欧洲货币利率）时，我们可以有充分的证据表明抵补利率平价条件成立。

② 进一步的讨论，参见 Robert E. Cumby and Maurice Obstfeld，“International Interest Rate and Price Level Linkages Under Flexible Exchange Rates：A Review of Recent Evidence，” in John F. O. Bilson and Richard C. Marston，eds.，*Exchange Rate Theory and Practice*（Chicago：University of Chicago Press，1984），pp. 121－151；and Lars Peter Hansen and Robert J. Hodrick，“Forward Exchange Rates as Optimal Predictors of Future Spot Rates：An Econometric Analysis，” *Journal of Political Economy* 88（October 1980），pp. 829－853。

这一结论之前，让我们回顾一下，如果人们是风险规避的，利率平价条件就可能不是确定汇率的完整解释；反之，如果投资者认为不同币种债券之间是不完全替代的，则国际利率差异等于预期的货币贬值加上风险升水 ρ_t，即：

$$R_t - R_t^* = (E_{t+1}^e - E_t)/E_t + \rho_t \tag{20-4}$$

参见第 18 章。在这种情况下，利息差异并不一定是市场对未来贬值的预测。所以，在资产不完全替代的情况下，刚才讨论的实证研究结果就不能用来推断外汇市场处理信息的效率。

由于人们的预期是难以观察的，所以很难确定式（20－4）和利率平价条件（这时 ρ_t 为零）之间的联系。很多计量经济方面的研究都试图在风险升水理论下解释利率平价的偏离，但到目前为止还没有人能够很成功地做到这一点。①

各种实证资料都提出了两种可能性：要么是风险升水在决定汇率上起着重要的作用，要么是外汇市场忽视了一些从很容易得到的信息中获利的机会。从外汇交易者最大的谋利动机来看，第二种可能性不大。而第一种可能性尚需有力的统计资料来证明。但第 18 章中提及的外汇冲销性干预并不是汇率管理的有效工具的相关论据则肯定不支持这种观点。同时，一些更高深的理论表明：在资产不完全替代的情况下，外汇冲销性干预也许毫无用处。然而，冲销性干预的无效性并不意味着风险升水不存在。另一种可能（在第 14 章关于套利交易的案例分析中提到过）是一种大的但不频繁的货币趋势的逆转，它意味着数据技术不具备完全的说服力。

基于过度波动的检验 最令人担心的问题之一是，建立在标准的“基本面”变量，诸如货币供给、政府赤字和产出等上的汇率统计预测模型预测的结果很不准确——即使使用这些基本变量的未来实际（而不是预测）值进行汇率预测，效果也不够理想！事实上，巴克莱全球投资者（Barclays Global Investors）公司的理查德·A. 米斯（Richard A. Meese）和哈佛大学的肯尼思·罗格夫（Kenneth Rogoff）在一项著名研究中的一个简单随机游走模型的确可以做出更准确的预测。该模型简单地用当天的汇率作为第二天汇率的最佳推测值。一些学者据此认为，汇率有其自身发展规律，与我们模型中所强调的宏观经济决定因素无关。而且，最新研究确认，在一年之内的汇率预测方面，随机游走模型比其他更精细复杂的模型更加准确，而其他模型则似乎对超过一年的汇率预测效果更好，并对长期汇率的变动更有解释力。②

外汇市场研究的又一内容是考察汇率是否发生过度波动，这种过度波动也许是因为外汇市场对一些事件的“过度反应”。汇率的过度波动将证实外汇市场可能会把一些令人迷惑的信号传递给那些依靠这些信号对汇率波动做出判断的交易者和投资者。但汇率究竟波动到多大的程度才算是过度呢？我们在第 14 章中已经知道，汇率应当是波动的，因为为了达到正确传递价格信号的目的，汇率必须对经济消息做出快速反应。通常而言，汇率的波动幅度虽较股价的波动小，但有可能比那些影响它们的因素——如货币供给、国民产出、财政因素——更大。但是，若把汇率与影响它们的基础

---

① 最新研究参见 Charles Engel，“The Forward Discount Anomaly and the Risk Premium：A Survey of Recent Evidence，” *Journal of Empirical Finance* 3（1996），pp. 123－192；and Karen Lewis，“Puzzles in International Finance，” in Gene M. Grossman and Kenneth Rogoff，eds.，*Handbook of International Economics*，Vol. 3（Amsterdam：North-Holland，1996）；Hanno Lustig and Adrien Verdelhan，“Exchange Rates in a Stochastic Discount Factor Framework，” in Jessica James，Ian W. Marsh，and Lucio Sarno，eds.，*Handbook of Exchange Rates*（Hoboken，NJ：John Wiley & Sons，2012），pp. 391－420。

② 参见米斯-罗格夫（Meese-Rogoff）的开创性研究文章：“Empirical Exchange Rate Models of the Seventies：Do They Fit Out of Sample?” *Journal of International Economics* 14（February 1983），pp. 3－24；关于长期预测，参见 Menzie D. Chinn and Richard A. Meese，“Banking on Currency Forecasts：How Predictable Is Change in Money?” *Journal of International Economics* 38（February 1995），pp. 161－178；and Nelson C. Mark，“Exchange Rates and Fundamentals：Evidence on Long-Horizon Predictability，” *American Economic Review* 85（March 1995），pp. 201－218。最近的研究可参见 Pasquale Della Corte and Ilias Tsiakas，“Statistical and Economic Methods for Evaluating Exchange Rate Predictability，” in Jessica James，Ian W. Marsh，and Lucio Sarno，eds.，*Handbook of Exchange Rates*（Hoboken，NJ：John Wiley & Sons，2012），pp. 221－263。

因素的变化频率做一比较，就会发现结果是不确定的。检验过度波动的一个基本问题是，不可能准确地测定所有传递有关经济前景信息的变量。例如，人们怎么可能用一个数字来衡量一个政治暗杀的企图、一个主要银行的倒闭或是一场恐怖袭击？

主要结论 关于外汇市场运行的模棱两可的资料导致了人们比较开放的观点。当判定外汇市场运行良好时，政府会减少干预，而支持自由竞争；工业化国家会努力推动多边金融一体化的持续发展。相反，当市场出现失灵时，则意味着需要加强中央银行对外汇市场的干预，也意味着资本账户自由化趋势的倒退。由于利害攸关，所以经济学家在得出确定无疑的结论之前需要进行深入的研究和实践。

提　要

1. 当人们是风险规避者时，国家可以通过风险资产交易来获利。这种收益表现为降低一国消费的风险性。国际资产组合多样化可以通过债务工具或权益工具的交易来实现。

2. 国际资本市场是指不同国家的居民可以进行资产交易的市场。它的一个重要组成部分是外汇市场。银行是国际资本市场的中心；许多银行进行离岸经营，即银行的总部所在国与业务经营所在国不是同一个国家。

3. 银行管制和政治因素促进了离岸银行业的发展。同样的因素也增加了离岸货币交易，即使用其他国家货币而不是银行所在地货币进行的银行存款交易。欧洲银行存款不要求准备金的做法是欧洲货币交易发展的主要原因。

4. 欧洲货币存款并不会进行货币创造，因为该货币离开了它的来源国；而欧洲货币存款只是欧洲银行吸收到的以来源国货币计价的存款负债。因此，欧洲货币不会对中央银行控制国内基础货币造成危害。例如，认为欧洲美元有朝一日将会“涌进”美国的担心是杞人忧天。

5. 离岸银行业务在很大程度上不受各国政府防止国内银行倒闭的安全保障规则的保护。此外，银行通过开展离岸业务以进行管制套利的可能性，削弱了国家对银行的监管力量。这些问题产生了三难困境，尽管国际政策制定者已经在通过跨国合作试图使之缓和。自 1974 年以来，由工业化国家银行管理者组成的巴塞尔委员会一直为加强国际范围内的管理合作而努力，包括银行资本的国际标准。第三代审慎监管措施（《巴塞尔协议Ⅲ》）于 2010 年出台，并已经开始被各国监管部门提上实施日程。然而，对于一国的中央银行是否有义务承担最后贷款人的责任还没有定论，这种不确定性反映了国际权威机构在降低道德风险上所做出的努力。而证券化的发展趋势却使得监督和管理非银行金融机构的国际合作的需要日益增强，同时也使得新兴市场崛起和大规模的影子银行体系出现。2007—2009 年爆发的全球金融危机揭露出了全球金融安全网的缺口。这次危机的一个关键的教训是：政府在评估金融风险时应该采用宏观审慎的态度，而不是只关注个体机构的稳定性。

6. 在评估金融危机的损失时应该对照国际资本市场可能带来的收益。自 1970 年以来，国际资本市场对国际资产多样化组合的增加一直有很大的推动作用，但与经济理论的预测相比，它的发展程度仍很低。同样，一些观察家认为：如果以多国经常账户余额来衡量，跨期贸易的发展程度也是很低的。但如果没有比现在更为详细的世界经济运作信息，我们很难评价这些观点。我们从对国际利率的对比中可以找到比较明显的证据，但这些证据是针对运行良好的（与少数金融危机时期不同的）市场而言的。由主要金融中心发行的类似存款的收益率十分接近。

7. 外汇市场向国际交易者和投资者传递合适价格信号的记录是混乱的。基于第 14 章所讨论的利率平价条件的检验似乎认为市场忽视了设定汇率时的可获信息；但是由于利率平价理论忽视了风险规避及其引致的风险升水，该理论可能对现实做了过度简化。与此同时，试图将风险因子模型化的实证研究尚未取得成功；而对过度汇率波动的检验也得出了关于汇率市场绩效的复杂证据。最后，加之近期经济危机的出现，这些对于支持自由放任的金融全球化的学者并非一个好消息。

关键术语

银行资本	巴塞尔委员会	债务工具
新兴市场	权益工具	欧洲银行
欧洲货币	欧洲美元	金融三难困境
国际资本市场	最后贷款人	宏观审慎视角
道德风险	离岸银行业	离岸货币交易
资产组合多样化	监管套利	风险规避
证券化	影子银行体系	

习　题

1. 一个拥有牙医服务公司和糖果公司股份的资产组合与一个拥有牙医服务公司和牛奶制品公司股份的资产组合相比，哪一个资产组合更能分散风险？

2. 假设在一个只有两个国家的世界中，影响股票价格的唯一因素是货币政策不可预期的变动。在什么汇率制度下——固定汇率制还是浮动汇率制——一国从国际资产交易中获得的收益更大？

3. 本章指出：利率平价条件适合于在单一金融中心中发行不同币种存款的情况，但是在比较由不同金融中心发行的货币存款时，为什么抵补的利率平价不能成立？

4. 当美国银行接受它的一个国外分行的存款时，这种存款就必须按美联储的要求缴纳准备金。同样，当美国居民从美国银行的国外分行中获得贷款或者任何分行从它的美国总行购买资产时，也适用于准备金规定。请解释这种管制的理由。

5. 瑞士经济学家亚历山大·斯沃伯达（Alexander Swoboda）提出：欧洲美元市场的早期发展是由于美国国外的银行想分享美国因为发行基本储备货币而取得的收入的一部分（参见 *The Euro-Dollar Market*：*An Interpretation*，Princeton Essays in International Finance 64，International Finance Section，Department of Economics，Princeton University，February 1968)。你同意斯沃伯达的观点吗？

6. 在发展中国家于 1982 年开始发生债务危机（详见第 22 章）之后，美国银行监管机构加强了对国内银行及其分支机构在贷款政策方面的管制。整个 20 世纪 80 年代，美国银行在伦敦银行业的业务份额大大下降。你能找出这两种现象间的联系吗？

7. 为什么证券化的发展使银行监管者控制金融体系风险的工作越来越困难？

8. 回到正文中的例子，即两个国家生产随机数量的猕猴桃，并且可以就这种水果进行贸易。假设这两个国家也生产山莓，但它会在两国之间的运输中变坏，因此是不可贸易的。你认为这将怎样影响本国与外国的国际资产交易占 GNP 的比率？

9. 人们经常声称实际利率的国际均等是衡量国际金融一体化的最准确的晴雨表。你同意这种看法吗？为什么？

10. 如果你查看经济分析局网站上的数据，就会发现从 2003 年底到 2007 年底，美国净外债的增加远远小于这些年来累积的经常账户赤字总额。同时，美元贬值了。这中间的联系是什么？（提示：美国主要以美元借贷，但是有大量的外币资产。）

11. 在解释表 20－1 中的那些比率时，人们必须非常谨慎地得出这样的结论，即多样化水平随着报告中数字的增加而同样快速地增加。假设一个巴西人买了一份美国国际权益基金，该基金将其客户的资金投入巴西的股市。那么巴西与美国的总的外国资产与负债会有什么变化？巴西与美国的国际多样化程度会发生什么变化？

12. 银行不愿被监管部门强迫提高总资产的资本比率：它们认为这会降低它们的潜在利润。然而，如果一家银行为了购买更多的风险资产而大量借款，它为此支付的利息应该足够高，以至能够补偿债权人因银行不能全部偿还贷款而产生的风险——高利率又降低了银行的利润。据此，对于银行来说，是否借钱来购买资产更有利可图，而不是增发股份（因此，提高而不是降低它的总资产的资本比率）？

13. 如果银行的债权人希望政府为防止银行债

务损失而时不时地插手干预，你对上一题的答案将是什么？

14. 回到图 20-4，你会注意到，全球金融危机之后伦敦的欧洲美元利率往往会超过美国的存款利率，但在这之前不是这样的。你认为原因是什么？（在读完下一章之后务必回头思考这个问题。）

延伸阅读

Viral V. Acharya, Nirupama Kulkarmi, and Matthew Richardson. "Capital, Contingent Capital, and Liquidity Requirements," in Viral V. Acharya, Thomas F. Cooley, Matthew P. Richardson, and Ingo Walter, eds., *Regulating Wall Street: The Dodd Frank Act and the Architecture of Global Finance*. Hoboken, NJ: John Wiley & Sons, 2011, pp. 143-180. 该文献对《多德-弗兰克法案》和《巴塞尔协议Ⅲ》的目标和局限性进行了清晰的讨论。

Anat Admati Martin Hellwig. *The Bankers' New Clothes: What's Wrong with Banking and What to Do about It*. Princeton, NJ: Princeton University Press, 2013. 该书清晰阐明了银行宣传通过债务而非资本为资产融资所带来的金融脆弱性的激励。

Alan S. Blinder. *After the Music Stopped: The Financial Crisis, the Response, and the Work Ahead*. New York: Penguin Press, 2013. 这是一位有影响力的经济学家对 2007—2009 年全球金融危机的起因和后果所进行的解释。

Markus K. Brunnermeier, Andrew Crockett, Charles A. E. Goodhart, Avinash Persaud, and Hyun Song Shin. *The Fundamental Principles of Financial Regulation*. Geneva and London: International Center for Monetary and Banking Studies and Centre for Economic Policy Research, 2009. 该文献对有助于预防金融危机的监管方法进行了回顾，强调了宏观审慎角度。

Stijn Claessens, Richard J. Herring, and Dirk Schoenmaker. *A Safer World Financial System: Improving the Resolution of Systemic Institutions*. Geneva and London: International Center for Monetary and Banking Studies and Centre for Economic Policy Research, 2010. 该文献讨论了全球背景下资不抵债机构的重新组织问题。

Nicolas Coeurdacier and Hélène Rey. "Home Bias in Open Economy Financial Macroeconomics." *Journal of Economic Literature* 51 (March 2012), pp. 63-115. 该文献对本国对国际资产组合的偏向性进行了进一步的理论和实证分析。

Barry Eichengreen. "International Financial Regulation after the Crisis." *Daedalus* (Fall 2010), pp. 107-114. 该文献对当前机构的国际金融管制的全球合作框架进行了描述与批判。

Stanley Fischer. "On the Need for an International Lender of Last Resort." *Journal of Economic Perspectives* 13 (Fall 1999): 85-104. 该文献集中论述了 IMF 承担国际最后贷款人责任的能力。

Charles A. E. Goodhart. "Myths about the Lender of Last Resort." *International Finance* 2 (November 1999), pp. 339-360. 该文献清楚论述了有关最后贷款人职能的理论与实践。

Charles P. Kindleberger and Robert Aliber. *Manias, Panics, and Crashes: A History of Financial Crises*, 5th edition. Hoboken, NJ: John Wiley & Sons, 2005. 该文献对自 17 世纪至今的国际金融危机进行了历史性回顾。

Richard M. Levich. "Is the Foreign Exchange Market Efficient?" *Oxford Review of Economic Policy* 5 (1989), pp. 40-60. 该文献对有关外汇市场效率的研究进行了有价值的考察。

Haim Levy and Marshall Sarnat. "International Portfolio Diversification," in Richard J. Herring, ed. *Managing Foreign Exchange Risk*. Cambridge, U. K.: Cambridge University Press, 1983, pp. 115-142. 该文献优美地展现了国际资产多样化的逻辑。

Nelson C. Mark. *International Macroeconomics and Finance*. Oxford：Blackwell Publishers，2001. 该书第 6 章讨论了外汇市场的效率。

Maurice Obstfeld. "The Global Capital Market：Benefactor or Menace?" *Journal of Economic Perspectives* 12（Fall 1998），pp. 9 - 30. 该文献对在国际资本市场中的国家主权的作用、运行和意义进行了综述。

Maurice Obstfeld and Kenneth Rogoff. "Global Imbalances and the Financial Crisis：Products of Common Causes，" in Reuven Glick and Mark Spiegel，eds. *Asia and the Global Financial Crisis*. San Francisco，CA：Federal Reserve Bank of San Francisco，2010. 该文献分析了全球金融流动和 2007—2009 年金融危机之间的联系。

Carmen M. Reinhart and Kenneth S. Rogoff. *This Time Is Different：Eight Centuries of Financial Folly*. Princeton，NJ：Princeton University Press，2009. 该文献利用数据对全球金融危机的导火索和后果进行了综述。

Garry J. Schinasi. *Safeguarding Financial Stability：Theory and Practice*. Washington，D. C.：International Monetary Fund，2006. 该文献对全球化金融市场中金融不稳定的威胁进行了全面综述。

第 20 章附录　风险规避与国际资产组合多样化

本附录给出了一个风险规避的投资者的国际资产组合多样化的模型。该模型表明，投资者除了关心其投资组合的回报以外，一般还关注风险。具体来说，如果持有某种资产能够减少财富的整体风险，人们可能会持有那些期望收益比其他资产低的资产。

一个典型的投资者可以将其实际财富 W 投资于本国和外国资产。将来可有两种结果，不可能预知哪一种情形会发生。情形 1 发生的概率为 q，对每一单位的财富投资本国会得到 H_1 单位的回报；对每一单位的财富投资外国会得到 F_1 单位的回报。情形 2 发生的概率为 $1-q$，对每一单位的财富投资本国和外国可以分别得到 H_2 单位和 F_2 单位的回报。

假设投资本国的资产比例为 α，投资外国的资产比例为 $1-\alpha$。那么，如果情形 1 发生，投资者能够消费其两种资产的加权平均值为

$$C_1=[\alpha H_1+(1-\alpha)F_1]\times W \qquad (20A-1)$$

同样，情形 2 的消费为

$$C_2=[\alpha H_2+(1-\alpha)F_2]\times W \qquad (20A-2)$$

无论哪种情形，投资者获得的效用 $U(C)$ 都是其消费水平 C 的函数。因为投资者事先并不知道哪种情形会发生，所以他会做出资产组合决策以达到将来消费的平均值或预期效用的最大化，即

$$qU(C_1)+(1-q)U(C_2)$$

最优资产组合的分析推导

将式（20A - 1）和式（20A - 2）给出的情形 1 和情形 2 的消费水平代入上述预期效用函数，投资者的决策问题就可以表述如下，即选择投资比例 α 以达到预期效用最大化：

$$qU\{[\alpha H_1+(1-\alpha)F_1]\times W\}+(1-q)U\{[\alpha H_2+(1-\alpha)F_2]\times W\}$$

通过对上述预期效用函数中的 α 求偏导并令导数为零，即可求出投资决策问题的解。

令 $U'(C)$ 表示预期效用函数 $U(C)$ 关于 C 的导数，即 $U'(C)$ 是消费的边际效用。若下式成立：

$$\frac{H_1-F_1}{H_2-F_2}=-\frac{(1-q)U'\{[\alpha H_2+(1-\alpha)F_2]\times W\}}{qU'\{[\alpha H_1+(1-\alpha)F_1]\times W\}} \tag{20A-3}$$

则可求解出使得预期效用达到最大化的 α 值，也即最优投资比例。

对于一个风险规避的投资者，消费的边际效用 $U'(C)$ 会随着消费的增长而下降。边际效用递减解释了风险规避者为什么不进行预期收益为零的投机：因为投机成功得到的额外消费效用比投机失败损失的消费效用可能要小。如果消费的边际效用不随消费而变化，则我们称这样的投资者是风险中性的而不是风险规避的。一个风险中性的投资者愿意进行预期收益为零的投机。

如果投资者是风险中性的，那么对于所有的 C 来说，$U'(C)$ 是一个常数；式（20A－3）就变成：

$$qH_1+(1-q)H_2=qF_1+(1-q)F_2$$

这表明本国资产和外国资产的期望收益率相等。这一结果是我们在第 14 章中论述的基础，即如果不考虑风险（和流动性），在均衡状态下所有资产均具有相同的预期回报。因此，在风险中性条件下，第 14 章的利率平价条件成立，但在风险规避条件下一般来说不成立。

从上述分析中我们可以看到，在两种自然情形下，任何一种资产都不可能比另外一种产生更高的回报。如果某种资产确实比另外一种更优，那么式（20A－3）的左边为正，右边为负（因为消费的边际效用总是假定为正）。因此，式（20A－3）无解。直观上说，如果对于某种资产总有另外的资产优于它，那么就没有人愿意持有它。如果确实有人这样做，其他投资者就可以出售低回报的资产并用所得购买高回报的资产，从而得到无风险的套利。

为明确起见，我们假设 $H_1>F_1$ 和 $H_2<F_2$，则在情形 1 下本国资产更优，在情形 2 下外国资产更优。使用这一假设来对模型进行图形分析，有助于我们进一步了解模型的含义。

最优资产组合的图形推导

在图 20A－1 中，$qU(C_1)+(1-q)U(C_2)$ 表示预期效用函数的无差异曲线。图形中的各点表示了在每一种情形下的相机消费水平。而这些点所指代的偏好则指在每一种情形下的相机消费组合情况，而非不同商品的消费数量。然而，正如标准无差异曲线一样，图中的每条曲线都表示投资者获得相同满足程度的一组消费选择。

为了补偿投资者在情形 1（C_1）下消费的减少，情形 2（C_2）的消费必须增加，因此无差异曲线是向下倾斜的。当 C_1 减少且 C_2 增加时，每条曲线都会变得愈加平坦。曲线的这一性质表明了边际效用递减的性质，即当 C 增加时，消费的边际效用 $U(C)$ 会下降。当 C_1 下降时，为使投资者的效用不变，只有连续地更大幅度地增加 C_2：随着 C_2 的增加，正效用会变小；随着 C_1 的减少，负效用会增大。

式（20A－1）和式（20A－2）告诉我们，在投资者选择了由 α 确定的资产组合后，他也就对两种自然情形下的消费商品做出了选择。因此，选择最优资产组合的问题就是选择最优消费水平 C_1 和 C_2 的问题。因此投资者可以利用图 20A－1 中的无差异曲线选择最优组合。为完成分析，我们还需要引进预算线，预算线显示的是投资者在情形 1 与情形 2 之间进行可能的权衡选择。

这种权衡可由式（20A－1）和式（20A－2）确定。如果式（20A－2）有解，则解 α 为：

$$\alpha=\frac{F_2W-C_2}{F_2W-H_2W}$$

将上式代入式（20A－1），则式（20A－1）变成

$$C_1+\phi C_2=Z \tag{20A-4}$$

式中，$\phi=(H_1-F_1)/(F_2-H_2)$，$Z=W\times(H_1F_2-H_2F_1)/(F_2-H_2)$。由于 $H_1>F_1$，$H_2<F_2$，

图 20A-1　不确定消费水平下的无差异曲线

说明：无差异曲线是一簇由不同水平下给消费者带来相同满足程度的各个消费组合所形成的曲线。预算线描述了资产组合在本国与外国之间变动造成的情形 1 和情形 2 之间的权衡选择。

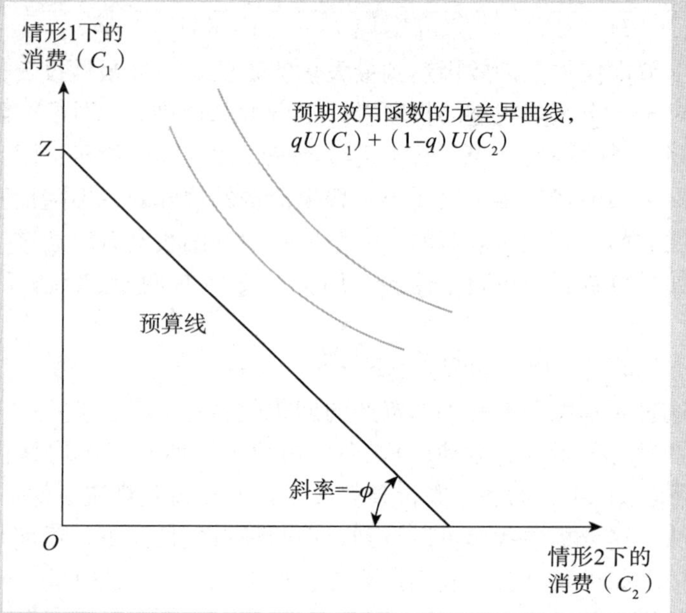

ϕ 和 Z 皆为正值，因此，式（20A-4）看起来像一般消费者选择分析中的预算线，ϕ 相当于相对价格，Z 相当于用情形 1 的消费来衡量的收入。该预算线在图 20A-1 中表示斜率为 $-\phi$ 的一条直线，与纵轴的截距为 Z。

为把 ϕ 解释为情形 1 和情形 2 之间的市场替代关系（就如同以情形 1 下的消费为基准来衡量情形 2 下消费的价格），我们假设投资者将 1 单位财富从本国资产转换成外国资产。因为本国资产在情形 1 下有更高的回报，其在情形 1 下的消费净损失是 H_1 减去外国资产在情形 1 下的回报 F_1。类似地，其在情形 2 下消费的净收益为 F_2-H_2。为获得情形 2 的额外消费 F_2-H_2，投资者就必须牺牲情形 1 下 H_1-F_1 的消费。因此，用 C_1 计算的 C_2 的单位价格为 H_1-F_1 除以 F_2-H_2，等于 ϕ，即式（20A-4）中预算线斜率的绝对值。

图 20A-2 表明了 C_1 和 C_2 是如何确定的，也就暗含着本国资产投资比例 α 的确定。在通常情况下，投资者会选择点 1 的消费水平，其预算线与可得的最高无差异曲线 II_1 相切。给定最优选择 C_1 和 C_2，α 可以由式（20A-1）或式（20A-2）确定。当我们沿预算线向右下方移动时，本国资产组合的比例 α 会下降。（为什么？）

对于某些 C_1 和 C_2 值，α 可以是负的，也可能大于 1。这些可能性并不会带来概念上的问题。例如，负的 α 意味着投资者“卖空”了本国资产，也就是发行了相应数量的相机债权，这些债权向持有者承诺在情形 1 下支付 H_1 单位的产品，在情形 2 下支付 H_2 单位的产品。借入的资金用于提高外国资产所占的份额 $1-\alpha$，使之大于 1。

图 20A-3 给出了投资者预算线上对应 $\alpha=1$（从而 $C_1=H_1W$，$C_2=H_2W$）和 $\alpha=0$（从而 $C_1=F_1W$，$C_2=F_2W$）的两个特殊点。从点 $\alpha=1$ 开始，投资者可以通过卖空外国资产（因此使得 α 大于 1 以及 $1-\alpha$ 为负值）沿预算线向左上方移动。投资者还可以通过卖空本国资产而从点 $\alpha=0$ 开始向右下方移动。

图 20A－2　最大化预期效用

说明：为了使预期效用最大化，投资者在点 1 做出相机消费选择，其中预算与可以达到的最大无差异曲线 II_1 相切。最优资产比例 α 可以由公式 $(F_2W-C_2^1)\div(F_2W-H_2W)$ 计算出来。

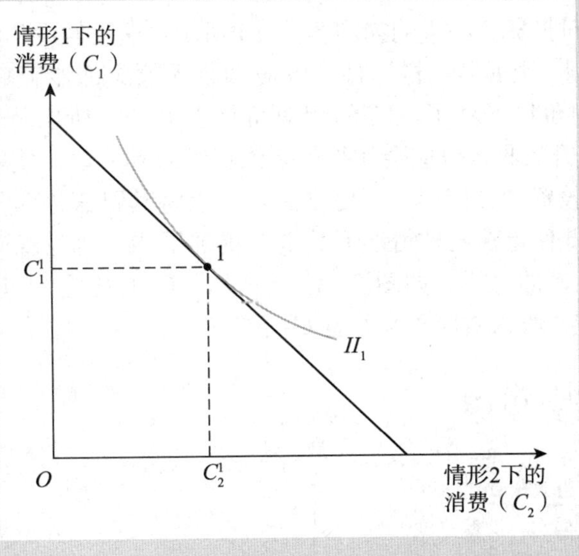

图 20A－3　非多样化的资产组合

说明：当 $\alpha=1$ 时，投资者持有的全部财富为本国资产；当 $\alpha=0$ 时，投资者持有的全部财富为外国资产。从点 $\alpha=1$ 开始，投资者可以沿预算线向左上方移动以卖空外国资产，使得 $\alpha>1$；从点 $\alpha=0$ 开始向右下方移动以卖空本国资产，使得 $\alpha<0$。

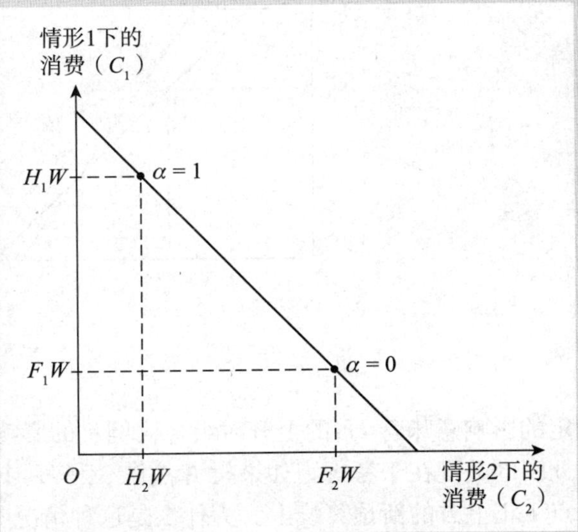

改变收益率的影响

利用图 20A－3 可以说明风险规避情形下收益率变化的影响。例如，假设情形 1 下本国资产回报上升，而其他资产回报和投资者的财富 W 不变。则 H_1 的上升会使得情形 2 下消费的相对价格 ϕ 上升，从而使图 20A－3 中的预算线变得更陡峭。

然而，要完全描述当 H_1 上升时图 20A－3 中的预算线位置的变化，我们需要更多的信息。以下分析有助于我们解决这个问题。考虑图 20A－3 中 $\alpha=0$ 时的资产组合，此时所有财富都被投资于外国资产。作为这一投资策略结果的相机消费水平 $C_1=F_1W$ 和 $C_1=F_2W$ 并不会随 H_1 的上升而变化，这是因为我们所考虑的资产组合中没有包括本国资产。由于 $\alpha=0$ 对应的消费组合并不随 H_1 的上升而变化，因此我们把 $C_1=F_1W$ 和 $C_2=F_2W$ 看作是新预算线上的一点：H_1 上升以后，投资者仍然可以将其所有财富投资于外国资产。于是我们得出，H_1 上升的结果是使得图 20A－3 中的预算线绕

点 $\alpha=0$ 顺时针转动。

H_1上升对投资者的影响如图 20A－4 所示，这里假设初始状态为 $\alpha>0$（即投资者初始时拥有正的国内投资）。[①] 跟通常一样，替代效应和收入效应都能影响投资者的相机消费从点 1 向点 2 的移动。C_1的相对价格下降了，C_2的相对价格上升了，所以替代效应趋向于消费更多的 C_1和更少的 C_2。但 H_1上升的收入效应会使得整条预算线向外移动，使得两种情况下的消费都增加（只要初始 $\alpha>0$）。因为投资者在情形 1 下更富有，可以将其财富移向外国资产（使得在情形 2 下得到更多的回报），并因此使得在两种情形下其消费更加平均。风险规避解释了投资者不希望在情形变动时产生大的消费波动的愿望。如图 20A－4 所示，C_1肯定会上升，而 C_2可能上升也可能下降（在本例中，替代效应比收入效应更强并且 C_2下降）。

图 20A－4　H_1上升对消费的影响

说明：H_1上升会引起预算线绕点 $\alpha=0$ 顺时针转动，投资者的最优选择点也会移到点 2。在情形 1 下消费总是上升的；在本例中，情形 2 的消费下降。

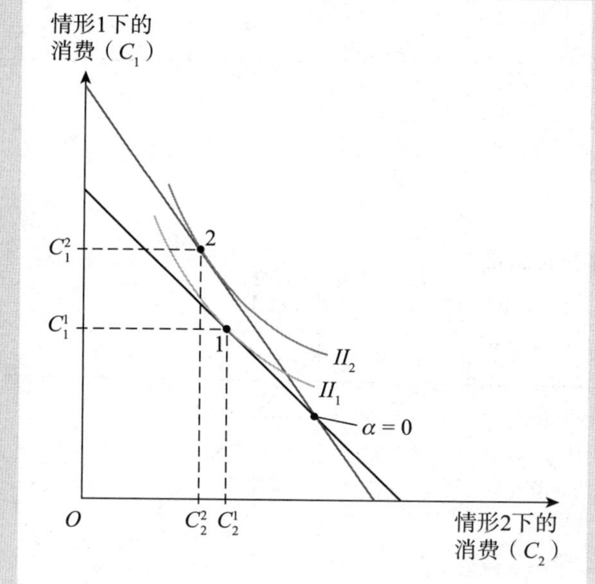

这种不确定的影响意味着 H_1的上升对组合比例 α 的影响也是不确定的。图 20A－5 给出了两种可能性。理解此图的关键在于考虑，如果投资者并不因 H_1上升而改变 α，则他的消费选择为点 $1'$，位于初始消费点 1 正上方的新预算线上。为什么是这种情况？式（20A－2）表明，如果 α 不变，那么 $C_2^1=[\alpha H_2+(1-\alpha)F_2]\times W$ 不变；对应初始资产组合选择，在情形 1 下新的更高的消费点位于新的预算线中点 C_2^1 的正上方。在图 20A－5 中，连接原点和点 $1'$的射线 OR 的斜率表示 H_1上升后初始资产组合的比率 C_1/C_2。

很显然，如果要想将 C_2移向较低值，投资者必须提高 α，即使资产组合包含更多本国资产；要想增加 C_2，投资者必须降低 α，即使资产组合包含更多外国资产。图 20A－5（a）再次显示了替代效应超过收入效应的情形。在此情形下，当投资者将其资产转向本国时 C_2会减少，相对于外国资产来说本国资产的期望收益率提高。此情形与我们在正文中研究的情形一致，即当相对期望收益率上升时，资产的投资比率也会上升。

图 20A－5（b）说明了相反的情形，即当 C_2增加且 α 下降时，预示着投资组合会包含更多的外国资产。可以看到造成这种可能性的因素是图 20A－5（b）中无差异曲线 II 较陡的曲率。这一曲率正是经济学家所说的风险规避。风险规避型投资者把不同自然情形的消费看成较弱的替代，因此

① 初始 $\alpha<0$ 的情形留作练习。

为了补偿在情形 2 下的损失，就必须在情形 1 下增加消费；反之亦然。注意图 20A－5（b）中自相矛盾的情形。在这种情形下，某种资产的期望收益率上升可能会使得投资者对其需求更少，这一点与现实不符。例如，在其他条件不变时，货币利率的提高可以提高该种货币储蓄在各种情形下的期望收益率，而包含该货币的资产组合的替代效应也因此增强。

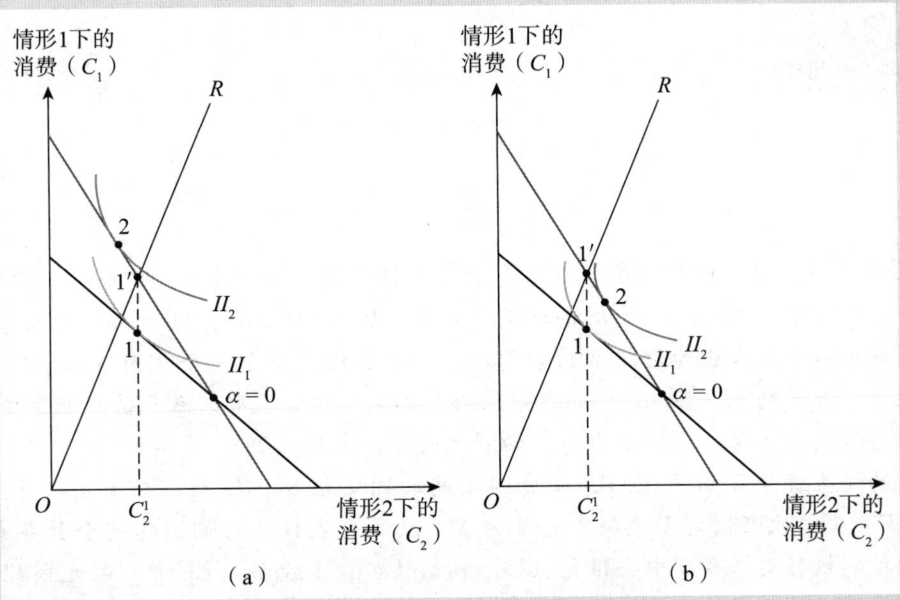

图 20A－5　H_1 上升对资产比例的影响

说明：图（a）：如果投资者不是过度风险规避的，他会将资产组合向本国资产移动，选择比 OR 斜率大的 C_1/C_2 比例。图（b）：一个强风险规避者可能会通过将资产组合移向外国资产而增加情形 2 的消费。

如果投资者是风险中性的，那么情形可能大不一样。风险中性型投资者会将全部财富投向期望收益更高的资产而不在乎这一举措的风险。[①] 然而，风险规避程度越高，投资者就越关心总体资产组合的风险。

---

① 事实上，风险中性型投资者对于低收益的资产总喜欢卖空；相应地，对于高收益的资产总喜欢买进。正是这种行为产生了利率平价条件。

第21章 最优货币区与欧元区

1999年1月1日，欧盟（EU）的11个成员国开始采用一种共同货币——欧元。自此以后又有8个欧盟国家采用了欧元。欧洲经济与货币联盟（Economic and Monetary Union，EMU）的勇敢尝试几年前还被许多人视为幻想家的梦想，现在却已经创造了一个拥有3.35亿之多消费者的货币区——几乎比美国的人口多7%。如果东欧国家都加入欧盟，那么欧元区可能会由25个以上国家组成，北部延伸到北冰洋，南到地中海，西到大西洋，东到黑海。

欧元的诞生带来了所有EMU成员国之间的固定汇率。然而，在决定共享单一货币的同时，EMU国家丧失了比在固定汇率制下更多的货币政策自主权。它们同意完全放弃本国货币并把对货币政策的控制权移交给欧洲中央银行（European Central Bank，ECB）。欧元因此代表了第19章中解读货币政策三难困境的一种极端的形式：完全的汇率稳定，完全的金融贸易开放，但是没有货币政策自主权。

欧洲的经验提出了许多重要的问题。欧洲如何以及为什么建立单一货币？欧元将有利于其成员国的经济吗？为什么它们却感觉自己陷入了长期危机之中？欧元会对EMU以外的国家特别是美国产生什么影响？南美的南方共同市场贸易集团等其他潜在的货币集团可以从欧洲的经验中得到什么借鉴？

本章将集中讨论欧洲货币一体化的经验，以阐述固定汇率协议以及更全面的货币一体化方案的经济收益和成本。正如我们在欧洲经验中所论述的，参与固定汇率协议的影响很复杂，主要取决于微观和宏观的经济因素。我们对欧洲的讨论将不仅有助于各国理解促进国民经济进一步一体化的动力，而且有助于各国理解使得一国三思而行最终决定完全放弃国内货币政策控制权的动力。

学习目标

学完本章，你应该能够：

- 讨论为什么欧洲各国长期以来追求它们相互之间汇率稳定而与美元之间却实行浮动汇率。
- 描述欧盟是怎样通过1991年的《马斯特里赫特条约》走上了由欧洲中央银行发行并进行管理的、单一的货币——欧元之路的。
- 详细描述欧洲中央银行的结构及其体系、欧盟协调各成员国经济政策的相关措施。
- 阐明最优货币区理论的主要经验教训。
- 详述到目前为止，使用欧元的国家在它们的货币联盟中的表现，以及它们应对持久的经济危机所采取的措施。

欧洲单一货币的演变

布雷顿森林体系（于 1973 年分崩离析）固定了每一成员国的货币相对于美元的汇率，结果也就等于固定了两种非美元货币之间的汇率。但是，1973 年以后在允许其货币对美元浮动的同时，欧盟国家努力缩小了允许彼此货币之间汇率波动的幅度。这些努力在 1999 年 1 月 1 日欧元诞生时达到顶峰。

是什么驱动了欧洲货币合作?

是什么原因促使欧盟各国寻求更进一步的货币政策合作以及更加互惠的汇率稳定性？有两个主要动力激发了这些行为，并成为欧元诞生的主要原因：

（1）为了提高欧洲在世界货币体系中的地位。导致布雷顿森林体系崩溃的事件使得欧洲对美国将其国际货币职责放在其国家利益之上的可靠性失去了信心（见第 19 章）。面对美国越来越自私的政策，欧盟国家为了更加有效地维护自己的经济利益，决定在货币问题上采取一致行动。

（2）为了把欧盟变成一个真正的统一市场。尽管 1957 年《罗马条约》的签订使欧盟建立了关税同盟，但在欧洲内部，商品和要素的流动仍存在很大的官方障碍。欧盟的长远目标就是要消除所有这些障碍，以美国为榜样把欧盟变成一个巨大的、劳动力跨国自由流动的统一市场。欧洲的政府官员认为，汇率的不确定性，像官方贸易障碍一样，是减少欧盟内部贸易的主要原因之一。他们还担心，如果汇率波动引起欧洲内部的相对价格大幅变动，这将使得欧洲内部敌视自由贸易的政治力量变得更加强大。[①] 表 21－1 给出了有关欧洲政策和体系的缩写简表。

表 21－1　有关欧洲政策和体系的缩写简表

ECB	欧洲中央银行
EEA	欧洲经济区
EFSF	欧洲金融稳定基金
EMS	欧洲货币体系
EMU	欧洲经济与货币联盟
ERM	欧洲汇率机制
ESCB	欧洲中央银行体系
ESM	欧洲稳定机制
EU	欧洲联盟
OMT	直接货币交易
SGP	《稳定与增长公约》
SRM	单一清算机制
SSM	单一监管机制

① 欧洲各国试图避免欧洲各货币之间汇率的大幅波动的一个非常重要的原因与共同农业政策（CAP）（欧盟农产品价格支持体系）有关。在欧元诞生以前，农产品价格以欧洲货币单位（一篮子欧盟货币）标价。欧洲内部汇率的重新安排会使得（农产品）支持价格的真实国内价值发生突然变动，从而引起贬值国农民的抗议。尽管在解释欧洲最终决定着手实行单一货币时，毫无疑问在汇率重新安排的情形下实施 CAP 的困难是十分重要的原因，但是正文中提到的两个动机可能更为关键。

理解欧洲为何能在市场和货币一体化方面取得如此进展的关键在于欧洲大陆备受战争摧残的历史。1945年以后，第二次世界大战结束，许多欧洲国家领导人一致认为，在交战双方之间形成经济合作和一体化，是防止20世纪的两次灾难性战争重演的最好保证。其结果是，各国逐渐放弃了制定国家经济政策的权力，将之转移给了政权集中的欧盟，比如设在比利时布鲁塞尔的欧盟委员会（欧盟的执行机构）以及总部设在德国法兰克福的欧洲中央银行。

一些欧洲国家认为，这种治理结构体系已经开始变得固化而笨拙，且与成员国选民相距甚远，尤其是当欧盟从2004年开始迅速向东扩张以吸收东欧国家时。与这些挫折相呼应，同时伴随着欧盟其他方面的紧张局势，在2016年6月举行的全民公决中，英国选民要求其政府与欧盟就其退出欧盟的相关事宜进行谈判。这一可能的被称为“脱欧”的退出，是欧盟成员国的首次退出，也是欧洲一体化进程中的重大挫折。

专栏 脱欧

2016年6月23日，英国公民就“联合王国应继续作为欧盟成员国还是退出欧盟?”这一问题进行公投。令许多人惊讶的是，近52%的英国人投了“退出”的票。英国加入欧盟四十多年后，希望与其大陆伙伴分离——或被称为“脱欧”。正如你在下页图中将看到的，投票后不久，全球股市萎靡，英镑暴跌。

实际上，不仅博彩业和金融市场、专家和经济学家，大多数企业也都一致希望“留欧”的选择能战胜“脱欧”，因此，英国公投结果显示“脱欧”通过，大大出乎他们的意料。据《经济学人》杂志报道，德国工业联合会（Industry Federation）进行的一项全民公决事前调查发现，70%的企业没有制订任何针对英国脱欧的应急计划。① 事实证明，女王陛下的政府也没有。在投票后的几个月里，英国的政治领袖们忙于想办法应对选民的愿望。

为什么英国选民决定脱离欧盟？原因错综复杂，但也有不少突出的影响因素。最主要的应该是想限制来自东欧的移民。在欧盟的法律规定下，英国政府必须向移民提供医疗服务等福利。在截至2015年3月的一年中，英国的净移民为33万人（尽管并非所有移民都来自其他欧盟国家）。显然，许多选民对移民抢走当地工作机会和社会服务感到愤怒。另一个因素是，许多人认为欧盟在布鲁塞尔总部出台的一系列规章制度具有侵入性且过于烦琐，并不能有效促进欧盟内部贸易。正如一位英国朋友在公投后不久对其中一位作者所说：“这很糟糕，但至少我妈妈可以再次购买樟脑球了。”

英国脱离欧盟将使得它不仅要与其余27个欧盟国家而且要与世界其他国家重新谈判贸易关系：它与非欧盟伙伴的现有贸易，受欧盟代表其所有成员国协商谈判而达成的协议的约束。英国可和其他大多数非欧盟国家一样，在世界贸易组织（WTO）规则的指导下与欧盟进行贸易。然而，这将迫使其在与欧盟的贸易中面临关税和其他贸易壁垒，并且还会使其国内生产总值的一大贡献者、迄今还拥有进入其他欧盟国家特别通道的金融部门处于不利地位。或者，英国可以达成一项类似于欧洲自由贸易区国家（冰岛、列支敦士登和挪威）所享有的协定——这些国家与欧盟国家一起构成了欧洲经济区（EEA）。这样的协定虽将使英国基本上可以享受免关税待遇，但也要求它接受跨境劳动力自由流动、实施大多数欧盟法律，并继续为欧盟预算做出贡献，从而这直接挫败了支持“脱欧”选民的意愿，并意味着，一旦开始这样做，英国将不再对欧盟规则有发言权。如果英国希望限制外来移民，就必须达成一项优惠条件远不如其在欧洲经济区国家地位下所享有的贸易协定；其他欧盟国家也不希望开创鼓励其他成员国（其中一些成员国还面临国内对移民的强烈反对）实施“菜单”安排的先例。

① 参见“After the Brexit Vote: Rules and Britannia,” *The Economist*, July 9, 2016。

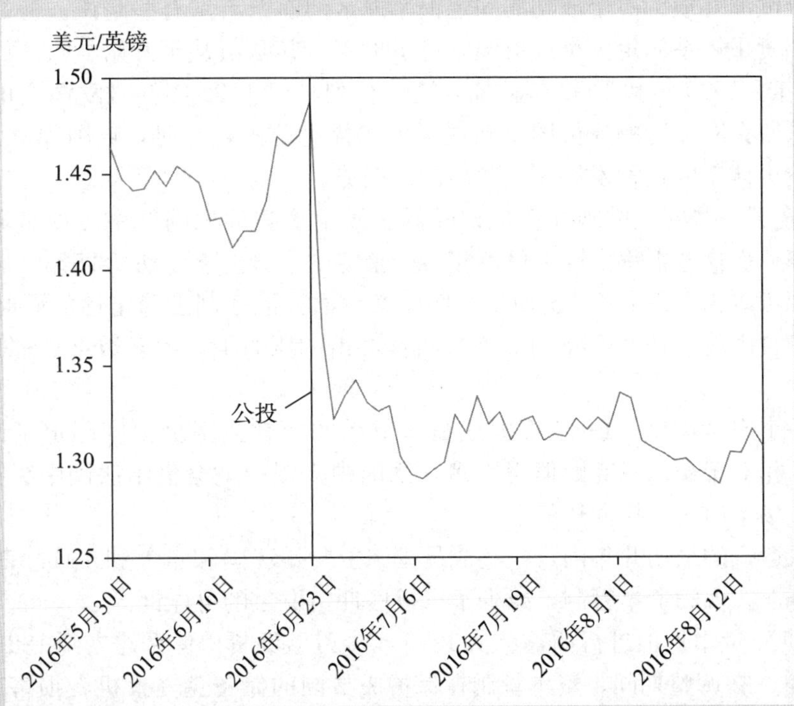

资料来源：Global Financial Data.

可能在几年内都无法达成谈判的最终结果所带来的不确定性将对英国的增长产生影响，在某种程度上也会对欧盟国家尤其是德国和波兰等与英国进行大量贸易的国家的增长产生影响。许多总部设在英国的公司可以自由进入欧洲，同时在语言和商业环境方面也享有优势；其中一些公司将缩小其经营范围，尤其是在金融领域。另一个问题是需要取代欧盟的规章制度。这些规章制度有时可能过于详细严苛，但至少是可预测的；而航空、大学、能源、制药和电信等行业，甚至养蜂业，都面临着法规、补贴和专利方面的不确定性，这些都可能严重阻碍未来的投资。

正如在全民公投前围绕脱欧经济成本而展开的激烈辩论所表明的那样，很难预测这些影响的危害程度。据国际货币基金组织估计，如果英国依然遵循世界贸易组织规则进行贸易，从长远来看，其贸易额相较于不脱欧的情形将下降3.4%。或许具有讽刺意味的是，这些损失中的很大一部分来自移民对英国经济的贡献。而欧盟其他成员国则将下降0.4%。①

1979—1998年的欧洲货币体系

迈向欧洲货币一体化的第一个具有重要意义的步伐是构建**欧洲货币体系**（European Monetary System，EMS）。EMS汇率机制的最初8个成员国——法国、德国、意大利、比利时、丹麦、爱尔兰、卢森堡和荷兰——于1979年3月开始运行一个正式的“相互钉住汇率”的框架。EMS干预安排的复杂组合有效地把参与国的货币汇率限制在限定的浮动范围内。②

1979年初，由于欧洲国家近年来的年通货膨胀率波动范围为从联邦德国的2.7%到意大利的

① 数据来源：International Monetary Fund，*World Economic Outlook*，October 2016，Chapter 1.

② 由于技术上的原因，所有欧盟成员国也是EMS的成员国，但是只有那些限制汇率波动幅度的EMS成员国才属于EMS的汇率机制（ERM）。

12.1%，以至欧洲要成为一个成功的固定汇率地区的前景看来有些暗淡。但是通过综合的政策合作与调整，欧洲货币体系固定汇率成员国坚持了下来，其队伍甚至开始壮大。西班牙、英国和葡萄牙分别于1989年、1990年和1992年初加入这一行列；但1992年9月欧洲货币危机开始时，为了防御危机，要求留在欧元区的成员国重新放宽汇率浮动范围，此时，英国和意大利退出了EMS汇率机制，欧洲货币体系的这种发展才呈现出倒退趋势。

EMS制定了一些安全措施并在最初降低了发生这类危机的频率。1993年8月，EMS“固定”了大部分汇率，而这些汇率实际上可以相对于指定的平价上下浮动2.25%。但其中一些国家经协商后的汇率波幅可以为上下6%，这使得这些国家在牺牲汇率制度稳定性的同时获得了在选择货币政策上的更大的自由度。1993年8月，在投机性冲击的压力下，大多数EMS货币的汇率浮动范围扩大为上下15%。

作为另一个安全措施，EMS根据成员国货币的疲软或坚挺程度制定了许多信贷条款。例如，如果法国法郎相对于德国马克贬值得太多，德国中央银行就会借给法国中央银行一定数量的马克，让它在外汇市场上出售，换回法郎。

在该体系运行的最初几年内，一些成员国（主要是法国和意大利）通过直接限制国内居民以本国货币兑换外汇实现的资本管制，减少了投机性冲击发生的可能性。

EMS定期对货币价值进行调整，从1979年3月欧洲货币体系建立到1987年1月，一共进行了11次币值调整。在调整期间，资本管制在保护成员国的储备免受投机者损害方面起到了很大作用。然而从1987年开始，各国政府对资本的管制逐步减少，从而增加了投机性冲击发生的可能，也降低了各国政府对本国货币贬值或升值的意愿。这种管制减少的后果便是大大削减了成员国的货币独立性（货币政策三元困境的后果之一）；而欧盟国家内部支付和资金流动的自由始终是形成统一市场的关键因素。

在1987年1月以后的5年半内，没有什么不利的经济事件可以改变欧盟形成统一市场的计划，因此EMS也没有经历严重的货币危机。但是这种状态在1992年结束了，因为1990年两德统一所带来的经济冲击，导致了德国与其主要EMS伙伴国之间不对称的宏观经济压力。

德国的统一导致了德国经济的繁荣，同时也引起通货膨胀率上升，德国的中央银行——德意志联邦银行为抵制这一趋势迅速地提高了利率。但是其他EMS国家如法国、意大利和英国等并没有同步繁荣起来。为了维持其货币对德国马克的固定汇率，这些国家采取了与德国相应的高利率，从而将自己的经济推向了严重的衰退。德国与其伙伴国之间的政策冲突导致了1992年9月开始的针对EMS汇率平价发起的一系列激烈的投机攻势。如前所述，1993年8月，EMS被迫退回到非常宽（±15%）的汇率波动范围，并一直持续到1999年欧元诞生。

德国在货币体系中的主导地位及欧洲货币体系的信誉理论

在本章中我们讲述了欧盟通过EMS实行固定汇率的两个主要原因，即希望在世界舞台上更加有效地维护欧洲的经济利益；希望建立一个更加强大的经济联盟。

20世纪70年代欧洲的高通货膨胀情形解释了EMS存在的另一个原因：通过固定与德国马克的汇率，其他成员国相当于引进了德国中央银行的信誉作为防止通货膨胀的屏障，从而减轻了国内通货膨胀的压力——否则它们必须通过大量发行货币来进行调节。这个观点，即**欧洲货币体系的信誉理论**（credibility theory of the EMS），认为违反国际汇率协议的政治成本可能是有效的：它约束了政府的某些货币行为，即以长期高通货膨胀为代价，通过本国货币贬值来获得短期的利益。

EMS成员国中那些比较容易发生通货膨胀的国家（如意大利）的政策制定者，就是通过移权给德国中央银行制定货币政策来防止通货膨胀的，因而获得了本国公众的信任。货币贬值虽然仍有可能发生，但会受到 EMS 规则的控制。因为如果货币贬值，该国的政治家也会担心他们在竞选时缺乏竞争力，因此，固定该国货币与德国马克的汇率，就削弱了政府制造通货膨胀的意愿和能力。①

与此同时，EMS 成员国相对于德国的通货膨胀率更好地支持了信誉理论。图 21－1 显示了六个 EMS 的最初成员国相对于德国的通货膨胀率。② 从图中我们可以看出，各国的通货膨胀都在逐渐向低通货膨胀的德国靠近。③

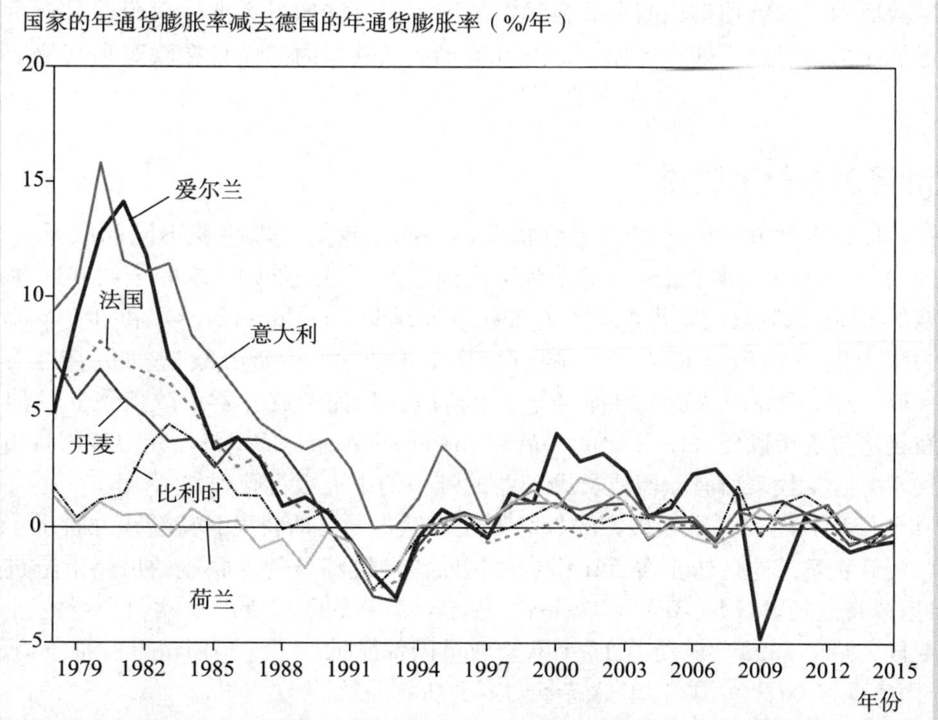

图 21－1　1978—2015 年六个 EMS 最初成员国通货膨胀收敛情况

说明：图中说明了德国和 EMS 最初六个成员国——比利时、丹麦、法国、爱尔兰、意大利和荷兰之间通货膨胀的差异。

资料来源：CPI inflation rates from International Monetary Fund，*International Financial Statistics*.

市场整合计划

欧盟国家不仅通过固定相互间的汇率而且通过直接的措施鼓励产品、服务和生产要素的自由流动来实现内部经济的更大统一。在本章的后面，我们将讨论欧洲产品市场和要素市场的整合程度是如何有助于确定固定汇率对欧洲宏观经济稳定的影响的。欧洲力图通过市场的自由化提高微观经济效率，而这也有助于在宏观经济背景下考虑多边固定汇率的形成。

---

① 一个容易发生通货膨胀的国家将制定货币政策的权力转给另一个“较保守”的国家的中央银行，将有益于降低其通货膨胀率，这个理论在肯尼思·罗格夫的一篇有影响力的论文中得到了充分阐述，参见“The Optimal Degree of Commitment to an Intermediate Monetary Target,” *Quarterly Journal of Economics* 100（November 1985），pp. 1169－1189。EMS 对此的应用，参见 Francesco Giavazzi and Marco Pagano，“The Advantage of Tying One's Hands：EMS Discipline and Central Bank Credibility,” *European Economic Review* 32（June 1988），pp. 1055－1082。

② 图 21－1 没有包括小国卢森堡，因为（前面已说过）在 1999 年以前它与比利时结成了货币联盟，通货膨胀率与比利时非常接近。

③ 那些对 EMS 通货膨胀趋同信誉理论持怀疑态度的学者指出，20 世纪 80 年代，美国、英国和日本并没有采取固定汇率制度，但却把通货膨胀保持在较低的水平。此后，许多国家也纷纷仿效这一做法。

欧洲市场的统一进程开始于1957年，当时欧盟发起国建立了关税同盟，但30年后，这一进程仍未完成。许多产业，如汽车业和通信业，在欧洲内部进行贸易仍然要受到政府强加的标准和注册要求的限制。政府的经营许可或政府购买政策经常会给予国内厂商在国内市场上的实际垄断地位，各国税收体制中关于卫生与安全的不同规定也妨碍了双边贸易。在1986年的《单一欧洲法案》（即《罗马条约》的修正案）中，欧盟成员国决定采取重大的政治措施来扫除内部贸易、资本流动和劳动力流动的障碍。更为重要的是，它们在制定和通过统一市场的方案时不再采用《罗马条约》要求的全体一致原则，这就使得一两个"自私"的国家不可能像过去那样阻碍贸易自由化的进程。进一步的市场统一措施已经实施。例如，金融资本不仅在欧盟内部而且在欧盟和其他地区之间也能自由流动。

欧洲经济与货币联盟

各国可以以多种方式把它们的货币联系在一起。我们可以想象不同的联系方式形成了一个序列，序列的一端只需要牺牲很少的货币政策的独立性，另一端则要求完全放弃这种独立性。

早期的EMS以频繁的货币汇率重新安排（currency realignments）和对资本流动的广泛控制为特征，为国内的货币政策留下了广阔的空间。1989年一个由欧盟委员会主席雅克·德洛斯（Jacques Delors）领导的特别小组提议分三个阶段实现完全放弃货币政策独立性的目标。这个目标就是**欧洲经济与货币联盟**（Economic and Monetary Union，EMU），其中各国货币被单一的欧洲货币所取代，并且由代表所有欧盟成员国利益的唯一的中央银行管理。

1991年12月10日，欧盟国家的领导人在荷兰古城马斯特里赫特会晤并批准了影响深远的《罗马条约》的修正案。这些修正案旨在稳步地把欧盟向经济与货币联盟的道路上推进。长达250页的**《马斯特里赫特条约》**（Maastricht Treaty）规定：单一的欧洲货币及欧洲央行的引入应不晚于1999年1月1日。截至1993年，所有12个欧盟成员国都已批准了《马斯特里赫特条约》。随后加入欧盟的16个国家也接受了《马斯特里赫特条约》的所有条款。[①]

为什么欧盟国家要偏离经济与货币联盟的目标而转向更加雄心勃勃的单一货币的目标呢？这么做是出于以下四个理由：

（1）它们相信，单一的欧洲货币将通过清除EMS货币汇率重新安排的威胁和消除EMS货币之间的兑换成本而带来比固定汇率情形下更高程度的欧洲市场一体化。单一货币被视为把欧盟市场统一为单一的欧洲范围内的市场这一计划的必要补充。

（2）一些欧盟领导人认为，德国对EMS货币政策的管理片面强调了德国的宏观经济目标而牺牲了EMS伙伴国的利益。将要取代EMU下的德意志联邦银行的欧洲中央银行将不得不更多地考虑其他国家的问题，它将自动给予这些国家与德国相同的机会来参与体系内货币政策的制定。

（3）由于在欧盟内部资本是完全自由流动的，因此，各国货币采取保留（可调整的）固定平价而不采用对单一货币的锁定平价的行为政策将几乎没有收益，却有很大的损失。各国货币之间不论采用何种固定汇率体系，都会遭受1992—1993年那样的残酷的投机性攻击。如果欧洲希望在资本自由流动的情况下维持永久的固定汇率，那么单一货币是最好的解决办法。

（4）正如前面提到过的，所有欧盟国家的领导人都希望《马斯特里赫特条约》能够确保欧洲的政治稳定。在纯粹的经济功能之外，单一欧洲货币被认为是欧洲化宿敌为友伴愿望的重要标志，因为从前这些国家之间的敌对经常导致战争。在这种背景下，新货币将把欧洲国家的经济利益联系在一起，给欧洲大陆的和平带来决定性的政治支持。

---

① 丹麦和英国虽然同意遵循《马斯特里赫特条约》，但要求一个特别例外，即允许它们"退出"（opt out）条约的货币条款，仍然保留本国货币。瑞典没有正式"退出"，但是到目前为止它正寻找和利用《马斯特里赫特条约》的专门术语来避免加入欧元区。

《马斯特里赫特条约》的批评者否认 EMU 将带来这些正面的影响，并反对把更强大的政府权力交给欧盟的合约条款。对他们来说，EMU 标志着欧盟的中央机构会忽视各国的需要、干预各国事务和削弱他们引以为豪的国家特征（当然，这也包括本国的货币）。特别是德国人，他们受到了战后通货膨胀的创伤，害怕新的欧洲中央银行不能够像德国一样强有力地对抗通货膨胀。

欧元与欧元区内的经济政策

EMU 的最初成员国是如何选出的？新成员国是怎样得到批准加入的？欧元区内管理经济政策的金融和政治机构的复杂结构是什么？本节提供了概括的说明。

马斯特里赫特一致性标准及《稳定与增长公约》

《马斯特里赫特条约》特别指出，欧盟成员国在被批准加入之前必须满足几项宏观经济一致性标准。这些标准有：

（1）该国的通货膨胀率在加入的前一年不得比通货膨胀率最低的三个欧盟成员国的平均值高 1.5 个百分点以上。

（2）该国必须在欧洲汇率机制内维持稳定的汇率，没有主动发起过贬值。

（3）该国的公共部门赤字不得高于 GDP 的 3%（在异常和临时的情况下除外）。

（4）该国的公债必须低于或接近 GDP 的 60%这一参考水平。

《马斯特里赫特条约》允许欧盟委员会对被批准加入以后的国家在标准（3）和（4）方面继续进行监督，并且对违反这些财政规则而且不纠正“过多的”赤字和债务的国家实施惩罚。对高赤字和高债务的监督和制裁约束了国家政府财政权力的实施。例如，一个面对国内萧条、高负债的 EMU 国家可能由于害怕违反《马斯特里赫特条约》的要求而无法采用扩张性财政政策。而这在缺少国内货币政策的情况下可能是一种代价高昂的政策自主性损失！

此外，欧盟领导人 1997 年通过谈判达成的具有补充作用的**《稳定与增长公约》**（Stability and Growth Pact，SGP）又进一步收紧了财政的紧身衣。SGP 提出了“平衡或盈余的中期财政预算目标”；它还对那些不能迅速纠正“过度的”赤字和债务的国家设定了实施金融惩罚的时间表。用什么来解释宏观经济一致性标准、对高公债的担忧和 SGP 呢？在签署《马斯特里赫特条约》之前，德国等低通货膨胀国家希望自己的 EMU 伙伴国已经学会了优先选择低通货膨胀和财政约束的环境。否则它们担心欧元可能会成为一种弱势货币，成为 20 世纪 70 年代初以来曾经在不同时点助长了法国、意大利、葡萄牙、西班牙和英国的通货膨胀的政策的牺牲品。一个不断借债的负债累累的政府会担心市场对其债券的需求会消失——这个噩梦般的场景当 2009 年欧元危机开始时在许多欧元区国家发生了。对欧元区的另一个担心是，新的欧洲央行在这样的情形下会面临政府直接购债的压力，因此助长了货币供给增长和通货膨胀。传统的低通货膨胀国家的选民担心欧元区内勤俭谨慎的国家会被迫为挥霍的国家买单，这些挥霍的国家往往无力偿还借来的太多的外债。德国就是如此，德国西部的纳税人为吸收东部地区而承担成本。伴随着这样的担心，《马斯特里赫特条约》同样包括一个“紧急救助条款”来禁止欧盟成员国承担其他国家的债务。

1997 年随着 EMU 的临近，德国公众对欧元仍然持反对态度，因为人们普遍怀疑新货币能否与从前的德国马克一样坚挺。德国政府要求实行 SGP 以使国内的选民相信新的欧元体系将带来低通货膨胀。具有讽刺意味的是，与法国一道，德国在随后也成了反对《马斯特里赫特条约》中关于财政约束的条款的成员国之一。而迫于德国和法国的压力，在使用欧元的前十年中，SGP 并没有得到贯彻实施，尽管后来的经验表明人们对 SGP 的担心是有效的，正如我们将看到的那样。

截至 1998 年 5 月，已经有 11 个欧盟国家基于 1997 年的数据满足了一致性标准并成为 EMU 的创始成员国：奥地利、比利时、芬兰、法国、德国、爱尔兰、意大利、卢森堡、荷兰、葡萄牙和西班牙。希腊在 1998 年未能满足任何一条标准，不过它最终通过了所有测试，并在 2001 年 1 月 1 日加入了 EMU。此后，斯洛文尼亚在 2007 年 1 月 1 日、塞浦路斯和马耳他在 2008 年 1 月 1 日、斯洛伐克在 2009 年 1 月 1 日、爱沙尼亚在 2011 年 1 月 1 日、拉脱维亚在 2014 年 1 月 1 日和立陶宛在 2015 年 1 月 1 日也加入了欧元区。

欧洲中央银行与欧元体系

行使欧元区货币政策权力的欧元体系由设在法兰克福的欧洲中央银行（ECB）和 19 个国家的中央银行组成，现在这些国家的中央银行的角色类似于美国的地区性联邦储备银行。由 6 名成员组成的 ECB 执行委员会（包括 ECB 的行长）和各国中央银行的行长组成的 ECB 管理委员会通过投票做出欧元体系的决策。欧洲中央银行体系（ESCB）是由 ECB 加上 28 个 EU 国家（包括那些不使用欧元的国家）中央银行组成的。如欧元体系成员国一样，非欧元区中央银行正在致力于追求本国货币的稳定性和与欧元体系开展各种合作。

《马斯特里赫特条约》的缔约者希望创造一个独立的中央银行，该中央银行将不受可能会导致通货膨胀的政治力量的影响。[①]《马斯特里赫特条约》赋予 ECB 的首要任务是追求价格稳定，其中包括许多旨在使货币政策独立于政治影响的条款。此外，与世界上的其他任何中央银行不同，ECB 的操作超越了任何单个国家政府的管理范围。例如，美国国会可以很容易地通过有关降低美联储的独立性的法律。相比之下，ECB 虽然必须定期就其活动向欧洲议会（European Parliament）做简要汇报，但是欧洲议会无权改变 ECB 和 ESCB 的章程。一项对《马斯特里赫特条约》的修正要由欧盟的每个成员国立法或投票批准。然而，《马斯特里赫特条约》的批评者认为，这在保护 ECB 不受正常的民主程序的影响方面走得过远了。

修正的汇率机制

对于还不是 EMU 成员国的欧盟国家，一种修正的汇率机制——被称为汇率机制 2（ERM 2）——规定了对欧元上下 15%的宽松汇率区间，并详细说明了支持这些目标区的相互干预安排。ERM 2 在防止欧元区以外的欧盟成员国的竞争性贬值，以及为 EMU 的未来加入国提供一种满足《马斯特里赫特条约》的汇率稳定一致性标准方面被认为是必要的。根据 ERM 2 的规定，当欧元的干预操作导致的货币供给变化威胁到国内价格稳定时，ECB 或者任一拥有本国货币的欧盟成员国的中央银行都可以撤销这种干预操作。ERM 2 的运作似乎与旧的汇率机制一样是不对称的，因为周边国家不得不钉住欧元，被动地根据 ECB 的利率决策做出调整。

最优货币区理论

毫无疑问，通过使得欧盟在国际事务中的地位日渐提高，欧洲货币一体化的进程能帮助成员国

① 许多研究结果表明，中央银行的独立性与较低的通货膨胀具有相关性。近期的一项研究可参见 Christopher Crowe and Ellen E. Meade, "Central Bank Independence and Transparency: Evolution and Effectiveness," *European Journal of Political Economy* 24 (December 2008), pp. 763 - 777。

实现其政治目标。而欧洲货币体系的存续和前景主要取决于它帮助成员国实现其经济目标的能力。原则上，各国固定汇率后会有得有失，所以它的前景还不太明朗。

从第 19 章中我们可以看出，通过汇率的浮动，各国可以减少各种经济波动带来的不良影响。另外，浮动汇率也有副作用，例如使相对价格难以预期或使政府控制通货膨胀的能力降低。为了权衡一国加入相互固定汇率的集团后的得失，我们需要一个框架来系统地考虑它带来的一国在保持稳定权力方面所做出的牺牲，以及提高效率和信誉的收益。

在本节中我们将说明一国加入固定汇率区（例如 EMS）后的得失主要取决于该国经济与区域内贸易伙伴的一体化程度。通过分析，我们可以得出以下结论：固定汇率最适用于通过国际贸易和要素流动而成为一体化的地区，这就是所谓的**最优货币区**（optimum currency areas）理论。[①]

经济一体化与固定汇率区的利益：*GG* 曲线

一个国家（例如挪威）是如何决定是否加入固定汇率区（如欧元区）的呢？我们构造一个简单的图形来说明挪威的选择。

我们画出一条 *GG* 曲线，它表明挪威加入欧元区的收益大小取决于挪威与该地区的贸易关系的一体化程度。假设挪威正在考虑让本国的货币克朗钉住欧元。

固定汇率的主要优点在于简化经济结算程序，并且在进行国际贸易决策时提供一个与浮动汇率相比更具预测性的基础。假想一下，如果美国 50 个州都有自己的货币，并且都采用浮动汇率制，美国商界和顾客每天将浪费多少时间和资源！类似地，如果允许克朗对欧元浮动，挪威与欧元区进行贸易时也将面临同样的困难。加入固定汇率制的**货币效率收益**（monetary efficiency gain）等于加入者所避免的汇率浮动带来的不确定性、复杂性，以及结算与贸易成本等损失。[②]

实际上，很难对挪威让其货币钉住欧元后的货币效率收益进行准确估计。但有一点可以肯定：如果挪威和欧元区成员国的贸易量很大，这种收益会很高。例如，如果挪威与欧元区的贸易占其国民生产总值的 50%，而与美国的贸易只占 5%，在其他条件不变的情况下，固定挪威克朗与欧元的汇率比固定挪威克朗与美元的汇率所获得的收益要高。同样地，如果挪威与欧元区的贸易扩大，则固定挪威克朗与欧元的汇率所获得的收益比贸易较少时要高。

如果挪威和欧元区之间的生产要素能自由流动，那么固定挪威克朗与欧元的汇率所获得的货币效率收益也会增加。在挪威人对欧元区成员国进行投资时，如果投资回收可预测性增大，对挪威人将更加有利。同样，在欧元区成员国内工作的挪威人的工资如果相对于挪威的生活开支来说更加稳定，这对他们也有好处。

因此，我们可以得出一个结论：如果一个国家与固定汇率区的经济一体化程度非常高，那么在这个国家与该地区货币的汇率固定以后，它将获得很大的货币效率收益。跨国贸易和要素流动越广泛，这种固定汇率的收益就越大。

如图 21-2 所示，斜率为正的 *GG* 曲线表明了一国与固定汇率区的经济一体化程度和该国加入该地区后的货币效率收益之间的关系。图中的横轴表示挪威（例子中的加入国）在经济上与欧元区产品和要素市场的一体化程度。纵轴表示挪威加入欧元区后的货币效率收益。*GG* 曲线的斜率为正，说明一个国家的经济与其所在固定汇率区的一体化程度越高，其加入固定汇率区所获得的本国货币

---

① 参见 Robert A. Mundell 的经典论文："The Theory of Optimum Currency Areas," *American Economic Review* 51 (September 1961), pp. 717-725。更进一步的研究参见本章延伸阅读中所列的 Tower 和 Willett 的著述。Mundell 试图说明最优货币区无须与国界重合。如我们所见，然而，最近欧元区的经验表明，如果最优货币区超出国家边界，一些主要的政府职能必须被授权给一超国家机构，以代表整体行事。

② 货币效率收益的一个组成部分是节省的在外汇交易中付给经纪人和银行的佣金。伦敦经济学院的查尔斯·R. 比恩（Charles R. Bean）估计：如果将一笔资金在所有欧盟国家货币中逐次兑换一轮，最后这笔资金会损失一半。参见本章延伸阅读中比恩的论文："Economic and Monetary Union in Europe," *Journal of Economic Perspectives* 6 (Fall 1992), pp. 31-52。

图 21－2　*GG* 曲线

说明：*GG* 曲线的斜率为正，说明一个国家的经济与其所在固定汇率区的一体化程度越高，其加入固定汇率区所获得的本国货币效率收益就越大。

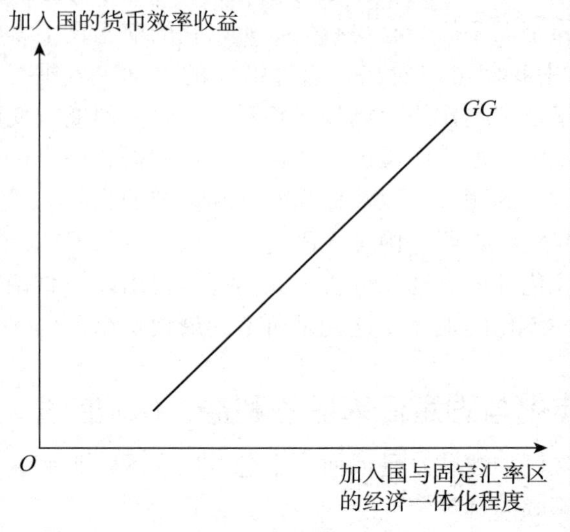

效率收益就越大。

在我们的例子中，我们隐含地假定欧元区这个较大的汇率区的价格水平是稳定的、可预测的；否则，挪威价格水平会发生很大波动，从而可能抵消加入固定汇率区所带来的收益。如果经济中的参与者对挪威是否真的实行固定汇率制表示怀疑，那么就会出现另一个问题——在这种情况下，汇率的不确定性依然存在，挪威所获得的货币效率收益也将减少。如果欧元区价格水平比较稳定，而且挪威实施固定汇率制的态度比较明确，那么我们得出的结论继续成立，即如果挪威克朗钉住欧元，则挪威克朗相对于欧元的汇率稳定性就会给挪威带来好处，且挪威市场与欧元区市场联系越紧密，这种好处就越大。

在本章中的开始部分，我们论述了一国希望固定其与价格稳定地区的汇率从而引入该地区货币当局防止通货膨胀的成果。当该国与低通货膨胀率地区的经济很紧密地融合在一起时，其国内的通货膨胀率很容易降低。这是因为紧密联系的一体化经济会使得国际价格趋于统一，从而减少该国价格水平与区域价格相差的程度。这再次说明了为什么固定汇率区的经济一体化程度越高，其成员国从中所获收益就越大。

经济一体化和固定汇率区的成本：*LL* 曲线

固定汇率区的成员国有得有失，即使在该地区通货膨胀率非常低的情况下也是如此。因为一个国家加入了固定汇率区就意味着其放弃了运用汇率和货币政策使得就业与产出保持稳定的权力。与货币效率收益一样，这种加入后所带来的**经济稳定性损失**（economic stability loss）和一国与该地区的经济一体化程度有关。我们可以用 *LL* 曲线来说明它们之间的关系。

在第 19 章中，我们讨论了固定汇率制和浮动汇率制各自的优点。我们得出结论：当经济经历产出市场改变（即 *DD* 曲线移动）的干扰时，浮动汇率制在此时就将优于固定汇率制——它允许国内产品和国外产品的相对价格立即发生变动，从而自动缓冲这种变化对经济的干扰。另外，可以回忆一下第 18 章，当汇率固定以后，因为货币政策无法影响国内的产出，达到理想的经济稳定会变得更加困难。根据以上两个结论，我们可以看出，*DD* 曲线的变化对实行固定汇率制的经济会产生更严重的影响。这种由固定汇率引起的额外的不稳定性就是所谓的经济稳定性损失。[①]

为了推导 LL 曲线，我们必须了解挪威经济与欧元区的一体化程度是如何影响经济稳定性损失的大小的。假设挪威克朗钉住欧元，并且对挪威产出的世界总需求减少了，即挪威的 DD 曲线左移。如果其他欧元区国家的 DD 曲线也恰好同时左移，那么由于我们在上一章中所讲的自动稳定性的作用，所有欧元区货币都将相对于区域外的货币贬值。只有当挪威单独面临世界总需求的减少，例如世界对挪威的一种主要出口产品——石油的需求减少时，挪威才面临严重的困难。

面对这场冲击，挪威会如何调节呢？由于欧元没有受到影响，而挪威克朗是钉住欧元的，所以它对所有外国货币都会保持稳定。因此，只有在一个严重的衰退期过后，就业才会全面恢复，在这个时期内挪威的产品价格和工资价格都会下降。

挪威与欧元区经济的一体化程度和这场经济衰退的严重程度有什么关系呢？答案是：经济一体化程度越高，经济衰退越小，因此使得 DD 曲线右移所需要的经济调整也越少。理由有两个：第一，如果挪威和欧元区国家贸易往来很多，挪威产品价格稍微偏低就会使得欧元区对挪威产品的需求量增加，这种需求量相对于挪威的产出而言是很大的，因此，就业率将迅速回升。第二，如果挪威的劳动力和资本与其欧元区邻国的相互一体化程度高，那么失业的工人能很容易地到邻国去找工作，国内的资本也能很快被转移到国外并被投资到获利更大的部门。如此，要素的自由流动会降低挪威的失业率并减少投资者的亏损。[②]

请注意，我们的结论也适用于对挪威产出的世界总需求增加的情况（DD 曲线右移）。如果挪威与其他欧元区国家经济紧密地联系在一起，那么挪威价格水平的轻微上升与外国资本和劳动力的涌入会很快使得对挪威产品的超额需求消失。[③]

此外，挪威与欧元区以外国家之间的更紧密的贸易联系也会有助于这些国家在挪威的 DD 曲线发生移动的情况下做出适当调整，但欧元区的其他国家则不会。然而，与欧元区以外国家的进一步贸易整合是一把双刃剑，对宏观经济的稳定性既有正面的影响，也有负面的影响。原因在于：当挪威把克朗钉住欧元时，改变欧元汇率的欧元区的经济扰动将对挪威经济产生更强大的影响，因为它与非欧元区国家的贸易联系更加广泛。这些影响相当于挪威 DD 曲线移动幅度的增加，将会加大挪威克朗钉住欧元的经济稳定性损失。在任何情况下，这些讨论都不会改变我们的结论，即当挪威与欧元区的经济整合程度提高时，它因固定克朗与欧元的汇率而带来的经济稳定性损失会下降。

我们还没有讨论的另一个原因是：当挪威和欧元区进行大量贸易时，挪威克朗钉住欧元后的经济稳定性损失将较少。在这种情况下，由于从欧元区进口的产品占了挪威工人消费的大部分，挪威克朗与欧元汇率的变化会很快影响挪威工人的名义工资，减少其对工人就业的影响。例如，挪威克朗相对于欧元贬值后，如果挪威从欧元区的进口量相当大，就会使得挪威人的生活水平迅速下降；

---

① 你也许认为，如果挪威只固定挪威克朗与欧元的汇率，而对其他非欧元区货币保持浮动汇率，至少可以保持一些货币独立性，但这种直觉是错误的，因为挪威任何独立的货币供给变化都会给挪威克朗的利率以及相对于欧元的汇率带来一定的影响。因此，即使挪威克朗只与一种外国货币固定汇率，挪威也完全放弃了对国内货币的控制权。但这也会给挪威带来一定的好处。挪威克朗与欧元的汇率固定后，即使挪威克朗与非欧元区货币的汇率仍在浮动，其国内货币市场的变化（AA 曲线的移动）也不会再影响国内的产出。原因是什么呢？这是因为挪威克朗的利率一定与欧元的利率相等，任何 AA 曲线的单独变化都会引起外汇储备的买进或卖出，从而使得挪威克朗的利率维持不变。因此，在货币波动使 AA 曲线移动时，仅仅固定挪威克朗与欧元的汇率就能提供自动稳定性。这就是我们重点讨论 DD 曲线移动的原因。

② 安装好的工厂设备要运到国外或改变用途的成本很高，因此这些相对不流动的资产的所有者在对挪威产品的需求下降时获得的回报较低。如果挪威的资本市场与 EMU 邻国连为一体，挪威人就会将他们的一部分财富投资于其他成员国；同样，挪威的一部分资本也会被外国人拥有。作为这种国际财富多样化的结果（见第 20 章），挪威资本报酬的突然变化会自动地在固定汇率区内的投资者中分摊。因此，如果挪威的资本流动较为自由，较难流动资产的拥有者也会减少由固定汇率带来的经济损失。

如果国际上劳动力不流动或流动性较低，较高的资本流动性可能不会减少由固定汇率所带来的经济稳定性损失。我们将在后面的案例分析"欧洲是最优货币区吗？"中通过考察欧洲的情况来讨论这个问题。

③ 前面的推理过程也能被运用于对挪威产品市场和其汇率伙伴国造成不同影响的其他经济波动的分析之中。本章末的习题 5 将请你思考除挪威外的 EMU 国家出口需求增加的影响。

此时，工人会要求增加名义工资来维持原来的生活水平。在这种情况下，挪威从浮动汇率中能得到的宏观经济稳定性很小，因此，挪威克朗/欧元固定汇率区的损失也就很小。

我们可以由此得出结论：一个国家和它所加入的固定汇率区的经济一体化程度越高，在产出市场波动时，经济稳定性损失越少。

图 21-3 中的 *LL* 曲线说明了这个结论。图中的横轴代表加入国与固定汇率区的经济一体化程度，纵轴代表加入国的经济稳定性损失。正如我们所看到的，*LL* 曲线的斜率为负，这表明随着经济相互依赖程度的提高，加入固定汇率区可以使得该国遭受的经济稳定性损失减少。

加入货币区决策：把 *GG* 曲线和 *LL* 曲线结合起来

图 21-4 把 *GG* 曲线和 *LL* 曲线结合起来说明挪威应否决定将挪威克朗与欧元汇率固定。从图中我们可以看出，如果挪威和欧元区经济一体化程度不低于 θ_1，就应该加入欧元区；而 θ_1 是由 *GG*

图 21-3 *LL* 曲线

说明：*LL* 曲线的斜率为负，意味着一个国家与其所加入固定汇率区的经济一体化程度越高，其加入固定汇率区的经济稳定性损失就越小。

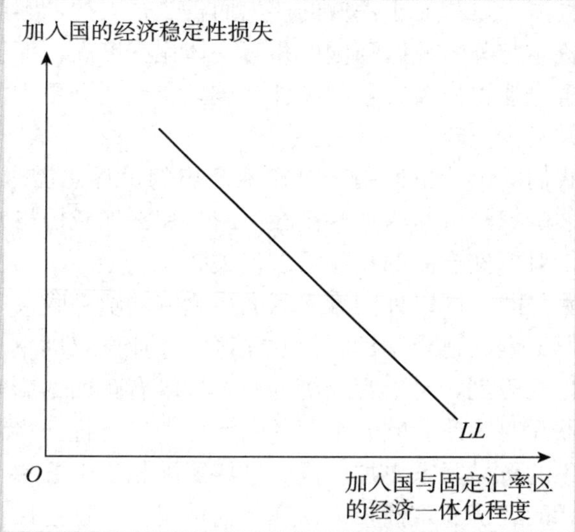

图 21-4 决定何时加入固定汇率区

说明：*GG* 曲线和 *LL* 曲线的交点 1 决定了一国是否加入固定汇率区所依据的经济一体化的临界程度 θ_1。在任何大于 θ_1 的经济一体化程度上，加入固定汇率区都会给该国经济带来正的净收益。

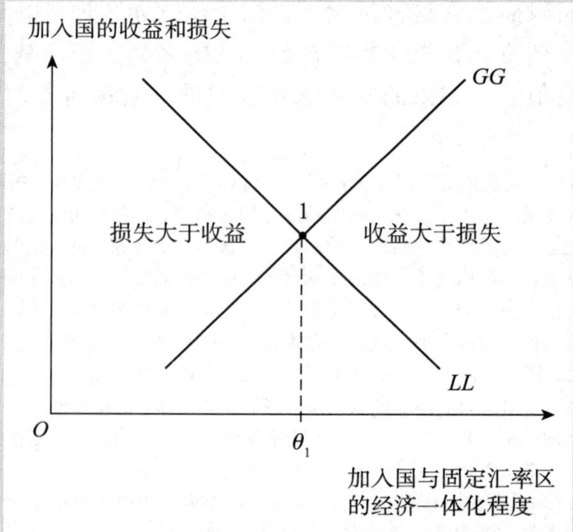

曲线和 LL 曲线的交点 1 确定的。

让我们仔细研究一下，为什么挪威和欧元区经济一体化程度不低于 θ_1 时，就应该加入欧元区呢？图 21-4 表明，当经济一体化程度的值小于 θ_1 时，GG 曲线在 LL 曲线的下方。此时若挪威加入，其产出和就业稳定性损失比货币效率收益要大，因此，挪威最好不加入。

如果经济一体化程度的值是 θ_1 或更高，GG 曲线衡量的货币效率收益就比 LL 曲线表示的经济稳定性损失要大，此时，将挪威克朗与欧元汇率固定对挪威来说有利可图。由此可知，GG 曲线和 LL 曲线的交点决定了经济一体化程度的最低值（这里是 θ_1），当经济一体化程度大于等于此值时，挪威可以将挪威克朗与欧元汇率固定。

从 GG-LL 图中我们容易看出，一国经济环境的变化是如何影响其加入固定汇率区的选择的。例如，一国出口需求变动的范围和频率增加，如图 21-5 所示，会使得 LL_1 曲线上移到 LL_2 曲线。在经济一体化程度的任一水平上，固定汇率使得该国产出和就业的不稳定性都增大了。结果是使得加入欧元区的经济一体化程度上升到 θ_2（由 GG 曲线和 LL_2 曲线的交点 2 决定）。在其他条件不变时，产品市场的变动性增大会使得一国加入固定汇率区的意愿降低——这有助于解释为什么 1973 年石油危机以后，许多国家不愿沿用固定汇率的布雷顿森林体系（见第 19 章）。

图 21-5　产品市场变动性的增加

说明：一国产品市场变动的规模和频率增大会使 LL 曲线由 LL_1 向上移动到 LL_2，这是因为对于给定的该国与固定汇率区经济一体化程度，固定汇率后本国的经济稳定性损失变大了。LL 曲线的上移会使得决定是否加入固定汇率区的经济一体化的临界程度 θ_2 提高。

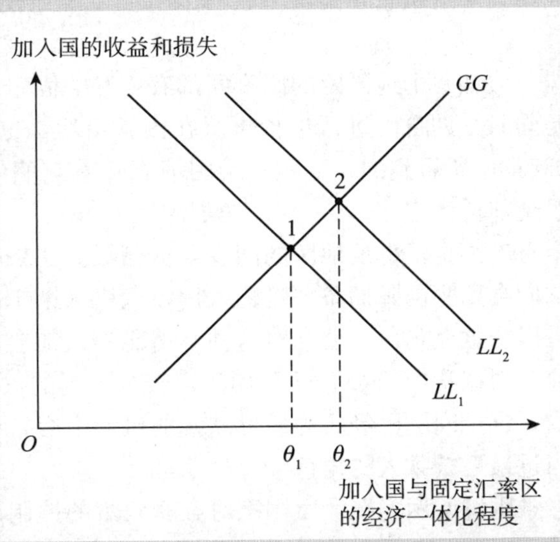

什么是最优货币区?

我们已经建立的 GG-LL 模型说明了最优货币区理论。最优货币区是一些通过产品和服务的贸易以及要素的流动，使得多国经济紧密相连的地区。我们发现，如果各国之间的贸易和要素流动性很大，那么实行固定汇率区对各个成员国都最有益处。

这也可以帮助我们理解一些诸如为什么美国、日本、欧洲要使它们之间的汇率相互浮动的问题。虽然这些地区的双边贸易不少，但和这些地区的国民生产总值相比，贸易量不算大，并且劳动力的流动性也很低。

其他重要因素

尽管 GG-LL 模型对我们分析最优货币区有帮助，但它并不完善。至少有三个其他因素会影响我们对欧元区的历史以及未来前景的评价。

经济结构的相似性 *GG-LL* 模型告诉我们，如果一国与欧元区经济有密切的贸易关系，则该国对其他欧元区成员国不同的产出市场波动的调整就容易一些。但这一模型并没有告诉我们是哪些因素可以减少成员国特定产品市场波动的频率和范围。

减少这种波动的一个关键因素是经济结构的相似性，特别是所生产产品类型的相似性。欧元区国家在生产结构上并非截然不同。例如，在欧盟内部贸易中，产业内贸易即同类产品的贸易量很大。但是它们也存在重要的区别：北欧国家在资本和技术熟练的工人方面比南欧国家占优势；对工人技术水平要求较低的产品大多来自葡萄牙、西班牙、希腊以及意大利南部。南北欧国家不同的出口模式为非对称性冲击创造了机会。

我们可以把一个国家和其潜在的货币联盟合作伙伴间的巨大的结构性差异看作是使 *LL* 曲线向上移动，提高了使得加入货币区成为一个好主意的经济一体化程度。

财政联邦制 在评价欧元区时考虑的另一个因素是，欧盟把经济健康发展的成员国的资源转移到经济衰退成员国中的能力。例如，美国经济落后的州会从政府那里以福利金或其他联邦转移支付的形式得到资助，这些资金实际上是其他州上缴的税收；此外，当州经济受到影响时，则联邦税收返还给华盛顿的收入会自动下降。这种**财政联邦制**（fiscal federalism）可以帮助抵消固定汇率制带来的经济稳定性损失，这从它在美国所起的作用可以得到证明。财政联邦制的存在使得 *LL* 曲线向下移动。[①]

银行业联盟 假如一个地区内的国家间都有相互的固定汇率，这些国家的政府对银行保持着监管的权力，但是同时允许自由进行包括银行在内（当然，也包括其他金融机构）的跨境金融交易。正如我们在第 20 章中所看到的，金融三难困境意味着它们的金融体系并没有中央集权式的、超国家的金融监管系统那样稳定。

然而，一个有着固定汇率的地区的问题会更糟糕。如果成员国在担当最后贷款人的时候大批量地印刷钞票，它们会用完国际储备并且陷入货币危机（第 18 章）。因此，每一个银行都不愿意为其国内银行担任最后贷款人角色，公众对这种不情愿的认知会加剧银行挤兑，并且增加金融不稳定和货币危机的风险。根据我们的 *GG-LL* 模型，较小范围的银行政策的统一会使 *LL* 曲线上升。正如我们将要看到的，这个问题已经成为最近欧元危机的中心，尽管中央银行在欧洲货币联盟这个更复杂的背景下担当过最后贷款人的角色。

正如金融三难困境所示，在保留国家对金融政策的控制权的同时维持固定汇率的一个方法是禁止跨境资本流动。但这并不是有着一个共享的中央银行的货币联盟（如欧盟）能够应用的方法，因为如果这些成员国限制了跨境借贷，这个中央银行则不能把利率政策传递给各个成员国。

∴案例分析　欧洲是最优货币区吗?

判断欧洲货币联盟是否有利于经济发展的一个关键问题在于，欧洲本身是否构成了一个最优货币区？一个国家将本币钉住一个固定汇率区后的得失很难从数量上来判断，但通过将理论和实际经济运作情况相结合，我们可以评判一下欧洲（大多数国家采用了欧元或是钉住欧元）是否为最优货币区。

① 关于最优货币区理论中的财政联邦制的经典陈述参见 Peter B. Kenen，“The Theory of Optimum Currency Areas：An Eclectic View，” in Robert Mundell and Alexander Swoboda，eds.，*Monetary Problems of the International Economy*（Chicago：University of Chicago Press，1969），pp. 41-60。或许令人惊讶的是，即使当人们已经接近非常有效率的分担风险的私人市场时，Kenen 的论点也是正确的。参见 Emmanuel Farhi and Iván Werning，“Fiscal Unions，” Working Paper 18280，National Bureau of Economic Research，August 2012。

欧洲内部贸易的规模

我们知道，如果一国与一个货币区的经济紧密相连，那么该国加入该货币区就会有收益。通过观察产品市场的联系程度和要素市场的联系程度，即成员国与货币区之间的贸易规模以及劳动力和资本在加入国与货币区之间流动的顺畅程度，我们可以看出该经济区的一体化程度。

1999年1月1日，即欧元启动之时，大多数欧盟成员国对其他欧盟国家的出口额占其产出的10%～20%。这个数目比欧盟与美国的贸易要大得多，但与美国各地区之间的贸易相比就少多了。尽管20世纪90年代后期欧盟内成员国之间的平均贸易量有所增加，但是仍低于美国各个地区之间的贸易量。如果我们把贸易占国民生产总值的百分比作为经济一体化程度的衡量标准，那么$GG-LL$模型表明，对欧盟成员国来说，欧洲货币汇率采用对世界其他货币的联合浮动汇率制，比固定美元与欧元的汇率要好。但是欧洲内部贸易没有达到足够大，使得我们没有充分的理由说明欧盟本身是最优货币区。

在欧元启动之时，支持者们对欧元能够促进货币区内部贸易寄予厚望。加州大学伯克利分校的安德鲁·罗斯（Andrew Rose）做了一项具有影响力的计量研究，将这些希望进一步扩大了。他认为：一般来说，货币联盟成员国间的贸易量是它们与非成员国的3倍多，甚至在控制了决定贸易流量的其他因素时情况也是如此。日内瓦国际发展研究院的理查德·鲍德温（Richard Baldwin）最近进行的一项对实际欧盟贸易数据的研究大大降低了他们以前应用于欧元区经历的估计。[①] 鲍德温的估计发现，欧元仅仅能使采用欧元的国家的双边贸易水平提高9%，并且这一促进效应大多发生在1999年——欧元诞生的第一年。但是他也得出了这样的结论，即像英国、丹麦、瑞典这样未采用欧元的国家与欧元区国家的贸易量提高了7%（在同一时间里）。因此，如果它们加入了欧元区，可能会获利稍多一些。

遵循1986年《单一欧洲法案》的目的在于促进市场一体化的欧盟措施很可能有助于促进欧盟内部贸易。对于一些产品（如消费类电子产品）来说，其在欧盟国家的价格已经相当接近，但是对于其他产品，其中包括汽车和类似的产品在内，在欧盟内的不同国家其价格存在很大差异。支持欧元的人士赞成的一个差价持续存在的理论是：多国货币的存在造成了可能的价格差异，但是这些理论在单一货币区内则一定会消失。欧元自身是否会有助于市场一体化？在一项关于欧元自1990年以来的价格走势的详细研究中，威斯康星大学的经济学家查尔斯·恩格尔（Charles Engel）和美国联邦储备委员会的约翰·罗杰斯（John Rogers）发现，欧元区内的价格差异事实上在1990年之后逐渐减小。然而，他们并没有找到1999年启用欧元之后欧元区内部的价格一体化的证据。[②]

总的来说，在迄今为止的证据中，同时考虑到价格和数量，《单一欧洲法案》的改革和单一货币区的结合还没有把欧元区变成最优货币区。

欧洲劳动力的流动情况

欧洲内部劳动力流动的主要障碍不再来源于边界管控，而在于欧洲各国文化和语言上的差异较之美国各地区间的差异要大。加州大学伯克利分校的巴里·艾肯格林（Barry Eichengreen）于20世纪90年代的一项经济研究对美国和欧盟国家的失业状况进行了比较，发现美国各地区之间

---

① 参见 Baldwin，*In or Out*：*Does It Matter? An Evidence-Based Analysis of the Euro's Trade Effects*（London：Centre for Economic Policy Research，2006）。罗斯在以下文章中写了他的最初分析与结论："One Money，One Market：The Effects of Common Currencies on Trade，" *Economic Policy* 30（April 2000），pp. 8-45。他的方法是基于国际贸易中的"引力模型"（第2章）。此外，罗斯在如下文章中对其最初的乐观估计进行了验证：Reuven Glick and Andrew K. Rose，"Currency Unions and Trade：A Post-EMU Mea Culpa，" Working Paper 21525，National Bureau of Economic Research，September 2015。

② 参见他们的论文"European Product Market Integration after the Euro，" *Economic Policy* 39（July 2004），pp. 347-381。为进一步证实，参见 Jesús Crespo Cuaresma，Balázs Égert，and Maria Antoinette Silgoner，"Price Level Convergence in Europe：Did the Introduction of the Euro Matter?" *Monetary Policy and the Economy*，Oesterreichische Nationalbank（Q1 2007），pp. 100-113。

失业率的差别较之欧盟国家间的差别不但较小，而且很容易消除。[①] 图 21－6 显示了 20 世纪 90 年代欧盟失业率的变化；2000 年之后明显的变化是最近的危机造成的，将在下一节讨论。

即使在欧盟各国内部，劳动力的流动性也受到很大限制，部分原因是政府的规定。例如，有些国家规定工人在接受失业救济金之前必须证明自己为当地居民，这使得失业工人到远离家园的地方找工作变得更加困难。表 21－2 对比了欧盟中最大的三个国家与美国劳动力流动的频率。尽管由于不同国家对“地区”的解释各不相同，我们在参考这些数据时也应保持谨慎，但从中我们可以看出，美国的劳动力流动性比欧洲各国大。[②]

就财政联邦制而言，它在欧盟的影响力非常有限，并没有实质的财政集中的能力。因此，国别的冲击并没有因货币联盟伙伴国的预算资金而被抵消。最后，关于金融稳定政策，《马斯特里赫特条约》事实上让渡了所有国家层面上的权力，又没有给予欧盟体系明确的对金融市场的监管权。我们将要讲到的欧元危机就会涉及单一货币区构建的两个缺点。

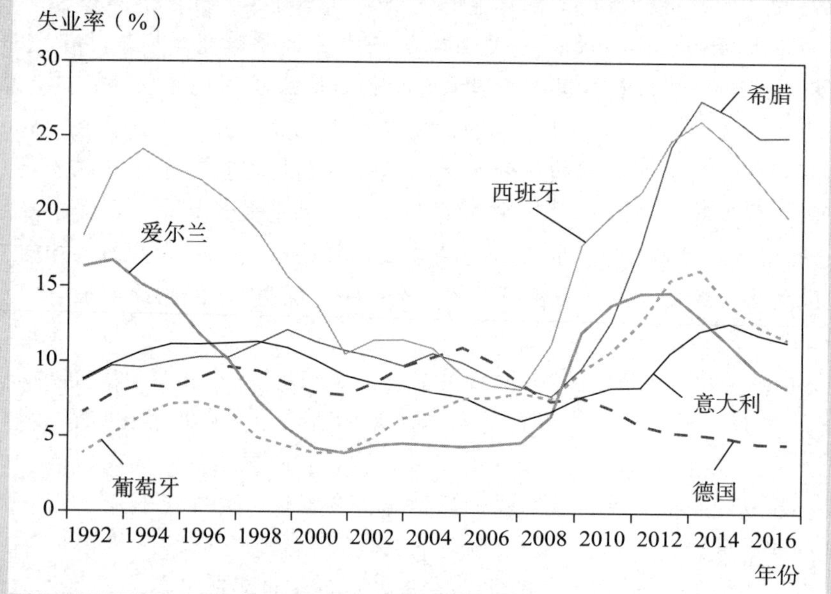

图 21－6　所选欧盟国家的失业率

说明：自 1999 年欧元启用以来，失业率呈现大大收敛的趋势。但自 2000 年底以来，失业率差距大幅拉大。2016 年为 IMF 的预测数据。

资料来源：International Monetary Fund，*World Economic Outlook* database，April 2016.

图 21－6 中的一些证据表明，由于失业率剧增及生活水平的提高，劳动力的流动性已经增大。但从某种程度上讲喜忧参半。更具流动性的劳动力往往是年轻人和生产能力更强的人，而那些待在原地的人往往是快要退休的人。这种移民模式会使政府税收基础丧失，这些税收原本可以用来发放养老金和医疗福利，因此，严重的衰退已经在很大程度上使得国家的财政赤字恶化。一个很好的例子就是从波兰等东欧国家到英国和爱尔兰等西欧国家的年轻移民数量呈现出稳定的增长。[③]

① 参见 Barry Eichengreen，“One Money for Europe? Lessons of the U. S. Currency Union，” *Economic Policy* 10（April 1990），pp. 118－166。对美国劳动力市场的进一步研究表明，地区之间的失业差异是通过工人的迁居而不是通过改变各地实际工资被消除的。这种劳动力市场的调整方式近期内不可能在欧洲实现。参见 Olivier Jean Blanchard and Lawrence F. Katz，“Regional Evolutions，” *Brookings Papers on Economic Activity* 1（1992），pp. 1－75。

② 对有关证据的更详尽讨论，参见 Maurice Obstfeld and Giovanni Peri 这，“Regional Non-Adjustment and Fiscal Policy，” *Economic Policy* 26（April 1998），pp. 205－259。

③ 例如，参见 Ruben Atoyan et al. “Emigration and Its Economic Impact on Eastern Europe，” Staff Discussion Note SDN/16/07，International Monetary Fund，July 2016。

表 21-2	20 世纪 90 年代变换居住地区的人口占总人口的百分比（%）		
英国	德国	意大利	美国
1.7	1.1	0.5	3.1

说明：英国和德国分别是 1996 年和 1990 年的数据，意大利和美国是 1999 年的数据。

资料来源：Peter Huber, "Inter-regional Mobility in Europe: A Note on the Cross-Country Evidence," *Applied Economics Letters* 11 (August 2004), pp. 619 - 624; and "Geographical Mobility, 2003 - 2004," U. S. Department of Commerce, March 2004.

其他情形

在此之前，我们定义了三种关于最优货币区的成本和收益的额外情形（沿着经济一体化路径）：经济结构的相似性、财政联邦制、银行政策和金融市场稳定性的统一（银行业联盟）。从这三方面考虑，欧盟存在不足之处，强化了欧盟不是最优货币区的理论。

正如我们所指出的，欧盟成员国具有非常不同的出口产品类型，因此，对于同样的经济干扰有着不同的脆弱之处。例如，葡萄牙和中国在出口市场上存在竞争，而中国又是德国的主要出口目的地。因此，中国的高速增长对葡萄牙和德国有着不同的影响。

就财政联邦制而言，它在欧盟的影响力非常有限，并没有实质的财政集中的能力。因此，国别的冲击并没有因货币联盟伙伴国的预算资金而被抵消。最后，关于金融稳定政策，《马斯特里赫特条约》事实上让渡了所有国家层面上的权力，又没有给予欧盟体系明确的对金融市场的监管权。我们将要讲到的欧元危机就会涉及单一货币区构建的两个缺点，当然，其中也涉及一些尚不成熟的应对方案。

欧元危机与 EMU 的未来

就像世界其他地区一样，欧元区也受到了 2007—2009 年金融危机的打击（第 19 章和第 20 章）。然而，欧元危机发生在 2009 年末，处于全球金融危机最紧张的阶段，其严重性足以威胁到欧元区的存在。这一部分内容将帮助你理解欧元危机的本质、它们现在所采用的治理危机的手段以及欧洲经济的未来。

危机的起源

点燃危机的火花是希腊，这有些令人难以置信，因为它只占欧元区产出的 3%。然而，这一火花却落在了极干燥的易燃物上——危机发生在了低利率、房地产投机和金融市场过高增长的时期。

燃点　2007—2009 年危机的前几年，跨国银行的全球资产迅速扩大，欧洲银行和欧元区的银行更是如此。由于购买了美国的信贷产品，其资产负债表的资产方迅速增加，不仅仅是借给其他欧元区国家，还购买政府债券，为融资消费支出、房产投资和抵押贷款借出款项。这些借出的钱推动了火势的蔓延，最后反过来又受到房地产市场火势的攻击，特别是爱尔兰和西班牙（回忆图 19-7）。正如第 19 章所述，推动事件发展的是全球极低的利率，这诱发了银行的逐利动机，同时也带来了极大的风险。

由于信贷的扩张，相对于银行母国的 GDP，银行的资产已经变得相当大。表 21-3 说明了 2011 年末一些欧元区的大银行所处的位置；相对于 2007 年的产出，资产负债表也变得更大了。许多国家的一些银行已经变成“大得无可救药”了，政府无能为力。当然，在遇上系统性危机时，许多银行都需要救助，政府的状况将更加窘困。例如，如果一个倒闭的银行的资产与 GDP 一样多，政府必须注入银行资产的 5%来恢复其偿债能力，然后政府将不得不发行债券或征收占 GDP 5%的税收以使银行正常运转——一个非常大的数目。想想看，如果所有大银行都倒闭了会是什么状况。

伴随着欧元区国家之间汇率的消除，政府间公债利息更接近了。此外，市场越来越使人确信政府永远不会出现债务**违约**（default）——毕竟，20 世纪 40 年代末以来没有发达国家这样做过。（当不能向债权人偿债时债务违约便会发生，当借贷发生在国家之间时，这类借贷被称为主权债务。）结果，被信用评级机构（如穆迪）评定为最有信用的政府（如德国）和最没信用的政府（如希腊）间的利差变得极其小——通常接近 25 个基点或更小（见图 21－7）。这引发了国家之间更多的消费和借款，包括希腊、葡萄牙和西班牙。

表 21－3　2011 年末某些银行资产占国民产出的比例（%）

银行	母国	银行资产占比
埃尔斯特银行	奥地利	0.68
德克夏	比利时	1.10
巴黎银行	法国	0.97
德意志银行	德国	0.82
爱尔兰银行	爱尔兰	0.95
联合信贷银行	意大利	0.59
荷兰国际集团	荷兰	2.12
葡萄牙商业银行	葡萄牙	0.57
桑坦德银行	西班牙	1.19

资料来源：GDP 数据来自 International Monetary Fund，*World Economic Outlook* database。银行资产数据来自 Viral V. Acharya and Sascha Steffen，"The 'Greatest' Carry Trade Ever? Understanding Eurozone Bank Risks，" Discussion Paper 9432，Centre for Economic Policy Research，April 2013。

但是更高的消费会带来比德国更高的通货膨胀率。结果，欧元区外围国家的货币都出现了升值——爱尔兰、葡萄牙、西班牙、意大利和希腊，这不仅波及德国，还涉及所有欧元区内外的贸易伙伴。图 21－8 反映的是欧盟委员会指数相对于 GDP 平减指数的实际升值。图中显示出这些国家是如何在 21 世纪的第一个十年失去竞争力的。最引人注目的是爱尔兰和西班牙，这两个国家有最高的房地产泡沫。21 世纪的第一个十年的中期，这些国家有着比德国更高的通货膨胀率（但本质上等于债券利率）和更低的实际利率，这又进一步刺激了消费并产生了更深层次的通货膨胀（图 21－9 的实际利率）。[①] 结果，当德国有了国际收支经常账户盈余的时候，那些外围国家出现了赤字，这些赤字在某些时候非常巨大（见表 21－4），所以积累了不少外债，同时引发了这样的疑问：这些国家什么时候能有足够的净出口盈余来还清外债？一旦增长由于 2007—2009 年的全球危机而变得缓慢，这个困境将更加严重。由个别欧元区国家造成的货币贬值不是为了增加净出口，很可能是对一个更具有竞争力的实际汇率的调整，这将需要一段时间的低通货膨胀甚至是通货紧缩。由于劳动力市场和产品市场存在刚性，因此同时会伴有较高的失业率。旷日持久的衰退将会削弱银行的实力。

---

① 这类货币不稳定性由 Alan Walters 所预测。他是英国首相玛格丽特·撒切尔夫人的经济顾问，并且是欧洲内固定汇率的主要支持者。参见他颇具争议的著作 *Sterling in Danger*：*Economic Consequences of Fixed Exchange Rates*（London：Fontana，1990）。

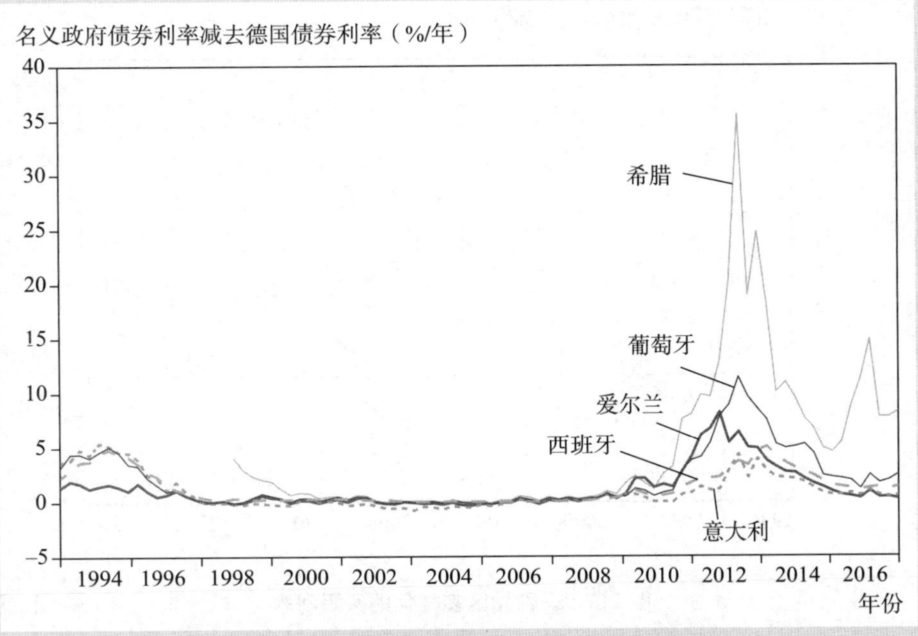

图 21－7　相对于德国的名义政府借款利差

说明：在准备加入欧元区时，欧元区国家的长期政府债券收益率收敛于德国的水平。在 2007—2009 年危机爆发后，收益率差距开始扩大，尤其是在 2009 年末欧元危机开始后突然大幅拉开距离。

资料来源：Datastream. 所用利率为 10 年期政府债券利率。

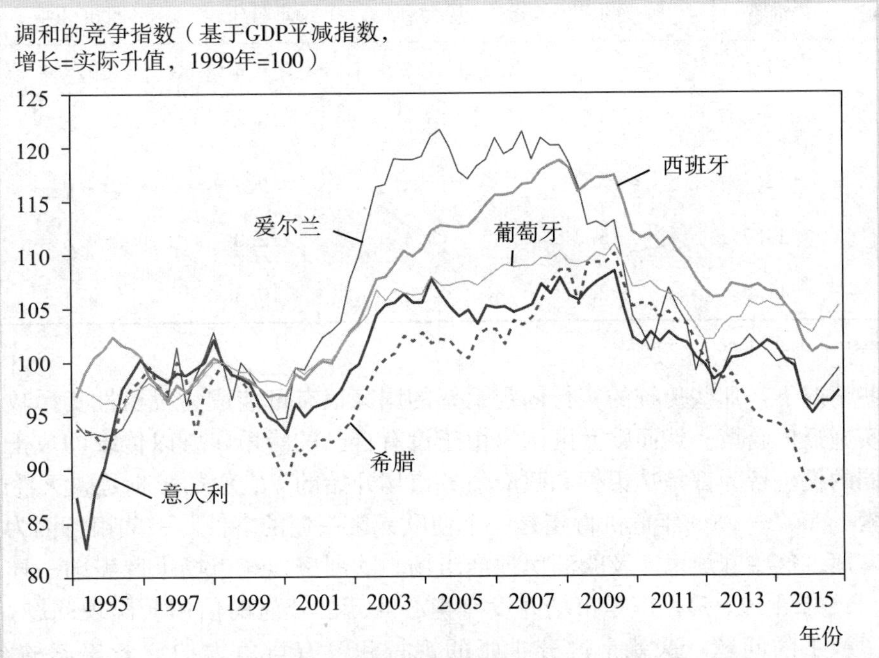

图 21－8　欧元区外围国家的实际升值

说明：在启用欧元之后，欧元区外围国家开始经历实际升值，尤其是经历大规模的房地产市场繁荣的国家——爱尔兰和西班牙。

资料来源：ECB. 调和的多边竞争指数基于 GDP 平减指数。指数的增长意味着实际升值（即竞争力下降）。

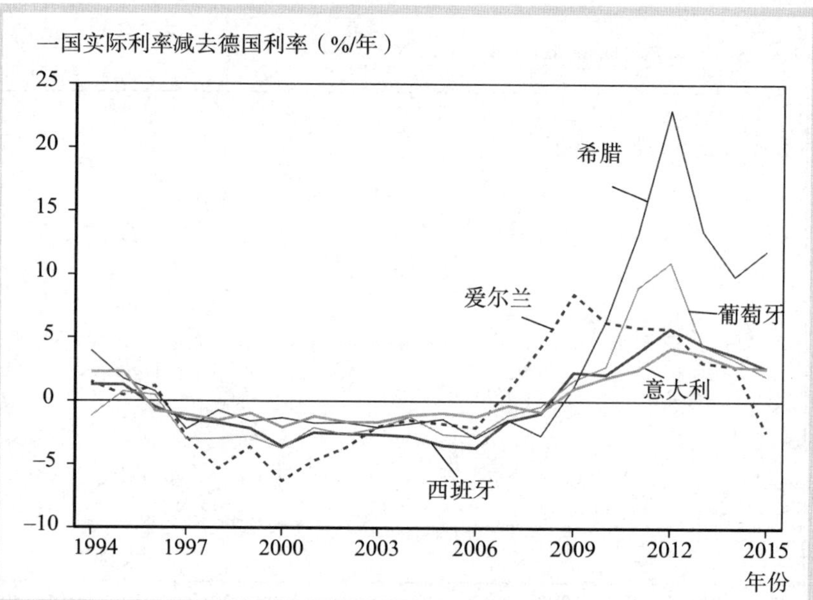

图 21-9　欧元区多样化的实际利率

说明：随着 1999 年启用欧元的日子临近，准成员国的名义长期债券利率开始收敛，导致有较高通货膨胀的国家出现了较低的实际利率。本图给出了每个国家长期实际利率减去德国长期实际利率后的结果。实际利率等于 10 年期政府债券平均名义利率减去同年的通货膨胀率。

资料来源：Datastream.

表 21-4　2005—2009 年欧元区国家经常账户余额（占 GDP 的百分比，%）

年份	希腊	爱尔兰	意大利	葡萄牙	西班牙	德国
2005	−7.5	−3.5	−1.7	−9.4	−7.4	5.1
2006	−11.2	−4.1	−2.6	−9.9	−9.0	6.5
2007	−14.4	−5.3	−2.4	−9.4	−10.0	7.6
2008	−14.6	−5.3	−3.4	−12.0	−9.8	6.7
2009	−11.2	−2.9	−3.1	−10.3	−5.4	5.0

资料来源：International Monetary Fund.

在这些情况下，那些传统的实行固定汇率的国家很有可能成为投机性货币攻击的牺牲者，从而迫使政府实施贬值政策。然而欧元区国家由于没有自己的货币，所以传统的攻击是不可能的。尽管如此，不同的投机行为都是从银行和政府债务市场开始的。它们的影响是毁灭性的。

导火索　2007—2009 年危机肯定是一个使欧元区头痛的事件。一些银行因为涉足美国房地产市场而陷入麻烦。这些麻烦也涉及欧洲房地产市场。欧洲房地产市场也像美国一样出现了危机（带头的是爱尔兰；见图 19-7），但是市场并没有担心欧元区政府的信用会出现问题，直到在 2008 年末希腊出现了棘手的问题。这就是过分扩张的银行和没有竞争力的债务累累的经济发生危机的导火索。

危机开始于 2009 年 10 月，一个新的希腊政府诞生之际。很快这个新的政府宣布了一些坏的消息。希腊的财政赤字达到了 GDP 的 12.7%，为前政府的两倍多。显然，几年来前政府一直在错误地报道它的经济数据，公债实际上大于 GDP 的 100%。

希腊债券的持有者，包括许多欧元区内的银行，开始担心希腊政府结束这些巨大的赤字和偿还债务的能力。在2009年12月主要的信用评级机构对希腊政府进行了降级。如图21-7所示，当全球金融市场已经陷入混乱时，希腊政府相对于德国国债的借贷利差上升到2008年末和2009年初的水平。在2010年的头几个月希腊政府宣布了严格的削减预算和增税政策，但是很快就遭到了街头抗议和示威。紧随其后的是进一步的经济下滑和希腊的借贷成本飙升，这使得国家更难偿还债务。投资者开始担心其他赤字国家很可能也面临和希腊同样的问题。数据显示：葡萄牙和爱尔兰甚至两个大的国家西班牙和意大利也出现了借贷成本方面的压力。在更大范围的财政危机可能会在欧洲蔓延的预期下，世界股票市场开始暴跌。

欧盟是怎样处理希腊危机的呢？来自欧盟成员国中富裕国家的紧急救助也许会平息这场市场骚乱。这也是像德国之类的国家商议《马斯特里赫特条约》和《稳定与增长公约》的目标。在2010年3月中旬欧元区财长公开宣布了帮助希腊的意图，但是并没有提供怎样做的细节。随着欧元区不能够采取具体的行动，危机开始滚雪球似的蔓延。欧元在外汇市场上开始贬值。

最后在2010年4月中旬欧元区国家和IMF一起达成了一个对希腊1 100亿欧元的贷款计划。但是到那时对政府债券的恐慌已经开始传播，葡萄牙、西班牙和意大利政府（紧随2008年后期爱尔兰实行之后）提出了它们自己的减赤计划，试图使它们的借贷利差不高于希腊的水平。出于对危机的恐慌，欧元区领导人给希腊注入了更大规模的欧洲金融稳定基金（EFSF）。资金源于该基金从信贷市场、欧盟委员会和IMF借来的7 500亿欧元（欧洲金融稳定基金是临时性的机构，但是在2012年10月被一个持久稳定机制欧洲稳定机制替代）。随后欧洲央行撤销了它之前宣布的一项政策，并开始购买陷于困境的欧元区债务国的债券。这引起了人们的指责，人们认为这违背了《马斯特里赫特条约》的精神。它因鼓励过度财政而违背了《马斯特里赫特条约》。事实上，欧洲央行的动机是通过支持大部分被欧洲银行所持有的资产的价格而避免银行恐慌。

希腊的借贷成本仍然很高，并且很快爱尔兰的市场借款利率也出现了急剧的增长。因为很显然，政府支持摇摇欲坠的爱尔兰银行的成本将会达到GDP的很大一部分。2010年后期爱尔兰和“三驾马车”（troika）（欧盟委员会、欧洲央行和国际货币基金组织）签订了一项675亿欧元的欧洲金融稳定基金贷款计划。2011年5月葡萄牙和“三驾马车”签订了780亿欧元的贷款协议。[①] 这两个贷款像希腊的贷款一样都伴有这样的条件：要求贷款的接受者削减政府预算并且尝试结构性经济改革（放松对劳动力市场的管制）。“三驾马车”对其服从程度进行监管。

自我实现的政府违约与“厄运循环”

为什么市场恐慌发展和蔓延得如此之快？从有关希腊计划的争论中我们清晰地看到，那些北欧国家，如德国、芬兰和荷兰并不情愿借款给有着并不乐观的市场预期的希腊，也不愿意直接或间接地支持欧洲央行的购债计划。一些来自北欧的政客公开宣称希腊存在违约甚至退出欧元区的可能性。因此，虽然欧洲官员最初否认，但是希腊很可能出现主权债务违约。其他的有着快速增长的政府债务的国家也很可能出现违约。

对违约的恐慌是欧元区面临的一个特定问题。美国政府总是能够印出美元来支付它的债务，所以不可能违约。但是使用欧元的国家则不同。因为是否印欧元取决于欧洲央行，而不是国家政府。这就是为什么希腊、葡萄牙和爱尔兰在从IMF借入欧元（它们自己的货币）时处于不利的位置。违约可能性导致了一个类似于银行挤兑的自我实现的动态（正如第20章所讨论的）或者一个自我实现的货币危机（如第18章所讨论的）：如果市场预期出现违约，它们将对借款的政府收取非常高

① 在欧元危机中，术语“troika”开始普遍使用。这个单词来自俄语，指由三匹马拉一辆雪橇的装置。

的利率，并且如果不能够提高税率或者削减消费，这将导致债务无法偿还，因此，出现了违约。这就是欧元区所发生的一切。①

因为资产负债表已经变得如此之大，欧元区国家银行的不良状态增加了政府违约的可能性。这些国家不得不向公众借钱来支持它们的银行体系。这导致了公共债务的大量增加，也导致了更多的对市场的恐慌。图 21－10 显示了欧元区公共债务（与 GDP 之比）的演变。尽管到目前为止希腊的债务最多（2011 年时达到 GDP 的 170%），其他国家的债务也在迅速增加，在多数情况下是由对银行救援的需要所致。爱尔兰的例子最使人吃惊，它的债务从 2007 年占 GDP 的 25%增加到了 2010 年的 90%，这不仅与衰退有关，而且是由对曾经助推了房地产泡沫的银行的紧急救助所致。②

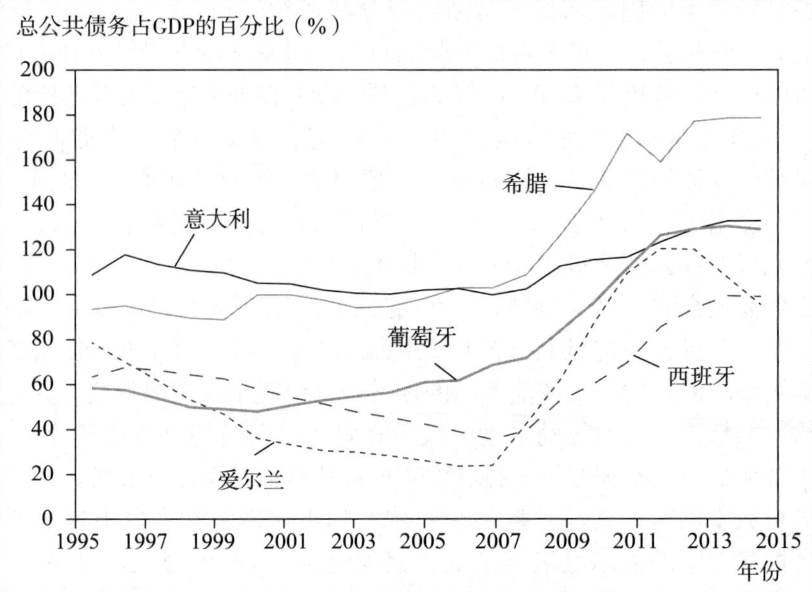

图 21－10　欧元区的总公共债务占 GDP 的比率

说明：在 2007 年之后，欧元区的公共债务迅速增加，部分是由于政府需要支持脆弱的银行体系。

资料来源：International Monetary Fund，*World Economic Outlook* database.

更糟糕的是，政府的信用危机将进一步削弱其国内银行的偿付能力：一方面，银行在政府债券上投资了很多，所以当那些债券价格下跌时，银行的资本和资金会减少；另一方面，银行和放款人（包括储户）知道如果政府不能够获得现金，它就不能兑现它支持银行的承诺，例如注入公众资本或者存款保险。

经济学家将这种银行困境和政府的借款困境的相互影响称为**厄运循环**（doom loop）。由于厄运循环的存在，私人资金会从银行外逃，这些银行所在国家的政府存在借款问题。这些国家经历了一个突然的民间借贷的急刹车。为了使它们的银行免于崩溃，欧洲央行不得不以最后贷款人的身份贷出大笔资金。事实上，欧元区的金融市场不得不依国家而划分。弱国银行信誉的好坏取决于政府信誉的好坏。即使可以进行借贷，那些国家的企业和家庭也面临更高的利率。

---

① 这个过程的模型参见 Guillermo A. Calvo，"Servicing the Public Debt：The Role of Expectations，" *American Economic Review* 78（September 1988）：647－661。这个模型被 De Grauwe 应用于欧元危机。

② 关于希腊和爱尔兰危机的生动的解释参见 Michael Lewis，*Boomerang*：*Travels in the New Third World*（New York：W. W. Norton & Company，2011）。

由于削减财政开支和紧缩银根，产量突然下降，失业率飙升。许多观察家质疑包括在政府的财政支持一揽子计划中并在欧盟得到了广泛实施的财政紧缩方案是否确实有助于减少公共债务，特别是当周边的国家同时实施这项政策的时候。

一个更大范围的危机与应对政策

希腊的实践证明，即使在最初的一揽子救助计划之后，它的公共债务也无法转入可持续的轨道。欧洲领导者开始公开讨论是否需要一种机制来使无力偿还的政府在未来重构其债务。2011 年下半年，意大利因存在官方严禁的违约，其债务的票面利差迅速上升。意大利比希腊、爱尔兰和葡萄牙大，如果没有一个更大的来自欧元区伙伴国的预算承诺，它的财政问题将无法得到解决。另一个较大的国家西班牙，因其银行部门非常大，借贷成本同样也出现了飙升，与此同时，由于房地产不振，西班牙逐渐走向了衰落。

2012 年 3 月希腊最后重构了政府债务，给私人债券持有人带来了很大的损失。然而，国家的债务却只有轻微的下降（见图 21－10）。那时，大量的债务被官方持有（特别是欧洲央行），并且更进一步，希腊政府需要借钱重组国内因违约而损失巨大的银行。在 2012 年 6 月欧元区财政部部长给予西班牙一个 1 000 亿欧元之多的 ESM 贷款，用于那些状况不佳的银行的资本重组。尽管有了这些进展，希腊和西班牙仍处在混乱中。

面对持续的动荡，欧洲领导者提出了两个关键的方案：一个是关于财政政策的统一，另一个是关于银行政策的统一。德国发起了一项欧盟国家《财政稳定条约》，在此条约之下，签约国承诺自行修订本国立法，这在某种程度上使政府的预算接近平衡。这个条约是比《稳定与增长公约》更严格的更新版本，反映了德国的官方立场：危机的主要原因是政府的财政不端行为。这个条约对 2013 年初签字的 16 个国家生效。

对《财政稳定条约》的评论指出：像爱尔兰和西班牙这样的国家，在危机之前有良好的财政指标，以及相对于 GDP 下降了的债务水平（见图 21－10）。德国的诊断是关于希腊的，但其他国家因其银行系统的崩溃而出现了债务危机。德国的策略对银行监管的改善毫无作用，也不能够打破银行和主权政府间的恶性循环。正如我们在有关最优货币区的讨论中所表明的，一个紧密的银行联盟对欧元区的建立是必要的。

欧洲领导者还有第二个方案：他们在 2012 年 6 月召开会议，并指导欧盟委员会绘制一个单一监管机制（SSM）的蓝图，这一监管机制有权在欧元区内对银行进行监管。那些领导者也建议一旦单一监管机制付诸实施，欧洲稳定机制应该有权对银行直接进行重组。这意味着欧洲稳定机制有责任提供任何形式的贷款，也就是说，这是欧元区的共同责任，无论那些资本重组的银行坐落于哪里。这个重要的建议力图在国家层面减少厄运循环的发生，但是这使得一些政府因被迫救助其他国家的银行而感到不安。

为了应对这个最高级别的指示，欧盟委员会在 2012 年 9 月为银行联盟举荐了一个三管齐下的方法，打算对财政监管、存款保险和欧元区内银行破产的决议（即是重组还是清算）实行中央集权。正如刚才所提到的，这些措施的意图是在国家层面上打破厄运循环和加强货币联盟的金融监管力度及可信度。特别地，欧盟委员会建议创建一个单一监管机制、一个欧元区范围内的存款保险制度和一个单一清算机制，这个单一清算机制和单一监管机制一样是在欧元区层面运行。在 2014 年 11 月 4 日，这个单一监管机制正式生效运营。尽管单一监管机制建立于欧洲央行内，并对规模更大、更相互关联的欧元区银行拥有权威，但在监管规模较小的银行方面，单一监管机制仍给予本国主要发言权。从 2016 年 1 月 1 日起，单一清算机制开始运行。然而，将欧元区内存款保险中央集权化的思想却遭遇了来自以德国为首的一些国家的强烈反对，故而，用于解决银行清算问题的资源大部分仍然由主权国家自己提供。因此，实质上厄运循环仍然存在。并且，在面临来自政治家的反对声音时，如果欧洲央行没有确实的权力和财政资源去查封和重组破产银行，欧洲央行将难以实施它的监管法案。

许多观察者建议欧元区应该通过一个大的中央集权的预算来加强财政联邦制。这个中央集权的预算由一个有税收、预算和发行欧洲债券能力的财政当局管理。这个方法遭到了德国和其他国家的强烈反对，并且不可能很快实现。①

欧洲央行直接货币交易

尽管进行了改革，欧元区外围国家的主权债务市场在2012年的整个夏天仍然一直不稳定。由于投机者的投资行为，希腊甚至想要离开欧元区。这被通称为“希腊脱欧”。如果这开辟了一个政府放弃欧元并使用自己国家货币的先例，恐怕会扰乱其他国家的借款利率。2012年7月26日，欧洲央行主席德拉吉发表了一段引人注目的演讲：“在我们的权力范围内，欧洲央行将不惜任何代价保护欧元区。相信我，这就足够了。”六个星期之后，他向公众公布了一个名为“直接货币交易”（OMT）的计划。在此计划下，欧洲央行确实会这样做——很可能无限制地购买主权债券以防止利率过高。为了符合OMT的条件，这些国家首先会赞同欧洲稳定机制的稳定计划。

在写作此书时，OMT还没有被使用，然而，外围国家（除希腊以外）的公债利息已经大幅降低，如图21-7所示，简单地说，这是由对欧洲央行将会无限制地投放货币的预期所致。然而，这种相对而言的风平浪静究竟会持续多久并不清楚（尽管这一想法在欧盟法院的法律挑战中幸存下来）。此外，由OMT以及欧洲央行于2015年1月宣布的大规模资产购买所带来的喘息机会，可能削弱了各国政府实施结构性改革的决心，也削弱了欧盟领导人实施必要制度创新的决心。这正是道德风险的另外一种形式，在一定程度上鼓励着政府领导人推迟做出本来很艰难的决定。

EMU的未来

欧洲的单一货币试验是有史以来通过在庞大的主权国家集团内使用单一货币来获得效率收益的最勇敢的一次尝试。如果EMU能够成功，它将推动欧洲政治和经济的一体化，在一个可能包括东欧甚至包括土耳其的地区内促进和平与繁荣。如果EMU失败了，它的推动力——欧洲政治统一的目标——也将遭受挫折。

要想渡过危机并且蓬勃发展，EMU必须克服一些困难来应对挑战：

（1）欧洲不是一个最优货币区。因此，欧元区内不同国家的不对称的经济发展——在各国货币并存的制度下很可能要求不同的国内利率——将很难通过货币政策加以控制。单一货币计划把经济联盟带到了一个欧盟在政治联盟领域内无法（或不愿）承受的水平。然而，受欧元危机的影响，欧元区正在通过《财政稳定条约》增加超出欧洲央行最初蓝图的对经济的中央控制，加强对欧盟委员会和欧洲银行业的控制。许多欧洲人希望经济联盟会导向更紧密的政治联盟，但是在经济政策上的争论可能会损害政治联盟的目标。EMU中心政府权力的加强也需要强大的民主责任，但是要做的工作还有很多。此外，还存在着一种危险，即欧洲各地的选民将把欧洲中央银行视为一个遥不可及的、在政治上不可信赖的而且对民众的需要反应冷淡的技术官僚集团。

（2）在多数较大的欧盟国家里，劳动力市场仍然是僵化而难以统一的，它容易受到政府的高就业税以及其他妨碍劳动力在行业和地区间流动的管制措施的影响。其结果是持续的高失业率。除非

① 有关欧元债券提案的调查，请参见 Stijn Claessens，Ashoka Mody，and Shahin Vallée，“Paths to Euro-bonds，” Working Paper WP/12/172，International Monetary Fund，July 2012。

这些劳动力市场的流动性大大提高，就像美国的货币联盟那样，否则单个的欧元区国家在调整到充分就业和有竞争力的实际汇率之前还需度过一段痛苦的时期。其他的结构性问题也存在。

欧元区是否会发展更为完善的机构，以实现各国之间的财政转移，这一点仍有待观察。至少，为计划中的银行业联盟提供某种集中的财政支持以确保其有效性是至关重要的。欧元危机表明，欧洲需要有足够集中的财政能力，以迅速应对具有内在传染性的成员国金融动荡。它同样显示出了一些国家对这样一种体制改革的反对情绪。但是正如我们所看到的，危机所暴露出的经济和政治的分歧在欧元区成立之初就存在了。

因此，欧元在未来的日子里面临严峻的挑战。美国的经验表明：一个由不同的经济区组成的规模庞大的货币联盟可以很好地运行。然而，欧元区要取得类似的成功，就必须在建立一个欧盟范围内的流动的劳动力市场、改革现有的财政体系以及深化政治联盟方面取得进展。如果欧元计划及欧洲中央银行不能成功地带来价格稳定和经济繁荣，那么欧洲一体化本身将受到威胁。

提　要

1. 欧盟国家支持固定汇率制的主要原因有两个：它们认为，在货币方面的合作可以提高它们在国际经济事务中的地位；要建立统一的欧洲大市场，必须固定汇率。

2. 欧洲货币体系创建于 1979 年 3 月，最初的成员国包括比利时、丹麦、法国、联邦德国、爱尔兰、意大利、卢森堡和荷兰。此后，奥地利、英国、葡萄牙和西班牙也加入进来。截至 20 世纪 80 年代中期，资本管制一直是该体系正常运行的一个主要工具，但从那以后，作为建立欧盟统一市场的计划的一部分，许多控制都被取消了。

3. 实际上，所有欧洲货币体系的货币都固定了与德国马克的汇率。因此，就如美国在布雷顿森林体系中一样，德国成为欧洲货币体系的货币政策制定者。欧洲货币体系的信誉理论认为，成员国将本国货币与德国马克的汇率固定后，由于德国中央银行以低通货膨胀著称，所以成员国可以借此防止通货膨胀。在实践中，欧洲货币体系中的其他国家的通货膨胀率也开始向德国的低通货膨胀率靠拢。

4. 1999 年 1 月 1 日，11 个欧盟国家通过接纳由欧洲中央银行体系发行的共同货币——欧元——建立了经济与货币联盟。欧元体系由欧盟各成员国的中央银行和总部设在法兰克福的欧洲中央银行组成，其管理委员会掌握 EMU 的货币政策（最初的 11 个成员国加上后来进入的几个国家）。从 EMS 的固定汇率制度向 EMU 的转轨过程在《马斯特里赫特条约》中有明确规定，并由欧洲各国领导人在 1991 年 12 月签署。

5. 《马斯特里赫特条约》特别指出，欧盟成员国在被批准加入之前必须满足几项宏观经济一致性标准。其目的是使得像德国这样的低通货膨胀国家的选民相信，这种新的共同管理的欧洲货币将和从前的德国马克一样能够抵御通货膨胀。1997 年，在德国的坚持下，欧盟领导人制定了《稳定与增长公约》（SGP），旨在将政府赤字和债务限制在国家一级。

6. 最优货币区理论认为，如果通过贸易和要素流动，一个国家与固定汇率区经济紧密联系在了一起，那么该国就会愿意加入这个汇率区。一个国家是否愿意加入汇率区是由加入后的货币效率收益和经济稳定性损失两者共同决定的。*GG*－*LL* 图反映了以上两个因素与加入国和固定汇率区经济一体化程度之间的关系。只有经济一体化程度超过了特定值，加入固定汇率区才会对加入国有利。

7. 欧盟并不完全符合最优货币区的条件。尽管自 20 世纪 80 年代以来在欧盟内部扫除了不少妨碍市场统一的障碍，但欧洲内部贸易开展得仍然不广泛。另外，与其他大的货币区（如美国）相比，欧盟内部劳动力的流动非常有限。最后，欧盟内财政联邦制实行的规模太小，不能在成员国出现经济衰退时给予有力的援助。

8. 欧元危机是由希腊在 2009 年暴露的财政问题所引起的，但是危机传播得如此之快是由于欧元区银行过分扩张和一些国家已经遭受了不能通过货币贬值而解决的估值问题。政府可能违约的预期对银行造成了伤害，相反，银行出现的问题迫使政府在自我强化的厄运循环中对其实施紧急救助措施。结果使得政府的借贷利率增高，资本从财政紧缩的国家外流。当货币外流时，欧洲央行对外围银行提供了大量的最后贷款人支持；与此同时，政府需要从其他欧元区成员国和国际货币基金组织借款，而一国只有在同意实施财政紧缩政策和结构性改革的前提下才能获得。财政紧缩与周边国家的银根紧缩一起导致了深度衰退。

9. 作为对危机的回应，欧元区政府修订了财政限制，并在欧元区银行联盟问题上取得了不完全的进展。然而最有效的、使得政府的借款利率下降的首创措施是欧洲央行的直接货币交易的承诺。但是截至本书写作时，直接货币交易这一武器还未经使用，但欧洲央行一直在大规模购买主权债券（以及其他资产）以降低长期利率并防止通货紧缩。

关键术语

欧洲货币体系的信誉理论	违约	厄运循环
欧洲经济与货币联盟	经济稳定性损失	欧洲货币体系
财政联邦制	《马斯特里赫特条约》	货币效率收益
最优货币区	《稳定与增长公约》	

习　题

1. 为什么欧洲货币体系将货币坚挺国的中央银行信誉传递给货币疲软国的中央银行能增加欧洲货币体系汇率的稳定性？

2. 在1992年9月之前，在欧洲货币体系中意大利里拉/德国马克的汇率被控制在±2.25%的浮动范围内。假设里拉/马克的中心平价和浮动范围就这样固定下来，那么1年期的里拉存款和德国马克存款的利率之间可能出现的最大差值是多少？半年期的呢？3个月的呢？答案是否令你感到惊讶？请给出一个直觉的解释。

3. 沿用上题的假设。意大利5年期政府债券的年利率为11%；德国5年期政府债券的年利率为8%。这对目前里拉/马克汇率平价信誉有什么含义？

4. 你对以上两个问题的回答是否要依据这样的假设，即利率与预期汇率之间的变化是由利率平价联系起来的？请说明理由。

5. 挪威让其货币克朗钉住欧元，但不久欧洲经济与货币联盟由于世界对挪威以外的成员国的产品需求增加而获利。挪威克朗与非欧元货币的汇率会发生什么变化？挪威的产出会受到怎样的影响？影响程度与挪威和欧元区经济的一体化程度有何关系？

6. 使用 *GG*-*LL* 图说明一国货币需求不可预期的变动幅度和频率增大会对该国愿意加入货币区时所处的经济联系程度临界值的高低产生什么样的影响。

7. 1992年9月，英国允许英镑开始浮动的前夕，欧洲汇率机制（ERM）正承受着巨大的投机性压力。对此，伦敦的新闻周刊《经济学家》（*The Economist*）发表了下述评论：

> 英国政府的批评者希望降低利率，并且认为如果英国使英镑贬值，甚至在必要时退出ERM，那么这个目的便可达到。但这是错误的，离开ERM只能导致利率立即上升，而不是下降，这是因为英国经济将失去由于它加入ERM而获得的信誉。两年前，英国政府债券的利率比德国高3个百分点，但今天这个差距已缩小到0.5个百分点；这说明投资者相信英国的通货膨胀率会逐渐降低，并且是永久性地降低。（参见“Crisis? What Crisis?” *The Economist*，August 29，1992，p.51。）

a. 为什么英国政府的批评者认为英镑脱离ERM会使其国内利率降低（上面的文章发表时，英国正处在严重的经济衰退中）？

b. 为什么《经济学家》周刊认为英国脱离ERM后会出现与上一问中意见相反的情况？

c. ERM是怎样为英国的政策制定者带来信誉的？（英国于1990年10月加入ERM。）

d. 为什么当英国的名义利率相对于德国较高时，就预示着英国未来的通货膨胀较高？你能否想出其他解释?

e. 假定在写作本书时英国利率略高于德国利率，除了上述“相信英国的通货膨胀率会逐渐降低，并且是永久性地降低”的原因以外，请再给出两个原因。

8. 假设欧洲货币体系成为一个使用统一货币的货币联盟，却没有设立一个欧洲中央银行来管理统一的货币。相反，它允许各国中央银行自己发行并管理这种货币；各国愿意发行多少这种货币就可以发行多少，并且可以进行公开市场操作。你能否预测这将会产生什么问题?

9. 为什么即使同期货币已能在欧盟成员国之间实现完全自由流动，创立统一的欧盟劳动力市场的失败也会对欧洲经济与货币联盟作用的正常发挥产生危害?

10. 在英国脱欧之前，虽然它坚定地支持成立欧盟，但它并未采用欧元，就像我们在本章中所解释的那样，就此问题仍存在激烈的争论。

a. 查找英国从 1998 年以来的宏观经济数据（通胀率、失业率、实际 GDP 增长率）并且与欧元区的数据进行比较。

b. 在 1998 年之后，英国与欧元区的名义利率是多少?如果欧洲中央银行将英国的名义利率水平设定在欧元的利率水平，并且将英镑与欧元的汇率固定，那么英国应该怎样做?

11. 欧元对外汇率的变动可以被看作商品市场的冲击，而这对欧元区的不同国家会产生不对称的影响。当 2007 年欧元相对于人民币升值时，哪个国家的总需求会大幅下降，是在出口市场上不与中国直接竞争的芬兰，还是西班牙?为什么?如果西班牙保留其原货币比塞塔，情况会怎样?

12. 在美国的货币联盟中，如果一个州的经常账户出现巨额赤字，我们似乎从来不会担心。你曾经在报纸上看到过这样的数据吗?例如，人们可能会猜测在 2005 年卡特里娜飓风袭击了路易斯安那州之后，该州会经历巨额的经常账户赤字。但是有关该州的经常账户赤字并不值得财经杂志去报道。然而，我们知道，2008 年希腊经常账户赤字占 GDP 的 14.6%，葡萄牙赤字占 GDP 的 12%，西班牙赤字占 GDP 的 9.8%（见表 21-4）。这些国家的政府应该担心如此巨大的赤字吗?（提示：将你的答案与关于《稳定与增长公约》需求的辩论联系起来。）

13. 访问国际货币基金组织的网站 www.imf.org 并查询世界经济展望数据库；下载目前希腊、西班牙、葡萄牙、意大利和爱尔兰的经常账户余额的数据（以 GDP 的百分比表示）。2009 年欧元危机后，这些国家的经常账户发生了什么变化?你能解释你所看到的现象吗?

14. 假设一个国家可以离开欧元区并且能够印刷自己的货币，并假设在某个时点欧洲央行停止借款给该国银行（或许是由于担心经济损失）。如果债权人突然从该国银行撤离，接下来会发生什么?

15. 2013 年春天，塞浦路斯跟随希腊、爱尔兰和葡萄牙接受了来自“三驾马车”的紧急贷款（“三驾马车”指欧盟、欧洲央行和国际货币基金组织），原因是塞浦路斯银行体系存在巨大的损失。塞浦路斯政府在欧盟的同意下进行了资本管制，以防止居民把钱带到国外。你认为塞浦路斯采取这一措施的原因是什么（这个措施违反了欧盟的单一市场规则）?（希腊被迫在 2015 年中期采取类似的做法，因为人们对希腊有可能退出欧元区的担心使存款逃离了希腊。然而，到目前为止，希腊的债权人仍然愿意提供足够的信贷以维持该国的正常运转。）

16. 假设欧元区内的一个大国，例如德国，实施财政扩张政策，政府购买更多的本国产出。那么，这将对欧元区其他成员国有什么影响?

a. 使用 *DD*-*AA* 模型，考虑到欧元区是一个单一经济体，其汇率相对于世界其他地区浮动。然后考虑德国政策变化（如果这种变化是永久性的）可能影响货币联盟中其他成员国的渠道。如果变化是临时的呢?

b. 现在假设欧元区处于流动性陷阱中，欧洲央行的政策利率固定在零（回顾第 17 章）。参见图 17-19，你认为德国的临时财政扩张会如何影响货币联盟中的其他成员国?永久扩张呢?

延伸阅读

Alberto Alesina and Francesco Giavazzi, eds. *Europe and the Euro*. Chicago: University of Chicago Press, 2010. 该文献描述了欧元实施的第一个十年的情形。

Markus K. Brunnermeier，Harold James，and Jean-Pierre Landau. *The Euro and the Battle of Ideas*. Princeton，NJ：Princeton University Press，2016. 该文献对欧元区治理的压力进行了广泛的分析。

Lars Calmfors et al. EMU：*A Swedish Perspective*. Berlin：Springer，1997. 该书基于瑞典在欧元生效之前所提交的一份政府文件反对瑞典加入 EMU。

W. Max Corden. *Monetary Integration*. Princeton Essays in International Finance 32. International Finance Section，Department of Economics，Princeton University，April 1972. 该文献对货币统一进行了经典的分析。

Paul De Grauwe. "The Governance of a Fragile Eurozone." *Australian Economic Review* 45 (September 2010)，pp. 255 - 268. 该文献利用主权债务市场自我实现的投机解释了欧元危机。

Barry Eichengreen and Peter Temin. "Fetters of Gold and Paper." *Oxford Review of Economic Policy* 26 (Autumn 2010)，pp. 370 - 384. 该文献探讨了欧元区的固定汇率和大萧条时期的金本位制之间的相似性。

Martin Feldstein. "The Political Economy of the European Economic and Monetary Union：Political Sources of an Economic Liability." *Journal of Economic Perspectives* 11 (Fall 1997)，pp. 23 - 42. 一个权威的经济学家给出了反对加入 EMU 的理由。

Harold James. *Making the European Monetary Union*. Cambridge，MA：Harvard University Press，2012. 该文献对 EMU 之前的历史进行了详细介绍，包括关于欧洲中央银行的设想的谈判。

Peter B. Kenen and Ellen E. Meade. *Regional Monetary Integration*. Cambridge，U. K.：Cambridge University Press，2008. 该文献对欧元区的经历以及东亚及拉丁美洲的其他大型货币区的前景进行了全面综述。

Philip R. Lane. "The European Sovereign Debt Crisis." *Journal of Economic Perspectives* 26 (Summer 2012)，pp. 49 - 68. 该文献简述了欧元区的债务危机。

Silvia Merler and Jean Pisani-Ferry. "Sudden Stops in the Euro Area." Bruegel Policy Contribution 2012/06，March 2012. 该文献分析了 EMU 内部的金融流动的不稳定性。

Jean Pisani-Ferry，André Sapir，Nicolas Véron，and Guntram B. Wolff. "What Kind of European Banking Union?" Bruegel Policy Contribution 2012/12，June 2012. 该文献对在欧盟内部建立银行联盟问题进行了简要回顾。

Jay C. Shambaugh. "The Euro's Three Crises." *Brooking Papers on Economic Activity* 1 (2012)，pp. 157 - 211. 该文献对导致危机的欧元区问题进行了广泛的考察。

Edward Tower and Thomas D. Willett. *The Theory of Optimal Currency Areas and Exchange Rate Flexibility*. Princeton Special Papers in International Economics 11. International Finance Section，Department of Economics，Princeton University，May 1976. 该书考察了最优货币区理论。

第22章 发展中国家：增长、危机与改革

到目前为止，我们已经了解了发达国家，例如美国以及西欧国家之间的宏观经济联系。数量众多的熟练工人和充裕的资本使得这些国家创造了很高的GNP。相对于贫穷国家而言，这些国家对市场的直接控制较少。

然而，自20世纪80年代初期以来，发展中国家的宏观经济问题多次成为关系到世界经济稳定的热点。在第二次世界大战后几十年的时间里，发展中国家与发达国家之间的贸易不断扩大，与此同时，二者之间的金融交易也越来越丰富。两个集团在经济上更加广泛的联系使得每个集团都比以往更加依赖于另一方的经济稳定。因此，发展中国家发生的事件对发达国家的社会福利以及政策有着重大的影响。自20世纪60年代以来，一些过去贫穷的国家大幅提高了其居民的生活水平，而另外许多国家则进一步落后于工业化国家。通过理解这些具有鲜明对比的发展经历，我们可以从中汲取重要的政策经验，从而促进所有国家的经济增长。

本章将研究发展中国家的宏观经济问题以及这些问题对发达国家的影响。虽然前几章所学过的国际宏观经济理论也适用于发展中国家，但发展中国家在追赶发达国家的过程中面临的特有问题值得我们在此进行单独讨论。不仅如此，发展中国家的低收入水平使得其在经历宏观经济衰退时将比发达国家更加痛苦，严重结果甚至会威胁到其政治和社会的凝聚力。

学习目标

学完本章，你应该能够：

- 描述世界收入分配的持续不均与引起这种不均的原因。
- 总结发展中国家的主要经济特征。
- 解释发展中国家在世界资本市场中的地位与发展中国家借款人的违约问题。
- 详述最近发展中国家的货币危机与金融危机。
- 讨论提高贫穷国家通过参与全球资本市场获利的措施。

世界经济中的收入、财富与增长

贫困是发展中国家的基本问题，而脱离贫困是它们所面对的首要经济和政治挑战。与工业化国家相比，多数发展中国家缺乏对现代工业而言至关重要的生产要素：资本和熟练劳动力。这些要素的相对稀缺性导致了低水平的人均收入，而且经常会使得发展中国家无法实现发达国家曾经从中受益的规模经济。政治动荡、没有保障的财产权和经济政策失误经常使其对资本和技术的投资受挫，

同时也在其他方面降低了经济效率。

富国与穷国之间的差距

根据人均年收入水平，世界各国可分为四种主要类型：低收入国家（包括阿富汗、孟加拉国、尼泊尔、柬埔寨、海地以及撒哈拉以南非洲国家）；中低收入国家（包括印度、巴基斯坦、菲律宾、印度尼西亚、几个中东国家、许多拉美和加勒比国家、许多东欧国家，以及非洲其他国家的大多数）；中高收入国家（包括其他拉美国家、一部分非洲国家、一些加勒比国家、土耳其、马来西亚、波兰、拉脱维亚、立陶宛、俄罗斯）；高收入国家（包括富裕的工业国；其他加勒比国家；一些非常富有的发展中国家，如以色列、韩国和新加坡；盛产石油的科威特和沙特阿拉伯；一些非常成功的东欧转型国家，如捷克、斯洛伐克、匈牙利和爱沙尼亚）。前两个类别主要包括落后发达国家一个发展阶段的国家，而后两个类别包括大多数新兴市场经济体（当然还包括工业化经济体）。表 22-1 显示了这些国家组在 2014 年的人均年收入水平，以及另一项经济福利指标——出生时的平均预期寿命。

表 22-1 给出了 21 世纪初国际收入水平的悬殊差别。最富有的国家的平均人均 GDP 是最贫穷的发展中国家的 65 倍！即使是中高收入国家的人均 GDP 也只相当于发达国家的 1/6。一般地，平均寿命指标可以反映收入水平的国际差距：越贫穷的国家平均寿命越短。[①]

表 22-1　2014 年四类国家的经济福利指标

收入分组	人均 GDP（2014 年美元）	预期寿命（岁）
低收入	654	61
中低收入	2 033	67
中高收入	8 430	74
高收入	42 330	81

资料来源：World Bank，World Development Indicators.

世界各国的收入差距是否在不断缩小？

解释国家之间的收入差距是最古老的经济学目标之一。亚当·斯密 1776 年的经典著作被命名为《国富论》并不是偶然的！至少从重商主义时代开始，经济学家就不只是试图解释在给定时点上各国为什么收入不同，而是同时寻求解决一个更富挑战性的难题，即为什么一些国家变得富有而其他国家却停滞不前。正如我们将在本章中看到的，关于什么是促进经济增长的最佳政策的激烈争论从来就没有停止过。

表 22-2 给出了 1960—2014 年间若干国家组的人均产出增长率水平，说明了经济增长难题的深度以及发现有利于增长的政策的好处。（这些实际产出数据已经根据对 PPP 的偏离进行了修正。）在这个时期内，美国经济以 2%～2.5%的人均年增长率增长，许多经济学家认为这一增长率对于一个成熟的经济来说是长期最大化的。在 1960 年最富裕的工业化国家大体上以相互可比的速度实现了经济增长。因此，它们与美国的收入差距相对缩小。然而，同期最穷的工业化国家在平均水平上而言，经常比美国增长快得多，结果这些国家的人均收入趋于赶上美国的人均水平。例如，在 1960

① 第 16 章表明，以美元收入的国际比较所代表的相对福利水平并不准确，因为以相同的货币（这里是美元）衡量的各国的价格水平一般是不同的。世界银行的报告还提供了经过对 PPP 偏离调整后的国民收入。那些数据反映出的悬殊程度明显比表 22-1 有所降低，当然，差距不可能被完全消除。表 22-2 给出了经购买力平价调整后的收入。

年人均国民收入比美国少48%的爱尔兰，到2014年这一指标却比美国约高1%，从而消除了早先的收入差距。

爱尔兰的赶超过程说明了工业化国家生活水平之间的差距在战后有缩小的趋势。我们观察到的人均收入**收敛**（convergence）现象背后的理论看上去似乎很简单：如果贸易是自由的，资本可以流向提供更高回报的国家；如果知识本身可以跨越政治边界使得各国总可以获得最先进的生产技术，那么国际收入的差异就没有理由持久存在。由于工业化国家之间采取了不同的政策，现实中的确存在一些差异。然而，先前的收敛动力看起来是如此强大以至可以使工业化国家的收入基本处于同一范围内。但我们也要记住，人均产出间的差别可能夸大了劳均产出的差别，因为与美国相比，大多数其他工业化国家具有较高的失业率和较低的劳动参与率。

表 22-2 **1960—2014年一些国家的人均产出**

国家	人均产出 1960年 （2005年美元）	2014年 （2005年美元）	1960—2014年 年均增长率（%/年）
1960年已经实现工业化的国家			
加拿大	15 509	43 567	1.9
法国	11 337	36 561	2.2
爱尔兰	9 186	52 095	3.3
意大利	10 001	33 354	2.3
日本	6 191	36 250	3.3
西班牙	7 384	30 967	2.7
瑞典	14 399	42 392	2.0
英国	12 817	36 536	2.0
美国	17 384	51 621	2.0
非洲			
肯尼亚	1 955	2 914	0.7
尼日利亚	2 643	5 537	1.4
塞内加尔	2 295	2 182	−0.1
津巴布韦	1 104	1 688	0.8
拉丁美洲			
阿根廷	10 214	20 200	1.3
巴西	4 409	15 102	2.3
智利	5 720	21 372	2.5
哥伦比亚	4 060	13 066	2.2
哥斯达黎加	4 050	13 463	2.2
墨西哥	6 324	15 747	1.7
巴拉圭	2 627	8 341	2.2
秘鲁	5 105	11 069	1.4
委内瑞拉	11 937	17 484	0.7

续表

人均产出			
国家	1960 年（2005 年美元）	2014 年（2005 年美元）	1960—2014 年 年均增长率（%/年）
亚洲			
中国	1 099	12 524	4.6
印度	971	5 534	3.3
马来西亚	2 532	21 737	4.1
新加坡	4 369	64 624	5.1
韩国	1 611	34 540	5.8
泰国	1 159	14 642	4.8

说明：数据摘自 Penn World Table，Version 9.0，各国的收入是经 PPP 调整后的数据。对此的描述参见 Penn World Table 的网站 http://www.rug.nl/research/ ggdc/data/pwt/pwt-9.0。

虽然这种简单的收敛理论看起来很有感染力，但是正如表 22-2 的其余内容所示，在世界范围内并没有出现明显的人均收入收敛的趋势。我们看到的是不同地区的国家组之间长期增长率的巨大差异，但是穷国并没有增长得更快的一般趋势。撒哈拉以南非洲国家虽然绝大多数属于世界上收入最低的一类国家，但它们的增长率却远低于主要的工业国。① 拉美国家的增长也相对较慢，其中只有几个国家（如巴西和智利）的经济增长率赶得上美国，然而人均收入水平却低得多。

相反，东亚国家和地区的增长率一般远远超过工业化国家，这与收敛理论的观点是一致的。韩国 1960 年的收入水平比塞内加尔还低，此后以每年 6%（按人均计算）的速度增长，1997 年被世界银行列入高收入发展中国家。新加坡 5.1%的年均增长率也使它跻身于高收入国家行列。一些东欧国家也在逐渐成为高收入国家的后备军。

一个国家和地区只要能保持 3%的年均增长率，其实际人均收入就能在两代人之内翻一番。但是以新加坡、韩国等东亚国家以及中国香港（1960—2014 年年均增长率为 4.5%）和中国台湾（1960—2014 年年均增长率为 5.7%）等东亚地区的增长速度计算，人均收入能在两代人之内增长 5 倍！

如何解释表 22-2 中长期增长模式的显著差异呢？答案在于发展中国家的经济和政治特征，以及这些特征由于受到世界大事和内部压力的影响而随时间改变的方式。发展中国家的结构性特征也有利于它们在成功地实现快速增长的同时，实现如低通货膨胀、低失业率和金融部门的稳定性等重要宏观经济目标。

发展中国家对全球增长的重要性

在过去的半个世纪里，全球经济的一个重要变化是，较贫穷的经济体在全球收入中所占的份额比过去大得多——在购买力平价衡量标准下已然超过一半，而且在全球经济增长中所占的份额也更大。图 22-1 说明了这一演变过程，它展示了自 20 世纪 60 年代以来不同地区在全球 GDP 总增长中的份额及其变动情况。

正如你所看到的，在 20 世纪 60 年代，美国和其他发达经济体在世界经济增长中占据了最大份额。然而，到 2010 年以后，富裕国家对全球经济增长的解释力却不到一半。两个重要事实解释了这

① 与此同时，撒哈拉以南非洲的其他国家现在已经达到了中等收入国家的水平。而南非的博茨瓦纳早就实现了这一发展目标：自 1960 年以后的 30 年里，它以平均远高于 5%的人均年增长率持续增长着。

一变化。首先，新兴经济体和发展中经济体尽管表现出相当大的异质性，但总体上往往比发达国家增长更快；随着占全球 GDP 份额的增大，它们成为世界增长的重要贡献者；在这个过程中，中国和印度等巨头发挥了显著的作用。其次，发达经济体的增长放缓。

要了解全球经济增长，我们必须越来越关注世界上较贫穷的经济体。此外，这些国家经济所经历的变化将对富裕国家产生重要影响。那么，哪些特征和政策决定了它们的表现？

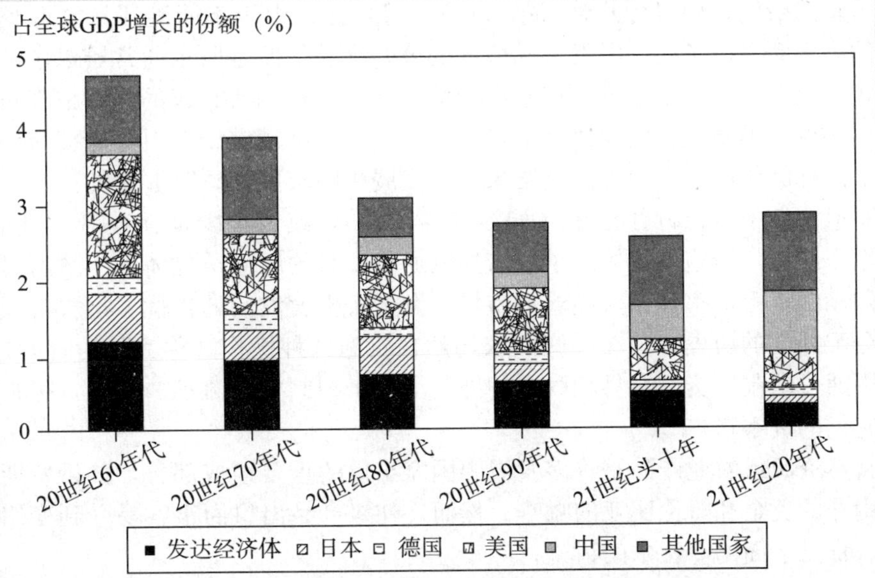

图 22-1　富裕国家对全球 GDP 增长的重要性降低

说明：由于许多发展中经济体增长越来越快，并且占世界产出的份额越来越大，其 GDP 增长率在决定世界总体增长方面变得更加重要。与此同时，随着时间的推移，富裕经济体的增长趋于缓慢。

资料来源：IMF，*World Economic Outlook*. 发达经济体不包括日本、德国和美国的数据。世界增长通过对各国 GDP 加权平均计算而得，而各国 GDP 则按市场价格计算。2010 年以后的数据仅统计到 2015 年。

发展中国家的结构特征

而今，发展中国家之间也有很大差别，不存在一个能够精确描述所有发展中国家的“典型”特征的列表。20 世纪 60 年代初，这些国家在贸易政策、宏观经济政策以及其他政府干预经济的方法上很类似。然后情况开始发生变化。东亚经济体放弃了进口替代的工业化发展战略，转而采用出口导向的发展战略。这一战略被证明是很成功的。后来，拉美国家也减少了贸易壁垒，同时努力约束政府在经济中的行为，降低顽固的高通货膨胀率，并且在许多情况下向私人交易开放资本账户。这些努力都已经取得了一定的成功。

虽然许多发展中国家进行了经济改革以向成功的工业化国家的结构靠近，但是这一过程尚未完成，而且大多数发展中国家还具有至少部分以下特征：

（1）存在政府对经济进行广泛和直接控制的历史，包括对国际贸易的限制、政府对大型工业企业的所有权或控制权、政府对国际金融交易的直接控制，以及政府消费在 GNP 中所占据的高比例。在过去的几十年中，就政府在各领域内的作用被削弱的程度而言，各发展中国家有很大不同。

（2）存在高通货膨胀的历史。在许多国家，政府仅仅通过税收无法承担其沉重的支出和国有企业的亏损。逃税行为盛行，许多经济活动转入地下，所以最简单的办法就是印制钞票。**铸币税**（seigniorage）是经济学家对政府通过印制钞票来购买产品和服务时所获得的实际资源的称呼。当政府连续扩大货币供应以收取较高水平的铸币税时，发展中国家就会发生通货膨胀甚至恶性通货膨胀。（如第 15 章中关于拉丁美洲的通货膨胀和货币供给增长的讨论。）

（3）在国内金融市场自由化的国家，信贷机构往往比较脆弱。银行会频繁地把借入的资金贷给不良的或者有很大风险的项目。贷款的发放可能是建立在私人关系而不是未来收益的基础上，政府防范金融风险的措施，如银行监管（第 20 章）等，往往由于不能胜任、没有经验和直接的欺诈而失效。虽然许多新兴市场上已经发展起股权的公开交易，但是股东通常难以了解公司支出的细节或者控制公司的经营者。典型地说，在破产的情况下处理资产所有权的法律框架也很薄弱。尽管发达国家金融市场近期不稳定，但相比之下，发展中国家的金融市场在引导储蓄流向其最有效的投资用途这一点上发挥的作用并不理想。其结果是，发展中国家更容易发生危机。

（4）一般倾向于实行钉住汇率（如沙特阿拉伯），或者至少是在政府大量干预下的管理浮动。政府限制汇率波动的措施不仅体现了政府控制通货膨胀的愿望，也体现了政府对浮动汇率可能会使得发展中国家的货币汇率在相对脆弱的市场上发生大幅度波动的担忧。过去曾经有通过政府法令而非市场来分配外汇的历史，现在一些国家仍然在实施这种操作（称为外汇管制）。大多数发展中国家曾经试图通过限制与资产交易相联系的外汇交易来控制资本流动。然而，最近，许多新兴市场国家开放了它们的资本账户。

（5）自然资源或农业产品是许多发展中国家出口的重要组成部分，如俄罗斯的石油、马来西亚的木材、南非的黄金和哥伦比亚的咖啡。然而，初级产品出口商很容易受到变幻莫测的国际价格波动的影响。详见下面的专栏中的讨论。

（6）规避政府控制、税收和管制的动因会使得行贿与勒索等腐败行为在许多（如果不是大多数）发展中国家盛行。在某些情况下，地下经济活动的发展可以通过恢复一定程度上基于市场的资源配置而有助于提高经济效率，但是从数据上我们可以清楚地看到，腐败和贫困是交织在一起的。

专栏 商品超级周期

在过去的 20 年里，商品总价格经历了一个繁荣—萧条的周期，在 1999—2011 年上涨了 4 倍以上，但这一趋势在 2008—2009 年的大衰退期间出现了急剧但短暂的中断，然后在 2011—2016 年下跌了 50%以上。这种周期在过去反复发生，使得经济学家比格·尔滕（Bilge Erten）和乔斯·安东尼奥·奥坎波（José Antonio Ocampo）观测到了从 19 世纪开始的一些长期的“现代超级周期”的存在，每个周期通常持续 30～40 年。[①]

最近的周期对于不同的商品类别具有普遍适用性。1999—2008 年，大多数商品价格都实现了两位数的年增长，包括石油、煤炭和天然气等燃料，铝、铁和锡等金属，以及玉米、大米和小麦等食品。从以下随附的以国际货币基金组织（IMF）美元商品价格指数（dollar commodity price index）衡量的最近商品总价格变化趋势图中，你可看出最近的商品总价格周期。

1999—2011 年，有几个因素促成了大宗商品价格上涨，其中最显著的是新兴经济体的快速增长、供应限制和较低的全球实际利率。

（1）新兴经济体的增长。在 21 世纪的第一个十年里，中国经济快速增长，截至 2011 年，它供应了全球对一些自然资源，特别是工业金属的需求的近一半。数以亿计的中国公民从农民转型为工人，推动了资源密集型制造业和建筑业的发展。一个被广泛用于论证中国的城市化步伐的事实表明，2011—2013 年间，中国使

① Bilge Erten and José Antonio Ocampo, “Super Cycles of Commodity Prices since the Mid-Nineteenth Century,” *World Development* 44 (April 2013), pp. 14 - 30.

用的水泥比美国在整个20世纪使用的水泥还多。其他新兴市场，例如巴西、俄罗斯和印度，也是推动这一时期内大宗商品高需求产生的重要经济主体。其中一些国家还是商品出口国，而世界对其本国出口产品的高需求支持了它们从其他国家进口产品的需求。

(2) 供应限制。大量的供应中断也推高了价格，例如由于一些重要农业地区的干旱以及一些产油国的暴力和动荡的发生；此外，一些交付时间较长的采掘投资意味着供应在短期内可能相对缺乏弹性；同样，一些商品出口国受到供应瓶颈的影响，例如运输设施不足。

(3) 低利率。鉴于投资者寻找替代资产以获取收益并投资商品库存的经济行为，前几章讨论的低利率环境（回顾图19-9）也将促使商品价格上涨。在2007—2009年金融危机之前，充裕的全球信贷使得投机行为更加容易进行。

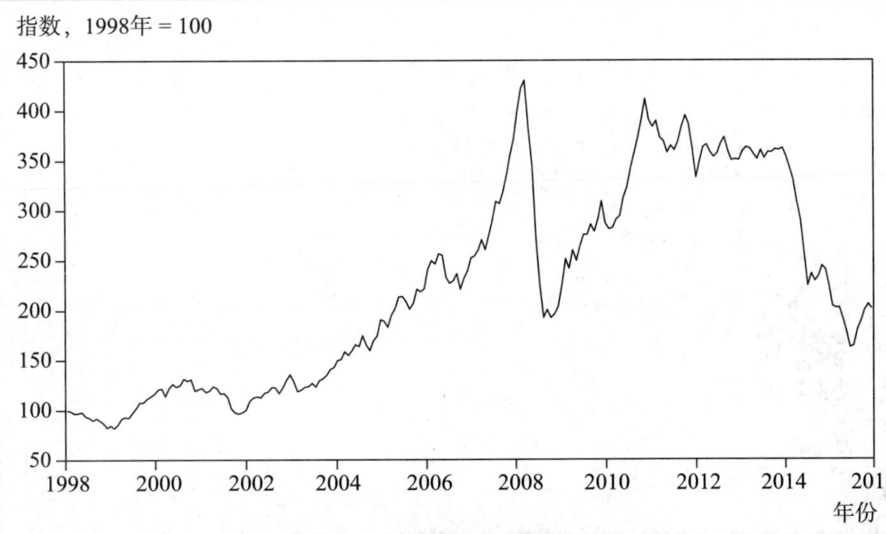

商品价格指数

资料来源：IMF.

自2011年以来，中国一直试图将经济从投资和制造（包括建筑业）转向更多的国内消费，特别是服务业。中国政府认为，这种演变是必要的：既有助于降低低效的高投资水平，又有助于满足不断增长的中产阶级的需要。然而，这种重新定位导致中国经济增长的总体速度大幅放缓，从两位数降至每年6.5%左右。中国的经济增长放缓对全球大宗商品价格造成了影响。起初，随着全球石油价格大幅下跌，在全球经济增长放缓以及石油生产商之间的价格战的推动下，2014—2015年，逐渐下降的价格呈溃败趋势。

现在预测目前大宗商品价格下跌的持续时间还为时尚早，但很难想象快速回归到于2010年初结束的繁荣时期。大宗商品价格下跌意味着新兴和发展中国家商品出口增长放缓，其中一些国家完全依赖于少量初级产品出口。如果这些国家想要促进经济增长并恢复人均收入增长，那么这些国家可能不得不将其出口进一步多样化，进入非商品领域。

最近商品出口商的竞争使人们对经济学家劳尔·普雷维什（Raúl Prebisch）和汉斯·辛格（Hans Singer）在1950年提出的假设重新产生了兴趣。普雷维什和辛格预测，发展中国家的商品出口商注定会陷入长期的贸易条件下降过程，因此很难达到发达国家的收入水平。他们认为全球商品的需求收入弹性很低，而制成品和服务的需求随着收入的增长而强劲增长，因此，随着世界经济的增长，初级产品出口国的贸易条件将不可避免地下降。

乍一看，这些数据并不能证明普雷维什-辛格假说——当然，石油的实际价格，即使在最近的下跌之后，也远高于1950年的水平！此外，一些1950年贫穷的大宗商品出口国成功地进入制造业，并以惊人的速度增长。然而，利用历史数据研究很长时间段的研究人员已经发现，尽管商品价格周期较长，但随着时间的推移，商品价格仍有下降趋势。[①]

图 22－2 显示了在一个包括发展中国家和工业化国家的大样本基础上的年实际人均 GDP 和腐败的**逆向指数**（inverse index）[从 1（最腐败）到 10（最廉洁）的情况，由透明国际（Transparency International）发布] 之间存在的强正相关关系。[②] 有几个因素可以用来解释这种关系。促使腐败发生的政府管制同时会影响经济繁荣；统计研究已经发现，腐败本身倾向于有一个负的净经济效率和增长。[③] 最后，较贫穷的国家缺少有效治理腐败的资源，而且贫穷本身会刺激越轨的愿望。

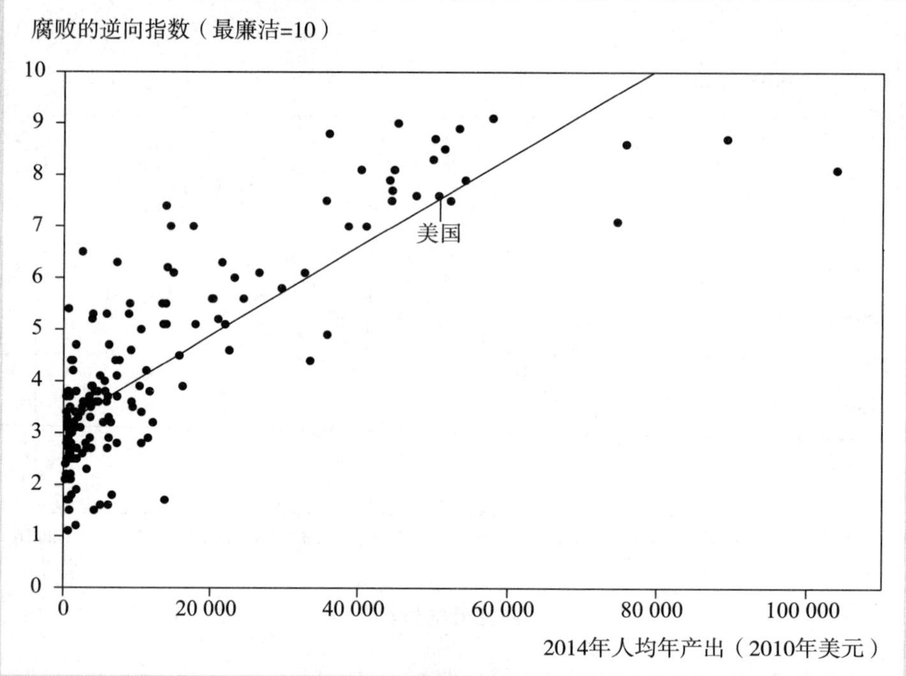

图 22－2　腐败与人均收入

说明：实际人均产出水平与腐败负相关：随着实际人均产出的下降，腐败趋于上升。本图描绘了 2015 年的腐败（逆向）指数和 2014 年经购买力平价调整的实际人均产出，后者以 2010 年的美元衡量（即 2010 年的 1 美元可以在美国买到的数量）。直线为统计学家在一国的实际人均产出基础上对该国的腐败水平的最优估计。

资料来源：Transparency International，Corruption Perception Index；World Bank，World Development Indicators.

① 如前文所述，Erten 和 Ocampo 发现了自 19 世纪中叶以来实际商品价格的长期下降趋势。关于普雷维什-辛格假说的最初参考文献包括 Raúl Prebisch，"The Economic Development of Latin America and Its Principal Problems，" *Economic Bulletin for Latin America* 7（1950），pp. 1－12；Hans Singer，"The Distribution of Gains between Investing and Borrowing Countries，" *American Economic Review* 40（May 1950），pp. 473－485。最近使用长时间序列数据对普雷维什-辛格假说进行研究的文献是 Rabah Arezki，Kaddour Hadri，Prakash Loungani，and Yao Rao，"Testing the Prebisch-Singer Hypothesis since 1650：Evidence from Panel Techniques That Allow for Multiple Breaks，" IMF Working Paper WP/13/180，August 2013。

② 根据透明国际 2015 年的排名，世界上最廉洁的国家是丹麦（分数为 9.1 分），最腐败的国家是阿富汗（1.1 分）。美国的分数是 7.6 分。详细数据和概述参见 Vito Tanzi，"Corruption around the World，" International Monetary Fund Staff Papers 45（December 1998），pp. 559－594。

③ 当然，对伴随腐败的经济非效率有丰富的证据。考虑以下对在透明国际 2015 年排名中得分为 3.8 分的 B 国在 1999 年从事商业活动的一段描述：

> 腐败远远超过了勒索街头小贩的程度。几乎所有可以想得到的经济活动都会遇到这样或那样的官方勒索。大型公司一般都会采取行贿手段，但是跨国公司通常拒绝这么做而宁愿支付罚款。交给市、州和国家的钱被官僚和他们的政治教父分享——他们的做法导致人们不可能完全按照该国混乱的法律、规章、法令和指令去做。
>
> 贿赂和罚款构成了部分的所谓"B 国成本"，提高了在 B 国从事商业活动的各种支出。

参见 *Financial Times*，March 20/21，1999，p. 4。

许多在今天仍然可以用来描述发展中国家的主要特征形成于20世纪30年代，而且可以追溯到大萧条时期（见第19章）。大多数发展中国家都尝试过直接控制贸易与支付以维持外汇储备和保护国内就业。面对世界市场体系的大面积崩溃，工业化国家和发展中国家都允许政府在就业和生产上发挥越来越直接的作用。通常，政府会重新组织劳动力市场，对金融市场建立更严格的控制，控制价格并对关键行业实行国有化。但是事实证明，这种由政府控制经济的趋势在发展中国家要持久得多，因为这些国家的政治机构允许那些既得利益者把这种状态长期维持下去。

首先，在第二次世界大战期间制造业产品的传统供应来源被切断以后，发展中国家鼓励本国新制造业部门的发展。保护这些产业的政治压力成为战后第一个十年里进口替代的工业化战略盛行的原因之一。其次，战后独立的前殖民地国家认为，只有通过迅速的、政府主导的工业化和城市化才有可能达到它们的前宗主国的收入水平。最后，发展中国家的领导人担心，如果发展中国家继续在咖啡、铜和小麦等初级产品的出口上专业化，其摆脱贫困的努力将注定要失败。20世纪50年代，一些有影响力的经济学家提出：发展中国家将会不断承担贸易条件恶化的苦果，除非它们能够利用商业政策把资源从初级产品出口转移到进口替代产品的生产上。尽管这些预言被证明是错误的，但在战后的几十年中，它们确实影响了发展中国家政策的制定。

发展中国家的借款与债务

发展中国家的另一个特征——大部分严重依赖国外的资本来提供国内投资所需的资金——对理解它们的宏观经济问题也至关重要。在第一次世界大战之前和大萧条之前的时期，发展中国家（包括美国在19世纪的很长时间内）接受了富国的大量资本流入。英国是最大的国际债权人，但是法国、德国、其他欧洲国家对当时的发展中国家（如阿根廷、澳大利亚、加拿大和美国）的工业发展和自然资源开采以及其他国家（如巴西、秘鲁、肯尼亚和印度尼西亚）的种植园农业提供资金。

在第二次世界大战以后的几十年里，许多发展中国家再次取得了富国的储蓄并积聚了大规模的外债（截至2013年底大约为7万亿美元）。自20世纪80年代以来，发展中国家债务是全世界经济政策制定者关注的几次国际贷款危机的中心问题。

发展中国家资本流入的经济学分析

如前文所述，许多发展中国家曾吸收了大量的国外资本流入，现在欠有大量外债。表22-3显示了自1973年以来非产油的发展中国家的借款模式（见第三列的数据）。正如你所看到的那样，发展中国家作为一个整体，一直充当着借款人角色（撇开主要的石油出口国，它们在世界石油价格居高不下时会出现巨额盈余）。资本流入发展中国家的原因何在？

回想一下我们在第13章中分析过的把国民储蓄 S、国内投资 I 和经常账户余额 CA 联系起来的恒等式：$S-I=CA$。如果国民储蓄低于国内投资，其差额就等于经常账户赤字。由于贫困和金融机构不发达，发展中国家的国民储蓄通常都很低。但是，由于这些国家资本相对稀缺，通过引进或扩大厂房和设备而盈利的机会也比较多。考虑到这些机会的存在，高投资水平也就是合理的了。即使一个国家的国内储蓄水平很低，也可以通过经常账户赤字从国外获得资源进行投资。但是，经常账户赤字意味着这个国家在从国外借款。为了在今天进口超过出口所能支付的更多的外国商品，国家必须承诺在未来用贷款的利息和本金或者出售给外国人的公司股票的股息来偿还。

因此，发展中国家大量的借款潜在地可以用跨期贸易的动因来解释。低收入国家本国的储蓄太少，无法充分利用全部有利可图的投资机会，所以它们必须从国外借款。另外，在资本充裕的国家，最具生产性的投资机会已经被利用了，而储蓄水平却相对较高。于是，发达国家的储蓄者可以通过投资于发展中国家的项目而获得较高的回报。

表 22-3 1973—2016 年主要石油出口国、其他发展中国家和发达国家的经常账户余额

单位：十亿美元

年份	主要石油出口国	其他发展中国家	发达国家
1973—1981	252.9	−246.1	−183.8
1982—1989	−64.6	−143.3	−426.6
1990—1998	−58.2	−522.7	−105.9
1999—2016	3 209.5	−830.6	−3 197.0

资料来源：International Monetary Fund，*International Financial Statistics* and *World Economic Outlook* data. 2016 年的数字是年中预测。由于错误、遗漏以及某些国家在某些时期被排除在外，全球经常账户通常不会归零。

请注意，当发展中国家借入资金以进行它们本来无法进行的生产性项目时，它们和贷款人都可以从贸易中获益。借款人的收益表现在它们可以在有限的国民储蓄条件下建立起本国的资本存量；同时贷款人也获得了比在国内储蓄更高的回报。

虽然以上推理为发展中国家的外部赤字和负债提供了一个合理的解释，但是这并不意味着发达国家提供给发展中国家的任何贷款都是恰当的。当贷款被用来为无利可图的投资项目（如很少有人光顾的大型购物中心）融资或者进口消费品时，就会造成借款人无力偿还债务的情形。另外，如果政府政策失误人为地压制了国内储蓄率，也会造成过度举借外债。表 22-3 中所显示的 1982—1989 年间发展中国家的借债规模下降，是与一些较穷的国家不能按时还债联系在一起的。

自 2000 年左右开始的一个令人吃惊的发展是一些发展中国家（包括许多不是石油出口国的国家）出现了大量盈余，而与它们相对的是较富裕国家出现了赤字（主要指美国的赤字）。我们在第 19 章中讨论了这种全球失衡的模式。产生这些盈余的一个主要原因是这些国家积累国际储备的强烈愿望，正如我们在前文的专栏中所讨论的那样。

违约问题

如果贷款人对得到偿付没有信心，那么国际借贷的利益也就无从实现。如我们在第 21 章中所谈到的，当借款人在未经贷款人允许的情况下不按照贷款合约如期支付时，这一情形就被称为贷款违约。发展中国家的社会和政治动荡，以及公共财政和金融机构的脆弱，都使得贷款给发展中国家的风险远远高于贷给工业化国家的风险。实际上，在发展中国家资本流入的历程中处处可见金融危机和违约的贷款合同。

（1）19 世纪初期，美国的一些州在它们为修建运河而融资的欧洲贷款上曾有过违约情况。

（2）拉美国家在整个 19 世纪都陷于偿债危机之中，特别是阿根廷，该国 1890 年被证实无法履行其偿债义务时，曾经引发了一场全球性金融危机（巴林危机）。

（3）在 20 世纪 30 年代的大萧条中，世界经济活动崩溃了，发展中国家发现它们被一道保护墙隔离于工业化国家的出口市场之外（回忆第 19 章）。大多数发展中国家都因此而无法偿还其外债，发展中国家的私人资本流入也枯竭了近 40 年。几个欧洲国家对联合政府的第一次世界大战债务发生了违约，尤其是美国。

（4）近几十年来，很多发展中国家都出现了违约问题（或重组了外债）。例如，在 2005 年经过长期的谈判，阿根廷的私人债权人同意只对这个国家的合同价值的 1/3 实施要求权。

在危机中，一个国家会突然失去所有的外国资金来源，这必然会导致该国产出和就业的急剧紧缩（回忆第 19 章）。在一个基本层面上，我们可以从经常账户的恒等式 $S-I=CA$ 中看出这种紧缩的必然性。假设一国有占其初始 GNP 5%的经常账户赤字（因此是从国外借款），此时国外贷款人突然对违约感到恐慌，并且断绝了所有的新贷款。由于此举会迫使经常账户的余额至少为零（$CA\geqslant 0$），等式 $S-I=CA$ 告诉我们，$S-I$ 必须立刻通过投资减少或储蓄增加的某种组合提高 5%以上。由此导致的总需求的急剧减少必然会严重抑制该国的产出。即使这个国家最初并未处于违约的边缘，即假设外国贷款人最初是受非理性的恐慌所驱使，这个国家所遭受的产出的急剧紧缩也将使得违约成为一种现实的可能。

实际上，这个国家的遭遇可能比上面的例子还要糟糕。如果外国贷款人担心违约，他们不仅会拒绝提供新的贷款，而且会努力要求完全支付那些本金可以在短期内收回的贷款（如流动性短期银行存款）以最大限度地从该国收回资金。当一个发展中国家支付债务的本金时，它就在增加净外国财富。为了创造对应的正的经常账户项目（见第 13 章），该国无论如何必须增加其净出口。因此，在借贷危机中，该国不仅要使经常账户为零，实际上还需要有盈余（$CA>0$）。该国的短期外债（即那些会被债权人要求支付本金的债务）越多，为避免对外债违约所需的储蓄的增加额或投资的减少额就越多。你也许已经注意到，发展中国家的违约危机是由一个自我实现的机制驱动的，这种机制与那些自我实现的国际收支危机（见第 18 章）、银行挤兑（见第 20 章）和欧元区的主权债务问题（见第 21 章）背后的机制类似。事实上，其内在的逻辑是相同的。而且，发展中国家的违约危机很可能伴随着国际收支危机（当采用钉住汇率时）和银行挤兑。国际收支危机出现的原因是，该国的官方外汇储备可能是该国唯一可以立即支付短期外债的方式。通过减少官方储备，该国的政府可以通过降低支付债权人所需的经常账户盈余来减轻总需求的压力。[①] 但是储备的损失会使得政府无法继续钉住汇率。同时，银行业也会遇到麻烦，因为担心货币贬值和违约后果的国内外债权人会撤出资金并购买外国储备，希望支付外币债务或者把财富安全地转移到国外。由于银行是很脆弱的，大量的挤兑会迅速地把它们推向破产的边缘。最后，对公共财政的负面影响可能会完成厄运循环。如果政府因拯救银行而需要发行更多债务，那么其自身的信誉就会减弱，从而导致更高的借贷成本和更大的主权违约可能性。

这个危机三角中的任何一点都会增强其他两点，所以发展中国家的金融危机一般会很严重，对经济产生广泛的负效应，而且这一负效应会像雪球一样越滚越大。这种普遍而深入的经济崩溃的直接来源可能是资本账户（例如突然的资本流入停止）、外汇市场或者银行体系，具体取决于特定国家的情况。

当一个政府不能承担其债务时，这一事件被称为主权违约。当大量国内私人借款人不能偿还他们的对外债务时，一种在概念上不同的情形就会发生。然而，在实际中，发展中国家的这两种违约会同时发生。政府可能会通过收购私人部门来承担它们的对外债务，希望避免大范围的经济衰退。此外，处于困境中的政府可能会通过限制居民提取外汇储备来鼓励私人违约。这种行动使得偿还外币负债更难。在任何情况下，政府都会被卷入接下来与外国债权人的谈判中。

债务违约危机在第二次世界大战以后的最初 30 年里很少见。因为发展中国家的债务受到限制，贷款人通常是国际货币基金组织和世界银行等官方国际机构。但是，随着私人国际资本的自由流动在 20 世纪 70 年代以来的扩张，大型违约危机反复出现，正如我们将阐述的那样，这导致了许多人

---

① 请务必理解这一点。如果有必要，请复习第 13 章中的开放经济核算的概念。对违约、银行业务、货币危机特征的分析，参见 Pierre-Olivier Gourinchas and Maurice Obstfeld, "Stories of the Twentieth Century for the Twenty-First," *American Economic Journal: Macroeconomics* 4 (January 2012): 226 - 265。

对国际资本市场稳定性的怀疑。①

其他形式的资本流入

当一个发展中国家出现经常账户赤字时，其实质上相当于该国向外国人出售资产来弥补其支出和收入的差额。虽然我们把此类资产销售统统归入“借款”这一无所不包的术语，但是用来弥补发展中国家赤字（实际上，是任何国家的赤字）的资本流入可以有若干形式。不同类型的资本流入曾经在不同的历史时期占据过主导地位。由于不同类型的资本流入导致的对外国借款人的义务不同，所以要理解发展中国家的宏观经济状况，就必须仔细分析以下五种主要的外部赤字融资渠道：

（1）债券融资。发展中国家有时会通过向外国居民出售债券来为其赤字融资。债券融资曾在1914年之前和两次世界大战之间（1918—1939年）的时期占据主导地位。1990年以后由于许多发展中国家试图使本国的金融市场更加自由化和现代化，这种形式又一次流行起来。

（2）银行融资。20世纪70年代初到80年代末，发展中国家从发达国家的商业银行直接借入了大量资金。1970年，发展中国家大约1/4的外部融资来自银行。1981年银行提供的融资总额几乎相当于所有非产油发展中国家当年的经常账户赤字总和。银行还直接贷款给发展中国家，但是20世纪90年代银行贷款的重要性已经大大降低。

（3）官方贷款。发展中国家有时会向世界银行和泛美开发银行（Inter-American Development Bank）等外国官方机构借款。这种类型的贷款可以采用低于市场利率的“优惠”利率，或者采用市场利率，使贷款者能获得市场收益率。第二次世界大战后，虽然在一些国家（如大多数撒哈拉以南非洲国家）这种贷款仍然占主导地位，但流入发展中国家的官方贷款占总资本流动的比例下降了。

（4）外国直接投资。外国直接投资是指一个主要由外国居民所有的公司在国内收购或者扩建一个子公司或工厂。例如，IBM公司贷款给其在墨西哥的装配厂就属于美国在墨西哥的直接投资。这笔交易将作为资本流入记入墨西哥的国际收支账户（在美国的国际收支账户中则是等量的资本流出）。自第二次世界大战以来，直接投资一直是发展中国家资本的重要来源。

（5）对公司所有权的资产组合投资。自20世纪90年代初以来，发达国家的投资者对购买发展中国家公司的股份表现出了越来越浓厚的兴趣。许多发展中国家的私有化（privatization）努力加强了这种趋势——把电力、通信和石油等关键领域的国有企业出售给私人所有。在美国，大量投资公司提供专门投资于新兴市场股票的共同基金。

以上讨论的五种融资类型可归纳为两类：债务型融资和权益型融资（见第20章）。一方面，债券融资、银行融资和官方贷款都属于债务型融资。不论自身的经济状况如何，借款人必须偿还贷款的面值和利息。另一方面，外国直接投资和对公司所有权的资产组合投资却是一种权益型融资。例如，外国直接投资者可以要求支付净收益的一定比例，但不能要求支付固定数目的货币。因此，东道国不利的经济形势会导致直接投资收益和外国投资者的红利自动减少。

区分债务型融资和权益型融资有助于我们分析发展中国家是如何调整其对外国人的支付以适应不可预见的经济动荡的，如经济衰退和贸易条件的变化等。如果一个国家的负债采取债务的形式，

① 关于20世纪80年代中期以前的违约危机，参见 Peter H. Lindert and Peter J. Morton，“How Sovereign Debt Has Worked，” in Jeffrey D. Sachs，ed.，*Developing Country Debt and Economic Performance*，Vol. 1（Chicago：University of Chicago Press，1989）。下面的文章也对该时期流入发展中国家的私人资本进行了很好的描述，参见 Eliana A. Cardoso and Rudiger Dornbusch，“Foreign Private Capital Inflows，” in Hollis Chenery and T. N. Srinivasan，eds.，*Handbook of Development Economics*，Vol. 2（Amsterdam：Elsevier Science Publishers，1989）。最近的有关违约危机的讨论，参见 Atish Ghosh et al.，*IMF-Supported Programs in Capital Account Crises*，Occasional Paper 210（Washington，D. C.：International Monetary Fund，2002）。全面的历史综述，参见 Carmen Reinhart and Kenneth Rogoff，*This Time is Different：Eight Centuries of Financial Folly*（Princeton，NJ：Princeton University Press，2009）。Reinhart 和 Rogoff 认为，对于发展中国家来说，违约危机可能在外部债务占产出相对较低的水平时发生。

那么即使其实际收入下降也要按原定合同偿还。此时，继续偿还债务对该国来说是如此痛苦，以致发生了违约。相反，权益型融资对发展中国家通常就比较宽松。在这种情况下，国内收入的下降会自动减少外国投资者的收入，而并不违反任何贷款合同。如果采用了权益型融资方式，外国投资者事实上就是同意与东道国经济同甘共苦。因此，与债务型融资相比，权益型融资可以使得发展中国家更少地承担外债危机的风险。

“原罪”问题

当发展中国家欠外国人债务时，这些债务绝大部分是以一个主要国家的货币计价的，如美元、欧元或者日元。这种做法与选择无关。通常来说，富国的贷款人害怕遭遇过去经常发生的极度贬值和通胀，因此坚持要求穷国借款人保证以贷款人本国的货币来偿还债务。如果主权债务是以本币表示的，而不是外币，换句话说，如果贷款合同是以本币偿还的，那么发展中国家只需通过印刷本国货币来还债就可以了。政府绝不需要违约，尽管它们可以通过制造通货膨胀来减少它们债券的实际价值。

与发展中国家相比，富裕国家几乎总是可以借入它们的本国货币，这样，美国人从外国借入美元，英国人借入英镑，日本人借入日元，瑞士人借入瑞士法郎。

对于这些富国来说，它们可以以本国货币标价外债而以外币来标价所持有的外国资产，这是一个很大的优势——这甚至给了这些国家用本国政府印刷的货币来偿还外债的余地。例如，假设世界对美国产品需求的下降导致美元贬值。我们在第19章看到了美国是如何熨平这种产出和就业波动的。然而，美国持有的外国资产与负债的组合投资提供了进一步的熨平优势。由于美国资产大部分是以外币计价的，当美元相对于外币贬值时，这些资产的美元资产价值上升了。与此同时，因为美国的负债绝大部分（约占95%）是以美元计价的，它们的美元价值上升很小。因此，世界对美国产品需求的下降导致了大量财富从外国转移到美国——这是一种国际保险支付。

对于必须以主要外币借款的贫穷国家来说，出口需求下降产生了相反的影响。它们趋于变成以主要货币计价的净债务国。因此，本国货币贬值通过增加以本国货币计价的净外债额，将本国财富转移到外国。这促成了负保险。

若一国可以从国外借到以本币表示的货币，在不进行欺骗的情况下，仅仅通过对本币贬值就可以减少实际外债。若一个不得不借入以外币表示的货币的发展中国家失去了这么做的权利，它则只能通过彻底违约来减少外债。[①]

来自加州大学伯克利分校的经济学家巴里·艾肯格林和来自哈佛大学的经济学家里卡德·豪斯曼（Ricardo Hausmann）用**“原罪”**（original sin）这一术语来描述发展中国家没有能力用本币借款的情形。[②] 在他们看来，这种无能为力是穷国的一个结构性问题，这个问题主要起因于全球资本市场的特征——例如，小国货币所提供的多样化潜力，对于来自富国的贷款人而言是极有限的，而这些贷款人在他们的组合投资中已经持有了所有主要货币。其他经济学家认为发展中国家的这种“原罪”不是原先就有的，而是从这些国家糟糕的经济政策发展史中演化出来的。争论远未结束，但无论真相如何，有一点是明确的，即由于原罪，在国际市场上进行债务融资时发展中国家会比发达国家遇到更多的问题。

---

① 如我们在第21章中所见，2012年希腊政府出现了债务违约，这是自20世纪40年代以来第一个高收入国家出现违约。一些其他欧元区国家将来也可能违约。比起其他高收入国家，欧元区国家有一个独有的限制。因为货币政策是由ECB来控制的，一个单独的欧元区政府将不能通过本币贬值来减少债务。

② 参见他们的文章“Exchange Rates and Financial Fragility,”（*New Challenges for Monetary Policy*，Kansas City，MO：Federal Reserve Bank of Kansas City，1999，pp. 329 - 368）。

一个相关但截然不同的现象是，许多发展中国家持有大规模私有的、内部的、以美元或其他主要货币形式存在的外债。结果，本币贬值会给外币债权人带来很大麻烦。[①]

20 世纪 80 年代的债务危机

1981—1983 年世界经济经历了严重的衰退。正如大萧条曾使得发展中国家难以偿还外国贷款那样——迅速导致了几乎遍布全球的债务违约——20 世纪 80 年代初的大衰退也点燃了发展中国家债务危机的导火索。

我们在第 19 章中描述了 1979 年美联储采用的一项强硬的反通货膨胀政策是如何进一步把世界经济推向 1981 年的衰退的。当然，工业化国家总需求的下降会对发展中国家产生直接的负面影响，但是还有更为重要的三个机制。由于发展中国家有大量的以美元标价的债务（正在生效中的“原罪”），因此债务国的利息负担迅速上升；美元在外汇市场上的迅速升值又使得问题变得更加严重，因为这明显提高了美元债务的真实价值；初级产品的价格下跌使得许多贫穷国家的贸易条件进一步恶化。

这场危机开始于 1982 年 8 月，当时墨西哥宣布它的中央银行已经耗尽了外汇储备，无法偿还外债。鉴于墨西哥与拉美其他大的债务国如阿根廷、巴西和智利等的潜在相似性，工业化国家的银行——拉美最大的私人债权人——纷纷通过拒绝增加新贷款和要求偿还以前的贷款等来降低自己的风险。

结果是，许多发展中国家无法偿还以前的债务，并且很快就到了全面违约的边缘。拉美可能是债务危机最严重的地区，而从欧洲银行借入大量外债的波兰等苏东地区国家的问题同样严重。非洲国家的许多债务虽然借自官方机构或政府，如国际货币基金组织和世界银行等，但也没能按期偿还这些债务。东亚的许多国家能够维持经济增长和避免债务的重新安排，即通过承诺未来支付更高的利息来推迟债务的支付。但是到 1986 年底，有 40 多个国家遇到了严重的外部融资问题。在许多发展中国家，增长放缓（或逆转），发展中国家的借贷急剧下降。最初，与国际货币基金组织有密切联系的工业化国家试图说服这些大银行继续提供贷款，认为合作的贷款最能保证对以前债务的偿还。工业化国家的政策制定者担心在拉美有巨额贷款的银行业巨头——如花旗银行和美洲银行等——会在大面积的债务违约中破产，进而把国际金融体系拖下水。[②]（正如你所看到的，距离 2007—2009 年的金融危机仅一步之遥。）但是，在美国 1989 年坚持要求美国银行给予负债的发展中国家某种形式的债务减免之前，这场危机并没有结束的迹象。1990 年美国银行同意减少墨西哥 12%的债务，并在一年之内与菲律宾、哥斯达黎加、委内瑞拉、乌拉圭和尼日尔等国签订了债务减免协议。1992 年，当阿根廷和巴西与它们的债权人签署了协议草案时，这场债务危机在经历了多年的经济停滞后，看起来似乎已经得到了最终解决。

改革、资本流入与危机的重演

20 世纪 90 年代初，私人资本重新流入发展中国家，其中包括一些处于上一次债务危机中心的严重负债的拉美国家。如表 22 - 3 所示，非产油发展中国家总体的外债急剧增加。

---

① 为了深入了解以外币表示的债务面值，参见 Rajan 和 Tokatlidis 的文章以便进一步研究。当货币的面值以美元表示时，这种现象被称为**美元化**（dollarization）。越来越多繁荣的新兴市场经济体政府已经能够在本国债券市场上发行本国债券，伴有一些来自外国投资者（尤其是共同基金）的需求。这在某种程度上有助于缓和原罪问题。

② 到 1981 年为止，发展中国家贷款达到 8 个最大的美国银行的总资本的 264%，因此，50%的贷款损失就会使其资不抵债。参见以下文献的表 5.1a：Federal Deposit Insurance Corporation. *History of the 80s: Lessons for the Future. Volume I: An Examination of the Banking Crises of the 1980s and Early 1990s*（Washington：FDIC，1997）。

美国20世纪90年代初的低利率为这次新的资本流入提供了最初的动力。但是，更重要的也许是资本流入国在稳定通货膨胀、要求政府限制其在经济中的作用以及减少逃税等方面做出的大量努力。同时，政府也在努力降低贸易壁垒，放开劳动力市场和产品市场，提高金融市场的效率。广泛的私有化既服务于增进效率和竞争的微观经济目标，也服务于免除政府承担受到庇护而且管理不善的国有企业的亏损义务的宏观经济目标。

是什么原因促使这些国家最终突破既得利益者的阻挠进行了真正的改革？一个原因是20世纪80年代的危机本身。这场危机导致了许多评论者所称的拉美增长的"失落的十年"。许多在拉美债务危机结束时上台的较年轻的政策制定者都是受过良好教育的经济学家，他们相信被误导的经济政策和机构导致了这场危机并且加重了危机的恶果。另一个原因是躲过了20世纪80年代的债务危机的、基本未受损害的东亚的示范作用。东亚虽然在1960年时比拉美更贫穷，现在却已经比拉美富有多了。

拉美国家近期的经济改革采取了不同的形式，有些已经取得了重大进展。以下我们比较了4个进行了大范围（虽然并不同样成功）改革尝试的拉美大国在宏观经济方面的尝试。

阿根廷　1976—1983年间阿根廷处于军事统治之下，即使在民主回归之后，经济依然陷入混乱。在经历了数年的金融危机、财政动荡和恶性通货膨胀之后，阿根廷最终在20世纪90年代初期转向了激进的体制改革。进口关税被大幅降低，政府支出被削减，包括国家航空公司在内的主要国有公司被私有化，税收改革也增加了政府的收入。

然而，阿根廷的计划最大胆的组成部分是1991年4月的新《可兑换法》（Convertibility Law），这项法律使阿根廷的货币以1比索兑1美元的固定汇率进行完全兑换。《可兑换法》还要求高能货币有完全的黄金或外币支持，此举立即使得中央银行失去了通过继续进行货币创造来为政府赤字融资的能力。阿根廷的《可兑换法》代表了以前曾多次尝试的通过汇率来降低通货膨胀的一种极端形式。但在过去的多次尝试中，这种方式均以典型的货币危机告终。要求用100%的外汇作为货币基础的1991年货币法案使得阿根廷成为实施**货币局**（currency board）制度的一个典型例子。货币局制度要求货币基础完全由外汇构成，从而中央银行根本不持有任何本国资产。这一次，这种方法奏效了近十年。在真正的经济和政治改革的支持下，阿根廷的计划对通货膨胀产生了巨大的影响，通货膨胀率从1990年的800%一直降到1995年的5%以下。尽管汇率固定，但在兑换方案实施后的最初几年内，持续的通货膨胀表明了比索的实际升值：1990—1995年比索实际升值了约30%。比索的实际升值造成了失业和经常账户赤字的上升。

在20世纪90年代中期，比索的实际升值步伐停止了，但由于劳动力市场的僵化，失业率居高不下。尽管在1997年阿根廷经济实现了快速的增长，但随后转成了负增长。政府赤字又一次失去了控制。随着2001年世界经济陷入了衰退，阿根廷的国外贷款也枯竭了，在2001年12月这个国家开始拖欠债务，并且于2002年1月放弃了比索钉住美元的政策。比索大幅贬值，通货膨胀率又一次飙升。阿根廷的产出在2002年的跌幅接近11%，尽管2003年通货膨胀下降之后增长得以回归。2016年4月，阿根廷与外国债权人谈判达成和解协议，该协议最终允许其作为借款人重新进入国际资本市场。

巴西　和阿根廷类似，巴西20世纪80年代经历了恶性通货膨胀以及几次失败的、伴随着货币改革的、试图实现宏观经济稳定的尝试。但是，巴西花了更长的时间才把通货膨胀控制住，它向通货紧缩逼近的过程也不如阿根廷那样有序。[①]

1994年巴西政府引进了一种新的货币——雷亚尔，并让它钉住美元。在付出了大批银行破产的

---

① 对于这一描述，参见 Rudiger Dornbusch, "Brazil's Incomplete Stabilization and Reform," *Brookings Papers on Economic Activity* 1 (1997), pp. 367 - 404。

代价之后，巴西在 1995 年以高利率捍卫了新汇率。然后，由于雷亚尔的实际汇率显著升值，巴西转而采用固定的、向上的爬行钉住汇率制度。巴西的通货膨胀率从年增长率 2 669%（1994 年）降低到 1997 年的 10%以下。

但是经济的增长仍然很不明朗。虽然巴西政府减少了进口壁垒，进行了私有化和财政改革，但这个国家的总体经济改革进程还是比阿根廷慢得多，政府的财政赤字仍然保持在令人担忧的高水平上。问题的相当大部分在于，巴西政府必须对其债务支付很高的利率，这个利率反映了市场上人们对雷亚尔相对于美元的有限的向上爬行是否能够维持住的怀疑态度。

最终，在 1999 年 1 月，巴西使雷亚尔贬值 8%，并且允许其浮动。很快雷亚尔相对于美元就贬值了 40%。随着巴西政府努力阻止雷亚尔的完全自由下跌，衰退开始了。但衰退只是短期的，通货膨胀也未失控，金融部门的倒闭也得以避免（由于巴西金融机构并未大量借入美元）。2002 年 10 月巴西选举出了民粹主义总统伊格纳西奥·卢拉·达席尔瓦（Ignacio Lula da Silva）。但令人意外的是这位总统最终采取了市场友好政策。这保留了巴西对国际信用市场的准入，由此巴西经济走上了健康成长之路，成为新兴世界的力量。巴西成功的关键因素是其强有力的商品出口，特别是对中国的出口。然而，有人指出：由于执政党和反对党普遍存在的腐败现象，2014 年巴西陷入了一场在 2015 年加剧的经济衰退；而经济衰退的另一个原因是中国经济增长同时放缓，这对全球大宗商品价格造成了下行压力（回想一下前文的专栏）。

智利 20 世纪 80 年代初汲取了高失业和金融崩溃的教训以后，智利在 80 年代后期实行了更加一致的改革。非常重要的是，智利为国内的金融机构建立了严格的管制环境，取消了明确的救援担保，因为这种担保加剧了智利早期的债务危机。一种类似爬行钉住的汇率制度被智利用来逐渐降低通货膨胀率。为避免 20 世纪 80 年代末出现的实际汇率极度升值，这套体系的运行比较灵活。1990 年智利中央银行开始独立于财政当局［同年一个民主政府取代了皮诺切特（Pinochet）的军政府］。这一行动进一步强化了智利不会把政府赤字货币化的承诺。①

另一项新政策要求所有资本流入（股权购买除外）都要同时提供一笔相当于交易额 30%的 1 年期无息存款。由于存款要求的期限是有限的，惩罚主要是针对短期资本流入，这些资本最容易在危机中被外国投资者抽走。这种隐含的资本流入税的一个动机是限制货币的实际升值；另一个动机是降低外国短期资金迅速抽逃引发金融危机的风险。关于智利的资本流入壁垒是否达到了其目的，经济学家之间存在相当大的争议，虽然看起来这些壁垒没有大的害处。②

智利的政策取得了丰厚的回报。1991—1997 年该国的 GDP 年均增长率为 8%以上。同时，通货膨胀从 1990 年的 26%下降到 1997 年的 6%。智利现在不仅被列为拉丁美洲腐败程度最低的国家，而且它的腐败程度甚至比几个欧盟成员国和美国还要低。然而，铜等商品出口对智利很重要，随着商品价格在 2010 年之后连续下跌，其经济增速由此放缓。

墨西哥 墨西哥于 1987 年引入了一项广泛的稳定和改革计划，与公共部门赤字和债务的显著下降相结合的汇率目标，以及与产业和工会代表协商形成的工资-价格指导方针。③ 在同一年，该国

① 关于智利经济改革方法的各个方面的概述，参见 Barry P. Bosworth，Rudiger Dornbusch，and Raúl Labán，eds.，*The Chilean Economy：Policy Lessons and Challenges*（Washington，D.C.：Brookings Institution，1994）。关于 20 世纪 80 年代的智利经济危机的经典阐述，参见 Carlos F. Díaz-Alejandro，"Goodbye Financial Repression，Hello Financial Crash，" *Journal of Development Economics* 19（September/October 1985），pp. 1－24。我向大家郑重推荐该文章，因为该文章的论点被证明远远不止适用于智利的情形。

② 可参见本章延伸阅读中 Kenen 的书第 5 章的进一步讨论。还可参见 Kevin Cowan and José De Gregorio，"International Borrowing，Capital Controls，and the Exchange Rate：Lessons from Chile，" in Sebastian Edwards，ed.，*Capital Controls and Capital Flows in Emerging Economies*（Chicago：University of Chicago Press，2007），pp. 241－296。

③ 墨西哥方案的设计者之一、毕业于麻省理工学院并在 1988—1994 年担任墨西哥财政部部长的 Pedro Aspe Armella 对其方法下隐含的思想做出了解释。参见他的著作 *Economic Transformation the Mexican Way*（Cambridge，MA：MIT Press，1993）；也可以参见 Nora Lustig，*Mexico：The Remaking of an Economy*（Washington，D.C.：Brookings Institution，1992）。

加入GATT并做出了自由贸易的承诺。（墨西哥随后加入了经济合作与发展组织，并于1994年加入了北美自由贸易区。）

1987年底，墨西哥固定了比索相对于美元的汇率，在1989年初转向了爬行钉住汇率制度，1991年底又转向了爬行汇率区间。墨西哥政府对于比索可能的升值保留了一个上限，但是与汇率规划一样，1991年以后墨西哥政府每年都宣布一个允许货币贬值的逐渐上升的底线。这意味着允许汇率波动的范围随着时间的推移不断扩大。

虽然有这种潜在的灵活性，墨西哥当局还是将其汇率保持在了接近升值上限的水平。因此，比索实际上剧烈升值，大量的经常账户赤字出现了。1994年，该国的外汇储备跌到了极低的水平。国内的冲突、迫近的总统换届以及对贬值的恐慌都部分地导致了这一结果。然而，外汇储备流失的另一个重要原因是，政府继续对遭受贷款损失的银行提供信贷。而且，墨西哥在没有充分的监管保护措施的情况下迅速地对银行进行了私有化，并开放了资本账户，使得银行能够自由地获取外国资金，并使得银行信心十足。银行认为如果它们遇到困难，就一定会得到政府救助，于是道德风险盛行。为了促进增长和降低当时约为GNP 8%的经常账户赤字，1994年12月接任的墨西哥新政府宣布比索贬值15%，超出它上一年承诺的贬值上限。贬值后的货币钉住关系立即遭到了投机者的攻击，政府撤回到浮动汇率制。外国投资者惊恐不安，推动比索进一步迅速贬值，很快墨西哥就发现自己只能以惩罚性利率借款了。和1982年一样，债务违约又一次兵临城下。最后，依靠美国财政部和国际货币基金组织的500亿美元紧急贷款，该国才避免了这次灾难。

曾经从1987年的159%下降到1994年的7%的通货膨胀率也随着比索的贬值而急速上升。墨西哥的国民产出在1995年减少了6%。伴随着财政支出的迅速削减、高得惊人的利率和普遍性的银行危机，失业率上升了一倍多。但是，这种紧缩仅持续了1年。1996年，通货膨胀率开始下降，经济在比索继续浮动的同时复苏。墨西哥重新获得了进入重建的私人资本市场的机会，并提前偿还了美国财政部的贷款。墨西哥的一项重大成就是扩大了其民主体制，摆脱了该国20世纪大部分时期的虚设的一党统治历史。

东亚：成功与危机

在1997年以前，东亚一直是发展中经济体里被人羡慕的对象——迅速的经济增长使得它们在发展道路上远远跑在了前列，其中少数经济体已经惊人地接近了发达经济体的水平。但紧接着它们都卷入了一次灾难性的金融危机。东亚经济由成功转入混乱的速度令许多观察家瞠目结舌。东亚的挫折引发了一次更广泛的金融危机，这场危机把俄罗斯和巴西这样相距遥远的发展中经济体也卷了进来。在本节我们将回顾东亚的经历和这一地区性危机的全球影响。正如我们所看到的，它们的教训和拉美的教训是类似的。

东亚的经济奇迹

正如我们从表22-2中所看到的，韩国在20世纪60年代是一个极度贫困的国家，几乎没有什么工业，也看不到任何经济前景。但是，韩国在1963年开始了一系列经济改革，从内向型进口替代战略转向了强调出口的战略。随后这个国家开始了一个引人注目的经济上升期。在此后的50年里，韩国的人均GDP增长了16倍——比美国在19世纪的增长还多。

更加引人注目的是，韩国并不是一个个案。东亚其他一些经济体也有着类似的经济增长。在第一次浪潮中有中国香港、中国台湾和新加坡，它们都是在20世纪60年代开始迅速增长的。20世纪

70—80 年代，东亚迅速增长的国家（地区）集团中又增加了马来西亚、泰国、印度尼西亚和世界上人口最多的中国。自日本在 19 世纪后期作为一支工业力量崛起以来，世界上第一次出现了大批成员从欠发达状态向发达状态转型的情形。

人们对东亚经济"奇迹"的原因存在许多争论。20 世纪 90 年代初，一些评论家认为，应该把亚洲的增长归因于相同的产业政策和商业-政府合作的亚洲体系。不过，只要粗略地看一下涉及的经济体就会发现，这种体系相同的观点是不正确的。高增长的经济体中既包括如韩国的体制，即资本在不同行业间配置的过程中政府发挥积极的作用，也包括如中国香港和中国台湾的体制，这些体制中基本上不存在产业政策。另外，一些经济体，如中国台湾和新加坡，大量地依赖于跨国公司在当地成立的子公司；其他一些经济体，如韩国和中国香港则主要依靠本地企业。

专栏 发展中国家为什么积累了如此之高的国际储备？

当发展中国家面临金融危机的时候，它们通常会发现自己的国际储备已经降到了很低的水平。对于一个实行固定汇率的国家而言，一旦它的外汇储备被耗尽，那么除了让本币贬值之外，它别无选择。一个没有外汇储备的国家可能无法偿还以前的短期外币借款。与银行挤兑原理相同，市场担心潜在的坏账或者是贬值可以自我实现。如果市场失去了信心，储备就会很快消失，并且此时不能从国外借入新的借款。由此导致的流动性紧缩可能会使一个国家无法履行其现有的国际债务。

这种银行挤兑机制已经成为发展中国家危机中的核心，包括 1997—1998 年的亚洲金融危机，我们将在下一节讨论。亚洲金融危机影响了世界上的很多国家，危机过后一些经济学家建议应该由发展中国家自己来解决问题。因为外国贷款往往在一国最需要它们的时候却枯竭了，所以这些国家可以通过积累大量易于变现的货币——美元、欧元以及其他被广为接受的货币，来给予自己最好的保护。

当国家很少参与世界资本市场时（就像 20 世纪 50 年代和 60 年代早期那样），储备量大体参照出口所得可能暂时少于进口需求的可能性来做出判断。但是在金融全球化世界里，用来抵御袭击的储备数额需要以更大的数量级增长。正如哈佛大学的经济学家马丁·费尔德斯坦（Martin Feldstein）所写的："一个国家获得流动性的最直接方式就是积累大量的外汇储备……政府不应将储备的充裕度与进口额联系在一起。例如，通常的储备目标是六个月的进口量，这一目标忽视了货币危机的实质是资本流动而不是贸易融资。即使一个国家的基本经济状况不能对本国货币的贬值提供保证，与投机者潜在出售资产的价值相关的储备也会起作用。"①

我们在第 18 章中涉及了国际储备的增长。就像在那一章所观察到的，虽然对所有国家而言，国际储备都上升了，但由于 20 世纪 90 年代末的金融危机，国际储备对于发展中国家而言增长尤为迅速。然而，将发展中国家视为一个整体，国际储备的积累自 20 世纪 90 年代末期的金融危机以来已经实现了最显著的加速增长。

相关数据显示了发展中国家作为一个整体，包括巴西、俄罗斯、印度和中国（鉴于近年来这四个国家经济的强劲表现，它们被称为"金砖国家"），其国际储备占产出的比例。所有这些案例都显示，在 1999—2009 年间这一比例增长了 2 倍多。中国的这一比例增长了 3.3 倍，俄罗斯则增长了 5.7 倍。②

对于许多发展中国家而言，国际储备水平如此之高，以至超过了它们总的短期外币债务。这些储备的大量持有提供了高度保护以免资本流入的"突然停止"。事实上，它们帮助发展中国家经受住了 2007—2009 年

---

① 参见 Feldstein, "A Self-Help Guide for Emerging Markets," *Foreign Affairs* 78 (March/April 1999), pp. 93 - 109。最近的分析，参见 Olivier Jeanne, "International Reserves in Emerging Market Countries: Too Much of a Good Thing?" *Brookings Papers on Economic Activity* 1 (2007), pp. 1 - 79。

② 发展中国家的美元储备占其外汇储备的 60%，它们的其他储备主要使用的是欧元，当然，也会使用一些其他货币，如日元、英镑和瑞士法郎。

间工业化国家的信贷紧缩的冲击（回忆第 20 章）。正如你在下图中所看到的，发展中国家在 2007—2009 年间会花费一些国际储备用于自我保护。

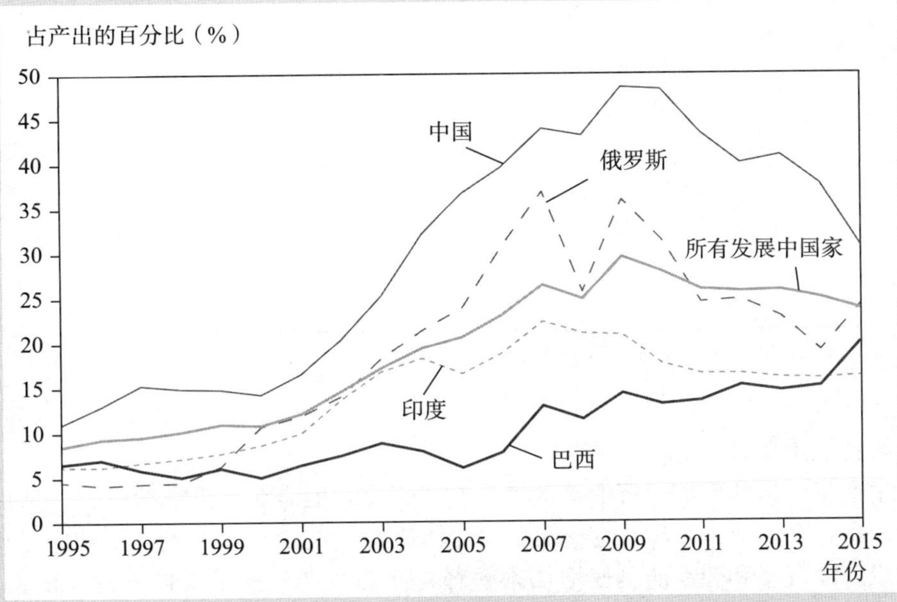

发展中国家的国际储备持有量

说明：自 20 世纪 90 年代以来，发展中国家的外汇储备大幅增加，尤其是美元储备。

资料来源：World Bank，World Development Indicators.

然而，出于自我保护动机而持有国际储备并不是事情的全部。在某些情况下，储备增长是干预政策（避免货币升值）的一种不得已的副产品。在这方面，中国提供了很好的例证。多年来，中国的发展战略是依靠增加劳动密集型产品的出口来提高人们的生活水平。实际上，人民币升值使得中国劳动力相对于国外的劳动力变得更昂贵，因此，中国通过购买美元来严格控制货币的升值。尽管资本管制限制了国外资金的流入，投机资金因为预期未来货币会升值而流入，导致了储备大规模膨胀。中国政府已经逐渐放松了对资本外流的管制，希望随着中国投资者到海外投资，可以降低储备水平，但是这一策略到目前来看收效甚微。到 2015 年底，中国的外汇储备水平占到了国民产出的 30%以上。

这些高增长经济体的共同之处是：高储蓄率和高投资率；劳动者受教育水平迅速提高；通胀率相对温和；即使不是完全自由贸易，也有很高的开放程度以及与世界市场的一体化程度。

令人吃惊的是，在 1990 年以前，大多数快速增长的亚洲经济体主要依靠国内储蓄为它们的高投资率提供资金。不过，自 90 年代以来新兴市场越来越受发达国家贷款人和投资者的欢迎，大量资本开始流入发展中的亚洲。如表 22 - 4 所示，与这些资本流入相对应，几个亚洲经济体开始出现占 GDP 一定比例的巨额经常账户赤字。一些经济学家曾担心，这些赤字可能会带来与 1994 年底墨西哥危机类似的风险，但是多数观察家认为，从预期有利可图的投资机会来说，大量资本流入这种增长迅速且宏观经济稳定的经济体是合理的。

亚洲的弱点

后来的事实证明，1997 年亚洲经济体的确经历了一次严重的金融危机。从事后的角度我们可以

表 22-4　东亚经济体的经常账户余额占 GDP 的百分比（%）

经济体	1990—1997 年	1998—2000 年	2001—2016 年
中国	1.5	2.2	4.1
中国香港	0.5	4.1	7.5
印度尼西亚	−2.1	3.8	0.4
马来西亚	−5.2	11.9	9.5
韩国	−1.5	5.7	3.1
中国台湾	3.8	2.2	9.2
泰国	−6.2	9.9	3.0

资料来源：International Monetary Fund，*World Economic Outlook* Database，April 2016. 2016 年的数据是 IMF 的预测。

明显看出亚洲经济体的经济结构存在着若干弱点，其中一些问题与遭受过危机的拉美经济体类似。有三个问题特别重要：

（1）生产率。虽然亚洲经济的迅速增长并非幻觉，但是在危机之前就有一些研究认为，一些增长的限制因素正在凸显。几项研究得出的最令人吃惊的结论是：亚洲产出的大量增长可以简单地用生产要素投入即资本和劳动的迅速增加来解释，而在生产率即单位投入的产出上却没有什么提高。例如在韩国，向发达经济体的人均产出水平逼近的过程似乎应该主要归因于劳动力从农业向工业的迅速转移、教育水平的提高，以及非农部门内资本-劳动比率的迅速提高。与西方技术差距缩小的证据出人意料地很难找到。这些研究结论的含义是：持续的高资本积累率最终可能导致收益递减，而且很可能使现在大量流入的资本在未来无法获得高额回报。

（2）银行监管。与危机联系更加直接的是大多数亚洲经济体对银行监管的不力。国内的储户和外国投资者认为，亚洲银行是安全的，不仅是由于经济发展的强劲势头，而且是因为它们相信一旦银行遇到困难，政府会出面支持。但是银行和其他金融机构在它们所承担的多种风险上并没有受到政府的有效监管。拉美的经验已经证明，道德风险确实是存在的。即使这样，还是有一些亚洲经济体 20 世纪 90 年代放松了对私人取得外国资本的限制，使得东亚的银行和东亚的公司借款人能够轻易地借入国外的资金。由于原罪，外债是以外币计算的。

在一些亚洲经济体中，商业利益与政府官员之间的紧密联系似乎促进了放款过程中道德风险的滋生。在泰国，所谓的金融公司经常是由政府官员的亲戚经营的，它们贷款给具有高度投机性的房地产企业；在印度尼西亚，贷款人急切地要为总统家庭成员的风险投资提供资金。这些因素都有助于解释，虽然储蓄率非常高，为什么在危机前东亚经济体在经常账户赤字的情况下会进行如此多的投资。

一些分析家认为，受道德风险驱使的过度放款助长了亚洲经济体——特别是在房地产业——不可持续的繁荣，这种繁荣暂时掩盖了许多投资的质量低下；而繁荣的必然结束又会导致物价的螺旋式下跌和银行倒闭的增加。不过，虽然道德风险明显是导致危机的一个因素，但其重要性仍然是一个存在大量争议的问题。

专栏　东亚做对了什么？

东亚经济体 20 世纪 60—90 年代的增长表明，一个经济体是有可能在发展阶梯上迅速上升的。但是这种成功的原因何在呢？

要回答这个问题，一种方法是看一看世界银行在其 1993 年的一项名为“东亚奇迹”的研究中归纳的高速发展的亚洲经济的显著特点。

一个重要的因素是高储蓄率。1990 年实绩优良的亚洲经济体（HPAEs）的储蓄占 GDP 的 34%，这个数字在拉美只有一半，在南亚要略高一些。

另一个重要的因素是对教育的高度重视。即使在 1965 年，当 HPAEs 还相当贫穷的时候，它们的基础教育入学率就很高了：在中国香港、新加坡和韩国，基本上所有的儿童都接受了基础教育，即使在极端贫困的印度尼西亚，入学率也高达 70%。到 1987 年，东亚经济体的初中入学率就已经远远超过巴西等拉美国家了。

最后，HPAEs 还有两个其他特征：一个是能够避免高通货膨胀或严重经济衰退的相对稳定的宏观经济环境，另一个是贸易占 GDP 的比例很高。这些特征使得东亚经济体与易受危机袭击的拉美经济体大不相同。它们与拉美经济体在稳定性和开放程度上的对比尤其明显。这些对比在许多拉美经济体和其他经济体的领导人转换经济改革观念方面发挥了重要作用，包括对价格稳定和向世界开放市场的承诺。

（3）法律框架。亚洲经济体的一个重要弱点在危机爆发后才变得明显起来，即对出现问题的公司的处理没有很好的法律框架。美国有一系列成型的破产程序，即处理无力偿债的公司的程序。在这样的程序中，法院会代表债权人接管这个公司，然后寻求尽可能满足他们对公司要求权的方法。这经常意味着保留现有的公司，把它不能支付的债务转换成股份。但是在亚洲经济体，破产法很罕见，这部分地是因为经济的惊人增长使得公司破产成为少见的情况。当形势确实变坏时，一种破坏性的僵局便出现了——出现问题的公司最直接的反应是停止对自身债务的偿付。然后它们就无法有效运转了，因为在它们偿还完所有债务之前，没有人会贷款给它们。可是债权人仍然没有办法把这些摇摇欲坠的公司从它们的最初所有者手里抢救出来。

当然，每个经济体都有自己的弱点，但是东亚经济体的表现是如此辉煌以至没有经济体注意到自己的弱点。即使是那些注意到“奇迹”经济有问题的人，也没有预期到 1997 年这场席卷东亚的灾难。

亚洲金融危机

一般认为，亚洲金融危机是从 1997 年 7 月 2 日的泰铢贬值开始的。在此之前泰国一直存在巨额经常账户赤字，并已经表现出了金融紧张的迹象。1996 年，写字楼盖得过多的情况已经变得很明显；泰国的房地产市场，进而股票市场，进入衰退期。1997 年上半年，对泰铢贬值的投机导致了泰国外汇储备的加速损失，仅在 7 月 2 日一天，泰国尝试了有控制的贬值 15%。但是，正如 1994 年墨西哥的例子，试探性的贬值最终会失控，引发大量的投机和严重的经济衰退。

泰国本身是一个小国。但是泰国货币的迅速贬值很快导致了对其邻国货币的投机，首先是马来西亚，然后是印度尼西亚，最终影响到了更大而且更发达的韩国经济。在投机者看来，所有这些国家似乎都存在类似泰国的弱点；所有这些国家都在 1997 年感觉到了它们最大的工业国伙伴——日本经济增长再一次放慢的影响。在每一个国家中，政府都面临两难处境，其原因部分是其经济对贸易的依赖程度，部分是国内的银行和公司有巨额的以美元计值的负债。如果这些国家允许货币贬值，那么进口价格的上升将带来通货膨胀的威胁，而且债务本币价值的突然上升可能会把许多本来有存活希望的银行和公司推向破产。另外，要捍卫本币至少需要在短期内提高利率以说服投资者把钱留在本国，而高利率本身可能就会使得经济衰退并导致银行破产。

除了马来西亚以外，所有相关的国家都向国际货币基金组织（IMF）寻求援助，并因为实施降低损失的经济计划——提高利率以限制汇率贬值、努力避免巨额预算赤字、进行被认为可以避免最初导致危机的那些弱点的“结构性”改革——而获得了贷款。不过，虽然有 IMF 的贷款，货币危机还是带来了迅速的经济下滑。所有这些出问题的国家 1996 年都有 6%以上的增长率，而 1998 年就开始了严重紧缩。

印度尼西亚的情况是最糟的——经济危机和政治动荡相互交恶，出现了致命的恶性循环，而该国居民对该国银行失去信心则使得情况进一步恶化。截至 1998 年夏，印度尼西亚卢比的价值损失了 85%，而且几乎没有几个大公司还有偿债能力。印度尼西亚民众面临大面积失业，有时甚至无法负担基本的食品支出。种族冲突时常爆发。

信心崩溃的一个后果是，受困的亚洲国家还被迫接受经常账户头寸的大幅逆转。如表 22－4 所示，它们的巨额赤字很快就变成了巨额的盈余。这种逆转多数不是通过出口增加，而是伴随着经济紧缩的进口大量减少实现的。

终于，受危机困扰的整个亚洲地区的货币稳定下来了，利率也降低了，但是区域衰退的直接溢出效应使得几个邻近的经济体，包括新加坡和新西兰，经济增长放缓或者进入衰退。日本、部分欧洲国家以及拉丁美洲国家都受到了影响。大多数政府继续使用 IMF 开出的药方，但是 1998 年 9 月马来西亚（从来没有接受过 IMF 的项目）独树一帜，对资本流动施加了广泛的控制，并希望这些控制能够在不导致货币大幅贬值的情况下放松货币政策和财政政策。由于危机前对资本流动的控制和保有经常账户盈余，中国大体上平稳地渡过了危机。

幸运的是，东亚的低迷是呈 V 形的：1998 年产出急剧紧缩后，随着货币贬值对出口的刺激，1999 年产出开始恢复增长。但是，并不是该区域内的所有经济体都进展得同样好，对于马来西亚实行资本控制的有效性问题一直存在争议。那些不依赖 IMF 的帮助的经济体一般对 IMF 对危机的管制不满意，把 IMF 的管制视为无用的，并认为是对它们的干扰。事实证明，这些愤恨一直存在：尽管在紧急情况下政府可以求助于 IMF，但经历了亚洲金融危机的经济体将不会再这么做。这种决心已经成为很重要的一个自保（拥有大量国际储备）的动机。

发展中经济体危机的教训

从 1997 年泰铢贬值开始的新兴市场危机导致了一场大规模的相互指责。一些西方学者指责是亚洲本身的政策造成了这场危机，特别是商人和政客有着密切关系的“裙带资本主义”；一些亚洲领导人则指责是西方金融家的操纵造成了这场危机，即使是作为自由市场精神阵地的中国香港也开始进行干预，以阻止被其形容为投机者打压其股市、损害其货币的阴谋。而且，几乎每个人都在批评 IMF，尽管一些人认为让各经济体试图限制其货币贬值是错误的，其他人则认为允许货币贬值根本就是错误的。

但是，只要仔细研究一下最近的危机以及以前在拉美和其他地区发生的发展中经济体危机，我们就会得到一些明显的教训。

（1）选择正确的汇率制度。除非有足够的手段和承诺，否则一个发展中经济体采取固定汇率是很危险的，什么都有可能发生。东亚经济体发现，对官方汇率目标的信心会鼓励借入外币。但是当贬值发生时，大部分金融部门和许多公司会变得资不抵债。在最初采取以降低通货膨胀预期为目的的钉住汇率一段时间后，发展中经济体如果已经成功地稳定了通货膨胀，就会转而采取更灵活的汇率制度，或者转向更大的灵活性。在阿根廷，虽然公众对恶性通货膨胀重返的担忧会产生一种被广泛认同的防止通货膨胀的决心，但固定汇率在长期内被证明是站不住脚的。墨西哥自 1995 年以来的经验表明，较大的发展中经济体可以很好地控制浮动汇率。人们很难相信，如果墨西哥当初固定了汇率，它还能够在 1998 年躲过这场货币危机。

（2）银行业的核心重要性。这场亚洲危机的破坏性如此之大的一个主要原因是：这不仅仅是一次货币危机，而是一次与银行危机和金融危机错综复杂地交织在一起的货币危机。从最直接的意义上说，政府面临着收缩货币以支持本币汇率与印制大量钞票以避免银行挤兑之间的冲突。从广义上说，许多银行的倒闭切断了信贷渠道，从而对经济造成了破坏，使得那些本来盈利的公司也难以继续经营下去。在亚洲，这不算是意外。在 20 世纪 80 年代的阿根廷、智利和乌拉圭危机以及 1994—1995 年的墨西哥危机，甚至是像瑞典这样的工业化国家在 1992 年对 EMS 的投机性冲击（见第 21 章）中，脆弱的银行业的表现也很类似。遗憾的是，在危机之前亚洲惊人的经济增长使得人们看不到其金融方面的脆弱性。未来的明智政府在健全自己的银行体系时，会投入大量的精力以最小化道德风险，提高对金融风暴的抵抗能力。

（3）改革措施的正确顺序。发展中经济体的经济改革者已经从教训中认识到，自由化措施的实施顺序的确很重要。这个道理也符合基本经济理论：次优原理告诉我们，当一个经济体存在多重扭曲时，只纠正其中的一部分也许会使境况变得更糟，而不是更好。发展中经济体一般都存在多种扭曲，所以这一点对它们来说格外重要。例如，考虑一下资本账户自由化和金融部门改革的顺序。在有健全的防护和监管措施之前开放资本账户显然是错误的，否则，允许借入外债将会鼓励国内银行草率地发放贷款。当经济增长放慢时，外国资本会外逃，使得国内的银行资不抵债。因此，发展中经济体应该推迟开放资本账户，直到国内的金融体系强壮到足以经受国际资本迅速的流入和流出冲击。经济学家还认为贸易自由化应该在资本自由化之前进行。资本账户自由化可能会导致实际汇率发生波动，并阻碍生产要素从非贸易品部门向贸易品部门转移。

（4）传染的重要性。发展中经济体的最后一个教训是，那些即使看起来很健康的经济体在世界其他地区发生的事件所导致的信心危机中也会相当脆弱，即一种目前被称为多米诺骨牌效应的**传染**（contagion）。当东南亚小国泰国的危机引发了 2 000 英里以外的一个大得多的国家韩国的危机时，传染正在发挥作用。1998 年 8 月出现了一个更引人注目的例子：当时俄罗斯卢布的贬值引发了对巴西雷亚尔的投机性冲击。传染问题以及对即使是最谨慎的经济管理也不能实现对危机完全免疫的担忧，已经成为讨论国际金融体系的未来改革时的中心议题，我们下面就转入这一内容。

改革国际金融体系

经济问题不可避免地会导致对经济改革的建议。亚洲的金融危机及其影响表明，国际货币体系，或者至少是其与发展中经济体相关的一部分，需要接受大检查。对于这种大检查的建议已经纳入一个让人印象深刻而含糊的名为建立新金融体系的计划中。

为什么亚洲金融危机几乎使得每个人都相信，迫切需要对国际金融体系进行再思考，而在此之前——20 世纪 90 年代的危机却没有这种效果呢？一个原因在于，亚洲经济体的问题似乎主要源于它们与国际资本市场的联系。这场危机清楚地证明了，即使是一个以一般标准看来健康的经济体也会遭受货币危机。遇到问题的亚洲经济体都没有严重的预算赤字、过高的货币扩张率、令人担忧的通货膨胀，或者传统上用来警戒投机性冲击的任何其他指示器。如果这些经济体的经济中存在着严重的缺陷——这是一个有争议的命题，因为一些经济学家认为，这些经济体如果不是受到投机性冲击，应该是相当健康的——那么就涉及在货币剧烈贬值之前被掩盖的银行体系的健康性等这样一些问题。

对国际金融体系进行再思考的第二个原因是，通过国际资本市场传染的强大力量。市场扰动在相距遥远的经济体之间传递的速度和势头都说明，单个经济体采取的预防性措施可能是不够的。正如对经济上相互依存性的考虑促使 1944 年布雷顿森林体系诞生一样，国际政策制定者又一次把国际金融体系的改革放到了他们的议事日程上。

不同于 1982 年，2007—2009 年金融危机过后，发展中经济体迅速复苏，而富裕经济体却遭受了持久的衰退（见第 19 章）。但是尚不清楚发展中经济体的复苏是否由亚洲金融危机后的改革、更强劲的商品价格、更大的汇率灵活性或工业化经济体中央银行强制的低利率所致。从 2007—2009 年危机在全球广泛的传播来看，国际金融需要一次彻底的检修了。这里我们可以看一看涉及的主要问题。

资本流动与汇率制度的三难困境

有人可能会认为，国际宏观经济和金融问题的答案很简单，亚洲金融危机的作用之一就是帮助我们消除这种错觉。这场危机和它的蔓延再清楚不过地证明，一些著名的开放经济的政策取舍实在是过于刻板和僵化了——而且可能变得更难以管理了。

我们在第 19 章中讨论了开放经济中基本的宏观经济政策的三难困境。多数国家共同的三个目标——货币政策自主性、汇率稳定和资本自由流动——中只有两个目标可以同时实现。与一般的发达国家相比，汇率稳定对于一般的发展中国家更为重要。发展中国家左右自身贸易条件的能力不如发达国家，同时对发展中国家而言，为了控制通货膨胀预期，汇率的稳定可能更重要。特别是，很多发展中国家以美元或者其他主要货币（外部和内部）借贷，意味着货币贬值会大幅增加债务的实际负担。

国际金融体系的未来改革者面临的难题可以归纳如下：由于存在 1994—1995 年在墨西哥和 1997 年在亚洲发生的货币危机的威胁，同时实现所有三个目标是困难和似乎不太可能的。要实现一个目标，就必须放弃其他两个目标中的一个。一国必须选择三角形的任意一条边。正如我们已经看到的，截至 20 世纪 60 年代和 70 年代早期，大多数发展中国家都保留了对汇率的控制，特别是限制私人资本的流动。（一些主要的发展中国家，特别是中国和印度，仍然保留着这种控制。）虽然有许多逃避这种控制的方法，但是它们确实减慢了资本的流动。结果是，这些国家可以在更长的时期内钉住汇率——带来汇率的稳定性——但是偶尔会让其货币贬值以提供相当程度的货币政策自主性。它的主要问题在于，给国际交易带来了繁杂的限制，降低了效率，而且容易滋生腐败。

在 20 世纪的最后 20 年里，资本的流动性大大提高，这在很大程度上是由于各国取消了控制，同时也是由于通信技术的进步。这种新的资本流动使得可调整的钉住汇率制度非常容易遭到投机者的攻击，因为资本可以在一种货币出现一点点贬值迹象时就迅速逃离。（正如我们在第 19 章中所阐述的，同样的现象 20 世纪 60 年代在发达国家也发生过。）结果是把发展中国家推向了三角形的另一条边（见图 19-1）：或者是像货币局制度那样实行严格的固定汇率制，放弃货币自主权（像前面描述的美元化和货币局制度）；或者是转向灵活管理（甚至浮动）的汇率制度。但是，尽管从以前的教训来看，采取中间制度是很危险的，但发展中国家还是对两种极端感到不安。虽然像美国这样的大国经济可以接受一个广泛浮动的汇率，但是一个较小的经济体通常会发现这种浮动的成本很难接受。一部分原因是太开放；另一部分原因是发展中小国正在饱受原罪之苦。因此，虽然一些国家声称它们的货币可以浮动，但它们可能害怕浮动，所以在长期内对其货币波动进行限制。① 同时，正如我们已经论述过的，一种像货币局制度这样严格的汇率体系会剥夺一个国家的灵活性，特别是在面对中央银行必须扮演最后贷款人角色的金融危机的时候。

一些著名的经济学家，包括哥伦比亚大学的贾格迪什·巴格沃蒂（Jagdish Bhagwati）和约瑟夫·斯蒂格利茨（Joseph Stiglitz）及哈佛大学的丹尼·罗德里克（Dani Rodrik）认为，发展中国家应该保留或者恢复对资本流动的限制，以便在享受汇率稳定的同时拥有运用货币政策的自主权。②

---

① 参见 Guillermo A. Calvo and Carmen M. Reinhart, "Fear of Floating," *Quarterly Journal of Economics* 117 (May 2002), pp. 379-408。

② 参见 Jagdish N. Bhagwati, "The Capital Myth," *Foreign Affairs* 77 (May-June, 1998), pp. 7-12; Dani Rodrik, "Who Needs Capital-Account Convertibility?" in Stanley Fischer et al., *Should the IMF Pursue Capital-Account Convertibility*? Princeton Essays in International Finance 207 (May 1998); and Joseph E. Stiglitz, *Globalization and Its Discontents* (New York: W. W. Norton & Company, 2003)。

例如，在面对危机时，中国和印度推迟了开放其资本账户的计划；一些已经实施资本流动自由化的国家则考虑重新实施限制的可能性（就像马来西亚实际上已经做的那样）。不过，多数发展中国家和西方世界的政策制定者仍然认为资本管制或者是不可能执行的，或者对正常商业关系的破坏作用太大（还有可能成为潜在的腐败根源）。这些储备被应用于对资本外流的控制，因为当财富所有者为避免潜在的损失而外逃时，限制条件很难有实效。

尽管如此，近年来许多新兴市场国家，从巴西到以色列，已经变得更加开放，对资本流入实施有限的管制，甚至 IMF 也比以前开放了许多。这种变化的一个原因是宏观审慎动机：对金融资本流动的限制可以在繁荣时限制过多的银行贷款，因此，可以在衰退时阻止贷款的萎缩。同样重要的（如果不是更重要的）动机是限制实际货币升值，如果没有宽松的货币政策，货币升值会不利于出口。①

虽然对资本流入的控制重新开放了许多，但对全球金融架构的讨论都集中于改良性措施上——这一措施使得即使资本控制不再被使用，余下的选择也不会那么痛苦。

预防性措施

既然金融危机的风险使汇率制度的选择变得如此困难，最近的建议就集中在如何降低这种风险上。典型的建议包括如下要求：

更高的透明度。亚洲的问题至少有一部分是由于外国银行和其他投资者在不了解风险的情况下借款给亚洲的企业，然后，发现风险高于他们的预期时同样盲目地撤出资金。因此，许多人建议提高透明度，即更好地提供金融信息，就像美国的企业必须准确地向公众汇报其财务状况那样。人们希望透明度的提高不仅可以在经济形势好时防止过多的资金涌入一个国家，还能防止当情况没有想象中好时过多资金的抽逃。

健全的银行体系。我们已经看到，使亚洲金融危机变得如此严重的一个因素就是货币危机与银行挤兑之间的相互作用。如果银行本身很健康，那么这些相互作用很可能就会弱得多。因此，许多人建议通过更严格地监督银行所承担的风险和提高资本金要求（确保银行所有者的大量自有资金避免处于风险当中）来增强银行的实力。当然，2007—2009 年的金融危机证明了事实上工业化国家金融市场并没有许多人看到的那么强劲。从而，金融机构普遍需要更高的透明度和加强金融管制。

提高信贷额度。一些改革家还希望建立起国家在发生货币危机时可以动用的特别信贷额度，从而增加其外汇储备。这种观点认为，仅仅是这些信贷额度的存在通常就可以发挥作用而不必真的动用它们：只要投机者知道这些国家有足够的资金来应付大量的资金流出，他们就不会预期或担忧自己的行为会造成突然的贬值。这种信贷额度可以由私人银行提供，也可以由 IMF 等公众实体提供。2007—2009 年之后金融领域的改革对富国也是适用的（见第 20 章中有关中央银行的货币掉期交易的专栏讨论）。

提高股权资本相对于债权资本的流入比例。如果发展中国家私人资本流入中股权资产组合投资或直接外国投资所占的比例比债权投资更大，那么债务违约的可能性就低得多。该国对外国人的支付就会与经济发展有更紧密的联系，在经济境况不好时会自动下降。事实上，在面对 2007—2009 年全球金融危机时，一个趋势是对新兴市场外资股权有更多的信心，而不是债务融

---

① 关于 IMF 目前方法的阐释，参见 Jonathan D. Ostry，Atish R. Ghosh，Marcos Chamon，and Mahvash S. Qureshi，“Capital Controls: When and Why?” *IMF Economic Review* 59 (2011)，pp. 562 - 580。

资，这种发展可能会增强其抵御能力。[1]

国际社会认识到发展中国家作为借方和贷方，在世界金融市场中扮演着越来越重要的角色。在巴塞尔和其他银行监管全球合作中，发展中国家越来越深入地参与到对银行规则的讨论中。

应对危机

即使有上述预防性措施，危机仍然肯定会发生。因此还有人建议改变世界对危机的应对方式。

这类建议多数与 IMF 的角色和政策有关。但是，这里的观点存在很大的分歧。一些保守的批评者认为应该废除 IMF，因为 IMF 的存在会使得贷款人相信当自己的行为带来恶果时总会有人来救援，从而鼓励不负责任的贷款——这是我们以前讨论过的道德风险的一种形式；另一些批评者认为 IMF 是必要的，但是它误解了自己的角色——例如，当它应该把自己限制在狭义的金融问题上时却坚持推行结构性改革。在 20 世纪 90 年代末的危机期间，许多亚洲国家不得不遵循 IMF 的建议；对它们来说，正如我们所看到的，它们积累储备的一个动机是避免不得不借入 IMF 的美元，并接受其条件。最后，一些 IMF 的拥护者（也有一些批评者）则认为，这个机构没有获得足够的资金以完成其任务，也就是说，在一个资本自由流动的世界里，它应该能够提供比其现在多得多也快得多的贷款。2007—2009 年危机之后 IMF 的资金迅速增加，通过给予穷国更多的投票权，发展中国家在 IMF 中的合法地位也在提高，这样的措施应该会改进国际体系的作用。

另外一套建议则认为在一国有时不能偿还债务时，需要建立一个国际机制来加快和减少债权人与债务人之间再谈判的成本。我们在讨论拉美 20 世纪 80 年代的债务危机时注意到，有限的债务冲销确实给这次危机画上了句号。即使在欧元区，始于 2013 年 1 月的主权债务问题涉及的一些方面也使得政府与私人重新商谈他们的债务更加容易了。批评者认为这样的程序要么是无效率的，要么有负面效果，因为它会鼓励各国借入过多的资金，而各国知道可以轻易地摆脱其债务——又是道德风险。

对全球资本流动与全球收入分配的理解：地理位置决定了一切吗？

就像我们在本章开始时所描述的那样，如今世界的特征是收入与福利水平的大规模国际分配。然而在对一个简化了的趋同理论的反驳中，即使是以缓慢的速度进行，也没有系统趋势表明穷国的收入水平趋同于富国的收入水平。[2] 在传统的宏观经济增长模型中，一国的人均实际收入依赖于它的物质和人力资本存量。当这些资本存量相对于非熟练工人的存量较低时，它们将生产出最高的边际产出。因此，投资的高边际产出预示了对资本积累的强烈刺激，其中包括来自国外的资本流入。标准模型预测，较贫穷的国家将比较富裕的国家增长更快。最终的结果是，如果穷国可以使用与富国一样的技术，它们将变得与富国一样富有。

但在实际中，这样的愉快过程只是一个例外而不是惯例。并且，很少有资本确实流入发展中国

---

① Eswar S. Prasad 记录了这种趋势，参见 "Role Reversal in Global Finance," in *Achieving Maximum Long-Run Growth: A Symposium Sponsored by the Federal Reserve Bank of Kansas City* (Kansas City, MO: Federal Reserve Bank of Kansas City, 2012), pp. 339 - 390。同样可参见延伸阅读中列出的 Forbes 的文章。

② 尽管当研究单位是国家时这种说法是正确的，但当研究单位变成个人时这种说法就不太准确了。印度与中国在 1960 年都很贫穷，近些年来，这两个国家都经历了较快的增长。然而，它们快速增长的一个主要原因就是采取了市场导向的经济改革。进一步的讨论请参见 Stanley Fischer, "Globalization and Its Challenges," *American Economic Review* 93 (May 2003), pp. 1 - 30。

家，尽管按照最简单的趋同理论预测，资本的边际产出，进而外资回报应该在发展中国家较高。流入发展中世界的资本规模与在发展中国家之间流动的总资本相比而言真是相形见绌。自 20 世纪 90 年代末以来，美国吸收了世界大部分可以获得的经常账户余额。

实际上，在很多发展中国家的投资风险限制了这些国家对投资者的吸引力，而这些风险都与国家糟糕的经济增长表现密切相连。当政府部门不愿意或者没有能力对产权进行保护时，投资者不愿意进行物质资本与人力资本投资，因此经济增长也将很低或不复存在。（后面的专栏更深入地探讨了从富国到穷国的资本流动行为。）

如何解释以下事实呢？即：为什么一些国家已经非常富裕，而另一些国家由于对外资的吸引力很小或没有吸引力从而处于极端的贫困中？有两个主要学派对这个问题进行了思考，它们关注的焦点分别是国家的地理特征和政府的制度。

地理学派理论的一个主要拥护者是加州大学洛杉矶分校的地理学家贾里德·戴蒙德（Jared Diamond）。他的一部具有影响力与吸引力的著作《枪炮、病菌、钢铁：人类社会的命运》（*Guns, Germs and Steel: The Fates of Human Societies*, New York: W. W. Norton & Company, 1997）赢得了 1998 年的普利策奖。地理学派观点中的一个版本认为，一个国家的物理环境，例如气候、土壤类型、疾病以及地理运输条件等多个方面决定了它的长期的经济表现。这样一来，糟糕的天气、没有容易驯服的大型动物以及黄热病与疟疾的横行，注定了热带地区的发展要落后于气候更加适宜的欧洲地区。在欧洲地区，适宜的气候可以支持农业创新，例如农作物轮作制。由于这些原因，戴蒙德声称正是欧洲人征服了新世界的居民，而不是相反。

专栏 资本悖论

自第二次世界大战以来，尽管许多发展中国家从发达国家借款，资金流向从富国到穷国的这一全球化模式已经与基本经济理论所做出的预测（大量的资金从资本丰富的高收入国家流向资本稀缺却富有投资机会的低收入发展中国家）发生了偏离。

下图说明了 1970 年以后经常账户余额的全球模式。一直到 2010 年以后的几年之内，非产油发展中国家的借款都十分有限，除了 20 世纪 90 年代的十年，那时大量的发展中国家（其中包括墨西哥、泰国和捷克）的借款者最终遭受了损失。与此同时，发达国家的经常账户余额很小或者不存在。进入 21 世纪之后，富裕国家出现了大规模的赤字，并开始广泛向新兴市场国家和发展中国家借款。

在 20 世纪 90 年代之前发展中国家短暂的借贷繁荣之前，芝加哥大学的经济学家小罗伯特·卢卡斯（Robert E. Lucas, Jr.）认为：富国和穷国之间较大的收入差距如果是由资本禀赋差异造成的，理应使得大量的外国投资流向发展中国家。那么，为什么在富裕国家投资并未远低于储蓄，而在贫困国家投资并未远高于储蓄呢？卢卡斯认为，这与穷国的人力资本（受过较高教育的劳动力和管理者）的稀缺性有关。其他学者更加注重穷国中产权的脆弱性和政府的稳定性的原因，源于这个角度的分析在 20 世纪 90 年代的危机中得到了部分的证实。①

有趣的是，哥伦比亚大学的经济学家拉格纳·纳克斯（Ragnar Nurkse）在 20 世纪 50 年代初预测到了战后从富国到穷国的资本流入会很有限。19 世纪欧洲出现了海外投资的繁荣。在第一次世界大战前的近半个

① 这些理论并不相互排斥：产权保护阻碍了人力资本投资。穷国的低资本流动难题参见 Robert E. Lucas, Jr., "Why Doesn't Capital Flow from Rich to Poor Countries?" *American Economic Review* 80 (May 1990), pp. 92-96。一项把有限的资本流动与低水平的制度联系在一起的研究是：Laura Alfaro, Sebnem Kalemli-Ozcan, and Vadym Volosovych, "Why Doesn't Capital Flow from Rich to Poor Countries? An Empirical Investigation," *Review of Economics and Statistics* 90 (May 2008), pp. 347-368。Carmen Reinhart 和 Kenneth Rogoff 把卢卡斯之谜归因于发展中国家违约的可能性。参见 "Serial Default and the 'Paradox' of Rich-to-Poor Capital Flows," *American Economic Review* 94 (May 2004), pp. 53-58。

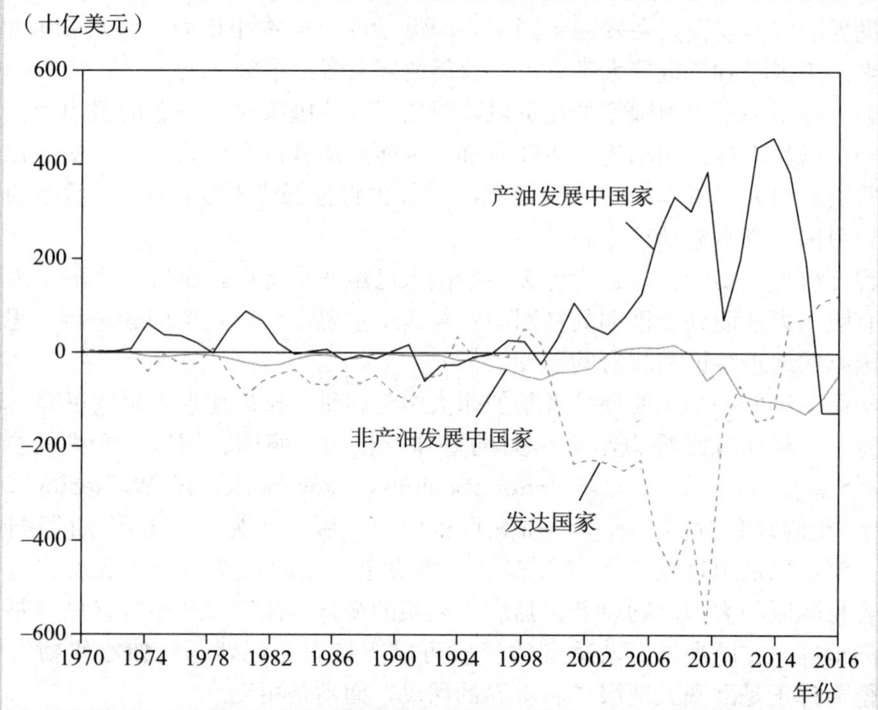

1970—2016 年主要国家组别的经常账户余额

资料来源：International Monetary Fund，*International Financial Statistics* and *World Economic Outlook* data. 2016 年的数据是年中预测。值得注意的是，由于错误和遗漏，区域不平衡通常不会归零。

世纪中，全球的领导者英国每年向海外大致投资了它海外收入的 4%。纳克斯认为这种投资环境是非常特别的，并且在第二次世界大战后不太可能会重复。他注意到大多数投资流向了极少数最近的殖民地国家，大部分为对大量欧洲移民所需要的基础设施（如铁路）所进行的投资。这些移民传播了欧洲的技能和政府管理机制，这使得对投资的利用更加成功。并不令人奇怪的是，大多数接受投资的国家——尤其是澳大利亚、新西兰、加拿大和美国，变得富裕起来。而在 1914 年以前得到较少外国投资的较为贫穷的“采掘型”经济体今天仍然不富裕。①

21 世纪初的发展使得资本在国家间流动的模式比以前存在着更多的矛盾，不仅资本不能够大量地从富国流到穷国，而且资本反向地大量从穷国流向富国。这种模式背后体现的是许多新的发展：例如，富国的资产繁荣刺激了消费和房地产投资，引发了较大的经常账户赤字，而发达经济体和中国经济的快速增长提高了商品的价格，使得许多相对贫困的原料出口商有了盈余。随着发达经济体和中国经济增长的放缓，商品价格下跌，这种模式最近有所减弱。进入 21 世纪的十几年来，虽然富裕国家转入盈余，但是石油出口国由于面临 2014 年开始的油价暴跌，从盈余急剧转向赤字，非产油发展中国家作为一个整体开始再次出现赤字。然而，与世界经济规模相比，非产油发展中国家近期的赤字较小。

当经济学家更仔细地观察这个令人惊奇的模式时，他们发现了比卢卡斯在 1990 年提出的悖论还令人不解的理论。

首先，1970 年以前的经历揭示了平均来讲，外国资本好像没有驱动经济增长。事实上，那些增长得快的国家是依靠本国储蓄的增加，有着最小的经常账户赤字。例如，以中国为代表的东亚经济体一般都有较高的

① 参见 Ragnar Nurkse，“International Investment To-Day in the Light of Nineteenth-Century Experience，” *Economic Journal* 64 (December 1954)，pp. 744 - 758。

储蓄水平。加州大学伯克利分校的皮埃尔-奥利维尔·古兰沙（Pierre-Olivier Gourinchas）和约翰霍普金斯大学的奥利维尔·珍妮（Olivier Jeanne）强调的第二个相关的悖论被称为国际资本配置之谜：劳动和资本生产率增长速度较低的国家比增长率高的国家吸引了更多的资金流入。

研究者仍在努力解决这些困惑。许多贫困国家的金融体系薄弱，因而在发生危机时无法应对大量国外贷款资金的流入。因此，自己有大量储蓄的国家将会获得更强的增长优势。古兰沙和珍妮认为他们的国际资本配置之谜与一些快速增长的经济体（如中国）积累的国际储备规模有关。通常大量的外商直接投资会流入这些经济体，但是它们的储蓄如此之高以至总体上仍然有经常账户盈余。①

一些地理理论强调的另一个因素是开展国际贸易的容易程度。那些位于内陆及多山的国家，与外界的贸易很少，因此，与那些具有很好的海港及可航行的国内水路与方便快捷的公路系统的国家相比，前者的生活较为贫困。

相比之下，那些支持将政府制度作为经济成功的决定因素的人们，关注的重点在于政府部门能够成功地保护私有产权，从而鼓励私人创业、投资和创新，最终实现经济增长。根据这种观点，如果一个国家不能保护本国居民财产免于被随意没收，那么这个国家的人们将会发现在这样的国家里努力追求财富是不值得的。② 这一机制作为一个根本因素决定了低腐败率与高人均收入之间的正相关关系：如图 22－2 所示，低腐败率鼓励了生产性的经济活动，确保了投资者的劳动果实不会被随意剥夺。然而，我们注意到，在讨论这一证据时，图中的正斜率并不表明国家制度决定国家收入。例如，也可能真实情况是，斜率反映了较富裕的国家为了防止腐败而投入了更多的资源。即使是这样，仍可能是地理因素决定了收入水平，因此最后也决定了制度。但是如果更有利的地理因素能够导致更高的收入，并且通过高收入导向更好的制度环境（以较低的腐败率为特征），那么地理学派的观点看起来是很有道理的。对于政策制定者而言，通过制度改革促进经济增长的前景将会变得暗淡得多。③

我们如何才能区分开这么多的统计可能性呢？一个策略是找到某个可度量的因素：它影响用于管理私人财产的制度，但是它与目前的人均收入水平不相关。统计学家称这样的变量为制度工具变量（或简称为工具）。因为这个工具并不受当前收入的影响，它所测量的与现今收入的统计关系反映了制度对收入的因果效应，而不是相反。遗憾的是，由于经济变量之间复杂的相互影响关系，所以一般来说，我们很难找到这样合适的工具变量。

来自麻省理工学院的经济学家达龙·阿西莫格鲁（Daron Acemoglu）和西蒙·约翰逊（Simon Johnson）与来自哈佛大学的经济学家詹姆斯·鲁宾逊（James Robinson）建议采取一种富有想象力的方法来解决这一难题。他们建议将前殖民时期早期的欧洲定居者的历史死亡率作为衡量制度质量

---

① 参见 Eswar Prasad，Raghuram Rajan，and Arvind Subramanian，“The Paradox of Capital，” *Finance & Development* 44（March 2007）；and Gourinchas and Jeanne，“Capital Flows to Developing Countries：The Allocation Puzzle，” *Review of Economic Studies* 80（October 2013），pp. 1484－1515。

② 例如，参见 Douglass C. North，*Institutions*，*Institutional Change*，*and Economic Performance*（Cambridge：Cambridge University Press，1990）。

③ 在欧洲的前殖民地国家，目前的制度都是外国统治者植入的。地理因素影响殖民者建立的制度的类型。因此，在西印度群岛与美国南部，气候与土壤条件有利于利用奴隶来发展农业，收益递增的技术确保了大面积种植的可能，导致了收入分配的不均。因此产生的制度对理想的平均主义与财产的保护都是有害的。财富与势力的不均等在许多情况下都会长久存在，这阻碍了经济的长期增长。经典的讨论，请参见 Stanley L. Engerman and Kenneth D. Sokoloff，“Factor Endowments，Institutions，and Differential Paths of Growth among New World Economies：A View from Economic Historians of the United States，” in Stephen Haber，ed.，*How Latin America Fell Behind*（Stanford，CA：Stanford University Press，1997）。制度假设允许地理因素影响收入，但认为地理因素只能（或者主要）通过影响制度影响收入。

的工具变量。[1] 用定居者的死亡率充当有用工具进行分析依靠以下两个论据。

首先，他们认为定居者的死亡率决定了后来用于管理产权的制度。（这是地理因素通过影响制度而影响收入的另一个例子。）在高死亡率地区（例如非洲的前比属刚果），欧洲人不能成功地定居；相反，他们的目的是尽可能快地掠夺财富。他们所建立的制度直接指向那个目的，而不是保护产权。当这些前殖民地取得独立后，这些剥夺性制度被新的当地的统治精英所采用。相反，欧洲人自己定居在低死亡率的地区，例如北美与澳大利亚，他们要求制定保护政治与经济权利的制度，保护私人财产免于被任意剥夺。这些国家在 19 世纪流入了大量外国资本，它们都是当今繁荣和富裕的国家。

除了对制度有影响之外，一个合格的工具还必须满足第二个条件。它必须不能影响今天的人均收入。阿西莫格鲁、约翰逊、鲁宾逊认为这一条件也得到了满足。正像他们所说的：

> 殖民地中绝大部分欧洲人的死亡是由疟疾和黄热病引起的。虽然这些疾病对没有免疫力的欧洲人来说是致命的，但是对已经形成各种免疫力的当地成年人而言，这些疾病的影响是有限的。因此，这些疾病看起来不能成为解释今天亚洲与非洲的很多国家贫穷的原因……这些地区当地人们的低死亡率支持这一观点。[2]

阿西莫格鲁、约翰逊、鲁宾逊通过死亡率对后来制度的影响，向我们展示了早期欧洲定居者的死亡率对现今人均收入有很大的影响。他们进一步认为，一旦考虑了后面的影响，像与赤道的距离和疟疾的传染率这些地理因素变量对现今的收入水平就没有独立的影响了。假如人们接受了统计分析的假设，那么制度因素理论看起来开始优于地理因素理论。但是争论还远未结束。

一些批评者认为，阿西莫格鲁、约翰逊、鲁宾逊三人对制度质量的测量方法是不完善的；其他人认为，即使是历史的死亡率，也可以直接与今天的生产率相关。在最近的一篇论文中，一组经济学家认为对制度的主要影响因素是人力资本，即在人口中积累的技术与教育水平。甚至是一位集权的独裁者也可能会随着公民的受教育水平的提高而建立民主与产权。这些学者指出韩国就是这样做的，并且认为很可能是欧洲定居者的人力资本而不是他们的制度移植激发了后来的经济增长。[3] 我们先前指出，东亚后来的高增长中的一个原因就是在教育方面的高投资率，这些通常是通过集权政府颁布法令来实施的。

大多数亚洲先前的殖民地提供了对阿西莫格鲁、约翰逊、鲁宾逊提出的理论的反面证据。例如，印度、印度尼西亚和马来西亚都是有着大量土著居民的欧洲殖民地，然而它们的经济增长率基本上已经超过了那些发达经济体。

---

① 数据来自 17—19 世纪的记录，其中包括了士兵、裁缝以及主教。请参见 Daron Acemoglu，Simon Johnson，and James Robinson，"The Colonial Origins of Comparative Development：An Empirical Investigation，" *American Economic Review* 91（December 2001），pp. 1369－1401。

② Acemoglu，Johnson and Robinson，ibid.，p. 1371.

③ 请参见 Edward L. Glaeser，Rafael La Porta，Florencio Lopez-de-Silanes，and Andrei Shleifer，"Do Institutions Cause Growth?" *Journal of Economic Growth* 9（September 2004），pp. 271－303。支持制度观点优于地理观点的解释，请参见 Dani Rodrik，Arvind Subramanian，and Francesco Trebbi，"Institutions Rule：The Primacy of Institutions over Geography and Integration in Economic Development，" *Journal of Economic Growth* 9（June 2004），pp. 131－165。相反的观点，请参见 Jeffrey D. Sachs，"Institutions Don't Rule：Direct Effects of Geography on Per Capita Income，" Working Paper 9490，National Bureau of Economic Research，February 2003。国际贸易在增长中的作用是目前另一个关注的焦点。Rodrik 和其他作者认为开放国际贸易并不是人均收入的主要决定因素，而只是因为开放会带来更好的制度，从而通过这种间接渠道来获得更高的收入。

提　要

1. 处于不同经济发展阶段的国家在人均收入和福利方面都存在着巨大的差异。此外，发展中国家尚未表现出向工业国收入水平收敛的一致趋势。但是一些发展中国家，特别是几个东亚经济体，自 20 世纪 60 年代以来生活水平有显著提高。解释为什么有的国家一直很贫穷、什么政策可以促进经济增长等仍然是经济学面临的最重要的挑战之一。

2. 发展中国家形成了一个异质的群体，特别是近年来许多国家开始实行大范围的经济改革以后。大多数国家至少有部分以下特征：政府在经济中的参与程度很高，包括公共支出占 GNP 的比重很高；通货膨胀的历史，通常反映了政府在征税无效时希望从经济中抽取铸币税的企图；脆弱的信贷机构和不发达的资本市场；钉住汇率或资本管制，包括旨在控制通货膨胀或防止实际升值的爬行钉住汇率制；严重依赖初级产品出口。随着一国的相对贫困程度的提高，腐败似乎也在增加。发展中国家的上述许多特征都可以追溯到 20 世纪 30 年代大萧条时工业化国家主要着眼于国内市场、世界市场崩溃的时期。

3. 因为许多发展中国家可以提供潜在的、诱人的投资机会，所以它们自然存在经常账户赤字，并向富国借款。从理论上讲，发展中国家从富国借款可以创造因跨期贸易而产生的收益，使得所有国家的境况都变好。但是在实际中，发展中国家的借款有时会导致与货币危机和银行危机相互作用的广泛的违约危机。与货币危机和银行危机一样，违约危机也有自我实现的成分，尽管它们的发生主要取决于借款国基本面的缺陷。违约危机经常是从金融流入的突然停止开始的。

4. 20 世纪 70 年代随着布雷顿森林体系的崩溃，拉美国家进入了一个在增长和通货膨胀方面宏观经济表现明显较差的阶段。不受控制地借入外债在 80 年代导致了普遍的发展中国家债务危机，拉美和非洲受到的影响最大。80 年代中期从智利开始，一些大的拉美国家开始进行更全面的经济改革，不仅包括通货紧缩，而且包括控制政府预算、严格的私有化、放松管制和贸易政策改革。阿根廷于 1991 年成立了货币委员会。但并非所有拉丁美洲改革者在加强银行监管方面都取得了同样的成功，一些国家的失败也是事实。例如，阿根廷的货币委员会在十年后崩溃了。

5. 虽然有惊人的高增长、低通货膨胀和低预算赤字的出色记录，但东亚的几个主要发展中经济体还是在 1997 年遭到了严重的恐慌和灾难性货币贬值的打击。回想起来，受到影响的经济体都有一些脆弱性，其中多数与国内银行业和金融业的道德风险有关。危机的影响溢出到俄罗斯和巴西这样相距遥远的国家，证明了传染在现今国际金融危机中的作用。这一因素，以及东亚经济体在危机之前几乎没有什么明显问题的事实，引起了对国际金融体系进行反思的强烈要求。这些需求是 2007—2009 年金融危机的本质使然。

6. 改革国际金融体系的建议可以分为预防性措施和事后措施，后者在防护失败时使用。预防性措施包括国家政策和财务状况透明度的提高；对国内银行监管的加强；来自私人银行或 IMF 的更大的信贷额度。事后措施包括增加 IMF 的放款。一些观察家建议实行更广泛的资本管制以防范和管理危机。未来发展中国家无疑会尝试资本管制、美元化、浮动汇率和其他制度。最终会出现什么样的金融结构尚不明朗。

7. 最近有关发展中国家经济增长的最终决定因素的研究集中在一些地理因素上，例如疾病环境，像政府对产权的保护这样的制度特征，以及人力资本禀赋。从富国向穷国的资本流动也取决于这些因素。尽管经济学家认为这些因素都很重要，但为了使贫穷国家摆脱贫困，政策应该首先侧重什么就变得不那么清楚了。例如，如果人力资本积累依靠产权与个人安全的保护，那么制度改革可以作为合适的第一步。另外，如果缺少使政府有效运作的人力资本，那么为政府创造一种制度框架就显得没有意义。在这种情况下，教育应该放在第一位。获得一致答案的统计上的障碍是巨大的，所以要确保在各个方面都进行均衡推进。

关键术语

传染　　收敛　　货币局　　美元化　　原罪　　私有化　　铸币税

习　题

1. 一个政府是否总是可以通过让货币供给增长更迅速的方法来获得更多的铸币税？给出你的理由。

2. 假设一个国家 1990 年和 2000 年的通货膨胀率都是 100%，但是通货膨胀 1990 年呈下降趋势，2000 年呈上升趋势，其他条件相同。请问：哪一年的铸币税收入更多？（假设资产所有者能正确预期通货膨胀走向。）

3. 在 20 世纪 80 年代初，尽管每年有 147% 的平均通货膨胀率，但是巴西政府得到的铸币税只占产出的 1.0%，而塞拉利昂以低于巴西 1/3 的通货膨胀率就得到了占产出 2.4% 的铸币税。你认为可以用金融结构不同来解释这种差异吗？（提示：塞拉利昂通货与名义产出之比平均为 7.7%；巴西平均只有 1.4%。）

4. 假设一个对国际资本流动开放的经济实行爬行钉住汇率制，货币每年贬值 10%，那么国内名义利率和外国名义利率的关系如何？如果爬行钉住汇率不是完全可信的，会发生什么情况？

5. 在 20 世纪 70 年代，许多发展中国家（例如阿根廷）外债的很大部分是由预期货币贬值而产生的资本外流（合法或非法）引起的。（政府和中央银行借入外国货币来维持本国的汇率，这些资金又会流到私人手中并进一步流到纽约和其他地方的银行账户中。）由于资本外流会带给政府大量债务，同时也会给将资金带到国外的本国人带来相应的外国资产，从整体来看国家净债务并未改变。这是否意味着主要由于资本外流而形成政府外债的国家就没有债务问题了？

6. 在 20 世纪 70 年代，许多发展中国家的借款主体是国有企业。在这些国家中，有些是通过把国有企业出售给私人来使经济实现私有化。如果这些国家很早就实现了私有化，它们能借到的钱是更多还是更少？

7. 一个发展中国家减少贸易限制的决定，比如降低进口关税，是怎样影响它在世界资本市场上的借款能力的？

8. 给定产出，一个国家可以通过减少投资或者减少消费（私人或政府的）来改善其经常账户。20 世纪 80 年代债务危机开始后，许多发展中国家通过减少投资来改善经常账户。这是明智的策略吗？

9. 如果阿根廷放弃比索并把经济完全美元化，为什么必须向美国上交铸币税？你如何衡量阿根廷牺牲的铸币税的大小？（考虑阿根廷将其经济美元化所采取的实际步骤，你可以假定阿根廷中央银行的资产 100% 由美国国债构成。）

10. 查看一组工业化国家的数据，对经济收敛假说的早期研究发现，一个世纪之前较贫穷的国家增长得更快。那么我们能否从这一发现中推论出收敛假说是正确的？

11. 一些评论家认为新兴市场经济体采取的固定汇率政策创造了一种道德风险。你同意这种看法吗？（提示：如果人们知道汇率每天都是变动的，借款人的行为或许会有所不同。）

12. 在一些新兴市场经济体中，不仅对外国人的债务以美元计价，而且很多国内债务也用美元计价。这种现象有时被称为债务美元化。当本币相对于美元大幅贬值时，金融市场债务美元化会怎样恶化金融市场的混乱局势？

13. 美国的总产出方程和印度的一样，$Y = AK^{\alpha} L^{1-\alpha}$，$A$ 是总的劳动生产率，K 是资本存量，L 是劳动供给。基于表 22-2 计算 2010 年美国和印度的人均收入 。用这一结果算出印度和美国的边际生产率。（资本的边际产出是 $\alpha AK^{\alpha-1}L^{1-\alpha}$。）把答案与资本流动的卢卡斯之谜联系起来。为了使两国资本的边际产出相同，两国的 A 存在多大差异？

延伸阅读

Jahangir Aziz, Steven V. Dunaway, and Eswar Prasad, eds. *China and India: Learning from Each Other*. Washington, D.C.: International Monetary Fund, 2006. 这些论文讨论了中国和印度提升经济稳定性和增长率的策略。

Guillermo A. Calvo and Frederic S. Mishkin. "The Mirage of Exchange Rate Regimes for Emerging

Market Countries." *Journal of Economic Perspectives* 17 (Winter 2003), pp. 99 - 118. 该文章认为，对于了解发展中国家宏观经济表现来说，制度比汇率体制更重要。

Barry Eichengreen and Ricardo Hausmann, eds. *Other People's Money: Debt Denomination and Financial Instability in Emerging Market Economies*. Chicago: University of Chicago Press, 2005. 这是关于原罪的论文集。

Albert Fishlow. "Lessons from the Past: Capital Markets During the 19th Century and the Interwar Period." *International Organization* 39 (Summer 1985), pp. 383 - 439. 该文献对国际借款经历进行了历史性回顾，其中包括对1982年之后的债务危机的比较。

Kristin Forbes. "The 'Big C': Identifying and Mitigating Contagion." In *The Changing Policy Landscape: A Symposium Sponsored by the Federal Reserve Bank of Kansas City*. Kansas City, MO: Federal Reserve Bank of Kansas City, 2013, pp. 23 - 87. 该文献对传染性冲击向国际市场的传导进行了全面考察。

Morris Goldstein. *Managed Floating Plus*. Washington, D. C.: Institute for International Economics, 2002. 该书给出了新兴市场经济体所提出的管理外汇灵活性的提议。

Morris Goldstein and Nicholas R. Lardy. *The Future of China's Exchange Rate Policy*. Washington, D. C.: Peterson Institute for International Economics, 2009. 该文献对中国所面临的宏观经济挑战进行了简要而透彻的分析。

Peter B. Kenen. *The International Financial Architecture: What's New? What's Missing?* Washington, D. C.: Institute for International Economics, 2001. 该书回顾了新兴市场危机和后续的改革全球金融体系的建议。

M. Ayhan Kose and Eswar S. Prasad. *Emerging Markets: Resilience and Growth amid Global Turmoil*. Washington, D. C.: Brookings Institution, 2010. 该书对面对2007—2009年全球金融危机时，新兴经济体的相对弹性进行了范围广泛的研究。

David S. Landes. *The Wealth and Poverty of Nations*. New York: W. W. Norton & Company, 1999. 该书对全球发展经验进行了广泛的综述。

Ronald I. McKinnon. *The Order of Economic Liberalization: Financial Control in the Transition to a Market Economy*, 2nd edition. Baltimore: Johns Hopkins University Press, 1993. 该论文集对经济改革的恰当后果进行了讨论。

Edward Miguel. *Africa's Turn?* Cambridge, MA: MIT Press, 2009. 该书展现了非洲经济的表现和前景。

Peter J. Montiel. *Macroeconomics in Emerging Markets*. Cambridge: Cambridge University Press, 2003. 该书对发展中经济体的宏观政策问题进行了全面的分析性综述。

Raghuram G. Rajan and Ioannis Tokatlidis. "Dollar Shortages and Crises." *International Journal of Central Banking* 1 (September 2005), pp. 177 - 220. 该文献对进行债务美元化的发展中经济体的制度弱点进行了优秀的综述。

Carmen M. Reinhart, Vincent Reinhart, and Christoph Trebesch. "Global Cycles: Capital Flows, Commodities, and Sovereign Defaults, 1815 - 2015." *American Economic Review* 106 (May 2016): 574 - 580. 该文献描述了资本流动和商品价格两个世纪以来在繁荣和萧条之间的表现。

Dani Rodrik. *One Economics, Many Recipes: Globalization, Institutions, and Economic Growth*. Princeton: Princeton University Press, 2007. 该论文集展示了在经济增长过程中，制度和全球化之间的相互作用。

Joseph E. Stiglitz et al. *The Stiglitz Report: Reforming the International Monetary and Financial Systems in the Wake of the Global Crisis*. New York: The New Press, 2010. 该文献是联合国金融委员会的专家们的报告，聚焦于发展经济的意义。

经济科学译丛

序号	书名	作者	Author	单价	出版年份	ISBN
1	国际经济学:理论与政策(第十一版)	保罗·R. 克鲁格曼等	Paul R. Krugman	98.00	2021	978-7-300-28805-5
2	微观经济学(第四版)	戴维·A. 贝赞可	David A. Besanko	125.00	2020	978-7-300-28647-1
3	经济建模:目的与局限	劳伦斯·A. 博兰德	Lawrence A. Boland	49.00	2020	978-7-300-28532-0
4	计量经济分析(第八版)(上下册)	威廉·H. 格林	William H. Greene	158.00	2020	978-7-300-27645-8
5	微观经济学(第四版)	保罗·克鲁格曼等	Paul Krugman	86.00	2020	978-7-300-28321-0
6	发展宏观经济学(第四版)	皮埃尔·理查德·阿根诺等	Pierre-Richard Agenor	79.00	2020	978-7-300-27425-6
7	平狄克《微观经济学》(第九版)学习指导	乔纳森·汉密尔顿等	Jonathan Hamilton	42.00	2020	978-7-300-28281-7
8	经济地理学：区域和国家一体化	皮埃尔-菲利普·库姆斯等	Pierre-Philippe Combes	56.00	2020	978-7-300-28276-3
9	公共部门经济学(第四版)	约瑟夫·E. 斯蒂格利茨等	Joseph E. Stiglitz	96.00	2020	978-7-300-28218-3
10	递归宏观经济理论(第三版)	拉尔斯·扬奎斯特等	Lars Ljungqvist	128.00	2020	978-7-300-28058-5
11	策略博弈(第四版)	阿维纳什·迪克西特等	Avinash Dixit	85.00	2020	978-7-300-28005-9
12	劳动关系(第10版)	小威廉·H. 霍利等	William H. Holley, Jr.	83.00	2020	978-7-300-25582-8
13	微观经济学(第九版)	罗伯特·S. 平狄克等	Robert S. Pindyck	93.00	2020	978-7-300-26640-4
14	宏观经济学(第十版)	N. 格里高利·曼昆	N. Gregory Mankiw	79.00	2020	978-7-300-27631-1
15	宏观经济学(第九版)	安德鲁·B.亚伯等	Andrew B. Abel	95.00	2020	978-7-300-27382-2
16	商务经济学(第二版)	克里斯·马尔赫恩等	Chris Mulhearn	56.00	2019	978-7-300-24491-4
17	管理经济学:基于战略的视角(第二版)	蒂莫西·费希尔等	Timothy Fisher	58.00	2019	978-7-300-23886-9
18	投入产出分析:基础与扩展(第二版)	罗纳德·E. 米勒等	Ronald E. Miller	98.00	2019	978-7-300-26845-3
19	宏观经济学:政策与实践(第二版)	弗雷德里克·S. 米什金	Frederic S. Mishkin	89.00	2019	978-7-300-26809-5
20	国际商务:亚洲视角	查尔斯·W. L. 希尔等	Charles W. L. Hill	108.00	2019	978-7-300-26791-3
21	统计学:在经济和管理中的应用(第10版)	杰拉德·凯勒	Gerald Keller	158.00	2019	978-7-300-26771-5
22	经济学精要(第五版)	R. 格伦·哈伯德等	R. Glenn Hubbard	99.00	2019	978-7-300-26561-2
23	环境经济学(第七版)	埃班·古德斯坦等	Eban Goodstein	78.00	2019	978-7-300-23867-8
24	管理者微观经济学	戴维·M.克雷普斯	David M. Kreps	88.00	2019	978-7-300-22914-0
25	税收与企业经营战略:筹划方法(第五版)	迈伦·S. 斯科尔斯等	Myron S. Scholes	78.00	2018	978-7-300-25999-4
26	美国经济史(第12版)	加里·M. 沃尔顿等	Gary M. Walton	98.00	2018	978-7-300-26473-8
27	组织经济学:经济学分析方法在组织管理上的应用(第五版)	塞特斯·杜玛等	Sytse Douma	62.00	2018	978-7-300-25545-3
28	经济理论的回顾(第五版)	马克·布劳格	Mark Blaug	88.00	2018	978-7-300-26252-9
29	实地实验:设计、分析与解释	艾伦·伯格等	Alan S. Gerber	69.80	2018	978-7-300-26319-9
30	金融学(第二版)	兹维·博迪等	Zvi Bodie	75.00	2018	978-7-300-26134-8
31	空间数据分析:模型、方法与技术	曼弗雷德·M. 费希尔等	Manfred M. Fischer	36.00	2018	978-7-300-25304-6
32	《宏观经济学》(第十二版)学习指导书	鲁迪格·多恩布什等	Rudiger Dornbusch	38.00	2018	978-7-300-26063-1
33	宏观经济学(第四版)	保罗·克鲁格曼等	Paul Krugman	68.00	2018	978-7-300-26068-6
34	计量经济学导论:现代观点(第六版)	杰弗里·M. 伍德里奇	Jeffrey M. Wooldridge	109.00	2018	978-7-300-25914-7
35	经济思想史:伦敦经济学院讲演录	莱昂内尔·罗宾斯	Lionel Robbins	59.80	2018	978-7-300-25258-2
36	空间计量经济学入门——在R中的应用	朱塞佩·阿尔比亚	Giuseppe Arbia	45.00	2018	978-7-300-25458-6
37	克鲁格曼经济学原理(第四版)	保罗·克鲁格曼等	Paul Krugman	88.00	2018	978-7-300-25639-9
38	发展经济学(第七版)	德怀特·H.波金斯等	Dwight H. Perkins	98.00	2018	978-7-300-25506-4
39	线性与非线性规划(第四版)	戴维·G.卢恩伯格等	David G. Luenberger	79.80	2018	978-7-300-25391-6
40	产业组织理论	让·梯若尔	Jean Tirole	110.00	2018	978-7-300-25170-7
41	经济学精要(第六版)	巴德,帕金	Bade, Parkin	89.00	2018	978-7-300-24749-6
42	空间计量经济学——空间数据的分位数回归	丹尼尔·P. 麦克米伦	Daniel P. McMillen	30.00	2018	978-7-300-23949-1
43	高级宏观经济学基础(第二版)	本·J. 海德拉	Ben J. Heijdra	88.00	2018	978-7-300-25147-9
44	税收经济学(第二版)	伯纳德·萨拉尼耶	Bernard Salanié	42.00	2018	978-7-300-23866-1
45	国际贸易(第三版)	罗伯特·C. 芬斯特拉	Robert C. Feenstra	73.00	2017	978-7-300-25327-5
46	国际宏观经济学(第三版)	罗伯特·C. 芬斯特拉	Robert C. Feenstra	79.00	2017	978-7-300-25326-8
47	公司治理(第五版)	罗伯特·A. G. 蒙克斯	Robert A. G. Monks	69.80	2017	978-7-300-24972-8
48	国际经济学(第15版)	罗伯特·J. 凯伯	Robert J. Carbaugh	78.00	2017	978-7-300-24844-8

经济科学译丛						
序号	书名	作者	Author	单价	出版年份	ISBN
49	经济理论和方法史(第五版)	小罗伯特·B. 埃克伦德等	Robert B. Ekelund. Jr.	88.00	2017	978-7-300-22497-8
50	经济地理学	威廉·P. 安德森	William P. Anderson	59.80	2017	978-7-300-24544-7
51	博弈与信息:博弈论概论(第四版)	艾里克·拉斯穆森	Eric Rasmusen	79.80	2017	978-7-300-24546-1
52	MBA宏观经济学	莫里斯·A. 戴维斯	Morris A. Davis	38.00	2017	978-7-300-24268-2
53	经济学基础(第十六版)	弗兰克·V. 马斯切纳	Frank V. Mastrianna	42.00	2017	978-7-300-22607-1
54	高级微观经济学:选择与竞争性市场	戴维·M. 克雷普斯	David M. Kreps	79.80	2017	978-7-300-23674-2
55	博弈论与机制设计	Y. 内拉哈里	Y. Narahari	69.80	2017	978-7-300-24209-5
56	宏观经济学(第十二版)	鲁迪格·多恩布什等	Rudiger Dornbusch	69.00	2017	978-7-300-23772-5
57	国际金融与开放宏观经济学:理论、历史与政策	亨德里克·范登伯格	Hendrik Van den Berg	68.00	2016	978-7-300-23380-2
58	经济学(微观部分)	达龙·阿西莫格鲁等	Daron Acemoglu	59.00	2016	978-7-300-21786-4
59	经济学(宏观部分)	达龙·阿西莫格鲁等	Daron Acemoglu	45.00	2016	978-7-300-21886-1
60	中级微观经济学——直觉思维与数理方法(上下册)	托马斯·J. 内契巴	Thomas J. Nechyba	128.00	2016	978-7-300-22363-6
61	环境与自然资源经济学(第十版)	汤姆·蒂坦伯格等	Tom Tietenberg	72.00	2016	978-7-300-22900-3
62	货币金融学(第十一版)	弗雷德里克·S. 米什金	Frederic S. Mishkin	85.00	2016	978-7-300-23001-6
63	动态优化——经济学和管理学中的变分法和最优控制(第二版)	莫顿·I. 凯曼等	Morton I. Kamien	48.00	2016	978-7-300-23167-9
64	投资学精要(第九版)	兹维·博迪等	Zvi Bodie	108.00	2016	978-7-300-22236-3
65	环境经济学(第二版)	查尔斯·D. 科尔斯塔德	Charles D. Kolstad	68.00	2016	978-7-300-22255-4
66	MWG《微观经济理论》习题解答	原千晶等	Chiaki Hara	75.00	2016	978-7-300-22306-3
67	横截面与面板数据的计量经济分析(第二版)	杰弗里·M. 伍德里奇	Jeffrey M. Wooldridge	128.00	2016	978-7-300-21938-7
68	宏观经济学(第十二版)	罗伯特·J. 戈登	Robert J. Gordon	75.00	2016	978-7-300-21978-3
69	动态最优化基础	蒋中一	Alpha C. Chiang	42.00	2015	978-7-300-22068-0
70	管理经济学:理论、应用与案例(第八版)	布鲁斯·艾伦等	Bruce Allen	79.80	2015	978-7-300-21991-2
71	微观经济分析(第三版)	哈尔·R. 范里安	Hal R. Varian	68.00	2015	978-7-300-21536-5
72	财政学(第十版)	哈维·S. 罗森等	Harvey S. Rosen	68.00	2015	978-7-300-21754-3
73	经济数学(第三版)	迈克尔·霍伊等	Michael Hoy	88.00	2015	978-7-300-21674-4
74	发展经济学(第九版)	A. P. 瑟尔沃	A. P. Thirlwall	69.80	2015	978-7-300-21193-0
75	宏观经济学(第五版)	斯蒂芬·D. 威廉森	Stephen D. Williamson	69.00	2015	978-7-300-21169-5
76	现代时间序列分析导论(第二版)	约根·沃特斯等	Jürgen Wolters	39.80	2015	978-7-300-20625-7
77	空间计量经济学——从横截面数据到空间面板	J. 保罗·埃尔霍斯特	J. Paul Elhorst	32.00	2015	978-7-300-21024-7
78	战略经济学(第五版)	戴维·贝赞可等	David Besanko	78.00	2015	978-7-300-20679-0
79	博弈论导论	史蒂文·泰迪里斯	Steven Tadelis	58.00	2015	978-7-300-19993-1
80	社会问题经济学(第二十版)	安塞尔·M. 夏普等	Ansel M.Sharp	49.00	2015	978-7-300-20279-2
81	时间序列分析	詹姆斯·D. 汉密尔顿	James D. Hamilton	118.00	2015	978-7-300-20213-6
82	微观经济理论	安德鲁·马斯-克莱尔等	Andreu Mas-Collel	148.00	2014	978-7-300-19986-3
83	产业组织:理论与实践(第四版)	唐·E. 瓦尔德曼等	Don E. Waldman	75.00	2014	978-7-300-19722-7
84	公司金融理论	让·梯若尔	Jean Tirole	128.00	2014	978-7-300-20178-8
85	公共部门经济学	理查德·W. 特里西	Richard W. Tresch	49.00	2014	978-7-300-18442-5
86	计量经济学导论(第三版)	詹姆斯·H. 斯托克等	James H. Stock	69.00	2014	978-7-300-18467-8
87	中级微观经济学(第六版)	杰弗里·M. 佩罗夫	Jeffrey M. Perloff	89.00	2014	978-7-300-18441-8
88	计量经济学原理与实践	达摩达尔·N. 古扎拉蒂	Damodar N.Gujarati	49.80	2013	978-7-300-18169-1
89	经济学简史——处理沉闷科学的巧妙方法(第二版)	E. 雷·坎特伯里	E. Ray Canterbery	58.00	2013	978-7-300-17571-3
90	环境经济学	彼得·伯克等	Peter Berck	55.00	2013	978-7-300-16538-7
91	高级微观经济理论	杰弗里·杰里	Geoffrey A. Jehle	69.00	2012	978-7-300-16613-1

经济科学译丛

序号	书名	作者	Author	单价	出版年份	ISBN
92	高级宏观经济学导论:增长与经济周期(第二版)	彼得·伯奇·索伦森等	Peter Birch Sørensen	95.00	2012	978-7-300-15871-6
93	卫生经济学(第六版)	舍曼·富兰德等	Sherman Folland	79.00	2011	978-7-300-14645-4
94	现代劳动经济学:理论与公共政策(第十版)	罗纳德·G. 伊兰伯格等	Ronald G. Ehrenberg	69.00	2011	978-7-300-14482-5
95	计量经济学基础(第五版)(上下册)	达摩达尔·N. 古扎拉蒂	Damodar N.Gujarati	99.00	2011	978-7-300-13693-6
96	《计量经济学基础》(第五版)学生习题解答手册	达摩达尔·N. 古扎拉蒂等	Damodar N. Gujarati	23.00	2012	978-7-300-15080-8

金融学译丛

序号	书名	作者	Author	单价	出版年份	ISBN
1	金融工程学原理(第三版)	罗伯特·L. 科索斯基等	Robert L. Kosowski	109.00	2020	978-7-300-28541-2
2	金融市场与金融机构(第12版)	杰夫·马杜拉	Jeff Madura	99.00	2020	978-7-300-27836-0
3	个人理财(第11版)	E. 托马斯·加曼等	E. Thomas Garman	108.00	2020	978-7-300-25653-5
4	银行学(第二版)	芭芭拉·卡苏等	Barbara Casu	99.00	2020	978-7-300-28034-9
5	金融衍生工具与风险管理(第十版)	唐·M. 钱斯	Don M. Chance	98.00	2020	978-7-300-27651-9
6	投资学导论(第十二版)	赫伯特·B. 梅奥	Herbert B. Mayo	89.00	2020	978-7-300-27653-3
7	金融几何学	阿尔文·库鲁克	Alvin Kuruc	58.00	2020	978-7-300-14104-6
8	银行风险管理(第四版)	若埃尔·贝西	Joël Bessis	56.00	2019	978-7-300-26496-7
9	金融学原理(第八版)	阿瑟·J. 基翁等	Arthur J. Keown	79.00	2018	978-7-300-25638-2
10	财务管理基础(第七版)	劳伦斯·J. 吉特曼等	Lawrence J. Gitman	89.00	2018	978-7-300-25339-8
11	利率互换及其他衍生品	霍华德·科伯	Howard Corb	69.00	2018	978-7-300-25294-0
12	固定收益证券手册(第八版)	弗兰克·J. 法博齐	Frank J. Fabozzi	228.00	2017	978-7-300-24227-9
13	金融市场与金融机构(第8版)	弗雷德里克·S. 米什金等	Frederic S. Mishkin	86.00	2017	978-7-300-24731-1
14	兼并、收购和公司重组(第六版)	帕特里克·A. 高根	Patrick A. Gaughan	89.00	2017	978-7-300-24231-6
15	债券市场:分析与策略(第九版)	弗兰克·J. 法博齐	Frank J. Fabozzi	98.00	2016	978-7-300-23495-3
16	财务报表分析(第四版)	马丁·弗里德森	Martin Fridson	46.00	2016	978-7-300-23037-5
17	国际金融学	约瑟夫·P. 丹尼尔斯等	Joseph P. Daniels	65.00	2016	978-7-300-23037-1
18	国际金融	阿德里安·巴克利	Adrian Buckley	88.00	2016	978-7-300-22668-2
19	个人理财(第六版)	阿瑟·J. 基翁	Arthur J. Keown	85.00	2016	978-7-300-22711-5
20	投资学基础(第三版)	戈登·J. 亚历山大等	Gordon J. Alexander	79.00	2015	978-7-300-20274-7
21	金融风险管理(第二版)	彼德·F. 克里斯托弗森	Peter F. Christoffersen	46.00	2015	978-7-300-21210-4
22	风险管理与保险管理(第十二版)	乔治·E. 瑞达等	George E. Rejda	95.00	2015	978-7-300-21486-3
23	个人理财(第五版)	杰夫·马杜拉	Jeff Madura	69.00	2015	978-7-300-20583-0
24	企业价值评估	罗伯特·A.G. 蒙克斯等	Robert A. G. Monks	58.00	2015	978-7-300-20582-3
25	基于Excel的金融学原理(第二版)	西蒙·本尼卡	Simon Benninga	79.00	2014	978-7-300-18899-7
26	金融工程学原理(第二版)	萨利赫·N. 内夫特奇	Salih N. Neftci	88.00	2014	978-7-300-19348-9
27	国际金融市场导论(第六版)	斯蒂芬·瓦尔德斯等	Stephen Valdez	59.80	2014	978-7-300-18896-6
28	金融数学:金融工程引论(第二版)	马雷克·凯宾斯基等	Marek Capinski	42.00	2014	978-7-300-17650-5
29	财务管理(第二版)	雷蒙德·布鲁克斯	Raymond Brooks	69.00	2014	978-7-300-19085-3
30	期货与期权市场导论(第七版)	约翰·C. 赫尔	John C. Hull	69.00	2014	978-7-300-18994-2
31	国际金融:理论与实务	皮特·塞尔居	Piet Sercu	88.00	2014	978-7-300-18413-5
32	货币、银行和金融体系	R. 格伦·哈伯德等	R.Glenn Hubbard	75.00	2013	978-7-300-17856-1
33	并购创造价值(第二版)	萨德·苏达斯纳	Sudi Sudarsanam	89.00	2013	978-7-300-17473-0
34	个人理财——理财技能培养方法(第三版)	杰克·R. 卡普尔等	Jack R. Kapoor	66.00	2013	978-7-300-16687-2
35	国际财务管理	吉尔特·贝克特	Geert Bekaert	95.00	2012	978-7-300-16031-3
36	应用公司财务(第三版)	阿斯沃思·达摩达兰	Aswath Damodaran	88.00	2012	978-7-300-16034-4
37	资本市场:机构与工具(第四版)	弗兰克·J. 法博齐	Frank J.Fabozzi	85.00	2011	978-7-300-13828-2

图书在版编目（CIP）数据

国际经济学：理论与政策：第十一版/（美）保罗·R. 克鲁格曼，（美）茅瑞斯·奥伯斯法尔德，（美）马克·J. 梅里兹著；丁凯等译. --北京：中国人民大学出版社，2021.1

（经济科学译丛）

书名原文：International Economics：Theory and Policy，11e

ISBN 978-7-300-28805-5

Ⅰ. ①国… Ⅱ. ①保… ②茅… ③马… ④丁… Ⅲ. ①国际经济学 Ⅳ. ①F11-0

中国版本图书馆 CIP 数据核字（2020）第 249101 号

"十三五"国家重点出版物出版规划项目

经济科学译丛

国际经济学：理论与政策（第十一版）

保罗·R. 克鲁格曼

茅瑞斯·奥伯斯法尔德　著

马克·J. 梅里兹

丁　凯　黄　剑　黄　都　李　楠　等译

黄卫平　校

Guoji Jingjixue：Lilun yu Zhengce

出版发行	中国人民大学出版社		
社　　址	北京中关村大街 31 号	**邮政编码**	100080
电　　话	010－62511242（总编室）		010－62511770（质管部）
	010－82501766（邮购部）		010－62514148（门市部）
	010－62515195（发行公司）		010－62515275（盗版举报）
网　　址	http://www.crup.com.cn		
经　　销	新华书店		
印　　刷	涿州市星河印刷有限公司		
开　　本	890 mm×1240 mm　1/16	**版　　次**	2021 年 1 月第 1 版
印　　张	37.5　插页 2	**印　　次**	2025 年 3 月第 7 次印刷
字　　数	1 216 000	**定　　价**	98.00 元

Pearson

尊敬的老师:

您好!

为了确保您及时有效地申请培生整体教学资源，请您务必完整填写如下表格，加盖学院的公章后传真给我们，我们将会在2~3个工作日内为您处理。

请填写所需教辅的开课信息:

采用教材			□中文版□英文版□双语版
作　者		出版社	
版　次		**ISBN**	
课程时间	始于　年　月　日	学生人数	
	止于　年　月　日	学生年级	□专　科　□本科 **1/2** 年级 □研究生　□本科 **3/4** 年级

请填写您的个人信息:

学　校			
院系/专业			
姓　名		职　称	□助教□讲师□副教授□教授
通信地址/邮编			
手　机		电　话	
传　真			
official email(必填) **(eg: XXX@ruc.edu.cn)**		**email** **(eg: XXX@163.com)**	
是否愿意接受我们定期的新书信息通知:　□是　□否			

系 / 院主任: ________（签字）

（系 / 院办公室章）

___年__月__日

资源介绍:

- 教材、常规教辅（PPT、教师手册、题库等）资源：请访问 www.pearsonhighered.com/educator；（免费）
- MyLabs/Mastering 系列在线平台：适合教师和学生共同使用；访问需要 Access Code；（付费）

地址：北京市东城区北三环东路 36 号环球贸易中心 D 座 1208 室 100013

Please send this form to：copub.hed@pearson.com

Website: www.pearson.com